金融学译丛

U0596519

Capital Markets
Institutions and Instruments
4e

资本市场 机构与工具

（第四版）

弗兰克·J·法博齐（Frank J. Fabozzi）
弗朗哥·莫迪利亚尼（Franco Modigliani）　著

汪涛　郭宁　译

中国人民大学出版社
·北京·

出版说明

作为世界经济的重要组成部分，金融在经济发展中扮演着越来越重要的角色。为了加速中国金融市场与国际金融市场的顺利接轨，帮助中国金融界相关人士更好、更快地了解西方金融学的最新动态，寻求建立并完善中国金融体系的新思路，促进具有中国特色的现代金融体系的建立，中国人民大学出版社精心策划了这套"金融学译丛"，该套译丛旨在把西方，尤其是美国等金融体系相对完善的国家最权威、最具代表性的金融学著作，被实践证明最有效的金融理论和实用操作方法介绍给中国的广大读者。

该套丛书主要包括以下三个方面：

（1）理论方法。重在介绍金融学的基础知识和基本理论，帮助读者更好地认识和了解金融业，奠定从事深层次学习、研究等的基础。

（2）实务案例。突出金融理论在实践中的应用，重在通过实务案例以及案例讲解等，帮助广大读者将金融学理论的学习与金融学方法的应用结合起来，更加全面地掌握现代金融知识，学会在实际决策中应用具体理论，培养宏观分析和进行实务操作的能力。

（3）学术前沿。重在反映金融学科的最新发展方向，便于广大金融领域的研究人员在系统掌握金融学基础理论的同时，了解金融学科的学术前沿问题和发展现状，帮助中国金融学界更好地认清世界金融的发展趋势和发展前景。

我们衷心地希望这套译丛的推出能够如我们所愿，为中国的金融体系建设和改革贡献一份力量。

中国人民大学出版社

2004 年 8 月

这本书献给诺贝尔经济学奖得主弗朗哥·莫迪利亚尼。

2003 年 9 月 25 日，弗朗哥·莫迪利亚尼教授在马萨诸塞州剑桥城的家中去世了，享年 85 岁。由于他在储蓄和金融市场以及资本结构理论方面开创性的贡献，获得了 1985 年的诺贝尔经济学奖。莫迪利亚尼于 1962 年成为麻省理工学院的教员，他分别在罗马大学和纽约新社会研究学院获得学士学位和博士学位。1952 年莫迪利亚尼调入卡内基技术学院工作，在这之前，他在好几所大学从事教学和科研工作。十年后，他以经济学和金融学教授的身份加入麻省理工学院，1970 年成为麻省理工学院资深教授，这是麻省理工学院授予的一项殊荣。1988 年他成为学院荣誉教授。

1985 年莫迪利亚尼获得了麻省理工学院詹姆斯·R·卡利安教员成就奖 (James R. Killian Faculty Achievement Award)。

1995 年麻省理工学院设立了莫迪利亚尼金融经济学讲座教授职位。

既是莫迪利亚尼的朋友，同时又是诺贝尔经济学奖得主的麻省理工学院资深教授保罗·萨缪尔森这样说道，"弗朗哥·莫迪利亚尼应该获得多个诺贝尔奖项。他通过 T 模型、尼安德特和大萧条的现代形式重新修正了凯恩斯主义经济学。"

萨缪尔森教授提到华尔街处处都是研究莫迪利亚尼教授的各种专家。莫迪利亚尼教过的学生包括 1997 年的诺贝尔经济学奖得主罗伯特·默顿。"他是一位伟大的老师，严谨、热情而又风趣，"萨缪尔森说道，"麻省理工学院很幸运地拥有这样一位大师达四十年之久，他是镶在皇冠上的宝石，一直都是。"

莫迪利亚尼教授的研究领域和专长包括公司金融、资本市场、宏观经济学和计量经济学。

"弗朗哥在所有经济学家中堪称伟人，在公司金融学术发展方面起着关键性的作用。"斯隆管理学院院长理查德·施马伦西如此说道，"他传奇般的热情和精力从未减弱过。他用经济学的知识服务社会的激情鼓舞着几代学生和老师。所有认识他的人都将会怀念他。"

前　言

席卷全球金融市场的变革被著名的经济学家亨利·考夫曼（Henry Kaufman）在 1985 年巧妙地描述如下：

> 如果今天的瑞普·凡·温克尔①早在二十年前就沉睡过去，或者由于某种原因，沉睡了十年，直到今天才醒来，那么他一定会对今天金融市场上所发生的一切感到非常震惊。与之前每个国家资本市场完全独立，而且固定利率融资占绝对垄断地位完全不一样的是，他将会发现全球的金融市场高度关联在一起，市场上存在各种各样的融资工具，而且防范和转嫁金融风险的方法也增加了不少。

这本书的目的就是要详细介绍在今天的金融市场上可获得的、多种多样的融资工具、投资工具和风险控制工具。这些金融工具被创造出来，并不是简单地因为华尔街的工作人员相信它们比已经存在的金融工具更有甜头，更有意思。借款人和投资者的各种需求促使了这些金融工具的产生，而借款人和投资者的需求又源于他们的资产/负债管理、监管限制（如果存在）、财务会计考虑和税收考虑等方面管理的需要。正是因为这些原因，为了更好地理解已经发生和未来可能发生的各种金融创新，对机构投资者在资产/负债管理方面存在的问题有一个全面的了解就显得非常有必要。此外，为了了解覆盖所有金融工具的金融市场状况，我们还介绍了众多机构投资者的资产/负债管理的宏观框架以及它们所实施的各种战略。

在本书前三版写作的过程中，莫迪利亚尼（Modigliani）教授和我都觉得覆盖机构投资者和金融工具的这些内容应该尽可能紧跟市场的发展，应该充分反映出

---

① 美国作家欧文（W. Irving）所写一篇故事名及其主人公，比喻时代的落伍者，或嗜睡的人。——译者注

市场参与者特征的快速变化和变动的各种规章制度，从而了解交易应该如何进行。在这版书中，我继续沿用这一传统做法。最近金融市场上发生的让人感到震惊的事件就是 2007 年夏季开始发生的次级抵押贷款市场的坍塌，我们在第 26 章中对此进行了详细的说明。按照常规做法，介绍了新产生的金融工具，不过，在了解借款人和机构投资者的需求以及现有金融工具特征的基础上，读者完全有能力了解和掌握新产生的金融工具的各种特征。

本书的第一版于 1992 年出版。那个时候，本书与其他传统的资本市场教科书在好几个方面存在明显的差异，其中最特别的是本书包含了金融衍生品市场（包括期货、期权、互换，等等）。这些市场是全球资本市场不可分割的组成部分，它们并不是什么"怪异"市场——流行媒体和那些知识面不够丰富的国会代表与监管者们经常将衍生品市场归为此类。金融衍生品为市场参与者提供了一种控制风险的机制——借款人可以控制借款成本而投资者可以控制投资组合的市场风险。可以负责任地说，如果没有金融衍生品，就不可能存在一个有效的全球资本市场。此外，理解期权理论的基本原则非常重要，这不仅是因为期权是一种独立的金融工具，还因为很多金融工具都含有期权；同时，很多金融机构的负债也含有期权。因此，如果不了解期权理论的基本内容，很难对各种具有复合特征的资产和负债进行评估。

尽管我们已经知道很多高校就金融衍生品市场为学生开设了专门的课程，但我们写作第一版书的目的不是要深究各种交易策略和各种定价模型的细微差别，并认为它是独立的一门课程，相反，莫迪利亚尼教授和我是想向读者介绍金融市场上各种金融工具的基本作用和它们的定价原则以及市场参与者如何运用这些金融工具来控制风险。

本书第一版的另外一个特征是对抵押贷款市场和资产证券化做了比较广泛的介绍。资产证券化指的是创造各种新的证券，这些新创造的证券以基础资产的现金流为抵押。资产证券化的过程与传统的获得资产的融资体系有着非常大的区别。到目前为止，资产证券化最大的构成部分是抵押贷款支持证券化市场，在这个市场上，支持证券化的资产是各种抵押贷款。在本书第一版出版的时候，非住房抵押贷款支持的证券化资产份额还比较少，但是增长速度却很快，而现在它们则是资本市场上最重要的构成部分之一，各种金融公司和非金融公司都在通过该市场进行筹资。

最后，1990 年当我们决定本书内容应该覆盖的范围时，我们忽略了资本市场课程和投资管理课程在内容方面的交叉。因为在通常情况下，当机构投资者考虑具有投资特征的金融工具需求时，或者在运用资本市场工具进行某种特殊的战略安排时，两者之间是相互交叉的。在本书第一版的写作过程中，我们采取的方法是，当觉得这些内容在投资银行课程中需要时我们就会采用，并将此作为衍生品市场课程的附录内容。本书第四版依然按照这样的方法进行处理。

这些都是我们在第一版写作过程中所考虑的事情。我们必须承认，当出版商 Prentice Hall 将最初的手稿送给十位审稿人看时，他们的意见是多元化的。一半人认为这本教材的内容与传统资本市场、金融市场与机构课程所教授的内容相差太大，如果 Prentice Hall 出版这本书，那将会是一个错误的选择。而另外的五位审稿人则强烈坚持这本书将是未来资本市场教学内容的蓝本和标杆。当然，Prentice Hall 在 1992 年出版了本书第一版，随后在 1996 年又出版了本书第二版。

从 20 世纪 90 年代中期以来，我们书中的模型和蓝本开始被教科书作者大量引用。因此，现在看来，当初第一版和第二版所呈现出来的独特性在其他教科书中都已经很普遍了。然而，我们相信从核心的市场构成来看，我们所选择的内容和视角仍然是独树一帜的。

未来的发展

鉴于金融市场在经济中的重要作用，一直以来，政府都认为对市场进行监管是非常有必要的。在它们的监管能力范围内，政府对金融市场和金融机构的发展与革新有着非常重要的影响。正如 2008 年 3 月 31 日，时任美国财政部长的亨利·M·保尔森（Henry M. Paul）在演讲中所说的那样：

> 强大的金融体系是至关重要的——不仅对华尔街和银行家们来说如此，对所有工作着的美国人来说都是如此。当我们的市场正常运转时，人们从经济体中获得相应的收益——美国人准备购买汽车和房屋，家庭通过借款支付大学费用，创新者通过借款将一个新想法变成新产品或新技术，企业通过投融资获得创造新就业的机会。而当我们的金融体系出现问题、承担压力的时候，上百万工作着的美国人就要承担相应的后果。政府有责任确保我们的金融体系有效运转。在这方面，我们可以做得更好。总的来说，提供金融监管的最终受益人是所有拥有工作的美国人、美国家庭和美国的企业——不管规模如何。

当前美国监管结构的格局很大程度上都是各个阶段发生的金融危机引致的结果。大多数的监管法规都是 1929 年股票市场崩盘和 20 世纪 30 年代大萧条的产物。有一些法规放在当前金融市场来看，经济意义比较小，不过，它们都可以追溯到那个时代立法者所遇到的各种挑战和困境，或者可以想象立法者们所遇到的情况。事实上，正如 2008 年 3 月 31 日，时任美国财政部长的亨利·M·保尔森在演讲中所说的那样：

> 我们当前所建立的监管结构并不是针对现代的金融体系的，如今的金融市场参与者越来越多样化，金融创新层出不穷，金融工具多种多样，金融中介和交易平台交织在一起，金融机构、投资者和金融市场之间的内在联系和全球一体化的发展越来越迅速。此外，我们的金融服务公司规模变得越来越庞大，越来越复杂，也越来越难管理。从 20 世纪 30 年代发生大萧条到现在，我们的监管体系已经发生了很大的变化，这种改变都是应对式的发展——根据金融市场创新和市场压力而做出的监管反应与调整。

美国当前的监管体系是建立在监管者关注的行业和市场发展的安排上。当我们介绍各种各样的金融机构和金融市场时，我们将会对监管的复杂安排进行讨论。在本书将要出版的时候，出现了很多关于美国监管体系彻底改革的建议。2008 年 3 月份，美国财政部提出来的建议，通常被称为"监管改革蓝图"，或者简称为蓝图，提出用基于功能的监管体系替换当前盛行的混合监管机构安排体系。更具体地说，主要存在三大类监管者：（1）市场稳定监管机构；（2）审慎金融监管机构和（3）商业行为监管机构。市场稳定监管机构将会取代美国联邦储备体系（简称美联储）的传统作用，赋予其监管整个金融市场稳定性的职责和权力，美联储负责监控金融体系的风险。审慎金融监管机构将通过联邦担保对金融机构的安全和合理性负责，本书将要讨论的联邦担保机构包括联邦储蓄保险公司和住房担保机构。商业行为监管机构将会监管各种金融机构的商业行为，这类监管机构将会承担当前美国证券交易委员会和商品期货交易委员会的大部分监管职责。

监管结构的这种变化和安排是蓝图提出的长期目标。如果真能实现，时间也许不止 10 年或 15 年。以史为鉴，很多监管方面的改变都需要经历很长时间才会变成实实在在的法律。例如，本版修订中我们将会介绍的重要监管改革：1999 年的《格雷姆-里奇-比利雷法》，该法案里的部分内容早在 20 世纪 80 年代中期的里根政府特别委员会中就提到过。因此，我们预测，在本书未来的修订中，在金融监管方面，一定会发生比较大的变动。

对第三版所做的修订

与第三版相比，作者在第四版中做了许多重要的修订。第三版共有 8 个部分，30 章内容，而在第四版中，仍分为 8 个部分，但共有 33 章内容，新增加了几章内容，并对以前版本中的一些章节进行了合并。

新增加的章节内容包括保险公司（第 4 章）、资产管理公司（第 5 章）、投资银行（第 6 章）、商业地产抵押贷款与商业地产抵押贷款支持证券（第 28 章）、国际债券市场（第 29 章）和信用风险转移工具（也就是信用衍生品和债务抵押证券）（第 32 章）。将原来版本中有关一级市场和二级市场的内容合并为一章，也就是本书的第 7 章，并且将投资银行独立为一章新内容。

在第 7 部分，也就是债务市场，除了前面提到的新增加的章节外，很多内容也都发生了很大的改动。公司优先金融工具的两章内容（第 22 章和第 23 章）做了大量的修订和重新安排。在修订的内容中，增加了银行贷款市场的相关知识。对第 25 章的住房抵押贷款市场和第 27 章的资产支持证券市场这两部分内容做了彻底的修订。

在第 3 部分有关风险与收益理论的介绍中，增加了行为金融学的相关理论。

致谢

很多人通过各种形式为本书的修订提供了帮助。首先要感谢，也是特别要感谢的是圣何塞大学的金融学教授 Frank J. Jones。Jones 教授在这一版中与我合写了好几章内容。Michael Ferri（乔治梅森大学）为许多章内容的写作提供了大量的帮助。

初稿的很多部分是莫迪利亚尼教授在麻省理工学院和我在耶鲁大学授课时所讲的内容。我们从学生那里获得了很多有益的反馈意见。此外，我们还要感谢如下审稿人：K. Thomas Liaw（圣约翰大学）、John Spitzer（爱荷华大学）、Robert E. Lamy（维克森林大学）、Rita Biswas（詹姆斯麦迪逊大学）和 Jacobus T. Severiens（约翰卡罗尔大学）。

在每章最后的思考题中，我们所用的内容都摘录于《机构投资者》和机构投资者出版集团出版的几份周刊，包括《华尔街快讯》、《银行快讯》、《债券周刊》、《公司融资周刊》、《衍生品周刊》、《货币管理快讯》和《投资组合快讯》。我们由衷地感谢这些周刊的编辑 Tom Lamont，谢谢他同意我们使用这些材料。

弗兰克·J·法博齐

目　录

第 1 章

导　论

学习目标

学习完本章内容，读者将会理解以下问题：

- 什么是金融资产
- 债务工具与权益工具的区别
- 金融资产价格决定的普遍规律
- 金融资产的十大特征：货币性、可分性和面值、可逆性、到期期限、流动性、可转换性、币种、现金流和收益的可预测性、复合性和税收状况
- 金融资产的主要经济功能

- 什么是金融市场及其主要经济功能
- 划分金融市场的不同方法
- 衍生产品的含义
- 金融市场全球一体化的原因
- 全球金融市场的分类
- 什么是资产类别

在市场经济中，众多私人决策博弈的结果直接引导着资源的分配。价格是引导经济资源实现最佳配置的市场信号。在一个经济体中，市场可以分为以下类型：（1）提供产品（制成品和劳务）的市场，或称产品市场；（2）提供生产要素（劳动和资本）的市场，或称要素市场。在本书中，我们将重点讨论要素市场的构成部分之一，即交易金融资产的市场，或简称为金融市场。这一市场直接决定着资本的成本。本章我们主要讲述金融资产和金融市场的基本特征与功能。

金融资产

首先要向大家介绍几个最基本的定义。**资产**（asset）是指具有交换价值的一

切所有物。资产可划分为有形资产或无形资产。**有形资产**（tangible assets）是指其价值决定于特定有形财产的资产，例如房屋、土地或机械设备。有形资产可进一步划分为可再生资产（如机械设备）和不可再生资产（如土地、矿产或艺术品）。

与有形资产相反的是，**无形资产**（intangible assets）代表了对某种未来收益的合法诉求权，它们的价值与所有权的具体形式（无论是具体物质形态还是其他方面）没有任何关系。**金融资产**（financial assets）、金融工具或有价证券均属于无形资产。对这些金融产品而言，未来收益的常见形态是对未来现金流的要求权。本书将讨论各种类型的金融资产，交易（即买卖）各种金融资产的市场以及对其进行估值的基本原则。

同意未来支付现金流的实体机构被称为金融资产的发行人（issuer），通过购买，拥有金融资产的所有者被称为**投资者**（investor）。金融资产的一些具体例子如下：

- 美国财政部发行的债券
- 通用电气公司发行的债券
- 加利福尼亚州发行的债券
- 法国政府发行的债券
- 汽车贷款
- 房屋抵押贷款
- 微软公司发行的普通股
- 本田汽车公司发行的普通股

对于美国财政部发行的债券，美国政府（发行人）承诺向投资者支付利息直至债券到期，并在到期日偿还债券本金。通用电气公司和加利福尼亚州政府发行的债券与美国财政部发行的债券一样，发行人同意在债券到期前向投资者支付利息，并在到期日偿还债券本金。

对于法国政府发行的债券，只要法国政府不违约，投资者未来获得的现金流收益是事先就可以知道的。然而，未来的现金流可能不是以美元而是以欧元来支付。因此，虽然未来能获得多少以欧元计价的投资收益是事先已知的，但是从美国投资者的角度来看，这些欧元现金流能够兑换成多少美元却是未知的。美国投资者能够获得多少美元收益要取决于收到欧元现金支付后将其转换为美元时欧元与美元的汇率水平。

对于汽车贷款和房屋贷款而言，借入资金的个人就相当于是发行人。投资者相当于是向个人贷放资金的实体，比方说银行。贷款协议规定了借款者偿还贷款和支付利息的时间安排。

微软公司发行的普通股使投资者有权获得公司派发的股利。与此同时，一旦公司清盘或破产清算，投资者还可享有按所持股份比例获得公司净资产的权利。

对于持有本田汽车公司普通股的投资者来说，现金流支付的原理也是一样的。此外，从美国投资者的角度来看，由于本田公司将用日元向投资者支付股利，因此，兑换成美元的金额具有不确定性。美国投资者能获得多少美元收益要取决于当时美元与日元的兑换汇率。

债权与权益要求权

金融资产的持有人所拥有的要求权可能是金额固定的，也可能是金额不固定的。在前一种情况下，此类金融资产被称为这**债务工具**（debt instrument）。美国财政部、通用电气公司和加利福尼亚州发行的债券均属于债务工具，即借入资金时要向贷款人承诺未来将向其偿还确定金额的美元。前面提及的两种贷款产品也是债务工具。

权益要求权（equity claim，也称剩余索取权，residual claim）要求金融资产的发行人在向债务工具所有者支付固定收益以后，如果还有剩余的话，则应当依据企业获得的经营利润向权益工具的所有者支付投资收益。普通股便是权益要求权的常见例子，此外，生意场上的合伙股份也是权益要求权的另外一种表现形式。

某些金融资产同时具有上述两类金融资产的特征。例如，优先股代表的就是投资者有权获得固定收益的权益要求权。然而未来实际获得的收益金额却是不确定的，这是因为公司只有在向债务工具持有人支付了利息或本金以后，所剩余额才能用于向优先股股东支付。再比如说可转换债券，它允许投资者在一定情况下将债务工具转换成权益工具。支付固定收益的债务工具和优先股被称为**固定收益工具**（fixed income instruments）。

金融资产的价值

估值是决定一项金融资产的合理价值或价格的过程。估值的基本原则是：任何一项金融资产的价值都等于其预期现金流的现值之和。这一原则适用于任何一种金融资产。因此，不管是普通股、债券、贷款还是房地产，这一估值原则都是适用的。

这一原则十分简单：只需事先确定未来现金流的数额，然后再计算现值即可。不过，实际完成这一工作并非如想象的那么容易。

估算现金流

金融资产估价遇到的第一个问题就是"现金流"的确切含义到底是什么。会计师有着确定的答案：它等于税后净收入加上非现金的费用支出（如折旧）。这个定义不错，但是不能为我们所用。从金融资产估值的角度出发，**现金流**（cash flow）是指投资于某项特定的金融资产而预期未来每期将会获取的现金。

无论是债务工具还是权益工具，金融资产的类型和发行人的特征都决定了预期现金流的确定程度。比如，假设美国政府从来不会对其发行的债务工具违约，则美国财政部所发行债券的未来现金流便不存在任何的不确定性。

其他债务工具的现金流之所以不确定，主要有三个原因：首先，发行人可能会违约。其次，大多数债务工具合同中都列有专门的条款，赋予发行人和/或投资者改变所借资金偿还方式的权利（我们将在第6部分里详细论述债务工具的此类特征）。最后，就如在第6部分中将要讲到的那样，在所借资金未偿还期间，某些债务工具适用的利率水平可能会发生改变。

对公司普通股的持有人而言，股利支付的数目和时间都存在不确定性。股利的支付金额与公司获得的经营利润休戚相关。此外，与债务工具不同的是，购买债务工具的投资者贷出的资金将来必然会被偿还，然而普通股的投资者若想收回所投资的本金就必须出售所持有的股票。而出售股票收回的资金到底是高于还是低于最初的投资额，则要看出售时的股票价格水平是多少，而这进一步增加了不确定性。

不管我们谈论的是债务工具还是权益工具的现金流，以上关于现金流的讨论都针对的是名义美元金额，而不是根据美元的实际购买力进行调整后的金额。由于存在通货膨胀，因此即使现金流的名义美元金额是确定的，现金流的实际购买力也是不确定的。

现金流贴现的适当利率水平

一旦估算出了金融资产的未来现金流情况，接下来要考虑的就是确定计算现值（或贴现值）时应该使用的适当利率水平。投资者必须综合考虑以下两个问题以选择合适的贴现率：

1. 投资者要求获得的最低利率水平是多少？

2. 在最低利率水平的基础上，投资者还应当要求多高的溢价水平？

投资者要求获得的最低利率水平就是金融市场上的无违约风险收益率。在美国，美国财政部发行的国库券的收益率向来被视为无违约风险收益率的等价物。在欧洲，德国发行的政府债券的收益率相当于最低利率水平的基准参照物。此外，某些机构投资者参考的另一基准利率指标为伦敦银行同业拆借利率（LIBOR），我们会在第 19 章具体讨论这种基准利率。

投资者要求获得的高于美国国库券利率水平的收益率溢价部分应当充分反映与预期现金流能否按时实现相关的风险。潜在风险越大，投资者便会要求获得越高的风险报酬。估值过程的概要见图 1—1。

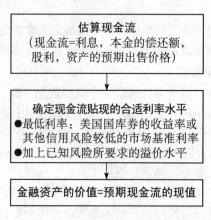

图1—1　金融资产估值过程概要

在本章及随后的章节中，我们会讨论到各种各样的风险，上面列举的例子已经提到了其中三种风险：第一种是发行人或借款人违约的风险，称为**信用风险**（credit risk），或**违约风险**（default risk）。第二种风险是指预期现金流的潜在购买力面临的风险，称为**购买力风险**（purchasing power risk），或**通货膨胀风险**（inflation risk）。第三种风险，对于不是以美元计价发行的金融资产，其现金流还存在汇率朝不利方向变化所导致的美元收益减少的风险，这一风险被称为**外汇风险**（foreign exchange risk）。

金融资产与有形资产

有形资产，例如工厂或商业企业购买的厂房或设备，与金融资产至少有一种特征是相同的：两者均被认为可以为其所有者创造未来的现金流收入。例如，假设一家美国航空公司购买了一批价值为 3.5 亿美元的飞机，通过购买这批飞机，航空公司预期未来可以通过提供运送旅客的服务而获得现金流收入。

金融资产与有形资产之间又是相互联系的。有时候，为了获得有形资产的所有权，投资者要通过发行某种金融资产——债务工具或权益工具——来获得可用于购买有形资产的资金。例如，在航空公司的例子中，假设航空公司为融资 3.5 亿美元以购买那批飞机而发行了一种债务工具，运送旅客获得的现金流收入将被用于偿还该债务工具的本息。因此，最终是有形资产为金融资产创造了现金流。

金融资产的功能

金融资产承担着两大主要的经济功能。第一项功能是将拥有盈余资金的一方的资金转移给需要资金投资于有形资产的一方；第二项功能是在转移资金的同时，将与有形资产创造现金流相关的不可分散风险在寻求资金和提供资金的各方之间进行重新分配。然而，由于金融市场上存在着某些金融机构，即所谓的**金融中介**（financial intermediaries），它们的行为往往使得财富的最终所有者手中掌握的金融资产要求权与资金的最终需求者实际发行的债务工具不相匹配。这是因为金融中介机构总是在努力把实际发行的债务工具转变为社会公众更偏好的其他金融资产。我们将在下一章讨论金融中介机构。

为了详细说明这两项经济功能，请大家思考以下三种情况：

1. 吉恩·马戈利斯拿到了一份生产维尼小熊腕表的授权许可。吉恩估计，为了生产这种手表，他需要 100 万美元用以购买工厂和设备。不幸的是，他只有 20 万美元的存款可用来投资。不过，这笔钱是他攒了一辈子的储蓄，尽管他相信手表的销路应该会不错，但也不愿动用这部分钱来投资。

2. 苏珊·卡尔森最近刚刚继承了 73 万美元的遗产。她计划花掉 3 万美元购买一些珠宝和家具，并出门旅游几次，然后将剩余的 70 万美元用于投资。

3. 拉里·斯特恩，一位前途远大的律师，供职于纽约一家大律师事务所。他刚刚收到一张税后净额为 27 万美元的奖金支票。他打算花 7 万美元买一辆宝马车，然后将剩余的 20 万美元用于投资。

现在假设吉恩、苏珊和拉里在纽约偶然相遇了。在谈话的过程中，他们谈到了各自的财务计划。一天晚上，经过协商他们一致达成了一项协议。吉恩同意从他的储蓄中拿出 10 万美元投入到生意中，并以 70 万美元的价格把 50% 的股权卖给苏珊；拉里同意借给吉恩 20 万美元，期限为 4 年，年利率是 18%；吉恩要独立负责公司的日常生产与经营，苏珊和拉里不会插手。于是，现在吉恩终于凑齐了 100 万美元，可以准备生产制造手表了。

这一协议产生了两笔金融要求权。首先是由吉恩发行、苏珊以 70 万美元购买的权益工具；其次是由吉恩发行、拉里以 20 万美元购买的债务工具。于是，通过这两种金融资产，资金从拥有盈余资金可用来投资的苏珊和拉里手中转移到了为生产手表需要资金先投资于有形资产的吉恩手中。转移资金是金融资产的第一大经济功能。

吉恩不愿意倾囊而出，将 20 万美元的全部储蓄用于生产投资，这说明他想转移部分风险。他将一项金融资产卖给了苏珊，持有这项金融资产使得苏珊有权在企业支付了全部利息费用以后获得一半净利润。接下来，吉恩又从拉里那里得到了一部分资金支持。拉里不愿意分担企业的经营风险（除了信用风险以外），吉恩凭借着无论风险投资结果如何都支付固定现金流的承诺获得了这笔资本。风险转移是金融资产的第二大经济功能。

金融资产的特征

金融资产的某些特征决定或影响着其对不同类型投资者的吸引力。金融资产的十种特征是：（1）货币性；（2）可分性和面值；（3）可逆性；（4）到期期限；（5）流动性；（6）可转换性；（7）币种；（8）现金流和收益的可预测性；（9）复合性；（10）税收状况。[1] 以下将描述各种性质。

货币性（moneyness）

一些金融资产被用作交换媒介或用于交易结算，此类资产被称为货币（money）。在美国，货币的范畴包括通货和允许开立支票的所有类型的存款。还有一些金融资产尽管不是货币，但与货币非常接近，因为只需要一点点成本、花上一点点时间或承担一点点风险，它们就能顺利地被兑换成货币，所以它们被称为**准货币**（near money）。在美国，准货币包括定期存款、储蓄存款以及美国政府发行的一种期限为三个月的国债，其名称叫做三个月国库券。[2] 很明显，货币性是投资者要求的一种属性。

可分性和面值（divisibility and denomination）

可分性（divisibility）与金融资产交易或兑换成货币时可以使用的最小单位有关。最小单位越小，金融资产的可分性就越强。有些金融资产是无限可分的（最小可分单位直到便士），例如银行存款。但是其他一些金融资产的可分性有大有小，具体要取决于其面值。面值指的是到期时每单位资产将支付的美元金额。许多债券的面值都被定为 1 000 美元，不过也有一些债务工具的面值甚至被标为 100 万美元。一般来说，可分性也是投资者需要获得的一种属性。

---

① 这里有些特征节选自詹姆斯·托宾（James Tobin）的 "Properties of Assets"，手稿未注明日期，纽黑文耶鲁大学。

② 关于美国国库券的论述见第 20 章。

可逆性 （reversibility）

这指的是投资于一项金融资产，然后将其出售兑换为现金的成本。因此，可逆性又被称为**来回交易成本**（round-trip cost）。

像银行存款那样的金融资产显然是高度可逆的，因为一般来说，投资者增加或减少存款额无需缴纳任何费用。也许还存在着其他的交易成本，但是其数额很小。对于在有组织的市场中交易的或由做市商（将在第7章中加以讨论）负责交易的金融资产，其来回交易成本构成中最重要的组成部分是买卖价差，此外还要加上佣金以及交割资产所需的时间和成本。**买卖价差**（bid-ask spread）是做市商愿意卖出一项金融资产的价格（卖价）与其愿意买入该项资产的价格（买价）之间的差额。例如，如果一名做市商愿意以70.50美元（卖价）的价格卖出某种金融资产，而以70.00美元的价格（买价）买入该金融资产，那么买卖价差就等于0.50美元。买卖价差有时也称买售价差（bid-offer spread）。

对于不同的金融资产，做市商所收取的买卖价差差别很大，这主要反映了做市商在做市时所承担的风险的大小。做市风险的大小与两个主要因素有关。第一大因素是以长期相对价格的离散程度来衡量的价格的波动性。波动性越大，做市商在不同时期买入或卖出金融资产时，价差超过某一界限从而招致风险的可能性就会越大。不同种类的金融资产，其价格的波动性存在着较大差异。例如，三个月期国库券的市场价格非常稳定，但普通股的价格通常会显示出较大的短期变动性。

决定做市商能够收取多少买卖价差的第二大因素就是所谓的**市场厚度**（thickness of the market），即做市商收到买卖指令的速度或频率（即交易频率）。"薄市场"是指在常规或连续交易时间内成交数量较少的情况。显然，做市商收到买卖某种金融资产的交易指令的频率越快，做市商持有该金融资产存货的时间就会越短，因此持有期间出现不利价格变动的可能性就越小。

不同的市场，其厚度也不尽相同。三个月期美国国库券显然是世界上厚度最大的市场。与之相反，小公司股票的交易则比较清淡。由于国库券在价格稳定性和交易厚度方面优于其他金融产品，所以其买卖价差是市场中最小的。作为金融资产的特征之一，较低的来回交易成本显然是符合投资者的偏好的，因此较大的市场厚度本身也是一个"加分项"。这一性质也解释了为什么相对于小市场，大市场更具有潜在优势（规模经济），以及市场为什么要不遗余力地向公众推销标准化的金融工具。

到期期限 （term to maturity）

到期期限指的是金融产品按计划进行最终支付或持有者要求清偿之前的时间间隔长度。到期期限通常被简称为期限，本书后面的讲解也将沿用这一简称。

债权人可以随时要求偿付的金融工具被称为**活期金融工具**（demand instruments），例如支票账户和各种各样的储蓄账户。期限是金融资产（比方说债券）的一项重要特征。在美国，金融产品的期限最短为一天，最长可达100年。例如，美国就有一种1天到期的国库券。另一种极端情况是1993年迪士尼公司发行了一种100年到期的债务工具，被华尔街称为"米老鼠债券"。其他许多金融产品（包括权益产品）是没有期限的，因而是一种永久性的金融工具。①

读者必须注意的一点是，有明确到期期限的金融资产也可能在其标明期限未到时提前终结。导致这种情况发生的原因多种多样，例如破产或重组，或是有明确的条款允许债务人提前偿还，或是投资人有权要求债务人提前偿还。②

流动性（liquidity）

尽管目前还没有一种可被广泛认同并接受的流动性定义，但是流动性的确是一个很重要的术语，而且被经常使用。詹姆斯·托宾教授提出的一种考察富有流动性或缺少流动性的方法十分有用：如果卖家不愿意花费较长的时间和较高的成本来搜寻合适的买家，而是希望马上将金融资产卖掉，那么他们能够承受多大的损失？③

小公司发行的股票或一个小学区发行的债券便是流动性较差的资产的例子，此类金融产品的市场通常都很薄，卖家必须努力寻找才能找到零星几个较为合适的买家。也许卖家能比较迅速地找到几位出价不太高的买家，其中包括投机商和做市商，但是只有较大的价格折扣才能吸引他们投资于这些流动性较差的资产。

对其他很多金融资产而言，流动性是由合约决定的。例如普通的银行存款，其流动性是非常好的，这是因为按照存款合约规定，银行必须要履行在客户要求提现时按平价变现的义务。相反地，代表对私人养老基金的要求权的金融合同可被视为完全不流动的，因为它们只能在退休时被变现。

流动性不仅取决于金融资产的类型，还要受到购买或出售数量的影响。尽管数量较小时流动性可能非常好，但是当交易数额较大时就有可能面临流动性不佳的问题。再次提醒读者：流动性与市场的厚薄紧密相关。即使是一种流动性较好的金融资产，薄市场也会增加它的来回交易成本。当这种缺陷超过某一界限时，就会成为阻碍市场形成的障碍物，直接影响金融资产的流动性。

可转换性（convertibility）

金融资产的一项重要特征是它们可以转换成其他类型的金融资产。在有些情况下，转换可以在同一类金融资产当中进行，例如一种债券转换为另一种债券。在其他情况下，这种转换往往是跨种类的。例如，持有可转换公司债券的投资者可将其转换为股票。某些优先股还可以转换为普通股。在可转换证券发行时，相应的法律文件上已对转换发生的时间、成本和条件作出了明确的规定。

币种（currency）

大多数金融资产都会以某种货币标明面值，如美元、日元或欧元。投资者在选择时必须牢记这一特点。一些发行人为了满足投资者降低外汇风险的要求，还发行了双重货币证券。例如，有些债券在支付利息时用一种货币，偿还本金时则用另外一种货币。此外，一些债券还赋予投资者自由选择支付利息和偿还本金时使用哪一种货币的权利。

---

① 英国曾发行过一种名气很大的债券——每年支付固定利息，但永远也不偿还本金。这种债券被称为永久性债券或领事债券。
② 某些金融资产的期限可按照发行人或投资人的指令增加或延长。
③ Tobin, "Properties of Assets."

现金流和收益的可预测性 (cash flow and return predictability)

正如前面所解释过的那样，投资者持有金融资产能够获得多少收益将取决于预期会收到的现金流，包括股票股利的支付、债务工具的利息支付和本金偿还以及股票的预期出售价格。因此，预期收益的可预测性要取决于现金流的可预测性。收益的可预测性是金融资产的一个基本特征，是其价值的主要决定因素。正如我们在后面章节中将要看到的那样，假设投资者是风险厌恶者，那么衡量一项资产的风险性就等同于考察其收益的不确定性或不可预测性。

在通货膨胀现象不容忽视的今天，区别名义预期收益和实际预期收益是很重要的。**名义预期收益**（nominal expected return）只考虑预期收到的美元金额，但并没有按照其购买力的变化对其实际币值作出调整。**实际预期收益**（real expected return）是对名义预期收益因通货膨胀而遭受损失的购买力作出调整后的实际收益。

例如，如果 1 000 美元一年期投资的名义预期收益率是 6%，那么到了年末，投资者的预期收入就为 1 060 美元，其中包括 60 美元的利息和 1 000 美元的投资本金。不过，假如同一时期内预期通货膨胀率为 4%，那么 1 060 美元的实际购买力仅为 1 019.23 美元（1 060 美元除以 1.04）。因此，以购买力表示的收益率或实际预期收益率仅为 1.9%。一般情况下，用名义预期收益率减去通货膨胀率便可以得到实际预期收益率的估计值。在本例中，实际预期收益率大约为 2%（6%减去 4%）。

复合性 (complexity)

从某种意义上说，某些金融资产是复合性的产品，是两个或多个简单资产组合后形成的复杂产品。若想确定这种复合型金融资产的真实价值，人们必须把它的各组成部分分解开来，并对每一部分分别估价。我们将在本书中讲到多种复合型金融资产。的确，20 世纪 80 年代初以来，包括债务工具在内的众多金融创新促使复合型金融资产层出不穷。

绝大多数复合型金融资产均赋予发行人或投资者采取某种行为以改变现金流的选择权。由于这些金融资产的价值取决于赋予发行人或投资者的选择权的价值，因此理解期权的定价原理便显得格外重要。

税收状况 (tax status)

税收状况是所有金融资产的一项重要特征。各国政府针对持有金融资产或出售金融资产而获得的收入所制定的税收法令差异很大。国与国之间，甚至一国领土内的各个市政机构之间（如美国的州政府税收机关与地方税收机关），税率可能都不一样。而且，不同金融资产各自适用的税率水平也存在着较大的差异，具体要取决于发行人的类别、持有资产的时间长度以及所有人的性质等。

金融市场

金融市场（financial market）是金融资产进行买卖（即交易）的场所。虽然金融市场的存在并不是创造和交换金融资产的必要条件，但是在大多数经济体中，金融资产都是在某种有组织的金融市场框架下被创造出来并进行交易的。

金融市场的作用

前面我们已经分析过金融资产的两个基本功能。此外，金融市场还具有另外三种经济功能。

第一，金融市场上买方与卖方的相互博弈决定了交易资产的价格，或者说确定了金融资产的必要收益率。公司借入资金的动力取决于投资者要求获得的必要收益率。金融市场的这一特点告诉我们资金应如何在各自的金融资产之间进行分配。这一过程被称为**价格发现过程**（price discovery process）。至于这些价格信号是对还是错，我们将在第 7 章研究金融市场的效率时再做讨论。

第二，金融市场为投资者出售金融资产提供了途径和场所。这一特征使得金融市场具备了一定的流动性，尤其是当投资者受环境所迫或主动出售金融资产时，市场较高的流动性对他们就有很大的吸引力。如果缺乏流动性，所有者将被迫持有债务工具直至其到期，或者是一直持有权益工具直至公司自愿清盘解散或是被迫破产清算。虽然所有的金融市场都能提供某种形式的流动性，但流动性的程度高低却是区分不同市场的重要因素之一。

第三，金融市场减少了交易的搜寻成本和信息成本。**搜寻成本**（search cost）包括显性成本——例如花钱登广告宣传自己有出售或购买某种金融资产的意愿——和隐性成本，后者如用于确定交易对象的时间。有组织的金融市场的出现降低了搜寻成本。**信息成本**（information cost）是与评估金融资产投资价值相关的成本，金融资产的投资价值指的就是预期现金流的金额以及实现的可能性。在有效市场上，价格反映了所有市场参与者收集到的全部信息。

金融市场的分类

金融市场的分类方法有很多。一种方法是按照金融要求权的种类对市场进行划分。金融市场上交易的要求权要么是针对固定的美元金额，要么是针对剩余价值。就像前面说过的那样，前一种金融资产是债务工具，交易这些工具的市场被称为**债务市场**（debt market）；后一种金融资产被称为权益工具，交易这些工具的市场被称为**权益市场**（equity market）或**股票市场**（stock market）。优先股代表的是一种权益要求权，它赋予投资者获得固定收益的权利，因此，优先股同时具有债务市场产品和权益市场产品的特点。一般而言，债务工具和优先股被归入**固定收益市场**（fixed income market），不包括优先股的股票市场被称为**普通股市场**（common stock market）。图 1—2 对这种分类方法进行了总结。

金融市场的另外一种分类方法是按照要求权的期限进行划分。例如，专门交易短期金融资产的市场被称为**货币市场**（money market），专门交易长期金融资产的市场被称为**资本市场**（capital market）。传统上，短期与长期的界限为 1 年，即期限为 1 年或 1 年以下的金融资产被视为短期产品，属于货币市场的组成部分之一。期限长于 1 年的金融资产则属于资本市场的组成部分之一。因此根据到期年

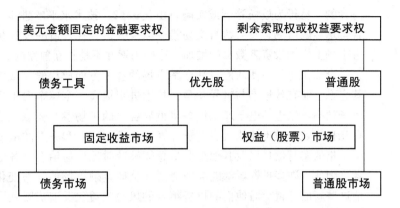

图1—2　按照要求权种类对金融市场进行分类

限的长短，债务市场上交易的金融产品，一部分可以归入货币市场，另一部分可以归入资本市场。由于权益工具一般是永久性的，因此它们常常被划入资本市场。图1—3描述了这种基于到期期限的金融市场分类方法。

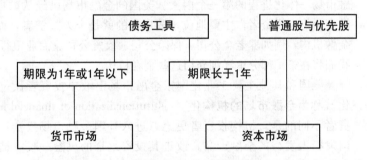

图1—3　按照要求权期限对金融市场进行分类

第三种划分金融市场的方法是看金融要求权是不是首次发行，当发行人把一种新的金融资产出售给公众时，这种行为被称为"发行"该种金融资产。首次发行金融资产的市场叫做**一级市场**（primary market）。一段时间以后，这种金融资产可以在投资者之间进行自由买卖（即交换或交易），发生这种买卖行为的市场被称为**二级市场**（secondary market）。

最后，我们还可以按照市场的组织结构对其进行分类。按照组织结构可将金融市场划分为拍卖市场、柜台交易市场和中介市场。我们将在以后各章讨论上述每种类型的市场。

金融市场的全球化

全球一体化意味着全世界的金融市场整合为一个统一的国际金融市场。在金融市场全球化的大背景下，任何国家的经济实体在寻求融资时不必再局限于其国内的金融市场，投资者进行投资也不再局限于只能买卖其国内市场上发行的金融资产。

金融市场全球化的促进因素主要包括：（1）全球主要金融中心对市场及其参

与者的交易行为放松管制或实施自由化；（2）技术水平的进步有助于更有效地监管全球金融市场、及时执行交易指令以及分析寻找合适的投资获利机会；（3）金融市场上机构投资者数量的增加。这些因素并不是相互独立的。

全球化竞争迫使政府对其金融市场的各个方面放松管制或实行自由化，以便其金融企业有效地参与世界竞争。技术进步提高了全球金融市场的一体化程度及市场效率，先进的电子通讯设备将世界各地的市场参与者联系起来，交易指令可在几秒钟之内被迅速执行。电子计算机技术的进步和先进的电子通讯系统使得股票价格的实时信息以及其他重要信息能够及时地传递给全球各地的众多市场参与者。因此，许多投资者都能准确地发现全球金融市场的动态变化，与此同时来评估这些新信息将会对他们的投资组合的风险收益状况造成哪些影响。显著提高的计算能力大大加快了处理实时市场信息的速度，从而使得投资者能够及时发现有吸引力的投资机会。一旦发现了这样的好机会，电子通讯系统便能迅速执行交易指令以抓住这些难得的获利机会。

金融市场上两种类型的投资者即散户和机构投资者地位的转变是加速全球金融市场一体化进程的第三个因素。美国的金融市场已经从散户投资者占主要地位转变为机构投资者占主要地位。散户指的就是个人投资者，而机构投资者指的是金融机构，例如养老金公司、保险公司、投资公司、商业银行、储蓄贷款协会等。我们将在第 1 部分里详细介绍这些金融机构。

美国和其他主要工业化国家金融市场上散户投资者让位于机构投资者的变化被称为**金融市场的机构化**（institutionalization of financial markets）。与散户投资者不同的是，机构投资者更愿意进入外国金融市场投资，目的是通过引入外国发行人发行的金融产品，改进其投资组合的风险—收益结构。它们的投资组合中通常都包括外国发行者的金融资产。许多研究都证实了全球投资能够带来潜在的投资组合收益，这进一步加深了投资者对全球投资优势的认识。而且，机构投资者的对外投资并不只局限于其他发达国家的金融市场，它们对发展中国家金融市场——这样的市场通常被称为新兴市场——的参与程度正在逐渐增加。

全球金融市场的分类

虽然全球金融市场的分类没有一个统一的说法，但是图 1—4 提供了一个较为适当的分类体系。

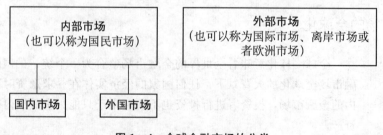

图 1—4　全球金融市场的分类

一国的金融市场可以分为内部市场和外部市场。**内部市场**（internal market）也叫做**国民市场**（national market），它由两部分组成：**国内市场**（domestic market）和**外国市场**（foreign market）。本国居民发行证券并对这些证券进行交易的市场被称为国内市场。

外国市场指不在本国居住的发行人在本国境内发行证券并对这些证券进行交易的市场。证券发行地所在国的监管当局负责对外国证券的发行进行监管。例如，非美国公司在美国发行的证券必须遵守美国证券法的相关规定，在日本发行证券的非日本公司也必须遵守日本的证券法令和日本财政部颁布的有关规定。外国市场有很多绰号，例如美国的外国证券市场被称为"扬基市场"，日本的外国证券市场被称为"武士市场"，英国的则叫做"猛犬市场"，荷兰的叫做"伦勃朗市场"，在西班牙则被称作"斗牛士市场"。

外部市场（external market）也叫做**国际市场**（international market），这一市场上发行、交易的证券有如下显著特点：它们同时面向多个国家的投资者发行，且不受任何一国监管法令的制约。外部市场常被叫做**离岸市场**（offshore market），或者是另外一个更响亮的名字——**欧洲市场**（Euromarket），虽然外部市场并不局限在欧洲境内，但是它的发源地在欧洲。①

衍生品市场

某些契约或合同要求合同的持有者履行某种义务或者赋予其（按照一定的价格）买卖某种金融资产的权利。这些合同的价值由其所交易的金融资产的价格决定。因此，此类金融合约被称为**衍生产品**（derivatives）。金融衍生产品包括期权合同、期货合同、远期合同、互换协议以及上下限协议等。我们会介绍每一种衍生工具的特征及其在金融市场上发挥的作用，这部分内容将贯穿本书首尾。

衍生工具（derivative instruments）的存在使得投资者能更有效地实施投资决策以实现其投资理财的目标，同时也能使发行人更有效地以更令人满意的条件融资。本书中讨论的多个金融创新与投资策略都离不开衍生品市场。

和任何一种金融资产一样，衍生产品除了能帮助人们实现特定的理财或投资目标以外，还常常被用于投机的目的。遗憾的是，几次规模较大的金融危机里也能看到衍生产品推波助澜的身影。因此，某些监管者和立法者对衍生产品感到很恐惧，把它们视为"魔鬼的工具"。

1994 年 5 月，美国审计署（U. S. General Accounting Office，GAO）公布了名为《金融衍生产品：保护金融系统需采取的行动》的报告，在该报告中详细论述了金融衍生品在全球金融市场上发挥的关键性作用：

> 衍生产品在全球金融市场上发挥着非常重要的作用，为最终使用者更好地管理商业交易中涉及的财务风险提供了工具和手段。衍生产品的快速发展

---

① 我们的分类方法也不是广为接受的。有些市场研究人员和数据统计人员认为外部市场包括外国市场和欧洲市场。

与结构的日益复杂一方面反映出最终使用者需要更好的工具来管理其财务风险，另一方面说明为了响应市场的需求，金融服务行业的创新能力也在不断加强。

2000 年 2 月 10 日，在美国参议院农业、营养与林业委员会召开的听证会上，时任美联储主席的艾伦·格林斯潘（Alan Greenspan）声称"场外市场上交易的衍生产品在美国的金融体系和国民经济中扮演着极其重要的角色。使用者可以利用金融衍生产品对风险分别定价，然后再将其转移给愿意并有能力承担这些风险的投资者。"

还有一件事也可以从侧面说明目前金融衍生产品对美国消费者的影响力到底有多大。2000 年 6 月，美国前任财政部长拉里·萨默斯（Larry Summers）在为《商品期货现代化法案》作证时指出衍生产品的使用"有助于降低美国消费者和美国企业的抵押贷款还款额、保险费用以及其他融资成本"。

衍生产品的种种问题并不在于其产品本身，而在于某些使用者对衍生产品的风险—收益特征缺乏了解。令人欣慰的是，本书的讨论将有助解开人们对衍生产品的误解，帮助大家了解如何正确地使用衍生产品控制各种各样的财务风险。

资产类别

在金融市场上，市场参与者经常会谈到**资产类别**（asset classes）。例如，在大多数发达国家的金融市场上，常见的资产类别主要有以下四种：

普通股

债券

现金等价物

不动产

尽管我们已经就市场参与者所说的资产类别提供了很多具体的例子，但我们并没有明确地对资产类别进行定义。有很多种方式可以对资产类别进行定义。有一种方式是从投资特征角度对资产类别进行界定，这种定义方式很常见。这些投资特征包括了大多数能影响资产类别价值的经济因素，因此，与每种资产类别的收益都高度相关，这些特征是资产都有着相同的风险和收益特征，而且法律或者监管安排都相同。因此，以这种方式来定义资产类别，不同资产类别收益之间的相关度比较低。另外一种定义资产类别的方法是根据资产管理人员对待资产类别的方式，简单地将资产分为一组。马克·科瑞茨曼（Mark Kritzman）将这种方式描述如下：

有些投资以某种资产类别的方式出现仅仅是因为这些资产管理人员将它们归为一种类型的资产。资产管理人员认为投资者更倾向于按照资产类别购买产品而不是仅仅按照某种投资策略来分配资金。[1]

---

[1] Mark Kritzman, "Toward Defining an Asset Class," *Journal of Alternative Investments* (Summer 1999), p. 79.

因而他建议定义资产类别的标准除了我们前面提到的特征外，还包括我们将在第8章介绍的其他详细内容。

根据不同的方法对资产类别从不同角度进行定义，前面提到的几种类型的资产还可以延伸出更多的类型。例如，从一个美国投资者的角度来看，前面提到的四种主要类型的资产类别可以扩展为外国证券和美国证券，具体如下所示：

美国普通股

非美国（外国）普通股

美国债券

非美国（外国）债券

现金等价物

不动产

此外，普通股和债券还可以进一步细化为更多的资产类别。对于美国普通股来说（通常也被称为美国权益），就有如下的具体分类：

大规模市值股票

中等规模市值股票

小规模市值股票

成长性股票

价值类股票

在这里，"市场价值"的意思是公司普通股的市场价值。公司的**市场价值**（market capitalization）等于公司发行在外的所有普通股的市值总和。例如，假设某公司发行在外的股票有5 000万股，每股的市场价值是40美元，那么，公司的市场价值就是20亿美元（5 000万股乘以40美元每股）。通常情况下，公司市场价值简称为公司市值，或者市值。

尽管在给定每股市场价格和发行在外的公司普通股股票数量的前提下，公司市场价值很容易计算出来，但是，对于"价值类股票"和"成长性股票"，我们又应该如何计算公司的市场价值呢？我们将会在第13章对相关内容做详细的介绍。

美国债券，同时又被称为固定收益类证券，其资产类别还可以做如下具体的划分：

美国政府债券

投资级别公司债券

高收益公司债券

美国市政债券（例如，州或者地方债券）

抵押贷款支持证券

资产支持证券

所有的这些债券，本书第6部分将会重点介绍，同时我们也会在第6部分解释什么是"投资级别"债券和"高收益"债券。有时候，上面罗列的前三类债券又可以进一步划分为"长期债券"和"短期债券"。

对于非美国股票和债券而言，资产类别主要有如下几个类型：

发达市场外国股票

发达市场外国债券

新兴市场外国股票

新兴市场外国债券

对**新兴市场**（emerging markets）也存在不同的界定方式。市场参与者通常都是如此描述新兴市场的特征的，即新兴市场国家都是：（1）经济处于转型期，并且为了更好地参与全球资本市场，这些国家都开始实施政治、经济和金融市场的改革；（2）由于政治风险和货币价值的不稳定，投资者可能会面临显著的价格波动风险；（3）金融市场运转的时间都不长。劳克斯（Loucks）、佩尼库克（Penicook）和希尔霍（Schillhorn）对新兴市场的描述如下：

> 新兴市场的发行者依靠国际投资者融通资金。新兴市场国家不能通过本国市场融资来解决财政赤字问题，因为本国资本市场发展滞后，本国投资者不能或者不愿借钱给本国政府。尽管各个新兴市场发行者的信用风险有很大的不同，但对外国资本的依赖是这些资产类别最基本的特征。[①]

除了不动产之外，我们前面所述的各种类型的资产类别都被称为**传统资产类别**（traditional asset classes）。不动产和前面没有提到的其他资产类别被称为**非传统资产类别**（non-traditional asset classes）或者**可选择资产类别**（alternative asset classes），这些资产包括商品、私人权益、对冲基金和外汇。

随着对资产类别含义的界定，对资产类别的表现进行量化分析的标杆工具也产生了——风险、收益和与其他资产类别之间的相关性。这个标杆工具也被称为"参照指数"、"市场指数"或者直接简称为"指数"。最常见的指数就是标准普尔500指数。在后面的章节中我们将会对更多的指数加以介绍。这些指数也经常被投资者用来评价专业管理人员的投资表现，而这些管理人员都是投资者雇用来替自己管理资产的专业人士。

小　结

本章我们阐述了金融资产及其交易市场的特点。金融资产（金融工具或证券）可以使其所有者有权获得发行人支付的未来现金流。这种要求权可以是权益要求权或债务要求权。

任何金融资产的价值都等于其预期现金流的现值，现金流指的是现金支付（股利、利息、债务工具本金的偿付和股权工具的预期出售价格）。对大多数金融资产而言，现金流是不确定的。金融资产估值的第一步是对未来的预期现金流进行估计。按照美国的传统，美国国库券的收益率是市场最低利率水平的参考值。不过近些年来，随着美国国债的发行量逐年减少，市场急需找到一种新的基准利率指标，以作为市场最低利率水平的参照物。在最低利率水平的基础上，我们还必须加上一定的溢价部分，以反映与未来现金流实现有关的风险。

金融资产的某些性质决定或影响了其对不同类型投资者的吸引力。金融资产有十种性质：货币性、可分性和面值、可逆性、到期期限、流动性、可转换性、币种、现金流和收益的可预测性、复合性和税收状况。

金融资产的两大主要经济功能是：（1）将资

---

① Maria Mednikov Loucks, John A. Penicook and Uwe Schillhorn, "Emerging Markets Debt." Chapter 31 in Frank J. Fabozzi (Ed.), *Handbook of Finance*: *Volume I*. Hoboken, NJ: (John Wiley & Sons, 2008).

金从拥有盈余资金可用来投资的一方转移给需要资金投资于有形资产的一方；（2）在转移资金的同时，将与有形资产创造现金流相关的不可分散风险在寻求资金和提供资金的各方之间进行重新分配。

除了金融资产本身具有的两大功能以外，金融市场还有以下三种功能：（1）提供了金融资产价格（或必要收益率）的定价机制；（2）使资产更具有流动性；（3）减少了交易金融资产的成本。与市场交易相关的成本包括搜寻成本和信息成本。

金融市场的分类方法有很多：按照金融要求权的种类划分（债务工具与权益要求权），按照要求权的期限划分（货币市场与资本市场），按照证券是首次发行还是增发划分（一级市场与二级市场），或者按照市场的组织结构类型划分。

衍生工具的价值来源于标的金融资产的价值。这些工具能帮助市场参与者更有效地实现其财务目标。

金融资产划分的类别被称为资产类别。四大资产类别包括股票、债券、现金等价物和房地产。在实际操作中，股票和债券还可以被进一步划分为更详细的小类。

关键术语

可选择资产类别	外部市场（或称国际市场）	非传统资产类别
资产	金融资产	离岸市场
资产类别	金融中介	价格发现过程
买卖价差	金融市场	一级市场
资本市场	固定收益工具	购买力风险（或称通货膨胀风险）
现金流	固定收益市场	
普通股市场	外汇风险	实际预期收益
信用风险（或称违约风险）	外国市场	剩余索取权
债务工具	信息成本	可逆性
债务市场	金融市场的机构化	来回交易成本
活期金融工具	无形资产	搜寻成本
衍生产品	内部市场（或称国民市场）	二级市场
可分性	流动性	股票市场
国内市场	市场价值	有形资产
新兴市场	货币	到期期限
权益要求权	货币市场	市场厚度
权益市场	准货币	传统资产类别
欧洲市场	名义预期收益	

思考题

1. 金融资产与有形资产之间的区别是什么？

2. 福特汽车公司债券的持有人与该公司普通股持有人拥有的权利有哪些不同？

3. 金融资产定价的基本原则是什么？

4. 为什么确定金融资产的现金流是很困难的？

5. 在对金融资产的预期现金流进行贴现时使用的贴现率要受到哪些因素的影响？

6. 一位购买了日本政府发行的债券的美国投资者说："假设日本政府不违约，我就能准确地知道这笔债券的未来现金流。"请你说明同意或反对其说法的理由。

7. 一位购买了美国政府发行的债券的投资者说:"购买这一债券我没有面临任何违约或购买力风险。"请你说明同意或反对的理由。

8. 你刚刚继承了 30 000 股 ABC 公司的股票,这是一家你从未听说过的公司。你打电话给你的经纪人看你是否发财了。几分钟后她回电话:"我对这些股票一无所知。很不幸它们不在金融市场上进行交易。你不必为它们操心了。"她的这席话是什么意思?

9. 解释为什么流动性不仅取决于金融资产的类型,还取决于买卖的数量。

10. 金融资产的两个基本功能是什么?

11. 举出金融市场全球一体化加速发展的三个原因。

12. 1992 年 1 月,一家美国公司 Atlantic Richfield 在美国发行了 2.5 亿美元的三十年期债券。站在美国金融市场的角度,指出这一发行行为应被划入国内市场、外国市场还是离岸市场。

13. 1992 年 1 月,韩国发展银行在美国发行了 5 亿美元的十年期债券。站在美国金融市场的角度,指出这一发行行为应被划入为国内市场、外国市场还是离岸市场。

14. 1990 年 9 月,美国国会技术评估办公室(U. S. Congress Office of Technology Assessment)发布的名为《电子牛市与熊市:美国的证券市场与信息技术》(Electronic Bulls & Bears: U. S. Securities Markets and Information Technology)的报告中有下面一段话:

资本主义经济体中的证券市场有以下五种功能:

a. 使公司和政府有渠道筹集资金;

b. 有助于使资金按生产用途分配;

c. 帮助人们通过将储蓄用于投资来不断增加自己的积蓄;

d. 反映了投资者对公司盈利潜力的评价,从而为公司经营者提供了指导;

e. 促进就业,提高收入。

对以上所引的每种功能,具体解释一下金融市场(或者说本报告中所说的证券市场)是如何发挥这些功能的。

15. 指出以下每种金融工具是在货币市场还是资本市场进行交易的:

a. 通用汽车承兑公司发行的四个月期金融债券;

b. 美国财政部发行的三十年期证券;

c. IBM 公司发行的普通股。

16. 举出三个衍生产品的例子,并解释它们为什么被称为衍生产品。

17. a. 资产类别是怎样定义的?

b. 传统的资产类别是什么?

18. 一家公司的销售额为 10 亿美元,资产总额为 20 亿美元,已发行股本数为 1 亿股,每股市场价格为 35 美元,则该公司的总市值是多少?

第 1 部分
市场参与者

第 2 章

市场参与者与金融创新概览

学习完本章内容，读者将会理解以下问题：

● 金融市场的参与者：中央政府、中央政府的代理机构、地方政府、国际机构、非金融机构、金融机构和家庭

● 金融机构的业务

● 什么是金融中介

● 金融中介机构是如何提供下列四项中至少一项经济功能的：期限中介、通过分散化投资降低风险、减少订立合同与处理信息的成本以及提供支付机制

● 金融中介机构的资产和负债管理的性质

● 金融机构对偿还负债所导致的现金支出的数量和时机有不同程度的了解，预测的准确性也各不相同

● 政府对金融市场进行监管的常见理由

● 政府如何通过信息披露监管、金融活动监管、金融机构监管和对外国金融机构的监管来监管金融市场

● 金融创新的含义及金融创新出现的原因

在了解了什么是金融资产以及金融资产和金融市场的作用以后，我们现在要了解的是金融市场上有哪些参与者。这些市场参与者包括发行金融资产和投资金融资产的实体机构。我们将集中讨论一类特殊的市场参与者——金融中介机构，因为它们在金融市场上履行着极其重要的经济功能。除了介绍其经济功能以外，我们还将讨论金融机构的管理者们面临的最基本的资产/负债问题。

金融市场上另一类重要的参与者是监管机构。由于在任何经济体中金融市场均扮演着重要的角色，因此政府认为有必要对金融市场的某些方面进行监管。在美国，金融市场可由联邦政府或州政府负责监管。在某些情况下，这两种层次的

监管还会同时进行。我们将在后面几章详细介绍某些特定的监管机构和监管法规，因此本章仅对各种各样的监管类型作简要概述。

我们生活在一个金融创新日新月异、层出不穷的时代，这些创新反映和满足了试图实现其财务目标的发行者和投资者的需要。在本章结尾，我们会简要概括一下金融创新的原因及好处。

市场参与者

对美国金融市场上买卖证券的参与者进行分类的方法是由美联储所确定的。联邦储备委员会每个季度都会公布**资金流量账户**（flow of funds accounts）。这些账户表明金融市场上的参与者都从哪里获得资金，又把这些获得的资金投向哪里。经济学家们会运用资金流量账户分析市场参与者的市场投资行为，从而预测市场的发展趋势。我们的目的不是在这里讨论资金流量账户，而是要区别市场参与者以及以什么样的方式对市场参与者分类。按照美联储的官方说法，每个类别的市场参与者都被称为**部门**（sector）。表 2—1 就详细罗列了资金流量账户中的各个部门。

表 2—1　　　　　　　　　　美国资金流量账户中的部门

家庭和非营利组织
非金融公司
● 非农业非金融公司企业
● 非农业非公司企业
● 农业企业
州和地方政府
联邦政府
国外部门
货币当局
商业银行
● 美国特许商业银行
● 国外银行在美国的代表处
● 银行控股公司
● 美国附属地区银行
储蓄机构
信用合作社
财产与灾害保险公司
人寿保险公司
私人养老金
州和地方政府雇员退休基金
联邦政府退休基金
货币市场共同基金
共同基金
封闭式和交易所交易基金
政府支持企业
机构和政府支持企业支持的抵押贷款池
资产支持证券发行者
财务公司
不动产投资信托
证券经纪人和交易商
融资公司

在本章中，为了更好地了解金融市场中的各种参与者，有必要对各个部门进行归类，从而确立了如下范围更为宽广的九大群体：

家庭

政府

非金融公司

存款性金融机构

保险公司

资产管理公司

投资银行

非营利组织

国外投资者

家庭部门很容易理解。我们将会在下面的段落中对其他部门做一个简单的介绍。此外，在本书的其他章节中，我们还会对一些市场参与者做更详细的说明。

政府部门

政府部门包括：

● 联邦政府

● 政府支持企业

● 州政府

● 地方政府

美国联邦政府通过发行债券筹集基金，其发行的债券通常被称为**政府债券**（Treasury securities）。我们会在第 21 章对这些债券进行介绍，并且会详细说明美国联邦政府通过美国财政部发行这些债券的流程。联邦政府设有专门的机构在金融市场上买卖这些政府债券。我们会在第 21 章介绍这些联邦机构。金融市场上最主要的参与者是**政府支持企业**（government-sponsored enterprises，GSE），我们同样会在第 21 章对此加以说明。这些政府支持企业都是公众公司。例如，房利美、房地美都是属于政府支持企业。它们在住房抵押贷款市场上发挥着非常重要的作用，我们会在第 26 章对此进行详细说明。

正如我们将在第 24 章解释的那样，州政府和地方政府都会在金融市场上发行债券。当然，它们同时也是金融市场上的投资者。当它们有多余的资金时，它们也会在金融市场上买卖证券。这主要是因为政府税收或者其他收入与政府支出存在时间差。在这种情况下，这些资金都会用于投资短期证券工具，当需要用这些资金时，能够迅速变现。

此外，与联邦政府一样，州政府和地方政府的雇员是固定收益养老金的发起人和支持者。我们会在第 5 章对固定收益养老金做详细说明。州政府和地方政府既可以直接投资养老金计划基金（通常称为内部管理）也可以雇用基金管理人来管理这些资金（通常称为外部管理），或者可以将两种方式结合起来。

非金融公司

非农业公司可以分为金融公司和非金融公司。金融公司包括储蓄机构、保险公司和投资银行。非金融公司发行证券。它们同时发行普通股（第13章和第14章会介绍）和债务工具（第20章、第22章和第23章会介绍）。此外，拥有富裕现金流的公司可以在金融市场上投资短期证券工具。

很多公司拥有附属机构，这些附属机构在金融市场上从事与金融公司相同的经济活动。这些金融部门通过借贷资金的方式参与金融市场的活动，它们通常被称为**受控财务公司**或者**专属金融公司**（captive finance companies）。这些公司中的代表有福特汽车信贷公司（福特集团的附属子公司）和通用电气信贷公司（通用电气的附属子公司）。

公司为它们的员工提供各种各样的养老金计划。这些公司发起的固定收益养老金计划与州政府和地方政府发起的固定收益养老金计划一样，发起人都有相同的选择：内部管理、外部管理或者将两种管理方式结合起来。

存款性金融机构

存款性金融机构包括商业银行、储蓄贷款协会、储蓄银行和信用合作社。存款性金融机构是通过储蓄和其他资金来源渠道筹集资金的，它们可以直接向个人、非金融和金融公司、州政府和地方政府发放贷款。由于存款性金融机构在金融市场上担任着非常重要的角色，起着非常重要的作用，因此它们受到的监管也最为严格，我们会在下一章对此做重点说明。

保险公司

保险公司包括人寿保险公司、财产与灾害保险公司。保险公司为未来事件的发生提供保护，这些事件包括诸如死亡、住房或商业用房火灾等。为了提供这些保护，保险公司会收取保险费。在收取保费和支付保险金（如果被要求支付）之间存在时间差，保险公司可以利用这个资金的时间差，在金融市场上进行投资活动。第4章会对保险公司做更具体的介绍。

资产管理公司

资产管理公司（asset management firms）管理的资金来自个人、企业、州政府和地方政府。它们最初的补偿来自它们收取的费用，这些费用与公司管理的资产总额以及与所管理的投资组合的表现紧密相关。资产管理人员有各种各样的称呼，通常被称为货币管理经理、投资组合经理和基金经理。[①] 有些资产管理公司是

---

① 有些资产管理机构的客户对他们基金经理的表现感到很失望，会有一些其他的称呼，这些称呼都不适于在本书中出现。

商业银行、保险公司和投资银行的附属子公司。资产管理公司管理的资产包括：

- 养老金
- 受控投资公司
- 交易所交易基金
- 对冲基金
- 不动产投资信托
- 担保债务工具
- 结构化融资运行公司

大多数资产管理公司管理的资产种类都不限于上面提到的一种。在第 5 章，我们会对上面提到的资产进行详细介绍，同时还会对资产管理公司管理的其他类型的资产进行说明。

投资银行

投资银行主要有两大功能。第一，对公司来说，美国政府机构和政府支持企业、州政府和地方政府都需要资金，投资银行会帮助它们融通资金。第二，对那些准备投资于基金的投资者来说，投资银行在买卖证券的过程中扮演者经纪人或交易商的角色。投资银行可以是商业银行或者保险公司的附属子公司。在第 6 章，我们会详细介绍投资银行的相关业务活动。

非营利组织[①]

非政府机构可以分为商业企业和非营利组织。这两者之间的区别是商业企业的初始目标就是谋求盈利。**非营利组织**（nonprofit organizations）不以营利或者其他金钱获取为目的，但是实现它们的目标需要金融上的支持。这些组织的活动能够帮助实现一些特殊的公共或私人利益，这些利益包括人道主义援助、教育、艺术、宗教，等等。

非营利组织通常是指**基金会**（foundations）或者**捐赠基金**（endowments）。这些机构主要由富有的个人或者家族设立。最初的遗产和因此产生的投资收入都会以基金的方式留给受益人。基金投资所带来的投资收入还会用于基金会的日常管理和运转。

美国绝大多数基金会都独立于任何公司或者政府组织。有一些基金会由公司发起成立或者与某些社会团体有关联。有些基金会被称为运作基金会，因为它们将大多数的捐赠给本单位而不是给基金会以外的任何机构。

根据基金会管理中心的数据，按照基金会资产规模排名，2003 年排名前五位的基金会分别是比尔和梅琳达盖茨基金会（268 亿美元）、利里基金会（108 亿美元）、福特基金会（100 亿美元）、保罗·格蒂基金会（91 亿美元）和罗伯特·伍

---

① 注意到在表 2—1 中，非营利组织是与家庭归为一类的。这样分类的唯一原因是两者的数据在准备资金流量账户时都是不可获得的。

德·约翰逊基金会（79亿美元）。根据2005年捐赠额的多少来排名，美国前五位的大学基金会分别是哈佛大学（255亿美元）、耶鲁大学（152亿美元）、斯坦福大学（122亿美元）、得克萨斯大学系统（116亿美元）和普林斯顿大学（112亿美元）。[①]

有资质的基金会是享有税收豁免权的。基金会信托委员会对投资目标和可接受的投资产品都有非常具体的规定和说明。捐赠基金会既可以由自己人管理也可以由外部基金管理人员管理。通常情况下，基金会管理人员为了确保基金的本金安全，都会选择投资于长期资产。

国外投资者

在美国金融市场上的国外投资者包括个人投资者、非金融企业和总部不在美国的金融机构，同时也包括外国中央政府和跨国机构。外国中央政府是通过该国货币当局即**中央银行**（central bank）来参与美国金融市场上的各种活动的。一国中央银行通过在美国金融市场上买卖金融资产，来维护该国货币与美元之间的币值稳定，或者发挥投资机构的作用（当某些资产具有投资价值时购买这些资产，而当某些资产不具有投资价值时卖出这些资产）。

这类参与者的另外一个重要组成部分是**跨国机构**（supranational institution），跨国机构是由两个或多个中央政府通过国际合约形成的组织。这些跨国机构会致力于推动会员国的经济发展。最具代表性的两个跨国机构是国际复兴开发银行（通常被称为世界银行）和美洲开发银行。前者的目标是促进全球金融和贸易效率的提高，而后者的目标是促进美洲发展中国家经济的快速发展。

金融机构

金融企业，通常被称为**金融机构**（financial institutions），它们不仅对世界资本市场的有效运作至关重要，而且通常都是世界上最大的公司或企业。我们只需要看看2007年福布斯2 000家最大公司排行榜就可以发现金融公司的规模都很庞大。排名前十的公司和所在行业如下所示：

排名	公司名称	所在行业	所属国家
1	花旗集团	银行业	美国
2	美国银行	银行业	美国
3	汇丰控股	银行业	英国
4	通用电气	综合类	美国
5	摩根大通	银行业	美国
6	美国国际集团	保险业	美国
7	埃克森美孚	石油天然气	美国
8	荷兰皇家壳牌	石油天然气	荷兰
9	瑞银集团	金融多元化	瑞士
10	荷兰国际集团	保险业	荷兰

[①] 数据来源于美国教育部，国家教育统计中心，2007年。

我们可以看到，排名前十位的公司中仅有两家不属于金融机构。毫不奇怪，它们是石油公司。通用电气尽管不是一家纯粹的金融机构，但是它通过自己各种各样的附属子公司大规模地参与金融市场上的各种活动。福布斯排行榜上的前三家公司都是金融企业。前十家中还有两家保险公司。如果只关注美国的情形，看看美国在世界上排名前十位的公众公司都是哪些的话，我们会发现这中间有更多的金融公司。下面是根据福布斯排行榜，在世界范围内排在前三十五位的美国的金融机构：

排名	公司名称	所在行业
1	花旗集团	银行业
2	美国银行	银行业
4	通用电气	综合类
5	摩根大通	银行业
6	美国国际集团	保险业
16	伯克希尔哈撒韦	金融多元化
25	高盛集团	金融多元化
25	摩根士丹利	金融多元化
32	美林证券	金融多元化
34	富国银行	银行业
35	美联银行	银行业

金融机构提供如下一个或多个方面的服务：

1. 将从市场上获得的金融资产转化成不同类型、更可取的资产，这些资产成为金融机构的负债。这一功能便是**金融中介**（financial intermediaries），是金融机构所提供的最重要的服务。

2. 按照客户的要求，代表客户交易金融资产。

3. 以自己账户的名义交易金融资产。

4. 为客户创造金融资产，并将这些金融资产卖给其他市场参与者。

5. 为市场参与者提供投资建议。

6. 管理其他市场参与者的投资组合。

金融中介机构的作用

金融中介机构包括存款性金融机构、保险公司、养老金公司和投资公司。前面所述的六项服务中的第二项和第三项业务是经纪人和交易商要履行的职能。第四项业务指的是承销业务。一般来说，从事承销业务的金融机构同时也会提供经纪和/或交易服务。

金融中介机构通过向市场参与者发行金融产品来获得资金，然后再用这些资金进行投资。金融中介机构的投资——即其资产——可以以贷款和/或股票的形式存在，这种形式被称为**直接投资**（direct investments）。我们可以用两个例子来说明金融中介在其中发挥的作用。本书的大部分读者都很熟悉商业银行的业务操作。商业银行吸收存款，然后将资金贷放给消费者和工商企业。存款代表着商业银行的负债和存款者的金融资产；贷款代表着借款方的负债和商业银行的金融资产。商业银行对借款机构进行了直接投资，而存款者实际上是对借款机构进行了间接投资。

在第二个例子中，一家投资公司把投资者的资金集中起来，然后用这些资金购买各种资产组合，例如股票和债券。向投资公司提供资金的投资者可以获得权益要求权，这使得投资者有权按照比例分得资产组合的投资收益。权益要求权由投资公司发行。投资公司买入的金融资产组合代表着该公司进行的直接投资，而持有投资公司发行的权益工具、投资于该投资公司的投资者则是进行了间接投资。

金融中介机构的基本功能是把不受大部分社会公众欢迎的金融资产——金融机构自身的负债——转换为人们更愿意接受的金融资产。这种转换至少涉及下列四大经济功能中的某一项：（1）提供期限中介服务；（2）通过分散化投资降低风险；（3）减少订立合同和处理信息的成本；（4）提供支付机制。

期限中介

在前面提及的商业银行的例子中，我们必须要注意两点：首先，一般来说，至少有一部分存款的期限是短期的。例如，某些存款是可以随时支取的，其他一些存款虽然有确定的到期日，但大部分少于两年。其次，商业银行的贷款期限通常会远远超过两年。如果没有商业银行，借款人将不得不勉强借入短期贷款，或者是寻找愿意提供特定时间长度贷款的金融机构，和/或者是投资者的存款将不得不在银行停留更长的时间，而这明显违背了他们的本意。通过发行金融债券，商业银行从本质上将长期资产转变成了短期资产，于是既能向借款人提供其所需时间长度的贷款，同时又能满足投资者（存款者）对金融资产投资期限的要求。金融中介机构的这一功能被称为**期限中介**（maturity intermediation）。

期限中介对金融市场有两层含义：首先，投资者对其投资期限，借款人对其债务的时间长短都有了更多的选择；其次，由于投资者一般不愿意长期借出资金，因此他们会要求长期借款人支付比短期贷款更高的利息。与之相反，由于在贷款到期前，金融机构可以充分利用这段期间内连续不断存入的存款资金来支持其他金融业务（尽管这样做会冒一些风险），因此它们更乐于向借款者贷放长期贷款，而且对借款人而言，银行长期贷款的利息成本要低于向个人投资者借款。因此，期限中介的第二层含义是有可能降低长期借款的成本。

通过分散化投资降低风险

我们以一位投资者将资金投资于投资公司为例来说明。假设投资公司用获得的资金购买了许多公司的股票，这种做法意味着投资公司进行了分散的多样化投资，降低了投资风险。投资本金额较少的投资者因为没有足够的资金一次性买入多家公司的股票，所以很难达到与投资公司相同的投资分散程度。但是，如果将同样数额的资金投资于投资公司,那么投资者就可以用较少的资金达到较高程度的投资分散化,因此有助于降低投资风险。

金融中介机构将风险较高的资产转换为风险相对较低资产的经济功能被称为**分散化**(diversification)。虽然个人投资者自己也可以做到这一点,但是他们不能像金融中介机构那样同时做到降低投资的成本,成本的降低幅度要具体取决于其投资额度的大小。通过购买金融中介机构的金融资产来达到低成本的分散化投资并降低投资风险的目的,这是金融市场的一个重要的经济福利。

减少订立合同和处理信息的成本

购买金融资产的投资者应该掌握投资评估的必要技能。一旦掌握了这些技能,在分析购买(或者是紧随其后的出售)某种特定的金融资产时,投资者便可以用上这些技能。愿意向个人或机构发放贷款的投资者需要订立贷款合同(或雇用律师代为拟定合同)。尽管有些人认为可以利用闲暇时间亲自去做这件事,但是大部分人都认为自己没有多少闲暇时间,牺牲了自己的休息时间应该得到补偿,而补偿的形式是得到更高的投资回报。

除了花时间处理有关金融资产及其发行人的信息需要承担机会成本外,获取这些信息也需要成本,所有上述成本被称为**信息处理成本**(information processing cost)。拟定贷款合同的成本被称为**合同成本**(contracting cost),合同成本还包括执行贷款协议条款的成本。

了解了这些以后,请大家设想两个金融中介机构的例子——商业银行和投资公司。它们的员工当中就有受过金融资产分析与管理培训的投资专家。至于贷款协议,一般可以使用标准化合同,对于某些比较复杂的交易,也可以聘请专业的法律顾问来拟定合同。专业的投资专家可以监督贷款协议条款的具体执行情况,并采取必要的措施保护金融中介机构的利益。金融中介机构雇用这些专业人士时具有成本节约的优势,因为投资原本就是这些专业人士的老本行。

换言之,在订立合同和金融资产的信息处理上,金融机构是有规模经济效应的,因为它们管理的资金数额巨大。反过来,低成本也能使购买金融中介机构所发行的金融产品的投资者以及金融资产的发行人获得实际的好处,金融中介机构运营成本的降低有助于降低后者的借款成本。

提供支付机制

如是说前面三项经济功能不是那么明显,那么这最后一项功能就应该是显而易见的。在现代生活中,大部分交易都没有使用现金。相反地,交易的支付都是通过支票、信用卡、借记卡和电子资金划拨等工具或方式完成的。提供这些支付手段的机构正是金融中介机构。

在某段时期内,非现金支付只局限于依托于商业银行的无息账户签发的支票。后来,储蓄贷款协会、储蓄银行和某些投资公司也开始提供类似的签发支票的特权。信用卡支付也一度是商业银行独占的领域,但是现在其他存款性金融机构也能提供这项服务。许多金融中介机构都发行了借记卡，借记卡与信用卡的不同之处在于，信用卡的账单会被定期（通常一月一次）送至信用卡的持有人处，要求其对过去这段时间内的交易进行支付。如果使用的是借记卡，则在交易发生的同时，资金就会被立即从购买者的账户里划出（即借记）。

非现金支付方式对金融市场的正常运作是十分关键的。简言之，存款性金融机构通过非现金支付把不能用于交易支付的资产转变为可以用于交易支付的资产。

金融机构的资产与负债管理概述

为了弄清楚金融机构的管理者们为什么要投资于特定类型的金融资产，或使用特定类型的投资策略，我们首先要大概了解一下金融机构面临着怎样的资产/负债问题。

金融机构的负债性质直接决定了其应当采用何种投资策略。例如，存款性金融机构的收入产生于其资产收益和资金成本之间的差额，这一差额被称为**利差**（spread）。也就是说，金融机构通过买卖资金来寻求获利。它们从存款者或其他资金来源那里购买资金，而贷出贷款和购买证券就相当于卖出资金。它们的目标是以高于买入资金成本的价格卖出资金。买入资金的成本和卖出资金的收益以每单位时间的利率水平来表示。所以说，存款性金融机构的目标是在其投资的资产（卖掉资金以购买这部分资产）和其资金成本（用以购买资金）之间赚取正的利差。正如我们将在第 4 章里看到的那样，人寿保险公司也是赚取利差收益的金融机构。

养老金公司不是赚钱利差收益的金融机构，因为它们不在市场上融资。它们的目标是以最低的成本来履行发放养老金的职责，这部分成本实际上是由养老金计划的发起人承担的。投资公司的资金成本也没有那么明显，也不需要履行特定的负债偿还义务，除非是这种情况——该投资公司同意回购股份。

负债的性质

金融机构的负债是指按照债务合同条款的规定，金融机构必须在一定时间支付一定数量的现金。任何金融机构的负债均可划分为四类，如表 2—2 所示。表中的分类假定，即将获得支付的实体不会在任何实际或计划支付日期前放弃对金融机构的债权。

表 2—2 金融机构负债的性质

负债类型	现金支出数量	现金支出时间
第一类	已知	已知
第二类	已知	不确定
第三类	不确定	已知
第四类	不确定	不确定

对于金额确定或不确定的现金支付的讨论已经很多了，在谈及金额不确定的现金支出时，我们并不是说它不可预测。对于某些负债，大数法则的使用可以使得对资金支出时间和金额的预测变得十分简单。这样的工作通常是由保险精算师来完成的。但是，即使是保险精算师，对洪水和地震这样的自然灾害所造成的损失也是无法准确预测的。

我们将在后面进一步讨论负债的风险类型，这里先对每种类型的负债作一简短描述。

第一类负债

第一类负债指的是偿还金额和偿还时间事先已明确的负债，例如一家金融机构知道它必须在六个月以后支付5 000美元。再比方说，假定定期存款的存款人不会在到期日前提取存款，则存款性金融机构就能准确地知道定期存款到期时它必须支付的金额（本金＋利息）是多少。

第一类负债不只限于存款性金融机构。人寿保险公司出售的一类主要产品是**担保投资合同**（guaranteed investment contract），一般简称为GIC，在此合同下，人寿公司的义务是，对某一笔资金（被称为保费），公司将保证在未来特定到期日支付一定的利息。[①] 例如，假设某个人寿保险公司对一笔1 000万美元的保费发行了五年期的GIC，年利率为6%，每年计算一次复利，则人寿公司就能准确地算出五年以后它必须向GIC保单持有人支付1 338万美元。[②]

第二类负债

至于第二类负债，其现金的支出金额事先已知，但支出时间不确定。最常见的例子就是人寿保单。人寿保单有许多种，最基本的类型是保险人每年缴纳一定金额的保费，而人寿保险公司同意在保险人死亡时向保单受益人支付一笔金额确定的保险金。

第三类负债

这一类负债的现金支出时间是已知的，但支出金额不确定。例如金融机构发行的某种债务工具，其利率水平按照某一市场基准利率定期调整。又比如存款性金融机构发行的一种有明确到期日的存单，在存款期间利率不固定，可以浮动。如果一家存款性金融机构发行了三年期浮动利率的定期存单，每三个月按照三月期国库券利率再加上一个百分点来调整存单的利率水平，那么该存款性金融机构尽管明确地知道三年后它有一笔必须要偿还的负债，但是该负债的美元金额并不确定，要取决于这三年内的三月期国库券利率。

第四类负债

许多保险产品和养老金计划的现金支出的金额和时间均不确定，最常见的例子要属财产与灾害保险公司发行的汽车保险和房屋保险。保险公司不清楚何时向保单持有人进行支付，也不知道是否会向保单持有人进行支付。当被保险的财产发生损失时，保险公司要赔付的金额也是不确定的。

[①] GIC看起来不像是人寿保险公司会提供的产品，因为保单持有人死亡不是保单受益人获得支付的必要条件。但是，第4章将会谈到，保险公司提供的大多数金融产品实际上是养老金产品——GIC就是这类产品之一。

[②] 这一数字是这样算出来的：$10\,000\,000 \times (1.06)^5$。

正如我们将在第 5 章中谈到的，养老金计划的发起人同意按照各种各样的支付计划向参加养老金计划的受益人支付养老金。根据某些养老金计划的安排，退休金的数额取决于参与者退休前一定年限内的收入水平及参与者工作的总年数，这些因素将会影响到养老金计划现金支付的金额。现金支付的时间取决于雇员选择何时退休，以及雇员在退休以前是否一直参与该养老金计划。而且，退休金支付的金额和时间还要取决于雇员选择哪一种支付方式——养老金的支付是仅覆盖雇员的生命期间，还是要覆盖其与配偶的整个生命期间。

流动性需求

由于现金支出的时间、数目均不确定，所以金融机构必须持有足够多的现金以满足其偿还债务的要求。请大家还要注意一点，在关于负债的讨论中，我们假设持有金融机构债权的实体可能会行使自身权利而改变负债的性质，这样做也许会被处以一定数额的罚金。例如在存单的例子中，存款人可能要求在到期日前支取存款。一般情况下，存款性金融机构会批准这一要求，但会对提前支取行为收取一定的罚息。某些类型的投资公司还赋予其股东可在任何时间赎回所持股份的权利。

某些人寿保险产品拥有累积的现金价值，允许保单持有人在某些特定日期用保单换取一笔现金支付。一般情况下，保单持有人拿到这笔现金以后获得的"惩罚"就是保险公司将收回保单。有些人寿保险产品还能提供贷款，保单持有人可以凭借保单的累积现金价值向保险公司借款。

除了现金支付的时间和数量不确定，以及存款人或保单持有人可能要求提前支取现金或凭保单借款以外，金融机构还必须要注意现金的流入量可能会减少。对存款性金融机构来说，这意味着无法获得新存款。对保险公司而言，这意味着由于保单被撤销而减少了保费收入。对某些种类的投资公司而言，这意味着无法为自己发行的股票找到新的买家。

金融市场的监管

在很多经济体中，金融市场都扮演了重要的角色。长久以来，很多国家的政府一直认为对市场的某些方面进行监管是十分有必要的。政府通过其监管活动大大地影响了金融市场和金融机构的发展与演化。大家要明白政府、发行人和投资者是互相作用的，它们各自的行为会以某种方式相互影响对方，这一点很重要。因此，我们不难发现市场对政府监管行为的反应会促使政府采取新的监管措施，从而导致市场上的金融机构进一步改变其行为模型，以此类推循环下去。了解政府如何对市场及其参与者造成影响对理解接下来的章节介绍的各种各样的市场和有价证券是很重要的。

在这一部分里，我们将讨论美国的市场监管。我们的目的并不是要详细研究美国的金融监管框架和监管法规，而是想对目前美国正在推行的监管目标及监管类型进行概要的介绍。

监管的原因或正当性

政府进行市场监管的主要原因是市场自身不能以有效的方式和尽可能最低的成本生产特定的产品和服务。高效和低成本生产是完全竞争市场的标志，不能有效生产的市场不是有效竞争的市场，而且在可预见的将来，市场仅凭自身力量是无法变成有效竞争市场的。当然，政府监管的市场目前也许是有竞争性的，但不可能长期保持竞争和低成本生产的状态。解释监管正当性的另一种说法是监管是政府控制经济体某一运转特点的行为——这一特点就是竞争和定价的市场机制不可能在没有帮助的情况下独自获得成功。经济学家们用来解释监管原因的简单说法是"市场失灵"。当市场自身不能保持竞争环境的所有要求时，就被认为出现了市场失灵。

美国的金融市场监管架构是多次金融危机的结果，大部分监管机制是 1929 年股灾和 20 世纪 30 年代大萧条的产物。某些监管规则在现在的金融市场上也许没有什么经济意义，但是它们都源于立法者曾经遇到过或者是它们认为自己曾遇到过的某些市场滥用行为。除了金融机构监管以外，联邦政府还会采取其他三种监管模式，州政府只发挥次要的监管作用。因此，目前我们关于监管的讨论将主要集中于联邦政府及联邦政府机构。

联邦政府监管金融市场的形式

联邦政府对金融市场的监管有四种形式：（1）信息披露监管；（2）金融活动监管；（3）金融机构监管；（4）对外国参与者的监管。下面我们会对每一种监管形式进行介绍并讨论其在美国的发展情况。

信息披露监管（disclosure regulation）

信息披露监管要求证券发行人对现实或潜在的购买者公开大量的财务信息。信息披露的标准理由是，对于发行企业的财务健康状况和未来的发展前景，该企业的管理者比拥有或考虑购买该公司所发行证券的投资者掌握着更多的信息。这种导致市场失灵的原因（如果实际发生了的话）通常被称为信息不对称（asymmetric information），即投资者和管理者获取信息的渠道或其对信息的掌握程度是不平等的。同时，这也是代理问题（agency problem）的一种表现形式。所谓代理问题是指公司的管理者作为投资者的代理人，也许会按自身利益行事而损害投资者的利益。信息披露制度的提倡者认为如果缺乏这一制度，投资者对公司信息的有限了解会促使代理人采取一些不适当的行为。

美国的信息披露制度十分严格。根据 1933 年的《证券法》（Securities Act）和 1934 年的《证券交易法》（Securities Exchange Act），证券交易委员会（Securities and Exchange Commission，SEC）得以成立，负责收集和公布相关的信息以及惩罚提供虚假或误导信息的发行人。SEC 的所有要求或行动均不代表对被发行证券提供担保或肯定；而且，政府的监管法令也不意味着要阻止风险资产的发行。相反，政府和 SEC 这样做的唯一动机是为勤奋聪明的投资者提供证券合理估值所需要的信息。

经济学家们已多次讨论过信息披露监管原则的必要性。几位经济学家否认了信息披露制度的必要性及其正当性，认为不管是新发行的证券还是市场上早已存在的证券，证券市场都能在没有政府帮助的情况下独自获得公平定价所必需的所有信息。[①] 这种观点认为证券法规特意从代理人——经理人提供的资料中提取关键信息的行为根本是多余的。判断这种说法是否正确，我们可以假想一下某个想要推销其新发行证券的公司没有向投资者提供其所需的全部数据，投资者会怎么做。在这种情况下，投资者要么是拒绝购买该公司发行的新证券，即认为其价值为零，要么是调低对新证券的估值。因此，故意隐瞒重要信息的公司出售新证券仅能获得较少的发行收入，这相当于一种惩罚。这种处罚有可能使发行人产生公开披露信息的动机，其作用效果与证券交易委员会这样的监管机构颁布各种监管法令基本上是一样的。一些研究成果已经证明自愿性的信息披露对管理层是有好处的。[②]

金融活动监管（financial activity regulation）

金融活动监管包括关于证券交易者和金融市场交易行为的法令法规。此类监管的一个常见范例是对内幕交易的监管。内幕人指的是公司的管理者或其他在职人员，他们比普通的投资大众掌握更多的有关公司发展前景的信息。内幕交易是信息不对称导致的又一问题。这类监管的第二种常见范例是针对证券交易所的组织结构与运作制定相应的监管法令。制定这些法令法规的理由是证券交易所的会员在某些情况下可能会勾结起来欺骗普通投资者。

与信息披露机制一样，美国国内大部分地区都在进行金融活动监管。SEC 有义务认真监管公司官员、经理或大股东（内幕人士）针对本公司证券进行的交易。SEC 和另一联邦政府机构——**商品期货交易委员会**（the Commodity Futures Trading Commission，CFTC）共同承担联邦政府在衍生工具交易上的监管职责。

金融机构监管（regulation of financial institutions）

金融机构监管也是联邦政府的一种监管模式，指的是在贷款、借款和融资等重要领域内，对金融机构的活动进行约束和限制。之所以采取这种形式的政府监管，是因为这些金融公司在现代经济中发挥着特殊的作用。金融机构能帮助家庭和公司储蓄；作为存款性金融机构，它们可以使经济体内不同组成部分之间的复杂支付变得更容易一些；它们还是政府货币政策的传导渠道。所以人们普遍认为，这些金融机构的失灵将在很大程度上扰乱正常的经济秩序。

从历史的角度来看，美国政府对金融机构采取了许多监管措施。其中大部分监管立法都可以追溯到 20 世纪 30 年代的大萧条危机时，其目的是对金融机构的市场行为加以约束和限制。（我们会在后面的章节里详细解释近些年来这些监管法规都出现了哪些重大变化。）近年来，监管机构的监管范围进一步延伸，开始对金

---

① 参见 George J. Benston，"Required Disclosure and the Stock Market：An Evaluation of the Securities Exchange Act of 1934，" *American Economic Review* 63（March 1973），pp. 132－155。

② 参见 Paul M. Healy and K. G. Palpeau，"Information Asymmetry, Corporate Disclosure, and the Capital Markets：A Review ot the Empirical Disclosure Literature，" *Journal of Accounting and Economics* 31（2001），pp. 405－44。

融机构管理其资产/负债的方式加以约束，通常是要求被监管的金融机构要满足最低资本金的要求。这种最低资本金要求是基于被监管金融机构面临的各种各样的风险而制定的，目前较为流行的叫法是**"基于风险水平的资本金要求"**（risk-based capital requirements）。

对外国参与者的监管（regulation of foreign participants）

政府对外国金融机构的监管使得外国企业在国内金融市场上的地位与作用受到限制，并控制或限制其持有的国内金融机构的股权。许多国家都对进入本国国内金融证券市场的外国金融机构进行监督。与大多数国家一样，美国也经常大幅度地修改和变动对其国内市场上的外国公司活动的监督政策。

金融创新

金融机构之间的竞争带动和孕育了新产品和新市场的发展。监管一方面抑制了资本的自由流动和金融机构之间的竞争（尤其是利率上限的规定），但另一方面也促进了金融机构开发新的金融产品和交易策略以便绕过这些监管限制。最后，金融财富的全球分配格局也促使金融市场从当地市场转变为全球国际化的市场。随着技术的进步、贸易与资金流动障碍的减少，一国的剩余资金可以更容易地转移给另一国需要资金的借款人。于是，人们对能有效防止汇率不利变动的金融产品和交易策略的需求日益增多。

金融创新的种类

自 20 世纪 60 年代以来，金融创新领域发生了翻天覆地的变化。研究者用不同的方法对这些**金融创新**（financial innovation）加以分类。[1] 我们在本书当前刚开始的部分就对下列各种金融创新进行评价是比较困难的，但是随着后面章节的展开，我们对资本市场的了解更加深入，这些金融创新的重要性肯定会日益凸显。

方法之一是从功能角度对金融创新进行分类。也就是说，根据金融创新在金融市场上发挥的功能与作用进行分类。例如，加拿大经济委员会将金融创新分为以下三大类：[2]

● 市场拓展工具，其作用是通过吸引新投资者进入市场和为借款人提供新的机会来进一步增加市场的流动性，增加市场上的可使用资金。

● 风险管理工具，这种工具可以把金融风险重新分配给爱好风险或者是刚好持有方向相反的风险对冲敞口的投资者，以及有能力更好地承担风险的投资者。

● 套利工具与套利过程，投资者和借款人可以利用不同市场间成本—收益的

---

① 关于金融创新的更多讨论可参见 Peter Tufano, "Financial Innovation," Chapter 6 in George M. Constantinides, Milton Harris, and Rene M. Stulz (eds.), *The Handbook of the Economics of Finance*：*Volume 1A*（Amsterdam, North Holland Press), pp. 307–355；John D. Finnerty, "Securities Innovation," Chapter 8 in Frank J. Fabozzi (ed.), *Handbook of Finance*：*Volume I*（Hoboken, NJ：John Wiley & Sons）.

② *Globalization and Canada's Financial Markets*（Ottawa, Canada：Supply and Services Canada, 1989), p. 32.

差异进行套利交易，这种金融工具反映了不同市场间风险、信息、税收和监管等方面的差别。

国际清算银行（BIS）提出了另一种按特定功能划分金融创新的分类体系：[1]

● 价格风险转移型创新：这种创新为市场参与者提供了能够更有效地应对价格风险或汇率风险的方法。

● 信用风险转移工具：这种创新为市场参与者提供了重新分配信用风险的工具。

● 流动性创新：这种金融创新的作用是：（1）增加了市场的流动性；（2）为借款人创造了新的资金来源；（3）帮助市场参与者成功地规避监管当局规定的资本金限制要求。

● 信用创造型工具：有助于增加可为借款人所用的借贷资源。

● 权益创造型工具：有助于增加金融机构以及非金融机构的资本金（即权益资本）规模。

与功能方法相比，金融创新可以按照相同的方式划分为经济中的任何创新。六十多年前，经济学家约瑟夫·熊彼特（Joseph Schumpter）就认为创新是资本主义发展进化的最根本动力，他将创新划分为过程创新或者产品创新。[2] 他的分类如下：按照其意思，**过程创新**（process innovation）是指已有产品的再造，或者与已有产品相比较，提供更有效率（例如，成本更低）的服务。而**产品创新**（product innovation）则是重新创造一个新产品，或者提供一种新服务，这些产品和服务在当前市场中并不存在。熊彼特建议将相同的分类方法运用到金融创新活动中。这样的话，金融过程创新就可以分为：（1）新的投资组合或交易策略；（2）证券定价新方法和重新分布证券；（3）执行交易和清算的新程序。而金融产品创新则包括新的借贷工具和新的金融衍生工具的创造。很明显，过程和产品之间可能存在着相互关系：某些过程创新可能会创造出新产品。我们将会在后面的分析中举例说明。

此外，斯蒂芬·罗斯（Stephen Ross）教授建议将金融创新分为两类：（1）能更好地适应当下的经济环境与市场环境的新式金融产品（金融资产与衍生工具）；（2）使用这些金融创新产品的策略。[3]

本书的目标之一就是对这些金融创新进行解释说明。首先，让我们看看为什么这些金融创新会发生。

金融创新的动机

对待金融创新存在着两种极端的观点。[4] 一种观点认为逃避监管（或套利）以及寻

---

① Bank for International Settlements, *Recent Innovations in International Banking* (Basle：BIS，April 1986).

② Joseph A. Schumpter, *Business Cycle：A Theoretical，Historical，and Statistical Analysis of the Capitalist Process*, Volume I (McGraw-Hill, 1939).

③ Stephen A. Ross. "Institutional Markets, Financial Marketing, and Financial Innovation," *Journal of Finance* (July 1989), p. 541.

④ Ian Cooper, "Financial Innovations：New Market Instruments", *Oxford Review of Economic Policy* (November 1986).

找税收管理制度的漏洞是创新的主要推动力;[①] 另一种观点则坚持认为创新的实质是引入更有效的金融工具,便于在市场参与者之间重新分配风险。

许多经受住了时间考验的金融创新确实为市场提供了更为有效的风险再分配机制。另外一些金融创新也许只是提供了相对有效的操作方法。要探求金融创新的最根本动因,[②] 以下几个因素肯定是最为重要的:

1. 利率、通货膨胀率、股票价格和汇率的波动性越来越大;
2. 计算机和电子通讯技术的进步;
3. 市场专业人员越来越复杂的交易策略和教育培训水平的提高;
4. 金融中介机构的竞争;
5. 逃避监管与避开税收法律的动机;
6. 全球金融财富格局的改变。

随着市场经济变量波动性的不断增大,市场参与者加强自身保护避免遭受不利影响的需求也随之产生,这意味着需要创造出崭新的或者是在金融市场上能够更加有效地实现风险分担的产品或工具。许多金融产品在创造、监管过程中要用到计算机;涉及这些金融产品的交易策略在执行时也要用到计算机以及电子通讯网络。没有计算机和电子通讯技术的进步,某些金融创新是不可能成功的。尽管某些市场参与者创造的金融产品和交易策略对其他参与者来说可能过于复杂而难以使用,但是整个金融市场的复杂程度——尤其是从数学分析的角度来看——在不断增加,这会帮助人们慢慢接受一些复杂的产品和交易策略。

当你阅读本书中介绍金融市场各个组成部分的相关章节的内容时,有一点非常重要,即理解市场创新背后的真正推动力是什么。

证券化与金融创新

今天我们所熟知的一个非常重要的金融创新是**证券化**(securitization)。在金融学中,这一过程创新有两层意思。当我们从最广泛的意思去理解时,证券化是一个将金融关系转换为金融交易的过程。[③] 金融交易是两个或者多个机构相互作用的结果,而金融关系则是描述它们之间的存在状态。例如,银行发放给制造企业的贷款是一种金融关系。然而,一旦贷款转换为可交易的债务证券(比如债券),它就成了金融交易。金融市场的发展历史为我们提供了很多金融关系转换为金融交易的例子。一个最典型的例子就是"股票"的创造。股票是代表公司股权利益关系的工具,也是最早、最重要的证券化过程的例子,因为其对公司组织形式的发展意义重大。我们理所当然地认为被我们称为"股票"的金融工具就是企业所有权证券化的结果。

证券化的另外一个非常重要的例子就是公司债券。要记住,公司债券并不出

---

① Merton H. Miller, "Financial Innovation: The Last Twenty Years and the Next," *Journal of Financial and Quantitative Analysis* (December 1986), pp. 459-471.

② 参见 Cooper, "Financial Innovations," Table9. 我们在第一类中加入了通货膨胀因素。

③ 更多分析可参见 Frank J. Fabozzi and Vinod Kothari, "Securitization: The Tool of Financial Transformation," *Journal of Financial Transformation* 20 (September 2007), pp. 34-44。

现在金融市场上。公司借款的唯一来源和渠道一度是银行。这种情形下的证券化是公司将融资渠道从向银行借款转为向公开市场借款，而借款的方式是出售债券。此外，在最开始的时候，只有信用等级非常高的公司才可能通过发行公司债券向公开市场借款，而到了20世纪70年代的时候，即使是信用等级比较低的公司也可以发行公司债券（这种债券通常被称为投机级债券、高收益债券或者垃圾债券）。为了更好地理解这些公司是如何为你的生活增加色彩的，想一想许多产品诸如移动电话、电脑和有线电视就是这些公司带给我们的，而这些公司正是通过在金融市场上出售债券融资才会开发出这些让我们的生活变得更加丰富多彩的产品。而如果让这些公司向银行借款，尤其是借款规模如此巨大，估计会困难重重。

在前面关于金融过程创新和金融产品创新的讨论中，我们说过这两者之间存在相互关系。我们可以从股权资本证券化过程引致股票产品的出现和债务工具证券化引致公司债券产品的出现，来更深刻地了解两者之间存在的相互关系。

在今天的资本市场中，证券化这个词有着更为具体的含义，为了以示区别，我们通常将今天的证券化特称为"资产证券化"。今天的证券化的含义是公司将所有未来能带来确定现金流的债务工具集中到一起，通过成立的有特别目的的公司，将这些能带来稳定现金流的债务工具转换为新的证券产品，把未来实现的现金流用作偿还投资者利息的工具。正如股票和债券是某种形式的证券化，资产证券化交易也可以为公司提供融资帮助。然而，这种融资渠道有着特别的方式：出售资产。尽管证券化交易的结果是获得了融资，然而这并不是真正意义上的融资，因为公司对其资产进行证券化，并不是通过借款，而是通过出售一定数量的现金流获得的，这些现金流本应该属于公司的收入。

银行通过证券化将贷款资产移出其资产负债表。例如，银行的资产负债表上本来有很多住房抵押贷款。银行将这些贷款组建成一个贷款池，并通过资产证券化的方式将这些贷款在公开市场上出售。汽车制造商同样也使用资产证券化的方式为销售它们所生产出来的汽车提供融资帮助。在1997年的时候，唱片艺术家大卫·宝儿（David Bowie）通过证券化的方式融资550万美元，他所证券化的产品是他1990年前发行的25张唱片（287首歌）带来的当前或未来的现金流收入。这些债券，经常被称为"宝儿债券"，期限是10年。当这些债券在2007年到期时，唱片所有权全部归大卫·宝儿所有。其他的一些唱片艺术家如詹姆斯·布朗（James Brown）、艾斯利兄弟（Isley Brothers）和罗德·斯图尔特（Rod Stewart）也都通过证券化的方式筹集资金。

尽管宝儿债券这个案例为学生们所津津乐道，但是它并不能帮助我们进一步理解资产证券化的含义，我们在这里也不对其进行展开分析，因为在我们学习金融市场的过程中，现在展开分析还为时过早。在第27章，我们将会对资产证券化的过程做更为详细的说明，并且还会解释为什么公司通过资产证券化的方式融资会比直接发行债券来融资更有成本优势。在我们前面所讨论的关于金融创新分类的内容中，我们会发现资产证券化是价格风险转移型创新，是一种信用风险转移工具，是流动性创新，同时还是信用创造型工具。

对我们来讲，这里有一点很重要，那就是要理解资产证券化对公司来说是比直接向银行或者金融市场借款更为简单的方法（比如，创造金融交易），而且还不用处理公司与银行之间的复杂关系。事实上，金融市场上更为常见的变化是直接通过公开市场而不是依赖金融中介机构来分散风险，包括保险风险。其中的一个例子是与灾难相联的债券（或简称为巨灾债券），这种债券可以通过公司出售，目的是为风险提供保护，而对这种风险的保护通常是由财产与灾害保险公司提供的。支付给灾害债券投资者的现金流主要取决于灾难是否发生。如果灾害并没有发生，灾害债券支付给投资者的现金流跟普通的标准债券一样。如果灾难事件发生了，支付给投资者的现金流将会减少，减少的金额取决于灾难带来的损失有多大。第一笔由非保险公司发放的巨灾债券，是 1999 年由东京迪士尼公园发行的。与从传统的保险公司那里获得因地震灾难引起的损失赔偿的做法不同，东京迪士尼公园的所有者发行了 2 亿美元的巨灾债券，从而为灾难提供保护的风险就通过巨灾债券的方式在投资者之间进行了充分的分散，而不是将风险转移给某家保险公司。另外一个案例来自国际足联（FIFA），也就是世界杯的发起人。为了保护 2006 年在德国举行的世界杯不会因恐怖袭击而取消，国际足联发行了总额为 2.6 亿美元的巨灾债券。同样，巨灾债券的持有人承担了风险，而不是将风险转移给某家保险公司。

小　结

金融市场上的各种实体组织既可以通过借债或发行股票来筹资，也可以自主投资来买卖金融资产。这些实体机构可以被归入下列某一组织类别中：（1）家庭；（2）政府；（3）非金融公司；（4）存款性金融机构；（5）保险公司；（6）资产管理公司；（7）投资银行；（8）非营利组织；（9）国外投资者。

金融机构可以提供各种各样的金融服务：经纪业务、交易商功能以及承销业务。金融机构群体中有一类特殊的机构，被称为金融中介机构。它们通过向市场参与者出售各种金融要求权工具来筹集资金，然后再使用这些资金购买各种金融资产。金融中介机构通过以下四种方式将其获得的资产转换为对公众有吸引力的资产（同时也是金融中介的负债）：（1）提供期限中介服务；（2）通过分散化投资降低风险；（3）减少订立合同和处理信息的成本；（4）提供支付机制。

金融机构负债的性质、监管与税收因素决定了所有金融机构的投资策略选择。金融机构的负债大体分为表 2—2 所示的四种类型。

几乎所有国家都设立了金融监管制度，制度内存在着不同的组成部分。一种有效的监管组织方法往往是通过以下四种方式来达到监管目的：（1）信息披露监管；（2）金融活动监管；（3）金融机构监管；（4）对外国参与者的监管。

金融创新的分类方式多种多样。其中一种分类方式按照金融创新在金融市场上的功能进行划分，另一种分类方式是按照产品或操作策略来划分。

关键术语

资产管理公司	合同成本	直接投资
受控财务公司	信用创造型工具	分散化
中央银行	信用风险转移工具	捐赠基金

权益创造型工具	政府支持企业	产品创新
金融创新	担保投资合同	基于风险水平的资本金要求
金融过程创新	信息处理成本	部门
金融产品创新	流动性创新	证券化
金融机构	期限中介	利差
金融中介	非营利组织	跨国机构
资金流量账户	价格风险转移型创新	政府债券
基金会	过程创新	

思考题

1. 说明家庭是怎样在金融市场上既扮演借款人又扮演贷款人角色的。

2. 金融市场上的非金融部门包括哪些实体？

3. 请解释为什么有些非金融机构的分支机构被划分为金融机构。

4. 美国政府为什么要设立政府代理机构？

5. 欧洲投资银行由欧洲经济共同体设立，其作用是平衡地区发展，为成员国的共同利益服务，进一步促进工业现代化的实现。成员国包括一些欧洲国家。欧洲投资银行应被划分为市政政府机关还是金融机构？如果都不是，应如何划分？

6. a. 解释为什么设立于金融中介机构的个人账户可以被看作个人对从该金融机构借款的公司的间接投资。

b. 解释为什么金融中介机构对公司发放贷款是一种直接投资形式。

7. 参照表2—2，指出以下四种个人所有的资产对应哪种负债。

a. 汽车保单；

b. 可变利率存单；

c. 固定利率存单；

d. 人寿保单。当持有人死亡时，受益人可以获得100 000美元的赔偿金；当持有人因意外事故死亡时，受益人可以获得150 000美元的赔偿。

8. 一家银行向存款者发行一年期债券，承诺按照8%的年利率支付利息。银行可以用筹集来的资金投资于各种各样的金融资产。若投资于普通股，则银行会面临什么风险？

9. 解释一下金融中介机构如何进行期限转换。

10. 金融中介机构怎样降低合同的订立成本？

11. a. 广泛实施信息披露监管的经济动因是什么？

b. 为什么某些经济学家认为没有必要对信息披露进行监管？

12. 金融活动监管的含义是什么？

13. 在1989年加拿大经济委员会（the Economic Council of Canada）所作的一项名为《全球化与加拿大的金融市场》（Globalization and Canada's Financial Markets）的研究报告中有一段话如下：

金融市场某些方面的重要性不断提升的一个突出特点是，金融市场和直接融资工具的使用越来越频繁，这一过程被称为"市场中介化"，其中包括债券、股票等证券的发行和交易。"金融中介化"与之恰好相反，金融机构凭借自身独立发行的金融工具来筹集资金，并以发放贷款的形式运用这些资金。

a. 商业银行这类金融机构首先会凭借自有资金发行各种金融要求权以筹集资金，然后再用筹得的资金发放贷款。你认为对商业银行来说，从金融中介到市场中介的转变意味着什么？

b. 你认为市场中介化过程中会遇到哪些障碍？

14. a. 金融过程创新与金融产品创新之间的区别是什么？

b. 举一个例子说明金融过程创新会引致金融产品创新。

15. "证券化"这一术语一般来说可以用于描述操作流程或某种特定的操作方式。请详细加以解释。

16. 对汽车租赁业务而言，出租人（提供所租车辆的那一方）面临的主要风险是当租约到期时，被租用汽车的市场价格可能会低于签订租约时的预期价格。假设丰田汽车信贷公司就是一家经营租车业务的公司。该公司认为如果二手车市场疲软的话，那么目前它租给客户的 260 000 辆 1998 年生产的汽车（小轿车和轻型卡车）的市场价格将会贬值。为了保护自己的利益，丰田公司发行了"巨灾债券"，以便为将来可能出现的被租车辆市场价格大幅度下降的风险提供保护。

a. 解释一下什么叫做"巨灾债券"。

b. 解释一下丰田汽车信贷公司可以怎样利用公开市场来规避被租车辆市场价格大幅度下降的风险。

第 3 章

存款性金融机构

学习目标

学习完本章内容，读者将会理解以下问题：

- 什么是存款性金融机构
- 存款性金融机构面临的资产/负债问题
- 存款性金融机构如何创造收入
- 商业银行、储蓄贷款协会、储蓄银行和信用合作社之间的区别
- 所有存款性金融机构都要面对的资产/负债问题
- 存款性金融机构面临哪些风险
- 商业银行与储蓄机构的资金来源
- 基于风险水平的资本金要求

存款性金融机构包括商业银行（或简称为银行）、储蓄贷款协会（S&Ls）、储蓄银行和信用合作社。这些金融中介机构都接受存款储蓄。所吸收的存款意味着接受存款的存款性金融机构的负债（债务）。存款性金融机构把吸收的存款或通过其他融资渠道筹集的资金用于向各种实体提供贷款和进行证券投资。它们有两大收入来源：贷款及购买证券所带来的收入和费用性收入。

通常储蓄贷款协会、储蓄银行和信用合作社也被称为储蓄机构。它们属于特殊类型的存款性金融机构。从传统上来看，储蓄机构不允许吸收可以签发支票、通过支票账户转账的活期存款。与此相反，它们主要通过吸收家庭储蓄来获得资金。然而，20 世纪 80 年代初期以来，监管部门开始同意储蓄机构向客户提供与支票账户几乎完全相同的可转让存款产品，只不过名字不同而已（例如 NOW 账户或股金账户）。

正是因为存款性金融机构在金融系统中占据着重要地位，所以它们要受到严格的监管。活期存款账户是个人或公司等实体进行支付的主要手段，政府的货币

政策也通过银行系统得以实施。由于地位重要，存款性金融机构可以享受一些特权，例如参加联邦存款保险，可以获得政府部门提供的用来解决流动性不足的资金或者紧急资金援助。比方说，目前存款性金融机构内每个账户可以享受的最高存款保险额为 10 万美元（但是自主式退休金存款账户的最高保险额为 250 000 美元）。

本章我们要讨论的对象就是存款性金融机构——了解其负债的性质、资金的投向以及如何对它们进行监管。在开始研究特定的存款性金融机构之前，我们先简单介绍一下存款性金融机构的管理者面临的资产/负债问题。

存款性金融机构的资产/负债问题

虽然存款性金融机构面临的资产/负债问题讲起来很简单，但是解决起来却不那么容易。存款性金融机构寻求在其投资的资产（贷款和证券）与资金成本（存款和其他来源）之间赚取正的差额，这一差额被称作**利差收入**（spread income）或**利差**（margin）。金融机构要使用利差收入来支付日常的运营费用，并获得一定数额的利润。

在利润的产生过程中，存款性金融机构面临着各种风险，其中包括信用风险（credit risk）、监管风险（regulatory risk）、融资风险（funding risk，或称利率风险，interest rate risk）。**信用风险**指的是借款人没有按时偿还存款性金融机构向其发放的贷款，或者是存款性金融机构所持有的证券的发行人出现了违约行为。**监管风险**是指管理当局改变管理法规的行为会对金融机构的收入产生不利影响的风险。

融资风险

我们可以通过一个例子来说明**融资风险**。假设存款性金融机构利用存款账户筹集了 1 亿美元的资金，该账户的期限为 1 年，年利率为 5%。现在我们暂时不考虑由于存在准备金要求，存款性金融机构不能把这 1 亿美元全部用于投资这一事实（这一点我们将在下一章里进行讨论）。假设这 1 亿美元投资于 15 年期、年利率为 7% 的美国国债。由于投资对象是美国政府债券，因此本例中金融机构不会面临任何信用风险。

乍看起来，存款性金融机构似乎锁定了 2% 的利差收入（7%−5%），但是实际上这只是第一年的利差收入，因为以后各年的利差收入将取决于一年以后该存款性金融机构再次筹资 1 亿美元时需要支付给存款者的利率。如果这一利率水平下降，则金融机构获得的利差收入将会上升，因为存款性金融机构已锁定了 7% 的投资收益率。然而，如果存款利率上升，则利差收入将会减少。事实上，如果存款性金融机构在以后的 14 年中的任何时候要向存款人支付高于 7% 的利率水平的话，则利差收入将会变成负数，即存款性金融机构吸收存款投资于美国国债的融资成本高于其获得的投资收益。

在我们的例子中，存款性金融机构借入短期资金（借入资金的期限为1年），同时进行长期投资（投资期限为15年）。在利率下降时期，这种做法可以给金融机构带来好处，然而当利率上升时，就会对金融机构不利。假设存款性金融机构可以以5％的利率借入资金15年，投资于1年期、利率为7％的政府证券。也就是说，借入长期资金（15年），同时进行短期投资（1年），则此时利率上升对存款性金融机构有利，因为它可以在1年期政府证券到期后将收回的资金再投资于新发行的、利率更高的政府证券。在这种情况下，市场利率水平的下降将会减少金融机构的利差收入。如果市场利率水平降至5％以下，则金融机构的利差收入就会变为负数。

所有的存款性金融机构都面临这一融资问题。对未来利率变动方向有特定预期的存款性金融机构管理者将会设法利用这一预期来获利。预期利率上涨的管理者将遵循长借短贷的策略，反之如果预期利率下降，管理者会选择短借长贷的策略。

如果预期没有变成现实，那么存款性金融机构以利率预期为基础的融资—投资策略将会带来数额巨大的财务损失。事实证明，利率预测的准确度较低，说明这是一种高风险的做法。在一段较长的时期内，没有哪家金融机构的管理者可以连续准确地预测市场利率水平的变动情况，从而保证存款性金融机构能够在较长时间内一直从中获益。存款性金融机构管理者的目标是尽可能地提前锁定利差收入，而不是对利率波动妄加猜测。

任何存款性金融机构的资产负债表都不可避免地存在着融资风险敞口。管理者必须要接受一部分敞口的存在，但是他们可以采取不同的措施来设法调整资产项目与负债项目的利率敏感性。存款性金融机构内设立的资产负债委员会专门负责监管和控制利率风险敞口。几种新发明出来的金融工具能够帮助存款性金融机构的管理者更有效地应对其面临的资产/负债问题。

流动性问题

除了要面对信用风险和利率风险，存款性金融机构必须准备充分的资金满足储户的提现以及客户申请贷款的需求。存款性金融机构满足客户提现和贷款要求的方法有：（1）吸引更多的存款；（2）以目前自己持有的证券作为抵押品向联邦机构和其他金融机构借款；（3）出售所持有的证券；（4）在货币市场上拆借短期资金。

第一个选择是很容易理解的。第二个选择涉及银行从联邦储备银行的贴现窗口借款的特权。第四个选择主要指的是以自己持有的可转让证券为抵押，在回购协议市场上进行融资（见第7章和第20章）。

第三个选择要求存款性金融机构将其资金的一部分投资于具有高流动性和几乎没有价格风险的证券。价格风险是指证券的出售价格低于当初的购买价格从而产生损失的可能性。正如我们在第18章中将要讲到的，虽然三十年期的美国国债是具有高流动性的证券，但是当市场利率水平上涨时，其价格的变动幅度将会非常剧烈。在利率水平波动频繁的市场环境中，长期美国国债的价格水平下跌25％

的现象并不少见。因此三十年期的美国国债虽然具有高流动性，但是存款性金融机构要面临相当大的价格风险。

正如我们在第18章将要讲到的，一般而言，短期证券的价格风险较小。因此存款性金融机构应该投资于短期或货币市场债务工具，以满足客户提现和贷款的需求。它们主要通过联邦基金市场来达到这一目的，我们将在本章的后面具体讨论这一投资工具。持有证券的期限影响着金融机构从其他联邦机构那里借入资金的数量. 因为只有短期证券才是可接受的抵押品。

出于满足客户提现和贷款需求的目的而持有的证券有时也被称为"次级准备金"。[①] 持有次级准备金的不利之处是在大多数情况下，短期证券比长期证券的收益低。存款性金融机构的总资产中次级准备金所占的比例取决于两个因素：该机构利用其他资金来源融资的能力和该机构的管理层在流动性（安全性）与收益之间的风险偏好。

存款性金融机构持有流动资产不仅仅是出于经营的目的，还因为要满足监管部门的监管要求，我们将在后面讨论这一问题。

监管部门考虑的问题

存款性金融机构受到的监管非常严厉。监管者考虑到存款性金融机构面临的风险主要可以分为如下几种：
- 信用风险
- 结算风险
- 市场风险
- 流动性风险
- 操作风险
- 法律风险

信用风险（credit risk）可以广泛地描述好几种类型的风险。从监管者的角度来看，信用风险主要是金融机构所持有的金融工具的债务人不能够在约定日期或者约定日期后的任何时候履行自己应尽的义务。

按照国际金融风险机构的定义，**结算风险**（settlement risk）指的是在贸易结算或者债务结算过程中，支付方没有按照预期要求及时履行支付义务。结算风险包括交易对手风险（同时也是信用风险的一种）和流动性风险。

交易对手风险（counterparty risk）是指贸易中的交易对方不能够按照要求履行义务。贸易可能是现金结算合同或者是实物资产的交付。结算风险中的**流动性风险**（liquidity risk）指的是交易对手最终能够履行义务，但不是在约定期限

---

① 参见 Roland I. Robinson, *The Management of Bank Funds* (New York: McGraw-Hill, 1962), p. 15. 次级准备金能够被使用，是因为美联储要求必须储备核心准备金。存款性金融机构的资产负债表不会使用次级准备金这个概念，因为存款性金融机构不会因为流动性方面的原因投资于短期金融工具或者货币市场金融工具，当然也没有必要报告购买这些证券工具的目的。

内。因此，由于交易方不能及时收回款项，因而必须承担合同支付带来的任何损失。

市场风险（market risk）是指金融机构的经济状况会因为自身所拥有资产（债务工具、权益、商品和货币）的市场价格反向变动而发生变动的风险，或者是市场价格水平或价格波动情况发生变化所带来的风险。银行监管部门测量市场风险的最常见方法是**在险价值**（value-at-risk），这一方法测量的是某金融机构的金融头寸在某一特定时期内，在给定价格反向变化概率的情况下可能遭受的损失。

除了是结算风险的构成部分外，按照国际金融风险机构的意见，流动性风险还有两种形式。第一种形式的风险是金融机构不能在金融工具接近其市场价值的时候执行交易，这种风险被称为**市场流动性风险**（market liquidity risk）。另外一种形式的流动性风险是**融资流动性风险**（funding liquidity risk），这种风险指的是金融机构未能及时通过融资获得资金，从而不能履行其相应的金融负债义务。

经常被忽视，但却是使很多金融机构陷入危机的一种非常重要的风险是操作风险。过去二十年中，最著名的操作风险案例有奥兰治县（1994 年，美国）、巴林银行（1995 年，英国）、大和银行（1995 年，纽约）、爱尔兰联合银行（2002 年，爱尔兰）、安然公司（2001 年，美国）、万事达国际卡（2005 年，美国）和 2001年 9 月 11 日纽约世贸中心的恐怖袭击事件。[1] 银行监管部门对**操作风险**（operational risk）是这样定义的："由于不恰当或者错误的内部流程、人员和系统或者外部事件带来损失的风险"。[2] 这一操作风险的定义涵盖了**法律风险**（legal risk）。这是因不能遵守法律就像不能满足审慎的道德标准和合同条款那样而带来损失的一种风险。

全球风险专业协会（GARP）建议根据如下引起损失事件的原因，对操作风险进行更为详细的分类：

1. 雇员：由公司员工的作为或不作为所导致的损失事件。

2. 业务流程：公司商业运作的执行所引起的损失事件。

3. 关系：损失事件是由公司与客户、监管部门或者第三方的关联或联系引发的。这种分类关注的是公司与其他实体机构之间的相互行为，关系风险会影响关系双方。

4. 技术：损失事件是由技术、数据或者信息领域发生的泄露、盗窃、失败、破坏或者其他干扰而引起的。该类型的风险同样还包括技术不能满足潜在的商业需求。

5. 外部因素：损失事件是由公司外部的人员或机构而引发的，公司本身不能控制它们的行为。[3]

以上的五种分类不仅适用于金融机构，同样也适用于非金融机构。

---

① 关于每一件案例的具体介绍，可参见 Anna Chernobai, Svetlozar T. Rachev and Frank J. Fabozzi, *Operational Risk：A Guide to Basel Ⅱ Capital Requirements，Models and Analysis*（Hoboken, NJ：John Wiley & Sons, 2007）中第 1章的相关内容。

② 这一行业内常见的定义来自国际清算银行。具体可参见 Basel Committee on Banking Supervision, *Operational Risk*, Consultative Document, Bank for International Settlements, January 2001。

③ Gene Alvarez, "Operational Risk Event Classification," 发布在 GRAP 网站，地址是 www. grap. com。

来自监管部门的几份报告对金融机构控制上文中提到的操作风险提出了相应的指导建议。其中一份关键的报告是来自 30 集团于 1993 年准备的《衍生工具：实际操作与指导原则》。[①] 它们被金融机构这样的终端客户和交易商（商业银行和投资银行）所采用，而这些机构正是很多类型的金融衍生工具的交易对手，监管部门对此一直高度关注。正如标题所显示的那样，30 集团报告关注的焦点是金融衍生工具。报告为金融机构和交易商管理金融衍生工具提供了指导原则，目的是为了更好地运用金融衍生工具，从而获得更大的收益。这些指导原则可以分为五大类别：（1）高级管理的一般性原则；（2）评估和市场风险管理；（3）信用风险衡量和管理；（4）系统、操作和控制；（5）对立法部门、监管部门和监督部门的建议。

商业银行

虽然现在人们都知道联邦政府扮演着商业银行监管者的主要角色，然而在 1863 年以前，联邦政府几乎不介入商业银行的监管事务。相反，各家银行仅由各州政府负责监管。美国国会逐渐意识到国民经济的发展需要更加强大的银行体系，于是 1863 年通过了《国民银行法》（National Bank of Act），授权联邦政府向国民银行颁发营业执照。随后，货币监理署得以组建，主要负责向国民银行颁发营业执照，并对其进行监管。于是，在美国的银行体系内，州内银行和国民银行同时并存，这种结构被普遍称为"双层银行体系"。目前，美国仍保持着这种双层银行体系，每个州都设立了专门的州内银行监管部门，负责对申请获得州政府营业执照的银行进行监管。

意识到在经济萧条时期满足银行的流动性需求非常重要，联邦政府希望能够建立一种银行体系，满足银行的借款要求，成为"借款人最后的保障"。美国国会于 1913 年通过了《联邦储备法》。这一法律确立了美国联邦储备体系（Federal Reserve System，FRS）就是中央银行体系，凡是联邦储备体系成员的商业银行都有权享有法律赋予的由联邦储备体系提供的服务。我们将在随后的篇幅中讨论这些服务。法律要求所有国民银行都必须是联邦储备体系的成员。州银行有权选择成为会员。不过，大多数州银行都选择不成为会员。今天，州银行可以分为两类：一类是会员银行，一类是非会员银行。随着 1980 年《存款性金融机构放松监管和货币控制法》的通过，我们将讨论的储备要求也同样适用于州非会员银行。

今天，商业银行受到联邦储备体系和州政府等几个机构的监督和管理。在联邦层面，监管部门包括美国联邦储备委员会、货币监理署和联邦储蓄保险公司。

截至 2007 年第二季度末，美国共有 7 350 家商业银行。其中，只有 25% 的商

---

① 30 集团是一个私人的、非营利性质的国际组织，其目的是寻求"深化对国际经济和金融问题的认识，扩大公众和私人部门决定的国际影响，检验可供市场参与者和政策制定者选择的决策"。另外两份重要报告是：《金融衍生品风险管理指导原则》——由国际清算银行巴塞尔银行监管委员会和国际证券监督委员会组织于 1994 年联合完成；《内部控制系统评估的框架》——1998 年由国际清算银行完成。

业银行是国民银行。在州银行中，大多数都不是 FRS 的会员银行。尽管国民银行的数量比较少，但是它们占银行总资产规模的 65%。

银行的保险由银行保险基金（Bank Insurance Fund，BIF）提供，而银行保险基金则由联邦存款保险公司（Federal Deposit Insurance Corporation，FDIC）负责管理。联邦存款保险创始于 20 世纪 30 年代，其具体的保险项目由联邦存款保险公司管理。1989 年通过的《金融机构改革复兴与执行法案》（FIRREA）促使了银行保险基金的诞生。

表 3—1 列出了 2007 年上半年美国各家银行的资产规模。尽管总资产规模超过 10 亿美元的银行数量仅占银行总数的不足 7%，但是这些大银行持有的资产总额却占银行体系总资产的 85% 以上。表 3—2 列出了截至 2005 年年底美国规模最大的前 30 家银行。

表 3—1 截至 2007 年上半年美国商业银行资产规模的分布

资产	银行的数量	该类别银行数量占银行总数的比例
低于 1 亿美元	3 197	43.50%
1 亿美元～10 亿美元	3 649	48.65%
10 亿美元～100 亿美元	413	5.62%
大于 100 亿美元	91	1.24%

资料来源：根据联邦存款保险公司发布的数据编制。

表 3—2 美国最大的前 30 家银行

排名	银行名称（及其所在的州和城市）	总资产（百万美元）
1	美洲银行（北卡罗来纳州，夏洛特市）	1 082 243
2	J. P. 摩根大通银行（俄亥俄州，哥伦布市）	1 013 985
3	花旗集团（纽约州，纽约市）	706 497
4	美联银行（北卡罗来纳州，夏洛特市）	472 143
5	富国银行（南达科他州，苏福尔斯城）	403 258
6	美国合众银行（俄亥俄州，辛辛那提市）	208 867
7	太阳信托银行（佐治亚州，亚特兰大市）	177 231
8	汇丰银行北美公司（特拉华州，威尔明顿市）	150 679
9	柯凯银行（俄亥俄州，克利夫兰市）	88 961
10	道富银行（马萨诸塞州，波士顿）	87 888
11	纽约银行（纽约州，纽约市）	85 868
12	PNC 金融服务集团（宾夕法尼亚州，匹兹堡市）	82 877
13	地区银行（亚拉巴马州，伯明翰市）	81 074
14	BKG 银行（北卡罗来纳州，温斯顿-塞勒姆市）	80 227
15	大通银行（特拉华州，纽华克市）	75 052
16	美国国家银行（弗吉尼亚州，亚历山大市）	73 116
17	拉萨尔银行（伊利诺伊州，芝加哥市）	71 061
18	国民城市银行（俄亥俄州，克利夫兰市）	69 482
19	美国银行（亚利桑那州，菲尼克斯市）	62 983
20	美信银行（特拉华州，威尔明顿市）	58 517
21	五三银行集团（俄亥俄州，辛辛那提市）	57 613
22	诺斯福克银行（纽约州，马蒂塔克市）	57 045

续前表

排名	银行名称（及其所在的州和城市）	总资产（百万美元）
23	西部银行（加利福尼亚州，旧金山）	55 158
24	制造商与贸易商信托公司（纽约州，布法罗市）	54 391
25	联信银行（密歇根州，底特律市）	53 577
26	美国南方银行（亚拉巴马州，伯明翰市）	52 570
27	加州联合银行（加利福尼亚州，旧金山）	48 679
28	五三银行（密歇根州，大瀑布城）	47 605
29	北方信托公司（伊利诺伊州，芝加哥市）	44 865
30	花旗银行南达科他州分行（南达科他州，苏福尔斯城）	44 011

注：截止日期为 2005 年 12 月 31 日。

资料来源：美联储全国信息中心。

银行服务

美国金融系统中的商业银行能够提供多种金融服务，这些服务可大致分为：(1) 零售银行业务；(2) 批发银行业务；(3) 全球银行业务。当然，各家银行在不同的业务领域各有侧重，在某些业务方面一些银行比其他银行显得更为活跃。例如，货币中心银行（随后会讲到这个定义）在全球银行业务方面会更积极一些。

零售银行业务（individual banking）包括消费贷款、住房抵押贷款、分期消费贷款、信用卡贷款、车船贷款、经纪业务、学生贷款和为个人提供的金融投资服务如个人信托和投资服务。抵押贷款和信用卡贷款可以给银行带来利息和费用收入。抵押贷款通常被称为"抵押银行业务"（参考第 25 章）。经纪服务和金融投资服务也能带来费用性收入。

对非金融公司、金融公司（如人寿保险公司）和政府机构（美国的州政府、地方政府和外国政府）的贷款属于**批发银行业务**（institutional banking）。商业房地产融资、租赁和保付代理也属于批发银行业务范畴。[1] 而对于融资租赁业务，银行所扮演的角色或者是出租人[2]、出租人的贷款人，或者是出租物品的购买人。贷款与融资租赁业务可以产生利息收入，与此同时银行向机构客户提供的其他服务则会带来费用性收入。这些服务包括为私人或公共养老金提供资产管理服务、代理和托管服务以及账户管理、支票清算及电子转账等现金管理服务。

在**全球银行业务**（global banking）领域，现在银行已经开始与另一类金融机构——投资银行（参见第 6 章）——展开激烈的竞争。全球银行业务涵盖的范围非常宽泛，其中包括公司理财、资本市场、外汇产品和服务等业务种类。大多数全球银行业务活动只能给银行带来费用性收入，而非利息性收入。一度按照联邦法规的规定，商业银行开展某些业务类型时要受到限制。说得更加具体一点，1933 年《银行法》曾列出四项条款，规定商业银行不得从事某些投资银行业务。

---

① 保付代理业务指的是银行购买其他实体的应收账款。

② 银行购买设备后将其出租给第三方。银行是出租人，使用出租设备的一方是承租人。

这四项条款通常被称为《格拉斯-斯蒂格尔法》（Glass-Steagall Act）。1999 年 11 月，在花了十多年的时间讨论这些限制规定是否有必要以后，美国国会终于决定废止《格拉斯-斯蒂格尔法》，取而代之的是《格雷姆-里奇-比利雷法》（Gramm-Leach-Bliley Act）即《金融服务现代化法案》，这一新法案拓展了商业银行与银行控股公司的业务范围。

公司理财业务主要包含两个方面的内容。一是帮助银行客户获得其所需的资金。这项业务的含义并不限于传统的银行贷款，还包括证券承销业务。在帮助客户获得其所需资金的过程中，银行还可以为客户提供银行承兑、信用证和其他担保服务，也就是说，当客户凭借开户行提供的信用证或其他担保承诺借款时，其贷款人可以要求该客户的开户行承担还款义务。二是向开户提供融资策略、公司重组、撤资和收购兼并等方面的建议。

对于资本市场和外汇产品及服务业务，银行在服务过程中可扮演交易商或经纪商的角色。例如，一些银行是美国国债或其他证券的交易商，打算买卖这些证券的客户就可通过这些银行的政府债券交易平台进行交易。类似地，还有一些银行从事外汇业务，经常买卖外币，需要外汇的客户便可以使用这些银行提供的外汇交易服务。

作为交易商，银行可从三个渠道获得收入：（1）买卖价差；（2）交易中所使用证券或外汇的资本利得收益；（3）在证券交易中，银行持有证券的利息收入与购买证券的资金成本之间的差额。

银行新开发的、用于管理风险的金融产品也能带来收入。这些产品包括利率互换、利率协议、货币互换、远期协议和利率期权。我们将在后面的章节里讨论上述每种金融产品。通过出售这些产品，银行可以获得佣金收入（即经纪费用）或利差收入。

银行资金的来源

在讲解银行业务性质时，我们只重点分析了银行如何创造收入。现在我们来看一看银行如何筹集资金。银行有三种资金来源：（1）存款；（2）非存款性借款；（3）普通股和留存收益。银行是高杠杆经营的金融机构，这意味着它们的大部分资金来源于借款——即上面提及的前两个资金来源。非存款性借款包括联储贴现窗口借款、联邦基金市场借款以及在货币市场和债券市场上发行债务工具来借款。

存款

存款账户有好几种类型。**活期存款**（demand deposits，支票账户），不支付利息，存款人可在需要时随时提取。储蓄存款（savings deposits）支付利息（但是一般情况下低于市场利率水平），没有明确的期限，一般客户在需要时也可提取。

定期存款（time deposits），也称**存单**（certificates of deposit），有固定的到期日，支付固定利率或浮动利率。某些存单在到期前，如果存款者急需资金，可以在二级市场上出售套现（参见第 20 章）。还有一些存单未到期时不能在二级市场上出售。如果存款者选择在到期日前提前提取资金，那么银行会收取提前支取的罚金。**货币市场活期账户**（money market demand account）按照市场短期利率水平向客户支付利息。短期债务工具交易的市场被称为货币市场，这也就是"货币市场活期存款"名称的由来，它们与第 5 章将要介绍的货币市场共同基金在货币市场上展开竞争。

准备金要求和联邦基金市场上的借款

银行不可能把其获得的全部存款用于投资。所有银行都必须把存款的一定固定百分比存在 12 家联邦储备银行中某一家的不付息账户上。这一特定的百分比被称为**准备金率**（reserved ratios），以准备金率为基础算出的应存入联邦储备银行的资金被称为**法定准备金**（required reserves）。准备金率的高低由美联储理事会决定。而且，不同类型的存款产品，其适用的准备金率也不相同。美联储将存款划分为两种类型：交易存款和非交易存款。活期存款和其他所谓的"可开立支票的存款"被划分为交易存款。储蓄存款和定期存款是非交易存款。交易存款的准备金比率要高于非交易存款。

在计算法定准备金的金额时，银行并不是在每个营业日结束时先计算交易和非交易存款的金额，然后再简单地乘以各自适用的准备金率。银行法定准备金的计算过程非常复杂，因此我们这里只对计算的整个过程进行简要介绍。首先在计算法定准备金时，美联储必须要先划出为期两周的**存款计算期**（deposit computation period）。在计算期内，每个营业日结束时每种存款的平均数量乘以各自适用的准备金率，就可以算出法定准备金的数额。

在每一计算期内，**实际准备金**（actual reserves）的金额必须满足准备金的要求。实际准备金是指在两周的准备金维持期内，每家银行在每个营业日结束时存放在联邦储备银行的准备金平均数，从星期四开始到两周后的星期三结束。交易存款的计算期比准备金维持期早 2 天；非交易存款的计算期同样也是两周，但其时间起点要比准备金维持期早四周。

如果实际准备金超过了法定准备金，则超过的部分被称为**超额准备金**（excess reserves）。由于准备金账户不支付利息，持有超额准备金就意味着存在机会成本。与此同时，美联储对未达到准备金要求的银行要进行处罚。因此，这促使各家银行尽可能准确地管理自己的准备金存款，以便在满足准备金要求的同时尽可能地降低机会成本。

法定准备金暂时不足的银行可以从有超额准备金的银行那里借入准备金。银行之间相互借贷准备金的市场被称为**联邦基金市场**（federal funds market）。在这个市场上，资金的借出利率被称为**联邦基金利率**（federal funds rate）。

从联储贴现窗口借款

联邦储备银行是银行的银行，或者换一种说法，它是履行"最后贷款人"职责的银行。暂时缺少资金的银行可以从联邦储备银行的贴现窗口借入资金。借款时需要提供抵押品，但不是任何资产都有资格作抵押品。美联储规定了（且定期更新）符合要求的抵押品类型。目前合格的抵押品种类包括：（1）美国国债、联邦机构证券和市政证券，期限必须在六个月以下；（2）期限不超过 90 天的商业与工业贷款。

美联储在贴现窗口收取的借款利率被称为**贴现率**（discount rate）。美联储定期对这一利率水平进行调节，以达到实施其货币政策的目的。虽然一般情况下贴现率要低于市场上其他短期融资工具的利率水平，但是银行为满足准备金要求而从美联储贴现窗口借入的资金规模非常有限。这是因为美联储将贴现窗口的借款视为商业银行满足短期流动性需要的特殊渠道，而不是增加银行收入的工具。

持续的长期大额借款会被视为是银行财务状况不佳或为追求利润而努力扩大利差的表现。如果相对于以往的借款模式，近来某家银行频繁地向美联储提出借款申请，那么美联储将会对其进行电话"信息"调查，要求其对这种借款行为加以解释。如果银行的借款模式没有进一步的改善，美联储会给对方打去"管理性建议"电话，告知银行必须立即停止这种不当的借款行为。

其他的非存款性借款

绝大多数存款是短期的，联邦基金市场和美联储贴现窗口的借款也是短期的。其他非存款性借款可能是短期的，比方说在货币市场上发行短期债务工具，也有可能是中长期的，比如在债券市场上发行中长期证券。前者的一个例子便是回购协议市场，我们将在第20章加以讨论，中长期借款的例子是拥有浮动利率的中长期债券。

绝大多数资金来源于国内或国际的货币市场，对存款的依赖程度较低的银行叫做**货币中心银行**（money center banks）。与之相对应的，**地区银行**（regional bank）是指主要依靠存款融资而较少使用货币市场融资的银行。近年来，规模较大的地区银行致力于兼并其他地区银行以建立"超级地区银行"。由于规模进一步扩大，因此超级地区银行可以在某些国内和国际金融业务领域内与之前一度占据领先地位的货币中心银行一较高低。

商业银行的资本监管要求

和所有公司一样，银行的资本构成包括股权和债务（即借入资金）。与其他存款性金融机构以及第6章中将讨论的投资银行一样，商业银行也是高杠杆经营的金融机构。也就是说，股本与总资产的比例很低，通常来说银行的杠杆率要低于8%。股东提供的资本金数量过少带来的潜在支付能力不足的问题是监管部门关注的焦点之一。另一问题是未被列入资产负债表的那些或有负债，它们的存在更加凸显了股本资金不足的风险。这些表外或有负债包括一些担保性业务（如信用证）以及某些非标准化金融衍生品所引发的债务（例如互换、利率上限与利率下限产品，我们将在第31章介绍这些产品）。

在全世界范围内，**巴塞尔银行监管委员会**（Basel Committee on Banking Supervision，简称巴塞尔委员会）是制定银行风险测量与管理方法指导意见最重要的机构。这一委员会由来自13个国家的银行监管当局组成。[①] 目前，位于瑞士巴塞尔的国际清算银行（BIS）旗下共设有四个委员会机构，巴塞尔委员会是其中之一，另外三个委员会是全球金融体系委员会（Committee on the Global Financial System）、支付结算系统委员会（Committee on Payment and Settlement）和市场委员会（Markets Com-

---

① 这些国家包括：比利时、加拿大、法国、德国、意大利、日本、卢森堡、荷兰、西班牙、瑞典、瑞士、英国和美国。

mittee)。这四个委员会颁发了许多不具有强制性的文件与报告，目的是向全球各国的中央银行提供指导性意见，以促进货币政策和金融市场的稳定。

巴塞尔委员会颁布的资本监管要求被称为"**基于风险水平的资本金要求**"（risk-based capital requirements）。1988 年 7 月，巴塞尔委员会颁布了第一份指导文件，后来这份文件被人们称为《**1988 年资本协议**》（Capital Accord of 1988）。[1] 由于巴塞尔委员会随后陆续颁布了其他指导文件，因此现在《1988 年资本协议》通常被称为《**巴塞尔协议**》（Basel Ⅰ Framework）。《巴塞尔协议》的主要目标是建立一个最低资本金标准，以防范银行面临的信用风险。1996 年，巴塞尔委员会将《巴塞尔协议》进一步扩展，把市场风险也纳入基于风险水平的资本金要求的计算过程。[2] 1998 年，巴塞尔委员会讨论后认为操作风险也是银行经营过程中面临的另一重要风险，于是从 2001 年开始，巴塞尔委员会陆续出版了几份指导文件和报告，指导商业银行如何把操作风险也加入到最低资本金要求的计算当中。[3]

在关于市场风险的巴塞尔协议修正案发布后的两年时间里，巴塞尔委员会决定对《巴塞尔协议》进行更为全面的修正，在基于风险水平的资本金要求的计算公式中将商业银行面临的多样化风险考虑进来。根据 2004 年 6 月发布的报告，这次提出了新的资本金要求，我们通常称之为《**新巴塞尔协议**》（Basel Ⅱ Framework）。[4]《新巴塞尔协议》的目的是将基于风险水平的资本金要求引进来，而不是仅仅衡量商业化面临的潜在风险，从而提高《巴塞尔协议》中确立的标准。此外，《新巴塞尔协议》鼓励银行不仅要考虑今天存在的风险，更要考虑未来可能出现的风险，改善它们的风险管理系统从而更好地管理风险。也就是说，《新巴塞尔协议》寻求的是提高未来风险资本监管能力的方法。在《新巴塞尔协议》公布后，通过了一系列修正案，并于 2006 年形成最终稿，在最终稿中巴塞尔委员会认为其有三大"支柱"：最小风险资本要求（支柱一）；资本充足率和内部评估流程视角的监管（支柱二）和通过各种各样的金融和风险指标公开披露的市场纪律（支柱三）。

不考虑国民银行管理部门对指导原则的执行情况，银行并不是那么简单。巴塞尔委员会设有多个二级委员会（小组），这些委员会的目的就是推动指导原则执行的连续性。其中四个重要的二级委员会分别是：协议执行小组、资本任务实施小组、风险管理小组和透明工作小组。协议执行小组的目的是促进和推动在两大巴塞尔协议执行过程中对所遇到的挑战和问题的信息交流。资本任务实施小组对两大巴塞尔协议发生真实改变和协议的解释负责。风险管理小组的目标是为资本分配模型监管制定新的风险管理标准和方法。透明工作小组的目的是发展和审查

---

[1] Bank for International Settlements, *International Convergence of Capital Measurement and Capital Standard*, July 1988.

[2] Bank for International Settlements, *Amendment to the Capital Accord to Incorporate Market Risks*, April 1996.

[3] 参见下列国际清算银行的出版物：*Working Paper on the Regulatory Treatment of Operational Risk*（September 28，2001），*Sound Practices for the Management and Supervision of Operational Risk*（December 20，2001），*Sound Practices for the Management and Supervision of Operational Risk*（July 6，2002），*Sound Practices for the Management and Supervision of Operational Risk*（February 25，2003）。

[4] Bank for International Settlements, *Basel Ⅱ：International Convergence of Capital of Measurement and Capital Standards：A Revised Framework*，June 2004.

《新巴塞尔协议》中支柱三所说的市场信息披露情况。

我们不对基于风险水平的资本金要求做详细的说明。相反，我们将粗略地介绍为防范信用风险而提出的风险资本要求的相关对策。

信用风险与基于风险水平的资本金要求

假设有两家银行 A 和 B，它们各自拥有 10 亿美元的资产。再假设两家银行都用 4 亿美元投资于同样的资产，剩余的 6 亿美元投资于不同的资产。A 银行用 5 亿美元投资于美国国债，1 亿美元投资于商业贷款；B 银行用 1 亿美元投资于美国国债，5 亿美元投资于商业贷款。显然 B 行的违约损失敞口较大。虽然资本充足率标准将信用风险问题纳入了考察范围，但是没有具体分辨每家银行面临的流动性问题或其所投资资产的市场价格敏感性。不过，表外业务已经被明确纳入资本充足性标准的计算过程。

风险资本指导文件（risk-based capitalguide lines）通过对不同的资产类别分别赋予风险权重来辨别银行的信用风险水平。首先，资本被定义为包括一级资本和二级资本，每一级别的资本都设置了最低要求。一级资本也叫做**核心资本**（core capital），它主要包括普通股股本、某些类型的优先股（preferred stock）和联营分支机构的少数股权。二级资本也叫做**附属资本**（supplementary capital），它包括贷款损失准备（loan-loss reserves）、某些类型的优先股、永久性债务工具（perpetual debt，即没有到期日的债务工具）、复合型资本工具（hybrid capital instruments）、股权合约（equity contract notes）以及次级债务（subordinated debt）。

其次，指导文件为所有类型的资产赋予了信用风险权重。权重的大小取决于每种资产的信用风险水平。美国的做法是把信用风险权重分成四个等级：0%、20%、50%和100%，不过这种风险权重等级的确定缺乏明确的科学基础。表 3—3 列出了落入每个信用风险等级的几个资产的例子。[1]

表 3—3　　　　　　　　　　对不同资产的风险加权资本金要求

风险权重	该等级所包含资产的例子
0%	美国国债 美国政府国民抵押协会发行的抵押贷款支持证券
20%	市政普通债务债券 联邦住房抵押贷款公司或联邦国民抵押贷款协会发行的抵押贷款支持证券
50%	市政收入型债券 住房抵押贷款
100%	商业贷款与商业地产抵押贷款 对不发达国家的贷款 公司债券 市政国际开发协会债券

[1]　在计算表外业务需要多少资本金作为支持时使用其他的特殊规定。表外科目是未在资产负债表中报告的具有利率敏感性的金融合约或外汇相关产品。

信用风险权重的作用原理如下：资产的账面价值乘以信用风险权重，用来计算银行应持有多少核心资本和附属资本才能有效地支持这些资产。例如，假设一家银行的资产账面价值如下：

资产	账面价值（百万美元）
美国国债	100
市政普通债务债券	100
住房抵押贷款	500
商业贷款	300
账面价值总额	1 000

风险加权资产的计算如下：

资产	账面价值（百万美元）	风险权重	乘积（百万美元）
美国国债	100	0%	0
市政普通债务债券	100	20%	20
住房抵押贷款	500	50%	250
商业贷款	300	100%	300
风险加权资产			570

因此，这家银行的风险加权资产总额为5.7亿美元。

核心资本（一级资本）的最低要求是风险资产账面价值的4%，总资本（核心资本加上附属资本）的最低要求是风险加权资产总额的8%。我们仍然以上面这家计算风险加权资产总额的银行为例，看看如何计算总资本、核心资本与附属资本的最低值。这家银行的风险加权资产额为5.7亿美元，则核心资本最低要求是4 000万美元（0.04×10亿美元），总资本的最低要求为456万美元（0.08×5.7亿美元）。[①]

新颁布的资本金要求指导文件的一个重要意义是它鼓励银行在公开市场上出售贷款。这样做的话，银行就不需要再为已经卖掉的贷款（资产）拨备资本了。虽然银行贷款的二级交易市场正在不断成长壮大，但是还没有发展到可以让银行有效地卖出大量贷款的阶段。银行的另一选择是将多笔贷款集中起来，发行以这些打包贷款为抵押品的证券。

联邦存款保险

由于银行在整个经济体系中发挥着重要作用，因此美国政府找到了一种保护它们的方法，以避免当银行陷入困境或存款者以为银行有问题时会以破坏性的方式从银行大量提取现金，从而导致银行破产乃至危机爆发。20世纪30年代初，储户的恐慌情绪经常爆发，如果不是客户大量提现，一些破产银行本可以撑过这段困难时期。1933年，美国政府发明的一种防止出现"银行挤兑"的机制，即创办

---

① 资本金要求指导文件中还包括附属资本金最低要求的标准。

联邦存款保险。这一保险由一家新建立的机构——联邦存款保险公司提供。一年后，随着联邦储蓄贷款保险公司的成立，联邦存款保险的范围进一步扩展到储蓄贷款协会。1933 年，联邦存款保险单个账户的最高保额为 2 500 美元。1980 年，这一保额上限被提高至单个账户 100 000 美元（自我缴纳型退休账户最高保额为 250 000 美元）。

虽然联邦存款保险实现了防止银行挤兑的目标，但是不幸的是，它在无意之中鼓励了存款性金融机构的管理者去冒更大的风险。如果高风险的投资成功了，股东和管理层的收益都会增加；然而，如果失败了，则由存款者来承担损失。但是，存款者并不关心存款性金融机构的风险，因为他们的资金已经由联邦政府提供了保险。从存款者的角度看，只要存款的金额不超过保险的金额，不管存在哪一家存款性金融机构都是一样的。

1991 年的《联邦储蓄保险公司促进法》（FDICIA）提出了一系列改进储蓄保险系统的改革措施。除去这些改进的地方，法案中还是有很多不足之处，最引人关注的有两个。第一，储蓄保险承保范围是 10 万美元，这个标准是 1980 年设定的。这一承保范围自 1934 年以来从最初的 5 000 美元涨到了 10 万美元。1980 年的时候，承保范围意外地从 4 万美元上升到 10 万美元，从之前的上涨历史来看，每次增加都基本上反映了生活成本的变化。相反，1980 年的上涨幅度为 6 万美元，其目的是想留住现有储户，同时吸引新的储户加入到保险中，因为在那个时候，存款向储蓄机构的储蓄正大幅地流向货币市场基金。然而，到了 2001 年的时候，考虑到真实的美元情况（比如，美元的购买力水平），承保范围已经低于 5 万美元了。联邦存款保险公司（FDIC）正在考虑提高承保范围。

第二，承保范围的成本支付——FDIC 为承保范围索取的费用。涉及费用的矛盾是一方面 FDICIA 认为存款保险费用应该根据存款性金融机构的风险状况收取，另一方面，FDICIA 认为 FDIC 应该维持一定水平的储蓄。为了解决这一对矛盾，1996 年美国通过了新的法案——《储蓄保险基金法》（DIFA），法案严格规定 FDIC 根据存款性金融机构的风险情况收取费用的能力。

在费用定价方面，FDIC 成立后的前 50 年的运行情况与当前的系统有很大差别。从根本上说，前 50 年所有的存款性金融机构为承保范围所支付的费用都是根据金融机构的规模来确定的。更具体地来说，每 100 元的存款保险需要支付 3.3～8.3 美分的保险年费。20 世纪 80 年代和 90 年代的立法改变了这一系统，有效地将这些费用的收取转换为对风险资本要求变动的惩罚，或者违背监管流程而采取的行动，而不是根据承保范围确定收费金额。具体说来，在没有任何违约和波动的情况下，不管金融机构的风险资本是多少，FDIC 对储蓄保险承保范围不收取任何费用。这些存款性金融机构都是最高信用等级的机构。表 3—4 揭示了当前 FDIC 使用的风险调整费用系统。存款性金融机构根据两个流程确定自己是属于九大类型中的哪一种。第一个流程是根据资本比例确定的资本组别；第二个流程是根据其他相关信息确定的监管二级分类。在 1999 年年末，FDIC 投保的存款性金融机构都不需要支付任何承保费用。[①]

---

① FDIC, "Option's Paper" (August 2000).

表 3—4	FDIC 分配给存款性金融机构的风险级别	
资本组别特征		
第一组	第二组	第三组
完全资本化	充分资本化，但没有完全资本化	资本化不充分，既不是完全资本化，也不是充分资本化
总风险资本比例等于或大于10%	总风险资本比例等于或大于8%	根据 FDIC 规则和管理的 327.4（a）（2）部分对 BIF 和 SAIF 会员进行监管二级分类安排
层次1风险资本比例等于或大于6%	层次1风险资本比例等于或大于4%	参见下面的监管二级分类特征
层次1杠杆资本比例等于或大于5%	层次1杠杆资本比例等于或大于4%	

监管二级分类特征

　　A组：这一组别包括了财务上看起来还不错，仅仅有一些小问题的金融机构以及总体上能够满足联邦监管部门的综合评级为层次1或者层次2的金融机构。

　　B组：这一组别包括了那些如果不及时改正情况会比较糟糕的金融机构，可能会带来比较明显的恶化以及增加 BIF 和 SAIF 损失的风险。这一组别通常对应联邦监管部门综合评级为层次3的金融机构。

　　C组：这一组别包括除非采取有效的纠正行动，否则很有可能给 BIF 或 SAIF 带来比较大的损失的金融机构。这一组别是总体上能够满足联邦监管部门的综合评级为层次4或者层次5的金融机构。

　　FDIC 正在考虑建立新的系统，根据其风险总体情况，对那些当前不需要支付任何费用的金融机构——1A 级别的金融机构——进行收费。在 FDIC 感兴趣的现有提议中，存款性金融机构需要支付的金额等于 FDIC 面临的预期损失，这一损失主要是提供给该机构的储蓄保险金额。为了更好地处理前面提到的有关存款保险费用的两大矛盾，预期损失定价系统将考虑到：（1）存款性金融机构风险的不同；（2）创造支付储蓄保险成本的收入能力。储蓄的预期损失定价主要取决于以下三个方面的因素：（1）银行违约的概率；（2）敞口情况；（3）损失的严重程度（在违约的情况下）。

　　保险费用的预期损失定价系统将有效地解决分配给任何存款性金融机构的等级情况，这与我们后面将介绍到的、公司债券发行人的信用等级情况很类似。这一等级将与根据以往的历史经验推导出来的违约概率紧密相关。将违约概率与损失严重程度的假设相结合，FDIC 公式会计算出可评估存款中每一美元的预期损失，从而计算出存款性金融机构应该承担的合理费用。

储蓄贷款协会

　　储蓄贷款协会（Savings & Loan Associations，S&Ls）是一类有着悠久历史的金融机构。人们为了获得住房贷款而创办了这种金融机构。依靠融资购买的住房就是贷款的抵押品。

　　储蓄贷款协会可以采用共同所有制或公司股份制。"共同所有"意味着没有发行在外的股票，因此从技术的层面上看存款者就是协会的所有者。为增加储蓄贷款协会扩大融资渠道、增加资本金的能力，立法规定共同所有制的储蓄贷款协会可以很方便地转变为公司股份制结构。

和银行一样，储蓄贷款协会可以领取联邦政府执照或州政府执照。联邦政府管理储蓄贷款协会的主要监管机构是 1989 年按照《金融机构改革复兴与执行法案》创立的储蓄管理局（Office of Thrift Supervision，OTS）。储蓄管理局建立以前，主要的监管机构是联邦住宅贷款银行委员会（Federal Home Loan Bank Board，FHLBB），现在 FHLBB 已不复存在了。联邦住宅贷款银行与 FHLBB 合并后组建的联邦住宅贷款银行体系，目前仍存在并继续向会员机构发放贷款。

和银行一样，储蓄贷款协会现在也要受到美联储制定的存款准备金规定的约束。在《金融机构改革复兴与执行法案》通过之前，联邦储蓄贷款保险公司（Federal Savings and Loan Insurance，FSLIC）向储蓄贷款协会提供联邦存款保险服务。后来，储蓄协会保险基金（Savings Association Insurance Fund，SAIF）取代了 FSLIC，并由 FDIC 负责管理。

资产

传统上，储蓄贷款协会被允许投资的资产只有抵押贷款、抵押贷款支持证券和政府证券。抵押贷款包括固定利率抵押贷款和可调利率抵押贷款（即利率可以定期调整的贷款）。虽然大多数抵押贷款是用于购买住房，但是储蓄贷款协会也可以发放建筑贷款。

由于储蓄贷款协会资产负债表的特殊结构以及相应的期限不匹配问题（即短借长贷），多次出现偿付能力不足，1982 年的《加恩-圣吉曼法案》（Garn-St. Germain Act）扩充了储蓄贷款协会可投资的资产类型。目前，储蓄贷款协会可以选择的投资产品包括消费贷款（用于住房改善、汽车、教育、活动房屋和信用卡的贷款等）、非消费贷款（商业贷款、公司贷款、业务贷款或农业贷款等）和市政证券。

虽然储蓄贷款协会在抵押贷款业务方面具有竞争优势，但是它们缺乏商业贷款和公司贷款的经验。与其为了获得经验而冒着较高风险去做这些不熟悉的业务，不如另辟蹊径——储蓄贷款协会选择投资于公司债券，因为这些债券也被归入公司贷款类别。更准确地说，储蓄贷款协会成了非投资等级公司债券的主要购买者。这些债券另一个更为通俗的名称是垃圾债或高收益债券。按照《金融机构改革复兴与执行法案》的规定，储蓄贷款协会不再被允许增加对垃圾债券的投资。

为了满足流动性需求和监管部门的要求，储蓄贷款协会也投资了一些短期资产。所有参加联邦存款保险的储蓄贷款协会必须满足流动性的最低要求。具体标准由储蓄管理局制定，可接受的流动性资产包括现金、短期政府机构债券和公司证券、商业银行的存单[①]、其他货币市场资产（参见第 20 章）和存款准备金。在联邦基金市场上，储蓄贷款协会可以把超额准备金贷给准备金不足的其他存款性

---

① 储蓄贷款协会持有银行存单时是投资者，但存单也代表了发行银行的负债。

金融机构。

融资

在 1981 年以前，储蓄贷款协会的大部分负债由存折储蓄账户或定期存款构成。这些存款产品可适用的利率水平是要受到管制的。在可支付给存款者的最高利率方面，储蓄贷款协会可以享受优于银行的待遇——监管机构允许它们的存款利率水平比银行存款利率高出 0.5 个百分点，后来降至 0.25 个百分点。随着本章前面已讨论过的利率管制放松，现在银行和储蓄贷款协会在存款业务领域展开了公平竞争。

监管的放松也扩大了储蓄贷款协会可以提供的账户种类。传统上不允许储蓄贷款协会向客户提供活期账户。然而，20 世纪 80 年代初以来，储蓄贷款协会被允许开办一种与活期存款极为相似并且支付利息的账户，名称叫做**可转让支付命令账户**（negotiable order of withdrawal accounts，NOW 账户）。与活期存款不同的是，NOW 账户是支付利息的。储蓄贷款协会也被允许向客户提供货币市场存款账户（money market deposit accounts，MMDA）。

20 世纪 80 年代以来，储蓄贷款协会在货币市场上的融资更加活跃。它们可以在联邦基金市场上借款，还可以到美联储的贴现窗口借款。此外，储蓄贷款协会也可从联邦住宅贷款银行借款。这种借款叫做**垫支款**（advances），期限可长可短，利率可以是固定的，也可以是浮动的。

监管

联邦储蓄贷款协会是依据 1933 年的《住房所有者贷款法案》（Home Owners Loan Act）的条款设立的。领取联邦政府营业执照的储蓄贷款协会由 OTS 监管，领取各州政府营业执照的储蓄贷款协会则受各州监管机构的监管。1933 年通过的另一法案创建了联邦储蓄贷款保险公司（Federal Savings and Loan Insurance Corporation），在当时专门为领取联邦政府营业执照的储蓄贷款协会提供存款保险，最高保险额为 5 000 美元，同时允许符合要求的各州注册储蓄贷款协会获得相同的最高保险金额。

与银行监管相似，历史上储蓄贷款协会也曾受到过存款账户的最高利率限制、地理范围、可开办的业务种类（账户和可选择投资产品的种类）以及资本充足率等管制。另外，在非存款资金的来源和流动性方面，储蓄贷款协会也要受到监管。

1980 年的《存款性金融机构管制放松和货币控制法案》（Depository Institutions Deregulation and Monetary Act，DIDMCA）废除了存款账户的最高利率限制规定。虽然这使得储蓄贷款协会可以与其他金融机构在融资市场上自由地开展竞争，但是也增加了它们的融资成本。银行虽然也面临较高的融资成本，但是其资产负债表的结构要优于储蓄贷款协会，能够更好地应付利率管制放松引起的融资成本增加问题，至于具体的原因我们会在后面的章节详细阐述。

除了存款账户的利率管制放松外，《存款性金融机构管制放松和货币控制法案》在其他方面也有许多创新。首先，通过对储蓄贷款协会实行存款准备金要求，该法案加强了美联储对货币供给的控制；同时作为回报，储蓄贷款协会被允许向客户提供 NOW 账户。

接下来的一部法案，即《加恩-圣吉曼法案》，不仅赋予了储蓄贷款协会提供货币市场活期账户的权利，使其得以参与货币市场的资金竞争，而且还增加了储蓄贷款协会可以投资的资产类型。1975 年，联邦住宅贷款银行批准储蓄贷款协会可以在货币市场和债券市场上融资。1984 年，联邦住宅贷款银行委员会批准储蓄贷款协会建立分支机构。储蓄贷款协会通过这些分支机构发行以抵押贷款为担保的证券，扩大了其融资渠道。

与银行类似，储蓄贷款协会也要满足两大资本充足率标准的要求。同样地，储蓄贷款协会也要进行基于"核心资本"和"有形资本"进行两类资本充足率指标的测算。储蓄贷款协会适用的风险资本指导文件与银行相似。不过，与银行的双层资本结构不同，储蓄贷款协会的资本结构分为三个层次：第一个层次是有形资本（tangible capital）；第二个层次是核心资本；第三个层次是附属资本。

和商业银行一样，在计算最低资本充足率时，除了要基于信用风险计算资本金要求以外，还要考虑利率风险对应的资本金要求。对储蓄贷款协会，监管部门在测量利率风险水平时使用的方法与银行监管机构不同。1988 年 12 月，储蓄管理局的前身，即联邦住房贷款银行委员会宣布在设定资本金要求标准时，要充分考虑利率风险敞口的影响。1990 年 12 月，储蓄管理局建议在资本充足率要求中加入一条计算利率风险敞口大小的规定。1993 年 8 月，储蓄管理局最终采纳了这条规定，把利率风险纳入基于风险水平的资本金要求计算框架。这条规定的内容是如果一家储蓄机构的利率风险敞口超出了"正常水平"（规则中明确说明了何为"正常水平"），那么在计算基于风险水平的该储蓄机构的资本金要求数额时，储蓄管理局将在其总资本当中预先扣除一部分。在规则当中，利率风险敞口的规模被定义为当市场利率水平变化 200 个基点时（上升或下降），资产组合市场净价值（指的是资产组合的市场价值扣除掉负债以后的净值）的减少额。储蓄机构测算出来的敞口规模与"正常水平"的敞口规模（正常水平被定义为资产预期经济价值的 2%）之间差额的一半，会被用来抵扣储蓄机构的总资本额。

储蓄贷款协会危机

自 20 世纪 60 年代末期以来，储蓄贷款协会飞速增长的具体情况，以及随后爆发的危机不可能只用一章的篇幅就论述清楚，所以这里我们只简单地介绍一下这个行业的衰败过程。直到 20 世纪 80 年代早期，储蓄贷款协会和其他贷款机构始终都在使用传统的固定利率抵押贷款方式向客户提供住房抵押贷款，贷款期限很长，通常达到 30 年以上。在这么长的期限内，固定利率水平一直保持不变，而这些贷款的资金来源却是期限较短的存款。正如前面我们已经解释过的那样，这是个短借长贷的融资问题。这样做是十分危险的，但是监管者花了很长时间才搞明白这个道理。

当然，在利率稳定或下降时期，这样做是没有问题的。但是如果市场利率水平上升至高于抵押贷款利率的位置，那么贷款结构的利差就会变成负数，最终将导致其丧失偿还能力。起初，监管者试图通过限制储蓄贷款协会、直接竞争者及其他存款性金融机构支付的利率上限，使储蓄贷款协会行业在不损失存款的情况下避免支付高利息。然而，这一方法没有也不可能起作用。

20世纪70年代市场利率水平的波动非常剧烈，到了80年代早期，市场利率水平一度上升到很高的位置，所有受到存款利率上限管制的存款性金融机构的资金都开始流向不受利率上限管制的竞争者，如新成立的货币市场基金（money market funds）。这一形势迫使政府监管部门提高了利率上限水平。20世纪60年代中期开始实施的利率上限政策并没能保护好储蓄贷款协会，它们的利润水平开始下降，经营亏损越来越高。不断上升的利率水平逐渐侵蚀了大多数储蓄贷款协会资产的市值，以至于使其陷入了资不抵债的危机困境。

急于掩盖问题的监管当局让这些贷款机构继续运营，还允许其按照账面价值对抵押贷款资产进行估价，这种做法让问题进一步恶化了。在利率上限规定取消后，储蓄贷款协会的盈利状况变得更加糟糕。虽然管制的放松可以让储蓄贷款协会与其他金融机构在融资市场上展开公平竞争，但是这也变相提高了储蓄贷款协会的融资成本。相对于储蓄贷款协会，银行能更好地应付融资成本不断上涨的问题，因为银行的资产组合与储蓄贷款协会有着较大的差别，后者的资产主要以陈旧的固定利率抵押贷款为主，而大部分银行的资产组合是由短期资产以及其他定期按照市场利率水平调整收益率水平的资产组成。

短借长贷的难题只是该行业面临的众多问题之一。随着危机的不断深化，很多储蓄贷款协会的状况变得毫无希望，而且还揭露出管理层存在欺骗性的行为。许多面临财务困难的储蓄贷款协会采用了使自身陷入更大风险的经营策略，希望这样的策略能够奏效，帮助它们恢复营业。管理者之所以采用这种高风险的策略，是因为存款者并不关心机构自身面临的风险。存款人虽然把钱存进了这些储蓄贷款协会，但是美国政府事先已通过提供联邦存款保险的方式对不超过保险额上限的存款的安全性提供了保障。财务状况不佳的储蓄贷款协会可以用高于财务状况良好的储蓄贷款协会的存款利率来吸引新的存款人，进而用新增存款向现有的储户支付利息。反过来，由于融资成本的攀升，因此若想获得足够多的利差收入，这些储蓄贷款协会必须采取风险更高的投资策略。

储蓄银行

作为金融机构，储蓄银行与储蓄贷款协会比较相似，但前者的历史要比后者悠久得多。储蓄银行的组织结构可以采用合伙制（在这种情况下，它们被称为互助储蓄银行）或股份制。大部分储蓄银行采用的都是合伙制。在美国东部，只有16个州颁发储蓄银行许可证。1978年，国会允许建立联邦储蓄银行。

虽然储蓄银行的总存款额要比储蓄贷款协会少一些，但是一般情况下储蓄银行的机构规模会更大一些。储蓄银行和储蓄贷款协会的资产结构类似，主要资产是住房抵押贷款。由于州监管当局比联邦监管部门允许储蓄银行使用更多的资产多样化投资策略，因此与储蓄贷款协会相比，储蓄银行抵御融资风险的能力要强得多。储蓄银行投资的资产组合中还包括公司债、国债和政府机构债券、市政证券、普通股和消费贷款。

储蓄银行的主要资金来源是存款。一般来说，存款与总资产的比率要大于储蓄贷款协会。储蓄银行提供和储蓄贷款协会一样的存款账户产品，其存款参加BID或储蓄协会保险基金的保险。

信用合作社

信用合作社是规模最小的存款性金融机构，可由州政府或联邦政府批准设立。1934 年的《联邦信用合作社法案》（Federal Credit Union Act）允许所有州设立领取联邦营业执照的信用合作社。信用合作社的特点是要求其成员具有"普遍联系"（common bond）。根据管理联邦信用合作社的法律，联邦信用合作社的成员应限于某些与某个行业或协会有"普遍联系"的团体，或者是限于某个位于有明确范围的街区、社区或农业地区的团体。这种机构是合作性质或互助性质的，不允许实行股份制。所以，信用合作社的双重目标是为成员的储蓄和借款需求提供服务。

从技术层面上看，由于信用合作社的所有人是所有会员，因此会员的存款被称为股份（share）。会员们获得的收益不是利息而是股利。1970 年，全国信用合作社股份保险基金（National Credit Union Share Insurance Fund，NCUSIF）成立，向联邦政府注册的信用合作社提供保险服务，最高保额为 10 万美元，自我缴纳型退休账户的最高保额为 250 000 美元，这与商业银行的存款保额上限是完全一样的。在各州注册的信用合作社可以选择是否参加 NCUSIF 的保险。那些不参加NCUSIF 保险的州信用合作社，由各州的相应机构提供保险服务。

联邦政府的监管法规适用于联邦注册的信用合作社，以及那些虽然在州政府注册、但是已成为全国信用合作社股份保险基金成员的信用合作社。不过，大部分州已经明确规定，即使是在各州注册的信用合作社也必须和联邦注册机构一样遵守相同的监管规则。因此实际上，绝大多数信用合作社要受到联邦政府层面的监管。主要的联邦监管机构是国家信用合作社管理局（National Credit Union Administration，NCUA）。

信用合作社的主要资金来源是其会员的存款。随着管制的放松，它们可以提供各种各样的存款产品，其中包括股金账户（share drafts），这种账户类似于支票账户，但支付利息。国家信用合作社管理局负责管理的中心流动性便利设施（Central Liquidity facility，CLF），是信用合作社的最后贷款者，和美联储一样执行相似的最后贷款功能。CLF 可以向有流动性需求的信用合作社提供短期贷款。

信用合作社的资产主要由向会员发放的小额消费贷款、住房抵押贷款和证券构成。国家信用合作社管理局颁布的监管 703 和 704 条例详细列出了信用合作社可以投资的资产种类。目前，信用合作社可以投资于**"法人信用合作社"**（corporate credit unions）。

什么是"法人信用合作社"？有人可能以为这种信用合作社就是一家公司的员

工设立的信用合作社。事实并非如此。联邦政府和各州政府注册的信用合作社被看作"自然人"信用合作社，因为它们向符合要求的自然人会员提供金融服务。与之相比，除了支付结算业务以外，法人信用合作社还可以提供各种各样的投资服务，但是它们的服务对象仅限于自然人信用合作社。截至 2000 年，36 家法人信用合作社的资产规模为 500 万美元至 300 亿美元不等。除了三家法人信用合作社以外，其他的法人信用合作社全都参加了联邦政府的存款保险。美国中央信用合作社（U. S. Central Credit Union）是法人信用合作社最重要的流动性调节中心，可以把法人信用合作社多余的资金投资出去。

小　结

存款性金融机构接受各种各样的存款。它们用存款和通过其他融资渠道筹得的资金向各种实体提供贷款并投资证券。这些金融机构的存款通常要参加联邦机构保险。存款性金融机构的收入来源于投资（贷款和证券）和费用收入。储蓄机构（储蓄贷款协会、储蓄银行和信用合作社）是特殊类型的存款性金融机构。

存款性金融机构寻求在其投资的资产和资金成本之间赚取正的利差收益。在这一过程中，存款性金融机构面临着信用风险和融资风险（或称为利率风险）。存款性金融机构必须做好准备随时满足储户的提款要求和客户的贷款请求。为了做到这一点，它们要努力吸引新增存款，以证券为抵押品向联邦机构借款，出售所持的证券来套现，或者是在货币市场上发行债务工具以筹集短期资金来满足客户的要求。

在全世界范围内，巴塞尔银行监管委员会是制定银行风险测量与管理方法指导意见最重要的机构。巴塞尔委员会颁布的多份指导文件提出的资本金要求被称为基于风险水平的资本金要求。有关资本金要求的指导文件体现在《巴塞尔协议》和《新巴塞尔协议》当中。《新巴塞尔协议》的主要目的是对原有的巴塞尔协议框架进行完善，使基于风险水平的资本金要求与银行面临的各种风险更为相符，从而使得资本监管更具有前瞻性。

商业银行提供的服务大致可分为零售银行业务、批发银行业务和全球银行业务。银行的三大资金来源是：存款、非存款性借款、留存收益及出售股权工具的收入。银行是高杠杆经营的金融机构，其大部分资金来源于存款和非存款性借款。非存款性借款主要包括来自美联储贴现窗口的借款、在联邦基金市场上借入的准备金以及在货币市场、债券市场上发行债券获得的资金。

按照美联储的存款准备金要求，银行必须将准备金存放在 12 家联邦储备银行当中的任意一家。准备金暂时不足的银行可以在联邦基金市场上拆借，或者是暂时通过美联储的贴现窗口借入短期资金。

和银行一样，储蓄贷款协会（S & Ls）可以在联邦政府或各州政府注册领取营业执照。在联邦政府层面上，储蓄贷款协会的主要监管者是储蓄管理局。美联储制定的存款准备金要求也适用于储蓄贷款协会。储蓄协会保险基金为储蓄贷款协会的存款提供联邦级别的保险服务。

和银行监管相类似，在经营的地理范围、允许开设的业务以及资本充足率等方面，储蓄贷款协会也要受到监管。储蓄贷款协会主要投资于抵押贷款以及抵押贷款关联证券。金融监管的放松扩大了储蓄贷款协会可以投资的资产范围，也增加了其可以提供的存款账户类型与融资渠道。

储蓄银行的资产结构与储蓄贷款协会比较相似。有些州允许储蓄贷款协会投资的资产种类要比联邦监管机构允许的投资范围更宽泛，我们从储蓄银行持有的资产组合的构成上可以发现这一点。储蓄银行的主要资金来源是存款。这些存款可以参加由 BIF 或 SAIF 提供的联邦存款保险项目。

信用合作社这类存款性金融机构的特点是要求其成员具有"普遍联系"，合作社由全体成员共同所有。虽然信用合作社可以在联邦政府或各州政府注册营业执照，但是大部分信用合作社还是要接受联邦一级国家信用合作社管理局的监管。

信用合作社的资产主要包括向会员提供的小额消费贷款和信用卡贷款。

关键术语

实际准备金	联邦基金市场	货币市场活期账户
垫支款	联邦基金利率	可转让支付命令（NOW）账户
巴塞尔银行监管委员会	融资流动性风险	操作风险
《巴塞尔协议》	融资风险	地区银行
《新巴塞尔协议》	《格拉斯-斯蒂格尔法》	监管风险
《1988 年资本协议》	全球银行业务	法定准备金
存单	《金融服务现代化法案》	准备金率
核心资本	零售银行业务	风险资本指导文件
法人信用合作社	批发银行业务	基于风险水平的资本金要求
交易对手风险	法律风险	结算风险
信用风险	流动性风险	利差收入
活期存款	利差	附属资本
存款计算期	市场流动性风险	定期存款
贴现率	货币中心银行	在险价值
超额准备金		

思考题

1. 说明商业银行满足客户提现和贷款要求的方式。

2. 为什么你认为对存款性金融机构而言，以某种市场利率为基准、定期调整利率的债券要优于长期的固定利率债券？

3. 解释下列词语的含义：a. 零售银行业务；b. 批发银行业务；c. 全球银行业务。

4. 1996 年 3 月，国际清算银行的支付结算体系委员会发布了名为《外汇交易中的结算风险》的报告，为银行提供了一种较为实用的结算风险管理工具。结算风险的含义是什么？

5. 下列内容摘自 2002 年 1 月 25 日旧金山联邦储备银行的月刊 *Economic Letter*：

> 金融机构从事的业务便是管理风险和重新分配风险，为了实现这个目标，它们已经开发出了很多极其复杂的风险管理工具与体系。对于一个风险管理系统来说，最基本的组成要素包括发现并确认企业目前正面临哪些风险，对风险的规模大小进行测量，用各种各样的管理手段减轻风险，并为未来的潜在损失提前备好资本金。在过去 20 年左右的时间里，金融机构一直在认真地使用各种经济计量模型来帮助它们做好风险管理工作。例如，有关金融市场波动性的实证模型的不断完善大大促进了市场风险的模型构建，所谓市场风险指的是金融资产市场价格的波动所导致的风险。对于信用风险，近来也开发出了一些实证模型，主要用于大规模信用风险的管理。
>
> 不过，并不是金融机构面临的所有风险都能这么容易地被分类和建模。例如，电子设备失灵或员工故意采用欺骗性行为的风险

就不那么容易用数学模型的方式来评估。

上述引文中提到了哪些种类的风险？

6. a. 巴塞尔银行监管委员会是一家什么样的机构？

b. 巴塞尔银行监管委员会颁布的《巴塞尔协议》和《新巴塞尔协议》的用途是什么？

7. 解释下列名词含义：a. 准备金率；b. 法定准备金；c. 超额准备金。

8. 解释下列每种存款账户：a. 活期存款；b. 存单；c. 货币市场活期账户；d. 股金账户；e. 可转让支付命令账户。

9. 《格拉斯-斯蒂格尔法》对银行的业务经营造成了哪些影响？

10. 你和一个朋友正在讨论储蓄贷款协会危机。这位朋友认为："整个危机始于 20 世纪 80 年代早期。随着市场短期利率的迅速飙升，储蓄贷款协会大批倒闭——因为它们的利差收入由正的变成负的了。它们一直靠短期借款来发放长期贷款。"

a. 这位朋友说的"它们一直靠短期借款来发放长期贷款"是什么意思？

b. 对于这些"短借长贷"的金融机构，利率高对它们有利，还是利率低对它们有利？

11. 下面的表列出了一家银行资产的账面价值：

资产	账面价值 （百万美元）
美国国债	50
市政普通债务债券	50
住房抵押贷款	400
商业贷款	200
账面总价值	700

a. 根据下列信息计算风险加权资产额：

资产	风险权重
美国国债	0%
市政普通债务债券	20%
住房抵押贷款	50%
商业贷款	100%

b. 最低核心资本要求是多少？

c. 最低总资本要求是多少？

12. 当一家银行的证券投资组合经理考虑投资哪些证券时，她必须要考虑每种证券的风险权重。为什么？

13. 说明目前联邦存款保险收取保费的方式，并解释它与 20 世纪 80 年代之前联邦存款保险的保费收取方式有何不同。

14. 列出联邦存款保险公司目前正在考虑的关于联邦存款保险保费收取方式的改革建议。

15. 你是否同意下列这句话"银行监管机构与储蓄贷款协会的监管机构在衡量存款性金融机构面临的利率风险大小时使用的是同一种方法"？请解释原因。

16. 1933 年 3 月 26 日《纽约时报》的大标题为"银行家们反对存款担保制度……这会促使坏银行更加铤而走险。"

a. 你认为这个标题要表达什么意思？

b. 讨论一下美国政府开展存款保险业务的好处与弊端。

17. 下列引文摘自 1990 年 10 月 29 日的《公司融资周刊》：

大通曼哈顿银行正在准备发行第一批以资产为抵押的债券，成为最后一家计划进军这一庞大资金市场的大型个人银行机构。华尔街专门从事资产证券化业务的券商称……以资产为担保发行债券可以使银行把信用卡贷款或其他应收贷款从它们的资产负债表上划去，这能帮助它们更轻松地满足资本金要求。

这段文章中提到的资本金要求指的是什么？

18. 1990 年 10 月 15 日，《银行快讯》刊登的一篇银行融资方面的文章说：

据财政部官员和投资银行基夫-布鲁耶特-伍兹公司（Keefe, Bruyette & woods）最近的报告称，明年存款保险的大幅增加将促使大银行更多地选择发行票据来融资，批发存款性业务的吸引力下降……投资者对信用质量的担心让很多银行难以进入大额票据发行市场，但是当投资者的信心恢复一些时，高质量的发行人将会更多地使用不用参加联邦存款保险的融资工具，例如发行票据。

围绕这段文字展开讨论。在回答时，别忘了

指出银行资金的三种来源。

19. 储蓄贷款协会主要投资的资产种类有哪些?

20. 信用合作社由哪个联邦监管机构负责监管?

第 4 章

保险公司

学习完本章内容，读者将会理解以下问题：

- 保险公司业务的性质
- 保险公司如何获得收入
- 股份制保险公司与互助式保险公司有何区别
- 人寿保险、财产保险与灾害保险等保险类型的区别

- 保险公司的监管机构
- 1999 年《金融服务现代化法案》对保险行业的影响
- 保险公司的组织结构
- 保险公司的投资策略

在第 2 章，我们解释了什么叫做金融机构，上一章我们对存款性金融机构机构进行了介绍，这是一种特殊类型的金融机构，我们把它叫做金融中介机构。本章我们将讨论另外一类非常重要的金融机构：保险公司。保险公司从事的某些业务活动也满足金融中介机构的定义。

保险公司概述

保险公司提供（出售）保险单（下文简称保单），保单是一种有法律约束力的合同。按照保险合同，当未来某些事件发生时，比如死亡或者汽车事故等，保险公司承诺支付特定数额给客户。因此，保险公司是**风险承担者**（risk bearers）。它们接受或者承购风险，目的是为了获得**保险费**（insurance premium）（下文简称保费），而保费是保险合同的持有人或者所有人所支付的。

保险公司的一个重要任务是确定哪些申请人是它们应该接受的，哪些申请人是它们应该拒绝的。它们同时还必须决定如果接受申请人的投保，应该向申请人收取多少费用。决定接受哪些申请人，拒绝哪些申请人的这一过程通常被称为**承保流程**（underwriting process）。

收入来源

由于保险公司是事先收取保费，当或者在保险事件发生后，才支付相应的保险赔偿金，因此保险公司可以将最初收取的保费用于投资并获得相应的收入。这样，保险公司的两大收入来源包括最初的销售收入（保费）和一段时间内的投资收入。通过保费投资活动所获得的投资收入可以一直累积，直到保单需要支付资金为止。保费是一种稳定的收入来源，而投资收入则会随着金融市场的表现而出现比较大的波动。

因此，保险公司的利润一方面取决于保险公司所获得的保费收入加上投资收入，另一方面，还取决于保险公司的经营支出和支付给投保人的保险金额。投保的各种风险决定了保险公司收取保费的水平和支付利润的水平，这一切都是由保险公司确定的。

保险公司的主要形式：股份制和互助式

保险公司的两大形式是股份制和互助式。**股份制保险公司**（stock insurance company）的公司结构与任何普通的股份制公司或者公众公司结构类似。股份（或者权益）由每一个独立的股东所有，而且可以公开交易。股东们大多关注的仅仅是他们手中的股份，也就是关注他们所拥有的股票增值和股息情况。他们持有股票期间，所关注的可能都是短期行为。保单仅仅是保险公司的产品而已。

与此相反，**互助式保险公司**（mutual insurance companies）没有任何股票和外部股东。公司保单持有人同时也是公司的股东。公司所有者们，也就是公司的股东们主要甚至是唯一关心的是保单的表现以及公司是否有能力偿付保单。由于这些偿付绝大多数发生在未来，所以保单持有人都会做长线考虑。因此，股份制保险公司需要考虑两个重要的群体——公司股东和公司保单持有人，而互助式保险公司只需要考虑一个方面就行，因为对互助式保险公司来说，公司股东与保单持有人是同一主体。从传统来看，一般最大的保险公司都是互助式保险公司，不过，很多互助式保险公司开始转换为股份制保险公司，这一过程被称为**去互助化**（de-mutualization）。

保险类型

有各种各样的保险产品和合同可供选择。

人寿保险

人寿保险主要是针对死亡事件。在被保险人发生死亡事件时，保险公司向人寿保险合同上的受益人支付一笔保险费。本章随后将会对好几种人寿保险展开讨论。

健康保险

健康保险承保的主要是被保险人的医疗支出成本。保险公司向被保险人（或者是医疗服务提供商）支付全部或者部分因医生、医院或其他原因引起的医疗支出成本。这种类型的保险在过去的几十年时间里发生了很大的变化。其变化结果是，医疗行业发生了很明显的重组，其中包括最大的健康保险公司在健康保险领域专业化运作，而不是只出售健康保险和其他保险产品，比如人寿保险。

财产和灾害保险

财产和灾害保险（P&C）承保的是各种各样财产的损失事件。更具体地说，其承保的是由财产损坏、毁坏带来的损失，或者由突发、不可预期或不寻常的确定因素引起的财产损失。这种保险的主要类别包括：（1）房屋以及房屋里面的财产面临的火灾、洪水和盗窃引发的风险（住房保险及相关的产品）；（2）汽车可能面临的损坏、盗窃和其他损失引发的风险（汽车保险及相关的产品）。

责任保险

责任保险保障的是被保险人的诉讼、法律风险，其风险是由被保险人或其他人的行为引起的。

伤残保险

伤残保险是以雇员伤残为投保对象的一类保险，投保对象包括在他或她自己的岗位（自有伤残保险）或者任何岗位上（任意伤残保险）工作获得收入的雇员。通常情况下，自有伤残保险是为专业人士所投保的保险，而任意伤残保险是为蓝领工人投保的保险。伤残保险的另外一种分类是根据保单的可持续性进行的。伤残保险同样还可以分为短期伤残和长期伤残，它们之间的界限是六个月。

长期护理保险

由于个人寿命越来越长了，因而人们面临着在生命期限内资产不够用或者无能力照顾自己的风险。此外，老年人的医疗护理费用也在不断上涨，这对保险公司提出了新的需求，需要为那些没有能力照顾自己的人们提供必要的护理。这些护理可以在被保险人自己的住处或者看护人处进行。

结构赔付

结构赔付是在很长一段时间内周期性提供有保证的支付，通常情况下是缘于伤残赔付或者其他类型的保单赔付。例如，个人被汽车撞伤后，在休养期间他或她都不能工作，从而可以向 P&C 公司起诉申请支付未来可能获得的收入和给予医疗护理。为了解决诉讼问题，P&C 公司可以从人寿保险公司购买相应的保险，从而按照协议支付款项。

投资导向性产品

保险公司不断提供新的产品，这些产品不仅具备保险功能，还具有显著的投资功能。人寿保险公司开发出来的第一类主要的投资导向性产品是**担保投资合同**（guaranteed investment contract，GIC）。按照担保投资合同，人寿保险公司在收取单笔保险费后，同意在投资期限内按照预先确定的年信用利率，在 GIC 到期日支付利息和本金。例如，一份金额为 1 000 万美元、事先确定的信用利率是 5%、期限为 5 年的 GIC 意味着在第 5 年年末，保险公司按照保证的利率支付利息和本金。本金的回报取决于人寿保险公司履行债务协议的能力，就像任意的公司履行自己的债务协议那样。投保人面临的风险是保险公司构建的投资组合中资产的收益率低于信用保证利率。GIC 的期限从 1 年期到 20 年期不等。保证利率取决于市场经济环境和人寿保险公司。养老金计划发起人经常购买这种类型的保单作为养老金投资。

一份 GIC 仅仅是人寿保险公司发行的债务合同。其中"担保"这个词并不是真地意味着人寿保险公司还有第三方做担保方。简单说来，一份 GIC 就像是人寿保险公司发行的零息票债券，因此，投资者同样面临着信用风险。几个主要的 GIC 发行人违约引起了大家对信用风险的关注。最典型的两个公开例子是来自新泽西州保险人的互助收益合同和来自加州保险人的执行生命合同，两者都在 1991 年被监管部门查获。

年金

另外一种重要的保险公司投资产品是年金。**年金**（annuity）经常被形容为"保险公司外壳下的共同基金"。（共同基金会在下一章进行讨论。）为了更好地理解这一描述，假设保险公司投资经理有两个完全相同的股票投资组合，一个是共同基金，另外一个是年金。对于共同基金，所有的收入（主要是股息收入）都是要交税的，从基金中获得的资本利得（或者资本损失）也是要交税的，尽管税率可能会不同。不管基金持有人是否赎回基金份额，所有的收入和所实现的资本利得都是要交税的。共同基金不能提供收益保证——它的表现完全取决于投资组合的市场表现。

由于是在保险公司外壳保护下，税法将年金视为保险产品，因而享受优惠利率。更具体地说，如果没有从年金产品中撤出，收入和所实现的资本利得是不用交税的。因此，年金的"投资内生息"收入是免税的，正如其他的保险产品一样。

共同基金的"保险公司外壳"使得年金可以以各种各样的形式存在。最常见的"外壳"是保险公司提供的担保，在担保中，保险公司保证年金投资者会全部收回当初所投资的年金保险产品金额，只不过为了得到这一好处，需要付出一点点的等待时间。这样的话，如果一个投资者投资 100 美元在股票型年金上，在投资赎回的到期日（或者年金持有人死亡时），年金的市场价值只有 95 美元，保险公司仍然会向投资者（或受益人）支付 100 美元。

保险公司不断地提供其他各种类型的保护产品或者增加年金产品的功能与特征。当然，保险公司对这些改进都会收取相应的费用——保险年金产品的保险费。因此，当共同基金根据基金的表现收取相应的费用时，年金也会收取**死亡和成本费用**（mortality and expense fee）。其结果是，对投资者来说，投资年金产品比投资共同基金成本更高。这些年金产品可以是固定年金，与 GIC 产品类似，也可以是可变年金，可变年金的表现取决于股票或者债券投资组合的市场表现。保险公司发行的共同基金和年金产品一般都是由保险公司投资部门负责管理或者由公司外部投资经理人负责管理的，随后我们将会在本章对此问题进行分析。

保险公司各种类型的产品

理论上讲，保险公司会按照不同的标准对各种各样的保险产品进行合并和分类。然而，通常说来，它们在各个公司都是以相同的方式进行分类的。最常见的做法是，人寿保险和健康保险通常属于**人寿健康保险公司**（life and health insurance company，L&H 公司）的产品。财产灾害保险通常属于**财产与灾害保险公司**（property and casualty insurance company，P&C 公司）的产品。同时提供这两种类型的服务产品的保险公司被称为**综合型保险公司**（multiline insurance）。另外一种类型的保险公司是只提供金融保险的保险公司。通常情况下，金融保险公司提供担保的产品是市政债券（具体参见第 24 章）和资产支持证券（具体参见第 27 章），这种类型的保险公司被称为**专业保险公司**（monoline insurance company）。

然而，最近的一些改变影响了这两种类型的保险公司产品的供给。之前一直属于人寿保险公司一部分的健康保险，现在已经成为单独运行的一个行业。这一变化缘于对健康保险行业的联邦监管。人寿保险公司越来越多地提供投资导向性产品、可变和固定利率的年金产品以及共同基金产品。伤残保险产品主要由纯粹的伤残保险公司提供，但是，人寿保险公司也会提供部分伤残保险产品。作为一个新兴的行业，长期护理保险由不同类型的保险公司提供。各家公司在提供产品类型的组合以及是提供产品的方式上，都是各具特色的。

保险行业的基础

保险行业发展的基础取决于保险收入和成本之间的关系。一位面包制造商会购买原料，用这些原料制作面包，然后出售这些面包，这一切都发生在很短的时间内。因此，面包制造商的利润是很容易被计算出来的。

而另一方面，保险公司通过收取保费获得收入，并把这些收入进行投资。保险公司根据保单上提供的保险事项进行理赔，当保险事故发生时，就会发生理赔支出，不过，这通常是很难预测的，因此，支付是取决于未来事情发生的或有负债。例如，对于人寿保险，很难准确地知道某人死亡的时间，从而需要支付的时间也是不确定的。然而，尽管单个人寿保险的支付时间很难确定，但是统计人员或保险精算师还是可以通过大量的保险案例来预测死亡发生的概率，从而可以大大降低这种不确定性。

在另一种极端情况下，不仅由于飓风引起的住房保险支付是不确定的，而且支付给一系列住房保险投资组合的金额也是不确定的。如果南加利福尼亚州的某间房屋在飓风中被毁，那么其他房屋被毁的概率也会很大。

因此，计算面包制造商和保险公司收入成本的时候，两者之间存在着两大显著的差别。第一个显著差别是对保险公司来说，支付的时间和金额的不确定性要大很多。第二个显著差别是对保险公司来说，收入和支付之间的时间差很长，这也是为什么大家都重视保险投资组合的原因。

面包提供商和保险提供商之间的差别导致了两种产品的消费者看待它们的角度也会有很大的差别。在面包购买者购买面包后，他们的利益不会因为面包制造商的破产受到影响，面包购买者可以立即获得面包，但是，保险购买者要在购买保险后很长一段时间才会收到支付，这样的话，保险购买者自然很担心保险公司的变动情况。因此，保险公司的信用增级对保险购买者来说就显得特别重要，特别是对于那些支付是在未来发生的保险产品来说，更是如此，例如人寿保险就是这样。

保险公司的监管

根据 1945 年的《麦卡伦-弗格森法案》（McCarran Ferguson Act），由各个州而非联邦政府负责保险行业的监管。不过，目前人们关注的焦点越来越集中在联邦政府机构的监管上。其股票公开交易的保险公司还要接受证券交易委员会（SEC）的监管。

国家保险经纪商协会（National Association of Insurance Commissioners，NAIC）是各州保险经纪商自发组建的民间组织，该机构制定的示范性法律法规适用于所有州的保险公司。不过，各州不一定非要采用国家保险经纪商协会制定的示范性法律或法规。然而，各州监管部门在制定本州的法律法规时，一般会参考这些示范性的法律法规。

评级机构（穆迪投资者服务公司、标准普尔公司、贝氏评级公司、惠誉公司以及其他机构）同样也会对保险公司的履行偿还义务的能力和发行在外的债券——如果有债券的话——进行评级。在投资银行工作的股票分析师和经纪人/交易商同样也会对保险公司发行在外的普通股投资价值进行分析评价。

保费收入与保单未来需要支付的或有责任之间的关系是影响对保险公司的评价的一个重要的因素。会计师/审计师、评级机构和政府监管部门都对保险公司进行监管。这些监管机构会关注保险公司的财务稳定状况，而保险公司的财务稳定状况取决于其收取的保费与需要支付保险金的同步性程度和需要支付保险金的波动情况，以及其他方面的因素。为了确保财务稳定，这些监管机构都要求保险公司维持足够的准备金或盈余，要求其资产总额高于其负债总额。政府监管者和会计师对这些准备金或盈余的界定是有区别的，而且称呼也是不同的。由于政府对保险公司的资产和负债有明确的法律规定，盈余通常被称为**法定盈余**（statutory surplus）或者准备金。而会计师从自己的目标出发，将之界定为一般公认会计原则（GAAP）盈余（或者准备金）。法定盈余和 GAAP 盈余的衡量方法也是不同的，但是它们的目标是相似的，尽管并不完全一样。

对资产的界定很直接，但是对负债的界定却要难很多。界定负债价值的复杂程度会上升，其原因就在于保险公司在未来需要支付保险金的不确定性很大，这在保险公司资产负债表上属于或有负债。准备金通常是比较简单的会计应对措施，而不是一个完全的投资组合。

法定盈余是非常重要的，原因就在于监管部门认为这是能支付给投保人员的最终保证。保险公司盈余的增长同样决定着其未来能承受的赔偿能力有多大。

保险行业的去监管化

1933 年通过的《格拉斯-斯蒂格尔法》对商业银行业务、投资银行业务和保险公司业务实施了分离，这在第 3 章有过介绍。也就是说，公司只能专注于这三种业务中的一种。该法案的主要目的之一就是要防止单一组织机构对公司融资，尤其是借贷融资和公司债券的承销等业务完全控制和垄断。

在过去的很长时间内，由于金融体系的发展，《格拉斯-斯蒂格尔法》的执行变得越来越模糊，也越来越难执行，在很多人看来，该法案带来的是反作用。正如我们在前面章节所分析的那样，金融市场上最近发生的标志性事件是废除了《格拉斯-斯蒂格尔法》。1999 年 11 月 12 日，《格雷姆-里奇-比利雷法》（GLB），也就是《金融服务现代化法案》正式签署生效了。该法案取消了 50 年来商业银行、投资银行和保险公司之间的"反联营限制"。

GLB 促使了这三种金融机构之间的联营，并加速了这种进程。第一家合并产生的企业是由两家投资银行——所罗门兄弟公司和美邦公司，一家保险公司——旅行者集团以及一家商业银行——花旗银行组成的。这一合并新产生的企业被称为花旗集团，其业务范围包括了保险业务、商业银行业务、投资银行业务和证券经纪业务。

GLB 也促使了保险公司的非互助化。非互助化允许保险公司不仅可以包括保险公司，还可以包括其他类型的金融机构。通过非互助化，保险公司得以通过并购获得资本。这一法案同时还促使了银保公司的产生（后面会讲到）。

保险公司组织结构

保险公司通常是由三个公司构成的。第一，"总公司"或者说真正的保险公司负责设计保险合同（创造保险合同），并为保险合同的财务担保提供支持。它向保单所有者保证，当保险事件发生时，公司会及时按照条件赔付。这一公司被称为保单的提供者和担保者。第二，投资部门负责将收取的保费进行投资。这是投资公司。第三，销售部门或者销售公司。在放松监管的过程中，很多商业银行开始成为保险公司的保险和投资产品的最重要的销售渠道。这一关系被称为**银行保险**（bankassurance）。

传统意义上的保险公司三个组成部门构成了一个完整的公司，不过，今天这些不同的功能都是由不同的公司来实现的。首先，很多保险公司都是通过独立的经纪商或者销售集团将它们的产品卖到销售者手中，而不是通过它们自己的代理机构。其次，保险公司可以将它们的部分投资组合或者将整个投资组合让渡给独立的投资经理人管理。再次，即使是保险公司的核心部门，一些总公司也开始通过外部精算公司设计它们的保险合同。更为重要的是，它们还可以对它们所承担的负债实施再保险。在再保险交易中，初始承保的保险人将风险转移到另外一家保险公司，也就是"再保险人"。再保险企业的出现就是为了承保初始保险公司所承担的风险。这样的话，保单上的财务保证由再保险人提供，而不是由最初提供或者销售保单的初始保险公司提供。

人寿保险产品的种类

人寿保险的两大基本类型是定期寿险和现金价值寿险。

定期寿险

定期寿险是单纯的人寿保险。如果在保单生效期内被保险人死亡，则保单的受益人将会获得保险公司赔付的死亡赔偿金。如果在保单的有效期内被保险人没有死亡，那么这份定期寿险将会变得毫无价值。定期寿险保单不会累积任何现金价值或投资价值。此外，保单持有人不能凭借保单申请借款。

现金价值寿险或永久寿险

人寿保险产品的宽泛分类中包含现金价值寿险，或者叫做永久寿险、投资型人寿保险，通常人们把它叫做**终身人寿保险**（whole life insurance），或简称终身寿险。除了提供单纯的人寿保险服务以外（与定期寿险的功能一样），终身人寿保险会逐渐累积保单的现金价值或投资价值。保单的持有人可以提取保单累积的现金价值，也可以以现金价值为担保申请借款。如果保单所有人打算退保，那么他或她可以直接把保单累积的现金价值全部提取出来。人寿保险保单现金价值的累积与增值被称为"投资内生息"（inside buildup）。这种产品以及其他同样能够累积现金价值或投资价值的保险产品的主要优势在于这种"投资内生息"是免税的。

人寿保险与人寿保险产品是很复杂的，本章仅对相关内容做简要介绍。现金价值人寿保险产品有两种分类方式，其中第一种分类方式的判断标准是看保单的现金价值是否有最低保障，第二种分类方式的判断标准则是看保单的保费支付金额是固定的还是可变的。如表4—1所示，我们按照这两种分类方式列出了四种组合情况。

表4—1   **现金价值保险产品的分类**

	保单的现金价值有最低保障	保单的现金价值可变
保费金额固定	终身人寿保险	变额寿险
保费金额可变	万能寿险	变额万能寿险

保单现金价值固定的人寿保险（guaranteed cash value life insurance）

传统的现金价值寿险产品通常被称为终身人寿保险，其现金价值的累积额是有最低保障的，具体数额取决于保险公司资产组合的总体投资收益。每年年底，保险公司保证保单累积的现金价值不会低于最低保障额。这一现金价值的最低保障额是根据保单的最低分红额确定的。此外，这类人寿保险可以是参与分红的，也可以是不参与分红的。对于**非分红保单**（nonparticipating policy），保单的分红和现金价值就等于最低保障额。对于**分红保单**（participating policy），保单的分红额还要取决于保险公司的精算经验及投资组合的收益情况。对于分红保单来说，保单的现金价值有可能会高于最低保障额，但绝不会低于最低保障额。因此，保单的现金价值要受到保单实际分红金额的较大影响。

变额寿险（variable life insurance）

与其现金价值要取决于保险公司投资组合的总收益状况且通常是固定金额或有最低保障额的寿险产品刚好相反，变额寿险保单允许保单持有人在许可范围内将自己缴纳的保费分配到保险公司持有的多个独立的投资账户中，而且还可以在多个独立的账户之间转移保单的现金价值。因此，保单累积的现金价值和死亡赔偿金的数额要取决于保单所有人选择的独立投资账户的业绩。所以，这种保单的现金价值和死亡赔偿金没有最低保障额，而是要看保单持有人选择的投资组合收益如何。

不同的保险公司提供的可供选择的独立投资账户的类型也有所不同。一般来说，保险公司会提供一些精选的普通股和债券投资基金，这些基金往往是由本公司和其他投资公司负责管理。如果保单持有人选择的投资账户表现出色，那么保单累积的现金价值金额就会比较高。不过，如果保单持有人选择的投资组合业绩较差，那么变额寿险保单累积的现金价值也不会太高，可能会非常少甚至现金价值为零，或者最糟糕的情况是保单被迫中止。这种类型的寿险产品就叫做变额寿险。自20世纪90年代以来，随着股票市场的一路高歌，主要提供普通股投资组合的变额寿险产品的数量迅速增加。

万能寿险（universal life insurance）

万能寿险产品的主要特征是保单持有人的保费缴纳金额是不固定的。所谓保费缴纳金额不固定是指把寿险保单的单纯保险功能（定期保险）与投资功能（现金价值）是分离开来的。保单的现金价值单独计入现金价值资金账户（或称为累积资金账户），每期的投资收益会被贷记入账户，而被保险人每期定期保险的成本（保费）则被借记入账户。其他的费用也同样做借记处理。

保单的现金价值与单纯保险功能的分离被称为传统人寿保险产品的**分拆**（unbundling）。万能寿险产品每期保费的支付可由保单持有人自行决定，不过保单刚开始生效时缴纳的初始保费要满足最低额的要求，而且每个月保单累积的现金价值要足以支付死亡赔偿金和其他费用成本。如果做不到这一点，保单就会失效。有最低保障额的现金价值寿险和变额寿险产品的保费既可以被设计为每期金额不等的弹性支付，也可以被设计为每期固定金额支付。

变额万能寿险（variable universal life insurance）

变额万能寿险同时结合了变额寿险与万能寿险产品的特点。在20世纪90年代，伴随着终身寿险产品的市场份额不断下降，定期寿险和变额寿险的受欢迎程度大大增加。

共有财产归后死者所有的联合保险

绝大多数终身寿险产品都会在一位特定的被保险人死亡后支付死亡赔偿金。有一种终身寿险产品可以同时为两个人提供联合保险（通常是已婚夫妇），当第一位被保险人去世时，保险公司不会支付死亡赔偿金，直到第二位被保险人（通常是尚健在的配偶）去世时，保险公司才会支付死亡赔偿金。这种类型的保险产品就叫做**共有财产归后死者所有的联合保险**（survivorship insurance，或者叫做 second-to-die insurance）。标准的现金价值终身寿险、万能寿险、变额万能寿险均可以添加这种联合保险特征。因此，表4—1中列出的四类保单也可以被设计成这种共有财产归后死者所有的联合保险形式。一般情况下，客户大多是出于遗产规划的目的来购买此类保险产品的。

人寿保险税收

正如上面所提到的，人寿保单的现金流价值是免税的，跟其他收入或资本利得一样。人寿保单死亡受益人都不需要交纳收入所得税。最后，保单死亡受益人是否会被征收遗产税，这要取决于受益人的法定安排是如何进行的。因此，人寿保险产品都能提供大量的税收优惠。

总账产品与独立账户产品

保险公司的总账产品指的是整个公司的投资组合。由公司自身销售的产品负有总账担保责任，也就是说这属于保险公司的负债。当评级机构（穆迪、标准普尔和惠誉）进行评级时（第 22 章会讲到），它们会对这些总账产品评级。这些产品的评定等级是公司偿还能力的表现。常见的总账产品包括终身人寿保险、万能寿险和固定年金产品（包括 GIC 产品）。保险公司必须对这些**总账产品**（general account product）提供担保和支持，直到公司破产。

另外一种类型的保险产品不能从保险公司总账中得到担保，它们的表现并不是取决于保险公司的总账户表现，而是取决于与保险公司总账户相独立的账户表现，这一账户通常是保单持有人选择的。这样的产品被称为**独立账户产品**（separate account products）。变额寿险和可变年金都属于独立账户产品范畴。保单持有人选择特定的投资组合来支持这些产品。保险产品的表现基本上决定于这些所选择的投资组合的表现，当然会根据保险公司的费用或者支出有所改变。

分红保单

独立账户产品的表现取决于所选择的独立账户投资组合的表现，且并不受整个保险公司的总账投资组合表现的影响。此外，有一些总账产品的表现也不受总账投资组合表现的影响。例如，伤残收入保单可能是总账产品，尽管其理赔支付取决于总账的财务状况，但保单的表现（比如，保费）并不参与保险公司总账投资组合的分红。

其他的一些总账保险产品会参与保险公司总账产品的分红，分享其收益。例如，人寿保险公司会在整个保单有效期内提供最低保证分红，不过，实际的保单分红金额可能会随着投资组合的良好表现而有所提高。这种分红的利息的组成部分分为两块，分别是支出和死亡部分。因此，保单的收益会分享整个公司的收益。这样的保单称为**分红保单**（participating policy），这里的分红保单分享了整个人寿保险期限内的收益。

股份制和互助式保险公司同时销售总账产品和独立账户产品。然而，绝大多数总账产品都是由互助式保险公司销售的。所有的分红保单都是总账产品，尽管总账产品也会包括一些非分红产品。

保险公司投资策略[①]

通常来讲，保险公司投资组合的特征会反映它们的负债，或者它们所出售的

---

① 关于投资策略的更多讨论，可参见 Frank J. Jones, "An Overview of Institutional Fixed Income Strategies," in Frank J. Fabozzi (ed.), *Professional Perspectives on Fixed Income Portfolio Management*: *Volume 1* (New Hope, PA: Frank J. Fabozzi Associates, 2000), pp. 1 - 13.

保险产品。各种各样的保单会有以下几个方面的不同：

- 平均理赔支付的预期时间由保险公司确定
- 统计师和精算师预测的保险事件发生的时间以及应该理赔支付的金额（也就是保单的总体风险）
- 其他因素

此外，各种类型的保单产品和不同类型的保险公司所面临的税收情况也有所区别。

人寿保险公司和财产与灾害保险公司最关键的区别在于预测是否需要向保单持有人支付以及支付多少金额的难度是不一样的。尽管对人寿保险公司和财产与灾害保险公司来说，这项任务都不是那么容易完成的，但是，相对说来，从精算师的角度来预测人寿保险产品的理赔支付还是要容易些。预测财产与灾害保险公司面临的理赔支付金额和时间要更难些，主要是因为自然灾害的发生随机性很大，以及在灾难发生后法院判决的金额也很难预测。与人寿保险公司相比，这种理赔支付时间的不确定性以及现金流支付的不确定性会大大影响财产与灾害保险公司基金的投资策略。

不需要对各种不同类型保险产品的差别做详细的调查，我们也可以说明人寿健康保险公司和财产与灾害保险公司投资组合之间一系列的不同之处。L&H 公司通常会持有比较少的普通股，更多的是私募和商业地产抵押贷款，比较少的市政债券，比较多的长期债券。（这些证券和金融资产都会在随后的章节中进行介绍。）市政债券与其他资产之间的区别在于免税。如果私募和商业地产抵押贷款的比重较高，意味着这种类型的 L&H 公司是以收益为导向的。以收益为导向的保险公司同样会持有少数的普通股股票。

在股份制和互助式保险公司投资策略的各种区别中，其最主要的区别就在于股份制保险公司与互助式保险公司相比，倾向持有较少的普通股。为机构投资者和个人投资者提供买卖咨询建议的股票分析师主要考虑的是他们所分析的股票的收入情况，而不是收入的波动情况。票息和股息收入都比较稳定，而资本利得收入则是不稳定的。因此，这些分析师的建议是：如果重视较高的利息收入，就持有债券；如果追求较高的资本利得，就持有股票；如果追求总收益，就长时间持有。最后的结果是，没有普通股分析师进行评级的互助式保险公司可能会关注总体回报而不是单个收益，从而会比股份制保险公司持有更多的普通股。

小　结

一般情况下，保险公司承担着其他不愿意承担风险的机构或个人转移过来的风险。其他机构或个人将风险转移给保险公司，同时向保险公司支付一定的保费。当保险事件发生时，保险公司向被保险人理赔支付。由于保险公司是事先收取保费收入，而在随后才进行理赔，从而最初所收到的收入可以用来投资，投资收入成了保险公司的又一种收入来源。因此，保险公司是承担风险的金融中介机构。投保人投保的保险事件包括死亡（向人寿保险公司投保）、健康问题（向健康保险公司投保）、或者住房与汽车损坏（向财产与灾害保险公司投保）。此外，不同类型的保险公司承担的风险也是不一样的。保险公司同时还积极提供各种不同的退休和投资产品。保险公司负债的不同反映了其承担着不同类型的风险，不同类型保险公司的投资组合策略也存在显著的差别。

关键术语

年金	死亡和成本费用	法定盈余
银行保险	综合型保险公司	股份制保险公司
去互助化	非分红保单	定期寿险
总账产品	分红保单	分拆
担保投资合同	财产与灾害保险公司	承保流程
保险费	风险承担者	万能寿险
人寿健康保险公司	共有财产归后死者所有的联合保险	变额寿险
专业保险公司	独立账户产品	终身人寿保险

思考题

1. 为什么通常称保险公司为风险承担者？

2. 具体到保险公司，承保流程是什么样？

3. 保险公司的收入来源主要是什么？

4. 保险公司的盈利是由什么决定的？

5. 股份制保险公司和互助式保险公司之间的区别是什么？

6. a. 去互助化是什么意思？

b. 去互助化的优势是什么？

7. 什么是银行保险？

8. 列举几种主要的由保险公司销售的保险和投资导向性产品。

9. a. 什么是 GIC？

b. GIC 能够以政府负债的名义提供担保吗？

10. 为什么寿险产品的购买者对保险公司的信用级别非常关心？

11. 什么是法定盈余？为什么对保险公司来讲，它是非常重要的衡量指标？

12. 保险公司对其负债进行再保险指什么？

13. 什么是定期寿险、终身寿险、变额寿险、万能寿险和共有财产归后死者所有的联合保险？

14. 为什么所有的分红保单都属于保险公司总账产品？

15. 哪种保险人的负债更难预测，人寿健康保险人还是财产灾害保险人？并解释为什么。

16. 1999 年《金融服务现代化法案》对保险行业有什么样的影响？

17. 人寿健康保险公司投资组合和财产与灾害保险公司投资组合有什么不同之处？

第 5 章

资产管理公司

学习完本章内容，读者将会理解以下问题：

● 资产管理公司的基本特征

● 投资公司的不同类型：开放式基金、封闭式基金和单位信托

● 共同基金与封闭式基金份额的净值如何计算

● 投资公司的投资目标有哪些区别

● 投资公司带来的经济福利效应，其中包括投资多样化和降低投资成本

● 什么是交易所交易基金

● 交易所交易基金与封闭式基金的异同点

● 什么是对冲基金及对冲基金的各种类型

● 什么是独立管理账户

● 养老金计划发起人的职责

● 养老金计划的不同类型，其中包括固定缴款型养老金计划、固定收益型养老金计划以及现金余额养老金计划

● 什么是 401（k）计划

● 什么是被保险计划

● 1974 年《雇员退休收入保障法案》（Employee Retirement Income Security Act，ERISA）的主要条款

● 美国联邦养老金担保公司（Pension Benefit Guaranty Corporation）的职责是什么

● 对养老金提供的各种各样的金融服务

● 固定收益型养老金计划危机

正如我们在第 2 章曾讲过的，资产管理公司管理者个人、企业、捐赠基金与基金会、州政府及联邦政府拥有的资产。资产管理公司也可以被称作货币管理公司（money management firms）和基金管理公司（fund management firms）。资产

管理公司的经理人也有其他的叫法，例如货币经理人（money manager）、基金经理人（fund manager）和资产组合经理人（portfolio manager）。[①] 资产管理公司可以是其他金融机构（例如商业银行、保险公司或投资银行）的附属公司，也可以是独立的公司。

本章我们将讨论资产管理公司管理的账户、客户以及业务的类型。资产管理公司负责管理的资产包括[②]：

- 投资公司
- 交易所交易基金
- 为个人和机构投资者单独管理的账户
- 对冲基金
- 养老金

一般来说，资产管理公司管理的资产大多与上面列出的各种投资形式有关。我们先来简单地了解一下资产管理行业的概况。

资产管理行业的概况

一般来说，希望获得资产管理公司所提供服务的大型机构客户不会把自己所有的资产只委托给一家资产管理公司管理。恰恰相反，它们通常会选择几家资产管理公司，把自己的资产分配给它们管理，而且还有可能会把一部分资产留在企业内部自己管理。之所以会同时使用几家资产管理公司，原因之一是每家资产管理公司擅长管理的资产类别有所不同。例如，一位想要聘请资产管理公司的客户打算投资普通股、债券、房地产和其他投资产品（例如商品和对冲基金），那么他会聘请多个分别擅长于上述每个资产类别的资产管理公司。

每年，《养老金与投资》杂志（*Pension & Investments*）都会公布资产管理公司的排名名单。排名的标准是看各家资产管理公司名下**管理的资产金额**（assets under management，AUM）。2007 年 10 月 1 日，《养老金与投资》杂志报道说瑞银集团下属的资产管理公司（瑞士）是目前世界上规模最大的资产管理公司，截至 2006 年 12 月 31 日，该公司名下管理的资产金额高达 2.5 万亿美元。紧随其后的是巴克莱全球投资公司（英国），其管理的资产规模为 1.9 万亿美元。美国国内资产规模排名前八位的资产管理公司的名称、全球排名及负责管理的资产金额如下表所示：

资产管理公司	名下管理的资产金额（百万美元）	全球排名
环球道富金融集团（State Street Global Advisors）	1 748 690	3
富达投资集团（Fidelity Investments）	1 635 128	6

---

① 资产管理公司的某些客户对其资产管理经理人的业绩感到非常失望，他们对经理人的称呼是非常不客气的，这里不方便列出。

② 此外，资产管理公司还可以管理抵押性的债务工具，我们将在第 32 章具体讨论这个问题。

资产管理公司	名下管理的资产金额（百万美元）	全球排名
资本集团（Capital Group）	1 403 854	7
先锋集团（Vanguard Group）	1 167 414	9
黑石投资管理集团（BlackRock）	1 124 627	10
摩根大通公司（JPMorgan Chase）	1 013 729	12
梅隆金融公司（Mellon Financial）	995 237	13
美盛资产管理集团（Legg Mason）	957 558	14

资产管理公司的主要收入来源是基于代为客户管理的资产的市场价值计算得出的管理费用。例如，如果一家资产管理公司为客户管理的资产规模为1亿美元，收费的费率为60个基点，那么每年可以收取的管理费便为600 000美元（即1亿美元乘以0.006 0）。通常情况下，资产管理公司收取的管理费还取决于以下几个因素：所管理资产的规模、所管理资产类别的复杂性、选择积极的资产管理方式还是消极的资产管理方式，以及管理的是机构投资者的账户还是个人投资者的账户。而且，一般情况下，资产管理公司为受监管的投资公司管理资产收取的管理费要高于对其他机构客户的收费水平。

尽管绩效酬金（performance fee）只是管理对冲基金账户非常常见的奖金形式——我们会在后面具体讨论这一点——但是目前越来越多的资产管理公司在管理其他类型的投资账户时，也开始使用这种**基于绩效水平的计费方式**（performance-based management fees）。正如罗伯特·阿诺特（Robert Arnott）在《金融分析师》杂志（*Financial Analysts Journal*）的一篇评论性文章中所写的那样：

> 虽然很多资产管理公司正在努力抵抗这种趋势，但是在资产管理行业内，基于绩效水平的计费方式正在逐渐变得越来越普遍。我们不能肯定地说出与原来的基于资产规模的计费方式相比，基于绩效水平的计费方式到底是好一些还是差一些，也无法断言这种计费方式会更偏向于所有的资产管理公司或所有的客户。如果使用得当，这种新型的计费方式可以成为一个公平有效的工具，把资产管理经理人的利益与客户的利益联系起来，客户可以用它来减少自己的管理费负担，同时资产管理经理人也可以用它来更多地"剥削"客户的财富。到底结果如何，要取决于费用的具体结构。因此，这会给资产管理公司的收入带来剧烈波动的风险，当然也可以成为管理投资公司的有效武器。基于绩效水平的计费方式是把固定费用与绩效奖金完美结合的典范。[1]

在资产管理行业，基于绩效水平的计费方式有各种各样的类型。既可以只按照绩效水平计算管理费，也可以按照资产管理的规模先收取一部分固定费用，然后再加上绩效奖金。我们给后面这种计费方式举个例子，比方说资产管理公司先是收取相当于资产管理规模80个基点（即0.8%）的固定费用，然后在获得的资

---

[1] Robert D. Arnott, "Performance Fees: The Good, the Bad, and the (Occasionally) Ugly," *Financial analysts Journal* (July-August 2005), p. 10.

产投资收益中再抽佣 20％作为绩效奖金。基于绩效水平的奖金有多种计算方式。比如说，基于任何正收益来计算绩效奖金，客户先设定一个最低投资回报额，只有超出的部分才能作为奖金的计算基础；或者是客户先设定一个基础标准（即资产类别的某个收益指数），只有超出的部分才能作为奖金的计算基础。

投资公司

投资公司是向公众出售股份，然后将所获资金投资于多样化的证券组合的金融中介机构。它们卖出的每一股份都代表了投资公司代表其股东持有的证券组合总价值的一定份额。投资公司购买的证券种类取决于公司的投资目标。

投资公司的类型

投资公司可分为三种类型，它们分别提供开放式基金、封闭式基金和单位信托。

开放式基金（open-end funds）

开放式基金一般更习惯于被称为**共同基金**（mutual funds），其投资的证券组合主要保护股票、债券和货币市场金融工具。共同基金的投资者按照一定的投资比例分享整个证券组合的市场价值，共同基金由资产管理公司负责管理，后者决定买入或卖出哪些证券。

此外，这一投资组合每一份额的价值或市场价格叫做**净资产价值**（net asset value，NAV），等于证券组合的市场价值减去共同基金的负债后再除以共同基金投资者共持有的基金份额数：

$$每股净资产价值 = \frac{证券组合的市场价值 - 负债}{发行在外的基金份额数}$$

例如，假设共同基金的市值为 21 500 万美元，负债为 1 500 万美元，发行在外的基金份额数为 1 000 万份，则每股净资产价值就等于 20 美元。如下所示：

$$NAV = \frac{215\ 000\ 000 - 15\ 000\ 000}{10\ 000\ 000} = 20（美元）$$

基金的净资产价值或价格每天只计算一次，即在每天收市时计算。例如，股票共同基金的净资产价值要使用当天股票的收盘价来计算。商业出版物每天都会在它们的共同基金专栏里公布当天的基金净资产价值。这些数据都是按照收盘价计算的基金净资产价值。最后，当天基金份额所有的新投资或赎回都要按照收盘净资产价值来定价（在交易日结束后或非营业日购买的基金份额，则按照下一个交易日的收盘净资产价值来计价）。

如果当天投资者新购买的基金份额数多于赎回的基金份额数，则基金发行在外的总份额数会增加，反之亦然。例如，假设某个营业日刚开市时，共同基金投资组合的市场价值为 100 万美元，没有任何负债，发行在外的基金份额数为

10 000 份，则基金份额的净资产价值为 100 美元。假设在这个交易日内，投资者向基金账户增加了 5 000 美元的新投资，同时又赎回了 1 000 美元的份额，而且证券组合内每种证券的市场价格均表示不变，那么，这就意味着共同基金新发行了 50 份基金份额，即新投资 5 000 美元（因为每个基金份额的价格为 100 美元），同时被赎回了 10 份基金份额，即赎回额为 1 000 美元。因此，新增基金份额的净值为 40 份。在这个交易日结束时，共同基金发行在外的基金份额数就变成了 10 040 份，市场总价值为 1 004 000 美元。基金的净资产价值仍然为 100 美元。

反过来，如果投资组合内证券的市场价格发生了变化，那么证券投资组合的总价值以及共同基金份额的净资产价值也将随之发生变化。仍然使用前面这个例子，现在假设在这个交易日内，证券组合的市场价值增加了一倍，变成了 200 万美元。因为新增和赎回的基金份额均是按照当日收盘时基金的净资产价值定价，因此随着证券组合的市场价值翻了一番，基金的净资产价值变成了每份 200 美元。所以，新增的 5 000 美元投资就相当于新购买了 25 份基金份额（5000 美元/200 美元），提取的 1 000 美元就相当于赎回了 5 份基金份额（1000 美元/200 美元）。于是，交易日结束时，基金发行在外的份额数就变成了 10 020 份（25－5），每份净资产价值为 200 美元，则整个基金的总价值为 2 004 000 美元（注意：10 020 份基金份额×每份净资产价值 200 美元＝基金组合的总价值 2 004 000 美元）。

综上所述，共同基金证券组合内各种证券市场价格的波动会导致基金净资产价值的上涨或下跌。投资者向基金账户内增加投资或提现会增加或减少基金发行在外的基金份额数。而上述两个因素的共同影响会导致共同基金的总价值上涨或下跌。

封闭式基金 （close-end funds）

封闭式基金发行的基金份额类似于股份公司发行的普通股。封闭式基金的承销人负责发行基金的新份额。在发行结束后，封闭式基金的份额总数便会保持不变。初次发行结束后，封闭式基金不会像开放式基金那样再新增或赎回基金份额。与之相反，封闭式基金的基金份额会在二级市场上进行交易，交易地点可以是交易所，也可以是场外市场。

投资者可以在封闭式基金首次发行时购买基金份额，也可以在二级市场上购买。不过，投资者若想出售手中持有的封闭式基金份额，则只能在二级市场上达到这个目的。封闭式基金的基金份额的价格取决于基金交易市场的供求状况。因此，交易封闭式基金份额的投资者在购买或出售基金份额时要向经纪人支付佣金。

封闭式基金的净资产价值的计算方法与开放式基金相同。但是，由于封闭式基金份额的价格还要取决于市场的供求关系，因此实际的交易价格可能会高于或低于基金的每份净资产价值。如果封闭式基金份额的市场交易价格低于每份净资产价值，则叫做"折价交易"，如果封闭式基金份额的市场交易价格高于每份净资产价值，则叫做"溢价交易"。报纸会在"封闭式基金"的标题下刊登封闭式基金份额的交易报价。

因此，开放式基金与封闭式基金就有了两个重要的差别。首先，开放式基金发行在外的基金份额数量是可变的，因为基金的发起人随时可向投资者出售新的基金份额，同时也可以向投资者赎回已发行的基金份额。其次，在完成上述交易的过程中，开放式基金份额的买卖价格始终等于基金的净资产价值。与之相反的是，封闭式基金发行在外的基金份额数量是固定的，因为基金的发起人除了首次发行基金份额以外，此后不能再向投资者增发新的基金份额或者是要求赎回。所以，正如前面所述，封闭式基金份额的价格要受到市场供求关系的影响，常常会低于或高于其净资产价值。

虽然以与净资产价值的偏离程度作为划分标准有时让人感觉疑惑，但是在某些情况下却能让人很容易就弄清楚基金份额溢价或折价的原因。当基金份额的价格低于净资产价值时，也许是因为通过基金获得的投资收益将来要缴纳巨额的资本利得税，因此投资者现在就按基金的未来税后收益对其定价。[①] 至于基金的税负问题留到后面再讨论。另外一个导致基金份额价格低于净资产价值的原因是基金公司的高杠杆率及引发的高风险促使投资者要求更高的投资回报。当基金份额的价格高于净资产价值即溢价时，则可能是因为这个基金为人们购买其他国家的股票提供了相对便利的渠道和专业管理。对小投资者来说，这些国家的股票信息是不太容易获得的。

本章后面部分将谈到的一种新产品叫做交易所交易基金（exchange-traded funds，ETFs），它同时对共同基金和封闭式基金发出了威胁。交易所交易基金从本质上看是一种混合型的封闭式基金产品，在交易所进行交易，不过通常情况下交易价格非常接近其净资产价值。

由于封闭式基金的买卖交易与股票比较相似，所以投资者买卖封闭式基金份额的交易成本基本上也与股票相同。交易成本的主要构成部分是股票经纪人的佣金。股票的市场买卖价差也是成本的一个组成部分。

单位信托 （unit trusts）

与封闭式基金相类似，单位信托发行的单位信托凭证（unit certificate）数量也是固定的。单位信托一般投资于债券，它与专门投资债券的共同基金和封闭式基金相比有以下几个明显特征：首先，单位信托管理的债券组合交易不活跃。一旦主办人（一般是证券经纪公司或债券承销商）构建了单位信托的投资组合，并将其移交给受托人管理，则受托人就将一直持有所有的债券，直到这些债券的发行人将其赎回为止。通常只有当债券的发行人信用等级急剧下降时，受托人才可以卖出资产组合内的所有债券，这是唯一允许的特例。因此，这意味着单位信托的运营成本将会远远低于共同基金或封闭式基金的运营成本。其次，单位信托有固定的到期日，而共同基金和封闭式基金都没有固定的到期日。[②] 最后，不同于共同基金和封闭式基金的投资者，单位信托的投资者清楚地知道其投资组合中到底包含哪些债券，也不用担心受托人会对投资组合进行调整或改变。在欧洲，单位信托是很常见的金融产品，不过在美国并不流行。

基金的销售费与年费

共同基金的投资者要承担两种类型的费用。第一类叫做股东费（shareholder

① Harold Bierman, Jr. and Bhaskaran Swaminathan, "Managing a Closed-End Investment Fund," *Journal of Portfolio Management* (Summer2000), p. 49.

② 这句话实际上是有例外情况存在的。目标定期封闭式基金就有固定的到期日。

fee），通常被称为基金的**销售费**（sales charge），即投资者进行基金交易时支付的佣金。这种费用属于"一次性"费用，当投资者进行某种特定的基金交易时——例如购买、赎回或更换基金产品的种类——要缴纳这种费用。这种类型的费用与基金的出售或分销方式有关。第二类费用叫做基金的年度运营费用（annual fund operating expense），通常被称为基金的**费用比率**（expense ratio），涵盖的范围包括基金的所有开支，其中占比最大的一笔费用就是支付给基金管理公司的管理费。这种类型的费用每年要收取一次，所有的基金均是如此，与基金的分销方式无关。

销售费

共同基金收取的销售费用与其使用的分销方式有关。基金的销售方式有两种：**利用销售队伍推销**（salesforce distribution）和**直接销售**（direct distribution）。基金公司聘请专门的中介结构，例如代理商、股票经纪人、保险公司或其他机构代为推销基金产品，这些中介机构负责向客户宣传产品，提供投资建议，积极地"促成交易"，并提供各种后续服务，这样的销售方式就是利用销售队伍推销。另外一种方式是直接销售（即基金公司直接向投资者出售基金产品）。客户在看了基金公司发布的媒体广告或从别处了解到相关信息后，直接与基金公司取得联系——通常是通过拨打免费服务电话的方式——然后在基金公司开立账户。不管是在客户刚开始咨询时还是投资后，基金公司几乎不会给客户提供任何建议或服务。

利用销售队伍推销基金产品时，由于接受了对方提供的服务，因此投资者要向代理商支付销售佣金。我们把这样的销售佣金叫做**手续费**（load）。传统的手续费收取形式叫做**前端收费**（front-end load），因为在这种情况下手续费是在交易的一开始时收取的。也就是说，直接在客户投资的总金额中扣除手续费，然后将其支付给代理商或分销商。采用直接销售方式的共同基金不需要雇用销售代理商，因此也就不会收取任何销售佣金。不收取销售佣金的共同基金被称为**不收费基金**（no-load mutual funds）。

近些年来，销售佣金的常见收取方式为**后端收费**（back-end load）和均衡收费（level load）。前端收费法是指在客户初次购买基金份额时收取佣金费用，而后端收费法是指当客户出售或赎回基金份额时收取佣金费用，均衡收费法则是每年统一收费一次。后端收费法和均衡收费法这两种收费方式都能给基金代理商带来收入，不过，与前端收费法不同，这两种收费方式可以让投资者按照基金的净资产价值购买基金份额，也就是说投资者的初始投资在进入基金投资账户之前不会被先扣除掉销售佣金。目前，后端收费法的最常见形式叫做**或有递延销售费用**（contingent deferred sales charge，CDSC）。这种方式在投资者赎回基金份额时按照其持有基金年限的短长递减收费。比方说常见的"3，3，2，2，1，1，0"的CD-SC收费模式是指投资者持有基金份额一年后赎回要缴纳3％的后端费用，持有两年后赎回也要缴纳3％的后端费用，持有三年后赎回缴纳2％的费用，以此类推。持有基金七年后再赎回不用缴纳任何后端费用。

另外一种收费方式既不是在投资者初始购买基金份额时的前端收费，也不是当投资者赎回基金份额时的后端收费，而是每年都要收取一笔固定的费用（例如每年收取1％的费用）。这种计费方法叫做**均衡收费**（level load）。这种收费形式对一些只收取年费、不收佣金（例如销售佣金）的金融规划师吸引力较大。

很多共同基金家族在向客户提供产品时，通常会同时包含这三种收费形式——即前端收费（通常叫做 A 份额）；后端收费（B 份额）；均衡收费（叫做 C 份额）——允许分销商和客户自行选择自己喜欢的收费形式。[①]

事实上，销售费用是客户支付给基金销售商的佣金，那么基金家族——通常情况下叫做基金的发起人——怎样收回自己的成本并获得利润呢？投资者要支付的第二类费用就是用来支付基金的年度运营成本的。

基金的年费（费用比率）

每年基金的发起人都会从投资者的基金账户余额里扣除当年的基金运营费用，即我们常说的年费。基金年度运营费用的三大组成部分是：管理费、分销费用和其他费用。

管理费（management fee）也叫做**投资顾问费**（investment advisory fee），是负责管理基金投资组合的投资顾问收取的费用。如果这位投资顾问是在另一家独立于基金发起人的公司工作，那么基金发起人会将一部分或全部投资顾问费转交给投资顾问。在这种情况下，基金管理公司叫做**次顾问**或**合约管理人**（subadvisor）。基金的种类不同，管理费的差异也比较大，尤其值得一提的是，基金的管理难度对管理费的高低影响非常大。

管理费通常是一笔固定费用，只按照基金资产的市场价值计算。某些共同基金的费用结构采用的是按比例增减的方式，比方说随着基金资产市场价值的增长，管理费的费率水平呈递减态势。一些共同基金根据投资业绩计算管理费用，具体地说就是如果这个季度的投资业绩比较好，则基金管理公司可以获得管理费收入；如果业绩不好，则这个月的管理费就将被取消。

20 世纪 80 年代，美国证券交易委员会批准基金管理公司每年强制性收取一笔固定费用，这叫做 **12b-1 费用**（12b-1 fee）。收取这笔费用的主要目的是弥补基金的销售成本，包括连续向代理人支付的佣金、基金发起人的市场营销与广告宣传费用。现在，很多共同基金都要收取 12b-1 费用。按照法律规定，每年基金公司收取的 12b-1 费用不得超过基金资产的 1%。12b-1 费用里可能包含着一笔服务费——每年的额度不超过基金资产的 0.25%——这笔钱是支付给销售顾问的，作为其提供服务或管理投资者账户的报酬。12b-1 费用当中之所以会包含这样一笔支付给销售顾问的服务费，其目的是鼓励销售代理商在获得了基于基金买卖交易所计算得出的销售佣金以后（例如前端收费型基金）还能继续为客户的基金账户提供服务。因此，12b-1 费用符合利用销售队伍推销的收费型基金的费用结构，与基金公司直接销售的不收费型基金差异较大。12b-1 费用当中之所以会包含一笔支付给基金发起人的费用，其目的一方面是想起到激励作用，另一方面也是为了弥补他们持续支出的宣传与营销费用。

其他费用主要包括以下成本：（1）托管费用（托管机构负责保管基金的现金资产与证券资产），（2）过户代理人收取的费用（证券的买家与卖家之间进行现金

① Edward，S. O'Neal，"Mutual Fund Share Classes and Broker Incentives," *Financial Analysts Journal*（September/October 1999），pp. 76 - 87.

与证券的过户交易、基金销售后的过户手续），（3）独立会计师收取的费用，（4）董事费。

每年管理费、销售费和其他费用的总和就叫做费用比率。基金的所有收费信息——包括销售佣金和年费——在基金的招股说明书当中均有详细说明。

投资基金的经济动因

先让我们回忆一下第2章讲过的内容：金融机构通过发行金融债务工具获得资金，然后将其用于投资。投资公司把个人投资者的零散资金集中起来，用于购买证券投资组合，因此从这个角度来说投资公司也属于金融中介机构。再回忆一下金融中介机构在金融市场上发挥的特殊作用。它们至少能够提供下列六大功能当中的几项或全部功能：（1）通过多样化来降低风险；（2）减少订立合同和处理信息的成本；（3）专业化的投资组合管理；（4）流动性；（5）投资的多样化；（6）支付结算功能。接下来，请大家思考一下共同基金能够发挥哪些经济功能。

第一项功能是通过多样化降低风险的功能。通过投资于基金，投资者们可以获得基金总资产的一部分所有权，而在基金的总资产当中投资者所持有的证券数量非常之多，多样化的投资策略能够起到降低风险的作用。（我们会在第8章具体讲到哪些类型的风险将会被降低。）虽然个人投资者单凭自己的力量也能构建一个投资多样化的证券组合，但是由于其个人资金有限，多样化的程度肯定是有限的。不过，如果选择投资基金的话，即使投资者手中的可投资金额并不算多，实际上也能以较低的成本获得投资多样化的好处。

第二项功能是能够减少订立合同和处理信息的成本，这是因为投资者可以用低于直接聘用的成本购买到经验丰富的财务顾问所提供的咨询服务，而如果投资者个人直接与财务顾问谈判是不可能拿得到这么低的价钱的。顾问咨询费之所以会降低，源于几个因素的影响：第一，基金管理的资产规模较大；第二，投资管理人的与证券相关的信息搜寻成本降低；第三，由于基金的谈判能力更强，因此证券的交易成本也会降低；第四，基金的托管费和簿记成本要低于个人投资者。基于以上多个因素的共同作用，投资管理公司能够享受到规模经济的好处。

第三项功能与前两项有关，指的是共同基金的专业化管理具有一定的优势。第四项经济功能是基金具有流动性优势。投资者可以在任意一个交易日按照基金净资产价值的收盘价买卖基金份额。第五项经济功能是基金种类繁荣所带来的优势，即使是在某一个单独的基金家族里，可供投资者选择的基金种类也不少。

第四项功能是货币市场共同基金和其他类型的基金允许投资者凭借自己持有的基金份额和账户签发支票，为投资者提供了新型支付工具，只不过这种支付工具在很多方面尚存在限制。

按照投资目标对基金分类

为了满足投资者多种各样的投资目标，共同基金的种类琳琅满目。一般说来，按照投资目标可以把基金分成几个大类——股票基金、债券基金、货币市场基金和其他类型的基金——在大类下还包含几个略有差异的小类。所谓的"其他类型"可以是只投资美国本土证券的基金、国际基金（不投资美国本土证券）或全球基金（同时投资美国和外国发行的证券）。"其他类型"还有可能是把基金分成消极型基金和积极型基金。**消极型基金**（passive funds，或称为指数基金，indexed funds）的投资策略是复制指数，例如标准普尔 500 指数（S&P 500 Stock Index），雷曼兄弟美国综合债券指数（Lehman U. S. Aggregate Bond Index）或摩根士丹利欧澳远东指数（Morgan Stanley Capital International EAFE Index）。与之相对，**积极型基金**（active funds）通过积极地买卖和调整基金的资产组合，努力想获得优于指数基金和其他基金的投资业绩。按照美国证券交易委员会和"1940 年法案"的要求，其他多种类型基金的投资目标均在其招股说明书当中有清楚的介绍。

股票基金大类中，各个小类的区别表现为以下几个方面：

● 投资组合中所包含股票的平均市值（大市值型、中等市值型和小市值型）
● 风格（成长型、价值型和混合型）
● 专门投资于某个特定的行业，例如高科技行业、医疗保健行业或公共事业。

对于上面提到的"风格"，市账率和市盈率较高的股票被认为属于"成长型股票"，市账率和市盈率较低的股票被认为是"价值型股票"，当然除此以外还要考虑其他的变量。有些股票可以被看作成长价值混合型股票。

债券基金大类当中，各个小类的区别可以表现为投资组合中债券发行人的信用度（例如，发行人是美国政府、已达到投资等级的公司或高风险高收益的公司）和债券的期限（或称为久期，分为长期、中期或短期）。债券基金的另一类型叫做市政债券基金，市政债券的利息收益可以免交所得税。市政债券基金有可能是只投资于某一个州发行的市政债券（也就是说此类基金的投资组合中包含的债券全都是由同一个州的市政机构发行的），或者是同时投资于多个州发行的市政债券。

资产分配型、混合型或均衡型的基金类别会同时投资股票和债券。可转债基金是投资者的另一选择。

货币市场共同基金投资于 1 年或 1 年以下期限的证券，可以更好地防范利率波动的风险。除了只投资于美国短期国库券的货币市场基金以外，这类基金可能会面临一定程度的信用风险。很多货币市场基金都拥有可以向客户提供签发支票的特权。除了应税的货币市场共同基金以外，现在市场上还出现了免税的市政货币市场基金（municipal money market funds）。

基金的其他类型还包括指数基金和基金的基金。诚如前面所言，指数基金只是消极地复制某个指数。**基金的基金**（fund of funds）则是指投资于其他基金的基金。

有几家机构可以提供共同基金的数据。最受欢迎的是晨星（Morningstar）和理柏（Lipper），它们提供有关基金费用、投资经理、基金规模和基金投资组合等方面的信息。但是可能更重要的是，它们可以提供基金的业绩数据（即投资收益率），并根据基金的业绩和其他方面的表现给出其在行业内的排名。为了确保能够基于一个公平、合理的标准对各个基金进行比较，这些评级机构把共同基金分成几个类别，每个类别的基金的投资目标基本上是一致的。晨星和理柏提供的基金分类比较相似，但并不完全相同。基金行业协会——美国投资公司协会（Investment Company Institute）也会提供共同基金的数据。

基金家族的概念

基金家族（family of funds）这个概念可以称得上是基金行业的革命性创新，让很多投资者从中受益，它指的是基金的一个团体或集合体。很多基金管理公司在同一个基金家族内向投资者提供各种各样的投资目标各不相同的基金产品，让其选择。在大多数情况下，投资者轻轻松松打个电话就可以把自己的资产从基金家族内的一个基金转移到另一个基金上，费用很低甚至没有。当然，如果基金资产存放在应税账户内，那么资产买卖转移过程中投资者可能会被要求缴纳税款。虽然一个基金家族内适用于所有基金产品的收费政策都是相同的，但是对于投资者在基金家族内部转移资产、更换基金的行为，基金管理公司有可能会制定不同的费率结构。

大型的基金家族通常会包含货币市场共同基金、几种类型的美国国债基金、全球股票基金与债券基金、覆盖范围较广的美国国内股票基金、专门投资于市值规模一定且具有特定投资风格的美国股票基金以及专门投资于特定行业的基金，譬如医疗保健行业、科技行业或黄金矿产公司。闻名于世的基金管理公司——例如富达投资公司、先锋投资公司和美国基金公司这三家规模最大的基金家族——在一个基金家族内发起并管理各种类型的基金。除了基金家族内部的投资顾问以外，基金家族还可以使用外部投资顾问。在报纸上提供基金数据时就是把不同类型的基金按照其所属的基金家族进行分类的。例如，富达公司旗下的所有基金产品的数据都被列在"富达"这个标题下，先锋公司旗下的所有基金产品的数据则都被列在"先锋"这个标题下，以此类推。

共同基金的税收情况

作为**受监管投资公司**（regulated investment company，RIC），共同基金必须做到至少把90%以上的投资净收益（除了已实现的资本利得或损失以外，债券利息收入和股票的股息收入都要算在内）分发给投资者。这样做了以后，在未向投资者分红之前，基金本身就不用再为这些收益纳税了。当然，基金愿意把这部分投资收益作为红利分发给投资者。投资者获得分红后要缴税，但是在基金这个层面上是免税的。虽然大多数投资者会选择将这些红利收入用于再投资，但是投资者还是要为这部分收益纳税，有可能是将其视为普通收入缴纳所得税，也有可能是将其认定为资本利得收益（长期或短期）而缴纳资本利得税，要看情况而定。

基金获得的资本利得收益每年也要向投资者们分发一次，通常会在接近年尾的时候发放。基金发放的资本利得收益有可能是长期的，也有可能是短期的，这取决于基金持有证券的期限是否超过了一年。共同基金的投资者无法控制基金发放资本利得收益的规模，因此在很大程度上，对于基金获得的资本利得收益到底什么时候纳税，应当缴纳多少税款，投资者基本没有控制力。特别地，当一部分投资者要求赎回基金份额时，基金不得不将持有的一部分资产卖出以达到套现的目的，于是便产生了已实现的资本利得收益，仍然继续持有基金份额的投资者便要承担接踵而来的资本利得税。

刚刚购买了基金产品的新投资者也要承担一部分税收成本，即使他们根本没有卖出基金份额，尚未实现任何资本利得收益。也就是说，截止到登记日那一天，所有的基金份额持有人有权获得基金一整年的红利与资本利得收益，即使他们持有基金份额的时间长度仅有一天。缺乏对资本利得税的控制被认为是共同基金的重要缺陷之一。事实上，封闭式基金产品的出售价格之所以会低于其面值，税负这个不利因素也是众多原因之一。同时，我们后面要讲到的交易所交易基金之所以会越来越流行，税负因素也是其中原因之一。

当然，投资者面对自己获得的分红收入也要缴纳普通所得税。最后，当基金投资者卖出基金份额时，他们将获得长期或短期的资本利得或资本损失，关键看他们持有基金份额的时间是否超过了一年。

基金的监管

四项重要的法律或法案直接或间接地与共同基金行业有关。1933 年《证券法》规定，新发行证券的发行人应当为购买者提供有关发行人的相关信息，从而有效地避免金融欺诈行为。因为开放式基金经常连续不断地发行新份额，因此共同基金也必须要遵守 1933 年《证券法》。1934 年《证券交易法》关注的是证券发行后的交易过程，重点是对交易所、经纪人和交易商的监管。共同基金投资组合经理在买卖金融产品时必须要遵守 1934 年《证券交易法》。

按照 1940 年《投资公司法》（the Investment Company Act of 1940）的规定，所有股东人数在 100 人或以上的投资公司都必须在证券交易委员会注册。1940 年《投资公司法》的主要目的是减少投资公司的过度卖出行为，确保投资者能够获得充足准确的信息。投资公司必须定期向投资者提供财务报表，并向其披露公司的投资策略。1940 年《投资公司法》禁止投资公司在未经股东批准的情况下，擅自修改本公司的基本投资策略的行为。该法案还向符合条件的受监管投资公司提供了一些税收优惠政策。共同基金份额的购买与出售必须要满足证券交易委员会 1940 年《投资公司法》以及全美证券交易商协会（National Association of Securities，NASD）——这是一家自律性组织，为管理美国境内所有的证券交易而设立——列出的公平交易原则的要求。

最后，1940 年《投资顾问法》（the Investment Advisor Act of 1940）对提供投资顾问服务的个人或公司必须满足的注册要求和操作规则进行了详细说明。这项法案针对的对象是注册投资顾问（registered investment advisors，RIAs）。总的来说，投资公司除了必须遵守 1940 年《投资公司法》中列出的所有条款以外，还要受到 1933 年《证券法》、1934 年《证券交易法》和 1940 年《投资顾问法》的管辖。

1940 年《投资公司法》的一个重要特点是该法对任何符合要求能够成为"受监管投资公司"的公司免征所得税，无论该公司的收入是来自于经营性收入还是资本利得收益。诚如前面所述，为了取得这样的资格，共同基金必须在每个会计年度将其净收入的90％（资本利得收益除外）分配给股东；而且，基金还必须遵守有关投资多样化、流动性、短期交易与短期资本利得的相关监管法规。

交易所交易基金

尽管共同基金（开放式基金）在20世纪80年代和90年代非常盛行，但是它们仍然因两个方面的原因而饱受争议。第一，共同基金股份的定价在而且只能在交易结束时才能确定，或者说是收盘价。特别地，交易（也就是基金的买和卖）不能够以当天内的价格成交，而只能以收盘价成交。第二，与税收以及投资对税收的控制有关。正如前面所介绍的那样，基金股份持有人的赎回行为会导致已实现的资本利得需交税，而如果继续持有则不会。

在1993年，一种具有很多共同基金特征的新式投资工具被开发出来了，开发它的最初目的就是为了规避共同基金的两大不足。这种新的投资工具被称为**交易所交易基金**（exchange-traded funds，ETFs），这种工具既与共同基金有相似之处，又可以像交易所股票那样交易。尽管它们也是开放式基金，但从某种意义上讲，它们更像封闭式基金，收取的费用水平很低，或者直接从它们的净资产价值中折现销售。

在某一ETF中，投资顾问假设投资组合能够完全复制指数，从而与指数的收益率是完全相等的。由于供给和需求决定着这些基金份额的二级交易市场价格，因此，交易价格可能会与投资组合的内在价值有所偏差，这样的话，在定价方面可能不是那么精准。然而，偏差会保持在一个很小的幅度内，因为套利者（通常都是授权参与者）通过当天以NAV价格买进或者赎回大量份额，从而限制了价格的偏差。

交易所交易基金可以在当天的交易中自由地根据当前交易价格设置限价指令、止损指令和任何的买卖指令，而这些在开放式基金中都不行。这些各种类型的交易指令将会在第13章详细介绍。

另外一个开放式基金与交易所交易基金的显著区别与税收相关。对开放式基金和交易所交易基金来说，当基金卖出时投资者所获得的股息收入和资本利得都是需要交税的。然而，有所不同的是，在赎回情形下，开放式基金需要通过出售证券来应对赎回（如果现金头寸不能满足投资者的赎回），这样对持有基金份额的投资者来说，就会带来资本利得或者资本损失。另一方面，交易所交易基金并不需要通过出售证券来满足赎回要求，赎回是通过交易所交易基金投资组合中的基础资产的同质补偿实现的，对投资者来说，这不需要交税。因此，对交易所交易基金的投资者来说，只有当他们卖出基金股份获得显著的资本利得时（卖出价格远高于初始购买价格）才需要交税。然而，ETFs的确可以带来现金股利，而且可能带来有限的资本利得，这些收入都是需要交税的。总的说来，与指数型开放式基金类似，ETFs可以避免资本利得和税收，主要是因为它们投资组合的换手率比较低。但是与指数型开放式基金不同的是（与其他基金也存在类似的不同），它们并不会带来潜在的大量资本利得应税负债，这些负债都是 ETFs 为了应对基金持有人的赎回行为而持有的头寸，它们都是以一种很特别的方式被投资者赎回的。

交易所交易基金的类型

1993 年交易所交易基金第一次被引入到美国金融市场，在此后的几年时间里，以美国股票指数和国际股票市场指数为基础的各种类型的交易所交易基金都出现了。[①] 我们将会在第 13 章对各种股票指数做详细介绍。

美国的第一个 ETF 是标准普尔储蓄收益基金（SPDRs），该基金设计目的是为了模拟标准普尔 500 指数的市场表现。标准普尔 500 指数是美国证券交易所创立并在该交易所交易的指数。按照标准普尔 500 指数构成部分设计出来的 ETF 被称为中型 SPDRs。其他一些以美国股票指数为基础的 ETFs 随后被陆续开发出来。这包括戴蒙德基金——模拟道琼斯工业平均指数，由道富投资集团发起成立，还有 QQQs——模拟纳斯达克 100 指数。

在 SPDRs 模拟国际股票指数后，有两个 ETFs 产生了。第一个是世界权益基准股份（WEBS），后来又改名为 i 股份 MSCI，设计目的是为了模拟摩根士丹利国别指数（MSCI），i 股份是由巴克莱国际投资集团发起成立的，目的是为了模拟 42 种不同的股票指数。

今天，有成千上万种 ETF 产品，这些产品不仅模拟股票市场指数，而且对其他资产类型来说，它们还是股票市场基准和指数的分类标准。到 2007 年 11 月 20 日，雅虎财经 ETF 中心罗列了 621 种 ETFs 产品。[②] 正如共同基金一样，现在也有 ETF 基金家族。

独立管理账户

个人和机构投资者可以通过在资产管理公司或者经纪公司建立**独立管理账户**（separately managed account）进行投资，而不需要直接买卖股票或者债券，也不需要通过其他方式投资，比如共同基金、ETFs 或对冲基金。对于独立管理账户，我们通常又称为**个人管理账户**（individually managed account），资产管理者选择的投资可以根据投资者的目标量身定做。

独立管理账户的运用正是为了克服共同基金的不足之处，虽然对个人投资者来说，独立管理账户的成本比较昂贵。资产管理者一度只管理规模比较大的独立账户，一般金额都是 100 万美元，甚至更多。然而，在今天，很多资产管

---

① 第一个 ETF 是在多伦多股票交易所交易的多伦多股票指数分红基金，它最开始是模拟 TSE 35 指数，后来模拟 TSE 100。有关 ETFs 的更多详细介绍和它们的发展历史，可以参见 Gray L. Gastineau, *The Exchanged-Traded Funds Manual* (Hoboken, NJ: John Wiley & Sons, 2002)。

② 详见 http: //finance. yahoo. com/etf/browser/mkt?c=0&k=5&f=0&o=d&cs=1&ce=20。

理公司明显降低了它们独立管理账户的最小规模标准。其结果是，很多中等规模资产组合的投资者都可以运用资产管理公司或经纪公司提供的独立管理账户。通常情况下，资产管理者会对独立管理账户收取比较高的服务费用，不过，与此同时，跟他们从管理共同基金中获得的收益相比，管理独立账户所付出的成本要高很多。

对冲基金

到底什么是对冲基金，如何给它下一个定义，最好的选择是参照联邦证券法律中所给的定义。然而，并没有一个明确的定义，也没有一个被大家广泛接受的定义来界定到底投资基金是一个什么样的投资实体机构，尽管在美国投资基金的数量超过了 9 000 多家，投资总额超过了 1.3 万亿美元。

对冲基金这个概念第一次被使用是在 1966 年，《财富》杂志用它来描述艾尔弗雷德·温斯洛·琼斯（Alfred Winslow Jones）的私人投资基金。在管理投资组合的过程中，琼斯希望通过建立一个金额相等、多空头寸正好相反的投资组合，来寻求能对冲市场风险的基金。正如我们将在第 7 章解释的那样，股票市场上的做空意味着卖出自己并不拥有的股票并期望未来股票价格下跌。这正是构建投资组合的关键所在，投资组合的目的就是为了对冲股票市场的风险。此外，琼斯确定按照美国证券法，如果投资者都是合格的优质投资者，那么他的私人投资合伙关系将不会受美国证监会的监管。美国证券法律规定合格的投资者都是那些不需要美国证监会提供保护的投资者。[①] 正是因为有这方面的规定，因此，今天的对冲基金仍然不受美国证监会的监管。

让我们看看有关对冲基金的一些定义。乔治·索罗斯（George Soros）是索罗斯基金管理公司主席。他的基金公司拥有很多对冲基金，包括量子基金。他是这样定义对冲基金的：

> 对冲基金参与各种各样的投资活动。它们满足聪明投资者的需要，并且不受共同基金监管方面的限制，而共同基金主要是为普通大众服务的。基金经理的报酬主要取决于基金的表现，而不是根据资产的规模来计算的。"业绩基金"可能是一个更加准确的描述。[②]

总统金融市场工作小组是罗纳德·里根（Ronald Reagan）当总统时成立的小组，小组成员包括财政部长、联邦储备委员会主席、美国证监会和商品期货交易委员会的人员，该小组对对冲基金做如下定义：

> "对冲基金"这个词经常被用来形容不同类型的投资工具，这些投资工具具有普通股的特征。尽管没有法定定义，这个概念包含了任意的投资工具，这些投资工具都是私下组织的，而且由专业的货币管理者管理，并不向普通

---

① 美国 1933 年《证券法》对合格的投资者有着非常多的特殊规定，这些具体的规定并不是本章的重点。
② George Soros, *Open Society*: *Reforming Global Capitalism* (New York: Publish Affairs, 2000), p. 32.

大众开放。①

英国金融服务管理局对英国的所有金融服务提供商履行监管职责，其根据对冲基金特征确定的定义被经常用到：

对冲基金的含义可以根据大多数对冲基金的特征来界定，通常情况下，对冲基金具有以下特征：

● 是私人投资部门或者离岸投资公司组织的；

● 交易策略灵活多变，包括在不同的市场参与投资；

● 使用各种交易技术和交易工具，经常包括卖空交易、衍生品交易和杠杆交易；

● 根据管理者的业绩表现支付管理费；

● 投资者都是比较富有的个人和机构，并且有最低的投资限额标准（大多数基金最低额都是 10 万美元，甚至更高）。②

从这些描述中，我们可以从如下几个方面来理解对冲基金。第一，对冲这个词在对冲基金中其实是被误解的。或许在艾尔弗雷德·温斯洛·琼斯的私人投资基金中对冲的含义是合适的，但是今天的对冲基金并不具有这一特征。

第二，对冲基金的交易策略和交易技巧变化范围很广泛，目的是为了获得超额回报。对冲基金运用的各种策略可以归结为如下几个方面：

● 杠杆交易，借钱进行交易（具体参见第 7 章）

● 卖空交易，事先卖掉自己并不拥有的金融工具，因为预测这些金融工具未来的价格还会继续下跌（具体参见第 7 章）

● 套利交易，同一时间买进和卖出相关的金融工具，目的是通过暂时性价格不对称获利（具体参见第 6 章）

● 风险控制，通过运用诸如金融衍生品等金融工具来降低风险

风险控制比对冲更普遍。在对冲交易中，投资者经常考虑的是如何消除风险。风险控制意味着风险可以在一定程度上按照投资者的意愿进行转移。在考虑消除所有风险的时候，很少有对冲基金使用"对冲"这个词。

第三，本书中所提到的对冲基金在所有金融市场上都参与投资活动，这些市场包括：股票市场、债券市场、外汇市场和金融衍生品市场。

第四，对冲基金管理费构成是两个重要的部分，一部分与所管理资产的市场价值规模相关，收取一定的固定费用，另一部分是基金总体收益率的一定比例。后一部分费用是建立在业绩补偿的基础上的，因此又被称为**激励费**（incentive fee）。

第五，在评价对冲基金表现的时候，投资者感兴趣的都是资产管理者取得的绝对收益率水平，而不是相对收益率水平。投资组合的**绝对收益率**（absolute return）指的是已经实现的收益率。**相对收益率**（relative return）指的是绝对收益率水平与参照收益率或者指数之间的差距。在评价一位资产管理者在管理对冲基金

① Report of the President's Work Group on Financial Markets, *Hedge Funds*, *Leverage*, *and the Lessons of Long-Term Capital Management*, April 1999, p. 1.

② Financial Services Authority, *Hedge Funds and the FSA*, Discussion Paper 16, 2002, p. 8.

的业绩表现时，使用绝对收益率而不是相对收益率与评价资产管理者管理其他类型的投资组合有着很大的差别。

对冲基金的类型

有各种各样的方法对不同类型的对冲基金进行分类。马克·安森（Mark Anson）从以下四个方面对此进行分类：市场方向、公司再造、收敛交易和机会主义。[1] 在现阶段，就我们所了解的金融市场和金融工具而言，要完整地对每个类别进行介绍是有一定难度的。因此，我们在这里仅做一个大概的描述。

市场方向对冲基金（market directional hedge funds）

市场方向对冲基金是指资产管理者仍然面临着"系统性风险"。在第 8 章，我们将会知道所谓的系统性风险指的是那些不能通过充分分散化投资消除的风险。在市场方向对冲基金分类中，很多对冲基金追求这样的投资策略：权益多头/空头策略、股权市场时机策略和卖空策略。

公司再造对冲基金（corporate restructuring hedge funds）

公司再造对冲基金指的是资产管理者构造的投资组合能够为公司重大事件提供资本，并带来预期收益。这些重大事件包括合并、收购或者破产。这种类型的对冲基金又可以细分为下面三种。

第一种对冲基金包括投资于那些破产的公司或者在资产管理者看来非常有可能破产的公司的证券的对冲基金。这些公司的证券被称为悲哀证券。投资于悲哀证券的希望就在于，在资产管理者看来，这些证券都是被低估的，在破产过程中它们相对被低估的价值会回归到正常水平。

第二种对冲基金包括那些专门关注被称为兼并套利的对冲基金。[2] 兼并套利的潜在利益在于在兼并过程中，目标公司的股票价格通常都在收购公司提出的兼并价格之下。这样的话，如果收购公司购买目标公司，则兼并实际过程完成后，所获得的利润就等于收购公司支付的价格与兼并之前目标公司股票市场价格两者之间的差价。风险在于最后兼并没有实现，目标公司的股票价格继续下跌。

第三种公司再造对冲基金包括在更大范围内寻求影响公司的其他事件，并对此进行投资。除了兼并和破产，这些重大事件包括收购、重组、会计上注销、股份回购和特殊股利。

收敛交易对冲基金（convergence trading hedge funds）

金融市场的相关部门对价格和收益之间的确定性关系有着深入的观察和分析。例如，债券市场上两种债券的收益率价差可能就在一定的幅度内变化。如果预期价格和证券收益率之间关系的变化超过了底线，与历史关系有一定的偏差，那么，投资于这一预期变化可能会带来收益。当这种关系的变化一定能够带来收益而没有任何风险的话，这种利用价格与收益率的不对称来获取收益的策略通常被称为**套利策略**（arbitrage strategy）。在这一策略中，其产出结果是获得了无风险的利

---

[1] Mark J. P. Anson, *Handbook of Alternative Assets*, 2nd ed. (Hoboken, NJ: John Wiley & Sons, 2006).
[2] 兼并套利的解释可参见第 6 章的相关内容。

润，因此，有些市场观察人士称这一策略为**无风险套利策略**（riskless arbitrage strategy），尽管"无风险"这个状态很难实现。我们所说的套利机会其实非常少，即使它们存在，也很快就消失了。如果某只对冲基金以发现并抓住套利机会来获利为目标，它将会发现这么做很难。

与此相反，我们发现这种价格或者收益之间可观察到的不对称可能更多的是暂时性的。实际上它们反映的是金融市场参与者对经济因素的再思考，而这些经济因素应该已经改变了历史观察数据所表现出来的关系。在这些情形中，试图对价格或收益不对称进行投资的风险是价格或收益预期的修正并没有出现。由于对冲基金的资产管理者可能会运用他们所相信的"低风险"策略对观察到的价格或收益不对称进行投资，因此，他们将这一策略称为**风险套利策略**（risk arbitrage strategy）。因为这些策略都包含着所观察到的价格和收益不对称能够修正或者收敛到预期的关系中，因此这些对冲基金通常被称为**收敛交易对冲基金**（convergence trading hedge funds）。

属于收敛交易对冲基金的对冲基金包括固定收益套利对冲基金、可转换债券套利对冲基金、股权市场中性对冲基金、统计套利对冲基金和相对价值对冲基金。

机会主义对冲基金（opportunistic hedge funds）

机会主义对冲基金是四种类型对冲基金中授权范围最为广泛的。对冲基金的资产管理者可以投资于任何股票或者外汇或者他们所构造的充分分散化的投资组合。这种类型的对冲基金又可以分为两种：全球性宏观对冲基金和基金的基金。

全球性宏观对冲基金是出于对全世界所有金融市场的宏观考虑，寻找机会进行投资的对冲基金。这种类型的对冲基金中最有名的就属量子基金了。量子基金获得巨额利润的著名投资活动有两例。1992 年根据当时英国的宏观经济条件，量子基金笃定英国货币——英镑会贬值，而事实上，英国政府也的确让英镑贬值了。在 1997 年，量子基金宏观分析师认为泰国货币——泰铢被高估了，泰国政府肯定会让泰铢贬值，这一次豪赌仍然获得了巨大的成功，泰国政府最后让泰铢贬值了。

正如我们在本章前面所解释的那样，基金的基金主要是投资于各种共同基金的基金。同样地，这些基金也投资其他对冲基金。也就是说，基金的基金构建的投资组合包含着对其他对冲基金的投资兴趣。

对冲基金在金融市场上引起的关注

有关对冲基金在金融市场上的作用引起了大量的讨论，其原因就在于对冲基金的规模和它们对金融市场的影响都非同小可，而这又源于对冲基金的投资策略。从积极面来看，一致认为对冲基金给市场带来了充足的流动性。例如，我们将会在第 31 章介绍的利率期权就是其代表之一。联邦储备银行的研究表明市场参与者认为对冲基金是利率期权市场上"最重要的稳定力量"。[1] 此外，正如我们将在后面介绍的那样，对冲基金为市政债券市场提供了充足的流动性。

---

[1]　Federal Reserve Board，*Concentration and Risk in the OTC Markets for U. S. Dollar Interest Rate Options*，p. 3.

然而，市场所关注的是对冲基金的投资活动和投资策略所带来的严重金融危机的风险（也就是说这是系统性风险），绝大多数都通过杠杆放大了其影响。最著名的例子就是1998年长期资本管理公司（LTCM）的坍塌。对长期资本管理公司的调查显示它的杠杆系数是50倍。这意味着投资者向长期资本管理公司每投资100万美元，长期资本管理公司就能够从市场上借到5 000万美元的资金。长期资本管理公司为什么能够借到这么多的钱，原因就在于贷款人并不理解或者忽视了与对冲基金投资策略紧密相联的巨大风险。长期资本管理公司豪赌带来的损失并不是每个人都关注的，因为参与投资的投资者都是非常聪明的投资者，他们的目的都是希望能够获得巨额回报。相反，在对冲基金投资活动中真正受损失的是商业银行和投资银行，它们将巨额资金贷给了长期资本管理公司。从美联储的角度来看，长期资本管理公司的失败可能会带来一系列严重的后果，因此它们为该对冲基金提供了相应的救助计划。

2007年6月，也就是最近发生的事情，华尔街第五大投资银行——贝尔斯登公司旗下的两只对冲基金宣告破产，它们是高级信贷策略杠杆基金和高级信贷策略基金。这就使得两只基金的发起人——贝尔斯登公司不得不为它们的破产买单。[①]

由于长期资本管理公司的失败，总统金融市场工作小组对如何提高对冲基金在金融市场上的作用提出了一些建议，其中最主要的建议就是为对冲基金提供贷款的商业银行和投资银行应该提高它们的风险管理能力。

养老金

各种形式的养老金存在于几乎所有的发达国家里，是金融市场上最主要的机构投资者和参与者。养老金计划设立的目标是最终向退休人员支付退休金。设立养老金计划的实体——被称为**养老金计划发起人**（plan sponsors）——可能是代表雇员设立养老金计划的私营企业（这样的养老金计划叫做公司或私营企业养老金计划）；可能是联邦政府、各州政府和当地政府代表其雇员发起的（这样的养老金计划叫做公共养老金计划）；代表其成员发起养老金计划的联盟组织（这样的养老金计划叫做塔夫脱-哈特利计划）；个人为自己设立的养老金计划（这叫做个人发起的养老金计划）。截至2006年6月30日，规模最大的四家企业的养老金计划的发起人分别是通用汽车公司（1 190亿美元）、IBM公司（800亿美元）、通用电气公司（760亿美元）和波音公司（730亿美元）。规模最大的四个由政府发起的养老金计划分别是加利福尼亚公共雇员退休金支付系统（2 180亿美元）、联邦退休金储蓄计划（1 880亿美元）、加利福尼亚州立教师退休金计划（1 490亿美元）和纽约州立公共养老金计划（1 440亿美元）。[②]

---

① 这两只对冲基金主要投资的是次级抵押贷款。2007年夏季次级抵押贷款市场开始垮台，本书第26章将会展开讨论。在2008年3月，美联储不得不实施救助贝尔斯登的计划。

② "The P&I Watson Wyatt World 300," *Pension & Investment*（September 3, 2007）.

雇主要定期向养老金计划缴款。某些养老金计划规定，雇主要按照雇员缴款的一定比例向养老金账户配套缴款。私营企业发起的养老金计划获得的巨大成功确实有点令人吃惊，因为这些养老金计划涉及的投资资产——就是养老金合约——绝大多数是流动性极差的。退休之前，这笔资产不能被使用，甚至无法成为抵押品。养老金增长速度如此之快的主要原因恐怕要归结到雇主向养老金计划的缴款、雇员缴款的一定金额以及养老金投资于资产的收益都是免税的。从本质上看，养老金也是员工获得的报酬形式之一，直到员工退休提取养老金时才需要缴税。养老金计划若想获得免税资格，要满足联邦政府提出的很多要求（这样的养老金计划叫做符合要求的养老金计划）。传统意义上，养老金计划还可以起到阻止员工离职的作用，这是因为如果员工在退休前离职，那么至少会把养老金账户内雇主缴款的累积额损失掉。

养老金计划的类型

目前，广泛使用的养老金计划主要有两种类型：固定收益型养老金计划和固定缴款型养老金计划。此外，还有一种混合型计划叫做"现金余额计划"，它结合了上述两种养老金计划的特点。

固定收益型养老金计划（defined benefit plan）

对于这种养老金计划，计划的发起人同意自雇员退休之日起，每年定期向其支付固定金额的退休金（如果雇员退休前死亡，则向其受益人支付一定金额的补偿金）。通常情况下，退休金会每月支付一次。退休金的金额使用专门的公式计算，一般要考虑到雇员为公司服务的年限及其薪酬水平。事实上，向养老金账户缴款的义务是养老金计划发起人的一项负债。因此，在员工退休后，养老金计划要定期向其发放退休金，如果养老金账户内的资金不足以完成这项任务，那么风险完全由养老金计划的发起人来承担。

设立固定收益养老金计划的发起人可以动用养老金账户内的资金购买人寿保险公司的年金产品。由人寿保险公司产品提供担保的固定收益型养老金计划叫做被保险计划。不过，被保险计划未必比未保险计划更加安全，因为被保险计划是否安全要取决于人寿保险公司是否有能力履行定期向参与该养老金计划的退休员工支付退休金的义务，而未保险计划是否安全则主要取决于计划发起人的实力。不管私营企业养老金计划是否购买了保险，一家名叫美国联邦养老金担保公司（Pension Benefit Guaranty Corporation，PBGC）的联邦机构——依照《雇员退休收入保障法案》，该机构于 1974 年成立——都为所有养老金计划的参与者法定应获得的退休金提供担保。

当雇员达到一定年龄，已经为企业服务了足够多的年头，那么他们便满足了将来退休时可以领取退休金的最低要求。从此以后，这笔退休金收益便是他们法定应享有的收入。不管这些雇员将来是否继续为同一家雇主或组织工作，都应获得该养老金计划支付的退休金。

固定缴款型养老金计划（defined contribution plan）

对于固定缴款型养老金计划，该计划的发起人仅负责向养老金账户内缴纳固定金额，而不向雇员保证退休后向其支付固定金额的退休金。一般来说，缴款的金额要么是雇员年薪的一定百分比，要么是雇主年利润的一定百分比。这种养老金计划的发起人不向员工担保其退休后可以获得每期固定金额的退休金。参与该养老金计划的员工退休时可以获得的退休金数额要取决于养老金投资于资产的收益情况。也就是说，退休人员实际拿到的退休金是多还是少要看养老金投资组合的收益情况怎么样，养老金计划的发起人不会提供担保。计划发起人会向计划参与者提供各种各样的投资产品供其选择。固定缴款型养老金计划有几种形式：401（k）计划、货币购买型养老金计划（money purchase pension plans）和员工持有计划（employee stock ownership plans，ESOPs）。

迄今为止，增长速度最快的固定缴款型养老金计划还是要数 401（k）计划，或者是 401（k）计划在非营利性行业的变种 403（b）计划及其在公共行业内的变种 457 计划。对企业来说，这种类型的养老金计划成本最低，管理上的麻烦事也最少。雇主向特定的养老金计划或账户内缴纳一定金额的款项，然后由雇员自己决定如何来投资这些资金。[1] 对雇员来说，这类养老金计划很有吸引力，因为它让雇员对养老金账户内的资金如何使用或投资拥有了一定的控制权或管理权。实际上，养老金计划的发起人会定期向参与该计划的员工提供向一个或多个共同基金家族投资的机会。在所有公共机构（例如州政府）发起的固定缴款型养老金计划中，一半以上使用了共同基金，私营企业发起的养老金计划使用基金产品的比例就更高了。

公共部门和私营企业部门的雇员对基金产品反应积极，固定缴款型养老金计划的总资产中，几乎一半左右的资产被投资于共同基金，其中大部分资金用于购买主要投资于股票、致力于快速增长的基金产品。[2] 美国劳工部发布的监管条令要求企业向其雇员提供多个各有特色的投资方案，这一举措进一步促使养老金计划更多地引入共同基金产品，因为共同基金家族能够轻而易举地提供基于不同投资目标的多种投资工具。[3]

固定收益型养老金计划与固定缴款型养老金计划有几个根本性的区别。对于固定收益型养老金计划，计划的发起人保证未来向退休员工支付固定金额的退休金，并负责制定投资决策，如果投资收益不足以向退休人员支付固定金额的退休金，则风险也由发起人自己承担。另一方面，对于固定缴款型养老金计划，雇主不为退休人员将来获得的退休金金额提供任何担保，但是雇主同意向员工的退休金账户内缴纳一定的金额；雇员自己制定投资决策；雇员未来可以获得的退休金金额来源于投资组合的收益以及雇员和雇主各自的缴款。

混合型养老金计划（hybrid pensions plans）

对养老金计划发起人来说，固定收益型养老金计划管理起来有些麻烦，而且员工跳槽换工作时也难以将账户内累积的资金转移到新单位的账户内，显然已不适应当前职场上人员流动性较大的情况。固定缴款型养老金计划让雇员自己制定

---

①　"Calling It Quits," *Institutional Investor* (February 1991), p. 125.

②　"Taking a Fancy to Mutual Funds," *Institutional Investor* (May 1992), p. 119.

③　"The Communication Cloud over 401(k)s," *Institutional Investor* (September 1991), p. 189.

投资决策，风险也由雇员承担。由于上述两类养老金产品均存在着这样那样的局限性，因此混合型养老金计划——即固定收益型养老金计划与固定缴款型养老金计划的结合体——应运而生。虽然混合型养老金计划包含养老金平衡计划（pension equity plan）、养老金补偿计划（floor-offset plan）和其他类型，但是其中最常见的产品形式是现金余额计划。

现金余额养老金计划（cash balance pension plan）

现金余额养老金计划从本质上看是固定收益型养老金计划，同时还兼有固定缴款型养老金计划的部分特征。现金余额计划的未来养老金支付金额是确定的，但雇主的定期缴款金额是不固定的。退休金的金额大小要取决于每年雇主的缴纳金额以及每年保证的最低投资收益。在现金余额计划中，雇主每缴一次款，每个参与者的退休金账户会相应地增加一笔金额，雇主的缴款金额一般相当于员工年薪的1％。利息收入也会贷记入每位参与者的账户，而且与某种固定或浮动指数——例如消费物价指数 CPI——挂钩。现金余额计划支付退休金的方式类似于年金，每年只支付一次，单笔支付金额较大。贷记入每位参与者账户的利息收入是按照养老金计划事先约定好的固定利率计算出的，与雇主发起的养老金信托计划的投资收益情况没有任何关系。利息收入的变化不会引起退休金金额的变化。所以，现金余额计划向员工允诺的退休金金额始终保持不变，投资的收益或损失全由发起人承担。不过，与固定缴款型养老金计划相似，雇员个人可以查看定期颁布的账户资产公告，以便随时监控他或她的养老金账户的余额。

与固定缴款型养老金计划相似的另一点是——在人员流动性较高的今天，这一点尤为重要——现金余额计划允许雇员离职时一次性提取一大笔按照法律规定他可以享受的养老金账户累积额。他或她可以把这笔钱存入个人退休账户，或者是加入新雇主的养老金计划。也就是说，现金余额计划更便于员工将养老金由一家公司转移到另一家公司。

养老金计划的监管

由于养老金计划对美国的工人阶层十分重要，国会于 1974 年通过了一部综合性法案以管理各种类型的养老金产品。这一法案名叫《雇员退休收入保障法案》（Employee Retirement Income Security Act，ERISA）。该法案的细节内容专业性比较强，我们只需要理解其主要条款就可以了。

首先，《雇员退休收入保障法案》建立了**基金标准**（funding standards）对计划的发起人每年必须存入养老金账户、以便未来向退休员工按期支付退休金的最低缴款金额作出了规定。在《雇员退休收入保障法案》实施之前，许多公司养老金计划的发起人往往采用的是"当时支付"的方式，即当雇员退休时，公司养老金计划的发起人在当前的经营性现金流中截出一部分向员工支付退休金。《雇员退休收入保障法案》实施后，不允许再出现这样的做法。与之相反的是，养老金计划发起人必须向养老金账户内缴款。也就是说，计划发起人要定期向养老金投资池内缴纳本期份额以及前期的投资收益，以确保资金池内有足够多的资金向退休人员支付养老金。

其次，《雇员退休收入保障法案》制定了养老金受托人、管理人或顾问的**信托标准**（fiduciary standards）。特别要指出的是，对养老金计划的管理负责的各方都必须在"谨慎人法则"的指引下判断哪种投资策略或方式比较合适。由于受托人受命管理他人的资金，因此我们有必要确保受托人能够做到尽职尽责。为了履行其职责，受托人必须依照谨慎人法则获取并使用相关信息，作出正确的投资决策。

再次，《雇员退休收入保障法案》还规定了员工可以领取养老金的**最低资格标准**（vesting standards）。例如，按照法律明文规定，五年雇用期满后，养老金计划的参与者有权获得养老金累积额的 25%。十年以后，这一比例进一步增加至100%。此外，《雇员退休收入保障法案》还列出了其他一些有关资格标准的要求。

最后，《雇员退休收入保障法案》还创建了美国联邦养老金担保公司，为退休人员的养老金提供保险服务。该保险项目的资金来自养老金计划每年必须交纳的保费。

《雇员退休收入保障法案》的管理职责由美国劳工部和国家税务局共同承担。为了确保养老金计划符合《雇员退休收入保障法案》的相关规定，发起人必须定期向上述两家管理机构提交信息披露报告和财务报表。值得一提的是，《雇员退休收入保障法案》并没有要求企业必须建立一个养老金计划。不过，如果企业确实发起建立了一个固定收益型养老金计划，那么它就必须遵守《雇员退休收入保障法案》中列出的数不胜数的复杂规定。

养老金投资资产的管理者

养老金计划的发起人会选择下列各种方式中的一种来管理固定收益型养老金计划持有的所有资产：（1）使用内部员工管理所有的养老金资产；（2）将持有的养老金资产分配给一个或多个资产管理公司管理；（3）将前面第一种和第二种方式结合起来。如果是固定缴款型养老金计划，则发起人一般会允许养老金计划的参与者自己选择怎样把他们缴纳的款项分配给一个或多个基金团队管理的基金。[①]

我们前面曾经提到过，保险公司通过它们发行的担保投资合同（GIC）和年金产品也加入到养老金行业的竞争里来。保险公司旗下还开设了一些专门管理养老金资产的附属机构。商业银行的信托部门、投资银行的分公司和经纪商/自营商，以及独立的货币管理公司（这指的是不依附于保险公司、商业银行、投资银行或经纪人券商的独立公司）也可以代为管理养老金投资组合。外国金融机构也被允许参与养老金的资产管理业务。事实上，为了能够进入美国的养老金资产管理行业，几家外国金融机构已经收购了美国国内几家货币管理公司的部分股权。养老金投资组合管理者的收入来源于其收取的管理服务费用。

除了货币管理公司以外，养老金计划发起人的顾问也能向发起人提供各种各样的服务，如下所示：

---

① Keith Ambachtsheer, Ronald Capelle and Tom Scheibelhut, "Improving Pension Fund Performance," *Financial Analysts Journal* (Novermber/December 1998), pp. 15ff; Francis Gupta, Eric Stubbs and Yogi Thambiah, "U. S. Corporate Pension Plans," *Journal of Portfolio Management* (Summer 2000), pp. 65ff.

- 制定养老金计划的投资政策，并在主要资产类别中设计出资产分配方案；
- 提供精算建议（资产负债模型的建立与预测）；
- 设计基准指标，用来考核养老金基金经理的业绩状况；
- 衡量和监控基金经理的业绩；
- 搜寻并推荐适合养老金计划的基金经理人员；
- 提供专业化的研究服务。

固定收益型养老金计划危机

固定收益型养老金计划的负债价值可以以养老金计划受益人的目标支付贴现的方式计算出来。养老金计划的资产价值等于资产的市场价值。当资产的价值超过负债的价值，养老金计划就存在着盈余。在相反的情况下，也就是说，养老金计划负债的价值超过资产的价值，养老金计划就面临赤字。通常情况下，作为养老金计划满足负债能力的指标，我们都使用**基金提存比**（funding ratio）这一概念。基金提存比是养老金计划的资产与负债的比率，也是衡量养老金计划财务稳健状况（满足其负债的能力）的最主要指标。当存在盈余的时候，这就意味着基金提存比超过了100%，说明养老金完全能够满足基金的提取需要。基金提存比越高，养老金计划的财务状况就越稳健。值得关注的情形是存在养老金赤字，即基金提存比低于100%，这表明养老金不能满足资金提取的需要。

发起人的对养老金计划的管理主要集中在满足其负债水平方面。这意味着在设计投资战略和安排资金分配策略时应该满足负债需要。正如前面所解释的那样，养老金计划发起人的顾问的职责之一就是与养老金发起人一起制定投资战略和资产分配策略，在各种资产中进行合理分配，满足其负债要求。遗憾的是，现实情况是养老金计划存在着大量的资金不足（基金提存比低于100%），公司固定缴纳型养老金计划面临着巨额赤字的财务危机。

财务危机使得在2004年4月10日通过了《养老金股权融资法》（Pension Funding Equity Act），该法案给予固定收益型养老金计划一些特别资助，给它们减轻负担，正如2004年法案概要里面所说的那样，"保护美国上百万工人的退休金，确保他们在退休的时候能够拿到退休金。"不幸的是，堵住窟窿的资金并不是很充足。正如PBGC的前首席经济学家理查德·依波利托（Richard Ippolito）在2004年法案通过后所说的那样：

> 不幸的是，国会并没有充分重视PBGC的问题。在2004年4月法案通过后，国会降低了固定收益型养老金计划的必要资助标准，按照过去两年计算养老金负债的公式计算，预计缴纳的金额应该是800亿美元；同时，国会为钢铁和航空公司提供的额外养老金计划为160亿美元，这也远远不能满足养老金计划负债的需求。[1]

---

① Richard A. Ippolito, "How to Reduce the Cost of Federal Pension Insurance," *Cato Policy Analysis* 523, 2004, p. 1 of the Executive Summary.

随后，国会在 2006 年通过了《养老金保护法》，对 2004 年通过的法案进行修正，并扩大了 2004 年法案中提供的资助金额的标准。

这些法案的最主要受益人是钢铁和航空公司发起的养老金计划的受益人。事实上，从 1975 年到 2000 年间，PBGC 大约 75％的养老金是付给了这两大行业，具体的公司包括：伯利恒钢铁公司（39 亿美元）、LTV 钢铁公司（19 亿美元）、国家钢铁公司（11.3 亿美元）、泛美航空公司（8 亿美元）和东方航空公司（6 亿美元）。然而，存在养老金问题的公司远不止钢铁和航空行业的公司。以 2003 年 12 月 31 日为基准，通过会计报表计算出来存在养老金赤字的公司有：福特汽车公司、亚利根尼科技公司、固特异公司、导航星公司、美泰克公司和雅芳公司。[①] 此外，这些公司养老金赤字的规模如此巨大，以至于都超过了公司发起人的价值。

《福布斯》杂志报告说尽管在 1999 年的时候，标准普尔 500 中超过一半的公司养老金计划资金存在盈余，但是到了 2004 年的时候，仅有 51 家公司能够保持养老金资金盈余。[②] 此外，根据我们随后将要介绍的养老金会计标准，1999 年存在养老金资金盈余的公司数量可能要比福布斯公布的数量少很多。为了更好地了解问题的严重性，2004 年依波利托这样写道：

> 养老金计划资金缺口规模可能超过 3 500 亿美元，更多的养老金计划还会出现资金缺口的情况，最终纳税人将不得不为此再多承担相应的税收，为弥补养老金资金短缺提供帮助。[③]

问题是，到底是什么引发了养老金计划资金短缺的危机呢？有观察人士认为这将是美国未来将要面临的最主要的危机，甚至会引发固定收益型养老金计划比固定缴款型养老金计划带来更多的问题。此外，公共固定收益型养老金计划也存在类似的问题。州政府和地方政府面临的问题，虽然媒体很少关注，但是，相同的问题却始终存在。

我们将会简短地讨论危机产生的原因。[④] 无论怎样，其原因与我们在第 3 章分析的储蓄贷款协会危机发生的原因并没有什么不同：监管不到位和薄弱的资产负债管理。这里还有额外的影响因素，那就是会计师和精算师不负责任的会计和精算处理方式。

尽管公司养老金计划的代表和他们的顾问咨询人员经常会否认这一点，但从历史数据来看，养老金计划的投资策略主要关注的是资产规模的扩展而不是负债管理能力的提高。养老金计划发起人将其管理的资产在几大主要的资产类别中进行分配，包括股票、债券、不动产和可选择资产，考虑的都是期望表现不错的资产，而不是从负债的角度进行考虑。因此，在 20 世纪 90 年代股票价格一直上升的时期，大量的资金被分配在这些资产上。例如，在 1997 年和 1998 年，股票市

---

① 关于这些具体数据的报道可参见 *Analyst Accounting Observer* （June 24，2004）。

② Bernard Condon, "The Coming Pension Crisis," *Forbes. com*, August 12, 2004.

③ Richard A. Ippolito, "How to Reduce the Cost of Federal Pension Insurance," *Cato Policy Analysis* 523，2004，p. 1 of the Executive Summary.

④ 更多的讨论参见 Frank J. Fabozzi and Ronald J. Ryan，"Reforming Pension Reform," *Institutional Investor Magazine* （January 2005），pp. 84 – 88。

场的收益率分别是 33% 和 28%。不仅养老金计划发起人在评价养老金计划表现的时候不会关注负债情况，而且会计师和精算师也没有对此加以重视，任由管理人员分配这些资产。

为了理解危机发生的根源，让我们认真分析一下负债，这样的话，我们就知道如何评价负债。正如我们所解释的那样，负债的价值取决于未来负债的现值。问题很简单，除非有人问到计算负债的现值应该使用什么利率。用来计算负债现值的利率通常被称为贴现率。货币时间价值的基本理念是贴现率越低，现值就越高。当我们在随后的章节中介绍现金流的价值时，我们将会发现未来现金流和现值之间存在着非常重要的关系。具体说来，我们将会发现现值对所使用的贴现率高度敏感。这种现值对贴现率的高度敏感性我们称之为**久期**（duration）。久期标准对资产和负债都适合。我们这里的目的不是要对久期进行详细分析，而是因为要充分理解养老金危机事件就要了解久期的作用。久期在这里衡量的是贴现率或利率每变化 100 个基点，资产或负债的现值变化幅度。通常说来，固定收益型养老金计划的久期是 15，这就意味着如果养老金负债是 10 亿美元，我们使用的贴现率是 10%，那么，当贴现率下降到 9% 的时候，负债将会增加 15%，也就是增加了 1.5 亿美元。贴现率的一个如此细小的变动却引起了负债价值如此显著的变化。因此，使用什么样的贴现率来计算负债水平就成为一个非常重要的问题。

这一问题的答案是，为财务报告服务的养老金会计处理方式要允许养老金计划发起人的决定应与精算结合起来。从根本上来讲，养老金计划发起人所使用的贴现率应该反映养老金计划资产在未来能够获得的资产收益率。因此，贴现率通常又被称为资产收益率。决定资产收益率的水平是与养老金计划的经济状况紧密相联的，而这又取决于（或者某些指导方针受制于）养老金计划发起人。例如，在 2001 年，沃伦·巴菲特（Warren Buffett）就曾经对养老金的会计状况发表过如下言论：

> 不幸的是，尽管非常重要，但有关养老金收益假设的相关主题从来没有在公司董事会会议上讨论过……当然，现在讨论至关重要，因为回顾 20 世纪 90 年代取得的辉煌成就，就会发现这些假设非常关键。我请求你问问那些拥有巨额固定收益型养老金计划的公司的 CFO 们，如果他们公司的养老金标准低于 6.5%，公司应该采取哪些措施来提高收益。然后如果你真的很在意，问问公司的养老金标准什么时候能够回到 1975 年的水平，在 1975 年的时候，股票和债券的收益率水平要远高于今天的市场回报率。[1]

巴菲特是向公司的首席投资官、董事会和审计人员提出警告，认为资产收益率设定太高。然而，过高地估计资产收益率是很难抵制的诱惑，因为过高的收益率意味着负债的现值较低，从而能够保持较高的基金提存比。[2]

现在我们能够理解养老金危机发生的基础和根源了。在 20 世纪 90 年代，养老金计划的资金更多地投资在股票市场而不是债券市场，这么做的原因正如前文

---

① Carol Loomis,"Warren Buffett on the Stock Market," *Fortune*, December 10, 2001.

② 还有其他的一些好处，具体可参见 Fabozzi and Ryan,"Reforming Pension Reform."

提到的那样。然而，从 2000 年开始，金融市场上两个方面的状况发生了很大的变化，从而影响了养老金计划。第一，股票市场开始下跌，从而大大影响了养老金计划的资产价值。第二，养老金计划发起人对资产收益率的假设做了非常详细的检验。利率水平开始下降，人们对股票市场前景开始看淡，资产收益率水平开始被调低。其结果是基金提存比状况开始恶化。事实上，还有很多人认为养老金计划发起人采纳的资产收益率假设仍然过高，如果养老金计划负债水平被合理地评估，基金提存比将会更低。

为了更好地理解资产收益率的选择将会如何影响并击垮养老金计划发起人公司的盈利情况，我们可以认真阅读两位华尔街分析师析戴维·蔡恩（David Zion）和比尔·卡采奇（Bill Carcache）提供的相关证明。① 他们估计如果用养老金计划真实发生的情况取代会计准则所用的会计处理方法，那么标准普尔 500 家公司所报告的总盈利情况在 2001 年会减少 69%，在 2000 年减少 10%，其中有 30 家公司的盈利下降将会超过 10 亿美元，有 7 家公司的盈利下降将会超过 50 亿美元。

小　结

资产管理公司包括管理个人、企业、州政府和地方政府机构、养老金和各种基金的资产。它们根据所管理资产的市场价值收取一定的管理费或者业绩费。各种账户/客户/企业类型的资产管理公司包括投资公司、交易所交易基金、为个人和机构投资者准备的独立管理账户、对冲基金和养老金。

投资公司向公众公开销售股份，并构建完全分散化的投资组合，其中每一股份都代表着与基础投资组合资产相对应的权益。有三种常见的投资公司类型：开放式基金、封闭式基金和单位信托。投资基金有着各种各样的投资目标。证券法要求投资基金必须在其章程中明确其投资目标，基金设定的投资目标应明确地表明基金购买和持有的资产类型是什么。

共同基金和封闭式基金提供与金融中介紧密相联的两大关键性功能——通过分散化降低风险和减少订立合同和处理信息的成本。货币市场基金允许基金份额持有人赎回股份，这样提供了一种支付机制，这也是金融中介的另外一种重要功能。

对投资公司的监管比较宽泛，大多数监管都发生在联邦层面。最重要的法律是 1940 年《投资公司法》。监管中最重要的特征是如果基金的收益在相对较短的时间内都分给了投资者，那么基金收益就是免税的。即使考虑到特殊的免税状况，也有必要认识到监管涉及基金行政管理方面的很多特征，包括销售费、资产管理、分散化程度、分销渠道和广告。

交易所交易基金弥补了共同基金的两个主要的不足：它们只能在交易当天按照收盘价进行交易和税收无效率。交易所交易基金与共同基金很相似，因为它们都是按照净资产价值进行交易，但是不同之处就在于交易所交易基金的交易方式跟股票交易相同。交易所交易基金同样也有发起人。交易所交易基金的资产管理者对管理投资组合负责，他们模拟指数的构成，从而谋取与指数收益或者参照收益水平相当的回报率。

独立管理账户或者说个人管理账户是根据客户的特定需求和目标定制的管理账户。

---

① David Zion and Bill Carcache, "The Magic of Pension Accounting," Credit Suisse First Boston, September 27, 2002.

尽管作为私人投资实体机构的"对冲基金"并没有一个明确的定义，但这些实体机构通常都运用杠杆操作、卖空交易、套利交易和风险控制来寻求超额收益。尽管在形容这些实体机构的时候使用了"对冲"这个词，但它们的头寸状况并不是完全对冲的。对冲基金的资产管理者费用包括基于业绩表现的补偿费用（激励费）和基于所管理资产规模的市场价值而收取的管理费两部分。对冲基金可以根据市场方向、公司再造、收敛交易和机会主义进行分类。公众大多担心的是对冲基金过多使用杠杆手段。

养老金计划是由私人雇主、政府或者支付退休金的工会建立的基金。不错的税收优惠帮助养老金计划实现了迅速发展。合格的养老金不需要交纳联邦税收，比如雇主养老金计划。两种重要的养老金基金是固定收益型养老金计划和固定缴款型养老金计划。固定收益型养老金计划发起人同意在雇员退休时向满足条件的员工支付特定（或固定）的养老金。而在固定缴款型养老金计划中，发起人只负责代表满足条件的雇员向养老金计划缴纳特定（或固定）金额的款项，但是并不

保证在员工退休时支付任何金额的退休金。有一些混合型养老金计划将这两种养老金计划的特征进行了融合，最常见的代表就是现金余额养老金计划。

养老金计划的联邦监管主要体现在 1974 年通过的一部名为《雇员退休收入保障法案》。该法案设定了雇主缴纳的最低标准，建立了养老金初步管理的原则，并规定了领取养老金的最低资格标准。同样，法案也为退休人员的养老金提供保险服务。

养老金计划可由基金发起人和/或基金发起人雇用的资产管理公司负责管理。管理费的多少可能会取决于受托管理资产的规模大小或资产管理公司是否可以获得适当的投资收益率。此外，咨询公司还可以在资金的规划、管理与评估等方面提供辅助支持。由于管理不善、监管失察以及会计师在精算师的协助下使用了不恰当的会计原则等，公司发起的固定收益型养老金计划正在面临危机。这场危机可能会导致未来固定收益型养老金计划的数量不断减少，企业会更倾向于使用固定缴款型养老金计划。

关键术语

积极型基金	现金余额养老金计划	运营费用
绝对收益率	封闭式基金	管理费
套利策略	或有递延销售费用	消极型基金
管理的资产金额	收敛交易对冲基金	受监管投资公司
直接销售	公司再造对冲基金	独立管理账户
久期	固定收益型养老金计划	激励费
交易所交易基金	固定缴款型养老金计划	相对收益率
基金家族	基金的基金	市场方向对冲基金
信托标准	混合型养老金计划	风险套利策略
前端收费	股东费	无风险套利策略
费用比率	销售费	机会主义对冲基金
基金标准	手续费	养老金计划发起人
基于绩效水平的计费方式	个人管理账户	次顾问
开放式基金	投资顾问费	12b-1 费用
共同基金	利用销售队伍推销	单位信托
资产净价值	不收费基金	最低资格标准
后端收费	均衡收费	

思考题

1. 资产管理公司的收入来源是什么？

2. 什么是基于绩效水平的计费方式？在这样的计费方式中什么是决定绩效的基础？

3. 某家投资公司的资产是 105 万美元，负债是 5 万美元，发行在外的股份是 1 万股。

a. 什么是净资产价值？

b. 假设用基金偿还其债务，与此同时，基金的资产价值翻倍了。当投资者投资 5 000 美元时可以购买多少股份？

4. "开放式基金净资产价值的决定在交易日是连续的。"你是否同意这一说法？请解释为什么。

5. 什么是封闭式基金？

6. 为什么封闭式基金的价格预期净资产价值存在差异？

7. 单位信托与封闭式基金的区别是什么？

8. a. 解释下列概念：前端收费、后端收费、均衡收费、12b-1 费用、管理费。

b. 为什么共同基金有不同类型的股份？

9. 什么是基金的基金？

10. 共同基金的成本有哪些？

11. 为什么当获得资本利得时，即使投资者并没有从资本利得中真正地获得收益，共同基金投资者也将面临税收义务？

12. 投资公司能为个人投资者们提供个人投资者自己不能实现的所有经济功能吗？并解释你的答案。

13. a. 基金怎样才能成为受监管投资公司？

b. 成为受监管投资公司有什么样的好处？

14. 什么是交易所交易基金？

15. 交易所交易基金与开放式和封闭式基金相比有哪些优势？

16. 独立管理账户与共同基金有什么不同？

17. a. 为什么说用"对冲"这个词来形容对冲基金是误解？

b. "对冲基金"在美国证券法的哪里出现的？

18. 对冲基金资产管理者的管理费结构与共同基金的管理费结构有什么不同？

19. 有些对冲基金称自己的策略是"套利策略"。为什么这是一种误解？

20. 收敛交易对冲基金是什么？

21. 总统金融市场工作小组有关对冲基金的主要建议是什么？

22. 养老金计划发起人指什么？

23. a. 固定缴款型养老金计划与固定收益型养老金计划指什么？

b. 什么是混合型养老金计划？

24. a. 401（k）计划中有吸引力的特征是什么？

b. 共同基金在这一计划中起着什么样的作用？

25. 被保险计划意味着什么？

26. 美国联邦养老金担保公司的功能是什么？

27. a. 监管养老金计划的主要法律是什么？

b. 这部法律要求公司都建立养老基金吗？

28. 1974 年《雇员退休收入保障法案》中的"谨慎人法则"意味着什么？

29. 公司固定收益型养老金计划的基金提存比有什么样的重要意义？

30. 在 2001 年 12 月 10 日《福布斯》杂志上发表的一篇文章中，沃伦·巴菲特关于养老金账户会计处理的描述被引用进来（中括号里面是后补充的）：

a. "我很公正，我愿意与这四大公司〔埃克森石油公司、通用电气、通用汽车和 IBM 公司〕的首席财务官或者它们的精算师或审计师打赌，在接下来的 15 年时间里，他们都不可能达到他们事先所设定利率的平均水平。"沃伦·巴菲特的这段话意味着什么？

b. "在这场游戏中〔养老金计划会计账户〕起着重要作用的精算师们对收益率的特别要求并不了解什么，然而，他们所知道的仅仅是客户所要求的回报率很高。让客户满意，自然会留住客户。"精算师的作用是什么？未来高投资收益率的假设是如何帮助精算师留住公司客户的？

第 6 章

投资银行

学习完本章内容，读者将会理解以下问题：

- 投资银行业务的性质
- 投资银行创造收益的业务活动
- 需要自身投入资本金的投资银行业务
- 投资银行在证券承销过程中发挥的作用
- 承销业务的不同类型
- 无风险套利与风险套利的差异
- 投资银行在收购与兼并过程中扮演的多种角色
- 什么是商人银行业务
- 为什么投资银行要创造并交易风险控制工具

投资银行在资本市场上发挥着非常重要的作用，具有两大基本功能：对于需要资金的公司、美国政府机构、州政府、当地政府以及外国实体机构（主权机构和公司），投资银行都能帮助它们筹集到资金；对于希望把资金投资出去的投资者，投资银行则在证券买卖过程中扮演经纪人和交易商的角色。因此，在一级市场和二级市场上，投资银行均发挥着重要的作用。

正如前面第 3 章曾说过的那样，1999 年以前，《格拉斯-斯蒂格尔法》把商业银行、投资银行和保险公司可以从事的业务范围进行了严格区分，因此美国的商业银行可以承销的证券种类是极其有限的，而证券承销正是本章将要讲述的投资银行的重要业务活动之一。大萧条危机爆发后，《格拉斯-斯蒂格尔法》开始实施，整个金融业受到的管制程度被加强了。1999 年《金融服务现代化法案》取代了《格拉斯-斯蒂格尔法》，从而也取消了对每个金融部门可从事业务范围的限制。商业银行和保险公司都可以开展证券承销业务。

因此，从事投资银行业务的金融企业可以分成两大类型。第一类是隶属于大型金融服务控股公司的投资银行。绝大多数此类投资银行是大型商业银行控股公司的附属机构。例如美国银行（美银证券是其附属机构），它就是拥有投资银行附属机构的大型商业银行控股公司。再比如 JP 摩根大通公司（JP 摩根证券公司）、花旗集团、瑞士瑞信银行、瑞银集团和美联银行（美联证券），这些投资银行都被称为**隶属于银行的投资银行**（bank-affiliated investment bank）。第二类是独立于大型金融服务控股公司的投资银行，很明显正是因为这一点，它们被称为**独立的投资银行**（independent investment bank）。截至 2007 年底，独立的投资银行包括高盛公司、美林证券、摩根士丹利、雷曼兄弟、贝尔斯登、格林希尔公司（Greenhill & Company）和霍利汉-洛基霍华德-祖金公司（Houlihan Lokey Howard & Zukin）。

我们还可以按照投资银行从事的投资银行业务将其分类：全服务型投资银行和精品投行。**全服务型投资银行**（full-service investment bank）的业务范围基本上囊括了本章提到的各种业务类型。隶属于银行的投资银行应归入这一类。规模较大的全服务型投资银行被看作实力最强的投资银行，因为它们的规模大，名声响，在主要市场上占有率高，客户基础深厚，因此人们常常把它们叫做"华尔街投资银行领导集团"（bulge-bracket）。可以归入这一类的独立投资银行为高盛公司、美林证券、摩根士丹利和雷曼兄弟公司。**精品投行**（boutique investment bank）专门做几种投资银行业务，格林希尔公司和霍利汉-洛基霍华德-祖金公司属于这一类投资银行。

投资银行是使用高杠杆率经营的金融企业，也就是说，相对于自有资本金，它们借入资金的数额非常之高。它们所从事的业务活动决定了使用高杠杆率的必要性。纵观历史发展轨迹，企业对资本金的需求不断增长，于是导致了工业企业的合并，很多企业由合伙制转为股份公司制，这有助于它们更容易地获得社会资金的支持。人们普遍相信，在不久的将来，独立的投资银行企业必然会被大型银行控股公司收购。

投资银行的收入主要来源于佣金、费用性收入、利差收入及其主营业务。说得具体一点，投资银行的业务活动可以被分成以下几类：

- 证券的公开发行（承销）
- 证券交易
- 证券私募
- 资产证券化
- 收购与兼并
- 商人银行业务
- 财务重组咨询服务
- 证券融资业务
- 机构经纪业务
- 衍生产品的创造与交易
- 资产管理

本章我们要针对上述每种业务展开讨论。值得注意的是，由于爆出多家大公司的财务报表造假丑闻，因此 2002 年《萨班斯-奥克斯利法案》（Sarbanes-Oxley Act, SOX）出台。考虑到利益冲突的存在，该法案要求投资银行承担更大的法律责任。

不过，该法案也帮助投资银行开办了更多收费性质的财务咨询类业务，因为法案出台后，公司董事会在制定重大决策前要比以前更看重投资银行的观点和建议。

证券的公开发行（承销）

证券承销是传统的投资银行业务。证券的发行人包括美国政府、州政府、当地政府、公司、跨国机构、外国政府和外国公司。

在美国，投资银行在传统的新证券发行过程中要发挥下列三个功能中的一个或几个：

1. 对发行人就发行的条件和时间提出建议。
2. 从发行人那里购买证券。
3. 向公众分销证券。

顾问的角色要求投资银行设计出比传统工具更符合投资者偏好的证券产品。例如，即使是信用等级最高的发行人，美国 20 世纪 70 年代末 80 年代初的高利率也大大增加了其借款的成本。为了减少客户的融资成本，投资银行设计出了更能吸引投资者、同时使发行人的成本负担也不太重的新证券产品。它们还发明了信用等级较低的债券产品，也就是所谓的高收益或垃圾债券。我们将在以后的章节里给出这些金融创新的具体例子。

在出售新证券时，投资银行不一定非要承担从发行人处购买证券的义务。投资银行可以只扮演一个新证券的发行顾问或分销商的角色。从发行人处购买证券的行为叫做**承销**（underwriting）。当投资银行从发行人处购买了证券，并接受了向投资者出售这些证券时的价格可能低于购买价的风险时，这些投资银行就被称为承销商；当投资银行同意从发行人处以固定价格购买证券时，这种承销方案被称为**包销**（firm commitment）。使用包销这种承销模式时，投资银行面临的主要风险是它支付给发行人的购买证券的价格可能会高于其向公众销售证券的价格。与之相反，在**代销**（best-efforts underwriting）模式中，投资银行只是同意尽量帮助发行人销售证券，而不是从发行人处把新证券全部买下来。

承销证券过程中投资银行获得的收入是支付给发行人的价格与投资银行向公众推销证券的价格之间的差额。这一差额叫做**承销差价**（gross spread）或**承销折扣**（underwriter discount）。影响承销差价的因素有很多，其中两大重要因素是发行的规模和证券的类型。一般来说，发行的规模越大，承销差价就越低。通常，债券的承销差价要低于普通股。

即使是在同一种资产类别内，不同证券的发行承销差价也有可能存在较大的差异。例如，我们以普通股为例。普通股的发行可以分成首次公开发行和首次发行后的新股增发。**首次公开发行**（initial public offering，IPO）是指没有公开发行过普通股的公司首次进行普通股的公开发售。例如，2006 年 9 月 22 日，DivX 公司进行了首次公开发行，按照每股 16 美元的价格向公众发行了 9 100 000 股普通股。因此，这次发行筹资的总金额为 145 600 000 美元。承销折扣（和佣金）为每股 1.12 美元，因此负责承销的投资银行共获得 10 192 000 美元的报酬。如果换算成相当于筹资额的百分之几的话，则承销折扣率应为 7%。股票公开发行的承销折扣率一般相当于筹资额的 4.5% 到 7.5%，大型 IPO 的承销折扣率相对较低。

首次发行后的新股增发（secondary common stock offering）是指过去已发行过普通股的公司再次发行新的普通股。承销差价与融资总额的比值大致为 3% 到 6%。因为首次公开发行在定价、向投资者推销证券等方面面临的风险水平较高，因此 IPO 的承销差价要高于新股增发的承销差价。对于普通的债券承销，承销差价与发行本金额的比大约为 50 个基点（即 0.5%）。与普通股相比，债券的承销差价较低也从一个方面反映了债券承销风险较低这个事实。

传统的承销模式会让投资银行面临非常大的资本损失风险，对单独一个投资银行而言，独立承担这么大的风险会使其面临损失大部分资本金的危险。为了分担风险，投资银行会拉拢其他几家公司一起分摊这笔承销业务。由此组成的承销团队叫做**承销辛迪加**（underwriting syndicate）。承销差价在牵头承销商和承销辛迪加内其他公司之间进行分配，牵头承销商负责管理整笔交易（主要负责记账事务）。在很多情况下，牵头承销商不止一个。此时，多个牵头承销商被称为联合牵头（co-lead）或联合管理（co-manage）同一笔承销交易。在债券承销交易中，牵头承销商按比例收取 20% 的承销差价作为对管理交易费用的补偿。[1]

为了赚取承销差价，全部证券必须按事先计划好的价格出售给公众，这通常需要投资银行派出很强的营销力量。投资银行拥有一定的投资客户基础（零售客户与机构客户），它们一般都努力地向客户推销证券。为了增加潜在的投资客户的基础，牵头承销商会组织一个**销售集团**（selling group）。这个集团包括承销辛迪加以及其他没有加入承销辛迪加组织的公司。销售集团成员可以以**折让价格**（concession price，即低于发行的价格）购买证券。因此在这种情况下，承销差价将在牵头承销商、承销辛迪加组织的成员和销售集团的成员之间进行分配。

证券承销业务不仅仅局限于美国国内证券的发行。发行人可以在众多外国证券市场中选择一个市场来发行证券，以达到降低其融资成本的目的。事实上，有些证券是在全球多个证券市场上同时发售的。

投资银行还帮助政府开办的企业向私人投资者发行证券，这一过程被称为**私有化**（privatization）。例如，1987 年 3 月，美国政府所有的铁路公司即美国统一铁路有限公司（Conrail）首次公开发行股票，共卖出 5 800 万股，总融资额高达 16.5 亿美元。这是美国历史上规模最大的一次 IPO。在美国统一铁路有限公司 IPO 之前，美国电话电报公司（AT&T）于 1983 年融资 15 亿美元。美国国外的例子有英国的英国电讯公司、智利的 Pacifica 公司和法国的巴黎银行。英国电讯公司（英国政府所有的电话公司）通过全球发售——即同时在多个国家的证券市场上发行证券——共募集到了 47 亿美元的资金。

20 世纪 90 年代，在政府国有企业向私人投资者发行证券的过程中，投资银行发挥的作用越来越大。例如，东欧正在执行大量的私有化计划。我们会在第 7 章讲述证券承销的整个过程及其相关的风险。

在投资银行业，在不同领域从事证券承销业务的投资银行按照某种市场份额

---

[1] Ernest Block, *Inside Investment Banking* (Homewood, IL: Dow Jones-Irwin, 1989), p. 323.

资本市场：机构与工具（第四版）

指标进行排名，类似于体育比赛中的"比赛名次表"。投资银行把这个排名看作显示其在市场上重要程度的关键性指标。我们可以用下列数据来衡量各家投资银行占有的市场份额大小：一年中完成的交易数量，或者是一年中完成的所有交易的总金额。不过，别以为这两个标准看上去很简单，实际上很复杂。想想看，在一笔承销业务中，一家投资银行可能是牵头承销商、联合承销管理人或者仅仅是承销辛迪加组织内的一个成员。因此，如果按照交易的数量或交易总金额进行排名的话，那么计算分数时要么把一笔交易的所有分数全记在牵头承销商的头上，要么是按照一定比例在各个承销管理人之间进行分配。一些行业观察家们认为只看类似于交易数量和交易总金额这样的排名指标还不够。一个原因是人们有必要知道一笔交易到底能够创造多少利润。我们用制造业来打个比方，某公司生产的产品占据的市场份额最大并不一定意味着它获得的利润也最高，尤其是当该产品的出售价格过低和/或产品的成本结构反映出企业的生产效率低下时更是如此。再回过头看投资银行，本身这个行业的人工成本就高，再加上在承销某些类型的证券时，投资银行为了抢占市场份额更是倾向于压低承销差价，因此如果用上述两个指标衡量，某些投资银行可能会在该领域排名第一，但事实并非如此。不过，这些排名第一的投资银行获得的承销收入也不太可能会落到最后几名。

证券交易

成功的证券承销要求有强大的销售队伍作后盾。这些销售队伍对交易预先确定的利率水平提供反馈意见，便于交易商（或做市商）在定价时参考。

一种错误的观点认为，一旦证券售完，投资银行与这笔交易之间的联系就结束了。在债券交易中，购买债券的人要依赖投资银行为这笔债券做市，这意味着投资银行必须要在二级市场的交易中扮演一个重要的参与者角色。做市活动的收入主要产生于：（1）投资银行卖出证券与买入证券的价格差（叫做买卖价差）；（2）投资银行手中持有证券的市场价格升值。很明显，如果证券的价格下跌，则投资银行的收益就会减少。

为了预防并减少损失，投资银行必须采取对冲交易策略。交易商可以采取多种策略来利用一种或多种证券的头寸获得利润。这些策略是：无风险套利、风险套利和投机。

无风险套利

在两种套利（无风险套利和风险套利）交易中，**无风险套利**（riskless arbitrage）要求交易商寻找到以不同的价格进行交易的一种或一组证券。例如，在美国国内，有些公司的普通股在多个地点同时进行交易。再比如，一些跨国公司的普通股同时在美国和一个或多个外国证券交易所里进行交易（参见第13章关于普通股的讨论部分）。如果在多个市场上同一种证券的价格存在差异，那么投资者便可以通过在价格较高的市场上出售证券，同时在价格较低的市场上购买证券的方式来锁定利润。对于用外币标价的证券，价格必须按照汇率水平转换为本币。

不过，交易商并不指望会遇到这样的好事情，因为这种情况极其少见。虽然在金融市场上，这种价格差异确实会时不时地出现几次，但是这种无风险套利的机会往往是稍纵即逝的。然而有时候，即使标价的方式截然不同，证券和衍生产品再加上借款组合起来也可以获得与另一种证券完全相同的盈亏曲线。关键在于无风险套利交易不会让投资者面临任何由所交易证券的市场价格出现不利变动所导致的风险。

由于无风险套利的概念要涉及相应的资产定价问题，所以我们将在以后的章节里再给出无风险套利交易的具体例子。眼下，我们只举一个简单的例子就足够了。假设现在可以购买 A、B、C 三种证券，一年后这三种证券的价格只可能呈现下列两种结果之一（情况 1 和情况 2）：

证券	价格	情况 1	情况 2
A	70 美元	50 美元	100 美元
B	60 美元	30 美元	120 美元
C	80 美元	38 美元	112 美元

令 W_A、W_B 分别表示组合中证券 A 和 B 的数量。于是在上述两种情况下，证券组合的结算价值（即组合的最终价值）可用如下等式表示：

如果情况 1 发生：50 美元 × W_A ＋ 30 美元 × W_B

如果情况 2 发生：100 美元 × W_A ＋ 120 美元 × W_B

我们是否可以创造出一个含有证券 A 和 B 的组合，使其无论一年后情况如何变化都能获得与证券 C 相同的结算价值？

如果情况 1 发生：50 美元 × W_A ＋ 30 美元 × W_B ＝ 38 美元

如果情况 2 发生：100 美元 × W_A ＋ 120 美元 × W_B ＝ 112 美元

两个等式右边的美元价值就是在两种情况下可以获得的结算价值 C。我们可用代数方法解这两个方程，得到 $W_A=0.4$，$W_B=0.6$。因此，由 40% 的证券 A 和 60% 的证券 B 构成的投资组合与证券 C 拥有相同的盈亏曲线。构建这一组合的成本是多少呢？由于证券 A 和 B 的价格分别为 70 美元和 60 美元，因此组合的成本是：

0.4 × 70 美元 ＋ 0.6 × 60 美元 ＝ 64 美元

注意证券 C 的价格为 80 美元，因此，投资者仅花 64 美元就可以得到与证券 C 一样的结算价值。于是，投资者按上述比例买进证券 A 和证券 B，同时卖空证券 C，就可以利用这一无风险套利机会获得利润（我们会在第 7 章介绍卖空交易）。不管一年以后三种证券的价格到底是多少，这种交易策略都可以使投资者今天就锁定了 16 美元的利润。卖空 C 意味着投资者在情况 1 发生时必须支付 38 美元，在情况 2 发生时要支付 112 美元。投资者可从证券 A 和证券 B 的结算价值中获得必要的金额进行支付。

风险套利

某些交易策略要面临较低水平的风险。正是因为存在风险，因此这类交易策略不幸地被贴上了**风险套利**（risk arbitrage）的标签。风险套利有两种类型。第一种发生在企业破产程序过程中要求折换证券时。例如，假设 A 公司正在进行重组，它发行的一种债券目前的市场价格为 200 美元。如果交易商认为破产程序的最终处理结果是以总估价为 280 美元的三张证券换取一份现值为 200 美元的债券，那么该交易商就会买进该重组公司发行的债券。当最终的折换要求如期实现时，交易商就可以获得 80 美元的利润，交换得到的证券价值为 280 美元。

280 美元的潜在证券组合与债券 200 美元的市场价格之间的利差反映了两种风险：折换不会按照交易商事先预期的那样进行的风险以及三张证券的组合价值小于 200 美元的风险。在这笔风险套利交易中，确实包含着这两种风险。

另一种类型的风险套利发生在企业宣布收购兼并时。收购与兼并只涉及现金交换、证券交换或两种交换的组合。首先考虑现金交换：假设 X 公司宣布计划以每股 100 美元的价格收购 Y 公司的普通股，此时 Y 公司的普通股的市场价格为 70 美元。于是，人们期待 Y 公司的股票可能会涨到 100 美元左右。然而 X 公司也许会因某种原因取消收购 Y 公司股票的计划，则 Y 公司的普通股价格可能只涨到 90 美元而不是 100 美元。这 10 美元的差额是市场对收购计划不被实施的可能性的估计。如果 X 公司如约按照每股 100 美元的价格收购了 Y 公司的股票，则购买了 Y 公司股票的投资者就能锁定 10 美元的利润。投资者面临的风险是收购没有发生以及 Y 公司股票的市场价格降至 90 美元以下。

其他公司对美国航空公司（UAL，是美国联合航空公司的母公司）尝试的多次收购计划为与这种类型的风险套利相关的风险提供了一个经典案例。1989 年 9 月，一个由飞行员和管理人员组成的集团提出以每股 300 美元的价格收购美国航空公司的股票。虽然 UAL 公司的董事会批准了这一要约收购，但是买方却拿不出足够的资金来完成交易。在这期间，UAL 公司的股价已上升到每股 296 美元的顶点。10 月中旬，收购方终于承认收购交易无法达成，数天内股价下跌了几乎50%。1990 年 1 月，又有人提出以每股 201 美元的价格收购 UAL 公司的股份，这一回收购方是工会。可惜的是，收购资金还是无法到位，结果造成股价大跌。据行业专家估计，这几次失败的收购计划给风险套利者造成了 10 亿美元以上的损失。

当交易涉及的是证券交换而非现金交换时，交换条件不会马上反映到证券价格上。例如，假设 B 公司宣布计划收购 T 公司。于是，B 公司被称为出价公司或收购公司（acquiring firm），T 公司被称为目标公司（target firm）。B 公司宣布它将以本公司的一股股票换取 T 公司的一股股票。假设 B 公司宣布该消息时，B 公司和 T 公司的股票价格分别为 50 美元和 42 美元，如果收购真的按照 B 公司宣称的那样发生了，以 42 美元购得 T 公司股票的交易商通过交换可以获得价值为 50 美元的 B 公司股票，利差为 8 美元。这一利差的获取反映出套利者面临的三种风险：（1）由于某种原因收购不能如期进行，而套利者又不得不卖掉 T 公司股票，这就可能导致损失；（2）时滞，即为购买 T 股票而筹集资金需要花上一段时间，由此导致的时间成本；（3）B 公司股票价格有可能下跌，当用 T 公司股票交换 B 公司股票时，利差可能会小一些。

对交易商来说，防范最后这种风险的方式是购买 T 股票，同时卖空同样数量的 B 股票（记住这是 1 对 1 的换股交易），以锁定交易发生时肯定能获得 8 美元的利差收益。现在我们再来看看如果交易发生，B 公司股票的价格发生了变动，那么会出现怎样的情形。假设交换发生时，B 公司股票和 T 公司股票的价格如前所述。如果 B 公司股票的价格从 50 美元下降至 45 美元，那么用一股 T 公司股票交换一股 B 公司股票的套利者就能获得 3 美元的利差收益，因为他们购买 T 公司股票的成本是 42 美元。同时，以每股 50 美元的价格卖空 B 公司股票，再以每股 45 美元的价格买回 B 公司股票，则套利者又能获得 5 美元的利润。所以，交易商获得的全部利润为 8 美元，这也就是交易商希望锁定的利差收益。

假设当换股交易实际进行时，每股 B 公司股票的价值为 60 美元，以价值为 42 美元的一股 T 公司股票换得现值为 60 美元的 B 公司股票时，这笔交易能让套利者获得 18 美元的利润。然而，由于当初卖空 B 公司股票的价格是 50 美元，而现在必须按照 60 美元的价格买入 B 公司股票以冲销空头头寸，于是第二笔交易会产生 10 美元的损失，最终套利者可以获得 8 美元的利润

所以，如果换股能够按先前宣布的条件进行，则风险套利就能锁定利差收益。这一过程包括买入目标公司的股票和卖空出价或收购公司的股票。买卖股票的数量要视交换条件而定。我们所举的例子中假设按照 1：1 的比例交换，所以每买入一股 T 公司股票，就要卖空一股 B 公司股票。如果换股的交易条件是每股 B 公司股票交换 2 股 T 公司股票，那么每买入两股 T 公司股票，就要卖空一股 B 公司股票。

然而第一种风险，即交易不能完成的风险仍然存在。为了减少这一风险，交易商或研究部门必须仔细研究收购或兼并交易成功的可能性。

自营交易

自营交易（proprietary trading 或 prop trading）指的是当投资银行企业预期价格将出现波动，或者是两种市场价格之间存在利差时，利用自有资本金来买卖头寸以达到从中获利的目的。如果判断准确，尤其是在投资银行买卖头寸时杠杆率非常高的时候，回报是非常诱人的。在大众媒体上我们经常能够看到这样的报道——某家投资银行企业从某个投机性头寸上赚得了几百万美元的收益。不过，大家要记住，我们也会经常看到投机性的交易策略给投资银行造成巨额损失的新闻。

为客户代理交易

投资银行为客户——包括零售客户和机构客户——代理交易时可以获得佣金收入。投资银行经常为机构客户代为处理的两类大额交易分别叫做大宗交易

（block trade）和程序交易（program trade）。我们将在第 14 章讨论这两种交易类型。

研究与交易

为了鼓励客户更多地让投资银行代理其交易，增加投资银行的佣金收入或买卖价差收入，投资银行积极地向客户提供各种研究报告。一般来说，当客户通过投资银行完成的交易数量达到一定标准时，可以免费获得这些研究报告。对于那些达不到标准的客户来说，要付费才能拿到报告。

有些研究报告仅限于投资银行自己的交易商才能看到。这样做的目的是提供更多的策略或信息，帮助交易商提高业绩水平，获得更多的利润。

证券私募

除了承销证券和向公众分销证券以外，投资银行还帮助其他数量有限的机构投资者——如保险公司、投资公司和养老金——安排证券的私募。私募与我们之前讲过的公募（即公开发行）截然不同，我们将在下一章再讨论这个问题。

投资银行通过几种方式帮助机构客户安排私募。它们同发行人和潜在投资者一起设计证券并为之定价。通常，私募市场上的新证券都是由投资银行先行设计的。本书中讲到的许多创新证券的现场试验都是在私募市场上进行的。[①]

除了发行设计外，投资银行还要把投资者进行分类和排队。如果发行人已经确定了目标投资者，那么投资银行只需要充当顾问的角色就可以了。和安排私募一样，顾问的工作只给投资银行带来费用性收入。投资银行也可以采用代销模式参与证券的发行工作。

投资银行安排私募所收取的费用根据证券发行的数量和交易的复杂程度而有所不同。而且，在为客户筹集风险资本的过程中，投资银行还经常有机会分享公司繁荣所带来的好处。这种机遇的表现形式往往是期权或选择权：投资银行可以按照融资时确定的价格购入一定数量的发行公司的股份。允许投资银行从公司的成功经营中获益的私募安排方式被称为"股权参与条件"（equity kicker）。

资产证券化

正如第 2 章讲过的那样，资产证券化是指以一批资产作为抵押品来发行证券。住房抵押贷款证券化创造出了抵押贷款支持证券（我们会在第 26 章讨论这种金融创新产品），这是资产证券化最早的例子。1985 年以后，投资银行与企业合作，把

---

① 例如，1981 年 4 月首次公开发行了零息票公司债券（第一笔债券由 J. C. Penney 公司发行）。在这之前百事公司已进行了私募发行。

各种各样的贷款或应收账款进行了证券化，或者是在二级市场上直接购买贷款或应收账款，然后以它们为抵押发行证券。以一批贷款或应收账款为抵押发行的证券叫做**资产支持证券**（asset-backed securities）。

当投资银行与企业合作发行资产支持证券时，通过卖出这些担保证券，投资银行可以获得买卖价差收入。如果投资银行买入贷款和应收账款，然后再将其作为抵押品发行证券，那么这笔资产支持证券交易给投资银行带来的收益可以表示为：资产支持证券的出售价格减去投资银行购买抵押品时支付的价格（即购买贷款和应收账款的成本），再减去直到资产支持证券售罄之前投资银行一直持有抵押品所导致的"仓储"利息成本。

收购与兼并

投资银行在收购与兼并（M&A，简称并购）业务中表现得十分活跃。并购业务还包括杠杆收购（LBOs）、公司结构重组和资本重组、破产公司和有问题公司的重组。

投资银行可以通过多种方式参与并购业务：（1）寻找并购对象；（2）向收购公司或目标公司就并购交易的价格和非价格条件提供咨询服务，或者是帮助目标公司拒绝不友好的收购企图；（3）帮助收购公司获得完成并购交易所必需的资金，为整个收购交易融资。

投资银行在并购业务中收取的费用要看其参与的程度以及并购双方要求投资银行在中间所作工作的复杂程度。也许，投资银行只收取顾问费和咨询费。更常见的情况是，投资银行按照并购价格的一定比例收费。在这种情况下，费用结构有三种形式：（1）实际的并购价格越高，费用百分比越低；（2）无论并购价格如何变动，费用百分比不变；（3）费用百分比是固定的，但当收购价格高于某个特定价位时，投资银行还可以获得额外的奖金。"5－4－3－2－1"的"雷曼公式"（Lehman formula）就是第一种费用结构的例子。在这种费用结构下，第一个100万美元，投资银行要按照5％的比例收费；第二个100万美元，投资银行按照4％的比例收费；第三个100万美元，投资银行则按3％的比例收费；第四个100万美元，按2％的比例收费；其余部分则按1％的比例收费。常见的单一费率大致等于并购价格的2％至3％。

参与杠杆收购能给投资银行带来多种费用性收入。杠杆收购要求收购方主要使用债务性资金（即高杠杆率）收购目标公司。收购资金有两大来源：优先级债券（senior bank debt）和未担保的低级债券（unsecured junior debt，一般叫做次级债（subordinated debt）或夹层融资（mezzanine financing））。投资银行可以从四个方面赚取费用：（1）提出收购建议；（2）安排融资；（3）提供过桥贷款（bridge financing，即在永久性债务融资完成前的临时性贷款）；（4）其他咨询费用。

投资银行可能会使用自有资本给客户提供过桥贷款。这是商人银行业务的一种，我们马上会在下一节讨论这项业务。

在"其他咨询费用"项目下，我们会发现投资银行就被接管或兼并企业给出估价或者是提供"公平性意见"是要收取费用的。在这类并购交易中，所谓的"公平性"问题是源于存在这样一种可能：目标企业的收购方是否有渠道获得某些内部信息帮助它们以低于公平市场价值的收购价买下目标企业。在杠杆收购交易中，这一问题也越来越引起人们的关注，尤其是对于管理层发起的管理收购，即现有的公司管理层向公司提出的要约收购。被接管或兼并的目标公司的董事会通常会雇用投资银行对股份收购价格的合理性提供独立和专业性的意见。公平性意见的收费标准小到对几百万美元的并购交易收取5万美元的费用，大到对巨额并购交易收取100万美元甚至更高的费用。

《萨班斯-奥克斯利法案》颁布后，投资银行出具的公平性意见和咨询建议变得越来越重要。在批准金额巨大的商业交易之前，公司的董事会应先了解第三方对这一事件的观点。例如，格林希尔公司是一家精品投行，专门从事并购交易中的咨询业务。下面我们列出了格林希尔公司做过的几项与并购相关的咨询业务，资料来源于该公司的网站：

● 2006年12月21日，雷神飞机公司（Raytheon Aircraft Company）："向雷神飞机公司——飞机制造业与国防工业的市场领先者——就其与另一家著名的豪客比奇飞机公司之间签订销售协议提供咨询服务和公平性意见。"

● 2006年4月3日，韦里逊通讯公司（Verizon Communications Inc.）："电信运营商Verizon公司打算把旗下的多米尼加子公司100％的股权、该公司在波多黎各电信公司里拥有的52％的股权以及在委内瑞拉国家电信有限公司内拥有的28.5％的股权出售给美洲移动公司和墨西哥电信公司，本公司在相关交易中提供了估值方面的服务。"

● 2005年9月9日，7-11连锁便利公司："就7-11日本子公司主动提出的收购报价向7-11集团公司的特殊委员会提供建议。"

● 2005年5月19日，美国航空集团（US Airway Group）："就美西控股公司向美国航空集团提出的合并方案提供咨询意见。（交易价值等于合并后整个企业的价值，其中包括48亿美元的资本化经营性租赁资产的价值。）"

商人银行业务

当投资银行运用自有资金投资于公司股权或向企业发放贷款成为其债务人的时候，这种业务被称为**商人银行业务**（merchant banking）。投资银行企业通常下设事业部或集团，通过多个私募股权基金从事商人银行业务。

例如，高盛公司下设的商人银行业务部门就通过多个投资基金投资于企业股权和房地产资产。这些投资基金由下列五个集团负责管理：亚洲私募投资（Principal Investment Area）、不动产本金投资部（Real Estate Principal Investment Area）、城市投资集团（Urban Investment Group）、基础设施投资集团（Infrastructure Investment Group）和不动产优选投资集团（Real Estate Alternatives Group）。

投资银行雷蒙詹姆斯金融服务公司（Raymond James）也拥有自己的商人银行业务集团，叫做雷蒙詹姆斯资本公司（Raymond James Capital）。该公司的网站上

写着这样一段话:

　　我们经常与资深投资经理人合伙共同参与投资项目。我们协助企业的管理团队实现企业价值的最大化,帮助它们利用新增股权资金获得更大的收益。我们只采用股权投资的方式,其中包括改变企业的资本结构,或者是彻底买下由家族、企业家或股份公司控制的事业部门。我们每一单的投资额大致为1 000万美元至5 000万美元。我们只考虑那些年收入超过2 000万美元、拥有正的现金流、所在行业的长期发展前景较为乐观的企业。下列行业均是我们擅长的投资领域:工业生产、消费产品、能源、医疗保健和服务行业。采用合同收益反复实现商业模式的企业更会受到我们的欢迎。换言之,我们喜欢那些生产增值型产品或服务、经常接触消费者的行业或企业。

财务重组咨询服务

　　财务重组(financial restructuring)涉及对企业的资本结构、经营结构和/或发展战略进行重大修改,目的是提高企业的生产经营效率。财务重组的目的可能是为了:(1)避免企业破产或与债权人产生纠纷;(2)按照美国破产法的第11章的破产保护要求重组企业。[①] 投资银行可以向企业就财务重组问题提供咨询意见,从中获得费用性收入。

　　下面给出的四个财务重组咨询服务案例均来自于精品投行——格林希尔公司的网站:

　　● 2005年10月8日,通用汽车公司:"通用汽车公司的最大供应商、以前的子公司德尔福汽车公司(Delphi)准备按照美国破产法的第11章申请重组,本公司就这一事件向通用汽车公司提供咨询服务。"

　　● 2005年9月15日,达美航空公司(Delta Air Lines):"就达美航空公司在申请破产保护过程中的诸多策略问题提供咨询服务。"

　　● 2005年5月16日,美国长青国际航空公司(Evergreen International Aviation):"就长青国际航空公司已到期银行贷款的再融资方案的选择提供咨询服务,结果帮助企业成功地发行了价值为2.15亿美元的高收益票据,并获得了1亿美元的银行新贷款。"

　　● 2004年8月2日,飞马卫星公司(Pegasus Satellite):"飞马卫星公司的未担保债权人准备将飞马公司出售给DirecTV公司,本公司对这一交易方案提供咨询服务。"

证券融资业务

　　下一章我们将讨论证券交易的二级市场以及机构投资者采用的各种各样的交

---

① 我们将在第22章讨论美国破产法。

易策略。到时候，大家会发现市场参与者有时需要借入资金来购买证券，或者是直接借入证券。因为市场上一部分投资者有借入证券的需求，因此必然也存在一些正好持有证券的投资者，他们愿意将手中的证券借出以换取一定的收益。机构投资者常常会找到在证券二级市场上做市的投资银行，让其来提供这方面的服务。这些业务可以给投资银行企业带来费用性收入和利息收入。

为证券的借入者和借出者牵线搭桥的服务被称为**融券**（securities lending）。这种业务实际上是另一种更常见的业务领域——**证券融资**（securities finance）——的一个组成部分。我们会在第 7 章里详细讨论证券融资业务形式。

机构经纪业务

投资银行可以向对冲基金和其他机构客户提供一揽子服务，这种打包服务业务就叫做**机构经纪业务**（prime brokerage），其中具体的服务内容包括证券融资（即融券业务以及为客户购买证券提供融资服务）、全球托管、业务支持和风险管理系统。除了证券融资服务以外——投资银行提供这种服务获得的是利息收入——机构经纪业务基本上属于收费类服务项目。

衍生产品的创造与交易

期货、期权、互换、利率上限与下限是常见的金融衍生产品，它们可以被用于控制投资者的资产组合风险或发行人的证券发行风险，我们把这些金融工具叫做衍生产品，它们能使投资银行从多个方面获得收益。客户在买卖交易所交易衍生产品时要支付佣金，这与客户买卖股票时向提供经纪服务的经纪人支付佣金没什么两样。

另外，某些金融衍生产品是投资银行专门为客户量身定做的，投资银行是该金融衍生合约的另一协议方。这种金融衍生产品叫做**场外交易产品**（over-the-counter）**或交易商创造的衍生工具**（dealer-created derivative instruments）。例如我们将在第 12 章中讲到的互换。在衍生产品的交易过程中，由于投资银行充当着客户的交易对手的角色，是交易的主要参与者，因此它们将面临资本损失的风险。为了防止资本损失，投资银行要找到另一个客户来做一笔方向相反的交易。于是，利差收入便从中产生了。

衍生产品也经常被用来保护投资银行的交易头寸。这里提供两个简单的案例。假设投资银行承销发行一批债券，则它面临的风险是从发行人处购买的债券的市场价格会下跌，从而导致投资银行将不得不以低于原购买价的价格向公众发售这笔债券（在第 18 章中我们会讲到，利率上升时可能会发生这样的情况）。在这样的情况下，投资银行可以用利率期货或期权来保护自己。在第二个案例中，假设投资银行拥有多个交易柜台，持有着某种证券的多头或空头头寸。此时，交易柜台可以使用衍生产品来保护公司不受价格不利变动的影响。

资产管理

全服务型投资银行下设的事业部可以为各种各样的客户——例如保险公司、捐赠基金、基金会、公司发起的养老金计划或公共养老金计划以及超级富豪——代为管理资产。这样的资产管理事业部门还可以负责管理受监管的投资公司，例如高盛公司的分支机构高盛资产管理公司，摩根士丹利投资管理公司（摩根士丹利公司的下属机构）。资产管理业务可以给投资银行带来费用性收入，费用金额按照被管理资产规模的一定百分比来收取。

小　结

投资银行帮助发行人分销新发行的证券，在证券二级交易市场上冲淡做市商和经纪人的角色。说得更具体一点，投资银行提供的服务包括证券的公开发行（承销）、证券交易、证券私募、资产证券化、收购与兼并、商人银行业务、财务重组咨询服务、证券融资业务、机构经纪业务、衍生产品的创造与交易和资产管理。全服务型型投资银行可以提供上述大多数的业务与服务；而精品投行则只专门做一项或几项业务。

关键术语

资产支持证券

隶属于银行的投资银行

代销

精品投行

折让价格

交易商创造的衍生工具

财务重组

包销

自营交易

全服务型投资银行

承销差价

独立的投资银行

首次公开发行（IPO）

商人银行业务

场外交易产品

机构经纪业务

私有化

承销辛迪加

风险套利

无风险套利

首次发行后的新股增发

证券融资

融券

销售团队

承销折扣

承销

思考题

1. 投资银行获得收入的四种途径是什么？

2. 投资银行参与新证券发行的三种方式是什么？

3. 承销功能有什么含义？

4. 包销安排与代销安排有哪些区别？

5. 列举出投资银行必须投入自有资金的至少三种情况。

6. 在常见的证券承销活动中，为什么有必要成立承销辛迪加和销售辛迪加？

7. a. 承销差价的含义是什么？

b. 承销差价在牵头承销商、承销辛迪加的成员和销售辛迪加的成员之间如何进行分配？

8. 什么是无风险套利？

9. 假设一年以后，X、Y、Z这三种证券的价格会呈现以下两种情况之一：

证券	价格	第一种情况	第二种情况
X	35 美元	25 美元	40 美元
Y	30 美元	15 美元	60 美元
Z	40 美元	19 美元	66 美元

现在X、Y、Z的价格分别是35美元、30美元和40美元。演示并说明是否存在无风险套利机会。

10. 说明为什么试图用从兼并活动中获利的行为不算是无风险套利。

11. 什么是商人银行业务？

12. 资产证券化指的是什么？

13. 1999年，投资银行企业高盛公司在向证券交易委员会提交的"10-K"报告中，用下面这段文字阐述了影响该公司业务经营状况的几大因素（参见报告的第25~26页）：

a. "我们一般情况下保证着庞大的交易量和投资头寸，包括商人银行业务投资，固定收益证券投资，对货币市场、商品市场和股权市场的投资，对不动产和其他资产的投资，如果市场波动对这些头寸的市场价值造成不利影响，那么我们可能会遭受巨额损失。"解释一下市场波动为什么会对企业的业务经营造成不利影响。

b. "不利的经济或金融环境可能会降低我们的承销业务、收购与兼并咨询业务以及其他服务种类的交易数量和规模，从而对我们的经济业绩产生不良影响。"解释一下原因。

c. "流动性，即获得资金的便利程度，对我们企业的经营至关重要。无法进入短期或长期债务资本市场，无法进入回购市场或融券市场，或者是我们出售资产的能力出现了问题都会给本企业的流动性带来困难。"解释一下原因。

14. 下面这个表摘自高盛公司1999年向证券

交易委员会提交的"10-K"报告，从中我们可以看出该企业当年的全球资本市场净收入（单位：百万美元）是多少：

金融咨询业务 …………………… 2 270
承销业务 …………………………… 2 089
投资银行业务 …………………… 4 359
固定收益证券、货币和商品投资 …… 2 862
股权投资 ………………………… 1 961
自营投资业务 …………………… 950
交易与自营投资业务 …………… 5 773
总收益 …………………………… 10 132

请对高盛公司净收入的每一种来源进行解释。

15. a. 可以用来衡量投资银行企业市场份额大小的两个指标分别是什么？

b. 这两个指标存在哪些缺陷？

16. 1999年5月7日，高盛投资银行由原来的合伙制转为股份公司制，并完成了股票的首次公开发行，共计出售了5 100万股普通股。

a. 你认为为什么高盛公司会转制为股份公司制？

b. 为什么高盛公司出售股票的行为被称为首次公开发行？

17. 富通公司（Fortis）是一家向个人、企业以及机构客户提供银行与保险服务的国际金融企业。公司网站上写着下面这段话：

需要我们帮助您解决家族企业的继承人问题吗？私营企业正在寻觅资金扩张规模吗？企业管理团队需要资本支持完成收购吗？富通私募股权投资公司愿意向各行各业战略清晰、领先市场、具有巨大成长潜力的中小企业的管理团队提供资金和支持。

富通公司这段话提到了哪些投资银行服务？对富通公司来说，这些业务类型将面临哪些风险？

18. 机构经纪业务包含哪些服务种类？

19. 融券的含义是什么？

20. 证券融资服务包含哪些内容？

第 2 部分
市场组织
与市场结
构

第 7 章

一级市场与二级市场

学习完本章内容，读者将会理解以下问题：

- 证券交易委员会（SEC）如何管理新证券的发行
- 什么是注册说明书
- 什么是证券交易委员会的 415 规则（储架注册规则）
- 传统的私募发行指的是什么
- 什么是 144A 规则及其对私募市场的潜在影响
- 债券发行中的买断包销指的是什么，为什么要使用这种承销模式
- 什么是竞价承销法，决定中标人支付价格的不同方法有哪些
- 什么是发行认股权证，为什么可能会用到备用包销安排
- 全球资本市场的一体化与分割有何含义及其对企业筹资行为的影响
- 企业在外国资本市场募集资金的动机
- 二级市场的定义
- 金融资产二级市场存在的必要性
- 二级市场结构的不同类型：订单驱动型与报价驱动型市场
- 完美市场应满足的必要条件
- 导致实际的金融市场不同于完美市场的主要原因
- 交易机制：交易指令的类型，保证金购买与做空机制
- 什么是证券融资：融券与回购协议
- 交易商扮演的做市商角色以及做市中面临的风险
- 市场有效运行的含义
- 市场定价效率的含义以及定价效率的不同表现形式
- 市场参与者有效定价的深刻意义
- 交易成本，包括佣金、手续费、执行成本和机会成本

正如我们在第 1 章介绍的那样，金融市场可以划分为发行新的金融工具的**一级市场**（primary market）和用来交易已发行金融工具的**二级市场**（secondary market），或者称为已发行证券的交易市场。本章我们要对证券的一级市场和二级市场的基本特征进行讨论。

一级市场

1996 年 1 月，拉里·佩奇（Larry Page）和谢尔盖·布林（Sergey Brin）开始共同合作研究搜索引擎，当时他们给这个研究项目取名为"BackRub"。在从好几位投资人那里争取到 100 万美元的第一笔资金以后，他们创办了谷歌公司。1998 年 9 月，谷歌公司在加利福尼亚州的门罗帕克正式开始运营。当时，谷歌公司是一家私营企业。也就是说，它不向社会公众出售普通股。2004 年 4 月 29 日，谷歌公司向美国证券交易委员会提出首次公开发行普通股的申请。正如前面章节解释过的那样，私营企业的首次公开发行就是指第一次把公司的普通股向社会普通大众公开发售。2004 年 8 月 19 日，谷歌公司的股票正式向社会公众发行，从此以后谷歌变成了一家上市公司。

谷歌公司以及其他私营企业都是在一级市场上通过首次公开发行股票来募集资金的。本节我们先来看看一级市场的情况。

证券发行的管理

证券发行的承销活动要受到证券交易委员会（SEC）的监管。1933 年《证券法》专门管理证券的发行程序。该法案要求证券发行人向证券交易委员会提交**注册说明书**（registration statement）。注册说明书提供的信息包括发行人从事的业务性质、所发行证券的主要条款或特征、与证券有关的投资风险的特征以及管理层的背景资料。[1] 注册说明书内必须包括发行人的财务报表，而且必须得到一家独立的会计师事务所的认可。[2]

事实上，注册分为两个部分。第一部分是**招股说明书**（prospectus）。当发行人准备公开发行证券时，招股说明书一般要公布给社会投资大众。第二部分是补充信息，虽然这部分信息不属于证券公开发行的必要环节，但是如果投资者需要，可以从证券交易委员会那里获取。

证券法规定，如果发行人提供的信息不准确或有重大遗漏，则他们将面临罚款和（或）监禁的惩罚。而且，如果购买证券的投资者由于受到信息的误导而遭受损失，那么他们有权起诉发行人要求其赔偿损失；如果投资者可以证明证券承销人没有对发行人提供的信息进行合理有效的调查，那么承销人也有可能被起诉。

---

① 证券交易委员会的监管文件 S-K 条例及行业指导（证券交易委员会证券管理条例发布稿 6384 号，1982 年 3 月 3 日）详细说明了注册说明书中必须包含的信息。

② 证券交易委员会的监管文件 S-X 条例特别说明了发行企业的财务报表必须予以披露。

承销人最重要的职责之一是进行**尽职调查**（due diligence）。下面引文摘自某个法庭判决，它对承销人应进行尽职调查的义务进行了解释：

> 参与证券发行全过程的承销人应当保证注册材料中的各种陈述是完整而准确的。投资大众完全有理由依赖承销人来审查发行人所提供材料的准确性以及发行的公平公正性；如果承销人没有指出，那么投资者有理由认为发行人的材料中不存在尚未披露信息的重大缺陷。因此，注册说明书中的陈述既是发行人的陈述，也算得上是承销人的陈述。[①]

向证券交易委员会提交注册说明书并不意味着证券可以向公众发行证券。在证券公开发行之前，注册说明书必须先经过证券交易委员会公司融资部的审查和批准。一般而言，公司融资部的官员会检查出注册说明书中存在的问题，然后向发行人发出"意见书"（letter of comments）或"问题通知书"（deficiency letter），要求发行人对说明书存在的问题作出解释。随后，发行人必须提交一份修改后的注册说明书，对上述提到的问题进行纠正。如果证券交易委员会的官员对修改后的版本表示满意，那么他们就会签发命令，宣布该注册说明书是"有效的"，承销人可以开始进行证券的销售活动。但是证券交易委员会的认可并不能证明该证券具备投资价值或者定价合理，也不能证明披露的信息都是准确的；它仅仅表示，在证券交易委员会看来，证券发行所需的基本信息都已经被披露了。

注册说明书从初次提交到最终生效的这段时间被称为**等待期**（waiting period）。在等待期内，证券交易委员会确实允许承销商向投资者分发预备性的招股说明书。由于此时招股说明书还没有正式生效，因此在说明书的封面要用红字注明这一点，所以预备性的招股说明书常常被叫做**红鲱鱼**（red herring）。在等待期内，承销人既不能出售证券，也不能接受投资者购买证券的书面申请。

415 规则：储架注册规则

1982 年，证券交易委员会通过了 415 规则，允许某些发行人只提交一份注册文件，声明其打算在未来两年内一次或多次发售一定数量的某类证券。[②] 415 规则通常被称为**储架注册规则**（shelf registration rule），因为证券可以被视为搁在"货架"上，并且无需另外再得到证券交易委员会的批准，随时可以从货架上取下来出售给公众。

从本质上说，只提交一份注册文件就可以让发行人快速进入市场，因为证券交易委员会已经预先批准了证券的销售。415 规则确立前，发行人向公众出售证券之前要经历一段很长的等待期。结果，在一个快速变化的市场上，发行人不能迅速地进入市场发行证券，从而与其认为最有利的融资时机失之交臂。比如说，如果一家公司觉得目前市场的利率水平较低而打算发行债券，那么它必须先提交注册说明书，要等到注册说明书真正生效以后才能到市场上发行债券。那么就可

[①] 参见克里斯-克拉夫特产业公司（Chris-Craft Industries Inc.）与派博飞机制造公司（Piper Aircraft Corp.）之间的诉讼案。

[②] 如果待发行的证券是属于投资级别的证券，或者发行人之前曾经提交过注册说明书并且其发行的证券符合证券发行的最低要求，那么发行人便符合 415 注册规则的要求。

能出现这样的情况：在等待期内，市场利率水平可能会上升，从而导致这家公司的债券发行成本上升。

持续报告要求

在美国，公开发行证券的公司都要成为**报告公司**（reporting company），并因此要受到 1934 年《证券交易法》的监管。该法案要求报告公司向证券交易委员会报送年度和定期的财务报告，并且必须按照通用会计准则（GAAP）来编制财务报表。

对那些小公司来说，遵守信息披露要求的成本可能会非常高。信息披露要求对在美国公开发行证券的非美国公司也同样适用。因此，非美国公司必须按照美国的通用会计准则来编制并提交财务报告，其母国的通用会计准则是不被承认的。这些信息披露要求使非美国公司对在美国国内市场上筹资不再那么感兴趣。但是，正如我们后面要讲到的，证券交易委员会已经修改了证券法，使得小公司和非美国公司能够更容易地进入美国国内的资本市场。

在某些特殊情况下，报告要求还适用于其发行的证券在美国二级市场上进行交易的公司，即使这些证券一开始并不是在美国国内首次公开发行的。这一例外情况的重要意义（在第 13 章解释）在于外国公司可以把它们的普通股申请到美国的股票交易所上市。于是，在美国上市的外国公司也就成为了一家报告公司。证券交易委员会再次修订了美国证券法，使得非美国公司一旦满足了某些条件，就不必再遵守完全的信息披露要求。

证券私募发行

就监管要求而言，证券的公开发行与私募发行对发行人的要求有较大的区别。1933 年《证券法》和 1934 年《证券交易法》均要求所有向社会投资大众公开发行的证券都必须在证券交易委员会注册，除非可以享有特定的豁免权。证券法规定，下列三种情况可以豁免在联邦政府机构注册。首先，州内发行的证券即该证券只在一个州内出售可以豁免。其次是小额发行豁免（A 条例），确切地说，如果发行的证券总金额不超过 100 万美元，那么可以不进行联邦注册。最后，1933 年《证券法》的第 4（2）款规定"不公开发行证券的发行人所进行的证券交易"免于注册。同时，1933 年《证券法》并没有制定明确的标准以辨别何为证券的私募发行。

1982 年，证券交易委员会通过了 D 条例，明确了发行人若想取得《证券法》第 4（2）款的注册豁免资格所必须满足的具体条件。这些审查条件规定，私募发行的证券一般情况下不能使用公开发行中常见的广告或促销形式。最主要的是，D 条例规定私募证券只能被出售给"富有经验"的投资者。这些"可信任的"的投资者被定义为具有下列两大特征的人群：（1）有能力评估（或者是能够聘用顾问来提供估值服务）证券的风险和收益特征；（2）有承担经济风险的实力。①

---

① 在现行法律下，满足净资产测试要求（净资产值至少达到 100 万美元，不包括汽车、住房和房屋内的所有设施）或年收入测试要求（在最近两年里，个人的年收入至少达到 200 000 美元，夫妻两人的年收入至少达到300 000 美元，而且预期今年仍然获得这么高的年收入）的投资者便可被视为"可信任的"投资者。

发行的注册豁免并不意味着发行人不必向潜在的投资者披露信息。发行人同样必须提供证券交易委员会认为是重要的信息。与证券公开发行在招股说明书中披露信息的做法有所不同的是,这些信息会在私募备忘录中提供给投资者。私募备忘录和招股说明书的区别在于前者不包括证券交易委员会认为是"非实质性的"信息,而这类信息往往被要求在招股说明书中得以披露。而且,不同于招股说明书的是,私募备忘录不需要经过证券交易委员会的审查。

144A 规则

在美国,私募证券的购买者要受到一个限制条款的约束,该条款不允许他们在购买证券后的两年内把证券转售出去。因此,在这段时间内,私募证券的二级市场不具有流动性。由于流动性不足,私募证券的购买者要求得到补偿,这增加了私募证券发行人的成本。

不过,1990 年 4 月,证券交易委员会公布的 144A 规则开始生效。这一规则取消了两年持有期的限制,允许大型机构客户之间彼此交易私募中所购的证券,而且不必向证券交易委员会注册登记。根据 144A 规则的要求,打算进行交易的大型机构客户必须至少持有 1 亿美元的私募证券。

现在,私募可分为两类:144A 规则发行和非 144A 规则发行,后者更多地被称为传统的私募。144A 规则发行由投资银行负责承销。

基于下列两个原因,144A 规则将有助于推动非美国公司在美国私募市场上发行证券。第一,这会吸引更多的大机构投资者进入私募市场。以前,由于存在两年持有期的限制,这些机构投资者们不愿意购买私募债券。机构投资者数量的增加将会进一步鼓励外国实体到美国市场上发行证券。第二,在 144A 规则确立之前,外国实体不愿意在美国市场上筹资,因为发行前它们必须向证券交易委员会注册登记,并且要按照美国证券法的要求披露必要的信息。私募要求披露的信息相对较少。此外,144A 规则还提高了私募证券的流动性.降低了证券发行人的筹资成本。

证券承销方式的变化

我们在第 6 章讨论投资银行的作用时,曾经介绍过传统的承销辛迪加的程序。然而,并不是所有的交易都会采用传统的辛迪加方式安排承销。市场上出现了一些新的承销方式,其中包括用于债券承销的"买断包销",用于发行股票和债券的拍卖法以及用于普通股的认股权证的发行。

买断包销

1981 年欧洲债券市场引入了**买断包销**(bought deal)模式,当时瑞士信贷第一波士顿银行没有预先组建承销集团就购买了通用汽车金融服务公司(General Motors Acceptance Corporation)新发行的价值为 1 亿美元的债券。因此我们说,瑞士信贷第一波士顿银行没有使用传统的承销辛迪加方式来分散我们在第 6 章里讲过的承销过程中可能发生的资本损失风险。

买断包销模式仅适用于债券发行,其运行机制如下:牵头承销商或联合牵头商向某个潜在的债券发行人报出一口价,按此价格购买一定数量、特定利率水平

（息票利率）和到期日的债券。发行人有一天左右（甚至有可能只有几个小时）的时间来接受或拒绝这一报价。如果潜在发行人接受了报价，则承销公司就"买断了这笔交易"。随后，它可以把买下的这些新债券分销给其他的投资银行和（或）自己的客户。一般来说，一次性买断新债券的承销集团会把大部分债券预售给它自己的机构客户。

1985年年中，美林证券公司独家包销了一批新债券。在这次发行过程中，美林证券是唯一的承销商，这标志着买断包销模式正式进入美国资本市场。这批由诺威斯特财务公司（Norwest Financial）发行的总价值为5 000万美元的新债券，其承销差价率仅为0.268%，远远低于当时市场上约0.7%左右的平均承销差价率。美林证券公司把一部分债券卖给了投资者，其余部分则出售给其他投资银行。

买断包销模式在某些承销公司看来非常具有吸引力，其原因主要有以下两个方面。

首先，在415规则确立之前，发行人要等待相当长的一段时间，才能向公众公开出售新发行的证券。虽然415规则给予了某些发行人时间上的灵活性，使之得以在全球资本市场上把握有利的融资时机，但是这一规则要求投资银行要随时准备好，一有消息便能够立即把资金投入到交易中。这意味着承销公司没有多少时间来组成辛迪加，于是便催生了买断包销模式。然而，买断包销模式造成的一个后果是为了能够在买断包销交易中有能力及时地支付巨额资金，承销公司需要进一步扩充其资本金的规模。

其次，在买断包销模式中，资本损失的风险并不像一开始看到的那么大。有些新证券的发行交易简单明了，数据不算太大，因此光是一家较大的承销公司旗下就可能有足够多的机构投资者对此感兴趣，它们认购的份额占据了相当大的比例。因此，新证券再次出售时面临的资本损失风险被大大降低了。而且，就债券而言，充分利用利率风险控制工具可以减少新证券由于再出售价格低于买断价格而造成的损失，从而降低了承销公司的风险。

拍卖法

证券发行的另一新模式是**拍卖法**（auction process）。使用这种方法时，发行人要先公布发行条件，然后感兴趣的交易者报出一次性买下全部新发行证券的购买价格。按照相关规定，某些受监管的公用事业证券以及许多市政债券的发行必须采用拍卖方式。拍卖法通常被称为**竞价承销法**（competitive bidding underwriting）。例如：假设一家公用事业单位打算发行价值为2亿美元的新债券。多家承购商会组成承销集团并进行投标。报出最低收益率（也就是说对于发行人而言成本最低的价格）的承销集团将有资格一次性买下价值为2亿美元的新债券，随后再出售给社会公众投资者。

拍卖法有一种变化形式：投标人标明他们希望支付的价格和希望购买的数量，然后发行人按照出价由高（即报出的债券收益率最低）到低（即报出的债券收益率最高）的顺序把全部新发行证券分配给各个投标人，直至全部债券分配完毕。比方说，假设发行人准备发行价值为5亿美元的新债券，九位投标人报出的收益率如下表所示：

投标人	拟购买金额（百万美元）	出价
A	150	5.1%
B	110	5.2%
C	90	5.2%
D	100	5.3%
E	75	5.4%
F	25	5.4%
G	80	5.5%
H	70	5.6%
I	85	5.7%

投标人 A、B、C 和 D 将被分配到他们报出的拟购买金额，因为他们四个报出的收益率最低。他们总共能够得到 5 亿美元发行额当中的 4.5 亿美元，余下的 0.5 亿美元则被分配给出价次低的投标人。接下来报价较低的是 E 和 H，他们都报出了次低的收益率 5.4%，标购的总金额为 1 亿美元。因为他们标购的总金额超过余下可供分配的 0.5 亿美元，所以他们实际获得的金额将会按照其标购金额的比例进行分配。具体而言．E 将得到 0.5 亿美元的 3/4（7 500 万美元除以 1 亿美元），即 3 750 万美元；F 将得到 0.5 亿美元的 1/4（2 500 万美元除以 1 亿美元），即 1 250 万美元。

接下来的问题是六个中标的投标人对分配给他们的发行数额到底要支付多高的收益率。一种方法是所有的投标人都按照中标的出价中最高的收益率（相当于最低的中标价格）来支付。在上例中，所有投标人都将按 5.4% 的收益率来购买分配给他们的发行数额。这种形式的拍卖方式被称为**单一价格拍卖法**（single-price auction）或**荷兰式拍卖**（Dutch auction）；另一种方法是每个投标人按照自己的实际出价进行支付，这种形式的拍卖法叫做**多重价格拍卖法**（multiple-price auction）。虽然近年来美国财政部发行国债时只使用了单一价格拍卖法，但是从历史的角度来看，两种拍卖方法都曾用于美国国债的发行。

使用拍卖法可以让公司发行人不经过传统的承销程序，就把新发行的债券直接出售给机构投资者。例如，2007 年 8 月，谷歌公司在普通股的首次公开发行中使用荷兰式拍卖法将总价值为 27 亿美元的股票直接出售给了投资者。

对于这种将公开注册的新证券直接出售给投资者的操作方式，投资银行的看法是作为金融中介机构，它们通过在各自的机构客户群内搜寻潜在的投资者，即使在扣除掉承销费用的前提下，也能大大提高发行人获得最低发行成本的可能性，这就是承销商为发行人创造的价值。投资银行家们声称，仅仅与几个机构投资者直接进行交易，发行人并不能担保自己以最低的价格获得资金。此外，投资银行家们还认为，一般情况下它们还扮演着另一个重要角色：它们在二级市场上为自己承销发行的新证券做市。承销商的做市行为提高了新发行证券的二级市场流动性，因此也有助于降低发行人的成本。与直接发行的融资成本相比，雇用投资银行承销是否能为发行人争取到最低的融资成本（扣除掉承销费用），这是一个有待实证检验的有趣话题。不过，在首次公开发行时，拍卖法与雇用投资银行承销可以结合起来使用。例如，谷歌公司首次公开发行普通股时，虽然采用了荷兰式拍卖法，但是同时也雇用了摩根士丹利公司和瑞士信贷第一波士顿银行负责承销工作。

发行认股权证

公司可以通过**发行认股权证**（preemptive rights offering）直接向现有股东发行新的普通股股票。认股权证赋予现有股东以**低于市场价值的价格购买一部分新发行股票的权利**。购买新股的价格被称为**认购价格**（subscription price）。发行认股权证可以保证现有股东对该发行公司的持股比例保持不变。在美国，通过发行认股权证的方式来增发普通股的做法并不常见。但在其他国家，这种做法却是十分普遍的；在有些国家，这甚至是增发普通股的唯一方式。

通过发行认股权证来增发新股，发行人不需要投资银行的承销服务，但是发行公司可以利用投资银行来发售没有被全部认购的余下的新股。在这种情况下，发行人就要用到**备用包销安排**（standby underwriting arrangement）。这种承销安排要求承销商买下未被认购的新股，而发行公司要为此向投资银行支付**备用包销费用**（standby fee）。

全球资本市场的一体化及其对融资活动的影响

任何一个实体机构都可能在本地资本市场之外的其他市场上寻找资金，希望能以低于本地资本市场的成本融资。融资成本是否有可能降低要取决于资本市场的一体化程度。针对两种极端情况，我们可以把全球资本市场的一体化状态区分为**完全分割**（completely segmented）状态与**完全一体化**（completely integrated）状态。

在第一种情形下，一国的投资者不被允许投资于另一国的实体发行的证券。因此，在一个**完全分割的市场**（completely segmented market）上，在全球各地不同的资本市场上进行交易时，即便是进行了税收和汇率的调整，风险水平相似的证券的必要收益率仍然会存在差别。这意味着，一个实体有可能在另一个国家的资本市场上以低于本国资本市场的融资成本获得资金。

在另一种极端情形下，**完全一体化的市场**（completely integrated market）对投资者投资于全球任何一个资本市场上发行的证券都没有任何限制。在这样一个理想化的全球资本市场中，在进行了税收和汇率的调整后，风险水平相似的证券的必要收益率在所有的资本市场上都是相同的。这说明不管融资企业选择世界上哪一个资本市场，其融资成本都是相同的。

现实的资本市场既不是完全分割的，也不是完全一体化的，而是处于两种状态之间。所谓的**适度分割市场**（mildly segmented market）或**适度一体化市场**（mildly integrated market），说明在具备这种特征的全球资本市场上，存在着本国之外的外国资本市场，可以让融资企业有机会以较低的成本获得资金。

值得强调的是，我们是在讨论一般性的资本市场，而不是那些针对不同金融工具的具体的资本市场。更确切地说，股票（普通股票）市场和债券市场的一体化程度是有区别的。在第 13 章我们将讨论股票市场一体化程度的相关证据。

在外国市场融资的动机

一家公司之所以会寻求在国外市场上融资，其原因可能有以下四种。

第一，在某些国家，寻求筹集大额资金的大公司可能别无选择，而只能在另一国的外国证券市场上或者是欧洲市场上融资。这是因为融资公司的国内市场发育不完善，不能在全球竞争的条件下满足其资金需求。在私有化的过程中，发展中国家的政府一直在充分利用这些海外市场，为政府所有的公司的私营化筹措资金。

第二，国外市场上的融资成本（还要充分考虑发行成本）可能会低于国内市场的融资成本。正如第17章将要解释的那样，就债券而言，融资成本反映了两个因素：（1）无风险利率水平（被称为**基准利率**，base rate），用具有相同到期日的美国国债或其他低风险证券的利率水平来表示；（2）**利差**（spread），用以反映投资者认为与债券或债券发行人相关的风险高出无风险利率水平的差值。

希望降低融资成本的借款公司追求的目标就是降低利差。随着遍及世界的资本市场一体化的步伐加快，这样的机会正在逐渐消失。但是，正如下一章所要讨论的，全球资本市场尚不完善，还没有完全实现一体化，这就为降低融资成本提供了可能。这些不完善或者说市场摩擦之所以依然存在，是由于不同国家的证券法规、税收结构、对受监管的机构投资者实行的限制措施以及对发行人信用风险水平的看法不同。就普通股而言，公司追求的是股票的市场价格能够更高一些，同时降低新股的大量发行对市场造成的冲击成本。

第三，在国外市场融资的原因还在于公司的财务主管希望通过分散公司的资金来源，降低对国内投资者的依赖程度。就权益资本而言，分散资金来源会鼓励对公司未来前景有不同看法的外国投资者对公司投资。从美国公司的角度来看，获得外国股本资金还有另外两个好处：（1）有些市场观察家相信，某些外国投资者对公司更加忠诚，而且更看重公司的长期绩效，而不像美国投资者那样只看重企业的短期业绩。[1]（2）实现投资者基础的多样化，可以降低美国机构投资者持股比例的绝对主导地位，从而削弱其对公司治理的影响力。

第四，企业还可能发行以外币计价的证券作为其外汇管理总体框架的一个组成部分。例如，一家美国公司计划在国外建造一家工厂，建造成本用外币核算。同时，我们假设该公司计划在这个国家出售工厂生产的产品，这样，其收入也用外币核算；这样，这家公司就面临着汇率风险：用美元表示的建造成本是不确定的，因为在工厂建造期间，美元有可能相对于外币贬值；同时，用美元表示的预期收入也是不确定的，因为外币有可能相对于美元贬值。假设公司为了建造工厂而发行债券融资，此时该公司获得的债券发行收入是外币形式的，同时负债也以

---

[1]　"U. S. Firms Woo Investors in Europe and Japan," *Euromoney Corporate Finance* (March 1985), p. 45; and Peter O'Brien, "Underwriting International Corporate Equities," Chapter 4 in Robert L. Kuhn (ed.), *Capital Raising and Financial Structure*, Vol. II in The Library of Investment Banking (Homewood, IL: Dow Jones-Irwin, 1990), p. 120.

外币标价，因此这种融资安排能够降低融资企业的汇率风险。因为发行债券所获得的外币收入可用于支付建造成本，而出售产品所得的外币收入可用于清偿外币债务。

《公司融资周刊》(*Corporate Financing Week*) 就曾经对几家跨国公司的财务主管做过调查，询问他们为什么会使用海外市场融资。[①] 他们回答了上面列举的一个或多个原因。例如，通用汽车公司的财务主管就回答说，他们公司利用欧洲债券市场的目的在于"分散资金来源，吸引新的投资者，同时使融资成本与国内市场相比更便宜"。西尔斯·罗巴克公司 (Sears Roebuck) 的一位经理表示，公司的一项长期政策便是"实现资金的地理来源和融资工具的多样化，即便这样做会导致更高的融资成本。"他进一步说道，"西尔斯的融资惯例是每隔三年左右，就要在国际市场上发行一次证券。"

二级市场

二级市场是已发行金融工具进行买卖交易的场所。二级市场和一级市场的主要区别在于在二级市场上，金融工具的发行人不能从购买者那里获得资金，只是现有证券的交换，资金流向是从资产的买方流向卖方。在本节，我们要介绍二级市场的各种特征。这些特征是进行交易的各种金融工具所共有的特征。在后面的章节里，我们再分别详细考察各类子市场。

二级市场的功能

我们有必要再次回顾一下二级市场的功能。证券的发行人——不论该发行人是公司还是政府机构——能够经常从二级市场获得有关其发行证券的市场价格的信息。资产在公开市场上频繁交易，形成了市场公认的价格。因此，发行企业参考市场价格就能了解投资者对其发行股票的价值判断。公司及非公司发行人也能在二级市场上观察到所发行债券的市场价格、投资者期望获得的收益率水平及其投资需求。这些信息有助于发行人评估一级市场发行所得资金的使用效率，也能帮助发行人判断投资者对新发行证券会作出什么样的反应。

二级市场提供给发行人的另一个便利之处是它使得资产的最开始的买家能够将买入的资产卖出变现。除非投资者能够确认自己在需要时可以随时将一种金融资产转换为另一种金融资产，否则他们肯定不愿意购买任何金融资产。这种不情愿的情绪会对潜在的发行人造成伤害：发行人要么是根本卖不掉新证券；要么是被迫支付高收益率，为证券的低流动性向投资者作出较高的补偿。

金融资产的投资者可以从二级市场获得多方面的好处。很显然，二级市场为其持有的资产创造了流动性，同时还能向投资者提供关于资产的公平市场价格或

[①] Victoria Keefe, "Companies Issue Overseas for Diverse Reasons," *Corporate Financing Week* (November 25, 1991, Special Supplement), pp. 1, 9.

公允价值的信息。此外，二级市场把许多对证券交易感兴趣的交易者聚集在一起，降低了搜寻潜在的资产买主和卖主的成本。而且，二级市场上交易的数量很多，这使得交易成本能保持在较低的水平上。通过降低搜寻成本和交易成本，二级市场进一步鼓励投资者去购买金融资产。

二级市场的组织结构[①]

金融资产交易的二级市场可以采取各种各样的组织结构。最常见的两种市场组织结构是订单驱动型市场（order-driven market）和报价驱动型市场（quote-driven market）。现实世界里的金融市场对不同种类的金融资产往往混合使用上述两种组织类型。为了帮助大家了解订单驱动型市场与报价驱动型市场的区别，我们必须先弄清楚市场上的交易者到底是哪些人。

潜在的市场交易者

潜在的市场交易者包括：

- 普通买家
- 普通卖家
- 经纪人
- 交易商

普通买家（natural buyers）和**普通卖家**（natural sellers）是指希望在各自的资产组合中加入某个类型头寸的交易者，他们可以是个人投资者，也可以是机构投资者。

经纪人（broker）是代表打算下达买卖指令的资产买方或卖方执行委托指令、具体完成交易的第三方。用经济学和法律的术语来说，经纪人是交易中一方当事人的代理人（agent）。极其重要的一点是，我们必须意识到，经纪业务并不要求经纪人购买并继续持有金融资产，也不要求其把自己持有的交易中涉及的金融资产卖掉。相反地，经纪人只是接收、传递和执行投资者的委托交易指令，并为此服务收取佣金（explicit commission）。

交易商（dealer）在二级市场上扮演的是交易中介的角色，它们凭借自己的独立账户买卖金融资产。从本质上看，交易商可以买入一项金融资产并持续持有它，也可以把自己持有的资产组合中的某项金融资产卖掉。我们说，交易商的这种行为叫做"建立某种资产头寸"（take a position in an asset）。请注意，交易商作为金融交易中介用自己的账户买卖金融资产的行为，与普通买家或普通卖家用自己的账户进行交易的行为是存在差别的。在履行交易中介职能时，交易商为了满足另一个交易商的交易需求，动用了自己的资本金发起了一项交易。此时，与经纪人所扮演角色完全不同的是，交易商此时也是交易的**当事人**（principal）。这类中介业务获得的潜在收入等于交易商向投资者报出的金融资产出售价格（即卖出价，ask price）与交易商向投资者报出的金融资产买入价格（即买入价，bid price）之

---

① 有关二级市场的更多讨论参见 Robert A. Schwartz and Reto Francioni, *Equity Markets in Action：The Fundamentals of Liquidity, Market Structure, and Trading* (Hoboken, NJ：John Wiley & Sons, 2004)。

间的差额。我们把这个差额叫做**买卖价差**（bid-ask spread）。

一类特殊的交易商被称为**做市商**（market maker）。这个术语指的是一类在二级市场上负有特殊使命的交易商。所谓的"特殊使命"是指交易商要使用自有资金为某种特定的金融资产构建一个有序的、富于流动性的交易市场。

订单驱动型市场与报价驱动型市场

现在让我们来了解一下何为订单驱动型市场，何为报价驱动型市场。这两种市场类型的根本区别在于交易发生的场所不同，金融产品的定价模式也不相同。按照字面意思来理解，订单驱动型市场就是指交易的所有当事人就是普通买家和普通卖家，没有交易商从中充当金融中介。交易的结算价格由许许多多个买入订单或卖出订单来共同决定。用来形容订单驱动型市场的另一个术语叫做**拍卖市场**（auction market）。

在报价驱动型市场上，市场的成交价格并不是由普通买家与普通卖家相互之间的博弈决定的，而是由交易商基于目前的市场信息与判断直接决定的。报价后，交易商便准备好按照自己报出的价格买入或卖出一定数量的金融资产。由于交易商在报价驱动型市场上发挥着非常重要的作用，因此报价驱动型市场也被称为**交易商市场**（dealer market）或**做市商市场**（dealership market）。

订单驱动型市场的种类

订单驱动型市场可以被进一步划分为**连续订单驱动型市场**（continuous order-driven market）和**周期性集合竞价市场**（periodic call auction market）。

在连续订单驱动型市场上，价格是在整个交易日内，随着买方和卖方连续不断地下达订单进行交易而最终确定的。例如，假设在上午 10：00，基于市场上所有交易者下达的委托买卖指令，某一有组织的股票交易所内某只股票的市场成交价格为 70 美元。到了同一交易日的上午 11：00，由于此时交易者下达的委托买卖指令发生了变化，因此同一只股票的市场成交价格可能会变成 70.75 美元。因此，在一个连续交易的市场上，价格的变化可能是由于指令的下达方式发生变化而引起的，而不是由于市场供求的基本对比关系发生变化引起的。我们会在本章稍后部分讲解这个问题。

另外一种订单驱动型市场叫做周期性集合竞价市场。在这种市场上，交易者下达的交易指令被批量化集中起来，然后在某个事先已宣布了的时间同时被执行。例如，在每个交易日刚开市时、交易日收盘时或者是交易日内某个特定的时间点，均可以进行集合竞价。集合竞价可以口头进行，也可以采取书面形式。不管是哪种形式，集合竞价方式最终都能确定出或"盯住"（fix）一个适用于交易日内某一特定时间点的市场结算价格。使用"盯住"这个词是约定俗成的，没有轻蔑的意思，也不暗示着非法活动。通过定期集合竞价方式获得的价格可以通过**价格审查竞价法**（price scan auction）或**密封投标竞价法**（sealed bid/ask auction）来确定。

价格审查竞价法的程序是拍卖人先试探性地报出几个价格，然后市场交易者对这些报价作出回应，说明自己在每个价位上愿意买入或卖出的资产数量是多少。于是，能同时满足所有买入订单和卖出订单的价格就是市场的出清价格。密封投标竞价法的程序是市场交易者把自己愿意进行交易的买入价格/卖出价格以及买卖的数量提交上去，参与竞价的交易者的订单信息要对参加竞价的其他交易者保密。

然后，按照价格的高低顺序，买入订单与卖出订单被累积起来：对普通买家来说，买入价从最高价到最低价依次排序；对普通卖家来说，卖出价从最低价到最高价依次排序。当买入订单的累积金额与卖出订单的累积金额刚好相等时，对应的价格便是市场的出清价格。

目前，一些市场同时具备连续订单驱动型市场与周期性集合竞价市场的各自特征，成为混合型的市场。例如，纽约—泛欧证券交易所（NYSE Euronext）[①] 每天上午9：30集合竞价开盘。开盘后，根据交易者当时下达的订单指令以及其他订单资源——例如限价委托指令（后面会详细讲到）和订单传递系统（超点系统）（参见第13章）——来确定开盘价。按照这种方式确定了开盘价以后，交易便开始连续进行直至收市。德国和瑞士的交易所还在大量使用周期性集合竞价交易模式。21世纪初，几家原本只使用连续订单驱动型交易模式的亚洲证券交易所，也开始采用周期性集合竞价的交易模式来决定开盘价（例如，香港股票交易所和新加坡股票交易所分别于2002年和2000年引入了集合竞价交易模式）。

交易场所

有组织的二级市场可以被划分为交易所和场外交易市场两种形式。

所有国家国内都依法设立了全国性的证券交易所，我们将其简称为**交易所**（exchange）。交易所内交易的金融产品要得到交易所董事会的批准，被称为"上市产品"。例如，就普通股而言，上市产品就是指公司发行的股票。不过，一国内并不是所有企业发行的股票都会到股票交易所上市。股票交易所详细规定了上市条件，企业必须满足这些条件才能申请到交易所上市。这样的企业被称为"上市企业"（listed company）。在交易所内交易的其他金融产品是某些类型的金融衍生品，例如期权和期货产品。事实上，正如我们将在第10章里讲到的那样，从定义上看，期货合约就是在交易所里交易的金融产品。只有成为交易所会员的交易商才被允许进入交易所进行交易。普通大众不能直接进入交易所，必须通过交易所会员来进行交易。交易所的交易规则由交易所自行制定。

简单地说，**场外交易市场**（over-the-counter market，简称OTC市场）是指不在交易所内交易的金融产品进行交易的场所。在场外交易市场上，地理位置相对较为分散的交易商彼此之间通过电子通讯系统互相联系，完成交易。例如，就普通股而言，未上市的股票便可以在场外交易市场上买卖。不在交易所内交易的金融衍生品也可以在场外交易市场上交易。我们将在本书后面的章节里介绍场外交易的金融衍生产品。虽然某些债券也在交易所内交易，但是这样的债券数量极少。所以我们说，债券是一个绝佳的例子——虽然可以在交易所内交易，但是大部分债券产品还是在场外交易市场上完成交易。外汇（外币）主要在场外市场上进行交易。

交易所市场的组织结构要么是订单驱动型，要么是报价驱动型。纽约—泛欧

---

① 纽约证券交易所集团与欧洲证券交易所于2007年4月4日合并为纽约—泛欧证券交易所。

证券交易所是一个订单驱动型市场，如前所述，它还同时具有连续订单驱动市场与周期性集合竞价市场的特征。与之相比，纳斯达克（Nasdaq）市场就是一个报价驱动型市场，是同时也具有订单驱动型市场的部分特征。这是因为纳斯达克市场每天开盘时会采用周期性集合竞价模式确定开盘价。① 所有的场外交易市场都是报价驱动型市场。

完美市场

为了说明二级市场的特征，我们先来介绍一下何为金融资产的"完美市场"，然后再解释为什么现实的市场环境与理论上的"完美市场"存在差异。

一般说来，在完美市场上，买卖双方的数量都足够多，并且所有的市场参与者相对于市场来说又都足够小，这使得单个市场参与者根本不能够影响商品的价格。结果，所有的买主和卖主都是价格的接受者，市场价格由供求关系的平衡点来决定。只有当交易的商品是同质化产品时（例如谷物或小麦），这一条件才有可能得到满足。

完美的市场不仅仅要求市场参与者都是价格的接受者，它还要求不存在交易成本以及干扰商品供求关系的所有障碍。经济学家把这些成本和障碍统称为市场"摩擦"（frictions）。与摩擦相关的成本通常使得买主要支付比无摩擦时更高的价格，或者是卖主得到比无摩擦时更低的价格。

就金融市场而言，市场摩擦包括：

- 经纪商收取的佣金
- 交易商收取的买卖价差
- 交易指令的处理及清算费用
- 税收（主要是资本利得税）以及政府征收的过户费用
- 获取金融资产相关信息的费用
- 交易限制，例如交易所对买方或卖方所持金融资产头寸大小的限制
- 对做市商的限制
- 监管机构可能会对正在交易的金融资产作出暂时停盘的决定

二级市场的交易机制

本节我们要介绍二级市场证券交易的主要特征。在第 13 章，我们将讨论为了满足机构投资者的需要而特意设计的交易安排。

委托交易指令的类别　投资者必须向经纪商提供在何种条件下进行交易的相关信息。投资者必须提供的交易参数包括证券的名称、普通股的交易股数、债券的买卖数量以及委托交易指令的类别。委托交易指令的种类包括市价委托指令、限价委托指令、止损指令、定时委托交易指令和特定规模委托交易指令。本章只介绍其中两类委托交易指令：市价委托指令和限价委托指令。其他类型的委托交易指令及投资者使用该种委托交易指令的原因将在第 14 章里述及。

当投资者想买卖普通股时，必须把执行委托交易指令的价格和交易条件告诉经纪商。最简单的一种委托交易指令是**市价委托指令**（market order），即按照下

---

① 从历史发展的角度来看，纳斯达克市场（一度该市场的缩写是 NASDAQ，代表的是全美证券交易商协会报价系统）一开始时是一个股票场外交易市场。不过目前，在纳斯达克市场上交易的股票全都是上市股票。

单时市场上的最佳价格进行交易。当市场上同时存在多份买入交易指令或卖出交易指令时，报出最佳价格的委托交易指令将会被优先执行，因此可以保证市场的成交价格始终是最优价格。所以，出价较高的买主要比出价较低的买主优先成交，报价较低的卖主比报价较高的卖主优先成交。

对于在交易所交易的普通股而言，当收到多份报价相同的委托交易指令时，还要使用另一个优先原则。在大多数情况下，执行这类委托交易指令的优先原则是根据下单的时间先后顺序：先下单，先执行。不过，也有可能会赋予某类市场参与者以优先权，使他们的委托交易指令能先于同一价格的其他委托交易指令得到执行。例如，交易所可能把委托交易指令划分为公众委托交易指令和会员交易商的自营账户委托交易指令。交易所的规则要求公众委托交易指令要比会员交易商的自营委托交易指令优先执行。

市价委托指令面临的主要风险是从投资者下达指令到指令被最终执行这段时间内，市场有可能发生不利于投资者的变动。例如，假设希柏女士想以 32 美元的价格买进沃尔特·迪士尼公司的股票，但不想以 34 美元的价格买进。如果她在迪士尼告诉的股票交易价格为 32 美元时下达了市价委托指令，那么她就要承担委托交易指令执行之前股价可能上扬的风险，而不得不支付较高的价格买入股票。同样地，假设戴维丝女士持有福特汽车公司的股票，她打算按照现在的市场价格 8 美元卖出，但不想以 7 美元的价格卖出。如果戴维丝女士下达市价委托指令出售福特公司的股票时，正值福特公司宣布要将其生产的某种型号的汽车大量召回，那么即使股票能够按照当时市场上尽可能最高的价格出售，这一价格也有可能是戴维丝女士所不能接受的。

为避免价格发生意外的不利变动所引发的危险，投资者可以下达**限价委托指令**（limit order），设定执行委托指令的临界价格。限价指令是一种条件指令——只有当价格达到限价或者更好时，限价委托指令才会被执行。**限价买入委托指令**（buy limit order）是指只能按照指定价格或更低的价格买入证券的交易指令。**限价卖出委托指令**（sell limit order）是指只能按指定价格或更高的价格卖出证券的交易指令。再来看上面的例子，希柏女士想购买迪士尼的股票，但却不想支付高于32 美元的价格，那么她可以下达限价为 32 美元的限价买入委托指令；同样地，戴维丝女士可以下达限价为 7 美元的限价卖出委托指令。

限价委托指令面临的风险在于无法保证这种交易指令一定能够被执行，因为指定的价格也许根本就达不到。在交易所内，限价委托指令传递到市场时如果得不到执行，那么就被收录到**限价委托指令登记簿**（limit order book）。在交易优先权方面，记入登记簿的委托交易指令与其他的委托交易指令是一视同仁的。

卖空　如果投资者预计某一证券的价格将要上涨，那么他可以购买该证券以从中获利。但是，如果投资者预计证券的市场价格将要下跌，并想在价格实际下跌时从中获利，那么他该怎么办呢？此时，投资者可以卖出他实际并未持有的证券来赚取收益。各种各样的制度性安排允许投资者借入证券，因此投资者可以卖掉借入的证券并完成交割。

这种出售不属于自己的证券的做法叫做**卖空**（selling short）。卖出借入的证券后，投资者随后还要买进该证券，归还给证券的借出者。证券归还后，我们就可以说投资者已经"轧平了卖空头寸"。如果证券的买入价格低于卖空价格，那么投资者就可以从中获利。

投资者可以卖空是金融市场的一个重要机制。在缺乏有效的卖空机制的情况下，证券的市场价格会受到过分乐观的投资者预期的影响而偏离公平价格轨迹，从而会使市场越来越偏离完美市场的定价标准。[①]

为了向大家说明卖空机制，下面我们举一个例子。假设斯托克斯女士认为威尔逊制药公司的股票每股 20 美元的价格是被高估了，她希望自己建立的头寸，一旦估计正确就能从中获利。于是，她给她的经纪人耶茨先生打电话说，她想卖出 100 股威尔逊制药公司的股票。这时耶茨先生有两件事情要办：以斯托克斯女士的名义卖出 100 股威尔逊制药公司的股票，并出面借入 100 股威尔逊制药公司的股票。假设耶茨先生能够以每股 20 美元的价格售出股票，并从乔丹先生那里借到了股票。于是，从乔丹先生那里借来的 100 股威尔逊制药公司的股票就被交割给购买了 100 股股票的买主。出售证券的收入（不计佣金）为 2 000 美元。不过，这笔收入暂时还不能交给斯托克斯女士，因为她还没有还给经纪人 100 股股票。

假定一周后威尔逊制药公司的股票跌至每股 15 美元。斯托克斯女士可能会指示其经纪人买进 100 股威尔逊制药公司的股票，购买股票的成本（不计佣金）为 1 500 美元。买入的股票随即被交还给刚开始时借给斯托克斯女士 100 股股票的乔丹先生。到此时为止，斯托克斯女士卖出了 100 股，又买进 100 股，所以不管是对经纪人还是乔丹先生，斯托克斯女士都不再负有任何债务，因为她已经轧平了卖空头寸。她有权支配她的账户中由于买卖股票而获得的收益。她出售股票的收入为 2 000 美元；买入股票的支出为 1 500 美元。因此，在不考虑佣金和各种费用的情况下，斯托克斯女士获得了 500 美元的投资收益。经纪人的佣金和股票出借者收取的费用要从这 500 美元中扣除掉；此外，如果在借入股票期间，威尔逊制药公司支付了股利，那么斯托克斯女士必须把这部分股利收入交还给乔丹先生，因为那时乔丹先生仍然是股票的所有者。

假如威尔逊制药公司的股票价格没有下跌，反而上升了，那么斯托克斯女士在轧平卖空头寸后，就会蒙受损失。比如说，股票的价格涨至每股 27 美元，于是斯托克斯女士将损失 700 美元，此外还要加上佣金以及借入股票的费用。

保证金交易 投资者可以借入资金购买证券，并把购买的证券作为抵押品。例如，假设鲍克斯先生有 10 000 美元可用于投资，他考虑投资威尔逊制药公司的股票，该股票目前的售价为每股 20 美元。10 000 美元的资金可以让鲍克斯先生买到 500 股威尔逊制药公司的股票。假设他的经纪人可以安排借给他额外的 10 000 美元，那么鲍克斯先生就可以多买 500 股。于是，虽然投资额只有 10 000 美元，但是鲍克斯先生能买到 1 000 股股票，而这 1 000 股股票将用作 10 000 美元借款的抵押品，鲍克斯先生还必须为这 10 000 美元的借款支付利息。

投资者借钱买入额外的证券，并把证券本身用作抵押品，这种交易方式叫做**保证金购买**（buying on margin）。通过借入资金，投资者为自己创造了财务杠杆。

[①] 有关卖空机制功能的更多讨论内容参见 Frank J. Fabozzi（ed.），*Short Selling：Strategies，Risks，and Rewards*（Hoboken，NJ：John Wiley & Sons，2004）。

再来看一下鲍克斯先生的例子。他投资了 10 000 美元，但是获得的投资收益要取决于 1 000 股而非 500 股股票市场价格波动所带来的结果。股价上涨，他能获得更大的收益；股价下跌，则他的损失会更加严重（与不借款的情况相比）。

为了说明随后股价的变动会导致什么样的投资结果，我们先不妨假设威尔逊制药公司的股票价格涨至每股 29 美元。于是，不计佣金和借款费用，鲍克斯先生每股获得 9 美元的收益，那么 1 000 股的总收益便为 9 000 美元。如果鲍克斯先生没有借入 10 000 美元另外多购买 500 股，则其利润将仅为 4 500 美元。然后，我们再假设威尔逊制药公司的股票价格跌至每股 13 美元，由于鲍克斯先生借款多买入了 500 股，所以此时他将损失 7 000 美元（每股损失 7 美元，共 1 000 股），而不是 3 500 美元（每股 7 美元，共 500 股）。

购买更多股票的借入资金由经纪人提供，而经纪人是从银行获得的贷款。银行向经纪人收取的对这类贷款适用的利率叫做**通知贷款利率**（call money rate）（也叫做**经纪人贷款利率**，broker loan rate）。经纪人向投资者收取的借款利息等于通知贷款利率再加上手续费。

在保证金交易中，经纪人不能随心所欲尽可能多地贷款给投资者购买证券。1934 年《证券交易法》规定，经纪人提供的贷款不能超过证券市场价值的一定百分比。**初始保证金要求**（initial margin requirement）是指投资者必须用现金支付的证券市场价值的比率。1934 年《证券交易法》在 T 条例和 U 条例中授权给美联储理事会决定初始保证金要求的权力。股票和债券的初始保证金要求一直在变化，目前定为 50%，但是过去一直是低于 40%。美联储还规定了**维持保证金要求**（maintenance margin requirement），它指的是投资者的保证金账户内保证金的金额与证券市场总价值的最低比率。如果投资者的保证金账户余额降到最低的维持保证金以下，则交易所会立即通知投资者追加现金。投资者会收到经纪人发出的**追加保证金的通知**（margin call），上面详细说明了投资者必须向其保证金账户追加的现金数额。如果投资者没有及时向保证金账户追加现金，则账户内的证券会被立即出售。

我们在第 10 章会讲到，参与期货市场交易的投资者也必须满足初始保证金和维持保证金的要求。但购买证券的保证金要求在概念上与期货交易的保证金要求存在一定差别。在证券的保证金交易中，初始保证金相当于定金，余额为必须支付利息（等于通知贷款利息再加上手续费）的借入资金。在期货市场上，初始保证金实际上是"承诺"资金，表示投资者愿意履行期货合约所规定的义务。在期货交易中，投资者并没有借入资金。

证券融资 我们可以看到证券交易不仅包括按照证券的全部价格购买证券，还包括卖出并不拥有的证券，或者借入证券来出售。我们将以普通股为例，简单解释保证金交易和卖空。然而，机构投资者和投资银行的交易专柜还可以提供其他类型的证券融资交易或者卖空交易。例如，对冲基金希望融资 4 000 万美元用来购买特定的抵押贷款支持证券。或者投资银行的交易专柜希望卖空 5 000 万美元的特定公司债券，需要借入特定公司债券来完成卖空交易。这都是机构投资者和投资银行交易专柜的常见交易。

为了完成这种类型的交易，市场中一定存在这样的交易机制，使得这些证券的头寸能够迅速得到满足，并且交易成本合理，证券能够很顺利地被借到，这样卖空交易才会发生。证券的融资头寸以及证券的借入属于并不有名但是却非常重要的金融领域活动，我们称这类活动为证券融资，在前面的章节中我们介绍过相关的内容。[1] 证券融资包括两大类活动：融券和回购协议。[2] 我们将对这两类活动进行简要的介绍。

融券　我们在介绍卖空交易的时候，知道投资者如何通过卖空获利。然而，我们却遗漏了一个至关重要的细节。卖空者将证券卖给了买者。卖空者是如何获得证券，把这些证券交割给经纪商，而经纪商又是如何将证券向证券购买者交割的呢？答案其实很简单：卖空者向经纪商借入证券卖出。然而，这个简单的答案忽视了金融市场上被称为融券这类活动的重要作用以及参与融券交易的各方的动机和目的。

融券（security lending）指的是证券的一方暂时性地将证券转移给另一方。将证券转出的那一方被称为**证券贷出者**（security lender），而需要证券的这一方被称为**证券借入者**（security borrower）。融券协议要求借入者在被要求时或者在特定日期内归还证券。

在证券贷出者将证券借给证券借入者期间，证券贷出者面临的风险是证券借入者可能到期不能归还所借的证券。最直接的担心就是所借证券的市场价值增加了，如果证券借入者不能将证券价值所增长的部分一起归还，那么证券贷出者就会面临实实在在的损失。为了保护自己的利益，证券贷出者要证券借入者提供某种形式的担保品。担保品可以是现金，也可以是其他证券。大多数融券交易都以现金为担保品，在我们的讨论中，我们会介绍当担保品是现金时将会发生什么。

我们都知道为什么证券借入者会进行融券这项交易活动，但是，证券贷出者进行这项交易的动机和目的又是什么呢？证券贷出者可以通过贷出证券赚取相应的费用。要详细了解这一过程是如何发生的，我们必须对借贷协议做详细的讨论。

当证券借入者准备了相应的现金担保品，证券贷出者就可以将这些现金资产用于投资。协议上会要求证券贷出者向证券借入者支付一定的费用，通常被称为**折扣**（rebate）。折扣的金额正好等于现金担保品的金额乘以**折扣率**（rebate rate）。当证券贷出者同意将证券贷给证券借入者使用时还要支付一定的费用给证券借入者，这可能会让人感到不解。但现实是证券贷出者有现金资产可以用来投资。证券贷出者可以通过投资赚取收益。证券贷出者的预期是通过现金投资所谋求的收益率要高于折扣率。这也就是证券贷出者借贷证券的经济动因。

商业银行和投资银行都有部门为这些拥有证券而且愿意借贷的客户提供服务。这些部门帮助客户协商折扣率，确定可接受的交易对手，投资现金担保品以谋求比折扣率更高的收益。

回购协议　在金融市场上有能力融券是非常重要的。这可以通过将购买的证券作为贷款的担保品来实现。金融市场上可以通过担保贷款安排来借款的参与者

---

①　参见 Frank J. Fabozzi and Steven Mann（eds），*Securities Finance：Securities Lending and Repurchase Agreements*（Hoboken，NJ：John Wiley & Sons，2005）。

②　有些市场参与者将融券和回购协议归为一类，统称它们为融券交易。

最常使用的两种融资方式是前面介绍过的保证金购买和回购协议。当担保品是普通股票时，保证金购买是最常用的方法。尽管通过保证金的方法买入债券也是可行的，但就债券而言最常见的融资方式还是回购协议。

回购协议（repurchase agreement），通常简写为**回购**（repo），指的是证券的卖者在将证券卖给买者的时候，与买者签订一份协议，约定在未来特定的时期，以特定的价格将证券购回。卖者在回购时必须支付的价格被称为**回购价格**（repurchase price），证券必须被回购的时间被称为**回购日**（repurchase date）。基本上说来，回购协议是一种担保贷款，在这里，担保品是先被卖出随后又被回购的证券。

寻求融资的机构同意的贷款期限和同意支付的贷款利率被称为**回购利率**（repo rate）。当贷款的期限只有一天时，通常被称为**隔夜回购**（overnight repo），如果贷款期限超过了一天，则被称为**短期回购**（term repo）。这种交易之所以被称为回购协议，是因为它要求先卖出证券，然后又在未来的某个时期买回证券。买卖的价格都在协议中规定清楚了。证券买卖价格之间的价差被称为贷款的美元利率成本。

例如，假设某对冲基金购买了价值 2 000 万美元的特定证券，并且准备持有30 天。该对冲基金可以通过回购市场融资。在回购市场上，对冲基金可以以所持有的证券作为担保品申请贷款。对冲基金同意将 2 000 万证券交割给（卖给）客户，同时在 30 天后从客户手中将这 2 000 万证券买回（回购）。

对冲基金通过回购市场借入短期贷款的好处就在于其利率水平要低于通过向银行借款的利率水平。（原因我们随后会解释。）从贷款人的角度来看，回购市场为具有高流动性的短期担保交易提供了非常有吸引力的收益率。我们将在第 20 章讨论货币市场工具的时候，把回购协议当成投资产品进行详细介绍。

尽管在我们所列举的案例中，对冲基金是以多头的身份在回购市场上融资，但同时市场参与者也可以通过回购市场进行做空交易。例如，假设对冲基金在十天前卖出了价值 3 000 万美元的证券，而且必须平仓——也就是要交割证券。对冲基金可以通过回购市场买进它所卖出的证券，然后在未来某个特定的时间将证券卖回给交易对手。当然，最终对冲基金还是不得不在市场上买进证券进行平仓。在这个案例中，对冲基金事实上就是向回购对手借入了担保贷款，也就是说，在这个回购交易中，对冲基金是贷出基金。回购协议的交易对手可以通过担保贷款中获得的资金发挥其杠杆作用。

华尔街有很多专业术语（或者行话）来形容回购交易。为了理解这些行话，要记住：交易的一方是贷出货币，并将收到的证券作为贷款担保品；交易的另一方是借入货币，并以证券为担保品借入货币。某人贷出证券，其目的是为了收到现金（也就是借入货币），这一方通常被视为"返出"证券。而以证券为担保品借入货币的一方被视为"返进"证券。同样，"回购证券"和"投资回购"也经常被用到。前者的意思是以证券为担保品进行融资，而后者的意思是在回购市场上对回购协议进行投资。最后，术语"卖出证券"和"买进证券"也经常用到，用来形容一方面通过回购协议融通证券，另一方面又以证券为担保品进行贷出活动的市场参与者。

尽管在回购交易中可能存在很多高质量的担保品，但交易的双方仍然面临信用风险。为什么回购交易中会有信用风险呢？回顾一下我们前面提到的对冲基金以其购买的价值2 000千万美元的证券为担保品进行融资的案例。如果对冲基金不能够回购这些证券，交易对手就必须持有这些证券。如果在随后的回购交易中，证券的市场价值下跌了，交易对手拥有的证券市场价值就低于其借给对冲基金的资金。如果证券的市场价值上升了，对冲基金就会担心担保品的收益率，那个时候，担保品的市场价值要高于贷款的市场价值。

正是因为如此，回购协议都是被认真设计和安排的，目的就是要降低信用风险。借款的金额要低于作为担保品的证券的市场价值，这样的话，当证券的市场价值下跌时，就为贷款人提供了一个缓冲。作为担保品的证券的市场价值与贷款金额之间的差额被称为**回购差价**（repo margin）。回购差价通常也被称为"折扣"。一般情况下，回购差价在1%到3%之间。对于信用度比较低的借款人，或者是作为担保品的证券的流动性较差，回购差价可能会高达10%，甚至更高。另外一种降低信用风险的实践做法是按照一定的市场基准，记录担保品的价值。（这意味着根据头寸的市场价值来确定其价值。）当市场价值发生了一定比例的变化时，回购头寸也要做相应的调整。

市场上并不存在一个确定的回购利率。交易和交易之间的利率水平是变化的，其变化主要取决于一系列因素：担保品的质量、回购期限、交割要求、担保品的可获得性以及当前的联邦基金利率水平。期限对回购利率水平的影响取决于收益率曲线的形状。担保品越难获得，回购利率就越低。为了理解为什么会这样，要记住：不管什么原因，借款人（或者说担保品的出售者）拥有证券，而贷款人拥有现金。这些担保品被称为"热手"或者"特殊担保品"。（并不具备这些特征的担保品被称为"普通担保品"。）需要热手担保品的参与方为了获得担保品愿意以较低的回购利率贷出资金。

尽管上面的这些因素在特定的交易中决定着回购利率的水平，但联邦基金利率决定着回购利率的一般水平。回购利率通常会比联邦基金利率要低，其原因就在于回购是有担保品的借贷，而联邦基金交易则是无担保借贷。

经纪人与交易商在现实市场上的作用

在现实金融市场的日常运行中，我们可以看出在理论上它们并不是完美的市场。正是因为存在着种种不完美，经纪人与交易商的存在才会显得如此必要。他们是帮助二级市场顺利完成其职能不可或缺的重要力量。

经纪人

现实的市场不能完全满足理论上的完美市场所必须具备的种种严厉标准，其中一个表现就是很多投资者不可能每时每刻都处于市场中。而且，一般的投资者不一定会掌握熟练的交易技巧，也不一定了解有关资产交易的每一个信息。显而易见的是，即使是在顺利运转的金融市场上，大多数投资者也需要专业性的帮助。投资者需要有人接受他们的买卖委托交易指令并将其记录下来，寻找对应的卖方和买方，成功协商一个对自己有利的价格，充当交易的中心以及执行各种委托交易指令。经纪人可以完成上述所有功能。显然，这些功能对比较复杂的交易——例如非常小额的交易或巨额交易——要比对正常规模的普通交易更为重要。

作为做市商的交易商

现实的市场区别于完美市场的另一个表现是，在现实的市场上，投资者在任何时间下达的买入和卖出证券的委托交易指令可能经常会发生暂时性的不平衡。这种不匹配或不平衡的交易指令循环会造成两个问题：首先，即使市场供求关系没有发生变化，证券的价格也有可能发生剧烈波动；其次，如果投资者想马上成交，那么买主有可能被迫支付高于市场出清价的价格，或者是卖主不得不接受低于市场出清价的价格。

例如，假设 ABC 证券的市场公允价格是每股 50 美元，这个价格是由最近几次交易确定的。再假设多位投资者手上突然有了大笔现金，于是他们马上进入市场下达委托交易指令。买入指令传递到市场，但此时并没有相应的卖出交易指令与其对应。这一暂时性的不平衡足以推动 ABC 证券市场价格的上涨，比如说涨至每股 55 美元。于是，即使发行人的基本财务状况没有发生变化，其发行的证券价格也会发生剧烈变动。这时，想立即买入 ABC 证券的投资者只能接受每股 55 美元的价格，而不是每股 50 美元，这一差额可以被看作是"立即执行"的代价。我们说的"立即执行"，指的是买卖双方都不想等到交易对手已经下达了足够的委托交易指令后再去执行自己的交易指令，即使只有这样才能让市场的价格水平回归到近期的合理交易价位。

不平衡的存在充分说明了交易商存在的必要性。交易商时刻准备着愿意使用自己的账户买入金融资产（增加证券库存），或者是卖出金融资产（减少证券库存）。在某个给定时点，交易商愿意按照某一价格（买入价）买进证券，并且按照另一个更高的价格（卖出价）卖出同一证券。

20 世纪 60 年代，经济学家乔治·斯蒂格勒（George Stigler）[1] 和哈罗德·德姆塞茨（Harold Demsetz）[2] 分析了交易商在证券市场上发挥的作用。他们认为交易商是市场即刻交易能力——即立即达成交易的能力——的主要提供者。当买卖双方下达的委托交易指令存在短期的不平衡时，交易商不仅可以向市场提供即刻交易能力，而且还维持了短期价格的稳定（或者说是保持了价格的连续或平稳），因此买卖价差可以被视为交易商提供上述服务应收取的费用。交易商还有另外两个作用：为市场参与者提供更优价格的信息，以及在某些市场上提供类似于拍卖人的服务，来维护市场的秩序和公正。[3]

我们前面给出的例子可以说明交易商发挥的稳定价格的作用。在那个例子中我们可以看出，交易双方下达的委托交易指令出现了暂时性的不平衡，此时如果不加干预，那么某个特定交易的价格将会发生某种变动。但是如果有了交易商，那么即使市场上没有对应的委托交易指令，交易商也可以用自己的账户与对方进

---

① George Stigler, "Public Regulation of Securities Markets," *Journal of Business* (April 1964), pp. 117 - 134.

② Harold Demsetz, "The Cost of Transacting," *Quarterly Journal of Economics*, (October 1968), pp. 35 - 36.

③ Robert A. Schwartz, *Equity Markets: Structure, Trading, and Performance* (New York: Harper & Row Publishers, 1988), pp. 389 - 397.

行交易,从而防止价格严重偏离于最近一次交易所确定的价格水平。

投资者关心的是即时交易,他们还希望能够按照当时市场条件下允许的合理价格成交。虽然交易商也不能确切地知道某一证券的真实价格,但是在某些市场框架下,他们确实占据着极具优势的地位,对进入市场的买卖交易指令信息了然于胸。同样地,对于"限价委托指令"——这种特殊交易指令只有当证券的市场价格按照某种特定的轨迹变动时才会被执行——他们也同样占据着优势地位(有关限价委托指令的详细内容请参见第 14 章)。

最后,交易商在某些市场上还充当着拍卖人的角色,维护市场运行的秩序与公正。比方说,正如我们在第 13 章里将要解释的那样,在美国有组织的股票交易所内,做市商通过组织交易来确保交易所制定的交易优先原则能够得到遵守,从而保证市场运行的公平与有序。在拍卖型的市场结构中,做市商的作用就相当于拍卖师。在这样的市场上,做市商不像连续交易市场上的交易商一样自己持有证券头寸。

交易商为自己提供的服务收取多高的费用的决定因素是什么?或者换句话说,买卖价差的决定因素是什么?其中一个最主要的因素是交易商付出的委托交易指令的处理成本,例如维持营业所必需的设备成本,管理人员及操作人员的人工成本。这些成本越低,交易所的买卖价差就越低。20 世纪 60 年代以来,随着计算成本及训练有素的职员人工成本的降低,这一类成本一直在不断减少。

交易商还必须为承担风险而获得补偿。**交易商头寸**(dealer's position)可能是持有证券库存(这叫做多头头寸,long position),也可能是卖出自己并不持有的证券(这叫做空头头寸,short position)。对某种证券持有多头头寸或空头头寸会使交易商面临下列三类风险。首先,未来证券的价格变动情况具有不确定性。持有多头头寸的交易商担心证券价格下跌;持有空头头寸的交易商则担心价格上涨。其次,有些风险与交易商处理头寸预计需要的时间及其不确定性有关,而这又主要取决于该证券的买卖委托交易指令抵达市场的速度(即市场厚度)。最后,尽管交易商有可能比一般公众获得更多的有关委托交易指令流量的信息,但是在某些交易中,有可能是交易商的交易对手拥有更多的信息。[1] 结果当然是消息更为灵通的交易者获得一个更好的成交价格,而交易商却蒙受了损失。因此,交易商在决定交易的买卖价差时就要好好地估计一下交易对手是否有可能掌握了更多的交易信息。[2]

市场效率

"有效"这一术语在多种场合下被用于描述资本市场的运行特征。然而,我们

---

[1] Walter Bagehot,"The Only Game in Town," *Financial Analysts Journal* (March/April 1971),pp. 12 - 14, 22.

[2] 我们将在第 13 章谈到的一些交易形式可看成是"无信息交易",意思是说交易商知道或相信客户要进行某笔交易是为了实现投资目标,而不是为了从该证券未来可能出现的价格波动中获利。

必须把有效运行（或内部有效）的市场与有效定价（或外部有效）的市场区分开来。[1]

运行效率

在**有效运行的市场**（operationally efficient market）上，以经纪人提供交易的基本成本为基础，投资者可以获得尽可能便宜的服务。例如，世界上各国国内股票市场的运行效率各不相同。在美国，经纪人收取的佣金水平一度是固定的，经纪业的收费偏高。直到 1975 年 5 月，美国各大交易所被迫采用竞争性的协议佣金制度，情况才开始有所转变。国外市场也正在向更具有竞争性的经纪佣金制度转变。例如，法国于 1985 年开始对大额交易实行协议佣金制。在 1986 年英国的"金融大爆炸"（Big Bang）变革中，伦敦股票交易所取消了固定佣金。

前面我们曾经提到过，佣金只是交易成本的组成部分之一，交易商的买卖价差是交易成本的另一组成部分。债券的买卖价差随品种的不同而不同。例如，美国国债的买卖价差就要比其他债券小得多。同是在美国国债市场上，有些国债的买卖价差就要低于其他国债产品。交易成本的其他组成部分会在本章的后面内容里进一步展开讨论。

定价效率

定价效率（pricing efficiency）是指市场价格在任何时候都充分反映了与证券定价相关的所有可获得的信息。这就是说，证券的相关信息很快会在证券的价格上得到反映。

尤金·法马（Eugene Fama）在关于定价效率的富有开创性的论文中指出，要检验市场的定价是否有效，首先必须明确以下两个定义：第一，必须阐释价格"充分反映"信息的含义；第二，必须界定被认为"充分反映"于价格中的"相关"信息群到底涵盖哪些信息。[2]

法马等人依据投资者持有证券的预期收益来定义"充分反映"的含义。持有期的预期收益率等于预期的现金红利收入再加上预期价格变动之和除以期初价格。法马等人定义的价格形成过程是从现在开始的一段时间内，预期收益率是一个随机变量，它已经把"相关的"信息群全都考虑进去了。[3]

在定义价格应该反映的"相关"信息群时，法马把市场的定价效率划分为三种形式：弱式、半强式和强式。三种形式的区别在于假设已被反映到证券价格当中的"相关信息"是不同的。**弱式有效**（weak efficiency）是指证券价格反映了证券过去的价格与交易信息。**半强式有效**（semi-strong efficiency）是指证券价格充分反映了所有的公开信息，这包括历史价格与交易信息，但又不限于此。**强式有效**（strong efficiency）是指市场上的证券价格反映了所有公开和不公开的信息。

有效定价的市场会对投资者希望采取哪种投资策略产生影响。我们在本书中

---

① Richard R. West，"Two Kinds of Market Efficiency，"*Financial Analysts Journal*（November/December 1975），pp. 30–34.

② Eugene F. Fama，"Efficient Capital Markets：A Review of Theory and Empirical Work，"*Journal of Finance*（May 1970），pp. 383–417.

③ 如果我们假设只有当预期投资回报率大于零时，投资者才愿意投资于证券，那么价格的形成过程就被称为次鞅过程（submartingale process）。

会提到投资者采用的多种积极的投资策略。所谓积极的投资策略是指投资者利用他们认为的某个或某些证券的不合理定价来获利。但是，在一个有效定价的市场中，如果考虑到交易成本，考虑到积极投资策略的风险大于购买并持有的简单投资策略，那么大家都会明白积极投资策略不会一直给投资者带来较高的回报率。因而，在某些经验论据证明定价确实有效的市场上，投资者已经开始采用**指数化**（indexing）投资策略，也就是简单地追求获得与某些金融指数的表现相一致的投资收益。我们将在第14章考察股票市场的定价效率；学者们对这个市场定价效率的实证研究是最多的。

交易成本[①]

在这个激烈竞争的投资时代，当货币经理人的业绩与市场基本业绩标准相比较时，即使是0.5个百分点的差距也不是一个小数字。因此，执行投资策略的成本也就成为投资过程的一个重要方面。交易成本不仅仅包括经纪人佣金，还包括佣金、手续费、执行成本以及机会成本。

佣金是支付给负责完成证券买卖交易的经纪人的费用。从1975年5月开始，交易所开始彻底实行协议佣金制度，自那时开始，经纪人收取的佣金费率一直在持续下降。费用性支出中还包含托管费（custodial fees）和过户费（transfer fees）。托管费是代投资者保管并持有证券的托管机构收取的手续费。

执行成本（execution costs）等同于证券的执行价格与如果没有这笔交易市场可能出现的价格之间的差额。执行成本可以进一步划分为**市场（或价格）冲击成本**（market impact costs 或 price impact costs）和**市场进入时机成本**（market timing costs）。投资者对流动性的需求可能是受到了某些信息的驱动，交易商为了规避这一风险，故意将报价打了个折扣，这一价格折扣再加上买卖价差就构成了市场冲击成本。[②] 在证券交易进行过程中，证券的市场价格可能会发生不利变动，这一变动也许要部分归因于该证券的其他多笔市场交易，并不是特定的某一笔交易造成的，这部分成本叫做市场进入时机成本。因此，执行成本既与投资者的流动性需求有关，也与交易日的市场交易活动有关。

信息驱动型交易（information-motivated trades）与**无信息交易**（informationless trades）之间存在着明显的差别。[③] 当投资者认为自己获得了有关信息，而且这些信息尚未反映到证券的市场价格中时，信息驱动型交易便会发生。这类交易会加大市场的冲击，因为它着重强调的是交易指令的执行速度，或者是因为做市商认定这一急于进行的交易指令受到了某些信息的驱使，为了规避自身风险而故意提高了买卖价差，以图获得一些保障。这类交易采取的模式可能是卖出一种证券，同时又买进另一种证券。无信息交易则是源于财富资产的重新配置，或者只

---

① 这部分讨论摘自 Bruce M. Collins and Frank J. Fabozzi, "A Methodology for Measuring Transactions Costs," *Financial Analysts Journal* (March/April 1991), pp. 27 - 36.

② 这里"价格折扣"的含义是指投资者在买入证券时不得不支付更高的价格，卖出证券时不得不接受更低的价格。

③ L. Cuneo and W. Wagner, "Reducing the Cost of Stock Trading," *Financial Analysts Journal* (November/December 1975), pp. 835 - 843.

是利用现有信息执行投资策略。第一种交易类型的例子是养老金决定把现金投资到股票市场。无信息交易类型的例子则包括资产投资组合的重构、新增资金的投资或已投资资金的套现等。在这种情况下，单单是流动性的要求不会促使做市商收取只与新信息相关的高比例价格折扣。

衡量执行成本的困难在于准确的测量值——投资者不进行这笔交易的条件下证券的价格与证券的实际交易价格之间的差额——是无法观察的。而且，执行价格还要取决于边际供求条件的变化。因此，执行价格可能会受到急于成交而相互竞争的交易商的影响，也可能会受到其他抱有相似交易动机的投资者的影响。这意味着投资者最终的成交价格是下列因素共同作用的结果：市场交易机制的结构、边际投资者的流动性需求以及具有相似交易动机的投资者之间的相互竞争。

不进行交易的成本就是机会成本。[1] 机会成本是由投资者想做成的交易最终却并没有成交而引起的。这部分成本相当于在充分考虑并对执行成本、佣金及手续费进行调整后，投资者希望进行的投资与实际投资之间在业绩方面的差别。

机会成本一直被描述为交易的隐性成本。一些分析人士认为很多采取积极投资策略的证券组合之所以业绩达不到预期目标，主要是因为投资者希望进行的交易不能全部得到执行。[2] 机会成本的测量与执行成本的测量面对着同样的问题。机会成本的准确测量要取决于投资者确实知道在整个投资期间，如果所有希望完成的交易都能在预期的时间点成交（实际并未成交），那么证券的最终投资绩效会有多高。因为这些原本希望进行的交易最终并没有成交，所以测量的基本标准本身就是不可观测的。[3]

小 结

一级市场是发行人向投资者发行新证券的场所。证券交易委员会负责管理新证券的发行，主要遵循的法律法规是 1933 年《证券法》。该法案要求发行人向证券交易委员会提交注册说明书，并且注册说明书必须要得到证券交易委员会的批准。

415 规则，即储架注册规则，允许发行人只提交一份注册文件，声明他计划在未来两年内一次或多次出售一定数量的某类证券。

传统承销模式的新变型包括用于债券承销的买断包销、用于股票和债券交易的拍卖法以及用于普通股票承销的发行认股权证。

就发行人必须满足的监管要求而言，证券的私募与公开发行存在着较大的差别。如果发行人有资格进行私募，那么他就可以规避掉公开发行过程中复杂得多的注册要求。144A 规则提高了私募发行的证券的流动性，从而有助于促进私募市场的发展。

全球资本市场可以划分为完全分割的市场或完全一体化的市场两种形态。现实世界中的资本市场既非完全分割，也非完全一体化，更恰当的描述是适度分割或适度一体化。在具备这种特征

---

① 在投资策略执行不完全的框架下讨论机会成本问题，参见 Andre F. Perold, "The Implementation Shortfall: Paper Versus Reality," *Journal of Portfolio Management* (Summer 1988), pp. 4 - 9。

② 参见 J. L. Treynor, "What Does It Take to Win the Trading Game?" *Financial Analysts Journal* (January/February 1981), pp. 55 - 60，里面有对高额机会成本造成的后果的讨论。

③ 学者们已经提出了一些估计执行成本和机会成本的测算方法，例如读者可以参考 Collins and Fabozzi, "A Methodology for Measuring Transactions Costs."

的世界资本市场上，存在着能在海外资本市场上以更低的成本融资的机会。

一家公司谋求在外国资本市场筹资，可能出于下列一个或多个原因：（1）国内市场满足不了其融资额的需要；（2）存在着以较低成本融资的机会；（3）谋求资金来源的多样化；（4）作为总体外汇管理的一个组成部分，需要将部分资金以另一国货币标价。

金融资产的二级市场是投资者之间买卖自己持有的或发行在外的资产的场所。二级市场能够满足在一级市场上发行证券的公司或政府机构的多种需要：它能够向发行人提供有关其发行在外的股票或债券市场价格的信息；由于它为投资者提供了随时将已投资证券变现的机会，因此二级市场还起到了鼓励投资者从发行人那里购买证券的作用。

投资者也受益于二级市场：市场为他们创造了流动性，为他们正在持有或希望购买的资产确定交易价格；市场还把有意进行交易的投资者聚集到一起，从而降低了搜寻交易对手和实际进行交易的成本。

证券的二级市场分布于世界各地。一般情况下，二级市场的市场结构可以被划分为订单驱动型和报价驱动型两种类型。后者不需要交易商的介入，市场的交易价格直接由普通买家和普通卖家相互博弈来确定，而非由交易商决定。订单驱动型市场还可以被进一步划分为连续订单驱动型市场和周期性集合竞价市场。现实生活中的金融市场常常同时兼具这两种市场类型的特征。

二级市场还可以被划分为有组织的交易所交易市场和场外交易市场。在场外交易市场上交易的金融产品都不能在交易所里进行交易。某些金融产品主要是在场外交易市场上进行交易。

即便是最发达的、运行最平稳的二级市场也达不到经济理论意义上的"完美"标准。现实的市场上总是存在着众多影响价格和投资者行为的"摩擦"。各种各样的交易成本是主要的"摩擦"障碍。

投资者可以向经纪人下达不同种类的委托交易指令，其中包括市价委托指令、限价委托指令、止损指令、止损—限价指令、触价转市单指令及定时委托交易指令。特定规模委托交易指令也可供投资者选择。

预计证券价格将下跌的投资者可以通过卖空操作来获利。对金融市场来说，提供允许投资者卖空的制度安排是非常有必要的。因为如果没有这一机制，证券价格就会沿着过分乐观的投资者的期望而畸形发展，偏离合理的市场价值轨迹。交易所对卖空行为可以进行的时间有一定的限制。

保证金购买是指投资者借钱买入更多的证券，并把买入的证券本身当作抵押品。通过借钱买入证券，投资者建立了财务杠杆。为购买更多证券而借入的资金由经纪人提供。通知贷款利率是银行向经纪人收取的贷款利息。在采用保证金购买交易模式时，投资者必须满足相关的要求。

证券融资这个概念包含二级市场上的两种操作行为，一是为了购买证券而安排融资，二是借入或贷出证券。常见的两类交易为融券和回购协议。

由于现实市场存在着各种各样的不完美，所以投资者需要得到两类市场参与者提供的服务：交易商和经纪人。经纪人对投资者提供的帮助体现在：接收委托交易指令，并将其传递到市场；撮合有意成交的买卖双方；协商价格；执行客户下达的委托交易指令。经纪人提供这些服务收取的费用叫做经纪人佣金。

交易商在市场上发挥三大功能：（1）为投资者提供即时交易的机会，使他们不必等到有了足够多的交易对手下达的委托交易指令才能成交（即"立刻成交能力"），交易商这样做还有助于保持短期价格的稳定性；（2）向市场参与者提供价格信息；（3）在某类市场上，交易商会充当拍卖人的角色，维持市场的秩序与公正。交易商用自己的账户买进证券并继续持有证券，其利润来自于证券的出售价格高于买入价格。

如果一个市场可以向投资者提供与买卖交易相关的、定价合理的服务，那么我们就说这个市场的运行是有效的。如果在每时每刻市场的价格水平都能反映出与证券估值有关的可获得信息，那么我们就说这个市场的定价是有效的。基于价格水平可以反映的相关信息群的分类，市场的定价效率可以被划分为三种形式：弱式、半强式和强式。在有效定价的市场上，采用积极投资策略并不能始终给投资者带来较高的投资回报率（对风险和交易成本调整后的收益）。

交易成本包括佣金、手续费、执行成本和机

会成本。执行成本相当于证券的执行价格与如果没有这笔交易市场可能出现的价格之间的差额。执行成本是由投资者需要立即执行交易而引起的，它既与投资者的流动性需求有关，也与交易日的市场交易活动有关。机会成本是由投资者想做成的交易最终却并没有成交而引起的。

关键术语

拍卖市场	做市商	报告公司
基准利率	市场秩序	回购差价
买卖价差	市场（价格）冲击	回购利率
买断包销	市场进入时机成本	回购协议
经纪人	适度一体化市场	回购日
限价买入委托指令	适度分隔市场	回购价格
保证金购买	多重价格拍卖法	密封投标竞价法
通知贷款利率（经纪人贷款利率）	普通买家	二级市场
竞价承销法	普通卖家	证券融资
完全一体化的市场	有效运行的市场	融券
完全分割的市场	订单驱动型市场	证券借入者
连续订单驱动型市场	场外交易市场	证券贷出者
交易商	隔夜回购	限价卖出委托指令
交易商头寸	周期性集合竞价市场	卖空
交易商市场	发行认股权证	半强式有效
尽职调查	一级市场	储架注册规则
交易所	价格审查竞价法	单一价格拍卖法
执行成本	有效定价	利差
指数化	本金	强势有效
无信息交易	招股说明书	备用承销费
信息驱动型交易	报价驱动型市场	备用承销安排
初始保证金要求	折扣	认购价格
限价委托指令	折扣率	定期回购
限价委托指令登记簿	红鲱鱼	等待期
维持保证金要求	注册说明书	弱势有效
追加保证金的通知		

思考题

1. a. 什么是注册说明书？

b. 什么是招股说明书？

c. 等待期指的是什么？

2. 1933 年《证券法》和 1934 年《证券交易法》规定，除非获准特别豁免，否则所有向公众发行的证券必须到证券交易委员会注册。《证券法》规定三种情况下发行人可以豁免联邦监管机构的注册程序。这三种情况指的是什么？

3. 什么是买断包销方式？

4. 为什么说与传统的承销方式相比，买断包销方式使投资银行承受了更大的资本风险？

5. 415 规则是如何推动投资银行在承销证券时使用买断包销方式而不是传统的承销方式的？

6. 承销商在向社会投资者发行证券之前，有义务完成尽职调查的职责。尽职调查的含义是什么？

7. 假设一家公司在竞价的基础上发行债券。该公司宣布它将发行 2 亿美元的新债券。下面的表给出了各位投标人报出的收益率和相差的标购金额。

投标人	标购金额（百万美元）	报价
A	20	7.4%
B	40	7.5%
C	10	7.5%
D	50	7.5%
E	40	7.6%
F	20	7.6%
G	10	7.7%
H	10	7.7%
I	20	7.8%
J	25	7.9%
K	28	7.9%
L	20	8.0%
M	18	8.1%

a. 哪些投标人最终能够中标？

b. 每位中标的投标人可以被分到多少债券？

c. 如果这次拍卖采用的是单一价格拍卖法，那么每位中标的投标人分别要支付多高的收益率？

d. 如果这次拍卖采用的是多重价格拍卖法，那么每位中标的投标人分别要支付多高的收益率？

8. 说明你是否同意下列这个说法："发行认股权证通常要求发行人借助投资银行将未被认购的剩余股份销售出去。"

9. 下列叙述摘自 1990 年 12 月 24 日发行的《公司融资周刊》：

> 今年，私募市场与公开发行市场一样，增长速度有所减慢。其原因是利率水平上升迫使许多发行人退出市场，中东危机的爆发以及投资者对质量越来越关注……144A 规则的出台使得外国发行人的发行数额显著增加。

a. 私募与公开发行之间的主要区别是什么？

b. 为什么 144A 规则会有助于增加外国发行人的私募发行数量？

10. 完全一体化的全球资本市场的含义是什么？

11. 怎样描述全球资本市场的一体化最为恰当？这对于企业的融资行为有何意义？

12. 为什么一家公司会寻求在本地以外的外国资本市场上融资，哪怕这样做融资成本会更高一些？

13. 二级市场对投资者提供了哪些服务？

14. 债券一般在哪个市场上进行交易？

15. 场外交易市场的含义是什么？

16. 订单驱动型市场与报价驱动型市场的区别是什么？

17. 解释一下你是否同意下面的论述：

a. 现实世界里的资本市场要么是连续订单驱动型市场，要么是周期性集合竞价市场，但是不可能同时兼具上述两者的特点。

b. 场外交易市场的市场机制是周期性集合竞价市场。

18. 交易所交易产品的含义是什么？

19. 下列引文摘自韦恩·H·韦格纳（Wayne H. Wagner）的论文《交易策略的分类学》，该文收录于注册金融分析师协会 1988 年出版的《交易策略与执行成本》一书：

> 在交易者考虑如何向市场下达交易指令时，他或她必须回答一些十分重要的问题。对我来说，最重要的问题是：进行哪种交易？这是积极的交易还是消极的交易？交易的类型决定了是执行速度重要还是执行成本重要。换句话说，我是想要立刻成交（市价委托指令）呢？还是放弃即刻成交，宁愿等待时机争取以更低廉的成本成交（限价委托指令）？

a. 市价委托指令的含义是什么？为什么投资者希望立即成交时会下达这样的指令？

b. 限价委托指令的含义是什么？为什么它的成本有可能会比市价委托指令低一些呢？

20. 假设曼库索先生以每股 45 美元的价格买入了哈利自行车公司的股票。他认为自己在该股票上能够承受的最大损失是每股 6 美元。那么曼库索先生应当向经纪人下达何种委托交易指令？

21. a. 从理论意义上说，如果能满足一些苛刻的条件，市场可以是完美的。具体指的是哪些条件？

b. 市场摩擦的含义是什么？

22. a. 投资者为什么要卖空证券？

b. 如果卖空证券的市场价格上涨了，结果会怎么样？

c. 对普通股卖空的限制是什么？

d. 在卖空交易中，经纪人发挥了什么作用？

23. a. 保证金购买的含义是什么？

b. 为什么保证金交易能够增加投资者的财务杠杆比率？

c. 在采用保证金购买证券的模式时，谁负责制定保证金要求？

24. 融资购买证券的市场机制是什么？

25. 在融券交易中，证券贷出者的经济动机是什么？

26. 经纪人与交易商的区别是什么？

27. 在做市时，交易商怎样获得利润？

28. 在做市过程中，交易商要面临哪些风险？

29. 买卖价差的含义是什么？

30. 市场订单流的速度（或称市场厚度）会对交易所的买卖价差造成怎样的影响？

31. 交易商的行为会给市场带来哪些好处？

32. 住房房地产市场上有很多经纪人，但却鲜有交易商的身影出现。如何解释这一现象？

33. 哪些因素促成了市场的有效运行或内部有效？

34. 有效定价或外部有效的市场其主要特征是什么？

35. 半强式有效的市场定价效率指的是什么？

36. 说明你是否赞成下面这种说法："认为市场有效定价的投资者会采用积极投资策略。"

37. 下列文字摘自格雷塔·E·马歇尔（Greta E. Marshall）的论文《执行成本：计划发起人的观点》。该文收录于注册金融分析师协会 1988 年出版的《交易策略与执行成本》一书。

a. "交易成本有三个组成部分。首先是可以估计的直接成本——佣金；其次是间接成本，或者叫做市场冲击成本；最后是不进行交易的成本，这一成本无法测量。"什么是市场冲击成本？你认为"不进行交易的成本无法测量"的含义是什么？

b. "与经纪人的佣金费用不同的是，市场冲击成本难以确定或测量。"为什么市场冲击成本难以测量？

38. a. 什么是信息驱动型交易？

b. 什么是无信息交易？

金融学译丛·资本市场:机构与工具(第四版)

第 3 部分
风险与收
益理论

第 8 章

风险与收益理论（一）

学习完本章内容，读者将会理解以下问题：

● 如何计算证券或投资组合单位周期内的历史投资收益率

● 计算多个单位周期内的投资收益率的不同方法

● 什么是有效投资组合

● 如何计算单个资产及资产组合的预期收益率与风险

● 为什么资产组合的预期收益率是组合内各个资产预期收益率的加权平均值

● 投资组合理论对投资者的投资决策行为作出了怎样的假设

● 系统性风险和非系统性风险的区别

● 投资多样化对风险总体水平的影响

● 两项资产的相关系数在度量投资组合风险时的重要性

● 可行投资组合和投资组合的可行集分别有什么含义

● 什么是马科维茨有效边界

● 什么是最优投资组合，最优投资组合是如何从马科维茨有效边界上所有的投资组合中被挑选出来的

● 金融理论中金融资产收益率分布理论的重要性

● 什么是行为金融学，它与传统的金融理论有何区别

正如我们在第 1 章里曾经解释的那样，估值就是确定金融资产合理价值的过程。估值的基本原则是，任何金融资产的价值都等于其预期现金流的现值。估值过程分为两步：估计现金流和确定应被用于计算现值的合适的利率水平。合适的利率水平等于最低利率加上风险溢价。风险溢价的大小取决于实现这一现金流的风险大小。本章以及下一章通过说明资本市场上风险与预期收益率之间的理论关

系来介绍关于如何确定合适的风险溢价水平的理论。

风险与预期收益率的理论关系的推导建立在两大经济理论基础之上：资产组合理论和资本市场理论。资产组合理论要解决的是如何挑选出能够使预期收益实现最大化的资产组合，同时又能确保单个证券的风险维持在可以接受的水平内；资本市场理论要解决的则是投资者的决策会对证券价格产生什么样的影响。具体而言，如果投资者已经按照资产组合理论构建了投资组合，那么资本市场理论要说明的是证券的收益与风险之间存在着何种关系。

资产组合理论和资本市场理论共同构建起一个框架，用以解释和评估投资风险的大小以及推导风险与预期收益率之间的关系（从而推导出风险与投资必要收益率之间的关系）。证券经理人可以使用这些理论测量投资组合的投资风险和预期收益，而且公司的财务主管也可以用这些理论量化资本成本和计划资本投资的风险，从而使金融业迈出革命性前进的步伐。

在本章，我们会先介绍投资组合理论的基本概念。下一章，我们将在这些概念的基础上推导资产的预期收益与风险之间的理论关系。由于风险—收益关系可以推导出当风险水平给定时，资产的预期收益应当是多少，所以它也能告诉我们资产应当如何定价。因此，风险—收益关系也被称为**资产定价模型**（asset pricing model）。下一章，我们将介绍三个资产定价模型，这几个模型现在仍然在金融学术界占据着主导地位。

在我们介绍的这些理论未被提出之前，投资者们也经常谈论风险和收益，但是由于不能对这些重要的指标进行量化，所以构建资产组合的努力往往是非常主观的，而且也说不清楚为什么投资者应当预期获得这么高的收益率。此外，投资者只注意到单个资产的风险，而不明白把多个单项资产组成一个资产组合会对这一组合的风险水平造成怎样的影响。我们在本章要介绍的理论对风险与预期收益之间的关系进行了量化。作为对这些理论重要性的一种承认，1990 年 10 月，诺贝尔经济学奖金被授予给了投资组合理论的创始人哈里·马科维茨教授（Harry Markowitz）。[1] 和资本市场理论创始人之一的威廉·夏普教授（William Sharpe）。[2]

尽管这些理论是金融学的基石，但是它们一直面临着挑战和攻击。第一个挑战就是当前的金融理论告诉我们的度量风险的方式是否正确。第二个挑战是标准金融理论关于投资者行为的假设是否正确，正如心理学文献所揭示的那样，理论没有考虑投资者在做决策时的行为因素。这就促使了金融学的另外一个分支，也就是行为金融学的发展，其代表性的人物是丹尼尔·卡恩曼（Daniel Kahneman），他也因为这方面的贡献与人共同获得了 2002 年的诺贝尔经济学奖。在本章的最后，我们将会简要介绍行为金融学的相关知识。

---

① Harry M. Markowitz, "Portfolio Selection," *Journal of Finance* (March 1952), pp. 77 - 91; and Portfolio Selection, Cowles Foundation Monograph 16 (New York: John Wiley & Sons, 1959).

② William F. Sharpe, *Portfolio: Theory and Capital Markets* (New York: McGraw-Hill, 1970).

投资收益的度量

在介绍理论之前，我们先来解释一下应当如何度量投资组合的实际投资收益。投资者持有的投资组合在一段时间内的收益率等于投资组合价值的变动加上投资组合获得的所有现金红利之和，然后再除以投资组合的期初价值。有一点很重要，那就是投资者收到的所有资本或现金红利的发放都必须被涵盖进来，要不然，收益率就会被低估。

从另外一个角度来分析，我们还可以把收益率看成是在保持证券初始价值不变的条件下，投资者到投资期末所能收回的数额（用投资组合期初价值的百分比来表示）。投资者持有投资组合的收益率（用 R_P 表示）可用下列公式进行计算：

$$R_P = \frac{V_1 - V_0 + D}{V_0} \tag{8.1}$$

其中，

V_1 ＝期末投资组合的市场价值

V_0 ＝期初投资组合的市场价值

D ＝投资期间投资者获得的现金红利分配

这一公式假定投资组合获得的所有利息或股利收入（没有分配给投资者）都被再投资到投资组合中（因此会反映在 V_1 中）。公式又假定，所有的分配都发生在投资期末或者是一直以现金的形式持有直到期末。如果在期末之前，现金红利被用于再投资，那么就要对公式进行修正，以便把再投资金额的盈亏情况也考虑进去。公式还假定投资期间没有资本流入。否则，我们就要修正公式以反映增加了的投资本金。但是在计算收益率时，期末的（或者是一直以现金的形式持有到期末的）资本流入可以被视为现金红利的反方向现金流，相应地做反向处理即可。

因此，给定期初和期末投资组合的价值、投资者追加的投资金额或者是分配给投资者的现金红利收入（假定发生在投资期末），我们就可以利用式（8.1）来计算投资者的收益率。例如，XYZ 养老金 6 月底时的市场价值为 1 亿美元，7 月底时该养老金发放了 500 万美元的退休金。而且，7 月底时该养老金的市场价值为1.03 亿美元，则 7 月份的投资收益率应为 8％。

$$R_P = \frac{103\,000\,000 - 100\,000\,000 + 5\,000\,000}{100\,000\,000} = 0.08$$

原则上说，这类收益率的计算应当每隔一定时期就计算一次，比如说一个月或十年。但是这种计算方法存在几个不足之处。首先，由于该公式的前提是所有的现金支付和流入都在期末进行这一基本假设，因此用这个公式来计算较长时期内（比如说数个月）的收益率显然是不太可靠的。如果两项投资用式（8.1）能够算出相同的收益率，但是其中一项投资的现金支付早于另一项投资，那么现金支付较早的那项投资的收益率显然是被低估了。其次，在比较一个月的投资收益率与十年期的投资组合的投资收益率时，上面这个公式明显是靠不住的。如果要做这样的比较，我们必须把两个收益率都折算为相同的单位时间内的收益率——例如每年——然后才能进行比较。

在实践中，我们是这样来处理这两个问题的：首先，计算出在一段较短的单位时间内（或许是一季度或更短）的收益率；其次，由若干个时间单位连接而成的一段较长期限内的收益率可以通过对各个时间单位内的收益率求平均数来获得。常用的求平均数的方法有三种：（1）算术平均收益率；（2）时间加权收益率（也称作几何收益率）；（3）美元加权收益率。求平均数的计算方式可以度量出每时间单位内的收益率。计算结果还可以转化为一年或其他期限内的收益率。

算术平均收益率

算术平均收益率（arithmetic average rate of return）是对一系列计算期间内得到的收益率不经加权而求得平均数。一般的公式为：

$$R_A = \frac{R_{P1} + R_{P2} + \cdots + R_{PN}}{N}$$

其中，

R_A ＝算术平均收益率

R_{Pk} ＝用式（8.1）计算出来的在 k 投资期间内投资组合的收益率，$k=$ 1，…，N

N＝业绩评价期限包含的单位期间的数量

例如，如果 7、8、9 月投资组合的收益率分别为－10％、20％和 5％，那么月收益率的算术平均值即为 5％。

假定投资者在每个期间末从投资组合内提款，从而确保投资组合的初始价值保持不变，那么收益率的算术平均值可以被看作各次提款（用投资组合的初始价值的百分比来表示）的平均值。在上例中，投资者必须在第一期期末按照投资组合期初值的 10％追加投资，在随后的每一期期末分别取出投资组合期初价值的 20％和 5％。

时间加权收益率

时间加权收益率（time-weighted rate of return）是根据所有的现金红利收入都被再投资于投资组合的假定而计算出来的期初投资组合在业绩评价期内的复利增长率，通常被称为"几何收益率"（geometric rate of return）。利用式（8.1）计算出证券收益率再求其几何平均数，得到的结果便是时间加权收益率。其一般性的计算公式为：

$$R_T = \left[(1 + R_{P1})(1 + R_{P2}) \cdots (1 + R_{PN}) \right]^{1/N} - 1$$

公式里的 R_T 代表时间加权收益率。R_{Pk} 和 N 的定义同前。

例如，如果上例中 7、8、9 月投资组合的收益率分别为－10％、20％和 5％，则时间加权收益率为：

$$R_T = \{[1+(-0.10)](1+0.20)(1+0.05)\}^{1/3} - 1$$
$$= (0.90 \times 1.20 \times 1.05)^{1/3} - 1 = 0.043$$

由于每个月的时间加权收益率为4.3%，因此6月底投资的1美元在三个月期间每月以4.3%的速度增值。

一般来说，用上述公式计算出来的算术平均收益率和时间加权平均收益率是不相等的，这是因为在计算算术平均收益率时，我们假定了期初投资额（通过追加投资或提现的方式）保持在投资组合期初的价值水平上。而在计算时间加权收益率时，我们假定所有的现金红利收入都被用于再投资，故而投资组合的投资额是在不断变化的。

我们可以举一个例子来说明为什么这两个平均数会不相等。假设2006年底时，一个投资组合的市场价值为1亿美元，2007年底为2亿美元，2008年底为1亿美元。年收益率分别为100%和−50%。于是，用上述公式算出的算术平均收益率为25%，而时间加权平均收益率却为0%。算术平均收益率这个平均数包含了2007年底提取的1亿美元和2008年底向资产组合补充的0.5亿美元；而由于2007年100%的盈利刚好和2008年扩大了的投资基数的50%的损失相抵消，所以时间加权平均收益率显然是0。在本例中，算术平均收益率大于时间加权平均收益率，一般情况下都是如此，除非在某些特殊情况下，每期的收益率都相等，那么此时两个平均收益率也会相等。

美元加权收益率

美元加权收益率（dollar-weighted rate of return）（也叫做**内部收益率**，internal rate of return）是指我们要算出一个利率水平，使得各期现金流的现值再加上投资组合的期末市场价值刚好等于资产组合的期初市场价值。内部收益率的计算与债券到期收益率的计算相同，我们将会在第18章里对此进行详细说明。美元加权收益率的一般性公式为：

$$V_0 = \frac{C_1}{(1+R_D)} + \frac{C_2}{(1+R_D)^2} + \cdots + \frac{C_N+V_N}{(1+R_D)^N}$$

其中，

R_D＝美元加权收益率

V_0＝投资组合的期初市场价值

V_N＝投资组合的期末市场价值

C_k＝投资组合在k期间的现金流量（现金流入减去现金流出），$k=1$，$\cdots$，N

例如，假设一个投资组合2005年底时的市场价值为1亿美元，2006年底、2007年底和2008年底分别从组合中提取了500万美元的资本金。2008年底该投资组合的市场价值为1.1亿美元。于是，$V_0=100\,000\,000$美元；$N=3$；$C_1=C_2=C_3=5\,000\,000$美元；$V_3=110\,000\,000$美元；于是，R_D便是可以使下列等式成立的利率：

$$110\ 000\ 000 = \frac{5\ 000\ 000}{(1+R_D)} + \frac{5\ 000\ 000}{(1+R_D)^2} + \frac{5\ 000\ 000 + 110\ 000\ 000}{(1+R_D)^3}$$

经过计算，满足此表达式的利率应当等于 8.1％，这就是美元加权收益率。

在特殊情况下，即在期初投资后没有再追加资金也没有提现，并且所有的股利收入都用于再投资时，美元加权收益率和时间加权收益率的计算结果相同。

在本章中，我们提到收益率这个术语时，一般指的都是经过适当标准化的度量值。

投资组合理论

在构建资产组合时，投资者谋求的是在他们愿意接受的风险水平给定的条件下使自己的预期收益最大化，满足这一要求的投资组合被称为**有效投资组合**（efficient portfolios）。[①] 投资组合理论就是要教给我们如何找到有效投资组合。因为马科维茨是投资组合理论的创始人，所以有效投资组合有时又被叫做"马科维茨有效投资组合"。

为了构建风险资产的有效投资组合，我们必须对投资者的投资决策行为提出一些假设。一个合理的假设是投资者都是**厌恶风险**（risk averse）的。厌恶风险的含义是指在面对两项预期收益相同但风险水平不同的投资选择时，投资者都倾向于选择风险水平较低的那项投资。给定若干有效投资组合供投资者选择，投资者最乐意选择的投资组合即为**最优投资组合**（optimal portfolio）。

为了构建有效投资组合，投资者还必须弄清楚"预期收益"（expected return）和"风险"（risk）的含义。后一个概念"风险"可以指任意一种类型的风险。在本章的后面部分，我们将会详细介绍其含义。

风险资产和无风险资产

区分风险资产与无风险资产非常重要。**风险资产**（risky asset）是指未来的收益情况具有不确定性的资产。例如，假设投资者今天买入通用汽车公司的股票，并计划持有该股票一年。在购买股票时，这位投资者并不知道未来能获得多高的收益率。实际收益率要取决于一年后通用汽车股票的市场价格以及在这一年里通用汽车公司向股东支付的现金股利。因此，通用汽车股票——实际上所有公司股票——都是风险资产。

即使是美国政府发行的债券也是风险资产。例如，购买三十年期美国政府债券的投资者并不知道持有该债券仅一年能获得多少收益。这是因为——关于这一点我们会在第 18 章里作出解释——一年后利率水平的变化会影响债券的市场价格，从而影响投资者的一年期投资收益。

然而，也存在一些资产，投资者现在就能准确地知道该资产未来的收益率是

---

① 换句话说，如果预期收益率目标给定，那么投资者追求的便是风险水平的最小化。

多少，这些资产被称为**无风险资产**（risk-free assets 或 riskless assets）。无风险资产一般指的是美国政府发行的短期债务工具。例如，投资者购买了一年期的美国国库券并打算持有一年，在这种情况下，国债的未来收益率就是确定的。投资者知道，在一年后国债到期时，美国政府会支付一笔数目确定的金额来偿还债务。注意一下这种情况与三十年期美国政府债券的差异之处。虽然一年期证券和三十年期证券都是美国政府发行的债务工具，但是前者在一年后到期，所以未来能获得多少收益事先就能确定；相反地，尽管投资者知道美国政府会在三十年后偿还30 年期国债的本金与利息，但他并不知道一年后该长期国债的市场价格会是多少。

投资组合风险的度量

投资风险的定义把我们引入到一个迄今为止尚有待于进一步研究的领域。目前为止，学者们尚且对如何定义风险这个概念存在分歧，就更不用说如何度量风险了。不过，已总结出的风险的某些特殊属性基本上得到了公认。

一位持有国债投资组合直至到期日的投资者能够准确地知道到期时他所收回的货币金额。投资组合在证券到期日的价值等于事先约定好的价值，因此投资者不需要承担价格风险。但是对于由普通股构成的投资组合，要准确地预测投资组合在未来任意一个时点的价值是不可能的。投资者顶多能够作出最佳估计或最有可能的估计，所以在这种情况下，投资者要求承担价格风险。

如果把风险定义为价格风险，那么风险的一个衡量标准就是投资组合的未来价值偏离预期或预计价值的可能性。确切地说，大多数投资者的风险在于投资组合的未来价值有可能低于预期价值。也就是说，如果投资者持有的投资组合的现值为 100 000 美元，明年年底的预期价值为 110 000 美元，那么重要的是要知道明年年底的组合价值低于 110 000 美元的概率。

为了更容易地说明问题，在对风险进行量化之前，我们先把关注的焦点从投资组合的终值转移到投资组合的收益率 R_p，因为投资组合价值的增值与 R_p 的大小是直接相关的。[①]

投资组合的预期收益率

对投资组合收益率的不确定性进行量化的一个非常管用的方法是罗列出每一种未来收益率可能出现的概率。例如，假设投资者认为第二年投资组合的收益率可能会有五种结果，每一个结果都对应了一个投资者主观判断的概率或发生的相对可能性。表 8—1 列出了五种可能的结果。

---

① 这种转化本质上没有改变任何东西，因为：

$$\tilde{M}_T = (1+\tilde{R}_p)\ M_0 = M_0 + M_0 R_p$$

上述公式中，$\tilde{M}_T$ 代表的是投资组合的终值，$\tilde{R}_p$ 代表的是投资组合的收益率。（变量上的波浪线表示该变量是随机变量。）因为 $\tilde{M}_T$ 与 $\tilde{R}_p$ 之间是线性关系，因此投资组合收益率的任何风险度量值都可以被应用于最终市场价值的计算。

表 8—1	投资组合收益率的五种可能结果	
结果	可能获得的收益率	概率
1	50%	0.1
2	30%	0.2
3	10%	0.4
4	−10%	0.2
5	−30%	0.1

请大家注意，五种结果对应的概率加在一起等于1，因此投资组合的实际收益率就被限定在这五种可能情况当中的一种。明确了概率分布，我们就可以算出投资组合的预期收益率及其风险水平。

预期收益率只不过是可能出现的收益率的加权平均值，权重为每一种结果发生的相对可能性。一般说来，投资组合的预期收益率——用 $E(R_p)$ 表示——可用下列公式计算：

$$E(R_p) = P_1R_1 + P_2R_2 + \cdots + P_nR_n$$
$$E(R_p) = \sum_{j=1}^{n} P_jR_j \qquad (8.2)$$

在上述公式中，R_j 代表可能获得的收益率，P_j 代表对应的概率水平，n 代表可能出现的结果数目。

在本例中，投资组合的预期收益率等于：

$$
\begin{aligned}
E(R_p) &= 0.1 \times 50\% + 0.2 \times 30\% + 0.4 \times 10\% + 0.2 \times (-10\%) \\
&\quad + 0.1 \times (-30\%) \\
&= 10\%
\end{aligned}
$$

预期收益率的变动

如果把风险定义为实际收益率低于预期值的可能性，那么用低于预期值的可能收益率的离散趋势来度量风险水平就是合乎逻辑的做法。然而，依据低于均值的数据的变动性来度量风险不仅难以操作，而且只要未来收益率的分布是以预期值为中心的对称分布，那么根本就没有必要这样做。图8—1列出了三种概率分布情况：第一种是对称的；第二种是向左侧偏斜；第三种是向右侧偏斜。就对称分布而言，预期收益率旁边某一侧的收益率的离散分布情况与另一侧是完全相同的。

如果未来收益率的概率分布情况是对称分布，那么我们在预期收益率的一侧还是两侧测量收益率的波动性根本没有什么区别。在这种情况下，收益率总体波动性的测算值就相当于组合收益率低于预期值的波动性指标的两倍。所以，如果总体波动性被当作风险水平的替代指标，那么当把低于预期值的波动性作为提示风险水平的指标时，多个投资组合基于风险水平的排列顺序就与用低于预期收益率的波动性来表示风险时的排列顺序是完全相同的。因此，如果投资者假设资产

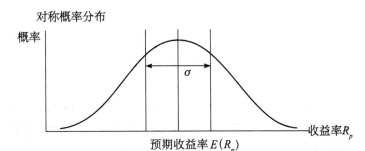

对称概率分布

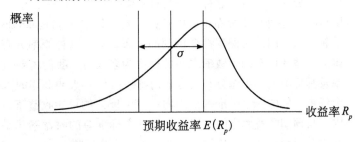

向左侧偏斜的概率分布

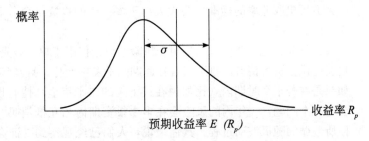

向右侧偏斜的概率分布

图8—1　概率分布的可能形状

的收益率是对称分布的，那么根据金融理论，收益率的总体波动性就可以被用作测量风险水平的替代指标。

现在还需要选择一个衡量收益率的总体波动性的明确指标，最常用的衡量标准是收益率的方差和标准差。

收益率的方差（variance of return）是偏离预期收益率的离差平方的加权总和。对离差进行平方处理可以保证高于和低于预期值的离差不论其符号是正是负，都对波动性的测量值起到同样的作用。投资组合的方差用$\text{var}(R_p)$表示，计算公式是：

$$\text{var}(R_p) = P_1 \left[R_1 - E(R_p)\right]^2 + P_2 \left[R_2 - E(R_p)\right]^2 + \cdots$$
$$+ P_n \left[R_n - E(R_p)\right]^2 \tag{8.3}$$

或

$$\text{var}(R_p) = \sum_{j=1}^{n} P_j \left[R_j - E(R_p)\right]^2$$

在上例中，投资组合的方差等于：

$$\mathrm{var}(R_p)=0.1\times(50\%-10\%)^2+0.2\times(30\%-10\%)^2$$
$$+0.4\times(10\%-10\%)^2+0.2\times(-10\%-10\%)^2$$
$$+0.1\times(-30\%-10\%)^2$$
$$=480\%$$

标准差（standard deviation）被定义为方差的平方根。在上例中，组合的标准差等于22%。方差或标准差越大，未来获得的收益率围绕预期值发生离散的可能性就越大，投资者面临的不确定性也就越大。

某些概率分布具有对称性的特征。在金融理论的发展与应用过程中，常常假设概率分布情况就是这种特殊的对称概率分布，并称之为**正态分布**（normal distribution）。这种概率分布也可以被称为高斯分布（Gaussian distribution），是概率统计领域每一门入门课程都会讲到的分布。对于这种概率分布，在计算未来实际获得的收益率位于两个数值之间的概率为多大时，我们需要做的就是算出预期收益率及其标准差。正态分布具有下列特征：（1）大约2/3的可能收益率位于预期值旁任意一侧的一个标准差范围内；（2）95%的可能收益率位于两个标准差的空间内。与预期收益率之间的距离超过三个标准差的收益率几乎不可能实现。我们将在本章后面的部分讨论概率分布及其影响等问题。

从历史收益率的概率分布数据中，我们观察到了一个明显的特征，那就是单一证券历史收益率的标准差要大大高于多样化的投资组合。下面我们就来分析一下原因。

到目前为止，我们对投资组合风险的讨论仅限于单一投资期，比如说下一年，也就是说投资者持有的投资组合在此期间不发生变化，且在年末时评估投资收益。如果是在若干个时期内（比如说在接下来的二十年里）持有投资组合，那么显然会有一个问题：一年内的风险会在多个投资期内相互抵消吗？答案取决于证券价格所遵循的随机波动过程。具体地说，人们已经观察到，证券价格遵循的是**随机波动原则**（random walk），这是指未来价格变动的预期值与过去价格的变动情况无关。鉴于证券价格具有随机波动的特征，我们对上述问题的回答是"不会"。如果风险水平（标准差）每年都保持不变，那么较长期限内投资组合的风险会随着投资期限长度的增加而增加。N年后投资组合可能获得的期末价值的标准差等于$\sqrt{N}$乘以一年后的标准差。[1] 因此，投资者不能依靠"长期投资"来降低蒙受损失的风险。

---

[1] 这个结果可用下列等式来说明。N年后投资组合的市场价值M_N等于：

$$\widetilde{M}_N=M_0\left[(1+\widetilde{R}_{p1})(1+\widetilde{R}_{p2})\cdots(1+\widetilde{R}_{pN})\right]$$

上面等式中，M_0代表的是期初价值，$\widetilde{R}_{pt}$（$t=1,\cdots,N$）代表的是t年的收益率（根据公式（8.1）计算得出）。考虑到年收益率之间的乘积较小，上式可以近似简化为：

$$\widetilde{M}_N=M_0[1+\widetilde{R}_{p1}+\widetilde{R}_{p2}+\widetilde{R}_{pN}]$$

如果每年的收益率$\widetilde{R}_{pt}$各自独立，且分布的方差均为σ^2，则$\widetilde{M}_N$的方差就等于$(M_0)^2N\sigma^2$，或者是N乘以一年后的收益率的方差。所以，终值的标准差就等于$\sqrt{N}$乘以一年后收益率的标准差。投资组合各期收益率相互独立的假设是符合现实情况的，因为证券的收益率在较长期限内仍然遵守随机波动原则。如果我们不用年收益率，而是用连续的复利收益率，那么即使不对$\widetilde{R}_{pt}$的大小作出任何限制，也能得到同样的结果。不过，分析过程要更复杂一些。

分散化

我们经常会听到一些投资者谈论他们是如何进行分散化投资的。通过分散化投资，投资者可以构建这样的投资组合，在不牺牲收益的前提下实现降低风险的目的。这是投资者所追求并希望实现的目标。然而，问题是在实际的投资过程中，投资者应该如何实现这一目标呢？

从长期来看，当把分散化的普通股票投资组合的历史收益率的分布与单个股票的收益率分布相比较时，人们会发现一个很有意思的现象，尽管单个股票收益率的标准差明显大于投资组合的标准差，然而其平均收益率却比投资组合的收益率要低。难道资本市场竟如此不完善，以致风险高的股票的收益率反而更低？

事实并非如此。其原因就在于并不是所有的证券风险都是相关的。单一证券的总风险（收益率的标准差）是完全可以被分散化的。也就是说，如果某项投资与其他证券相结合，这样它收益率变动的一部分就可能被其他证券收益率相反方向的变动抵消，或者变动的幅度会被平滑。当投资组合的证券数量达到或超过 20只股票时，组合投资分散化的效应就显现出来了，在收益率不变的情况下，组合的标准差会进一步降低。事实上，我们可以发现投资组合的标准差一般都低于组合中任一证券的标准差。通过分散化投资，组合的总风险被大大削减了。只要能通过增加投资组合证券的数量使组合的总风险相互抵消，就没有什么经济上的理由要所获收益与总风险相一致。相反，与我们所期望实现的收益率相关联的风险是投资组合无法分散的那部分证券风险，这部分风险被称为**系统性风险**（systematic risk）。

为了降低投资组合的风险，获得分散化投资所带来的收益，在构建组合证券的时候必须选择那些不是完全相关的证券。正如我们前面提到过的那样，不管投资组合中证券数量有多少，投资组合的收益率只是单个证券收益率的加权平均数，因而分散化投资不会从根本上影响到收益率，但它会降低收益率的波动性（标准差）。从总体上来看，单个证券收益率的相关性越低，分散化投资降低收益率波动性的作用就越明显。不论投资组合中单个证券的风险有多大，这一结论都是正确的。

关于普通股投资收益率的研究表明，尽管有很多普通股能够通过分散化投资来降低或消除风险，但有些却不能。[①] 为了表示两者之间的区别，我们又引入了"非系统性"风险这个概念，它是指那些在投资组合中可以通过分散化投资消除的风险，而"系统性"风险则是不能通过分散化投资消除掉的风险。它们两者之间的关系可以通过图 8—2 得到清晰的说明。图 8—2 表明随着持有的证券总数量不断增加，投资组合的总风险在不断下降。通过不断增加投资组合证券的数量，非系统性风险会全部被消除，而只剩下系统性风险，或者称之为市场风险。剩余的波动性表明每个证券的收益率从某种程度上都取决于证券市场的整体表现。因此，一个充分分散的投资组合与证券市场是高度相关联的，其波动性或者说不确定性

---

① Wayne H. Wagner and Sheila Lau, "The Effect of Diversification on Risks," *Financial Analysts Journal* (November/December 1971), pp. 48 - 53.

也主要与整个市场相关。不管投资者持有的证券数量有多少，其所面临的风险都是由市场不确定性引起的市场风险。

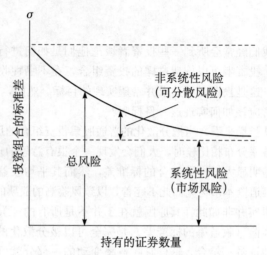

图 8—2　系统性风险与非系统性风险

分散化对普通股投资组合风险的影响的有关研究成果主要体现在以下几个方面：

1. 尽管平均收益率与投资组合中的证券数量并不相关，但投资收益率的标准差却随着证券数量的增多而降低。

2. 当投资组合中随机选择的普通股数量达到 20 只时，组合的总体风险就被降低到只剩下系统性风险。

3. 对于单个股票来说，系统性风险占总风险的比例平均为 30％左右。

4. 平均说来，单个证券的大约 40％的风险在投资组合的证券数量达到 20 只时会被消除。超过 20 只后，额外的分散化在降低风险方面的作用将急剧下降。当再增加一定数量的证券时，比如再增加 10 只证券，其降低风险的作用甚微。

5. 在一个分散化的投资组合中，组合的收益率与市场表现紧密相关，市场风险占组合总体风险的比例超过了 90％。

选择风险资产组合

按前面提到的分散化投资方式，我们可以构建这样的组合，即在风险水平一定的情况下使预期收益率最大化的组合，这就是**马科维茨有效投资组合**（Markowitz efficient portfolios）。为了构建马科维茨有效投资组合，投资组合理论对投资者的资产选择行为提出了如下几个假设：第一，假设只有预期收益率和风险这两个变量影响投资者的决策。第二，假设投资者是风险厌恶型的。第三，假设投资者的目标是寻求在既定风险水平上的最高预期收益率。

利用历史数据计算投资组合的风险

公式（8.3）告诉我们如何根据单个资产收益率的概率来计算 n 个资产的投资

组合的方差。事实上，投资组合收益率的方差——一般我们都称之为投资组合方差——是根据历史数据计算出来的，通常情况下都是以月为周期。由两个证券构成的投资组合方差的计算公式如下：

$$
\begin{aligned}
\mathrm{var}(R_p) =\ & w_i^2\,\mathrm{var}(R_i) + w_j^2\,\mathrm{var}(R_j) \\
& + 2w_iw_j\,\mathrm{std}(R_i)\,\mathrm{std}(R_j)\,\mathrm{cor}(R_i,R_j)
\end{aligned} \tag{8.4}
$$

其中，

$\mathrm{var}(R_p)$＝投资组合的方差

w_i＝投资组合的资金投资到第 i 项资产中的比重

w_j＝投资组合的资金投资到第 j 项资产中的比重

$\mathrm{var}(R_i)$＝第 i 项资产的方差

$\mathrm{var}(R_j)$＝第 j 项资产的方差

$\mathrm{std}(R_i)$＝第 i 项资产的标准差

$\mathrm{std}(R_j)$＝第 j 项资产的标准差

$\mathrm{cor}(R_i,R_j)$＝第 i 项资产和第 j 项资产收益率的相关系数

换句话说，公式（8.4）表达的意思是投资组合的方差等于两项资产的方差加权和再加上两项资产之间的加权相关关系。结合我们前面的讨论，我们就能够理解为什么两项资产的相关系数会影响投资组合的方差。从式（8.4）我们可以发现，两项资产收益率之间的相关系数越小，投资组合的方差越小。当两项资产的相关系数为－1时，投资组合的方差达到了最小值。

当投资组合中的资产数量多于两个时，计算投资组合方差的公式会变得更加复杂。下面把公式推广到有三项资产时方差的计算——资产分别为 i，j 和 k。

$$
\begin{aligned}
\mathrm{var}(R_p) =\ & w_i^2\,\mathrm{var}(R_i) + w_j^2\,\mathrm{var}(R_j) + w_k^2\,\mathrm{var}(R_k) \\
& + 2w_iw_j\,\mathrm{std}(R_i)\,\mathrm{std}(R_j)\,\mathrm{cor}(R_i,R_j) \\
& + 2w_iw_k\,\mathrm{std}(R_i)\,\mathrm{std}(R_k)\,\mathrm{cor}(R_i,R_k) \\
& + 2w_jw_k\,\mathrm{std}(R_j)\,\mathrm{std}(R_k)\,\mathrm{cor}(R_j,R_k)
\end{aligned} \tag{8.5}
$$

其中，

w_k＝投资组合的资金投资到第 k 项资产中的比重

$\mathrm{std}(R_k)$＝第 k 项资产的标准差

$\mathrm{cor}(R_i,R_k)$＝第 i 项资产和第 k 项资产收益率的相关系数

$\mathrm{cor}(R_j,R_k)$＝第 j 项资产和第 k 项资产收益率的相关系数

换句话说，在公式（8.5）中，投资组合的方差等于加权计算的各单个资产的方差之和再加上加权计算的每两项资产的相关系数之和。因此，投资组合的方差就等于投资组合各单个资产方差的加权和加上资产收益共同变动程度的加权和。不管投资组合的规模大小如何，在计算投资组合的方差时，公式都要涉及所有资产的方差和标准差以及资产两两之间的相关系数。[1]

---

[1]　一般说来，对于包含 G 项资产的投资组合来说，其方差的计算公式如下：

$$
\mathrm{var}(R_p) = \sum_{g=1}^{G} w_g^2\,\mathrm{var}(R_g) + \sum_{g=1}^{G}\sum_{h=1}^{G} w_g w_h\,\mathrm{cov}(R_g,R_h) \quad (\text{其中 } h \neq g)
$$

构建马科维茨有效投资组合

当投资者准备构建投资组合时，需要事先计算投资组合的风险（用投资组合的方差来度量）和预期收益率。对于大量的风险水平相同的投资组合来说，它们各自的预期收益率水平相差很大。投资者在给定风险的条件下会选择预期收益率最高的投资组合，这一投资组合就是在这一风险水平下的马科维茨有效投资组合。

在构建投资组合的实践中，在给定投资组合的风险水平的基础上，寻求最大的预期收益率可运用一种被称为二次非线性规划的管理科学程序。对这种方法的讨论超越了本章的范围。然而，可以用图 8—3 来说明构建马科维茨有效投资组合的一般思路。

图 8—3 显示了在可获得的资产范围内能实现的所有投资组合。任何一个可以实现的投资组合被称为**可行投资组合**（feasible portfolio），而所有可行投资组合的集合被称为**投资组合的可行集**（feasible set of portfolios）。在图 8—3 中，投资组合的可行集是阴影部分，包括阴影部分的边界区域。

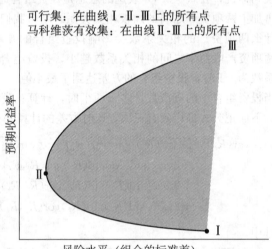

图 8—3　投资 20 组合的可行集和有效集

与投资组合的可行集相对照，马科维茨有效投资组合是在同一个风险水平上能达到最高的预期收益率的可行的投资组合。马科维茨有效投资组合又被称为**均值—方差有效投资组合**（mean-variance efficient portfolio）。因此，对于任意的风险水平，都有一个相应的马科维茨有效投资组合。所有有效投资组合的集合被称为**马科维茨投资组合有效集**（Markowitz efficient set of portfolios）。

在图 8—3 中，马科维茨投资组合有效集是投资组合的可行集边界的上半部分，这是因为上半部分边界上的每一点都是在给定的风险水平上预期收益率水平最高的点。马科维茨投资组合有效集有时又被称作**马科维茨有效边界**（Markowitz efficient frontier），因为从图 8—3 上看，所有的马科维茨有效投资组合都位于具有给定风险水平的最大收益率的投资组合可行集的边界上。任何高于马科维茨有效边界的投资组合都是不可能实现的；任何低于马科维茨有效边界的投资组合都劣于马科维茨有效边界上的投资组合，因而也不会被选择。

在马科维茨有效集中选择投资组合

既然我们已经构建出了马科维茨投资组合有效集，接下来要做的就是确定最优投资组合。投资者总是希望持有一个位于马科维茨有效边界上的投资组合。然而，需要注意的是，马科维茨有效边界上的各投资组合代表了风险和收益之间的平衡关系。在马科维茨有效边界上从左向右移动，意味着预期的风险在逐步上升，预期收益也在逐步增加。问题是，哪一点是应该选择的最佳投资组合点呢？在马科维茨有效边界上所能持有的最佳投资组合被称为最优投资组合。

从直观上来看，最优投资组合应取决于投资者对于风险和预期收益之间平衡关系的偏好或效用。接下来的问题就是如何估算投资者的效用函数从而确定最优投资组合。遗憾的是，建立效用函数的方法很少。总的来说，经济学家在如何度量效用方面并没有取得太多的成功。然而，无法建立效用函数并不意味着这一理论本身是有缺陷的。重要的是，一旦投资者构建出马科维茨有效边界，他或她就会根据其风险承受能力而主观地确定出马科维茨有效投资组合。

马科维茨有效边界和资产相关性

正如我们前面所说明的那样，资产之间的相关性越低，投资组合的方差就越小。图8—4给出了对应于不同资产相关性的马科维茨有效边界。从中我们可以发现，资产之间的相关性越低，给定风险水平上的预期收益率就越高。

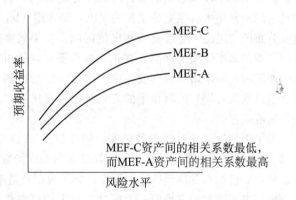

图8—4　不同相关系数的资产所构成的马科维茨有效边界

那些主张投资者进行分散投资的研究成果往往使用诸如图8—4的图形来佐证它们的观点。例如，美国股票和外国股票收益率的相关系数小于1，因此，如果投资者仅仅是买卖美国股票，其马科维茨有效边界就会低于投资者把投资范围扩大到外国股票时的马科维茨有效边界。

从总体上来看，如果投资者所买卖的各种资产间的相关系数小于1，那么当投资者扩大投资到不同类别的资产时，他就会获得分散化收益。分散化收益的获得就是对马科维茨有效边界的最好注解。

对马科维茨理论的批判

到目前为止，我们所介绍的都是标准化的投资组合理论，这一理论告诉投资者的是如何构建有效投资组合，以便作出正确的投资决策。这一理论属于规范理论。在这里，**规范理论**（normative theory）描述的是投资者在构建投资组合时所应该表现出来的行为。它并不意味着投资者就必须这么做。按照标准的投资组合理论，投资者所做的决策，是建立在知道预期收益率和收益率方差的基础上的，而在实际投资过程中却不能保证这一条件。同时，收益率方差的运用还有赖于收益率的分布是对称的，更进一步，还应该是标准正态分布的。在这里，我们从两个方面对这一理论提出批判。第一个方面的批判是针对收益率的分布，该批判建立在对金融资产进行实证研究的基础上。第二个方面的批判是从行为金融学的角度提出的，行为金融学告诉我们投资者是如何作出投资决策的。

资产收益率的分布及风险度量

正如本章前面所解释的那样，在投资于金融资产的时候，对投资风险的度量与预期收益率的分布是紧密相关的。如果预期收益率的分布符合正态分布，那么，收益率的标准差就可以用来度量投资风险。尽管在金融学领域，我们一直都是这么做的，然而，之前的实证研究并不支持资产收益率分布满足正态分布的假设。[1] 有证据表明，不仅观察到的统计分布不是对称的（例如，它们通常都是偏斜的），而且它们经常还带有很宽或很长的尾巴，即**宽尾**（fat tails）或**重尾**（heavy tails）。这些分布的"尾巴"经常是一些极值区间。如果概率分布带有很长的尾巴，那么极值出现的概率就要远远高于在正态分布下出现的可能。这就意味着，在连续相邻的期间内，如果市场预期收益率发生了一定程度的变动，这些期间内（包括经济衰退或繁荣时期）的收益率的变化幅度就会比正态分布条件下预测的收益率的变化幅度高很多。

为了更好地对此进行解释说明，请参照图8—5。图8—5详细罗列了从1928年到2006年普通股票市场指数——标准普尔500指数的日收益率。图中展示的是正态分布。正如本章前面所述的那样，如果股票收益率的分布呈正态分布，那么，收益率偏离预期收益率均值三个标准差以上的概率将会非常低。从图中我们也可以看出，一些有着显著差别的收益率的确也出现过，其中最有名的四次事件分别发生在1987年10月19日、1929年10月28日、1929年10月29日和1933年3月15日，其中前三次都是市场暴跌，而第四次则是市场暴涨。收益率偏离均值的标

---

[1]　参见 Svetlozar T. Rachev, Christian Menn, and Frank J. Fabozzi, *Fat-Tailed and Skewed Asset Return Distributions：Implications for Risk Management, Portfolio Selection, and Option Pricing* （Hoboken, NJ：John Wiley & Sons, 2005）第11章的相关内容。

准差都被记录下来了。当这四个事件发生的时候，日收益率的分布还能服从正态分布的概率几乎为零。这就是实证研究中资产收益率分布并不服从正态分布的一个典型案例。

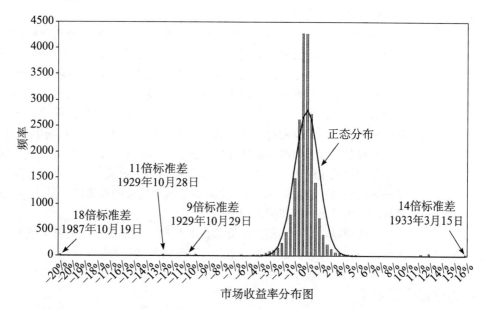

图 8—5 标准普尔 500 日收益率分布（1928 年—2006 年 4 月）

资料来源：Exhibit 4 in Jeremy Grantham，"Risk Management in Investing（Part Two）：Risk and the Passage of Time," *Letters to the Investment Committee VII*（April 2006），2006 GMO LLC.

最初对收益率服从正态分布提出挑战的是贝努瓦·曼德尔布罗特（Benoit Mandelbrot），他在 20 世纪 60 年代对这一假设提出怀疑。[1] 通过对商品回报率和利率的时间序列进行实地调查研究，贝努瓦·曼德尔布罗特不仅拒绝接受收益率（或者价格）服从正态分布，而且还提出它们更多地都是服从非正态"稳定"分布。关于平稳分布——被曼德尔布罗特称为"稳定帕累托分布"（stable Paretian distribution）的讨论，已经超出了本书的范围。[2] 他早期关于资产收益率的研究在尤金·法马这里得到了进一步深入[3]，在结合其他人研究成果的基础上，法马认为稳定帕累托分布更适合用来描述资产收益率的分布情况。

资产收益率分布服从稳定帕累托分布有一个非常重要的前提假设，那就是标准差是无限的。正如我们所看到的那样，标准差不仅在投资组合理论中起着非常重要的作用，同时还在资本市场理论中占据着非常重要的地位，下一章我们会对此展开讨论。如果标准差是无限的，那么我们如何能够确保标准差可以作为度量风险的工具呢？

因此，有研究学者建议使用其他的概率分布来描述，这样就可以解决无限方

---

① Benoit B. Mandelbrot，"The Variation of Certain Speculative Prices," *Journal of Business*，36（1963），pp. 394–419.

② 参见 Rachev，Menn，and Fabozzi，*Fat-Tailed and Skewed Asset Return Distributions：Implications for Risk Management*，*Portfolio Selection*，*and Option Pricing* 第 7 章的相关内容。

③ Eugene F. Fama，"Mandelbrot and the Stable Paretian Hypothesis," *Journal of Business*，36（1963），pp. 420–429.

差的问题。例如，一个可供选择的分布类型是学生 t 分布，这种分布不仅具有有限方差，同时还能比正态分布接受更多的尾巴观察值。[①] 另外一个被提到的分布是有限正态分布。[②] 尽管有很多类似的提议，然而在实际运用中，稳定帕累托分布还是有很强大的理论支撑的。[③]

认为收益率分布并不能很好满足正态分布的观点来自经济学家和物理学家的共同努力，其中，物理学家们为分析股票市场提供了许多数学模型。[④] 在构建模型的过程中，投资者之间的相互影响也被考虑进去了。尽管这些数学模型从它们的特性来说，都是对现实股票市场比较简单的反映，然而，它们却为如何分析收益率的分布情况提供了非常完整的框架。计算机对这些模型的模拟让实现宽尾以及其他的统计特性工作变得可行，而这些特性都是在真实金融市场中所能观察到的。

对收益率分布问题的研究还使如何度量风险这一问题得到进一步深化，这也使得金融学领域的研究在如下两个方面得到了飞速发展。一个方面是评价风险度量的理论的进一步发展[⑤]，另一个方面是风险度量的可选择工具。[⑥] 不过，这两个领域都超出了本书的研究范围。

与此同时，大量的研究成果都在本章和下一章所提到的财务理论方面积极寻求突破，这些突破都假设收益率分布不仅仅服从正态分布。

行为金融理论批判

金融学家们提出的各种金融理论都是以经济学原理为基础的，在 20 世纪 70 年代就有经济学家对此提出批判，最早提出批评的是丹尼尔·卡恩曼（Daniel Kahneman）和阿莫斯·特维尔斯基（Amos Tversky）。[⑦] 建立在大量实验的基础

---

① 能够支持这一分布的实证研究文献请参见 Robert C. Blattberg and Nicholas J. Gonedes, "A Comparison of the Stable and Student Distributions as Statistical Model for Stock Prices," *Journal of Business*, 47 (1974), pp. 244 – 280。

② Kon 发现这一分布能够比学生 t 分布更好地解释股票日收益率的变化情况，具体可参见 Stanley Kon, "Models of Stock Returns—A Comparison," *Journal of Finance*, 39 (1984), pp. 147 – 165。

③ 原因在于从反馈来看，很多其他替代模型都缺乏稳定性。从投资组合分析和风险管理的角度来看，稳定性又是非常重要的变量。只有独立的资产收益率分布是稳定的（包括正态分布），才能确保投资组合的收益率分布是一个稳定分布。具体的技术分析和讨论可参见 Svetlozar T. Rachev and Stefan Mittnik, *Stable Paretian Models in Finance* (Chichester, UK: John Wiley & Sons, 2000)。

④ 可能最有名的模型是 Santa Fe 股票市场模型。具体可参见 W. Brian Arthur, John H. Holland, Blake LeBaron, Richard Palmer and Paul Tayler, "Asset Pricing under Endogenous Expectations in an Artificial Stock Market," in W. Brian Arthur, Steven N. Durlauf, and David A. Lane (Eds.), *The Economy as an Evolving Complex System II* (Reading, MA: Addison-Wesley, 1997), pp. 15 – 44。

⑤ 参见 Philippe Artzner, Freddy Delbaen, Jean-Marc Heath and David Eber, "Coherent Measure of Risk," *Mathematical Finance*, 9 (2000), pp. 203 – 228。

⑥ 参见 Sergio Ortobelli, Svetlozar T. Rachev, Stoyan Stoyanov, Frank J. Fabozzi, and Almira Biglova, "The Proper Use of Risk Measures in Portfolio Theory," *International Journal of Theoretical and Applied Finance*, 8 (December 2005), pp. 1 – 27; Svetlozar T. Rachev, Sergio Ortobelli, Stoyan Stoyanov, Frank J. Fabozzi and Almira Biglova, "Desirable Properties of an Ideal Risk Measure in Portfolio Theory," *International Journal of Theoretical and Applied Finance*, 11, no. 1 (February 2008), pp. 19 – 54。

⑦ 值得注意的是，最早提出投资者心理活动会影响证券价格的是亚当·斯密（Adam Smith）和约翰·梅纳德·凯恩斯（John Maynard Keynes）。

上，这两位心理学家认为决策者的行为并不符合经济学家们提出的假设条件，因而他们提出了前景理论，从根本上批判预期效用理论。[①] 在下一章，我们将会详细讲解效用理论在资本市场理论中的作用。

从心理学的角度对标准的金融理论假设提出批判逐渐形成了一个新的学科，这就是行为金融学。[②] **行为金融学**（behavioral finance）研究的是心理因素如何影响投资者的决策，它对本章介绍的投资组合理论、下一章介绍的资产定价理论、第 11 章介绍的期权定价理论以及有效市场理论都有着非常深刻的影响和冲击。行为金融学的基础理论主要来自卡恩曼、斯洛维奇（Slovic）和特维尔斯基的研究成果。[③]

谢夫瑞（Shefrin）认为行为金融学领域存在三大主题思想：[④]

行为金融学主题一：投资者之所以在决策时出现失误，原因在于他们在决策时依赖拇指规律。

行为金融学主题二：投资者在做投资决策时既受形式又受实质的影响。

行为金融学主题三：金融市场上的价格受到错误和决策框架的影响。

第一个行为金融学主题包含了**探索法**（heuristics）的概念。这个概念意味着在决策时要缩短时间就需要遵循拇指规律战略或者良好的指导原则。例如，MSN理财网站就指出，在投资普通股时，想要增加成功的概率就需要遵循三大拇指规律：(1) 忽视权威的预测；(2) 避免选择便宜的股票；(3) 紧跟大户和机构投资者。[⑤] 在做退休计划时，为了获得充分的退休保障，拇指规律就建议每年拿出税前收入的 10% 进行投资。为了实现投资目标，在选择投资产品的时候，又应该如何进行资产安排呢？拇指规律建议投资在债券上的比重应该是用 100 减去投资者的年龄。举一个例子，年纪为 45 岁的个人投资者就应该把他或她退休基金的 55% 投资在债券上。

探索法能够发挥作用需要满足一系列条件。然而，心理学文献告诉我们探索法在做决策时会产生系统性偏差，心理学家把这一偏差界定为**认知偏差**（cognitive biases）。在金融学领域，这些认知偏差在投资决策过程中可能会导致一系列错误。谢夫瑞把这些偏差定义为**探索驱动性偏差**（heuristic-driven biases）。

回想一下我们本章前面介绍的，在标准金融理论体系中，投资决策是如何确定的。其前提假设是投资者首先计算金融资产收益率的均值和方差，在这些统计

---

① Daniel Kahneman and Amos Tversky, "Prospect Theory: A Analysis of Decision under Risk," *Econometrica* (March 1979), pp. 236 – 291 和 Daniel Kahneman and Amos Tversky, "Advance in Prospect Theory: Cumulative Representation of Uncertainty," *Journal of Risk and Uncertainty*, 5 (1992), pp. 297 – 323。

② 想了解更多关于行为金融学的讨论，参见 Frank J. Fabozzi (Ed.), The Handbook of Finance: Volume II (Hoboken, N. J.: John Wiley & Sons, 2008): Meir Statman, "What is Behavioral Finance"; Jarrod W. Wilcox, "Behavioral Finance"; Victor Ricciardi, "The Psychology of Risk: The Behavioral Finance Perspective," and Victor Ricciardi, "Risk: Traditional Finance versus Behavioral Finance".

③ Daniel Kahneman, Paul Slovic, and Amos Tversky, *Judgment under Uncertainty: Heuristics and Biases* (New York: Cambridge University Press, 1982).

④ Hersh Shefrin, *Beyond Greed and Fear: Understanding Behavioral Finance and the Psychology of Investing* (New York: Oxford University Press, 2002), pp. 4 – 5.

⑤ Harry Domash, "10 Rules for Picking Stock Winners," MSN Money, September 27, 1997.

信息的基础上再构建一个最优投资组合。

第二个行为金融学主题包括框架概念。**框架**（framing）意味着投资者面临的某个状态或者某种选择。行为金融学认为在考虑和评判每个投资选择的风险和收益时，投资选择框架会作出不同的评价，从而确定最终的选择。[1] 谢夫瑞和斯塔特曼（Statman）就错误框架和认知偏差给出了一个详细的案例。[2] 个体投资者经常不能合理地对其所持有的投资组合的市场价值作出判断。相反，投资者心里都有一个"心理账户"，在这个心理账户里面，投资者往往都是根据自己的买入价来评判其所持有的股票价值，而忽视这些股票市场价值的变动情况。为什么他们会这样呢？其原因就在于他们心里不愿意接受他们所持有的股票带来的任何损失，并且总希望这些亏损的股票能够重新涨回来，实现盈利。当他们最终卖出所有这些股票时，他们才会关闭心理账户，并且在那个时候被迫接受实实在在发生的亏损。因此，与实体经济对人们投资决策的影响相比较，心理账户的影响会更大些。行为金融学认为这就是投资决策过程中的"框架依赖"，因而行为金融学的第二大主题就以此命名。相反，传统的金融理论则认为"框架独立"，这就意味着投资者在做投资决策时，能够完全、彻底地了解和把握风险和收益之间的关系。[3]

最后，行为金融学的第三大主题包括探索法和框架依赖在影响资产定价时如何产生错误。在第7章中，我们详细讨论了有效市场。按照行为金融理论，资产价格不会反映其基本价值，其原因就在于投资者作出投资决策的方式是多种多样的。也就是说，市场价格其实是无效的。因而，谢夫瑞给行为金融学的第三大主题贴上了"无效市场"的标签。

这为我们提供了两种理论。哪一种理论是正确的呢？是支持传统的金融理论还是支持行为金融理论？为了公平起见，我们并没有支持传统金融理论，并对行为金融理论提出了批判。同样，我们也没有站在行为金融理论的基础上批判传统金融理论。幸运的是，大卫·赫什雷弗（David Hirshleifer）提供了这方面的分析。他对两种理论的共同目标做了说明。他指出传统的金融理论用的是"完全理性分析方法"，而行为金融理论用的是"心理分析方法"。[4] 对这两种方法的批评是它们都是通过对市场数据的理论挖掘来支持它们的立场。反对完全理想分析方法的理由是：（1）这个方法要求的计算工作太难；（2）实证研究的金融文献并不支持投资者的理性行为。根据赫什雷弗的观点，反对心理分析方法的理由是：（1）所谓的心理偏差完全是武断的；（2）研究者所做的、宣称发现了心理偏差的实验也是武断的。

① 参见 Amos Tversky and Daniel Kahneman, "The Framing of Decisions and the Psychology of Choice," *Science* 211 (1961), pp. 453–458; Amos Tversky and Daniel Kahneman, "Rational Choice and the Framing of Decisions," *Journal of Business* 59 (October 1986), Part 2, pp. S251–278。

② Hersh Shefrin and Meir Statman, "The Disposition to Sell Winners Too Early and Ride Losers Too Long: Theory and Evidence," *Journal of Finance* 40 (July 1985), pp. 777–790。

③ Shefrin, *Beyond Greed and Fear: Understanding Behavioral Finance and the Psychology of Investing*, p. 4.

④ 参见 Table 1 in David Hirshleifer, "Investor Psychology and Asset Pricing," *Journal of Finance*, 56 (September 2001), pp. 1533–1597。

小　结

在这一章中，我们介绍了投资组合理论。投资组合理论由哈里·马科维茨创立，这一理论解释了投资者应该如何构建有效投资组合并从中选出最佳的或最优的投资组合。这一理论与先前的证券投资理论的不同之处在于马科维茨向我们清晰地界定了应该如何度量关键参数，这些参数包括单个资产和资产组合的风险及预期收益。

分散化投资组合的目标是在不牺牲预期收益的前提下，降低投资组合的风险。这一目标可以涵盖在这些关键参数以及资产之间的相关系数中。投资组合的预期收益率只不过是投资组合中单个资产预期收益率的加权平均，单个资产的权数是该项资产的市场价值占投资组合市价总值的比重。资产的风险用其收益率的方差或标准差来衡量。与投资组合的预期收益率不同，投资组合的风险并不是组合中各单个资产标准差的加权平均数；相反，组合的风险还受组合中资产之间相关系数的影响。相关系数越低，投资组合的风险就越小。

有关普通股票收益率的研究支持了分散化可以降低投资组合的方差这一观点，其原因在于投资组合的收益率对应于两大类风险：系统性风险和非系统性风险。前者不能够通过分散化消除，而后者却可以。就普通股票的投资组合而言，研究表明，当投资组合中随机抽样的普通股票的数量大约为 20 只时，投资组合的总风险水平可以降低到只剩下系统性风险。就单个股票而言，系统性风险与总风险的比重大约为 30％；而就分散化的投资组合而言，这一比重超过了 90％。

马科维茨首先提出了构建有效投资组合的理论，我们称之为马科维茨有效投资组合。这一组合指的是在所有可行的投资组合中，在同一风险水平上，预期收益率最高的投资组合。所有马科维茨有效投资组合的集合被称为马科维茨投资组合有效集或者马科维茨有效边界，最优投资组合是其中一点，这一点是在考虑风险和收益的情况下，使投资者偏好得到最大化满足的投资组合。

建立在收益率预期均值和方差基础上的标准投资组合选择理论面临着新的批判，对这些批判我们可以从两个方面对其进行说明。一方面，金融资产收益率分布是对称的并符合正态分布这一观念受到了挑战者的批判。因为如果收益率分布不是正态分布，那么用标准差来度量风险就不是一个明智的选择。因此，应该有新的方法来度量风险。另一个方面的批判来自金融学的分支领域——行为金融学。行为金融学由心理学发展而来，在投资者行为选择方面与传统的金融理论存在很大的不同。

关键术语

算术平均收益率	框架	规范理论
资产定价模型	重尾	最优投资组合
行为金融学	探索驱动性偏差	随机波动原则
认知偏差	探索法	厌恶风险
美元加权收益率	内部收益率	无风险资产
有效投资组合	马科维茨有效边界	风险资产
预期收益率	马科维茨有效投资组合	标准差
宽尾	马科维茨投资组合有效集	系统性风险
可行投资组合	均值—方差有效投资组合	时间加权收益率
投资组合的可行集	正态分布	收益率的方差

思考题

1. 计算米尼菲尔德公司1月份和2月份的历史收益率。

1月1日的价格：20美元；1月份的现金股利＝0美元

2月1日的价格：21美元；2月份的现金股利＝2美元

3月1日的价格：24美元

2. 假设两位投资者的月收益率如下所示：

月份	投资者Ⅰ	投资者Ⅱ
1	9%	25%
2	13%	13%
3	22%	22%
4	−18%	−24%

a. 两个投资者的算术平均月收益率各是多少？

b. 两个投资者的时间加权平均月收益率是多少？

c. 与投资者Ⅰ相比，投资者Ⅱ的算术平均月收益率为什么会更多地偏离于时间加权月收益率？

3. 马贝利公司是一家货币管理公司，管理着养老金计划发起人的基金，其中一个客户的资产为2亿美元。这位客户的投资组合在过去三个月中的现金流量分别为流入2 000万美元，流出800万美元和流入400万美元。投资组合在三个月末的市场价值为2.08亿美元。

a. 这三个月期间客户投资组合的美元加权收益率是多少？

b. 假设第二月800万美元的现金流是由于计划发起人提取了现金，对现金提取进行调整后的现金流量为零，那么这位客户投资组合的美元加权收益率是多少？

4. 假设某种资产的某期收益率的概率分布如下所示：

收益率	分布
0.20	0.10
0.15	0.20
0.10	0.30
0.03	0.25
−0.06	0.15

a. 这一资产当期的预期收益率是多少？

b. 这一资产当期收益率的方差和标准差是多少？

5. 在计算资产或投资组合的风险时，要用到什么统计指标？

6. "投资组合的预期收益和收益率的方差不过是单个资产收益率和方差的加权平均数。"你同意上述论述吗？

7. 1990年诺贝尔经济学奖得主之一的哈里·马科维茨教授曾经写过下面这段话：

> 例如，由60只不同的铁路证券组成的投资组合的分散化程度可能还不如同样规模但是由一些铁路、一些公用设施、采掘业以及不同制造业的证券所组成的投资组合。

为什么这句话是对的？

8. 两位投资组合的经理在一起讨论现代投资组合理论。经理A说，马科维茨投资组合分析的目的是构造出既定风险水平下使预期收益率最大化的投资组合。经理B并不认可这一说法，他认为目的是构建既定收益率水平下能使风险最小化的投资组合。哪位投资经理的说法是正确的？

9. 解释一下风险厌恶型的投资者。

10. 何谓马科维茨有效边界？

11. 解释一下为什么并不是所有可行的投资组合都位于马科维茨有效边界上。

12. 何为最优投资组合？它与有效投资组合之间是什么关系？

13. a. 投资者是如何选择最优投资组合的？

b. 解释一下投资者的偏好在选择最优投资组合中所起的作用。

14. 解释一下资产之间的相关性在决定分散化潜在收益中的重要作用。

15. "在资产收益率完全相关的条件下可以获得最大的分散化收益。"你是否同意上述论述？请说明理由。

16. 主张构建包括股票和债券的投资组合的投资顾问指出由于这两类资产收益率之间的相关系数小，因而会产生分散化收益。

a. 两类资产收益率之间的相关系数是用来度量什么的？

b. 为什么说，股票和债券收益率之间的相关系数小于 1 才表明存在潜在的分散化收益？

17. 下列文献摘自沃伦·贝利（Warren Bailey）和雷恩·M·斯图尔兹（Rene M. Stulz）的《国际分散化收益：太平洋盆地股票市场案例分析》（《投资组合管理杂志》，1990 年夏季）。

最近有关国际分散化的文献使用了国外股票市场的每月数据来作出下列论断：美国投资者应该持有外国股票以降低国内股票组合的方差同时又不降低其预期收益率。

a. 为什么你预计：分散化投资与国外股票市场是否合理取决于"降低国内股票组合的方差同时又不降低其预期收益率"能力的实证证据？

b. 所有想证明投资于国外股票市场可以获得国际分散化收益的研究文献中，都会对两个有效边界进行比较。一个有效边界是只由国内股票组成，另一个有效边界是由国内和国外股票共同组成的。如果分散化投资于外国股票有好处的话，那么由国内和国外股票共同组成的有效边界是高于还是低于只由国内股票组成的有效边界呢？解释一下你的答案。

18. 下列文献摘自约翰·E·亨特（John E. Hunter）和 T·丹尼尔·科金（T. Daniel Coggin）的《对国际股票投资的分散化分析》（《投资组合管理杂志》，1990 年秋季）。

投资风险可以被分散化的程度取决于各国市场为单一世界市场因素所完全支配的程度（也就是说，如果所有的各国间相关系数都为 1.00），那么就不存在国际分散化收益。如果各国市场都完全独立（也就是说，各国间的相关系数都为 0），那么在无限多个国家的范围内进行国际分散化投资，就能完全消除国内市场波动的影响。

a. 为什么在证明国际分散化投资存在收益时，"各国间相关系数"起着关键作用？

b. 为什么亨特和科金认为，如果这些相关系数都等于 1.00 就不存在国际分散化收益？

19. 说明你是否同意下列论述，并解释理由。"由于很难确定投资者的效用函数，所以在实践中，马科维茨投资组合理论不能用于构建马科维茨有效投资组合。"

20. 下列文献摘自马歇尔·布鲁姆（Marshall

E. Blume）的《资产定价模型及其文献》，见于戴安娜·R·哈灵顿（Diana R. Harrington）和罗伯特·A·科洛雅克兹雅克（Robert A. Korajczyk）（编）《CAPM 争论：对投资管理政策和策略的意义》（谢洛兹维尔，弗吉尼亚州：投资管理和研究协会，1993 年）第 5 页（第一句话有所更改）：

格雷厄姆和多德最初的理论（《证券分析》，1934 年）中隐含了这样一个思想，即股票都是有内在价值的。如果投资者按低于其内在价值的价格购买了某项资产或股票，那么这项资产的价格会毫无风险地逐步上升至其内在价值。格雷厄姆和多德意识到人们对未来有不同的预期，但他们对分散化的论述不多。他们的基本观点是，如果所购买的每一只股票都低于其内在价值，那么总的投资组合就是一项好投资；当组合中股票的价值升至内在价值时，投资就会变得有利可图。

法学专业人士将这一学术思想转化成了个人信托投资中的谨慎人法则。根据这一规则，信托经理人员必须依据每个资产本身的内在价值来进行投资取舍。如果每项资产都是安全的，那么整个投资组合也是安全的。例如，在谨慎人法则下，期货不能够投资，因为期货的内在风险很高——即便投资经理现在已经知道，当期货和其他资产组合在一起时会降低投资组合的风险。

马科维茨于 1959 年创立了有效集的数学算法……着眼于整个投资组合的这一概念改变了投资者的投资理念。

马科维茨把注意力集中在投资组合的整体而不是投资组合中的单个资产上，这显然与个人信托中的谨慎人法则不一致。事实上，根据 20 世纪 70 年代中期通过的《雇员退休收入保障法案》的有关规定，投资于金融衍生产品来降低投资组合风险的做法，从法律上说，大多是不谨慎的。

为什么说个人信托投资中的谨慎人法则与马科维茨投资组合理论所主张的投资组合的构建方法相矛盾？

21. a. 有着宽尾的收益率分布意味着什么？

b. 如果理论上假设收益率分布是正态分布，而实际上却是宽尾分布，那么这意味着什么？

22. 行为金融学分析方法与传统的金融理论分析方法有哪些不同？

第9章

风险与收益理论（二）

学习完本章内容，读者将会理解以下问题：

- 资本市场理论的假设条件
- 资本市场线以及无风险资产在推导资本市场线中所起的作用
- 为什么资本市场线比马科维茨有效边界更占优
- 什么是证券市场线
- 系统性风险和非系统性风险之间的区别
- 资本资产定价模型和该模型中风险的度量方法以及模型的局限性
- 什么是市场模型

- 资本资产定价模型实证研究的结果以及检验模型存在的困难
- 多因素资本资产定价模型以及运用它存在的困难
- 套利定价理论模型
- 实际运用的不同类型的因素模型：统计因素模型、宏观因素模型和基本因素模型
- 不论使用何种资产定价模型，分析风险和收益的一些基本原则都是有效的

在第8章中，我们介绍了证券投资组合理论的基本原则。本章，我们开始介绍资本市场理论以及该理论和证券投资组合理论对金融资产定价的影响。我们学习的重点是著名的资本资产定价模型（CAPM）。当然，我们还将讨论其他的一些资产定价模型。

本章中所介绍的资本资产定价模型都是均衡模型。在给定投资者行为和预期假设以及资本市场假设的基础上，这些模型预测了投资者买卖某项资产时所希望获得的预期收益。因此，这些模型就投资者要求得到多少风险补偿这一问题给出了相应的答案。在知晓预期现金流量和预期收益率的情况下，就能够决定某项资

产的理论价值，因而这些模型被称为资产定价模型。

经济学假设

经济理论是对现实世界的抽象总结，正因为如此，所以它们都是建立在一些简化的假设基础之上的。一方面，这些假设条件对现实进行了大量的简化，甚至有些假设条件看起来不现实。然而，站在数学角度来看，这些假设条件让经济理论更易于理解。另一方面，这里讨论的某些假设条件受到了行为金融学支持者们的精确批评。注意我们所罗列的假设条件很多是行为假设，而这些行为假设是传统金融或我们前面章节提到的充分理性人假设所提出来的。这些假设条件并不是行为金融学支持者们所提出的假设条件。

投资者行为有关假设

在构建风险资产组合时，资本市场理论对投资者行为作出了如下一些假设。

行为假设 1

资本市场理论假设投资者作出投资决策是基于两个参数：预期收益率和收益率的方差。这就是为什么前一章描述的证券投资组合理论有时会被称为**两参数模型**（two-parameter model）的原因。

两参数假设告诉我们，投资者在进行投资决策时用作投入的参数是哪些。投资者的投资行为被假定遵循如下原则：若要承担更大的风险，必须有机会实现更高的收益作为补偿。我们把这样的投资者称为风险规避型的投资者，这是一个比较简单化的定义。实际上，风险规避更为精确的定义可以通过投资者效用函数的数学形式来确定。当然，我们也没有必要把它搞得过于复杂。重要的是，当投资者面临两个具有相同预期收益率的证券投资组合时，一定会选择风险较低的那个投资组合。

行为假设 2

资本市场理论假设，风险规避型的投资者会通过把相关性较低或者是负相关的资产组合起来，以此降低投资风险，正如前一章所演示的那样。

行为假设 3

资本市场理论假设所有的投资者进行投资决策时都是在单一投资期内。单一投资期限的时间长短不确定（六个月，一年，二年等）。事实上，现实的投资决策过程比这复杂，许多投资者的投资期都超过了单一投资期限。然而，为简化理论上的数学推导，单一投资期的假定还是必须的。

行为假设 4

资本市场理论假设，投资者在推导马科维茨有效证券投资组合时，对所输入的变量都有相同的预期，这些变量包括：资产收益率、方差以及相关系数等。这被称为**相同预期假设**（homogeneous expectations assumption）。

资本市场的有关假设

前面的假设都是关于投资决策过程中投资者的行为假设，我们有必要对投资者进行交易的资本市场的特征作出假设。这方面的假设包括下面三条。

资本市场假设 1

资本市场理论假设资本市场是完全竞争的市场。一般来说，市场上的买方和卖方的参与者数量众多，并且所有的投资者相对于市场总规模来说都显得非常小，因而单个投资者都不能够影响资产价格。其结果是，所有的投资者都只能是市场价格的接受者，市场价格由市场供求双方的均衡点决定。

资本市场假设 2

资本市场理论假设不存在交易成本以及影响资产供求的干扰因素，经济学家把这种成本和干扰称为"摩擦"。与摩擦相关的成本一般会使得买方要支付比没有摩擦时更高的价格以及（或者）使得卖方卖出的价格更低。就金融市场而言，摩擦包括经纪人收取的佣金和交易商收取的买卖价差。此外摩擦费用还包括税收和政府征收的转让费。

资本市场假设 3

资本市场理论假设，市场上存在可供投资者买卖的无风险的资产。更进一步，投资者还可以以无风险资产提供的利率水平进行借款。这就是说，投资者可以用无风险利率进行借款和贷款。

资本市场理论

在前一章中，我们对风险资产和无风险资产做了分类。我们解释了投资者在给定风险水平的情况下如何构建具有最高预期收益率的证券投资组合，组合的风险由组合的方差来衡量。但我们并没有考虑在包含无风险资产的条件下，也就是当资产的回报率确定时，构建有效证券投资组合的可能性。

在不考虑无风险利率的情况下，证券投资组合理论告诉我们，根据预期收益率和方差，我们能够构造出马科维茨有效投资组合。一旦引入了无风险资产，并假设投资者可以按无风险利率进行借贷（资本市场假设 3），证券投资组合理论的结论就可以用图 9—1 进行演示。无风险资产和马科维茨有效证券投资组合 M 的所有组合如图中切线所示。这条线从纵轴上的无风险利率引出并与马科维茨有效边界相切，切点用 M 来表示。这条线上的所有投资组合对投资者来说都是可以实现的。M 点左边的投资组合代表风险资产和无风险资产的再组合，M 点右边的投资组合包括以无风险利率借款买卖风险资产所构建的新组合。

我们现在可以对直线上的投资组合与马科维茨有效边界上具有相同风险的投资组合进行比较。例如，比较一下位于马科维茨有效边界上的证券投资组合 P_A 和处于直线上的证券投资组合 P_B，P_B 是无风险资产和马科维茨有效证券投资组合 M 的再组合。我们发现，对于相同的风险，P_B 的预期收益率要高于 P_A。事实上，直线上的所有点的收益率都高于马科维茨有效边界上的收益率，除了同处于马科维茨有效边界上的 M 点，因为 M 点是直线与马科维茨有效边界的相切点。

　　了解这一点后，我们必须对投资组合理论原有的结论进行修正，原有的结论认为投资者会在马科维茨有效边界上确定相应的投资组合，具体的投资组合的选定取决于投资者的风险偏好。在引入无风险资产以后，我们可以推导出新的结论，即投资者将会选择位于直线上的证券投资组合，这意味着投资者可以用无风险利率进行借贷，并与马科维茨有效证券投资组合 M 进行再组合投资。投资者在直线上选择的具体的有效证券投资组合取决于投资者的风险偏好。

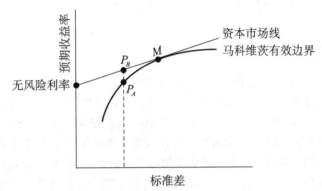

M 点右边的组合是杠杆化的投资组合（将以无风险利
率水平筹到的借款再投资于市场投资组合）
M 点左边的组合是无风险资产与市场投资组合的再组合

图 9—1　资本市场线

　　正是威廉·夏普[1]、约翰·林特纳[2]、杰克·特雷诺[3]以及简·莫辛[4]等人证明了如果存在按无风险利率借款或贷款的机会，那么在资本市场上，投资者就会更加倾向于持有由无风险资产和马科维茨有效边界上的投资组合 M 组成的再组合。夏普把这条由无风险利率引出、经过投资组合 M 的直线称为**资本市场线**（capital market line，CML），这一名称在金融界沿用至今。

　　一个更为关键的问题是：投资者如何构建投资组合 M？尤金·法马是这样回答这个问题的：市场投资组合 M 必然包括投资者所能获得的所有资产，每一资产持有比例等于该项资产的市场价值在所有资产市场总价值中所占的比重。[5] 例如，如果某一资产的总市价为 5 亿美元，所有资产的总市价为 X 美元，那么组合中该项资产所占的百分比即为 5 亿美元除以 X 美元。因为投资组合 M 是由所有资产构

　　[1]　William F. Sharp，"Capital Asset Prices，" *Journal of Finance* (September 1964)，pp. 425 - 442.

　　[2]　John Lintner，"The Valuation of Risk Assets and the Selection of Risky Investment in Stock Portfolio and Capital Budgets，" *Review of Economics and Statistics* (February 1965)，pp. 3 - 37.

　　[3]　Jack L. Treynor，"Toward a Theory of Market Value of Risky Assets，" unpublished paper. Arthur D. Little, 1961.

　　[4]　Jan Mossin，"Equilibrium in a Capital Asset Market，" *Econometrica* (October 1966)，pp. 768 - 783.

　　[5]　Eugene F. Fama，"Efficient Capital Markets：A Review of Theory and Empirical Work，" *Journal of Finance* (May 1970)，pp. 383 - 417.

成，所以它又被称为**市场投资组合**（market profolio）。

现在，我们可以再次说明，风险规避型的投资者在按照证券投资组合理论进行投资决策，并且能够按无风险利率进行借贷时，是如何构建有效证券投资组合的。这个过程就是对无风险资产和市场投资组合进行再组合。所有投资者都持有由无风险资产和市场投资组合组成的新的投资组合，这一理论结果被称为**两部分资金分离定理**（two-fund separation theorem）[1]——一部分资金由无风险资产构成，另一部分资金由市场投资组合构成。尽管所有投资者的证券投资组合都是选择位于资本市场线上，但属于特定投资者的最优证券投资组合则是能够使该投资者的风险偏好最大化的那一个证券投资组合。

资本市场线公式的推导

图 9—1 用图示的方法为我们画出了资本市场线。但我们同样也能用算术的方法推导出资本市场线的公式。这一公式对我们解释风险资产的定价至关重要。

为推导出资本市场线的公式，我们把两部分资金分离定理和相同预期假设（行为假设 4）结合起来。假设投资者构造了一个两部分资金的证券投资组合：投资到无风险资产部分的资金所占比重为 w_F，投资到市场投资组合部分的资金所占比重为 w_M。在这里，w 代表证券投资组合中每项资产所占的相应百分比（权数）。这样，

$$w_F + w_M = 1 \quad \text{或} \quad w_F = 1 - w_M$$

这个证券投资组合的预期收益率和风险是多少呢？我们在上一章说过预期收益率等于两项资产收益率的加权平均数。因此，我们的两部分资金证券投资组合的预期收益率 $E(R_p)$ 就应该等于：

$$E(R_p) = w_F R_F + w_M E(R_M)$$

我们都知道，$w_F = 1 - w_M$，所以，$E(R_p)$ 可以写成：

$$E(R_p) = (1 - w_M) R_F + w_M E(R_M)$$

这样，我们就可以把公式简化为：

$$E(R_p) = R_F + w_M [E(R_M) - R_F] \tag{9.1}$$

既然知道了理论上的证券投资组合的预期收益率，我们可以用证券投资组合的方差来度量其风险。根据上一章的公式（8.4），我们知道如何计算包含两项资产的证券投资组合的方差。我们首先回顾一下公式（8.4）：

$$\text{var}(R_p) = w_i^2 \text{var}(R_i) + w_j^2 \text{var}(R_j) + 2w_i w_j \text{std}(R_i) \text{std}(R_j) \text{cor}(R_i, R_j)$$

我们可以把这一公式用于计算两部分资金的证券投资组合。这里的第 i 项资产即为无风险资产 F，第 j 项资产为市场各证券投资组合 M。因而，

---

[1] James Tobin, "Liquidity Preference as Behavior Toward Risks," *Review of Economics Studies* (February 1958), pp. 65 – 86.

$$var(R_p) = w_F^2 var(R_F) + w_M^2 var(R_M) + 2w_F w_M std(R_F) std(R_M) cor(R_F, R_M)$$

我们知道无风险资产的方差 $var(R_F)$ 等于零,这是因为当无风险资产的未来收益率确定时,其收益率是不会发生任何变化的,因而其方差为零。无风险资产和市场投资组合的相关系数 $cor(R_F, R_M)$ 也等于零,这是因为无风险资产不具可变性,从而根本不会随着市场投资组合这一风险资产的收益率的变动而变动。考虑到这两点,把这两个值代入证券投资组合方差的计算公式中,我们发现:

$$var(R_p) = w_M^2 var(R_M)$$

也就是说,两部分资金投资组合的方差用市场投资组合的加权方差来表示。把标准差代入到方差计算公式中,我们可以求得市场投资组合的权数。

因为标准差是方差的平均根,所以上面的公式可以变换为:

$$std(R_p) = w_M std(R_M)$$

因此,

$$w_M = \frac{std(R_p)}{std(R_M)}$$

现在我们再回到公式 (9.1),并且代入我们刚刚计算出的 w_M:

$$E(R_p) = R_F + \frac{std(R_p)}{std(R_M)} [E(R_M) - R_F]$$

通过整理,可以得到如下公式:

$$E(R_p) = R_F + \frac{E(R_M) - R_F}{std(R_M)} std(R_p) \tag{9.2}$$

这就是资本市场线(CML)方程。

对 CML 方程的解释

资本市场理论假设所有的投资者对模型的输入变量有相同的预期(行为假设4)。因为预期相同,所以 $std(R_M)$ 和 $std(R_P)$ 是市场各方对市场投资组合和证券投资组合 p 的预期收益率分布的相同认识。CML 的斜率为:

$$\frac{E(R_M) - R_F}{std(R_M)}$$

我们来仔细分析一下斜率的经济意义。分子是市场投资组合的预期收益率超过无风险收益率的部分,它度量的是持有有风险的市场投资组合而不是无风险资产所要求的风险补偿或回报。分母衡量的是整个市场投资组合的风险。这样,斜率衡量的就是单位市场风险的补偿。因为 CML 表示的是为补偿某一风险水平所提供的收益率,所以线上的每一点都代表着市场的平衡状况或均衡点。直线的斜率决定了为补偿单位风险变动所要求的额外收益率,这就是为什么 CML 的斜率又被称为**风险的市场价格**(market price of risk)的原因。

CML 表示的是证券投资组合的预期收益率等于无风险利率加上风险溢价。正如我们在第 1 章和第 8 章所写的那样，我们寻求对风险溢价的测量方法。按照资本市场理论，风险溢价等于风险的市场价格乘上证券投资组合的风险数量（用证券投资组合的标准差来衡量）。具体公式如下：

$$E(R_p) = R_F + 风险市场价格 \times 投资组合的风险数量$$

资本资产定价模型

到目前为止，我们已经知道了根据两个参数（风险和预期收益）来做决策的风险规避型投资者是如何构建有效证券投资组合——对市场投资组合和无风险资产进行再组合。在这一结果的基础上，我们可以推导出一个新模型，说明风险资产是如何定价的。在推导过程中，可以进一步提高对资产风险的理解和认识。具体地说，可以理解为投资者承担并获得补偿的有关风险不是资产收益率的方差而是其他的数量。为了说明这一点，我们有必要进一步地研究证券投资组合的风险。

系统性风险和非系统性风险

第 8 章中我们在讨论证券投资组合理论时，一开始就把收益率的方差确定为测量风险的方法。同时，我们还提出根据这一测量方法，可以将风险分为基本的两大类：系统性风险和非系统性风险。

系统性风险（systematic risk）是资产的收益率波动中可以归因为某一共同因素的风险，又被称作**不可分散的风险**（undiversifiable risk）或**市场风险**（market risk）。系统性风险是在随机选取大量资产实现充分分散化投资的证券投资组合时所能获得的最低程度的风险。由此可见，系统性风险是来源于不能被分散掉的总体市场情况和经济背景。

资产收益率波动中能够被分散掉的风险部分被称为**非系统性风险**（unsystematic risk），也被称作**可分散风险**（diversifiable risk）、**残余风险**（residual risk）或**公司特有风险**（company-specific risk）。这是属于公司所特有的风险，比如说罢工、不利的诉讼判决或者自然灾害。这类风险的例子很多，我们只需回忆一下发生在 1982 年 10 月的泰利隆胶囊产品（由约翰逊-约翰逊公司制造）损害案，或者是 1984 年 12 月发生在印度波普尔的联合碳化物工厂的化学品事故。这两个事件都无法预料，并且都产生了意外的悲剧，从而引起两家公司的股票价格的下挫。

分散化是如何降低证券投资组合的非系统性风险的，图 8—2 做了详细的演示。正如我们之前所说的那样，当证券投资组合由大约 20 只左右随机选取的证券组成时，非系统性风险几乎被分散为零。从根本上来说，残余风险全部是系统性风险或市场风险。

因而，资产的总风险可以用其方差来衡量。不过，总风险又可以分解为系统性风险和非系统性风险。接下来我们将会解释如何量化这两大风险。

系统性风险的量化

要量化系统性风险，可以先把收益率分为两个组成部分：一部分与市场收益率完全相关并与之成比例；另一部分完全独立于市场收益率（不相关）。收益率的第一个组成部分通常被称为系统性收益率，第二部分被称为非系统性或可分散收益率。这样，我们就得到：

$$证券收益率＝系统性收益率＋非系统性收益率 \tag{9.3}$$

因为系统性收益率与市场收益率成比例，所以可以把它表示为 β（贝塔）系数乘以市场收益率 R_M。比例系数 β 是**市场的敏感度指数**（market sensitivity index），意味着证券收益率对市场收益率变化的敏感度。（如何估算单个证券或证券投资组合的 β 值，后面将会讨论。）而非系统性收益，通常是独立于市场收益率的，一般用 ε' 系数表示。这样，证券收益率 R 就可以表示为：

$$R = \beta R_M + \varepsilon' \tag{9.4}$$

例如，如果某只证券的 β 值为 2.0，那么当市场收益率为 10％，该证券的系统性收益率将为 20％，这一时期的证券收益率就等于 20％加上非系统性收益率。非系统性风险与公司具体情况相关，比如说劳资问题、高于预期值的销售额，等等。

公式（9.4）演示的收益率模型通常还有另外一种表达形式，这种形式假设残差项 ε' 的平均值等于零。为了更好地加以说明，可以在模型中加入一个因素，α 系数，用来表示一定时期内非系统性收益率的平均值。也就是说，我们设定 $\varepsilon' = \alpha + \varepsilon$，这样，原来的公式就可以写成：

$$R = \alpha + \beta R_M + \varepsilon \tag{9.5}$$

在这里，跨期的 ε 的平均值应趋于零。

公式（9.5）表示的证券收益率模型通常被称为**市场模型**（market model）。在图上，这一模型可以用一条直线来表示，这条直线是从对应于市场指数收益率的证券收益率的散点图拟合而来。图 9—2 对此进行了充分的展示。

β 系数可以看作直线的斜率，它意味着当市场收益率每增加 1％时，证券收益率的预期上升幅度。在图 9—2 中，如果证券的 β 值为 1.0，当市场收益率为 10％时，那么，一般说来，证券收益率也将是 10％。

α 系数表示的是直线在纵轴证券收益率上的截距，它等于股票非系统性收益率 ε' 在期间内的平均值。对于大多数股票来说，α 一般都比较小而且不稳定。

根据市场模型给出的证券收益率的定义，对系统性风险和非系统性风险的说明会显得更加简洁明了——它们其实就是两个收益率组成部分的标准差。[1]

证券的系统性风险等于 β 系数乘以市场收益率的标准差：

---

[1]　两个风险组成部分之间的关系可以表示为 $\mathrm{var}(R_p) = \beta^2 \mathrm{var}(R_M) + \mathrm{var}(\varepsilon')$，这是从公式（9.5）直接得到的，并且假设 R_M 和 ε' 在统计意义上是相互独立的。前面讨论过的 R^2 项是系统性风险和总风险的比率（二者都是用方差来衡量）：$R^2 = \dfrac{\beta^2 \mathrm{var}(R_M)}{\mathrm{var}(\varepsilon')}$。

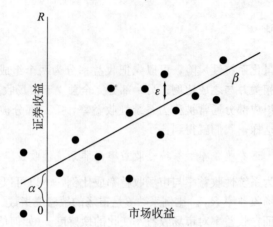

β系数是市场的敏感度指数，图中为直线的斜率。

α系数是残余收益率的平均值，图中表示为纵轴的截距。

ε系数表示的是残差，图中的含义是实际点与直线的垂直距离。

图 9—2　市场模型的图示

$$系统性风险 = \beta \, \mathrm{std}(R_M) \tag{9.6}$$

非系统性风险等于剩余收益率因素 ε 的标准差：

$$非系统性风险 = \mathrm{std}(\varepsilon) \tag{9.7}$$

如果我们知道单个证券系统性风险的水平，我们可以求出证券投资组合的系统性风险，它等于证券投资组合的 β_p 系数乘以市场指数的风险 $\mathrm{std}(R_M)$。

$$证券投资组合的系统性风险 = \beta_p \mathrm{std}(R_M) \tag{9.8}$$

证券投资组合的贝塔系数等于单个证券贝塔系数的加权平均数，权重为证券投资组合中单个证券在组合中所占的比例。

$$\beta_p = w_1\beta_1 + w_2\beta_2 + \cdots + w_n\beta_n$$

或者，我们还可以简化为：

$$\beta_p = \sum_{i=1}^{n} w_i\beta_i \tag{9.9}$$

其中，

$w_i =$ 第 i 个证券在证券投资组合市场价值中所占的比例

$n =$ 证券数量

因此，证券投资组合的系统性风险只不过是单个证券系统性风险的市场加权平均数，由所有证券组成的证券投资组合的贝塔系数为 1。如果某只股票的贝塔系数大于 1，那么它就高于市场平均系数。如果证券投资组合中每个证券的投资比例都一样，那么投资组合的 β_p 系数就等于组合里每个证券的 β 系数的简单平均数。

证券投资组合的非系统性风险也是证券的非系统性收益率的函数，只不过它的形式更为复杂些。[1] 有一点很重要，那就是随着分散化程度的增加，这一风险趋向于零。

　　了解有关证券投资组合风险的这些结果，对我们研究分散化如何影响风险是非常有帮助的。有一项研究对比了由 20 只股票构成的投资组合的标准差和在平均证券系统性风险基础上估算出的风险下限，这里的风险下限等于投资组合的平均值乘以市场收益率的标准差。所有的研究结果表明，其标准差都接近于估算值。这些结果支持了证券投资组合的系统性风险等于组合证券平均的系统性风险这一结论。

　　这些结论的内涵丰富。首先，我们可以预期长期内实现的收益率只与证券的系统性风险而不是与全部风险相关。因为非系统性风险能够相对容易地被消除，所以我们不应该期望市场为投资者承受的这类风险提供"风险溢价"。其次，因为证券的系统性风险等于证券的贝塔系数乘以对于所有的证券都一样的 $\text{std}(R_M)$，所以贝塔系数被认为是相对风险指标。β 系数表示证券（或证券投资组合）的系统性风险和市场指数风险的相对值。因此，为方便起见，一般情况下我们都用相对的形式来表示系统性风险，而不是用 β 乘上 $\text{std}(R_M)$。

对贝塔系数的估算

　　通过数据统计分析就可以估算出证券或证券投资组合的贝塔系数。具体地说，我们可以借助公式（9.5）给出的市场模型，通过对历史数据的回归分析来估算贝塔系数。估算出来的市场模型的斜率就是贝塔系数的估计值。根据第 8 章中公式（8.1）计算出来的是某个时期具有代表性的市场指数（比如标准普尔 500 股票的市场指数）和某一股票（或证券投资组合）的一系列收益率。[2] 例如，可以计算出过去五年里的月平均收益率，这样市场指数和股票（或证券投资组合）就都有 60 个相应的观察值。或者，可以计算出过去一年的周平均收益率。证券投资组合理论并没有特别说明应该使用每周、每月或者每天的收益率，也没有特别说明观察值的具体数量。但是统计学的方法论认为，观察值越多，贝塔值的估算就越准确。[3]

　　表 9—1 给出了根据 1996 年 1 月到 2000 年 12 月共 60 个月的收益率数据估计出来的 5 只股票的贝塔值以及系统性风险和非系统性风险。表 9—1 同时还将标准普尔 500 这一有代表性的市场指数作为市场投资组合平均收益率的代表。

---

　　[1]　假设证券的非系统性收益率（ε'）互不相关（实际生活中这也是合理的），投资组合的非系统性风险则为：$\text{var}(\varepsilon'_p) = \sum_{i=1}^{n} w_i^2 \text{var}(\varepsilon'_i)$。在这里，$\text{var}(\varepsilon')$ 是第 i 只股票的非系统性风险。假设投资组合中的单个证券所占的比重都相同，且 $\text{var}(\varepsilon')$ 是 $\text{var}(\varepsilon'_i)$ 的平均值，那么，$w_i = 1/n$，并且，$\text{var}(\varepsilon'_p) = \dfrac{1}{n}\text{var}(\varepsilon')$。我们假定 $\text{var}(\varepsilon')$ 是有限的，很明显，投资组合的方差会随着组合中证券数量的增加而趋向于零。
　　[2]　我们将会在第 14 章讨论几个有代表性的市场指数。
　　[3]　这里假设影响单个股票贝塔值的经济变量在观察期内不会发生变化。

表 9—1		五只股票的历史贝塔值			
	通用电气	麦格劳-希尔	IBM	通用汽车	施乐
贝塔系数	1.24	0.86	1.22	1.11	1.27
系统性风险	0.62	0.28	0.33	0.28	0.19
非系统性风险	0.38	0.72	0.67	0.72	0.81

注：标准普尔 500 指数被认为是市场指数，统计区间是 1996 年 1 月到 2000 年 12 月。

通过统计方法估算贝塔系数的另一个发现是系统性风险占全部风险的百分比。在统计上，它由通过回归得到的决定系数来衡量，其含义是资产收益率变动中可以用市场投资组合的收益率变动来解释的百分比。这个系数的取值范围在 0 到 1 之间。例如，某一资产的决定系数为 0.3，是指该项资产收益率变动的 30% 可以用市场投资组合的收益率来解释。而非系统性或特有风险则是不能用市场投资组合的收益率来解释的，这也就意味着，非系统性风险等于 1 减去决定系数。

研究表明纽约股票交易所普通股票的系统性风险大约为 30%，非系统性风险大约为收益率变动的 70%。与此形成对比的是，一个充分分散的证券投资组合的决定系数一般都大于 90%，表明非系统性风险占证券投资组合收益率变动的比率不足 10%。

在这里，我们的目的不是要解释贝塔系数的计算原理是什么，而是要指出贝塔系数在获取过程中存在的实际问题。（有可能会牵扯一些计量经济学的内容，但这不是我们的主题。）

由于以下一些因素的影响，计算出来的贝塔值可能会有所不同：

1. 计算收益率所跨的时间长度（例如按天，按周，按月）。

2. 使用的观察值的数量（例如三年期间的月收益率或五年期间的月收益率）。

3. 选择的具体时间段（例如 1998 年 1 月 1 日到 2002 年 12 月 31 日，或 1996 年 1 月 1 日到 2000 年 12 月 31 日）。

4. 选用的市场指数（比如标准普尔 500 股票市场指数，或者用交易所交易的所有股票的相对市场价值加权计算出的指数）。

此外，贝塔系数在不同时期的稳定性问题也值得关注——也就是说，股票或投资组合的贝塔系数是随着时间而变化呢还是相对稳定的？[1]

这一有趣的问题与股票贝塔系数的经济决定因素有关。一家公司的风险特征表现在其贝塔值上。许多实证研究总是试图确认这些宏观和微观经济因素具体是哪些。[2]

---

[1] 参见 Frank J. Fabozzi and Jack C. Francis, "Stability Tests for Alphas and Betas over Bull and Bear Markets," *Journal of Finance* (September 1977), pp. 1093 – 1099; "Betas as a Random Coefficient," *Journal of Financial and Quantitative Analysis* (March 1978), pp. 101 – 116。

[2] 参见 Frank J. Fabozzi and Jack C. Francis, "Industry Effects and the Determinants of Betas," *Quarterly Review of Economics and Business* (Autumn 1979), pp. 61 – 74; Frank J. Fabozzi, Teresa Garlicki, Arabinda Ghosh, and Peter Kislowski, "Markets Power as a Determinant of Systematic Risk: Empirical Evidence," *Review of Business and Economic Research* (Spring 1986), pp. 6 – 70; and Frank J. Fabozzi and Jack C. Francis, "The Effects of Changing Macroeconomic Conditions on the Parameters of the Single-Index Market Model," *Journal of Financial and Quantitative Analysis* (June 1979), pp. 351 – 356。

证券市场线

资本市场线描述的是一种均衡状况，它把资产组合的预期收益率表达为市场投资组合收益率的线性函数。单个证券的预期收益率也存在与此完全类似的关系：

$$E(R_i) = R_F + \frac{E(R_M) - R_F}{\text{std}(R_M)} \text{std}(R_i) \tag{9.10}$$

公式（9.10）仅仅是把公式（9.2）中投资组合的风险和收益率变量换成了单个证券的相应变量。单个证券的这种风险—收益关系被称为**证券市场线**（security market line，SML）。与CML相似，单项资产的预期收益率等于无风险利率加上风险的市场价格与证券的风险数量的乘积。

另外一种更为常见的形式是用贝塔系数来表示证券市场线。为了搞清楚这一关系式是如何推导出来的，我们再回到公式（9.3）中。在一个充分分散的证券投资组合（以及马科维茨分散的证券投资组合）中，特有的或非系统性风险可以完全消除掉。因而，它又可以用下列公式来表示：

$$\text{var}(R_i) = \beta_i^2 \text{var}(R_M)$$

标准差为：

$$\text{std}(R_i) = \beta_i \text{std}(R_M)$$

于是，

$$\beta_i = \frac{\text{std}(R_i)}{\text{std}(R_M)}$$

如果把β_i代入到公式（9.10）中，我们就可以得到贝塔系数形式的证券市场线，正如公式（9.11）所示，一般把它称为**资本资产定价模型**（capital asset pricing model，CAPM）：[①]

$$E(R_i) = R_F + \beta_i [E(R_M) - R_F] \tag{9.11}$$

这个方程式表明，在前述资本市场理论的假设条件下，单项资产的预期（或被要求的）收益率是用贝塔系数来衡量的系统性风险指数的正线性函数。贝塔系数越高，预期收益率也越高。注意到只有资产的贝塔系数决定其预期收益率。

我们来看一下资本资产定价模型对几个贝塔值所做的预测。无风险资产的贝塔系数为零，这是因为无风险资产收益率的变动为零，因而它不随市场投资组合

---

① 模型有时候以风险溢价的形式出现。风险溢价，或者说是额外收益率，通常是在总体收益率中扣除无风险收益率的剩余部分。单个证券风险和市场风险的溢价通常都是用$E(r_i)$和$E(r_M)$表示，其公式分别是$E(r_i) = E(R_i) - R_F$和$E(r_M) = E(R_M) - R_F$。将风险溢价代入方程式（9.11）中，我们可以得到$E(r_i) = \beta_i [E(r_M)]$。在这个公式中，资本资产定价模型认为投资者构建的投资组合风险溢价等于贝塔系数乘以预期的市场风险溢价。或者，也可以这么表述，预期的风险溢价等于风险数量（用贝塔系数衡量）与风险价格（预期的市场风险溢价）的乘积。

的变动而变动。所以，如果我们想知道无风险资产的预期收益率，可以把 $\beta_i = 0$ 代入公式（9.11）就行：

$$E(R_i) = R_F + 0 \times [E(R_M) - R_F] = R_F$$

因此，无风险资产的收益率就是无风险收益率，正如我们所期望的那样。

市场投资组合的贝塔系数为 1。如果资产 i 的贝塔系数与市场投资组合相同，可以把 1 代入公式（9.11）中：

$$E(R_i) = R_F + 1 \times [E(R_M) - R_F] = E(R_M)$$

在这种情况下，单项资产的预期收益率等于市场投资组合的预期收益率。如果资产的贝塔系数大于市场投资组合的贝塔系数（亦即大于 1），那么资产的预期收益率会高于市场投资组合。如果单项资产的贝塔系数小于市场投资组合的贝塔系数，则结果正好相反。图 9—3 给出了证券市场线的图形。

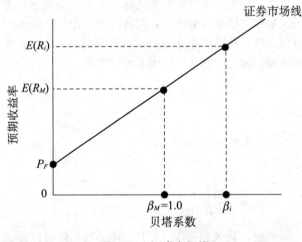

图 9—3　证券市场线

SML、CML 和市场模型

当市场处于均衡状态时，单个证券的预期收益率应该位于 SML 上而不是 CML 上，其原因在于那些比较高的非系统性风险可以通过投资组合的充分分散化而得以消除。由此可知，投资者愿意支付风险溢价来避免的风险只有市场风险，因此，具有相同的系统性风险的两个资产，它们的预期收益率也应该一样。在市场均衡状态下，只有有效证券投资组合才既位于 CML 上，也位于 SML 上。这突出了以下事实，即作为衡量系统性风险的贝塔系数可以正确地被认为是单个证券对充分分散证券投资组合的系统性风险的贡献指数。

了解市场模型和 CML 及 SML 之间的区别是十分重要的。CML 和 SML 都是用来预测预期收益率的模型，而市场模型却注重对历史数据的描述。因此，市场模型不对预期收益率应为多少作出预测。

资本资产定价模型的检验

事实上，CAPM 是一个既简单又精巧的模型，但是这些特点本身并不能保证它在解释观察到的风险或收益变量时是有用的。在这里，我们有必要简要地回顾一下试图证实这一模型的有关实证文献。

检验 CAPM 的最大困难在于这一模型描述的是投资者的预期收益率而不是真实的收益率。为了检验 CAPM，我们有必要把公式（9.11）给出的理论模型转化为可以实际验证的形式。在这里，我们并不做完整的推演，而只是提供一个被检验过的经典模型。[①] 我们也不深究与 CAPM 的验证相关的计量方面的问题，尽管在后面我们会讨论一个重要的理论问题，这个问题对 CAPM 的可检验性，从而对研究者们的实证研究结论提出了重大的质疑。

与公式（9.11）类似的经验模型主张，在分析期间内：（1）市场的平均风险溢价与股票或证券投资组合的平均风险溢价之间存在线性关系，其斜率为 β_i；（2）线性关系式通过原点，而且，按照 CAPM，贝塔系数能完全度量单个股票的风险。因此，其他可能用到的风险度量，其中最常用的是收益率的标准差，不应该用作解释股票收益率的主要指标。回忆一下，标准差衡量的是股票的全部风险，既包括系统性风险，也包括非系统性风险。

CAPM 对于单个证券和证券投资组合都适用。因此，实证检验可以任选其一。然而，基于单个证券的检验不是最有效的估算出风险收益平衡关系的方法。

第一个问题被称为"变量偏向误差"。这个问题的形成基于这样的现实：某只股票的贝塔值通常与选取历史数据的某个样本构建的股票收益率存在相互关系，直线的斜率（回归系数）即为贝塔系数的估算值。由于数据来源各种各样，这一方法容易产生误差，这些误差就其产生的结果来说是随机的，也就是说，某些股票的贝塔值被高估，某些被低估。然而，当这些估算的贝塔值用于检验时，度量误差倾向于缩小平均收益率和风险之间的关系。通过把证券分为若干具有相似贝塔值的组合，很多的度量误差问题就可以得到解决。单个股票贝塔值的误差会相互抵消，使得证券投资组合的贝塔值的估算更加准确。相应地，这意味着建立在证券投资组合收益率之上的检验要比建立在某个证券收益率之上的检验更为有效。

第二个问题涉及剩余变动的模糊效应。已实现的证券收益率包含一个很大的随机组成部分，一般占到收益率变动的 70% 左右（股票的可分散或非系统性风险）。通过把证券分成不同的投资组合，我们可以消除大量的"噪音"，从而对收益率和系统性风险的关系有更加清晰的认识。

我们应该注意，分组并不会扭曲基本的风险收益关系。存在于单个证券中的关系同存在于证券投资组合中的关系完全相同。

[①] 对实证模型推演过程感兴趣的读者可以参见 Franco Modigliani and Gerald A. Pogue, "Introduction to Risk and Return：Concepts and Evidence：Part II," *Financial Analysts Journal* (May/June 1974), pp. 69 – 86。

20 世纪 70 年代早期进行的实证检验的主要结果包括以下几个方面：[1]

1. 证据表明，已实现的收益率和用贝塔系数衡量的系统性风险之间存在着明显的正向关系。然而，平均的市场风险溢价的估算值一般要低于 CAPM 的预测值。

2. 风险和收益之间看起来是线性关系。研究中没有证据表明风险与收益之间的关系有明显的弯曲度。

3. 试图去分析系统性风险和非系统性风险效应的实证工作并没有得出明确的结论。两类风险似乎都与证券收益率正相关，但是有大量证据支持下列命题，即收益率和非系统性风险之间的关系至少是部分谬误的——也就是说，它只是部分地反映了统计上的问题而不代表资本市场的真实状况。

一方面，很明显，我们不能说 CAPM 是绝对正确的。另一方面，早期的实证检验确实支持了这一观点，即贝塔系数是一个有用的风险度量标准，高贝塔值股票的定价倾向于让投资者获得相对较高的收益率。

然而在 1977 年，理查德·罗尔（Richard Roll）写的一篇文章中批判了之前出版的有关 CAPM 的实证检验。[2] 罗尔认为，虽然从理论上讲，CAPM 是可以进行检验的，但是对这一理论的正确检验尚未提出，而且这一理论在未来也基本上不可能得到正确的检验。

罗尔作出这些判断的理论依据是围绕着他的一个理论贡献展开的。他的理论贡献在于他认为只有一个与 CAPM 相关的假说是可以得到检验的，那就是位于马科维茨有效边界上的真实的市场投资组合（亦即它具备均值-方差的有效性）。更进一步，由于真实的市场投资组合必须包括全世界范围内的所有资产，而其中大部分资产的价值很难观察（比如人力资本），所以这一假说是根本无法检验的。[3]

1977 年以来，关于 CAPM 又有很多的研究，这些研究有的支持 CAPM，有的反对 CAPM。这些实证检验试图解释 CAPM 的内涵而不是风险与收益之间的线性关系，以此作为他们研究方法的基础。遗憾的是，没有一个研究提出了明确的检验方法，而且大多数的研究由于无一例外地承认"真实的"市场投资组合的存在而饱受批评。

---

[1] 其他的一些早期研究包括 Nancy Jacob, "The Measurement of Systematic Risk for Securities and Problems: Some Empirical Results," *Journal of Financial and Quantitative Analysis* (March 1971), pp. 815 – 834; Merton H. Miller and Myron S. Scholes, "Rates of Returns in Relation to Risk: A Reexamination of Recent Findings," and Fischer Black, Michael C. Jensen, and Myron S. Scholes, "The Capital Asset Pricing Model: Some Empirical Evidence," in Michael C. Jensen (ed.), *Studies in the Theory of Capital Markets* (New York: Praeger Books, 1972); Marshall E. Blume and Irwin Friend, "A New Look at the Capital Asset Pricing Model," *Journal of Finance* (March 1973), pp. 19 – 33; Eugene F. Fama and James D. MacBeth, "Risk, Return and Equilibrium: Empirical Tests," Working Paper No. 7237, University of Chicago, Graduate School of Business, August 1972。

[2] Richard Roll, "A Critique of the Asset Pricing Theory: Part I. On the Past and Potential Testability of the Theory," *Journal of Financial Economics* (March 1977), pp. 129 – 176.

[3] 之前我们引用的有关 CAPM 的传统理论检验都认为证券平均收益率与贝塔系数之间存在着线性关系，对问题的考虑也仅限于此。这一结论之所以成立在于风险和收益之间的线性关系在股票数量众多且充分分散化的投资组合中能得到检验，而不管股票的价格是通过 CAPM 确定的还是通过其他完全不同的模型确定的。这一结果是同义反复的。实际的收益率与 β 之间的正向线性关系很容易被证实，这一事实仅仅表明用于代表真实市场投资组合的指数的收益率要远大于全球最小方差的投资组合的平均收益率。

多因素资本资产定价模型

上述的 CAPM 假设投资者关心的唯一风险来自证券未来价格的不确定性。然而，投资者通常还会在意其他一些风险．这些风险将会影响他们未来消费商品和享受服务的能力。与未来劳动收入、未来消费品的相对价格以及未来投资机会相关的风险是其中的三个例子。

认识到投资者将面临其他一些风险并根据消费者在面临这些"市场外"风险来源时所取得的最优终生消费，罗伯特·默顿（Robert Merton）扩展了 CAPM。[①] 这些市场外风险来源又叫做"因素"，因此默顿推导出来的模型被称为**多因素资本资产定价模型**（multifactor CAPM），公式如下：

$$E(R_p) = R_F + \beta_{p,M}[E(R_M) - R_F] + \beta_{p,F1}[E(R_{F1}) - R_F]$$
$$+ \beta_{p,F2}[E(R_{F2}) - R_F] + \cdots + \beta_{p,FK}[E(R_{FK}) - R_F] \tag{9.12}$$

其中，

R_F ＝无风险收益率

$F1, F2, \cdots, FK$ ＝第 1 至 K 个因素或市场外风险来源

K ＝因素或市场外风险来源的数量

$\beta_{p,Fk}$ ＝证券投资组合对第 k 个因素的敏感度

$E(R_{Fk})$ ＝因素 k 的预期收益率

总的市场外风险来源等于：

$$\beta_{p,F1}[E(R_{F1}) - R_F] + \beta_{p,F2}[E(R_{F2}) - R_F] + \cdots + \beta_{p,FK}[E(R_{FK}) - R_F]$$
$$\tag{9.13}$$

这个表达式说的是，投资者除了希望获得市场风险补偿外，还希望为承受与每一个市场外风险来源相关的风险而获得补偿。注意到，如果不存在市场外风险来源，公式（9.12）就成了 CAPM 所预测的证券投资组合的预期收益率：

$$E(R_p) = R_F + \beta_p[E(R_M) - R_F]$$

就 CAPM 而言，投资者通过分散化可以对冲证券未来价格的不确定性，而持有市场投资组合就可以做到这一点。市场投资组合可以看作是根据相对的资本化程度投资于所有证券的共同基金。在多因素 CAPM 中，为了对冲某些特定的市场外风险，投资者除了要投资于市场投资组合外，还要投资于其他类似的共同基金。虽然并不是所有的投资者都关心相同的市场外风险来源，但是那些关心某一具体的

---

① Robert C. Merton, "An Intertemporal Capital Asset Pricing Model," *Econometrica* (September 1973), pp. 867 - 888. 较少技术性的版本收集在 "A Reexamination of the CAPM," Irwin Friend and James Bicksler (eds.), *Risk and Return in Finance* (Cambridge, MA: Ballinger Publishing, 1976). 其他有关多因素 CAPM 的文献包括 John C. Cox, Jonathan E. Ingersoll, and Stephen A. Ross, "An Intertemporal Capital Asset Pricing Model with Rational Expectations," *Econometrica* (1985), pp. 363 - 384 和 Douglas Breeden, "An Intertemporal Capital Asset Pricing Model with Stochastic Consumption and Investment Opportunities," *Journal of Financial Economics* (1979), pp. 265 - 296.

市场外风险的投资者基本上是按相同的方法来对冲风险的。

我们刚才描述了证券投资组合的多因素模型，那么我们应该如何运用这个模型来估算单个证券的预期收益率呢？因为单个证券不过是由单一证券组成的证券投资组合，所以公式（9.13）同样也适用于每只证券 i。也就是：

$$E(R_i) = R_F + \beta_{i,M}[E(R_M) - R_F] + \beta_{i,F1}[E(R_{F1}) - R_F]$$
$$+ \beta_{i,F2}[E(R_{F2}) - R_F] + \cdots + \beta_{i,FK}[E(R_{FK}) - R_F] \qquad (9.14)$$

多因素 CAPM 是一个富有吸引力的模型，因为它意识到非市场风险的存在。因此，市场对资产的定价必须反映出补偿市场外风险的溢价部分。遗憾的是，很难确认所有的市场外风险并经验地估算每一个风险。更进一步，当将这些风险放在一起考虑时，多因素 CAPM 与下文将要论述的套利定价理论模型非常相似。

套利定价理论模型

1976 年，斯蒂芬·罗斯创立了一个可以替代 CAPM 和多因素 CAPM 的模型。[①] 这个模型完全建立在套利理论的基础上，因此被称为**套利定价理论**（arbitrage pricing theory，APT）**模型**。

套利定价理论的假设

APT 模型假定证券的预期收益率受多个因素的影响，而不像 CAPM 假定只受单一市场指数的影响。具体地说，回顾一下公式（9.5），这个公式表明证券收益率取决于证券的市场敏感度指数和非系统性的收益率。与此相反，APT 模型认为证券收益率与 H 个"因素"线性相关。APT 模型并没有明确这些因素是什么，但是它假定证券收益率和这些因素之间存在着线性关系。

为了演示 APT 模型，假设一个包含三个证券的证券投资组合和两个因素的简单世界（否则要用到更为复杂的数学符号）。下列符号将会被用到：

$\tilde{R}_i$ ＝证券 i（i＝1，2，3）的随机收益率

$E(R_i)$ ＝证券 i（i＝1，2，3）的预期收益率

F_h ＝所有三项资产共有的第 h 个因素（h＝1，2）

$\beta_{i,h}$ ＝第 i 个证券对第 h 个因素的敏感度

$\bar{e}_i$ ＝证券 i（i＝1，2，3）的非系统性收益率

APT 模型断言，证券 i 的随机收益率由下列关系式组成：

$$\tilde{R}_i = E(R_i) + \beta_{i,1}F_1 + \beta_{i,2}F_2 + \tilde{e}_i \qquad (9.15)$$

① Stephen A. Ross, "The Arbitrage Theory of Capital Asset Pricing," *Journal of Economic Theory* (December 1976), pp. 343-362 和 "Return, Risk and Arbitrage," in Friend and Bicksler (eds.), *Risk and Return in Finance*。自罗斯提出 APT 后，陆续有很多研究对此进行了修正，例如 Gur Huberman, "A Simple Approach to Arbitrage Pricing Theory," *Journal of Economic Theory* (October 1982), pp. 183-191 和 Jonathan E. Ingersoll, "Some Results in the Theory of Arbitrage Pricing," *Journal of Finance* (September 1984) pp. 1021-1039.

APT 模型的推导

要想在三项资产之间取得均衡，必须满足以下套利条件：如果没有额外的资金（财富），也不增加额外的风险，那么通常说来，不可能构造出一个能使收益率增加的证券投资组合。从根本上讲，这个条件表明市场上不存在"货币机器"。

为了说明这一原则是如何发挥作用的，不妨设 V_i 等于投资于第 i 个证券的货币数量的变化占投资者财富的比例。例如，假设投资者证券投资组合的初始市场价值为 100 000 美元，其中投资在证券 1 上的额度是 20 000 美元，投资在证券 2 上的额度为 30 000 美元，投资在证券 3 上的额度为 50 000 美元。假设投资者把初始的证券投资组合改变为：证券 1 为 35 000 美元，证券 2 为 25 000 美元，证券 3 为 40 000 美元，那么投资额度变化率如下所示：

$$V_1 = \frac{35\ 000 - 20\ 000}{100\ 000} = 0.15$$

$$V_2 = \frac{25\ 000 - 30\ 000}{100\ 000} = -0.05$$

$$V_3 = \frac{40\ 000 - 50\ 000}{100\ 000} = -0.10$$

我们可以注意到，由于没有投入额外的资金，所以各 V_i 的总和等于 0。也就是说，证券投资组合的重组并没有改变初始证券投资组合的市场价值。但重组完成了两件事情。第一，它会改变证券投资组合的未来收益率；第二，它改变了证券投资组合的总风险，既包括与两个因素相关的系统性风险，也包括非系统性风险。

考虑一下第一个后果。从数学上看，证券投资组合未来收益率的变化（$\Delta \widetilde{R}_P$）可以用下列公式表示：

$$
\begin{aligned}
\Delta \widetilde{R}_P = &[V_1 E(R_1) + V_2 E(R_2) + V_3 E(R_3)] \\
&+ [V_1 \beta_{1,1} + V_2 \beta_{2,1} + V_3 \beta_{3,1}] F_1 \\
&+ [V_1 \beta_{1,2} + V_2 \beta_{2,2} + V_3 \beta_{3,2}] F_2 + [V_1 \tilde{e}_1 + V_2 \tilde{e}_2 + V_3 \tilde{e}_3]
\end{aligned}
\tag{9.16}
$$

公式（9.16）表明证券投资组合收益率的变化不仅取决于系统性风险同时还取决于非系统性风险。在本例中我们只假设了三种证券，如果证券数量很多，非系统性就可以通过分散化来消除，正如第 8 章中所解释的那样，这样，公式（9.16）就可以简化为：

$$
\Delta \widetilde{R}_P = [V_1 E(R_1) + V_2 E(R_2) + V_3 E(R_3)] + [V_1 \beta_{1,1} + V_2 \beta_{2,1} + V_3 \beta_{3,1}] F_1 \\
+ [V_1 \beta_{1,2} + V_2 \beta_{2,2} + V_3 \beta_{3,2}] F_2
\tag{9.17}
$$

现在让我们分析一下每个因素的系统性风险。对应于因素 1 的证券投资组合风险的变化等于每一个证券的贝塔值乘上各自的 V_i 值。因而，证券投资组合对于来自因素 1 的系统性风险的敏感度的变化就等于：

$$V_1 \beta_{1,1} + V_2 \beta_{2,1} + V_3 \beta_{3,1} \tag{9.18}$$

对应于因素 2，变化就等于：

$$V_1\beta_{1,2}+V_2\beta_{2,2}+V_3\beta_{3,2} \tag{9.19}$$

无套利的条件之一是对应于每一个因素的系统性风险的变化都等于 0。这样，公式（9.18）和公式（9.19）应满足下列条件：

$$V_1\beta_{11}+V_2\beta_{21}+V_3\beta_{31}=0 \tag{9.20}$$
$$V_1\beta_{12}+V_2\beta_{22}+V_3\beta_{32}=0 \tag{9.21}$$

如果公式（9.20）和公式（9.21）都能够满足，那么公式（9.17）就会简化为：

$$\Delta E(\tilde{R}_p)=V_1E(R_1)+V_2E(R_2)+V_3E(R_3) \tag{9.22}$$

现在，我们可以用以上各公式把无套利的所有条件放在一起考虑。如前所述，如果不增加投入的资金（财富），也不增加风险，那么通常说来，不可能构造出一个能使收益率增加的投资组合。不增加资金（财富）意味着存在这样的前提条件：$V_1+V_2+V_3=0$。

公式（9.20）和公式（9.21）都确立了证券投资组合对每一个系统性风险的敏感度不发生改变这一前提条件。最后，由证券投资组合调整所引起的证券投资组合预期收益率的变化也必须为零，这样，公式（9.22）可以写成等于零的等式形式：

$$V_1E(R_1)+V_2E(R_2)+V_3E(R_3)=0$$

把这些等式综合起来，再把证券数量多到足以消除非系统性风险这一条件考虑进来，均衡定价的条件就可以用数学的形式表述出来。因为证券的数量多于因素的数量，所以用数学的方法可以解出这些条件方程式，从而确定证券投资组合的均衡价值和三个证券中每个证券的均衡价值。罗斯已经证明，单个证券 i 的风险和收益关系如下所示：

$$E(R_1)=R_F+\beta_{i,F1}[E(R_{F1})-R_F]+\beta_{i,F2}[E(R_{F2})-R_F] \tag{9.23}$$

其中，

$\beta_{i,Fj}$＝证券 i 对第 j 个因素的敏感度

$E(R_{Fj})-R_F$＝第 j 个系统性因素高于无风险利率的超额收益率，可以看作第 j 个系统性风险的价格（或风险溢价）

公式（9.23）可以推广到包含 H 个因素的情形，公式如下：

$$E(R_i)=R_F+\beta_{i,F1}[E(R_{F1})-R_F]+\beta_{i,F2}[E(R_{F2})-R_F]$$
$$+\cdots+\beta_{i,FH}[E(R_{FH})-R_F] \tag{9.24}$$

公式（9.24）就是 APT 模型。它表明投资者要求获得所有因素的补偿，而这些因素都会系统地影响单个证券的收益率。补偿额度等于每个因素的系统性风险（$\beta_{i,FH}$）与市场分配给这个因素的风险溢价 $[E(R_{Fh})-R_F]$ 之和。与之前所述的其他两个风险收益模型一样，投资者不会因为承担非系统性风险而得到补偿。

APT 模型和 CAPM 的比较

重新回顾一下这些方程，我们会发现，公式（9.11）的 CAPM 和公式（9.14）的多因素 CAPM 其实都是公式（9.24）APT 模型的特例。

$$CAPM: E(R_i) = R_F + \beta_i[E(R_M) - R_F]$$
$$多因素\ CAPM: E(R_i) = R_F + \beta_{i,M}[E(R_M) - R_F] + \beta_{i,F1}[E(R_{F1}) - R_F]$$
$$+ \beta_{i,F2}[E(R_{F2}) - R_F] + \cdots + \beta_{i,FH}[E(R_{FH}) - R_F]$$
$$APT\ 模型: E(R_i) = R_F + \beta_{i,F1}[E(R_{F1}) - R_F] + \beta_{i,F2}[E(R_{F2}) - R_F]$$
$$+ \cdots + \beta_{i,FK}[E(R_{FK}) - R_F]$$

如果市场风险是唯一的因素，那么 APT 模型就简化成 CAPM。再比较 APT 模型和多因素 CAPM。两者看起来很相似，都是说投资者因为承担所有系统性风险而获得相应的补偿，且不因为承担非系统性风险而得到补偿。多因素 CAPM 指出其中一个系统性风险是市场风险，而 APT 模型却并没有对系统性风险做特别说明。

APT 的优势

APT 的支持者认为 APT 模型较 CAPM 或多因素 CAPM 有以下几个方面的优势。首先，它关于投资者风险和收益的偏好假设的限制条件较少。如前所述，一方面，CAPM 理论假设投资者只根据潜在投资的预期收益率及其标准差来交换风险和收益；而另一方面，APT 模型认为只需要在潜在的投资者效用函数中包含几个较为宽松的条件就行。其次，APT 模型无需对证券收益率的分布作出假设。最后，因为 APT 模型不依赖于对真实市场投资组合的确认，所以这一理论是可以被检验的。

实践中的因素模型

到目前为止，我们所学习的套利定价理论告诉我们，在考虑各种各样风险的基础上，证券是如何定价的。这些各种各样的风险包括风险因素或简单因素。在实践中，三种类型的因素模型常被用来估算普通股的价值：统计因素模型、宏观因素模型和基本因素模型。[①]

统计因素模型

正如我们前面解释的那样，确定具体的因素有一定的难度。股票收益率的历史数据和横向截面数据都会进入统计因素模型中。模型使用的统计方法是基本成分分析，在统计技术中，这又被称为因素分析。统计模型的目标在于利用与收益

---

① Gregory Connor, "The Three Types of Factor Models: A Comparison of Their Explanatory Power," *Financial Analysts Journal* (May/June 1995), pp. 42 - 57.

率线性相关并且相互之间并不相关的"因素"更好地解释观察到的股票收益率。

例如，假设 1 500 家公司 10 年的月收益率已经计算出来了。基本成分分析的目标就是要找到那些最能解释这些观察到的收益率形成的因素。让我们假定有六个方面的因素能够解释这些收益率，这些因素都是统计加工品。这样，在统计因素模型中目标就变成了确定每个统计因素的经济学含义。

由于存在翻译转换的问题，因此，很难运用这些统计因素模型中的因素变量来解释获得的预期收益率。相反，在实际工作中，研究人员更倾向于运用其他两种模型，因为这两个模型可以事先确定因素的意义，这样构建出来的模型更直观。

宏观因素模型

在宏观因素模型中，输入到模型中的变量是股票的历史收益率和观察到的被称为"原始描述项"的宏观经济变量。其目标在于确定哪些宏观经济变量在解释历史收益率时最有说服力。这些在解释历史收益率时最有说服力的宏观经济变量就是进入模型的宏观因素。单个股票对这些因素的反应会通过历史序列数据估算出来。因此，估算出来的这些因素的敏感性在统计意义上就是独立的。这意味着它们不会被重复考虑。

宏观因素模型的两大经典代表是伯梅斯特-伊博森-罗尔-罗斯（Burmeister-Ibbotson-Roll-Ross，BIRR）模型[1]和所罗门美邦（Salomon-Smith-Barney，SSB）模型。[2] SSB 模型又被称为风险属性模型（Risk Attribute Model）或 RAM。RAM 是为美国和其他一些国家而构建的。

在 BIRR 模型中，有五个宏观方面的因素在相应的宏观经济变量中反映出变动是不可预测的：

1. 投资者信心（信心风险）
2. 利率（时间水平风险）
3. 通货膨胀（通货膨胀风险）
4. 真实商业活动（商业周期风险）
5. 市场指数（市场时间风险）

在美国所罗门兄弟公司的 RAM 中，下列六个方面的变量被认为是描述宏观金融环境最好的变量，因此，模型中的因素是：

1. 预期长期经济增长率的变化
2. 短期商业周期风险
3. 长期债券收益变化
4. 短期国库券变化
5. 通货膨胀冲击
6. 美元与其他贸易伙伴货币的汇率变动

---

[1] 参见未出版的文章 Edwin Burmeister, Roger Ibboston, Richard Roll and Stephen A. Ross, "Using Macroeconomic Factors to Control Portfolio Risks"。这篇文章提到的 BIRR 模型可从 BIRR 网站获取，具体的网址是 www. birr. com。

[2] 这个模型可见于 Eric H. Sorenson, Joseph J. Mezrich and Chee Thum, "The Salomon Brothers U. S. Risk Attribute Model, Salomon Brothers," *Quantitative Strategy* (October 1989) 和 Joseph J. Mezrich, Mark O'Donnell and Vele Samak, *U. S. RAM Model: Model Update*, Salomon Brothers, Equity Portfolio Analysis (April 8, 1997)。

基本因素模型

基本因素模型将公司和行业属性以及市场数据作为原始描述项，这些变量包括市盈率、市净率、预期经济增长率和贸易活动等。被输入到基本因素模型中的变量是股票市盈率和单个公司的这些原始描述项。当原始描述项保留在模型中时，这些单个公司的基本变量在解释股票收益率方面就非常有说服力。通过对截面数据分析，股票收益率对原始描述项的敏感度就可以被估算出来。

从商业角度可获得的最常用的基本因素模型是 BARRA 咨询公司开发出来的那款模型。BARRA-E3 模型就是从研究原始描述项来开始，通过综合分析原始描述项来获取与公司属性相关的风险因素。例如，像资产负债率、权益负债率和固定利率覆盖范围这些原始描述项可以很好地衡量一个公司的杠杆水平。这些度量标准又可以衍生得到公司的金融杠杆。BARRA-E3 模型运用了 13 个风险指标和55 个行业分类。

值得深思的一些原则

在本章和第 8 章中，我们详细介绍了被称为现代证券投资组合理论和资产定价理论的核心内容。我们提出了理论的假设以及这些假设在理论发展过程中所起的关键作用，并对理论的实证检验成果作了详细的阐述。尽管你已经理解了所有相关的主题内容，但考虑到 CAPM 缺少理论和实证检验的支持以及多因素 CAPM 和 APT 模型中的因素难以确定，你仍然可能对我们理论上的进展感到不满意。不只是你才有这种感受，大量的实际工作者和理论工作者都对这些模型，尤其是对 CAPM 感到不满意。

然而，值得高兴的是，对这些理论中推导出来的关于风险和收益的一般原则，很少有人会产生疑问。

1. 投资存在两个维度：风险和收益。因此，只把注意力集中在投资者获取的实际收益率上而不去关注投资者为获得这一收益率而必须承担的风险，是不合适的。

2. 在考虑是否把某单项资产纳入投资组合时，只注意这项资产的风险是不恰当的。重要的是，要考虑把这项资产纳入投资组合时会对整个投资组合的风险产生怎样的影响。

3. 不论投资者考虑的是 1 个风险还是 1 000 个风险，风险都可以分为两大基本类型：不能通过分散化而消除的系统性风险和可以通过分散化消除的非系统性风险。

4. 投资者只会因承担系统性风险而得到补偿。因此，在制定投资策略时，对系统性风险的确认就显得非常关键。

小　结

本章解释了投资组合理论的内涵，投资组合理论描述的是风险规避型的理性投资者是如何构建有效投资组合的。一旦引入了无风险资产，新的有效边界就成了资本市场线，它代表了无风险资产和市场投资组合的再组合。

资本资产定价模型是描述风险和预期收益率之间关系的经济理论，或者说是关于风险证券定价的模型。CAPM 认为理性投资者为之定价的唯一风险是系统性风险，因为系统性风险不能通过分散化而得以消除。从根本上来讲，CAPM 认为证券或证券投资组合的预期收益率等于无风险证券的利率加上风险溢价。CAPM 的风险溢价是风险数量与风险市场价格的乘积。

证券或证券投资组合的贝塔系数是资产的系统性风险指标，通过统计方法可以对它进行估算。从资产收益率和市场投资组合收益率的历史数据中可以求得贝塔值。

总的来说，有关 CAPM 的大量实证检验并不能充分支持这一理论。理查德·罗尔对这些研究进行了批判，因为他认为很难确定真实的市场投资组合。罗尔还进一步断言，可行的检验即便存在，也不可能在近期内出现。

CAPM 假设投资者只关心唯一一种风险来源：与证券的未来价格相关的风险。但是，还存在其他类别的风险，比如说投资者在未来消费物品和服务的能力。多因素 CAPM 假设投资者面临市场外风险来源，并把这些风险称为因素。在多因素 CAPM 中，预期收益率等于市场风险（如同基本的 CAPM）加上一系列风险溢价。每一个风险溢价都等于考虑特定因素的证券或证券投资组合的贝塔值同该因素的预期收益率与无风险利率之差的乘积。

套利定价理论完全建立在套利理论基础上。它假定证券或证券投资组合的预期收益率受多个因素的影响。由于 APT 模型限制性的假设条件比较少，所以，APT 模型的支持者认为该模型比 CAPM 或多因素 CAPM 更具吸引力。而且，检验 APT 模型不需要确认"真实的"市场投资组合。然而，它要求经验地确定各因素，因为这个理论并未明确指明这些因素。因此，在 CAPM 中确认真实市场投资组合的问题，在 APT 模型中就变成了选择和度量基本因素的问题。

尽管所介绍的各个理论都是有争议的或是在实践中不容易执行的，但有几个原则却没有任何争议，并且可以帮助更好地理解金融资产定价问题。

关键术语

套利定价理论（APT）模型	宏观因素模型	多因素资本资产定价模型
资本资产定价模型（CAPM）	市场模型	残余风险
资本市场线	市场投资组合	证券市场线
公司特有风险	风险的市场价格	统计因素模型
可分散风险	市场风险	系统性风险
相同预期假设	市场的敏感度指数	两部分资金分离定理
两参数模型	不可分散的风险	非系统性风险

思考题

1. a. 解释一下资本市场线在图中是如何构建的。

b. 解释一下为什么资本市场线假定存在无风险资产并且投资者可以按无风险利率进行借贷。

c. 用图形来解释说明为什么资本市场线优于马科维茨有效边界。

2. 在存在无风险资产的条件下，投资者应如何构建有效证券投资组合？

3. a. 两部分资金分离意味着什么？

b. 两部分资金都包括哪些资产？

4. 请说明你为什么同意或不同意下列说法："作为总风险的一部分，投资组合中的非系统性风险高于单个资产的非系统性风险"。

5. 在 CAPM 中,为什么系统性风险又可以被称为市场风险?

6. 请说明你为什么同意或不同意下列说法:"投资者应该为承担非系统性风险而得到补偿"。

7. a. 假设某只股票的贝塔系数是 1.15,如何解读这一数字?

b. 假设某只股票的贝塔系数是 1,人们仅仅买进这些股票就可以模拟股票市场总体的业绩吗?

8. a. 什么是市场模型?

b. 哪些输入到 CAPM 中的参数可以从市场模型中估算出来?

9. 假定下列条件:市场预期收益率等于15%,无风险利率等于 7%。如果证券的贝塔系数是 1.3,按照 CAPM,该证券的预期收益率是多少?

10. 下列内容摘自 1990 年 10 月 20 日《经济学家》的《风险和回报》一文:

> CAPM 为事实所支持吗?可以毫不夸张地说,这是存在争议的。夏普先生(1990 年诺贝尔经济学奖金的得主之一)早在 20 世纪 60 年代的著作至今仍被热烈地讨论,这实在是夏普先生的荣耀。最近对这一理论的注意已从贝塔系数转移到更为复杂的风险划分方式上,但是 CAPM 在金融经济学中的重要地位是怎么说也不过分的。

a. 对 CAPM 进行实证检验研究所得出的一般结论是什么?

b. 总结罗尔关于 CAPM 实证研究的内在问题的论据。

11. 多因素 CAPM 得以发展的动因是什么?

12. a. 多因素 CAPM 中的市场外风险来源意味着什么?

b. 解释为什么如果不存在市场外风险来源,多因素 CAPM 会被简化为纯粹的 CAPM。

13. APT 模型蕴涵的基本原则是什么?

14. APT 模型相对于 CAPM 的优势是什么?

15. 在实践中运用套利定价理论模型的困难有哪些?

16. 理查德·罗尔的批判同样也适用于套利定价理论模型吗?

17. "在 CAPM 中,投资者因为承担系统性风险而得到补偿;在 APT 模型中,投资者因为承担系统性风险以及非系统性风险而得到补偿。"请说明你为什么同意或不同意上述判断。

18. 运用统计因素模型的困难都有哪些?

19. 宏观因素模型与基本因素模型都有哪些不同之处?

20. 请说明你为什么同意或不同意下列说法:

a. "关于资产是如何定价的理论存在很大的争议。因此,区分系统性风险和非系统性风险是毫无意义的。"

b. "资产定价理论是很可疑的。从根本上说,只要存在一种风险,投资者在购买单个证券时就应该努力避免它。"

第4部分
金融衍生品市场

第 10 章

金融期货市场导论

学习目标

学习完本章内容，读者将会理解以下问题：

- 什么是期货合约
- 期货合约的基本经济功能
- 期货合约与远期合约的区别
- 清算所的作用
- 期货合约的逐日盯市制度与保证金要求
- 什么是交易对手风险
- 期货头寸的风险/收益关系
- 期货合约的定价机制
- 为什么期货合约的实际价格与理论价格存在差异
- 套期保值交易的基本原理以及套期保值交易面临的风险
- 期货市场在实际经济中发挥的作用

期货合约（futures contract）是一种协议，它要求协议一方在未来特定的日期按照预先确定好的价格买入或卖出某种商品。期货市场的基本经济功能是为市场参与者提供对冲市场价格水平发生反向变动风险的机会。

期货合约可以被分成商品期货和金融期货两种。**商品期货**（commodity futures）的标的物包括传统的农产品（例如谷物和牲畜）、进口食品（例如咖啡、可可和糖）以及工业产品。标的物为金融工具或金融指数的期货合约被称为金融期货（financial futures）。金融期货的分类是：（1）股票指数期货；（2）利率期货；（3）外汇期货。因为期货合约的价值来源于标的资产的价值，所以它们通常被称为**衍生工具**（derivative instruments）。其他的衍生工具还包括期权（在第 11 章讨论）和互换（在第 12 章讨论）。

所以，本章的目的是对金融期货合约的基本特征、定价机制以及如何运用它们实现对冲风险进行简要的介绍。运用期货合约的详细策略将在随后各章中进行讨论。

期货合约的交易机制

期货合约是买方（卖方）与某个交易所或其清算所之间签订的具有严格法律效力的协议。双方在协议中约定，买方（卖方）同意在一段特定期间的期末以确定的价格接受（进行）交割某物。合约双方约定的未来交易价格叫做**期货价格**（futures price）。合约双方进行交易的指定日期叫做**结算日**或**交割日**（settlement or delivery date）。

为了更好地说明，我们不妨假设一份期货合约在交易所里交易，该合约买卖的商品为资产 XYZ，交割日是从现在开始算起的三个月以后。然后，我们再假设鲍勃购买了这份期货合约，而莎莉是期货合约的出售房。他们约定的未来交易价格为 100 美元。因此，这 100 美元就是期货的价格。在交割日，莎莉要向鲍勃交割资产 XYZ，而鲍勃要向莎莉支付 100 美元的期货价格。

平仓

绝大多数金融期货合约的交割日期为三月、六月、九月或十二月，这意味着到了合约交割月的某一事先约定时间，期货合约就要停止交易，并由交易所确定合约的最终结算价格。最接近交割日期的期货合约被称为**最近期期货合约**（near-by futures contract），紧随其后交割的是邻近最近期期货合约交割月的期货合约。在时间上距离交割日最远的合约被称为**最远期期货合约**（most distant futures contract）。

如果期货合约交易的一方要平仓，那么他可以有两个选择：一种选择是可以在交割日之前平仓。为了达到这个目的，他可以针对同一份期货合约再建立一个方向相反、可以起到抵消作用的头寸。对期货合约的买方来说，这意味着卖出相同数量的同一合约；对期货合约的卖方来说，这意味着买入相同数量的同一合约。

另外一种选择是一直持有到交割日。到了交割日，购买期货合约的一方按照约定价格接受标的资产（金融工具、外汇或商品）的交割，即买入标的资产；出售期货合约的一方则按约定价格交割标的资产，即卖出标的资产。我们在本书后面其他章节中将要描述的某些期货合约只能用现金进行交割，这类合约被称为**现金交割合约**（cash settlement contracts）。

清算所的作用

每一个期货交易所都拥有自己的清算所，清算所可以发挥多个功能。其中一个功能是保证交易双方履约。为了说明这一功能的重要性，我们不妨从交易双方的角度来考虑一下前面那个期货交易例子（鲍勃是买方，莎莉是卖方）可能出现的问题。交易的每一方都必然关心另一方在交割日的履约能力。假设在交割日，资产 XYZ 的现货市场价格为 70 美元，则莎莉可以在现货市场上按照 70 美元的价格购买资产 XYZ，并把它交割给鲍勃，鲍勃同时向莎莉支付 100 美元。然而，如果鲍勃没有能力支付 100 美元或者是拒绝支付，那么莎莉就失去了赚取 30 美元的机会。反过来，我们再假设资产 XYZ 在交割日的现货市场价格为 150 美元，在这种情况下，鲍勃会十分乐意接受交割给他的资产 XYZ，并按照约定支付 100 美元的价格。如果莎莉没有能力或拒绝交割资产 XYZ，那么鲍勃就失去了赚取 50 美元的机会。期货合约的交易双方面临的这一风险——或者是其他金融衍生产品也面临的同一种风险——就是交易对手违约的风险。这种风险被称为**交易对手风险**（counterparty risk）。

清算所的设立就是为了解决这个问题。当投资者在期货市场上建仓时，清算所就相应地建立了一个相反的仓位，并许诺会按照期货合约规定的条件履行义务。因为清算所的存在，投资者不必担心交易对手的经济实力是否足够强，或者是否诚信。委托交易指令一旦被执行，买卖双方的关系立即就结束了，接下来清算所会马上介入交易，充当每一份卖单的买方和每一份买单的卖方。于是，投资者可以随心所欲地平仓，不必再与最初交易的另一方发生任何关系，也不必担心另一方会违约。虽然此时交易对手风险仍然存在，但是已经实现了风险的最小化，因为风险已经被转移给了交易所，而不是最初的交易对手。大家都知道，交易所是从来不会违约的。基于这个原因，我们把期货合约定义为一方与交易所内的清算所之间的协议。

除了担保功能之外，清算所还使得期货合约头寸的持有人能够很容易地在交割日之前平仓。假设鲍勃想轧平他手上的期货头寸，他就不必再找到莎莉并同他签订一份中止原协议的协议。恰恰相反，鲍勃只要再卖出一定数量的相同期货合约就能达到平仓的目的。清算所的记录将显示鲍勃先是买进，然后又卖出了相同的期货合约。到了交割日，莎莉不会再向鲍勃交割资产 XYZ，而是按照清算所的指令把资产交割给买入 XYZ 期货合约且仍未平仓的某个人。同理，如果莎莉想在交割日前平仓，她可以买入与之前相同的期货合约。

保证金要求

当投资者建立起一个期货合约的头寸时，他就必须按交易所规定的每份合约的最低金额存入一笔钱。这笔存入的钱叫做**初始保证金**（initial margin），相当于是期货合约的定金。[①] 除了现金以外，初始保证金也可以采用生息证券的形式，比如说国库券。当期货合约的市场价格发生波动时，投资者持有的期货头寸的价值也会随之变化。在每个交易日结束时，交易所都要确定期货合约的清算价格。这一价格被交易所用来把投资者持有的期货头寸的价值按照市场价格进行调整，以便使头寸的盈亏能随时在投资者的权益账户中得到反映。

维持保证金（maintenance margin）指的是（交易所规定的）由于不利的价格

[①] 经纪公司可以自行在交易所设定的最低保证金的基础上制定自己的保证金要求。

变动致使投资者的保证金数额可以下降到的最低水平。低于这一水平，投资者就会被要求追加保证金。追加的保证金金额被称为**追加保证金**（variation margin），它等于使保证金账户恢复到初始保证金水平所必须追加的金额。与初始保证金不同，追加保证金只能是现金，不能是生息证券。账户内的多余保证金可以由投资者提取。如果期货合约的一方被要求存入追加保证金，但他没能在 24 小时内及时存入追加保证金，那么其期货头寸将会被强行平仓。

虽然我们在第 7 章里讲述保证金购买证券方式时也提到过初始保证金和维持保证金的要求，但是证券和期货的保证金概念并不相同。在用保证金购买证券时，证券的市场价格与初始保证金之间的差额是由经纪人的贷款来提供的。购入的证券充当贷款的抵押品，投资者要为贷款支付利息。对于期货合约而言，初始保证金实际上是充当"履约"资金，表明投资者将履行合约义务。在正常情况下，投资者不会因此而借款。

我们将在第 16 章讨论股票指数期货时详细地介绍保证金要求和逐日盯市机制。

每日限价

交易所有权对期货合约每日的价格波动幅度设定限制，从而保证每日的收盘价与前一个交易日的收盘价相比波动幅度在一定范围内。每日限价规定了每个交易日内期货合约的最低和最高成交价格，当成交价达到每日限价时，交易虽不停止，但是要在不突破最低价和最高价的前提下继续交易。

制定每日限价的理论基础是当新信息可能造成期货价格发生剧烈波动时，每日限价制度可以起到稳定市场的作用。每日限价的支持者认为，在成交价达到限价时让投资者暂时停止交易，能够使市场参与者有充分的时间来消化或重新评估这些新信息，从而增强他们对市场的信心。但并不是所有的经济学家都赞同这一论断。有关每日限价的作用及该制度是否有必要的问题至今仍然在引起广泛的争论。

期货合约与远期合约

远期合约（forward contract）和期货合约一样，也是关于在特定期间的期末以确定的价格交割货物的协议。期货合约的交割日（月）与交割物的数量都是标准化的，并且只在有组织的交易所内进行交易。而远期合约有所不同，它通常是非标准化的（也就是说，每份合约的条款都是由买卖双方单独议定的），没有清算所充当买卖双方的交易中介，而且通常没有二级市场，或者即使有的话，交易也极其清淡。期货合约是在交易所交易的产品，而远期合约则是一种场外交易产品。

尽管期货合约和远期合约都规定了交割条款，但是投资者持有期货合约头寸的目的并不是要通过实物交割来了结交易。实际上，一般只有不到 2％的未平仓期货合约是通过实物交割的方式来了结的。与之刚好相反的是，远期合约的目的就是为了实物交割。

期货合约在每个交易日结束时都要完成逐日盯市程序，即把期货头寸的价值按照市场价格进行调整，因此在期货合约头寸的持有期间会伴随着现金的流入或流出——当价格发生不利变动时投资者需要追加保证金，当价格发生有利变动时投资者可以把多余的保证金提取出来。远期合约可以执行也可以不执行逐日盯市程序，这要取决于双方当事人的意愿。对于不必执行逐日盯市程序的远期合约来说，因为持有期间不需要追加保证金，所以持有期间不会出现现金的流动。

最后，因为远期合约的每一方当事人都有可能违约，所以他们都面临着交易对手风险。而对于期货合约而言，交易对手风险已经实现了最小化，因为与交易所联动的清算所为每位当事人的交易对手履约提供了担保。

除了以上这些区别，我们所说的有关期货合约的大部分内容都同样适用于远期合约。

期货合约的风险与收益特征

当投资者在市场上买入期货合约时，我们说此时投资者持有的是**多头头寸**（long position）或**期货多头**（long futures）。如果情况相反，投资者卖出了期货合约，那么我们说此时投资者持有的是**空头头寸**（short position）或**期货空头**（short futures）。

当期货合约价格上涨时，期货合约的买方就会获得收益。例如，假设在鲍勃和莎莉买卖期货合约一个月后，以 XYZ 为标的资产的期货合约市场价格涨至 120 美元。于是，期货合约的买方鲍勃就可以卖掉期货合约，获得 20 美元的利润。事实上这就相当于，到了交割日，鲍勃既允诺按照 100 美元的价格买进资产 XYZ，同时又允诺按照 120 美元的价格卖出资产 XYZ。而期货合约的卖方莎莉则蒙受了 20 美元的亏损。

如果期货合约的市场价格跌到 40 美元，那么莎莉作为期货合约的买入方就能够获得 60 美元的利润，因为这相当于她先是许诺按照 100 美元的价格卖出资产 XYZ，现在她又许诺按照 40 美元的价格买入资产 XYZ。而鲍勃作为期货合约的卖出方则将蒙受 60 美元的亏损。因此，当期货价格下跌时，期货合约的买方会遭受损失，而期货合约的卖方则会获得盈利。

期货交易的杠杆效应

当投资者建立了期货合约头寸时，他并不需要按照期货合约的价格支付全额资金；相反，他只需要拿出初始保证金就够了。假设鲍勃相信资产 XYZ 的市场价格会上涨，因此他拿出 100 美元投资这项资产。如果资产 XYZ 的市场价格为 100 美元，那么鲍勃只能买到 1 个单位的 XYZ 资产，他的盈利将取决于这一个单位的资产 XYZ 的市场价格变动。

相反，假设对于以资产 XYZ 为标的物的期货合约，交易所要求的初始保证金为 5 美元，那么鲍勃就可以用 100 美元的投资额购入 20 份期货合约（本例对鲍勃随后可能要缴纳的追加保证金忽略不计）。于是，他的盈利将取决于这 20 个单位的资产 XYZ 的市场价格变动。所以我们说，鲍勃在这种情况下充分利用了资金杠杆。虽然在期货市场上，不同的期货合约其资金杠杆的大小也有所不同，但一般情况下可以达到的资金杠杆要大大高于现货市场上的保证金购买。

乍一看，期货市场可以使用资金杠杆似乎表明市场只对那些抓住价格变动机会的投机客有利。其实这种看法是不对的。正如我们在本章后面的部分将要谈到的那样，期货市场可以被用来降低价格风险。如果期货交易不允许使用资金杠杆，那么对许多市场参与者来说，利用期货产品来降低价格风险的成本实在是太高了。

期货合约的定价

为了理解期货合约价格的决定因素，我们还是以前面提到的以资产 XYZ 为标的物的期货合约做例子。我们假设下面的条件存在：

1. 现货市场上，资产 XYZ 的售价是 100 美元。

2. 资产 XYZ 的持有者每年可以获得（确定的）12 美元收益，即每季度能够获得 3 美元的收益。下一个季度的支付恰好是从现在开始的三个月后。

3. 期货合约要求在现在从开始的三个月后进行交割。

4. 目前三个月的资金借贷利率为年利率 8%。

这份期货合约的价格应当是多少？也就是说，期货的价格应当是多少？假设期货合约的价格为 107 美元，考虑采用下列策略：

● 按照 107 美元的价格卖出期货合约。

● 在现货市场上按照 100 美元的价格购入资产 XYZ。

● 按照年利率 8% 借入 100 美元，期限为三个月。

借入的资金用来购买资产 XZY，因此采用此策略在交易的一开始不会有任何现金流出。等到三个月的期末，投资者在持有资产 XYZ 期间能够获得 3 美元的现金收益。从现在开始的三个月后，投资者必须要交割资产 XYZ 以了结期货合约，同时他还必须偿还贷款。这一策略将会带来如下结果：

1. 期货合约的结算可以带来：		
为了了结期货合约出售资产 XYZ 获得的收入	=	107 美元
投资于资产 XYZ 三个月所获得的现金收益	=	3 美元
总收入		110 美元
2. 贷款的偿还情况：		
贷款本金的偿还	=	100 美元
贷款利息的偿还（三个月的贷款利率水平为 2%）	=	2 美元
总支出	=	102 美元
净利润		8 美元

需要注意的是，这种交易策略可以保证投资者获得 8 美元的利润；而且，投

资者没有用自己的一分钱去投资就获得了这笔利润，因为购买资产 XYZ 的钱是借来的，不是投资者的自有资金。不论在交割日期货的市场价格是多少，这 8 美元的利润都能实现，所以说这是无风险利润。很明显，在一个运行良好的市场上，套利者会选择卖出期货合约，同时买入资产 XYZ。如果众多投资者均采用同样的策略，那么将会促使期货合约的市场价格下降，资产 XYZ 的市场价格上涨，从而导致这笔无风险利润不复存在。这种获取套利利润的交易策略叫做**买现卖期交易**（cash and carry trade），之所以叫这个名字是因为这种策略要求投资者用借入的资金购买证券，然后一直持有到未来某个结算日。

现在假设期货合约的价格是 92 美元而非 107 美元，考虑采用下列策略：

- 按照 92 美元的价格买入期货合约。
- 按照 100 美元的价格出售（卖空）资产 XYZ。
- 按照年利率 8％投资（贷出）100 美元，期限为三个月。[①]

和前面一样，使用这个策略时，投资者初始投资时仍然无需动用自有资金。从现在开始的三个月后，投资者要履约购入资产 XYZ 以了结期货合约的多头头寸。拿到期货合约交割的资产 XYZ 以后，投资者就可以用它来轧平资产 XYZ 的空头头寸（亦即轧平在现货市场上资产 XYZ 的卖空头寸）。卖空者还必须向资产 XYZ 的贷出者支付资产 XYZ 在这个季度里获得的现金收益。因此，卖空者要向资产 XYZ 的贷出者支付 3 美元。

三个月后的投资结果如下：

1. 期货合约的结算可以带来：		
买入资产 XYZ 以了结期货合约的多头头寸所支付的价格	=	92 美元
向资产 XYZ 的贷出者支付这个季度资产 XYZ 的现金收益	=	3 美元
总支出	=	95 美元
2. 贷款的收回：		
投资到期收回的资金	=	100 美元
3 个月贷款获得的利息收益（3 个月贷款利率为 2％）	=	2 美元
总收入	=	102 美元
净利润	=	7 美元

这种交易策略给投资者带来的 7 美元利润也是无风险套利利润。同样，它也不要求投资者在投资初期动用自有资金，而且不论在交割日期货的市场价格是多少，这笔利润都能实现。这种可以帮助投资者获得套利利润的策略被称为**反向买现卖期交易**（reverse cash and carry trade）。也就是说，这种交易策略要求投资者卖空证券，然后再把卖空获得的资金投资于其他金融产品。

是否存在一个特定的期货价格能将无风险套利利润全部消灭掉呢？答案是肯定的。如果期货价格为 99 美元，那么套利利润就将不复存在。假设期货的价格为 99 美元，我们再来看一下上面两个交易策略会产生什么结果。首先，先来看下面这个交易策略：

---

① 从技术角度来看，卖空者有权全权使用通过卖空交易获得的资金。我们将在本节稍后部分讨论这个问题。

● 按照 99 美元的价格卖出期货合约。

● 按照 100 美元的价格购入资产 XYZ。

● 按照年利率 8% 借入 100 美元，期限为三个月。

三个月后，投资结果如下：

1. 期货合约的结算可以带来：

为了了结期货合约出售资产 XYZ 获得的收入	=	99 美元
投资于资产 XYZ 三个月所获得的现金收益	=	3 美元
总收入		102 美元

2. 贷款的偿还情况：

贷款本金的偿还	=	100 美元
贷款利息的偿还（三个月的贷款利率水平为 2%）	=	2 美元
总支出	=	102 美元
净利润	=	0

由此可见，当期货合约的价格为 99 美元时，使用第一种策略不能为投资者创造套利利润。

然后再考虑另外一种策略：

● 按照 99 美元的价格买入期货合约。

● 按照 100 美元的价格出售（卖空）资产 XYZ。

● 按照年利率 8% 投资（贷出）100 美元，期限为三个月。

三个月后，投资结果如下：

1. 期货合约的结算可以带来：

买入资产 XYZ 以了结期货合约的多头头寸所支付的价格	=	99 美元
向资产 XYZ 的贷出者支付这个季度资产 XYZ 的现金收益	=	3 美元
总支出	=	102 美元

2. 贷款的收回：

投资到期收回的资金	=	100 美元
3 个月贷款获得的利息收益（3 个月贷款利率为 2%）	=	2 美元
总收入	=	102 美元
净利润	=	2 美元

所以，综上所述，当期货合约的价格为 99 美元时，这两种交易策略均未能为投资者创造套利利润。因此，99 美元就是期货合约的均衡价格，实际价格高于或低于这一均衡价格都会产生无风险套利利润。这一均衡价格又叫做**理论期货价格**（theoretical futures price）。

基于套利模型的理论期货价格

根据前面刚刚进行的对套利策略的讨论，我们知道理论期货价格可以依据下列信息确定：

1. 现货市场上资产的价格。

2. 交割日前资产的现金收益。在上例中，资产 XYZ 的现金收益为 3 美元，或者说总投资为 100 美元，每季度收益率为 3%（即每年的现金收益率为 12%）。

3. 交割日前资金的借贷利率。借贷利率被称为**融资成本**（financing cost）。在上例中，三个月的融资成本为 2%。

我们用下列符号指代各个变量：

$r=$ 融资成本

$y=$ 现金收益

$P=$ 现货市场价格（单位：美元）

$F=$ 期货价格（单位：美元）

现在，考虑采用下面这种交易策略：

● 按照 F 卖出期货合约。

● 按照 P 购入资产 XYZ。

● 按照 r 借入 P 直至交割日。

在交割日，投资结果如下：

---

1. 期货合约的结算可以带来：

为了了结期货合约出售资产 XYZ 获得的收入	$=$	F
投资于资产 XYZ 三个月所获得的现金收益	$=$	yP
总收入	$=$	$F+yP$

2. 贷款的偿还情况：

贷款本金的偿还	$=$	P
贷款利息的偿还	$=$	rP
总支出	$=$	$P+rP$

则净利润应当等于：

利润＝总收入－总支出

利润＝$F+yP-(P+rP)$

由于理论期货价格可以使上述交易策略的净利润等于 0。因此，要想达到均衡状态，应当满足下式：

$$0=F+yP-(P+rP)$$

为了求出理论期货价格，我们将等式变形为：

$$F=P+P(r-y) \tag{10.1}$$

同样地，我们再考虑第二种交易策略：

● 按照 F 买入期货合约。

● 按照 P 卖空资产 XYZ。

● 按照 r 投资于 P 直至交割日。

到了交割日，投资结果如下：

1. 期货合约的结算可以带来：

买入资产 XYZ 以了结期货合约的多头头寸所支付的价格	=	F
向资产 XYZ 的贷出者支付这个季度资产 XYZ 的现金收益	=	yP
总支出	=	$\overline{F+yP}$

2. 贷款的收回：

投资到期收回的资金	=	P
投资获得的利息收益	=	rP
总收入	=	$\overline{P+rP}$

则净利润等于：

利润＝总收入－总支出

利润＝$P+rP-(F+yP)$

设定利润等于 0，即套利利润不存在，解出理论期货价格的表达式。我们会得到与式（10.1）相同的结果。

我们把这个等式应用到前面的例子中，以解出理论期货价格的值。各变量的值为：

$r=0.02$

$y=0.03$

$P=100$ 美元

代入式（10.1），则理论期货价格为：

$$F=100+100\times(0.03-0.02)$$
$$=100-1=99（美元）$$

计算结果与我们前面演示的理论期货价格是相同的。

理论期货价格可能会在现货市场价格的基础上加上一点溢价（即高于现货市场价格），也可能是现货市场价格的折价（即低于现货市场价格）。这要取决于 $P(r-y)$ 的大小。$r-y$ 项反映的是融资成本与资产现金收益之间的差额，我们把它叫做**净融资成本**（net financing cost）。净融资成本更常见的叫法是**持有成本**（cost of carry），或者简单地用持有（carry）这个词来表示。正的持有成本意味着现金收益要高于融资成本；负的持有成本表示融资成本高于现金收益。它们之间的关系可以参考表 10—1。

表 10—1　　　　　　　　　　持有成本与期货价格之间的关系

持有成本	期货价格
为正（$y>r$）	期货合约的价格会低于现货价格（$F<P$）
为负（$y<r$）	期货合约的价格会高于现货价格（$F>P$）
0（$r=y$）	期货合约的价格等于现货价格（$F=P$）

交割日的价格收敛

在交割日当天，期货价格必然等于现货市场价格。这样的话，随着交割日的临近，期货的价格会越来越收敛于现货市场的价格。我们可以从理论期货价格的表达式（10.1）中看出这种收敛趋势。当交割日即将来临时，融资成本趋近于 0，持有资产获得的现金收益率也趋近于 0。于是，持有成本就趋近于 0，期货价格将向现货市场价格靠拢。

对理论期货价格的深入分析

在使用套利论证方法推导出式（10.1）的理论期货价格时，我们作了若干假设。当假设不成立时，实际的期货价格就会与式（10.1）给出的理论期货价格发生偏离。也就是说，这两个价格之间的差额将不等于持有资本。这个问题会对期货的定价造成什么影响，我们将在第 16 章讨论股票指数期货和第 30 章*讨论利率期货时，再进行详细的阐述。现在我们先来了解一下期货的实际价格偏离理论期货价格的原因，这些原因适用于所有的金融期货合约。

期间现金流量

我们在前面假设没有因为追加保证金而导致持有头寸期间出现现金的流动。我们还假设所有的股利和利息收入都在交割日支付，而不是在持有期间支付。但是我们都知道，由于上面两个原因，期间现金流完全有可能发生。由于我们假设不存在追加保证金的情况，因此从技术上来说，这样求出来的合约理论价格只是没有执行逐日盯市制度的远期合约的理论价格，而不是理论期货价格。这是因为远期合约不同于期货合约，它不需要在每个交易日结束时按照收盘价对合约头寸的价值进行调整，故而也就不需要追加保证金。

贷款利率与借款利率的差异

在推导理论期货价格时，我们假定借款利率和贷款利率相同。然而，一般情况下，借款利率都要高于贷款利率。假设：

r_B＝借款利率

r_L＝贷款利率

然后使用下面这种交易策略：
- 按照 F 卖出期货合约。
- 按照 P 购入资产。
- 按照 r_B 借入 P 直至交割日。

求出不产生套利利润的期货价格：

$$F = P + P(r_B - y) \tag{10.2}$$

---

* 原书为第 28 章，疑有误，故作此修改。——译者注

对于下面这种交易策略：

- 按照 F 买入期货合约。
- 按照 P 出售（卖空）资产。
- 按照 r_L 投资（贷出）P 直至交割日。

求出不产生套利利润的期货价格为：

$$F = P + P(r_L - y) \tag{10.3}$$

式（10.2）和式（10.3）共同确定了期货合约均衡价格的上下限。式（10.2）给出了上限，式（10.3）给出了下限。例如，假设借款利率为年利率 8%，即折算为三个月利率 2%；贷款利率为年利率 6%，即折算为三个月利率 1.5%。按照式（10.2），理论期货价格的上限为：

$$F（上限）= 100 + 100 \times (0.02 - 0.03) = 99（美元）$$

按照式（10.3），理论期货价格的下限为：

$$F（下限）= 100 + 100 \times (0.015 - 0.03) = 98.50（美元）$$

因此，理论期货价格应当满足条件：$98.50 < F < 99$。

交易成本

迄今为止，在确定理论期货价格时，我们忽略了与建立头寸相关的交易成本。实际上，建立和轧平现货头寸的交易成本以及期货合约往返交易（round-trip）的交易成本都会对理论期货价格产生影响。交易成本扩大了理论期货价格的范围。

卖空收入

在涉及卖空资产 XYZ 的交易策略中，我们假设投资者拿到了卖空资产的全部收入，并用这笔钱进行再投资。而在现实生活中，个人投资者并未收到这笔钱；与此相反，他还要为卖空交易而交纳保证金（是证券保证金而非期货保证金）。对机构投资者来说，它可以借入资产然后再卖空，但是这样做也会产生借贷成本。我们可以通过把资产收益率降低的方式把借款成本这个变量加入到模型中。

可交割的资产和已知的交割日

我们的例子假设只有一项资产可用于交割，交割日是从现在开始的三个月后。在第 21 章讨论国债期货合约时，我们会看到多种国债产品均可用于国债期货合约的具体交割。具体选择哪种国债产品来完成交割是由期货合约的卖方来决定的。因此，期货合约的买方并不知道哪种国债会被用于交割。对于国债期货合约，卖方还有权决定具体在交割月内的哪一天来完成国债的交割程序。所以，买方也不知道具体的交割日到底是哪一天。这些因素都会影响期货的市场价格。

可交割资产是一篮子证券

某些期货合约的标的资产不是单一资产而是一篮子资产或者指数。例如，我们将在第 16 章里讨论的股票指数期货就是典型的例子。使用这两类期货合约进行套利交易的问题在于，指数当中包含的资产种类实在太多，要想做到买/卖指数当中的每一项资产，成本极其高昂，根本就做不到。于是，人们就构造出资产数量相对少一些的证券组合来"跟踪"指数。然而，这样的套利将不再是无风险的，因为证券组合有可能无法准确地跟踪指数，从而引发风险。上面提到的这些问题都会导致交易成本增加，从而加大套利结果的不确定性。

利用期货产品进行套期保值交易的一般原理

期货市场的主要功能是把套期保值交易者的价格风险转移到投机者那里。这意味着，风险从那些愿意付钱来规避风险的人那里转移到那些愿意通过承担风险以求获取投机利润的人那里。在这种情况下，**套期保值交易**（hedging）是把期货交易作为未来现货市场交易的临时替代品。套期保值交易的头寸锁定了现货头寸的价值。只要现货价格和期货价格一起变动，其中一个头寸（不论是现货还是期货）发生的亏损就能被另一个头寸的盈利所弥补。当盈亏相等时，套期保值交易就被称为**完全套期保值交易**（perfect hedge）。在期货产品定价合理的市场上，完全套期保值交易带来的收益率就等于无风险利率。

与套期保值交易相关的风险

在实际操作过程中，套期保值交易并非如此简单。套期保值交易的盈利金额取决于套期保值交易开始时与结束时现货价格与期货价格之间的关系。现货价格与期货价格之间的差额叫做**基差**（basis）。也就是说，基差＝现货价格－期货价格。

正如我们前面说过的那样，如果期货合约按照其理论价格定价，那么现货价格和期货价格的差额就应该等于持有成本。套期保值者要承担基差值发生变化的风险，这种风险被称为**基差风险**（basis risk）。也就是说，基差变动的风险代替了价格变动的风险。

当用于套期保值交易的期货合约的标的资产与被保值的证券组合或单个金融工具不一致时，这种套期保值交易叫做**交叉套期保值交易**（cross-hedging）。交叉套期保值交易常见于资产负债管理和证券组合管理领域，因为某些普通股票和债券没有对应的期货合约。交叉套期保值交易引发了另外一种风险——期货合约标的资产的价格变动可能不能准确地追踪被套期保值的证券组合或金融工具的价格变动，这一风险被称为**交叉套期保值交易风险**（cross-hedging risk）。因此，交叉套期保值交易的有效性要取决于：

1. 套期保值交易开始时与结束时标的资产的现货价格与期货价格之间的关系。
2. 套期保值交易开始时与结束时证券组合的（现货）市场价值与期货合约标的资产的现货价格之间的关系。

空头套期保值交易和多头套期保值交易

空头套期保值交易（short hedge）常常被用来防范金融工具或证券组合未来的现货价格下跌的风险。套期保值交易者在进行空头套期保值交易时要卖出期货合约（同意将来向对方交割资产），因此，空头套期保值交易也叫做**卖出套期保值交易**（sell hedge）。通过进行空头套期保值交易，套期保值交易者能够事先锁定未来的现货价格，并把持有资产的价格风险转移给期货合约的买主。

多头套期保值交易（long hedge）常常被用来防范未来某个时间点将要在现货市场上买入的金融工具或证券组合价格上涨的风险。套期保值交易者在进行多头套期保值交易时要买入期货合约（同意接受对方交割的资产），因此，多头套期保值交易也叫做**买入套期保值交易**（buy hedge）。

套期保值交易的案例演示

为了说明套期保值交易，我们从传统的商品市场上选取几个以数字来说明的例子。从传统的商品市场入手会更便于大家理解，因为普通商品比大多数的金融期货合约要简单一些。我们要说明的原理同样适用于金融期货合约，但是由于在讲解的过程中不会涉及有关金融期货合约的种种烦琐复杂之处，所以理解起来相对容易一些。在第16章，我们将会举例说明股票投资组合的套期保值交易。

假设一家矿产开采公司预期在一周后卖出1 000盎司的钯金属，而一家制造企业的管理层打算在一周后购入1 000盎司＊的钯金属。矿产开采公司和制造公司的经理都想把价格锁定在当前的价位上，也就是说他们都希望消除一周后钯的市场价格会发生波动的风险。当前的钯金属现货价格为每盎司352.40美元。这一现货价格也叫做**即期价格**（spot price）。当前的钯金属期货价格为每盎司397.80美元。每一份期货合约的标的物为100盎司的钯金属。

因为矿产开采公司想要规避钯金属市场价格下跌的风险，因此该公司会采用空头套期保值策略。也就是说，该公司会承诺按照现在的期货价格将来向交易对手交割钯金属。该矿产开采公司应卖出10份期货合约。

因为制造公司想要规避钯金属市场价格上涨的风险，因此它会采用多头套期保值策略。也就是说，该公司会承诺按照当前的期货价格接受对方交割的钯金属。因为它要防范的是1 000盎司钯金属价格上涨的风险，所以它需要买入10份期货合约。

让我们来看一下，当一周以后套期保值交易了结时，钯金属的现货价格与期货价格呈现不同情形将会导致怎样的结果。

完全套期保值交易

假设当套期保值交易了结时，钯金属的市场现货价格跌至304.20美元，期货价格跌至349.60美元。请注意一下在这种情况下基差会发生什么变化。套期保值交易开始时，基差等于－45.40美元（352.40－397.80）；套期保值交易了结时，基差仍然是－45.40美元（304.20－349.60）。

矿产开采公司想把钯金属的价格锁定在每盎司352.40美元的价位上，那么1 000盎司就是352 400美元。该公司按照每盎司397.80美元的价格卖出10份期货合约，则1 000盎司共计397 800美元。套期保值交易了结时，1 000盎司钯金属的市场价值为304 200美元（304.20×1 000），矿产开采公司钯金属的市场价值下跌了48 200美元。可是与此同时，期货的价格降至349.60美元，1 000盎司就是349 600美元，因此矿产开采公司在期货市场上获得了48 200美元的盈利。期货市场的盈利恰好抵消了现货市场的损失。结果，矿产开采公司不赔也不赚。这是完

＊　1盎司＝28.3495克。——译者注

全套期保值交易的一个实例，其交易过程可参考表10—2。

制造公司采用多头套期保值策略的结果也被总结在表10—2当中。因为现货价格的下降，制造公司在现货市场上获得了48 200美元的盈利，但是在期货市场上损失了同样的金额，所以这也是完全套期保值交易。

表10—2　　　　锁定当前钯金属市场价格的套期保值交易：现货价格下跌

假设	
套期保值交易刚建立时的现货价格为	每盎司352.40美元
套期保值交易刚建立时的期货价格为	每盎司397.80美元
套期保值交易了结时的现货价格为	每盎司304.20美元
套期保值交易了结时的期货价格为	每盎司349.60美元
被套期保值的盎司数量	1 000
每份期货合约标的物的盎司数量	100
套期保值交易中应使用几份期货合约	10

矿产开采公司采用空头套期保值策略

现货价格（美元）	期货价格（美元）	基差（美元/盎司）
套期保值交易刚建立时		
1 000盎司钯金属的价值：	卖出10份期货合约：	−45.40
1 000×352.40＝352 400	10×100×397.80＝397 800	
套期保值交易了结时		
1 000盎司钯金属的价值：	买回10份期货合约：	−45.40
1 000×304.20＝304 200	10×100×349.60＝349 600	
现货市场的损失＝48 200	期货市场的盈利＝48 200	
	总盈利或总损失＝0	

制造公司采用多头套期保值策略

现货价格（美元）	期货价格（美元）	基差（美元/盎司）
套期保值交易刚建立时		
1 000盎司钯金属的价值：	买入10份期货合约：	−45.40
1 000×352.40＝352 400	10×100×397.80＝397 800	
套期保值交易了结时		
1 000盎司钯金属的价值：	卖出10份期货合约：	−45.40
1 000×304.20＝304 200	10×100×349.60＝349 600	
现货市场的盈利＝48 200	期货市场的损失＝48 200	
	总盈利或损失＝0	

这个例子说明了两个关键点：第一，两个市场参与者均是不赔不赚，原因在于当套期保值交易了结时，基差没有发生变化。因为基差没有改变，所以实际的现货买入价或卖出价就等于设立套期保值交易那天的现货价格；第二，可以看到，如果制造公司没有进行套期保值交易，它的处境本可以更好一些，因为钯金属的成本可以减少48 200美元，但这并不表明套期保值交易是错误的选择。制造公司的管理者通常不会做针对钯金属价格的投机生意，套期保值交易是被用来防范未来经营成本上升风险的最标准操作。获得这种保障的代价就是公司要放弃有可能获得的意外之财。

假设当套期保值交易了结时，钯金属的现货价格涨至 392.50 美元，期货价格涨至 437.90 美元。请大家注意，基差没有发生变化，仍然是－45.40 美元。因为基差没有改变，所以实际的现货买入价和卖出价将等于套期保值交易刚开始建立时的现货市场价格。

矿产开采公司可以在现货市场上获利，因为 1 000 盎司钯金属现在的市场价格为 392 500 美元（392.50×1 000），与套期保值交易刚开始时的现货价值相比增值了 40 100 美元。但是，公司还是要以 437 900 美元的总价格在期货市场上买回 10 份期货合约以了结初始的期货空头头寸，这笔交易要支付的价格足足要比当初卖出期货合约时的价格高出 40 100 美元。期货市场的损失恰好为现货市场的盈利所抵消。对这一套期保值交易结果的总结可见表 10—3。

表 10—3   锁定当前钯金属市场价格的套期保值交易：现货价格上涨

假设	
套期保值交易刚建立时的现货价格为	每盎司 352.40 美元
套期保值交易刚建立时的期货价格为	每盎司 397.80 美元
套期保值交易了结时的现货价格为	每盎司 392.50 美元
套期保值交易了结时的期货价格为	每盎司 437.90 美元
被套期保值的盎司数量	1 000
每份期货合约标的物的盎司数量	100
套期保值交易中应使用几份期货合约	10

矿产开采公司采用空头套期保值策略

现货价格（美元）	期货价格（美元）	基差（美元/盎司）
套期保值交易刚建立时		
1 000 盎司钯金属的价值：	卖出 10 份期货合约：	－45.40
1 000×352.40＝352 400	10×100×397.80＝397 800	
套期保值交易了结时		
1 000 盎司钯金属的价值：	买回 10 份期货合约：	－45.40
1 000×392.50＝392 500	10×100×437.90＝437 900	
现货市场的损失＝40 100	期货市场的盈利＝40 100	
	总盈利或损失＝0	

制造公司采用多头套期保值策略

现货价格（美元）	期货价格（美元）	基差（美元/盎司）
套期保值交易刚建立时		
1 000 盎司钯金属的价值：	买入 10 份期货合约：	－45.40
1 000×352.40＝352 400	10×100×397.80＝397 800	
套期保值交易了结时		
1 000 盎司钯金属的价值：	卖出 10 份期货合约：	－45.40
1 000×392.50＝392 500	10×100×437.90＝437 900	
现货市场的盈利＝40 100	期货市场的损失＝40 100	
	总盈利或损失＝0	

制造公司在期货市场上获得 40 100 美元的盈利，但是它在现货市场上购买

1 000盎司钯金属要多支付 40 100 美元。这一套期保值交易的结果也被总结在表
10—3 中。

请注意，在这种情况下，制造公司的管理层因为运用了套期保值交易而节省
了 40 100 美元。另一方面，矿产开采公司如果不进行套期保值交易，而只是于一
周后在市场上卖出其产品的话，它的处境反而会更好一些。但是必须强调的是，
矿产开采公司的管理者与制造公司的管理者一样，采用套期保值交易策略的主要
目的是为了防范现货市场上难以预料的价格的不利变动。采用这一措施的代价就
是套期保值交易者要放弃那些只有不进行套期保值交易的人才能享受到的有利的
价格变动。

基差风险

在前面假设的两种情形下，我们都假定基差不发生变化。然而在现实世界里，
在套期保值交易从开始建立到最终了结这段时间里，基差会经常地发生变动。

假设与第一种情形一样，钯金属的现货价格降至 304.20 美元，然后我们再进
一步假设期货合约的价格跌至 385.80 美元而非 349.60 美元。于是，现在基差从
原来的－45.40 美元下降到－81.60 美元（304.20－385.80）。此时交易的最终结
果可见表 10—4 的总结。对于空头套期保值交易者来说，现货市场上 48 200 美元
的损失仅被期货市场上 12 000 美元的盈利部分地抵消。结果，这一套期保值交易
给空头套期保值者共计造成了36 200美元的损失。

要特别指出的几点是：首先，如果矿产开采公司没有进行套期保值交易，那
么它的损失会达到 48 200 美元。因为与一周前 1 000 盎司钯金属的市场价值
352 400 美元相比，现在仅为 304 200 美元。虽然套期保值交易并不完全，但是
36 200美元的损失还是要低于不进行套期保值交易将要发生的 48 200 美元的损
失。这就是我们前面所说的套期保值交易以基差风险代替价格风险的含义。其
次，制造公司恰好从另一个刚好相反的角度面临着同样的问题。某一方交易者获
得的意外盈利就等于另一方交易者相同金额的意外损失。也就是说，市场参与者
由于持有完全相反的现货头寸与期货头寸，所以他们面临的是一个零和游戏。其
结果是，制造公司将因为进行多头（买入）套期保值交易而实现总盈利36 200美
元。这一盈利代表的是现货市场上 48 200 美元的盈利与期货市场上 12 000 美元
损失的轧差值。

表 10—4   **套期保值交易：现货价格下跌，基差加大**

假设	
套期保值交易刚建立时的现货价格为	每盎司 352.40 美元
套期保值交易刚建立时的期货价格为	每盎司 397.80 美元
套期保值交易了结时的现货价格为	每盎司 304.20 美元
套期保值交易了结时的期货价格为	每盎司 385.80 美元
被套期保值的盎司数量	1 000
每份期货合约标的物的盎司数量	100
套期保值交易中应使用几份期货合约	10

矿产开采公司采用空头套期保值策略

现货价格（美元）	期货价格（美元）	基差（美元/盎司）
套期保值交易刚建立时		
1 000 盎司钯金属的价值：	卖出 10 份期货合约：	−45.40
1 000×352.40＝352 400	10×100×397.80＝397 800	
套期保值交易了结时		
1 000 盎司钯金属的价值：	买回 10 份期货合约：	−81.60
1 000×304.20＝304 200	10×100×385.80＝385 800	
现货市场的损失＝48 200	期货市场的盈利＝12 000	
	总损失＝36 200	

制造公司采用多头套期保值策略

现货价格（美元）	期货价格（美元）	基差（美元/盎司）
套期保值交易刚建立时		
1 000 盎司钯金属的价值：	买入 10 份期货合约：	−45.40
1 000×352.40＝352 400	10×100×397.80＝397 800	
套期保值交易了结时		
1 000 盎司钯金属的价值：	卖出 10 份期货合约：	−81.60
1 000×304.20＝304 200	10×100×385.80＝385 800	
现货市场的盈利＝48 200	期货市场的损失＝12 200	
	总盈利＝36 200	

假设和第二种情形一样，现货价格涨至 392.50 美元，但是基差却进一步扩大到−81.6 美元。也就是说，当套期保值交易了结时，期货的市场价格涨至 474.10 美元。这一套期保值交易的结果可见表 10—5 的总结。

制造公司由于进行了多头套期保值交易，它将在期货市场上获得 76 300 美元的盈利，而在现货市场上只亏损 40 100 美元。因此，制造公司获得的总盈利为 36 200美元，矿产开采公司则要蒙受共计 36 200 美元的损失。

在以上两种假设情形下，我们都假定套期保值交易了结时，基差较之前有所增大。我们同样可以证明如果基差缩小，则套期保值交易也将是不完全的。

表 10—5　　　　　　套期保值交易：现货价格上涨，基差加大

假设	
套期保值交易刚建立时的现货价格为	每盎司 352.40 美元
套期保值交易刚建立时的期货价格为	每盎司 397.80 美元
套期保值交易了结时的现货价格为	每盎司 392.50 美元
套期保值交易了结时的期货价格为	每盎司 474.10 美元
被套期保值的盎司数量	1 000
每份期货合约标的物的盎司数量	100
套期保值交易中应使用几份期货合约	10

矿产开采公司采用空头套期保值策略

现货价格（美元）	期货价格（美元）	基差（美元/盎司）
套期保值交易刚建立时		
1 000 盎司钯金属的价值：	卖出 10 份期货合约：	−45.40
1 000×352.40＝352 400	10×100×397.80＝397 800	

现货价格（美元）	期货价格（美元）	基差（美元/盎司）
套期保值交易了结时		
1 000 盎司钯金属的价值：	买回 10 份期货合约：	－81.60
1 000×392.50＝392 500	10×100×474.10＝474 100	
现货市场的盈利＝40 100	期货市场的损失＝76 300	
	总损失＝36 200	

制造公司采用多头套期保值策略

现货价格（美元）	期货价格（美元）	基差（美元/盎司）
套期保值交易刚建立时		
1 000 盎司钯金属的价值：	买入 10 份期货合约：	－45.40
1 000×352.40＝352 400	10×100×397.80＝397 800	
套期保值交易了结时		
1 000 盎司钯金属的价值：	卖出 10 份期货合约：	－81.60
1 000×392.50＝392 500	10×100×474.10＝474 100	
现货市场的损失＝40 100	期货市场的盈利＝76 300	
	总盈利＝36 200	

交叉套期保值交易

假设在一个非常遥远的行星上，某家采矿公司计划在一周后出售 2 500 盎司的氪金（kryptonite），而一家制造公司计划在一周后购买相同数量的氪金。双方都想防范价格风险。[①] 然而，现在市场上交易的期货合约没有以氪金为标的物的，但是双方都认为氪金的价格与钯金属的价格密切相关。具体地说，它们都认为氪金的现货价格将维持在钯金属现货价格的 40％ 左右。氪金当前的现货价格为每盎司 140.9 美元，钯金属当前的现货价格为每盎司 352.40 美元，钯金属当前的期货价格为每盎司 397.80 美元。

下面我们将针对不同的假设情形来考察交叉套期保值交易的效果如何。在每种假设情形下，钯金属的基差都保持在 －45.40 美元上不变。作出这一假设是为了使我们能够把注意力集中在两个时点上两个现货价格之间的重要关系上。

在深入论述之前，我们首先必须确定在交叉套期保值交易中要用到多少份钯金属期货合约。按照每盎司 140.96 美元的价格计算，2 500 盎司氪金的价值为 352 400 美元。利用钯金属期货对氪金的现货进行套期保值，就相当于对 1 000 盎司钯金属的现货价值（352 400/ 352.40）进行套期保值。因为每份钯金属期货合约的标的数量为 100 盎司，所以要使用 10 份黄金期货合约。

假设氪金和钯金属的现货价格分别降至每盎司 121.68 美元和 304.20 美元，钯金属的期货价格降至每盎司 349.60 美元。在套期保值交易刚开始时的氪金的现货价格与钯金属的现货价格之间的关系在套期保值交易了结时依然存在。也就是说，氪金的现货价格是钯金属现货价格的 40％。钯金属的基差恒定为 －45.40 美元。空头与多头套期保值交易的结果可见表 10—6 的总结。

---

① 在本例中，我们忽略了行星间的汇率风险。

表 10—6　交叉套期保值交易：被套期保值的氪金现货价格与期货价格的下跌幅度相同

假设	
氪金的价格	
套期保值交易刚建立时的现货价格为	每盎司 140.96 美元
套期保值交易刚建立时的期货价格为	每盎司 121.68 美元
钯金属的价格	
套期保值交易刚建立时的现货价格为	每盎司 352.40 美元
套期保值交易刚建立时的期货价格为	每盎司 397.80 美元
套期保值交易了结时的现货价格为	每盎司 304.20 美元
套期保值交易了结时的期货价格为	每盎司 349.60 美元
被套期保值的氪金盎司数量	2 500
被套期保值的钯金属盎司数量	
假设氪金与钯金属的现货价格比为 0.4	1 000
每份期货合约标的物钯金属的盎司数量	100
套期保值交易中应使用几份钯金属期货合约	10

矿产开采公司采用空头套期保值策略

现货价格（美元）	期货价格（美元）	基差（美元/盎司）
套期保值交易刚建立时		
2 500 盎司氪金的价值：	卖出 10 份期货合约：	−45.40
2 500×140.96＝352 400	10×100×397.80＝397 800	
套期保值交易了结时		
2 500 盎司氪金的价值：	买回 10 份期货合约：	−45.40
2 500×121.68＝304 200	10×100×349.60＝349 600	
现货市场的损失＝48 200	期货市场的盈利＝48 200	
	总盈利或损失＝0	

制造公司采用多头套期保值策略

现货价格（美元）	期货价格（美元）	基差（美元/盎司）
套期保值交易刚建立时		
2 500 盎司氪金的价值：	买入 10 份期货合约：	−45.40
2 500×140.96＝352 400	10×100×397.80＝397 800	
套期保值交易了结时		
2 500 盎司氪金的价值：	卖出 10 份期货合约：	−45.40
2 500×121.68＝304 200	10×100×349.60＝349 600	
现货市场的盈利＝48 200	期货市场的损失＝48 200	
	总盈利或损失＝0	

　　空头套期保值交易在期货市场上获得了 48 200 美元的盈利，在现货市场上又亏损了相同的金额。多头套期保值交易恰好相反。在这种情况下，每个交叉套期保值交易者都是不赔不赚的。如果两种商品的现货价格都上涨相同的幅度，基差不发生改变的话，那么也会出现同样的结果。

　　假设两种商品的现货价格都在下跌，但是氪金的跌幅要大于钯金属。例如，假设氪金的现货价格跌至每盎司 112.00 美元，而钯金属的现货价格跌至每盎司 304.20

美元，钯金属的期货价格跌至 349.60 美元。因此，基差并没发生变化。交叉套期保值交易了结时，氪金的现货价格是钯金属现货价格的 37％，而不是交叉套期保值交易刚开始时的 40％。多头与空头交叉套期保值交易的结果总结在表 10—7 当中。

表 10—7 交叉套期保值交易：被套期保值的氪金现货价格的下跌幅度

大于期货价格的下跌幅度

假设	
氪金的价格	
套期保值交易刚建立时的现货价格为	每盎司 140.96 美元
套期保值交易刚建立时的期货价格为	每盎司 112.00 美元
钯金属的价格	
套期保值交易刚建立时的现货价格为	每盎司 352.40 美元
套期保值交易刚建立时的期货价格为	每盎司 397.80 美元
套期保值交易了结时的现货价格为	每盎司 304.20 美元
套期保值交易了结时的期货价格为	每盎司 349.60 美元
被套期保值的氪金盎司数量	2 500
被套期保值的钯金属盎司数量	
假设氪金与钯金属的现货价格比为 0.4	1 000
每份期货合约标的物钯金属的盎司数量	100
套期保值交易中应使用几份钯金属期货合约	10

矿产开采公司采用空头套期保值策略

现货价格（美元）	期货价格（美元）	基差（美元/盎司）
套期保值交易刚建立时		
2 500 盎司氪金的价值：	卖出 10 份期货合约：	−45.40
2 500×140.96＝352 400	10×100×397.80＝397 800	
套期保值交易了结时		
2 500 盎司氪金的价值：	买回 10 份期货合约：	−45.40
2 500×112.00＝280 000	10×100×349.60＝349 600	
现货市场的损失＝72 400	期货市场的盈利＝48 200	
	总损失＝24 200	

制造公司采用多头套期保值策略

现货价格（美元）	期货价格（美元）	基差（美元/盎司）
套期保值交易刚建立时		
2 500 盎司氪金的价值：	买入 10 份期货合约：	−45.40
2 500×140.96＝352 400	10×100×397.80＝397 800	
套期保值交易了结时		
2 500 盎司氪金的价值：	卖出 10 份期货合约：	−45.40
2 500×112.00＝280 000	10×100×349.60＝349 600	
现货市场的盈利＝72 400	期货市场的损失＝48 200	
	总盈利＝24 200	

对于空头交叉套期保值交易者而言，现货市场的亏损要比期货市场上的盈利高出 24 200 美元；对于多头交叉套期保值交易者而言，情况刚好相反，总盈利为 24 200 美元。

如果氪金现货价格的跌幅低于钯金属，那么空头交叉套期保值交易将会产生总的盈利，而多头交叉套期保值交易将会发生总的亏损。

假设氪金现货价格跌至每盎司 121.68 美元，而钯金属的现货价格与期货价格分别涨至 392.50 美元和 437.90 美元，则这一交叉套期保值交易的结果可参考表 10—8。

表 10—8 　　　　交叉套期保值交易：被套期保值的氪金现货价格下跌，套期保值期货价格上涨

假设	
氪金的价格	
套期保值交易刚建立时的现货价格为	每盎司 140.68 美元
套期保值交易刚建立时的期货价格为	每盎司 121.68 美元
钯金属的价格	
套期保值交易刚建立时的现货价格为	每盎司 352.40 美元
套期保值交易刚建立时的期货价格为	每盎司 397.80 美元
套期保值交易了结时的现货价格为	每盎司 392.50 美元
套期保值交易了结时的期货价格为	每盎司 437.90 美元
被套期保值的氪金盎司数量	2 500
被套期保值的钯金属盎司数量	
假设氪金与钯金属的现货价格比为 0.4	1 000
每份期货合约标的物钯金属的盎司数量	100
套期保值交易中应使用几份钯金属期货合约	10

矿产开采公司采用空头套期保值策略

现货价格（美元）	期货价格（美元）	基差（美元/盎司）
套期保值交易刚建立时		
2 500 盎司氪金的价值：	卖出 10 份期货合约：	−45.40
2 500×140.96＝352 400	10×100×397.80＝397 800	
套期保值交易了结时		
2 500 盎司氪金的价值：	买回 10 份期货合约：	−45.40
2 500×121.68＝304 200	10×100×437.90＝437 900	
现货市场的损失＝48 200	期货市场的损失＝40 100	
	总损失＝88 300	

制造公司采用多头套期保值策略

现货价格（美元）	期货价格（美元）	基差（美元/盎司）
套期保值交易刚建立时		
2 500 盎司氪金的价值：	买入 10 份期货合约：	−45.40
2 500×140.96＝352 400	10×100×397.80＝397 800	
套期保值交易了结时		
2 500 盎司氪金的价值：	卖出 10 份期货合约：	−45.40
2 500×121.68＝304 200	10×100×437.90＝437 900	
现货市场的盈利＝48 200	期货市场的损失＝40 100	
	总盈利＝88 300	

空头套期保值交易在现货市场和期货市场上都蒙受了损失，总损失额为 88 300 美元。一方面，如果矿山开采公司没有使用交叉套期保值交易，那么其损

失将仅限于现货价格的下跌——在本例中现货价值的跌幅为 48 200 美元。另一方面，多头套期保值交易在现货市场和期货市场都有盈利，因此总体也是盈利的。

如果情况刚好相反，氪金的现货价格涨至每盎司 189.10 美元，而钯金属的现货与期货价格分别跌至 304.20 美元和 349.60 美元，那么可以证明，多头期货套期保值者在现货市场和期货市场都将蒙受损失，总亏损额为 168 550 美元。如果制造公司的管理层没有用钯金属来进行交叉套期保值交易，那么其亏损将仅限于发生在现货市场上的 120 350 美元的亏损。

以上例子说明了交叉套期保值交易的相关风险。

期货在金融市场上的作用

如果没有金融期货，那么当投资者得到会对资产价值产生预期影响的新信息时，他们只能利用一个交易场所——现货市场——来改变投资组合的头寸。如果投资者获得的是可能对资产价值产生不利影响的经济消息，那么他们可以减少那项资产的价格风险敞口；相反地，如果投资者获得的是可能对资产价值产生有利影响的最新消息，那么投资者可以增加那项资产的价格风险敞口。当然，要改变资产的风险敞口，必然会引发交易成本——明确要支付的成本（佣金）以及隐含或执行成本（买卖价差与市场冲击成本）。[①]

期货市场是投资者在获得最新信息时可用于改变其资产风险敞口的另一个交易场所。但是投资者在得到最新信息时，哪一种市场才能帮助他们尽快地改变其头寸呢？是现货市场还是期货市场？答案很简单：为达到目的而运用起来更有效率的那个市场。为此要考虑的因素有：流动性、交易成本、税收以及期货市场的杠杆化优势。

投资者感到运用起来能够更有效地达到其投资目标的市场的交易价格应当能够反映出最新的经济信息。也就是说，这个市场应该具有价格发现的功能，随后价格信息被迅速地传递到另外一个市场上去。在本书讨论的各种各样的市场当中，在期货市场上改变证券组合头寸是相对较容易的，成本也较为低廉。我们在后面各章讨论具体的金融合约时，将为这个结论提供相关的证据。因此，期货市场正是我们所要选择的市场，它能发挥价格发现的功能。正是在期货市场上，投资者们用自己的交易行为就新信息会对现货市场造成怎样的影响发出了集体信号。

这一信号是如何传送到现货市场的？回忆一下我们在讨论理论期货价格的决定时曾经说过的一句话——期货价格与现货市场价格是通过持有成本联系起来的。如果期货价格偏离现货市场价格的幅度高于持有成本，则套利者（为获得套利利润）会采用套利策略，最终促使两个价格恢复均衡。正是这一机制的存在，确保了现货市场价格能够反映出期货市场上已经搜集到的信息。

在第 2 章，我们讨论了金融创新，还解释了怎样根据金融创新在金融市场上

---

① 对这些成本的介绍可参见第 7 章和第 13 章。

所履行的功能来对其进行分类。其中一项功能是更有效率地应对价格风险或汇率风险。我们把这样的金融创新产品称为价格风险转移型创新产品（price-risk-transferring innovation）。事实上，金融期货就属于这一类金融创新产品。

期货对标的资产价格波动的影响

一些投资者和大众媒体认为，以某项资产为标的的期货市场的引入会增大现货市场上该项资产的价格波动性。期货合约受到的这方面的批评被称为"不稳定假说"（destabilization hypothesis）。[1]

不稳定假说有两个流派：流动性假说和民粹派假说。流动性假说（liquidity variant）提出，大额交易由于难以在现货市场上立即成交，于是它们会先在期货市场上进行交易，因为期货市场能提供更好的流动性。期货市场上价格波动性的增强只是暂时性的，因为一旦流动性问题得到解决，价格的波动性能很快恢复到正常水平。这说明期货市场不会对标的资产现货市场的价格波动产生长期的影响。

与此相反的是，民粹派假说（populist variant）宣称，由于存在衍生品的大量投机性交易，现货市场的工具不能反映出其最根本的经济价值。这说明在不存在期货市场的条件下，资产的价格能够更好地反映其经济价值。

期货市场的引入是否会使价格变得更加不稳定，这是一个需要进行实证研究的问题。我们在第 16 章里会看到有关股票市场的一些证据。但是现在有必要先提一下一位研究人员所作的分析，他得出的结论是，一般情况下，只有当期货市场上存在相当多的"非理性"投机者时才会使现货市场的价格出现大幅振荡。[2]

资产价格的波动性增强是件坏事吗？

不管期货合约的引入是否增大了现货市场的价格波动性，我们都可能会提出这样一个问题：波动性增大是否会给市场带来负面影响？乍一看，从资源配置效率和市场参与的角度分析，价格波动似乎会带来不好的影响。

然而事实上，一些分析人士已经指出，如果新市场的引入会使价格对资产基本面的变化作出更快的反应，而基本面本身也因为受到了较大的市场冲击而发生了变化，那么以上的推断就有可能是不正确的。[3] 因此，金融创新带来的更大的价格波动性可能只是更忠实地反映了基本价值的实际变动。在这种情况下，"更大的"资产价格波动性不一定就是坏事，它反而可能是市场运行良好的体现。当然，我们所说的波动性增大不一定是坏事并不等于说它一定就是件好事。很明显，如果价格的波动超过了新信息与基本面（或标准的资产定价模型）所允许的范围，

① Lawrence Harris, "S&P 500 Futures and Cash Stock Price Volatility," University of Southern California, unpubilshed paper，1987.

② Jerome L. Stein, "Real Effects of Futures Speculation: Rational Expectations and Diverse Opinions," working paper no. 88. Center for the Study of Futures Markets，Columbia University，1984.

③ Eugene F. Fama, "Perspectives on October 1987 or What Did We Learn from the Crash?" in Robert J. Barro et al. （Eds.） *Black Monday and the Future of Financial Markets* （Homewood，IL：Dow Jones-Irwin，1989），p. 72.

那就不是一件好事了。按照已有的定义，这会使市场价格变得无效率，称为"过度波动性"（excess volatility）。[①]

目前还没有人能够证明近期的金融创新到底是增加了还是降低了过度波动性。此外，正如富兰克林·爱德华兹（Franklin Edwards）所指出的，"太少的波动性同样也不好，虽然这一概念尚未引起足够的关注，未能被贴上一个引人注目的'波动性不足'的标签。"[②]

正如爱德华兹对股票指数期货所发表的评论那样，在任何情况下：

> 投资者关心的是其投资（以及财富）的现值和终值。更大的波动性会令人联想到更大的风险，而这会危及投资者的资产和财富。当股票市场价格急剧下挫时，投资者只能眼睁睁地看着自己资产的价值快速蒸发。即便有人告诉他们说，价格的变动不会带来社会成本，只会引起财富的再分配，他们也不会因此而心态平和。更为重要的是，当资产价格在异常短的时期内（比如说一天）发生剧烈波动时，投资者"会对市场失去信心"。他们会开始把金融市场视为投机者和内幕交易者的领地，而绝非理性人应当进入的场所。[③]

小　结

本章解释了金融期货市场的基本特征。期货市场的传统用途是为投资者防范未来价格的不利变动提供一个重要机会。期货合约是交易所的产物，交易所要求期货交易者交纳初始保证金。每天头寸的价值都要按照当天的收盘价进行调整（即逐日盯市制度）。如果头寸的权益金额跌至维持保证金以下，交易所会要求投资者交纳追加保证金。清算所为期货合约交易双方的按时履约提供担保。

远期合约在很多重要特征上有别于期货合约。与期货合约不同，远期合约的双方当事人都要面临交易对手风险（即合约的另一方没有按时履约的风险）。远期合约的交易双方不必遵守逐日盯市制度，所以远期合约不存在相关的期间现金流。最后，想要解除远期合约的头寸可能会很困难。

如果期货价格上涨（下跌），期货合约的买方（卖方）将会获得利润。如果期货的价格下跌（上涨），则期货合约的买方（卖方）将会遭受损失。因为当投资者持有期货头寸时，只需要交纳初始保证金，所以期货市场为投资者的自有投资资金创造了巨大的杠杆效应。

利用简单的套利交易推导过程，我们能较为容易地确定期货合约的理论或均衡价格。说得更具体一点，面对价格被高估的期货合约，如果投机者想要获得套利利润，那么就应当进行买现卖期交易；面对价格被低估的期货合约，如果投机者想要获得套利利润，那么就应当进行反向买现卖期交易。市场参与者进行这两类套利交易（或套利策略）的能力直接导致了理论期货价格就等于现货价格与持有成本的和。

在交割日，期货的价格刚好与现货的价格相等。市场上期货合约的实际价格往往与理论价格并不相等。在实践中，理论期货价格是不存在的，期货合约的实际价格总是位于一个以理论价格为

① Franklin R. Edwards, "Futures Trading and Cash Market Volatility: Stock Index and Interest Rate Futures," *Journal of Futures Markets* 8, no. 4 (1988), p. 423.

② 同上。

③ Franklin R. Edwards, "Does Futures Trading Increase Stock Price Volatility?" *Financial Analysts Journal* (January/February 1988), p. 64.

中心的区间内，高于或低于理论价格。在套利者所进行的套利交易的影响下，期货合约的实际价格会一直处在这个区间内。

基差是现货价格与期货价格之间的差额。基差应该等于持有成本。在套期保值交易从开始到了结的这段时间内，如果基差发生了变化，则投资者将会面临基差风险。套期保值交易消除了价格风险，取而代之的是基差风险。当期货合约的标的资产有别于被套期保值交易的金融工具或证券组合时，人们所进行的交易就叫做交叉套期保值交易。金融市场上，大多数的套期保值交易都涉及交叉套期保值交易。交叉套期保值交易的相关风险是：期货合约的标的资产不能准确跟踪被套期保值交易的金融工具或证券组合的市场价格

的波动轨迹。

投资者可以利用期货市场或现货市场对预期改变资产价值的经济消息作出反应。人们通常会选择期货市场来改变资产头寸，从而让其执行价格发现功能，因为期货市场的交易成本更低，且交易指令的执行速度更快。套利者的活动确保了期货市场的价格发现能够被传递给现货市场。

期货市场的批评者认为期货市场是标的资产现货市场价格波动性增大的罪魁祸首。虽然在本章我们未能就这一实证性问题充分地展开讨论，但是即便现货市场的价格波动性由于期货市场的存在而变得更大，这也不意味着对于经济体来说，更大的价格波动性就一定是坏事。

关键术语

基差	持有成本	金融期货
基差风险	交易对手风险	融资成本
买入套期保值交易	交叉套期保值交易	远期合约
买现卖期交易	交叉套期保值交易风险	期货合约
现金交割合约	交割日	期货价格
商品期货	衍生工具	套期保值交易
初始保证金	最近期期货合约	期货空头
买入期货	净融资成本	空头套期保值交易
多头套期保值交易	完全套期保值交易	空头头寸
多头头寸	反向买现卖期交易	即期价格
维持保证金	卖出套期保值交易	理论期货价格
最远期期货合约	结算日	追加保证金

思考题

1. 你所在公司的财务总监最近告诉你说他非常喜欢用远期合约而不是期货合约来进行套期保值交易："你可以根据自己的实际需要来制定合约的具体条款。"请对财务总监的这句话进行评述。还有什么因素会影响到人们对期货合约和远期合约的选择决策？

2. 你在一家风格保守的投资公司工作。最近你请求公司主管准许你开设一个期货账户，便于

交易金融期货产品。她回答，"你疯了吗？我还不如给你开一张支票，让你带着好运的祝福乘上去拉斯维加斯（赌城）的汽车。期货市场充其量不过是一个体面的赌窝。难道你不认为在现货交易方面你已经承担了足够多的风险吗？"你如何劝说主管让她允许你使用期货？

3. 你是否同意下面这种说法？请说明为什么。"期货价格当然要高于现货价格——因为持有成本

是正的。"

4. 假设金融资产 ABC 是六个月后交割的期货合约的标的资产。已知下列有关金融资产和期货合约的信息：现货市场上 ABC 资产的售价为 80 美元；ABC 资产每半年支付 4 美元的利息，每年共支付 8 美元。下一个半年支付期恰好在六个月后；目前六个月期的资金借贷利率为 6%。

a. 理论期货价格（或称均衡期货价格）是多少？

b. 如果期货合约的价格为 83 美元，那么你会采取怎样的交易策略？

c. 如果期货合约的价格为 76 美元，那么你会采取怎样的交易策略？

d. 假设资产 ABC 是每季度而不是每半年支付一次利息，再假设你可以按照每三个月 1% 的利率将自己三个月后得到的资金进行再投资，那么六个月后进行交割的期货合约的理论价格是多少？

e. 假设借款利率和贷款利率不相等，目前六个月的借款利率是 8%，六个月的贷款利率是 6%，则理论期货价格的范围是多少？

5. 你是一家山羊乳酪的主要生产商。由于担心山羊乳酪的价格发生暴跌，你考虑使用某种套期保值交易策略。但遗憾的是，你发现交易所不交易以山羊乳酪为标的的期货产品。一位商业伙伴建议你使用橙汁期货产品来进行交叉套期保值交易。说得具体一点，你的商业伙伴建议你使用橙汁期货来进行空头套期保值交易。

a. 你在运用这个套期保值交易策略之前，需要知道其他哪些信息？

b. 为什么这个套期保值交易有可能会成为不完全的套期保值交易？

6. 你是否同意下面这种说法？请解释你的理由。"用期货进行套期保值交易时基差风险代替了价格风险。"

7. 假设一位种植玉米的农场主预期在三个月后卖出 30 000 蒲式耳玉米。再假设一家食品加工公司的管理层决定计划在三个月后购买 30 000 蒲式耳玉米。农场主和食品加工公司的管理层都想锁定当前的市场价格。也就是说，二者都想消除三个月后玉米市场价格波动的风险。目前，玉米的现货价格为每蒲式耳 2.75 美元。

目前市场上可用的玉米期货合约的条款规定如下：合约交割日为五个月后，每份合约交割数量为 5 000 蒲式耳玉米。请注意，交割日是合约双方预期了结套期保值交易的两个月后。因为每份合约包含 5 000 蒲式耳玉米，所以要交易 6 份合约，才能使总交易量达到 30 000 蒲式耳。目前这一期货合约的期货价格为每蒲式耳 3.20 美元。

a. 既然农场主想锁定玉米价格以消除三个月后市场价格下跌的风险，那么他应当选择多头套期保值交易还是空头套期保值交易？

b. 既然食品加工公司的管理层想锁定玉米成本以消除三个月后玉米价格上升的风险，那么他应当选择空头套期保值交易还是多头套期保值交易？

c. 进行套期保值交易时，基差是多少？

d. 假设在套期保值交易了结时，现货价格跌至 2.00 美元，期货价格跌至 2.45 美元，则基差会出现什么变化？农场主和食品加工公司会得到怎样的交易结果？

e. 假设在套期保值交易了结时，现货价格涨至 3.55 美元，期货价格涨至 4.00 美元，则基差会出现什么变化？农场主和食品加工公司会得到怎样的交易结果？

f. 假设玉米的现货价格跌至 2.00 美元，期货价格跌至 2.70 美元，则基差有何变化？农场主和食品加工公司会得到怎样的交易结果？

8. 假设生产西葫芦的农场主计划在三个月后出售 37 500 蒲式耳的西葫芦，而一家食品加工公司计划在三个月后购买相同数量的西葫芦，二者都想防范价格风险。但是，市场上没有以西葫芦为标的的期货合约。二者都认为西葫芦的价格与玉米价格之间存在着紧密联系。具体地说，双方都认为西葫芦的现货价格约是玉米现货价格的 80%。目前西葫芦的现货价格为每蒲式耳 2.20 美元，玉米的现货价格为每蒲式耳 2.75 美元。有关期货合约的信息与第 7 题相同。目前玉米的期货价格为每蒲式耳 3.20 美元。

双方必须确定在交叉套期保值交易中要用到多少份期货合约。按照每蒲式耳 2.20 美元的现货价格计算，37 500 蒲式耳的西葫芦价值为 82 500 美元。为了对 82 500 美元的价值进行保值，按照目前玉米的现货价格 2.75 美元计算，被套期保值的玉米数量必须为 30 000 蒲式耳（82 500／2.75）。每份玉米期货合约的交易数量为 5 000 蒲式耳，所以要使用 6 份玉米期货合约。

a. 为什么说这是交叉套期保值交易？

b. 假设在套期保值交易了结时，西葫芦和玉米的现货价格分别涨至每蒲式耳 1.60 美元和 2.00 美元，玉米的期货价格跌至每蒲式耳 2.45 美元。我们还假设在套期保值交易开始时，西葫芦和玉米之间的现货价格关系在套期保值交易了结时依然存在。也就是说，西葫芦的现货价格始终相当于玉米现货价格的 80%。那么，玉米的现货价格与期货价格之间的基差会发生怎样的变化？西葫芦农场主和食品加工公司各会获得怎样的交易结果？

c. 假设在套期保值交易了结时，西葫芦的现货价格涨至每蒲式耳 1.30 美元，玉米的现货价格跌至每蒲式耳 2.00 美元，玉米的期货价格跌至每蒲式耳 2.45 美元。那么，玉米的现货价格与期货价格之间的基差会发生什么变化？西葫芦农场主和食品加工公司各会获得怎样的交易结果？

9. 你是否同意下面这种说法并解释原因："期货市场是价格发现发生的场所。"

10. 你是否同意下面这种说法并解释原因："期货市场的引入加大了标的商品或资产的价格波动性。"

11. 什么是"不稳定假说"？由它衍生出来的两种假说流派分别是什么？

第 11 章

期权市场导论

学习目标

学习完本章内容，读者将会理解以下问题：

- 什么是期权合约
- 期货合约与期权合约的区别
- 期权的风险/收益特征
- 期权价格的基本组成部分
- 影响期权价格的因素
- 期权定价模型的基本原理
- 二项式期权定价模型的原理及推导方法
- 期权在金融市场上的作用
- 两种奇异期权产品：可选择期权和优异表现期权

在第 10 章，我们介绍了第一种衍生工具——期货合约。在本章，我们将介绍第二种衍生工具——期权合约。这一章我们不对个别的期权合约进行讨论，而将重点放在期权的一般特征上。在第 15 章讨论普通股票期权，在第 16 章讨论股票指数期权，在第 30 章讨论期货期权，在第 33 章讨论货币期权。

在这一章，我们将会分析期权合约与期货合约之间的区别，并说明在套利理论的基础之上期权价格的决定过程。在后面的章节里，我们将举例说明投资者如何使用期权产品更好地实现投资目标。

期权合约的定义

期权是一份合约，该合约的签发人授予期权的买方在规定的时期内（或规定的日期）从签发人处购买或卖给签发人一定数量的商品的权利而非义务。**签发人**

（writer）又可称为**期权的卖方**（seller），他将上述权利让渡给期权的买方，相应地获得一定金额的收入，这笔收入被称为**期权费**（option premium）或**期权价格**（option price）。资产买卖的价格被称为**执行价格**（strike price），期权到期的日子被称为**到期日**（expiration date）。对于期权的标的物，本书将重点放在金融工具、金融指数和金融期货合约上。我们将在第 30 章讨论期货期权的相关问题。

当一项期权授予期权买方从签发人（或期权的卖方）处购买指定工具的权利时，该期权被称为**看涨期权**（call option）或**买权**（call）。当期权的买方有权向期权的卖方出售指定工具时，该期权被称为**看跌期权**（put option）或**卖权**（put）。

我们还可以根据期权的买方何时执行该期权对期权进行分类。在到期日前任一时点（包括到期日）都可执行的期权叫做**美式期权**（American option），只能在到期日执行的期权叫做**欧式期权**（European option）。

为举例说明基本的期权合约，我们假设杰克花了 3 美元（期权价格）购买了一份看涨期权，期权合约的条款如下：

1. 标的资产为一单位 XYZ 资产。
2. 执行价格为 100 美元。
3. 到期日为三个月，可在到期日前任一时点（包括到期日）执行（也就是说该期权是美式期权）。

在到期日前任一时点（包括到期日），杰克可以选择以 100 美元从期权卖方那里买入一单位 XYZ 资产。如果执行期权对杰克没有好处，他就不会执行该期权。稍后我们会分析当执行期权对杰克有好处时，他将作出怎样的决定。不管杰克是否执行该期权，他都要支付 3 美元给期权的卖方。如果杰克买入的是看跌期权而不是看涨期权，那么他就可以按照 100 美元的价格将一单位 XYZ 资产卖给期权的卖方。

期权买方可能损失的最大金额就是期权的价格，期权卖方可能获取的最大收益也是期权价格。期权买方的潜在收益无限大，而期权卖方的潜在损失无限大。在本章的后面部分，我们将讨论期权头寸的风险与收益之间的关系。

保证金要求

期权买方全额支付了期权费以后，对他就不再有保证金要求。由于投资者可能遭受的最大损失就是支付的期权价格，因此不管标的资产的价格会发生多大幅度的不利变动，期权的买方都没有必要交保证金。由于期权的卖方已同意承担期权标的资产头寸的全部风险，所以通常要求期权的卖方将获得的期权费作为履约的保证金。另外，一旦价格的变动对期权卖方持有的头寸造成不利影响，则期权的卖方还需另外缴纳保证金（也有例外），因为期权卖方手里持有的头寸也要遵守逐日盯市制度。

交易所交易与场外交易期权

与其他金融工具一样，期权可在有组织的交易所里进行交易，也可在场外进行交易。若某个交易所打算创造期权合同，首先必须征得商品期货交易委员会（Commodities Futures Trading Commission，CFTC）或证券交易委员会的同意。[①]交易所交易的期权有三个优点：第一，合约的执行价格与到期日实现了标准化。第二，和期货合约一样，由于交易所交易的期权具有可替换性，委托交易指令被执行后，买方和卖方的直接联系被切断。在期权交易中，与交易所相关的清算所的功能与其在期货市场中的功能一样。因此，交易所交易的期权产品实现了交易对手风险的最小化。第三，交易所交易的期权产品的交易成本要低于场外交易的期权产品。

场外交易的期权产品的成本较高，这反映了在很多情况下为机构投资者量身定做它们所需要的期权而产生的成本，因为标准化的交易所交易的期权不能满足这些投资者的需要。正如我们在第3章和第5章里讲过的那样，一些商业银行和投资银行在场外期权市场上同时扮演着交易商和经纪人的角色。场外交易期权有时被称为**交易商期权**（dealer option）。虽然场外交易期权的流动性不如交易所期权，但这并不是机构投资者关心的问题。大部分机构投资者是把场外交易期权当做它们资产/负债管理策略的一个组成部分，会一直持有至到期日。

期权合约与期货合约的区别

请注意，与期货合约不同的是，期权合约的一方没有交易的义务。具体地说，期权的买方有权利但无义务去交易。而期权的卖方有义务履行合约。在期货合约下，买卖双方均有履行合约的义务。当然，期货合约的买方并不付款给卖方使其承担义务，期权的买方要向期权的卖方支付期权费来获得权利。

因此，两种合约的风险/收益特性也有所不同。在期货合约下，当期货合约价格上升时，合约的买方会实现一美元对一美元的收益，当期货合约价格下降时，合约的买方会遭受一美元对一美元的损失。对期货合约的卖方情况则刚好相反。但是，期权没有这种对称的风险/收益关系。期权买方的最大损失额不过是其支付的期权价格，而其潜在收益理论上是无限大的，不过计算收益时要扣除掉支付的期权费；期权卖方可实现的最大收益就是期权的价格，但是面临的潜在损失风险却是无限大的。这个区别十分重要，因为正如我们会在后面的其他章节里看到的那样，投资者可以利用期货防范对称的风险，利用期权防范不对称的风险。

在本章的最后，我们会分析期权与期货在套期保值交易方面的区别。

---

① 根据商品期货交易委员会和证券交易委员会之间达成的协议以及国会的一项法案，期货期权产品主要由前者监管。

期权的风险与收益特征

现在，我们举例说明四种基本期权头寸的风险收益特征——买入看涨期权、卖出看涨期权、买入看跌期权和卖出看跌期权。我们假设每一种期权头寸均持有至到期日，且不会提前执行；同时，为了简单起见，我们忽略了交易成本。

买入看涨期权

买入看涨期权所创造的金融头寸被称为**多头看涨期权**（long call position）。例如，假设资产 XYZ 的看涨期权一个月后到期，执行价格为 100 美元，期权的价格为 3 美元，资产 XYZ 的现货价格为 100 美元。那么，投资者购买这项看涨期权并持有至到期日的收益或损失应当是多少呢？

这一投资策略的损益情况要取决于到期日时资产 XYZ 的价格，可能会出现以下几种结果：

1. 如果在到期日资产 XYZ 的现货价格低于 100 美元，那么投资者不会执行期权。当投资者能在市场上以低于 100 美元的价格买到资产 XYZ 时，他不会愚蠢地按照 100 美元的价格与期权卖方进行交易。在本例中，期权买方损失了全部 3 美元的期权费。但是，大家应当注意到，不管资产 XYZ 的市场价格跌到多么低的位置，期权买方的最大损失额也只有 3 美元。

2. 如果在到期日资产 XYZ 的现货价格等于 100 美元，那么执行期权也没有什么经济价值，与现货价格低于 100 美元的结果是一样的，期权买方会损失掉全部 3 美元的期权价格。

3. 如果在到期日资产 XYZ 的现货价格大于 100 美元但低于 103 美元，则期权买方会执行期权。期权买方可以按照 100 美元的价格（执行价格）购买资产 XYZ，然后在市场上以较高的价格卖出。假设在到期日资产 XYZ 的现货价格为 102 美元，则执行期权后，期权的买方可以获得 2 美元的收益，同时购买这个看涨期权的成本是 3 美元，所以该期权头寸的损失是为 1 美元。如果不执行期权，那么投资者会损失 3 美元而非 1 美元。

4. 如果在到期日资产 XYZ 的现货市场价格等于 103 美元，那么投资者会选择执行期权。在这种情况下，投资者将会盈亏平衡，执行期权获得的 3 美元收益抵消了 3 美元的期权成本。

5. 如果在到期日资产 XYZ 的现货价格高于 103 美元，那么投资者会执行期权并获得收益。例如，假设资产的现货价格为 113 美元，执行期权可获得 13 美元的盈利，扣除掉 3 美元的期权成本，则投资者可以获得 10 美元的净利润。

表 11—1 显示了上面这个例子里买入看涨期权的盈亏情况，而图 11—1 则是用曲线形式反映了各种情况下不同的投资结果。即使盈亏平衡点与具体的损失额要取决于期权的价格和执行价格，图 11—1 也适用于所有看涨期权的买方。该曲线的形状说明看涨期权买方的最大损失额是期权价格，但潜在的盈利却是无限大的。

表 11—1   **买入看涨期权的损益情况**

假设：

期权价格＝3 美元

执行价格＝100 美元

距离到期日的时间＝1 个月

资产 XYZ 在到期日的价格（美元）	净收益/损失（美元）
150	47
140	37
130	27
120	17
115	12
114	11
113	10
112	9
111	8
110	7
109	6
108	5
107	4
106	3
105	2
104	1
103	0
102	−1
101	−2
100	−3
99	−3
98	−3
97	−3
96	−3
95	−3
94	−3
93	−3
92	−3
91	−3
90	−3
89	−3
88	−3
87	−3
86	−3
85	−3
80	−3
70	−3
60	−3

注：净收益/损失＝资产 XYZ 在到期日的价格－100 美元－3 美元
最大损失额＝3 美元

在这里，我们有必要对买入看涨期权和持有一单位资产 XYZ 多头头寸的损益情况进行比较分析。头寸的损益取决于到期日时资产 XYZ 的现货价格。再次考虑上面提到的五种情况：

1. 如果在到期日资产 XYZ 的现货价格低于 100 美元，则投资者的损失额等于期权价格 3 美元。相应地，持有资产 XYZ 多头头寸可能会呈现下列三种结果：

　　a. 如果资产 XYZ 的现货价格低于 100 美元但高于 97 美元，则持有资产 XYZ 多头的损失要小于 3 美元。

　　b. 如果资产 XYZ 的现货价格为 97 美元，则持有资产 XYZ 多头的损失为 3 美元。

　　c. 如果资产 XYZ 的现货价格低于 97 美元，则持有资产 XYZ 多头的损失会大于 3 美元。例如，如果在到期日资产 XYZ 的价格为 80 美元，则持有资产 XYZ 多头的损失额为 20 美元。

2. 如果资产 XYZ 的现货价格等于 100 美元，则期权的买方会损失 3 美元（期权价格），持有资产 XYZ 多头头寸既无损失也无收益。

3. 如果资产 XYZ 的现货价格高于 100 美元但低于 103 美元，则期权买方的损失小于 3 美元，持有资产 XYZ 多头头寸能够获得收益。

4. 如果资产 XYZ 的价格在到期日等于 103，买入看涨期权既无损失也无收益，而资产 XYZ 多头头寸能产生 3 美元的收益。

5. 如果资产 XYZ 的现货价格在到期日大于 103 美元，则看涨期权的买方和多头头寸都会获得收益，但是看涨期权买方获得的收益要比多头头寸的收益少。例如，如果资产 XYZ 的现货价格是 113 美元，则买入期权的收益为 10 美元，而多头头寸的收益为 13 美元。

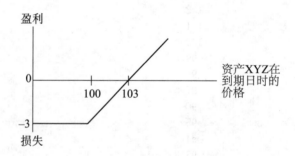

图 11—1　多头看涨期权的损益情况

表 11—2 对比分析了资产 XYZ 的多头看涨期权与多头头寸的盈亏状况。这一对比清楚地说明了期权以何种方式改变投资者的损益曲线。资产 XYZ 的价格每上涨 1 美元，持有多头头寸的投资者就会获得 1 美元的收益；但是，随着资产 XYZ 价格的下降，投资者也会遭受相应的损失。如果资产 XYZ 的价格的跌幅超过了 3 美元，那么多头头寸的损失额将超过 3 美元。然而，买入看涨期权的策略可以使得投资者的损失仅仅限于 3 美元的期权价格，与此同时还保留了价格上涨的潜在收益。这一潜在收益要比多头头寸少 3 美元。

购买看涨期权还是直接购买资产，哪种投资策略更好一些呢？答案要取决于投资者想达到什么样的投资目的。在以后的章节里，我们会逐一解释使用期权头寸和现货市场头寸的各种投资策略，到时候这个问题的答案会变得更加明朗化。

我们也能利用这个假设的看涨期权的例子来说明期权的投机特性。假设投资者预期资产 XYZ 的价格会在一个月以后上涨。于是，投机者可以用 100 美元买入

33.33 份期权费为 3 美元的看涨期权。如果资产 XYZ 的市场价格上涨，则投资者可以获得 33.33 单位 XYZ 资产升值的好处。但是，用同样的 100 美元，投资者只能直接购买一单位的 XYZ 资产（售价为 100 美元），因此也就只能获得一单位 XYZ 资产升值的好处。现在，假设一个月后资产 XYZ 的市场价格上涨到 120 美元，则用 100 美元买入 33.33 份看涨期权的投资者可以获得 566.50 美元［（20×33.33）－100］的收益，即收益率为 566.5%。持有资产 XYZ 多头头寸的投资者可以获得 20 美元的收益，收益率仅为 20%。

如此明显的杠杆效应吸引了众多希望从市场价格的波动过程中投机获利的投资者选择期权产品。不过，高杠杆率也存在着一些缺陷，假设在到期日资产 XYZ 的市场价格没有变化，仍然为 100 美元，则买入看涨期权的投资者会将投资金额 100 美元全部损失掉，而直接持有资产 XYZ 多头头寸的投资者既无损失也无收益。

表 11—2 　　　　　　　　　　　多头看涨期权与多头资产头寸的比较

假设：
资产 XYZ 的价格＝100 美元
期权价格＝3 美元
执行价格＝100 美元
距离到期日的时间＝1 个月

资产 XYZ 在到期日的价格 （美元）	净收益/损失（美元）	
	期权多头	资产 XYZ 多头
150	47	50
140	37	40
130	27	30
120	17	20
115	12	15
114	11	14
113	10	13
112	9	12
111	8	11
110	7	10
109	6	9
108	5	8
107	4	7
106	3	6
105	2	5
104	1	4
103	0	3
102	－1	2
101	－2	1
100	－3	0
99	－3	－1
98	－3	－2
97	－3	－3
96	－3	－4
95	－3	－5
94	－3	－6

资产 XYZ 在到期日的价格（美元）	净收益/损失（美元）	
	期权多头	资产 XYZ 多头
93	−3	−7
92	−3	−8
91	−3	−9
90	−3	−10
89	−3	−11
88	−3	−12
87	−3	−13
86	−3	−14
85	−3	−15
80	−3	−20
70	−3	−30
60	−3	−40

卖出看涨期权

看涨期权的卖方被认为是持有**空头看涨期权**（short call position）。为了说明期权卖方的头寸状况，我们使用和买入看涨期权一样的期权。空头看涨期权（即看涨期权卖方）的损益情况与多头看涨期权（即看涨期权买方）的损益情况刚好呈镜像对称。也就是说，对于到期日资产 XYZ 的任意一种市场价格，空头看涨期权的收益都等于多头看涨期权的损失。因此，空头看涨期权的最大收益就是期权价格，而最大损失是无限的，因为最大损失等于到期日前或到期日时资产 XYZ 的最高市场价格减去期权的价格，而资产 XYZ 的最高市场价格可能是无穷大。图11—2 显示了空头看涨期权的损益状况。

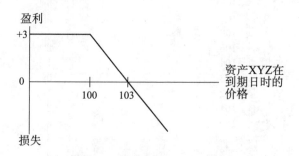

图 11—2 空头看涨期权的损益情况

买入看跌期权

买入看跌期权所创造的金融头寸被称为**多头看跌期权**（long put position）。为举例说明，我们假设以一单位 XYZ 资产为标的物的看跌期权一个月后到期，执行价格是 100 美元，期权价格是 2 美元，资产 XYZ 的现货价格为 100 美元。该头寸在到期日的收益或损失取决于当天资产 XYZ 的市场价格。可能的结果如下：

1. 如果资产 XYZ 的价格大于 100 美元，则看跌期权的买方不会执行期权，因为执行期权意味着要把资产 XYZ 以低于市场价的价格卖给期权的卖方。在本例中，买入看跌期权要支付 2 美元的期权费。同样地，期权价格代表了看跌期权买方可能遭受的最大损失。

2. 如果在到期日资产 XYZ 的市场价格正好是 100 美元，则期权不会被执行，期权买方的损失等于 2 美元。

3. 资产 XYZ 的价格低于 100 美元，但高于 98 美元，这会给期权的买方带来损失，但是执行期权可以使损失被限制在 2 美元以内。例如，假设到期日时资产 XYZ 的市场价格是 99 美元，则执行期权后，期权买方的损失为 1 美元。这是因为投资者可以在市场上以 99 美元的价格买入资产 XYZ，然后再以 100 美元的价格卖给期权的卖方。其间的收益是 1 美元，再减去 2 美元的期权价格，最后投资者的净损失额为 1 美元。

4. 如果在到期日资产 XYZ 的市场价格为 98 美元，则期权买方盈亏平衡，投资者可以按照 100 美元的价格把资产 XYZ 卖给期权的卖方，用实现的 2 美元收益抵消期权费。

5. 如果在到期日资产 XYZ 的市场价格低于 98 美元，则持有多头看跌期权的投资者会获利。例如，我们假设资产 XYZ 的市场价格跌至 80 美元，则投资者的收益为 18 美元：执行看跌期权获得的 20 美元收益减去 2 美元的期权价格。

看跌期权的损益情况可见表 11—3 的第二列和图 11—3 的曲线形状。和多头看涨期权一样，投资者的损失被限制在期权价格以内，但是盈利的潜力是无限大的：如果资产 XYZ 的市场价格降至零，就可获得理论上的最大收益。与多头看涨期权的盈利潜力相比较，我们可以看出，看跌期权买方的盈利潜力要取决于到期日或到期日之前资产 XYZ 能达到的最高市场价格，所以事先无法确定。

表 11—3　　　　　　　　多头看跌期权的损益情况以及与空头资产的比较

假设：

资产 XYZ 的价格＝100 美元

期权价格＝2 美元

执行价格＝100 美元

距离到期日的时间＝1 个月

资产 XYZ 在到期日的价格 （美元）	净收益/损失（美元）	
	多头看跌期权[a]	空头资产 XYZ[b]
150	—2	—50
140	—2	—40
130	—2	—30

资产 XYZ 在到期日的价格 （美元）	净收益/损失（美元）	
	多头看跌期权[a]	空头资产 XYZ[b]
120	−2	−20
115	−2	−15
110	−2	−10
105	−2	−5
100	−2	0
99	−1	1
98	0	2
97	1	3
96	2	4
95	3	5
94	4	6
93	5	7
92	6	8
91	7	9
90	8	10
89	9	11
88	10	12
87	11	13
86	12	14
85	13	15
84	14	16
83	15	17
82	16	18
81	17	19
80	18	20
75	23	25
70	28	30
65	33	35
60	38	40

a. 100 美元－到期日时资产 XYZ 的市场价格－2 美元
最大损失额＝2 美元
b. 100 美元－资产 XYZ 的市场价格

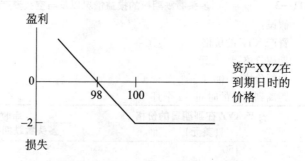

图 11—3　多头看跌期权的损益情况

为了了解期权如何改变投资者风险/收益的对比情况，我们再次用期权头寸与资产 XYZ 头寸做一比较。我们之所以选择将多头看跌期权和空头资产 XYZ 进行比较，是因为资产价格下降都会给二者带来收益。假设投资者卖空资产 XYZ 获得了 100 美元收入。于是，空头头寸的损益和多头看跌期权的损益之间的比较如下：

1. 如果资产 XYZ 的市场价格升到 100 美元以上，则多头看跌期权会蒙受损失 2 美元。不过，空头资产 XYZ 的损益情况有以下几种可能：

　　a. 如果资产 XYZ 的市场价格低于 102 美元，则损失小于 2 美元；

　　b. 如果资产 XYZ 的市场价格等于 102 美元，则与看跌期权一样，投资者的损失为 2 美元；

　　c. 如果资产 XYZ 的市场价格高于 102 美元，则投资者的损失会大于 2 美元。例如，如果资产 XYZ 的市场价格为 125 美元，则空头头寸的损失就为 25 美元，因为卖空者必须要为他在 100 美元的价位卖空的资产 XYZ 支付 125 美元才能买回来。

2. 如果在到期日资产 XYZ 的市场价格等于 100 美元，则多头看跌期权的损失为 2 美元，而资产 XYZ 的空头头寸既无损失也无收益。

3. 资产 XYZ 的价格低于 100 美元，但高于 98 美元，此时多头看跌期权会面临损失，空头头寸却能给投资者带来收益。例如，在到期日，资产 XYZ 的市场价格为 99 美元，这会使得多头看跌期权损失 1 美元，使空头头寸获利 1 美元。

4. 如果在到期日资产 XYZ 的市场价格为 98 美元，则多头看跌期权可以实现盈亏平衡，而资产 XYZ 的空头头寸能带来 2 美元的收益。

5. 如果在到期日资产 XYZ 的市场价格低于 98 美元，则两种头寸都能产生收益，但是多头看跌期权的收益总是比空头头寸的收益少 2 美元。

表 11—3 比较了资产 XYZ 多头看跌期权与资产空头头寸的损益情况。卖空资产 XYZ 的投资者既面临资产价格无限下跌的巨大风险，同时也拥有价格无限上涨的获利潜力。但是，买入看跌期权可以把价格下跌的风险仅限制在期权费的范围内，与此同时仍能保持无限大的获利潜力（要减去期权费这个成本）。

卖出看跌期权

卖出看跌期权所创造的金融头寸被称为**空头看跌期权**（short put position），其损益情况与多头看跌期权正好呈镜像对称。这种头寸能获得的最大利润就是期权价格，如果标的资产的市场价格下降，那么在理论上这种头寸会给投资者带来无限大的损失。如果价格一路下跌到零，那么损失额就等于执行价格减去期权价格。图 11—4 显示了卖出看跌期权的损益情况。

总之，如果标的资产的市场价格上涨，买入看涨期权和卖出看跌期权就会获利；反之，如果标的资产的市场价格下跌，卖出看涨期权和买入看跌期权就会获利。

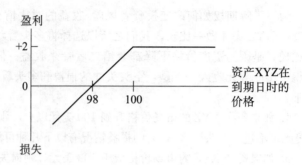

图 11—4 空头看跌期权的损益情况

考虑资金的时间价值

我们对四种期权头寸的分析均未考虑资金的时间价值。说得具体一点，期权的买方在购买期权时必须向卖方支付期权费。因此，买方必须为了有钱购买期权而向别人借款，即使不用借款，买方也仍然丧失了从购买期权到卖出或执行期权这段期间内用期权费这笔相应的资金进行其他投资可以获得的收入。相应地，如果期权卖方不必用期权费作为期权空头头寸的保证金，或者是可以用其他生息资产作为担保，那么卖方就有机会利用卖出期权获得的期权费来赚取投资收入。

资金的时间价值改变了前面我们讨论过的期权头寸的损益情况。此时，期权买卖双方的盈亏平衡价格与之前描述的不一样。在到期日那一天，对看涨期权的买方（卖方）来说，标的资产的盈亏平衡价格会变得更高（更低）一些。对看跌期权则刚好相反。

我们在对期权头寸和标的工具进行对比时也忽略了资金的时间价值，没有考虑标的资产可能会产生中期现金流（普通股的股息或债券支付的利息）。看涨期权的买方无权获得标的资产所产生的中期现金流。但是，直接购买标的资产的投资者不但可以获得这些中期现金流，而且还有机会将这些收入用于再投资。要想完整地比较看涨期权的多头头寸与标的资产多头头寸的损益情况，我们必须考虑中期现金流再投资所产生的收益。另外，我们还必须考虑现金分配对标的资产市场价格产生的影响。例如标的资产是普通股的话，则普通股的市场价格会因为支付了股利而下跌。但是为了简单起见，在下面的讨论中，我们还是要继续忽略资金的时间价值。

期权的定价

到目前为止，我们的讨论只是简单地把期权价格视为给定的值，接下来我们要问的问题就是：市场上的期权价格是如何确定的呢？

期权价格的基本组成部分

期权价格反映的是期权的内在价值以及超出内在价值以上的其他附加价值。超过内在价值的溢价部分通常被称为**时间价值**（time value）或**时间溢价**（time premium）。虽然前面这个说法更为常用，但是为了避免资金的时间价值与期权的时间价值这两个概念发生混淆，我们选择使用时间溢价这个词。

内在价值

期权的**内在价值**（intrinsic value）是期权立即执行后所产生的经济价值。如果立即执行期权不能给期权的所有者带来正的经济价值，则这时期权的内在价值为零。

看涨期权的内在价值是标的资产的现货价格与执行价格间的差额（如果该差额为正数），否则为零。例如，如果看涨期权的执行价格为100美元，标的资产的现货价格是105美元，那么该看涨期权的内在价值就等于5美元。这就是说，期权的买方在执行期权的同时卖出标的资产，可以获得105美元的资产出售收入；然后再扣除从期权卖方那里购买该标的资产时所支付的100美元，净利润为5美元。

如果期权的内在价值大于零，那我们就说这样的期权是"实值期权"（in the money）；如果看涨期权的执行价格超过了标的资产的现货价格，那么我们就说这样的期权是"虚值期权"（out of the money），没有内在价值；如果期权的执行价格等于资产的现货价格，则我们把这样的期权叫做"平值期权"（at the money）。因为立即执行期权无法获得任何盈利，所以虚值期权和平值期权的内在价值都为零。对于执行价格是100美元的看涨期权来说，（1）如果标的资产的现货价格大于100美元，则该期权为实值期权；（2）如果标的资产的现货价格小于100美元，则该期权为虚值期权；（3）如果标的资产的现货价格正好等于100美元，则该期权为平值期权。

看跌期权的内在价值等于标的资产的现货价格低于执行价格的部分。例如，如果看跌期权的执行价格是100美元，标的资产的现货价格为92美元，则期权的内在价值就等于8美元，即看跌期权的买方执行期权卖出标的资产可以获得8美元的净利润——期权的买方执行期权按照100美元的价格把标的资产卖给期权的卖方，同时在市场上以92美元的价格购入标的资产。对于执行价格是100美元的看跌期权来说，（1）当标的资产的价格低于100美元时，该期权为实值期权；（2）当标的资产的现货价格大于执行价格时，则该期权为虚值期权；（3）当标的资产的现货价格等于执行价格时，则该期权为平值期权。

时间溢价

期权的时间溢价等于期权价格超过内在价值的部分。期权的买方希望在到期日前，标的资产现货价格的变化可以增加期权的行权价值（value of the rights conveyed）。基于这一点，期权的买方愿意支付期权价格中超过内在价值的溢价部分。例如，当标的资产的现货价格为105美元时，如果某一执行价格为100美元的看涨期权的期权价格是9美元，那么此时该看涨期权的时间溢价即为4美元（9美元减去内在价值5美元）。一旦标的资产的现货价格变为90美元，那么这个看涨期权的时间溢价就等于期权价格，即9美元，因为此时该期权的内在价值已为零。很明显，在其他条件相同的情况下，距离到期日越远，期权的时间溢价越大。

期权的买方可以采取下列两种途径之一来实现期权头寸的价值：第一种是执行期权；第二种是直接按照9美元的价格卖出期权。在上面第一个例子中，卖出期权对期权的买方来说更有利，因为执行期权只能得到5美元的收益，这会导致期权的时间溢价全部被损失掉。有些情况下期权的买方可以在到期日前执行期权，这取决于持有期权至到期日获得的全部收益与执行期权并将获得的所有收益进行再投资直到到期日的全部收益相比，哪个更大一些。

看跌—看涨平价关系

如果一个看涨期权和一个看跌期权的标的资产相同，执行价格相同，到期日也相同，那么这两个期权产品的价格之间是否存在某种关系？答案是肯定的。这种关系通常被称为**看跌—看涨平价关系**（put-call parity relationship）。我们用下面这个例子来说明。

在以前的例子中，我们分别提到了具有相同的标的资产（资产XYZ）、一个月到期、执行价格为100美元的看涨期权和看跌期权。现在假设标的资产的价格100美元，看涨期权和看跌期权的价格分别为3美元和2美元。使用下面这种交易策略：

- 按照100美元的价格买入资产XYZ。
- 按照3美元的价格卖出一个看涨期权。
- 按照2美元的价格买入一个看跌期权。

这个策略创造的头寸如下：

- 多头资产XYZ。
- 空头看涨期权。
- 多头看跌期权。

表11—4列出了这一交易策略在到期日的损益情况，无论到期日那一天资产XYZ的价格是多少，这个交易策略都能产生1美元的净利润。

表11—4　多头资产XYZ、空头看涨期权和多头看跌期权组合在一起的交易策略的损益情况

假设：

资产XYZ的价格＝100美元

看涨期权的价格＝3美元

看跌期权的价格＝2美元

期权的执行价格＝100美元

距离到期日的时间＝1个月

资产XYZ在到期日的价格（美元）	来自资产XYZ的利润[a]（美元）	看涨期权的价格（美元）	看跌期权的价格（美元）	总收益（美元）
150	0	3	－2	1
140	0	3	－2	1
130	0	3	－2	1
120	0	3	－2	1
115	0	3	－2	1
110	0	3	－2	1

续前表

资产 XYZ 在到期日的价格（美元）	来自资产 XYZ的利润ᵃ（美元）	看涨期权的价格（美元）	看跌期权的价格（美元）	总收益（美元）
105	0	3	—2	1
100	0	3	—2	1
95	0	3	—2	1
90	0	3	—2	1
85	0	3	—2	1
80	0	3	—2	1
75	0	3	—2	1
70	0	3	—2	1
65	0	3	—2	1
60	0	3	—2	1

a. 没有利润是因为当价格涨到 100 美元以上时，投资者会执行看涨期权，以 100 美元的价格买入资产 XYZ；当价格跌至 100 美元以下时，投资者会执行看跌期权，以 100 美元的价格卖出资产 XYZ。

创造这个头寸的净成本等于 99 美元*，即购买资产 XYZ 的成本（100 美元）再加上购买看跌期权的成本（2 美元）减去卖出看涨期权的收入（3 美元）。假设创造这种一个月头寸的净成本小于 1 美元，那么投资者不会使用自己的自有资金而是直接借入 99 美元创造这个头寸。投资者采用上述交易策略可以获得 1 美元的收益（如表 11—4 中最后一列所示），再减去借入 99 美元的成本（假设该成本小于 1 美元），故投资者仍可获得大于零的净利润。在有效率的市场上，这种情况是不可能存在的。在使用这个交易策略获取 1 美元利润的时候，市场参与者的共同行为会导致下列一种或几种结果的出现，从而使得投资者获得 1 美元净利润的设想化为泡影：（1）资产 XYZ 的市场价格上升；（2）看涨期权的价格下降；（3）看跌期权的价格上升。

在我们的例子中，假设资产 XYZ 的市场价格不变，则看涨期权和看跌期权的价格必然会趋向于相等。不过，这个结论只有当我们忽略资金的时间价值（融资成本、机会成本、现金支付、再投资收入）时才是正确的。而且，我们的例子也没有考虑提前执行期权的可能性。因此，我们提出的看跌—看涨平价关系仅适用于欧式期权。

对于标的资产发放现金红利的期权产品，其看跌—看涨平价关系可表示如下：

看跌期权的价格—看涨期权的价格 ＝
执行价格的现值＋现金红利的现值—标的资产的价格

这个关系式实际上是欧式期权的看跌—看涨平价关系，不过对美式期权来说，上式也近似正确。如果不符合这个关系，那么市场上便存在套利的机会。也就是说，市场上存在资产的多头和空头与相关的期权结合在一起的投资组合，这样的投资组合肯定能给投资者带来超额收益。

影响期权价格的因素

影响期权价格的因素有六个：

---

* 原文为 101 美元，疑有误，故作此修改，本段相应数字也作此修改。——译者注

1. 标的资产的现货价格；

2. 执行价格；

3. 距离期权到期日的时间；

4. 期权有效期内标的资产价格的预期波动性；

5. 期权有效期内的短期无风险利率；

6. 期权有效期内标的资产预期会产生的现金红利收入。

每一因素对期权价格的影响程度要看该期权是看涨期权还是看跌期权，是美式期权还是欧式期权。表11—5总结了每一因素对看跌期权和看涨期权的价格的影响。

标的资产的现货价格

期权的价格随着标的资产价格的变化而变化。对看涨期权来说，标的资产的价格上升（其他条件不变，特别是执行价格不变），期权的价格也随之上升。对看跌期权则正好相反：标的资产的价格上升，看跌期权的价格下降。

表 11—5   **影响期权价格的因素**

因素	该因素上升的影响结果	
	看涨期权的价格	看跌期权的价格
标的资产的价格	上升	下降
执行价格	下降	上升
距离到期日的时间	上升	上升
预期价格波动性	上升	上升
短期利率	上升	下降
预期的现金红利	下降	上升

执行价格

执行价格在期权期内是固定的。其他条件不变，执行价格越低，看涨期权的价格就越高。对看跌期权来说，执行价格越高，看跌期权的价格就越高。

距离期权到期日的时间

期权是"价值正在慢慢消耗"的资产。也就是说，到期后期权将没有任何价值。其他条件不变，距离到期日的时间越长，期权的价格越高。因为随着距离到期日时间的缩短，留给标的资产市场价格上升（看涨期权）或下降（看跌期权）的时间就越短——即补偿期权买方支付的时间溢价的时间就越短——因而价格向有利方向变动的可能性会下降。所以，美式期权随着到期日的临近，期权的价格趋向于其内在价值。

期权有效期内标的资产的预期价格波动性

其他因素不变，标的资产预期的价格波动性（由标准差或方差来衡量）越大，投资者愿意支付的期权价格就越高，期权卖方报出的期权价格也会越高。因为标的资产的价格波动性越大，在到期日前，标的资产的价格朝着对期权买方有利的方向运动的可能性就越大。

注意，上面说的是标准差或方差，而不是系统风险（由贝塔值来表示[①]）与期权定价有关。

---

① 我们在第9章里介绍了贝塔值。

期权有效期内的短期无风险利率

购买标的资产会冻结投资者的投资资金。在无风险利率条件下，购买代表相同数量标的资产的期权所支付的价格与直接购买标的资产要支付的价格之间差别较大。因而，其他因素不变，短期无风险利率越高，购买标的资产并持有至到期日的成本就越大。所以，短期无风险利率越高，相对于直接购买标的资产而言，期权的吸引力就越大。因此，短期无风险利率越高，看涨期权的价格越高。

期权有效期内标的资产预期支付的现金红利

标的资产现金红利的支付会降低看涨期权的价格，这是因为现金红利的支付会使得持有标的资产比持有期权更有吸引力。对看跌期权来说，如果标的资产支付现金红利，则看跌期权的价格会因此被抬高。

期权定价模型

我们在第 10 章解释了理论期货价格可以在套利理论的基础上推导得出，同样地，期权价格的理论边界条件也可以通过套利理论导出。例如，根据套利理论，美式看涨期权的最低价格就等于其内在价值：

看涨期权的价格≥Max(0，资产的市场价格－执行价格)

这个表达式说明看涨期权的价格大于或等于标的资产的市场价格与执行价格的差额（即内在价值）和零之间的较大者。

利用套利理论，并对资产的现金红利分配作出一定的假设，我们可以"收紧"期权价格的边界条件。[①] 在极端情况下，我们可以利用一系列假设条件导出一个单一的理论价格，而不是一个范围。下面我们会看到，推导期权的理论价格要比推导期货的理论价格复杂得多，因为期权的价格要依赖于期权有效期内标的资产的预期价格波动性。

推导期权理论价格的模型有几个，其中最著名的是费希尔·布莱克（Fischer Black）和迈伦·斯科尔斯（Myron Scholes）于 1973 年提出的欧式期权定价模型。[②] 后来，他们的模型又得到了进一步的修正。我们将在第 15 章讨论布莱克-斯科尔斯模型及其假设，现在我们先使用另外一种期权定价模型——二项式定价模型——来看一下如何使用套利理论推导看涨期权的公平价格。

从根本上说，套利理论的核心理念是如果看涨期权的盈亏曲线可以通过购买看涨期权的标的资产并借入资金的交易策略复制，那么看涨期权的价格就是（最多是）创造这个复制策略的成本。

推导二项式期权定价模型

为了推导一个考察期（即一期）内的看涨期权二项式定价模型，我们从构造

---

① 参见 John C. Cox and Mark Rubenstein, *Option Markets* (Upper Saddle River, NJ: Prentice Hall, 1985), Chapter 4。

② Fischer Black and Myron Scholes, "The Pricing of Corporate Liabilities," *Journal of Politics Economy* (May/June 1973), pp. 637 – 659.

一个投资组合开始。这个投资组合包括：（1）一定数量资产的多头头寸；（2）标的资产看涨期权空头头寸。标的资产的购入数量要使得该多头头寸能够给看涨期权空头头寸提供足够强的套期保值保护，足以抵御资产价格在到期日的波动风险。也就是说，由资产的多头头寸和看涨期权的空头头寸组成的投资组合能构建出一个无风险利率的环境。这种结构的投资组合被称为被套期保值的投资组合（hedged portfolio）。

为举例说明，我们假设某一资产目前的市场价格为 80 美元，一年后资产的未来价格只有下列两种可能：

状态	价格
1	100 美元
2	70 美元

进一步假设以该资产为标的物的看涨期权一年后到期，执行价格是 80 美元（与现行的市场价格相等）。假设投资者用买入 2/3 单位的资产和卖出一个看涨期权组成了一个被套期保值的投资组合。一单位资产的 2/3 就是所谓的套期保值比率（hedge ratio，以后再解释如何推导套期保值比率）。接下来，我们考虑一下这个被套期保值的投资组合对应于该资产的两种可能结果的盈亏情况。

如果一年后资产的价格是 100 美元，则看涨期权的买方会执行期权，这意味卖出看涨期权的投资者必须按照执行价格 80 美元将一单位的资产出售给买方。由于投资者手中只有 2/3 单位的资产，所以他不得不花费 33.33 美元（市场价格 100 美元乘以 1/3）再购买 1/3 单位的资产，则投资者的最终盈亏情况等于获得的执行价格 80 美元减去购买 1/3 单位资产的成本 33.33 美元，再加上投资者最初卖出看涨期权的价格，即：

$$80-33.33+看涨期权的价格 = 46.67+看涨期权的价格$$

如果一年后资产的市场价格是 70 美元，则期权的买方不会执行期权。结果，投资者拥有 2/3 单位的资产，当市场价格为 70 美元时，2/3 单位资产的价值是 46.67 美元。于是，卖出看涨期权的投资者的最终盈亏状况是资产的价值再加上投资者最初卖出看涨期权的价格，即也等于 46.67 美元加上看涨期权的价格。

很明显，给定资产的价格，由看涨期权空头和 2/3 单位资产组成的投资组合规避了价格变动的风险，所以这一被套期保值的组合是无风险的。而且，不管看涨期权的价格是多少，这一点都是成立的，因为期权的价格只影响最终盈利结果的大小。

推导套期保值比率

为了说明套期保值比率的推导过程，我们用下列符号指代：

S＝资产目前的价格

u＝1 加上资产价格变动的百分比（若价格在下一时期上升）

d＝1 加上资产价格变动的百分比（若价格在下一时期下降）

r＝一个考察期内的无风险利率（一直持续到到期日的无风险利率）

C＝看涨期权目前的价格

C_u＝若资产价格上升，看涨期权的内在价值

C_d＝若资产价格下降，看涨期权的内在价值

E＝看涨期权的执行价格

H＝套期保值比率，即每卖出一份看涨期权所对应买入的资产数量

在我们的第一个例子中，u，d 和 H 的值分别是：

u＝1.250（＝100/80）

d＝0.875（＝70/80）

H＝2/3

在分析过程中，状态 1 表示资产价格上升，状态 2 表示资产价格下降。

被套期保值的投资组合的投资额等于购买 H 数量的资产的成本减去卖出看涨期权的收入。因此，由于投资在资产上的资金额等于 HS，所以被套期保值的投资组合的成本是 $HS-C$。

在第一时期末，被套期保值的投资组合的收入等于购买的 H 数量资产的价值减去看涨期权的价格，被套期保值的投资组合在两种可能状态下的盈亏情况为：

如果资产价格上升：

$$uHS-C_u$$

如果资产价格下降：

$$dHS-C_d$$

把前面列出的值代入：

如果资产价格上升：

$$1.250H80-C_u$$

或者

$$100H-C_u$$

如果资产价格下降

$$0.875H80-C_d$$

或者

$$70H-C_d$$

不管最终现实是哪一种状态，我们都希望被套期保值的投资组合的盈亏曲线都是一样的，即我们希望：

$$uHS-C_u=dHS-C_d \tag{11.1}$$

解方程（11.1），我们可以求出 H 的表达式：

$$H=\frac{C_u-C_d}{(u-d)S} \tag{11.2}$$

要想求出套期保值比率 H 的值，我们必须知道 C_u 和 C_d 的值是多少。这两个值等于资产价格与执行价格的差额。当然，看涨期权的最小价值为 0。用数学公式

表达如下：

如果资产的价格上升：

$$C_u = \text{Max} [0, (uS-E)]$$

如果资产的价格下降：

$$C_d = \text{Max} [0, (dS-E)]$$

在我们的例子中，执行价格是 80 美元，uS 等于 100 美元，dS 等于 70 美元，所以：

如果资产的价格上升：

$$C_u = \text{Max} [0, (100-80)] = 20（美元）$$

如果资产的价格下降：

$$C_d = \text{Max} [0, (70-80)] = 0（美元）$$

我们将 u, d, s, C_u 和 C_d 的值代入方程（11.2）中，可以算出套期保值比率 H 的值：

$$H = \frac{20-0}{(1.25-0.875) \times 80} = \frac{2}{3}$$

求出的 H 值与我们以前的例子中购买的资产数量是一致的。

现在我们可以推导出看涨期权的定价公式。图 11—5 画出的图说明了整个推导过程。图的左上部分列出了资产现在的价格和到期日的价格；图的左下部分用我们前面给出的符号列出了资产目前的价格和到期日的价格。图的右上部分列出了看涨期权现在的价格和到期日的价值；图的右下部分同样用前面给出的符号列出了看涨期权现在的价格和到期日的价值。图 11—6 用前面例子中给出的数值算出了资产和看涨期权的最终结果。

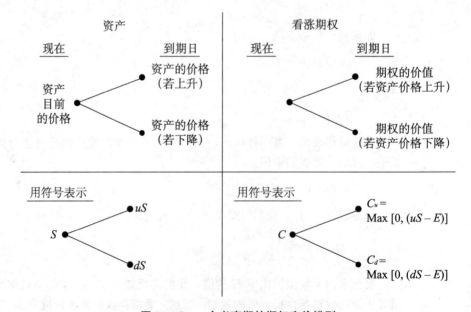

图 11—5　一个考察期的期权定价模型

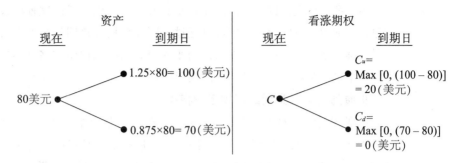

图 11—6　一个考察期的期权定价模型的示例

推导看涨期权的价格

我们可以依赖无风险的被套期保值投资组合的回报率必须等于无风险利率这一基本原理来推导看涨期权的价格。投资在被套期保值投资组合上的资金金额为 $HS-C$，一个考察期结束时产生的利润等于：

$$(1+r)(HS-C) \tag{11.3}$$

我们还要知道资产的价格上升或下降后被套期保值投资组合的盈亏情况。因为无论资产的价格上升还是下降，被套期保值投资组合的收入都一样，所以我们可以用资产价格上升后投资组合的收入来替代被套期保值组合的收入情况，即 $uHS-C_u$。因此，被套期保值投资组合的收入应等于式（11.3）给出的该组合的最初投资成本所产生的收入，使二者相等，我们可以得到：

$$(1+r)(HS-C) = uHS-C_u \tag{11.4}$$

用方程（11.2）代替方程（11.4）中的 H，求出看涨期权的价格 C：

$$C = \frac{1+r-d}{u-d}\frac{C_u}{1+r} + \frac{u-1-r}{u-d}\frac{C_d}{1+r} \tag{11.5}$$

方程（11.5）就是一个考察期内的二项式期权定价模型的表达式。我们用资产价格下降后被套期保值组合获得的收入也能推导出相同的公式。

将公式（11.5）应用到我们的例子中：

$u=1.250$

$d=0.875$

$r=0.10$

$C_u=20$ 美元

$C_d=0$ 美元

我们得到：

$$C = \frac{1-0.10-0.875}{1.25-0.875}\frac{20}{1+0.10} + \frac{1.25-1-0.10}{1.25-0.875}\frac{0}{1+0.10} = 10.90 （美元）$$

这个值与我们最初得到的看涨期权的价格是相等的。

由于我们假设标的资产的未来价格只有两种可能，所以这种期权定价方法看起来过于简单。事实上，我们可以通过不断地缩短考察期的长度来反复使用整个推导过程，于是便可计算出期权的公平价格。为举例说明这些基本原理，我们将上面这个例子扩展为两个考察期的模型。

扩展到两个考察期的期权定价模型

扩展到两期模型要求我们引入更多的符号。为了帮助读者更好地了解这些符号的含义，请大家参阅图 11—7。图的左半边提供的是资产的价格信息，包括资产的最初价格，一个考察期结束后相比于初始价格上升或下降了的价格，以及在到期日（两个考察期结束后）相比于前一个考察期上升或下降了的价格。图 11—7 的右半边列出了看涨期权在到期日的价值和到期日前一个考察期的价值。

新引入的符号与看涨期权在到期日的价值有关。我们现在要使用两个下标，如下所示：

C_{uu}＝资产价格在两个考察期内都上升的期权价值

C_{dd}＝资产价格在两个考察期内都下降的期权价值

$C_{ud}＝C_{du}$＝资产价格在一个考察期内上升，在另一个考察期内下降的期权价值

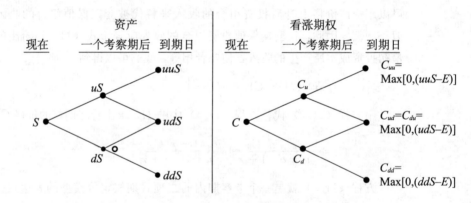

图 11—7 两个考察期的期权定价模型

我们首先确定 C_u 和 C_d 在到期日的价值，然后再求解看涨期权的价格 C。我们可以用公式（11.5），因为这个公式给出了一个考察期的看涨期权价格。具体说来：

$$C = \frac{1+r-d}{u-d}\frac{C_{uu}}{1+r} + \frac{u-1-r}{u-d}\frac{C_{ud}}{1+r} \tag{11.6}$$

$$C = \frac{1+r-d}{u-d}\frac{C_{du}}{1+r} + \frac{u-1-r}{u-d}\frac{C_{dd}}{1+r} \tag{11.7}$$

知道了 C_u 和 C_d 的值以后，我们就可以运用公式（11.5）求解 C。

用数字可以使推导更直观。我们假设每一考察期内资产的价格上涨 11.8%，或者下降 6.46%，即 $u=1.118$，$d=0.935\ 4$。于是，如图 11—8 的左上部分所示，

在两个考察期结束时，资产的价格可能出现三种情况：

两个考察期内资产的价格都上升：$uuS = 1.118 \times 1.118 \times 80 = 100$（美元）

两个考察期内资产的价格都下降：$ddS = 0.935\,4 \times 0.935\,4 \times 80 = 70$（美元）

一个考察期内资产的价格上升，另一个考察期内资产的价格下降：

$$udS = 1.118 \times 0.935\,4 \times 80 = duS = 0.935\,4 \times 1.118 \times 80 = 83.66（美元）$$

注意，前两个价格与一个考察期例子中给出的数值是一样的。将期权距离到期日的时间长度扩展到两个考察期，并相应调整资产价格的变化，我们现在得到了三种可能性的结果。如果我们增加考察期的数量，则资产价格在到期日的可能性结果也会随之增加。于是，相对于资产价格在到期日的众多可能性数值来说，看起来并不现实的每一考察期可能出现两种价格的假设就变得现实多了。

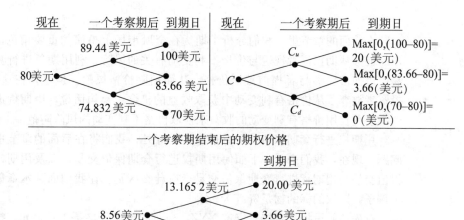

图 11—8　两个考察期的期权定价模型的示例

现在我们可以用图 11—8 右上部分的值来计算 C。一个考察期内的无风险利率是 4.88%，因为用这一无风险利率计算复利后，从现在起至到期日这一段时间内的利率水平就是 10%（距离现在有两个考察期的时间）。首先考虑用公式（11.6）计算 C_u。根据图 11—8，我们发现：$C_{uu} = 20$ 美元，$C_{ud} = 3.66$ 美元，所以：

$$C_u = \frac{1 + 0.048\,8 - 0.935\,4}{1.118 - 0.935\,4} \frac{20}{1 + 0.048\,8}$$
$$+ \frac{1.118 - 1 - 0.048\,8}{1.118 - 0.935\,4} \frac{3.66}{1 + 0.048\,8}$$
$$= 13.165\,2（美元）$$

根据图 11—8，我们知道 $C_{dd} = 0$ 美元，$C_{du} = 3.66$ 美元，所以：

$$C_d = \frac{1 + 0.048\,8 - 0.935\,4}{1.118 - 0.935\,4} \frac{3.66}{1 + 0.048\,8}$$
$$+ \frac{1.118 - 1 - 0.048\,8}{1.118 - 0.935\,4} \frac{0}{1 + 0.048\,8}$$

$$=2.167\,2\text{（美元）}$$

我们已经将 C_u 和 C_d 的值添加到图 11—8 的下半部分，运用公式（11.5）计算 C 的值：

$$C = \frac{1+0.048\,8-0.935\,4}{1.118-0.935\,4}\frac{13.165\,2}{1+0.048\,8}$$

$$+\frac{1.118-1-0.048\,8}{1.118-0.935\,4}\frac{2.167\,2}{1+0.048\,8}$$

$$=8.58\text{（美元）}$$

期权市场的经济功能

在前面的章节里，我们分析了期货在金融市场上扮演的重要角色，因为期货产品能够帮助投资者规避与价格不利变动有关的风险。利用期货进行套期保值交易可以使市场参与者提前锁定价格，从而消除价格风险。但是，在这个过程中，投资者放弃了从价格有利变动中获取收益的机会。换句话说，用期货进行套期保值交易是在用价格有利变动的收益来换取价格不利变动的风险防范。

用期权进行套期保值交易有很多潜在好处，我们将在后面的章节里讨论这一问题。现在，我们来看一下如何用期权进行套期保值交易，以及用期权进行套期保值交易与用期货进行套期保值交易会有什么区别。让我们回到本章最开始的那个例子，期权的标的物是资产 XYZ。

首先，假设投资者持有资产 XYZ，当时的市场价格是 100 美元。投资者希望一个月后卖掉该资产，但是担心一个月后资产 XYZ 的市场价格会下降。于是，一个可供选择的办法就是现在卖掉资产 XYZ。假设投资者现在不想出售这一资产，因为他预计一个月后资产价格可能会上升，或者存在某些限制使他不能现在出售资产。再次假设有一家保险公司意识到了该投资者面临的困境，主动提出卖给他一份保险：如果一个月后资产 XYZ 的市场价格低于 100 美元，则保险公司会负责赔偿 100 美元与市场价格之间的差额。也就是说，如果一个月后资产 XYZ 的市场价格是 80 美元，那么保险公司会向投资者赔付 20 美元。

当然，保险公司向投资者提供这份保险是要收取保险费的。假设保险费是 2 美元，减去保单的费用，投资者的盈亏情况如下：保险公司投保的资产 XYZ 的最低价格是 100 美元，因为如果价格下降，保险公司将会补偿差额；但是，如果资产 XYZ 的价格高于 100 美元，则投资者将可以获得更高的价格。如果我们把购买保险支付的 2 美元保费也考虑进去，投资者实际上被保险的最低价格是 98 美元（100 美元减去 2 美元）。如果未来资产 XYZ 的市场价格高于 100 美元，则投资者将能获得更高的价格和收益（总是要减去 2 美元的保费成本）。通过购买保险，投资者买到了对不利价格变动的保护，同时还保留了从价格有利变动中获取收益的机会。

保险公司并不提供这种保险产品，但是我们在本章向大家介绍的合约能提供类似的保护。例如，我们曾在本章提到的看跌期权，期限为一个月，执行价格是100美元，期权的价格是 2 美元。该期权的盈亏状况与我们假设的保单完全一样。期权的价格类似于保险费，所以我们也可以把期权价格叫做期权费。看跌期权可以被用来防范标的资产市场价格下降的风险。

期权与期货合约的盈亏曲线截然不同。假设有一个以资产 XYZ 作为标的物的期货合约，期货价格为 100 美元，交割日是一个月以后。投资者卖出了这种期货合约，就是同意一个月后按照 100 美元的价格出售资产 XYZ。如果资产 XYZ 的市场价格降至 100 美元以下，则投资者就获得了保护，因为按照期货合约交割资产可以收到 100 美元。但是，如果资产的市场价格上涨到 100 美元以上，则投资者将无法获得资产升值的好处，因为他必须按照约定的价格 100 美元来交割资产。通过出售期货合约，投资者将价格锁定在 100 美元，如果市场价格上涨，则投资者无法获得收益，但是可以避免价格下降带来的损失。

看涨期权也可以被用来进行套期保值交易。看涨期权可用来防范标的资产价格上涨的风险，同时还能保留从标的资产市场价格下跌中获取收益的机会。例如，假设投资者预期一个月后会收到 100 美元，并计划用这笔款项购买资产 XYZ，当时资产 XYZ 的市场价格是 100 美元，投资者面临的风险是一个月后资产 XYZ 的市场价格会涨到 100 美元以上。于是，购买我们前面提到的执行价格为 100 美元、期权价格是 3 美元的看涨期权，投资者就可以规避资产 XYZ 价格上涨的风险。

这笔套期保值交易的结果如下：如果资产 XYZ 的市场价格涨到 100 美元以上，投资者就会执行期权，获得资产 XYZ 的市场价格与 100 美元之间的差额。因此，在不考虑期权成本的前提下，投资者可以将资产 XYZ 的最高购买价格锁定在100 美元。一旦资产的市场价格跌到 100 美元以下，看涨期权将失去所有价值，但是投资者可以按照低于 100 美元的市场价格买入资产 XYZ。如果把 3 美元的期权价格也考虑进去，则这笔交易的盈亏状况是这样的：投资者为买入资产 XYZ 支付的最高价格是 103 美元（执行价格加上期权价格）。但是如果资产的市场价格降到100 美元以下，则投资者的收益等于价格下降的幅度减去 3 美元的期权费。

我们把这种情况与以资产 XYZ 为标的物、交割期为一个月以后、期货价格为100 美元的期货合约对比一下。假设投资者购买了这份期货合约，如果一个月后资产 XYZ 的市场价格上涨到 100 美元以上，而投资者已经签订了按照 100 美元的价格买入资产 XYZ 的期货合约，则这就彻底消除了价格上升的风险；但是，如果资产 XYZ 的市场价格跌到 100 美元以下，则投资者是无法获利的，因为他签订的期货合约要求投资者按照 100 美元的价格买入该资产。

现在，想必大家已经十分清楚利用期权进行套期保值交易与利用期货进行套期保值交易到底有什么不同。这一差异非常重要，我们必须再三强调。作为两种金融工具，期权和期货不能相互替代。

在没有期权合约可用的情况下，能否创造出其盈亏曲线与期权产品一样、可以抵御价格不利变动而锁定风险的现金流呢？从我们前面给出的期权定价的例子中，大家可以清楚地看到，使用适当的现货市场头寸和借入的资金可以人工合成与期权产品相同的现金流。那为什么我们还需要期权合约呢？原因在于期权合约是创造被套期保值头寸更有效率的金融工具。

虽然我们将重点放在了对冲价格风险上面，不过期权合约还为投资者扩展投资收益新特性提供了另一有效途径。比方说，投资者可以利用期权产品为其投资组合"铸造"适合其特定投资目标的投资回报分布。[①]

奇异期权

正如我们曾在本章的前面部分解释过的那样，场外交易期权是可以量身定做的，能满足机构投资者的各种需求。从本质上看，如果一个交易商能够合理地对冲掉客户所需的与期权的相反方向相连的风险，那么他就能创造出客户所需要的期权产品。场外交易期权并不局限于欧式期权和美式期权。交易商为客户量身定做的期权产品可以在到期日执行，也可在几个指定的日期执行，这样的期权产品被称为**限制执行期权**（limited exercise option）、**百慕大期权**（Bermuda options）和**亚特兰大期权**（Atlantic options）。

更复杂的期权产品被称为**奇异期权**（exotic options），本书各章会提到其中几种奇异期权。现在我们先来看看其中两种产品：可选择期权和优异表现期权。**可选择期权**（alternative option）又叫做**二选一期权**（either-or option），该产品的盈亏曲线是两种不同资产的独立收益曲线中较好的那一个。例如，假设唐娜购买的可选择期权条款如下：

1. 标的资产是一单位资产 M 或一单位资产 N；
2. 资产 M 的执行价格是 80 美元。
3. 资产 N 的执行价格是 100 美元。
4. 到期日是从现在开始三个月后。
5. 期权只能在三个月后执行（即该期权是欧式期权）。

在期权的到期日，唐娜可以选择从期权卖方那里或者按照 80 美元的价格买入一单位资产 M，或者按照 110 美元的价格买入一单位资产 N。当然，唐娜会选择购买收益比较大的资产。比如，假设资产 M 和 N 在期权到期日的市场价格分别是 84 美元和 140 美元。如果唐娜选择购买资产 M，则她的收益为 4 美元。但是，如果唐娜选择购买资产 N，则她的收益就是 30 美元。所以，唐娜会选择执行购买资产 N 的期权。如果在到期日两种资产的市场价格都低于执行价格，则唐娜会选择不执行期权。

优异表现期权（outperformance option）的盈亏曲线建立在两项资产在到期日的相对收益的基础之上。例如，假设卡尔购买了一份优异表现看涨期权。

1. 资产组合 A 由 50 家公用事业公司的股票组成，市值为 100 万美元。
2. 资产组合 B 由 50 家金融服务公司的股票组成，市值为 100 万美元。
3. 到期日为六个月后，且为欧式期权。

---

① 参见 Stephen A. Ross, "Options and Efficiency," *Quarterly Journal of Economics* (February 1976), pp. 75 - 89; Fred Arditti and Kose John, "Spanning the State Space with Options," *Journal of Financial and Quantitative Analysis* (March 1980), pp. 1 - 9.

4. 执行价格等于投资组合 B 的市值减去投资组合 A 的市值。

如果在到期日，投资组合 A 的市值大于组合 B 的市值，则这个期权就没有任何价值；如果在到期日，投资组合 B 的市值超过了组合 A 的市值，则卡尔就会执行期权。

在后面的章节里，当我们讨论各种各样的投资策略与融资策略时，投资者使用类似于可选择期权和优异表现期权等奇异期权的动机到底是什么会变得更加清楚。

小　结

本章我们介绍了关于期权产品的基本知识。期权授予期权买方在指定的日期（即到期日）以一定的价格（即执行价格）从期权的卖方（期权的签发人）那里购买（看涨期权）或向期权的卖方出售（看跌期权）期权标的资产的权利。期权的买方支付给期权卖方的价格叫做期权价格或期权费。美式期权允许投资者在到期日前的任何一天，包括到期日执行期权；而欧式期权只能在到期日执行。

期权买方遭受的损失不会超过期权价格，但是其潜在的收益是无限大的。相对应地，期权的卖方所能实现的最大收益就是期权价格，但是其面临的潜在损失风险却是无限大的。

期权的价格由两部分组成：内在价值和时间溢价。内在价值是期权立即执行后所产生的经济价值（立即执行后经济价值不为正的情况除外，这时期权的内在价值等于 0）。期权的时间溢价等于期权的价格超过其内在价值的部分。影响期权价格的因素有六个：（1）标的资产目前的市场价格；（2）期权的执行价格；（3）距离期权到期日的时间；（4）标的资产预期的价格波动性；（5）期权有效期内的短期无风险利率水平；（6）标的资产的预期现金红利。

我们可以用套利理论来确定期权价格的下限。看涨期权价格、看跌期权价格与标的资产的市场价格之间存在着某种关系，这种关系被称为看跌—看涨平价关系。期权的理论价格可以通过二项式期权定价模型来计算，这个模型也是建立在套利理论的基础之上的。

交易商创造的期权或场外交易期权是为客户量身定做的，能满足机构投资者的特定需求。更复杂的场外交易期权叫做奇异期权，其中包括可选择期权和优异表现期权这两种产品。

关键术语

可选择期权	奇异期权	看跌期权
美式期权	到期日	看跌—看涨平价关系
亚特兰大期权	内在价值	期权的卖方
百慕大期权	限制执行期权	空头看涨期权
卖权	多头看涨期权	空头看跌期权
交易商期权	多头看跌期权	执行价格
二选一期权	期权	时间溢价
欧式期权	期权费	时间价值
看涨期权	期权价格	签发人
买权	优异表现期权	

思考题

1. 看涨期权和看跌期权的区别是什么？

2. 美式期权与欧式期权的区别是什么？

3. 为什么期权的卖方要缴纳保证金？

4. 列举出交易所交易的期权产品与典型的场外交易期权产品的两大主要区别。

5. "期权和期货之间没有本质上的差别，二者都是套期保值交易的工具。不同的只是期权要缴纳期权费，期货除了要缴纳确保履约的保证金外，不需要事先支付其他任何费用。我不明白为什么人们还愿意使用期权产品。"你同意这种说法吗？

6. 请解释为什么下面这段话是正确的："如果标的资产的市场价格上涨，多头看涨期权可以向投资者提供无限大的潜在收益；不过，如果标的资产的市场价格下跌直至跌到零，则持有多头看涨期权的投资者的最大损失也只不过是一笔期权费而已。"

7. 假设一份股票看涨期权的执行价格为 70 美元，期权费为 2 美元。现在假设你购买了一份看涨期权。在期权到期日那一天，假设标的股票的市场价格如下所示，请分别计算出在不同情况下你的投资收益是多少：25 美元，70 美元，100 美元，400 美元。

8. 再设想一下上一个问题给出的已知条件，假设你已将这份看涨期权卖掉，那么根据到期日给出的每一股股票价格，你获得的投资收益是多少？

9. 你是否同意下面这段话的观点并解释原因："购买看跌期权等于卖空标的资产。如果标的资产的市场价格下降，则两种头寸的收益相同；如果价格上升，两种头寸的损失也相同。"

10. 你刚刚打开晨报查阅以资产 ABC 为标的物的看涨期权的价格。假设现在是 12 月，距离到期日最近的看涨期权合约一个月后到期。资产 ABC 现在的市场交易价格为 50 美元。

执行价格	1 月份	3 月份	6 月份
40 美元	11 美元	12 美元	11.50 美元
50 美元	6 美元	7 美元	8.50 美元
60 美元	7 美元	8 美元	9.00 美元

看了一眼这些数字，你注意到有两个报价似乎与你所知的期权定价规则不符。

a. 不符之处是什么？

b. 怎样利用这些不符之处？如果能够利用这些不符之处进行套利交易，你至少能够获得多少收益？

c. 假设一月份到期、执行价格为 40 美元的看涨期权，其期权费为 11 美元而非 9 美元，那么，该期权就是在以低于其内在价值的价格出售，为什么此时不能立即获得套利利润？

11. 远期合约多头在交割日的收益等于标的资产在到期日的现货价格与远期价格的差额。例如，如果你手上持有远期合约多头头寸，约定将来按照 100 美元的价格购入标的资产，则在交割日那一天你的盈利状况如下表所示：

即期价格	远期价格	收益
80 美元	100 美元	20 美元
90 美元	100 美元	−10 美元
100 美元	100 美元	0 美元
110 美元	100 美元	10 美元
120 美元	100 美元	20 美元

远期合约相当于多头看涨期权与空头看跌期权加在一起的组合，且看涨期权的价格与看跌期权的价格相同。

a. 根据上表列出的五种可能的即期价格，证明远期合约多头相当于多头看涨期权加空头看跌期权。

b. 为什么看涨期权的执行价格必须要等于看跌期权的执行价格？请解释原因。

12. 指出你是否同意下列说法：

a. "要想算出期权的理论价格，我们需要先测量期权标的资产的价格波动性。由于金融理论家已经告诉我们测量风险的有效参数是 β（即系统风险），所以我们应当使用这个数值。"

b. "如果标的资产的市场价格下降，那么看涨期权的价格应该上升，这个说法是没有道理的。"

13. 如果标的资产在期权有效期内没有发放现

金红利,那么投资者就没有必要在到期日前执行该看涨期权。为什么?

14. 考虑下面两种策略。策略 1:购买一单位现价为 103 美元的资产 M,预期一年后资产 M 会发放 10 美元的现金红利。策略 2:购买以资产 M 为标的物的看涨期权,期限为一年,执行价格是 100 美元;把一笔资金存入银行,利率水平为 10%,足够在到期日执行期权(价格为 100 美元),并支付资产 M 在期权有效期内获得的现金红利(10 美元)。

a. 策略 2 采用的是什么交易策略?

b. 策略 1 和策略 2 的收益分别是多少?假设一年后资产 M 的市场价格为:120 美元,103 美元,100 美元,80 美元。

c. 对于资产 M 一年后可能实现的四种价格,证明下列关系式是成立的:

看涨期权的价格>Max[0,(标的资产的价格-执行价格的现值-现金红利的现值)]

15. 资产 W 的现价是 25 美元,预期第二年没有现金红利。一年期利率是一年后资产的价格 35 美元或 15 美元。一年后到期的资产 W 的欧式看涨期权的价格是多少?

16. a. 根据下列条件计算两个考察期的欧式看涨期权的期权价值:

● 标的资产现在的市场价格为 100 美元。

● 期权的执行价格为 10 美元。

● 一个考察期内的无风险利率水平为 5%。

● 一个考察期结束时,股票的价格可能会上涨或下跌 10%。

b. 如果股票价格在每一考察期结束时上升或下降的幅度都是 50%,重新计算期权的价值。将求出的答案与(a)算出的结果比较一下。为什么答案与你的预期存在一定的差别?

17. 假设你购买了一份可选择看涨期权,期权合约的条款如下:

● 标的资产是一单位资产 G 或资产 H。

● 资产 G 的执行价格是 100 美元。

● 资产 H 的执行价格是 115 美元。

● 到期日是四个月以后。

● 只能在到期日执行期权。

a. 如果在到期日资产 G 的价格是 125 美元,资产 H 的价格是 135 美元,则该期权的收益是多少?

b. 如果在到期日资产 G 的价格是 90 美元,资产 H 的价格是 125 美元,则该期权的收益是多少?

c. 如果在到期日资产 G 的价格是 90 美元,资产 H 的价格是 105 美元,则该期权的收益是多少?

18. 假设你购买了一份优异表现期权,合约条款如下:

● 资产组合 X 由市值为 500 万美元的债券组成。

● 资产组合 Y 由市值为 500 万美元的股票组成。

● 到期日是九个月后,是欧式期权。

● 执行价格等于资产组合 X 的市值减去组合 Y 的市值。

如果在到期日组合 X 的市值是 1 000 万美元,组合 Y 的市值是 1 200 万美元,那么该期权的收益是多少?

第 12 章

互换、上限和下限市场

学习目标

学习完本章内容，读者将会理解以下问题：

- 什么是互换
- 名义本金额的含义是什么
- 各种类型的互换产品，包括利率互换、利率—权益互换、股权互换和货币互换
- 互换合约与远期合约的关系
- 如何利用互换进行资产负债管理
- 怎样使用互换来创造证券头寸
- 什么是信用违约互换
- 什么是利率上限和利率下限产品
- 利率上限、利率下限与期权之间的关系
- 存款性金融机构如何利用利率上限产品

　　互换、利率上限和利率下限产品是可以被借款人和投资者用来控制风险的衍生工具。而且，这些衍生工具，特别是互换，可以帮助投资银行家创造出一系列的新型证券产品以满足投资者的需要。目前，上述这几种金融衍生合约都在场外市场上进行交易，因此市场参与者都要面临交易对手风险。

　　本章，我们将向大家介绍上述衍生工具的相关知识及有关其基本应用方面的基本常识。我们将在第 16 章、第 30 章和第 31 章进一步分析这些金融产品及其运行机制。我们之所以要提前介绍有关互换的这些知识，原因就在于这些产品在全球金融市场和新型金融工具及策略的发展方面起着非常重要的作用。

互换

互换（swap）是交易双方（或称为**交易对手**，counterparties）之间达成的一项协议，根据此协议，双方同意定期交换支付。交换支付的金额以事先确定的本金为计算依据，这个本金额被称为**名义本金额**（nominal principal amount）或**名义额**（nominal amount）。每一方支付给对方的金额等于约定的定期支付率乘以名义本金额。双方只互相支付事先约定的金额，而不是名义本金额。

为了让读者了解互换产品，并对其广泛用途有更加感性的认识，我们以下面四份互换协议为例进行说明。这些互换协议约定交易双方每年相互支付一次，共相互支付五年。

1. 互换的交易对手是第一伦威克银行和通用制造公司，互换的名义本金额是1亿美元。在以后的五年当中，第一伦威克银行同意每年按照8％的利率向通用制造公司进行支付，而通用制造公司同意按照一年期国库券的利率水平向第一伦威克银行进行支付。也就是说，每年第一伦威克银行将支付给通用制造公司800万美元（8％乘以1亿美元）。通用制造公司支付给第一伦威克银行的金额要取决于一年期国库券的利率水平。例如，如果一年期国库券的利率水平为5％，则通用制造公司要支付给第一伦威克银行500万美元（5％乘以1亿美元）。

2. 该互换的交易对手是篮子编织兄弟会（一养老金发起人）和可信投资管理公司（一货币管理公司），名义本金额是5 000万美元。兄弟会同意在今后的五年中每年按照标准普尔500股票指数的当年收益率减去200个基点来向可信投资管理公司进行支付，同时，可信公司则按照每年10％的利率水平向兄弟会进行支付。例如，如果下一年标准普尔500股票指数的收益率是14％，则兄弟会就应当向可信公司支付5 000万美元的12％（14％减去2％），即600万美元，而货币管理公司同意向兄弟会支付500万美元（10％乘以5 000万美元）。

3. 该互换协议的交易对手是受益养老基金（一养老金发起人）和投资管理协会（一家德国货币管理公司），名义本金额是8 000万美元。受益养老基金同意在以后的五年中每年按照标准普尔500股票指数当年的收益率向投资管理协会进行支付；同时，投资管理协会同意按照德国股票指数（称为DAX指数）当年的收益率向受益养老基金进行支付。例如，如果下一年标准普尔500股票指数和德国股票指数的收益率分别是14％和10％，则养老金发起人要向投资管理协会支付1 120万美元（14％乘以8 000万美元），而德国货币管理公司要向受益养老基金支付800万美元（10％乘以8 000万美元）。

4. 该互换协议的交易对手是皇家电子公司（一家美国制造企业）和全瑞士钟表公司（一家瑞士制造企业），互换的名义本金额是1亿美元。合同签订时，按照当时的汇率水平，1亿美元的名义本金额相当于1.27亿瑞士法郎。在今后的五年中，美国制造公司同意按照瑞士法郎名义本金额的5％向瑞士钟表公司进行支付，即向其支付635万瑞士法郎。相对应，瑞士制造企业同意按照1亿美元名义本金额的7％向美国制造公司进行支付，即向其支付700万美元。

互换的类型

根据互换支付的特点进行分类，互换可分为四种类型：利率互换、利率—权益互换、股权互换和货币互换。

在**利率互换**（interest rate swap）中，交易对手参考不同的利率水平相互支付相同的币种。例如，一方可以支付固定利率，另一方支付浮动利率。浮动利率通常被称为**参考利率**（reference rate）。第一伦威克银行和通用制造公司间的互换就是利率互换的一个例子。双方的支付可以建立在不同的参考利率上。例如，一方支付的利率可以建立在一年期国库券利率的基础之上，而另一方支付的利率可以建立在联邦基金利率的基础上。

在**利率—权益互换**（interest rate-equity swap）中，一方根据某种参考利率来计算支付额，另一方则根据某种股权指数的收益率来计算支付额。双方的支付使用同一种货币。我们上面所举的第二个互换例子就是利率—权益互换。在这个例子中，其中一方支付的是固定利率。不过，利率—权益互换也有其中一方支付浮动利率的情况存在。

在**股权互换**（equity swap）中，双方在某一股权指数的基础上用同一货币相互交换支付。上面所举的第三个互换例子就是股权互换。

最后，在**货币互换**（currency swap）中，双方同意相互交换支付，但双方支付的币种不同。上面列举的第四个互换例子就是这种情况。

信用违约互换（credit default swap，CDS）是互换产品大家庭里的新成员。信用违约互换这种衍生工具可以被用来购买或出售专门针对某些信用事件的"保护"。所谓的"**信用事件**"（credit event）会对某项债务的信用等级造成不利影响，例如借款人违约。可用来买卖类似信用风险的衍生工具被称为**信用衍生品**（credit derivatives），我们将在第32章里作进一步的介绍。自21世纪初，信用衍生品市场逐渐发展成为规模最大的衍生品市场之一。交易量最大的信用衍生产品就是信用违约互换。我们之所以会在这里先对信用违约互换进行简单介绍，不仅是因为它的重要性，还因为虽然该产品的名称当中也有"互换"两个字，但是它并不具备前面讲过的互换产品的一般性特征。

信用违约互换的交易双方被称为**保护的购买方**（protection buyer）和**保护的出售方**（protection seller）。在信用违约互换的有效期内，保护的购买方同意在约定好的日期向保护的出售方支付费用，以换取对方向自己提供的保护或保险，防止某一信用事件导致**参考实体**（reference entity）的债务信用质量受到伤害。所谓的参考实体指的是某一个具体的债务工具发行人，比方说福特汽车公司。互换合约中会写明信用相关事件——被称为**信用事件**——的具体范围是什么。如果信用事件真地发生了，则保护的购买方定期支付的费用只需要缴纳到信用事件发生之时即可，接下来不用再继续向保护的出售方支付费用了。此时，保护的购买方有权执行信用违约互换合约。按照合约规定，保护的出售方要向购买方赔偿债务工具的损失额。至于保护的出售方具体向保护的购买方赔偿多少金额，计算方法并不重要。我们会在第32章里进一步地介绍。

到现在为止，值得大家注意的最重要的知识是：（1）信用违约互换允许市场参与者之间买卖信用风险；（2）信用违约互换的交易机制不同于前面介绍的、交易双方定期相互支付的标准互换产品。

对互换产品的解释说明

如果我们仔细地研究一下互换产品，大家就会发现互换并不是新型的衍生工具。事实上，互换可以分解为我们前面曾讨论过的多种衍生工具的组合。为说明这一点，请大家先来看第一个互换例子。第一伦威克银行同意在今年后的五年当中每年按照8％的利率水平向通用制造公司进行支付，而通用制造公司则是按照一年期国库券的利率水平向第一伦威克银行进行支付。由于名义本金额是1亿美元，所以通用制造公司同意支付的金额为800万美元。我们可以换种说法来重新解释这笔交易：通用制造公司同意向第一伦威克银行支付一笔金额（以一年期国库券利率水平为基础计算），同时接受对方支付的800万美元。从这个角度来看，双方签订的是多个期货合约：一方同意在未来的某一时间交割某些东西，另一方同意接受这些交割物。我们之所以说这里牵扯到多个期货合约，是因为互换协议要求在今后的五年里每年都要相互进行支付。

虽然互换只不过是多个远期合约的组合，但是它的作用仍是不可或缺的。第一，很多市场可以提供远期合约和期货合约，但最长期限也没有超过普通的互换产品。第二，互换是一种更有效率的交易工具。也就是说，通过一笔互换交易，一个实体能够有效率地构建出相当于多个远期合约组合的现金流。如果没有互换产品，交易涉及的多个远期合约就不得不分别签订。第三，自1981年建立之时起，互换市场的流动性开始变得越来越好；现在其流动性比许多远期合约特别是期限较长的远期合约的流动性都要好。

互换的应用

既然大家已经知道了什么是互换产品，以及为什么可以把互换看作远期合约的组合，那么接下来我们下一个问题就是市场的参与者怎样利用互换产品来实现自己的财务目标。在后面的章节里，我们会提供更多的互换应用案例，此处为了说明的简便，我们只提供两个简单的例子。第一个应用案例可以说明存款性金融机构如何使用互换产品，说得更具体一点，如何使用利率互换产品进行资产负债管理；在第二个应用案例中，我们将说明怎样使用利率—权益互换产品创造新型的金融工具。

在资产负债管理方面的应用

假设白金汉银行筹集了1亿美元的资金，期限是三年，利率为8％。然后白金汉银行把这笔钱贷给了全美航空公司，期限是三年。这笔贷款要求每年调整一次利率水平。航空公司同意支付的利率是伦敦银行同业拆借利率（LIBOR）再加上250个基点。假设贷款签订时，LIBOR为7.5％。也就是说，第一年全美航空公司要按照10％（7.5的LIBOR加2.5％）的利率水平向白金汉银行支付利息。白金汉银行第一年锁定了 2% 的利差。

银行面临的利率风险是 LIBOR 会下降。一旦 LIBOR 跌至 5.5% 以下，该年的贷款收益率就会小于白金汉银行必须支付的借款利率 8%。这样的话，银行该年的利差就是负值。

假设白金汉银行能够找到另一方，例如德意志银行，愿意进行如下条件的利率互换：（1）互换的期限是五年，名义本金额是 1 亿美元；（2）每年，德意志银行按照名义本金额 1 亿美元的 7.5% 向白金汉银行进行支付；（3）同时，白金汉银行按照 LIBOR 加 100 个基点的利率向德意志银行进行支付，名义本金额为 1 亿美元。考虑到白金汉银行每年必须支付的固定借款利息以及从航空公司那里获得的贷款利息，白金汉银行在这笔利率互换交易中每年的结算情况如下：

1. 对于 1 亿美元的贷款，它可以获得的收益率等于 LIBOR 加 250 个基点；

2. 要按照 8% 支付 1 亿美元的借款利息；

3. 作为互换的一部分，从德意志银行那里获得 1 亿美元的 7.5%；

4. 作为互换的一部分，按照 LIBOR 加 100 个基点的利率水平向德意志银行进行支付，名义本金额为 1 亿美元。

于是，白金汉银行赚到了 LIBOR 加 250 个基点（从贷款中），同时要支付 LIBOR 加 100 个基点（每一次互换），结果净流入 150 基点。此外，白金汉银行还要支付 8% 的借款利率，同时获得 7.5% 的互换收入（每一次互换），结果净流出 50 个基点。所以，最终的结算结果是无论 LIBOR 怎样变动，白金汉银行都能对这 1 亿美元锁定 1% 的利差（150 个基点减去 50 个基点）。

这个简单的例子说明了银行如何利用利率互换进行资产负债管理。你也许会发出这样的疑问：谁愿意作互换的另一方呢（即谁愿意作银行的交易对手呢）？如何找到这样的交易对手？互换的条件是怎样确定的？为什么这家存款机构不发行浮动利率票据而发行固定利率票据呢？到第 31 章我们更详细地介绍利率互换产品时，会围绕上面这些问题展开讨论。

在创造新证券方面的应用

投资银行家可利用互换产品创造出新证券。为了举例说明，我们假设：宇宙信息技术公司（UIT）想筹集 1 亿美元的固定利率借款，期限是五年。UIT 雇用的投资银行，第一波士顿银行指出如果发行五年到期的债券，借款的利率成本应当为 8%。同时，一些机构投资者打算购买债券，但是同时又想在股票市场上一搏。这些机构投资者想购买年利率与标准普尔 500 股票市场指数的实际收益率相挂钩的债券产品。

第一波士顿银行建议 UIT 的管理层发行五年期、实际利率以标准普尔 500 指数的实际收益率为基础的债券。由于债券的利率与标准普尔 500 的实际收益率相挂钩，因此债券的实际利率成本无法事先确定，这就是 UIT 公司发行这种债券的风险。但是，假设 UIT 公司安排了以下两项交易：

1. 1 月 1 日，UIT 同意以第一波士顿银行为承销商，发行总金额为 1 亿美元的五年期债券，利率水平定为标准普尔 500 指数当年的实际收益率减去 300 个基点。不过，最低利率被设定为 0。利息的实际支付日为 12 月 31 日。

2. UIT 和第一波士顿银行签订期限五年、名义本金额为 1 亿美元的利率—权益互换协议，UIT 同意在今后的五年当中每年按照 7.9% 的利率水平向第一波士顿银行进行支付，第一波士顿同意按照标准普尔 500 指数当年的实际收益率减去 300 个基点向 UIT 公司进行支付。该互换协议要求双方在每年的 12 月 31 日互换支付。于是，互换现金流的支付时间与债券利息的支付时间刚好是一致的。另外，如果标准普尔 500 指数的实际收益率减去 300 个基点后算出的结果小于 0，则第一波士顿银行不用向 UIT 公司支付任何款项。

从 UIT 的角度考虑一下这两笔交易的结果，特别要把重点放在 UIT 公司必须支付的债券利息和按照互换协议的约定向第一波士顿银行支付的款项，以及在互换交易过程中收到对方付给自己的款项。总结如下：

债券发行的利息支付：	标准普尔 500 指数的实际收益率－300 个基点
收到第一波士顿的互换支付：	标准普尔 500 指数的实际收益率－300 个基点
对第一波士顿的互换支付：	7.9%
净利率成本：	7.9%

于是，虽然债券的发行利率与标准普尔 500 指数相挂钩，但是互换协议介入以后，UIT 公司的净融资成本变成了固定利率。这就是利率—权益互换协议带来的好处。

这里有几个问题需要说明。第一，UIT 签订这笔互换交易的好处是什么？回想一下，如果 UIT 直接发行固定利率债券，第一波士顿银行预计 UIT 每年必须支付的利息率应当是 8%。签订互换协议后，UIT 公司每年可以节约 10 个基点的利率成本（8% 减去 7.9%）。第二，为什么投资者会购买这种债券？我们在前面的章节里已经解释过，对机构投资者来说，可选择的投资产品是要受到限制的。例如，美国的存款性金融机构不能购买普通股票，但却能购买 UIT 公司这样的发行人发行的债券，即使这些债券的利率水平是与普通股的实际收益率相挂钩的。第三，第一波士顿银行会面临标准普尔 500 指数实际收益率大幅度上涨的风险吗？尽管现在想说明这一点还有点困难，但是事实上第一波士顿有办法保护自己。

这个例子看起来似乎是市场上难觅其踪的实用案例，但是事实并非如此。实际上，这种互换的使用方式非常普通，这也是我们为什么要赶在本书的前面部分就讨论互换协议的原因。利用互换创造出来的债务工具通常被称为结构性票据（structured notes，在本书的第 6 部分里讨论）。

利率上限与下限协议

在金融市场上有这样一种衍生产品：如果指定的指标参考值与事先确定的固定值存在差异，则协议的一方在收取费用（类似于保险金）的前提下同意向另一方作出赔偿。因指定的指标参考值与事先确定的固定值不同而接受赔偿，同时向对方支付保险金以完成签约程序的一方叫做买方；当指定的指标参考值与事先确定的固定值存在差异时同意向另一方作出赔偿的一方叫做卖方。

当指定的指标参考值超过了事先确定的固定值，此时卖方同意向买方支付，这种协议叫做**利率上限协议**（cap）。如果指定的指标参考值跌至事先确定的固定值以下，卖方同意向买方支付，则这种协议被称为**利率下限协议**（floor）。

指定的指标参考值可以是具体的利率，如 LIBOR 或优惠利率，也可以是某一国国内或国外股票市场的回报率，如标准普尔 500 指数或德国股票指数，或者是外汇汇率，比方说美元和日元之间的兑换汇率。事先确定好的固定值被称为**执行价格**（strike）。与互换一样，利率上限和下限协议也有名义本金额。

一般情况下，在某一特定的日期，利率上限协议的卖方向买方支付的金额大小要取决于指定的指标参考值与执行价格之间的大小关系。如果前者大于后者，卖方就要支付给买方：

名义本金额×［指定指标参考值的实际值 －执行价格］

如果指定的指标参考值小于或等于执行价格，则卖方无须向买方支付。

对利率下限协议来说，在某一特定的日期，卖方向买方支付的金额大小要取决于指定的指标参考值与执行价格之间的大小关系。如果指定的指标参考值小于执行价格，则卖方要向买方支付：

名义本金额×［执行价格－指定指标参考值的实际值］

如果指定的指标参考值大于或等于执行价格，则卖方无须向买方支付。

下面我们用两个例子来说明这两种利率协议是如何操作的。

例 1. 彼得森船运公司与花旗银行签订了为期五年的利率上限协议，名义本金额为 5 000 万美元。该利率上限协议的条款已明确说明，在今后的五年当中，如果每年 12 月 31 日 LIBOR 的值超过了 8％，则花旗银行（利率上限协议的卖方）要向彼得森船运公司支付 8％（执行价格）和 LIBOR 的实际值（指定的指标参考值）之间的差额。彼得森船运公司同意支付给花旗银行的酬金或保险金是 20 万美元。

在今后的五年当中，花旗银行在每年的 12 月 31 日支付给彼得森船运公司的款项均以当天的 LIBOR 实际值为基准。如果 LIBOR＞8％，则花旗银行要向彼得森船运公司支付 5 000 万美元×［LIBOR 的实际值－8％］。如果 LIBOR≤8％，则花旗银行无须支付任何款项。所以，举例来说，如果在利率上限协议有效期内，第一年 12 月 31 日的 LIBOR 值是 10％，则花旗银行应向彼得森船运公司支付 100 万美元：

5 000 万美元×［10％－8％］＝100 万美元

例 2. 一家货币投资管理公司 R&R 公司，与美林证券公司签订了为期三年的利率下限协议，名义本金额为 1 亿美元。该利率下限协议的条款明确指出，在今后的三年当中，如果每年 12 月 31 日标准普尔 500 指数的实际收益率小于 3％，则美林证券公司（利率下限协议的卖方）将向 R&R 公司支付 3％（执行价格）与标准普尔 500 指数的实际回报率（指定的参考值）之间的差额。R&R 公司同意每年支付给美林证券公司 60 万美元的酬劳。

在今后的三年中，美林证券公司在每年 12 月 31 日支付给 R&R 公司的款项均以当年标准普尔 500 指数的实际收益率为基准。如果标准普尔 500 指数的实际回报率<3%，则美林证券公司要支付：100 万美元 × [3%－标准普尔 500 指数的实际回报率]。如果标准普尔 500 指数的实际回报率≥3%，则美林公司无须支付任何款项。

例如，如果利率下限协议的第一年，标准普尔 500 指数的实际回报率是 1%，则美林证券公司应当向 R&R 公司支付 200 万美元：

$$1 亿美元 × [3\%－1\%] ＝200 万美元$$

对利率上限协议和利率下限协议的说明

在利率上限协议或利率下限协议中，买方支付的费用代表着买方的最大损失和卖方能获取的最大收入。有义务必须履行该互换协议的唯一一方就是卖方。如果指定的指标参考值上涨到执行价格以上，利率上限协议的买方就会获利，因为卖方必须向买方支付赔偿；如果指定的指标参考值跌至执行价格以下，利率下限协议的买方就会获利，因为此时卖方也必须要向买方作出赔偿。

在本质上，这些金融合约的现金流和期权的现金流是一样的。看涨期权的买方支付期权费，如果在到期日那一天期权标的资产的市场价格（相当于指定的指标参考值）高于执行价格，则期权的买方就能获得好处。利率上限协议也能创造出类似的现金流。看跌期权的买方支付期权费，如果在到期日那一天期权标的资产的市场价格（相当于指定的指标参考值）低于执行价格，则期权的买方能获得收益。利率下限协议也能创造出类似的现金流。期权的卖方只能获得期权费收入，同样地，利率上限协议和利率下限协议的卖方也只能获得相似的费用性收入。

因此，我们可以简单地把利率上限协议和利率下限协议看作期权产品的组合。这与互换产品一样，复杂的合约可以被视为基本合约的组合（例如互换相当于多个远期合约的组合，而利率上限和利率下限协议相当于多个期权产品的组合）。

在资产负债管理方面的应用

为了了解利率上限协议在资产负债管理方面是如何应用的，我们重新思考一下前面例子中提到的白金汉银行面临的问题。回想一下，这家银行的目的是通过控制资金成本来锁定利差收益。然而，由于借入的是短期资金，所以资金成本是不确定的。白金汉银行可以购买一份利率上限协议，使得利率上限协议中的约定利率水平加上购买该利率上限协议的成本小于固定利率商业贷款可赚取的利率。如果短期利率下跌，虽然此时白金汉银行不能从利率上限协议上获利，但是资金成本下降了。所以，利率上限协议可以帮助白金汉银行锁定资金的最高成本，同时还能留住从利率下跌中获得收益的机会。

小　结

我们在本章介绍了三种衍生合约：互换、利率上限协议和利率下限协议。在互换交易中，交易对手同意定期相互交换支付，交换支付的数额以名义本金额为基础来计算。互换产品可分为五种类型：利率互换、利率—权益互换、股权互换、货币互换以及信用违约互换。信用违约互换是一种允许市场参与者彼此之间买卖信用风险的信用衍生品。这种类型的互换产品的交易机制与标准的互换产品存在较大差异。互换协议的风险收益特征与多个远期合约构成的组合相似。互换可用于金融机构的资产负债管理和证券创造等。

当指定的指标参考值超过了事先确定的固定值（即执行价格），此时卖方同意向买方支付，这种协议叫做利率上限协议。如果指定的指标参考值跌至事先确定的固定值（即执行价格）以下时，卖方同意向买方支付，则这种协议被称为利率下限协议。指定的指标参考值可以是具体的利率、某一股票市场指数的收益率或外汇汇率。利率上限协议相当于多个看涨期权的组合；利率下限协议相当于多个看跌期权的组合。

关键术语

利率上限协议	股权互换	保护的购买方
交易对手	利率下限协议	保护的出售方
信用违约互换	利率互换	参考实体
信用衍生品	利率—权益互换	参考利率
信用事件	名义额	执行价格
货币互换	名义本金额	互换

思考题

1. 为什么参与场外交易衍生品交易的买卖双方都要面临交易对手风险？

2. 擦窗器联盟（养老金发起人）和万能资产管理公司签订了为期四年、名义本金额为 1.50 亿美元的互换协议，协议条款如下：在今后的四年当中，擦窗器联盟同意按照标准普尔 500 股票指数当年的收益率减去 400 个基点的利率水平向万能资产管理公司进行支付，同时万能资产管理公司每年按照 9% 的固定利率向擦窗器联盟进行支付。

a. 这是什么类型的互换产品？

b. 在互换支付的第一年，假设标准普尔 500 指数的收益率是 7%，那么双方互相支付的金额应当是多少美元？

3. 伯林盖姆银行和 ABC 制造公司签订了为期七年、名义本金额为 7 500 万美元的互换协议，协议条款如下：在今后的七年当中，布林格姆银行同意每年按照 7% 的固定利率向 ABC 制造公司进行支付，同时 ABC 制造公司同意每年按照 LIBOR 的水平向伯林盖姆银行进行支付。

a. 这是什么类型的互换产品？

b. 在互换支付的第一年，如果 LIBOR 的水平是 4%，则双方互相支付的金额应当是多少美元？

c. 假设该互换协议要求 ABC 制造公司按照一年期国库券的利率水平向伯林盖姆银行进行支付，那么这应当是什么类型的互换产品？

4. 美国洗碗机联盟（养老金发起人）和尼朋投资管理公司（一家日本货币管理公司）签订了

一份为期三年、名义本金额为 4 000 万美元的互换协议，协议条款如下：美国洗碗机联盟同意在今后的三年当中每年按照标准普尔 500 股票指数当年的收益率减去 200 个基点向尼朋投资管理公司进行支付，同时尼朋投资管理公司同意每年按照当年日本股票指数的收益率向美国洗碗机联盟进行支付。

a. 这是什么类型的互换产品？

b. 在互换支付的第一年，假设标准普尔 500 股票指数和日本股票指数的当年收益率分别是 18％和 23％，则双方互相支付的金额应当是多少美元？

c. 解释一下为什么这份互换协议可以让美国洗碗机联盟在没有真正投资于日本股票的前提下也能分享到日本股票市场的收益。

5. 请解释一下为什么互换协议与期货合约（或远期合约）比较相似。

6. 林伍德银行筹集了总额为 3 000 万美元的固定利率资金，期限四年，利率水平为 7％。随后，林伍德银行把这笔钱贷放给微技术公司，且该笔贷款的利率水平每年都要调整。微技术公司同意按照 LIBOR 加上 400 个基点的利率水平每年向林伍德银行支付贷款利息。同时，林伍德银行与一家投资银行——高盛公司签订了一份为期四年的利率互换协议，名义本金额是 3 000 万美元，协议的条款如下：高盛公司每年按照 7.3％的固定利率向林伍德银行进行支付，同时林伍德银行每年按照 LIBOR 加 150 个基点的利率水平向高盛公司进行支付。

a. 如果林伍德银行不签订利率互换协议，那么它将面临什么风险？

b. 假设在相互支付日，LIBOR 的值为 3％，则林伍德银行可以实现的利差是多少？

c. 林伍德银行签订利率互换协议达到了什么目的？

7. 几家存款性金融机构提供的定期存单的利率水平与标准普尔 500 股票指数的实际表现相挂钩。

a. 存款性金融机构提供这样的定期存单产品

将面临什么风险？

b. 你认为存款性金融机构应当怎样保护自己，规避 a 中提到的风险？

8. 顶点保险公司购买了五年期债券，利率水平随 LIBOR 浮动。说得更具体一些，债券的利率水平等于当年的 LIBOR 再加上 200 个基点。在购买债券的同时，顶点保险公司与贝尔斯登公司签订了名义本金额为 3 500 万美元的利率下限协议，执行价格为 6％。顶点保险公司同意每年向贝尔斯登公司支付 300 000 美元的费用。

a. 假设贝尔斯登公司计算付款额时 LIBOR 的值为 9％，则贝尔斯登公司必须向顶点保险公司支付多少美元？

b. 假设贝尔斯登公司计算付款额时 LIBOR 的值为 3％，则贝尔斯登公司必须向顶点保险公司支付多少美元？

c. 不考虑顶点保险公司每年向贝尔斯登公司支付的费用，顶点保险公司签订这份利率下限协议并购买了五年期债券以后，在今后的五年中每年锁定的最低收益率是多少？

9. 一家货币管理公司——罗杰斯资产管理公司，与美林证券公司签订了一份为期四年的互换协议。协议条款称如果在每年的 12 月 31 日，德国股票指数 DAX 实现的年收益率大于 15％，则罗杰斯资产管理公司就按照超出 15％的部分向美林证券公司进行支付。同时，美林证券公司公司同意每年付给罗杰斯资产管理公司 300 000 美元的费用。该互换协议的名义本金额是 9 000 万美元。

a. 这是什么类型的互换产品？

b. 谁是该互换协议的买方？

c. 谁是该互换协议的卖方？

d. 执行价格是多少？

e. 如果该互换协议生效的第一年德国股票指数的实际收益率为 24％，则罗杰斯资产管理公司应当向美林证券公司支付多少美元？

10. 信用违约互换的交易双方都是哪些人？他们应履行什么义务？

11. 利率上限协议与期权产品之间有什么关系？

第 5 部分
权益市场

第 13 章

普通股市场（一）[①]

学习目标

学习完本章内容，读者将会理解以下问题：

● 股票都在哪里交易

● 根据在交易所上市交易的股票（包括全国性和区域性股票交易所）、在纳斯达克挂牌的场外交易股票和不在纳斯达克挂牌的场外交易股票，对股票市场进行分类

● 股票交易市场的四种类型：一级市场、二级市场、第三市场和第四市场。

● 纽约股票交易所和纳斯达克市场的结构

● 选择性交易系统，其中包括电子通讯网络系统和交叉网络系统

● 可以替代经纪人的其他交易执行方法

● 交易商在美国的股票交易所和场外交易市场上发挥的作用及受到的监管

● 发行人为什么选择在海外股票市场筹集权益资金

股权证券是公司所有者权益的代表。当公司的盈利以股利形式分配时，股权证券的所有者有权分享公司的盈利；当公司清盘时，股权证券的所有者同样也有权按比例分配剩余权益。普通股和优先股是股权证券的两种主要形式。这两种类型的股权证券的主要区别在于参与盈利和资本分配的程度以及参与盈利分配时的优先顺序有所不同。从一般意义上来说，优先股有权在普通股之前分得固定的股

[①] 本章是与 Frank J. Jones 合著的，很多内容都来源于 Frank J. Fabozzi, Frank J. Jones and Robert Johnson, Jr., "Common Stock," Frank J. Fabozzi (ed.), *The Handbook of Financial Instruments* (New York: John Wiley & Son, 2002)。

利，因此我们更喜欢把优先股称为公司高级证券（senior corporate security）。对优先股的介绍要推迟到第22章，届时我们将讨论公司高级证券。

在普通股交易的二级市场上，投资者通过执行各种各样的交易传递他们关于公司经济前景的预测。这些交易加在一起给出了市场对股票价格的一致意见。于是，公司普通股的成本就被确定了下来。在过去的50多年里，三个相互作用的因素促使这一市场发生了翻天覆地的变化：（1）从传统的小投资者到大机构投资者的转变促使股票市场的机构化趋势越来越明显；（2）政府市场监管方面的变化；（3）创新主要得益于计算机技术的进步。股票市场的机构化对交易系统的设计产生了深远的影响，因为机构投资者的需求与传统的个人小投资者的需求区别较大。

本章我们将会介绍美国普通股市场，下一章我们将介绍普通股二级市场上的交易安排——尤其是为机构投资者设定的各种安排——并对普通股定价的有效性以及这种有效性对投资策略的影响进行介绍。

美国国内股票交易场所概览

在美国，普通股在二级市场上的交易通常都是以两种方式进行的。第一种类型是通过有组织的**交易所**（exchanges）进行，交易所都有具体的**交易大厅**（trading floors），在这里，买卖双方都是面对面进行交易。交易所的交易机制是**拍卖系统**（auction system），拍卖系统指让众多的买者和卖者在一起竞价，最后选择最优价格成交。

第二种类型是通过**场外交易市场**（over-the-counter trading，OTC trading）实现的，场外交易市场通过电信系统将分布在各地的买卖双方连接起来，并不需要具体的交易大厅。交易机制是**协商系统**（negotiated system），通过单个的买方与卖方之间的协商完成交易。

股票交易所市场被称为**集中拍卖专家系统**（central auction specialist systems），而场外交易市场被称为**多市场做市商系统**（multiple market maker systems）。最近发展起来的一种新型普通股交易方法是通过**电子通讯网络**（electronic communications networks，ECNs）运转的，这种新的交易系统增长速度飞快。

在美国，全国性的股票交易所主要有两家，一家是纽约股票交易所（NYSE），通常被称为"主板市场"，另外一家是美国股票交易所（AMEX或ASE），由于其交易要求低于纽约股票交易所，故又被称为"门槛交易所"。尽管2007年4月纽约股票交易所与泛欧股票交易所合并组成纽约证交所—泛欧证交所公司（NYSE Euronext），但我们还是将之称为纽约股票交易所。全国性的股票交易所交易的股票既有美国公司的也有外国公司的。

除了全国性的股票交易所，在纽约之外的很多地方也有很多股票交易所，这些交易所都位于美国的一些主要金融中心城市。一般说来，凡是位于一个国家主要金融中心的股票交易所我们都称之为**区域性股票交易所**（regional stock exchanges)。① 美国的区域性股票交易所主要有波士顿股票交易所、芝加哥股票交易所、费城股票交易所和太平洋股票交易所。

美国最主要的场外交易市场是纳斯达克市场（Nasdaq），全称是全国证券交易商自动报价系统。1998年，纳斯达克和美国股票交易所合并成立了NASDAQ-AMEX集团公司。

纽约股票交易所是美国最大的股票交易所，大约有2 000多家公司在这里挂牌交易。美国股票交易所是全美第二大股票交易所，大约有700多家公司挂牌交易。纳斯达克有更多的公司挂牌交易，但是，市场资本化规模要比纽约股票交易所小。（公司的市场资本化规模等于公司每股市场价值发行在外的股票数量。）

美国1934年通过的《证券交易法》把交易的股票分成两大类。第一个类型是在交易所交易的股票，又被称为上市股票；第二个类型是场外交易股票，或者非交易所交易股票，因此，又可以理解为非上市股票。然而，正如我们后面会提到的那样，有些在纳斯达克市场交易的股票也会遵行特别上市的要求（纳斯达克全国市场和纳斯达克中小资本化市场）。这样，关于交易股票的常见分类就有下面三种：

1. 交易所上市股票（全国性和区域性）
2. 纳斯达克上市交易的OTC股票
3. 非纳斯达克上市交易的OTC股票

随后我们会对这些市场依次进行介绍。

股票交易市场通常分为下面四种类型：

● 一级市场：交易在交易所发行上市的股票
● 二级市场：交易不在交易所上市的场外市场股票
● 第三市场：交易场外市场挂牌的股票
● 第四市场：机构投资者之间的私下交易，这种交易不需要任何经纪人或中间商的服务

股票交易所

股票交易所是正式的组织，经美国证券交易委员会（或美国证监会，SEC）审批并受其监管。这些交易所都是有具体的建筑并由会员组成，会员使用交易所的设备和系统交易上市的股票。在交易所挂牌交易的股票称为**上市股票**（listed stocks）。若要上市，公司必须申请并符合交易所规定的最低资本化、股东权益、平均股价和其他方面的标准。即使公司股票上市了，如果公司不能满足交易所的上市标准，交易所可以对股票进行退市处理。②

---

① 在有些国家，区域性股票交易所是全国性股票交易所的附属机构。

② 公司合并后，股票可以退市，公司也可以自主选择退市。例如，公司可以选择在一家不同的交易所上市，或者在纳斯达克上市。从1976年以后，法律允许普通股同时在一家以上的交易所上市，例如可以同时在全国性的和区域性的交易所上市。

公司或个人若要获取在交易所场内买卖股票或做市的权利，必须在交易所购买**席位**（seat），即他们必须成为交易所的**会员**（member）。席位的数量由交易所确定，而席位的价格由供求双方决定。

两种类型的股票可以在区域性股票交易所挂牌交易：（1）公司股票不满足在全国性股票交易所上市交易的条件或者满足条件但是不选择上市；（2）**双上市股票**（dually listed stocks），即同时在全国性的交易所上市交易的股票。如果当地的经纪公司只购买了区域性股票交易所的会员资格，而因为价格昂贵没有在全国性股票交易所购买会员资格，公司就会可能选择在两个市场都上市。还有一种选择，当地的经纪公司可以运用全国性股票交易所的会员资格服务执行交易指令，不过在这种情况下，经纪公司必须放弃一部分佣金收入。

区域性股票交易所跟纽约股票交易所相比的竞争优势主要是在中小交易执行方面。一些主要的全国性经纪公司经常会将一些交易派发给区域性交易所，因为这些交易所执行交易的成本更低，或者价格更有优势。

纽约股票交易所

纽约股票交易所形成于 1792 年。会员在交易大厅的指定位置以连续集合竞价的方式买卖挂牌上市的股票，该位置被称为交易台。经纪人在交易台代表客户执行买卖股票的指令。**特定经纪人**（specialist）扮演上市股票的做市商的角色。一家会员公司可以被指定为多只股票的特定经纪人，也就是说，同一个交易台可以交易很多只股票，但是每家上市公司的普通股只委派一个特定经纪人。

2006 年之前，纽约股票交易所还是一个单纯的连续买卖交易市场，这样的市场也被称为连续市场或者连续竞价市场。正如我们在第 7 章介绍的那样，在这种以买卖盘驱动的市场中，交易价格是买卖双方在交易日通过连续竞价形成的。另外一种类型的市场结构是具有周期性集合竞价特征的买卖盘驱动市场，被称为**综合市场**（hybrid market），在这个市场上，各种交易指令按组分类，并在事先确定的时间同时进行竞价成交。今天，纽约股票交易所还在同时使用这两种市场模式：连续竞价和集合竞价。更具体点说，纽约股票交易所在每个交易日都是采用连续竞价交易方式，而在开盘和收盘的时候采用的是集合竞价交易方式（股票停止交易和开始交易都一样）。

每个股票的特定经纪人站在某个交易投注站，这些投注站都是围绕着交易所里面的交易台而设立的。每个交易台从根本上说都是各种各样的买卖指令竞价的地方。大多数交易指令都是来自交易大厅的经纪商，并且经由超点（SuperDot）送达。超点是一套电子交易指令传送和报告系统，这套系统通过电子设备将纽约股票交易所全世界范围内的会员公司与交易所大厅的特定经纪人的交易台直接连在一起。纽约股票交易所里面绝大多数的交易指令都是通过超点系统处理的。

除了特定经纪人在交易所是做市商外，会员公司可以为自己买卖股票，也可以代表客户买卖股票。纽约股票交易所的会员公司通常都是经纪人或交易商组织，它们通过公开投资或者雇用经纪人使其在交易大厅以受托人的身份执行客户交易指令。

纽约股票交易所数量最多的会员是**佣金经纪人**（commission broker）。每个佣金经纪人都是近五百家证券交易室的其中一名雇员，他们都是股票经纪人，都在交易所从事相应的业务。佣金经纪人以公司的名义代表客户执行各种交易指令，而费率都是事先协商好的。这些交易室既可以处理它们自己的账户也可以代表客户处理账户。

除了佣金经纪人和特定经纪人之外，还有其他一些交易人员在交易大厅工作。**独立交易厅经纪人**（independent floor brokers）会帮助那些无法单独处理太多交易指令或在执行较多交易指令时需要帮助的交易所其他会员。大厅经纪人会从他们帮助的会员公司那里分到一部分佣金。**注册交易商**（registered traders）是那些用自己账户进行买卖交易的个人会员。有时候，为了更方便地完成交易并节省会费，他们也会以委托人的身份完成交易，不过，他们仍然会保持会员资格。

纽约股票交易所特定经纪人

正如之前所介绍的那样，特定经纪人是纽约股票交易所授权的交易商或做市商，目的是执行竞价程序和通过买卖一个或多个股票来维持市场的有序运转。特定经纪人既可以做经纪人（代理人）又可以做交易商（委托人）。当特定经纪人履行经纪人或代理人职责的时候，他们在他们分派的股票中执行客户的指令，这些指令通过电子渠道到达交易台，或者由交易厅经纪人授权他们当某只股票的价格到达客户指定的价格（止盈价或止损价）时执行交易指令。作为交易商或委托人，特定经纪人在分派的股票中用自己的账户自主买卖股票，目的是维持一个有序的市场。在交易时，特定经纪人要把优先交易权留给公开指令，然后才能是自主交易。

一般说来，如果不是通过超点传递到特定经纪人交易台，纽约股票交易所买卖股票的公开指令都是来自会员公司办公室，并传递给其在交易大厅的工作人员，这些工作人员在交易人群中努力完成这些交易指令（本章后面会讨论投资者要求经纪人执行的各种各样的交易指令）。有些交易指令在交易大厅不会被立即执行，这些指令主要是限价指令和止损指令。如果某项指令是限价指令或止损指令，会员公司的大厅交易员会在交易人群中等待机会，或者将这些交易指令转给股票的特定经纪人，这些指令会进入特定经纪人的**限价指令账户**（limit order book）（或简称**账户**，book），这些指令能否执行就看市场价格与限价价格或止损价格之间能否匹配。随着账户里罗列的限价和止损指令的规模越来越大，它们与当前市场价格也越来越接近。之前这个账户是实实在在存在，而现在都全部电子化了。在2002年1月23日前，只有特定经纪人才有资格看到这些账户信息。特定经纪人享有的这种特权虽然对他们很有利，但是从某种程度上说，这违背了市场公开透明的原则。2002年1月23日，纽约股票交易所宣布公开账户，允许所有的交易者都能看到任何报价的限价和止损指令的总数量，而且还可以从部分经销商那里获取电子版的相关数据。纽约股票交易所的公开账户让市场变得越来越透明。

拥有多元化的参与者是纽约股票交易所的一个非常明显的优势。在交易所，公开指令很少受到中间交易商的干预也能够互相匹配，这样非常有利于形成高效的交易机制，有利于股票公平价格的形成。纽约股票交易所市场的流动性来源于几类主要的投资者的积极参与，包括：个人投资者、机构投资者、既是代理人又是交易商的会员公司、在交易大厅以代理人身份执行公司客户指令的会员公司经纪人、在交易大厅以代理人身份代表其他会员公司处理客户指令的独立经纪人、在交易大厅获得单个证券交易权利的特定经纪人。正是这些各种各样的投资者的参与，才造就了纽约股票交易市场的繁华和多样性。

纽约股票交易所分派的特定经纪人主要发挥四个方面的作用：

1. 作为交易商，在公开买者和卖者临时缺少的情况下用自己的账户买卖证券，而且还必须是在以特定价格执行完所有公开交易指令后才能买卖。

2. 作为代理人，执行经纪人委托给他们的市场交易指令，或者执行等待以特殊市场价格成交的指令。

3. 作为中间媒介人，帮助买卖双方完成交易。

4. 作为拍卖人，提出当前分派给他们的股票的合理的拍卖价格，这个价格能够反映市场的总体供求状况。

在履行这些义务的时候，特定经纪人的角色既是代理人又是委托人。当行使**代理人**（agent）身份时，特定经纪人只需要将客户市价委托指令或者限价指令与止损指令（可能是新指令，也可能是来源于账户）撮合在一起（买或卖）就足够了。当行使**委托人**（principal）身份时，特定经纪人的职责就是要维持一个公开有序的市场环境。法律禁止特定经纪人参与证券交易，除非这些交易能够有助于维持市场的公开和稳定。特定经纪人的唯一利润来源就是他们参与的这些交易，也就是说，他们清楚地意识到作为代理人他们是没有利润可赚的。

公正有序的市场意味着价格是连续的，而且市场深度是合理的。因而，特定经纪人被要求在买卖价格之间维持一个合理可行的宽度，并且在交易中只能对价格进行微调。当有必要提升市场的公平和有序时，特定经纪人就被期望用自己的账户进行买卖报价。他们不能将自己的利益凌驾于公众利益之上，并且当股票价格上下波动剧烈时，有义务用自己的账户与市场趋势做反向操作，目的是维护市场的流动性和持续性。只有当他们的投资活动对营造一个公平有序的市场有益时，他们才可以用自己的投资账户买卖股票。

为了让股票的开盘价合理公正，特定经纪人要在每个交易日开始的时候平衡买卖交易指令。他们参与市场开盘交易的程度仅限于平衡供求双方的力量对比。尽管每天的交易都是通过连续竞价机制实现的，然而开盘价却是通过集合竞价机制形成的，这个价格由特定经纪人决定的。

不论是在开盘交易时还是在全天交易过程中，当买卖双方严重不平衡以致不能保持市场的公正有序运转时，在严格的限制条件下，特定经纪人可以关闭市场（终止股票交易），直到特定经纪人能够决定新的价格，这个价格又能够让买卖双方重新回到平衡点。这些被关闭的交易有些发生在交易过程中，有些发生在开盘交易时，常见的关闭是在开盘交易时，关闭的持续时间可能是几分钟，也有可能是几天。当关闭时间超过一天，甚至是几天时，会员公司会发布一个特别声明。（由于这个原因，很多声明都是在交易日结束后才发布的。）

纽约股票交易所的交易监管人员会对特定经纪人和交易厅经纪人进行监管。当不正常的交易出现或者交易价格出现了严重问题，经纪人想延迟交易开盘时间或中止交易时，就需要事先得到这些官员们的许可。由于他们的作用特别，履行做市商的职责又有必要动用大量资金，因此，特定经纪人不得不接受交易所的有关资本方面的监管。

佣金

1975 年之前，法律允许股票交易所设定最低的交易佣金水平。固定的佣金结构使得佣金率不能随每笔交易中股票数量的增加而减小。例如，经纪人执行一个投资者的 10 000 股的委托，整个成本要比执行 100 个投资者的 100 笔相同股票的委托的成本小。因而，固定佣金不能在经纪人执行委托交易上反映出规模经济的好处。

来自机构投资者的压力使得美国证券交易委员会在 1975 年 5 月，取消了交易所交易股票的最低固定佣金，现在佣金在投资者和经纪人间是完全可协商的。在 1975 年 5 月 1 日，被称为"黑色星期四"的这一天，宣布了经纪人进入服务价格的残酷竞争时期。很多公司破产了，在经纪行业中众多的公司合并组成了新的联合体。

可协商佣金制度的引入为**折扣经纪人**（discount brokers）的出现提供了充分的机会。这些经纪人要求的费率比其他经纪人的费率要低很多，但是除了执行交易指令外，这些经纪人很少提供或者根本不提供任何投资方面的建议。折扣经纪人的出现有效地让个人投资者更多地参与到单个股票投资市场中。

场外交易市场

场外交易市场（OTC 市场）又被称为非上市交易股票市场。从技术上来讲，纳斯达克全国资本市场和小型资本市场其实都是坚持有"上市条件"标准限制的。但是，我们仍然把在股票交易所交易的股票称为上市股票，而把在场外交易市场交易的股票称为非上市股票。

场外交易市场共有三个部分组成：前两个部分都是纳斯达克市场的组成部分，第三个市场是为那些真正非上市的股票准备的非纳斯达克场外交易市场。

纳斯达克股票市场

建立于 1971 年的纳斯达克股票市场是全国证券商协会（NASD）的全资附属机构。受美国证券委员会监管的全国证券商协会是一个私营组织，代表和监管所有场外交易市场上的交易者。纳斯达克股票市场是全国证券商协会的标志性市场代表。

从根本上说，纳斯达克是一个电子通信网络系统，这个系统连接着成千上万名分散在世界各地的市场参与者。它的电子报价系统通过纳斯达克上市股票向市场参与者提供报价信息。尽管它没有中央交易大厅，但是纳斯达克的电子交易系统履行着"真实交易大厅"的功能。超过 4 100 家公司的普通股在纳斯达克系统交易。纳斯达克有超过 500 家交易商，有些甚至是全世界最大的证券公司，作为做市商，一方面，它们提供有竞争力的报价来购买股票，另一方面，它们也积极把纳斯达克上市股票卖给投资者。

纳斯达克市场层次

纳斯达克股票市场分为两个重要的层次：纳斯达克全国资本市场（NNM）和纳斯达克小型资本市场。报纸新闻媒体习惯将这两个层次分离开来（给它们贴上"纳斯达克全国资本市场"和"纳斯达克小型资本市场"的标签）。纳斯达克全国资本市场是美国场外交易市场的主体，占据绝对统治的地位。大约有 3 600 只股票在纳斯达克全国资本市场上交易买卖，而小型资本市场上也有超过 800 家的股票。

想要在纳斯达克两个市场上挂牌上市，就必须满足严格的上市条件，这些条件包括规模、发行者盈利能力、交易量、公司治理、公开透明和其他方面等，不论是首次上市还是持续上市，纳斯达克都对这些方面的要求做了最低标准规定。尽管在公司治理方面，两个层次的市场要求和规定是相同的，但是，在上市财务标准方面，小型资本市场的规定没有全国资本市场的规定那么严格。小型资本市场上的公司成长性都比较好，增长迅速，经常会转到全国资本市场上市交易。在全国资本市场上的发行上市的公司的知名度更高，当然，这个市场上的成交量和做市商规模也更大。在纽约股票交易所和纳斯达克全国资本市场的上市要求中，有一个不同之处是对盈利能力的规定不一样，纽约股票交易所有盈利要求，而纳斯达克则没有。正是因为上市要求比较低，因此有很多新型小公司都愿意到纳斯达克申请上市。

很多满足在纽约股票交易所上市的公司仍然留在纳斯达克，包括微软和英特尔，当然也有部分公司从纳斯达克转到了纽约股票交易所上市。

纳斯达克市场上的做市商要承担的义务越来越多，而且越来越严格。纳斯达克全国资本市场做市商的主要职责是提供连续的买卖报价，这个报价既包括成交价格又包括成交数量。从美国东部时间的上午 9 点半到下午 4 点，这些报价都是非常正式的，意味着任何 NASD 会员向做市商下达了指令，做市商有义务在不低于报价的条件下完成交易。如果交易失败就构成"交易撤回"，会受到监管处理。

更具体地说，纳斯达克全国资本市场的做市商必须：（1）连续提供每 1 000 股（大多数股票）的买卖报价；（2）及时汇报交易情况；（3）交易指令受自动成交系统而不是它们的报价控制，自动成交是通过小型指令执行系统（SOES）实现的；（4）将客户的限价指令整合到适合它们的报价系统中；（5）优先考虑客户的限价指令，不对任何系统提交与纳斯达克报价体系不相符的报价，除非这个系统能够与纳斯达克相联，并能回到纳斯达克体系。在交易完成后的 90 秒内，做市商要通过他们的纳斯达克市场终端向 NASD 报告在全国资本市场上完成的成交价格和成交量。

在纳斯达克市场，很多交易都"内部化"了，这就意味着作为做市商的经纪人或交易商公司都是代表客户在执行交易指令。内部化在交易所是不允许的。

其他场外交易市场

尽管纳斯达克股票市场是美国场外交易市场的主体，但相当多的场外市场发行（大约有 8 000 家）并不是在纳斯达克的两大市场完成交易的。在这些市场上交易的证券都不上市，所以也就没有所谓的上市标准要求。因此，在这些市场上并没有"发行服务"，相反，它们提供的都是"认股人服务"，也就是说，这些认股人可以对那些不在交易所或纳斯达克上市的公司股票提供买卖报价。

排在第一的非纳斯达克场外交易市场的是**美国场外柜台交易系统**（OTCBB），通常又简称为布告栏市场。OTCBB 是由纳斯达克拥有和管理，并接受 NASD 监管的一个交易中介系统。OTCBB 提供约 5 500 种证券的实时报价、上次成交价格和成交量等信息。这些证券包括不在纽约股票交易所、美国股票交易所或纳斯达克上市交易的股票。

排在第二的非纳斯达克场外交易市场的是"粉单市场"（Pink Sheets），现由美国报价局（National Quotation Bureau）所有和管理。在 1971 年纳斯达克市场成立以前，交易商们的报价都是通过纸质版进行的。这些报价单被印刷成粉红色，这也是为什么场外交易市场上的证券被称为粉色股票的原因。粉单仍然坚持每周印刷一次。此外，粉单市场上的电子系统每天都及时更新并把市场数据送到卖方终端。为了让更多的人了解这些股票发行，很多股票的交易价格和交易量要求都比较低，在粉单市场上进行的交易要及时向 NASD 计划局报告价格和数量信息。在粉单市场上交易的股票经常被贬称为"垃圾股票"（penny stocks）。

这是两个唯一的认股市场，任何认股人都能够进入证券报价系统。然而，这些市场上的交易却不是通过报价系统成交而是通过电话成交的。如果交易是在 NASD 成员之间进行的，通常情况下也的确如此，他们都需要向 NASD 报告并由 ACT（纳斯达克交易报告系统）发布信息。

在这两个市场中，OTCBB 市场交易的股票更活跃，OTCBB 市场上交易的股票数量大约有 4 000 多只。

第三市场

一只股票同时在股票交易所和场外市场进行交易，我们称之为**第三市场**（third market）。以前这个市场上的交易商不能成为纽约股票交易所的会员，直到 1999 年纽约股票交易所第 390 号规则被废除，这样，那些非纽约股票交易所的会员就不会受 1975 年之前设定的固定最低佣金的严格限制。第三市场最早是在 20 世纪 60 年代兴起的，当时的机构投资者为逃避固定最低佣金的限制而促使了第三市场的发展。即使在 1975 年之后，仍然也只有少部分交易商积极参与第三市场上的交易，原因主要是当时市场还受纽约股票交易所第 390 号规则的制约。在纽约股票交易所第 390 号规则被废除以后，第三市场上在纽约股票交易所挂牌上市的股票交易明显增加了许多。

与纳斯达克市场一样，第三市场的交易也是通过经纪人或交易商的网络系统进行的，报价信息和内部交易指令都是通过各种工具传递的，而具体交易指令的执行则是由市场参与者完成。第三市场上的做市商在 NASD 的监管下运行。尽管第三市场不属于 NASD，但第三市场上的做市商使用的系统和设备却是由纳斯达克提供的。在 1971 年 NASD 创立了纳斯达克市场后，纳斯达克市场的很多功能都是为在第三市场上交易的股票服务的，这包括为第三市场开设的固定报价服务（Consolidated Quotations Service，CQS）和为第三市场交易提供服务的 CTS。

第四市场：选择性交易系统

有时候交易双方并不需要中间人，也就是说，在执行某项交易时，并不需要经纪人或者交易商提供任何服务。不需要经纪人，而在两个消费者之间直接进行的股票交易，我们称之为**第四市场**（fourth market）。这一市场成长发展的原因跟第三市场发展壮大的原因类似：都源于 1975 年之前交易所要求的最低佣金费率过高。

构成第四市场的是数量众多的私人**选择性交易系统**（ATSs），这些系统是由 NASD 会员或会员附属机构运营的。它们是"经纪人的经纪人"，撮合投资者的交易指令，并通过纳斯达克或第三市场报告市场活动。从某种意义上说，ATSs 类似于交易所，它让交易双方实现面对面交易，并以第三方的身份履行相应的监管职能，监督每个认股人是否满足相应的条件。

广义上讲，ATSs 通常会以两种常见形式中的一种出现：电子通讯网络系统和交叉网络系统。

电子通讯网络系统

电子通讯网络系统（ECNs）是经纪人或交易商私人所有，作为市场参与者在纳斯达克体系运行的。它们及时公布能反映真实交易状况的报价，并为机构和纳斯达克做市商们提供同步进入交易指令的安排。从根本上说，ECNs 是一个有限指令账户，它为可以进入这个账户并完成 ECNs 所公布的交易指令的认股人提供广泛的消息，允许他们进行连续的交易。ECNs 提供公开透明的、自助式的服务，降低了交易成本，因而在处理小单的时候效率很高。ECNs 将公司的买卖信息传递给市场参与者或认股人，而这些参与者和认股人或买或租 ECNs 提供的设备，或者自己建立一条与 ECN 相联的设备体系。ECNs 同样通过最优买卖报价系统与纳斯达克市场相联。从总体上说，ECNs 正是通过网络实现了买者和卖者之间的联系，而不需要经纪人和交易大厅。

最大的三家 ECNs 是电子经纪商极讯（Instinet）、纽约证交所—泛欧证交所的 Archipelago 和纳斯达克 Brut。Instinet 是最早的 ECN，1969 年就开始运行，也是交易量最大的 ECN，1987 年被路透社控股公司收购。Instinet 是纳斯达克会员经纪人，能够买卖同时在纳斯达克和交易所上市的股票。最开始的时候 Instinet 是为机构投资者设计的交易系统，是交叉网络系统，但是现在做市商也成了 Instinet 的重要参与者。从交易量的角度来看，纽约证交所—泛欧证交所的 Archipelago 是世界上第二大的 ECN。

交叉网络系统

这一系统的发展允许机构投资者可以交叉买卖，通过计算机网络，直接实现买卖双方的交易要求。**交叉网络系统**（crossing networks）就是这样的批处理系统，能够集合所有的交易指令在特定时间执行交易。交叉网络系统提供匿名服务，而且可以降低成本，是专门为最小化交易成本而设计的交易系统，这个在后面还会做介绍（市场影响成本）。它们参与市场结构的途径和方法多种多样，包括认股人输入的指令信息类型和参与者可获得的公平透明信息的数量。一个常见的交叉网络系统的例子是投资技术集团（ITG）安置。这个系统不是简单的交易指令匹配系统，更进一步，它能够在最优化系统流动性的同时最大化地匹配投资组合的买卖。

交易指令的执行

交易指令被经纪人下达后是如何被执行的，理解这一过程是非常重要的。其原因就在于经纪人最大化地执行交易指令会影响交易执行价格，从而从总体上影响交易成本。

一旦交易指令被接收，经纪人就要考虑到哪个市场上执行这个交易指令。我们前面介绍了执行不同交易指令的各种市场。对于在全国性交易所上市的股票，经纪人可以在全国性交易所、区域性交易所或者第三市场上执行交易（例如，一家公司准备以公开的价格买卖上市公司的股票）。区域性交易所和第三市场做市商会劝导经纪人将各种交易指令交由它们执行。交由它们执行的成本是每笔交易收一小笔钱或一股，甚至更多，这一做法被称为**指令流出支付**（payment for order flow）。如果没有得到客户的同意和认可，经纪人是不能这么做的。当开好账户后，经纪公司必须以书面形式通知客户，不论他们是否收到指令流出支付。这种通知每年都需要提供。此外，当交易确认时，不论经纪人是否收到指令流出支付，都必须告知客户。如果客户不同意，可以向经纪人咨询，从而获得更多的相关信息。

如果指令是针对场外市场的股票而不是交易所交易的股票，经纪人可以向纳斯达克做市商发出该股票的交易指令，这样，就会从纳斯达克做市商那里出现新的指令流出支付。

经纪人的另外两个选择是：（1）将指令转给 ECN，在那里交易会按照特定的买卖价格自动匹配；或者（2）将指令分给经纪公司另外一个分部，从公司存货中完成交易，这一选择又被称为**内部化**（internalization），由经纪公司赚取买卖价差。

投资者有权要求经纪人用特定的方式执行交易。然而，这一权利并不是免费的，因为经纪人会对此提出额外的收费。不过，对那些交易活跃的投资者来说，经纪人可能会免费为他们提供这方面的服务。

当经纪人有权选择如何执行交易的时候，他们同时也肩负在所有可供选择的范围内帮助客户实现最优交易的义务。也就是说，经纪人在执行交易的时候，必须全面评估所有来自客户的交易指令，从而周期性地确定最优的交易方式。在选择最优交易地点时，经纪人要考虑的因素包括最优交易实现的可能性（例如，改进价格）、交易执行的速度以及交易最终被执行的可能性。

普通股交易的其他类型

其他可供投资者选择的普通股交易工具和证券类型包括下面几种。

离岸交易

经纪人或交易商通过国外交易所（例如，百慕大股票交易所）交易上市股票或者纳斯达克证券，或者通过国外交易部（例如，经纪人的伦敦办公室）实现场外市场交易。总的来说，这些交易都会在交易的第二天反馈到美国的交易市场（通常是第三市场）。

144A 规则证券

1990 年 4 月，美国证券交易委员会（SEC）通过了 144A 规则，这一规则通过提供"安全港口"的方式来规避 1933 年《证券法》中的注册登记要求，目的是方便合格的机构投资者（QIBs）在二级市场上交易那些没登记的证券。QIBs 是那些将上亿元资金投资到各种证券的机构，这些证券的发行者并不附属于任何有资质的买方。从根本上讲，144A 规则允许没有登记的证券发行并可以被有资质的机构购买。

美国存托凭证

美国存托凭证（American depositary receipts，ADRs）是注册形式的可转让证明，由某家美国银行在美国本土发行，证明是国外公司在美国发行的特别股票，这种股票存托在上市公司所在国银行的海外分支机构，并由上市公司所在国银行行使保管者职责。

ADRs 为那些准备投资于国外公司股票的投资者提供了机会，这些投资者可以买入、持有或卖出这些外国证券，而不需要真正持有这些证券；同时，还能够很方便地分到股利和行使投票权利。ADRs 持有者可以在任何时候要求实现对应的基础股份。相应地，ADRs 使得那些还没有在美国股票交易所上市的外国公司股票有机会进入美国公开资本市场。通常情况下，只有那些在被认可的外国股票交易所交易的股票才能够发行 ADRs。本章后面还会对 ADRs 的相关内容做进一步的探讨。

交易所和场外交易市场上经纪人的作用与监管

在第 7 章我们介绍了经纪人在二级市场上的重要作用。交易所和场外交易市场之间的重要结构性差异会大大影响经纪人的活动。最主要的差别在于交易所使用的是单一的做市商形式，而场外交易市场允许多个做市商同时存在。在股票交易所，每只股票的单一做市商或者经纪人是前面提到的特定经纪人。

每个特定经纪人为一只特定的股票服务，交易所没有其他的做市商会参与竞争。这是否就意味着特定经纪人处于垄断的位置呢？不一定。特定经纪人会面临其他几个方面的竞争。群体中的经纪人可以通过公开市场或者限价指令与特定经纪人展开竞争。在股票在很多交易所上市的情况下，就会有来自其他交易所的特定经纪人的竞争。由于在 1999 年晚些时候撤销了 390 规则，因此特定经纪人还面临来自场外市场上交易商的竞争。最后，当涉及大宗股票买卖时，特定经纪人还要与更高级的市场进行竞争（下一章将会详细介绍大宗买卖）。

在场外市场上，经纪人的数量取决于股票交易量的大小。例如，一只交易活跃的股票可能有 60 多个经纪人。如果一只股票交易不够活跃，经纪人的数量可能就会只有一两个。当某只股票的交易开始活跃时，没有任何限制条件阻止更多的机构成为这只股票的经纪人，除非资本金方面有特别的要求。来自更多经纪人的竞争——或者说新进入的经纪人带来的挑战——会促使买卖价差变得更加有竞争力。此外，更多的经纪人资本供给能力也会更大，这比特定经纪人作为唯一做市商更有利于市场的发展。

那些主张场外市场优于有组织的股票交易所的人都认为数量众多的经纪人会带来更高层次的竞争和为所交易的股票带来更多的资本金。然而，股票交易所却坚持认为场外市场上的经纪人对股票所肩负的职责与交易所内的特定经纪人所肩负的职责是不一样的。在纽约股票交易所，我们说过，特定经纪人有维持市场公平有序的义务。如果不能履行这一义务，就有可能失去特定经纪人的身份。而在场外市场上，经纪人则没有在市场大幅波动或不确定的情况下维持市场交易活动稳定的义务。

总之，纽约股票交易所的特定经纪人有责任维持市场的公平有序。纳斯达克全国资本市场的做市商们的职责更加明确，需要为每千股的交易提供连续的买卖报价（包括绝对大多数的股票）。然而，这两个市场上的做市商都规避调控市场环境的义务。如果纽约股票交易所的特定经纪人不能维持市场的均衡和稳定，在交易所管理部门的同意下，他们可以选择关闭市场，直到他们有能力再次让市场回到均衡状态。同样地，在纳斯达克市场，如果公司有新的新闻要公告，或者出现发行人行政管理部门不能实现的非正常交易，做市商们也可以选择放弃他们维持市场稳定的义务。纳斯达克同时还在考虑向美国证券交易委员会申请更大的权限来阻止或取消股票异常交易。

一方面，在纽约股票交易所，80% 的股票交易直接在买者和卖者之间进行，也就是说没有中间商可以赚取差价。这样的话，双方只需要为他们的经纪人支付相应的服务费就足够了。交易所也只对单笔交易超过 2 100 股的指令征收少量的费用。而另一方面，纳斯达克市场上的大多数交易都是通过做市商完成的，做市商可以从买卖价差中赚取利润。

始终存在的证券讨论仍然在继续：投资者能从有着充足流动性的高度集中的市场中获得收益吗？在这个市场上定价都是很精准的，而且就像在纽约股票交易所从事的交易那样，对不确定的垄断还面临着被制裁的风险。或者，投资者可以从众多做市商的相互竞争中获得收益，就像纳斯达克所演绎的那样？美国证券交易委员会关于这两个市场上交易费用的研究结果表明这一争论可能还会持续下去。

监管规则的背景

在 20 世纪 60 年代和 70 年代早期，美国股票二级交易市场上的分割现象越演越剧烈。在**分割的市场**（fragmented market）上，很多特定股票的交易指令很难与其他市场上的交易指令相匹配，交易变得越来越难。单只股票出现的分割现象的典型代表就是可以在不同的交易所和场外交易市场上买卖该只股票。购买 IBM 公司股票的交易指令可能在 IBM 通过特定经纪人系统上市的任意交易所得到执行。或者，也可以通过大宗交易系统在第三市场上实现交易指令。这样，对各种交易指令的处理就取决于这个指令到底是在哪个市场上被执行。同时交易指令的处理方式不同还跟交易指令规模的大小紧密相关，即便是同一只股票在同一个交易所进行交易也存在这一问题。

很多公共政策的制定者们开始关注投资者可能并没有享受最优的交易买卖，也就是说，很多经纪人代表客户执行的交易其实并不是以可获得的最优价格实现的交易。另外一个引起他们关注的焦点是二级交易市场上不断增长的股票交易分割行为并没有及时向公众公布。这一发布方面的过失之所以存在，原因就在于很多发生在第三市场和区域性股票交易所的交易行为并没有在股票上市的全国性交易所及时向公众公布。

在综合考虑这些关注问题的基础上，美国国会在 1975 年重新修订了《证券法》。这部法律中最重要同时也是关联度最高的条款是第 11 款 A（a）（2），它对 1934 年通过的《证券交易法》做了重要的修正，并允许美国证券交易委员会"为方便证券交易可以帮助建设全国性的市场体系"。美国证券交易委员会开始实施和构建全新的全国市场体系（NMS），目标分为六个部分，波斯纳（Posner）将这些归纳为如下几点:[1]

1. 在自动报价的基础上向公众完整报告交易的系统（统一行情汇总系统）；

2. 集中和显示买卖报价的综合系统（综合的报价系统）；

3. 买卖证券的交易指令和完整的交易报告可以从一个市场传输到另外一个市场的系统（市场联系系统）；

4. 消除对交易所会员在影响挂牌上市证券的场外柜台交易方面的限制（离岸交易规则）；

5. 对限价委托指令实施全国范围内的保护，防止在其他市场上以更低的价格执行；

6. 界定有资格在 NMS 上进行交易的证券规则。

---

[1] N. S. Posner, "Restructuring the Stock Markets: A Critical Look at the SEC's National Market System," *New York University Law Review* (November/December 1981), p. 916.

这六个方面要求在技术、法律或者是两个方面都作出调整和改变。例如，统一行情汇总系统、综合的报价系统、市场联系系统和对限价委托指令实施全国范围内的保护都要求在技术上作出调整。消除离岸交易方面的限制和界定在 NMS 上进行交易的证券资格则需要在法律方面作出调整。事实上，这两个方面的改变都是必需的。

总之，SEC 面临的根本性问题是如何重新设计全国市场体系。是以电子通讯的方式交易呢，还是继续沿用原来的交易大厅模式？新建立的电子通讯系统难道不应该与现有的交易所连接吗？在实践了几个实验性的方案后，SEC 为上市股票确定了新的安排和制度。这些安排包括两大系统：**跨市场交易系统**（ITS）**和统一行情报价系统**（CQS）。跨市场交易系统从 1978 年 4 月开始运行，它是股票在交易所挂牌交易或在场外市场交易时，显示所有交易报价情况的电子系统，为跨市场执行交易指令提供方便。统一行情报价系统是一个显示在不同市场上市交易的股票报价情况的系统。这些系统的投入使用大大提高了跨市场之间的交易，降低了市场分割情形。

尽管波斯纳强调的六个方面加快了市场统一化进程，然而，不管是技术面还是法律面还有许多工作要做。

纳斯达克定价争论

1994 年经济学家威廉·克里斯蒂（William Christie）和保罗·舒尔茨（Paul Schultz）就纳斯达克市场的经纪人行为提出了一个新问题。他们发表的文章揭示很多在纳斯达克市场上交易的股票买卖价差都是八分之一的偶数倍，如八分之二，也就是说每股买卖价差是 0.25 美元。[①] 按照克里斯蒂和舒尔茨的观点，八分之一的奇数倍报价的缺失表明存在经纪人为了扩大差价或提高自己的利润而暗箱操作或者勾结密谋的可能，至少这是不透明的。这一研究让很多纳斯达克的经纪人面临法律起诉，尽管很多经济学家公开表示了他们的怀疑，认为不可能有 500 多名经纪人同时秘密地、长时间地串通操作。[②]

在克里斯蒂和舒尔茨研究结果的影响下，1994 年 SEC 和美国司法部（DOJ）指控纳斯达克市场上很多一流的经纪人合谋以固定报价的方式让普通投资者在股票交易时多支付几十亿美元的成本。这些调查发现经纪人（做市商）在滥用报价差价，这样买卖价差的报价就被人为地扩大了。

SEC 指控带来的另外一个结果是在 1997 年 1 月，美国权益市场开始实施两个新的交易处理规则（OHR），这两个规则实施的目的是从根本上改变原来纳斯达克市场的做法。第一个 OHR，又被称为"限价指令显示规则"，要求做市商在客户限价指令优于做市商报价时显示全部的限价指令。这就意味着最优的限价指令全部公布在市场参与者面前。第二个 OHR，又被称为"报价规则"，要求做市商向公众公开地显示他们具有竞争力的报价。此前，做市商只是将交易指令输入专有

---

① William G. Christie and Paul Schultz, "Why Do Nasdaq Market Makers Avoid Odd-Eighths Quotes?" *Journal of Finance* (December 1994), pp. 1813–1840.

② William Powell, "Economists Group Says It's 'Skeptical' About Allegations of Nasdaq Collusion," *Wall Street Journal* (September 19, 1995), p. A8.

系统中，而这些输入进去的报价比他们对外公布的报价更有优势。这些专有系统的价格只有专业人士才能看到。此外，为个人投资者创造更多的交易平台和更多的交易指令处理规则，能够帮助提高价格和缩小报价差价，从而更好地提高市场的流动性和扩大市场深度。

1999 年 1 月 11 日，SEC 宣布了此前提出指控的最后处理结果，对 28 家被指控从事纳斯达克价格串谋的华尔街金融公司开出了 2 600 万美元的罚金。除了这 2 600 万美元的民事处罚外，这些公司还同意归还非法盈利所得的 79.2 万美元。但这些公司并没有承认或者说否定了它们的做法是错误的。此外，除了 1996 年 SEC 的解决方案，在其他方面，NASD 同意在未来 5 年拿出 1 亿美元来提高市场监管水平。

克里斯蒂-舒尔茨争论还带来了其他方面的成果。美国司法部开始对纳斯达克做市商们展开反信用调查，SEC 也开始对 NASD 开展相应的调查。司法部的调查最终以与纳斯达克做市商被告方达成一致意见而结束。SEC 对 NASD 的调查也以和解而告终。按照 SEC 的解决方案，NASD 既不承认也不否认犯法，并且接受 SEC 的指责，同意进一步加强监管。

克里斯蒂和舒尔茨的研究同样还引起了另外一起调查，这项调查由新罕布什尔州的前参议员沃伦·罗德曼（Warren Rudman）组织，目的是重构 NASD。罗德曼委员会在 1995 年秋季的时候公布了调查报告。报告认为自我监管完全是行得通的。不过，报告同时还指出，考虑到 NASD 的特殊情况，NASD 的监管职责和 NASD 负责纳斯达克运行的职责完全有必要分开来。委员会建议 NASD 分为两个重要的部门，每个部门都有自己的首席执行官和相应的董事会。董事会的组成人员中至少要有一半人来自证券业以外。罗德曼委员会的建议被 NASD 接受并且得到了有效地执行。1996 年 2 月，一个新的 NASD 附属机构——NASD 管理公司（NASDR）开始运行。1996 年 10 月，纳斯达克股票市场公司也正式运转起来了。

SEC 成本研究

当 20 世纪 90 年代中期的经纪人定价丑闻慢慢消退以后，纳斯达克稳步地提升了它在公众面前的形象。然而，在 2001 年 1 月 8 日这一天，SEC 公布了一项研究，这项研究表明对很多交易指令而言，在纳斯达克市场上执行交易与在纽约股票交易所执行交易相比，投资者获得的价格更糟糕。这项研究是在考察 2000 年 6 月 5 日那一周纽约股票交易所和纳斯达克市场上股票交易成本的基础上得出的。

SEC 的研究发现对买卖数量在 100 到 499 股之间的交易指令而言，包括纳斯达克市场最大公司股票除外的所有股票，每股的买卖价差在 5.7 美分到 10.9 美分之间。抵消了对纳斯达克市场的这一不利研究结果的是，研究还发现对于买卖数量在 100 到 499 股之间的小规模交易，纳斯达克市场的交易指令执行速度比纽约股票交易所要快 10 到 19 秒；而当买卖数量在 500 到 1 999 股之间时，交易指令执行速度基本没有差别；而当买卖数量在 2 000 到 4 999 股之间时，纽约股票交易所的速度要比纳斯达克快 29 到 47 秒。研究还发现纽约股票交易所的限价指令比纳斯达克市场上的限价指令要多。[1]

不过，研究同时表明，纽约股票交易所和纳斯达克市场结构上的差异解释了成本上存在差异的原因。正如本章前面的讨论所描述的那样，纽约股票交易所是一个集中代理拍卖市场，超过 80% 的股票成交量是在交易大厅完成的。这一交易过程为买卖双方直接交易提供了最大化的机会。相反，纳斯达克则是分散化或者说"分割化"的交易模式，不需要做市商或 ECN 为主要的交易量负责。因此，与纽约股票交易所的特定经纪人相比，纳斯达克市场上的经纪人（又被称为做市商）占据交易指令的大头。这样的话，对于在纳斯达克上市交易的股票而言，普通的投资者不大可能从买卖报价中获益（也就是获得"价格收益"），因为做市商把这部分差价以利润的方式赚走了。而在纽约股票交易所，买卖双方就成交价格直接谈判，这就意味着或买方、或卖方乃至买卖双方都有可能分享这个差价。

从总体上讲，经纪人总是试图通过向客户提高报价来赚取利润，他们在纳斯达克市场上参与越多，客户为此付出的交易成本就越高。因此，纽约股票交易所和纳斯达克市场上交易成本的差异可能就是由这两个市场上的经纪人制度不同而引起的，纳斯达克实行的是做市商制度，而纽约股票交易所实行的是拍卖制度。

纳斯达克支持者同时还指出在纳斯达克上市的股票都是中小型技术企业，这些企业的股票波动性都比较大。这一特征可能也造成了两个市场上的交易成本有所差别。

百分位报价改革

1997 年 6 月 5 日，纽约股票交易所决定采取百分位报价系统，也就是每笔交易的最低报价单位是 0.01 美元（1 美分）。在那之前，实际报价操作都是八分位进制。但从 1997 年 6 月 24 日起，纽约股票交易所使用的都是十六位进制（1/16 作为最小的报价单位，1/16 美元等于 6.25 美分），最初使用百分位报价是在 2000 年初。

在很多分析师看来，百分位报价的改革措施堪比 1975 年 5 月实施的终止固定佣金措施。自从固定佣金制度被废除后，很多经纪公司第一次在佣金收费上展开竞争，从此价格竞争变得越来越激烈了。尽管百分位报价改革不一定会有废除固定佣金改革那样的结果，但毫无疑问，买卖价差肯定会有所缩小。此外，百分位报价改革还提供了一个全球统一的报价方式，也就是说，美国证券的报价与世界上其他国家的报价一致了。

从 2001 年 1 月 29 日开始，纽约股票交易所和美国股票交易所在交易所有股票时都采用了百分位报价系统，这一天又被称为"百分位星期一"。[2] 纳斯达克市场从 2001 年 4 月 9 日开始采用百分位报价系统。

---

[1] Greg Ip and Michael Schroeder, "SEC Price Study Deals Blow to Nasdaq." *Wall Street Journal*（January 9, 2001）pp. C1, C4；and Gretchen Morgenson, "A Friendlier Nasdaq: Work in Progress," *New York Times*（January 9, 2001），pp. 1, 12.

[2] Michael A. Goldstein and Kenneth A. Kavajecz, "Eighths, Sixteenths, and Market Depth: Changes in Tick Size and Liquidity Provision on the NYSE," *Journal of Financial Economics*（April 2000），pp. 125－149.

由于股票在交易时，采用百分位报价增加了股票的价格数量，因此这带来的一个重要影响就是很大规模的交易指令必须通过很多次的交易才能完成，而不像之前只需要一次大规模的交易就可以完成。例如，以前买 1 万股时，可以通过以 $30\frac{1}{4}$ 的价格买入 7 000 股和以 $30\frac{5}{16}$ 的价格买入 3 000 股完成交易，而在百分位报价系统下，可能需要在六个不同的百分位水平上进行六次交易才能最终完成这笔交易。这样做导致的结果是，在某一单个价格水平（例如，某个百分位价格）上减少了市场深度，并且会引发更多的经纪公司来处理越来越多的交易指令（而总的交易量却没有变化）。[1]

尽管市场上真实的买卖价差并没有降到 1 美分，但是较之前的 $\frac{1}{16}$（6.25 美分）相比，还是下降了很多。当然，买卖价差的下降对个人和机构投资者来说都是有利的，但是，对经纪人、交易商和做市商来说，就不是什么好消息。

引入百分位报价系统一直是存在争议的，因为结果并不是非常明显。一些人认为纽约股票交易所的特定经纪人通过百分位报价系统对大型机构的交易指令以 1 美分为单位进行报价赚取了大量的盈利。

公开披露规则

2000 年的时候，尽管面临华尔街众多公司的反对，SEC 还是通过了一项规则，禁止有选择性地公布公司的相关信息，要让个人投资者更方便获取相关的信息。2000 年 10 月 23 日，该项规则开始生效。**公开披露规则**（Regulation FD）是一个新的选择性披露规则，要求那些首次或有选择性地向权益分析人士和机构资金管理人员披露的诸如收益和收入预测等消息，应该在相同时间向所有的投资者披露。

互联网彻底改变了投资者接收股票价格、报价和成交量等信息的方式。而此前投资者获取相关信息则是通过报纸或其他周期性刊物，而且它们刊登的信息都会有所延迟，而现在投资者可以在第一时间就获得相关信息了，与交易所和其他金融专业人士一样方便及时地获取信息。公开披露规则要求其他的一些公司特别信息，也应该像市场上股票的价格和报价信息那样，让公司的所有投资者在同一时间获知。这样的话，由公司组织和发起的各种会议对专业分析师来说就变得特别重要，正是这些会议，而不是他们与公司的私下会晤，让他们可以获得公司的最新消息。那些之前可以通过非正式渠道和非公开方式获取信息的机构投资者宣称现在公司所有的消息都会事先保密直到正式发布，这种所有信息在同一市场传播容易导致市场波动。不过，最终的结果还有待观察和确认。

超级蒙太奇

2001 年 SEC 同意纳斯达克上报的通过使用超级蒙太奇系统集中显示最优股票

---

[1] Jeff D. Opdyke, "NYSE Adds Decimals, Subtracts Fractions," *Wall Street Journal* (January 29, 2001), pp. C1, C2.

报价行情的计划。这一计划最早提出是在 1999 年 10 月 1 日,在考虑 ECN 的不同意见和其他担心在纳斯达克失去市场业务的群体的意见的基础上才被批准的。

超级蒙太奇可以让投资者看到纳斯达克市场上的三档最优报价,这样做大大增加了市场的透明度。在超级蒙太奇计划实施之前,纳斯达克屏幕只能显示上下各一档的买卖交易指令。投资者如果想了解次优的报价情况就要通过 ECN 查找。纳斯达克的这一计划是将 9 个分散的 ECN 基于网络的搜索系统连接起来,这样几十个经纪人就可以从他们各自的存货中执行交易指令。ECN 和经纪人都可以通过超级蒙太奇进入报价系统。[1]

通过超级蒙太奇,纳斯达克对 1997 年由 SEC 执行的交易指令处理规则的应对措施发生了变化,目的是为了让投资者了解最优的报价情况。超级蒙太奇系统让纳斯达克成了运行更加便利的股票交易所,由于集中显示了市场上股票的报价情况,从而减少了对做市商的网络系统的使用。通过整合更优的执行方式和更全面的报价显示,新的系统让做市商从报价中获得盈利变得越来越难了。

国外指定支付地点的股票交易

公司的股票既可以在本国股票交易所上市交易,也可以在国外股票交易所上市交易。很多大公司的股票都是同时在好几个国家的股票交易所上市交易。实际上,公司股票在多个股票交易所上市交易是一个越来越普遍的现象。

各个国家和交易所对在本地交易所上市交易的外国公司股票所提的要求和准备都不一样,这主要跟本国和本地交易所的国际化目标及导向相关。希望在美国交易所上市的外国公司将会面临更高的成本和更加严格的披露条件。不过,在其他国家,对外国公司股票在本国交易所上市交易的规定则没有那么严厉。

一家公司之所以选择到国外上市主要有以下几个方面的原因:首先,公司都追求在全球范围内分散化其资本来源,希望当面临新的投资项目时,能够在全球范围内实现各种方式的融资。其次,公司认为股权国际化分散可以减少被国内相关企业接管的担忧。最后,公司希望通过在国外上市提高知名度和声望,从而提高它们的销售收入。[2] 研究也倾向支持公司股票在多个市场上市。那些股票在不同国家交易所上市的公司一般都是规模比较大的公司,而且有相当一部分的销售收入来自国外。[3]

一个重要的问题是当股票在不同的市场上市交易时,是不是交易价格也应该有所不同呢?答案是"不",其原因就在于投资者可以在任何市场进行买或卖,通过套利活动消除价格差。如果在 X 国家的股票价格明显低于在 Y 国家的价格,投资者就会在 X 国家市场上大量买进股票,而同时在 Y 国家市场上大量卖出股票。

① Michael Schroeder and Greg Ip, "Plan to Upgrade Nasdaq Trading Passes the SEC," *Wall Street Journal* (January 11, 2001), pp. C1, C20.

② Bruno Solnik, *International Investment*, 2nd ed. (Reading, MA: Addison Wesley, 1991), pp. 112 - 113.

③ Shahrokh M. Saudagran, "An Empirical Study of Selected Factors Influencing the Decision to List on Foreign Stock Exchanges," *Journal of International Business Studies* (Spring 1988), pp. 101 - 127.

投资者会连续买卖，一直采用这个战略，直到两个市场上的股票价格趋向一致。价格差的减少会大大降低套利盈利。当套利盈利所得与交易成本基本相当时，投资者就会停止套利活动。因此，当各种各样的交易费用，包括佣金、税收和汇率成本全部被考虑进来后，在不同市场上交易的任何股票价格都应该是相同的。

全球存托凭证

当公司的股票在不同国家市场上交易时，不论股票是不是在外国市场上发行的，它们都被称为**全球存托凭证**（global depositary receipt，GDR）。GDRs是由银行发行的，用来证明拥有外国公司潜在股票的所有权，而发行银行以信托方式拥有对外国公司的控制权。每一份GDR代表着一股或多股公司的普通股股票。GDR这种融资结构对公司的好处在于公司不需要满足它准备在其中上市交易的外国市场所提出的严格要求和条件。GDRs通常但不总是由发行公司发起的。也就是说，发行公司通过与当地银行合作，以销售GDRs的形式在外国市场发行普通股。

以美国GDR为例，美国的GDR就是本章之前讨论过的ADR。对于特定的外国公司，如果它同时发行GDRs和ADRs，我们就简称其发行了DR。美国市场上ADRs融资形式的成功引发了全球市场上GDRs形式的流行。ADRs是以美元的形式标价的，而且是以美元的形式发放股利的。尽管ADRs是用美元定价，发放股利也是用美元，但这些支付的基础仍然是母国股票的货币形式。这样，公司母国的货币与美元之间的汇率波动就会影响ADRs的美元价格和股利发放。

ADRs可以以两种形式被创造出来。第一种形式，一家或多家银行，或者经纪公司可以认购和包销外国公司的绝大多数股票，然后在外国公司不参与的情况下发行ADRs，这种形式被称为**无发行人的ADRs**（nonsponsored ADRs）。纽约银行是美国发行ADRs方面的佼佼者。第二种形式，也是更常见的形式，是**发行人ADRs**（sponsored ADRs），外国公司希望自己的股票能在美国市场上买卖交易。在这种情况下，只有一家存款银行会发行ADRs。发行公司会像ADRs的持有者们提供英语版的周期性财务报告。

通过金融创新和构建，ADRs并不是直接持有公司的股票，而是以基础证券为基础，持有由金融机构创造出来的金融衍生品。通常情况下，ADRs的持有人并不享有选举权或优先权。如何区别对待ADRs持有人和股票持有人取决于公司的意愿。不过，有时候，这个差别在实际中并没有得到体现。[1]

ADRs可以在两个主要交易所（NYSE或AMEX）中的一个上市交易，也可以在场外市场交易。无发行人的ADR通常都在场外市场交易。因为ADRs可以根据投资者的要求被连续创造出来，因此它能够像本土市场上的证券那样提供相同的交易流动性。

美国投资者更愿意买卖跨国公司的ADRs而不是直接持有公司的股票，原因在于投资者们发现买卖ADRs有这么几个方面的优势。首先，投资者可以在美国

---

[1] Craig Karimin, "ADR Holders Find They Have Unequal Rights," *Wall Street Journal* (March 1, 2001), pp. C1，C15.

交易时间内按照美国的交易方式在美国市场上（交易所或场外交易市场）买卖股票。其次，投资者都是以美元买卖股票或者收到股利的，而不是外国货币，虽然之前提到过，投资者可能会因此承担汇率波动的风险。最后，投资者面对的是美国托管人而不是全球托管人，这让工作变得更加简单，还可以降低成本，在有些情况下，还能够避免一些国家的特别税。

欧洲股权

很多公司为了给在海外的子公司筹资或者降低权益融资的成本会选择在本土市场外发行股票。事实上，很多新股发行的时候，会同时在好几个国家的市场上同步进行。**欧洲股权**（Euroequity）这个术语描述的就是由国际辛迪加集团同时在几个国家发行股票的情形。此外，美国的很多公司除了在美国本土发行股票外，也参与全球股票发行，包括留一部分股票在欧洲市场上发行。这部分新发行的股票被称为**欧洲股权分批发行**（Euroequity tranche）。同样，欧洲的公司也可以在美国市场上发行类似的股权。欧洲股权市场的创新不仅仅是发行证券或融资结构方面的创新，更进一步，这个创新意味着创立了在同一时间不同国家的市场上同时买卖和分销股票发行的有效国际体系。

最大的欧洲股权发行是 1996 年 11 月由德国电信 A. G. 公司完成的，此次发行共募集资金 133 亿美元。

小　结

普通股代表着公司的所有者的利益。在美国，普通股的二级交易市场发生在一个或多个交易场所：两个主要的全国性股票交易所（NYSE 和 AMEX），五个区域性股票交易所和场外交易市场（纳斯达克市场体系）。最近新出现的选择性交易系统包括电子通讯网络系统和交叉网络系统，为股票交易提供了新的交易方式。

交易所和场外交易市场最重要的结构差异在于交易所实行的是单一做市商、交易商或者针对单只股票的特定经纪人，而场外交易市场对单只股票的经纪人数量并没有严格的限制。两种类型的做市商都有维护和监管市场的责任和义务，虽然这些责任和义务有很多的区别。

普通股发行者可以通过在全球范围内发行股票来降低融资成本，扩张它们的所有权范围，以及在国际范围内提高知名度。通过 ADRs 和 GDRs 的形式在其他国家实现股票上市交易可以帮助完成这些目标。股票的交易方法在全世界范围内变化很大。电子辅助做市商交易已经在全世界范围变得很普及。纽约股票交易所和其他的美国股票交易所是世界上为数不多的有交易大厅并且通过特定经纪人拍卖完成交易的交易所。因此，做市商系统变得越来越普遍而特定经纪人则越来越少见。

关键术语

代理人	美国存托凭证	账户
选择性交易系统	拍卖系统	集中拍卖专家系统

佣金经纪人	分割的市场	布告栏市场
统一行情报价系统	全球存托凭证	场外交易市场
交叉网络系统	综合市场	指令流出支付
折扣经纪人	独立交易厅经纪人	本金
双上市股票	跨市场交易系统	区域性股票交易所
电子通讯网络系统	内部化	注册交易商
会员	限价指令账户	公开披露规则
协商系统	上市股票	席位
欧洲股权	交易大厅	特定经纪人
欧洲股权分批发行	多市场做市商系统	发行人 ADRs
交易所	无发行人的 ADRs	第三市场
第四市场		

思考题

1. "在纳斯达克交易的股票是非上市股票。"请说明你为什么同意或不同意这一说法。

2. 当纽约股票交易所被认为是"公开有序的市场"时，这意味着什么？

3. 解释一下为什么纽约股票交易所被描述成"综合市场"？

4. "粉单市场"和"布告栏市场"意味着什么？

5. a. ECN 指的是什么？

b. 举三个例子说明 ECN。

6. 下面的引文引自 1990 年 1 月 30 日《纽约时报》对纽约股票交易所主席——威廉姆·唐纳森（William Donaldson）的采访：

> 理解拍卖市场相对于交易商市场的优势非常有必要。拍卖市场允许买方和卖方一起决定价格而不需要交易商参与。这与交易商市场截然不同，在交易商市场中交易所代表交易双方，交易商创造差价而不让买卖双方分享差价。我们已走到最前方的一件事情是，什么塑造了一个好的市场。我认为最好的市场是在一个场所中有最多的人走到一起，互相公开报价，这比我们现在的市场分割化要优越得多。在很多地区，交易商利用机器在

办公室进行交易，没有机会见面。

讨论唐纳森的观点。在你的答案中务必说明本段前后阐述的不同交易地点和交易方法。

7. a. 交叉网络系统的目标是什么？

b. 举两个例子来说明交叉网络系统的情况。

8. 内部化交易意味着什么？

9. a. 指令流出支付意味着什么？

b. 当经纪人收到指令流出支付时要面临哪些要求？

10. a. 对经纪人来说，在执行交易时，可供选择的其他方案是什么？

b. 当经纪人决定在某处执行交易指令时，哪些因素是必须考虑的？

11. 144A 规则是什么？

12. 什么原因促使了第三市场的发展？

13. a. 欧洲股权发行和欧洲股权分批发行指什么？

b. 欧洲股权取得的最重要的创新是什么？

14. 一些股票在全世界范围内不同的交易所上市。为什么公司希望自己的股票在本国市场和外国交易所同时上市？请给出两个方面的理由。

15. 有发行人的 GDR 和无发行人的 GDR 之间的区别有哪些？

第 14 章

普通股市场（二）[①]

学习目标

学习完本章内容，读者将会理解以下问题：

● 股票市场的结构出现重大变化的原因

● 交易机制，例如委托交易指令的类型，卖空操作和保证金交易

● 交易成本的不同类型

● 为了适应机构投资者的需求而设计的交易制度安排，例如大宗交易和程序交易

● 什么是楼上市场及其在机构客户交易过程中发挥的作用

● 交易所规定的交易限价制度：跌停板和交易管制

● 市场参与者关心的各种各样的股票市场指标

● 股票市场定价效率的实证研究

● 股票市场的定价效率对普通股投资策略的影响

● 全球股票市场价格波动的关联度及其对国际投资行为的影响

在上一章，我们了解了美国国内主要的普通股交易场所。本章我们将着重研究股票市场的交易制度、交易成本、股价指数、有关定价效率的实证研究以及股票市场定价效率对投资者投资策略的发展有何影响。

[①] 本章的部分内容是与 Frank J. Jones 合著的，很多内容都来源于 Frank J. Fabozzi，Frank J. Jones and Robert Johnson，Jr.，"Common Stock," Frank J. Fabozzi (ed.)，*The Handbook of Financial Instruments*（New York：John Wiley & Son，2002）。

交易机制

交易机制包括投资者委托的各种交易指令类型。我们首先从交易指令类型、交易优先原则和交易成本等方面着手分析。随后,我们将讨论散户投资者的交易安排和机构投资者的交易安排(大宗交易和程序交易),机构投资者的交易安排是为了更好地满足它们的交易需求。

交易指令类型和交易优先原则

当投资者准备买卖普通股的时候,买卖的价格和已经按此价格执行买卖的交易指令必须传递给经纪人。正如我们在第 7 章所解释的那样,最简单的交易指令类型是**市价委托指令**(market order),这一交易指令将会按照市场上可获得的最优价格执行交易。如果股票是在有组织的交易所上市并交易,最优价格是根据交易原则确定的,当在同一时间买方或卖方有超过一个以上的交易指令传递到市场时,交易指令遵循价格优先的原则。也就是说,报价较高的买方比报价较低的买方享有买入优先权,报价较低的卖方比报价较高的卖方享有卖出优先权。

交易所交易的另外一个优先原则适用于处理同一价格水平的多个交易指令。多数情况下,执行这些交易指令的优先原则是根据交易指令送达的时间来确定执行顺序——首先送达的交易指令会被先执行——尽管有些类型的市场参与者较其他类型的市场参与者在同一价格上执行交易时享有更高级别的优先权。例如,在交易所交易中,交易指令可以划分为公开指令和会员指令,而会员指令指会员通过自己的账户下达的指令(包括非特定经纪人和特定经纪人)。交易原则要求公开指令较会员公司通过自己账户下达的指令,享有优先权。

我们在第 7 章曾经介绍过,市价委托指令的危险就在于价格的反方向变化可能就在投资者下达指令和交易指令被执行之间发生。为了避免这一危险事件的发生,投资者可以下达**限价委托指令**(limit order),这一指令明确地下达了交易执行的价格。**限价买入委托指令**(buy limit order)表示股票只能以限价或者比限价更低的价格买入。**限价卖出委托指令**(sell limit order)表示股票只能以限价或者比限价更高的价格卖出。限价委托指令最大的不利之处就在于交易能否完成没有保证,指定的价格可能不会达到。当限价委托指令送达市场没有被执行时,就会记录在**限价委托指令登记簿**(limit order book)上,我们在前面的章节对此有过介绍。

限价委托指令属于**条件指令**(conditional order)。这种指令只有在达到限定价格或者比限定价格更优的价格时才会被执行。另外一种类型的条件指令是**止损指令**(stop order),只有当市场变化到特定的价格水平时,这一指令才会被执行,在这个时候,止损指令就变成了**市价委托指令**。**买入止损指令**(buy stop order)指的是只有当价格上涨到特定价格水平时交易指令才会被执行,也就是说只有当市场价格达到或者高于报价时,交易才会被执行。**卖出止损指令**(sell stop order)

指的是只有当价格下跌到特定价格水平时交易指令才会被执行，也就是说只有当市场价格跌到或者低于报价时，交易才会被执行。当投资者不能够连续紧盯市场时，止损交易是有用的。对于某一股票来讲，由于市场变化引发的交易活动可以保住盈利或者减少损失。在买入（卖出）止损指令中，设定的价格低于（高于）当前股票的市场价格。在限价卖出（买入）委托指令中，设定的价格高于（低于）当前股票的市场价格。这两种条件指令类型之间的关系以及市场变化如何引发交易具体都体现在表14—1中。

表14—1　　　　　　　　　条件指令与引发交易的证券价格变化方向

证券价格	限价委托指令	触价转市单指令	止损—限价指令	止损指令
高于当前市场价格	限价卖出委托指令的特定价格	卖出触价转市单指令的特定价格	限价买入止损指令的特定价格	买入止损指令的特定价格
市场价格				
低于当前市场价格	限价买入委托指令的特定价格	买入触价转市单指令的特定价格	限价卖出止损指令的特定价格	卖出止损指令的特定价格
评论	只有在价格达到时或者更好时才会被执行，当价格达到时变为市价委托指令	在价格达到时变为市价委托指令	在价格达到时，不会变为市价委托指令，只有在价格达到时或更好时才会被执行	在价格达到时变为市价委托指令

与止损指令相关联的危险主要有两点。股票价格有时候会突然改变，因此，股票价格改变的方向可能是暂时的，从而提前引发了交易。同样，一旦特定价格实现，止损指令就会变成市价委托指令，这样的话，止损指令的执行价格与其他市价委托指令相比就会存在不确定性。

止损—限价指令（stop-limit order）是止损指令与限价委托指令两者的综合，是一种设定特殊价格的止损指令。与止损指令相反，止损—限价指令在价格达到指定价格时，就变成了限价委托指令，而在止损指令中，当价格到达指定价格时，就变成了市价委托指令。止损—限价指令可以缓冲止损指令带来的市场影响。投资者可以在止损行为发生后限定可能的执行价格。与限价委托指令一样，在交易指令激发后，限定委托价格可能从未达到，从而与止损指令的目的之一——保护盈利或者减少损失——相违背。

投资者还可以选择**触价转市单指令**（market-if-touched order）。当特定价格达到后，这一指令就会变成市价委托指令。当市场价格跌到某一特定价格水平时，触价转市单指令将会转为市价委托指令进行购买，而止损指令则是当市场价格涨到某一特定价格水平时，才会转为市价委托指令进行购买。同样地，当市场价格涨到某一特定价格水平时，触价转市单指令将会转为市价委托指令卖出证券，而止损指令则是当市场价格跌到某一特定价格水平时，才会转为市价委托指令卖出证券。我们可以将止损指令看成是在某个可接受的价格水平（不需要确定准确的价格）上出清现有头寸的指令，而触价转市单指令则是在某个可接受的价格水平

（同样不需要确定准确的价格）上建立现有头寸的指令。

交易指令可以在交易当天开市价或者闭市价范围内设定买卖指令。**开市价指令**（opening order）表明交易按照当天的开市价格进行，而**闭市价指令**（closing order）表明交易按照当天的闭市价进行。

投资者也可以下达带有取消交易指令条件的指令。**成交或取消委托指令**（fill-or-kill order）指的是当指令到达交易大厅，就会被立即执行或者立即取消。指令也可以设定为在特定的时期后才有效——一天、一周或一个月，或者在当天的任意时刻。**开放式指令**（open order）或者**直到取消才失效指令**（good until cancelled order）是一种只有投资者终止指令才失效的特殊指令。

交易指令同样也可以按照规模大小进行分类。**一手**（round lot）通常指的是100股股票。**散股**（odd lot）指的是股票数量不足一手。例如，买卖微软公司75股股票的指令就被称为散股交易指令。而买卖350股微软公司股票的交易指令则是包括了整手交易和散股交易的指令。而纽约股票交易所的**大宗交易**（block trade）指的是单笔交易指令买卖特定股票数量超过1万股或者买卖股票的市场价值超过20万美元，甚至更多。

全国性的股票交易所和地区性的股票交易所都是通过电脑终端将特定规模（由经纪人传递）的交易指令直接送达特定经纪人席位，在那里交易被执行。在纽约股票交易所，这一系统被称为超点系统（超级特定指令周转）。全美股票交易所的席位执行报告系统运行超过2 000股的交易指令直接送达特定经纪人。纳斯达克的小额指令交易执行系统传递和执行特定股票数量少于1 000股的交易指令。

保证金交易

正如在第7章所解释的那样，投资者可以借入现金买证券，并以他们购买的证券作为担保品。投资者通过借钱买入证券并以买入的证券作为担保品的交易被称为保证金交易。借钱给投资者购买证券的是经纪人，经纪人可以从银行贷款。**活期贷款利率**（call money rate）或者经纪人贷款利率是银行向经纪人收取的、用于贷给客户进行保证金交易的贷款利率。经纪人向借款客户收取的利率包括活期贷款利率再加上相应的服务费用。

经纪人也不是随心所欲按照自己的意愿向投资者贷款供其购买证券的。1934年《证券交易法》规定经纪人向客户融资购买证券的贷款金额不能超过证券市场价值的一定比例。初始保证金要求是客户自己出资购买证券的市场价值与总的所购买证券市场价值之比，剩下的部分可以通过向经纪人借款来购买。1934年《证券交易法》赋予美联储在规则T和规则U的要求下设定初始保证金要求。美联储将调整初始保证金要求作为一项经济政策工具。最开始的初始保证金要求是低于40％，后来上调到50％。买卖股票和债券的初始保证金是不一样的。

美联储同时还建立了维持保证金要求，这一要求规定了投资者保证金账户里面的自有证券价值占总证券市场价值的最低比例。如果投资者保证金账户低于维持保证金要求（通常股票价格下跌会出现这种情况），投资者就会被要求追加保证金。投资者会接到经纪人打来的要求向保证金账户额外追加现金的电话。如果投资者不能够及时追加额外现金到保证金账户，经纪人有权利卖掉投资者账户中的证券。

让我们通过案例来了解一下维持保证金要求。假设投资者以 50％的保证金购买了价格为 60 美元每股的股票 100 股，共 6 000 美元，其中，维持保证金要求是 25％。50％的保证金要求购买 6 000 美元的股票，投资者必须支付 3 000 美元（或者其他权益），这样的话，可以借款 3 000 美元（通常称之为**借方余额**，debit balance）。然而，投资者必须维持 25％的保证金水平。那么，股票价格跌到什么位置就触及了维持保证金水平呢？答案是跌到 40 美元每股。在这个价格水平上，股票的市场价值是 4 000 美元（40 美元/股×100 股）。由于借款 3 000 美元，账户中自有权益是 1 000 美元（4 000 美元－3 000 美元），或者只有账户价值的 25％（＝1 000/4 000）。如果股票的价格继续下跌，跌到 40 美元以下，投资者就必须追加保证金，确保维持保证金账户比例是 25％。一般情况下，当账户水平下降所借金额（借方余额）的 1/3 时，就到了维持保证金要求的水平上。

保证金交易同样适用于卖空交易。设想一下关于卖空头寸的类似的保证金例子。投资者卖空（借入并卖出）100 股股票，价格是 60 美元，股票总价值是 6 000 美元。初始保证金是 50％，投资者必须拥有 3 000 美元的资金（通过账户卖出 6 000 美元的股票），这使得投资者账户贷方余额可以高达 9 000 美元（由于都是现金资产，因此并没有改变股票的价格）。然而，投资者按照当前的市场价格，欠经纪人 100 股股票。假定维持保证金要求是 30％（也就是自有资金在所有资产中所占的比重为 30％），那么股票价格上涨到什么位置时，保证金账户会触及维持保证金要求呢？答案是股票价格上涨到 69.23 美元，此时，100 股股票的市场价值是 6 923 美元。如果股票市值是 6 923 美元，那么自有权益是 2 077 美元（9 000 美元－6 923 美元），自有权益占总市值的 30％（＝2 077/6 923）。被引发的维持保证金的股票价格水平可以通过贷方额乘以 10/13 而获得［10/13×9 000 美元＝6 923 美元］。

表 14—2 详细列出了多头（买入股票）和空头（卖出股票）的保证金要求情况。

表 14—2　　　　　　　　　　　保证金头寸简介

保证金	多头	空头
初始保证金	50％	50％
维持保证金	25％	30％
维持借方（多头）或贷方（空头）余额的保证金乘数	4/3	10/13

交易成本

投资经理必须满足业绩要求，通常情况下业绩都是以投资经理管理的投资组合总体收益率来衡量。投资组合收益率是不包括交易成本的。1.5％的收益率变化都会大大影响投资经理的记录。因此，投资策略的一个重要方面是在执行策略时严格控制必要的交易成本。尽管交易成本很重要，但是，交易成本的测算与衡量却很难。[①]

机构投资者可以通过电脑程序直接下达交易指令，从而最小化与交易相关的成本，下面会详细讨论相关的内容。使用电脑程序实现这一目的的买卖被称为**程式交易**（algorithmic trading）。当机构投资者作出大规模买卖股票的决定时，程式交易将交易分成几个规模较小的指令从而降低交易成本。[②]

我们首先对交易成本下一个定义。交易成本可以分为两个重要的构成部分：显性成本和隐性成本。**显性成本**（explicit trading costs）是跟交易直接相关的成本，比如经纪人佣金、费用和税收。**隐性成本**（implicit trading costs）指的是不直接跟交易相关的成本，诸如对交易价格的影响以及不能及时执行交易从而带来的机会成本。尽管显性成本可以有明确的会计核算，但隐性成本却没有相应的报告方式。

显性成本

最主要的显性成本是支付给经纪人的佣金费用。佣金费是可协商的，而且根据经纪人的类型和市场机制的不同，系统性的变化还很大。佣金费可能取决于交易的每股价格和股票数量。除了佣金费之外，其他的显性成本包括保管费（机构为投资者保管证券所收取的费用）和过户费（将资产从一方转移给另一方所收取的费用）。

跟显性成本相关的另外两个重要概念是：软美元和指令流出支付。我们在前面的章节中曾经介绍过指令流出支付，这里我们只讨论软美元。

软美元

投资者选择经纪人或交易商，通常都是基于经纪人或交易商在交易过程中以最低的交易成本提供最好的交易服务，并且在一段时间内提供相应的其他服务（比如研究）。指令流出可以被经纪人/交易商从投资者手中用"软美元"的方式购买。在这种情况下，经纪人/交易商可以在不收取费用的情况下向投资者提供服务，例如免费提供一些研究报告或电子服务———一般情况下，这些服务项目是由第三方提供的，而投资者要为此支付费用——以此来换取投资者的交易指令。当然，投资者同样要向经纪人/交易商支付交易服务费。说得更具体一点，SEC把软美元定义为"在这样的制度安排下，顾问可以与经纪人—交易商交换利益，前者可以从后者那里获得证券交易以外的其他产品或服务；同时作为交换，前者可以将自己客户的经纪业务交给经纪人—交易商处理。"

按照这一关系，投资者更倾向于将交易指令送达与他们存在软美元关系的经纪人/交易商，且不需要为研究或其他服务支付"硬美元"或者真实的货币。这一

---

① 关于这一方面的相关内容，参见 Bruce M. Collins and Frank J. Fabozzi, "A Methodology for Measuring Transactions Costs," *Financial Analysts Journal* (March/April 1991), pp. 27-36.

② 有时候程式交易与自动交易容易被搞混。后者是通过电脑自动完成投资买卖决策。程式交易则是决定如何传递和下达指令。然而，程式交易并不要求作出买卖的决定，那是由自动交易来完成的。

习惯做法被称为附属研究支付软美元（比如，指导他们的指令流出）。例如，客户A倾向于将其交易指令流出交给经纪人/交易商B（通常是在特定时期内如一个月或一年的所有特定的指令总数），并且为这些交易服务的执行向经纪人/交易商支付相应的费用。反过来，经纪人/交易商B向客户A提供一些研究服务。常见的情形是，服务的提供者是另外一个独立公司，比如，是公司C。这样的话，软美元指的是投资者支付给经纪人/交易商的费用或者通过佣金收入支付给第三方的费用，而不是直接支付。

对经纪人/交易商来说，其不利之处就在于他们需要为客户的指令流出支付硬美元（向研究服务提供者支付）。客户的不利之处在于，当客户与特定的经纪人/交易商达成交易数量的金额后，对于所有交易，并不能免费享受最优买卖报价，不能免去佣金。此外，研究服务提供者可能向经纪人/交易商提供更优的价格。这样，软美元关系中的每一个参与者在获得好处的同时，也需要承担相应的不利之处。

尽管1934年《证券交易法》中第28款（e）（3）承认了经纪人—交易商向货币经理人员提供投资研究服务的重要作用，但SEC还是对货币经理人员实施的软美元业务的类型和金额做了正式和非正式的各种限定。SEC还就产品或服务是否符合软美元要求建立了一套标准。例如，尽管一位货币经理人员能够通过软美元关系接受研究服务，但是馈赠家具或免费假期是不被允许的。1995年通过的SEC披露原则要求投资顾问在其他事情中，披露通过软美元获得的任何产品或服务的细节。2006年6月，SEC就货币经理人员依据什么来决定产品或服务是否满足软美元标准颁布了相应的解释说明文件。

隐性成本

隐性交易成本包括影响成本、时间成本和机会成本。

影响成本

交易影响成本指的是由现有交易引发的供给/需求不平衡对市场价格变化的影响。因为不具有告知性，所以以买卖价差预期不能完全反应这一事实——大单交易会改变交易价格变化的方向。大单交易通常是超过了做市商在现有买卖报价水平上能接受的交易数量的交易，也就是说，大单交易会提高买进指令价格，降低卖出指令价格。带来的交易市场影响或价格影响可以被认为是"未受干扰的价格"的偏差，而"未受干扰的价格"指的是大单交易没有发生时的交易价格。前面章节讨论的交叉网络系统就是为了最小化影响成本。

时间成本

时间成本可以通过有义务交易的市场参与者从执行交易程序到实际完成交易这段时间内的股票价格的变动来衡量。当交易指令送达买入公司（比如，投资管理公司）的交易席位时，并没有传递给经纪人，其原因是交易者担心交易会让市场陷入忙得不可开交的困境之中，这个时候，时间成本就产生了。

机会成本

机会成本是证券没有被交易所引发的成本。该成本源于错过了交易或者只完成了部分交易。这些成本都是交易推迟的自然结果。例如，在交易完成前，如果价格变化太快，经理人员就不会进行交易。在实际操作中，这一成本基于没有成交的股票在被决定不进行股票交易时的市场价格与 30 天后该股票的收盘价格两者之间的价差来度量。

佣金和影响成本是真实发生且有形的赔钱成本，而机会成本和时间成本是放弃机会带来的成本，是无形的。机会成本的产生主要有两个方面的原因：第一，有些交易指令的执行会延迟，这个时候，股票价格向与投资者预计的相反的方向变化。第二，有些交易指令会带来机会成本是因为交易仅成交了一部分，没有全部成交。

交易成本的分类

我们可以将交易成本分为四大类——佣金、影响成本、时间成本和机会成本——包括了显性成本和隐性成本。这种分类是根据成本在会计上的确认原则进行的。另外一种分类方法是将交易成本分为执行成本和机会成本，这是基于交易是否完成来分类的。

根据两大标准，四种主要的成本类型如下：

显性成本与隐性成本	执行成本与机会成本
显性成本	有形成本
佣金	佣金
	影响成本
隐性成本	无形成本
影响成本	时间成本
时间成本	机会成本
机会成本	

交易成本的研究

总的说来，尽管交易佣金是最明显、最容易被量化和讨论的交易成本，但它仅是四类交易成本中的一类，事实上，它可能是在所有成本中所占比重最小的。然而，要度量各种隐性成本却要难很多。

关于交易成本的研究得出了很多结论，包括：

1. 尽管很多争论都是围绕如何度量交易成本展开的，但是，结论一致认为从经济的角度来说，隐性成本比显性成本更重要（同样对实现的投资组合收益率来说也是如此）。

2. 随着交易难度和指令送达策略的不同，自有权益交易成本的系统性变化比较大。

3. 市场设计、投资类型、交易能力和声望都是决定交易成本的非常重要的变量。

4. 即使研究人员控制了交易复杂度和交易收入，交易成本在不同经理人员之间的变化仍然是非常明显的。

5. 对交易成本的精确预计要求提供有关整个交易指令传递过程的详细数据，尤其是影响交易前决策变量的信息。

有关股权交易成本的近期研究文献为政策制定者和投资者提供了非常重要的经验。例如，研究表明为机构投资者服务的"最优交易"概念其实是很难度量和执行的。[①]

散户投资者和机构投资者的交易安排

个人投资者，又被称为**散户投资者**（retail investors），与机构投资者在交易方式方面存在着很明显的差别和不同。第一个区别是规模：通常情况下，机构投资者的交易指令要远大于散户投资者。第二个区别是佣金：与交易规模相对应，机构投资者支付的佣金费用要大大低于散户投资者的佣金费用。尽管从 1975 年开始，机构投资者的佣金就下调了，但最近一些散户投资者的佣金因为折扣经纪人的出现同样下调了很多。第三个区别是交易指令执行方法不同。不管是散户投资者还是机构投资者都是通过经纪人/交易商进行交易的，但他们的交易指令进入交易程序并进行交易的方式却大相径庭，即使两者都是通过同一个经纪人/交易商进行交易的。散户投资者通过经纪人/交易商进行的交易通常是通过股票经纪人（尽管股票经纪人有很多其他的不同的名字，如财务顾问）实现的。这些交易指令进入散户交易平台，然后再被传到 NYSE（通常是经过超点）或者场外交易平台，在场外交易平台与纳斯达克的做市商进行交易（通过 SOES）或者进行内部化交易。一般情况下，散户投资者都会以电子邮件的方式收到交易的确认信。

机构投资者通常是直接通过机构经纪人/交易商账户将交易指令送达交易所和场外市场。交易所指令可以直接送达场内经纪人，场外交易指令可以通过另外的经纪人/交易商送达或者通过竞争性的买卖报价实现内部化交易。竞争性的买卖报价适用于所有的情况。

由于散户投资者和机构投资者在股票交易方面存在着这些差别，因而对普通股的持股趋势也会带来影响。在过去的 50 年时间里，美国普通股的持股情况变得越来越机构化。例如，在 1950 年的时候，美国机构投资者的持股比例是 9.8%，而到了 1988 年，该比例达到了 58.9%。最主要的机构投资者包括养老基金（个人，通常是公司养老基金；州政府和地方政府；工会）、投资公司（共同基金和封闭式基金）、人寿保险公司、银行信托、捐赠基金和其他基金会。

从历史的发展来看，家庭直接持有普通股的比重呈现出下降的趋势。这一下降趋势并不必然推导出这样的结论，即家庭所持有的普通股一直在减少。相反，这正好表明家庭更多地是通过诸如共同基金这样的中介机构持有普通股而不是直

---

① Donald B. Keim and Ananth Madhavan, "The Cost of Institutional Equity Trades," *Financial Analysts Journal* (July/August 1998, pp. 50–59).

接持有普通股。因此，家庭是通过"中介机构"实现持股目的。尽管家庭比以前持有的普通股数量更多了，但是他们很少是直接持股，因此，越来越多的股票交易是通过诸如共同基金这样的金融机构而不是散户投资来实现的。

散户投资者的股票交易安排

对散户投资者来说，通过共同基金持有股票而不是直接持有股票的最大好处是节省了交易成本，也就是说，机构投资者在交易股票的时候与散户投资者相比，交易成本要更低。尽管机构投资者拥有交易成本的优势，但是，对散户投资者来说，在过去的二十年时间里，交易成本也有显著的下降。

从1975年五一国际劳动节那天开始，机构投资者和散户投资者的交易佣金都降低了。然而，在1990年之前，个人投资者交易股票主要是通过所谓的"全方位服务经纪人"完成的。他们所收取的佣金费用不仅包括交易费用，还包括股票经纪人的顾问咨询费用，或许还包括了研究费用。最大的全方位服务经纪人/交易商是我们所熟知的"电话行"。通常情况下，这些公司经营机构投资者业务、投资银行业务以及个人业务。这些全方位服务经纪人的佣金费用从1975年开始逐渐下降。

除此之外，"折扣经纪人"行业的发展也有助于交易成本的降低，这种类型的经纪人不提供任何投资建议和研究服务。个人投资者通过电话委托下达交易指令。近些年来，个人投资者还可以通过网络或者基于网络的经纪公司在自己电脑上下单。与折扣经纪人发展类似，网络经纪人的服务较少，从而显著降低了佣金费用。这样的话，个人投资者就可以更加有效地买卖股票。

为了在当前环境下通过竞争赢得更多的客户，一方面，全方位服务经纪人公司开始提供可供客户选择的交易方式，满足客户普通股交易的需要。例如，很多全方位服务经纪人公司提供传统的股票经纪人服务和较高佣金费用的研究服务，此外，以较低的佣金费用提供交易的指令的直接进入通道。另一方面，一些折扣经纪人通过收取较高佣金的方式提供更多的服务。

这样的话，散户普通股投资中的较多服务与较低佣金费之间的差别开始退潮。不论是佣金较低但不提供服务的在线交易经纪人，还是收费较高但提供增值服务的独立账户管理人员，都随着全方位服务经纪人和共同基金的发展而发展。

尽管比机构投资者支付了更高的佣金费用，但个人投资者较机构投资者仍有很多方面的优势。因为个人投资者的交易量通常都比较小，他们的影响成本较低。此外，如果个人投资者进行在线交易，他们的时滞会更短。正是基于这些以及其他方面的原因，个人投资者关于股票投资的"打包产品"变得非常有吸引力。

鉴于机构投资者股票交易的数量比个人投资者交易的数量要大很多，而且交易的类型也各种各样，本节接下来的内容将会重点介绍机构投资者的交易安排。

表14—3向我们展示了纽约股票交易所散户交易的重要性。表中的数据取自2007年10月31日到2007年11月19日每天发生的交易。第二列和第三列是散户投资者每天交易的交易总额和交易总量。接下来的两列是所有交易的相关信息。最后两列是散户投资者的交易总额和交易总量占纽约股票交易所交易总额和交易

总量的比重。我们应注意到散户投资者的交易所占的比重在 2.6%到 3%之间。

表 14—3　　　　　　　　　纽约股票交易所的散户交易数据

交易日	散户交易总额	散户交易总量	纽约股票交易所的交易额	纽约股票交易所的交易量	散户交易总额/纽约股票交易所交易总额（%）	散户交易总量/纽约股票交易所交易总量（%）
2007 年 11 月 19 日	139 905	45 280 485	5 388 221	1 677 603 530	2.60	2.70
2007 年 11 月 16 日	128 372	43 813 281	5 364 715	1 774 552 980	2.39	2.47
2007 年 11 月 15 日	130 991	42 120 421	4 773 945	1 472 813 080	2.74	2.86
2007 年 11 月 14 日	146 521	49 862 833	5 023 112	1 591 933 080	2.92	3.13
2007 年 11 月 13 日	152 945	48 415 968	5 100 107	1 657 306 090	3.00	2.92
2007 年 11 月 12 日	150 862	45 850 111	5 896 292	1 706 678 560	2.56	2.69
2007 年 11 月 9 日	162 808	51 770 824	6 163 879	1 826 304 250	2.64	2.83
2007 年 11 月 8 日	196 780	63 336 722	7 376 633	2 190 899 820	2.67	2.89
2007 年 11 月 7 日	171 606	54 411 659	5 506 400	1 658 553 900	3.12	3.28
2007 年 11 月 6 日	154 188	50 272 287	4 872 479	1 500 379 390	3.16	3.35
2007 年 11 月 5 日	158 663	49 946 076	5 221 310	1 526 744 600	3.04	3.27
2007 年 11 月 2 日	169 866	54 924 668	5 920 732	1 718 451 440	2.87	3.20
2007 年 11 月 1 日	167 610	50 753 012	5 763 127	1 746 631 480	2.91	2.91
2007 年 10 月 31 日	162 731	51 105 697	4 955 299	1 566 845 890	3.28	3.26

资料来源：根据纽约—泛欧交易所网站上提供的数据编制本表。

机构投资者的交易安排

随着机构投资者交易金额的不断增加，更适合机构投资者的交易制度安排也有了长足的发展。机构投资者的交易需求包括大额交易和同时买卖多种股票，且要求佣金费率较低，对市场的影响或冲击较小。这些要求进一步促使交易场所为了执行机构投资者发出的某些类型的交易指令，而专门设计了特殊的交易制度安排。这些指令包括：（1）要求执行某一股票大宗交易的指令；（2）涉及多种股票、金额巨大、要求尽可能同时完成的大额交易指令。前一种类型的交易被称为大宗交易，后一种类型的交易被称为程序交易。比如一家共同基金公司打算购买15 000股 IBM 公司的股票，那这就算是一笔大宗交易；再比如一家养老金公司想在某一交易日结束时购买 200 家公司的股票，这就是程序交易的例子。

适应这两类机构交易的结构性安排是建立将主要的投资银行和机构投资者的交易席位连接起来的交易网络，使得它们彼此之间可以通过电子显像系统和电话进行交流。这个交易网络被称为**楼上市场**（upstairs market）。楼上市场的参与者发挥了重要作用，他们不仅为市场提供了流动性，从而使得机构交易能够顺利执行，而且还通过套利活动促使相互分割的股票市场实现一体化。

大宗交易

在纽约股票交易所，如果某一股票的单笔交易至少达到了 10 000 股，或者是所交易股票的市场价值至少达到了 20 万美元或以上，则这样的交易就被称为大宗交易。1961 年，平均每天约有九笔大宗交易，大约占纽约股票交易所日交易量的 3％。到了 2007 年，平均每天的大宗交易大致为 4 000 到 5 000 起。

由于大宗交易委托指令的执行给特定经纪人体系带来了沉重的压力，所以纽约股票交易所专门开发了处理大宗交易指令的特殊程序。一般来说，一个机构客户会先联系经纪公司的销售人员，说明它想下达大宗交易委托指令。随后，销售人员将指令传达给经纪公司的大宗交易执行部门。请注意，销售人员此举并不是要把在交易所交易的上市股票的委托交易指令提交给交易所执行，或者对非上市的股票，并不是试图在纳斯达克系统执行该交易指令。接下来，大宗交易执行部门的销售商们联系其他机构，希望能找到一家或多家机构愿意成为该交易指令的交易对手。也就是说，他们要搜索楼上市场的潜在客户来完成大宗交易指令。

如果销售商找不到足够多的机构客户来完成整笔交易（例如，大宗交易指令的标的是 40 000 股 IBM 公司的股票，可是其他机构客户愿意接受的数量只有 25 000股），于是余下尚未完成的部分会被交给经纪公司的做市商来处理。做市商必须决定如何处理大宗交易指令未完成的余额，他们有两种选择：第一种方法是经纪公司可以把余下的股票头寸承担下来，用自己的账户购买余下的股票；第二种方法是通过使用相互竞争的做市商所提供的服务来执行未完成的指令。在第一种情况下，经纪公司要投入自有资金。

纽约股票交易所第 127 条规则规定如果会员公司接收到大宗交易指令，但不能立即被市场所接纳，会员公司应该毫不犹豫地向交易大厅寻求市场，包括通过证券特定经纪人的兴趣寻找合适的交易对象。如果会员公司准备以当前报价之上的价格将大宗交易卖给公开账户，它应该通告特定经纪人这一目的。

有研究表明纽约股票交易所 27％的大宗交易是通过楼上交易者完成的。[①] 很多人都误认为 100％的大宗交易都是楼上交易平台完成的，于是都将交易带到交易大厅。这一误解主要是由对楼上方便交易和大宗交易之间的区别不了解造成的。

大宗交易主要是根据交易规模界定的，而不是根据交易执行的方法。尽管对于大宗交易来讲，协商机制让非正式楼上市场比楼下市场（比如，NYSE 大厅交易）更容易执行交易，但从经济的角度来看，这些差别都很小。研究发现能明确表明自己交易的交易者通过楼上市场交易能实现流动性的目的。这样的话，楼上市场允许其他不会出现的交易在此完成。研究结论显示楼上市场是流动性的重要来源。

二次分配是大宗交易的一个重要来源。所谓**二次分配**（secondary distribution）指的是由会员公司提供的在交易所交易的特定价格的大宗交易，其价格并不是最后一次卖价。纽约股票交易所第 393 条规则规定会员公司在交易所同意的条件下，可以优先参与上市公司的二次分配。当交易所认为拍卖市场不能

---

① *NYSE* 1999 *Fact Book*；Minder Cheng and Ananth Madhavan, "In Search of Liquidity: Block Trades in the Upstairs and Downstairs Markets," *The Review of Financial Studies* (Spring 1997), pp. 175 – 203.

在合理的时间范围内以合适的价格完成大宗交易时，交易所会同意进行二次分配。

程序交易

程序交易（program trades）指的是同时买入或卖出多家公司的大量股票的交易，这样的交易也可叫做**篮子交易**（basket trades），因为实际上交易的就是"一篮子"股票。纽约股票交易所对程序交易的定义是：任何涉及买入或卖出一篮子股票且交易的股票个数至少为 15 只，总交易金额至少达到 100 万美元的交易。

程序交易的两大主要用途在于资产分配和指数套利。对于致力于资产分配目的的交易，为什么机构投资者会想要使用程序交易，我们可以用下面几个例子来进行说明：机构投资者打算把新资金投入到股票市场；决定把原本投资于债券市场的资金转投到股票市场，或者相反；由于投资策略发生了变动，对股票投资组合的内部构成重新进行平衡。例如，共同基金货币管理公司只需要一笔程序交易，就可以迅速地进入或撤出股票市场，构建或卖掉整个股票投资组合。所有这些投资策略均与资产分配有关。

20 世纪 90 年代，共同基金销售额的不断增长以及养老金和保险公司进行的股权投资的金额越来越大，促使人们开始考虑如何更有效率地同时完成多只股票的大额交易。后面当我们讲到一种名为"指数化"的投资策略时，大家就会明白机构投资者希望进行程序交易的另一个原因了。

程序交易还可以被用于名为**"指数套利"**（index arbitrage）的投资策略。在第 16 章，我们将要介绍以股价指数为标的物的期货合约，它的名称叫做股票指数期货（stock index futures）。在第 10 章，我们已经讨论过股票指数期货合约的价格与标的现货资产——即股票价格指数内包含的股票——之间的关系。说得更具体一些，在考虑了交易成本和资金融通成本的前提下，股票指数期货合约的价格与指数内包含的股票价格之间存在着数量关系，这种关系确定了股票指数期货合约的价格边界。当股票指数期货合约的价格偏离该范围时，同时交易这两种头寸便有机会捕捉到无风险套利利润。例如，假设标准普尔 500 指数期货合约（我们会在第 16 章里讨论这种期货合约）的价格高于 500 指数内所有股票的市场即期价格再加上交易成本和融资成本所确定的价格区间上限，那么，投资者便可以在期货市场上卖出股票指数期货合约，同时在股票市场上买入标准普尔 500 指数内包含的一篮子股票。对纽约股票交易所的特定经纪人来说，这种交易策略就相当于同时大量买入标准普尔 500 指数内包含的所有股票。指数基金管理公司有时会使用程序交易在股票市场上通过买卖股票来建立股票现货头寸，或者是买卖股票指数期货合约。

不幸的是，大众传媒常常将程序交易和指数套利混为一谈，这是不正确的。虽然，在进行指数套利时必须用到程序交易，但是一个是投资策略（指数套利），另一个是机构交易安排（程序交易），两者不能混为一谈。另一个值得注意的混淆是由于执行程序交易时要使用计算机，因此大众传媒常常错误地认为程序交易就是"计算机化的交易"。程序交易并不一定要——而且通常不需要——由计算机来发起。有时候，计算机的演算对决策过程有一定的帮助，而且计算机通常能够帮助金融机构算出程序交易中每只股票的具体交易额，但是做决定的仍然是交易者，同时他们也是决定的执行者。

指数套利交易要遵守纽约股票交易所的80A规则，我们会在后面讲到这一规定。80A规则要求，只有当道琼斯工业平均指数（DJIA）的点位相对于上一个交易日的收盘价发生了一定数量的点数变化时，涉及衍生产品的程序交易策略才能以一种相对稳妥的方式被执行。有人提出这条规定抑制了套利行为，因此不利于市场的流动性，而市场的流动性却是最为重要的。（2008年，纽约股票交易所希望获得证券交易委员会的批准，废除有关指数套利交易的80A规则。）

对于一家打算进行程序交易的金融机构来说，程序交易有几种佣金安排可供使用，而且每种佣金安排方式彼此之间差异较大。机构客户在选择时，除了要考虑佣金成本以外，还要考虑到风险因素，即不能实现最好的执行价格的风险，以及它们选择的执行大宗交易指令的经纪公司利用自己对程序交易过程的了解从预期的价格变动中获利的风险——换言之，经纪公司有可能会"超前交易"（front-run）。例如，经纪公司在尚未执行客户的买入指令的条件下，先为自己的账户购买了某只股票。

从交易商的角度来看，程序交易可以按照两种方式执行，即**佣金代理型**（agency basis）或**委托交易型**（principal basis）。介于上述两种方式之间的**代理激励安排**（agency incentive arrangement）也是一种选择。对于以佣金代理方式执行的程序交易，投资者要只依靠各家经纪公司提交的佣金报价（每股多少美分）来选出一家经纪公司。这家被选中的经纪公司作为金融机构的代理人，受命尽力为委托人获得最佳价格。这样的交易佣金水平较低。对投资者来说，佣金代理模式的缺陷在于虽然佣金水平较低，但是由于存在冲击成本以及被要求提交佣金报价的各家经纪公司有"超前交易"的可能，所以程序交易的执行价格可能不是最佳价格。投资者虽然事先知道要支付多少佣金，但是不知道交易最终会以多高的价格被执行。另外一个缺陷是在交易执行过程中，交易对手的逆向选择行为会导致风险增加。

与佣金代理模式相关的另一种交易方式是代理激励安排。在这种安排下，程序交易涉及的多只股票的组合的基本价值事先就被确定好了。程序交易中每一只股票的价格要么是用上一个交易日结束时的收盘价来表示，要么是用上一个交易日内的平均成交价格来表示。如果经纪公司可以在第二个交易日执行程序交易，且能够得到优于投资组合基准值的价值——如果是卖出性质的程序交易，则实际组合价值高于基准值；如果是买入性质的程序交易，则是实际组合价值低于基准值——那么，经纪公司除了可以获得一定数额的佣金以外，还能拿到一笔事先商定好的额外酬金。在这种情况下，投资者事先并不知道佣金的具体数额或实际的交易执行价格到底是多少，但是他们估计最终的执行价格应当会优于基准值，这种判断是合理的。

如果经纪公司没有达到投资组合的基准值，那么此时该怎么办呢？处理方式有以下几种：其中一种安排要求经纪公司只收取之前商定好的佣金；另一种安排是投资者与经纪公司共同承担没有达到投资组合基准值的风险。也就是说，如果经纪公司达不到投资组合的基准值，那么它自己必须要承担一部分损失金额。对于这种涉及风险分担的安排，经纪公司要冒自有资金遭受损失的风险，分担的风险水平越高，经纪公司收取的佣金金额也就越高。

经纪公司还可以选择以委托交易形式执行程序交易。在这种情况下，交易商动用自有资金买入或卖出资产组合，立即完成投资者的交易指令。由于交易商这样做面临着较大的市场风险，因此收取的佣金费率也相应较高。在委托交易形式下，佣金定价的主要影响因素包括流动性特征、交易的绝对金额、交易的性质、客户的背景以及市场的波动性。在这种情况下，投资者事先知道交易的执行价格，但是要支付较高的佣金。

为了尽可能避免出现"超前交易"的情形，金融价格通常使用其他类型的程序交易安排。这些安排不向经纪公司提供程序交易中具体的股票名称和数量，只提供有关投资组合关键参数的总体统计信息。然后，几家经纪公司根据这些信息对整个投资组合（也可叫做黑篮子）提出报价（每股多少美分），并保证要么按照收盘价执行该程序交易，要么按照客户指定的某个特定的日间成交价格来执行交易。请注意，这种交易实际上采用的是委托交易形式。如果我们用收盘价来计算共同基金的净资产价值，那么采用指数化投资策略的共同基金（即指数基金）就会希望经纪公司保证会按照收盘价执行程序交易，以避免指数基金未能及时跟随股票指数动态变化的风险。被选中的经纪公司会被告知程序交易的详细内容。虽然这种类型的交易佣金水平较高，但是特殊的交易程序还是加大了经纪公司顺利完成程序交易的风险。不过，如果程序交易涉及的投资组合与股票指数期货合约的标的指数性质相似，那么经纪公司可以使用股票指数期货合约（将在第 16 章里介绍）来保护自己规避市场价格波动的风险。

经纪公司同样也可以在楼上市场执行交易或者将交易指令以电子化的方式传输到交易大厅或者通过自动指令传输系统传递到纳斯达克交易系统，就好像纽约股票交易所的超点系统那样。

对交易所的特定经纪人来说，程序交易中的交易对手是毫不知情的交易者，也就是说，特定经纪人知道交易是根据指数范围或者投资者范围而进行的，并不是由于股票特殊这个原因。这样的交易被称为"无信息交易"。实际上，通过自己的电脑屏幕，观察股票指数期货市场和现金股票市场相对价格的变化，特定经纪人能够预测指数套利性质的交易的价格水平。因此，对特定经纪人来说，如果交易量比较小，程序交易预示着风险很小的盈利性交易指令流出。

纽约股票交易所不仅提供程序交易额和程序交易总量（比如，交易股票总数量），而且还提供交易的相应原因：指数套利性质和非指数套利性质。表 14—4 提供了 2007 年 10 月 31 日到 2007 年 11 月 19 日所有交易日的数据。表中同时还列出了交易额和交易总量占纽约股票交易所交易额和交易总量的比重。纽约股票交易所中大约 70% 的交易额是程序交易，它们占所有交易股票的 50% 到 60%。到目前为止，我们发现非指数套利性质的交易是程序交易的主体，其交易额和交易总量都远远超过指数套利性质的交易。

表 14—4　　　　　　　　　　　　　　　　　　纽约股票交易所的程序交易

交易日	指数套利性质的程序交易额	非指数套利性质的程序交易额	程序交易总额	指数套利性质的程序交易量	非指数套利性质的程序交易量	程序交易总量	程序交易总额/纽约股票交易所的交易总额(%)	程序交易总量/纽约股票交易所的交易总量(%)
2007 年11 月19 日	201 493	3 724 483	3 925 976	44 731 561	873 489 090	918 220 651	72.86	54.73
2007 年11 月16 日	267 735	3 605 403	3 873 138	210 762 666	957 311 186	1 168 073 852	72.20	65.82
2007 年11 月15 日	227 875	3 355 246	3 583 121	44 204 174	801 651 997	845 856 171	75.06	57.43
2007 年11 月14 日	225 729	3 365 647	3 591 376	46 078 929	758 317 776	804 396 705	71.50	50.53
2007 年11 月13 日	255 520	3 347 729	3 603 249	53 359 875	855 177 185	908 537 060	70.65	54.82
2007 年11 月12 日	215 936	4 031 959	4 247 895	45 468 071	868 265 469	913 733 540	72.04	53.54
2007 年11 月9日	263 391	4 271 083	4 534 474	60 690 731	944 369 291	1 005 060 022	73.57	55.03
2007 年11 月8日	373 213	4 811 246	5 184 459	68 024 009	1 128 765 952	1 196 789 961	70.28	54.63
2007 年11 月7日	304 417	3 609 929	3 914 346	60 185 379	834 612 010	894 797 389	71.09	53.95
2007 年11 月6日	231 696	3 164 224	3 395 920	48 616 907	715 835 726	764 452 633	69.70	50.95
2007 年11 月5日	230 415	3 489 436	3 719 851	46 784 791	729 511 737	776 296 528	71.24	50.85
2007 年11 月2日	203 268	3 799 695	4 002 963	42 475 173	836 450 088	878 925 261	67.61	51.15
2007 年11 月1日	428 767	3 779 037	4 207 804	76 613 426	894 251 297	970 864 723	73.01	55.58
2007 年10 月31 日	222 962	3 354 095	3 577 057	41 886 933	903 223 420	945 110 353	72.19	60.32

资料来源：根据纽约—泛欧交易所网站上提供的数据编制本表。

价格限制与管制

美国股票市场（同时也是世界其他股票市场）的最大单日跌幅发生在 1987 年 10 月 19 日，星期一，被我们俗称为"黑色星期一"。这一事件经常被称为"股市崩盘"。在那一天，道琼斯工业平均指数下跌了 23%，其他市场指数的跌幅也基本相当。

之后，美国政府和一些交易所开始研究并评估此次股市崩盘的原因，为防止类似事件的再次发生尽可能地采取相应的补救措施。几个政府发起的研究和交易所发起的研究都相继开展，其中包括总统特别工作小组完成的报告——非常有名的布兰迪报告。[1] 这些研究报告对股市崩盘进行了深入分析，认为导致崩盘的原因有：（1）股票交易过程中机构投资者安排的无效率；（2）股票价值的过分高估；（3）对经济消息的各种形式的过度反应。

尽管这次股市崩盘的几个潜在原因已经被确认，但并没有得出非常明确的结论。然而，促使股票价格下跌的动力的确存在。引起股票价格下跌的动力就是抛售，价格下跌又引起更多的抛售，如此循环。（相反的动力是买入促进上涨，当价

---

[1]　Brady Report, *Presidential Task Force on Market Mechanisms*, 1988.

格下跌时，会引发买盘而不是卖盘，这在股市崩盘后演变为常态。）两个可能解释价格下跌会引起更多抛售的原因是：第一是情绪，也就是说，价格下跌会引发恐慌，从而引起更多的抛盘。第二是交易策略，很多价格投资者会采取这样的交易策略，从而引起市场的大跌。[①]

证券市场上的**交易限制**（trading limits）或者称为**价格限制**（price limits）的政策就来源于黑色星期一。交易或价格限制规定了最低的价格水平，在该价格水平下由于机构会自动中断交易，因此，指数不会继续下跌。至少，在特定的时期内，在价格低于规定价格时，指数不会下跌。例如，如果道琼斯工业平均指数是11 000点，它的价格下跌限制是500点，也就是说，当指数跌到10 500的时候，市场就不会继续交易了。交易中止是为了给市场一个缓冲，平复投资者的恐慌情绪。之前，交易限制是被用在期货市场上，而不是股票市场上。在股市崩盘后，纽约股票交易所和其他的股票交易所也开始实施交易限制，在这中间，它们做了很多次的修改，一直演变到到今天的交易制度设计。两类不同的价格限制分别是跌停板和交易管制。我们将会在接下来的内容里对此进行介绍。

跌停板规则

跌停板（circuit breaker）是在市场严重下跌的时候中止交易。设立跌停板是基于合作和少有发生。我们前面介绍过总统金融市场工作小组是由 SEC、财政部、美联储和商品期货交易委员会等高级代表所组成，正如总统金融市场工作小组所表明的那样：

> 跌停板机制应该引入到所有市场交易中，通过预先建立跌停板制度更好地应对各种突发事情，不过，要建立充足的支付系统和信用系统确保市场大幅下跌时能够从容应对。[②]

市场之间的合作是非常重要的，因为股票市场、股票指数期货市场和股票指数期权市场之间存在着非常密切的关系。我们将在第 16 章对这些关系进行深入分析。在"黑色星期一"之后，很多研究都特别突出了不常提到的交易中止的重要性。这些研究指出经常使用交易中止而不是仅在市场极端变化时才使用并不会影响投资者投资组合策略的有效实施。

1988 年 4 月 15 日，在美国证券交易委员会的许可下，纽约股票交易所开始实施新的规定，提高和扩大了单日交易中止的门槛。市场上衡量涨跌的指标是道琼斯工业平均指数。根据上个月道琼斯工业平均指数的收盘价格，指数变化的幅度被设为每个季度 10%（第一层次跌停）、20%（第二层次跌停）和 30%（第三层次跌停），每次大约为 50 点。点数基准会在 1 月 1 日、4 月 1 日、7 月 1 日和 10 月 1 日做相应的调整。这些门槛的公式都是根据纽约股票交易所的 80B 规则制定出来的。

---

① 这一策略被称为"投资组合保险策略"或者动态资产分布策略。
② 1988 年 5 月 24 日，美国参议院在国会银行、住房和城市事务委员会听证会召开前所作的报告：《总统金融市场工作小组的结论和对策建议》。

例如，假设 2007 年 4 月 1 日建立了跌停板。2007 年 3 月道琼斯工业平均指数价格大约有 50 点可以用来计算三个点的层次。这样，第一层次（10%）的跌停点位是 1 250 点，第二层次（20%）的跌停点位是 2 450 点，第三层次（30%）的跌停点位是 3 700 点。每个层次带来的交易中止活动会有很大的不同。例如：

第一层次：如果道琼斯工业平均指数在下午 2 点前下跌 1 250 点，那么将会中止交易 1 个小时；如果发生在下午 2 点 30 分前，那么将会中止交易 30 分钟；如果发生在下午 2 点 30 分到下午 4 点之间，则不采取任何行动。

第二层次：如果道琼斯工业平均指数在下午 1 点前下跌 2 450 点，那么将会中止交易 2 个小时；如果发生在下午 2 点前，那么将会中止交易 1 个小时；如果在下午 2 点以后发生，则在发生之后中止交易。

第三层次：如果道琼斯工业平均指数下跌 3 700 点，则在下跌发生后立即中止交易，不管下跌发生的具体时间是几点。

交易管制规则

另外一种类型的交易限制被用于指数套利交易，例如，一篮子标准普尔 500 股票可以与标准普尔 500 期货合约进行买（或者卖）套利交易。1999 年 2 月 16 日，在美国证券交易委员会的许可下，纽约股票交易所开始实施修正过的 80A 规则——**交易管制规则**（trading collar rule），这一规则严格限制指数套利交易。在修正过的规则下，如果道琼斯工业平均指数较前一个交易日上涨或者下跌 2%，作为指数套利交易策略的一部分，买入或卖出标准普尔 500 股票的程序交易指令将会进入交易执行状态，从而以某种方式稳定股价。如果与前一个交易日收盘价相比，道琼斯工业平均指数回到或者在 1% 范围内变化，交易管制将会撤销。交易管制 2% 的门槛会在每个季度开始时重新计算。例如，2007 年 4 月 1 日，用于计算 2% 交易管制门槛的 2007 年 3 月的道琼斯工业平均指数点位是 180 点。正如前面所说的那样，纽约股票交易所正在积极地向美国证券交易委员会申请撤销这一规则。

股票市场指标

股票市场指标发挥着多重功能，例如可作为衡量专业资金管理公司业绩水平的标准，可以被用来回答"今天市场表现如何"之类的问题。所以，股票市场指标（指数或平均数）已经成为人们日常生活的一部分。虽然许多股票市场指标在使用时可以相互替代，但是值得大家注意的是，每一个指标都适用于并可衡量股票市场的不同方面。

最常被引用的股票市场指标是道琼斯工业平均指数（DJIA）。金融刊物常常提到的其他市场指标还包括：标准普尔 500 综合指数、纽约股票交易所综合指数和纳斯达克综合指数。其他种类繁多的股票市场指标，例如威尔逊股票指数和罗素股票指数，主要是专业的货币管理机构在追踪。表 14—5 列出了美国市场上常见的各种股票指数。

一般来说，股票市场价格指数的涨跌模式基本类似。不过，各种股价指数不会永远以相同的方式变动。各指数变化幅度的差异反映了各个指数编制方法的不同。股价指数编制方法的三大要素包括：指标样本股代表的全体股票、赋予样本股的相对权重以及对样本股使用哪一种加权平均处理方法。

某些指数仅代表在交易所上市的股票。例如，纽约股票交易所综合指数反映的仅是该交易所内上市股票的价格波动情况。与之相比，纳斯达克指数则只代表在场外交易市场上交易的股票。专业人士们最热衷的股票指数是标准普尔 500 指数，这是因为 500 指数既包含在纽约股票交易所上市的股票，也包含在场外交易市场上交易的股票。表 14—5 列出了交易所提供的股票价格指数。每个股票价格指数都要选取股票样本，这个样本的涵盖范围有可能比较小，也有可能非常大。道琼斯工业平均指数的股票样本只包含 30 只规模最大的公司发行的股票，而纽约股票交易所综合指数的股票样本几乎包含了每一只在该交易所里上市的股票。纳斯达克指数的股票样本也是把所有在纳斯达克市场上交易的股票全部包括进去了。而标准普尔 500 指数的股票样本——相对于该指数所代表的共计 8 000 余只股票——只包含了 500 只股票。

在股票市场价格指数的编制过程中每个样本股所占的比例各有不同，因此每只样本股必须被赋予一个权重。决定权重的方法有三种：（1）根据公司的市值——公司市值等于股票的价格乘以发行在外的股票数量；（2）根据公司股票的价格；（3）不管公司的市值或股票价格如何，每一只样本股的权重都一样。除了道琼斯工业平均指数以外，世界上几乎所有耳熟能详的股价指数均是根据样本股的市值来确定权重的。道琼斯工业平均指数则是根据样本股的价格赋予权重求出的平均数。

股票市场价格指数可以分为三类：（1）由股票交易所基于在交易所内进行交易的所有股票而编制的价格指数；（2）由一些机构主观地挑选出一些股票而编制的价格指数；（3）基于某些客观的标准挑选股票，例如根据公司的市值大小来挑选股票。

第一类股票价格指数里包括纽约股票交易所综合指数，它反映了在纽约股票交易所进行交易的所有股票的市值大小。虽然纳斯达克不是交易所，但是纳斯达克综合指数也属于第一类股价指数，因为它同样反映了在纳斯达克交易网络内进行交易的所有股票的价格变动情况。

第二类股票价格指数中最著名的两个要数道琼斯工业平均指数（DJIA）和标准普尔 500 指数（Standard & Poor's 500）。道琼斯工业平均指数的样本股有 30 只，这 30 家公司是市场上规模最大、股东人数最多、持股最为分散的大型工业企业。道琼斯公司——《华尔街日报》的发行人——负责挑选这 30 家公司。

标准普尔 500 指数的股票样本来源于两个主要的全国性股票交易所以及场外市场。在任一给定时点，股票样本中应包含哪些股票均由标准普尔公司的某一委员会决定，这个委员会会时不时地把某几只股票或者是整个行业的股票删除或加入到股票样本中。委员会这样做的目的是尽量使股价指数能够反映股票市场的整体状况，对众多经济指标反应敏感。价值线公司所编制的 VLCA 指数的股票样本由价值线公司筛选得出，它们均是在纽约股票交易所、美国股票交易所和场外交易市场上交易活跃、持股较为分散的公司股票。

某些股票价格指数反映了股票市场上多个行业板块股票价格的波动情况，然而也有一些股价指数只反映某一特定行业板块的股价波动情况，例如科技行业、石油与天然气行业以及金融行业。此外，由于在投资业界，股权投资的理念十分深入人心，因此，随着股权形式投资策略的不断发展（例如增长型与价值型投资策略，小市值型与大市值型投资策略），各种**投资风格指数**（style indexes）应运而生。表14—5列出了一部分投资风格指数。

表 14—5   **美国股票市场价格指数**

交易所指数

纽约股票交易所
NYSE 综合指数
NYSE 美国 100 指数
NYSE 世界领先指数
NYSE TMT 指数

美国股票交易所
Amex 综合指数
Amex 20 股票指数
Amex 航空指数
Amex 基本工业指数
Amex 生物指数
Amex 经纪人/交易商指数
Amex 综合指数
Amex 电脑技术指数
Amex 消费服务指数
Amex 消费大宗产品指数
Amex CSFB 技术指数
Amex 周期/运输部门指数
Amex 国防指数 I
Amex 磁盘驱动指数
Amex 医药指数
Amex 电力/天然气指数
Amex 能源指数
Amex 金融指数
Amex 黄金指数
Amex 工业指数
Amex LT 20 指数
Amex MS 消费指数
Amex MS 周期指数
Amex MS 健康付款人指数
Amex MS 健康产品指数
Amex MS 健康提供者指数
Amex MS 高科技 35 指数
Amex MS REIT 指数
Amex 天然气指数
Amex 网络指数
Amex 石油/天然气指数
Amex 股票汽车指数
Amex 科技指数
Amex 电信指数

Amex 公用事业指数
Amex 机构指数

纳斯达克
Nasdaq 综合指数
Nasdaq 全国市场综合指数
Nasdaq 100 指数
Nasdaq 100 平均加权指数
Nasdaq 100 科技指数
Nasdaq 100 前科技指数
Nasdaq 金融 100 指数
Nasdaq 生物科技指数
Nasdaq 生物科技平均加权指数
Nasdaq 银行指数
Nasdaq 电脑指数
Nasdaq 健康保护指数
Nasdaq 工业指数
Nasdaq 全国市场工业指数
Nasdaq 保险指数
Nasdaq 其他金融指数
Nasdaq 通信指数
Nasdaq 运输指数

非交易所指数
道琼斯公司
道琼斯 30 种工业平均指数
道琼斯 20 种运输业平均指数
道琼斯 15 种公用事业平均指数

道琼斯公司和威尔希尔公司联合指数
道琼斯威尔希尔 5000 市场总指数
道琼斯威尔希尔 4500 完整指数
道琼斯威尔希尔美国大型公司指数
道琼斯威尔希尔美国中型公司指数
道琼斯威尔希尔美国小型公司指数
道琼斯威尔希尔美国微型公司指数
道琼斯威尔希尔美国大型公司价值指数
道琼斯威尔希尔美国大型公司增长指数
道琼斯威尔希尔美国中型公司价值指数
道琼斯威尔希尔美国中型公司增长指数
道琼斯威尔希尔美国小型公司价值指数
道琼斯威尔希尔美国小型公司增长指数
道琼斯威尔希尔美国 2500 指数

	标准普尔公司
威尔希尔大型公司 750 指数	标准普尔 500 指数
威尔希尔中型公司 500 指数	标准普尔中型公司 400 指数
威尔希尔小型公司 1750 指数	标准普尔 100 指数
威尔希尔微型公司指数	**弗兰克·罗素**
威尔希尔大型价值指数	罗素 3000 指数
威尔希尔大型增长指数	罗素 2000 指数
威尔希尔中型价值指数	罗素 1000 指数
威尔希尔中型增长指数	罗素 2000 增长指数
威尔希尔小型价值指数	罗素 2000 价值指数
威尔希尔小型增长指数	罗素 1000 增长指数
威尔希尔所有价值指数	罗素 1000 价值指数
威尔希尔所有增长指数	弗兰克·罗素中型公司指数
威尔希尔小型公司 250 指数	

资料来源：作者根据相关资料编辑整理。

第三类股票价格指数包括由威尔逊协会（位于加利福尼亚州的圣莫尼卡）编制、与道琼斯公司联合发布的威尔希尔指数（Wilshire indexes），以及由弗兰克·罗素公司（位于华盛顿州的塔科马）——这是一家专门为养老金和其他机构投资者提供服务的咨询顾问公司——编制的罗素指数（Russell indexes）。这两个指数挑选样本股的唯一标准便是公司的市值。涵盖范围最广的是威尔逊 5000 指数，目前这个指数实际包含的股票约为 6 700 只（最开始时包含 5 000 只股票）。威尔逊 4500 指数几乎包含了威尔逊 5000 指数的所有样本股，只是把与标准普尔 500 指数相重合的样本股剔除掉了。所以说，威尔逊 4500 指数的样本股的市值要比威尔逊 5000 指数略小一些。罗素 3000 指数包含了 3 000 家市值规模最大的公司的股票。罗素 1000 指数则是取前 1 000 家市值规模最大的公司股票加以编制，剩余的 2 000 家公司则被纳入罗素 2000 指数的股票样本池。

主要的国际股票市场价格指数

有很多股价指数追踪的是海外股票市场的表现。在每个进行股票交易的国家里，至少会编制一个股价指数来衡量股票价格的总体波动情况。如果国内的股票交易所不止一个，通常每个交易所都会编制自己的指数。而且，新闻机构和金融咨询机构也会编制股价指数。

日本股票市场上有两个主要的股价指数：一个是东京股票交易所编制的东京股票价格指数（Tokyo Stock Price Index，TOPIX）。这是一个综合性的股价指数，以东京股票市场上第一大板块的所有股票为编制基础。所谓的第一板块包含的股票是市场上交易最为活跃、持股最为分散的大公司股票（TOPIX 基于样本股的市值大小而非股价的高低来赋予权重）。另一个是一家金融信息公司——日本经济新闻公司（Nihon Keizai Shimbun，简称为日经公司）编制并发布的日经 225 股价平均指数（Nikkei 225）。这一平均指数（与道琼斯 30 种工业平均指数的计算方法相同）是基于东京股票交易所第一板块内 225 家市值规模最大的公司股票编制的。

英国伦敦股票交易所有几个备受关注的指数，均是由《金融时报》编制发布的。其中最有名的是金融时报—股票交易所 100 指数（Financial Times-Stock Exchange 100 Index），这是一个基于市值规模计算得出的指数，常常被人们称为 FT-SE100 指数（发音为"Footsie 100"，中文译为"富时 100"）。这个指数的样本股票池包含了英国市值规模最大的 100 家企业的股票，它们的市值总和占据了英国股票市场市值总额的绝大部分。其他常见的股价指数还包括金融时报 350 指数（FTSE 350，基于 350 家英国规模最大的公司股票编制而成）、富时小市值指数（FTSE SmallCap Index）和富时全股指数（FTSE All-Share index，基于英国规模最大的公司股票以及富时小市值指数的样本股编制的股价指数）。[①]

德国国内最主要的股价指数是 DAX——这三个字母代表的是 Deutscher Aktienindex 的缩写（即德国股票指数）——由法兰克福股票交易所编制。由于该交易所的德文名称是 Frankfurter Wertpapierbörse，所以一些金融服务机构通常用首字母 FWB 来指代这家股票交易所。DAX 是以在法兰克福交易所上市的交易最活跃的 30 只股票为基础编制而成的。另一个著名的指数是 FAZ 指数，由一家名为《法兰克福汇报》（*Frankfurter Allgemeine Zeitung*）的日报公司编制，基于在法兰克福交易所上市的 100 家规模最大的公司的股价计算而来。

在法国，全国经纪商协会和巴黎交易所以在该交易所内交易的、闻名遐迩的 40 家规模最大的公司的股票为基础编制了名为 CAC 40 指数的股票指数。这个指数是根据交易所电子交易系统的名称来命名的。随着欧洲经济一体化的速度不断加快，CAC 40 指数可能会像 FTSE 100 指数或 DAX 一样，逐渐成为值得信赖的、反映欧洲股票市场整体表现情况的市场指标。

其他被广泛关注的全国性股票指数还包括香港股票交易所编制的恒生指数（Hang Seng Index）、多伦多股票交易所的 TSE 300 指数以及瑞士股票交易所发布的瑞士业绩指数（Swiss Performance Index，SPI），该指数的样本股为 400 家公司的股票。

为了适应全球股权投资的发展，各家金融机构还精心编制了几个著名的国际股价指数。美国绝大多数机构投资者一直密切关注的国际股价指数要数摩根士丹利资本国际公司（Morgan Stanley Capital International，MSCI）编制的欧洲、大洋洲与远东指数（缩写为 EAFE）。MSCI 指数被划分为 MSCI 全球标准指数、MSCI 全球小市值指数、MSCI 价值指数和 MSCI 增长指数。MSCI 数据库里的信息已经被用于编制 28 000 多种股价指数。英国《金融时报》也编制了一系列全球股票市场价格指数：富时全世界价格指数系列、富时新兴市场指数、富时环球股权指数系列、富时全球部门指数系列、富时全球小市值指数系列、富时全球策略指数系列、富时金矿指数系列、富时跨国指数系列、富时沙迦环球股权指数系列和富时观察名单指数系列（Watch List Index Series）。

股票市场的定价效率

正如前面我们在第 7 章里讲过的那样，股票市场的有效定价指的是在这个市

---

① 金融时报工业普通股指数（被称为 FT30 指数）是基于 30 家市场领先企业的股票价格编制的指数，曾经在市场上备受追捧，不过现在已很少有人问津了。

场上，任意一个时点所有证券的价格均能充分反映与证券估值有关的所有可获得的信息。如果市场的定价是有效的，那么在考虑到风险水平并扣除交易成本以后，投资者采用致力于获得高于股票市场价格指数的业绩的投资策略，最终并不一定能够获得超额的投资回报。

数不胜数的研究论文对股票市场的定价效率进行了检验。虽然，对这些研究成果进行全面性的介绍并不是本章的意图，但是我们可以总结一些这些研究成果的基本观点及其对投资策略的影响。

定价效率的形式

市场的定价效率可分为三种不同形式：（1）弱式有效；（2）半强式有效；（3）强式有效。这三种定价效率形式的主要区别在于在任意一个时点证券的市场价格所反映出来的相关信息有所不同。弱式有效形式是指证券的价格反映了该证券过去的价格和交易历史，半强式有效形式是指证券的价格充分反映了所有公开的信息，其中包括但不仅限于有关历史价格和交易情况的信息。而在强式有效市场上，证券的价格能够反映所有的信息，不管该信息是公开信息，还是仅为部分内部人——例如企业的经理人或董事——所掌握的内幕信息。

实证研究的大多数结果都支持这样的观点，即普通股市场是定价弱式有效的市场。这些实证研究使用非常复杂的数学模型检验是否可以用历史价格的波动对未来的价格进行预测，从而使投资者获得优于市场的平均投资回报率以及证券风险等级的收益率。这样的高收益率被称为**正的异常收益**（positive abnormal returns）。这一结论的含义是仅依照股票的价格波动模式或交易量来挑选股票的投资者——这样的投资者通常被叫做**技术分析人员**（technical analysts）或**图表分析人员**（chartists）——不应当指望自己能够获得优于市场基准水平的收益率。事实上，由于这些投资者经常要频繁地买卖股票，因此高昂的交易成本可能会让他们的处境变得更糟糕。

与之相比，有关股票市场的定价效率是半强式形式的实证证据支持的观点各有不同。一方面，有些研究结果认为，如果投资者是在**基本分析**（fundamental security analysis）——即分析上市公司的财务报表、管理质量以及公司所处的经济环境——的基础上选择股票的话，那么他们不可能会跑赢市场。道理很简单：这么多投资者都采用相同的投资分析方法，利用相同的可公开获得的数据，那么股票的价格必然会与所有影响其市场价格的相关因素保持一致。因此，他们认为股票市场的定价是具备一定效率的。另一方面，也存在数量众多的其他研究文献认为在一段相当长的时期内，股票市场的定价是缺乏效率的，它们也给出了一些实例。经济学家和金融分析家们常常会把这些市场无效定价的例子归入**市场异常**（anomalies in the market）的范畴，这是一个难以解释清楚的现象。

对强式市场定价效率的实证检验可以分为两大类：（1）对专业货币资金管理公司业绩水平的研究，（2）对企业内部人（例如公司的董事、高管人员或大股东）行为的研究。对专业货币资金管理公司的业绩进行实证研究，来检验市场的定价效率是否是强式形式，其基本出发点是认为这些专业的投资管理公司能够比普通大众获得更多的信息。这一点是否属实尚存有争议，因为实证检验的结果证明专业的货币管理公司并不总能跑赢市场。与之相反的是，对内部人活动的实证检验结果证明内部人总是可以获得高于市场平均收益率的投资回报率。当然，如果股票的市场价格充分反映了所有有关企业价值的相关信息，那么内部人也就不可能获得这么高的异常收益。因此，有关内部人交易的实证研究结果并不支持股票市场的定价效率是强式形式的观点。

市场定价效率对普通股投资的影响

普通股的投资策略可分为两大类：主动策略和被动策略。**主动投资策略**（active investment strategy）是指那些试图采用下列一种或几种方法跑赢市场的策略：选择交易时间，例如使用技术分析手段来选取交易时间；利用基本分析法来鉴别被低估或高估的股票；或者是根据市场异常现象来挑选股票。显而易见，遵循主动策略的投资者肯定相信，付出这么多的努力必然可以给自己带来比较高的超额收益；然而，只有当市场的定价缺乏效率时，投资者才有可能获得这一收益。投资者具体选择怎样的投资策略要取决于投资者对股票市场定价效率的判断与看法。

如果投资者相信股票市场的定价是有效率的，那么他们必须接受这样一种观点：努力想跑赢大盘的尝试不可能经常获得成功，除非是某一次运气特别好刚好碰上了。这并不是说投资者应当远离股票市场，而是建议他们采取**被动投资策略**（passive investment strategy），这个策略并不试图获得高于市场平均收益率的投资回报率。对那些相信股票市场的定价是有效率的人来说，是否存在最理想的投资策略呢？实际上真地有。其理论基础是我们曾在第 8 章里讨论过的现代投资组合理论和资本市场理论。根据现代投资组合理论，在有效定价的市场上，市场投资组合提供的单位风险的收益水平是最高的。如果某一金融资产投资组合的特征与整个市场的投资组合（即市场投资组合）的特征是相似的，那么该组合也能获得与市场投资组合相似的投资回报率。

怎样使用这样的被动投资策略呢？说得更具体一点，"市场投资组合"指的是什么，投资者应当怎样构建这样的投资组合？理论上，**市场投资组合**（market portfolio）包含市场上所有的金融资产，不仅仅是普通股。这是因为投资者在制定投资决策时，要对所有的投资机会进行比较，不是只考虑股票。因此，我们的投资理论是建立在资本市场理论而非股票市场理论的基础上的。当我们把该理论应用于股票市场时，市场投资组合就被理解为由非常多的普通股构成。但是，在构建市场投资组合时，每一种股票的投资比例应当是多少呢？该理论认为，投资者选择的投资组合应该与市场投资组合保持一个适当的百分比，因此市场投资组合中每只股票的权重应当基于其相对的市值规模来确定。于是，如果市场投资组合内包含的所有股票的整个市值规模是 T 美元，其中一只股票的市值大小为 A 美元，那么这只股票在市场组合中所占的百分比就应当是 A / T。

我们刚才所描述的被动投资策略被称为**指数化策略**（indexing）。自 20 世纪 90 年代起，养老金发起人越来越多地发现专业的货币管理公司并不能跑赢市场。随后，使用指数化策略管理的基金数量开始猛增。不过，在机构投资者的股票投资总额中，指数基金所占的比例依然比较小。

全球多样化投资

在本章的最后，我们再来讨论一下全球股票多样化投资会有哪些好处。无数多的研究文献都谈到过全球性投资所带来的投资组合分散化的潜在好处。说得更具体一些，这些研究指出将其他国家发行的证券纳入投资组合中可以在不提高风险水平或收益波动性的情况下（我们在第8章讨论过这个问题），提高投资组合的预期收益率。相似地，将其他国家发行的证券纳入投资组合中可以在不减少预期收益率的情况下降低投资组合的风险水平。投资者之所以可以从投资多样化策略中获得好处，是因为国际资本市场彼此之间的关联程度不算很高。也就是说，不同市场之间收益率的上涨或下跌并不同步。相关性是一个统计学指标，用于测量两个变量之间——例如两个不同国家市场上的一组证券的收益率——波动的相似程度。关联度不高的两个股票市场，其价格的波动形式也存在着明显的不同。

两个市场收益率的波动情况存在差异并不令人感到奇怪。这是因为不同的市场所处的国家不同，在一些重要领域，如税收、货币管理、银行政策、政治目标与稳定性、人口增长等诸多方面都存在着较大的差异。由于本国或本地区政策对股票价格的影响最大，因此不同地区股票价格的波动时机与波动幅度会有所不同。这种股票价格波动形式的不一致性正好可以帮助投资者在多个国家分散投资以降低投资的风险水平，获得国际或全球投资的潜在好处。

大量的研究表明不同国家的股票交易所股票价格的变化方向具有差异性。这些研究得出了一些很有意思的结论。第一，这些国际股票交易所之间表现出很大的差别，也就是说，它们收益率之间的相关度差别很大，而不是表现为统一的走势。这样的话，投资者就可以在全球范围内构建充分分散化的投资组合。第二个显著性特点是地理和政治因素会影响市场之间的关系。这表明，德国股票市场和日本股票市场之间股票价格变化的相似性要比德国和法国或者美国和加拿大之间股票价格变化的相似性差一些。因此，投资者可以认真地在不同市场之间进行分散化投资。第三，所有的市场之间相关关系都是正向的，且都大于零。这表明股票价格之间的完全不相关变化是不存在的。正的变化方向表明世界各市场股票价格变化是内在统一的，就像各国经济都是密切联系在一起的。这样的话，全球分散化投资也存在一些不足和缺陷。换句话说，全世界的各个股票市场都是紧密联系的经济体的构成部分，都是在各个经济体范围内分配资金，虽然可以消除部分证券收益率的波动性，但却不能完全消除这种波动性。

然而，从20世纪90年代以来，两个方面的因素从总体上增强了各个国家股票市场之间的关联度；也就是说，这些因素降低了全球范围内分散化投资带来的收益和好处。第一个因素是经济行为，第二个因素源于经济结构和它们的股票市场。第一个因素与金融危机期间投资者的行为紧密相关，在金融危机期间，投资者发现通过分散化能够尽可能地获得最大收益。在那个时期，投资者显得更加厌恶风险，寻求安全和追求流动性。如果某国经济基础方面出现了问题，投资者可能会抛售该国或该地区的股票（当然也有可能包括债券），不仅如此，投资者还可能抛售其他国家的股票。通常情况下，"安全投资转移"会引起对低风险、高质量资产（比如，美国国库券）的需求量立即上升，同时，对风险资产的需求量会下降。这种危机心理会增加所有的或者基本上所有的风险资产之间的关联度，当分散化充分实现的时候，这一心理的传播会更快。

第二个因素与各国的经济结构和它们的股票市场相关，这些也会增加国际相关性。一国经济可以划分为两个重要的组成部分，即国际部门和国内部门。**国际部门**（global sector）通过国际贸易向全球经济提供商品和服务。这样的话，由于面向的客户不同，因此，一国国际部门的公司受到国际压力的冲击会大于国内压力。微芯片制造企业、汽车制造企业和电信企业都是国际部门。一国国际部门的微芯片制造企业受国际经济压力的影响与其他国家的微芯片制造企业受到的影响的相似程度，要高于同一国内非国际部门企业受到的影响。

相反，**国内部门**（country sector）主要是为本国经济生产商品和服务。国内部门的企业受经济压力的影响与国内其他企业受到的影响的类似程度，要高于本国国际部门企业。铁路、零售和建筑就是国内部门的代表例子。

结论就是国际部门的企业由于产品和服务的原因倾向于跟从国际市场的发展，而不是本国经济的发展，因此，并不能高度分散化。例如，在2000年的时候，全世界电信企业的股票显著性地减少了。相反，国内部门的企业由于本国经济和股票的固有特征，反而有利于构建充分分散化的国际投资组合。

这一思路的典型例子就是追求国际股票投资分散化的美国股票投资者不会购买芬兰股票指数，其原因就在于作为电信设备制造商的诺基亚公司的股票占据了芬兰股票指数的67%，而诺基亚公司又是一个高度国际化的企业。

有证据显示在最近几年的时间里，大多数发达国家的国际部门企业与国内部门企业相比较，所占的比重上升比较快。因此，当前的全球化分散投资组合较之前的投资组合能提供的市场分散化程度要低很多。[①]

从总体上来看，分散化投资继续为投资组合带来了好处。不过，分散化投资组合的构建需要更加细致，尤其是要考虑到国家影响和部门影响。

小　结

不同类型的委托交易指令会被传递到股票市场。最常见的委托交易指令是市价委托指令，即该委托交易指令必须立即以市场上可获得的最优价格被执行。其他类型的委托指令，例如止损交易指令和限价委托指令，只有当市场价格达到指令中注明的特定价格时，委托交易指令才会被执行。

支付给经纪人的佣金是交易成本中最明显的一个组成部分，也是经纪商/交易商之间争夺零售客户与机构客户的过程中竞争的焦点之一。不过，

---

① 参见 Stefano Cavaglia, Christopher Brightman and Michael Akid, "The Increasing Importance of Industry Factors," *Financial Analysts Journal* (September/October 2000), pp. 41-54; Sean P. Baca, Brian L. Garbe and Richard Weiss, "The Rise of Sector Effects in Major Equity Markets," *Financial Analysts Journal* (September/October 2000), pp. 34-40。

326 ▶ 资本市场：机构与工具（第四版）

其他类型的交易成本，例如冲击成本和机会成本，有可能会高于佣金成本。

为了适应机构客户的要求——他们喜欢下达大额交易指令，或者是同时交易多种股票的交易指令——交易所专门设计了特殊的交易机制。如果某一股票的单笔交易至少达到了 10 000 股，或者是所交易股票的市场价值至少达到了 20 万美元或以上，则这样的交易就被称为大宗交易。程序交易指的是同时买入或卖出多家公司的大量股票，这样的交易也可叫做篮子交易。为满足机构客户的需求而进行的市场结构性改革便是楼上市场的出现，这是把大型证券公司与机构投资者的交易席位连接在一起构成的交易网络。在这个市场上，人们彼此之间可以通过电子显示屏和电话联系。

受到 1987 年股灾的影响，交易所制定了各种形式的限价规定或涨跌停板。

股票市场指标可以被划分为三大类型：（1）交易所编制的包括所有在该交易所交易的股票的指标，例如纽约股票交易所综合指数和纳斯达克综合指数；（2）根据某一委员会主观挑选的样本股票计算的股票价格指数，例如标准普尔 500 指数；（3）仅以市值规模的大小为标准选择样本股票的指数。世界上每个股票市场都拥有可以反映本市场上股票价格总体波动情况的指标。有些股价指数是由交易所编制发布的，有些是由金融媒体公司编制发布的，还有一些是由其他非交易所机构编制发布的。一些交易规模较大的股票市场拥有世界闻名、广受关注的市场指标：日本的东京股票价格指数与日经 255 股价平均指数；英国的富时 100 指数；德国的 DAX 和 FAZ 指数；法国的 CAC 40 指数。

股票市场的有效定价指的是在这个市场上，任意一个时点所有证券的价格均能充分反映与证券估值有关的所有可获得信息。市场的定价效率可分为三种不同形式：（1）弱式有效；（2）半强式有效；（3）强式有效。绝大多数实证研究的结果都支持股票市场的定价是弱式有效形式。对于市场定价半强式有效的实证检验结果差异性较大，因为其中一些研究文献发现市场的定价缺乏效率。对于市场定价强式有效的实证检验结果也是差异较大，不同文献得出的结论有很多相互矛盾的地方。

选择主动投资策略——包括选择购买的时机或挑选股票——的投资者们相信市场上某些证券的定价是错误的，因此他们有可能通过采用主动投资策略去"抓住"发现这些无效定价的机会，从而获得更高的投资收益率。如果投资者认为股票市场的定价是有效的，那么最优的投资策略便是指数化策略，因为这种策略能够帮助投资者获得和市场投资组合相同的投资收益率。

世界上各个市场的股票价格的波动并不是完全同步的，因为这些市场所处的经济体系在税收、工业增长、政治稳定性以及货币政策等方面均存在着较大的差异。股票价格波动的协同性较差正好可以帮助投资者在多个国家的市场间分散投资股票，并从中获益。也就是说，投资者将投资组合的部分资金用于购买其他国家的股票，可以在不降低预期收益率的情况下降低投资组合的风险水平，或者是在不增加风险水平的情况下提高投资组合的预期收益率。国际多样化投资的好处促使很多投资者把一部分财富用于购买外国资产或外国企业发行的股票。

关键术语

主动投资策略	限价买入委托指令	国内部门
佣金代理型	买入止损指令	借方余额
代理激励安排	活期贷款利率	显性成本
程式交易	图表分析人员	成交或取消委托指令
市场异常	跌停板规则	超前交易
篮子交易	闭市价指令	基本分析
大宗交易	条件指令	国际部门

直到取消才失效指令　　　　开放式指令　　　　　　限价卖出委托指令
隐性成本　　　　　　　　　开市价指令　　　　　　卖出止损指令
指数套利　　　　　　　　　被动投资策略　　　　　止损—限价指令
指数化策略　　　　　　　　正的异常收益　　　　　止损指令
限价委托指令　　　　　　　价格限制　　　　　　　投资风格指数
限价委托指令登记簿　　　　委托交易型　　　　　　技术分析人员
触价转市单指令　　　　　　程序交易　　　　　　　交易管制规则
市价委托指令　　　　　　　散户投资者　　　　　　交易限制
市场投资组合　　　　　　　一手　　　　　　　　　楼上市场
散股　　　　　　　　　　　二次分配

思考题

1. 下面的引文选自韦恩·H·瓦格那 (Wayne H. Wagner) 的《交易策略的分类学》，摘自卡特里娜·F·希瑞德 (Katrina F. Sherrerd) 编著的《交易策略与执行成本》（夏洛茨维尔，VA：注册金融分析师协会，1988 年）。

当交易者决定如何将交易指令带入市场时，他或者她必须处理几个非常重要的问题，对我来说，最重要的就是：这笔交易的类型是什么？它可能是积极的交易，也可能是消极的交易。交易类型将会表明交易执行速度与交易成本谁更重要。换句话说，我希望立即执行交易（市价委托指令）；或者我愿意"给予"交易时间，在考虑交易成本的情况下让交易尽快执行（限价委托指令）?

a. 市价委托指令指的是什么？

b. 当交易者希望交易立即执行时，为什么会下达市价委托指令？

c. 限价委托指令指的是什么？

d. 与限价委托指令相关的风险是什么？

2. 程式交易指什么？

3. 假设曼库索先生已经以每股 80 美元的价格购买了亚马逊公司的股票，他设定的最大损失点是 75 美元。曼库索先生下达的是什么类型的交易指令？

4. a. 什么是程序交易？

b. 执行程序交易的佣金安排有哪些类型，每种类型的优点和缺点分别是什么？

5. 纽约股票交易所实行的股票价格波动限制

有哪些类型？

6. 解释下列概念：

a. 直到取消才失效指令

b. 公开指令

c. 止损指令

d. 大宗交易

7. a. 当股票是通过保证金购买时，维持保证金意味着什么？

b. 借方余额指的是什么？

c. 贷方余额指的是什么？

8. a. 什么是软美元？

b. 美国证券交易委员会禁止软美元安排吗？

9. 什么是百分位报价系统改革？

10. 下面一段话摘自格里塔·E·马歇尔 (Greta E. Marshall) 的文章《执行成本：计划发起人的视角》，这篇文章选自《交易策略与执行成本》，由注册金融分析师协会于 1988 年出版。（这份出版物是 1987 年 12 月 3 日在纽约召开会议的论文集）。

a. "交易成本有三个组成部分。第一是可以量化的直接成本——佣金。第二是间接成本，或者说市场影响成本。最后是因未交易而产生的不确定成本。"什么是市场影响成本？你认为因未交易而产生的不确定成本代表着什么？

b. "市场影响，与经纪人佣金不同，很难确定和量化。"为什么市场影响成本很难量化？

11. 跌停板规则意味着什么？

12. 跌停板规则和交易管制规则创立的目的和

动机是什么？

13. 根据市值确定权重的指数和权重都一样的指数之间的区别是什么？

14. a. 标准普尔 500 普通股指数有哪些主要特征？

b. "标准普尔 500 指数选取的股票都是美国 500 强公司。"你是否同意这一说法？

15. 一些股票市场参与者和分析师被称为图表分析人员或者技术分析人员。弱式有效理论是如何分析投资者击败市场的机会的？

16. 为什么相信市场是有效的投资者会追求指数化策略？

17. a. 什么是相关系数？如果两个国家的股票相关系数比较低（比如，只有 0.30），这为投资者提供了什么样的投资机会？

b. 如果相关系数高达 0.95，为什么说相同类型的投资机会并不存在？

c. 克劳迪娅·巴丽妮和罗伯特·摩洛-维斯康提的工作论文的标题是《国际股票市场波动性和相关性之间的联系》，论文写道股票价格的波动，尤其是在市场崩盘时股票价格的急剧下降，会促使投资者通过国际化分散投资来规避风险，因为投资者希望能够避免严重的市场下跌。你是否认为这一结论具有吸引力？并做简要的评论。

18. 从 20 世纪 90 年代以来，哪两个方面的因素增加了各国股票市场之间的相关性？

19. 一国经济可以假定为由两个重要的部门组成：国际部门和国内部门。这两个部门都包括那些具体的内容和特征？

20. 通常情况下，新闻报道都会对当天的交易作如下评论："今天 Footsie 100 指数上涨了 1.5%，而 DAX 指数下跌了 0.25%，CAC 40 指数没有发生变化。"题目中提到的各种指数其正式名称是什么？分别属于哪个国家？

第 15 章

股票期权市场

学习目标

学习完本章内容，读者将会理解以下问题：

● 股票期权的基本特征
● 股票期权如何改变股票投资组合的风险/收益情况
● 机构投资者使用的各种股票期权策略
● 关于某特定的股票期权策略是否始终能够击败其他股票期权策略的

实证检验结果
● 布莱克-斯科尔斯期权定价模型背后的原理及其局限性
● 股票期权市场定价效率的有关证据
● 什么是权证

我们在第 11 章介绍了期权产品，本章我们要考察的是以单个普通股为标的物的期权产品（简称股票期权）。我们将讨论机构投资者使用股票期权的策略，介绍著名的股票期权定价模型——布莱克-斯科尔斯期权定价模型，还将讨论另外一种股票期权产品——认股权证。

虽然期权最重要的用途是改变投资收益的分布情况以实现特定的投资目标，但是投资者们还是在尝试利用期权市场获得异常收益。[1] 我们要考察有关股票期权策略执行效果的各种检验结果，把重点放在两个关键性的实证研究问题上。首先，是否存在收益超过其他期权和股票投资策略的期权投资策略？这也是很多经典文献所提出的问题。其次，股票期权市场是有效市场吗？

---

[1] 有关异常收益的定义请见第 14 章。

交易所交易期权的发展历史

1973 年前，期权仅在场外市场上进行交易。1973 年，证券交易委员会批准在有组织的交易所内建立开展期权交易的试点基地。1973 年 2 月 1 日，芝加哥期权交易所（CBOE）终于拿到了证券交易委员会的许可，注册成为全国性的证券交易所。于是，芝加哥期权交易所便成为了开展上市股票期权交易的试验性场所。1973 年 4 月，芝加哥期权交易所开始交易普通股看涨期权。从那时开始，证券交易委员会陆续批准其他交易所也可以开展期权产品交易：1974 年美国股票交易所、1975 年费城股票交易所、1976 年太平洋与中西部交易所以及 1982 年的纽约股票交易所。直到 1977 年，证券交易委员会才同意在有组织的交易所内交易以普通股为标的物的看跌期权。

证券交易委员会经过深入广泛的调查后才允许各个证券交易所进行期权产品的交易。1974 年 2 月，证券交易委员会举行了公众听证会，就有关期权的几个主要问题进行了探讨：期权产品的交易是否有利于经济发展，是否有利于公众利益，在交易所公开交易的期权产品会对投资大众的投资习惯造成怎样的影响。听证会上证券交易委员会提交的各种证据均支持上市期权的交易将有利于金融市场和经济发展的观点。

证券交易委员会考虑到以同种普通股为标的物的期权产品可能会在多个交易所内上市，所以建议期权协议的条款实现标准化，建立通用清算体系，并开发了记录上市期权交易的通用磁带。证券交易委员会批准建立全国性的期权清算系统——期权清算公司（Options Clearing Corporation，OCC），当时交由芝加哥期权交易所和美国交易所联合承办。自 1974 年建立伊始，期权清算公司负责发行、担保、登记、清算并交割了所有涉及交易所上市期权的交易。

随着上市期权市场的逐步发展，市场上开始出现操纵行为和欺诈性的卖出行为。1977 年 7 月，证券交易委员会决定在查明事实之前，先暂停新上市期权的交易。自 1977 年 10 月开始的"期权研究"，目的是"判断标准化期权交易的方式与环境是否与市场的公平、有序、公众利益、对投资者的保护以及法律的其他目标相一致。"[①] 研究提出了证券交易委员会应采取什么步骤保护投资者不受欺诈行为伤害的建议。其核心建议是加强法律法规建设以促进市场监管，及时发现操纵行为，制定交易所和经纪公司都必须执行的政策以提高出售期权产品的经纪人的素质，防止其滥用卖出操作手段。证券交易委员会联合其他机构落实了这些建议与意见。

1980 年 3 月，证券交易委员会认为"期权研究"中谈到的主要管理缺陷都已得到了彻底的纠正，因此取消了对上市期权市场进一步扩展的暂停决定，同意以其他金融工具为标的物的期权产品（将分别在第 16 章、第 30 章和第 31 章里

---

① 《证券交易法》第 14056 号（1977 年 10 月 7 日）。

讨论）也可以在交易所上市交易。虽然市场暂停交易的禁令被取消了，已获得批准的四家交易所能够进行以更多公司股票为标的物的期权产品的交易，但是证券交易委员会仍然不允许同种期权产品在多家交易所同时上市。也就是说，证券交易委员会不同意标的物相同的期权产品在多家交易所同时上市。相反地，证券交易委员会设计了一种机制，在四家交易所之间分配股票期权产品。后来，有关股票在多家交易所上市的规定悄悄发生了改变。自 1990 年 1 月起，新股票可以在任何一个交易所同时上市，而且每家交易所还可以买卖十只其他交易所已上市的股票。从 1991 年 1 月开始，交易所可以上市任何有资格进行期权交易的股票的期权产品。

交易所交易的股票期权的特点

交易所交易的期权标的物是 100 股指定的普通股股票。美国国内所有在交易所交易的股票期权都可以在到期日前任意时点被执行，也就是说它们均是美式期权。期权产品的名称要按照标的普通股的名称、到期月份、执行价格以及期权的类型（看涨或看跌期权）来命名。所以，4 月到期、执行价格为 110 美元的 IBM 公司股票看涨期权会被叫做"IBM 4 月 110 看涨期权"。

期权产品的到期日期是标准化的。每种股票期权都要遵循期权到期日的周期循环——比方说，期权产品的三种周期循环起始月份分别是一月、二月和三月。则每种期权周期循环的到期月份如下所示：

期权周期	到期月份
一月	一月、四月、七月、十月
二月	二月、五月、八月、十一月
三月	三月、六月、九月、十二月

此外，在交易期权产品时，交易的顺序是先交易在当前月份到期的期权产品，然后交易在下一个月到期的期权产品，随后是周期循环中接下来两个到期月的期权产品。例如在二月份，市场上交易的期权产品的到期月份分别是：二月份（当前月份）、三月份（当前月份的下一个月）、四月份（一月份起始的周期循环中第二个到期月份）和七月份（一月份起始的周期循环中第三个到期月份）。在五月份，市场上交易的期权产品的到期月份分别是：五月份（当前月份）、六月份（当前月份的下一个月）、七月份（一月份起始的周期循环中按照时间顺序接下来的第一个到期月份）和十月份（一月份起始的周期循环中按照时间顺序接下来的第二个到期月份）。

由于只交易下两个到期月的期权，所以股票期权的最长期限是六个月。当然凡事都有例外，有些股票期权的最长期限长达三年之久。这样的期权产品被称为**长期股票期权**（long-term equity anticipation securities），通常被称为**长期期权**（LEAPS）。

股票期权的定价模型

在第 11 章介绍期权定价时，我们解释了期权价格的影响因素，并指出期权理论价格的下限可以只依据套利理论来推导确定。我们还说明了期权定价模型背后的基本原理。本章我们将详细介绍期权定价模型。

布莱克-斯科尔斯期权定价模型

套利条件确定了期权价格的上下边界，但是为了寻找投资机会，构造满足投资目标的投资组合，投资者们希望知道期权产品的确切价格。通过引入一定的假设条件（以后讨论）并利用套利理论，布莱克和斯科尔斯用下列公式计算无股息分配的欧式看涨期权的公平（理论）价格：[①]

$$C = SN(d_1) - Xe^{-rt}N(d_2)$$

在上式中

$$d_1 = \frac{\ln(S/X) + (r + 0.5s^2)t}{s\sqrt{t}}$$

$$d_2 = d_1 - s\sqrt{t}$$

$C=$看涨期权价格

$S=$股票现在的价格

$X=$执行价格

$r=$期权有效期内的短期无风险利率

$t=$距离到期日的时间（按照折算为一年的百分比来计算）

$s=$股票价格的标准差

$N(.)=$累积概率密度 [$N(.)$ 的值可以利用正态分布公式求得，大多数统计学教科书均有介绍]

请注意，上面的公式中包含着我们在第 11 章里提到的影响期权价格的五个因素（第六个因素，预期现金红利不包括在内。因为该模型是无股利分配的股票期权模型）。在布莱克-斯科尔斯模型中，每一因素对期权价格的影响方向与我们在第 11 章中所讲是完全一样的。其中四个影响因素——执行价格、股票价格、距离到期日的时间以及短期无风险利率水平——很容易观察到，而股票价格的标准差必须经过计算得出。

之所以我们说根据布莱克-斯科尔斯模型推导出的期权价格是公平价格，是因为如果存在其他价格，那么只需要在持有股票期权头寸的同时，再持有标的股票

---

① Fisher Black and Myron Scholes, "The Pricing of Options and Corporate Liabilities," *Journal of Political Economy* (May 1973), pp. 637 - 654.

方向相反的头寸，便有可能获得无风险的套利利润。也就是说，如果市场上看涨期权的价格高于布莱克-斯科尔斯期权定价模型推导出来的理论价格，那么投资者便可以出售看涨期权，同时买入一定数量的同种标的股票。[1] 如果情况相反，即看涨期权的市场价格小于模型推导出来的"公平"价格，那么投资者便可以买入看涨期权，同时卖空一定数量的同种标的股票。这种利用建立反方向的标的股票头寸的方式来进行风险对冲的策略可以帮助投资者锁定无风险的套利利润。套利交易所需买入或卖出的股票数量随影响期权价格的因素的变化而变化，所以投资者必须经常调整对冲头寸的规模。

图 15—1 和图 15—2 提供了利用布莱克-斯科尔斯模型计算看涨期权公平价格的演示图例。这两个例子的不同点仅在于对期权标的股票的价格波动率（方差）所做的假设有所不同。注意，我们假设的股票价格波动率越高，期权价格就越高。也就是说标的股票的预期价格波动率越高，看涨期权的价格越高。

看涨期权：
> 执行价格＝45 美元
> 距离到期日的时间＝183 天
> 股票现在的价格＝47 美元
> 预期的股价波动率＝标准差＝25%
> 短期无风险利率＝10%

因此得到：
> $S=47$
> $X=45$
> $t=0.5$（183 天/365 天，四舍五入）
> $s=0.25$
> $r=0.10$

看涨期权的价格（C）由下式算出：
> $C = SN(d_1) - Xe^{-rt}N(d_2)$
> $$d_1 = \frac{\ln(S/X) + (r+0.5s^2)t}{s\sqrt{t}}$$

代入数据得到：
> $$d_1 = \frac{\ln(47/45) + [0.10 + 0.5 \times (0.25)^2] \times 0.5}{0.25\sqrt{0.5}} = 0.617\,22$$
> $d_2 = d_1 - s\sqrt{t}$

代入 d_1 的值得到：
> $d_2 = 0.617\,22 - 0.25\sqrt{0.5} = 0.440\,443$

查找正态分布表可知：
> $N(0.617\,2) = 0.731\,5$，$N(0.440\,4) = 0.670\,2$

所以：
> $C = 47(0.731\,5) - 45(e^{-(0.10)(0.5)})(0.670\,2) = 5.69$（美元）

图 15—1 布莱克-斯科尔斯期权定价模型的第一个示例

---

[1] 股票的数量不一定等于看涨期权标的股票的数量，因为看涨期权价格的变动通常要比股票价格的变动幅度小。在布莱克-斯科尔斯模型中，股票的数量可由公式 $N(d_1)$ 计算得出。

看涨期权：

　　执行价格＝45 美元

　　距离到期日的时间＝183 天

　　股票现在的价格＝47 美元

　　预期的股价波动率＝标准差＝40%

　　短期无风险利率＝10%

因此得到：

　　$S=47$

　　$X=45$

　　$t=0.5$（183 天／365 天，四舍五入）

　　$s=0.40$

　　$r=0.10$

看涨期权的价格（C）由下式算出：

$$C = SN(d_1) - Xe^{-rt}N(d_2)$$

$$d_1 = \frac{\ln(S/X) + (r + 0.5s^2)t}{s\sqrt{t}}$$

代入数据得到：

$$d_1 = \frac{\ln(47/45) + [0.10 + 0.5 \times (0.40)^2] \times 0.5}{0.40\sqrt{0.5}} = 0.471\,941$$

$$d_2 = d_1 - s\sqrt{t}$$

代入 d_1 的值得到：

$$d_2 = 0.471\,941 - 0.40\sqrt{0.5} = 0.189\,098$$

查找正态分布表可知：

　　$N(0.471\,941) = 0.681\,5$，$N(0.189\,1) = 0.575\,0$

所以：

$$C = 47(0.681\,5) - 45(e^{-(0.10)(0.5)})(0.575\,0) = 7.42 \text{（美元）}$$

图 15—2　布莱克-斯科尔斯期权定价模型的第二个示例

　　表 15—1 列出了在不同的假设条件下根据布莱克-斯科尔斯期权定价模型计算得出的期权价格。这些假设条件是关于：(1) 标准差；(2) 无风险利率；(3) 距离到期日的时间。我们注意到：(1) 股价的波动性越低（越高），期权的价格就越低（越高）；(2) 无风险利率水平越低（越高），期权的价格就越低（越高）；(3) 距离到期日的时间越短（越长），期权的价格就越低（越高）。上述这些结论与我们在第 11 章里讲过的每个因素的变化对看涨期权价格的影响是一致的。

表 15—1　每次变化一个因素的布莱克-斯科尔斯看涨期权价格的比较

基本情况

看涨期权：

执行价格＝45 美元

距离到期日的时间＝183 天

股票现在的价格＝47 美元

预期的股价波动率＝标准差＝25%

短期无风险利率＝10%

假设其他因素保持不变

只改变预期股价波动率

预期的股价波动率	看涨期权价格
15%	4.69
20%	5.17
25%（基本情况）	5.69
30%	6.26
35%	6.84
40%	7.42

假设其他因素保持不变
只改变短期无风险利率

无风险利率	看涨期权价格
7%	5.27
8%	5.41
9%	5.50
10%（基本情况）	5.69
11%	5.84
12%	5.99
13%	6.13

假设其他因素保持不变
只改变距离到期日的时间

距离到期日的时间	看涨期权价格
30 天	2.85
60 天	3.52
91 天	4.15
183 天（基本情况）	5.69
273 天	6.99

至此，我们一直是把解释的重点放在看涨期权身上，那么怎样计算看跌期权的价格呢？请大家回忆一下，在第 11 章中，看跌—看涨平价关系给出了普通股价格、看涨期权价格与看跌期权价格之间的关系。如果我们计算出看涨期权的公平价格，那么便可以根据看跌—看涨平价关系推导出执行价格相同、到期日也相同的看跌期权的公平价格。

布莱克-斯科尔斯模型的假设条件及拓展

布莱克-斯科尔斯期权定价模型是建立在几个苛刻的前提假设基础上的。这几个前提假设非常必要，因为一旦看涨期权的市场价格偏离了模型算出的理论价格，那么投资者便可以采取对冲交易策略来实现无风险套利利润。现在我们就来仔细研究一下这些假设条件，以及布莱克-斯科尔斯基本模型的进一步拓展。

欧式期权

布莱克-斯科尔斯模型假设这个看涨期权是欧式期权。由于布莱克-斯科尔斯模型以无股利分配的股票为研究对象，所以提前执行期权是不经济的，因为如果出售而非执行看涨期权，那么期权的持有人就可以获得期权的时间溢价。二项式期权定价模型，也叫做考克斯-罗宾斯坦-罗斯模型（Cox-Rubinstein-Ross model），可以很容易地算出美式看涨期权的公平价格[①]（参见第 11 章有关该模型的基本原理内容）。对于二项式期权定价模型，期权的价格不能直接由公式算出，而是需要进行多个反复的迭代过程。

股价波动率

布莱克-斯科尔斯模型关于股价波动率的假设有两点：在期权的有效期内，股价的波动率保持不变，而且其大小是已知的。如果第一点不成立，那么还可以拓展出允许股价波动率发生变化的期权定价模型；但是，要是第二点假设不成立就比较麻烦了。布莱克-斯科尔斯模型是建立在无风险套利基础上的，因此，要想构建合理的风险对冲交易就必须事先知道波动率的大小。如果股价的波动率是未知的，那么对冲交易便不会是无风险的。

股票价格形成的随机过程

为了推导期权定价模型，我们需要对股票价格波动的方式作出假设。布莱克-斯科尔斯模型赖以成立的一个基本前提是假设股票的价格形成于一种随机过程，这种随机过程被称为**发散过程**（diffusion process）。在发散过程中，股票价格可以取任何正值，但从一个价格运动到另一个价格时，股价必然要经历这两个价格之间的所有中间价格。也就是说，股价不会在不经过任何中间价格的情况下从一个价格直接跳到另一个价格。另外一种相反情况的假设是股价遵循一种**跳跃过程**（jump process），即股价不是连续和光滑的，而是从一个价格直接跳到另一个价格，越过了多个中间价格。默顿[②]、考克斯和罗斯[③]建立的期权定价模型假设股价的波动形式遵循的是跳跃过程，这更符合现实情况。

短期无风险利率

在推导布莱克-斯科尔斯模型时，布莱克等人对短期无风险利率的假设有两点：首先，他们假设借款利率与贷款利率相同；其次，他们假设利率在期权的有效期内是不变的，且是已知的。第一个假设不太可能成立，因为借款利率高于贷款利率，这对布莱克-斯科尔斯模型的影响是期权价格会位于使用两种利率水平推导出的两个看涨期权理论价格的区间内。对于第二个假设，模型可以用期权有效期内预期收益率的几何平均数代替期权有效期内的无风险利率。[④]

股利

最初的布莱克-斯科尔斯模型是基于无股利分配的股票推导而成的。如果股票会分配股利，则看涨期权的持有人提前执行期权可能是有利的。为了弄明白这一点，我们假设股票支付股利的方式是如果期权持有人提前执行看涨期权，那么可以在期权到期日前获得股利收入。如果股利加上从收到股利之日起至期权到期日

[①] John C. Cox, Stephen A. Ross and Mark Rubinstein, "Option Pricing: A Simplified Approach," *Journal of Financial Economics* 7（1979），pp. 229 - 263.

[②] Robert Merton, "The Theory of Rational Option Pricing," *Bell Journal of Economics and Management Science* 4（Spring 1973），pp. 141 - 183.

[③] John C. Cox and Stephen A. Ross, "The Valuation of Options for Alternative Stochastic Processes," *Journal of Financial Economics* 3（March 1976），pp. 145 - 166.

[④] 在长期内不可能准确地知道短期国库券的收益率；只有预期收益率是可知的，而且预期收益率也有一定的波动幅度。默顿在文章《理性期权定价理论》中考虑了利率变动的影响。

这段时间内股利再投资获得的应计利息大于期权的时间溢价，那么执行期权才是最优选择。[1] 在股利的支付数额事先不确定的情况下，我们无法用无风险套利理论来推导这个模型。

如果股利的数额是已知的，那么调整布莱克-斯科尔斯模型的简便方法是从股价中减去股利的现值。对于标的股票可分配股利的股票期权产品，布莱克提出了一种近似的期权估值方法。[2] 罗尔（Roll）[3]、盖斯科（Geske）[4] 和惠利（Whaley）[5] 已建立了一个股利金额已知的、更精确的看涨期权定价模型。

税负和交易成本

布莱克-斯科尔斯模型忽略了税负和交易成本。该模型可以被修正为把税负因素考虑进去的拓展模型，但是问题是不存在一个可以适用于所有情况的统一税率水平。交易成本包括股票和期权的佣金与买卖价差，以及其他与期权交易相关的费用。

期权的使用策略

与期权产品相关的很多投资策略可为投资者所用。下面我们要讨论两种类型的期权策略：裸策略和抵补（对冲）策略。然后，我们再针对是否存在超级期权策略这一问题提出证据。

裸策略

基本的期权策略可分为四大类：（1）多头看涨期权策略（买入看涨期权）；（2）空头看涨期权策略（卖出或签发看涨期权）；（3）多头看跌期权策略（买入看跌期权）；（4）空头看跌期权策略（卖出或签发看跌期权）。我们在第11章举例说明了这四种策略的风险/收益特征，它们通常被称为"头寸"。就其本身而言，这些头寸被称为**裸策略**（naked strategies），因为该策略没有同时使用另一个期权或标的股票的对冲头寸或降低风险的头寸。

每一种投资策略的损益取决于到期日（假设期权不会提前执行或出售）期权标的资产——在我们的例子中是普通股——的价格如何。每种策略期权买方的最

---

[1] 记得在第11章中时间溢价等于期权价格超过其内在价值的部分。

[2] 参见 Fisher Black, "Fact and Fantasy in the Use of Options," *Financial Analysts Journal* (July/August 1975), pp. 36 - 41，61 - 72。这种估计方法要求投资者在购买看涨期权时以及随后的每一个持有期内都能明确地指出期权将被执行的准确日期。

[3] Richard Roll, "An Analytic Formula for Unprotected American Call Options on Stocks with Known Dividends," *Journal of Financial Economics* (November 1977), pp. 251 - 258.

[4] Robert Geske, "A Note on an Analytical Formula for Unprotected American Call Options with Known Dividends," *Journal of Financial Economics* (December 1979), pp. 375 - 380; Robert Geske, "Comment on Whaley's Note," *Journal of Financial Economics* (June 1981), pp. 213 - 215.

[5] Robert Whaley, "On the Valuation of American Call Options on Stocks with Known Dividends," *Journal of Financial Economics* (June 1981), pp. 207 - 211.

大损失是期权的价格。同时，期权的买方还保留标的资产价格出现有利波动（对看涨期权来说是标的资产价格上升，对看跌期权来说是标的资产价格下降）的好处；相反，期权的卖方可实现的最大收益是期权的价格，但要面临所有与价格不利变动相关的巨大风险。

多头看涨期权（买入看涨期权）是最为简单直接的期权使用策略，它可以从预期股价的上涨中获得收益，同时最大损失以期权的价格为限。看涨期权对投机者的吸引力在于它能够使投资者用一定数量的投资资金捕捉到更多股票的价格变动机会。如果投资者相信某只普通股的市场价格将下跌或是变化不大，而且该预测正确，那么投资者可以通过出售看涨期权（即空头看涨期权策略）的方式来获取收益。期权卖方的损益与期权买方正好相反。

从某只普通股的预期价格下跌中获得收益，同时一旦股价上扬，还可以避免遭受损失的最简单明了的期权策略是多头看跌期权策略（即买入看跌期权）；如果投资者预期股价将上涨或保持不变，便可以使用空头看跌期权策略（即卖出看跌期权）。这个策略最大的收益是期权价格。如果在到期日或到期日之前股价降到零点，则空头看跌期权策略就会遭遇最大损失。

个人投资者和机构投资者至少还会使用另外两种裸期权策略中的一种：（1）多头看涨期权/书面买入策略；（2）以现金为担保的卖出看跌期权策略。

多头看涨期权/书面买入策略

这一裸策略指的是分配一部分投资组合资金购买看涨期权并将剩余资金投资于无风险或低风险的货币市场工具[1]，如国库券或商业票据[2]。这种策略比将所有投资资金全部投资于股票的风险小一些。多头看涨期权策略可以使投资者分享到任何股价上涨的好处，而投资于无风险或低风险货币市场工具的资金则为股价下跌提供了缓冲。

以现金为担保的卖出看跌期权策略

如果投资者希望以低于现行市场价的价格购买股票，那么一种方法是下达限介买入委托指令，当然结果可能是指令无法被执行。[3] 另一种方法是投资者可以利用期权市场达到同样的目的：以接近理想价位的执行价格卖出看跌期权。如果看跌期权的买方行使该期权，则投资者就要准备好足够的资金以履行期权合约。

抵补（对冲）策略

与裸期权策略相反，**抵补策略**（covered strategies）或**对冲策略**（hedge strategies）指的是同时持有期权及其标的股票头寸，目的是使一个头寸帮助抵消另一个头寸的不利价格标的风险。我们讨论的两种抵补或对冲策略是：（1）抵补卖出看涨期权策略；（2）保护性买入看跌期权策略。

---

① 货币市场工具是第 20 章讨论的主题。

② 虽然这一策略要涉及投资某些无风险或低风险的货币市场工具，但是它并不涉及股票的多头或空头头寸。基于这个原因，我们还是将其归入期权的裸策略当中。

③ 有关限价买入委托指令的解释可参考第 7 章。

抵补卖出看涨期权策略

抵补卖出看涨期权策略指的是卖出以投资组合中的股票为标的物的看涨期权。也就是说，投资者同时持有看涨期权的空头头寸及其标的股票的多头头寸。如果股价下跌，多头股票头寸会有损失，但是出售看涨期权产生的收入会：（1）完全抵消这笔损失；（2）部分抵消这笔损失；（3）不仅能够抵消股票多头头寸的损失，而且还有多余的收益。

为了举例说明，我们假设一个投资者持有100股XYZ公司的股票，股票现在的市场价格为100美元，投资组合的总价值是10 000美元。我们再假设执行价格为100美元、三个月后到期、以100股XYZ股票为标的物的看涨期权现在的售价是700美元。（此时该期权产品处于不赢不亏的平值状态，因为执行价格等于股票现在的市场价格。）如果货币管理公司决定持有100股XYZ股票，并卖出一份看涨期权（每个看涨期权的标的股票正好是100股），那么这一投资策略的损益就将取决于在到期日XYZ股票的市场价格是多少美元。可能出现的五种结果如下所示：

1. 如果在到期日XYZ股票的价格大于100美元，则看涨期权的买方会行使期权，按照每股100美元的价格从期权卖方手中买入XYZ股票，则卖方资产组合中的100股XYZ股票可以换回10 000美元。于是，在到期日那一天，投资组合的价值为10 700美元（从期权买方那里拿到的10 000美元再加上卖出看涨期权收到的700美元期权费）。实际上，如果期权的卖方收到700美元期权费就立即将其用于再投资的话，其资产组合的价值肯定会超过10 700美元。如果XYZ股票的市场价格大于100美元，则这个策略的最小收益为700美元，即期权的价格。但是，如果XYZ股票的价格升至107美元以上，则投资者的可能性损失将等于股票的价值超过10 700美元的那部分。

2. 如果在到期日XYZ股票的价格等于100美元，则看涨期权的买方不会行使期权。期权卖方投资组合的价值仍然至少为10 700美元：100股市价为每股100美元的XYZ股票，再加上卖出看涨期权收取的700美元的期权费。

3. 如果在到期日XYZ股票的价格小于100美元大于93美元，则期权的卖方仍能保有收益，只不过收益要小于700美元。例如，假设到期日时股价为96美元，多头股票头寸的价值便为9 600美元，空头看涨期权头寸的价值是700美元，于是投资组合的总价值就等于10 300美元，期权卖方的收益为300美元。

4. 如果在到期日XYZ股票的价格为93美元，则多头股票头寸的价值为9 300美元，空头看涨期权头寸的价值是700美元，结果期权的卖方既无收益也无损失，投资组合的价值是10 000美元。

5. 如果股票XYZ的价格在到期日跌至93美元以下，则期权卖方的投资组合就会遭受损失。例如，假设在到期日股价为88美元，则投资组合的价值将会变成9 500美元：多头股票头寸的价值是8 800美元，空头看涨期权已实现的期权费收益是700美元，所以净损失额为500美元。最坏的情况是XYZ股票的价格跌至零点，这将导致投资组合的价值跌到700美元，净损失额为9 300美元。

这种抵补卖出看涨期权策略的损益情况如图15—3所示。有两个要点要说明一下。第一点，这种策略可以帮助投资者降低投资组合的亏损风险。在上面这个例子中，一方面，对于处于平值状态的看涨期权来说，风险降低的程度就相当于期权的价格。另一方面，降低风险的代价便是投资者同意为自己的潜在收益设定一个上限。对于本例中使用的平值期权，最大的收益就是期权价格。

第二点可以通过比较图 11—4 和图 15—3 得出。我们注意到，两条盈亏曲线的形状是完全一样的。也就是说，抵补卖出看涨期权策略与单纯的空头看跌期权策略的盈亏形态是一样的。实际上，在我们的例子中，抵补卖出看涨期权策略的损益结果与卖出执行价格为 100 美元、三个月后到期、以 100 股 XYZ 股票为标的物的看跌期权一样（前提是看涨期权和看跌期权的价格相同）。这种情况并不是偶然的。正如我们在第 11 章里解释过的那样，具有相同收入的投资组合可以用不同的期权产品及其标的资产的头寸来构建。抵补卖出看涨期权策略相当于股票多头头寸加上看涨期权空头头寸，股票多头头寸和看涨期权空头头寸可以创造出与空头看跌期权头寸形态相似的盈亏曲线。

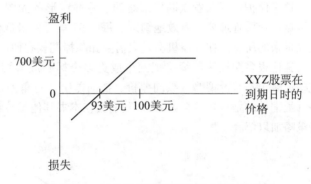

图 15—3　抵补卖出看涨期权策略的盈亏曲线

假设条件：

初始投资组合＝100 股 XYZ 股票×每股 100 美元＝10 000 美元

出售看涨期权获得的期权费收入＝700 美元

保护性买入看跌期权策略

投资者可能希望保护投资组合中的股票价值以抵御市场价格的下跌风险。用期权产品实现这一目标的方法之一是买入以那只股票为标的物的看跌期权。这样做可以保证投资者至少获得相当于看跌期权的执行价格减去期权成本的收益。如果股价上扬而不是下跌，则投资者便能分享到价格上涨的好处，其净收益要减去期权成本。这种策略被称为保护性买入看跌期权策略（protective put buying strategy），该策略指的是在持有投资组合的同时，买入以组合内的股票为标的资产的看跌期权，即同时持有多头看跌期权头寸。

为了举例说明，我们假设货币管理公司的投资组合包含 100 股 XYZ 股票，股票的市场价格为每股 100 美元（即该投资组合的总价值为 10 000 美元）。我们再进一步假设为期两个月、以 100 股 XYZ 股票为标的物的看跌期权的执行价格是 100 美元，期权的价格为 500 美元。两个月后，期权到期日的损益情况如下所示：

1. 如果在到期日股票 XYZ 的价格大于 105 美元，则投资者会从这一策略中获利。例如，假设当天股票的价格为 112 美元，则多头股票头寸的价值将等于 11 200 美元，购买看跌期权的成本是 500 美元，所以投资组合的总价值为 10 700 美元，净收益等于 700 美元。

2. 如果在到期日股票 XYZ 的价格为 105 美元，则该策略没有任何收益或损失。

3. 如果在到期日 XYZ 股票的价格小于 105 美元，但至少为 100 美元，则投资者将会遭受损失。例如，102 美元的股价会给这一投资策略造成 300 美元的损失：多头股票头寸的收益为 200 美元，但是购入看跌期权的成本损失为 500 美元。

4. 在前面任何一种结果下，投资者都不会行使看跌期权。但是，如果在到期日股票 XYZ 的市场价格低于每股 100 美元，则买方会选择执行看跌期权。在低于每股 100 美元的任何一个价格，投资者卖出 100 股，每股肯定可以收到 100 美元的资金。在这种情况下，投资组合的价值等于 10 000 美元减去期权的价格（500 美元），结果净损失额为 500 美元。

这一保护性买入看跌期权策略的盈亏曲线形状如图 15—4 所示。通过使用这一策略，货币管理公司有效地锁定了每股 95 美元的最低价格，同时还保留了股价上涨带来的所有潜在收益机会，只需要扣除掉期权费便可。

其他很多期权使用策略把两个或更多个标的股票相同的期权产品组合起来，这些策略包括差价策略（纵向差价、横向差价、对角差价和蝴蝶差价）和组合策略（最常见的是跨式组合策略）。我们会在本书其他章节谈到期权策略时对上述这些策略加以解释。

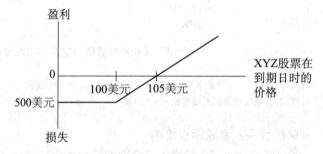

图 15—4　保护性买入看跌期权策略的盈亏曲线

假设条件：
初始投资组合＝100 股 XYZ 股票×每股 100 美元＝10 000 美元
看涨期权的成本＝500 美元

是否存在超级期权策略

期权市场的飞速发展催生了很多"神话"——号称使用期权策略永远可以获得高于股票投资的超额收益率。例如，市场传言和期权产业的广告都建议个人和机构投资者采用抵补看涨期权策略，于是卖出以其投资组合内股票为标的物的看涨期权所获得的收入便能给投资者带来额外的收益。面对这种失真的传言和误导性广告的蔓延，费希尔·布莱克写道："对期权产品来说最真实的事实是，幻想无处不在——对于人们给出的交易或不交易期权产品的种种理由，如果仔细分析的话，会发现它们根本没有任何意义。"[1]

是否存在某种期权策略，它的收益情况能够始终高于购买普通股票的简单投资策略呢？发表于备受推崇的学术或专业期刊上的几篇研究文章对这个问题进行了探讨。

虽然由于期权策略的检验程序非常复杂，因此所有的研究性文献都存在着这样或那样的缺陷，但是绝大多数证据——尤其是那些在股票期权市场得到充分发展的实证检验结果——都表明没有哪一种期权策略永远优于其他策略。实证检验结果显示，期权投资策略始终在风险与收益之间保持着均衡：预期收益率越高，则用来测量预期风险大小的收益波动率就越高。模拟程序反映出来的期权策略的风险特征与投资组合的风险—收益特征比较相似。某篇文献的作者用下面这段话非常好地概括了这个观点：

> 然而，特定的收益水平强烈地依赖于模拟期内期权标的股票的实际价格波动过程。为了避免有关期权策略的新神话再次被创造出来，我们提醒读者们不要从我们的发现中推导出其中任意一个策略可能会比其他策略更优越的结论。实际上，如果期权及其标的股票定价是有效的，那么对投资者来说，根本就没有什么最好的策略。[2]

最后一句话尤其值得大家注意。在价格合理定价的市场上，没有哪一种期权策略是最优越的。接下来我们要看一看期权产品的定价效率问题。

股票期权市场的定价效率

如果在考虑了风险与交易成本之后，投资者不可能获得异常利润，那么我们就说这个市场是有效率的。在股票期权市场上，研究者们遇到的一个问题是实证检验需要获得两种金融工具在确切的同一个时间点上的价格信息——即股票的价格和期权的价格。如果可以同时获得这两种资产的价格数据，那么这些数据可以被称为同步的数据。在实证检验过程中，由于数据的获取受到限制，因此研究者们使用的价格数据可能是不同步的，也就是说，研究中使用的股票价格可能是某一个交易日的收盘价，而期权价格也许是这个交易日的开盘价。如果实证研究使用非同步数据发现存在异常的交易利润，那么这并不能说明市场的定价是无效的。

除了数据不同步这一问题以外，还有一个问题是如何确定实证检验中所使用的期权的公平价格。所以，研究人员必须依赖于某一种期权定价模型，这使得研究结果的准确程度在很大程度上要依赖于研究人员使用哪一种期权定价模型。

市场效率的实证检验可以分为两类：第一类实证检验不使用任何期权定价模型。相反地，直接考察期权的市场价格是否突破了边界条件，或者是违背了看跌—看涨平价关系，以确定在扣除掉交易成本以后是否有可能产生异常的交易利

---

① Black，"Fact and Fantasy in the Use of Options," p. 36.

② Robert C. Merton, Myron S. Scholes, and Matthew L. Gladstein, "The Return and Risk of Alternative Call Option Portfolio Investment Strategies," *Journal of Business* 51, no. 2 (1978), p. 184.

润。研究发现，虽然在扣除交易成本之前，异常收益是有可能存在的，但是在扣除掉交易成本以后，获得异常收益的机会便全部消失了。[1]

第二类实证检验运用各种期权定价模型来判断是否可以找出被错误定价的期权产品并借其谋利。20 世纪 70 年代，早期的研究结论对期权市场的效率水平评价不一。[2] 对这些研究成果的批评意见包括它们没有把交易成本考虑进去。在期权市场上，交易成本包括：（1）场内交易成本与结算成本；（2）可能征收的州与州之间的过户转让税；（3）证券交易委员会征收的交易费用；（4）保证金；（5）资本成本净额；（6）买卖价差。考察市场效率的实证研究应当充分考虑这些成本。对期权市场上的做市商、套利者和个人投资者来说，上述几类交易成本的大小各有不同，所以市场对某一种类型的市场参与者来说可能是有效率的，但对另一种类型的市场参与者来说也许是无效率的。将上述某一种或多种成本引入模型的实证研究，结果证明早期研究中发现的异常高额收益全部被交易成本吞噬掉了。[3] 所以，在股票期权市场上，期权市场定价有效这个前提假设得到了实证研究结果的支持。

权证

权证（warrant）这种金融合约赋予权证的持有人在规定的日期前按照一定的价格购买一定数量股票的权利而非义务。所以，权证只不过是一种看涨期权。由于权证可以在到期日前（包括到期日）的任何时间行使，因此，它属于美式看涨期权。

不过，我们在本章介绍的交易所交易的普通股看涨期权与权证之间存在着一定的差别。首先，交易所交易的看涨期权的到期期限比刚发行的权证的到期期限短得多。例如，有些权证是没有具体的到期日的，这些权证被称为永久权证。其次，也是最重要的一点，权证的发行人是公司本身。也就是说，交易所交易的期权允许普通股发行人以外的其他实体卖出以该普通股为标的物的看涨期权，但是

---

① 参见 Mihir Bhattacharya, "Transactions Data Tests of Efficiency of the Chicago Board Options Exchange," *Journal of Financial Economics* 12 (August 1983), pp. 161 - 165; Robert C. Klemkosky and Bruce G. Resnick, "Put-Call Parity and Market Efficiency," *Journal of Finance* (December 1979), pp. 1141 - 1155; Robert C. Klemkosky and Bruce G. Resnick, "An Ex Ante Analysis of Put-Call Parity," *Journal of Financial Economics* 8 (1980), pp. 363 - 378。

② 例如 Fischer Black and Myron Scholes, "The Valuation of Option Contracts and a Test of Market Efficiency," *Journal of Finance* (May 1972), pp. 399 - 417; Dan Galai, "Tests of Market Efficiency and the Chicago Board Options Exchange," *Journal of Business* 50 (1970), pp. 167 - 197; Dan Galai, "Empirical Tests of Boundary Conditions for CBOE Options," *Journal of Financial Economics* 6 (1978), pp. 187 - 211; Robert Trippi, "A Test Option Market Efficiency Using a Random-Walk Valuation Model," *Journal of Economics and Business* 29 (1977), pp. 93—98; Donald Chiras and Steven Manaster, "The Information Content of Option Prices and a Test of Market Efficiency," *Journal of Financial Economics* 6 (1978), pp. 213 - 234。

③ 参见 Susan M. Phillips and Clifford W. Smith, "Trading Costs for Listed Options: Implications for Market Efficiency," *Journal of Financial Economics* 8 (1980), pp. 179 - 201; Edward C. Blomeyer and Robert C. Klemkosky, "Tests of Market Efficiency for American Call Options," in Menachem Brenner (ed.), *Options Pricing* (Lexington, MA: Heath, 1983), pp. 101 - 121。

对于权证来说，期权的卖方只能是股票发行人自身。所以，当权证被行使时，发行在外的股票数量会相应增加，这会导致每股收益被稀释。权证的执行会导致每股收益被稀释的事实说明权证的定价模型必须要考虑到这一点。有几个权证定价模型做到了这一点。[①]

最初发行时，权证是另一种证券的一个组成部分。一般情况下，权证会依附于债券或优先股。通常权证可以被从其依附的母证券上剥离开来，然后分开单独交易。权证可以在前面章节介绍过的所有交易场所上进行交易，包括主要的全国性交易所、区域性交易所和场外市场。

小　结

股票期权允许投资者改变收益曲线的形态，以便更好地实现投资目标。机构投资者用来控制投资组合风险的期权策略包括裸期权策略、抵补卖出看涨期权策略和保护性买入看跌期权策略。本章评述的实证检验结论说明没有哪一种期权策略会比其他期权策略更为优越。

1973 年，布莱克和斯科尔斯建立了针对无股利分配股票的欧式看涨期权的定价模型。以后的研究者们修正并进一步扩展了布莱克-斯科尔斯期权定价模型。

关于股票期权市场定价效率的实证检验结果表明，在考虑了交易成本以后，期权市场似乎是有效率的。希望参与期权市场的投资者们这样做有助于实现其投资目标：人为塑造收益曲线的形状，使其与投资目标更为一致。不过从表面上看，如果精明的投资者能够比市场更准确地预测股价的波动率，那么即使是在有效率的市场上，他们似乎也能获得异常的超额利润。

权证实际上是长期看涨期权，期权的签发人是发行股票的公司本身。权证定价时必须考虑潜在的每股收益的稀释效应。

关键术语

抵补策略	发散过程	权证
跳跃过程	长期股票期权	对冲策略
裸策略		

思考题

1. 交易所交易的股票期权标的是多少股股票？

2. "IBM 2 月份 100 看跌期权"的含义是

---

① 参见 George M. Constantides, "Warrant Exercise and Bond Conversion," *Journal of Financial Economics* (September 1984), pp. 371 – 398; David C. Emanuel, "Warrant Valuation and Exercise Strategy," *Journal of Financial Economics* (August 1983), pp. 211 – 235; Dan Galai and Meir Schneller, "The Pricing of Warrants and the Value of the Firm," *Journal of Finance* (December 1978), pp. 1333 – 1342; Eduardo S. Schwartz, "The Valuation of Warrants: Implementing a New Approach," *Journal of Financial Economics* (January 1977), pp. 79 – 93.

什么?

3. 什么是 LEAP?

4. "期权价格要受到标的股票的价格波动率的影响。由于资本市场理论认为测量股价波动率的指数是股票的贝塔值,所以期权价格应取决于股票的贝塔值。"你是否同意这种说法并解释原因。

5. a. 假设下面是有关看涨期权的一些数据,利用布莱克-斯科尔斯期权定价模型计算期权的理论价格。

执行价格＝100 美元

股票现在的价格＝100 美元

股利＝0 美元

短期无风险利率＝8%

预期的股价波动率＝20%

距离到期日的时间＝91 天

b. 什么是看涨期权的内在价值和时间溢价?

6. 对于上一个问题的看涨期权来说,如果将条件改变一下,则该期权的理论价格、内在价值和时间溢价分别是多少?

a. 股票现在的价格是 55 美元而非 100 美元。

b. 股票现在的价格是 150 美元而非 100 美元。

7. a. 解释为什么以无股利分配股票为标的物的美式看涨期权的买方在到期日前行使期权是不合算的。

b. 对于以有股利分配股票为标的物的美式看涨期权来说,这句话对吗?在什么情况下(如果有的话)提前行使期权是合算的?

c. 美式看跌期权的买方提前行使期权合算吗?(提示:试着考虑一下如果到期日前股票价格跌至零会发生什么情况。)

8. 裸策略与抵补策略有什么区别?

9. 如果投资者认为股票的价格将会上涨,那么他会采取什么样的裸策略?

10. 关于实证研究是否能够证明超级期权策略的存在,我们得出的一般结论是什么?

11. 对下面这段话发表一下你的看法:

> 投资者应该对期权市场投以更密切的关注,因为期权策略提供的风险与收益机会明显比普通股投资优越得多。

12. 假设一位投资者想对其拥有的价值为 60 美元的股票实施保护性买入看跌期权策略。他被告知市场上有三种期限为 180 天的看跌期权,执行价格分别为 56 美元、58 美元和 60 美元。

a. 哪一种看跌期权能给予他最大的价格保护?

b. 哪一种看跌期权的成本最高?

c. 应选择哪一种看跌期权?

13. 你正在接待一位养老金计划发起人,他就货币经理人制定的几个投资政策和指导原则向你征求意见。其中一个指导原则涉及使用期权产品进行对冲交易:

> 保护性买入看跌期权策略和抵补卖出看涨期权策略被投资团体视为对股票头寸实施风险对冲交易的工具。我们任何一位基金经理人都不允许使用前一种策略,因为如果看跌期权没有被执行,那么有些费用可能会得不到补偿。我们同意使用抵补卖出看涨期权策略,这是因为使用该策略保护投资组合时不会产生任何费用。

针对这个投资指导原则,你会给养老金计划发起人提出什么建议?

14. 下面这段文字摘自 1992 年 6 月 22 日《衍生品周刊》的第 4 页:

> 据公司董事汤姆·切鲁称,美国安泰保险公司旗下位于伦敦市的基金管理公司——安泰投资管理公司,打算在未来几周内针对超过 2 亿英镑的英国股票投资组合开始使用衍生工具。在此之前,该公司从未对总价值超过 7 亿英镑的英国国内受托管理资产使用过衍生产品。

> 汤姆说,安泰公司会在接下来两周内与受托人展开会谈,希望能够得到受托人的允许可以开始进行衍生品的交易。在最初的阶段,该公司仅会对其名下 2 亿多英镑的英国股票投资组合以及 2.5 亿英镑的单位信托资产使用衍生产品。

> 切鲁说初始计划有可能包括卖出抵补看涨期权,以及卖出以安泰公司不介意买入的股票为标的物的看跌期权。公司对英国股指期权以及单个的股票期权都比较感兴趣。

> 切鲁还说,随后,安泰公司将会向其他资产类别扩大衍生品的使用范围——尤其值得一提的是,股权投资及随后的固定收益证券——直至其管理的养老金和人寿保险资产。

安泰公司将使用衍生产品来提高收益率，降低风险水平，并为达到资产分配目的而进行期货交易。

切鲁所说的"卖出以安泰公司不介意买入的股票为标的物的看跌期权"是什么意思？

15. 下面这段话是你在一次聚会上无意之间听到的：

你真是太傻了，自己手上有股票，干嘛不卖出这只股票的看涨期权啊？你不会有任何损失的，因为如果期权的买方行权购买股票，而你自己手上正好有股票，那么只需要卖给他就是了。反过来，不管看涨期权的买方是否会行权，这笔期权费肯定是归你所有的。在我看来，这样做是稳赚不赔的。

a. 这个人建议的是哪一种期权策略？

b. 他对看涨期权的看法是否正确？

16. 下面这段话摘自 1992 年 11 月 16 日《衍生品周刊》第 7 页上一篇名为《分析投资管理公司使用期权产品保护天纳克公司的投资头寸》的文章：

据该基金的执行副总裁恰克·道布森说，位于加利福尼亚州欧文市的分析投资管理公司下属的分析可选择股权基金上周一出售了 70 份以天纳克公司股票为标的物的 11 月份到期、执行价为 40 美元的看跌期权，同时买入了 70 份以天纳克公司股票为标的物的 2 月份到期、执行价为 35 美元的看跌期权。道布森还说，通过卖出和买入数量相同的在交易所交易的看跌期权，企业持有了两个风险完全对冲的头寸，而且还可以用出售期权的期权费收入来弥补其持有的 7 000 股天纳克公司股票的账面损失，每份期权合约的净收益为 $1\frac{7}{8}$ 美元。

虽然道布森没有说明股票的买入价格是多少，但是他提到上周一天纳克公司股票的交易价格大致为 35 美元左右，所以 7 000 股股票的市场价值即为 245 000 美元左右，相当于投资组合 9 100 万美元总价值的 0.27%。道布森还解释说公司挑选股票的方式并不固定，主要考虑股票的价格波动性、期权费以及股利分配状况。

道布森解释说基金投资了 130~140 只高市值股票，主要采用的是四种最基本的衍生品策略：（1）买入股票的同时卖出以该股票为标的物的看涨期权；（2）买入股票的同时卖出以该股票为标的物的看跌期权；（3）卖出看跌期权，根据现金储备的余额状况确定期权的执行价格；（4）买入看涨期权，并根据货币市场基金的持仓情况选择执行价格。

a. 解释一下本引文第一段列举的期权策略。解释清楚道布森先生说的"企业持有了两个风险完全对冲的头寸"这句话的意思。

b. 解释一下第三段列举的头两种期权策略。

17. 股票期权和认股权证之间有哪些区别？

18. 说明你是否同意下面这种说法："因为权证就是欧式看涨期权，因此布莱克-斯科尔斯期权定价模型可被用于权证的定价。"

19. 市场上两类期权式产品分别叫做"Prime"和"Score"。Prime 和 Score 这两种产品可以把某些股票的现金流拆分为两个组成部分：股利收入和资本升值收益。说得更具体一些，Prime 产品允许其持有人获得（1）标的股票的股利收入，（2）未来某个特定的时点股票的市场价格，但不允许超过一个事先确定好的金额，这叫做"终值"。Prime 这个单词代表"获得收入的指定权利"。Score 产品允许其持有人获得超出证券终值以上的全部升值收益。通常来说，证券的终值要比股票现在的价格高出 20% 到 25%。Score 这个单词代表"获得剩余收益的特殊索取权"。

市场上发行了 25 只信托基金，全部于 1992 年年内的某个时间到期。

一开始时，以单只股票为标的物的 Prime 和 Score 并没有被当做证券来发行。相反地，先是创建一个信托计划，由该信托计划持有某家特定公司发行的股票。随后，该信托计划会依托自己持有的每一股股票发行 Prime 和 Score 产品。信托计划的有限期为 5 年，它的投资规模被限定为不得超过公司发行在外的股票总数量的 5%。五年期限一到，信托计划便会中止，Prime 和 Score 的持有人可以获得事先约定好的收益。在到期日来临之前，Prime 和 Score 在美国股票交易所内分别单独交易。在一个交易日内的任何时点，投资者可以选择将一单位 Prime 和一单位 Score 的组合从信托计划里赎回，换回一股标的股票。赎回不需要支付费用。

尽管由于税收环境不利，将来市场上可能不会再有新的 Prime 或 Score 产品出现，不过为了帮助大家了解虽然某些金融工具没有被贴上"期权"的标签，但它们确实具有期权产品的特征，因此考察这些古老的金融工具也称得上是件有趣的事情。

a. 解释一下为什么 Score 产品的盈亏曲线会与看涨期权相似。

b. 解释一下为什么 Prime 产品的盈亏曲线会与看跌期权相似。

c. 在有效市场上，在扣除掉交易成本以后，一单位 Prime 和一单位 Score 构成的组合应当按照相同的价格出售，因为它们的标的物就是一股普通股。不过，在针对 Prime 和 Score 的研究文献中，一位研究人员发现与标的股票的价格相比，Prime 和 Score 的市场定价并不合理。[参见 Robert A. Jarrow and Maureen O'Hara, "Primes and Scores: An Essay on Market Imperfections," *Journal of Finance* (December 1989), pp. 1263—1287。] 说得更具体一点，他们发现一单位 Prime 和一单位 Score 构成的组合的市场价格常常比标的物一股普通股的市场价格高出很多。他们解释说，卖空行为和交易成本造成的市场缺陷是导致这一差额的主要原因。请解释一下为什么这两个因素会导致价格差额的出现。

第 16 章

股票指数期权及其他股权衍生品市场

学习目标

学习完本章内容，读者将会理解以下问题：

● 股票指数期权与期货产品的投资特点

● 运用股票指数期权和期货产品的机构性策略

● 为什么股票指数期货的价格可能与简单的持有成本模型算出的理论期货价格不一致

● 股票指数期权和期货市场定价效率的实证检验结论

● 股票指数期权和期货在金融市场上的地位与作用

● 什么是股权互换及其潜在用途

● 这些衍生产品在 1987 年 10 月的股灾中扮演了什么角色

在第 15 章我们全面介绍了以单只股票为标的物的期权产品，本章将讨论股票指数衍生工具，包括股票指数期权、股票指数期货和股权互换。这些衍生工具合约的标的物就是股票指数。

对于每一种衍生产品，我们会介绍其基本特点，机构投资者如何使用，以及关于市场效率的实证检验结论。由于在前面几章当中我们已经介绍了期权和期货产品的定价模型，因此本章会把重点放在股票指数衍生产品在定价方面与普通期权或期货产品的细微差别上。我们还要研究一下实证检验结论——看看股票指数期权和期货在美国金融市场上的地位与作用，以及这些衍生产品在 1987 年 10 月 19 日的股灾中到底起到了怎样的作用。

股票指数期权

1983 年 3 月，股票期权与整个投资行业的大变革爆发了。当时，以股票指数为标的物的期权产品——以标准普尔 100 指数为标的物，最初该期权产品的名称叫做 CBOE 100——开始在芝加哥期权交易所进行交易。现在，市场上几乎所有重要的股票市场指数均有其对应的股票指数期权。在美国，按照交易数量的大小，前四个最受欢迎的**股票指数期权**（stock index options）是标准普尔 500 指数期权（交易代码是 SPX）、标准普尔 100 指数期权（交易代码是 OEX）、道琼斯工业指数期权（交易代码是 DJX）以及 Nasdaq 100 迷你指数期权（交易代码是 MNX）。上述这些股票指数期权均在芝加哥期权交易所上市交易。股票指数期权可以是欧式期权，也可以是美式期权。所有的股票指数期权都会对应一个乘数。前面提到的四类最受欢迎的股票指数期权对应的乘数均为 100 美元。

标准普尔 500 指数期权合约是欧式期权，标的物是标准普尔 500 指数。标准普尔 100 指数期权的标的物——标准普尔 100 指数的计算方法是从标准普尔 500 指数的股票样本中挑选出 100 只股票，然后再根据市值规模的大小赋予权重。尽管标准普尔 100 指数既有对应的欧式期权，也有美式期权，但是美式期权要更受欢迎一些。道琼斯工业指数期权是欧式期权。Nasdaq 100 迷你指数期权的标的物是修正后的 Nasdaq 100 指数，该指数的计算方法是将在 Nasdaq 市场上上市的、规模最大的前 100 家非金融企业普通股作为股票样本，然后再根据市值规模赋予权重。合约的名称中"迷你"这个词的含义是该合约的标的指数与 Nasdaq 100 指数实际值之间的比例关系为 1∶10。

除了综合性股票市场指数以外，一些着眼点为某些特定的行业或部门的股票指数也有其对应的股票指数期权。例如，道琼斯运输业平均指数期权、道琼斯公用事业平均指数期权、道琼斯电子商务指数期权、道琼斯股权房地产投资信托指数期权、芝加哥期权交易所互联网指数期权、芝加哥期权交易所石油指数期权、芝加哥期权交易所技术指数期权以及摩根士丹利零售指数期权均在芝加哥期权交易所里上市交易。此外，还有一些股票指数期权的标的物指向的是某一指数的成分股除行业与部门以外的其他特征。例如，在芝加哥期权交易所上市的股票指数期权中有一类产品就是把罗素 3000 指数的成分股依照价值与增长标准分类后所创造出来的期权产品。罗素 1000 增长指数期权和罗素 1000 价值指数期权指向的是罗素 3000 指数中市值最高的前 1000 只股票，然后再把这 1000 只股票按照价值型和增长型进行分类，编制出来的新指数便成为上述两种指数期权的标的物。道琼斯 10 指数期权的标的物指向的是道琼斯工业平均指数的样本股中股利收益率最高的前 10 只股票，然后对每一只成分股赋予相同的权重，计算出来的新指数便成为指数期权的标的物。

还有一些股票指数期权是根据执行方式以及有效期的长短来分类的。我们前面已经给出了一个例子：标准普尔 100 指数既有对应的欧式期权也有美式期权。在第一次发行时有效期长度不同的期权例子有一周内到期的短期标准普尔 500 指数期权和一周内到期的短期标准普尔 100 指数期权，这两种期权产品均在芝加哥期权交易所上市交易，周五正式上市以后，下周周五便是到期日。一般来说，股票指数期权的期限都不会很长。在芝加哥期权交易所上市的标准普尔远期期权的期限可长达 24 个月。

如果股票期权被执行，则期权买卖双方必然要交割股票。但是如果股票指数期权也进行实物交割，那么就要把构成指数的所有样本股进行交割，这实在是太复杂了。因此，股票指数期权实际上是现金交割合约（cash-settlement contract），也就是说如果期权被执行，则期权交易所会指定一位期权签发人向期权的买方支付现金。在整个结算过程中，不会出现股票的交割。

作为股票指数期权的标的物，股票指数换算出来的美元价值等于当前的指数值乘以期权合约的乘数。如下所示：

$$标的指数的美元价值＝指数值 \times 期权合约的乘数$$

例如，如果标准普尔 100 指数的当前值为 720，则标准普尔 100 指数期权合约的美元价值就等于 720×100 美元＝72 000 美元。

对于股票期权来说，期权的买方能够买卖股票的价格叫做**执行价格**（strike price）。对于股票指数期权来说，执行价格是期权的买方买卖标的股票指数的指数值。指数值乘以期权合约的乘数就可以将指数的执行值转化为美元价值，例如，如果标准普尔 100 指数期权合约的执行价格为 700，则对应的美元价值便等于 41 000 美元（410×100 美元）。如果一个投资者购买了一份标准普尔 100 指数的看涨期权，执行价格是 700，当指数值到达 720 时该投资者执行了期权，那么他便有权以 70 000 美元的价格购买当前市场价值为 72 000 美元的股票指数。于是，看涨期权的买方可以从期权卖方那里获得 2 000 美元的收益。

股票指数期权市场的定价效率

股票指数期权市场的实证检验遇到的问题与我们在第 15 章讨论过的股票期权是一样的。而且，除了这个问题以外，投资者还要面临另外一个棘手的难题，那就是如何估算指数中样本股的股利金额及发放时间。

两篇研究文献考察了股票指数期权市场的定价效率。伊弗南（Evnine）和路德（Rudd）考察了标准普尔 100 指数和之前最流行的股票指数——主要市场指数（Major Market Index，MMI）[1] ——对应的期权产品。他们的数据构成是即时报价系统的价格数据，时间跨度为 1984 年 6 月 26 日至 1984 年 8 月 30 日。每一个交易日内每一小时的价格数据均包含在内，因此共有 1 798 个观察结果。每一小时内，数据库中的价格信息与交易所大厅屏幕上显示的价格信息基本上是完全一致的。不过，还有一个问题没有解决，每一小时的最后一笔期权交易的数据值与指数在这个小时内的最终数据值并不同步。指数期权价格包括买入价和卖出价，所以实

---

① Jeremy Evnine and Andrew Rudd, "Index Options：The Early Evidence," *Journal of Finance* (July 1985)，pp. 743–756.

证分析考虑到了部分交易成本。

唐·昌斯（Don Chance）用地方经纪公司和投资银行提供的数据，调查了标准普尔 100 指数期权的交易情况，数据的时间跨度为 1984 年 1 月 3 日到 1984 年 4 月 27 日。[1] 他整理的数据还包括每个交易日最后一笔买入价和卖出价及其更新的次数。这些价格是做市商在交易日收盘时的报价以及指数的最终值。由于数据是报价价格而不是收市时的交易价格，所以不存在期权价格与指数值不同步的问题。虽然期权价格的更新与指数值的更新仍然存在不同步的问题，但是昌斯认为所有的报价已经充分反映了可能早已被执行的交易。

正如在第 11 章里解释过的那样，我们可以用套利理论来确定看涨期权价格的下限。伊弗南和路德检验了价格下限被突破的情况，即看涨期权的卖出价低于指数现值与执行价格之间的差额。他们发现 30 例标准普尔 100 指数看涨期权和 11 例主要市场指数期权的价格下限被突破的情况。伊弗南和路德认为这种价格背离的幅度非常之大，以至于连"楼上市场交易者"都可以抓住这些价格背离的机会来谋利。[2]

正如伊弗南和路德所指出的那样，对这种幅度较大的价格背离的一个可能性的解释是，在这些价格背离现象被观察到的那个星期里（8 月 1 日至 8 月 6 日），股票市场的价格急剧上升，因此指数值的更新速度要比买入价和卖出价的更新速度快，这可能导致了期权理论价格的下限被突破。

伊弗南、路德以及昌斯都检验了看跌—看涨平价关系。伊弗南和路德的检验结果显示，如果股票指数期权被当做欧式期权来对待，明显的获利机会是有可能被发现的。价格背离的情况说明标准普尔 100 指数看涨期权被低估了，同时这也就意味着看跌期权被高估了。主要市场指数期权则正好相反。即使这些期权被看作美式期权，检验结果仍表明存在获利机会。昌斯在检验看跌—看涨平价关系时，他发现在 1 690 个被检验的投资组合中价格发生背离的案例有多起。

我们为什么要观察这些价格背离现象？不仅仅是由于在股票指数期权市场与现货市场之间进行套利交易有难度。套利交易过程中存在的两个问题是：创造一个可以复制现货市场指数表现的投资组合以及估计指数样本股的股利金额不仅是有难度的，而且是昂贵的。在本章后面部分讨论股票指数期货时，我们将详细阐述这些问题。

使用股票指数期权的投资组合策略

在第 15 章，我们解释了如何使用股票期权从预期的个股价格波动中获得收益。反过来，股票期权还可以被用来保护当前持有的或预期将要持有的个股头寸。例如，投资者可以通过购买股票看跌期权来保护投资组合中的股票，规避股价下

---

① Don M. Chance, "Parity Tests of Index Options," *Advances in Futures and Options Research* 2 (1987)，pp. 47 - 64.

② 正如我们在第 14 章里曾经解释过的那样，大宗交易（一次交易量在 10 000 股或以上）通常是在交易商和机构投资者之间进行的，双方通过通讯网络相互联系，这就是所谓的"楼上市场"。

跌的风险。这种做法可以帮助投资者锁定一个最低的股票价格，该价格等于看跌期权的执行价格减去期权的价格。同样地，如果投资者预期要在未来购买一种股票，但是担心到时候股价会上升，那么他可以买入以该股票为标的物的看涨期权。通过采用这种策略，投资者可以锁定未来支付的最高价格，该价格等于看涨期权的执行价格加上期权的价格。

试想一下一个机构投资者持有一个由大量股票组成的投资组合。为了规避不利价格变动的风险，机构投资者不得不购买资产组合中每一个个股对应的看跌期权，这样做的费用是相当高的。如果改为买入一定数量的股票指数期权，那么持有分散化股票投资组合的机构投资者便可以较为容易地抵御不利价格变动的风险。[1] 例如，假设一个机构投资者持有的分散化股票投资组合与标准普尔100指数是高度相关的，该投资者担心三个月以后股票市场的价格会下跌。假设市场上存在为期三个月的标准普尔100指数看跌期权。由于当标的股票指数下跌时股票指数看跌期权的买方会获利，所以如果机构投资者购买了股票指数看跌期权（即采用了保护性买入看跌期权策略）而不是卖掉投资组合，那么看跌期权的收益就会抵消股票市场价格下跌导致的投资组合的价值缩水。

当投资者使用股票期权或股票指数期权保护现存头寸或预期头寸时，如果价格向有利的方向运动，投资者不必执行期权。在保护头寸时，与期货产品相比，期权的这一特征很有优势。机构投资者使用期权可以规避价格的不利波动风险，代价或成本仅相当于期权的价格，同时还能保留价格向有利方向变动的潜在收益机会。

变通期权[2]

变通期权（FLEX option）是带有某些定制化条款的期权合约。此类期权产品在期权交易所上市交易，由交易所的关联清算所负责结算和担保。由于机构投资者的投资组合策略的需求各式各样，而标准化的交易所交易期权无法满足这一要求，因此市场上便产生了期权合约条款定制化的需求。

变通期权的标的物可以是个股，也可以是股票指数。变通期权的价值在于合约的四类条款均可以量身定做：标的物、执行价格、到期日以及结算方式（即欧式期权或美式期权）。而且，交易所可以提供此类期权的二级交易市场，投资者可以在市场上随时改变或对冲掉自己持有的变通期权头寸，而且交易所还负责独立记录每个交易日的价格数据。

变通期权产品的发展反映了场外交易市场的逐步壮大。通过建立激烈竞争的竞价市场、活跃的二级交易市场、每日价格评估机制以及从根本上消除交易对手风险，交易所希望能让变通期权产品变得更有吸引力。变通期权是交易所上市期权与场外交易期权之间的桥梁。

---

[1] 应当买入多少份股票指数期权要取决于标的股票构成的投资组合的贝塔值的大小。股票指数期权合理买卖数量的计算过程超出了本章的范围。

[2] 有关变通期权的更多详细介绍，读者可参考 James J. Angel, Gary L. Gastineau and Clifford J. Weber, *Equity FLEX Options* (New Hope, PA: Frank J. Fabozzi Associates, 1999)。

奇异期权

在第 11 章，我们曾介绍过奇异期权，它们是交易商专门为其客户创造的复杂的期权产品。第 11 章里介绍过的两种奇异期权分别是可选择期权和优异表现期权。

指数权证

在第 15 章，我们介绍了普通股的权证。依附于股票指数的权证叫做**指数权证**（index warrants）。与股票指数期权一样，指数权证的买方可以购买作为标的物的股票指数。指数权证由公司或主权实体作为证券的一部分来发行，并由期权清算公司担保。

股票指数期货市场

在第 10 章，我们介绍了期货合约的基本特征。期货合约是买方和交易所或其关联清算所之间签订的法律协议，按照此协议期货合约的买方同意在指定的时间（即交割日）按照一定的价格买入某种物品；合约的另一方是同意向买方交割这种物品的卖方。股票指数期货合约的标的物就是股票指数。

1982 年，三种以市场上最常见的股票指数作为标的物的期货合约登台亮相：在芝加哥商品交易所的国际货币市场交易的标准普尔 500 指数期货合约、在纽约期货交易所交易的纽约股票交易所综合指数期货合约以及在堪萨斯市交易所交易的价值线平均指数期货合约。从那时开始，以综合性指数或板块性指数为标的物的股票指数期货不断地被引入市场。在美国，提供最受欢迎的股票指数期货合约的交易所是芝加哥商品交易所（Chicago Mercantile Exchange，CME）。表 16—1 列出了在芝加哥商品交易所上市交易的股票指数期货产品。其中交易最为活跃的期货合约是标准普尔 500 指数期货。在芝加哥期货交易所交易的股票指数期货产品是道琼斯工业平均指数期货。

股票指数期货合约由商品期货交易委员会（Commodity Futures Trading Commission，CFTC）负责管理，不过近年来，有人建议把这一监管权力移交给证券交易委员会或者是证券交易委员会与商品期货交易委员会合并为一家机构。

股票指数期货合约的美元价值等于期货价格与合约乘数（multiple）的乘积。如下式所示：

$$股票指数期货合约的美元价值＝期货价格 × 合约乘数$$

芝加哥商品交易所交易的每一种股票指数期货合约的合约乘数都被列在表 16—1 中。例如，如果标准普尔 500 指数期货合约的价格为 1 300，对应的合约乘数为 250 美元，则一份股票指数期货合约的美元价值就等于：

$$1\,300 × 250 美元 ＝ 325\,000 美元$$

对于标准普尔 Nasdaq 100 指数，假设期货价格是 1 600，由于该期货合约的乘数是 100 美元，因此一份期货合约的美元价值等于：

$$1\,600 \times 100\ \text{美元} = 160\,000\ \text{美元}$$

表 16—1 　　　　　　　　　　芝加哥商品交易所上市的股票指数期货合约

合约名称	合约乘数
标准普尔 500 指数期货合约	250
小型标准普尔 500 指数期货合约	50
NASDAQ 100 指数期货合约	100
小型 NASDAQ 100 指数期货合约	20
小型 NASDAQ 综合指数期货合约	50
小型 MSCI 欧洲、大洋洲及远东指数期货合约	50
标准普尔中等市值 400 指数期货合约	500
小型标准普尔中等市值 400 指数期货合约	100
标准普尔小市值 600 指数期货合约	200
罗素 2000 指数期货合约	500
小型罗素 2000 指数期货合约	100
小型罗素 1000 指数期货合约	100
标准普尔 500/花旗集团增长指数期货合约	250
标准普尔 500/花旗集团价值指数期货合约	250
标准普尔金融技术指数期货合约	125
日经 225 指数期货合约——以美元计价	5
日经 225 指数期货合约——以日元计价	500
小型标准普尔亚洲 50 指数期货合约	25

注："小型"指数期货合约的规模相当于对应的常见期货合约（即"大型"合约）的五分之一。

标的物/股票指数：

标准普尔 500 指数：样本股为 500 家在纽约股票交易所、美国股票交易所和 Nasdaq 股票市场上交易最为活跃的市值规模较大的美国企业发行的股票。

NASDAQ 100 指数：样本股是在 Nasdaq 市场上市、交易最为活跃、规模最大的 100 家美国本土非金融企业发行的股票，根据市值的大小赋予权重。

NASDAQ 综合指数：在 Nasdaq 股票市场上交易的所有股票的市场价值。

MSCI 欧洲、大洋洲及远东指数：非美国本土企业，而是欧洲、大洋洲及远东地区企业发行的股票的价格指数。

标准普尔中等市值 400 指数：中等市值规模的股票的价格指数。

标准普尔小市值 600 指数：小市值的股票的价格指数。

罗素 2000 指数：样本股是在纽约股票交易所、美国股票交易所和 Nasdaq 股票市场上交易活跃、小市值的 2000 家美国企业发行的股票，根据其市值规模赋予权重。

罗素 1000 指数：样本股是根据总市值的大小挑选出来的美国市值规模最大的前 1 000 家企业发行的股票。

标准普尔 500/花旗集团增长指数：标准普尔 500 指数中被划分为增长型股票的美国本土股票的价格指数。

标准普尔 500/花旗集团价值指数：标准普尔 500 指数中被划分为价值型股票的美国本土股票的价格指数。

标准普尔金融技术指数：这是针对特定行业编制的股票指数，包括芝加哥商品交易所的标准普尔 500 指数期货合约，可分为金融指数期货与技术指数期货两类。

日经 225 指数：样本股是在东京股票交易所上市、位列第一板块的 225 家顶级日本企业发行的股票，根据股价的高低赋予权重。

小型标准普尔亚洲 50 指数：样本股是在中国香港、韩国、新加坡和中国台湾等国家或地区上市的 50 家规模最大的企业发行的股票，根据其市值规模来赋予权重。

现在，我们已经知道了股票指数期货合约的价值如何计算，那么接下来让我们看一看当期货合约的价格发生变化时，投资者的盈利或亏损如何计算。和上例一样，我们仍然以标准普尔 500 指数期货合约为例。假设一位投资者购买了一份标准普尔 500 指数期货合约（即持有多头期货头寸），买入价为 1 300，并以 1 315 的价格卖出该期货合约，则投资者在这笔交易中获得的收益就等于 15 乘以 250 美元，即 3 750 美元。如果投资者的期货卖出价为 1 280，那么该投资者这笔交易的损失额就等于 20 乘以 250 美元，即 5 000 美元。

股票指数期货合约是现金结算合约，因此在结算日，期货合约的买卖双方以现金支付的方式来了结合约。例如，假设一个投资者购买了一份标准普尔 500 指数期货合约，买入价为 1 300，结算时结算价格为 1 350，则结算金额的计算如下所示：投资者购买标准普尔 500 指数期货合约时支付的价格等于 1 300 乘以 250 美元，即 325 000 美元。结算日那一天，标准普尔 500 指数期货合约的价值等于 1 350 乘以 250 美元，即 337 500 美元。期货合约的卖方必须向买方支付 12 500 美元（＝337 500 美元－325 000 美元）。如果在结算日那一天指数值是 1 280 而非 1 350，那么当天标准普尔 500 指数期货合约的价值就应当等于320 000 美元（1 280 乘以 250 美元）。因此投资者应当向期货合约的卖方支付5 000 美元（＝325 000 美元－320 000 美元）。

保证金要求

正如我们在第 10 章解释过的那样，期货合约有保证金要求（分为初始保证金要求、维持保证金要求和追加保证金要求）。保证金要求会不定期修改。交易所将合约的使用者分为套期保值交易者和投机者，前者的保证金要求少于后者。[①]

每个交易日结束时，期货合约头寸的价值都要根据当天的收盘价进行调整，这叫做逐日盯市原则。下面这个例子可以说明保证金制度的要求以及逐日盯市原则如何操作。首先，我们先介绍一下背景信息。我们以某个虚拟的股票指数期货合约为例，给它取名为 SIF。

1. 在第一个交易日，一位投资者购买了 193 份 SIF 合约。当天该合约的实际收盘价为 259。

2. 从第二个交易日开始一直到第九个交易日，每一天 SIF 合约的收盘价可见表 16—2 的第二列。

3. 初始保证金要求和维持保证金要求是每份合约 10 000 美元。

当收盘价为 259 时，每份 SIF 合约的美元价值等于 129 500 美元（即等于 500 乘以 259）。

因为投资者共计购买了 193 份 SIF 合约，因此总价值等于 24 993 500 美元。表 16—2 的第三列给出了每个交易日结束时 SIF 合约头寸的美元价值。193 份期货合约的初始保证金总额为 1 930 000 美元；193 份期货合约的维持保证金总额也为

[①] 正如本章后面部分将要讲到的，一般情况下投资者可以用股票指数期货来对冲头寸风险。对出于这一目的使用期货工具的投资者，清算所的保证金要求额度会低一些。

1 930 000 美元。表 16—2 的最后一列给出的是在第一天后接下来的 9 个交易日里每天的追加保证金金额。负数（即标有括号的数字）代表的是精算师会发出催缴保证金的通知；正数代表的是投资者可以从保证金账户内提走这笔资金。

表 16—2   **有关保证金要求和逐日盯市规则的示例**

每份合约的初始保证金＝10 000 美元[a]
193 份合约的初始保证金＝1 930 000 美元（＝193×10 000 美元）
每份合约的维持保证金＝10 000 美元[a]
193 份合约的维持保证金＝1 930 000 美元

交易日	结算价格	193 份合约的价值（美元）	保证金账户余额（美元）	追加保证金（美元）
1	259.00	24 993 500	1 930 000	—
2	258.60	24 954 900	1 891 400	(38 600)
3	259.25	25 017 625	1 992 725	62 725
4	257.30	24 829 450	1 804 550	(188 175)
5	257.90	24 887 350	1 987 900	57 900
6	256.20	24 723 300	1 823 850	(164 050)
7	261.85	25 268 525	2 475 225	545 225
8	263.85	25 461 525	2 668 225	193 000
9	264.80	24 553 200	2 759 900	91 675
10	264.00	25 476 000	2 682 700	(77 200)

a. 当时的保证金要求。

第一天，投资者必须缴纳初始保证金 1 930 000 美元，可以用国库券的形式交纳。一旦保证金账户内的余额降到了维持保证金（在本例中，维持保证金的额度与初始保证金相同，都是 1 930 000 美元）以下，投资者就需要向保证金账户补充保证金（即追加保证金）。这部分保证金必须以现金形式缴纳（追加保证金不接受国库券），而且必须在 24 小时内缴纳。

例子中到了第二天，期货合约的结算价格跌至 258.60 美元，193 份合约的总价值降到了 24 954 900 美元。合约价值的减少额要从保证金账户的余额中扣除，这样才能真实地反映出期货头寸的市场价值。因此，保证金账户的余额降至 1 891 400 美元。由于第二个交易日保证金账户的余额低于 1 930 000 美元的维持保证金要求，所以交易所会通知投资者要求其追加 38 600 美元的保证金（1 930 000 美元－1 891 400美元）。

当保证金账户的余额大于维持保证金时，投资者可以把超额部分提取出来。比方说到了第三天，指数的结算价格是 259.25，这使得期货合约的价值升至 25 017 625 美元。此时，保证金账户的余额增至 1 992 725 美元，超出维持保证金 62 725 美元，故投资者可以提取 62 725 美元。这个例子清楚地说明任何想使用股票指数期货市场来实施某种投资策略的投资者，必须要有足够多的资金来满足追加保证金的要求。

股票指数期货的定价

在第 10 章，我们已经证明了套利理论可被用来确定期货的理论价格。对于股票指数期货来说，我们需要知道下列信息：

1. 现货（即期）市场指数的值。

2. 在结算日来临之前股票指数的样本股的股利收益。

3. 在结算日来临之前的借款利率与贷款利率（被视为融资成本）。

于是，可消除套利利润的理论期货价格可表示如下：

$$期货价格＝现货市场价格＋现货市场价格×（融资成本－股利收益）$$

上式中"融资成本"指的是直到期货合约的结算日头寸融资的成本，"股利收益"是同一时间段内的股利收入。另外，我们假设投资者只会在结算日当天收到股利。融资成本和股利收益之间的差额被称为**净融资成本**（net financing cost），因为这是扣除掉股利收益以后的融资成本。净融资成本常常被称为持有成本（cost of carry），或者是简单地用持有（carry）一词来表示。正的持有成本意味着投资者获得的股利收益大于融资成本；负的持有成本意味着投资者的融资成本大于股利收益。

这个理论期货价格的计算公式说明理论期货价格可能是在现货市场价格的基础上溢价（即高于现货市场价格）或者折价（低于现货市场价格），这取决于融资成本与股利收益孰高孰低。

回忆一下第 10 章的内容，我们曾用套利理论推导理论期货价格，这又可被称为持有成本模型，在推导时必须要作出几个假设。当这些假设条件不成立时，期货的实际价格与理论价格之间会有一定的偏离。我们在第 10 章对有关期货合约的这几个假设条件进行了简单的分析解释，本章我们将重点讨论股票指数期货定价模型独有的六大假设条件：

1. 期货定价模型假设不存在股利支付所形成的期中现金流。我们知道期中现金流的确是存在的，而且把期中股利现金流纳入期货定价模型并不困难，问题是企业支付的股利在结算日的价值要取决于股利再投资的收益率。股利金额越低，股利支付的时间点距离期货合约的结算日越近，股利的再投资收入在期货价格的决定过程中的重要性就越小。

2. 在计算持有成本时，我们必须知道融资成本和股利收益的具体数额。虽然关于融资成本的具体数据可以获得，但是股利支付率和股利的支付方式是不确定的，因此我们必须根据指数样本公司的股利支付历史情况来推断。

3. 当期货实际价格低于理论价格时，要想套利成功，投资者必须能够使用卖空指数期货合约获得的款项。在现实市场上，个人投资者是收不到这笔款项的，而且个人投资者在进行卖空操作时要缴纳保证金（证券形式的保证金，不是普通的期货保证金）。对机构投资者来说，证券保证金可以借入，但是会产生融券成本。

4. 在卖空指数的成分股时，投资者必须同时卖出所有的股票。交易所对卖空股票的规定可能会阻止套利策略使期货的实际价格与理论价格达成一致。有关股票卖空操作的监管要求特别规定卖空只能在价格高于前一笔交易（称为上点交易），或者等于前一笔交易但高于价格不同的最后一笔交易（称为零点交易）的价格时进行。如果套利策略要求同时卖出指数的所有成分股，那么某些成分股的最后一笔交易不是上点交易，因此无法做到同时卖空所有成分股。

5. 在现货市场和期货市场之间进行套利交易面临的另一个困难是买卖指数的每一只成分股的成本太过高昂。相反地，投资者可以构造一个包括较少数量股票的投资组合去"追踪"指数。不过，此时套利交易就不再是无风险的了，因为我们将面临自己构建的投资组合不能完全追踪指数的风险，这种风险叫做**跟踪失误风险**（tracking-error risk）。

6. 基本的套利模型不仅忽略了税收因素，而且还忽略了现货市场交易与期货市场交易之间在税收制度方面的区别。

如果在推导持有成本定价模型时，所做的假设条件被违背，那么期货合约的实际价格与从简单的持有成本定价模型中计算得出的理论期货价格之间就会存在一定的差额。从根本上看，理论期货价格的上下边界不会允许套利利润的存在。研究人员在充分考虑上述几个因素影响作用的前提下，已经推导出了理论期货价格的上下边界。[①]

股票指数期货市场的定价效率

通过使用理论期货价格及其上下边界，几篇研究文献考察了股票指数期货市场的定价效率。率先对这个问题进行实证研究的是科奈尔（Cornell）和弗兰兹（French），他们比较了 1982 年 6、7、8、9 月第一个交易日标准普尔 500 指数期货合约与纽约股票交易所指数期货合约的实际价格与理论价格。[②] 在检验过程中，除了两种例外情况以外，所有的理论（预期）期货价格均高于期货的实际价格。科奈尔和弗兰兹将这一差别归因于现货市场与期货市场征税办法的不同。

推导出理论期货价格的上下边界以后，莫迪斯特（Modest）和桑德里森（Sundaresan）考察了在 1982 年 6 月到期的标准普尔 500 指数期货合约（考察期为 1982 年 4 月 21 日至 1982 年 6 月 16 日），以及在 1982 年 12 月到期的标准普尔 500 指数期货合约（考察期为 1982 年 4 月 21 日至 1982 年 9 月 15 日），分析期货合约的实际价格是否超出了理论价格的上下边界。[③] 回想一下前面我们在讨论理论期货价格时，期货定价模型假设卖空者可以使用卖空现货指数所获得的款项。在检验三组理论期货价格的上下边界时，莫迪斯特和桑德里森假设：（1）卖空者不使用卖空款项；（2）卖空者只使用 50% 的卖空款项；（3）卖空者使用所有的卖空款项。再回忆一下，我们还说过预期股利收益也是影响理论期货价格的因素之一。莫迪斯特和桑德里森分别算出了经股利调整和不经股利调整的理论价格边界。因此，对于考察对象——两种标准普尔 500 指数期货来说，一共有六组理论价格边界：在卖空者可以使用多少卖空款项的三个假设条件下，经股利调整和不经股利调整的理论价格边界。

---

① David M. Modest and Mahadevan Sundaresan, "The Relationship Between Spot and Futures Prices in Stock Index Futures: Some Preliminary Evidence," *Journal of Futures Markets* (Spring 1983), pp. 15 – 42.

② Bradford Cornell and Kenneth R. French, "Taxes and the Pricing of Stock Index Futures," *Journal of Finance* (June 1983), pp. 675 – 694.

③ Modest and Sundaresan, "The Relationship Between Spot and Futures Prices in Stock Index Futures: Some Preliminary Evidence."

莫迪斯特和桑德里森发现，期货的实际价格正好处于在考虑股利因素的影响并且投资者不使用卖空现货指数款项的条件下推导出的理论价格区间内。所以，在这些条件下，在研究的时间框架内，套利利润是不可能存在的。虽然偶尔会出现理论价格边界被突破的情况，但是莫迪斯特和桑德里森发现，在有现实意义的假设条件下，即使在股票指数期货交易刚开始的时候，套利利润（即突破理论价格边界的情况）存在的可能性也是非常小的。

科奈尔和弗兰兹以及莫迪斯特和桑德里森考察了期货合约开始交易时的定价效率，而埃德·彼得斯（Ed Peters）考察了股票指数市场是否会随着时间的推移而变得更有效率。[①] 他的考察对象是标准普尔 500 指数期货合约和纽约股票交易所指数期货合约，考察期是 1982 年 9 月到 1983 年 12 月，目的是确定期货合约的实际价格是否会随着时间的推移而变得越来越接近理论价格。结果显示市场在期货定价方面会变得越来越有效率，他认为这是因为市场参与者越来越准确地估计了每一份指数期货合约的股利收入现金流。

布鲁斯·科林斯（Bruce Collins）通过观察买入现货市场指数并卖出指数期货合约的投资策略是否能产生异常利润来检验期货市场的定价效率。[②] 在有效率的市场上，这一投资策略的收益率应大致等于与期货合约期限相同的国库券的收益率。如果这一策略实现的收益超过了相同期限的国库券的收益率，那么就会产生异常收益。他有选择性地检验了多份标准普尔 500 指数期货合约，即从 1982 年 12 月到期的合约到 1985 年 9 月到期的合约。交易成本被纳入了实证模型当中。他的研究结果表明虽然存在定价无效率的情况，但是市场会随着时间的推移而变得越来越有效率。科林斯进行的其他统计检验也得到了同样的结论。

运用股票指数期货的投资组合策略

现在，我们来研究一下机构投资者使用股票指数期货的七种投资策略：

1. 投机于股票市场。
2. 控制股票组合的风险水平（改变贝塔值的大小）。
3. 进行套期保值交易以规避股价不利波动的风险。
4. 构造指数化投资组合。
5. 指数套利。
6. 构建投资组合保险。
7. 资产分配。

投机于股票市场

在股票指数期权出现以前，如果一个投资者想利用未来的股价波动投机，他只能采用买入或卖空个股的策略。现在，投资者可以在期货市场上买卖指数期货

---

① Ed Peters, "The Growing Efficiency of Index-Futures Markets," *Journal of Portfolio Management* (Summer 1985), pp. 52 – 56.

② Bruce M. Collins, "An Empirical Analysis of Stock Index Futures Prices," unpublished doctoral dissertation, Fordham University, 1987.

合约。但是，对投资者来说，能够更方便地进行投机交易并非是其使用指数期货合约的主要目的。下面讨论的其他策略显示了机构投资者如何有效地利用股票指数期货来完成投资目标。

控制股票组合的风险水平

希望改变市场敞口的机构投资者可以通过改变投资组合的贝塔值来达到这一目的，具体做法是重新调整资产组合的配置，引入具有目标贝塔值的个股。然而，投资组合的重新配置会带来交易成本。由于期货合约具有杠杆化特征，因此机构投资者可以利用股票指数期货，以相当低的成本获得目标贝塔值。购买指数期货会提高投资组合的贝塔值，出售指数期货则会起到降低贝塔值的作用。

进行套期保值交易以规避股价不利波动的风险

套期保值交易是控制股票组合规避价格向不利方面变动的风险的一种特殊方式。在套期保值交易中，目标是改变当前或预期的股票组合头寸，使其贝塔值变为0。贝塔值等于0的投资组合应当会给投资者带来无风险收益率，这与第9章讨论过的资本资产定价模型是一致的，也与第10章我们对期货合约定价的讨论相一致。

记住，利用股票指数期货进行套期保值交易可以提前锁定价格，虽然这样做套期保值交易者就不能从投资组合价值的有利变动中获得收益。而使用股票指数期权，套期保值交易者既获得了对价格下跌的保护，同时还保留了价格上涨的潜在好处，只需要扣除期权成本即可。

下面这个案例可以说明如何使用股票指数期货来锁定投资组合的风险，规避不利价格变动的风险。[①] 假设在1986年7月1日，一位投资组合经理持有道琼斯工业平均指数的所有成分股，该股票投资组合的市场价值是100万美元。我们还假设该经理打算用1986年9月到期的标准普尔500指数期货合约对该头寸进行套期保值交易，以规避股价在1986年7月1日至1986年8月31日期间下跌的风险。由于该经理的策略是使用标准普尔500指数的9月份期货合约对道琼斯工业平均指数股票组合进行套期保值交易，因此这是一笔交叉套期保值交易，我们在第10章里曾经解释过。

套期保值交易的第一步是确定应当买入还是卖出期货合约。因为该投资组合经理希望规避投资组合价值降低的风险，因此他应当卖出股票指数期货合约。第二步是决定卖出合约的份数。虽然这一计算过程不在本章范围内，但是对于这个例子，卖出合约的数量大约为6份。于是，期货合约的市场风险敞口规模就与道琼斯工业平均指数股票投资组合的风险敞口规模相同了。

表16—3总结了这个套期保值交易的结果，假设该套期保值交易于1986年8月31日结束，这笔交易的损失额为11 100美元。假设每份期货合约的佣金是20美元，则6份期货合约的佣金额便是120美元，故总损失额为11 220美元。导致损失的原因是基差（现货市场与期货市场的价格差）发生了不利变动，读者可参考表16—3最后一列的下部分数据。但是如果没有运用套期保值交易，那么损失

---

① 这个例子摘自 Frank J. Fabozzi and Edgar E. Peters, "Hedging with Stock Index Futures," Chapter 13 in Frank J. Fabozzi, (ed.), *The Handbook of Stock Index Futures and Options* (Homewood, IL: Dow Jones irwin, 1989).

额将高达 72 500 美元——在现货市场上的损失。这就是我们在第 10 章所说的套期保值交易用基差风险代替价格风险的含义。

这种套期保值交易被称为空头或卖出套期保值交易。多头或买入套期保值交易可用于未来某一时间购买股票的交易。在这种情况下，投资者可以选择购买股票指数期货合约。例如，假设股票指数期货开始交易后不久，西屋公司的养老金计划在 1982 年 7 月 29 日至 1982 年 8 月 31 日期间购买了 400 份股票指数期货合约。公司方面说之所以会购买这些总价值超过 2 000 万美元的期货合约，是因为公司"无法在如此短的时间内购买个股"。公司方面称股票指数期货合约向养老金提供了"一个快速将资金投入市场的途径"，而且是比在现货市场购买股票"更便宜"的途径。[1] 西屋公司的这笔套期保值交易可被视为多头套期保值交易。

表 16—3　　　　利用标准普尔 500 指数期货对价值为 100 万美元的道琼斯
工业平均指数投资组合进行套期保值交易

1986 年 7 月 1 日拥有价值为 100 万美元的道琼斯工业指数成分股。
需要进行套期保值交易以规避市场价格不利变动的风险。
套期保值交易于 1986 年 8 月 31 日结束。

	起初 1986 年 7 月 1 日	1986 年 8 月 31 日
投资组合的价值	1 000 000 美元	927 500 美元
标准普尔 500 指数的当前值	252.04	234.91
1986 年 9 月标准普尔 500 指数期货合约的价格	253.95	233.15

	结果	
现货市场	期货市场	基差
刚进行套期保值交易时		
拥有价值为 1 000 000 美元的投资组合	在 253.95 的价位出售 6 份 1986 年 9 月到期的标准普尔 500 指数期货合约	−1.91
套期保值交易结束时		
拥有价值为 927 500 美元的投资组合	在 233.15 的价位购买 6 份 1986 年 9 月到期的标准普尔 500 指数期货合约	+1.76
现货市场的损失＝72 500 美元	期货市场的收益＝61 400 美元	
总损失＝11 100 美元		

就在股票指数期货开始交易后不久，媒体便报道了两个关于投资银行如何使用股票指数期货对它们的业务活动进行套期保值交易的例子。在第一个案例中，1982 年 6 月，国际收割机公司（International Harvester）将其股票投资组合与高盛公司的债券投资组合相交换。[2] 作为股票投资组合的接受者，高盛公司将面临市

①　"Stock Futures Used in Rally," *Pension & Investment Age* (October 25, 1982), pp. 1, 52.

②　Kimberly Blanton, "Index Futures Contracts Hedge big Block Trades," *Pension & Investments Age* (July 19, 1982), pp. 1, 38.

场风险。为了保护自己，防止股票组合价值下跌，高盛公司利用当时市场上仅有的三种股票指数期货，对股票组合的相当大一部分头寸进行了空头套期保值交易。

在第二个案例中，所罗门兄弟公司利用股票指数期货在金额为 4 亿美元的股票交易中保护自己，防止股价下跌的风险。在那笔交易中，纽约城市养老金将当时由联盟资本公司（Alliance Capital）管理的 4 亿美元基金转交给银行家信托公司，以便后者可以使用指数化方法来管理该基金。所罗门兄弟公司对城市养老金和银行家信托公司在买卖过程中投资组合内的股票价格提供担保。为了做到这一点，所罗门兄弟公司利用以个股为标的物的期权产品对股票价格提供保护，同时还使用了股票指数期货合约来保护自己，以防止市场价格的总体波动降低投资组合内股票的价值。

构建指数化投资组合

正如我们在第 14 章解释过那样，越来越多的机构性股权基金开始与某种覆盖范围较广的股票市场指数挂钩，实施指数化策略。构建一个能复制目标股票指数的投资组合要花费管理费用和交易成本。这些成本越高，指数化投资组合的表现与目标指数的背离程度就越大。另外，由于基金经理在构建指数化投资组合时不会购买该指数的所有成分股，所以这一指数化的投资组合将要面临跟踪失误风险的威胁。如果无法使用现货市场来构建指数化投资组合，那么基金经理可以充分利用股票指数期货合约。实际上，一份行业出版物，《养老基金与投资》（*Pensions and Investments*）发表报告称在大约 60 个规模最大的指数化基金中，近 1/3 是使用股票指数期货合约来管理基金的。

现在，我们举例说明如何使用以及在什么条件下可以使用股票指数期货合约来构建指数化投资组合。如果股票指数期货合约按照其理论价值定价，那么由股票指数期货多头头寸与国库券多头头寸组成的投资组合就会获得与标的股票指数相同的收益。为了弄清楚这一点，我们假设一位指数基金经理希望以标准普尔 500 指数为目标指数，对一个总价值为 900 万美元的投资组合进行指数化操作。其他假设如下：

1. 标准普尔 500 指数现在的值是 300。
2. 六个月后交割的标准普尔 500 指数期货现在的售价为 303。
3. 未来六个月内，标准普尔 500 指数的预期股利收益率为 2%。
4. 六个月期的国库券现在的收益率为 3%。
5. 理论期货价格是 303。[①]

假设指数基金经理可以选择下列两种策略：

策略 1：购买总价值为 900 万美元的股票，以达到能够完全复制标准普尔 500 指数市场表现的目的。

策略 2：在 303 的价位购买 60 份六个月后到期的标准普尔 500 指数期货合约，并投资 900 万美元购买为期六个月的国库券。[②]

---

① 我们可以使用前面讲过的公式来计算期货合约的理论价格：现货市场价格＋现货市场价格（融资成本－股利收益）。融资成本率为 3%，股利收益率为 2%。因此，300＋300（0.03－0.02）＝303。

② 这个例子没有考虑保证金要求；国库券可被用作初始保证金。此外，这一策略中之所以会选择买入 60 份期货合约，是因为按照标准普尔 500 指数现在的值 300 点和 500 美元的乘数，60 份指数期货合约的现金价值正好等于 900 万美元。

六个月后期货合约到期时，当标准普尔 500 指数的值呈现不同情况时，这两个策略的表现如何呢？

我们来考察一下当标准普尔 500 指数上升到 330、保持在 300 不变以及下跌至 270 时，情况会是怎样的。结算日那一天期货的价格会收敛于指数当前的值。表 16—4 显示了每种情况下两种策略的投资组合价值。从中我们可以看出，对于每一种给定的假设情形，两种策略的表现情况都是相同的。

表 16—4 当期货价格合理定价时，直接购买股票复制指数的投资组合价值与使用期货合约/国库券策略的投资组合价值的比较

假设：
投资金额＝900 万美元
标准普尔 500 指数现在的值＝300
标准普尔 500 指数期货合约现在的价格＝303
预期股利收益率＝2%
国库券收益率＝3%
买入标准普尔 500 指数期货合约的数量＝60 份

策略 1：直接购买股票

	结算时的指数值[a]		
	330	300	270
指数值的变化率	10%	0%	−10%
反映指数变化的投资组合的市场价值	9 900 000 美元	900 000 美元	8 100 000 美元
股利 0.02×9 000 000 美元	180 000 美元	180 000 美元	180 000 美元
投资组合的价值	10 080 000 美元	9 180 000 美元	8 280 000 美元
美元收益	1 080 000 美元	180 000 美元	（720 000）美元

策略 2：期货/国库券投资组合

	结算时的指数值[a]		
	330	300	270
60 份期货合约的收益 60×500×每份合约的收益	810 000 美元	（90 000）美元	（999 000）美元
国库券的价值 9 000 000 ×1.03 美元	9 270 000 美元	9 270 000 美元	9 270 000 美元
投资组合的价值	10 080 000 美元	9 180 000 美元	8 280 000 美元
美元收益	1 080 000 美元	1 080 000 美元	（720 000）美元

a. 由于现货价格与期货价格最终会收敛在一起，因此标准普尔 500 指数的现货价格与股票指数期货的价格相等。

这个结果并不令人感到奇怪，因为期货合约可以用在卖出期货标的资产的同时买入国库券的方式来复制。在指数化的情况下，我们通过购买期货合约并投资于国库券来复制期货合约的标的工具。所以，如果股票指数期货合约的定价是准确的，那么指数基金经理便可以利用股票指数期货合约来构建指数基金。

有几点需要指明：第一，一方面，在策略 1 中，投资组合复制标准普尔 500

指数的能力要取决于经理人构造的投资组合能否较好地跟踪指数的变动。另一方面，假设预期的股利收入已实现，并且期货合约的定价合理，则期货/国库券组合（策略2）的表现会与标准普尔500指数的表现完全一样，这样就降低了跟踪风险。第二，策略2的交易成本较低。例如，如果一份标准普尔500指数期货合约的价格是15美元，那么对于总值为900万美元的基金来说，策略2的交易成本只有区区900美元。这要比购买并持有一个极为分散的股票投资组合去复制标准普尔500指数的市场表现所带来的交易成本小得多。此外，对希望指数化的大基金来说，利用股票指数期货合约的市场冲击成本要比使用现货市场去构建指数组合的市场冲击成本小一些。第三，利用股票指数期货创造的指数基金的托管费用明显要小得多。第四，人为构建的指数基金的表现要受到追加保证金额度的影响。第五，在对每种策略的绩效进行分析时，六个月后投资组合的美元价值没有将应缴纳的税金囊括进去。就策略1来说，如果证券没有出售就不用交税，当然股利收入是要交税的。对策略2来说，国库券的利息收入以及期货合约的结算收益都要交税。

因此，如果股票指数期货合约定价合理，指数基金经理可以运用股票指数期货来构建指数基金。现在假设情况相反，期货的实际价格低于理论价格（即期货合约的价格较为便宜）。如果这种情况发生，那么指数基金经理就可以通过买入期货和国库券的方式来提高指数化投资组合的收益率。也就是说，如果将该头寸持有到结算日，则期货/国库券投资组合的收益率要高于标的指数的收益率。

为了弄清楚这一点，我们假设在前面的例子中，当前的期货价格是301而非303，因此期货合约的价格相对便宜一些（被低估）。对于表16—4中列出的三种虚拟情况来说，如果购买期货合约和国库券，而不是直接购买股票，则投资组合的价值会增加60 000美元。

反过来，如果期货合约的实际价格高于其理论价格，则持有股票指数期货和国库券的指数基金经理就会将这一投资组合更换为持有指数的成分股。指数基金经理之所以会根据期货合约与现货市场指数的相对价值比，将期货/国库券投资组合转换为股票投资组合，原因是想提高投资组合的收益率。这一策略被称为股票替代策略（stock replacement strategy），是提高指数化投资组合收益率的策略之一。[1]

指数套利

利用期货合约的错误定价提高收益率的机会并不限于指数基金管理。货币管理公司和套期保值交易者时刻关注着现货现场和期货市场，看期货合约的理论价格与实际价格之间的差额是否足以获得套利利润：如果指数期权价格偏高，就卖出指数期货，并买入股票；或者当指数期货的价格较为便宜时，在买入指数期货的同时卖出股票。执行此类买卖交易委托指令时要使用程序交易。[2]

构建投资组合保险

在第11章，我们解释了如何使用看跌期权来保护资产的价值。在看跌期权的

---

① 有关这一策略的更多讨论，读者可参考 Bruce M. Collins, "Index Fund Investment Management," Chapter 10 in Frank J. Fabozzi (ed.), *Portfolio and Investment Management* (Chicago: Probus Publishing, 1989)。

② 程序交易可参考第14章。

到期日，资产的最低价值等于期权的执行价格减去看跌期权的成本。股票指数看跌期权同样可以起到保护分散化股票投资组合价值的作用。

另外，机构投资者可以使用（1）股票指数期货或（2）股票与无风险资产的组合来人为地创造看跌期权。随着市场环境的变化，投资组合资金在股票指数期货合约上的配置比例，或者是在股票与无风险资产之间的分配比例也要随之作出调整。[①] 试图利用人为创造的看跌期权来保护投资组合价值的策略被称为**动态套期保值策略**（dynamic hedging）。

既然投资组合经理可以使用股票指数看跌期权，那为什么还要不厌其烦地使用动态套期保值策略呢？经理们的做法可能出于下列四种原因之一：第一，股票指数期权市场的容量不像股票指数期货市场那么大，因此不能轻易地在保证期权价格不出现大幅波动的情况下，满足大额投资组合的保险要求。第二，交易所对投资者可以持有的合约数量实施头寸限制规定。[②] 在机构投资者想保护大额股权投资组合的情况下，头寸限制规定实际上会妨碍它们利用交易所交易的指数期权来保护其投资组合。第三，现在交易所交易的指数期权合约的期限要比某些投资者寻求保护的期限短。第四，看跌期权的成本可能会高于动态套期保值策略的交易成本。但是，看跌期权的成本是已知的（由预期价格波动率决定），而利用股票指数期货或股票来构建投资组合保险的成本要取决于市场的实际价格波动率。市场价格波动率越高，投资者需要重新调整投资组合的次数就越多，构建投资组合保险的成本就越高。

动态套期保值策略如何使用股票和无风险资产达到保护的目的呢？回想一下，看跌期权的买方为某项资产的价格锁定了下限，但是与此同时还保留了从资产价格上涨中获利的机会。动态套期保值交易策略试图通过改变投资组合资金在风险资产与无风险资产之间的分配比例来复制多头看跌期权头寸的盈亏曲线。在这种情况下，风险资产就是股权投资组合，而无风险资产可能是货币市场工具，例如国库券。当股价下跌时，投资者必须减少股票头寸敞口的规模，增加持有无风险资产。将更多的资金投资于无风险资产将有助于保证投资组合的最低价值。所以，当股价下跌时基金经理应当卖出相当数量的股票，并将资金投资于国库券之类的无风险资产。当股价上涨时，经理人应当利用卖出一部分无风险资产所获得的款项购买相当数量的股票。这一行为增加了投资组合的股票敞口规模，所以投资者可以分享到股票市场价格上涨的好处。投资于无风险资产的资金比较少，是因为在上涨的股权市场上，投资组合的价值达到最低点的可能性大大降低了。为了执行此类股票买卖委托交易指令，经纪人要使用程序交易。

如果不打算通过改变投资组合资金在股票与无风险资产间的分配比例来采用动态套期保值策略，那么投资者还可以使用股票指数期货。股价下跌时卖出股票

---

① 有关该策略更为详细的解释，读者可参考 Mark Rubinstein and Hayne Leland, "Replicating Options with Positions in Stock and Cash," *Financial Analysts Journal* (July-August 1981), pp. 63 - 72；或者 Hayne Leland, "Portfolio Insurance," Chapter 12 in *The Handbook of Stock Index Futures and Options*。

② 只有当交易所设定了头寸规模的限制规定时，监管机构才会批准其进行交易，因为监管机构相信这样的限制规定有助于稳定期权产品的市场价格。

指数期货，这相当于卖出股票并将资金投资于无风险资产。股价上升时购买股票指数期货，这相当于购买股票并减少投资组合资金对无风险资产的分配比例。[1]

资产分配

如何在主要资产类别（如股权、债券、外国证券和不动产）之间分配资金的决定被称为**资产分配决定**（asset allocation decision）。与现货市场交易相比，使用期货和期权产品能够更有效地执行资产分配决定。

例如，假设一位资产规模为 10 亿美元的养老金发起人将 3 亿美元的资金投资于债券市场，将 7 亿美元的资金投资于股票市场。我们再进一步假设该发起人决定改变债券/股票的投资资金分配比例，将 6 亿美元分配给债券市场，4 亿美元分配给股票市场。将 3 亿美元的股票全部卖掉，其交易成本相当大，其中包含佣金和执行（市场冲击）成本。[2] 而且，当发起人提取资金时，负责管理股票组合的货币管理公司肯定会受到较大的干扰。养老金计划发起人不应当立即卖掉所有股票，而是应当卖出适当数量的股票指数期货合约，这样做能效地减少养老金的股票风险敞口。如果想要增加养老金的债券风险敞口，则发起人可以选择购买利率期货合约。[3]

个股期货合约

个股期货（single stock futures）指的是基础资产是单个公司股票的股权期货。这些期货合约在 2001 年被允许在美国市场进行交易。个股期货在两个交易所交易：OneChicago 和纳斯达克利菲市场（NQLX）。OneChicago 是芝加哥期权交易所、芝加哥商业交易所和芝加哥期货交易所联合推出的交易平台。NQLX 是纳斯达克股票交易市场和伦敦国际金融期货市场联合开发的交易平台。

个股期货仅仅交易那些在纽约股票交易所和纳斯达克股票市场交易活跃的股票。到 2006 年 8 月 31 日，共有 236 种个股期货产品在 OneChicago 市场上交易。表 16—5 列出了这些期货的基础股票。每份期货合约都含有 100 股基础股票。在交割日，将会进行股票的实物交割。

表 16—5　　OneChicago 个股期货的基础公司名单（2006 年 8 月 31 日）

3M公司	美国铝公司	阿莫林公司
雅培公司	好事达保险公司	美国电力能源公司
高级微设备公司	Altera公司	美国运通公司
联合电脑服务公司	奥驰亚集团公司	美国国际集团
航空产品和化学公司	亚马逊公司	安进公司

---

[1]　买卖股票的数量可通过期权定价模型来推算。

[2]　关于这些成本的详细介绍参见第 7 章。

[3]　这些合约将会在第 30 章进行详细介绍。

美南银行	FPL 集团公司	宝洁公司
分类装置公司	通用电气	进步能源公司
安海斯-布希公司	通用磨坊	保德信金融公司
AON 集团	通用汽车	QLogic 公司
应用材料公司	通用配件	高通公司
苹果电脑	基因酶公司	瑞赛电器
阿克斯顿-史密斯信托	高盛公司	雷神公司
美国电话电报公司	谷歌公司	地区金融集团
美洲银行	哈里伯顿公司	RIM 公司
纽约银行	哈雷－戴维森公司	雷诺士美国公司
BB&T 公司	哈乐娱乐集团	罗门哈斯公司
床具公司	孩之宝公司	罗克韦尔自动化公司
南方贝尔公司	HCA 公司	罗克韦尔柯林斯公司
百思买集团	惠普公司	当纳利公司
生物基因公司	亨氏食品公司	闪迪公司
波音公司	住房储蓄公司	莎莉集团
波士顿财产公司	霍尼韦尔国际公司	先灵葆雅公司
波士顿科技公司	英格索尔公司	斯伦贝谢公司
百时美公司	英特尔公司	塞莫拉能源公司
博通公司	IBM 公司	西蒙物产公司
博科通讯系统公司	国际游戏科技公司	天狼星卫星广播公司
CA 公司	国际纸业公司	西部公司
康宝浓汤公司	美国彭尼公司	美国主权银行
嘉年华集团	摩根大通公司	斯普林特电信公司
卡特彼勒公司	捷蓝航空公司	圣保罗旅行公司
细胞基因公司	强生公司	星巴克公司
胜腾公司	丘博网络公司	六福皇宫酒店
瑟法隆公司	凯洛格公司	太阳公司
切点软件技术公司	美国科凯国际集团	森高能源公司
雪佛龙德士古公司	产品机器控制公司	太阳信托银行集团
芝加哥商品控股公司	金佰利公司	索帕维鲁国际
丘博保险集团	科磊公司	赛门铁克公司
辛辛那提金融集团	柯尔百货公司	西诺佛金融公司
思科公司	莱纳房屋公司	西斯科公司
CIT 集团公司	林肯国家公司	目标公司
美国礼来公司	凌力尔特公司	TECO 能源公司
EMC 公司	洛克希德-马丁公司	泰尼特保健公司
艾默生电气公司	西方石油公司	得州仪器公司
Emulex 公司	甲骨文公司	盖普公司
恩特吉公司	OSI 制药公司	花旗集团
权益办公室财产信托	百事公司	清晰频道通信公司
权益住宅公司	辉瑞制药公司	高乐氏公司
艾克森美孚公司	太平洋大东铁路公司	可口可乐公司
联邦百货集团	皮那可企业	高露洁公司
五三银行公司	菲尔普斯-道奇公司	康卡斯特公司
第一能源公司	李子溪木业公司	科美利坚公司
第一地平线国家公司	PMC-Sierra 公司	商业银行集团公司
福特汽车公司	PNC 金融集团	康百士银行
美国富俊品牌公司	PPG 工业公司	康为科技公司

康阿格拉食品公司	麦考密克公司	美国银行
康菲石油公司	麦当劳公司	联合太平洋集团
联合爱迪生公司	米德维实伟克公司	联合科技公司
全国金融公司	美敦力公司	联合包裹服务公司
达顿饭店	梅隆金融集团	UST 公司
迪尔公司	默克公司	瓦莱罗能源公司
戴尔公司	美林公司	韦里逊通讯公司
道明尼资源公司	大都会人寿保险公司	沃纳多信托公司
陶氏化学公司	MGIC 投资公司	瓦乔维亚银行
DTE 能源公司	美光科技公司	沃尔玛
杜克能源公司	微软公司	迪士尼
杜邦公司	摩根士丹利	华盛顿共同基金
伊士曼化工公司	摩托罗拉公司	废物管理公司
伊士曼柯达公司	全国城市集团	富国银行
伊顿公司	纽蒙特矿业公司	惠好公司
EBAY 公司	尼索思公司	威廉集团公司
翼然公司	诺基亚 ADR	箭牌公司
电子数据系统公司	诺福克南部公司	固安捷公司
马拉松石油公司	北福克银行	Xcel 能源公司
马歇尔-艾斯利公司	诺发系统有限公司	赛灵思公司
马什麦克里安公司	NVIDIA 公司	雅虎公司
马斯柯集团	时代华纳公司	百胜餐饮集团
美泰公司	TJX 公司	Zions 银行
最大整合产品公司	TXU 集团	
MBIA 公司	泰科国际集团	

窄基股票指数

期货交易所发现有很多投资者希望在期货市场通过一次交易建立一组股票的多头和空头组合。这样的话，就只需要为一组股票的交易支付一次佣金费用。这样的期货合约被称为**窄基股票指数期货**（narrow-based stock index futures）。

例如，在 2006 年 8 月 31 日，OneChicago 创立了"OneChicago 选择指数"。这些指数通常包括 3 到 7 家公司的股票。决定哪些公司的股票会进入指数取决于大机构投资者已经确定了的交易策略，这些机构投资者都是交易所的客户。F-One-Chicago 选择指数就包括如下几家公司的股票，其初始份额见下表：

基础资产	初始股票份额
蒙特利尔银行	400
新斯科舍银行	500
加拿大管道公司	700
阳光人寿金融公司	500
多伦多道明银行	400
横加公司	700

这些指数的交易单位是指数的理论价值除以 1 000。也就是说，指数构成部分

的公司市场价值乘以合约中规定的股票数量。这样的话，构成部分的市场价值总和就计算出来了，再把这个总的市场价值除以 1 000。在 F-OneChicago 选择指数中，在合约开始交易的 2006 年 4 月 24 日，指数的基础价值是 127.79。

股权互换协议

在第 12 章里，我们介绍了互换协议。近年来，互换现金流的概念被应用于股权领域。在**股权互换**（equity swap）安排中，互换的现金流是基于某一股票市场指数的总体收益率和利率水平（固定利率或浮动利率）来计算的。另外，这个股票市场指数可以是非美国股票市场指数，相互交换支付时也可以用非美元的其他货币计价。例如，一位投资经理人可以签订一份为期两年的股权互换协议，每一季度计算一次相互支付额，以德国 DAX 市场指数和某一货币市场指数为基础计算现金流的金额。在互换过程中，投资经理人会收到以欧元为计价货币的市场指数收益率，同时以欧元为计价货币向互换对方支付浮动利率。

交易双方不交换互换协议的名义本金额，但是都要面临交易对手风险。股权互换和利率互换（将在第 31 章里讨论）的一个重要区别是，在股权互换协议中，收到股票市场指数收益率的一方实现的总收益往往是负数。在这种情况下，这一方必须向交易对手支付为负数的总收益再加上基于参考利率算出的支付额。

应用

正如第 12 章所解释的那样，互换只不过是远期合约的组合。互换协议的优势在于其交易效率更高，适于同时完成多个投资目标。

股权互换有两大用途。第一个用途是构建复制指数的投资组合。指数化的投资组合可以通过购买指数的全部或部分成分股的方式来构建。此外，我们还可以用另外一种更有效率的策略——从成本和执行速度的角度考虑——来达到同样目的，那就是购买股票指数期货合约并投资于国库券。然后，在交割日到来前，股票指数期货头寸必须被滚动更新为新的期货头寸。而股权互换协议则提供了第三种可供选择的办法。该办法有三大优点：（1）每个季度都有现金流；（2）货币管理公司可以事先明确合约的期限，因此就没有必要定期滚动更新期货头寸；（3）不用担心期货合约的定价存在问题。股权互换另一个明显的优点是由于它们是量身定做的协议，因此货币管理公司可以利用互换协议复制非美国本土的外国股票市场指数，在前面 DAX 市场指数与伦敦同业拆借利率的互换协议中便可以看出这一点。而且，股权互换还可用于锁定货币风险。例如，一份股权互换协议可以这样构建：货币管理公司以美元收取 DAX 市场指数的总体收益率，并以美元支付伦敦同业拆借利率。相对于股票指数期货而言，股权互换协议有两个不足之处：（1）存在交易对手风险；（2）互换协议的流动性较差，而股票指数期货合约的流动性很好。

第二个用途是可使用股权互换协议提高收益率。① 例如，假设一个养老金计划发起人将投资组合的一小部分分配给一位专业的股权投资经理人来打理。以某一股票市场基准指数为参照物，该经理始终表现出非常卓越的投资管理才能；但是多样化投资策略以及其他限制条件也许会阻止养老金计划发起人将更多的资金分配给该经理管理。我们还假设养老金计划发起人制定了一项资产分配计划，明确了投资于三年期国库券的资金额。养老金计划发起人可以签订一份股权互换协议，约定在今后的三年中收取三年期国库券的固定利率，同时向这位专业的股票投资经理人支付股票市场的总体收益率。随后，分配给这位经理人的资金数量可以增加。如果该经理人的投资业绩能够跑赢大盘，那么超过市场基准收益率的部分由养老金计划发起人保留。因此，养老金计划的总收益就等于三年期国库券的固定利率再加上超过市场基准收益率的那部分收益率。当然，风险是专业的股权投资经理人没能跑赢大盘。那么，不足的部分要从养老金计划的收益里扣除，从而导致养老金计划的总收益率下降。如果专业的股权投资经理人的业绩很差，那么养老金计划的收益率也有可能为负。

股票指数合约、股价波动率和黑色星期一

围绕股票指数期权和期货的争论有很多。这一节里，我们将讨论有关这个问题的一些论点，并回顾一些实证检验结论。第一个争论的问题是股票指数期货和期权的交易——包括使用这些合约的策略——能否为金融市场提供增值服务，或者股票指数期货和期权是否只是为市场参与者提供了一种合法的赌博形式。第二个争论的问题是股价波动率增加是否期货和期权产品交易的结果。最后，我们重点关注这些衍生品合约应当对 1987 年 10 月的市场风暴——通常被称为黑色星期一——承担多大的责任。

衍生指数市场有利于金融市场的发展吗？

在没有股票指数期货和期权市场的年代，当投资者获得新信息时，只有一个市场可被投资者用来改变投资组合头寸，即现货市场。如果投资者判断自己获得的经济信息将对所有股票的现金流产生不利的影响，那么他们可以卖出股票，减少股票头寸的敞口。相反地，如果投资者预测新信息会增加所有股票的现金流，那么他们会增加投资组合中的股票头寸敞口。当然，股权风险敞口规模的调整必然伴随着交易成本——显性成本（佣金）、隐藏或执行成本（买卖价差和市场价差成本）。

股票指数期货市场为机构投资者提供了另外一个在他们获取新信息时可以用来调整股权风险敞口的场所。但是在获得新信息时，投资者应该迅速地使用哪一

---

① Gary Gastineau, "Swaps and the Division of Labor," SBC Research, Swiss Bank Corporation Investment Banking Inc. (January 1993), p. 2.

个市场去调整头寸呢，现货市场还是期货市场？正如我们在第10章里曾解释过的那样，投资者应当选择能更有效率地达到目的的市场。考虑的因素有佣金、买卖价差、市场冲击成本（这里可以看出市场流动性的重要性）以及杠杆率。

投资者认为能更有效率地达到投资目标的市场应当是一个履行价格发现功能的市场。随后，价格信息再从这个市场传递到其他市场。举例来说，如果期货市场是被选中的市场，那么期货市场就是履行价格发现功能的市场，即投资者会在期货市场上传播有关新信息会对现货市场带来哪些冲击或影响的综合预测信息。因此，必须要建立一种机制将这一信息传递给现货市场，这个机制就是指数套利。

交易成本的对比说明股票指数期货市场的交易成本相当低。一般来说，这个市场的交易成本是现货市场的5%到10%。

执行指令的速度快也是期货市场的优势。据估计，现货市场上以合理的价格出售一批股票大约需要两到三分钟的时间，而期货交易可以在30秒或更短的时间内完成。[1] 至于在交易中必须投入的资金量（即杠杆率），期货市场也有优势。我们前面曾解释过，股票市场交易的保证金要求比股票指数期货市场高得多。所以，证券交易委员会市场监管部在一份研究报告中这样总结：

> [机构]利用指数期货出售股权头寸要比直接在股票交易所出售更加快速、成本更为低廉……
>
> 期货产品之所以能替代股票的地位，是因为在期货市场上只交易单一的标准化产品，因此交易速度加快，交易成本降低……由于期货市场具有较高的流动性，因此投资者能完成大额交易，而且对市场的冲击效应要比在股票市场上完成交易小得多。

投资者会选择哪一个市场来调整其风险敞口的规模呢？约翰·梅瑞克（John Merrick）发现，1985年前，相对于股票指数期货市场，现货市场统治着价格发现过程。[2] 但是，自1985年以后，标准普尔500指数期货市场在价格发现过程中占据着主导地位。这种转换不是偶然的，这是两个市场交易量的对比关系发生变化后的必然结果。当期货市场的交易量超过现货市场的交易量时，期货市场就居于主导地位了。

具有以上特质的两个相互竞争的市场的存在会对股票市场产生了什么样的影响呢？时任商品期货交易委员会主席的苏珊·菲利普斯（Susan Phillips）在1987年7月23日提供给国会的证词中说："期货市场的深度和流动性有助于新的基本面信息被迅速吸收，从而提高了股票市场的效率。"[3]

期货市场会遵循自己的价格波动轨迹，从而期货价格不会影响到期货标的工具的经济价值吗？如果不存在促使期货价格与现货市场价格趋向一致的机制，这确实是有可能的。这一机制就是我们前面描述过的指数套利交易。

---

① Thomas Byrne, "Program Trading—A Trader's Perspective," *Commodities Law Letter* VI, nos. 9 and 10, p. 9.

② John J. Merrick, Jr., "Price Discovery in the Stock Market," Federal Reserve Bank of Philadelphia Working Paper No. 87-4, March 1987.

③ 这段话摘自苏珊在1987年7月23日美国众议院通讯与金融委员会、能源与商业委员会举行的听证会上提供的证词第一页。

当股票市场大幅下跌和/或股价的波动率增加时,股票指数期货的批评者们将矛头指向了程序交易、指数套利和动态套期保值交易(投资组合保险)。我们在第14章曾经解释过,程序交易是在尽可能短的时间内交易一大批股票的机制,它并不像大众媒体通常所说的那样,是一种交易策略。一般情况下,程序交易利用交易所的自动指令执行系统(例如纽约股票交易所的起点系统)来完成交易,使指令能同时传送给对应的专业做市商的交易席位。

为什么在尽可能短的时间内执行一组交易指令对机构来说很重要?某些投资策略是否能够获得成功就取决于是否能够快速地执行交易指令,例如指数化、指数套利和投资组合保险策略。问题是这些依赖于程序交易和股票指数期货的策略是否会给股票市场带来毁灭性的打击。

指数化

正如我们在第13章所解释的,指数化并不是试图依靠内幕信息来进行交易的策略。投资理论告诉我们,投资者在有效率的市场上应当运用指数化策略,以获得市场有效定价所带来的好处。但是理论没有告诉我们如何运用这一策略。为了管理好指数化的投资组合,货币经理首先要构造一个希望能复制市场表现的初始投资组合。当新资金投入或从投资组合中抽取资金时,货币经理必须对投资组合的结构重新进行调整,这时就要用到程序交易。于是,投资组合内的所有股票就能以收盘价同时买入或卖出,因此指数化投资组合便能较好地追踪指数的变化。所以我们说,指数化并不是破坏市场的力量。

指数套利

正如我们刚刚解释的那样,必须存在一种机制可以把有关投资者预期的信息从价格发现市场传递到其他市场。只有当持有成本为0时,期货的价格才会与现货的价格相同。不然,期货价格与现货价格之间就会存在差别,该差额就等于持有成本。由于存在交易成本和其他影响因素,因此理论期货价格的上下边界能够阻止套利利润的产生,前提条件是期货合约的实际交易价格正好在两个边界形成的区间内。在试图捕捉套利利润的过程中,采用指数套利策略的投资者只是尝试着把期货市场和现货市场联系在一起。这种联系让期货市场无法自行其是,从而使得投资者可以使用股票指数期货对自己持有的头寸采取保护策略,在合理的价位水平下保护投资组合的价值。

如果期货的实际价格超出了理论价格边界,那么会出现什么情况呢?投资者可以通过出售价格被高估的工具,同时买入价格被低估的工具来获取套利利润,从而拉低被高估的工具的价格,抬高被低估的工具的价格,直到期货价格处于理论价格区间内。假设现货市场的价格低于期货市场的价格,那么投资者就会借入资金购买股票,同时卖出期货合约。等到期货合约到期时,投资者再卖出股票以收回资金来归还贷款。投资者会在期货合约到期日通过提交收盘价卖出指令(market-on-close sell order)将股票头寸全部清仓。[①] 如果情况刚好相反,即期货价格低于现货价格,则投资者就会买入期货合约,同时卖出股票。在期货合约结算日,投资者为了平仓必须补进卖空的股票,所以他们必须买入股

---

① 所谓的"收盘价指令"就是指以交易日的官方收盘价进行交易的指令。

票。股票的空头头寸可以通过下达收盘价买入指令来买入股票以抵补原来的空头头寸。

在期货合约结算日，采用指数套利策略的交易者若是持有多头股票头寸，则应将该多头头寸平仓，即应当卖出股票；如果持有空头股票头寸，则应通过买入股票的方式了结空头头寸。那么，此时会发生什么情况？当然，可以肯定的是市场上的指令数量一定会增加，不过不一定会对股票的市场价格造成影响。这取决于指令的构成。如果持有多头头寸和空头头寸的套利者之间头寸的规模是平衡的，那么股价不会有明显的变动。如果指令涉及的头寸规模不平衡，则股价会出现大幅波动。因此，股价的波动率有可能在期货合约结算日上升，后面我们会看到一些实证检验结论。

指数套利的批评者们争辩说，套利者只考虑现货与期货的关系以及交易成本，根本不是根据期货标的资产的市场经济价值来作出决定的。对这些批评意见的回击是如果想要套利交易有利可图，那么至少其中一个市场必须出现价格的波动。只要非套利者至少在一个市场按照所获得的经济信息定价，价格变动就会反映出市场对这些信息的评估。随后，套利交易会熨平各个市场之间的不协调之处。

在这一交易策略中，我们也能看出程序交易的重要性。指数套利策略要求使用程序交易执行买卖指令，交易发生的时间越接近越好。如果没有程序交易，那么理论期货价格的边界区间会变得更大。

动态套期保值交易

回想一下，动态套期保值交易（投资组合保险）指的是当市场价格上涨时买入股票或期货，当市场价格下跌时卖出股票或期货。证券交易委员会的市场监管部和其他批评家们担心股价下跌时这一策略会产生"瀑布效应"。为了弄清楚这一观点，我们先考虑一下如果股价下跌，并且投资者使用股票和无风险资产进行了动态套期保值交易，那么会发生什么情况？这一策略要求出售股票。但是，如果很多机构投资者都在进行动态套期保值交易，那么这就意味着会有大量的股票被出售，会引起股价的进一步下跌。反过来，更多的股票必须被出售，导致股价又继续下跌。

如果投资者使用股票指数期货进行动态套期保值交易，则会发生同样的情况。在期货市场上出售期货合约会压低期货的价格，套利者们接下来会怎样做呢？他们会构建期货合约的多头头寸（即买入期货合约），同时构建空头股票头寸（即出售股票），从而抵消掉交易初始时建立的头寸。有人认为，这种行为会进一步降低现货的价格，从而促使采取投资组合保险策略的投资者卖出期货合约，造成期货合约价格螺旋式下跌的效应。

动态套期保值交易的支持者们争辩说不太可能产生瀑布效应。当股票定价低于其基于经济基本面的合理价格时，价值导向的投资者会在某一时点进入市场。但是，森福德·格罗斯曼（Sanford Grossman）（在黑色星期一股灾爆发前几个月发表的一篇文章中）提供的理论论证表明投资组合保险的买方和卖方之间的不平衡会改变股票市场的波动率。具体而言，如果投资组合保险的需求超过了市场参与者愿意提供的保险数量（即市场参与者愿意出售的看跌期权的数量），则价格的波动率会上升。如果供给超过需求，则价格的波动率会下降。[1]

证券交易委员会对 1986 年 9 月 11—12 日市场下跌的研究

对于指数套利等交易策略在市场急剧下跌期间到底扮演了怎样的角色，我们确实掌握了一些证据。1986 年 9 月 11 日，道琼斯工业平均指数下跌了 86.61 点（跌幅为 4.61%）。第二天，市场又下跌了 34.17 点（跌幅为 1.91%）。证券交易委员会市场监管部调查了这两天股价的下跌情况，以确定指数套利等交易策略在其中可能扮演的角色。[2] 该研究总结说："9 月份的市场下跌是投资者预期基本经济情况将发生变化的结果，而不是来自于指数套利等交易策略的人为力量"。证券交易委员会的研究进一步阐述："与指数挂钩的期货交易是将这些投资者预期的改变快速传递到个股价格上的工具，而且可能起到了缩短下跌时间的作用。"

证券交易委员会的研究还特别关注：（1）执行投资组合保险策略导致的瀑布效应；（2）运用股票指数期货的潜在操纵行为。证券交易委员会没有在 1986 年 9 月 11 日和 12 日发现这两种情况。而且，对于"瀑布效应"，证券交易委员会的研究结论是市场的经济力量足够用来对付它。至于潜在的操纵行为，证券交易委员会的研究指出，这种操纵行为要比其他潜在的操纵目标成本更高，风险更大。

证券交易委员会的研究结论是"对特定市场价格下跌的分析没有提供现在需要进行严格监管或进行结构性调整的独立证据……但是应该继续进行严密的监测"。因此，证券交易委员会的研究终于为指数策略开脱了罪名。

对股价波动率的影响是什么？

某些投资者和媒体认为，股票指数期货、股票指数期权、程序交易以及指数相关策略（指数套利和动态套期保值交易）导致了股价波动率的上升。对期货合约的批评并不限于股票指数期货，正如我们在第 10 章里解释过的，这些批评针对的是所有的期货合约。在第 10 章，我们还曾经对较大的价格波动率对市场来说是否一定是不好的这个问题提出质疑。

几篇研究文献从实证角度调查了引入期货交易的影响以及指数相关策略对股票价格的冲击效应。进行实证检验的困难在于如何确定无期货合约条件下的现货市场价格的波动率。虽然可供使用的信息量较为充分，但是，若只是简单地比较一下引入期货合约前后现货价格的波动率会有哪些变化，是远远不够的。这个方法的缺点是事实上还存在影响价格波动率的其他因素——影响股价波动率的经济信息总是千变万化。所以，价格波动率的增加可能是由于影响股票市场价格的经济信息发生了变化。或者说，人们没能观察到价格波动率的增加可能是因为经济

---

[1] Sanford J. Grossman, "An Analysis of the Implications for Stock and Futures Price Volatility of Program Trading and Dynamic Hedging Strategies," presented at the Conference on the Impact of Stock Index Futures Trading at the Center for the Study of Futures Markets, Columbia University, June 8, 1987。1988 年 7 月，该文章发表在《商业期刊》（*Journal of Business*）上。该文章的简单版本为 "Insurance Seen and Unseen: The Impact of Markets," *Journal of Portfolio Management* (Summer 1988), pp. 5 - 8。

[2] Securities and Exchange Commission, Division of Market Regulation, "The Role of Index-Related Trading in the Market Decline on September 11 and 12, 1986" (March 1987).

信息的变化程度有所降低，从而掩盖了价格波动率的增加。所以，研究必须剔除掉影响股价波动率的其他因素。

这些研究利用各种各样的测量方法考察了日间（即交易日之间）的价格波动率[1]和日内价格波动率[2]。这些研究的一致结论是股票指数期权和期货以及指数相关策略的引入并没有增加股票价格的波动率，不过当股票指数期货和期权产品到期时，有可能会增加股价的波动率。

是股票指数合约引发了黑色星期一股灾吗？

1987年10月19日，星期一，道琼斯工业平均指数下跌了23%，创造了历史上单日的最大跌幅。下跌不仅发生在美国，世界上每一个主要股票市场均遭遇了同样的命运。针对这次股灾，美国发起了六个研究项目，目的是讨论股灾爆发的原因，并就降低再次发生股灾的可能性提出建议。这些研究项目的发起人有：里根总统（市场机制总统特别工作组，通常被称为布兰迪报告）、美国审计总署、证券交易委员会、纽约股票交易所、芝加哥商品交易所和商品期货交易所。

大众传媒和许多市场观察家认为不需要进行任何研究；众所周知，罪魁祸首就是采用指数相关策略的市场参与者。例如，《华尔街日报》在股灾后的第二天报道："一些交易者和研究人员最担心的事情噩梦般地发生了，诞生已五年的指数期货第一次陷入棘手的、无法控制的大跌中，在整个美国资本市场上引发了危机感。"[3] 但是自此以后，人们收集的证据并不能确定指数相关策略或交易就是股灾的罪魁祸首。接下来，我们要回顾一下这些实证检验证据。

指数相关交易和股灾的关系

程序交易在1987年10月19日和20日早晨受到严格限制。因为纽约股票交易所的特定指令交易系统（DOT）使得执行程序交易变得很困难。但是暂停DOT交易系统给人们留下了这样一个印象：程序交易导致了市场的混乱不堪。暂停DOT交易系统的实际动机是害怕专业经纪人系统不能执行所有的程序交易。

指数套利交易者们甚至在DOT交易系统被暂停之前就已经不能在混乱的市场环境中正常进行交易。1987年10月19日开盘时，由于标准普尔500指数的主要产品直到上午11点或更晚些时候才开始交易，因此套利者们一直不能在现货市场

---

① 阐述上述衍生产品的引入对股票价格波动性的影响的文章包括 Carolyn D. Davis and Alice P. White, "Stock Market Volatility," Staff Study, Board of Governors of the Federal Reserve System (August 1987); John J. Merrick, Jr., "Volume Determination in Volume and Stock Index Futures Markets: An Analysis of Volume and Volatility Effects," *The Journal of Futures Markets* (October 1987), pp. 483 - 496; Lawrence Harris, "S&P 500 Cash Stock Price Volatilities," *Journal of Finance* (December 1989), pp. 1155 - 1176; Franklin R. Edwards, "Does Futures Trading Increase Stock Price Volatility?" *Financial Analysts Journal* (January/February 1988), pp. 63 - 69。

② 有关日间价格波动性的研究可参考 Laszlo Birinyi, Jr., and Nicholas Hanson, "Market Volatility: An Updated Study" (Salomon Brothers, July 1986); Hans R. Stoll and Robert E. Whaley, "Expiration Day Effects of Index Options and Futures," *Financial Analysts Journal* (March/April 1987), pp. 16 - 28。

③ Scott McMurray and Robert L. Rose, "Chicago's Shadow Markets Led Free-Fall in a Plunge that Began Right at Opening," *Wall Street Journal* (October 20, 1987), p. 28.

上进行交易。由于价格波动非常剧烈，买卖价差很大，因此市场很难执行程序交易，而这是投资者在期货市场上进行指数套利交易所必需的步骤。当天晚些时候，执行指数套利策略变得更加困难。现货市场的交易信息不能及时公布意味着无法在现货和期货市场之间发现有利可图的套利机会。现货市场上交易指令执行的延迟，尤其是在 DOT 交易系统暂停后，意味着即使投资者可以发现套利机会，也不能保证能在发现套利机会的价位上进行交易。所以，指数套利不是股灾的罪魁祸首。相反，我们应当说市场对指数套利交易设置的重重障碍让事情变得更加糟糕，因为这降低了股票指数期货市场上的需求。

动态套期保值交易（投资组合保险）与股灾的关系

回忆一下格罗斯曼提出的观点，投资组合保险需求与供给之间的不均衡会改变市场价格的波动率。当需求超过供给时，价格波动率增加，在市场处于下降通道时会引起价格的急剧下跌。有意思的是，在 1987 年 10 月 19 日上午，几家交易所确实开始交易为满足投资组合保险者们的需要而设计的长期指数期权。[①] 长期看跌指数期权产品的供给——即交易所实际交易的看跌期权合约数量——据称本可以满足投资组合保险者们的需求。然而，有两件事情阻止了这一切。首先，交易所交易的新型合约开发时间过短，市场参与者们尚未习惯使用这些新型产品。其次，正如我们在本章前面解释过的，即使市场参与者愿意使用这些新合约，交易所对投资者持有头寸的限制也可能会阻止他们使用这些合约。在黑色星期一的讨论中，证券交易委员会的专员约瑟夫·格兰特法斯特（Joseph Grundfest）在 1989 年年中发表的一篇文章中写道：

> 如果从事投资组合保险交易的所有投资者发现有可能并且愿意通过买入看跌期权而不是依赖动态套期保值交易去满足自己的"保险"需求，那么市场上会出现更多关于投资者对市场下跌形势的担心程度的信息。在这些情况下，我们有理由相信，如果市场只是简单地更好地传递了投资者的信息，那么市场价格不会跌得如此之深。所以，在很大程度上，是指数期权头寸的限制规定迫使投资者只能离开期货市场，而悄悄地采用动态套期保值交易策略，因此政府的头寸限制规定有可能不明智地加速了市场下跌。[②]

所以，罪魁祸首也许不是动态套期保值交易/投资组合保险，相反地却是：（1）不能开发出交易所交易的长期指数期权市场；（2）政府实行头寸限制管理，妨碍了投资者对交易所交易市场的使用。不管人们是否愿意接受这一假说，大家必须知道的是这种观点完全没有经过检验，因此没有任何实证证据作为支撑。

指数交易量与股灾的关系

通过观察交易量，乔安娜·希尔（Joanne Hill）为股票指数期货市场在 1987

---

① Gary L. Gastineau, "Eliminating Option Position Limits: A Key Structural Reform" (New York: Salomon Brothers Inc., August 30, 1988), p. 3.

② Joseph A. Grundfest, "Perestroika on Wall Street: The Future of Securities Trading," *Financial Executive* (May/June 1989), p. 25.

年 10 月 19 日和 20 日扮演的角色提供了其他证据。[1] 那一天，标准普尔 500 指数期货的交易量是 162 022 份合约，大约是前一周日均合约交易量的 1.5 倍。相对应地，纽约股票交易所的股票交易量比上一周的日均交易量高出了 2.7 倍（6.04 亿美元对 2.24 亿美元）。按照标准普尔 500 指数期货交易量与纽约股票交易所交易量的正常对比关系，大约应交易 250 000～300 000 份指数期货合约。所以，以股票交易量为基准，实际的期货交易量大大低于其正常水平。到了星期二，期货的交易量继续保持低迷，纽约股票交易所的股票交易量维持在 6 亿股，而期货的交易量降至 126 462 份合约。

小　结

20 世纪 80 年代初期，股票指数期权和期货产品被引入市场。作为标的物的股票市场指数既可以是涵盖范围极广的市场指数，也可以是覆盖面较为狭窄的指数。合约的美元价值等于指数值与合约乘数的乘积。与个股期权不同的是，股票指数产品是现金结算合约。也就是说，合约在到期日或结算日以现金进行结算。此外，还有一类在场外市场上交易的复杂期权产品，或称为奇异期权产品，其标的物也是股票指数。

股票指数期权可被用来投机于股价的变动或者保护投资组合头寸，以规避价格不利变动的风险（套期保值交易）。此外，机构投资者还可以运用下列各种指数相关策略：控制市场风险敞口、构建指数基金、通过指数套利交易提高收益率、动态套期保值交易以及执行资产分配决定。动态套期保值交易与利用股票或股票指数期货复制看跌期权存在着一定联系。

对股票指数期权市场的定价效率的研究证明，当这些期权合约刚刚开始交易时，无效定价的现象确实是存在的。原因可能是股票指数期权的标的物是指数，因此套利交易很难进行。最近的研究证明，虽然股票指数期货自 1983 年开始交易以来，确实出现过定价无效的情况，但是现在它们的定价非常合理。

在股权互换协议中，双方同意互相交换支付某一股票指数的收益率和某一利率（固定或浮动）。股权互换可被用来创造指数化投资组合，跟踪美国或非美国股票指数的市场表现。

股票指数期权和期货合约的批评者们认为指数相关交易增加了股价的波动率，应对黑色星期一承担责任。但是，更进一步的研究表明，对那些指出新的经济信息将对股票价格造成影响的投资者来说，股票指数期货市场为他们提供了一个调整头寸的成本更低、成交更迅速的交易市场。股票指数期货市场已经成为履行价格发现功能的市场。本章所引用的证据表明，指数相关交易并没有增加股票价格的波动性，黑色星期一并不是它们的责任。

关键术语

资产分配决定	股票指数期货	窄基股票指数期货
指数权证	动态套期保值策略	股票指数期权

---

[1]　Joanne M. Hill, "Program Trading, Portfolio Insurance, and the Stock Market Crash" (Kidder, Peabody, January 1988), pp. 27 - 28.

股权互换   执行价格   个股期货
净融资成本   变通期权   跟踪失误风险

思考题

1. 假设你花费 5.50 美元购买了一份股票指数看涨期权,执行价格是 1 000。在到期日,你执行了这一期权。再假设在你执行该看涨期权时,指数的值为 1 040 美元。

a. 如果该指数期权对应的乘数是 100 美元,则期权的卖方应支付给你多少钱?

b. 买入这份看涨期权能为你实现多少利润?

2. 下文摘录自一篇名为《斯卡德公司卖出以标准普尔 500 指数为标的物的抵补看涨期权》的文章,该文刊登在 1992 年 7 月 13 日的《衍生品周刊》上(第 7 页):

哈利·西奇——斯卡德-史蒂文斯-克拉克公司的委托人——宣称,为了提高部分股权组合的收益,斯卡德-史蒂文斯-克拉克公司出售了以标准普尔 500 指数为标的物的抵补看涨期权。西奇建议斯卡德-史蒂文斯-克拉克公司的股权组合经理人使用衍生工具,他说自年初以来,标准普尔 500 指数产品已经开始进行交易,它是抵补卖出看涨期权的很好的选择。该指数的一半成分股是成长型股票,斯卡德-史蒂文斯-克拉克公司认为这些股票已经处于超买状态,另一半成分股的价格可能会上升。一半升值和一半贬值的组合可以人为地创造出一个价格区间,此时价格不会只向一个方向波动。

目标是在价格区间的最高点卖出看涨期权,获取收益并等待期权无价值地到期……一般情况下,斯卡德-史蒂文斯-克拉克公司会持有 1 000 份合约头寸,价值大约为 4 200 万美元。

解释一下引文中所讨论策略的风险和回报。

3. 假设某种可选择期权建立在标准普尔 500 指数的收益率以及某种美国国库券的收益率的基础上,条件如下:期权一年后到期;名义本金额为 2 000 万美元;标准普尔 500 指数的执行价格为 430;国库券的执行价格是 100。

a. 假设在到期日标准普尔 500 指数的收益率是 9%,而国库券的收益率是 11%,则这个期权的盈亏状况如何?

b. 假设在到期日标准普尔 500 指数的收益率是 -4%,而国库券的收益率是 -2%,则这个期权的盈亏状况如何?

4. 解释一下货币经理人如何使用可选择看涨期权。

5. 解释一下货币经理人如何使用优异表现看涨期权。

6. 下面这段文字摘自 1989 年 9 月的《机构投资者》:"两年前,大阪成为日本第一家交易金融期货——代号为'大阪 50'的股票指数期货——的交易所。这只能算得上是迈出了一小步,因为结算必须用股票而不是现金。"

解释一下为什么股票指数期货更适用于用现金结算。

7. 如果指数期货的价格为 1 010 美元,那么标准普尔 500 指数的美元价值等于多少?

8. 假设你知道下列信息:标准普尔 500 指数的值为 1 140;该指数成分股的股息收益率为 4%,12 个月的利率水平为 12%;12 个月以后结算的标准普尔 500 指数期货现在的售价是 1 236 美元。

a. 是否存在套利机会?如果存在,你应当怎样利用这样的机会?

b. 在执行套利交易之前,你应当考虑到哪些问题?

9. 唐纳德·辛格顿先生是一家地方上的投资银行家。他的一位客户——多贝制造公司是一家私营企业,该公司打算首次公开发行股票,共发行 2 000 万股普通股。辛格顿先生所在的公司将以每股 10 美元的价格购买股票。他建议公司的执行董事约翰·威尔逊使用股票指数期货对这一头寸进行套期保值交易。威尔逊先生的反应会是怎样的?

10. 下面这段文字摘自 1987 年 6 月 8 日的

《商业周刊》：

> 这个主意听起来非常不符合美国人的作风。不去用自己的智慧挑选价格会飙升的股票，而是把自己的资金投入到只是简单地跟踪市场基本指数的基金。但是，这就是机构投资者们目前正在做的事情……指数化是股票市场上的新兴力量……但是指数基金的冲击远不只对股票价格。

讨论一下指数化策略对股票指数衍生品市场的发展起到了什么作用。

11. 下面这段文字摘自 1988 年 12 月的《欧洲货币》：

> 期货和期权市场的迅速发展为机构投资者提供了新机遇。现在，投资者们可以通过使用衍生工具，放大数量有限的个股投资收益，而且还可以改变股票投资头寸的国别风险敞口。期货和期权产品使得投资者可以在大多数主要市场上进行资产的分配。

解释一下为什么使用衍生工具会比现货工具更便于资产分配决定的执行。

12. 下面这段话摘自 1989 年 8 月 18 日的《华尔街日报》，文章名为《程序交易开始从华尔街企业向外蔓延》："在股灾引起的恐惧心理逐渐减弱后，证券经纪公司开始小心翼翼地重返程序交易，他们认为类似于股票指数套利这样的交易策略——在股票指数期货市场与股票市场之间进行快速交易以捕捉稍纵即逝的价差机会——可以把这两个相关的市场联系起来，这对两个市场都有好处。"文章中第二个引言来自于二十一证券公司的高级副总裁："在这里程序交易是联系多个市场的金融工具，它不会消失。它是华尔街计算机化的一大功能。"

解释一下你是否同意上面这段话。

13. 下面这段文字摘自 1992 年 12 月 7 日的《衍生品周刊》，文章题目为《谨慎降低 FT-SE 期货合约的敞口，增加使用 CAC-40 合约》：

> 总裁助理马丁·布克斯称，管理着 100 多亿英镑养老金资产的伦敦谨慎投资组合管理公司，最近使用期货合约减少了自己持有的英国股权头寸，同时增持了法国股权头寸。今年 6 月份，谨慎投资组合管理公司利用在伦敦国际金融期货交易所交易的 FT-SE 期货合约买入了较多的英国股权头寸，与基准指数的构成相比——60％的敞口——超买幅度约为 2％～3％。

a. 解释一下这家投资管理公司怎样使用期货合约增持法国股权头寸。

b. 解释一下这家投资管理公司怎样使用期货合约减持英国股权头寸。

14. 下面这段文字摘自 1992 年 6 月 22 日的《衍生品周刊》第 2 页一篇名为《所罗门公司调低了日本市场股票指数套利交易的重要地位》的文章：

> 所罗门兄弟公司亚洲分部的发言人称，该公司正在调低日本市场股权指数套利交易的重要地位。他解释说，东京股票市场效率的增加使得指数套利交易的吸引力降低了不少。所罗门公司的发言人说，"发现市场的无效率，并借机赚取利润正是证券行业的谋生之道，但是现在股票指数套利交易提供的利润比以前少多了。"他还提到，在过去的两年中，外国公司在这一业务领域占据着主导地位，这种情况是不常见的。

a. 什么是股票指数套利？

b. 基于引文中的评价，谈一谈为什么日本市场上的股票指数套利交易与美国市场上的股票指数套利交易的遭遇基本上是一致的。

15. 对于打算卖空某家特定公司股票的投资者来说，除了在现货市场上进行卖空操作以外，还有什么别的办法？

16. a. 市场创造窄基股票指数期货合约的动机是什么？

b. 窄基股票指数期货合约的成分股如何挑选？

17. 解释一下打算创立指数基金的投资管理公司应当如何使用股权互换协议。

18. 解释一下为什么在股权互换协议中接受股票指数的一方支付给对方的利息可能高于参考利率。

19. 下面这段文字摘自美联储前任主席艾伦·格林斯潘提供给国会参议院委员会的证词：

> 从更为基本的角度来看，我们相信把导致股权市场的价格波动幅度和频率增加的罪

名加诸于某一个行业——股票指数衍生市场——是违背生产力发展要求的做法……实际上，我们观察到的波动性更多地反映了技术进步与资产更加集中于机构投资组合所带来的经济与金融发展过程中的根本性变化。

a. 你同意格林斯潘的观点吗？

b. 你认为股票指数衍生工具应当对股价波动率的增加以及 1987 年 10 月的股灾负责吗？

第6部分
利率决定与债券估值

第 17 章

利率理论与利率结构

学习完本章内容，读者将会理解以下问题：

● 个人对即期消费与未来消费的偏好在利率决定中的作用

● 边际时间偏好率的含义

● 贷款市场在利率决定中的作用

● 生产机会在利率决定中的作用

● 实际利率的含义

● 一个经济体内，决定真实利率的因素有哪些

● 市场均衡利率如何决定

● 什么是帕累托最优

● 实际利率、名义利率与通货膨胀率之间的关系（费雪定理）

● 为什么历史上美国财政部发行的美国国债的收益率一直被全世界当做基准利率来使用

● 作为基准利率，美国国债收益率的地位逐渐下降的原因以及市场参与者选中了其他哪些具有替代作用的市场基准利率

● 风险溢价的含义

● 两种债券的利差要受到哪些因素的影响

● 什么是互换利率收益率曲线，为什么它可被用作基准利率

利率是度量借入者（或称为债务人）为在一定期限内使用某种资源而支付给借出者（或称为债权人）的价格的一种指标。由贷方让渡给借方的数额被称为本金，借方为使用这笔资金而付出的价格通常表示为单位时间内（多以年为计算单位）本金的一定百分比的形式。

这种从储蓄者到投资者的资金转移可以通过多种金融工具来实现。对于不同的金融工具，借方支付的价格也存在差异。的确，在任何时点，不同的金融工具所对应的一系列利率水平足以令人感到眼花缭乱。例如，市场上最高利率与最低

利率之间的差幅可高达 1 500 个基点（15%）。[①]

　　本章，我们将向大家介绍利率理论。我们的关注重点是可以被视为其他市场利率"锚基准"的利率——即短期无风险的实际利率。所谓**实际利率**（real rate）指的是在当前价格水平保持不变的经济体中——而且预期未来永远会保持不变——通行的利率水平。然后，我们再通过分析利率结构来研究一下这一基准利率与其他利率水平之间的差距有多大。某一特定种类的债券的收益率取决于以下相关因素：发行人的类型、债券发行的特点以及宏观经济的态势。我们还将分析债券市场收益率的影响因素。

利率理论

　　为了了解基础利率（basic rate）的决定过程，我们必须弄明白为什么某些人不打算消耗掉他们当前的全部资源（即进行储蓄），而另外一些人则想进行投资。应当指出的是，那些渴望借钱的人也许想利用贷款资金进一步"放贷"（即购买金融资产），或者进行投资，即取得可带来收益的（income-yielding）实物资产，如工厂、机器设备以及住宅建筑等。在本章里，我们将对金融中介进行抽象化，并且假设所有的借贷资金——无论是直接融资还是间接融资——最终都将被转移到投资者的手中。

现时消费与未来消费的偏好

　　首先，我们要解释一下"偏好"的含义。假设我们的消费者要在不同的"篮子"（或"消费束"）中进行选择，每个篮子里都装有一定量的即期消费品和一定量的未来消费品。那么，偏好（或嗜好）就可以被描述为对所有的"篮子"完全按照喜爱程度进行的排序（a complete preference ranking）。如果即期消费量和未来消费量只发生了少许变化，那么在消费者眼中，某些消费篮子的排序位置可能是相同的。也就是说，对于多个排序位置相同的消费篮子，消费者认为选择哪一个都无所谓。

　　遵循这种思路，我们可以更好地解释或描述"偏好"这个词，如图 17—1 所示。在图 17—1 中，横轴表示即期消费量（C_1），纵轴表示未来消费量（C_2）。于是，图 17—1 中任意一点都代表着一个消费篮子，如点 H。当然，图 17—1 中也存在着另外一个点 H^*，代表着无异于点 H 的某个选择。更为常见的情况是，存在着一条经过点 H 和点 H^* 的曲线，该曲线上的每一点都代表着与点 H 和点 H^* 毫无差别的消费篮子。这样的曲线被称为**无差异曲线**（indifference curve）。我们把图 17—1 中的无差异曲线标记为 u 曲线。

---

　　① 债券市场上经常用基点来表示利率水平之间的差或利率的变动幅度。1 个基点等于 0.000 1 或 0.01%，所以 100 个基点就等于 1%。例如，10% 与 11% 之间的差可以被称为 100 个基点。如果利率水平从 10% 上升到 10.35%，那么我们就说利率上涨了 35 个基点。

需要注意的是，虽然无差异曲线彼此之间不能交叉，否则将意味着某个给定的消费篮子将会同时高于和低于其他的消费篮子——显然这是自相矛盾的——但是，图 17—1 中任意一点都在无差异曲线上。无差异曲线 u 在下降过程中呈现出向右下方倾斜的特征。之所以会这样，是因为我们假设消费者可以自行调整即期消费与未来消费的相对数量。在图 17—1 中，由于消费篮子 H 里的现时消费量多于消费篮子 H^*，为了保证两者无差异，消费篮子 H 的未来消费量 C_2 就必须少于消费篮子 H^* 才可以。而无差异曲线凸向原点的原因在于如下假设，即随着消费者放弃连续等量的即期消费，为了补偿每一额外即期消费损失而需要获得的未来消费量会逐渐增加。虽然此假设的完整解释已超出了本章的范围，但从表面上它的确是很有道理的。

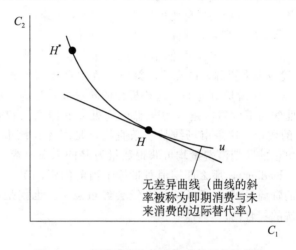

图 17—1　即期消费和未来消费的无差异曲线

在无差异曲线上任意一点处，我们都能画出一条切线，利率理论之父欧文·费雪（Irving Fisher）把切线的斜率*称为**边际时间偏好率**（marginal rate of time preference）。[①] 它是用来度量每放弃一单位的即期消费量所需的下期（next period）消费补偿量。也就是说，切线的斜率表示的是即期消费与未来消费边际替代率的大小。我们可以设想一下，某位消费者不愿意等待，更偏好于即期消费，那么为了促使他放弃眼前一单位的消费量，就必须以多于一单位的明日消费来作为补偿。换句话说，此时边际时间偏好率，或称为无差异曲线的斜率，会大于 1。正是基于这个原因，费雪提议把斜率大于 1 的部分命名为不耐烦度（measure of impatient）。

然而事实证明，这种假想是不正确的。我们会很容易发现，无差异曲线的斜率是随着其走势不断变化的，不可能每一点的斜率都大于 1。在曲线的左半部分，当前的消费资源较少，因此其斜率均大于 1 是可以理解的。然而，沿着曲线向右移动，相对于未来消费量，即期消费量开始逐渐增加，其斜率也必然会变得越来越小，这意味着消费者放弃一单位的即期消费时，只需补偿不足一单位的未来消费就足够了。因此，这一点对于我们理解"为什么从本质上来说利率可以为负"

---

* 这里的斜率忽略了正负号，只是为了方便说明即期消费与未来消费之间的替代关系。

① Irving Fisher, *The Theory of Interest Rates* (New York：Macmillan，1930).

是十分重要的。

借贷市场上的机会

为了理解储蓄行为，我们需要分析一下偏好与机会之间是如何相互作用的。首先，让我们设想一下这样的情形：某人可选择的机会或"篮子"由如下两点确定：（1）现在和未来所拥有的初始商品资源；（2）通过借贷市场，个人可以自由地以借入或贷放的方式，按照固定的交换比率 $R=1+r$，用当前的资源与他人持有的下一期（即例子中所说的未来）资源相交换。R 代表的是总收益（本金加上利息），r 为净收益或称为借贷利率。例如，如果一单位即期消费是按照 5% 的利率水平贷出的，那么 r 就等于 0.05，R 便等于 1.05。

在图 17—2 中，我们用一条经过代表资源篮子（其中 Y_1 代表即期资源，Y_2 代表未来资源）的点 B、斜率为负的直线 mm 来表示机会轨迹（opportunity locus）。在借贷市场上，这条机会的轨迹线被称为"市场线"（market line）。这条曲线向下倾斜，是因为若想得到更多的即期消费 C_1，就必须减少未来消费 C_2 的数量。这条市场线是一条直线，是因为在该市场线上的任意一点，放弃一单位的即期消费量均可获得数量为 R 的未来消费。同时，如果不存在贷出行为（lending），那么即期消费量等于当前的资源 Y_1，未来消费也必然会等于未来的资源量 Y_2，所以这条直线会经过点 B。也就是说，点 B 必然包含在机会轨迹的集合内。

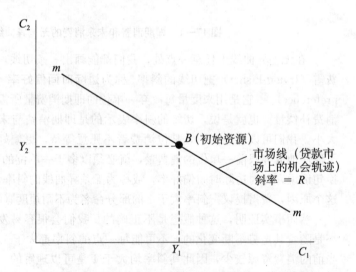

图 17—2　贷款市场上机会轨迹（市场线）的示意图

现在，让我们把一簇无差异曲线加入图中，其结果如图 17—3 所示。那么，将会有一条无差异曲线与市场线相切，例如与市场线相切于点 D 的曲线 u_4。在市场线给定的情况下，点 D 对应的消费篮子就是所有可能的选择当中最优的选择，因此它将成为被选中的消费篮子。

按照这一逻辑继续往下分析，现在我们假设消费者最开始考虑的是无差异曲

线 u_2 上的点 H。点 H 代表的即期消费量要大于点 D。然后，我们再假定该消费者想沿着其市场机会线移动，以放弃部分即期消费来换取更多的未来消费。在移动过程中，消费者首先会到达点 F，发现这是一个更好的选择，因为该点位于一条位置更高的无差异曲线 u_3 上。随后，消费者来到位于无差异曲线 u_4 上的点 D，由于位置更高，因此点 D 能够提供更高的效用。不过，越过点 D 之后，消费者获得的效用值便开始变得越来越小，因为接下来他经过的是效用值较低的无差异曲线 u_2 和 u_3。因此，我们发现，无差异曲线与市场线相切的那一点是最佳选择。

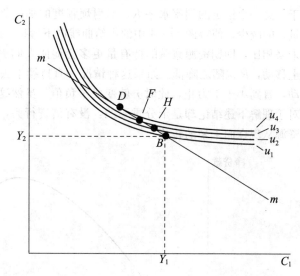

图 17—3　无差异曲线簇与市场线

请大家回想一下，在无差异曲线上，任意一点的斜率度量的是即期消费与未来消费之间边际替代率的大小，因此我们发现，在选中的那一点处，边际替代率就等于市场利率 R（或者叫做边际不耐烦度，marginal rate of impatient）。这是完美市场（perfect market）的一个重要特征，由于每个人都面临着相同的市场利率 r，所以在选中的那一点处，每个人表现出来的不耐烦程度必然是相同的。尤其值得一提的是，如果 r 是正数——日常经济生活中这是最常见的情况——那么每个人都将是"不耐烦的"。也就是说，只有当人们放弃一单位的即期消费可以获得 $1+r(r>0)$ 单位的未来消费时，人们才愿意贷出更多的资金，这种机会是由市场提供的。

影响市场利率的经济力量

到目前为止，我们一直把市场利率 r 当作给定的值。然而，在简单经济体内，r 究竟是由什么因素决定的呢？答案当然是市场的供给与需求。对于任意一个给定的利率水平 R，每个人都要决定当前消费多少，储蓄多少或者负储蓄（即当前拥有的可消费资源与消费量之间的差额）。在这种简单经济体内，储蓄与负储蓄（dissave）等同于贷出与借入。把每一位市场参与者的净贷出额加在一起，对应于

每一个利率水平 R，我们都能得到一条贷款供给曲线，如图 17—4 所示。根据通常的假设条件——随着利率水平 R 的升高，净贷款额也将增加——我们画出的贷款供给曲线是自左向右逐渐升高的。如果利率水平 R 足够低，那么净贷出额就会如图 17—4 所示的那样成为负值，因为此时借入量将会超过贷出量。再假设一开始时投资额为零，那么市场均衡必然要求净贷出额也为 0。因此，贷款供给曲线与横轴的交点——点 E——反映了这种情况。（请注意：净贷款曲线的最右端是向下倾斜的，我们会在后面讨论其原因。）

R 反映了两股主要力量，即市场参与者的时间偏好以及他们拥有的资源禀赋。对于任意一个给定的利率水平 R，不耐烦程度的加剧将会造成贷款供给量（即储蓄量）的减少，使得图 17—4 中的供给曲线向下弯折，因此会导致点 E 向右移动。与未来相比，即期资源禀赋的持有量更多会促使人们更愿意贷出，于是曲线开始向上移动，R 也随之降低。如果这种情况一直持续下去，那么点 E 将会不断向左移动，直到小于 1 为止，此时 r 就变成了负值。虽然这看起来有些自相矛盾，但是对于理解下述结论却是十分重要的：没有借贷行为，经济体就无法通过投资实现资源从现在向未来的转移。

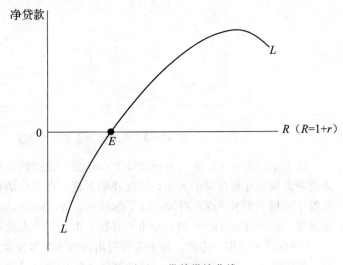

图 17—4　贷款供给曲线

投资转化

现在，我们把模型进一步扩展，把各种投资机会考虑进来。所谓投资指的是一种生产性的过程，投入当前的资源，未来可以通过商品形式获得产出。投资机会轨迹曲线的形状看上去与图 17—5 中的曲线 tt 比较相似，tt 曲线被称为**转换曲线**（transformation curve），或者是**生产函数曲线**（production function）。该曲线的形状之所以是自左向右逐渐升高的，是因为它是建立在下列假设条件基础上的：投资越多，未来的产出也就越多。基于规模收益递减的常见假设（尽管规模收益递增在某些地区是有可能的），该曲线呈现出上凸的特征，转换曲线的斜率等于资本的边际生产率。

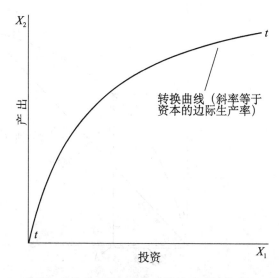

图 17—5　投资机会轨迹曲线（转换曲线或生产函数曲线）的示意图

消费者选择

消费者需要在以下几个方面作出选择：（1）投资多少；（2）贷出（或借入）多少；（3）现在和将来的消费量。然而，在这些选择当中，只有两项是相互独立的；因为在当期资源一定的情况下，一旦某人决定了消费量与投资量，那么净贷出额就只能由收入与其他两项支出的差值来决定。同样地，净借入额、投资额以及未来的资源禀赋，这三项加在一起将决定未来的消费量。

首先，我们来考虑一下投资量如何决定。消费者的"收入"，或者其现在和将来可用于消费的资源，要受限于其现在持有的资源与未来从生产过程中可能获得的利润之和，而达到最大可能消费的必要条件是确保其获得尽可能多的利润。为了弄明白这个结果是怎样推导得出的，让我们再看一下图 17—5。大家也许还记得，在任意一个产出（或投入）水平上，利润都等于投入（或投资）的产出与投入成本之差。任何投资的产出均可由曲线 tt（如图 17—5 所示）给出。

如何测算投入的成本呢？让我们先假设公司的所有者进行投资所需要的资金必须完全依靠借款。显然，在这种情况下，任何投资的成本——即借款额与市场平均利率水平 R 的乘积——都将在下期偿还。在图 17—5 中，该成本曲线由一条经过原点、斜率等于 R 的直线表示，在图 17—6 中用直线 MM 表示。于是，任意产出水平对应的利润就等于曲线 tt 与直线 MM 之间的差额。大家可以参考图 17—6，假设投资额为 X_1^*，直线 MM 与曲线 tt 之间的距离是多少。我们把图 17—6 中所示的直线 MM 称为"成本线"（cost line）。由于该直线代表的是借款的成本，因此它与图 17—2 中的市场线有着相同的斜率。

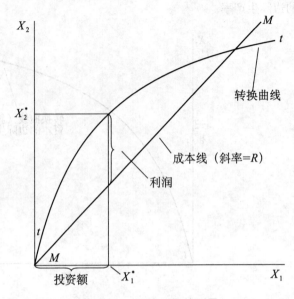

图 17—6 投资利润的测量

　　随着消费者从零（从原点出发）开始逐渐增加投资，我们从图 17—6 中可以看出，利润最初也是逐渐增加的（假设能获得利润）。然而，随着投资额的增加，利润的增加幅度变得越来越小。于是，到达某一点后，利润将不再增加，如图 17—7 中的点 A 所示。假如投资者仍然继续增加投资额，则利润（成本线 MM 与转换曲线之间的垂直距离）就会变得越来越少。点 A 一个突出的特征是曲线 tt 在该点处的斜率与成本线 MM 完全相同。如图 17—8 所示，我们经过点 A 画了一条斜率为 R 的直线 mm（该直线与直线 MM 平行），该直线与曲线 tt 相切于点 A。

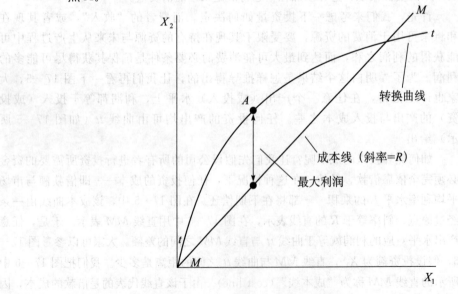

图 17—7 利润最大化点

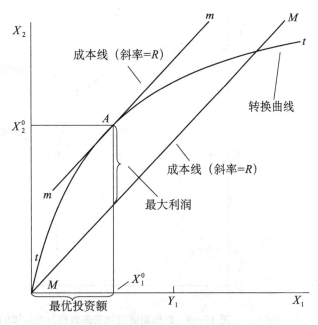

图 17—8 利润最大化与成本线

由于曲线 tt 的斜率代表的是资本的边际生产率，因此我们可以断定，对一个公司来说，其最优投资比率必然在资本的边际生产率与市场利率水平 R 相等之处达到，即一单位追加投入所创造的产出恰好等于一单位追加投入所对应的借款成本之处。越过该点后，如果继续增加投资额，则利润的增加幅度将会小于借款成本的增加幅度。

现在，我们可以继续考察一下消费决策及其与投资决策的相互作用。为此，我们先来看一看如果把图 17—9 中的转换曲线、图 17—5 中的曲线 tt 添加到图 17—1、图 17—2 和图 17—3 中，效果会怎么样。通过把图 17—5 中的曲线 tt 旋转 180 度，并将原点移动到点 B（如图 17—2 所示，这一点代表着初始的资源禀赋），我们便可以在图 17—9 中画出一条转换曲线 tt（即生产函数曲线）。这条曲线代表的是消费者可以得到的即期消费与未来消费篮子的所有可实现组合，通过初始资源禀赋与转换机会的巧妙搭配，消费者可以得到这些消费篮子组合。

图 17—9 所示的投资量等于当期资源禀赋 Y_1 与转换曲线上任意一点对应的横轴坐标之间的差值，具体可见图 17—10。在图 17—10 中的点 W 处，其对应的横轴坐标为 I^W，因此投资额就等于 Y_1 与 I^W 的差。在转换曲线上，对应点 W 的未来消费量为 C_2^W，它等于未来的资源禀赋 Y_2 再加上投资获得的利润（即 C_2^W 与 Y_2 之间的差值）。

现在，我们暂且假定不存在 C_2 与 C_1 之间进行交换的市场，那么图 17—10 中的曲线 tt 将代表的是家庭机会集合（household opportunity locus）。因此，曲线 tt 与某一条无差异曲线之间的切点就是个人的最佳选择（C_1，C_2）。但是，在市场经济中，预算约束既不是初始资源禀赋点 B（如图 17—2 所示），也不是经过生产转换后扩大了的初始资源禀赋（如图 17—9 所示），而是等于资源禀赋加上生产销售

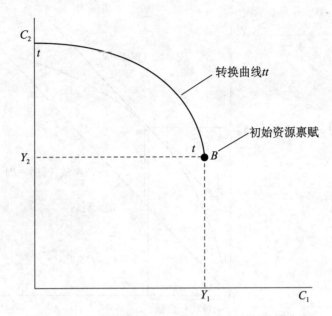

图 17—9 以即期消费和未来消费为坐标轴的转换曲线

C_2 产品所获得的利润。由此我们可以推断出，要想实现满足感的最大化，首先应当实现生产活动的利润最大化。这一最大化实现以后可以产生一个新的预算约束方程，最佳选择（C_1，C_2）就被包含在其中。

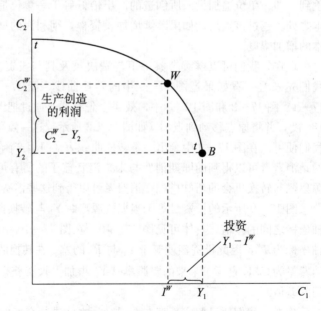

图 17—10 投资与投资利润的衡量

最优决策的图形表示可以参考图 17—11。在图 17—11 中，转换曲线 tt 上点 A 处的斜率与市场线 mm 的斜率相等。我们知道，这一点对应的是图 17—8 中的点 A，它代表的投资额（$Y_1 - X_1^0$）与产出量（X_2^0）能够实现利润的最大化。于是，

一条经过点 A 的新预算线 mm（同样与曲线 tt 相切于点 A）便产生了，这条曲线代表了最大利润与资源禀赋之和。因此，能够实现效用最大化的消费组合就在这条新预算线与无差异曲线的相切之处，比方说点 C^0。

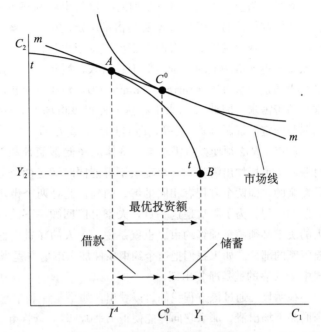

图 17—11 投资与借款的最优决策

伴随转换功能，理想借贷市场具有一个最重要的特征，那就是该市场通过转换功能和净贷出可以实现储蓄或负储蓄，从而把当前的消费决策与当期的收入水平分割开来。同样地，它还可以使投资不再受储蓄决策的约束，原因在于个人可以通过借贷弥补投资与储蓄之间的缺口。在图 17—11 的特定例子中，我们发现消费者选择的消费量 C_1^0 少于初始的资源禀赋 Y_1，因此如 17—11 图所示，其差额就是消费者的储蓄。但是，对于选定的产出量，最优投资额应当等于 Y_1 与 I^A 之间的水平距离，然而这是储蓄所满足不了的。因此，正如图 17—11 中所示，（$C_1^0 - I^A$）的差额要用借款来弥补。

图 17—11 说明了一个理性人怎样同时安排储蓄与借贷活动。另外，通过改变点 A、点 C^0 以及它们与资源组合点 B 之间的相对位置，我们还可以找到其他多组组合。例如，假设点 A 落在点 C^0 与点 B 之间，那么这位消费者的储蓄额将会超过其投资需求。因此，她会选择储蓄、投资和贷出。如果点 C^0 落到了点 B 的右边，那么这位投资者是负储蓄的情况，但是她仍能通过借款来进行投资（借款额等于投资额与负储蓄额之和）。

值得一提的是，现在情况已经很清楚了，我们可以放弃最初所作的假设，即投资所需的资金完全来源于借款。这是因为如果投资所需资金来自于投资者本人的储蓄，那么对投资者来说，资金的成本仍然是每单位为 R，这正好等于投资者把资金由贷出转为投资（机会成本）所必须放弃的利息收益。

市场均衡

到目前为止，我们已讨论了面对一定的市场利率水平 R，人们是如何进行储蓄、投资与借债的。但是 R 本身是由谁决定的呢？答案还是市场供求力量，即价格必须要实现市场出清。有两个市场有待于出清：第一个是贷款市场，R 的水平必然要使得该市场上的总贷出等于总借入，换句话说，使得净借入额等于零。第二个市场是现货市场（current commodity）。对于这个市场来说，需求包括投资需求与消费需求，因此 R 的水平必然要使得该市场上的总消费（C）与总投资（I）的和与给定的资源（Y）相等，即 $C+I=Y$ 或 $I=Y-C=S$。

所以，R 必须使投资需求与经济体的净储蓄额 S 相等。不过，R 怎样才能同时令两个市场均出清呢？一个变量不可能同时满足两个方程，除非其中一个方程是多余的，即两个方程有相同的解。的确，此处两个市场出清的方程恰好是存在冗余的方程。为了弄清楚这一点，大家可以回顾一下前面我们曾经讲过的，每个人的决定必须满足预算约束。也就是说，个人的净贷出额必须等于其储蓄额大于投资额的部分。如果我们把这个约束条件加入市场方程当中，就可得到 $L=S-I$，式中 L 代表的就是净贷出额。

很明显，通过该方程我们可以看出，如果某一利率水平可以使得 $S=I$，从而令商品市场出清，那么它同样能使得 $L=0$，即令贷款市场出清。于是，我们可以得出这样的结论，均衡利率 R 必须使储蓄的供给与投资需求相等，换言之，使可贷资金的供求得以平衡。如果我们想用图形的方式表现利率 R 的决定机制，那么使用商品市场将更具有启发意义（即投资等于储蓄）。

市场均衡如图 17—12 所示，其中逐渐升高的曲线为储蓄供给曲线，它与图 17—4 中的 LL 曲线形状相似。投资函数曲线随着 R 的降低而逐渐向左下方倾斜。投资函数曲线之所以是这种形状，原因可以在图 17—8 中找到：我们已经证明了最佳投资额对应的点就是转换曲线上斜率等于 R 的那一点；如果 R 升高至 R_1，则投资额必须要转而对应另外一个斜率等于 R_1 的点；由于 R_1 大于 R，因此转换曲线在 R_1 处必然会变得更加陡峭。但是，在转换曲线凸性一定时，这种情形只有当投资额位于初始水平左边（即逐渐变小）时才会出现。所以，储蓄函数与投资函数曲线的交点——在该点，储蓄等于投资——对应的利率水平就是市场出清利率。

从图 17—12 中还可以清楚地看到，只要两条曲线的交点位于储蓄与 R 成正比的区域内，市场出清利率就会变得更高一些，投资函数曲线的位置也会随之变得更高一些。如图 17—13 所示，投资函数曲线向右上方的移动（这意味着对应任意一个给定的利率水平 R，投资者都会有更多的投资需求），会导致利率水平的上升，同时还会促进储蓄与投资的增加。类似地，储蓄倾向的增加——如图 17—14 所示，这意味着储蓄曲线向左上方移动——能起到降低利率水平的作用，同时还会使储蓄与投资增加，不过增加额要小于储蓄曲线移动的幅度，原因在于利率的降低会对储蓄产生抑制作用。

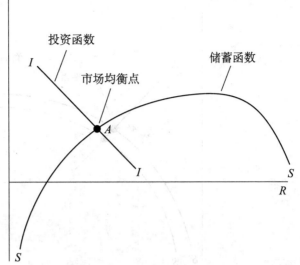

图 17—12　市场均衡

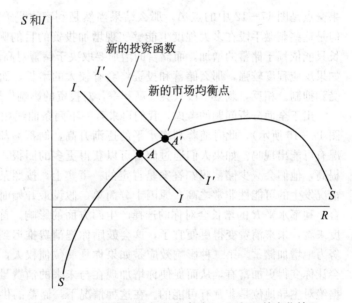

图 17—13　投资函数向上移动时 L、S 和 R 的变化情况

基本结论是：利率反映了控制投资需求与储蓄供给的一系列复杂因素。我们会在其他章节里详细讨论这些影响因素，此处不对其做细致分析，仅列出一些具有代表性的相关影响因素：人口与生产的增长率、财政政策（包括用于刺激储蓄和投资的财政政策）、人口统计变量、遗产的作用、技术进步的类型以及国际资本市场的开放程度。

为了说明上述几个影响因素如何发挥作用，我们在这里简要地讨论一下财政投资对储蓄、投资以及利率的刺激作用。近年来，人们对该问题进行了广泛的探讨与研究。如果这些刺激手段是有效的，那么便会促使曲线 II 向右上方移动，如

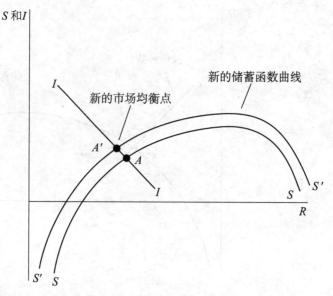

图 17—14　储蓄函数曲线向上移动时投资、储蓄和利率水平的变化

果交点是图 17—12 中的点 A，那么结果当然是利率水平升高（参见图 17—13）；但是这些刺激手段在多大程度上能够实现增加投资的目的呢？说到底，投资的增长只能依赖于储蓄的增加，而储蓄的增加要取决于储蓄对高利率水平的反应程度。如果反应程度较强，那么储蓄和投资将会有较大的增长，而利率水平的增长则会受到抑制。相反，刺激手段只会提高利率，对投资的影响作用却非常小。

　　出于全面分析问题的考虑，我们再来看一下两条曲线相交于点 G' 的情形（如图 17—15 所示），此时随着利率水平的逐渐升高，储蓄额却在不断减少。这种情况有可能出现吗？如果人们通过储蓄可以获得更多的回报，那么面对利率水平的提高，他们会减少储蓄吗？答案是肯定的。事实上，按照某种学说的观点，这种情况发生的可能性非常之高。原因十分简单。假设最开始时，你拥有一个贷款组合，利率水平 R 的增长会对你的选择产生两方面的影响。首先，从当期消费的角度来看，未来消费变得更便宜了，这会鼓励你把消费推迟到未来，同时现在更加努力地增加储蓄。第二种影响效应是如果你是一位债权人，那么利率水平的提高会让你变得更加富有，从而促使你增加现在与未来的消费量。第二种影响效应占据绝对主导地位是非常有可能的。在这种情况下，储蓄的供给将会随着利率水平 R 的升高而下降，如图 17—15 中曲线 SS 的后半部分所示。如果交点位于该区域内，那么刺激手段将无法达到原本希望的结果。正如我们在图 17—15 中看到的那样，如果我们把直线 II 向右从 $I'I'$ 移动到 $I''I''$，则均衡点将由点 G' 移动到点 G''。于是，最终的效果和之前一样，利率水平再次提高，但是利率水平的升高却导致了储蓄和投资的减少。

　　换句话说，财政刺激手段只得到了与意愿相反的效果。如果这些财政刺激政策的资金来源是财政赤字而不是新增的税收收入，那么利率不仅会因此而升高，而且还会直接导致全国的净储蓄额减少，于是投资也将进一步减少，情况会变得更糟糕。一些学者认为上面这种观点也许能够解释里根当政时期国民储蓄额剧减

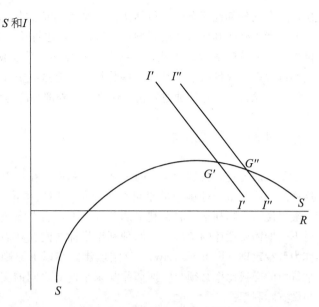

图 17—15　利率水平升高有可能导致储蓄减少的效应

的现象。诚然，净投资并没有减少多少，但那是因为美国国内较高的利率水平吸引了巨额海外资金的流入，这导致美国国家的债务累积规模越来越高。这种状况长期持续下去，只会让国家变得越来越贫困。

市场的效率特征

从整个经济体有效生产和分配资源的角度来看，以借贷市场为中介所实现的市场均衡具有一个重要特征，经济学家们将其称为**帕累托最优**（Pareto optimality）。直观地看，我们认为经济体的效率意味着不存在浪费，或者是浪费最少。"帕累托最优"使得这个概念变得更加精确，并且更具有操作性：如果商品（包括投入和产出）不能以部分人受益而无人遭受损失的方式进行再分配，那么当前这种分配方式即实现了帕累托最优。

显然，如果一种资源分配方式没有达到帕累托最优状态，那么经济体内一定会存在闲置的或浪费的资源；反过来说，如果存在闲置的资源，那么这种分配肯定不是帕累托最优状态。在我们简化的经济体中，帕累托最优意味着利润的最大化以及在市场均衡时，每个公司和消费者的资本边际生产率和边际时间偏好率都等于 R。也就是说，人们无法通过重新调整各个公司之间的资源投入来实现产量的继续增加；投入增加的部门产出的增加正好会被那些投入减少的部门产出的减少所抵消。同理，我们可以得到这样的结论——当实现帕累托最优时，在消费者之间重新分配消费品也无法实现总体福利水平的增加。

虽然这是一个十分重要且符合逻辑的结论，但是就目前现实的自由市场经济来说，我们还不能对这个结论过于较真。首先，该结论假设存在完全竞争市场，然而事实上由于存在着各种各样的限制条件，所以目前尚无法保证自由竞争的真正实现；其次，它忽视了交易成本和信息成本以及信息不充分所造成的影响；再次，还存在外部性问题——包括正的外部性与负的外部性——生产也有可能对产品购买者以外的其他人造成影响；最后，社会也许更看重其他一些东西而非效率，例如福利的分配等等。因此，一些非帕累托的最优资源配置方案也许是存在的，它们以效率为代价换取了其他一些特征。所有这些需要考虑的因素都有助于促进市场更加完善，并且使通过定价机制来评价外部性成为可能。

实际利率与名义利率：费雪定理

到目前为止，我们所谈论的都是实际利率，在没有通货膨胀的情况下确实是这样的。该利率指标衡量的是可用于交换当期一单位商品的下一期的商品数量。一般来说，实际利率与名义利率的差别较大，后者衡量的是当期借取一单位货币后下一期需要偿还的货币量。两种利率指标之间存在着简单的关系，这种关系被称为**费雪定理**（Fisher's Law）。该定理建立在以下原则基础之上：即期货币与未来货币的交换比率必须与即期商品与未来商品之间的交换比率相同，这个比率就叫做实际利率。

假设实际利率为 $1+r$，那么只要现在让渡一单位商品，到下一期我们便可以获得 $(1+r)$ 单位的补偿。但是，我们还可以按照 p_1 的价格现在就把商品卖掉，然后把收入用于发放贷款，贷款的名义利率为 $1+i$，那么下一期就能获得 $p_1(1+i)$ 单位的货币收入。

这笔收入能购买多少下一期的商品呢？为了找到答案，我们必须用这笔收入除以下一期商品的价格 p_2，因此，下一期商品的消费数量应当等于 $p_1(1+i)/p_2$。算出来的结果必须等于实际利率 $1+r$。如下式所示：

$$1+r = \frac{1+i}{1+\dot{p}} \tag{17.1}$$

等式（17.1）中的分母计算过程如下：

$$\frac{p_1}{p_2} = \frac{1}{p_2/p_1} = \frac{1}{1+[(p_2-p_1)/p_1]}$$

等式中 $(p_2-p_1)/p_1 = \dot{p} =$ 贷款有效期内价格水平上涨的百分比。

等式（17.1）可以改写为下式：

$$1+i = (1+r)(1+\dot{p})$$

因此，名义总利率等于实际总利率与 1 加上通货膨胀率的乘积。与此同时，该等式展开以后有：$i = r + \dot{p} + r\dot{p}$。就 r 和 $\dot{p}$ 的常见数值来说，二者的乘积会非常小，可以忽略不计。于是，上面的等式可以写成下列形式：

$$i \approx r + \dot{p}$$

或者是

$$r \approx i - \dot{p} \tag{17.2}$$

等式（17.2）是经常被用来计算事后实际利率的公式，在市场上不能直接观察到。此外，它还常常被用来测算、估计预期或事前（ex ante）实际利率，只要把 p 换成预期的通货膨胀率即可。由于预期存在误差，因此事前利率往往会与事后利率不一致。我们应当清楚的是，由于市场存在着种种不完善之处，例如税收因素和可能存在的通货膨胀幻觉，因此用这种方法计算出来的实际利率不一定与无通货膨胀条件下市场的出清利率相同，通货膨胀可能会改变实际利率。例如，在突发性通货膨胀的初期，实际利率一般会下降。换句话说，除了可以反映诸如储蓄与生产率等基本经济要素之外，实际利率还要受到类似于通货膨胀的其他因素的影响，尤其在短期内更是如此。

利率结构

到目前为止，我们已经解释了简单经济体内短期无风险利率是如何决定的。不过，任何经济体中并非只有一种利率，而是存在着一个由多种利率组成的利率结构。借款人支付的利率水平要取决于多种因素，本节我们将针对这一问题展开讨论。首先，我们来了解一下基础利率，即美国政府债券的利率。接着，我们解释影响非政府债券的利差或风险溢价的因素。在本节中，我们提到的证券收益率均指证券票面上标明的利息率。至于证券收益率的计算方法，我们会在第 18 章里详细介绍。

基础利率

美国财政部发行的证券通常被称为**美国国债**或**政府债券**（Treasury securities，或者简写为 Treasuries），美国政府用国家信用为其提供全额担保。因此，世界各地的市场参与者都把美国国债视为是无信用风险的金融产品。于是，美国国债的利率水平便成了美国乃至国际资本市场上的基准利率。国际资本市场上同时也存在其他一些重要的市场基准利率，我们会在本章的后面部分详细论述。

美国国债经常被用来构建市场基准利率。美国政府债券分为两大类型：贴现债券（discount securities）和附息票债券（coupon securities）。这两类债券的最根本区别在于债券持有人获得的现金流模式不同，同时这一差别也会体现在债券的发行价格上面。附息票的政府债券每六个月支付一次利息，到期时再加上本金。而贴现发行的政府债券只会在债券到期时按照事先约定好的金额一次性地偿还一笔资金。一般来说，美国政府债券的发行方式是拍卖发行，特定期限的债券具有规律性的发行周期。目前的操作方法是所有期限为 1 年或不足 1 年的政府债券均采用贴现发行的方式，被称为国库券（Treasury bills）。期限在 2 年或 2 年以上的政府债券都是附息票的债券，称为附息票国债（Treasury coupon securities）。

最近刚刚发行的某个期限的政府债券被称为**指标债券**（on-the-run issues）或**当前息票债券**（current coupon issues）。2007 年 10 月 19 日，雅虎网站上公布的三种指标债券的收益率如下：

2 年期政府债券	3.90%
5 年期政府债券	4.14%
10 年期政府债券	4.49%

在当前息票债券之前发行的政府债券通常被称为**非指标债券**（off-the-run issues）；它们的流动性要逊色于指标债券，因此收益率要比指标债券高一些。请注意，美国财政部每一天都会根据指标债券和非指标债券的实际收益率情况估算政府债券的收益率。[①]

投资者在投资于其他非政府债券的证券时，参考的最低利率或**基础利率**（base interest rate）就是相同期限的政府债券所提供的利率水平。例如，如果一位投资者打算在 2007 年 10 月 19 日购买某种 10 年期的债券，那么该投资者要求获得的最低收益率应当为 4.49%，也就是前面的表里列出的相同期限政府债券的利率水平。基础利率也可以被称为**基准利率**（benchmark interest rate）。

风险溢价

市场参与者在提及非政府债券的利率时会说它与某种特定的指标债券利率（或者是某种特定的市场基准利率）之间存在着利差（spread）。例如，如果在 2007 年 10 月 19 日，10 年期的非政府债券的收益率为 5.89%，而 10 年期的国债收益率为 4.49%，那么利差就等于 140 个基点。这一利差反映了投资者在购买非美国政府发行的证券时要面临更大的风险，因此这部分利差收益也被称为**风险溢价**（risk premium）。于是，我们可以用如下方式来表示非政府债券的利率水平：

基础利率＋利差

或者是

基础利率＋风险溢价

我们已经讨论过了基础利率的影响因素。其中一个因素便是预期的通货膨胀率。因此，基础利率可以用下列等式来表示：

基础利率＝实际利率＋预期的通货膨胀率

实际的通货膨胀率如何估计呢？美国财政部在发行政府债券时要根据消费物价指数的变化来调节债券的利率水平。这种债券叫做通货膨胀保护债券（Treasury Inflation Protection Securities，TIPS），我们会在第 21 章讨论这种债券。

回过头来再看看利差，影响利差的因素包括：（1）发行人的类型；（2）发行人的信用可信度（creditworthiness）；（3）金融工具的到期期限；（4）规定发行人或投资者可享有的选择权的条款；（5）投资者所获得的利息收入的税收待遇；（6）所发行证券的预期流动性。值得注意的重要一点是在解释收益利差时，必须

---

① http：//www.treas.gov/offices/domestic-finance/debt-management/interest-rate/yield.shtml

以所使用的基准利率为参照物，特别地当所选择的基准利率不是美国国债收益率的时候，要多注意影响利差的第二个和最后一个因素。

发行人的类型

债务工具的一个重要特征是发行人的性质。除了美国政府以外，政府机构、市政机构、公司（本土公司与外国公司）以及外国政府均可发行债券。

债券市场可以按照发行人的类型来进行分类，各种各样的发行人所发行的债券被称为不同的**市场部分**（market sector）。债券市场上，两个市场部分发行的相同期限债券之间的利差，被称为**市场间利差**（intermarket sector spread）。

除了美国国债这一市场组成部分以外，其他市场部分对应的发行人类型的范围非常广，不同类型发行人的履约能力也不相同。例如，在公司债券市场上，发行人可做如下分类：（1）公用事业；（2）工业企业；（3）金融企业；（4）银行。在同一个子市场内，两种债券之间的利差被称为**市场内利差**（intramarket sector spread）。

发行人的信用可信度

违约风险或者信用风险指的是债券的发行人不能按时偿还本金和利息。大多数市场参与者都依赖商业评级公司对债券发行人的违约风险进行评估。这些公司都会进行信用分析并通过评级系统给出它们的评级意见和结论。美国最著名的三家商业评级公司是穆迪投资者服务公司、标准普尔公司和惠誉公司。

在所有的系统中，**高等级**（high grade）意味着低信用风险，或者说，意味着未来还款的概率比较高。穆迪公司对最高等级的债券给出的代表符号是 Aaa，而标准普尔公司和惠誉公司的代表符号是 AAA。第二高等级的代表符号是 Aa（穆迪公司），或者 AA（标准普尔公司和惠誉公司），对于第三等级，三家公司同时用 A 来表示。接下来的三个等级，代表符合分别是 Baa 或者 BBB，Ba 或者 BB，B。三家公司都有 C 等级。对于进一步细化信用等级的分类，穆迪公司用 1、2 和 3 来表示，而标准普尔公司和惠誉公司则采用加号或减号来表示。

债券等级如果是 3A（AAA 或者 Aaa）级别，则被称为优质债券，如果是 2A（AA 或者 Aa）级别，则被称为高质量债券，如果是单个 A 级别，则被称为上中等级债券，3B 被称为中等级别债券。较低等级的债券通常都含有比较浓重的投机成分，或者有明显的投机性质。

如果发行的债券级别属于最高的四个等级，那么，这样的债券被称为**投资级别（等级）债券**（investment-grade bonds）。如果发行的债券级别属于这四个最高等级以下的级别，则被称为**非投资级别（等级）债券**（noninvestment-grade bonds），更常见的称呼是**高收益债券**（high-yield bonds），或者**垃圾债券**（junk bonds）。因此，债券市场可以分为两个重要的组成部分：投资级别债券市场和非投资级别债券市场。

国债与非国债之间在所有其他方面都相同，除了信用质量不同之外，由此带来的两种债券的利差被称为**信用利差**（credit spread）。例如，雅虎公司公布的 2007 年 10 月 19 日到期的 10 年期 AAA 等级债券的利率是 5.39%，而 AA 等级债券的利率是 5.66%。而同期的国债利率是 4.49%。因此，10 年期的 AAA 等级公司债券的利差是 90 个基点（5.39%—4.49%），而 AA 等级公司债券的利差是 117

个基点（5.66%－4.49%）。正如我们所看到的这样，信用质量越低，利差越大。

让我们回到以非美国国债利差作为基准利率这个问题的解释上。因为市场参与者都将美国国债视为无信用风险的债券，与美国国债之间的利差反映的正好就是信用风险，正如我们讨论的其他风险一样。在寻找新的基准利率的过程中，具有比较小的信用风险的基准值得考虑。三个可能的基准利率包括政府支持企业所发行的债券的收益率。我们将在第 21 章对该企业进行介绍。它们信用级别被认为是 3A（AAA 或 Aaa）级，因此，信用风险比较小。第二个选择是信用级别是 3A级的公司债券。在我们讨论流动性的时候，公司债券取代国债成为基准并不可行。第三个选择是我们将在本书第 31 章讨论的利率互换市场。利率互换市场上出现的衡量工具是**互换利率**（swap rate），市场参与者可以将互换利率用作参照基准。我们将会在本章随后的内容中对此做进一步的介绍。

债券的到期期限

正如我们在前面的章节里讲过的那样，在金融资产的有效期内，随着市场利率水平的变化，金融资产的价格也将出现波动。正如我们已经证明过的，债券的期限会影响其价格的波动性。说得更加具体一些，在其他因素均保持不变的情况下，当市场利率水平发生变化时，债券的到期期限越长，其价格的波动程度就越高。任意两种期限不同的债券之间的利率水平的差（即利差）叫做**期限利差**（maturity spread）或**收益率曲线利差**（yield curve spread）。（在一个债券子市场内，收益率与期限之间关系的图形表现形式被称为收益率曲线，我们将在下一章详细讨论这一曲线。）尽管对于市场的任意一个组成部分，我们都可以计算这种利差，但是最常见的情况是计算政府债券市场的利差。例如，在 2007 年 10 月 19 日，三种指标债券——前面我们介绍过它们各自的收益率是多少——之间的利差为：[①]

---

2 年期国债/5 年期国债之间的利差：4.14%－3.90%＝0.24%＝24 个基点

2 年期国债/10 年期国债之间的利差：4.49%－3.90%＝0.59%＝59 个基点

5 年期国债/10 年期国债之间的利差：4.49%－4.14%＝0.35%＝35 个基点

在公司债券市场上，我们可以用相似的方式来计算不同债券之间的利差，不过相比较的债券必须拥有相同的信用质量等级。例如，在 2007 年 10 月 19 日，雅虎网站报道了 AA 级公司债券的收益率：

2 年期 AA 级公司债券	4.67%
5 年期 AA 级公司债券	5.07%
10 年期 AA 级公司债券	5.66%

因此，期限利差等于：

---

① 虽然利差的定义是期限较长的债券与期限较短的债券之间利率水平的差，但是在提到期限利差时，市场的通行惯例是表示为"较短期限/较长期限"。

2 年期公司债券/5 年期公司债券之间的利差：5.07%−4.67%=0.40%=40 个基点	
2 年期公司债券/10 年期公司债券之间的利差：5.66%−4.67%=0.99%=99 个基点	
5 年期公司债券/10 年期公司债券之间的利差：5.66%−5.07%=0.59%=59 个基点	

除了期限不同以外，其他特征均相同的证券的收益率之间的关系被称为**利率的期限结构**（term structure of interest rate）。债券的到期期限这个问题非常重要，因此我们会在第 18 章里继续对其进行讨论。

内含选择权

在发行债券时，在合约中设置条款赋予债券持有人或发行人对对方采取某种行动的权利，这种做法是比较常见的。债券发行中所包含的选择权被称为**内含选择权**（embedded option）。

债券发行中最常见的选择权类型叫做**赎回条款**（call provision）。该条款赋予发行人在债券未到期之前部分或全部赎回所发行债券的权利。当市场利率水平下降时，发行人可以按照赎回条款用利息率较低的新债券代替旧债券，从而获得降低利息成本的好处。事实上，赎回条款就相当于帮助发行人改变债券的到期期限。在这种情况下，如果债券被赎回，而债券持有人希望将收回的资金继续投资于风险等级相似的债券产品，那么此时由于债券持有人面对的债券投资期限不确定，而且有可能被迫以较低的利率将收回的款项进行再投资，因此赎回条款对投资人来说是不利的。

债券发行时还可以包含赋予债券持有人改变债券期限的选择权条款。这种条款被称为**售回条款**（put option），该条款赋予债券持有人在指定日期将债券按照票面价值卖回给债券发行人的权利。对投资者来说，这个条款能带来的好处是如果债券发行后市场利率水平升高，导致债券的市场价格低于其票面价值，那么此时投资者可以强迫发行人按照票面价值将债券赎回。

可转换债券（convertible bond）赋予债券持有人按照特定的比例将债券转换为普通股的权利。这一特征可以使债券持有人充分利用发行人的普通股价格的有利波动时机。

选择权条款的存在对所发行债券与国债之间的利差，以及其与不含选择权的可比债券之间的利差大小产生了一定的影响。一般来说，与包含有利于发行人的选择权条款的债券（即赎回条款）相比，对于不包含此类条款的债券，市场参与者会在期限相同的国债收益率的基础上要求获得幅度更大的风险溢价。反过来，对于包含有利于投资者的选择权条款的债券（例如售回条款和可转换条款），市场参与者在期限相同的国债收益率基础之上要求获得的风险溢价水平会相对较小。事实上，包含有利于投资者的选择权条款的债券的利率水平甚至有可能会低于相同期限的政府债券！

抵押贷款支持证券是债券市场的一大重要组成部分。我们将在第 26 章讨论各种各样的抵押贷款支持证券。但是，这类债券会让投资者面临一种名为"提前偿还风险"（prepayment risk）的赎回风险。因此，抵押贷款支持证券与相同期限的指标债券之间的利差可以反映出这种赎回风险的大小。为了说明这一点，让我们来看一看最基本的抵押贷款支持证券，即美国政府国民抵押贷款协会发行的转手证券（pass-through security）。这种证券由美国政府提供全额担保。所以，这种转手证券与相同期限的政府债券之间之所以依然会存在利差，并不是由于信用风险因素，而主要是因为前者具有一定的赎回风险。

利息收入的税收待遇

利息收入在联邦政府一级是要交税的，联邦所得税法豁免的除外。除了联邦政府所得税以外，有些州和地方政府也可能会对利息收入征税。

联邦税法特别规定，对于满足要求的市政债券的利息收入可免于缴纳联邦政府所得税。**市政债券**（municipal bonds）指的是州政府、当地政府及其下属机构——例如"授权机构"或特殊的行政区域——发行的债券。目前，在已发行的市政债券当中，绝大多数都是免税证券。由于市政债券具有免税的特点，因此它们的收益率要低于相同期限的政府债券。免税债券与政府债券之间的利差是用百分点而非基点来衡量的。说得更具体一点，利差是由免税债券收益率与相同期限的政府债券收益率的百分比来衡量的。

在交纳了联邦政府所得税以后，应税债券的收益率等于：

$$税后收益率＝税前收益×（1－边际税率）$$

例如，假设应税债券的收益率为 4%，购买该债券的投资者的边际税率是 35%。那么税后收益率应当等于：

$$税后收益率＝0.04×（1－0.35）＝0.026＝2.6\%$$

反过来，我们还可以求出应税债券的收益率应当为多少才能使得其税后收益率与免税债券的收益率相同。求出的收益率被称为**等价应税收益率**（equivalent taxable yield），其计算公式如下：

$$等价应税收益率＝\frac{免税收益}{1－边际税率}$$

例如，假设投资者的边际税率为 35%，他购买的免税债券的收益率为 2.6%，那么等价应税收益率应当等于：

$$等价应税收益率＝\frac{0.026}{1－0.35}＝0.04＝4\%$$

请注意，边际税率越低，等价应税收益率也就越低。因此，在前面的这个例子中，如果边际税率是 25% 而非 35%，那么等价应税收益率就等于 3.47% 而非 4%。计算过程如下：

$$等价应税收益率＝\frac{0.026}{1－0.25}＝0.0347＝3.47\%$$

州政府与地方政府可能对豁免联邦政府所得税的债券利息收入征收税款。有些市政当局会对所有市政债券免征利息收入所得税，另一些却不这么做。有些州政府对本州内发行的市政债券的利息收入免于征税，但是对其他州发行的市政债券的利息收入却并不豁免征税。这意味着由于税收政策不同，投资者对不同州政府发行的市政债券的相对需求也有所不同，因此信用等级和偿还期限相同的两种市政债券之间可能会存在利差。例如，在类似于纽约这样的所得税较高的地区，相对于其他所得税较低的地区（例如佛罗里达州），投资者对免税市政债券的高需求会拉低其收益率水平。

市政当局被禁止向美国财政部发行的政府债券征收利息收入所得税。因此，期限相同的政府债券与应税非政府债券之间的一部分利差反映了政府债券在州政府与地方政府层面可享受税收豁免优惠的价值。

证券的预期流动性

市场上交易的债券流动性的强弱程度不一。债券的预期流动性越大，投资者要求的收益率就会越低。正如我们前面所说的那样，美国国债是世界上流动性最高的证券。与非政府债券相比，美国政府债券的低收益率在很大程度上是由于政府债券拥有高流动性的优势。即使是在国债市场上，不同批次的国债产品之间也存在着一定程度的流动性强弱差异，例如指标债券的流动性就要好于非指标债券。

影响证券流动性的一个非常重要的因素是证券发行的规模。美国国债具有较高的流动性，原因之一就是其单个证券的规模比较大。正如我们将在第 21 章介绍的那样，最近几年，政府支持企业大大地增加了其债券的发现规模。它们这么做的目的就是为了提高债券的收益率，从而成为美国经济中的参照利率。正如我们前面所提到的那样，政府支持企业的**信用评级**（credit rating）使它们债券的收益率在替代国债收益率从而成为基准利率方面变得非常具有吸引力。政府支持企业债券的发行规模较大，从而流动性较好，使得其在成为基准利率方面更加具有吸引力。我们前面还提到信用级别为 3A 等级的公司债券也有可能成为基准利率。然而，3A 级别的公司债券的发行规模要大大小于政府支持企业发行的债券。正是由于这一原因，3A 级别的公司债券并不被市场参与者认为是基准利率的替代者。

互换利率收益率曲线

在第 12 章中，我们介绍过常见类型的互换。最重要的一种互换类型是利率互换，这是一种非常重要的金融衍生品，我们将在第 31 章对此进行更加详细的介绍。我们从利率互换市场上获得的另外一个非常重要的信息是利率互换也可以作为利率基准。在这里，我们将简要讨论为什么选择利率互换作为利率基准以及如何选择。

在普通的利率互换中，双方在约定的特殊日期交换利率支付：在利率互换期限内，一方支付固定利率，而另一方支付浮动利率。常见的浮动利率互换都是以某个利率为参照利率，而经常使用的参照利率是伦敦银行同业拆借利率（LI-BOR）。LIBOR 是伦敦金融市场上，银行间用美元存款进行互相拆借的基准利率。

固定利率交易方支付的固定利率被称为**互换利率**（swap rate）。互换市场上的交易商对不同期限的利率进行互换交易。互换利率与互换到期期限之间的关系称为**互换利率收益率曲线**（swap rate yield curve），或者通常简称为**互换曲线**（swap curve）。由于参照利率通常选择的是 LIBOR，因此，互换曲线也被称为 **LIBOR 曲线**（LIBOR curve）。

很多国家都有互换曲线。表 17—1 显示的就是 2007 年 10 月 16 日美国互换曲线、欧洲互换曲线和英国互换曲线。就欧洲利率互换而言，参照利率就是欧洲银行间拆借利率，这一利率是欧盟各成员国[①]银行间以欧元进行相互拆借的利率。

表 17—1　　　2007 年 10 月 16 日的美国、欧盟和英国互换利率曲线（%）

到期年限	美国	欧盟	英国
1	4.96	4.72	6.19
2	4.85	4.65	5.97
3	4.90	4.64	5.91
5	5.12	4.65	5.80
7	5.18	4.69	5.70
10	5.33	4.77	5.56
12	5.39	4.82	5.50
15	5.46	4.88	5.40
20	5.52	4.92	5.27
15	5.54	4.92	5.14
30	5.54	4.90	5.04

资料来源：表中数据来源于 CLP Structured Finance 的网站，www.swaprates.com。

互换曲线在美国以外的很多国家被用作参照基准。然而，与一国国债收益率曲线不同的是，互换曲线并不是零违约收益率曲线。相反，它反映了利率互换双方的信用风险。由于利率互换的交易对手通常是与银行相关的机构，互换曲线反映出提供利率互换协议的银行的信用风险状况。更具体地说，互换曲线被认为是银行间收益率曲线。它同时还被称为 AA 等级收益率曲线，因为以 LIBOR 利率水平进行相互拆借的银行的信用等级通常都是 AA（Aa）级别，或者 AA（Aa）级以上的级别。此外，互换曲线还反映出流动性风险。不过，利率互换市场的流动性与一些国家政府债券市场的流动性相比有所增强。

人们可能会期望，当一国存在政府债券市场时，政府债券市场上的收益率可能是最好的参照利率。然而，事实并非完全如此。采用互换曲线与采用政府债券收益率曲线相比，有着几个方面的优势。[②]

首先，可能由于技术方面的原因，在政府债券市场上，很多利率并不代表真

---

① 欧元是欧盟各成员国使用的官方货币。这些成员国包括奥地利、比利时、芬兰、法国、德国、爱尔兰、意大利、卢森堡、荷兰、葡萄牙、西班牙和斯洛文尼亚。这些以欧元为官方货币的国家通常被称为欧元区。

② 更详细的解释，可参见 Uri Ron, "A Practical Guide to Swap Curve Construction," Chapter 6 in Frank J. Fabozzi (ed.), *Interest Rate*, *Term Structure*, *and Valuation Modeling* (New York: John Wiley & Sons, 2002).

实的利率水平，而是该市场上独有的技术或者监管方面的因素使得利率水平有所偏差。例如，市场参与者需要一定的政府债券填补空头头寸，空头的补仓行为会增加对政府债券的需求，从而使收益率下降。在互换市场，由于不需要交割任何具体的实物，因此，从技术的角度来看，不会造成任何影响和冲击。同时，政府债券还有可能折价或者溢价发行。此外，正如前面介绍的那样，政府税务部门还会对被购买并被持有的到期的债券征税，因此，市场上交易的这些债券的收益率将会折射出税收方面的优势或劣势。尽管在对金融市场的研究过程中，很难准确地估算这些因素的影响，但关键的问题是，我们所观察到的政府债券利率水平可能会因为这些因素的干扰而不能反映真实的市场利率水平。由于利率互换市场没有这些规定，从而能够反映出真实的利率水平。不过，要记住，互换利率并没有反映出信用风险和流动性风险。

其次，为了构建有代表性的政府债券收益率曲线，必须有各种到期日期限的债券。然而，在大多数政府债券市场上，只会发行少数有期限的债券。例如，正像我们将在第 21 章介绍美国国债时所说的那样，美国政府只会发行四种到期期限在 2 年及以上的债券（2 年、5 年、10 年和 30 年）。尽管在构建美国政府债券收益率曲线的过程中有大量的非指标债券可供使用，但由于前面提到的各种原因，这些债券并不能真实地反映市场上的利率水平。相反，在利率互换市场，正如我们在表 17—1 中所看到的那样，各种期限的利率互换产品都有。事实上，在美国，30 年期限的美国国债是暂停发行的，因此市场上并没有 30 年期的国债。然而，在利率互换市场上，交易商却可以交易 30 年期限的利率互换产品。

最后，比较不同国家政府债券收益率水平也是很难的，因为不同的国家所发行国债的信用风险也存在很大的差别。相反，正如前面我们所解释的那样，利率互换曲线是银行同业拆借利率曲线，因此，在不同国家之间按照利率基准进行比较就简单许多。

小　结

本章我们介绍了利率理论，以两个基本概念为依托——偏好与机会（在贷款市场和产品市场上）——说明了消费者在即期消费与未来消费之间的选择会对储蓄造成怎样的影响。

理想的贷款市场（和生产机会）的存在具有一个重要特性，那就是市场可以通过生产和净贷出进行储蓄和负储蓄，从而使得即期消费决策与即期收入分裂开来。我们的结论是市场均衡利率反映了控制投资需求与储蓄供给的一系列复杂因素。

从整个经济体有效生产和分配资源的角度来看，以借贷市场为中介所实现的市场均衡具有一个重要特征，经济学家们将其称为帕累托最优。如果商品（包括投入和产出）不能以部分人受益而无人遭受损失的方式进行再分配，那么当前这种分配方式即实现了帕累托最优。

实际利率指的是无通货膨胀条件下的利率水平。已经证明，名义利率约等于实际利率与预期通胀率之和，这种关系被称为费雪定理。

在所有经济体内，不是只存在一种利率，而是存在一个利率结构体系。任意两种债券之间收益率的差被称为利差，反映了这两种债券风险水平的差异。一个国家的政府债券市场可被该国视为提供基础利率水平的市场。基础利率等于实际利率与预期通货膨胀率的和。非政府债券与期限相同的政府债券之间收益率的差价被称为风险溢价。影响利差的因素包括：（1）发行人的类型（政府机构、公司和市政机构）；（2）由商业评级公司确定的发行人的信用可信度；（3）金融工具的到期期限；（4）债券的内含选择权（例如赎回条款、售回条款或可转换条款）；（5）联邦政府与市政府层面上利息收入的税收待遇；（6）债券的预期流动性。

互换利率收益率曲线也能提供一个国家利率水平的相关信息。互换利率收益率曲线或简称为互换曲线不是一条无违约风险的收益率曲线，它反映了银行间信用风险的规模大小。在很多国家，市场参与者用该国的互换曲线而非该国政府债券的收益率曲线作为市场的基准利率指标。

关键术语

基础利率	市场内利差	本金
基准利率	投资级别债券	生产函数
赎回条款	垃圾债券	售回条款
可转换债券	伦敦银行同业拆借利率曲线	实际利率
信用评级	资本的边际生产率	风险溢价
信用利差	边际时间偏好率	互换曲线
当前息票债券	市场部分	互换利率
内含选择权	期限利差	互换利率收益率曲线
等价应税收益率	市政债券	利率的期限结构
费雪定理	非投资级别债券	转换曲线
高等级	非指标债券	美国国债
高收益债券	指标债券	政府债券
无差异曲线	帕累托最优	收益率曲线利差
市场间利差		

思考题

1. 为什么以即期消费与未来消费为坐标轴画出的无差异曲线是凸向原点的？

2. 边际时间偏好率的含义是什么？

3. a. 什么是市场线？

b. 解释一下为什么市场线向下方倾斜。

4. 在简单经济体内，市场利率是如何决定的？

5. 什么是转换曲线？

6. 资本的边际生产率的含义是什么？

7. 市场的均衡利率水平是如何决定的？

8. 实际利率的含义是什么？

9. 名义利率的含义是什么？

10. 根据费雪定理，实际利率与名义利率之间有什么关系？

11. 测量一个经济体的实际利率水平会面临哪些困难？

12. a. 美国财政部发行的政府债券的信用风险状况如何？

b. 为什么美国政府债券的收益率被视为基础利率？

c. 什么是指标债券？

d. 什么是非指标债券？

13. 1992 年 5 月 29 日高盛公司发布的《每周市场要闻》报道了 1992 年 5 月 28 日多种公司债券的收盘价数据，下面是其中的一部分信息：

发行人	信用评级	收益率	利差	国债基准利率
通用电气资本公司	AAA	7.87%	50	10
美孚石油公司	AA	7.77%	40	10
南方贝尔电话电报公司	AAA	8.60%	72	30
宾夕法尼亚州哥伦比亚贝尔公司	AA	8.66%	78	30
AMR航空公司	BBB	9.43%	155	30

a. "信用评级"的含义是什么？

b. 这五种债券中哪一种债券的信用风险最大？

c. 利差的含义是什么？

d. 国债基准利率的含义是什么？

e. 为什么说每种债券对应的利差能够反映风险溢价的水平？

14. 针对第13题中提到的公司债券回答下列问题：

a. AAA级债券的收益率高于还是低于相同期限的AA级债券的收益率？

b. 通用电气资本公司发行的债券与美孚石油公司发行的债券之间收益率的利差是多少？

c. 问题b算出的利差结果与你对a问题的回答是否一致？

d. 这两种债券收益率的利差不仅反映了它们信用风险水平的差异。利差还能反映哪些因素？

e. 美孚石油公司发行的债券不能提前赎回。不过，通用电气资本公司发行的债券是可以提前赎回的。这个信息会对你理解两种债券收益率的利差带来哪些帮助？

15. 针对第13题中提到的公司债券回答下列问题：

a. 南方贝尔电话电报公司发行的债券与贝尔电话公司（宾夕法尼亚州）发行的债券收益率的利差是多少？

b. 南方贝尔电话电报公司发行的债券是不可提前赎回的，而贝尔电话公司（宾夕法尼亚州）发行的债券是可以提前赎回的。那么两者的收益率利差是否反映了这一差异？

c. AMR公司是美国航空公司的母公司，因此被归入运输业。该公司发行的债券不可提前赎回。AMR公司发行的债券与南方贝尔电话电报公司发行的债券之间收益率的利差是多少？这一利差反映了什么？

16. 1992年5月29日高盛公司发布的《每周市场要闻》报道了1992年5月28日多种高等级免税债券的收盘价，部分信息如下所示：

期限	收益率	相当于国债收益率的百分比
1年期	3.20%	76.5%
3年期	4.65%	80.4%
5年期	5.10%	76.4%
10年期	5.80%	78.7%
30年期	6.50%	82.5%

a. 免税债券的含义是什么？

b. 高等级债券的含义是什么？

c. 为什么免税债券的收益率会比相同期限的国债收益率低？

d. 等价应税收益率的含义是什么？

e. 高盛公司还报道了"市场内利差"的相关信息。市场内利差指的是什么？

17. a. 债券的内含选择权指的是什么？

b. 举例说明债券发行时可能包含的选择权条款。

c. 相对于基准利率，内含选择权是增加还是减少了债券的风险溢价？

18. a. 互换利率的含义是什么？

b. 互换利率曲线的含义是什么？

c. 解释一下你是否同意下面这种说法："一个国家的互换曲线就是无违约风险的收益率曲线。"

19. 某些国家的市场参与者为什么更喜欢把互换曲线而非政府债券收益率曲线作为基准利率加以参考？

第 18 章

债务合约的估值及其价格波动特征

学习目标

学习完本章内容，读者将会理解以下问题：

- 债券现金流量的特点
- 债券价格是如何决定的
- 为什么用到期收益率作为测量债券投资回报率的指标
- 再投资收益率在到期收益率实现过程中的重要作用
- 为什么债券的价格会发生变化
- 不含选择权的债券其价格/收益曲线是凸性的
- 影响其自身价格波动的债券两大特征是息票利率以及债券的到期期限
- 什么是久期以及如何计算久期
- 当利率发生变化时，用久期来衡量债券价格波动的局限性
- 什么是债券的凸性及其与债券价格波动性之间的关系

在第 17 章里，我们主要讨论了债务工具的单期（one-period）利率与任意经济体内存在的利率结构。本章，我们要研究的是债务工具的定价。我们集中精力研究一种情况特殊的考察对象，即满足下列条件的债务合约：（1）发行人没有违约风险；（2）不享受任何税收优惠待遇；（3）不包含任何内含选择权（即该债券不可提前赎回、提前售回或转换为普通股）。第 21 章研究的主要对象，联邦政府债券，就是符合上述要求的债券产品之一。[①] 联邦政府债券的利率通常具有"无风险"的特性，这意味着不存在美国政府不偿还债券本金与利息的违约风险。除了研究债务合约的定价以外，我们还要了解一下影响债务工具价格波动性的因素有哪些，以及当利率水平发生变化时，如何测量债务工具的价格波动性。

---

① 联邦政府债券的投资收益实际上能够享受到一点点税收优惠待遇，因为不用缴纳州和地方所得税。

债务合约的特征

在后面的章节里，我们将介绍债务合约各种各样的特征。这里，为了便于读者掌握债券定价的基本原理，我们先介绍一下有关债务合约的基本知识。

债务合约的有效期或期限指的是借款人承诺履行债务合约偿还义务所经历的年数。借款人要偿还的金额叫做本金，借款人应当在债务合约到期时偿还所有本金。在这种情况下，人们把这一类债务合约叫做**一次性还本贷款**（bullet maturity）。或者本金在债务合约有效期内以非等额的形式分批偿还，余下未偿还的本金留到到期日偿还，这种形式的债务合约被称为**气球型贷款**（balloon payment）。债务合约的特殊形式就是债券，到期时借款人偿还的金额被称为**面值**（par value）、**到期价值**（maturity value）或**票面价值**（face value）。

债务合约的**息票**（coupon）是发行人在合约有效期内支付给合约持有者的利息。实际上息票应当叫做**息票利率**（coupon rate），也可称为票面利率或利息率，用息票利率乘以尚未偿还的本金额就等于息票的支付额。一般来说，在美国发行的债券大多为每六个月支付一次利息，但这并不绝对。

有一种债务合约，在其有效期内不会向持有人支付利息，相反地，其本金与利息会统一在到期日偿还给投资者。这种债务合约被称为**零息票债券**（zero-coupon instrument）。

大多数债务合约都是按照其票面价格的百分比来报价的。要想把报价由百分比转换为美元金额，只须用报价乘以债券票面价格即可。读者可以参考下面这个表。

票面价格	报价	报价占票面价格的百分比	美元价格
1 000 美元	$91\frac{3}{4}$	91.75％	917.50 美元
5 000 美元	$102\frac{1}{2}$	102.50％	5 125.00 美元
10 000 美元	$87\frac{1}{4}$	87.25％	8 725.00 美元
25 000 美元	$100\frac{7}{8}$	100.875％	25 218.75 美元
100 000 美元	$71\frac{9}{32}$	71.281 25％	71 281.25 美元

估值基本原理

要想了解长期债务合约的估值原理及其估值与利率水平之间的关系，一个好用的方法是采用下列原则：在理想市场上，所有无风险的金融工具都具有相同的短期回报率，而且该回报率必须与同期的无风险利率相一致。套利活动可以保证这个条件得以实现。比方说，期限为 n 年的金融工具，其现金流量计为 a_1，…，a_n，其单期投资回报率就等于现金流 a_1，再加上资本利得收益——或者是该金融工具下一期的价格与当期价格的差值——除以初始价格得到的百分比。

让我们用 $_nP_j$ 代表 n 期后到期的金融工具第 j 期的价格（$j < n$），则当期的资本利得收益等于 $_{n-1}P_1 - _nP_0$。因此，若想确保投资者持有该金融工具的单期收益必须与当期的短期利率 r_1 相等，那么下列等式必须成立：

$$\frac{a_1 + (_{n-1}P_1 - _nP_0)}{_nP_0} = r_1 \tag{18.1}$$

解出 $_nP_0$ 的表达式

$$_nP_0 = \frac{a_1 + _{n-1}P_1}{1 + r_1} \tag{18.2}$$

可以证明，等式（18.2）的右边必须等于 n 期后到期资产的均衡价格的原因是：如果当期价格 $_nP_0$ 比等式（18.2）的右边大，那么根据等式（18.1）算出的金融工具的单期收益率将会小于单期投资可以获得的收益率 r_1。结果必然是没有人会愿意购买这种金融工具，因此这会促使其价格水平下降。同样地，如果 $_nP_0$ 小于等式（18.2）的右边，那么该金融工具的单期收益率就会大于 r_1，那么每个人都会跑去抢购它。

接下来，我们会发现 $_{n-1}P_1$ 也必须满足类似于式（18.2）那样的等式：

$$_{n-1}P_1 = \frac{a_2 + _{n-2}P_2}{1 + r_2}$$

把上述等式代入式（18.2）中，我们可以得到：

$$_nP_0 = \frac{a_1}{1 + r_1} + \frac{a_2 + _{n-2}P_2}{(1 + r_1)(1 + r_2)}$$

重复这一迭代过程，直到该金融工具到期为止，由此我们发现：

$$_nP_0 = \frac{a_1}{1 + r_1} + \frac{a_2}{(1 + r_1)(1 + r_2)}$$
$$+ \frac{a_3{}^*}{(1 + r_1)(1 + r_2)(1 + r_3)} + \cdots \tag{18.3}$$
$$+ \frac{a_n}{(1 + r_1)(1 + r_2)(1 + r_3)\cdots(1 + r_n)}$$

上面这个等式中，右边的每一项都是连续的时间段上现金流量的现值。所以我们说，债务工具的价格必须等于债务人在工具到期前必须偿还的金额的现值之和。

让我们举例说明这一原理。假设一期的长度为一年，投资者购买了期限为四年的债务工具，借款人承诺按照下列方式偿还本金和利息：

---

* 原书为 a_{3n}，译有误，故改为 a_3。—— 译者注

年	利息支付	本金偿还	现金流
1	100 美元	0	100 美元
2	120 美元	0	120 美元
3	140 美元	0	140 美元
4	150 美元	1 000 美元	1 150 美元

根据事先规定的符号，$a_1 = 100$ 美元，$a_2 = 120$ 美元，$a_3 = 140$ 美元，$a_4 = 1\,150$ 美元。假设在随后的四年当中，一年期的利率水平分别为 $r_1 = 0.07$，$r_2 = 0.08$，$r_3 = 0.09$，$r_4 = 0.1$。那么该债务工具的当期价值或价格 $_4P_0$，可用等式 (18.3) 算出：

$$_4P_0 = \frac{100}{1.07} + \frac{120}{1.07 \times 1.08} + \frac{140}{1.07 \times 1.08 \times 1.09}$$
$$+ \frac{1\,150}{1.07 \times 1.08 \times 1.09 \times 1.10}$$
$$= 1\,138.43 \,(美元)$$

债券的收益：到期收益率指标

接下来，我们必须要思考一下用什么方法可以对现金流量不同、期限也不同的债务工具的回报率进行比较。对于期限仅为一期的债务工具来说，回报率的比较比较容易些，直接使用等式 (18.1) 求出等号左边的收益率即可。但是这种方法不能普遍适用于期限较长的债务工具。例如，对于现金流为 (a_1, a_2) 的债务工具，采用 $(a_1 + a_2)/P_0$ 的方式来计算收益率显然是不太合适的。首先，如果我们能找到一种可以用来对不同期限债务工具的收益率进行对比的指标，那么该指标所度量的一定是单位时间内的收益。其次，这种指标忽视了现金流入的具体时间，因此不能反映货币的时间价值。

对于这个问题，普遍被接受的做法是使用**到期收益率**（yield to maturity）指标。到期收益率的定义是使现金流的现值等于债务工具市场价值（价格）的利率水平。因此，对于等式 (18.3) 中的债务工具，到期收益率是满足等式 (18.4) 的利率 y。一般情况下，我们必须使用试错法才能算出 y 的值。

$$_nP_0 = \frac{a_1}{1+y} + \frac{a_2}{(1+y)^2} + \frac{a_3}{(1+y)^3} + \cdots + \frac{a_n}{(1+y)^n} \tag{18.4}$$

假如该债务工具是债券，那么现金流 $(a_1, \cdots, a_n)$ 便可以写成 $(C, C, \cdots, C+M)$，此处 C 代表的是息票利息，M 为到期价值。于是，等式 (18.4) 可以改写为：

$$P = \frac{C}{1+y} + \frac{C}{(1+y)^2} + \frac{C}{(1+y)^3} + \cdots + \frac{C+M}{(1+y)^n} \tag{18.5}$$

等式 (18.5) 两边同时除以 M，我们就可以得到单位到期美元价值（per dollar of maturity value）的价格，将 C 提取出来，我们得到：

$$\frac{P}{M} = \frac{C}{M} \sum_{t=1}^{n} \frac{1}{(1+y)^t} + \frac{1}{(1+y)^n} \qquad (18.6)$$

我们发现，等式（18.6）右边的求和式是等比数列的求和。[①] 因此，我们可以把等式（18.6）改写为：

$$\frac{P}{M} = \frac{C}{M} \frac{1-(1+y)^{-n}}{y} + \frac{1}{(1+y)^n} \qquad (18.7)$$

到期收益率就是方程（18.7）的解 y，n 期债券的收益率。在等式（18.7）中，P/M 被称为**平价关系**（par value relation），通常表示为一定百分比的形式。如果该比值等于 1，那就表明债券是平价销售；如果大于 1，则说明债券是溢价销售的；如果小于 1，则说明债券折价销售。C/M 表示的是息票利率，也写成百分比的形式。

不含选择权的债券的定价

到目前为止，我们还没有特意指明计算利率和度量利息支付频率的时间单位到底是什么。习惯的做法是利率（以及期限）均以年为单位（例如年利率 7%）。我们将遵循这一习惯做法。这意味着在等式（18.7）中，我们已经隐含地假设了每年的息票利率为 C，并且每年支付一次利息。事实上在美国，几乎所有的债务工具都是一年支付两次利息。因此，每次支付的利息额应当为 $C/2$，一年当中要用 $y/2$ 的收益率对这两笔利息现金流进行贴现。于是，等式（18.7）变为：

$$\frac{P}{M} = \frac{C}{2M} \frac{1-(1+y/2)^{-2n}}{y/2} + \frac{1}{(1+y/2)^{2n}} \qquad (18.8)$$

为了说明每半年支付一次利息的债券的到期收益率如何计算，我们假设某只债券的息票利率为 7%，期限为 20 年，面值为 100 美元，其售价为 74.26%，即每 1 美元的票面价值只卖 74.26 美分。该债券每 1 美元的票面价值对应的现金流是 0.035 美元的半年利息共计 40 次，以及 40 个半年期后收到的本金 1 美元。按照各年不同的半年期利率（$y/2$）求得的现值为：

利率（$y/2$）	3.5%	4.0%	4.5%	5.0%	5.5%	6.0%	6.5%
现值（P/M）	1.000 0	0.901 0	0.816 0	0.742 6	0.679 1	0.623 8	0.575 6

当使用 5.0% 的半年期利率时，每 1 美元票面价值对应的现金流的现值等于 0.742 6 美元，这就是债券的价格。因此，该债券的半年到期收益率（semiannual yield to maturity）就应当等于 5.0%。

严格地说，我们应该用 5.0% 的年复利值算出到期收益率。也就是说，到期收

---

① 等比数列的求和公式是 $\sum_{t=1}^{n} \frac{1}{(1+k)^t} = \frac{1-(1+k)^{-n}}{k}$。

益率应该等于 10.25%。^① 但是，市场上通行的惯例是把 $y/2$（半年到期收益率）直接乘以 2。所以在上面这个例子中，债券的到期收益率为 10%（2 乘以 5.0%）。用这种简便方法算出的到期收益率——直接用半年到期收益率乘以 2——被称为**债券等价收益率**（bond equivalent yield）。

债券价格变动的原因

从等式（18.7）或等式（18.8），我们可以推断出，债券的价值要取决于三个因素：债券的息票、到期期限和利率水平。因此，下面列出的任意一种情况均会导致债券价格的变动：

1. 经济体内利率水平的变化。 例如，如果美联储出台的新政策促使经济体的利率水平上升，则债券的市场价格就会下降；如果利率水平下降，则债券的市场价格就会上升。

2. 非平价发行的债券，当必要收益率（required yield）保持不变时，随着到期日的临近，其价格也会发生变化。 如果利率水平保持不变，折价（discount）债券的价格会随着时间的推移而逐渐升高；同时，如果利率水平保持不变，溢价债券的价格会随着时间的推移而逐渐降低。

3. 对于非政府债券来说，政府债券与非政府债券之间利差的变化所导致的必要收益率的改变，会促使债券价格发生变化。 如果政府债券的利率保持不变，则但是政府债券与非政府债券收益率的利差发生了变化（缩小或扩大），则非政府债券的价格也会有所改变。

4. 发行者信用质量的变化。 假设经济体内的利率水平以及政府债券与非政府债券之间的利差均保持不变，则非政府债券的市场价格会因其发行人信用品质的改善而提高；同理，也会因其信用品质的恶化而降低。

溢价—平价收益率的决定因素

总的来说，等式（18.7）和等式（18.8）不能直接解出 y 的值（$n>2$ 时）。我们必须使用试错法才能求出这两个等式的解，不过有一种例外情况。从等式（18.7）中可以明显看出，随着息票利率 C/M 的逐渐升高，P/M 也会随之增加。现在，我们假设有这样一种债券，它的息票利率刚好能使对应的 P/M 值等于 1，即债券是平价发行的。那么等式（18.7）就会变成：

$$1 = \frac{C}{M} \frac{1-(1+y)^{-n}}{y} + \frac{1}{(1+y)^n} \tag{18.9}$$

等式（18.9）可以直接解出 y 的值，即求出的解为 $y=C/M$。换言之，如果债

---

① 年底时收益率应当等于：$(1.050)^2 - 1 = 1.1025 - 1 = 0.1025$。

券是平价发行的，那么它的到期收益率就等于其息票利率。例如，息票利率为7.75%、期限为20年、平价发行的债券，其到期收益率就等于7.75%。所以，对于平价发行的债券来说，其息票利率必须等于相同期限的市场必要收益率。平价发行的 n 期债券的息票利率可以被叫做 n 期的平价收益率。

根据等式（18.9），我们还可以证明，如果债券的息票利率小于必要到期收益率或平价收益率，那么债券就只能折价发行；对于息票利率高于平价收益率的债券，情况则刚好相反。原理十分简单：如果每一期的现金支付额——即息票利息——低于每一期的必要收益率，那么这个差额就必须由债券有效期内市场价格的上涨——或称为资本利得收益——来弥补。因此，这要求债券的出售价格必须低于其到期价值。在美国，债务合约（零息票债券除外）通常是参照到期收益率来制定息票利率水平的，以便使发行价接近于债券的平价。[①]

现金流的再投资与收益率

到期收益率这一指标充分考虑了投资者在持有的债券到期时所获得的所有利息收入与资本利得收益（或资本损失）。不过，这种测量方法仍然存在缺陷。大家可能会认为，如果以价格 P 购得了期限为 n、到期收益率为 y 的债券，那么债券到期后我们获得的终值应当等于 $P(1+y)^n$。这种推断是不正确的。把等式（18.5）的两边同时乘以 $(1+y)^n$，我们可以得到：

$$P(1+y)^n = C(1+y)^{n-1} + C(1+y)^{n-2} + C(1+y)^{n-3} + \cdots + C + M$$

要想获得 $P(1+y)^n$ 的终值，投资者每一次获得的利息收入都必须用于再投资直到债券到期，再投资的利率水平等于到期收益率。如果债券每半年支付一次利息，那么每一次的半年利息额也必须按照到期收益率 y 进行再投资。

下面这个例子可以帮助大家理解这一点。假设有某只息票利率为7%、期限为20年、票面金额为100美元的债券每半年支付一次利息，每次支付的利息额为3.50美元，目前的市场价格为74.26美元。我们前面已经计算过，这种债券的到期收益率为10%。如果投资者可以把74.26美元投资于半年收益率为5%（即年利率为10%）、期限为20年的存单产品，那么20年以后（40个半年期），初始74.26美元的投资额将会增长为522.79美元，即 $74.26 \times (1.05)^{40} = 522.79$。终值中包含了初始投资额74.26美元在投资了20年后获得的收益，即利息收益为448.53美元（522.79美元－74.26美元）。

现在，我们要计算一下投资者投资债券以后获得的所有现金流收入。半年利息支付额为3.5美元，共计40笔利息支付，总计为140美元。债券到期时，投资者还能收到100美元的票面金额。因此，如果投资者一直持有债券到期，则总共可以获得240美元的收入。这一数值要比实现10%的债券等价收益率所必须达到

---

① 由于利息收入是被视为普通收入按照正常的税率缴纳所得税的，而资本利得收益则按照优惠税率纳税（优惠税率低于正常税率），因此某些发行人故意制定较低的发行价格，试图用资本利得收益替代利息收入。美国税法特意制订了相关条款，即"原始发行折价"条款（OID），抑制这种税收套利行为，因此文中提到的这种习惯做法被进一步强化了。

的终值 522.79 美元少 282.79 美元，这个缺口要怎样弥补呢？如果投资者把利息收入按照 5% 的半年期利率（相当于 10% 的债券等价年收益率）进行再投资，那么息票收入再投资获得的利息就等于 282.79 美元。因此，要想按照 10% 的收益率获得 448.53 美元的投资总收益，其中大约有 63% 的收益（282.79 美元/448.53 美元）必须依靠息票收入的再投资才能获得。

显然，正如前面的公式和例子所证明的那样，投资者要想实现购买时所计算的到期收益率，就必须满足下列两个条件：（1）所有的利息收入可以按照到期收益进行再投资；（2）债券必须持有到期。对于第一个条件，投资者面临的风险是未来再投资的利率小于债券购买时的到期收益率，这种风险被称为**再投资风险**（reinvestment risk）。对于第二个条件，如果债券没有被持有到期，那么投资者可能会不得不以低于买价的价格将其卖出，从而导致投资收益率小于到期收益率。这种风险被称为**利率风险**（interest rate risk）或**价格风险**（price risk）。

在本节中，我们主要研究的是附息票债券（coupon-bearing bonds）。债务工具中有一种较为特殊的产品，在其有效期内仅存在一次现金流即到期价值，在这种情况下，到期收益率与初始投资的回报率相同。如果用零替换上个等式中的息票支付额 C，我们就能发现这一点。有效期内不支付利息的债券叫做零息票债券（zero-coupon bond）。这种债券的优势在于它们不存在再投资风险。不过同时，它们也使投资者失去了按照比到期收益率 y 更高的利率进行再投资的机会。

债券价格的波动性

由于未来利率水平如何变化难以预测，致使债券的未来价格具有较大的不确定性，因此仅持有一段时间而未持有到期的债券的收益率也是不确定的。当市场利率水平上升时，债券的价格下跌。期限是债券的一个重要特征，它决定了债券价格对收益率变化的反应程度。本节，我们将使用虚拟的债券产品来说明这个问题。我们还将列出影响债券价格波动性的其他债券特征，并说明如何测量债券价格的波动性。

价格与收益率的关系

如前所述，不含选择权的债券（即该债券不可提前赎回、提前售回或转换为其他金融产品）的一个根本特征是其价格与收益率呈反方向变化，这是因为债券的价格等于其现金流的现值之和。

表 18—1 以四种模拟债券为分析对象：息票利率为 9% 的 5 年期债券，息票利率为 9% 的 20 年期债券，息票利率为 5% 的 5 年期债券和息票利率为 5% 的 20 年期债券。表 18—1 中每种债券的价格均是使用等式（18.7）计算出来的。

表 18—1 四种模拟债券产品的价格/收益率的关系

收益率	给定收益率对应的价格[a]			
	9%/5 年期	9%/20 年期	5%/5 年期	5%/20 年期
6.00%	112.795 3	134.672 2	95.734 9	88.442 6
7.00%	108.316 6	121.355 1	91.683 4	78.644 9
8.00%	104.055 4	109.896 4	87.833 7	70.310 8
8.50%	102.002 7	104.769 3	85.980 9	66.614 8
8.90%	100.396 6	100.926 7	84.532 2	63.859 3
8.99%	100.039 6	100.092 1	84.210 2	63.262 6
9.00%	100.000 0	100.000 0	84.174 6	63.196 8
9.01%	99.960 4	99.908 1	84.138 9	63.131 1
9.10%	99.605 3	99.086 5	83.818 7	62.544 5
9.50%	98.045 9	95.559 2	82.413 2	60.033 2
10.00%	96.139 1	91.420 5	80.695 7	57.102 3
11.00%	92.462 4	83.953 9	77.387 1	51.861 6
12.00%	88.959 9	77.430 6	74.239 7	47.338 0

a. 债券的票面价值＝100。

上述任意一种债券的价格与收益率之间的关系图都会显现出如图 18—1 所示的形状。请注意，对于任何一种不含选择权的债券产品，债券价格与收益率的关系的形状都不是线性的，而是凸性的。读者要记住的是，我们所讨论的价格—收益率关系只有对应债券有效期内的某个时间点而言才是成立的。

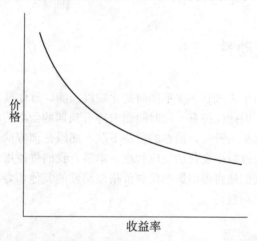

图 18—1 不含选择权的债券的价格与收益率关系的形状

价格波动的特性

尽管所有（不含选择权的）债券的价格变化都与收益率变化的方向相反，但是不管考察的对象是美元价格还是百分比价格（percentage price），对于不同的债券来说，变化的幅度都是不同的。表 18—2 给出了四种模拟债券产品的价格变化情况。该表的上半部分和下半部分分别显示了收益率的变化所导致的美元价格的变化以及百分比价格的变化（假设这四种债券最初发行时都是按照 9％的收益率定价的）。

请大家注意，如表 18—2 所示，当收益率增加或降低相同幅度时，除非变动的幅度非常小，否则美元价格的变动幅度与百分比价格的变动幅度就不相同。即使是在收益率的变化幅度比较小的时候，美元价格的绝对变动幅度也不像百分比价格的绝对变动幅度那么对称化。一般来说，收益率下降时美元价格与百分比价格的上升幅度要大于收益率升高时美元价格与百分比价格的下降幅度。

表 18—2　　　四种模拟债券产品的美元价格与百分比价格的变化情况

债券初始发行时按照 9％的收益率定价：
息票利率为 9％的 5 年期债券，价格＝100.000 0
息票利率为 9％的 20 年期债券，价格＝100.000 0
息票利率为 5％的 5 年期债券，价格＝84.174 6
息票利率为 5％的 20 年期债券，价格＝63.196 8

收益率变化	变动的基点数	每 100 美元票面价值对应的美元价格变动额			
		9％/5 年期	9％/20 年期	5％/5 年期	5％/20 年期
6.00％	−300	12.795 3	34.672 2	11.560 3	25.245 8
7.00％	−200	8.316 6	21.355 1	7.508 8	15.448 1
8.00％	−100	4.055 4	9.896 4	3.659 1	7.114 0
8.50％	−50	2.002 7	4.769 3	1.806 3	3.418 0
8.90％	−10	0.396 6	0.926 7	0.357 6	0.662 5
8.99％	−1	0.039 6	0.092 1	0.035 6	0.065 8
9.01％	1	−0.396 0	−0.091 9	−0.035 7	−0.065 7
9.10％	10	−0.394 7	−0.913 5	−0.355 9	−0.652 3
9.50％	50	−1.954 1	−4.440 8	−1.761 4	−3.163 6
10.00％	100	−3.860 9	−8.579 5	−3.478 9	−6.094 5
11.00％	200	−7.537 6	−16.046 1	−6.787 5	−11.335 2
12.00％	300	−11.040 1	−22.569 4	−9.934 9	−15.858 8

收益率变化	变动的基点数	百分比价格的变动情况			
		9％/5 年期	9％/20 年期	5％/5 年期	5％/20 年期
6.00％	−300	12.80％	34.67％	13.73％	39.95％
7.00％	−200	8.32％	21.36％	9.92％	24.44％
8.00％	−100	4.06％	9.90％	4.35％	11.26％
8.50％	−50	2.00％	4.77％	2.15％	5.41％
8.90％	−10	0.40％	0.93％	0.42％	1.05％
8.99％	−1	0.04％	0.09％	0.04％	0.10％
9.01％	1	−0.04％	−0.09％	−0.04％	−0.10％
9.10％	10	−0.40％	−0.91％	−0.42％	−1.03％
9.50％	50	−1.95％	−4.44％	−2.09％	−5.01％
10.00％	100	−3.86％	−8.58％	−4.13％	−9.64％
11.00％	200	−7.54％	−16.05％	−8.06％	−17.94％
12.00％	300	−11.04％	−22.57％	−11.89％	−25.09％

我们观察到的这两种情况——对于债券来说，价格的绝对变化幅度与百分比

的变化幅度常常是不一致的；当收益率变化幅度相同时，价格变化的绝对值与百分比变化值常常是不对称的——是源于债券具有的某些特征，这些特征决定了图18—1中价格—收益率关系的形状。接下来，我们先对观察到的第二种情况进行解释。首先，让我们了解一下影响债券价格波动性的债券特征有哪些。

影响债券价格波动性的债券特征

债券的两大特征即票息与期限是债券价格波动性的主要决定性因素。第一步，我们先观察一下当收益率发生变化时，百分比价格的变化幅度有多大，由此来分析债券价格的波动性。在到期期限和初始的市场收益率给定的情况下，息票利率越低，百分比价格的变化幅度就越大。大家比较一下息票利率分别为9％和5％的具有相同期限的债券（参见表18—2的下半部分），就会发现这个特征。影响债券价格波动性的第二个特征就是债券的到期期限。在息票利率和初始收益率给定的情况下，债券的期限越长，价格的波动性就会越大。[①] 同样地，大家比较一下息票利率相同的5年期与20年期债券（参见表18—2的下半部分），也能发现这一特征。

接下来，我们可以再考察一下当我们用美元价格的变化而非百分比价格的变化来衡量债券价格的波动性时，上述两种特征是否仍然成立。表18—2的上半部分证明，在其他因素保持不变的情况下，美元价格的变化幅度越大，债券的到期时间就会越长。但是，如果我们用美元价格的变化而非百分比价格的变化来衡量债券价格的波动性，那么息票利率产生影响的第一个特征将不再成立。当债券的到期期限与初始的市场收益率给定时，息票利率越低，美元价格的变化幅度就越小。

价格波动性的测量：久期

我们已经知道当市场收益率水平发生变化时，债券的息票利率和期限会影响其价格的波动性。现在，我们需要找到一种测量指标，该指标可以全面反映影响债券价格波动性的三大因素的作用效果。要测量证券价格对利率变化的敏感性，最常见、最直接的做法是让利率水平只变化几个基点，然后计算证券的价格或价值的变化幅度。

为了便于计算，我们使用了下列符号：

Δy＝证券收益率的变化（写成小数形式）

V_0＝证券的初始价格或价值（每100美元票面价值）

V_-＝当收益率降低 Δy 时，每100美元票面价值的证券的预期价值

V_+＝当收益率上升 Δy 时，每100美元票面价值的证券的预期价值

在接下来的讨论过程中，有两个关键点大家要牢记在心。首先，无论期限是

---

① 某些折价率非常高、期限较长的附息票债券可能是例外情况。

长还是短，所有债券的收益率都变化相同的幅度。这个假设条件通常被称为**收益率曲线平移假设**（parallel yield curve shift assumption）。所以，前面所有有关证券价格对利率变化的敏感度的分析都是在收益率曲线平移的前提假设下进行的。当然，也存在其他一些指标可以被用于研究当收益率曲线非平行移动时债券价格变化的敏感程度，但是对这些指标的讨论已经超出了本书的范围。[①]

其次，这个概念指的是债券的估算价值。价值是从估值模型中计算出来的。我们在本章前面已经介绍了债券估值的基本原则，并且演示了基础（比如，不含选择权的）债券是如何估值的。但是有些债券的估值要复杂许多，其原因就在于期权被运用到估值模型中。因此，考察债券价格对利率变化的敏感度是运用债券估值模型的唯一好处。

让我们将重点投向利率的测度上。我们想确定当利率发生很小基点的变动时，债券价格变化的百分比。假定收益率下降为 Δy，从下面的公式中可以获得价格变化的百分比：

$$\frac{V_- - V_0}{V_0}$$

分子表示的是收益率下降后债券价值的变化，分母表示的是初始价值。收益率每下降一个基点引起债券价格的百分比变化可以通过价格变化的百分比除以基点数值获得。由于基点数值等于 Δy 乘以 100，因此，每下降一个基点引起的债券价格变化就等于：

$$\frac{V_- - V_0}{V_0(\Delta y)100}$$

同样地，收益率上涨 Δy 引起债券价格的百分比变化可以通过下面的公式获得：

$$\frac{V_0 - V_+}{V_0(\Delta y)100}$$

收益率每个基点的改变带来的价格平均变化可以通过下面的公式计算：

$$\frac{1}{2}\left[\frac{V_- - V_0}{V_0(\Delta y)100} + \frac{V_0 - V_+}{V_0(\Delta y)100}\right]$$

或者，简写为：

$$\frac{V_- - V_+}{2V_0(\Delta y)100}$$

收益率发生了 100 个基点的变化带来的价格变化可以通过在原公式上乘以 100 来获得。通常，将计算价格大概变化的百分比称为**久期**（duration）。因此，

$$久期 = \frac{V_- - V_+}{2V_0 \Delta y} \tag{18.10}$$

为了更好地理解计算久期的公式（18.10），假设有如下的不含选择权的债券：

---

① 关于测量方法的更多讨论，参见 Frank J. Fabozzi, *Duration, Convexity, and Other Bond Risk Measures*（New Hope, PA：Frank J. Fabozzi Associates, 1999）。

息票利率是 9%，期限是 5 年，交易时的收益率是 9%。如表 18—1 所示，债券的初始价值 V_0 是 100。假定收益率发生了 50 个基点的变化。如果收益率下跌到 8.5%，如表 18—1 所示，债券的价值 V_- 将会上升为 102.002 7。如果收益率上升到 9.5%，债券的价值 V_+ 将会下跌到 98.045 9。因此，

$$\Delta y = 0.005$$
$$V_0 = 100$$
$$V_- = 102.002\ 7$$
$$V_+ = 98.045\ 9$$

将上面的所有数值代入公式（18.10）中，我们将会得到：

$$久期 = \frac{102.002\ 7 - 98.045\ 9}{2 \times 100 \times 0.005} = 3.96$$

假设初始收益率是 9%，收益率变化了 50 个基点，那么，表 18—1 中的四种债券的久期如下表：

息票利率	到期期限	久期
9%	5 年	3.96
9%	20 年	9.21
5%	5 年	4.24
5%	20 年	10.40

有两个方面的特征会影响债券的久期，从而影响债券价格的波动性。第一，附息票债券的久期小于债券的到期期限。对于零息票债券来说，久期就正好等于债券的到期期限。对于具有相同的到期期限和出售时收益率相同的债券来说，息票利率越低，久期就越长，从而价格的敏感性就越强。第二，对两种具有相同的到期期限和出售时收益率相同的债券来说，到期期限越长，久期就越长，从而价格的敏感性就越强。[①] 结合表 18—2 中的内容，这些特征与我们前面观察到的是一致的。

用久期来估算价格变动的百分比

我们的目标是运用久期来大致估算当利率变化时，债券价格是如何变化的。从数学的角度来看，久期和近似价格变化之间的关系如下：

$$近似价格变化百分比 = -久期(\Delta y)100\% \tag{18.11}$$

为了更好地说明两者之间的关系，假设某债券息票利率是 5%，期限是 20 年，以 63.196 8 的价格出售，收益率是 9%。债券的久期是 10.40 年。如果债券的收益率从 9% 立刻上升到 9.10%，收益率的变化是 +0.001（0.091-0.090），那么，价格变化百分比将会是：

$$-10.40\ (+0.001)\ 100\% = -1.04\%$$

从表 18—2 中，我们可以发现真实的价格变化是 -1.03%。

---

① 这些财产不一定必须是期限很长、贴现率较低的债券。

同样地，如果收益率从 9％ 立刻下降到 8.90％（收益率下降幅度为 0.001），通过公式，我们可以估算债券价格将会上涨 1.04％。从表 18—2 中，我们可以发现真实的价格变化是 1.05％。这一案例表明针对收益率的细微变化，久期能够很好地估算债券价格变化的百分比状况。

如果不是考虑收益率的小幅变化，而是假设收益率上升了 200 个基点，也就是从 9％ 上升到 11％（从 0.09 上升到 0.11，变化为 0.02）。通过久期估算出来的债券价格变化的幅度是：

$$-10.40\ (+0.02)\ 100\% = -20.80\%$$

这一近似估算的准确性如何呢？我们可以从表 18—2 中发现，真实的价格变化幅度只有 -17.94％。此外，如果收益率下降了 200 个基点，从 9％ 下降为 7％，久期估算出来的债券价格变化幅度是 +20.80％，而真实的债券价格变化幅度是 +24.44％。久期不仅可以对价格变化进行估算，而且它对债券价格变化的估算还具有对称性，正如我们前面所指出的那样，这是对不含选择权的债券财产价格关系的估算。

因此，最基本的原则是当收益率变化时，久期只能提供债券价格变化的近似估计。收益率变化越小，估算就越准确。对于收益率比较大的变化，估算就不是那么准确了。稍后我们将会介绍其他的方法来提高估算的近似程度。

久期的解释

常见的对久期解释可以通过将 100 个基点（$\Delta y = 0.01$）代入公式（18.11）中，并忽视价格变化的方向符号。这样的话，债券价格变化的百分比将会是：

$$久期(0.01)100 = 久期$$

因此，久期可以解释为收益率变化 100 个基点带来的债券价格的近似变化。例如，对于久期为 4.8 年的债券，当收益率曲线发生 100 个基点的变化时，债券价格的变化幅度大约为 4.8％；当收益率变化为 50 个基点时，债券价格变化幅度大约为 2.4％；当收益率变化 25 个基点时，债券价格变化幅度大约为 1.2％；以此类推。如果利率预期下降（上升），机构投资者将会调整投资组合的久期从而增加（减少）利率敞口风险。

美元久期

如果久期可以来测度价格变化的百分比，那么债券的美元久期（dollar duration）就可以用来测度美元价格的变化。在给定债券价格的基础上，美元久期很容易计算出来。例如，如果某债券的久期是 5 年，价格是 90 美元，当收益率变化为 100 个基点时，价格变化大约为 4.5 美元（5％乘以 90 美元）。因此，当收益率变化 100 个基点时，美元价格变化，或者说美元久期就是 4.5 美元。

麦考利久期与修正久期

在计算不含选择权的债券的久期或分析百分比价格的变动与收益率变动之间的关系时，更为正式的一种计算方法要用到初级的微积分知识。

我们从等式（18.7）入手，该等式可用于计算当收益率为 y 时，不含选择权的债券的出售价格。运用一些初级的微积分知识，我们可以对等式（18.7）一阶求导，从而可以得到价格变化与收益率变化的表达式；然后等式两边同时除以价格 P，就能得到百分比价格变化的表达式；最后，等式两边同时乘以收益率的变化值（Δy），就会得到下面这个等式：

$$\frac{\Delta P}{P} = -\frac{1}{1+y}D(\Delta y) \tag{18.12}$$

上面等式中：

P＝价格

ΔP＝价格的变化值

y＝收益率

Δy＝收益率的变化值

以及

$$D = \frac{\dfrac{1C}{1+y} + \dfrac{2C}{(1+y)^2} + \dfrac{3C}{(1+y)^3} + \dots + \dfrac{n(C+M)}{(1+y)^n}}{P} \tag{18.13}$$

请大家注意，实际上等式（18.12）只不过是进行了微积分的求导处理，本质上与等式（18.11）是一回事。该等式证明测量指标 D 与收益率的变化值之间存在着线性关系。那么，等式（18.13）中的 D 到底是什么指标呢？等式（18.13）中的 D 被称为**麦考利久期**（Macaulay duration）。这是为了纪念弗雷德里克·麦考利（Frederick Macaulay）而特意命名的。麦考利在 1938 年出版的一篇论文中使用了久期这一指标。[1] 请注意，久期，也可以叫做持续期，是债券的各笔现金流到期时间的加权平均值，每笔现金流的现值是相应的现金流入时间（time of receipt）的权重，分母等于各权重值之和，也就是债券的价格。

在表 18—3 中，我们计算了息票利率为 9％、按收益率为 9％出售的 5 年期债券的麦考利久期值。对于这一债券，麦考利久期值为 4.13。

如果我们用麦考利久期 D 除以（$1+y$），那么得到的新指标被称为**修正久期**（modified duration）。计算公式如下：

$$修正久期 = \frac{麦考利久期}{1+y}$$

上面公式中 y 的值必须根据现金流入的时间进行调整，因为每隔六个月债券持有人就会收到一笔利息现金流收入。所以说，如果收益率为 9％，那么公式中的 y 值就应当等于 4.5％。对于前面提到的息票利率为 9％、按收益率为 9％出售的 5 年期债券，其修正久期的值计算如下：

---

① Frederick R. Macaulay, *Some Theoretical Problems Suggested by the Movement of Interest rates*, *Bond Yields*, *and Stock Prices in the U. S. Since* 1856（National Bureau of Economic Research，New York，1938）。希克斯在其一篇研究现金流特征的文章中——这些特征可以使现金流的价值比率不随利率水平的变化而变化——也使用了同样的指标。希克斯把这个指标叫做"平均期限"（average maturity）。参见 John R. Hicks, *Value and Capital*，2nd ed.（Oxford：Clarendon Press，1946）。在一篇研究利率上升会对银行体系造成什么影响的论文中，萨缪尔森也使用了相似的概念，他称其为现金流的"平均时间期限"（average time period）。参见 Paul A. Samuelson，"The Effects of Interest Rate Increases on the Banking System," *American Economic Review*（March 1945），pp. 16—27。

麦考利久期（见表 18—3）＝4.13

$y＝0.09/2＝0.045$

$修正久期＝\dfrac{4.13}{1.045}＝3.95$

我们注意到，这一债券的修正久期值与之前用等式（18.10）给出的久期计算公式算出的久期值是相同的。（3.95 与 3.96 之间的细微差别是由于存在四舍五入的误差。）

而且，将修正久期的表达式代入等式（18.12）中，我们可以得到：

$$\frac{\Delta P}{P}＝-修正久期(\Delta y) \tag{18.14}$$

表 18—3　　　息票利率为 9%、平价出售的 5 年期债券的麦考利久期计算

麦考利久期的计算公式：

$$D=\frac{\dfrac{1C}{1+y}+\dfrac{2C}{(1+y)^2}+\dfrac{3C}{(1+y)^3}+\cdots+\dfrac{n(C+M)}{1+y^n}}{P}$$

债券的相关信息：

每年的息票收入＝0.09×100 美元＝9.00 美元

到期收益率＝0.09

距离到期日的年份数＝5 年

价格 ＝ P ＝100

根据半年支付一次利息的实际情况进行数据的调整：

$C＝9.00 美元 /2＝4.5 美元$

$y＝0.9/2＝0.045$

$n＝5×2＝10$

时间 (t)	息票现金流 (C)	$\dfrac{C}{(1.045)^t}$	$t×\dfrac{C}{(1.045)^t}$
1	4.5 美元	4.306 220	4.306 22
2	4.5 美元	4.120 785	8.241 56
3	4.5 美元	3.943 335	11.830 00
4	4.5 美元	3.773 526	15.094 10
5	4.5 美元	3.611 030	18.055 14
6	4.5 美元	3.455 531	20.733 18
7	4.5 美元	3.306 728	23.147 09
8	4.5 美元	3.164 333	25.314 66
9	4.5 美元	3.028 070	27.252 62
10	104.5 美元	67.290 443	672.904 42
总计		100.000 000	826.878 99

$$\frac{1C}{1+y}+\frac{2C}{(1+y)^2}+\frac{3C}{(1+y)^3}+\cdots+\frac{n(C+M)}{(1+y)^n}=826.878\ 99$$

半年期的麦考利久期：$\dfrac{826.878\ 99}{100}＝8.27$

麦考利久期＝$\dfrac{8.27}{2}＝4.13$（年）

从等式（18.14）中，我们可以很容易地看出当收益率发生变化时，久期与近似百分比价格变化之间的关系与等式（18.11）提示的两者关系是一致的。

所以，用等式（18.10）计算久期，或者是先用等式（18.13）计算麦考利久期，然后再求出修正久期，两种计算方法得出的结果是相同的。金融分析服务公司并没有采用先计算麦考利久期然后再计算修正久期的做法，而是直接使用等式（18.10）来计算久期。

关于久期的错误观念

不幸的是，市场参与者经常搞不清楚久期的主要用途，以为久期是一种衡量债券加权平均期限的指标；或者受到久期概念的最初用途及其定义式的影响，以为它只是债券价格的一阶求导。然而事实上，我们知道麦考利久期是测量现金流时间效应的指标，而且麦考利久期（以及修正久期）是一阶求导的结果。那么，这两种说法到底错在哪里呢？

问题并不在于上面的说法误把久期看作一种时间测量指标。我们前面已经解释过，久期相当于收益率变化 100 个基点时百分比价格变化幅度的近似值。如果我们只把久期看作某种形式的时间测量指标（即以年为单位）或者是普通的一阶求导结果，那么对于那些使用久期来控制投资组合或金融机构利率风险敞口的投资者来说，这种肤浅的解释一点用处也没有。下面我们给出三个理由。

首先，在对等式（18.7）进行一阶求导以便求出麦考利久期的值时，前提假设是当收益率发生变化时，债券的现金流不会发生变化。这个假设条件之所以能够成立，是因为等式（18.7）适用于固定现金流的不含选择权的债券的定价。不过，随着我们对债务工具各种特征了解的不断加深，我们发现当市场收益率发生变化时，某些固定收益证券的现金流也会随之发生变化，例如可赎回或可售回债券、抵押贷款支持证券以及某些类型的资产支持证券。这些证券被称为内含选择权的证券，也就是说投资者或发行人可以凭借选择权来改变债券的现金流。因此，当收益率发生变化时，市场预期此类债券的现金流也会发生变化。而麦考利久期的计算不允许债券的现金流发生变化。

修正久期也面临同样的难题。所以，修正久期只能被解释为近似等于当收益率变化 100 个基点时债券价格变动的百分比，前提假设是当收益率变化时，债券的现金流并不随之发生变化。这一指标更适用于不含选择权的证券。

与修正久期相反，有一个指标真正考虑了收益率的变化会对债券的现金流及其价格造成的影响，这个指标就是**有效久期**（effective duration）。有效久期也可以被叫做**选择权调整久期**（option-adjusted duration），可以使用等式（18.10）计算。该指标要求建立一个当收益率发生变化时可用来计算证券新价格的模型。本书不会对这些较为复杂的模型展开讨论。但是，值得注意的是这些模型并不像等式（18.7）那样简单，可以轻松地求出一阶导数。恰恰相反，它们要用到二项式模型（类似于第 15 章里讲过的股票期权定价时使用的模型）或蒙特卡洛模拟法（Monte Carlo simulation）。

其次，对复杂证券使用麦考利久期或修正久期指标会导致某些投资者误以为自己可以规避评估此类证券价值的难题。然而，若是用等式（18.10）来计算复杂证券的久期，如果收益率发生了变化，而此时又无法较好地预测证券的新价格，那么便不能使用这个公式来计算久期。等式（18.10）强调债券重新估值的必要性，要求充分考虑收益率变化所导致的现金流变化效应。但是，麦考利久期指标忽略了现金流的变化，规避了债券重新估值的需求。

最后，由于久期的单位是年，因此某些人误认为久期就是一个时间指标。如果人们相信这种说法，那么便很难理解为什么一个期限为 20 年的债券，其久期会长于 20 年。例如，在第 26 章里我们会看到各种各样的担保抵押贷款债券（CMO）。某些担保抵押贷款债券的久期要比债券的担保资产——抵押贷款——的期限还要长。比方说，某种担保抵押贷款债券的久期可能为 50 年，而发行这些债券的担保资产，即抵押贷款的期限却只有 30 年。此外，某些担保抵押贷款债券的久期为负数。

凸性

我们注意到，久期在测度风险时，不管收益率是上升还是下降，对价格变化百分比的估算都是相同的。然而，这一结果与债券价格波动性特征并不是完全一致的。正如我们从表 18—2 中看到的，收益率很小的变动，引起债券价格的变化的幅度，不管是上升还是下降都是相同的。不过，当收益率变化很大时，债券价格的变化幅度却并不相同。这表明只有当收益率变化很小时，久期才是测度债券价格近似百分比变化的好工具。

让我们再次回到息票利率是 9%，期限是 20 年，卖出时收益率为 9%，久期为 9.21 年的债券上。如果收益率立即上升 10 个基点（从 9% 上升到 9.1%），那么，利用久期公式，债券价格百分比变化近似值是 −0.92%（−9.2% 除以 10，记住久期是收益率变化为 100 个基点时的收益率变化幅度）。从表 18—2 的下半部分，我们可以发现真实的价格变化幅度是 −0.91%。同样地，如果收益率立即下降 10 个基点（从 9.00% 下降到 8.90%），那么，债券价格变化的幅度将会是 +0.92%。从表 18—2 的下半部分，我们可以发现真实的价格变化幅度是 +0.93%。这些结果表明如果收益率变化的幅度很小，那么，久期在估算债券价格变化方面确实表现得很好。

如果收益率的变化不是小幅的，我们假设收益率上升了 200 个基点，从 9% 上升到 11%，那么估算的债券价格变化幅度为 −18.42%（−9.21% 乘以 2）。而我们从表 18—2 的下半部分可以发现，真实的债券价格变化幅度为 −16.05%。此外，如果收益率下降了 200 个基点，从 9% 下降到 7%，那么通过久期估算出来的债券价格变化幅度为 +18.42%，这与真实债券价格变化幅度的 +21.36% 相差较大。因此，对于收益率为 200 个基点的变化来说，近似估算并不是很成功。

事实上，对收益率小幅变化来说，久期是估算债券价格变化的第一选择。这一估算可以通过第二近似估算进一步得到改进，而第二近似估算通常被称为债券的**凸性**（convexity）。这里再次使用凸性这个名词其实是很遗憾的一件事情，正如我们在前面的章节所介绍的那样，凸性这个名称还被用来描述价格/收益率关系的形状或弯曲度。这里凸性用来测度债券价格变化中不能用久期解释的那部分。

下面的关系式用来估算债券价格近似变化中不能被久期解释的部分：

$$不能被久期解释的价格近似变化 = Con\ (\Delta y)^2 \tag{18.15}$$

其中

$$Con = \frac{V_+ + V_- - 2V_0}{2V_0 (\Delta y)^2}$$ (18.16)

该式中的 V_+，V_-，V_0 和 Δy 与公式（18.10）中的含义是相同的。

我们将通过案例来解释凸性，假设债券的息票利率是 9%，期限是 20 年，出售时的收益率是 9%，收益率变化是 200 个基点。从表 18—1 我们知道：

$V_0 = 100$（收益率是 9% 时的初始价格）

$V_- = 121.355\ 1$（收益率下降到 7% 时的价格）

$V_+ = 83.953\ 9$（收益率上升到 11% 时的价格）

我们同时还知道 $\Delta y = +0.02$（收益率上涨 200 个基点在百分数下的表现形式）。将这些数值代入公式（18.16）中，我们将会得到：

$$Con = \frac{121.355\ 1 + 83.953\ 9 - 2 \times 100}{2 \times 100 \times (+0.02)^2} = 66.36$$

再将所得的 66.36 代入公式（18.15）中，我们将会得到：

不能被久期解释的价格近似变化 $= 66.36 \times (+0.02)^2 = 0.026\ 5 = 2.65\%$

我们发现收益率下降 200 个基点，同一价值的 2.65% 变化将会被凸性解释。如果将 $(-0.02)^2$ 代入公式（18.15）和公式（18.16）中，那么结果将是相同的。

为了获得更加准确的债券价格变化近似估计，我们只需要将久期和凸性的估算值相加就可以了。也就是说，给定收益率变化幅度带来的债券价格变化幅度为：

基于久期的债券价格变化幅度 + 不能被久期解释的债券价格变化幅度

再次回到息票利率为 9%、期限为 20 年、出售时收益率为 9% 的债券例题中。如果债券收益率从 9% 上升到 11%，我们知道基于久期的债券价格变化幅度为 -18.42%。从上面的计算中我们知道不能被久期解释的债券价格变化幅度为 2.65%。因此，

债券价格近似变化幅度 $= -18.42\% + 2.65\% = -15.77\%$

将这一结果与表 18—2 中的数据进行对比，我们发现，真实的债券价格变化幅度是 -16.05%。所以，考虑了凸性的久期在估算债券价格变化幅度方面表现得更好。

如果收益率下降了 200 个基点，从 9% 下降到 7%，我们知道通过久期估算出来的债券价格变化幅度是 18.42%，加上不能被久期解释的债券价格变化幅度是 2.65%，因此，

债券价格近似变化幅度 $= 18.42\% + 2.65\% = 21.07\%$

从表 18—2 中我们可以看到真实的价格变化幅度是 21.36%。再一次证明了考虑凸性的久期在估算债券价格变化方面具有更大的优势。

修正凸性和有效凸性

公式（18.16）中用了计算 Con 的价格可以假设收益率变化没有引起现金流发

生改变，或者也可以通过假设收益率变化引起现金流发生改变两种情形获得。在前一种情形中，计算出来的凸性称为**修正凸性**（modified convexity）。事实上，在行业内部，凸性很少用"修正"这个词来形容。因此，通常情况下，我们所指的凸性都是假设收益率变化并没有引起现金流发生改变的情形下的凸性。相反，**有效凸性**（effective convexity）或者**选择权调整凸性**（option-adjusted convexity）则指的是当收益率变化时，现金流并没有发生任何改变的凸性。相同的定义在前面提到修正久期和有效久期时也都出现过。

考虑到久期，将计算出来的修正凸性和有效凸性应用到债券中将会体现出期权的差别。事实上，对于所有的不含选择权的债券来说，不能被久期解释的债券价格变化所带来的是正价值，因此这样的债券被称为具有**正凸性**（positive convexity）。对于内含选择权的债券来说，不能被久期解释的债券变化部分可能是正的，也可能是负的。当它是负的时，债券被称为具有**负凸性**（negative convexity）。

小　结

债券的现金流包括定期的息票利息支付（在美国，债券每半年支付一次利息）和本金的偿还。债券的价值是到期前债券所有现金流的现值和。到期收益率指标常常被用来比较现金流不同、有效期限也不同的债务工具的投资回报率。由于到期收益率假设投资者会把债券持有到期，并且所有的现金流均可以按照求出的到期收益率进行再投资，因此，在一定的投资考察期内，比较期限不同的两种债券的相对价值时，到期收益率这个指标存在着一定的局限性。现金流再投资的收益率低于预先算出的到期收益率的风险被称为再投资风险。债券被迫以低于购买价的价格出售的风险被称为利率风险或价格风险。

债券的价格随着时间发生变化的原因包括如下几点：首先，经济体内的利率水平会发生变化；其次，溢价发行的债券在利率水平保持不变时，随着其到期日期的临近，债券的价格会逐渐降低；而折价发行的债券在利率保持不变的情况下，随着到期日的临近，价格会逐渐上升。对于非政府债券来说，其价格的变动还可能基于另外两个原因：一是政府债券与和非政府债券之间利差水平发生了变化；二是发行人信用等级发生了变化。

最后，我们讨论了债券价格对利率变化的敏感性。任何不含选择权的债券的价格—收益关系曲线都具有凸性的形状。当利率水平发生变化时，并不是所有债券价格的变化百分比或价格变动的绝对美元金额都相同。影响债券价格的波动性从而影响其利率风险特征的债券两大特征是到期期限与息票利率。在收益率与息票利率给定的情况下，到期期限越长，债券的价格波动性就越大。虽然偶尔也有例外，但是绝大多数情况下当收益率和息票利率给定时，价格的波动性越大，债券的息票利率就会越低。

把息票利率与到期期限联系在一起、可用来衡量证券价格波动性的指标是麦考利久期。久期的定义是当利率水平变化 100 个基点时债券价格变化的百分比近似值。以美元为单位的久期值衡量的是当利率发生变化时债券价格变动的美元数额。对久期概念的最佳理解是把它看作测量证券价格敏感性的指标，而不是某种加权时间指标。将债券的收益率上调或下调几个基点，然后观察一下债券的价格会怎样变动，通过这种方法便能求出任意一种债券的久期值。

凸性是衡量证券价格波动性的另一指标。当利率水平的变化幅度较大时，凸性指标常常与久期指标结合在一起使用，这样可以大大提高测量价格波动性的准确程度。

在下一章，我们将继续研究债券价格与长期利率水平的决定因素，着重研究同一发行人（美国政府）发行的、期限不同的债券利率之间的关系。

关键术语

气球型贷款　　　　　　麦考利久期　　　　　　再投资风险

内含选择权　　　　　　收益率曲线平移假设　　久期

不含选择权的债券　　　息票　　　　　　　　　负凸性

债券等价收益率　　　　到期价值　　　　　　　到期收益率

票面价值　　　　　　　正凸性　　　　　　　　有效凸性

平价　　　　　　　　　息票利率　　　　　　　选择权调整凸性

一次性还本贷款　　　　修正凸性　　　　　　　零息票债券

利率风险　　　　　　　价格风险　　　　　　　有效久期

平价关系　　　　　　　美元久期　　　　　　　选择权调整久期

凸性　　　　　　　　　修正久期

思考题

1. 某种无风险债务工具承诺支付的现金流如下表所示，对应的年利率见最后一列。请计算该无风险债务工具的价值是多少。

年份	现金支付额	年利率
1	15 000 美元	8.0%
2	17 000 美元	8.5%
3	20 000 美元	9.0%
4	21 000 美元	9.5%

2. 对于下表中的每一种债券，假设每半年支付一次利息，计算每 1 000 美元票面价值对应的价格是多少美元。

债券	息票利率	距离到期日的年数	必要收益率
A	8%	9	7%
B	9%	20	9%
C	6%	15	10%
D	0	14	8%

3. 债券的最高价格是多少？

4. 假设某只债券平价出售，息票利率为 6%，10 年后到期。

a. 如果必要收益率为 15%，那么该债券的价格应当是多少美元？

b. 如果必要收益率由 15% 上升至 16%，那么该债券的价格会变为多少美元？债券价格的变化百分比是多少？

c. 如果必要收益率为 5%，那么该债券的价格应当是多少美元？

d. 如果必要收益率由 5% 上升至 6%，那么该债券的价格会变为多少美元？债券价格的变化百分比是多少？

e. 根据你对（b）和（d）的回答，你认为在利率较高或利率较低的市场环境下，债券的相对价格波动性具有哪些特征？

5. 假设三年前你购买了一份债务合约，其票面价值为 100 000 美元。目前，该债务合约的市场价格为 90 000 美元。为什么自三年前购买了该债务合约以后，其市场价格下跌了呢？下跌的部分原因是什么？

6. 债务的"到期收益率"是什么意思？

7. 在债券等价基础上计算得到的到期收益率具有什么含义？

8. a. 列出下列四种债券的现金流情况，每种债券的票面价值均为 1 000 美元，每半年支付一次利息。

债券	息票利率	距离到期日的年数	价格
W	7%	5	884.20 美元
X	8%	7	948.90 美元
Y	9%	4	967.70 美元
Z	10%	10	456.39 美元

b. 计算这四种债券的到期收益率。

9. 一位组合管理经理正在考虑买入两只债券。A 债券 3 年后到期,息票利率为 10%,每半年支付一次利息。B 债券的信用质量与 A 债券相同,10 年后到期,息票利率为 12%,每半年支付一次利息。目前两只债券均为平价出售。

a. 假设该组合管理经理计划持有债券 3 年时间。那么对该经理来说,最适合购买的债券是哪一只?

b. 假设该组合管理经理计划持有债券 6 年而非 3 年,那么在这种情况下,对该经理来说,最适合购买的债券是哪一只?

c. 假设该组合管理经理正在为一家人寿保险公司管理资产,该保险公司发行的是 5 年期担保投资合约(GIC),承诺每半年按照 9% 的利率水平支付一次利息。那么为了确保有能力按时履行 GIC 的付息义务,同时也为了确保人寿保险公司能够获得利润,该经理应当选择哪一只债券?

10. 购买债券时面临的"再投资风险"指的是什么?

11. 根据下列信息判断以下三只债券中哪一只的价格波动性最大,假设每种债券的到期收益率均相同。

债券	息票利率	距离到期日
X	8%	9 年
Y	10%	11 年
Z	11%	12 年

12. 计算 A 债券和 B 债券的相关指标值(假设这两种债券均是每半年支付一次利息):

	A	B
息票利率	8%	9%
到期收益率	8%	8%
期限(单位:年)	2	5
票面价值	100.00	100.00
市场价格	100.000	104.055

a. 计算一下当收益率上升或下降 25 个基点时这两只债券的久期值是多少。

b. 计算一下当收益率上升或下降 10 个基点时这两只债券的久期值是多少。

c. 比较一下(a)和(b)的答案。

d. 计算一下两只债券的麦考利久期值。

e. 计算一下两只债券的修正久期值。

f. 比较一下(e)和(a)中两只债券的修正久期值。

13. 对第 12 题中提到的债券 A 和债券 B:

a. 计算一下当收益率上升 100 个基点时两只债券的实际价格是多少美元。

b. 利用久期指标估计一下当收益率上升 100 个基点时两只债券的价格会是多少美元。

c. 同时利用久期和凸性指标估计一下当收益率上升 100 个基点时,两只债券的价格为多少美元。

d. 评价一下你给出的(b)和(c)的答案的准确程度,解释一下为什么其中一个近似值会比另一个更加接近实际价格。

e. 如果到期收益率为 10% 而非 8%,在不进行计算的情况下,判断一下这两只债券的久期值会变大还是变小。

14. 当收益率变动 50 个基点时,下列哪种债券的价格变动幅度最大?

债券	久期	价格
E	7	50
F	5	100

15. 修正久期与有效久期之间的差别是什么?

16. 当我们使用久期指标时,对于收益率曲线的移动情况会采用什么假设条件?

17. 一位投资者正在与他的经纪人讨论某种非常复杂的债券的久期问题。经纪人告诉投资者说这只债券的久期是 -5 年。投资者被这个负数搞糊涂了,他对经纪人说这个数字肯定是弄错了,因为她相信久期永远都是正值,因为它是现金流的时间加权值。请对这种说法进行评价。

18. 作为一名投资组合经理,你向客户提交了一份报告。这份报告列出了投资组合中每种证券的久期值。其中一只证券的期限为 15 年,但是久期值却高达 25。客户认为报告肯定是弄错了这个数字,因为她相信久期不可能会大于证券的期限。

你会怎样向这位客户解释?

19. 机构投资者经常使用一种名为"免疫法"的投资策略来规避利率的不利变动风险。从根本上看,这种策略追求的是利率风险与再投资风险的相互抵消。为什么当利率发生一定幅度的变化时,这两种风险能够相互抵消?

第 19 章

利率的期限结构

学习完本章内容，读者将会理解以下问题：

● 利率的期限结构的含义

● 什么是收益率曲线

● 利率期限结构曲线的不同形状

● 什么是即期利率与即期利率曲线

● 如何根据美国政府债券的收益率曲线推导出理论上的即期利率曲线

● 什么是隐含的远期利率以及如何计算

● 长期利率与当前的短期利率以及短期远期利率之间的关系

● 观测到的美国政府债券收益率

曲线的不同形状

● 有关利率期限结构曲线形状如何决定的各种理论：单纯预期理论、流动性理论、偏好理论和市场分割理论。

● 当利率水平发生变化时投资债券所面临的风险——价格风险与再投资风险

● 主要经济变量对美国政府债券收益率曲线形状的影响

在这一章中，我们会沿着上一章介绍的理论和原理，进一步深入探讨债券的收益率与期限之间的关系。由于债券的期限通常被称为债券的"到期期限"（term to maturity）或简称为"期限"（term），所以收益率与期限之间的关系就被称为**利率的期限结构**（term structure of interest rate）。本章我们还会解释各种各样的关于利率期限结构决定因素的理论。

收益率曲线与期限结构

对信用质量相同但期限不同的债券收益率间关系的图形描述，就叫做**收益率曲线**（yield curve）。市场参与者经常通过观察美国政府债券市场的价格与收益率数据来构建收益率曲线。这种做法基于两个原因：首先，政府债券没有违约风险，因此信用等级的差异不会影响对收益率的估计；其次，作为规模最大、交易最活跃的债券市场，政府债券市场根本不存在流动性不佳或交易不活跃的问题。图19—1给出了三种模拟的美国政府债券的收益率曲线，市场交易者经常可以在美国市场上观察到类似形状的收益率曲线。投资者可以从各种各样的渠道实时获得每日的收益率曲线信息。1990年以来的每日收益率曲线的历史数据可在美国财政部的网站上获取。[①]

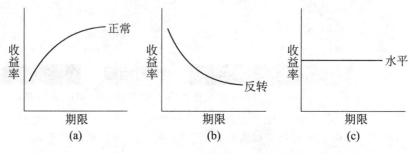

图19—1　三条模拟的收益率曲线

从现实的角度来看，正如我们在上一章里讲过的那样，政府债券收益率曲线的主要功能是为债券定价提供基准利率以及帮助债务市场上的其他子市场——包括银行贷款、抵押贷款、公司债券和国际债券——确定收益率水平。近来，市场参与者已经逐渐意识到按照传统方式构造的政府债券收益率曲线不能令人满意地反映必要收益率与期限之间的关系。关键原因在于到期期限相同的证券实际上可能具有不同的收益率。正如下面我们将要讲到的，这种现象反映了债券息票利率间的差异所具有的特殊作用及影响。因此，我们有必要寻找一种能够更加准确、更加值得信赖地估计政府债券收益率曲线的方法。随后，我们将列举出传统的政府债券收益率曲线的构建方法存在哪些问题，并提出一种更有创新性、越来越流行的收益率曲线构建方法。这一方法包括确认零息票债券的收益率水平，然后消除收益率—期限关系中存在的非唯一性问题。

使用收益率曲线给债券定价

正如我们在第10章里讲过的那样，任何金融资产的价格都等于其现金流的现值。然而，本书中当我们提出并讨论这一观点时，我们始终假设应当使用一个

---

① http：//www.ustreas.gov/offices/domestic-finance/debt-management/interest-rate/yield _ historical _ main. shtml

利率水平来贴现金融资产所带来的所有现金流。在上一章，我们指出适当的贴现利率应当等于与债券具有相同期限的国债的收益率再加上一定幅度的风险溢价或利差。

然而，诚如前面所言，在使用政府债券收益率曲线寻找合适的债券现金流贴现利率时要面临一个难题。为了说明这个问题，假设有两只模拟的 5 年期政府债券 A 和 B。这两只债券的息票利率不同，其中债券 A 的息票利率为 12％，而债券 B 的息票利率为 3％。在距离到期日的 10 个半年期里，这两只债券每 100 美元票面价值对应的现金流情况如下表所示：

周期	A 债券的现金流	B 债券的现金流
1～9	6.00 美元	1.50 美元
10	106.00 美元	101.50 美元

由于现金流的收入模式不同，因此使用同一个利率水平贴现所有的现金流是不恰当的做法。相反地，每笔现金流应该用该现金流流入的时间段内对应的利率水平来进行贴现。那么，每个时间段内对应的利率水平应当是多少呢？

我们不要简单地把债券 A 和 B 只看作普通的债券，而应当把它们看作一组现金流的集合。说得更具体一点，它们代表的是一篮子零息票债券。正如第 10 章里讲过的那样，零息票债券这种金融产品出售时的价格低于其到期价值，且有效期内不会定期支付利息。相反地，在到期日投资者收回到期价值或本金时，到期价值与原始购买价格之间的差额便是利息。例如，债券 A 可以被看作 10 张零息票债券构成的组合：第一张零息票债券的价值为 6 美元，从现在起半年后到期；第二张零息票债券的到期价值为 6 美元，1 年后到期；第三张零息票债券的到期价值为 6 美元，1 年半以后到期，以此类推。最后一张零息票债券要在 5 年（即 10 个半年期）后到期，到期价值为 106 美元。

同样地，债券 B 也可以被看作 10 张零息票债券的组合：每一张零息票债券的到期价值为 1.5 美元，从现在起半年后到期；第二张零息票债券的到期价值也是 1.5 美元，1 年后到期；第三张零息票债券的到期价值还是 1.5 美元，1 年半以后到期，以此类推。最后一张零息票债券 5 年（即 10 个半年期）后到期，到期价值为 101.5 美元。显然，对于每种附息票债券来说，其价值或价格就等于各个组成部分——零息票债券——价值的总和。

一般来说，任意一种债券都可以被看作一篮子零息票债券的组合。也就是说，其中的每一张零息票债券的到期日期均与息票的支付日期相同；对本金来说，与到期日相同。债券的价值应该等于所有组成该息票债券的零息票债券的价值总和。如果这一点不成立，市场参与者便可能有机会获得无风险利润。因为没人会轻易放过获取无风险利润的机会，因此市场必然会推动这两个价格趋于相等，因此我们在讨论时假设这两个价格就是相等的。

为了确定每一张零息票债券的价值，我们有必要知道与其具有相同期限的零息票政府债券的收益率是多少。这一收益率被称为**即期利率**（spot rate），而即期利率与期限之间的关系用图形形式表示的话，绘成的曲线被称为**即期利率曲线**（spot rate curve）。接下来我们来看一看怎样通过观察政府债券的实际交易收益率来构建该曲线。通过这种方式构建的曲线被称为理论上的即期利率曲线（theoretical spot rate curve）。

构建一条理论上的即期利率曲线

在本节，我们要讲述的是如何根据基于国库券或中长期国债实际交易收益率绘成的收益率曲线来构建理论上的即期利率曲线。用这种方式构建理论即期利率曲线的做法被称为"息票剥离法"（bootstrapping）。① 为了说明这种方法，我们把表 19—1 给出的 20 种模拟政府债券的价格、年化收益率（到期收益率）以及期限等数据作为计算的基础。（在实际操作过程中，所有的息票利率均已被估算好，因此每一只债券的价格均等于其票面价值。）

表 19—1   20 种模拟政府债券的期限与到期收益率数据

期限（年）	息票利率	到期收益率	价格（美元）
0.50	0.000 0	0.080 0	96.15
1.00	0.000 0	0.083 0	92.19
1.50	0.085 0	0.089 0	99.45
2.00	0.090 0	0.092 0	99.64
2.50	0.110 0	0.094 0	103.49
3.00	0.095 0	0.097 0	99.49
3.50	0.100 0	0.100 0	100.00
4.00	0.100 0	0.104 0	98.72
4.50	0.115 0	0.106 0	103.16
5.00	0.087 5	0.108 0	92.24
5.50	0.105 0	0.109 0	98.38
6.00	0.110 0	0.112 0	99.14
6.50	0.085 0	0.114 0	86.94
7.00	0.082 5	0.116 0	84.24
7.50	0.110 0	0.118 0	96.09
8.00	0.065 0	0.119 0	72.62
8.50	0.087 5	0.120 0	82.97
9.00	0.130 0	0.122 0	104.30
9.50	0.115 0	0.124 0	95.06
10.00	0.125 0	0.125 0	100.00

---

① 实际上，用于构建理论即期利率曲线的政府债券均是给定期限对应的最近刚刚拍卖的债券品种。这样的债券被称为指标（on-the-run）债券。正如我们将在第 21 章里解释的那样，现实市场上确实存在期限大于 1 年的零息票政府债券。这些债券并不是由美国财政部发行的，而是由一些市场参与者利用现有的附息票政府债券人为地创造出来的。用观察到的零息票政府债券的收益率去构建一条现实的即期利率曲线，听上去这种做法很合乎逻辑，然而在实际使用过程中存在着一些问题。首先，这些证券的流动性不如附息票政府债券市场的流动性。其次，零息票政府债券市场吸引着一些特定的投资者群体，他们愿意牺牲收益率来获取其他有吸引力的债券特征，因此这种行为会导致利率的期限结构发生扭曲。

在下面整个分析过程中，大家要记住的是息票剥离法的基本原则是附息票政府债券的价值应当等于一篮子零息票政府债券的价值总和——这一篮子零息票债券刚好可以复制出附息票债券的现金流模式——这一点非常重要。

观察一下表 19—1 中的半年期政府债券。正如我们在上一章里已经讲过的那样，国库券是一种零息票债券。因此，其 8％的年化收益率就等于即期利率。同样地，对于 1 年期的政府债券，其收益率 8.3％也等于 1 年期的即期利率。[①] 有了这两个即期利率，我们就能推算出理论上 1.5 年零息票政府债券对应的即期利率。1.5 年零息票政府债券的理论价格应当等于现实生活中 1.5 年附息票政府债券的 3 笔现金流的现值和。此时，我们使用的现金流贴现利率均为对应每笔现金流的即期利率。假设票面价值为 100 美元，则息票利率为 8.5％的 1.5 年期政府债券的现金流为：

0.5 年：0.085 ×100 美元×0.5＝4.25 美元

1.0 年：0.085×100 美元×0.5＝4.25 美元

1.5 年：0.085×100 美元×0.5＋100＝104.25 美元

于是，现金流的现值为：

$$\frac{4.25}{(1+z_1)^1}+\frac{4.25}{(1+z_2)^2}+\frac{104.25}{(1+z_3)^3}$$

其中，

z_1＝半年理论即期利率对应的年化利率的一半

z_2＝1 年期理论即期利率的一半

z_3＝1.5 年期理论即期利率的一半

由于 6 个月的即期利率和 1 年的即期利率分别是 8.0％和 8.3％，因此我们知道，

$z_1=0.04$，$z_2=0.041\ 5$

我们可以算出 1.5 年期附息票政府债券的现值等于：

$$\frac{4.25}{(1.040\ 0)^1}+\frac{4.25}{(1.041\ 5)^2}+\frac{104.25}{(1+z_3)^3}$$

由于 1.5 年期附息票政府债券的价格为 99.45 美元（参见表 19—1），因此债券的实际市场价格与现金流的现值之间必然存在下列关系式：

$$99.45=\frac{4.25}{(1.040\ 0)^1}+\frac{4.25}{(1.041\ 5)^2}+\frac{104.25}{(1+z_3)^3}$$

于是，我们可以解出 1.5 年期的理论即期利率：

$$99.45=4.086\ 54+3.918\ 05+\frac{104.25}{(1+z_3)^3}$$

$$91.445\ 41=\frac{104.25}{(1+z_3)^3}$$

$$(1+z_3)^3=1.140\ 024$$

$$z_3=0.044\ 65$$

---

① 美国财政部已不再发行 1 年期的国库券了。为了便于解释说明，我们假设该产品仍然在市场上存在。

把求出的收益率乘以2，我们就能得到债券等价收益率0.089 3或8.93％，这就是1.5年的理论即期利率。在市场上，如果真的存在1.5年期的零息票政府债券，那么该利率便应当是适用于这种债券的利率水平的。

求出了1.5年期的理论即期利率，我们接下来便能继续求出2年期的理论即期利率值。根据表19—1，2年期附息票政府债券的现金流情况如下：

0.5年：0.090×100美元×0.5＝4.50美元

1.0年：0.090×100美元×0.5＝4.50美元

1.5年：0.090×100美元×0.5＝4.50美元

2.0年：0.090×100美元×0.5＋100＝104.50美元

于是，现金流的现值为：

$$\frac{4.50}{(1+z_1)^1}+\frac{4.50}{(1+z_2)^2}+\frac{4.50}{(1+z_3)^3}+\frac{104.50}{(1+z_4)^4}$$

上式中，z_4等于2年期理论即期利率的一半。由于6个月、1年、1.5年的即期利率分别为8.0％、8.3％和8.93％，因此有：

$$z_1=0.04，z_2=0.041\ 5，z_3=0.044\ 65$$

于是，2年期附息票政府债券的现值等于：

$$\frac{4.50}{(1.040\ 0)^1}+\frac{4.50}{(1.041\ 5)^2}+\frac{4.50}{(1.044\ 65)^3}+\frac{104.50}{(1+z_4)^4}$$

由于2年期附息票政府债券的价格是99.64美元，所以下列关系式一定成立：

$$99.64=\frac{4.50}{(1.040\ 0)^1}+\frac{4.50}{(1.041\ 5)^2}+\frac{4.50}{(1.044\ 65)^3}+\frac{104.50}{(1+z_4)^4}$$

接下来，我们就可以解出2年期的理论即期利率：

$$99.64=4.326\ 92+4.148\ 53+3.947\ 30+\frac{104.50}{(1+z_4)^4}$$

$$87.217\ 25=\frac{104.50}{(1+z_4)^4}$$

$$(1+z_4)^4=1.198\ 185$$

$$z_4=0.046\ 235$$

把求出的收益率乘以2，我们就能得到2年期的理论即期利率（即债券等价收益率）为9.247％。

按照这种方法，我们可以使用z_1、z_2、z_3和z_4的值（分别对应的是6个月、1年、1.5年和2年期的利率）以及2.5年期债券的价格与息票利率，推导出2.5年期的理论即期利率水平。而且，我们还可以继续使用这种方法推导出余下的15个半年期的理论即期利率。表19—2列出了求出的各个理论即期利率值。它们代表的是期限不超过10年的利率期限结构，是某个特定时间点债券报价的参考利率。

表 19—2	理论即期利率	
期限（年）	到期收益率	理论即期利率
0.50	0.080 0	0.080 00
1.00	0.083 0	0.083 00
1.50	0.089 0	0.089 30
2.00	0.092 0	0.092 47
2.50	0.094 0	0.094 68
3.00	0.097 0	0.097 87
3.50	0.100 0	0.101 29
4.00	0.104 0	0.105 92
4.50	0.106 0	0.108 50
5.00	0.108 0	0.110 21
5.50	0.109 0	0.111 75
6.00	0.112 0	0.115 84
6.50	0.114 0	0.117 44
7.00	0.116 0	0.119 91
7.50	0.118 0	0.124 05
8.00	0.119 0	0.122 78
8.50	0.120 0	0.125 46
9.00	0.122 0	0.131 52
9.50	0.124 0	0.133 77
10.00	0.125 0	0.136 23

表 19—2 中的第二列给出的是表 19—1 中附息票债券对应的到期收益率的计算结果。把这一列与表 19—2 中的最后一列——给出的是零息票政府债券的到期收益率——相比较，读者可以获得较大的启发，因为它再次证明了具有相同期限的债券可能会拥有不同的到期收益率。也就是说，相同信用等级的债券的收益率并不唯一取决于其到期期限。尽管一开始时这两列的数值相差无几，不过到了第三年以后，两者之间的差距越来越大，等到第九年，零息票债券的收益率几乎比相同期限的附息票债券——息票利率为 13%，溢价出售——高出 100 个基点。

用即期利率对债券估值

当即期利率已知时，我们可以把一段时期内的债券现金流用对应期间的即期利率进行贴现，以此来求出债券的理论价值。具体的例子可以参考表 19—3。

我们的例子选取的研究对象是息票利率为 10% 的 10 年期政府债券。表 19—3 的第二列给出的是每 100 美元票面价值对应的现金流。第三列给出的是理论即期利率。第四列只是把前一列的年化即期利率除以二。最后一列给出的是把第二列的现金流用半年期即期利率贴现后得到的现值。这只债券的价值就等于现值的和，85.354 77 美元。

表 19—3　　　如何使用即期利率对息票利率为 10％的 10 年期政府债券进行估值

期限（年）	现金流（美元）	即期利率	半年期即期利率	现值（美元）
0.5	5	0.080 00	0.040 00	4.807 7
1.0	5	0.083 00	0.041 50	4.609 5
1.5	5	0.089 30	0.044 65	4.385 9
2.0	5	0.092 47	0.046 24	4.173 0
2.5	5	0.094 68	0.047 34	3.967 6
3.0	5	0.097 87	0.048 94	3.753 9
3.5	5	0.101 29	0.050 65	3.538 2
4.0	5	0.105 92	0.052 96	3.308 8
4.5	5	0.108 50	0.054 25	3.108 0
5.0	5	0.110 21	0.055 11	2.924 2
5.5	5	0.111 75	0.055 88	2.749 4
6.0	5	0.115 84	0.057 92	2.544 1
6.5	5	0.117 44	0.058 72	2.381 3
7.0	5	0.119 91	0.059 96	2.212 8
7.5	5	0.124 05	0.062 03	2.027 4
8.0	5	0.122 78	0.061 39	1.927 4
8.5	5	0.125 46	0.062 73	1.777 4
9.0	5	0.131 52	0.065 76	1.588 9
9.5	5	0.133 77	0.066 89	1.461 3
10.0	105	0.136 23	0.068 12	28.107 9
总额				85.354 77

远期利率

到目前为止，我们已经知道可以利用国债收益率曲线推导出理论即期利率。此外，我们还可以推导出市场参与者所说的"市场一致赞同的远期利率（market's consensus for future interest）"。为了说明了解该利率水平的重要性，假设一位投资者面对下面两个投资选择，投资期限为 1 年。

选择 1：投资者购买一份 1 年期的金融工具。

选择 2：投资者购买一份为期 6 个月的金融工具，在它到期后再购买另外一份为期 6 个月的金融工具。

对于选择 1，投资者获得的收益率就等于 1 年期的即期利率，而且该利率事先已知；与之相比，对于选择 2，投资者第一次获得的收益率等于 6 个月的即期利率，但是 6 个月过去后的半年期利率事先却并不知道。因此，对于选择 2，投资者全年获得的收益率事先是不可知的，图 19—2 对这一点进行了说明。

假设投资者预期 6 个月后的半年期利率会高于现在的即期利率。那么，他会认为第二个投资选择的效果会更好一些。但是，他的预期不一定会变成事实。为了弄清楚其中的原因，明白为什么有必要了解一下市场一致赞同的远期利率水平，让我们继续研究上面这个例子。

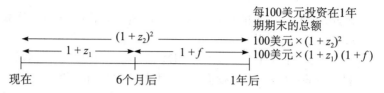

图 19—2 1 年期投资的两种选择

如果在 1 年的投资期限内，两种投资选择创造的美元金额是相等的，那么投资者对这两个投资选择不会有什么偏好。在 1 年期即期利率给定的情况下，在 6 个月以后，必然会存在对应于半年期金融工具的某个利率水平可以使得投资者对两种选择采取无所谓的态度。我们用 f 来表示这一利率水平。

当 1 年期的即期理论利率和 6 个月的即期利率已知时，f 值很容易就能求出来。如果一位投资者投资了 100 美元购买了一份 1 年期的金融工具（选择 1），那么 1 年后该投资者获得的美元总额为：

$$1 年后获得的美元总额（投资选择 1）= 100(1 + z_2)^2（美元）$$

上式中，z_2 代表的是 1 年期的即期利率（记住，我们以 6 个月为一个考察期。因此，脚标 2 代表的是 2 个 6 个月考察期，即 1 年的时间）。

按照 6 个月即期利率投资，6 个月以后可以获得的美元总额用下列等式计算：

$$6 个月后获得的美元总额（投资选择 2）= 100(1 + z_1)（美元）$$

上式中，z_1 代表的是 6 个月的即期利率，如果 6 个月以后获得的美元总额按照 6 个月后的半年期利率（用 f 表示）进行再投资，那么等到 1 年年底时，该投资者可以获得的美元总额等于：

$$1 年后获得的美元总额（投资选择 2）= 100(1 + z_2)(1 + f)（美元）$$

如果两个投资选择最终实现的总收入是相同的，那么投资者会认为选择哪一个都可以。令上述两个等式相等，即令两种投资选择 1 年后获得的美元总额相等，我们可以得到：

$$100(1 + z_2)^2 = 100(1 + z_1)(1 + f)$$

根据上面这个等式解出 f 的表达式，我们得到：

$$f = \frac{(1 + z_2)^2}{1 + z_1} - 1$$

将 f 乘以 2，我们就能得到 6 个月以后半年期利率的债券等价收益率。

我们可以用表 19—2 给出的理论即期利率来说明 f 的计算过程。根据表 19—2，我们知道：

6 个月即期利率＝0.080，因此 z_1＝0.040 0
1 年期即期利率＝0.083，因此 z_2＝0.041 5

代入公式，我们有：

$$f = \frac{(1.041\,5)^2}{1.040\,0} - 1 = 0.043$$

因此，6个月证券的远期利率——以债券等价收益率的形式表示——应当等于8.6%（＝0.043×2）。

下面我们来看一下如何使用这个8.6%的远期利率。假如6个月以后的半年期利率小于8.6%，那么投资于1年期的金融工具（投资选择1）1年后获得的美元总额将会更多一些。如果6个月后的半年期利率大于8.6%，那么先投资于为期6个月的债券，然后再将6个月该债券到期后收回的资金按照当时的半年期利率进行再投资（投资选择2），那么一年以后投资者获得的投资收入会更高一些。当然，如果6个月后的半年期利率正好等于8.6%，那么这两种投资选择1年以后获得的美元总收入是一样多的。

既然我们已经知道了利率f的计算公式以及如何使用利率f，那么现在回过头来看一看最开始时提出的那个问题。根据表19—2提供的信息，6个月的即期利率为8%。假设投资者预期6个月后的半年期利率为8.2%，也就是说，他预期6个月后的利率水平将高于现在的利率水平，那么投资者会因为预期6个月后的半年期利率高于目前的即期利率而选择第二种投资方案吗？答案是否定的。正如我们在前面已解释过的那样，如果利率小于8.6%，那么第一种投资方案收益会更高一些。尽管投资者预期6个月以后的半年期利率会高于目前的即期利率，但是由于他或她的预测值只有8.2%，所以他或她还是会选择第一种投资方案。

对于一些投资者来说，这是一个令人感到有些奇怪的结论。事实上，真正的原因在于市场会把对未来利率的预期融入各种期限的投资产品的利率水平当中。所以了解市场一致赞同的远期利率是多少是非常重要的。我们求出的利率f就是市场一致赞同的6个月以后的半年期利率。依据即期利率或收益率曲线求出的未来利率被称为**远期利率**（forward rate）或**隐含的远期利率**（implied forward rate）。

类似地，借款人也需要对远期利率有所了解。例如，假设一位借款人要在1年期贷款和两笔6个月贷款之间作出选择。如果远期利率低于投资者对6个月以后的半年期即期利率的预期值，那么选择1年期贷款的融资方法会更好一些。反之，如果借款人预测从现在起6个月以后的半年期即期利率会低于远期利率，那么对借款人来说，选择两笔半年期贷款将会更有优势。

远期利率有两大要素，一是未来利率考察期的起点，二是利率考察期的时间长度。例如，3年后的2年期远期利率表示的是起点为现在的3年以后，该远期利率对应的时间长度为2年。因此，远期利率的符号f会有两个下标，一个标在f的前面，一个标在f的后面：

$$_tf_m$$

标在f前面的下标t代表的是利率适用的时间长度。标在f后面的下标m代表的是远期利率的起点。因此，这个符号表示的就是从未来的某一时间点（m）开始，t时间内对应的远期利率。

记住我们的时间期限仍然是6个月。下面的符号各自代表着不同的含义：

符号	远期利率解释
$_1f_{12}$	现在起 6 年（12 期）后的 6 个月（1 期）远期利率
$_2f_8$	现在起 4 年（8 期）后的 1 年期（2 期）的远期利率
$_6f_4$	现在起 2 年（4 期）后的 3 年期（6 期）的远期利率
$_8f_{10}$	现在起 5 年（10 期）后的 4 年期（8 期）的远期利率

我们同样还可以通过下面的公式来计算任何一个远期利率：

$$_tf_m = \left[\frac{(1+z_{m+t})^{m+t}}{(1+z_m)^m} \right]^{1/t} - 1$$

注意到如果 t 正好等于 1，那么公式计算的就是 1 期（6 个月）的远期利率。

为了更好地说明表 19—2 中所列的即期利率水平，假设投资者希望知道从现在起 3 年后的 2 年期远期利率的水平。根据公式中符号的含义，我们知道 t 等于 4，而 m 等于 6。这样把 4 和 6 代入上面的公式中，我们将会得到：

$$_4f_6 = \left[\frac{(1+z_{6+4})^{6+4}}{(1+z_6)^6} \right]^{1/4} - 1$$

这表明我们需要知道如下的即期利率水平：z_6（3 年期的即期利率）和 z_{10}（5 年期的即期利率）。从表 19—3 中，我们知道：

$$z_6（3 年期的即期利率）= 9.787\%/2 = 4.894\% = 0.048\ 94$$

$$z_{10}（5 年期的即期利率）= 11.021\%/2 = 5.511\% = 0.055\ 11^*$$

那么，

$$_4f_6 = \left[\frac{(1.055\ 11)^{10}}{(1.048\ 94)^6} \right]^{1/4} - 1 = 0.064\ 43 = 6.443\%$$

因此，$_4f_6$ 等于 6.443%，其翻倍水平就是 12.886%，是债券的等价远期利率水平。

我们可以对这一结果进行检验。将 100 美元投资到半年期即期利率为 5.511% 的债券共 10 期，其产生的价值为：

$$100(1.055\ 11)^{10} = 170.99（美元）$$

而将 100 美元投资半年期即期利率为 4.894% 的债券共 6 期，然后再将所得收入投资远期利率为 6.443% 的债券共 4 期，其产生的价值是：

$$100(1.048\ 94)^6(1.064\ 43)^4 = 170.99（美元）$$

即期利率与短期远期利率的关系

假设一位投资者以 58.48 美元的价格购买了一份期限为 5 年、到期价值为 100 美元的零息票政府债券。这位投资者也可以选择购买一份为期 6 个月的短期国库券，然后每隔 6 个月将到期国库券收回的资金再投资于 6 个月的短期国库券，如

---

* 原书中的 13.623% 疑有误，应为 11.021%，下面的计算也作了相应修改。——译者注

此滚动直到 5 年期满。最终实现的美元收入额要取决于 6 个月的远期利率水平。假设投资者每 6 个月都能按照隐含的半年期远期利率进行再投资，让我们看一看 5 年后的累积美元收入。首先，我们先根据表 19—2 中提供的收益率曲线数据来计算隐含的 6 个月远期利率。我们用 f_t 来代表距离现在 t 个半年期的 6 个月远期利率，随后用表 19—2 中提供的即期利率来计算隐含的半年期远期利率，如下所示：

$$f_1 = 0.043\,000 \qquad f_2 = 0.050\,980 \qquad f_3 = 0.051\,005 \qquad f_4 = 0.051\,770$$
$$f_5 = 0.056\,945 \qquad f_6 = 0.060\,965 \qquad f_7 = 0.069\,310 \qquad f_8 = 0.064\,625$$
$$f_9 = 0.062\,830$$

按照 4％的 6 个月即期利率（即相当于 8％的债券等价年收益率）投资 58.48 美元，然后将收回的资金按照上述远期利率进行再投资，那么到第 5 年年底时，美元累积额等于：

$$58.48(1.04)(1.043)(1.050\,98)(1.051\,005)(1.051\,77)(1.056\,945)$$
$$(1.060\,965)(1.069\,310)(1.064\,625)(1.062\,83) = 100\,(\text{美元})$$

因此我们发现，如果所有的隐含远期利率均能变为现实，那么 58.48 美元的初始投资创造的累积收入将与按照 5 年期的即期利率投资于一份为期 5 年的零息票政府债券所获得的收入相同。从这个例子可以看出，5 年期的即期利率与 6 个月的即期利率以及隐含的 6 个月远期利率具有一定的相关性。

一般来说，t 期的即期利率、6 个月的即期利率以及隐含的 6 个月远期利率之间具有如下关系式：

$$z_t = [(1+z_1)(1+f_1)(1+f_2)(1+f_3)\cdots(1+f_{t-1})]^{t/1} - 1$$

为了说明如何使用上面这一等式，我们可以来看一下 5 年期的即期利率（即相当于 10 个半年期）与 6 个月的远期利率之间到底存在什么样的关系。把刚刚算出的对应的远期利率数值以及一个周期内的即期利率值 4％（相当于 8％的一年期即期利率的一半）代入上面等式，可以得到：

$$z_{10} = [(1.04)(1.043)(1.050\,98)(1.051\,005)(1.051\,77)(1.056\,945)$$
$$(1.060\,965)(1.069\,310)(1.064\,625)(1.062\,83)]^{1/10} - 1$$
$$= 5.51\%$$

令 5.51％乘以 2 就能得到 11.02％的年化即期利率，这与表 19—2 中给出的即期利率值是相同的。

作为套期保值率的远期利率

一个很自然就会想到的有关远期利率的问题是它们对未来利率的估计到底是否准确。研究表明，远期利率在预测未来利率方面确实无法令人满意。[①] 那么，为

---

① Eugene F. Fama, "Forward Rates as Predictors of Future Spot Rates," *Journal of Financial Economics* 3, no. 4 (1976), 361—377.

什么我们还要花费这么大的工夫去了解远期利率呢？正如前面我们在如何在两种投资方法中作出选择的例子中曾经讲过的那样，原因在于远期利率能够说明投资者为了作出正确的决定，其预期必须与市场的一致看法存在多少偏差。

在上面的这个例子中，6个月的远期利率也许无法成为现实，不过这没什么关系。事实是6个月的远期利率已向投资者表明，如果投资者预期6个月以后的半年期利率会小于8.6%，那么选择第一种投资方案可以给他带来更多的投资收益。

正是由于这个原因以及后面要解释的其他一些原因，一些市场人士不喜欢把远期利率当作市场一致赞同的利率水平。相反地，他们把远期利率叫做**套期保值率**（hedgeable rates）。例如，通过购买为期1年的证券，投资者就能为6个月以后的半年期利率进行套期保值。

观测到的国债收益率曲线的历史形状

如果我们用图形来反映利率的期限结构——收益率或即期利率对应连续的到期时间——那么得到的曲线会是什么形状的呢？图19—1给出了历史上美国国债收益率曲线的三种常见形状。表19—4以表格的形式给出了五条美国国债日收益率曲线的具体数据。

图19—1（a）中是一条向上方倾斜的收益率曲线；也就是说，随着期限的延长，收益率也逐渐升高。这种形状通常被称为**正斜率的收益率曲线**（positively sloped yield curve）。市场参与者根据曲线的陡峭程度或斜率来区分不同的正斜率收益率曲线。曲线的斜率一般用期限利差来衡量。所谓期限利差（maturity spread）指的是长期收益率与短期收益率的差。虽然可供选择的长期收益率与短期收益率有很多，不过在我们的例子中，我们用6个月的短期利率与30年长期利率的差来衡量期限利差的大小。

表19—4中的头两条日收益率曲线是正斜率的收益率曲线。请大家注意，这两个日期的3个月即期利率与6个月即期利率的值几乎是相同的。不过，曲线的斜率并不相同。2001年4月23日的收益率曲线的期限利差——30年的即期收益率与6个月即期收益率的差——等于195个基点（5.73%－3.78%）；而1992年4月10日的收益率曲线的期限利差却等于401个基点（7.89%－3.88%）。市场上习惯把期限利差不超过300个基点的正斜率收益率曲线——期限利差等于6个月即期利率与30年即期利率的差值——称为**正常的收益率曲线**（normal yield curve）。如果期限利差超过了300个基点，这样的收益率曲线被称为**陡峭的收益率曲线**（steep yield curve）。

当一条收益率曲线的期限利差加大时（或者用市场上的习惯说法，利差"变宽"），我们就说这条收益率曲线变得更加陡峭了；当收益率曲线的期限利差变小时（即利差"收窄"），我们就说收益率曲线变平了。

图19—1（b）中是一条向下方倾斜的收益率曲线，即**反转的收益率曲线**（inverted yield curve），即随着期限的增加收益率在逐渐减少。从美国国债市场的近期情况来看，收益率曲线呈现出这种特征的情形并不多见。最引人注意的是1981

年 8 月的收益率曲线。表 19—4 给出了 1981 年 8 月某一天——8 月 14 日——的收益率曲线。当时，美国国债收益率正处在历史高位。2 年期收益率为 16.91%，然后随着期限的延长，收益率在不断下降，直到 30 年期的收益率降至 13.95%。

表 19—4 五个选定日期的美国国债收益率曲线

日期	3 个月	6 个月	1 年	2 年	3 年	5 年	7 年	10 年	20 年	30 年	形状
2001 年 4 月 23 日	3.75	3.78	3.75	3.77	4.15	4.38	4.78	5.06	5.84	5.73	正常
1992 年 4 月 10 日	3.74	3.88	4.12	5.16	5.72	6.62	7.03	7.37	N/A	7.89	陡峭
1981 年 8 月 14 日	N/A	N/A	16.71	16.91	15.88	15.34	15.04	N/A	14.74	13.95	反转
1990 年 1 月 3 日	7.89	7.94	7.85	7.94	7.96	7.92	8.04	7.99	N/A	8.04	水平
2001 年 1 月 4 日	5.37	5.20	4.82	4.77	4.78	4.82	5.07	5.03	5.56	5.44	驼峰状

资料来源：2001 年 4 月 23 日、1992 年 4 月 10 日、1990 年 1 月 3 日和 2001 年 1 月 4 日的数据来源于美国财政部提供的日收益率曲线数据。1981 年 8 月 14 日的数据来源于美国财政部公布的多个国债收益率表。

最后，图 19—1（c）中是一条**水平的收益率曲线**（flat yield curve）。虽然从图上看来，一条水平的收益率曲线意味着每一个期限对应的收益率都是相等的，然而实际的观察结果并非如此。更准确地说，所有期限对应的收益率都比较接近。表 19—4 给出的 1990 年 1 月 3 日的收益率曲线就是一个典型的例子。请注意，对于这条收益率曲线，6 个月即期利率与 30 年即期利率之间的利差值非常小，仅有 10 个基点。水平的收益率曲线的另一种说法是短期国债与长期国债的收益率比较接近，但是中期国债的收益率要偏低一些。

利率期限结构形状的决定因素

对于我们观察到的收益率曲线的几种形状，对其进行解释的理论主要有两种：预期理论（expectations theory）和市场分割理论（market segmentation theory）。

预期理论的三大流派包括单纯预期理论、流动性理论和偏好理论。这三种理论对短期远期利率的行为模式有着共同的前提假设，另外还假定隐含于当前长期金融工具之中的远期利率与市场对未来短期利率的预期是密切相关的。不过，这三种理论在是否存在其他影响远期利率的因素以及如何影响等方面有着一定的分歧。单纯预期理论认为除了市场对未来短期利率的预期之外，其他系统性的因素均不会对远期利率造成影响；流动性理论和偏好理论则声称还存在其他的影响因素。因此，后面两种预期理论有时也被称为**偏向性预期理论**（biased expectations theory）。图 19—3 说明了这三种理论之间的关系。

单纯预期理论

根据**单纯预期理论**（pure expectations theory），只有远期利率才能代表人们对未来利率的预期。因此，给定时点的整个利率期限结构就反映了当时的市场对一系列未来短期利率的预期。按照这种观点，向上方倾斜的利率期限结构（如图 19—1（a）所示）说明市场预期短期利率在未来一定时间内会上升；类

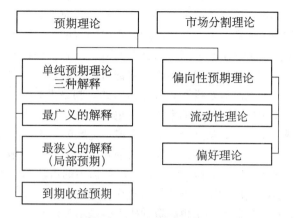

图 19—3　期限结构理论

资料来源：Frank J. Fabozzi, *Valuation of Fixed Income Securities and Derivatives* (New Hope, PA：Frank J. Fabozzi Associates, 1995), p. 49。

似地，水平的利率期限结构曲线说明市场认为未来的短期利率基本上会保持稳定，而向下方倾斜的利率期限结构曲线则反映了市场预期未来短期利率将逐渐降低。

现在，我们先分析一下短期未来利率将持续上升的预期会对各种各样的市场参与者的行为产生怎样的影响，从而形成了一条向上方倾斜的收益率曲线。假定刚开始时利率的期限结构曲线是水平形状的，然后再假设随后爆出的经济新闻导致市场参与者预期利率水平将会上升。

1. 对长期投资感兴趣的市场参与者由于预期市场收益率迟早要上升，因此不愿意购买长期债券，从而导致债券市场价格下降，使得其他投资者已买入的长期债券出现资本损失。相反地，他们更愿意投资于短期债券直到利率水平开始上升，这样他们就可以按照更高的利率水平进行再投资。

2. 认为利率将要上升的投机者预期长期债券的市场价格将会下降，因此愿意卖出他们持有的所有长期债券，很可能还会进行"卖空操作"，即卖出并不属于他们的债券。[①]（如果将来利率水平确实如预期的那样上升了，则期限较长的债券的市场价格必然会下跌。投机者可以先卖空这些债券，随后再以更低的价格买回以弥补卖空所形成的空头缺口，从中赚取利润。）投机者卖出自己持有的长期债券或卖空长期债券所获得的资金会被用于投资短期债券。

3. 希望获得长期资金的借款人由于预期未来的借款成本会增加，因此倾向于把借款时间由将来提前到现在。

所有这些反应会降低长期债券的净需求，或者说增加长期债券的供给量，其中的两种反应会增加对短期债券的需求。而市场出清要求长期收益率相对于短期收益率有所上升。也就是说，投资者、投机者和借款人的行为会使利率的期限结构曲线向上倾斜，直到它与未来利率将会上升的预期一致。同样的道理，诱发未来利率将下跌的预期的突发事件会导致收益率曲线向下方倾斜。

---

① 卖空意味着卖出不属于自己的借入证券。有关股票卖空的操作可以参考第 7 章的内容。

不过，单纯预期理论存在一个缺陷，而且从本质上来看这个缺陷还很严重：它忽视了债券及类似金融产品投资中固有的风险。如果远期利率能够很准确地预测未来的利率水平，那么投资者便可以事先准确地知道债券的未来价格是多少美元，于是任何投资期限的收益率都可以随之确定，并且该收益率与买入的金融产品的到期期限以及投资者打算卖出的时间毫无关系。然而，由于未来的利率水平是不确定的，故债券未来的价格也是不确定的，因此一段投资期限内的收益率就变成了未知量，从这个角度上看这些金融产品的投资是有风险的。

同样地，从借款人或发行人的角度来看，由于借款人未来再融资时适用的利率水平事先知道，因此任意给定时间段内的借款成本或融资成本都是事先确定的，与初始卖出的融资工具的期限毫无关系。但是，由于未来的实际利率水平并不确定，因此借款人将来再融资的成本也是不确定的。

在接下来的内容里，我们将更仔细地检查单纯预期理论忽视的风险来源及其类型。

债券投资面临的风险

两种风险的存在使得一定投资期限内的收益具有不确定性：第一种风险是投资期期末时债券价格的不确定性。例如，一位计划投资 5 年的投资者会考虑下列三种投资选择：（1）购买 5 年期的债券并将其持有到期；（2）投资于 12 年期的债券，持有 5 年后再卖出；（3）投资于 30 年期的债券，持有 5 年后再卖出。第二种选择和第三种选择最终实现的投资收益是未知的，因为这两种长期债券 5 年后的市场价格是不确定的。就 12 年期的债券来说，其价格要取决于 5 年以后 7 年期债券的收益率；而 30 年期的债券价格则要取决于 5 年以后 25 年期债券的收益率。对于未来的 7 年期债券和 25 年期债券，由于隐含在当前利率期限结构当中的远期利率并不是未来实际利率水平的准确预测值，因此 5 年以后这两种债券的实际市场价格都无法事先确定。

投资期结束时，债券的价格可能会低于目前预测值的风险被称为**价格风险**（price risk）。价格风险的一个重要特征是债券的期限越长，价格风险就越大。至于原因，相信大家都有印象，我们在第 18 章曾经讲过，债券的期限越长，当收益率上升时，价格的波动性就会越大。因此，投资于债券的投资者如果在债券到期日之前将其出售，那么他们将会面临价格风险。

第二种风险与再投资利率——债券到期后将所收回的资金按照该利率进行再投资直到投资期结束——的不确定性有关。例如，一位投资期限为 5 年的投资者会考虑下列三种投资选择：（1）投资于 5 年期的债券并持有到期；（2）投资于 6 个月的债务凭证，到期后将收回的资金再投资于相同的金融产品，如此直到 5 年投资期满；（3）投资于 2 年期债券，到期后将收回的资金再投资于 3 年期的债券。第二种选择和第三种选择的风险在于 5 年投资期内的总体收益率是未知的，因为再投资的利率水平是无法确定的。这种风险被称为**再投资风险**（reinvestment risk）。

对单纯预期理论的几种解释

对于单纯预期理论，经济学家们给出了几种解释。这种解释彼此之间差异较大，甚至有根本性的分歧，主要原因在于他们对我们刚刚讨论过的影响收益实现的两种风险的看法不同。[1]

单纯预期理论的第一种解释也即最广义的解释是，不管选择哪一种期限策略，投资者预期任何投资期限内的收益率都是相同的。[2] 例如，我们假设有一位投资期限为 5 年的投资者。根据单纯预期理论的说法，无论这位投资者购买的是 5 年期、12 年期还是 30 年期的债券，只要都是持有 5 年时间，最终的投资结果没有什么分别，因为在 5 年的投资期内，投资者预期这三种债券的收益是相同的。对广义解释的主要批评是由于实际期限长于投资期的债券要面临价格风险，因此这三种期限迥异的债券的预期投资收益会存在较大的差异。[3]

第二种解释被称为单纯预期理论的局部预期假设（local expectations）形式，该解释认为从今日开始的短期投资期内，选择不同债券可获得的收益都是相同的。例如，一位投资者的投资期限为 6 个月，那么无论他选择投资于 5 年、10 年还是 20 年的债券，持有半年以后获得的投资收益都是相同的。研究证明，局部预期理论虽然适用的范围较为狭窄，但是它是单纯预期理论的各种解释中唯一一个能够长期保持均衡的假说。[4]

第三种也是单纯预期理论的最后一种解释认为，投资者采用短期滚动投资的方式直到投资期满，最终获取的收益与持有期限和投资期限一致的零息票债券实现的收益率是相同的（零息票债券不存在再投资风险，因此投资期内未来的利率水平不会影响其收益）。这种解释被称为到期收益预期（return-to-maturity expectations）假说。

例如，让我们还是假定投资者的投资期限为 5 年。购买一张 5 年期的零息票债券并持有到期，投资者实现的收益率等于到期价值与债券初始购买价格的差，再除以债券的初始购买价格。按照到期收益假说的观点，投资于为期 6 个月的债券，到期后再采取持续滚动投资的方式直到 5 年投资期满，最终投资者实现的收益率与直接购买 5 年期的零息票债券是相同的。对于这种说法，这一假说的正确性很值得怀疑。

流动性理论

我们已经解释过，单纯预期理论的缺点在于它没有考虑债券投资所蕴涵的风险。刚刚我们还证明了在短期内持有长期债券的确是风险较大的行为，而且债券期限越长，风险就会越大，因为期限与价格的波动性是直接相关的。

由于存在这种不确定性，同时考虑到投资者并不喜欢这种不确定性，一些经济学家和金融分析家提出了另外一种理论。该理论认为，如果能够得到高于未来预期利率平均水平的远期收益率——风险溢价水平与证券的到期期限正相关——

[1] 有关这部分内容可以参考 John Cox, Jonathan Ingersoll, Jr., and Stephen Ross, "A Re-Examination of Traditional Hypotheses About the Term Structure of Interest Rates," *Journal of Finance* (September 1981), pp. 769—799.

[2] F. Lutz, "The Structure of Interest Rates," *Quarterly Journal of Economics* (1940—41), pp. 36—63.

[3] Cox, Ingersoll, and Ross, "A Re-Examination of Traditional Hypothesis," pp. 774—775.

[4] 同上。

那么投资者就会愿意持有较长期限的投资工具（如债券）。[1] 换句话说，远期利率应当既能够反映出市场对未来利率水平的预期，又能反映流动性溢价（liquidity premium，实际上就是一种风险溢价收益），而且期限越长，流动性溢价水平应当越高。

根据这种**期限结构的流动性理论**（liquidity theory of the term structure），隐含的远期利率并不是市场对未来利率水平预期的无偏估计，因为远期利率中包含了流动性溢价。因此，向上方倾斜的收益率曲线可以反映出这样的预期：未来利率水平可能会上升，也可能会保持不变甚至有所下降，但是由于流动性溢价随着期限的延长而迅速增加，因而仍然可以使收益率曲线向上方倾斜。

偏好理论

另外一种被称为**偏好理论**（preferred habitat theory）的假说也同意下列观点，即期限结构反映了市场对未来利率变化的预期以及风险溢价部分。然而偏好理论不认同风险溢价一定会随着期限的延长而持续增长的观点。[2] 偏好理论的支持者认为，只有当所有的投资者都打算以最短的时间卖掉手中持有的所有证券，而所有的借款人都急于借取长期资金时，风险溢价会随着期限的延长而持续增长的结论才能成立。然而，基于多种原因，这一前提假设是不可能成立的。

在第一种情况下，很明显，很多投资者都希望持有的资源期限比较长——例如，购买住房，或者为退休做准备。这些投资者关心的是在合适的时候能够获得的资金数额，而不关心目标实现的路径。因此，风险厌恶理论表明他们更倾向于持有期限与他们所投资的短期投资工具相匹配的投资工具。如果投资者购买的都是短期投资工具，那么他们将要承担再投资风险——这类风险指的是当投资者进行再投资时所获得的利息收入可能会下降的风险。投资者想要避免这一风险就需要找到锁定当前利率水平的长期投资工具。同样，如果他们购买的投资工具期限长于他们希望投资的期限，由于利率的上升，在到期前进行清算时，他们将要承担资产价格损失的风险（价格风险）。相同的分类讨论也适用于借款人，借款人需要认真考虑借款的期限与所需要的资金的期限相匹配的问题。

在第二种情况下，金融机构对证券存在着大量的需求和供给，这些机构各自都有着特定期限的负债。这些机构都设法使其投资组合资产的现金流与其负债的期限尽可能地匹配。在构建这样的投资组合的过程中，金融机构会将其投资的产品限定在某些期限范围内。

为了解释对到期期限的偏好，让我们详细分析一下发行 5 年期担保投资合约的人寿保险公司的情况。[3] 由于存在再投资风险，人寿保险公司不会投资于 6 个月期的产品。另外一个案例，假设某储蓄机构通过发行 1 年期的大额可转让存单以

---

① John R. Hicks, *Value and Capital*, 2nd ed. (London: Oxford University Press, 1946), pp. 141—145.

② Franco Modigliani Richard Sutch, "Innovation in Interest Rate Policy." *American Economic Review* (May 1966), pp. 178—197.

③ 关于人寿保险公司担保投资合约的具体内容参见第 4 章。

固定利率融通资金。如果储蓄机构将融通的资金投资于 20 年期的债券，它就面临着价格风险（利率风险）。很明显，如果投资机构不能很好地进行投资期限匹配，就会面临各种各样的风险。

偏好理论认为，在一定到期范围内，资金供给和需求在某种程度上并不匹配，一些贷款人和借款人将会向相反的方向寻求资产期限的合理匹配。然而，他们也必须得到相应的风险溢价补偿，风险溢价补偿的金额取决于他们所承担的价格风险或再投资风险。

因此，这一理论主张收益率曲线的形状取决于未来利率的预期和风险溢价（正的或者负的），都反映出市场参与者的风险偏好。显然，按照这一理论，收益率曲线向上倾斜、向下倾斜、水平或者呈驼峰状都有可能。

市场分割理论

市场分割理论（market segmentation theory）也认为投资者的偏好习惯会对储蓄和投资现金流起到决定性作用。该理论还提出收益率曲线之所以会呈现那几种形状，主要原因在于存在资产/负债的管理约束（制度性的或自律性的约束），和/或贷款人（借款人）对其贷出资金（借入资金）的期限限制。[①] 然而，市场分割理论与偏好理论的不同之处在于它假设投资者和借款人都不愿意为了抓住利率预期与远期利率存在差异的获利机会而选择将手上持有的某种期限的证券转换为另一种期限的证券。

因此，对于市场分割理论来说，收益率曲线的形状是由每种期限子市场内证券的供求关系决定的。这个结论听上去有些站不住脚，因为它预先假定绝大多数投资者都是绝对厌恶风险的，然而现实的证据并不支持这一假设。因此，当市场利率与预期利率之间存在较大的差异时，市场参与者必须抛弃掉自己的偏好，抓住这一获利机会。这种行为确保了市场实际利率与预期利率水平之间的差异不至于变得太大，而这又重新导回到了偏好理论。

收益率曲线形状的主要影响

安替·艾曼恩（Antti Ilmanen）在他的一系列文章中对国债收益率曲线形状的主要影响进行了深入、全面的研究。他发现了收益率曲线形状的三大影响。[②] 第一

---

① 这一理论的提出参见 J. M. Culbertson, "The Term Structure of Interest Rates," *Quarterly Journal of Economics* (November 1957), pp. 489—504.

② 这方面的首次研究出自所罗门兄弟公司，然后各种不同的研究开始陆续发表。参见 Antti Ilmanen, "Market's Rate Expectations and Forward Rates," *Journal of Fixed Income* (September 1996), pp. 8 - 22; Antti Ilmanen, "Does Duration Extension Enhance Long-Term Expected Returns?" *Journal of Fixed Income* (September 1996), pp. 23 - 36; Antti Ilmanen, "Convexity Bias in the Yield Curve," Chapter 3 in Narasimgan Jegadeesh and Bruce Tuckman (eds.), *Advanced Fixed-Income Valuation Tools* (New York: Wiley, 2000); and Antti Ilmanen, "Overview of Forward Rate Analysis," Chapter 8 in Frank J. Fabozzi (ed.), *The Handbook of Fixed Income Securities* (New York: McGraw-Hill, 2005).

个是前面我们在介绍单纯预期理论的时候讲到的未来利率变化的市场预期。另外两大影响是债券风险溢价和凸性偏差。

债券风险溢价是不同期限国债之间的预期收益差别。正如我们在前面的部分中所介绍的那样，有很多理论对预期收益率为什么会随着期限的不同而发生变化进行了解释。然而，就风险溢价是正的还是负的，这些理论的意见并不一致。例如，期限结构的流动性理论就认为随着到期期限的延长，风险溢价应该上升；而市场分割理论则认为债券风险溢价可能是正的，也可能是负的。

艾曼恩对美国债券的历史平均收益率的研究揭示了债券风险溢价行为的影响。图 19—4 表明从 1972 年到 2001 年，经验平均收益率曲线是平均久期（不是到期期限）的函数。（回顾一下第 5 章讲到的，久期是测度债券价格变化对利率变化的敏感性的工具。）该图同时还表明理论预期收益率曲线仅仅建立在预期的基础上（上文提到的第一种影响）。注意到该曲线是线性的（例如，它会随着久期的增加而线性上升）。与此相反，注意经验证据表明债券风险溢价并不与久期呈线性关系。相应地，经验证据显示在收益率曲线的前端（久期为 3 的前面的部分），债券风险溢价与久期之间的关系比较陡峭。然而，在久期超过 3 后，债券风险溢价增加就平缓了许多。艾曼恩认为图 19—4 中的形状"可能反映了养老基金和其他久期较长的负债持有者对长期债券的需求。"[1] 回忆一下我们在第 5 章中讲到的养老基金投资长期债券目的是锁定风险，从而满足其负债要求。

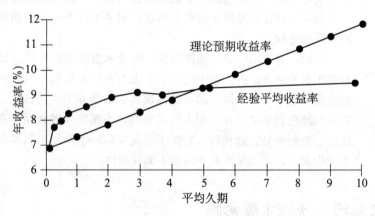

图 19—4　债券风险溢价的理论和经验证明

现在我们再来讨论一下凸性偏差影响，艾曼恩认为这是三大影响中最不知名的一个影响。首先我们需要回顾一下前一章讲到的有关债券凸性的概念。当利率变动的基点数量很大时，国债价格随着利率变化产生的上升和下降的幅度并不是完全相同的。更具体地来说，利率下降引起的价格升值幅度要大于利率同等幅度的上升引起的债券价格下跌的幅度。例如，如果利率下降 100 个基点，债券的价格可能上升 20%，但是如果利率上升 100 个基点，同一债券的价格可能只下降 15%。债券的这一特征源于上一章讲到的债券价格与收益率之间的关系形态，这被称为债券的凸性。期限越长，债券的凸性就越明显。也就是说，由于凸性的存

---

① Ilmanen, "Overview of Forward Rate Analysis," p. 167.

在，长期债券比短期债券更具有吸引力。因此，投资者愿意为长期债券支付更高的价格，从而接受比较低的收益率。债券收益率曲线形状的这一影响就是我们所说的凸性偏差。

小　结

收益与期限的关系被称为利率的期限结构。信用等级相同但期限不同的债券收益率与期限之间的关系用图形的形式表示出来就是所谓的收益率曲线。一直以来，美国国债的收益率都被当作非政府债券收益率的基准利率。因此，最常见的收益率曲线就是国债的收益率曲线。

使用国债收益率曲线来选定一个收益率，然后任意债券的所有现金流入均用该收益率进行贴现，这样做存在一个问题。债券有效期内发生的每一笔现金流都应当按照与其收入时间相匹配的利率来进行贴现。由于债券可以被看作一篮子零息票金融工具的组合，因此它的价值应当等于组合内所有零息票债券的价值之和。零息票债券的利率被称为即期利率。政府债券的理论即期利率可以使用息票剥离法，根据国债的收益率曲线估计出来。

在一定的前提假设下，市场对未来利率的预期可以从政府债券的理论即期利率曲线推导得出。计算出的利率水平被称为隐含的远期利率。即期利率与当前6个月的即期利率以及隐含的6个月远期利率存在一定的关系。在考虑投资策略和融资策略时，市场参与者要记得当前的长期利率水平中隐含着未来的远期利率。

至于利率期限结构的决定因素，学术界提出了几种理论。其中单纯预期理论认为一个周期内的远期利率只代表着市场对未来实际利率水平的预期。因此，长期即期利率可以被彻底地解释为市场对未来短期利率的预期。那么，随着市场对未来短期利率的预期上升、下降或保持不变，利率的期限结构也会随之变得向上方倾斜、向下方倾斜或保持水平。这样的说法没有意识到当投资者购买的债券的期限与他们计划持有的期限不相同时，债券投资所蕴涵的风险，即价格风险与再投资风险。

投资于长期债券时面临的价格风险会随着期限的延长而加大，这种现象催生出另外一种解释理论——期限结构的流动性理论。按照这一理论的观点，远期利率等于未来利率水平的预期值与风险溢价的和。由于风险溢价会随着期限的延长而增加，因此远期利率也会随着期限的延长而上升。该理论的缺陷在于它假设所有的贷款人都希望贷放短期贷款，而所有的借款人都希望借入长期贷款。如果这样的话，长期借款人若想让贷款人愿意提供长期贷款，就必须向其提供风险溢价，而且溢价水平随贷款期限的延长而增加。但是，在现实生活中，借款人和贷款人的期限偏好差异较大。每一位市场参与者要想尽可能地消除风险，而不是依靠短期借款或贷款，而且要使贷款的期限（或借款的期限）与自己的偏好习惯保持一致。然而，与此同时，在面临风险溢价的诱惑时，双方有可能愿意背离自己的期限偏好。

接下来，与流动性理论相似，有关预期理论的第三种解释——偏好理论认为远期利率是未来利率的预期值与风险溢价的和。不过，风险溢价并不总是会随着期限的延长而上升。当某个证券的期限子市场的供给大于需求时，风险溢价的水平也会随之稳定下来。如果市场供给大于需求，还有可能出现负溢价或折价。

对利率期限结构的形状进行解释的最后一种理论叫做市场分割理论。与偏好理论一样，市场分割理论也认为债券市场上的投资者具有期限偏好。不过，该理论假设这些偏好是绝对的，不会受到其他期限产品的高收益预期的诱惑——不管这诱惑有多大——而发生改变。因此，每个期限都对应着一个独立分割的子市场，在每个子市场上，利率水平由市场的供给与需求来决定。因此，任意期限对应的利率水平均与市场对未来利率的预期毫无关系。这个结论令人怀疑，因为该理论暗示的投资者行为毫无理性，不合情理，不符合实际情况。

实证检验结果证明美国国债收益率曲线形状的三个主要影响是（1）市场对未来利率水平变化的预期；（2）债券的风险溢价；（3）凸性偏差。

关键术语

偏向性预期理论	正斜率的收益率曲线	隐含的远期利率
市场分割理论	收益率曲线	单纯预期理论
陡峭的收益率曲线	远期利率	反转的收益率曲线
息票剥离法	偏好理论	再投资风险
正常的收益率曲线	零息票债券	期限结构的流动性理论
利率的期限结构	套期保值率	即期利率
水平的收益率曲线	价格风险	即期利率曲线

思考题

1. a. 什么是收益率曲线？

b. 为什么市场参与者密切关注美国的国债收益率曲线？

2. 即期利率的含义是什么？

3. 解释一下为什么使用一个收益率水平对某种金融资产的所有现金流进行贴现是不恰当的做法。

4. 解释一下为什么金融资产可以被看作一篮子零息票金融工具的组合。

5. 为什么了解远期利率对贷款人和借款人来说都很重要？

6. 即期利率与远期利率之间有什么关系？

7. 假设你是一位金融咨询师。在各种不同的场合下，你从客户那里听到了下列各种关于利率水平的评论。你对其中的每一种观点或说法应当作何反应？

a. "今天的收益率曲线是向上方倾斜的，这意味着市场一致认为未来利率水平将要上升。"

b. "我没法对今天的利率期限结构曲线作出评价。在短期收益率这一端，即期利率随期限的延长而上升；而期限超过 8 年以后的部分，不同期限对应的即期利率水平几乎是相同的。没有哪种理论可以解释这种形状的收益率曲线。"

c. "如果想知道市场对未来利率水平的一致预期是多少，我会去计算隐含的远期利率。"

8. 你观察到了下列国债收益率曲线的数据（所有的收益率均采用债券等价收益率的形式）：

年数	到期收益率	即期利率
0.5	5.25%	5.25%
1.0	5.50%	5.50%
1.5	5.75%	5.76%
2.0	6.00%	?
2.5	6.25%	?
3.0	6.50%	?
3.5	6.75%	?
4.0	7.00%	?
4.5	7.25%	?
5.0	7.50%	?
5.5	7.75%	7.97%
6.0	8.00%	8.27%
6.5	8.25%	8.59%
7.0	8.50%	8.92%
7.5	8.75%	9.25%
8.0	9.00%	9.61%
8.5	9.25%	9.97%
9.0	9.50%	10.36%
9.5	9.75%	10.77%
10.0	10.00%	11.20%

期限不超过 1.5 年的所有债券均是平价出售。6 个月和 1 年期的债券均是零息票债券。

a. 计算一下表中漏掉的即期利率值。

b. 6 年期政府债券的价格应当是多少美元？

c. 5 年后的 6 个月远期利率应当是多少？

9. 你观察到了下列国债收益率曲线的数据（所有的收益率均采用债券等价收益率的形式）：

年数	到期收益率	即期利率
0.5	10.00%	10.00%
1.0	9.75%	9.75%
1.5	9.50%	9.48%
2.0	9.25%	9.22%
2.5	9.00%	8.95%
3.0	8.75%	8.68%
3.5	8.50%	8.41%
4.0	8.25%	8.14%
4.5	8.00%	7.86%
5.0	7.75%	7.58%
5.5	7.50%	7.30%
6.0	7.25%	7.02%
6.5	7.00%	6.74%
7.0	6.75%	6.46%
7.5	6.50%	6.18%
8.0	6.25%	5.90%
8.5	6.00%	5.62%
9.0	5.75%	5.35%
9.5	5.50%	?
10.0	5.25%	?

期限不超过 1.5 年的所有债券均是平价出售。6 个月和 1 年期的债券均是零息票债券。

a. 计算表中漏掉的即期利率值。

b. 4 年期政府债券的价格应当是多少美元？

10. 使用表 19—2 中提供的理论即期利率，计算息票利率为 7% 的 6 年期政府债券的理论价格。

11. a. 使用表 19—2 中提供的理论即期利率值，计算 4 年后的 2 年期远期利率。

b. 假设投资 100 美元，投资期限为 6 年，验证一下自己（a）的答案是否正确。

12. 解释一下在投资决策的制定过程中，远期利率能发挥什么作用。

13. "远期利率对未来实际利率水平的预测准确程度不佳。因此，对投资者来说，远期利率毫无用处。"解释一下你是否同意这种说法。

14. 一位投资者正在考虑两种投资选择。第一种方案是投资于一种 2 年期的金融工具。第二种方案是投资于一种 1 年期的金融工具，1 年后该工具到期时，再将收回的资金再投资于相同的 1 年期金融工具。这位投资者相信，1 年后的 1 年期利率会高于现在的即期利率，因此他倾向于选择第二种方案。你对这位投资者的建议是什么？

15. a. 正常的收益率曲线与陡峭的收益率曲线之间有什么差别？

b. "驼峰状的收益率曲线"是什么意思？

16. 有关预期理论的各种解释或假说对短期远期利率的行为模式具有哪些共同的前提假设？

17. 债券投资面临的风险类型有哪些？这两种风险对单纯预期理论有哪些影响？

18. 列出单纯预期理论的三种解释假说。

19. 有关利率期限结构的两种偏向性预期理论分别是什么？

20. 关于利率期限结构的两种偏向性预期理论，其隐含的前提假设是什么？

21. a. "实证检验结果证明，考虑到国债收益率曲线形状的债券风险溢价水平，国债的平均收益率与久期之间存在着线性关系。"解释一下你是否同意这种观点。如果不同意，解释一下你观察到两者之间存在哪种类型的关系。

b. "凸性偏差"会影响国债收益率曲线的形状，这句话有什么含义？

第7部分
债务市场

第 20 章

货币市场

学习目标

学习完本章内容，读者将会理解以下问题：

- 什么是货币市场
- 什么是短期国库券
- 什么是商业票据及为何发行商业票据
- 商业票据的发行人和主要购买者的类别
- 商业票据的信用等级及其重要性
- 直接发行票据与交易商承销发

行票据之间的区别
- 什么是银行承兑及其如何进行
- 什么是大额定期存单，它有哪些种类
- 什么是回购协议，如何使用回购协议为证券头寸融资
- 回购协议利率水平的影响因素
- 什么是联邦基金市场

在本书的这个部分，我们要把注意力转移到具体的债务型证券上。债务型证券这种金融工具要求债务人按照合约规定定期支付固定金额（通常以名义美元的形式表示）直到某个期限结束。本章要重点讨论的是期限不超过一年的债务工具，它们被称为**货币市场工具**（money market instrument）。它们交易的场所被称为**货币市场**（money market）。在货币市场上，政府、政府机构、公司和市政机构可以借入短期资金；打算进行短期投资的投资者可以把资金投放在这个市场上。

在货币市场上交易的资产类型包括国库券、商业票据、中期票据、银行承兑票据、短期联邦机构证券、短期市政证券、存单、回购协议和联邦基金拆借。① 美

---

① 货币市场涵盖的范围还可以进一步延伸，将原始期限超过 1 年但目前距离到期日已不足 1 年的金融产品也包括进来。

国财政部通过发行国库券来筹集短期资金。金融公司与非金融公司可以在货币市场上发行商业票据。某类金融机构——存款性金融机构（银行与储蓄贷款协会）——在货币市场上发行的产品类型包括定期存单、银行承兑票据以及联邦基金拆借。回购协议是各种实体用证券作为抵押品借入资金的常用工具。

本章我们要讨论的是国库券、商业票据、银行承兑票据、存单、回购协议和联邦基金拆借。短期市政债券会放到第 24 章里讨论；中期债券的内容见第 23 章。中期债券指的是期限为 9 个月到 30 年的公司债券。

国库券

美国国债由美国财政部发行，以美国政府的完全信用作为担保。因此市场参与者把美国国债看作无违约风险的金融产品。

美国财政部发行的证券可分为三类：短期国库券（一般简称为国库券）、中期国债和长期国债。在发行时，短期国库券的期限不超过 1 年，中期国债的期限为 2 年至 10 年，长期国债的期限在 10 年以上。在下一章，我们将会更加详细地讨论美国国债，而本章目前仅介绍短期国库券这一种国债产品，因为它属于在货币市场上交易的期限不超过 1 年的短期金融产品。短期国库券（Treasury bills）定期发行，初始期限可为 4 周、13 周和 26 周。后面两种国库券更常见的是被称为 3 个月国库券和 6 个月国库券。① 下一章我们会介绍国库券发行的拍卖过程。

国库券是一种贴现证券。这种证券不会定期支付利息，证券的持有者要在到期日才能收到利息，因为到期日时持有人收回的资金总额等于债券的面值（即到期价值或债券平价），该金额高于初始的买入价。例如，假设一位投资者以 96 000 美元的价格购买了一份为期 6 个月、票面价值为 100 000 美元的国库券。如果一直持有至到期日，则投资者在到期日那一天可以获得 100 000 美元。于是，到期日收回的资金 100 000 美元与初始购买价格 96 000 美元之间存在的 4 000 美元的差额就是利息。国库券仅是货币市场上众多**贴现证券**（discount securities）中的一个例子而已。

国库券市场是世界上流动性最强的市场。国库券的利息收益可以豁免州政府及当地政府的所得税。

短期国库券的买卖报价

短期国库券的买卖报价采用的是一种特殊方式。与附息票债券的报价方式不同，国库券是以银行贴现方式为基础来报价的，并不是直接报出实际的美元价格。基于银行贴现方式的收益率可使用下式计算：

---

① 由于假日的关系，发行时 4 周、3 个月和 6 个月的国库券具体的到期天数略有差异，具体要看国库券有效期内的假日有几天。例如，3 个月的国库券距离到期日的天数可能是 90 天或 91 天。

$$Y_D = \frac{D}{F} \times \frac{360}{t}$$

其中，

Y_D＝以银行贴现方式为基础计算的收益率（表示为分数形式）

D＝美元贴现额，等于票面价值与价格之间的差额

F＝票面价值

t＝距离到期日的天数

例如，100 天后到期的国库券其面值为 100 000 美元，出售价格为 98 888.89 美元。那么，以银行贴现方式为基础给出的收益率报价就应当等于 4%：

$$D = 100\ 000 \text{ 美元} - 98\ 888.89 \text{ 美元} = 1\ 111.11 \text{ 美元}$$

因此：

$$Y_D = \frac{1\ 111.11}{100\ 000} \times \frac{360}{100} = 4\%$$

如果已经给出了基于银行贴现方式计算的收益率，那么短期国库券的价格可以按照下列方式求出。先由 Y_D 的计算公式解出美元贴现额 D 的值：

$$D = Y_D \times F \frac{t}{360}$$

因此，价格等于：

$$\text{价格} = F - D$$

或者是

$$\text{价格} = F\left(1 - Y_D \frac{t}{360}\right)$$

对于这份面值为 100 000 美元、剩余期限为 100 天的短期国库券来说，如果银行贴现基础上的收益率报价为 4%，那么 D 应当等于：

$$D = 0.04 \times 100\ 000 \text{ 美元} \times \frac{100}{360} = 1\ 111.11 \text{ 美元}$$

因此

$$\text{价格} = 100\ 000 \text{ 美元} - 1\ 111.11 \text{ 美元} = 98\ 888.89 \text{ 美元}$$

银行贴现基础上的收益率报价对衡量国库券的持有收益并无多大意义，原因有二点：首先，这一指标是建立在债券的票面价值而非实际投资额的基础之上的；其次，年收益率的计算基础为 360 天而不是 365 天，这使得短期国库券的收益率很难与中期国债或长期国债的收益率相比较，因为中长期国债是按照一年 365 天的标准来支付利息的。不过，用 360 天来指代一年已经成为货币市场上一些金融产品的报价惯例。尽管作为衡量收益率的指标，这种报价方式存在一定的缺陷，但目前这确实是广大交易商普遍接受的国库券报价方式。许多交易商的报价单以及一些报价服务机构提供了其他两种收益率的衡量指标，目的是使报价的收益率

与附息票债券和其他货币市场工具的收益率具有可比性。

可使短期国库券的报价与中长期国债的报价具有可比性的测量指标叫做债券等价收益率（bond equivalent yield），我们已经在第 18 章里解释过了。**CD 等价收益率**（也可叫做**货币市场等价收益率**）可以使国库券的收益率报价与以 360 天为基础来支付利息的其他货币市场工具的收益率报价具有更大的可比性。之所以会这样，是因为 CD 等价收益率这一指标使用的是国库券的价格而非其面值。CD 等价收益率的计算公式为：

$$CD\ 等价收益率 = \frac{360Y_D}{360 - t(Y_D)}$$

比方说，还是以前面提到的 100 天到期、票面价值为 100 000 美元、售价为 98 888.89 美元的国库券为例。该国库券基于银行贴现方式报出的收益率为 4%，其 CD 等价收益率等于：

$$\frac{360 \times 0.04}{360 - 100 \times 0.04} = 4.04\%$$

国库券的初级市场

正如将在第 21 章里讲的那样，美国国债通常是以拍卖方式定期发行的（与特定的循环周期相对应）。3 个月和 6 个月的国库券每星期都进行拍卖。拍卖的数量通常是在前一周的星期二下午宣布。为期 4 周的国库券每个星期二拍卖一次。每当财政出现临时性的现金短缺时，就会发行现金管理券（cash management bills）。这种现金管理券的期限与财政部预计的资金短缺时间相一致。

商业票据

商业票据（commercial paper）是一种短期无担保、在公开市场上发行的本票，它代表了发行公司应当承担的偿还义务。发行商业票据是信用等级较高的大企业（包括金融企业与非金融企业）除了银行贷款以外的另一种常见融资方式。

发行商业票据的初衷是为公司筹集短期的季节性资金和运营资金，不过很多发行商业票据的公司是出于其他目的。例如，假设一家公司需要一笔长期资金来建造一座工厂或者购买机器设备。该公司不必马上筹集所需要的长期资金，相反地，它可以选择推迟发行时间，直到资本市场上的融资条件变得对自己更加有利时再出手。在发行长期债券之前，公司先使用依靠发行短期商业票据所筹集到的资金。有趣的是，商业票据有时候还可以发挥过渡性贷款的作用，为企业的接管提供资金支持。

在美国，商业票据的期限一般少于 270 天，绝大多数商业票据的期限少于 90 天。这种期限模式是基于下列几个原因。首先，1933 年《证券法》要求企业发行证券时要向证券交易委员会注册登记。1933 年《证券法》中的特别条款规定，期限不超过 270 天的商业票据可以豁免登记手续。因此，为了规避在 SEC 发行注册的相关成本，公司很少发行期限超过 270 天的商业票据。其次要考虑的是商业票据是否能够作为合格的抵押品，帮助银行从联邦储备银行的贴现窗口获得贷款。为了成为合乎要求的抵押品，商业票据的期限不得超过 90 天。由于合规票据的交易成本要低于不合规票据，因此发行者喜欢发行期限不超过 90 天的商业票据。

为了向持有者偿还到期的票据，发行者通常采用发新债还旧债的方法，即用新票据的发行收入来偿还到期票据。这一过程被形象地描述为短期票据的"滚动"发行。商业票据的投资者面临的风险是发行者在到期时无法通过新票据的发行来偿还旧债。为了抵御这种"滚动"风险，商业票据通常会以未使用的银行信贷额度作为还款担保。由于获得银行信贷额度需要向银行缴纳承诺费，因此这实际上提高了商业票据的发行成本。

商业票据的投资者均为机构投资者。市面上已发行的商业票据的三分之一是由货币市场共同基金持有的。希望进行短期投资的养老基金、商业银行信托部门、州政府与当地政府以及非金融企业购买了余下的三分之二。

商业票据的二级市场交易非常清淡。一般来说，投资于商业票据的实体通常会将票据持有到期，这种做法不难理解，因为只要发行人发行的票据期限符合投资者的要求，投资者就可以与票据发行人直接进行交易，从其手上买入票据。

商业票据的发行人

商业票据的公司发行人可以分为金融企业和非金融企业。金融企业是商业票据的主要发行人。

发行票据的金融公司可以分为三类：附属性的金融公司、与银行有关的金融公司和独立的金融公司。附属性金融公司是设备制造公司的附属机构，它们的主要任务是为母公司的顾客提供融资服务。例如，美国的三大汽车制造商都有其附属的金融公司——通用汽车承兑公司、福特信用公司以及克莱斯勒金融公司。通用汽车承兑公司是目前美国最大的商业票据发行公司。此外，银行持股公司也可能拥有自己的附属金融公司，通过该附属公司可以向计划购买各种产品的个人或商业机构提供贷款。独立的金融公司不依附于设备制造型企业或银行控股公司。

商业票据的发行者大都拥有比较高的信用等级。不过，那些信用等级较低、默默无闻的小公司也可以发行商业票据，方法是从高信用等级的公司那里获得信用支持（这样的票据被称为信用支持商业票据），或者是用高质量的资产作为票据发行的抵押品（这样的票据被称为资产支持商业票据）。信用支持商业票据的一个例子是以信用证为担保发行的票据。信用证的具体条款特别指明发证银行保证在发行人于票据到期后没有偿还时，代替其偿还债务。银行对开出的信用证要收取一定的费用。从发行人的角度来看，这笔费用能够使其进入商业票据市场，以低于银行贷款的成本获得资金。采用这种信用增强（credit enhancement）方式发行的商业票据被称为 LOC 票据。发行人还可以采用保险公司担保债券的形式来实现信用增强的目的。[①]

---

① 保险债券是由保险公司开具的保护对方免于违约损失的保单。

本土公司与外国公司均可以在美国市场上发行商业票据。外国实体发行的商业票据叫做**扬基商业票据**（Yankee commercial paper）。

在第 17 章，我们曾讨论过评价债务工具发行人信用风险水平的评级机构。这种评级机构会基于发行人的违约可能性给出其信用评级。穆迪投资者服务公司、标准普尔公司和惠誉公司是公认的行业翘楚。商业票据的信用等级可参考表 20—1。

表 20—1 商业票据的信用等级

类别	商业评级公司		
	惠誉公司	穆迪公司	标准普尔公司
A 优级中较高的级别	F—1+		A—1+
	F—1	P—1	A—1
A 优级中较低的级别	F—2	P—2	A—2
	F—3	P—3	A—3
优级以下的投机级别	F—5	NP（非优级）	B
			C
违约	D	NP（非优级）	D

商业票据可以贴现发行，也可以单独支付利息。采用贴现发行方式时，投资者以低于票据票面价值的价格买入票据，等到期时可以获得相当于票面价值的金额。于是，票面价值与初始购买价格之间的差额就等于利息。这与国库券的发行方式相同。如果采用单独支付利息的方式，投资者从发行人处买入票据时支付的价格等于票据的票面价值，且双方已明确约定了利率水平。到期日来临时，投资者收回的资金等于票面价值再加上按照约定的利率水平算出的累积利息收益。与国库券一样，商业票据的收益率报价采用的也是贴现报价形式。

直接发行与交易商承销发行的票据

商业票据可以分为**直接发行票据**（directly placed paper）与**交易商承销发行票据**（dealer-placed paper）两大类。直接发行票据不经过任何代理商或中介机构，直接由发行公司出售给投资者。（发行人可以建立自己的经纪公司来处理销售事宜。）绝大多数直接发行票据的发行者都是金融公司。这些机构需要源源不断地获得资金来满足客户的贷款需求。因此，它们发现建立一支属于自己的销售队伍负责将其发行的票据直接出售给投资者更能起到节约成本的作用。机构投资者可以通过彭博资讯（Bloomberg Financial Market）、德励财经资讯/桥讯（Telerate/Bridge）、路透社（Reuters）和互联网（www.cpmarket.com）查看发行人公布的商业票据利率信息。[①]

通用电气资本公司（GE Capital）就是直接发行人的典型案例。该公司独立发行商业票据的历史已超过 50 年。通用电气资本公司是通用电气公司旗下的主要金融服务机构，目前是美国国内规模最大、最为活跃的票据发行人，已发行的商业票据累计达到了 730 亿美元。通用电气资本公司的公司金融部管理着通用电气公

---

① www.cpmarket.com 是第一个互联网上以浏览器为基础的商业票据交易门户网站。

司、通用电气资本服务公司、通用电气资本公司的商业票据项目以及其他与通用电气公司有关的项目。公司金融部或通用电气资本公司下设的资本市场集团（这是一家在全美证券交易商协会注册登记的经纪自营商）负责将商业票据源源不断地直接出售给机构投资者。

交易商承销发行的商业票据需要代理商协助票据的发行工作。作为代理商，投资银行以尽力代销的形式分销票据（有关代销形式的更多内容可参考第 6 章）。

第一等级与第二等级票据

货币市场共同基金是商业票据市场上的主要投资者。不过，证券交易委员会对货币市场共同基金的投资行为设置了诸多限制条款。尤其值得一提的是，1940年《投资公司法》（Investment Company Act）的 2a-7 规定对货币市场共同基金信用风险敞口的规模提出了限制，要求其只能投资于"合乎要求的"商业票据。所谓的"要求"主要针对的是商业票据的信用等级，具体可参考表 20—1。若想成为货币市场共同基金可投资的对象，发行人发行的商业票据必须获得至少两家全国知名的统计评级机构给出的两个最高信用等级之一（第一等级或第二等级）。至少有两家信用评级机构给出"1 级"等级的商业票据被确认为第一等级票据。不属于第一等级的合规票据被归入第二等级票据类别。

货币市场基金对任意一个发行人发行的第一等级票据的投资额不得超过其资产总额的 5%，对任意一个发行人发行的第二等级票据的投资额不得超过其资产总额的 1%。而且，货币市场基金持有的第二等级票据总额不得超过基金总资产的 5%。

商业票据的二级市场

尽管商业票据的市场规模要比其他货币市场工具的市场规模大得多，但是其二级市场的交易量却是相当的小。由于在购买票据之前可以根据需要选择特定期限的产品，因此商业票据的投资者通常都会计划一直将商业票据持有到期。如果投资者的经济状况发生了变化导致其需要卖出票据，则投资者可以把它们卖回给交易商。如果是直接发行票据，投资者可以将票据卖回给发行人。

商业票据的收益

商业票据的收益率与其他货币市场工具的收益率相近。商业票据的收益率要高于期限相同的国库券的收益率，原因有三点：首先，商业票据的投资者要面临信用风险。其次，投资于国库券获得的利息收益可以豁免州政府及地方政府的所得税，因此，商业票据必须提供较高的收益率以抗衡国库券的税收优势。最后，商业票据的流动性不如国库券。不过，投资者要求获得的流动性风险溢价可能比较小，因为他们在投资商业票据时通常采用的是购买—持有策略，所以对流动性不太关心。

非美国商业票据市场

其他国家也为本土企业或外国企业发展了自己的商业票据市场。例如，在日本国内，日本企业可以在国内市场上发行商业票据，非日本实体可以发行以日元计价的商业票据。后者被称为**武士商业票据**（Samurai commercial paper）。

欧洲商业票据（Eurocommercial paper）是在货币发行国以外发行的、以该国货币计价的票据。在商业票据的特点与市场结构方面，美国的商业票据与欧洲商业票据之间存在着一定差异。第一，美国市场上发行的商业票据的期限通常少于270天，最常见的是在 30 天到 50 天之间甚至更短，而欧洲商业票据的期限要长得多；第二，美国市场上的发行人必须拥有未使用过的银行信贷额度，而在欧洲票据市场上，即使没有类似的担保也可以发行商业票据；第三，在美国市场上，商业票据既可以直接发行，也可借助交易商承销发行，而欧洲商业票据大多数是由交易商承销发行的；第四，在欧洲票据市场上，交易商的数量非常大，而在美国市场上，交易商的数量寥寥无几，他们占据着市场的主导地位；第五，由于欧洲商业票据的期限较长，因此与美国商业票据相比，它们在二级市场上的交易频率会更高一些。在美国，商业票据的投资者一般都采取买入持有策略，因此二级市场的交易非常清淡，流动性较差。

大额可转让存单

存单（CD）是银行或储蓄机构发行的一种金融资产，它表明有一笔特定数额的货币已存入发行该资产的存款性金融机构。银行或储蓄机构发行存单产品的目的是为其业务发展提供所需的资金。存单标明了具体的到期时间和利率水平，面额可以随意指定。银行发行的存单参加了联邦存款保险公司的保险，但保险金额的上限仅为 10 万美元，某些退休账户的保险限额最多为 250 000 美元。CD 的最长期限没有限制，但是按照美联储的规定，其最短期限不得少于 7 天。

存单产品可以是可转让的，也可以是不可转让的。对于前者，初始存款人必须等到存单到期时才能收回投资资金。如果存款人想在到期日之前提取资金，那么发行人会向其收取提前支取的罚息。与之相反的是，可转让存单允许初始存款人（或随后的任意一个存单持有者）于到期日来临前在公开市场上出售存单。

可转让存单诞生于 20 世纪 60 年代早期。那时候，银行对各种存款产品支付的最高利息要受到美联储制定的利率上限的管制（除了那些期限小于一个月、按照法律规定可以不支付利息的通知存款以外）。由于复杂的历史原因，利率上限的起点较低，随着期限的延长而缓慢上升，但是即使是较长期限对应的利率上限仍然低于市场利率水平。在可转让存单诞生之前，那些打算短期投资（比方说一个月）的投资者根本不愿意把钱存到银行，因为除非他们准备把资金长期存在银行里，否则得到的利息要比市场上低。可转让存单出现后，这些投资者可以购买三个月或期限更长的可转让存单产品。这些存单产品支付的就是市场收益率，而且投资者能够在市场上提前将其出售，收回全部初始投资额甚至高于初始投资额（取决于当时的市场情况）。

这种创新产品有助于增加银行在货币市场上的资金筹集量，而原本在第二次世界大战结束后早期，银行在货币市场上的地位已逐渐式微。它还促进了银行之间的竞争，迎来了一个新的时代。现在市场上一共有两种可转让存单产品。第一种是大额存单，通常面额至少为100万美元或以上。这种类型的存单是可以转让的，有关它的发展历史我们在前面已经讲过了。

1982年，美林证券公司进入存单零售市场，开创了小面额存单产品（面额低于10万美元）的初级市场与二级市场，这就是我们前面提到的第二种存单产品。美林公司不仅使零售客户能够买到各家银行与储蓄机构发行的存单产品，而且还让这些小额投资者享受到了存单可转让的特权。以前只有那些准备提前买回存单的机构大客户才能享有这种特权。现在，一些以零售业务为主的经纪公司也发行可在二级市场上转让的存单产品。不过，本章我们研究的重点是大额可转让存单，本章内我们将其简称为存单（CDs）。

存单的最大投资者是投资公司，其中货币市场基金占据了较大的份额。银行与银行信托部门远远地落在后面。此外，一些市政机构和公司也持有少量的存单产品。

存单的发行人

按照发行机构的类型，大额可转让存单可分为下列四种类型：（1）由本国银行发行的存单产品；（2）以美元标价、在美国国土之外发行的存单。这种存单产品被称为欧洲美元存单（Eurodollar CDs）或欧洲存单（Euro CDs）；（3）扬基存单（Yankee CD），指的是在美国设有分支机构的外国银行发行的以美元标价的存单；（4）储蓄存单（thrift CD），指的是由储蓄贷款协会或储蓄银行发行的存单。

货币中心银行和大型地区性银行是本国存单的主要发行者。绝大多数存单的期限都不超过一年。期限超过一年的存单被称为定期存单（term CD）。

与国库券、商业票据和银行承兑票据不同的是（这一点我们后面再讨论），国内存单的收益率是按照附息方式来报价的。期限为一年或一年以下的存单在到期时支付利息。为了便于计算利息，一年的天数被算作360天。在美国发行的定期存单一般是每半年支付一次利息，同样把一年算作360天。

浮动利率存单（floating-rate CD，FRCD）适用的利率水平按照预先约定好的公式定期调整。利率的决定公式表现为在某种利率指标的基础上再加上一定的利差。随着该利率指标的变化，存单的利率水平也将定期重新设定。浮动利率存单的利率水平可以每天、每周、每月、每季甚至每半年调整一次。常见的浮动利率存单的期限为18个月到五年。

欧洲存单是以美元标价的存单产品，主要由美国、加拿大、欧洲和日本的银行在伦敦地区发行。

存单的收益率差异较大，主要取决于三个因素：（1）发行银行的信用等级；

（2）存单的期限；（3）存单的供给与需求情况。对于第三个因素，由于银行和储蓄机构把发行存单产品作为其负债管理策略的一个组成部分，因此银行贷款需求与其他资金来源成本的增加都会促使存单的供应量上升。而且，银行贷款的需求也要受到其他资金来源（例如商业票据）成本的影响。当贷款需求不旺时，存单的利率水平就会下降；当贷款需求旺盛时，存单的利率水平就会上升。期限长短对存单收益率的影响要取决于收益率曲线的形状。

信用风险已经成为市场参与者非常关注的问题。由货币中心银行发行的国内存单产品曾经以不记名的形式交易。然而，近来银行业频频爆出的危机使得投资者对发行银行提高了警惕。资信等级高的国内银行发行的优等存单，其收益率要低于资信等级较低的国内银行发行的非优等存单。由于投资者对外国银行不了解，因此扬基存单的收益率一般要高于国内存单。

欧洲存单的收益率要高于相同期限的国内存单，原因主要有三点：第一，美联储要求发行存单产品的美国本土银行满足相应的存款准备金要求，而欧洲存单的发行人不用遵守这一规定。准备金要求实际上提高了发行银行的融资成本，因为它使发行银行不能把所得收入全部用于投资，而以准备金形式存在的资金也不能为发行银行带来任何收益。由于国内银行从发行存单所筹集的资金中获得的投资收益减少了，因此它们对国内发行的存单产品标出的价格（收益率）要比欧洲存单低。第二，存单发行银行必须向联邦存款保险公司交纳一定的保险费，这也提高了其资金成本。第三，欧洲存单是处于外国司法管辖区域内的机构的应付美元债务，这就使其持有者面临这样的风险——他们的求偿权在国外司法管辖区域内无法得到执行（这种风险叫做主权风险）。因此欧洲存单与国内存单收益率之间的利差部分地反映了这种主权风险溢价。这种风险溢价会随着投资者对国际银行体系信心的强弱而发生变化。

存单的收益率高于相同期限的国库券。利差的产生主要是由于 CD 的投资者要面临信用风险以及存单的流动性较差等。由于信用风险因素而形成的利差部分会随着经济状况及投资者对银行体系信心的变化而变化。当出现"安全投资转移"行为（flight to quality，指的是投资者把大部分资金转移到高质量等级或风险极小的债务工具上）或银行体系爆发危机时，利差幅度将会扩大。

在存单市场上，交易商的数量一度有 30 余家。数量众多的交易商为市场提供了很好的流动性。现在，市场上只有少数几家交易商在为存单产品做市，因此目前存单市场的流动性较差。

银行承兑票据

简单地说，**银行承兑票据**（bankers acceptance）是为方便商业交易活动而创造出来的一种金融工具。由于银行承诺履行向票据的持有人偿还贷款的最后付款责任，因此这种凭证被称为银行承兑票据。使用银行承兑票据为商业交易融资的方式被称为承兑融资（acceptance financing）。

可使用银行承兑票据的交易活动包括：（1）向美国国内进口货物；（2）从美

国向外出口货物；（3）其他两国间货物的储存和运输（进出口商为非美国公司）；①（4）美国国内两机构之间货物的储存与运输。

与国库券和商业票据一样，银行承兑票据也是以贴现方式发行的。为了计算向客户收取多高的承兑费率，银行会先确定在公开市场上销售银行承兑票据的利率水平，然后在其基础上加上佣金费用。

银行承兑票据创造过程的示例

解释创造银行承兑票据的最好方式就是用例子来说明。我们的交易涉及下列几家机构：

- 美国汽车进口商（汽车进口商），一家位于新泽西州的汽车销售公司。
- 德国迅捷汽车公司（GFA），德国的一家汽车制造商。
- 第一霍博肯银行（霍博肯银行），一家位于新泽西州霍博肯市的商业银行。
- 西柏林国民银行（柏林银行），德国的一家银行。
- 高卡利巴货币市场基金（High-Caliber Money Market Fund），美国的一家投资于货币市场工具的共同基金。

汽车进口商和德国迅捷汽车公司正在考虑达成一项商业交易，汽车进口商想进口15辆德国迅捷汽车公司制造的汽车，而德国迅捷汽车公司对汽车进口商收到车辆后的付款能力有所顾虑。

双方同意使用银行承兑融资工具作为交易手段。汽车进口商答应购买15辆车支付30万美元。销售条款规定，汽车进口商要在迅捷汽车公司将15辆汽车发货60天后付款。德国迅捷汽车公司会考虑是否接受30万美元的报价。此外，德国迅捷汽车公司还必须算出30万美元的现值，因为货款在汽车发运60天后才能收到。假定德国迅捷汽车公司同意了上述条款。

汽车进口商与其开户银行——霍博肯银行商定，由后者签发一张信用证。该信用证注明霍博肯银行会为汽车进口商在德国迅捷汽车公司发货60天后的付款义务提供担保。随后，霍博肯银行将信用证（或者称为期票）寄送给德国迅捷汽车公司的开户银行——柏林银行。在收到信用证以后，柏林银行会通知德国迅捷汽车公司，后者随机将15辆汽车发出。发货后，德国迅捷汽车公司会把货运单据提交给柏林银行，获得柏林银行支付给它的30万美元的现值。于是，接下来的交易便与德国迅捷汽车公司没什么关系了。

柏林银行把期票和货运单据交给霍博肯银行，后者将在期票上盖上"承兑"的字样，这样霍博肯银行就创造了一张银行承兑票据，这意味着该银行同意在期票到期后向其持有者支付30万美元。随后，汽车进口商拿到了运输单据。一旦它与霍博肯银行签订了融资协议，就能提走这15辆汽车。

此时，银行承兑票据的持有者是柏林银行。它有两种选择：要么把该票据作为其贷款组合中的一项投资继续持有，要么要求霍博肯银行支付30万美元的现值。我们假设柏林银行选择了第二种方案。

---

① 这些交易中被创造出来的银行承兑票据叫做第三国承兑。

于是，银行承兑票据的持有者变成了霍博肯银行。它也有两种选择：持有该票据，将其作为其贷款组合中的一项投资，或者把它卖给投资者。我们假设银行选择了后者，而此时高卡利巴货币市场基金正在寻找一项与该银行承兑票据期限相同的高质量投资项目。霍博肯银行把承兑票据卖给了货币市场基金，价格就等于 30 万美元的现值。霍博肯银行还可以这样做：不直接将票据出售给投资者，而是将其先卖给中间商，然后由中间商再转售给货币市场基金这样的投资者。在这两种情况下，在票据到期日后，货币市场基金都会把银行承兑票据提交给霍博肯银行，获得 30 万美元，然后银行再从汽车进口商那里收回资金。

承兑银行

创造银行承兑票据的银行被称为**承兑银行**（accepting banks）。银行承兑票据可以通过交易商市场来分销，交易商市场上有 15 家到 20 家大型企业，绝大多数企业的总部位于纽约市。规模较大的地区性银行拥有自己的销售队伍，可以直接销售自己发行的银行承兑票据，但是仍然需要借助交易商来销售自己无法全部卖掉的票据。

合格的银行承兑票据

打算将银行承兑票据保留在投资组合内的承兑银行也许可以把票据当作抵押品，向美联储贴现窗口申请贷款。我们之所以用"也许"这个词，是因为银行承兑票据若想成为符合要求的贷款抵押品，必须满足美联储规定的几个条件。其中一项条件是除了几种例外情况以外，要求票据的期限不得超过 6 个月。虽然其他要求细节过于复杂，我们无法在这里一一讲述，但是其基本原则却十分简单：银行承兑票据应当被用来为自偿性的商业交易提供融资服务。[1]

满足上述要求十分重要，因为美联储对那些通过发行不合格的银行承兑票据所筹集到的资金制定了准备金要求。承兑银行卖出的银行承兑票据是该银行的潜在负债，但是对于合格的票据，美联储没有制定准备金要求。因此，大多数银行承兑票据满足各种各样的合格标准。此外，美联储对银行发行的合格银行承兑票据的数量也设置了限制。

信用风险

银行承兑票据的投资者同样面临着信用风险，即票据到期时借款人或承兑银行不能偿还本金的风险。承兑票据向投资者提供的收益率水平反映了这一风险——银行承兑票据的收益率要高于无风险的国库券。银行承兑票据的收益率中还包含了流动性风险溢价。银行承兑票据的收益率之所以会包含流动性风险溢价，是因为其二级市场的发展程度远远落后于国库券市场。因此，银行承兑票据与国库券之间的利差代表的是投资者因承担较高的信用风险和流动性较差的风险而应当获得的补偿。

---

[1] 关于合格的银行承兑票据需满足的要求可以参考 Jean M. Hahr and Willliam C. Melton, "Bankers Acceptances," *Quarterly Review*, Federal Reserve Bank of New York (Summer 1981)。

回购协议

回购协议是证券出售时卖家向买家承诺在未来某个时间按照预先约定好的价格再将证券买回来的协议。从根本上来说，回购协议是一种抵押贷款，抵押品就是证券。回购协议中的抵押品可以是货币市场工具、美国国债、联邦机构证券、抵押贷款支持证券或资产支持证券。

解释回购协议的最佳方式便是举例说明。假设一家证券交易商购买了价值 1 000 万美元的某种债券。交易商支付这笔头寸的资金来源于哪里呢？当然，交易商可以用自有资金或申请银行贷款来完成付款。但是，一般情况下，交易商会使用回购协议或**回购市场**（repo market）来获取所需的资金。在回购市场上，交易商可以把这价值为 1 000 万美元的国债作为抵押品来取得贷款。贷款的期限以及交易商同意支付的利率水平（即回购利率，repo rate）都已约定好了。如果贷款的期限为一天，这样的回购协议被称为"隔夜回购协议"（overnight repo）；期限长于一天的贷款叫做"定期回购协议"（term repo）。

这种交易被叫做回购协议的原因是它要求卖方先出售证券，然后在未来某个时间点再把证券买回来。卖出价与购回价已在协议中明确标出，买入价与卖出价的差额就是贷款的美元利息成本。

在我们的例子中，交易商需要为其打算购买的 1 000 万美元证券融资，并且这笔资金要持有过夜。假设交易商的客户有 1 000 万美元的多余资金。[①] 交易商同意把价值为 1 000 万美元的证券卖给这位客户，卖出价要取决于回购利率水平；然后到了第二天，交易商再从客户那里把这笔证券买回来，向客户支付 1 000 万美元。假设隔夜回购利率为 6.5%。那么交易商会同意按照 9 998 195 美元的价格把这笔证券卖给客户，然后再以 1 000 万美元的价格从对方手中买回。9 998 195 美元的卖出价与 1 000 万美元的赎回价之间的差额 1 805 美元就是融资的利息成本。从客户的角度来看，这种协议叫做"反向回购协议"（reverse repo）。

下列公式可用于计算回购交易涉及的美元利息：

$$\text{美元利息} = \text{美元本金} \times \text{回购利率} \times \frac{\text{回购期限}}{360}$$

注意，上式中利息是按照一年 360 天的标准计算的。在本例中，回购利率为 6.5%，回购期限为 1 天（隔夜），则美元利息等于 1 805 美元：

$$9\,998\,195\,\text{美元} \times 0.065 \times \frac{1}{360} = 1\,805\,\text{美元}$$

对于交易商来说，使用回购市场的好处在于可以获得融资成本低于银行贷款的短期资金。我们将在本节的后面部分对这一点作出解释。从客户的角度来看，对于这种流动性非常强的短期有担保交易，回购市场提供的收益率水平非常诱人。

---

① 该客户可能是一家刚刚收到税收收入的市政机构，暂时还不需要立即动用这笔资金。

本例说明了交易商可以在回购市场上为多头头寸融资。此外，交易商还可以利用回购市场将空头头寸平仓。例如，假设一位政府交易商两个星期前卖出了价值为 1 000 万美元的国债，现在必须要把这个空头头寸轧平，即交付债券。交易商可以做一个反向回购交易（同意购买证券，随后再将其售回）。当然，为了真正弥补这一空头头寸，交易商最终还是需要在市场上实际买入国债来轧平其空头头寸。

华尔街形容回购协议时会使用很多行话。为了理解这些行话，大家必须记住：一方是贷出货币，接受证券作为贷款的抵押品；另一方是借入货币，提供证券作为借款的抵押品。当某一方为了获得现金（即借款）而贷出证券时，人们把这种行为叫做"掉换出"（reverse out）证券，以证券为抵押品贷出资金的一方被称为"掉换进"（reverse in）证券。"回购证券"（to repo securities）和"做回购交易"（to do repo）这两种说法也经常使用，前者意味着某人打算以证券为抵押品为证券头寸获得融资，后者意味着当事人打算投资于回购业务。最后，"卖出抵押品"和"买入抵押品"的说法被用于形容当事人一方面用回购协议为购入证券融资，另一方面又将证券作为抵押品贷放出去。

信用风险

虽然回购交易中使用的是高质量的抵押品，但是交易双方同样面临着信用风险。20 世纪 80 年代，一些参与回购交易的小型政府证券经销商的破产倒闭让市场参与者对交易对手的信用可信度更加担心。[1]

为什么回购交易过程中双方会面临信用风险？想一想我们最初给出的那个例子。如果交易商无力购回政府债券，客户就可以保留这些抵押品；然而，如果回购交易达成后，政府债券的利率水平上升，则其市场价格就会下跌，客户拥有的债券的市场价值就会低于贷款的价值；反过来，如果债券的市场价值上升，交易商就会担心抵押品收不回来，因为此时证券的市场价值要高于贷款的价值。

现在，为了降低信用风险，市场参与者精心设计了回购协议的具体条款。贷款的金额要低于抵押品证券的市场价值，在证券市场价格下跌时这能给贷款人提供一定的缓冲与保护。证券抵押品的市值高于贷款价值的部分被称为"保证金"（margin）或"折扣"（haircut）。保证金的额度一般在 1％ 到 3％ 之间。对于信用等级较低的借款者或当证券抵押品的流动性不强时，保证金的额度可能会达到 10％甚至更高。

限制信用风险的另一种做法是定期根据抵押品的市场价格来调整其价值。各位读者请回忆一下前面曾经讲过的"逐日盯市"的操作手法。第 10 章解释期货合约时，我们第一次提到"逐日盯市"，其含义是按照市场价格来调整头寸的价值。当市场价格发生一定变化时，回购协议的证券头寸价值也会进行相应调整。假设一个交易商用市值为 2 040 万美元的抵押品借到了 2 000 万美元，保证金的比例为2％。再假设后来抵押品的市值跌到了 2 010 万美元，回购协议条款明确规定在这

---

[1] 破产企业包括：Drysdale Government Securities，Lion Capital，RTD Securities，Inc. ，Belvill Bressler & Schulman，Inc. 以及 ESM Government Securities，Inc.。

种情况下，要么追加保证金，要么重新给回购协议定价。在追加保证金时，交易商必须交纳市值为 30 万美元的额外抵押品，使得保证金的金额达到 40 万美元。如果双方同意重新定价，那么回购协议的本金额将从 2 000 万美元变为 1 970 万美元（2 010 万美元的市值除以 1.02）。随后，交易商会付给客户 30 万美元。

在设计回购协议时值得注意的一点是向贷款者移交抵押品。显然，最简单的做法是由借款人把抵押品交给贷款人。回购协议期满时，贷款人会把抵押品返还给借款人，同时收回本金和利息。不过，这种做法的成本过于高昂，对短期回购协议来说更是如此，因为交付抵押品的成本较高。借款人可以通过降低回购利率的方法使抵押品的交付成本得到一定程度的弥补。贷款者无法获得抵押品的风险指的是借款人可能把证券卖掉或者使用这些证券去和另一方做回购。

除了交付抵押品这种做法以外，贷款者也可以允许借款人将证券抵押品存放在单独的托管账户内。当然，在这种情况下，贷款人依然会面临风险——借款人有可能使用同一抵押品与第三方做回购交易。

另一种做法是借款人把抵押品存入贷款人开立的托管账户内——该账户的开户行就是借款人的结算银行——托管人代表贷款者持有抵押品。由于这种做法不过是在借款人结算银行内部不同账户之间进行资产的划拨，因此抵押品的交付费用大大降低。例如，假设一个交易商与客户 A 签订了一份隔夜回购协议，第二天客户 A 会把抵押品会返还给交易商。随后，交易商还可以与客户 B 签订一份不需要再次交付抵押品的为期五天的回购协议。结算银行只需要为客户 B 建立一个托管账户，然后把抵押品存入该账户就可以了。这种协议叫做三方协议。

市场的参与者

由于交易商企业（充当交易商的投资银行和货币中心银行）经常用回购协议为头寸融资或者是将空头头寸平仓，因此回购市场已经成为货币市场规模最大的组成部分之一。金融公司和非金融公司在市场同时扮演着买者和卖者的角色，具体要取决于它们面对的市场环境。储蓄银行与商业银行一般是抵押品的净卖出者（即资金的净借入者）。货币市场基金、银行的信托部门、市政当局和公司一般是抵押品的净买入者（即资金的提供者）。

虽然交易商主要利用回购市场达到为存货融资和轧平空头头寸的目的，不过它们还可利用回购市场进行**期限匹配交易**（matched book），即同时做两笔相同期限的回购交易与反向回购交易。交易商可以通过期限匹配交易获得回购交易与反向回购交易之间的利差。例如，假设一位交易商与一个货币市场基金签订了为期十天的回购协议，同时又与一家储蓄机构签订了为期十天的反向回购协议，两份回购协议使用了相同的抵押品。这意味着交易商从货币市场基金处借入贷款后又把这笔资金转贷给了储蓄机构。如果回购利率是 7.5%，反向回购利率是 7.55%，那么交易商按照 7.5% 的利率水平借入资金，再按照 7.55% 的利率水平将资金贷出，就锁定了 0.05% 的利差收益（5 个基点）。

另外一类市场参与者是**回购经纪人**（repo broker）。为了搞清楚回购经纪人在市场上发挥的作用，假设交易商卖空了价值为 5 000 万美元的证券，随后向老客户们询问它是否能够通过反向回购交易借入卖空的证券。假设交易商无法找到愿意与之进行反向回购交易的交易对手，那么此时交易商便可以使用回购经纪人提供的服务。如果抵押品很难获得，我们就将其称为"热门"或"特殊"证券。

美联储也参与了回购市场的交易。美联储可以通过公开市场操作——迅速地买入或卖出政府证券——影响短期利率水平。不过，美联储并不经常使用这种方法。相反地，美联储常常通过买入或卖出抵押证券来推行货币政策。通过买入抵押证券（即贷出资金），美联储可以向金融市场注入货币，给短期利率造成下降的压力。如果美联储使用自己的账户买入抵押证券，就叫做"系统回购"（system repo）；如果是美联储代表外国央行在回购交易中买入抵押证券，则这种交易就叫做"客户回购"（customer repo）。美联储主要通过系统回购来影响短期利率水平，通过卖出自己账户中的证券，美联储可以从市场上抽回资金，从而给短期利率造成上升的压力，这种交易被称为"卖出回购证券"（matched sale）。

请大家注意美联储在回购市场上进行的交易所对应的术语。当美联储凭借抵押证券放款时，我们将其称为系统回购或客户回购，而不是反向回购；美联储利用抵押证券借入资金的交易则被称为"卖出回购证券"，而非回购。这些行话颇令人迷惑，这也是为什么我们要用"买入抵押证券"和"卖出抵押证券"之类的术语来描述交易双方的市场行为。

回购利率的决定因素

不同的回购交易使用的回购利率差异较大，主要取决于下列几个因素。

- 信用品质：抵押证券的信用品质和流动性越高，回购利率就越低。
- 回购期限：回购协议的期限对利率的影响程度要取决于收益率曲线的形状。
- 抵押证券的交付要求：如前所述，如果需要把抵押证券交付给贷款者，那么回购利率就会比较低；如果抵押证券可以存入借款人的开户行，则回购利率就会比较高。
- 抵押证券的易得性：获得抵押证券的难度越高，回购利率就会越低。为了理解这背后的原因，请设想一下借款人（相当于抵押证券的卖出者）拥有热门证券或某种特殊证券的情况。需要该抵押证券的一方为了得到它会愿意按照较低的回购利率贷出资金。

这些因素可以决定某一笔具体交易的回购利率，而回购利率的总体水平是由联邦基金利率决定的。一般来说，回购利率要低于联邦基金利率，因为回购交易本质上是一种抵押借款，而联邦基金交易是一种无担保的借款交易。

联邦基金市场

本章我们要讨论的最后一个市场是联邦基金市场[*]。该市场上形成的利率水平

---

[*] 这是约定俗成的译法，也可以译为联邦资金拆借市场。——译者注

是影响本章讲过的其他所有货币市场工具利率水平的主要因素。

正如我们在第3章里讲过的那样，存款性金融机构（商业银行和储蓄机构）被要求持有一定的存款准备金。这些准备金被存放在本地区的联邦储备银行里，人们把它叫做**联邦基金**（federal funds）。一家银行必须保有的准备金额度取决于其之前14天内的平均日存款额。

联邦基金是无息存款。因此，如果一家存款机构持有的联邦基金超过了规定的数额，那么就会带来一定的机会成本，即超额准备金的利息损失。另外，市场上也存在着一些联邦基金少于规定数额的存款性金融机构。一般来说，小银行常常拥有超额准备金，而货币中心银行经常处于准备金不足的状态，它们必须补上这个缺口。银行设有联邦基金管理部门，专门负责管理本银行的联邦基金头寸。

准备金不足的银行弥补准备金缺口的一个办法是与非银行客户签订回购协议。另一种方法是从有超额准备金的银行那里借入联邦基金。准备金短缺的银行借入联邦基金和准备金多余的银行贷出联邦基金的市场被称为联邦基金市场。到目前为止，商业银行是联邦基金市场上的最大投资者。

联邦基金的供给与需求决定的均衡利率水平被称为联邦基金利率（federal funds rate）。联邦基金利率与回购利率的关系很密切，因为两者都是银行借款的手段。由于联邦基金是无担保的贷款，因此其利率水平要更高一些；回购协议则不同，贷款人可以把证券作为贷款的抵押物。这两个利率水平之间的差额随着市场环境的变化而变化。一般来说，利差大约在25个基点左右。

虽然大多数联邦基金交易是隔夜交易，但是也有一些期限为1周至6个月的长期交易。买方与卖方——它们通常是一些大型商业银行及其往来银行——之间直接进行交易。某些联邦基金交易需要经纪人从中协助。

小　结

货币市场工具是初始发行期限为一年或一年以下的债务凭证。期限在一年或一年以下的政府证券叫做国库券。国库券是以贴现方式发行的。投资者收到的利息等于国库券的到期价格与初始购买价格之间的差额。国库券的买入价和卖出价是基于银行贴现方式来报价的。

商业票据是公开市场上发行的短期无担保本票，它代表的是发行机构的债务。一般情况下，商业票据的期限少于90天。金融公司和非金融公司都可以发行商业票据，不过绝大多数商业票据是由金融公司发行的。发行公司可以不通过中介机构直接将自己发行的商业票据出售给投资者，以这种方式发行的票据叫做直接发行票据；同时，发行人也可以聘请经纪公司代其销售票据，以这种方式发行的票据叫做交易商承销发行票据。美

国以外的其他国家也有商业票据市场。欧洲商业票据指的是在票据计价货币主权国境外发行并销售的商业票据。

存单是银行和储蓄机构为达到给商业活动筹措资金的目的而发行的金融工具。与其他银行存款产品不同的是，这些存单可以在二级市场上转让。存单产品可以分为四种类型：国内存单、欧洲美元存单（或者叫做欧洲存单）、扬基存单和储蓄存单。与国库券、商业票据和银行承兑票据不同的是，国内发行的存单产品是按照附息票的方式报价的。浮动利率存单是一种票面利率按照事先约定好的公式定期进行调整的存单产品。

银行承兑票据是为了方便商业交易尤其是国际贸易而创造出来的工具。它们之所以被命名为银行承兑票据，主要是因为银行答应在债务人不

能履约时承担偿还贷款的责任。与国库券和商业票据一样,银行承兑票据也是以贴现方式发行的。

回购协议是一种贷款交易,借款人以证券为抵押品来取得贷款。这种交易之所以被称为回购协议,是因为交易的流程是先卖出证券并约定好在未来的某个时间再将证券购回。买入价(即回购价格)与卖出价之间的差额就是贷款的利息成本。隔夜回购协议的期限是 1 天,期限超过 1 天的叫做定期回购协议。回购协议的抵押品可以是美国国债、货币市场工具、联邦机构证券或抵押贷款支持证券。回购协议的双方均面临着信用风险,不过保证金以及"逐日盯市"制度可以起到一定程度的控制风险的作用。交易商利用回购市场为其头寸融资或轧平空头头寸,或者是进行期限匹配交易以获得利差收入。美联储利用回购市场实施货币政策。回购利率的决定因素包括联邦基金利率、抵押品的质量、回购的期限、抵押品的交付要求和抵押品的可获得性。

在联邦基金市场上,存款性金融机构借入(买入)或贷出(卖出)存放于联邦储备银行的超额准备金。联邦基金利率是联邦基金市场上形成的均衡利率水平,是决定货币市场利率水平的基准利率。联邦基金利率一般会高于回购利率,因为联邦基金贷款是无担保贷款。联邦基金利率通常是美联储货币政策的目标之一,因此其波动性比较大,变化的可能性也比较高。

关键术语

承兑银行	CD 等价收益率	交易商承销发行票据
贴现债券	期限匹配交易	货币市场等价收益率
回购经纪人	回购协议	国库券
银行承兑票据	商业票据	直接发行票据
欧洲商业票据	货币市场	货币市场工具
回购市场	武士商业票据	扬基商业票据

思考题

1. 假设票面价值为 100 万美元、期限为 90 天的国库券的价格为 980 000 美元。

　　a. 基于银行贴现方式计算的收益率等于多少?

　　b. 为什么基于银行贴现方式计算的收益率不能准确地测量持有国库券的投资收益?

2. 假设交易商对国库券的买入价和卖出价的报价分别是 3.91% 和 3.89%。一般情况下买入价表示的是交易商愿意购买国库券的价格而卖出价表示的是交易所愿意卖出国库券的价格吗? 为什么买入价会比卖出价还要高?

3. 美国财政部发行的国库券的期限有几种情况?

4. 为什么对企业来说,商业票据是替代短期银行贷款的另一种融资方式?

5. a. 为什么绝大多数商业票据的期限都会少于 270 天?

　　b. 为什么商业票据的期限一般情况下会少于 90 天?

6. 直接发行票据与交易商承销发行票据之间有什么区别?

7. 第一等级票据与第二等级票据指的是什么?

8. 相同期限的商业票据与国库券之间的收益率利差能够反映什么事实?

9. 欧洲商业票据与美国国内发行的商业票据存在哪些差异?

10. a. 为什么创造银行承兑票据的银行会被称为承兑银行?

　　b. 为什么银行承兑票据的"合格性"非常重要?

11. 银行向客户收取的银行承兑票据的费率是

如何决定的？

12. 交易商怎样使用回购协议为债券的多头头寸融资？

13. 回购交易中的一方被称为"买入抵押证券"，另一方被称为"卖出抵押证券"，为什么？

14. 回购协议中，为什么我们说资金的贷出方要面临信用风险？

15. 回购交易商进行"期限匹配交易"的含义是什么？

16. 回购交易中某种特定类型的证券很难获得，此时回购利率会上升还是下降？

17. a. 什么是系统回购？

b. 什么是客户回购？

18. 在回购协议中，"折扣"的含义是什么？

19. 假设回购协议的美元本金额为 4 000 万美元，回购利率为 5%。

a. 如果回购协议的期限为 1 天，那么利息是多少美元？

b. 如果回购协议的期限为 5 天，那么利息是多少美元？

20. a. 什么是联邦基金市场？

b. 哪个利率水平会更高一些：隔夜回购利率还是隔夜联邦基金利率？

第 21 章

政府债券与联邦机构债券市场

学习目标

学习完本章内容，读者将会理解以下问题：

● 政府债券市场的重要性
● 附息票政府债券的类型
● 政府债券一级市场的运行
● 政府债券交易商与政府债券经纪商的作用
● 政府债券的二级市场
● 政府债券在二级市场上的报价方式

● 政府债券交易商如何利用回购协议市场
● 零息票国债市场
● 如何监管政府债券市场
● 联邦机构债券市场上的主要发行人
● 政府支持企业发行证券的功能

市场参与者把美国政府债券 * 视为无信用风险的金融产品，这是因为发行人是美国财政部，并以美国政府的完全信用作为担保。正如第 17 章里讲过的那样，美国政府债券在金融市场上扮演着非常重要的角色。在这一章中，我们要讨论的是美国政府债券市场与联邦机构债券市场。

美国政府债券市场[①]

两个因素可以说明美国政府债券的突出地位：数量（用已发行的债券美元金

---

* 也可简称为国债。——译者注

① 本节摘自 Frank J. Fabozzi, *Bond Portfolio Management*（New Hope，PA：Frank J. Fabozzi Associates，2001）以及弗兰克·J·法博齐（Frank J. Fabozzi）公开发表的其他文章。

额表示）和流动性。美国财政部是世界上规模最大的单一债务发行人，其发行的债务总金额以及每一笔债券的庞大发行规模使美国政府债券市场成为世界上交易最为活跃、最具流动性的市场。在政府债券市场上，买入价与卖出价之间的差额要比其他债券市场小得多，而且绝大多数政府债券可以很方便地交易。与其相比，在公司债券和市政债券市场上，很多债券产品的流动性较差，因此交易进行得并不顺畅。美国财政部很关心政府债券市场的流动性、完整性和运行效率，因为这个市场直接关系到联邦政府是否能够以最低的成本融资，以及美联储是否能够通过公开市场操作有效地推行货币政策。

投资者可以通过联邦储备银行的簿记系统购买政府债券，这意味着投资者收到的只是一个作为所有权凭证来使用的收据，而不是实物证券。簿记系统的好处在于便于进行证券所有权的转让。政府债券的利息收入要交纳联邦所得税，但可以豁免州政府和地方政府所得税。

政府债券的类型

政府债券可分为两种类型，即贴现债券（discount securities）与附息票债券（coupon securities）。两者之间的根本区别在于持有者得到偿付的方式不同，这一点会在债券的发行价格上有所体现。附息票证券每六个月支付一次利息，到期后偿还本金；贴现证券仅在到期后支付一笔固定金额，这叫做到期价值或面值。贴现证券以低于面值的价格发行，到期价值与发行价之间的差额就是投资者的收益。

现在，财政部发行的所有一年期及期限不足一年的证券都是贴现证券，它们被称为短期国库券。我们已在第 20 章介绍了国库券。所有期限在二年及二年以上的政府债券都是附息票债券。原始期限在二年至十年之间的叫做中期国债（Treasury notes）；原始期限在十年以上的叫做长期国债（Treasury bonds）。虽然中期国债与长期国债之间略有差异，但在本章当中我们将两者简单地通称为政府债券。

通货膨胀保护债券

1997 年 10 月 29 日，美国财政部第一次发行了根据通货膨胀情况进行动态调整的债券。这些债券更为常见的称谓是**通货膨胀保护债券**（Treasury inflation protection securities，TIPS）（财政部将这类债券称为通货膨胀指数债券，TIIS）。财政部发行的这类债券属于中长期债券。TIPS 的发行机制如下。债券的票面利率是固定利率。票面利率经由拍卖过程决定，本章后面将会介绍国债拍卖的相关知识。票面利率被称为真实利率，因为这一利率水平是投资者获得的超过通货膨胀率以上部分的最终收益。政府用来进行通货膨胀调整的通胀指数是非季节性的根据所有城市居民消费者而调整的美国城市平均消费价格指数（CPI-U）。

根据通货膨胀率的变化所进行的调整工作如下所述。决定票面利息支付金额和到期价值的债券本金，财政部每半年就调整一次，这被称为通胀调整本金。例如，假设 TIPS 的票面利率是 3.5%，年通货膨胀率是 3%。进一步假设投资者将会在 1 月 1 日购买 10 万美元这种面值（本金）的债券。半年的通货膨胀率是

1.5%（3%除以2）。在六个月后的期末，通胀调整本金等于初始面额乘以半年通货膨胀率。在我们的例子中，六个月后的通胀调整本金是101 500美元。这一通胀调整本金为计算第一个半年期的利息提供了基础。因此，半年期的票面利息是半年票面利率1.75%（3.5%除以2）乘以通胀调整本金101 500美元。从而，计算出来的需要支付的票面利息是1 776.25美元。

我们再来看看第二个半年期的情况。该期期初的通胀调整本金是101 500美元。假设第二个半年期的半年通货膨胀率是1%，那么，第二个半年期期末的通胀调整本金将是在期初通胀调整本金（101 500美元）的基础上再增加1%，从而调整的本金金额是1 015美元（1%乘以101 500美元）。这样的话，第二个半年期期末（本例子中的日期是12月31日），通胀调整本金将会是102 515美元（101 500美元加上1 015美元）。在第二个票面利息支付日需要向投资者支付的票面利息就等于计息日的通胀调整本金（102 515美元）乘以真实的半年期利率（3.5%的一半）。也就是说，需要支付的利息金额是1 794.01美元。

正如我们所看到的那样，根据通货膨胀进行的调整来源于票面利息的支付，票面利息的支付又取决于通胀调整本金的数额。不过，美国政府决定对每年的调整额度进行征税。这一决定降低了TIPS被应税机构作为投资工具的吸引力。

由于存在通货紧缩（比如，价格的持续下跌）的可能性，通胀调整本金在期末的数额可能会低于期初的面值金额。然而，财政部对TIPS做了结构安排，使其能在高于通胀调整本金和初始本金的基础上被赎回。

通胀调整本金必须在结算日进行计算。通胀调整本金是根据指数比率的情况进行调整的，指数比率是结算日的CPI参照指数与发行日的CPI参照指数的比值。CPI参照指数有三个月的滞后期。例如，5月1日的CPI参照指数是二月份公布的CPI-U指数。美国财政部在其官方网站上（www.publicdebt.treas.gov）发布了国债的日指数比率数据。

一级市场

美国财政部在一级市场上发行新债券。

拍卖周期

美国财政部负责制定新发行国债的拍卖程序、拍卖时间以及新债券的期限。有时候，财政部会对拍卖周期以及要拍卖的债券期限进行调整。对于附息票债券，2年期国债与5年期国债每个月举行一次拍卖会，10年期国债每个季度举行一次拍卖会（即再融资拍卖）。

在宣布拍卖消息的那一天，财政部会公布即将拍卖的每一种新债券的发行数量、拍卖日期及债券期限。偶尔，财政部举行拍卖会的目的并不是发行新债券，而是对一些已发行过的债券进行"再拍卖"（也就是说，增加这种债券的发行数量），而不是拍卖新债券。近些年来，美国财政部已经数次增发10年期的政府债券。

拍卖结果的决定

美国国债的拍卖是通过竞争性的报价基准实现的。竞争性报价必须以收益率基准的方式递交。当面值金额达到 100 万美元的时候，也可以递交非竞争性投标。这样的投标是基于数量，而不是收益率。

偶尔，财政部还会对一些已发行的国债批次追加发行（即增加某批次已发行国债的发行数量），而不是发行新批次的国债。剩余的部分就是给予竞争性投标的金额。投标会按照从最低价到最高价的顺序进行排列，这与投标从最高价到最低价的排序是一样的。从最低收益率水平的投标开始，所有竞争性的投标报价都会被接受，直到需要发行的国债在所有竞争性投标者之间实现了完整分配。财政部接受的最高收益率称为**最高中标收益率**（stop yield），以这个收益率竞标的投资者将会获得其购买的全部份额。收益率高于最高中标收益率的投标者不会被分配到任何新发行的债券。这些竞标者被认为"错过了"或者"被排除了"国债发行。

在什么样的收益率水平上，竞标者会获得国债呢？所有美国国债的拍卖都是单一价格拍卖。在单一价格拍卖过程中，所有的竞标者都会在被接受的最高收益率水平上（最高中标收益率）获得国债。这种类型的拍卖被称为"荷兰式拍卖"。从历史发展来看，美国国债拍卖大多是通过多价格拍卖实现的。在多价格拍卖中，财政部仍然接受从最低收益率投标到要求收益率投标，出售相应数额的国债（少于非竞争性投标），不过，所接受的投标都是按照特定的收益率而不是最高中标收益率进行的。在 1992 年 9 月，财政部开始对 2 年期和 5 年期的国债实行单一价格拍卖。在 1998 年 11 月，财政部对所有的国债拍卖实行单一价格拍卖方法。

通常情况下，竞争性投标必须在拍卖当日东部时间下午一点之前递交。非竞争性投标通常在拍卖当天中午递交。拍卖结果将会在拍卖截止日下午一点后的一个小时内公布。当拍卖的结果公布的时候，财政部会提供如下方面的信息：最高中标收益率、相关的价格、以最高中标收益率报价的投资者所获得的国债数量、非竞争性投标的数量、中间收益率报价和认购比率。**认购比率**（bid-to-cover ratio）指的是销售给公众的国债数量除以所有公众竞争性和非竞争性报价的总数量。有些市场观察人士认为这一比率是显示投标利益的指标，因此，也是拍卖成功的参照指标。认购比率越高，拍卖获得成功的概率就越大。

图 21—1 显示的是 2007 年 8 月 1 日美国财政部公布的 2007 年 8 月份季度性融资情况。公告表明美国财政部准备拍卖两类附息票政府债券：10 年期中期国债和 29 年加 9 个月期的长期国债。图 21—2 表示的是 10 年期中期国债拍卖结果。注意以下几个方面：

● 最高收益率或者最高中标收益率是 4.855%，在这个收益率水平上，所有成功的竞标者都获得了国债。

● 国债发行的票面利率是 4.75%。

已知收益率是 4.855%，票面利率是 4.75%，期限是 10 年，则所有成功获得国债的竞标者需要支付的债券价格是 99.175 936 美元（债券面值是 100 美元）。

● 对于那些竞标收益率高于 4.855% 的竞标者而言，他们获得了总投标数额的 53.43%。

● 由于所有竞争性投标者和非竞争性投标者的投标总额是 29 895 827 000 美元，而成功获得竞标的总额是 13 000 050 000 美元，因此，认购比率是 2.30（29 895 827 000美元/13 000 050 000 美元）。

DEPARTMENT OF THE TREASURY

TREASURY NEWS

OFFICE OF PUBLIC AFFAIRS ● 1500 PENNSYLVANIA AVENUE, N.W. ● WASHINGTON, D.C.● 20220 ●(202) 622-2960

EMBARGOED UNTIL 9:00 A.M.   CONTACT: Office of Financing
August 1, 2007   202/504-3550

TREASURY AUGUST QUARTERLY FINANCING

The Treasury will auction $13,000 million of 10-year notes and $9,000 million of 29-year 9-month bonds to refund $62,639 million of publicly held securities maturing on August 15, 2007, and to pay down approximately $40,639 million.

Tenders for 29-year 9-month Treasury bonds to be held on the book-entry records of Legacy Treasury Direct will <u>not</u> be accepted. However, tenders for 29-year 9-month Treasury bonds to be held on the book-entry records of TreasuryDirect will be accepted.

In addition to the public holdings, Federal Reserve Banks, for their own accounts, hold $13,082 million of the maturing securities, which may be refunded by issuing additional amounts of the new securities.

Up to $1,000 million in noncompetitive bids from Foreign and International Monetary Authority (FIMA) accounts bidding through the Federal Reserve Bank of New York will be included within the offering amount of each auction. These noncompetitive bids will have a limit of $100 million per account and will be accepted in the order of smallest to largest, up to the aggregate award limit of $1,000 million.

Treasury Direct customers have scheduled purchases of approximately $112 million into the 10-year note.

The auctions being announced today will be conducted in the single-price auction format. All competitive and noncompetitive awards will be at the highest yield of accepted competitive tenders. The allocation percentage applied to bids awarded at the highest yield will be rounded up to the next hundredth of a whole percentage point, e.g., 17.13%.

The securities being offered today are eligible for the STRIPS program.

This offering of Treasury securities is governed by the terms and conditions set forth in the Uniform Offering Circular for the Sale and Issue of Marketable Book-Entry Treasury Bills, Notes, and Bonds (31 CFR Part 356, as amended).

Details about the securities are given in the attached offering highlights.

oOo

Attachment

图 21—1　美国财政部的拍卖公告

HIGHLIGHTS OF TREASURY OFFERINGS TO THE PUBLIC
AUGUST 2007 QUARTERLY FINANCING

August 1, 2007

Offering Amount..............................	$13,000 million	$9,000 million
Maximum Award (35% of Offering Amount)........	$ 4,550 million	$3,150 million
Maximum Recognized Bid at a Single Yield.......	$ 4,550 million	$3,150 million
NLP Reporting Threshold......................	$ 4,550 million	$3,150 million

Description of Offering:

Term and type of security....................	10-year notes	29-year 9-month bonds
Series.......................................	E-2017	Bonds of May 2037
CUSIP number.................................	912828 HA 1	912810 PU 6
Auction date.................................	August 8, 2007	August 9, 2007
Issue date...................................	August 15, 2007	August 15, 2007
Dated date...................................	August 15, 2007	May 15, 2007
Maturity date................................	August 15, 2017	May 15, 2037
Interest rate................................	Determined based on the highest accepted competitive bid	Determined based on the highest accepted competitive bid
Yield..	Determined at auction	Determined at auction
Interest payment dates.......................	February 15 and August 15	November 15 and May 15
Minimum bid amount and multiples.............	$1,000	$1,000
Accrued interest payable by investor	None	Determined at auction
Premium or discount..........................	Determined at auction	Determined at auction

STRIPS Information:

Minimum amount required......................	$1,000	$1,000
Corpus CUSIP number..........................	912820 PX 9	912803 DA 8
Due date(s) and CUSIP number(s) for additional TINT(s)	Not applicable	See chart below

29-year 9-month bond due dates and CUSIP numbers for additional TINTS:

	May 15	November 15
2030	---	912833 7N 4
2031	912833 7P 9	912833 7Q 7
2032	912833 7R 5	912833 7S 3
2033	912833 7T 1	912833 7U 8
2034	912833 7V 6	912833 7W 4
2035	912833 X8 8	912833 X9 6
2036	912833 Y2 0	912833 Y3 8
2037	912833 Y4 6	---

The following rules apply to all securities mentioned above:
Submission of Bids:

Noncompetitive bids: Accepted in full up to $5 million at the highest accepted yield.

Foreign and International Monetary Authority (FIMA) bids: Noncompetitive bids submitted through the Federal Reserve Banks as agents for FIMA accounts. Accepted in order of size from smallest to largest with no more than $100 million awarded per account. The total noncompetitive amount awarded to Federal Reserve Banks as agents for FIMA accounts will not exceed $1,000 million. A single bid that would cause the limit to be exceeded will be partially accepted in the amount that brings the aggregate award total to the $1,000 million limit. However, if there are two or more bids of equal amounts that would cause the limit to be exceeded, each will be prorated to avoid exceeding the limit.

Competitive bids:

(1) Must be expressed as a yield with three decimals, e.g., 7.123%.
(2) Net long position (NLP) for each bidder must be reported when the sum of the total bid amount, at all yields, and the net long position equals or exceeds the NLP reporting threshold stated above.
(3) Net long position must be determined as of one-half hour prior to the closing time for receipt of competitive tenders.
(4) Competitive bids from Treasury Direct customers are not allowed.

Receipt of Tenders:

Noncompetitive tenders....... Prior to 12:00 noon eastern daylight saving time on auction day
Competitive tenders.......... Prior to 1:00 p.m. eastern daylight saving time on auction day

图 21—1 美国财政部的拍卖公告（续）

资料来源：美国财政部。

PUBLIC DEBT NEWS

Department of the Treasury • Bureau of the Public Debt • Washington, DC 20239

TREASURY SECURITY AUCTION RESULTS
BUREAU OF THE PUBLIC DEBT - WASHINGTON DC

FOR IMMEDIATE RELEASE   CONTACT: Office of Financing
August 08, 2007   202-504-3550

RESULTS OF TREASURY'S AUCTION OF 10-YEAR NOTES

Interest Rate: 4 3/4%   Issue Date: August 15, 2007
Series: E-2017   Dated Date: August 15, 2007
CUSIP No: 912828HA1   Maturity Date: August 15, 2017

High Yield: 4.855%   Price: 99.175936

All noncompetitive and successful competitive bidders were awarded
securities at the high yield. Tenders at the high yield were
allotted 53.43%. All tenders at lower yields were accepted in full.

AMOUNTS TENDERED AND ACCEPTED (in thousands)

Tender Type	Tendered	Accepted
Competitive	$ 29,740,500	$ 12,844,723
Noncompetitive	155,327	155,327
FIMA (noncompetitive)	0	0
SUBTOTAL	29,895,827	13,000,050 1/
Federal Reserve	7,000,000	7,000,000
TOTAL	$ 36,895,827	$ 20,000,050

Median yield 4.829%: 50% of the amount of accepted competitive tenders
was tendered at or below that rate. Low yield 4.740%: 5% of the amount
of accepted competitive tenders was tendered at or below that rate.

Bid-to-Cover Ratio = 29,895,827 / 13,000,050 = 2.30

1/ Awards to TREASURY DIRECT = $140,150,000

图 21—2 10 年期国债的拍卖结果

资料来源：美国财政部。

一级交易商

任何公司都可以买卖国债，不过在国债公开交易市场上，美联储只与**一级交易商**（primary dealers）或者**认可交易商**（recognized dealers）直接交易。基本上，美联储希望这些被认可的一级交易商有足够的资本和现金头寸买卖国债，并且拥有一定数额的国债。表 21—1 中所列的就是 2007 年 2 月 8 日一级政府债券交易商名单。

表 21—1   来自纽约联邦储备银行政府债券交易商统计部门的一级政府
债券交易商名单（2007 年 2 月 8 日）

巴黎国民银行证券公司

美银证券公司

巴克莱资本公司

贝尔斯登公司

坎托菲茨杰拉德公司

花旗全球市场公司

全国金融证券公司

瑞信证券（美国）公司

大和证券（美国）公司

德意志银行证券公司

德累斯登佳华证券公司

高盛公司

格林威治资本市场公司

汇丰证券（美国）公司

摩根大通证券公司

雷曼兄弟公司

美林政府证券公司

瑞穗证券（美国）公司

摩根士丹利公司

野村证券国际公司

瑞银证券公司

资料来源：纽约联邦储备银行政府债券交易商统计部门。

当公司申请成为一级交易商时，美联储首先要求申请者正式报告公司的头寸和交易量情况。如果这两项能够得到美联储的认可，那么美联储会给予申请公司**申报交易商**（reporting dealer）的资格。这意味着公司将会被列入美联储的常规申报交易商名单中。在公司以申报交易商的身份服务一段时间后，如果美联储确信公司能够连续满足一系列已建立起来的严格标准，那么美联储就会授予公司一级交易商的资质。

投标的递交

直到 1991 年，一级交易商和不是一级交易商的大型商业银行既可为他们自己也可为他们的客户递交投标申请。其他希望参与拍卖程序的机构只能通过自己的账户递交竞争性投标，而不能为客户递交投标申请。因此，不是一级交易商的政府债券经纪人/交易商不能够代表他们的客户递交竞争性投标。此外，与一级交易商不同的是，非一级交易商必须拥有大量的现金头寸或者提供担保，以确保他们有能力购买他们所投标的债券。

1991 年夏季，所罗门兄弟公司在国债拍卖过程中的违规操作使得美联储的官员加强了对一级交易商的经营活动的监管，并且使美联储开始重新考虑美国国债拍卖的程序。[①] 具体来说，财政部宣布只允许合格的经纪人/交易商在国债拍卖过程中可以为他们的客户申请投标。如果一家合格的经纪人/交易商与美联储系统建立了支付关联，那么没有储蓄头寸和担保也是可行的。此外，拍卖不需要将投标申请盖章封好亲自递交美联储。合格的经纪人/交易商可以通过新的电脑拍卖系统进入电子拍卖程序。

二级市场

政府债券的二级市场是一个场外交易市场。在这个市场上，多个政府证券交易

---

① 所罗门兄弟公司承认自己违反了任何一个公司在国债拍卖过程中可购买数额的规定。公司还承认它为自己的客户递交了未经授权的投标申请。

商对已发行的美国国债连续不断地报出买入价和卖出价，这使得美国国债可以 24 小时不间断地进行交易。[①] 三个最主要的美国国债交易地点为纽约、伦敦和东京。美国国债的交易结算安排在交易日后的第二天进行（即"次日"结算制度）。

最近刚刚被拍卖的政府债券被称"指标债券"或"当前债券"。那些被指标债券取代的债券被称为"非指标债券"（off-the-run issues）。被多个批次指标债券取代的债券被称为"过期债券"（well off-the-run issues）。

尽管政府债券二级市场的交易规模非常庞大，但是交易信息的披露情况（即市场的透明度）尚未达到普通股市场的程度。不过，自 1991 年起，美国国债交易的信息披露状况取得了重大进步。这些成果主要来自私人部门的努力。最突出的例子便是创建了"实时信息发布与报价系统"的 GovPX 公司。1991 年，政府债券市场上多个国债一级交易商和中间商创办了这家企业，24 小时提供全世界范围内通过中间商进行的所有政府债券的交易信息。GovPX 系统提供的信息包括最佳买入价与最佳卖出价的价格与数量，以及回购交易当前的回购利率和交易规模（交易日内不断更新数据）。该企业提供的信息通过彭博金融市场、路透社和桥讯公司（Bridge）向全世界发布。

国债虚售市场

政府债券在财政部尚未发行之前便开始进行交易了。国债二级市场的这一组成部分被称为**国债虚售市场**（when-issued market 或 wi market）。国库券和附息票国债的虚售交易从拍卖的宣布日开始，一直持续到发行日。

回购市场

在上一章里，我们讨论了回购市场以及市场参与者如何利用这个市场来实现融资或为空头头寸套期保值的目的。回购市场的存在对政府债券市场的正常运转意义重大。

政府债券经纪商

国债交易商的交易对象为投资大众及其他交易商。当交易商彼此之间进行交易时，交易的中间商被称为**做市商的经纪商**（interdealer brokers）。这样的经纪商包括 BrokerTec 公司、eSpeed 公司、Garban-Intercapital 公司、希利亚德-法伯公司（Hilliard Farber）及 Tullett & Tokyo Liberty 公司。这五家公司主要为一级国债交易商和其他金融机构提供服务。

交易商之所以要借助经纪商进行交易，原因在于这样做有助于提高交易的速度与效率。经纪商不用自己的账户进行交易，他们会为进行国债交易的交易商保密。政府债券交易商所看到的报价屏上显示的价格分别来自"内部市场"和"交易商市场"。从历史发展的角度来看，一级交易商一直反对让普通大众了解市场的各种交易信息。不过，在政府的不断施压下，GovPX 公司得以成立，开始向社会大众提供更丰富、更透明的国债交易信息。一开始时，GovPX 公司由 6 家经纪商和一级交易商公司中的 5 家联合创办，能够提供市场上的最优买入价、最优卖出价、交易数量、成交价格等信息，通过彭博公司、路透社和伟达报业公司

[①] 某些附息票政府债券的交易可在纽约股票交易所内进行，但是与场外交易相比，交易所内进行的国债交易的规模要小得多。

（Knight-Ridder）向外发布。此外，一些交易商还开发了电子交易系统，可用于交易商之间的交易，投资者也可以通过彭博公司进行电子系统交易。

赎回交易

2000 年 1 月，美国财政部开始在国债二级市场上通过"反向拍卖"（reverse auction）来赎回已发行但尚未到期的政府债券，这个计划被称为财政部的国债**赎回项目**（buyback program）。一般情况下，财政部会在每个月的第三个和第四个星期三宣布对已发行在外的国债进行赎回，随后在第二天举行反向拍卖。

国债二级市场的监管

1986 年《政府债券法》（Government Securities Act，GSA）是第一项对政府债券市场进行联邦政府层面监管的立法。该立法的目的是保护投资者，确保政府债券市场的交易在公平、诚信的环境下进行，保持市场的高流动性。尤其要指出的是，GSA 授权美国财政部可以针对以下两个方面制定相关的规则：（1）政府债券交易商或经纪商进行的政府债券交易；（2）托管机构对政府债券的托管持有行为。

1992 年初，财政部市场监管部门的工作组（Working Group）提交的关于政府债券及相关产品（指的是国债虚售市场、期货市场和回购市场）的二级市场交易的监管框架被公之于众。这个工作组的成员来自美国证券交易委员会（SEC）、美国财政部、纽约联邦储备银行（FRBNY）、商品期货交易委员会（Commodity Futures Trading Commission）及美联储理事会。

工作组提出的职责分工情况如下。纽约联邦储备银行对政府债券市场的日常监管负主要责任。说得更加具体一点，这项工作由纽约联邦储备银行的市场部门负责。证券交易委员会负责监控可疑的价格/收益率或交易量的变化以及市场的整体状况。为了完成这一任务，证券交易委员会要依靠纽约联邦储备银行去收集并分析交易商的头寸数据以及其他市场信息，证券交易委员会可以根据这些信息或数据判断哪些价格/收益率或交易数量的变动可能是市场欺诈或操纵行为暴露出来的蛛丝马迹。在数据分析过程中，纽约联邦储备银行的市场部门会联系相应的市场交易方，要求其解释自己的全盘交易策略。随后，纽约联邦储备银行会把调查和分析的结果提交给工作组，由后者决定是否需要进行进一步的深入调查。继续进行深入调查的职责由证券交易委员会负责，如果确实发现了违法行为，证券交易委员会将会对涉案的交易方提起诉讼。

1993 年《政府债券法修正案》（GSAA）增加了特定的大规模头寸规则，规定证券交易委员会可以要求任意一家政府债券经纪商或交易商提交关于政府债券交易的详细数据（自动生成的数据或手工数据）。要提交的信息包括交易执行的日期与具体时间。大头寸规则的执行非常重要，有助于监管部门更好地履行对政府债券市场的监管职责。图 21—3 给出了一份大规模头寸报告的样表。GSAA 还提到了政府债券市场的透明度问题。尤其值得一提的是，该立法要求证券交易所监控并汇报私人部门在及时向公众发布相关信息以及在改进政府债券交易及报价信息的可获得性方面作出了哪些努力。

```
Appendix B to Part 420 - Sample Large Position Report.
        Formula for Determining a Reportable Position
        ($ Amounts in Millions at par Value as of Trade Date)

        Security Being Reported                    _____
        Date For Which Information is Being Reported _____

1. Net Trading Position

   Cash/Immediate Net Settled Positions...........$ _____
Net When-Issued Positions for To-Be-Issued
     and Reopened Issued..........................$ _____
Net Forward Settling Positions Including
     Next-Day Settling............................$ _____
Net Positions in Futures Contracts Requiring
     Delivery of the Specific Security............$ _____
Net Holdings of STRIPS Principal Components
     of the Specific Security.....................$ _____

TOTAL NET TRADING POSITION........................$ _____


2. Gross Financing Position

Total of securities received through

     Reverse Repurchase Agreements
        Overnight and Open........................$ _____
        Term......................................$ _____
     Bonds borrowed, and as collateral
     for financial derivatives and
     other financial transactions.................$ _____

TOTAL GROSS FINANCING POSITION...................+$ _____

3. Net Fails Position............................+$ _____

(Fails to receive less fails to deliver.
If equal to or less than zero, report 0.)

4. TOTAL REPORTABLE POSITION......................=$ _____

Memorandum 1

Report the total gross par amounts of securities delivered through

     Repurchase Agreements
        Overnight and Open........................$ _____
        Term......................................$ _____
     Securities loaned, and as collateral for financial
     derivatives and other securities transactions.$ _____

TOTAL MEMORANDUM 1................................$ _____

MERORANDUM 2

Report the gross par amount of fails to deliver.
Included in the calculation of line item 3
(Net fails Position)..............................$ _____
```

图 21—3 大规模头寸报告样本

Administrative Information to be Provided in the Report

Name of Reporting Entity:
Address of Principal Place of Business:
Name and Address of the Designated Filing Entity:
Treasury Security Reported on:
CUSIP Number:
Date or Dates for Which Information Is Being Reported:
Date Report Submitted:
Name and Telephone Number of Person to Contact Regarding Information Reported:

Name and Position of Authorized Individual Submitting this Report (Chief Compliance
Officer; Chief Legal Officer; Chief Financial Officer; Chief Operating Officer; Chief
Executive Officer; or Managing Partner or Equivalent of the Designated Filing Entity
Authorized to Sign Such Report on Behalf of the Entity):

Statement of Certification: "By signing below, I certify that the information contained in this
report with regard to the designated filing entity is accurate and complete. Further, after
reasonable Inquiry and to the best of my knowledge and belief, I certify: (i) that the
information contained in this report with regard to any other aggregating entities is accurate
and complete; and (ii) that the reporting entity, including all aggregating entities, is in
compliance with the requirements of 17 CFR Part 420."

Signature of Authorized Person Named Above:

图 21—3 大规模头寸报告样本（续）

资料来源：美国财政部。

GSAA 要求美国财政部、证券交易委员会和美联储理事会定期评估政府债券市场的某些交易规则。事实上为了完成这一任务，上述部门确实组成了联合工作小组，并于 1998 年 3 月 26 日提交了研究报告。该报告的结论是：

> 我们认为 GSAA 已经指出了政府债券市场面临的所有主要问题，相信目前市场上并不存在需要其他监管部门同时介入的其他重大问题。[①]

政府债券的拆分

财政部并没有发行零息票债券。然而，在 1982 年 8 月，美林公司和所罗门兄弟公司创造出了合成的零息票国债产品（synthetic zero-coupon Treasury receipts）。美林公司将该产品称为财政收入增长凭证（Treasury Income Growth Receipts，TIGRs）；所罗门兄弟公司则将该产品称为国债收益凭证（Certificates of Accrual on Treasury Securities，CATS）。具体的操作过程是：购买政府债券并将其存入银行的托管账户。随后，金融机构再发行（即出售）代表对托管账户中国债的每一笔息票利息收入拥有所有权的凭证，以及代表对托管账户中国债的到期价值拥有所有权的凭证。这种把政府债券的每一笔利息收入以及到期价值（即**债券的本金**，corpus）分割开来、借此发行证券的行为叫做**息票债券的拆分**（coupon stripping）。尽管由息票债券的拆分创造出来的新证券并不是美国财政部发行的，但是存在银

---

① 摘自政府债券相关监管部门的联合研究报告第 19 页。

行托管账户里的基础债券确实是美国财政部发行的债务工具，因此基础债券的现金流是事先确定的。

　　为了说明拆分过程，我们假设某家金融机构购买了一份面值为1亿美元、息票利率为10％的10年期国债，用它来创造零息票政府债券。该政府债券的现金流包含20次、每次500万美元的半年利息支付额（1亿美元乘以0.10再除以2），以及10年后1亿美元的本金偿付额。这张政府债券被存入银行托管账户以后，金融机构就开始发行相应的凭证。每一张凭证都对应着政府债券每一笔独立现金流支付额的所有权。对于这张10年期国债，财政部要进行21次支付。对于每一笔支付额，金融机构都会发行一份代表这笔现金流所有权的凭证，这些凭证实际上就是零息票债券。对应着特定的一笔现金流支付额的凭证的到期价值，无论是利息还是本金，都要取决于财政部对其基础债券的支付额。在本例中，20份利息凭证的到期价值都是500万美元，1张本金凭证的到期价值为1亿美元。正如图21—4所示，这些凭证的到期日与对应的财政部的支付日是一致的。

国债

| 面值：1亿美元
息票利率：10%，每
半年付息一次
期限：10年 |

现金流

| 息票利息：
500万美元
6个月后收到 | 息票利息：
500万美元
1年后收到 | 息票利息：
500万美元
1年后收到 | …… | 息票利息：
500万美元
10年后收到 | 到期价值：
1亿美元
10年后收到 |

被创造出来的零息票政府债券

| 到期价值：
500万美元
期限：6个月 | 到期价值：
500万美元
期限：1年 | 到期价值：
500万美元
期限：1.5年 | …… | 到期价值：
500万美元
期限：10年 | 到期价值：
1亿美元
期限：10年 |

图21—4　息票债券的拆分：创造零息票政府债券

　　随后，其他投资银行也开始发行类似的凭证。[1] 这样的凭证均被称为**商标零息票政府债券**（trademark zero-coupon Treasury securities），因为它们都是特定公司发行的。[2] 交易商很少介入其竞争对手发行的凭证的交易，因此，不管是哪一家公司发行的类似凭证产品，其二级市场的流动性都很差；而且，投资者还面临着托管银行破产的风险，只不过风险爆发的几率比较小而已。

　　为了拓宽市场，增强凭证产品的流动性，政府债券市场上一些一级交易商同

---

　　[1]　雷曼兄弟公司发行的凭证产品叫做雷曼投资机会票据（LIONs）；E. F. 胡顿公司发行的产品叫做政府债券凭证（TBRs）；迪安-维特-雷诺公司发行的产品叫做安心增长国债凭证（ETRs）。此外，类似的产品还包括GATORs、COUGARs以及——你可能会喜欢这一个——DOGS（政府债券凭证）。

　　[2]　由于各种各样的原因，它们还被称为"动物产品"（animal product）。

意发行与任意一家交易商均无直接关联的通用凭证产品。这种通用凭证产品被称为国债凭证（Treasury receipt，TR）。商标零息票政府债券代表的是信托证券的一个份额，而与商标零息票政府债券不同的是，国债凭证直接代表着对政府债券的所有权。商标零息票政府债券与通用凭证面临的共同问题是结算需要实物交割，执行起来十分麻烦，而且效率低下。

1985 年 2 月，财政部宣布启动"美国政府债券本金与利息分售项目"（Separate Trading of Registered Interest and Principal of Securities，STRIPS），以便于指定国债的本息拆分工作。尤其值得一提的是，所有新发行的期限在 10 年和 10 年以上的政府中长期债券均可参加该项目进行拆分。由本息拆分计划创造出的零息票政府债券同样是美国政府的直接债务，而且，这些证券可以通过美联储的簿记系统进行结算。STRIPS 项目的启动使商标零息票政府债券和通用型凭证产品退出了市场。

目前，拆分后的政府债券被简称为**零息国债**（Treasury strips）。在交易商的报价单和卖家的报价屏上，这些债券的标识是：如果对应的现金流来自利息支付，则被标记为"ci"；如果对应的现金流来自长期国债的本金偿还，则被标记为"bp"；若对应的是中期国债的本金偿还，则被标记为"np"。基于国债的利息支付额而被创造出来的零息票债券被称为**息票债券**（coupon strips），基于本金被创造出来的零息票债券被称为**本金债券**（principal strips）。至于为什么要区分息票债券和本金债券，其主要原因是非美国本土实体在投资这两类产品时面临的税收规则不同。

投资于零息国债产品的实体面临的一个难题是尽管对应的利息尚未支付，但是每一年的累积利息收入额都要纳税。因此，一直到到期日，此类产品只会给投资者带来负的现金流。尽管尚未收到利息现金流，但是投资者每年必须为理论上获得的利息收入缴纳税款，所以必然会形成负的现金流。之所以要区分息票债券和本金债券，一个原因是一些外国买家更偏好于购买本金债券。这种偏好来源于其母国对利息收益的税收政策。一些国家的税法把购买本金债券获得的利息收益视为资本利得收益，而与普通收入相比，资本利得收益能够享受到税收优惠（即对应的税率水平较低）。

附息票国债的拆分与政府债券的理论价值

金融理论告诉我们政府债券的理论价值应当等于现金流的现值和，而且每一笔现金流均应当用适当的理论即期利率作为贴现率。我们已在第 19 章里讲到了这一理论。不过，本章我们要证明的是什么经济力量能确保政府债券的实际市场价格不会严重偏离其理论价值。我们无法在第 19 章里完成这项任务，因为当时尚未介绍政府债券的拆分过程。鉴于本章前面已经介绍过零息国债，因此现在我们可以证明经济力量可以推动政府债券的实际市场价格朝着其理论价值的方向靠拢。

为了证明这一点，我们要用到第 19 章表 19—1 中给出的由 20 种模拟政府债券描绘出的政府债券收益率曲线。表 19—1 中，期限最长的债券是为期 10 年、平价出售、息票利率为 12.5%的国债，因此其到期收益率就等于 12.5%。假设一家政府债券交易商购买了一份息票利率为 14%、为期 10 年的政府债券。因为这是一份 10 年期债券，因此使用对应的 10 年期收益率——即表 19—1 中提供的12.5%——就意味着这批债券的出售价格要满足可以向投资者提供 12.5%的收益率的要求。表 21—2 给出了息票利率为 14%的 10 年期政府债券当收益率为 12.5%时在市场上的销售价格是多少美元。当我们把贴现率确定为 12.5%的时候，每100 美元的票面价值对应的现金流现值为 108.430 5 美元。

假设这批债券就是按照 108.430 5 美元的价格在市场上销售的。一家政府债券交易商买入了这批债券并对其进行拆分。拆分后的政府债券应当能够向投资者提供相似的理论即期利率。表 21—2 列出了理论即期利率的值。表 21—3 给出了以理论即期利率对现金流进行贴现求出的息票利率为 14%的国债的理论价值是多少美元，结果为每 100 美元的票面价值对应的出售价格为 108.788 9 美元。因此，如果一位交易商购买了这批国债并将其拆分，随后再按照相应的理论即期利率水平将创造出来的零息票债券卖掉，那么对应每 100 美元的原始国债票面价值，该交易商可以获得 108.788 9 美元。于是，每 100 美元的票面价值将会对应 0.358 4美元的套利利润。消除这一套利利润的唯一方法是按照接近于 108.788 9 美元的价格——这是根据理论即期利率水平计算出的债券的理论价值——出售债券。

债券的再造

在本例中，息票与本金的剥离结果显示出债券各个组成部分的价值和大于债券的价值。我们再假设例子中 10 年期政府债券的息票利率由原来的 14%变为 10%。

表 21—2　票面利率为 14%、期限为 10 年、收益率为 12.5%的国债价格

期限（年）	每 100 美元票面价值对应的现金流（美元）	要求收益率为 0.125	半年期收益率	现值（美元）
0.5	7	0.125	0.062 5	6.588 2
1.0	7	0.125	0.062 5	6.200 7
1.5	7	0.125	0.062 5	5.835 9
2.0	7	0.125	0.062 5	5.492 7
2.5	7	0.125	0.062 5	5.169 6
3.0	7	0.125	0.062 5	4.865 5
3.5	7	0.125	0.062 5	4.579 3
4.0	7	0.125	0.062 5	4.309 9
4.5	7	0.125	0.062 5	4.056 4
5.0	7	0.125	0.062 5	3.817 8
5.5	7	0.125	0.062 5	3.593 2
6.0	7	0.125	0.062 5	3.381 8
6.5	7	0.125	0.062 5	3.182 9
7.0	7	0.125	0.062 5	2.995 7
7.5	7	0.125	0.062 5	2.819 4

续前表

期限 （年）	每 100 美元票面价值 对应的现金流（美元）	要求收益率 为 0.125	半年期收益率	现值（美元）
8.0	7	0.125	0.062 5	2.653 6
8.5	7	0.125	0.062 5	2.497 5
9.0	7	0.125	0.062 5	2.350 6
9.5	7	0.125	0.062 5	2.212 3
10.0	107	0.125	0.062 5	31.827 7
总计				108.430 5

表 21—3　票面利率为 14%、期限为 10 年、基于理论即期利率的国债理论价值

期限 （年）	每 100 美元票面价值 对应的现金流（美元）	即期利率	半年即期利率	现值（美元）
0.5	7	0.080 00	0.040 00	6.730 8
1.0	7	0.083 00	0.041 50	6.453 3
1.5	7	0.089 30	0.044 65	6.140 2
2.0	7	0.092 47	0.046 24	5.842 3
2.5	7	0.094 68	0.047 34	5.554 7
3.0	7	0.097 87	0.048 94	5.255 4
3.5	7	0.101 29	0.050 65	4.953 4
4.0	7	0.105 92	0.052 96	4.632 4
4.5	7	0.108 50	0.054 25	4.351 2
5.0	7	0.110 21	0.055 11	4.093 9
5.5	7	0.111 75	0.055 88	3.849 1
6.0	7	0.115 84	0.057 92	3.561 8
6.5	7	0.117 44	0.058 72	3.333 8
7.0	7	0.119 91	0.059 96	3.097 9
7.5	7	0.124 05	0.062 03	2.838 4
8.0	7	0.122 78	0.061 39	2.698 3
8.5	7	0.125 46	0.062 73	2.488 3
9.0	7	0.131 52	0.065 76	2.224 5
9.5	7	0.133 77	0.066 89	2.045 8
10.0	107	0.136 23	0.068 12	28.643 3
总计				108.788 9

在第 19 章，我们介绍过基于即期利率的债券理论价值应该是 85.354 77 美元。如果 10 年期国债的现金流按照 12.5% 的收益率贴现，那么它的价格将会是 85.949 1 美元。因此，如果市场价格是 85.949 1 美元，而基于即期利率的债券理论价值是 85.354 77 美元，经纪人会不希望剥离该债券。通过出售创建的零息票债券工具所获得的收益可能会低于购买该债券的成本。

当市场上债券价值被低估时（低于其理论价值），经纪人（或者其他机构）会如何做呢？美国财政部允许剥离式抵押债券（利息剥离和本金剥离都可以）重新

组合或者重新组建一个债券。为了完成这项工作，寻求再构债券的机构必须获得准备再构债券相应的本金和所有未到期的利息。这一构成被称为**债券的再造**（reconstitution）。

因此，在我们的介绍中，经纪人可以在市场上购买打包的零息剥离式债券，让该打包的债券现金流能够完全复制错误定价的附息票国债的现金流。这样做的结果是经纪人将获得比附息票国债更高的收益率。通过购买 20 份零息票债券，使其到期价值完全等于收益率为 10％、期限为 10 年的美国国债，经纪人就可以有效地以 85.354 77 美元的价格而不是 85.949 1 美元的价格购买 10 年期的附息票国债。

债券息票剥离和再造的过程使进行交易的美国国债价格接近基于即期利率的理论价值。

联邦机构债券市场[①]

美国国会授权某些政府机构向住房和农业部门以及其他特定的美国政府项目提供融资支持。这些政府授权机构发行债务工具的市场被称为**联邦机构债券市场**（federal agency securities market）。

这种政府授权机构可以分为几种类型。一种类型是**政府所有的企业**（government-owned corporation），例如田纳西流域管理局（Tennessee Valley Authority，TVA）和美国邮政总局（U.S. Postal Service）。不过，田纳西流域管理局是市场上经常发行债券的唯一一家政府所有的企业。政府授权机构的另外一种类型是**政府支持企业**（government-sponsored enterprise，GSE）。政府支持企业又可被细分为两种类型。一种是公开上市的股份制公司。目前，市场上有三家此类政府支持企业：房利美、房地美和联邦农业抵押贷款公司。政府支持企业的另外一种类型是联邦授权银行借贷体系内的融资机构。这种类型的政府支持企业包括联邦住房贷款银行和联邦农业信贷银行。

政府支持企业发行两种类型的证券：信用债券和抵押贷款支持证券。信用债券是标准的债券产品；我们会在第 26 章讲解什么是抵押贷款支持证券。本节我们关注的焦点是政府支持企业发行的债券。田纳西流域管理局和政府支持企业发行的债券占据了联邦机构债券市场 97％的份额。这些证券并不是以美国政府的完全信用作为偿还担保的。一般情况下，政府支持企业会使用销售团队——即辛迪加组织——来推销其新发行的债券，价格通过拍卖方式确定。由于这种债券存在信用风险和流动性风险，因此其市场收益率要高于相同期限的政府债券。收益率利差的实际大小要取决于发行机构、期限、证券的结构以及具体的债券发行项目安排。

在本节接下来的内容里，我们将会向大家介绍田纳西流域管理局和政府支持企业发行的各种证券，不过值得注意的是市场上还存在着一些规模较小的非政府

---

① 有关联邦机构债券市场的深入讨论，可参见 Frank J. Fabozzi and George P. Kegler，"Federal Agency Securities," in *The Handbook of Finance：Volume I*（Hoboken，NJ：John Wiley & Sons，2008）。

资助型企业——国会创建这些小型机构的目的是为某些特定的项目提供资金支持——发行的债券有可能是以美国政府的完全信用作为担保的，也有可能只得到了美国政府的部分担保。这样的机构有进出口银行（Export-Import Bank）、私人出口融资公司（Private Export Funding Corporation）、金融公司（Financing Corporation）和小企业管理局（Small Business Administration）。很多此类小型机构已经决定限制或彻底不再发行自己的债券。相反地，它们可以通过联邦融资银行（Federal Financing Bank）来满足自己的融资需求。

田纳西流域管理局

1933年由国会授权成立的田纳西流域管理局的主要职责是治理洪水灾害，管理航运，促进工农业发展以及改善田纳西流域内的电力使用情况。田纳西流域管理局是美国境内规模最大的公共电网系统。田纳西流域管理局主要通过内源性资金和发行债券的方式来满足自己的资金需求。

田纳西流域管理局发行了各种各样的债券产品，一些以美元标价，还有一些以外币标价。田纳西流域管理局发行的债券有主要面向个人投资者的（即零售债券发行），也有面向机构投资者的（非零售债券发行）。田纳西流域管理局发行债券的目的可能仅仅是为其电力开发项目提供资金，或者是为已到期的债务进行再融资。田纳西流域管理局发行的债务工具不受联邦政府的担保。不过，穆迪公司和标准普尔公司对田纳西流域管理局发行的债券给出了AAA的信用等级。评级机构之所以给出如此高的信用等级，主要是因为田纳西流域管理局是美国政府下辖的全资公司，而且评级机构认为田纳西流域管理局的资金实力非常雄厚，这包括：（1）电力债券的持有人被授予第一求偿权，田纳西流域管理局会使用电力运营的净收入第一时间向其支付利息或本金；（2）田纳西流域管理局收取的电费足以保证偿还每年的债务、弥补运营成本及资本成本。

房利美

20世纪30年代，国会创办了一家联邦机构——联邦国民抵押贷款协会（Federal National Mortgage Association），人们更习惯地称其为"房利美"（Fannie Mae）。该机构的职责是为抵押贷款创造一个具有流动性的二级市场。房利美通过买卖抵押贷款来达到这一目标。1968年，国会把房利美拆分为两家机构：（1）现在的房利美；（2）政府国民抵押贷款协会（Government National Mortgage Association），人们常称其为"吉利美"（Ginnie Mae）。吉利美的职责是利用"美国政府的全部信用"为政府担保的抵押贷款创造二级市场。（我们将在第26章讨论吉利美担保的抵押贷款支持证券。）虽然房利美一开始时是一家联邦机构，不过目前它已经转变为政府支持企业，其正式的企业名称就是房利美。

房利美发行的债券种类包括基准票据（Benchmark Bill）、基准中期债券（Benchmark Note）、基准长期债券（Benchmark Bond）、可赎回基准中期债券（Callable Benchmark Note）、次级基准中期债券（Subordinated Benchmark Note）、

投资债券（Investment Note）、可赎回证券及结构性债券。基准中期债券和长期债券是不可赎回的。基准中期债券的最低发行规模是 40 亿美元，基准长期债券的最低发行规模是 20 亿美元。每季度发行一次的债券的期限可分为 2 年、3 年、5 年、10 年和 30 年。

　　房利美以及后面要讲到的房地美可以发行一次性偿还债券、可赎回中期债券（MTN）、结构性债券以及第 23 章里将讲到的各种债务工具。这些证券可以用美元标价，也可以用各种各样的外币标价。

房地美

　　1970 年，国会创建了联邦住房贷款抵押公司（Federal Home Loan Mortgage Corporation），即房地美（Freddie Mac）。国会建立房地美的初衷是向普通的房屋抵押贷款提供支持。正如第 25 章将要讲到的那样，联邦政府不会对这些抵押贷款提供担保。

　　房地美发行的证券包括推荐票据（Reference Bill）、贴现债券、中期债券、推荐中期债券（Reference Note）、推荐长期债券（Reference Bond）、**可赎回推荐中期债券**（Callable Reference Note）、欧元推荐中期债券（Euro Reference Note，即以欧元标价的债券）和全球债券。推荐票据和贴现证券的期限均不超过 1 年。推荐中期债券和长期债券的期限为 2 年至 30 年，而可赎回推荐中期债券的期限为 2 年至 10 年。房地美会按照已公布的发行时间表发行推荐票据、推荐中期债券、30 年期的推荐长期债券以及欧元推荐中期债券，并遵守最低发行规模的相关规定。

联邦农业抵押贷款公司

　　联邦农业抵押贷款公司（Federal Agricultural Mortgage Corporation）的职责是为农业房地产一级抵押贷款组织二级市场。1998 年，国会创办了该机构，旨在便于农民、牧场主以及农村房屋所有者、企业和社区能够更容易地获得抵押贷款的信贷支持。与房地美和房利美一样，联邦农业抵押贷款公司通过向贷款机构购买合格的抵押贷款来达到这一目的。联邦农业抵押贷款公司的融资渠道是发行普通债券以及抵押贷款支持证券（以其购买的贷款作为担保）。我们提到的后一种债券通常被称为**农业抵押贷款支持证券**（agricultural mortgage-backed securities，AMBS）。该机构发行的普通债券包括贴现债券和中期债券。

联邦住房贷款银行系统

　　联邦住房贷款银行系统（Federal Home Loan Bank System，FHLBanks）由 12 家地区联邦住房贷款银行及其会员银行组成。起初，联邦住房贷款银行委员会的职能是负责管理所有领取联邦营业执照的储蓄贷款协会和储蓄银行，以及领取州政府营业执照并接受联邦储蓄贷款保险公司保险的机构。自 1989 年以来，该委员会所承担的职责有所减少。

联邦住房贷款银行债务融资的主要渠道是发行合并债券，也就是说这些债券是12家联邦住房贷款银行当中某几家银行的共同债务。联邦住房贷款银行发行的合并贴现债券期限从1天到360天不等，每天都会发行。联邦住房贷款银行还设立了几个项目以方便某些类型债券的发行。TAP发行项目会计算出联邦住房贷款银行对6种一次性偿还的普通债券的需求（这6种债券的期限分别为1.5年、2年、3年、5年、7年和10年），然后通过竞争性拍卖方式每日发行这些债券。这些债券的特征是拥有标准化的期限，每隔三个月会通过拍卖方式再次发行，从而使每个批次的债券总规模达到几十亿美元。当市场利率水平有所下降时，TAP项目发行的债券也可以再次发行。可赎回债券每天都会发行，主要是为机构投资者量身定做的债券产品。

联邦农业信贷银行系统

联邦农业信贷银行系统（Federal Farm Credit Bank System，FFCBS）的目标是为农业部门提供方便、充足、可靠的信贷及相关服务。联邦农业信贷银行系统由三类机构组成：联邦土地银行（Federal Land Banks）、联邦中介信贷银行（Federal Intermediate Credit Banks）以及合作银行（Banks for Cooperatives）。在1979年之前，每家机构都以自己的名义发行证券。从1979年起，它们开始联合起来发行合并债券。联邦农业信贷银行系统所有的融资活动都是由联邦农业信贷银行融资公司（Federal Farm Credit Banks Funding Corporation，FFCBFC）完成的，后者负责发行合并债券。联邦农业信贷银行融资公司每天按照已公布的利率发行贴现债券。已排入发行计划表的期限为3个月和6个月的债券每个月发行一次。普通的2年期债券每个月发行两次，要么是直接发行新债券，要么是对已发行债券进行增发。计划外债券的发行可以贯穿整个月，规模与发行结构各有不同，可以通过竞争性投标方式发行，也可以根据机构投资者的需求来发行。每日发行一次的短期债券主要是为个人投资者量身定做的投资产品。

小 结

由于美国国债的收益率是全世界范围内通用的基准利率，因此美国的国债市场受到了所有金融市场参与者的密切关注。财政部发行的证券可分为三种类型：短期国库券、中期国债和长期国债。短期国库券的期限不超过1年，是以贴现方式发行的，有效期内不会定期支付利息。中长期政府债券是附息票债券。附息票政府债券的两种类型分别是固定利率债券和通货膨胀保护债券。

政府债券通过竞争性投标拍卖的方式定期发行。拍卖过程需要一级国债交易商的参与。美联储可以直接与它们进行交易。修改后的拍卖程序

可以让更多符合要求的非一级国债交易商参与拍卖过程。

政府债券的二级市场是一个场外交易市场。在这个市场上，交易商可以彼此之间也可以与普通投资大众进行交易。在二级市场上，短期国库券以银行贴现利率为基础报价；附息票政府债券的报价方式是直接报出美元价格。一级交易商彼此之间通过政府债券经纪商进行交易。一级交易商已面临社会公众增加的压力，被要求更多地提供有关政府债券市场价格的信息。

虽然财政部目前已不再发行零息票债券，但

是政府交易商可以通过息票拆分的方式人为地创造出这种零息票债券。零息国债可分为商标零息票政府债券、国债凭证以及本息拆分债券。前两种零息国债已退出了市场，目前本息拆分债券占据了整个市场。附息票政府债券可以被拆分并再造为新的零息国债，这使得政府债券的市场价格趋向于基于理论即期利率算出的债券理论价格。

联邦机构债券市场是联邦政府授权机构发行的债券流通交易的市场。国会创建这些机构的目的是为国民经济中的重要部门能够顺利获取资金提供适当的帮助。这些部门包括房地产行业、农业以及美国政府的某些特定项目。这个市场上的主要发行人为田纳西流域管理局（政府所有的企业）以及五家政府支持企业：房利美、房地美、联邦农业抵押贷款公司、联邦住房贷款银行系统和联邦农业信贷银行系统。这些机构发行的债券并没有获得美国政府完全信用的担保。

关键术语

农业抵押贷款支持证券	联邦机构债券市场	最高中标收益率
认购比率	政府所有的企业	商标零息票政府债券
赎回项目	政府支持企业（GSE）	长期国债
可赎回推荐中期债券	做市商的经纪商	通货膨胀保护债券（TIPS）
债券的本金	一级交易商	中期国债
附息票债券	本金债券	国债凭证
息票债券的拆分	认可交易商	国债虚售市场
息票债券	债券的再造	贴现债券
申报交易商		

思考题

1. 政府债券交易商为什么要使用政府债券经纪商？

2. 假设一位投资组合经理购买了面值为 100 万美元的通货膨胀保护债券。实际利率水平为 3.2%（拍卖决定的利率水平）。

a. 假设第一个半年期结束时，城市消费物价指数为 3.6%（年率）。请计算（1）第一个半年期结束时本金的通货膨胀调整额；（2）第一个半年期结束时通货膨胀调整后的本金额；（3）第一个半年期结束时向投资者支付的利息。

b. 假设第二个半年期结束时，城市消费物价指数为 4.0%（年率）。请计算：（1）第二个半年期结束时本金的通货膨胀调整额；（2）第二个半年期结束时通货膨胀调整后的本金额；（3）第二个半年期结束时向投资者支付的利息。

3. a. 美国财政使用哪一种通货膨胀率测量指标来测算通货膨胀保护债券的本金调整额？

b. 假设通货膨胀保护债券在有效期内由于通货紧缩而调整了本金额，使得到期时其本金额低于初始时的票面价值，那么到期时美国财政部应当支付多少美元才能赎回债券的本金？

c. 为什么美国财政部每天都要公布每一种通货膨胀保护债券对应的指数比率？

4. a. 在发行附息票政府债券时，美国财政部使用的是单一价格拍卖方式还是多价格拍卖方式？

b. 在政府债券拍卖过程中，中标人的收益率如何确定？

5. a. 本息分离债券、商标零息票政府债券与国债凭证之间有哪些区别？

b. 零息国债最常见的类型是哪一种？

6. 哪一种市场机制会促使政府债券的实际市场价格接近基于理论即期利率算出的债券理论

价值？

7. a. 假设息票利率为 13% 的 10 年期附息票政府债券的到期收益率为 12.5%，请证明如果将 12.5% 当作适用于所有现金流的贴现率，那么息票利率为 13% 的 10 年期政府债券，每 100 美元的票面价值对应的实际市场价格应当是 102.810 2 美元。

b. 根据表 21—3 中给出的理论即期利率的值，证明该债券每 100 美元的票面价值对应的理论价值应当为 102.930 4 美元。

c. 解释一下为什么这种政府债券的实际市场交易价格与其理论价值如此接近。

8. 下面给出的是国债拍卖的结果：

总发行额＝90 亿美元

非竞争性报价＝34.4 亿美元

获得的竞争性投标：

金额（十亿美元）	出价（收益率）
0.20	7.55%（最低收益率/最高价格）
0.26	7.56%
0.33	7.57%
0.57	7.58%
0.79	7.59%
0.96	7.60%
1.25	7.61%
1.52	7.62%（最高中标收益率/最低价格）
2.00	7.63%
1.12	7.64%
1.10	7.65%
没有大于 7.65% 的报价	

a. 竞争性投标人可以获得的债券总金额是多少美元？

b. 最高中标收益率是多少？

c. 哪些投标人获得了竞拍成功？

d. 竞拍成功的投标人应当按照多高的收益率购买债券？

e. 如果一位投标人的出价刚好是最高中标收益率，他报出的购买金额是 100 万美元，那么最终他能买到多少美元的债券？

f. 这场拍卖的认购比率是多少？

9. 下列为 2001 年 9 月 26 日、2 年期政府债券的拍卖结果：

最高收益率＝2.869%

所发行债券的息票利率＝2.75%

投标的总金额与竞拍成功的总金额（千美元）

拍卖类型	投标总金额	竞拍成功的总金额
竞争性投标	40 262 145	16 080 820
非竞争性投标	919 267	919 267

a. 竞拍成功的投标人应当按照多高的收益率购买政府债券？

b. 这批政府债券的发行价格等于、低于还是高于其票面价值？

c. 认购比率是多少？

10. 在政府债券增发的过程中，息票利率已被事先确定好。请解释原因。

11. 什么是实时信息发布与报价系统？

12. 下面这段文字摘自财政部、证券交易委员会和美联储于 1998 年 3 月公布的联合调查报告——《政府债券监管体系的联合调查报告》：

> 纽约联邦储备银行的市场部门负责监管政府债券市场的总体运行情况，并分析政府债券市场的交易数据，尤其是检查是否存在欺诈或可疑的操作行为。它们负责监控一些量化指标，例如相对的市场公平价格、金融市场上某批政府债券面临的压力（即"特殊利率"）、一级国债交易商的交易数量以及头寸规模的报告情况。它们还从交易者、市场研究人员以及媒体机构那里搜集各种评论。它们经常听取对潜在的可疑操作行为的投诉与报告，随后通过给可疑交易商或其经理打电话的方式持续跟踪，获得其交易活动的相关信息，并把这些信息传达给工作组的其他成员，然后集体讨论市场监管部门是否需要采取进一步调查。

请解释一下纽约联邦储备银行的市场部门对"一些量化指标，例如相对的市场公平价格、金融市场上某批政府债券面临的压力（即'特殊利率'）、一级国债交易商的交易数量以及头寸规模的报告情况"的监控对发现潜在的欺诈或市场操纵行为有何帮助。

13. 下面这段文字摘自财政部、证券交易委员会和美联储于 1998 年 3 月公布的联合调查报告——《政府债券监管体系的联合调查报告》：

财政部大头寸规定的推行可以让监管部门更加迅速地获得有关价格异动及政府债券头寸集中情况的信息，有助于政府对国债市场的监管。

请解释一下为什么会这样。

14. 什么是政府支持企业？

15. 解释一下你是否同意下面这种说法："政府所有的企业的债务由美国政府的完全信用作担保，但是政府支持企业并非如此。"

16. 房利美和房地美允许它们发行的某些债券"被拆分"，这意味着什么？

17. 房利美和房地美发行的债券有可以提前赎回的，也有不可提前赎回的。当这两种债券期限相同时，哪一种债券提供的收益率会更高一些，可赎回债券还是不可赎回债券？

第 22 章

公司优先金融工具市场（一）

学习目标

学习完本章内容，读者将会理解以下问题：

- 可供公司选择的各种融资工具
- 不同形式的信用风险：违约风险、信用价差风险和信用降级风险
- 信用评级的重要性
- 1978 年《破产改革法》的基本条款
- 清算和重组之间的区别
- 破产时的绝对优先权原则
- 什么是银行贷款？投资等级银行贷款与杠杆银行贷款之间的区别
- 杠杆贷款市场
- 什么是辛迪加贷款
- 辛迪加贷款出售的两种方式：转让和参与
- 贷款协议的基本原则
- 什么是融资租赁交易
- 单一投资者租赁和杠杆租赁的区别是什么

　　公司优先金融工具是一家公司在面临破产时所承担的权限优于普通股的财务责任。这些金融工具主要包括公司债务契约和优先股。公司债务契约市场可以分为六大部分：（1）商业票据市场；（2）银行贷款市场；（3）设备租赁市场；（4）长期债券市场；（5）中期债券市场；（6）资产支持证券市场。在第 20 章我们已经分析了商业票据。本章我们将重点分析银行贷款市场和设备租赁市场。我们还会讨论公司债券评级和美国破产法律的一些基本原则。在下一章，我们将重点分析如下几种公司证券：公司长期债券、中期债券和优先股。而关于资产支持证券的相关内容我们将在第 27 章对此展开分析。

　　诸如商业票据、中期债券和公司债券之类的证券工具都是公司在需要融资时替代银行贷款的选择方案。从 20 世纪 80 年代开始，与从银行借贷的趋势相比，

从国际市场上通过发行这些证券工具进行融资的规模增长迅速。不是直接从银行获得贷款，而是通过发行各种证券工具融资，这一现象被认为是资本市场证券化的典型代表。证券化这个术语可以从两个角度来理解。我们这里提到的证券化是广义上的证券化，而很多情况下，狭义上的证券化，更具体点，指的是资产证券化，它描述的是形成贷款资产池，然后以此为基础发行相关证券。在第 2 章中，我们已经对资产证券化做了相关分析。

信用风险和公司债务评级

跟投资美国国债不一样，投资者通过购买公司债券向公司借款是要承担信用风险的。但是，到底什么是信用风险呢？传统意义上的信用风险指的是借款人不能够按照契约上所载明的那样及时支付利息并到期偿还所借本金的风险。这种形式的信用风险应该称为违约风险。

除了违约风险之外，与投资债券相关的其他风险都属于信用风险的范畴。即使在违约的情况下，投资者也关心的是他们所投资的债务类金融工具的市场价值会下降或者与其他的债务契约相比，这些工具的相对价格表现会更差。正如我们在第 17 章所解释的那样，公司债务契约的收益主要由两部分构成：（1）同期的国债收入；（2）对国债没有而公司债务契约却存在的风险的补偿，我们称之为价差。跟信用风险相关的风险补偿或者说价差因素被称为**信用价差**（credit spread）。

非财政债务契约的价格表现和它在一定时期内的投资表现取决于信用价差的变化情况。如果信用价差增加了——投资者一般称之为信用价差扩大了——债券契约的市场价格将会下降。信用价差扩大而引起发行者债券契约下降的风险就叫**做信用价差风险**（credit spread risk）。

专业的货币基金管理者分析发行者的财务信息和债务契约工具本身的特征，目的就是为了估算发行者未来履行债券契约的能力。这个活动被称为**信用分析**（credit analysis）。一些大型的机构投资者都有自己的信用风险部门，而众多的个人投资者和机构投资者自己并不进行这方面的分析工作。取而代之的是，他们主要依赖商业评级公司作出的信用分析，而商业评级公司则是通过评级系统作出相应的信用判断。正如我们在第 17 章所说的那样，最著名的三大评级公司是标准普尔公司、穆迪投资者服务公司和惠誉公司。

一旦公司债务类金融工具的评级被确定，随着经济和财务状况发生变化，这些债务工具的信用等级也会随之发生变化。如果债券或债券发行人的信用状况有所改进，那么就会获得更高的信用等级，这被称为**信用升级**（upgrade），如果债券或债券发行人的信用状况继续恶化，那么信用等级会下调，这被称为**信用降级**（downgrade）。如果债券或者债券发行人的信用状况出现了始料未及的下降，市场会要求更高的信用价差，那么就有可能导致发行人债务工具价格的下跌。这种风险被称为**信用降级风险**（downgrade risk）。

信用评级公司在债务市场上起着至关重要的作用。投资者一直都很信赖信用评级公司对债券发行人信用状况所做的评价，并以这些评价作为投资的重要参考。

每个美国人或公司都希望其他国家有这样的组织提供类似的服务。然而，直到 20
世纪 70 年代中期，其他国家才出现了信用评级公司。例如，在日本，直到 1977
年才引入正式的公司债券评级系统。日本 1959 年引入的公司债券评级系统的评级
依据仅建立在对发行人规模判断的基础上。[①]

评级机构考虑的因素

在评价本章和下一章描述的公司债券发行人和公司债务契约的信用风险时，
评级机构通常会重点考虑下面三个领域：
- 在协议中为债券持有人提供的保护，限制管理层的随意性。
- 当债券发行人不能按时偿付时，可供债券持有人控制的担保品。
- 债券发行人按照协议向债券持有人偿付的能力。

这些协议包括适用于管理方面的合同。合同为公司管理的很多重要的运作领
域制定了规矩。这些条款都是为了保护债权持有人的利益。在对债券或贷款进行
评级的时候，这些协议条款都需要认真分析和研究。

在评价债券发行人偿付债券能力的时候（例如，及时偿付利息和本金的能
力），我们首先要考虑的是基于发行公司财务报表的各种不利消息的数量。尽管这
极其重要，但考虑债券发行公司现金流的产出能力远超过对各种财务比率的计算
和分析，公司现金流被认为是衡量公司财务风险最基本的评价依据。分析同样重
视很多定性方面的因素，诸如发行人面临的商业风险和公司治理方面的风险，这
些都会影响发行人的偿债能力。因此，评级机构会综合考虑商业风险、公司治理
风险和财务风险。

商业风险（business risk）是与经营现金流紧密相联的风险。由于收入和支出
构成的现金流并不确定，因此，经营现金流也是不确定的。公司收入依赖于宏观
经济大环境和公司所在行业的发展状况，同时还与公司的管理活动以及竞争对手
的表现紧密相联。在评价商业风险的时候，三家评级公司考查的领域基本相同。
标准普尔表示在分析商业风险时，主要考虑国家风险、行业特征、公司地位、产
品组合/市场营销、技术、费用效率、战略和经营管理能力、盈利能力以及与同行
业的比较情况。[②] 穆迪公司会调查行业发展趋势、国家行政环境、管理水平和对风
险承受的态度，以及公司的基本经营管理情况和行业竞争状况。[③] 惠誉公司考查的
是行业趋势、经营管理环境、市场状况和公司管理情况。[④]

公司治理主题包括：（1）公司所有权结构；（2）公司经营管理活动；（3）财
务披露政策。在最近几年发生的几起公司丑闻案件中，公司管理层急于向股东和
市场表示公司良性运转的倾向已经成为公司治理中的重要组成部分，这也被称为
公司治理风险（corporate governance risk）。公司首席执行官（CEOs）、首席财务

---

① Edward W. Karp and Akira Koike, "The Japanese Corporate Bond Market," Chapter 11 in Frank J. Fabozzi
(ed), *The Japanese Bond Markets* (Chicago: Probus Publishing, 1990), p. 377.

② Standard & Poor's Corporation, *Corporation Rating Criteria*, 2005, p. 20.

③ Moody's Investors Service, *Industrial Company Rating Methodology*, July 1998, p. 3.

④ FitchRatings, *Corporate Rating Methodology*, undated, pp. 1‐2.

官和董事会成员都对公司财务报表披露和其他重要的公司决策负有责任。有很多机制能够确保管理层就像对待自己的利益那样履行相关的义务。这些机制主要分为两大类：第一大类机制是让管理层的利益与股东的利益趋于一致。这类机制可以通过给予管理层公司股权的方式实现；同时，也可以根据公司普通股的表现来确定给予管理层相应的补偿。第二大类机制是通过公司内在控制系统实现，这种方式对管理层的表现和决策制定情况提供了一种有效的监督方法。

除了考虑公司治理因素外，评级机构在评价公司的偿债能力时还会重点考虑管理质量。穆迪公司就着重考查公司管理质量的如下方面：

> 尽管很难对管理质量进行定量分析，但管理质量仍然是支持债券发行人信用状况最重要的因素之一。当意外事件发生时，管理层能够合理处理事件的能力为确保公司稳步前进的关键。在借鉴同行竞争者的基础上，对管理层计划的评价能够为考查公司竞争力提供重要的参考，帮助了解公司的偿债能力、控制子公司的能力、与监管层的关系以及会影响公司长期负债能力的许多其他方面的状况。[1]

在评价公司管理质量方面，穆迪公司试图全面理解管理层制定的商业战略和政策。穆迪公司考查的因素包括：（1）战略方向；（2）财务理念；（3）稳健情况；（4）信用纪录；（5）可持续发展计划；（6）控制系统。

在了解公司商业风险和公司治理风险的基础上，评级机构接着会分析**财务风险**（financial risk）。财务风险分析包括传统的财务比率分析和影响公司投融资活动的其他因素分析。这些分析包括利息保障倍数、杠杆分析、现金流、净资产和营运资本等，很多投资管理方面的书籍对此都有比较详细的介绍。一旦被分析公司的这些指标被计算出来，评级机构就会将这些指标与同行业的其他公司进行对比分析。

公司债务信用等级

三个被广泛认可的、全国性的评级机构——穆迪投资者服务公司、标准普尔公司和惠誉公司所采用的评级系统都使用相同的符号，具体见表22—1。

在所有的系统中，最高等级意味着风险最低，或者说，表示具有较高的未来偿债能力。穆迪公司用 Aaa 表示最高等级的债券，而其他两家机构则采用 AAA 表示相同等级的债券。次高等级的债券，穆迪公司用 Aa 表示，而其他两家机构用 AA 来表示。第三等级的债券，三家机构都用 A 来表示。接下来的三个等级分别是 Baa 或 BBB、Ba 或 BB、B，在这之后，债券级别就进入了 C 等级。对每个级别的更深入的划分，穆迪公司用的是 1、2 或 3 来表示，而其他两家机构则用的是加号或者减号来表示。

拥有 3A（AAA 或 Aaa）级别的债券通常被认为是优质债券，拥有 2A（AA 或 Aa）级别的债券一般都是高质量债券，单 A 级别的债券通常被称为中上等级债

---

① Moody's Investors Service，*Industrial Company Rating Methodology*，p. 6.

券，而 3B 则被称为中等级别债券。较低等级的债券被认为含有投机成分或者是明显的投机性债券。

表 22—1　　　　　　　　　　　**债券评级体系及符号**

穆迪	标准普尔	惠誉	简要定义
投资级别——高信用等级			
Aaa	AAA	AAA	优质、最大的安全性
Aa1	AA＋	AA＋	
Aa2	AA	AA	优等、高质量
Aa3	AA－	AA－	
A1	A＋	A＋	
A2	A	A	中上等级
A3	A－	A－	
Baa1	BBB＋	BBB＋	
Baa2	BBB	BBB	中下等级
Baa3	BBB－	BBB－	
明显投机级别——低信用等级			
Ba1	BB	BB＋	
Ba2	BB	BB	低等级、有投机性
Ba3	BB－	BB－	
B1	B＋	B＋	
B2	B	B	较大的投机性
B3	B－	B－	
绝对投机级别——较大的违约风险			
	CCC＋		
Caa	CCC	CCC	较大的风险
	CCC－		
Ca	CC	CC	可能违约，极具投机性
C	C	C	更具投机性
	C1		C1＝收入债券——无利息支付
		DDD	违约
		DD	
D		D	

　　如果债券发行等级在前面四个层次，我们通常称之为投资等级债券。如果债券发行等级在四个层次之后，通常被称为非投资等级债券，或者经常被称为高收益债券，或垃圾债券。因此，公司债券市场主要分为两个子市场：投资等级债券市场和非投资等级债券市场。

　　债券的级别会随着时间的变化而发生改变。当债券发行人的信用状况被评级机构认为有所提高后，债券等级会提升；而当债券发行人的信用状况被评级机构认为有所恶化时，债券等级也会随之下调。评级机构会将公司变化的信用等级情况及时出版公布，这一公布列表又被称为信用观察列表。

破产与债权人权益

在本章和下一章，我们重点分析公司优先证券。所谓优先，在这里指的是在公司面临破产的时候，证券持有人与普通股股东相比具有优先权。更进一步解释，有些债权人较其他债权人具有优先权。在本节，我们将对破产程序做一个总括分析，然后再具体分析破产时各个债权人将面临什么样的情况。

破产程序

美国有关破产的法律是 1978 年通过的《破产改革法》。该部法律对可能被清算或重组的公司制定了相应的规章制度。公司**清算**（liquidation）意味着公司所有的资产将会被分配给公司权益的所有者们，公司实体将不复存在。如果是**重组**（reorganization），将会产生一个新的公司实体。一些公司权益的所有者如果反对公司破产将会得到相应的现金作为交换他们手中权益的筹码，而其他的一些权益所有者可能会收到公司重组后新发行的证券，还有一些人可能会同时收到现金和新发行的公司证券。

破产法的另外一个目的是给公司足够的时间来选择重组还是清算，然后留出充足的时间制定相应的计划来完成或重组或清算的决定。时间一定会留充分，因为当公司申请破产时，法律会为公司权益所有者寻求自我权益保护提供相应的支持。破产申请可以由公司自己主动提出来，这种情况被称为**主动破产**（voluntary bankruptcy），也可以由公司债权人提出，这种情况被称为**被动破产**（involuntary bankruptcy）。申请破产保护的公司一般都变成了"财产债务人"，并在法院的监管下继续商业活动。

破产法一共有 15 章内容，每一章重点分析一种破产类型。跟本节内容相关的是破产法的第 7 章和第 11 章内容。第 7 章讲的是公司清算问题，而第 11 章讲的是公司重组问题。

绝对优先权：理论与实践

当公司被清算时，债权人收到的分配资产的数量是基于可分配资产的绝对优先权原则确定的。**绝对优先权原则**（absolute priority rule）是将公司资产首先全部偿付高级别债权人，然后再偿付低级别债权人的原则。对于有担保和无担保的债权人，绝对优先权原则确保他们的权利优先于股权所有者。

在清算过程中，绝对优先权原则通常都会发挥作用。与此相反，另外一种观点则认为在公司重组的过程中，绝对优先权并不被法院或者 SEC 所支持。[①] 在破

---

① 参见 William H. Meckling, "Financial Markets, Default, and Bankruptcy," *Law and Contemporary Problems* 41 (1971), pp. 124 - 177; Merton H. Miller, "The Wealth Transfers of Bankruptcy: Some Illustrative Examples," *Law and Contemporary Problems* 41 (1971), pp. 39 - 46; Jerold B. Warner, "Bankruptcy, Absolute Priority, and the Pricing of Risky Debt Claims," *Journal of Financial Economics* 4 (1997), pp. 239 - 276; Thomas H. Jackson, "Of Liquidation, Continuation, and Delay: An Analysis of Bankruptcy Policy and Nonbankruptcy Rules," *American Bankruptcy Law Journal* 60 (1986), pp. 399 - 428.

产法第 11 章中关于真实重组过程的研究表明与其说是违背绝对优先权原则的情况，还不如说是意外情形。[1]

很多法院并不严格执行绝对优先权原则给公司的资本结构（股权和债权选择）抉择带来了很多影响。金融经济学家们认为如果卖给股东的公司资产看涨期权的债权人不能够有效拥有公司的债权时，且股东不被看作剩余权益索求人，则公司不具备可持续发展的条件。[2]

好几个理论假说被用来说明为什么在重组过程中，权益所有者在分配资产时与绝对优先权原则要求的不一致。**动机假说**（incentive hypothesis）认为各方协商过程越长，破产成本就越高，分配到各方的资产数量就越少。在重组过程中，代表权益各方的委员会被委托制定一份详细的重组计划书。为了能够让各方接受，重组计划书必须获得至少三分之二或者绝大多数权益代表们的赞同，以及代表各个利益阶层三分之二以上代表们的同意。各方协商的过程越长，公司以另外一种方式运转而不是最大化债权人利益的概率就越大，因而，分配到债权人各方的利益就越少。因为需要各方包括股东们都赞同重组计划，所以，通常情况下，债权人都向股东们承诺只要他们同意重组计划，将会分配给他们更多的资产。

合同重订过程假说（recontracting process hypothesis）认为对绝对优先权原则的违背反映出股东和高级债权人之间重订合同的过程，这个过程有待重新认识管理层的能力，目的是维护现有股东的利益。[3] 按照**重组计划中的股东影响力假说**（stockholder's influence on reorganization plan hypothesis），与公司管理相比，债权人在公司真实的经济运转情况方面所获得的信息要少很多。由于分配资产的重组计划是建立在公司价值的基础上的，因此，不能获得全部信息的债权人遭受的损失自然要多许多。[4] 按照鲁克（Wruck）的观点，通常情况下，管理层要比债权人或股东更了解公司的内部运作情况，尽管债权人或股东对公司所在行业未来的发展有更好的资讯。因而管理层可以利用其优势地位以某种方式传递出相关的数据从而强化其地位。[5]

战略商谈过程假说（strategic bargaining process hypothesis）的精髓是认为宣布破产会增加公司的复杂性，从而加长协商过程，其结果是进一步违背绝对优先

① 参见 Julian R. Franks and Walter N. Torous, "An Empirical Investigation of U. S. Firms in Reorganization," *Journal of Finance* (July 1989), pp. 747 - 769; Lawrence A. Weiss, "Bankruptcy Resolution: Direct Costs and Violation of Priority of Claims," *Journal of Financial Economics* (1990), pp. 285 - 314; Frank J. Fabozzi, Jane Tripp Howe, Takashi Makabe, and Toshihide Sudo, "Recent Evidence on the Distribution Patterns in Chapter 11 Reorganizations," *Journal of Fixed Income* (Spring 1993), pp. 6 - 23。

② 参见 Fisher Black and Myron Scholes, "The Pricing of Options and Corporate Liabilities," *Journal of Political Economy* 81 (1973), pp. 637 - 654。同时，在风险债券定价研究方面，罗伯特·默顿假定存在绝对优先权，具体参见 Robert Merton, "The Pricing of Corporate Debt: The Risk Structure of Interest Rates," *Journal of Finance* 29 (1974), pp. 449 - 470。

③ Douglas G. Baird and Thomas H. Jackson, "Bargaining After the Fall and the Contours of the Absolute Priority Rule," *University of Chicago Law Review* 55 (1988), pp. 738 - 789。

④ L. A. Bebchuk, "A New Approach to Corporate Reorganizations," *Harvard Law Review* 101 (1988), pp. 775 - 804。

⑤ Karen Hooper Wruck, "Financial Distress, Reorganization, and Organizational Efficiency," *Journal of Financial Economics* 27 (1990), pp. 419 - 444。

权原则。带来的结果可能是在重组过程中增加委员会成员的人数，同时增加财务和法律方面的专家成员。

有一些人认为与清算相比，债权人在重组过程中能够获得更多的资产，部分原因与清算的成本较高相关。[1] 最终，由于税收系统的不对称性（负税率是不存在的，尽管可以在征税前实施税前亏损抵减），因此唯一的方式是将所有的亏损抵减综合起来使用。[2] 税收系统可能鼓励继续经营，或者并购，而不是选择破产。

因此，当公司债券投资人感觉到他们享有相对于股东和其他债权人更高的优先权时，破产的真实结果可能跟债券协议上所罗列的条件相差甚远。

法博齐、霍威（Howe）、马卡波（Makabe）和苏东（Sudo）对三个群体——有担保的债权人、无担保的债权人和股东——违背绝对优先权原则的情况进行了测试，并在各种各样的债券和股权证券中进行了测试。同时他们还证明资产分类会承担部分违背绝对优先权原则的成本，估算了分配资产的总价值，并与清算价值做了对比。他们的研究表明无担保的债权人承担着不合理的重组成本，级别越高的无担保债权人与级别较低的无担保债权人相比，承担的不合理成本更多，而股东则经常从各种违背绝对优先权原则的情形中获益。

银行贷款

作为通过发行证券来融资的替代选择，公司还可以通过向银行借款的方式募集资金。[3] 公司有如下五个方面的融资来源选择：（1）公司所在母国的国内银行；（2）国外银行在公司所在母国设立的分行；（3）公司在某国有业务活动，注册地在该国的国外银行；（4）公司在某国有业务活动，国内银行在该国设立的分行；（5）离岸银行或欧洲银行。向离岸银行申请的贷款被统称为**欧洲货币贷款**（Eurocurrency loans）。[4]

市场将向银行申请贷款的公司借款人分为两大类：投资等级贷款和杠杆贷款。**投资等级贷款**（investment-grade loan）是向信用级别是投资等级的公司发放的贷款。这些贷款往往由放款银行发起并持有，一般都在银行的贷款资产组合中。原因就在于这些贷款都在信用等级范围内。在这样的贷款安排中，银行都为公司设定了一个最大的贷款限额，公司可以申请贷款限额范围内的任意贷款，并在任意时刻偿还贷款。由于公司借款人能够在任意时刻偿还贷款并且贷款没有到期日，因此，放款银行通常都持有投资等级贷款，而不是将贷款卖给机构投资者。

---

① Michael C. Jensen, "Eclipse of the Public Corporation," *Harvard Business Review* 89 (1989), pp. 61 - 62; Wruck, "Financial Distress, Reorganization, and Organizational Efficiency."

② J. I. Bulow and J. B. shoven, "The Bankruptcy Decision," *Bell Journal of Economics* (1978)。关于净营运亏损和当前税收法律的重要性的讨论可参见 Fabozzi et al., "Recent Evidence on the Distribution Patterns in Chapter 11 Reorganizations."

③ 银行贷款是在杠杆收购、并购和再资本化中被广泛运用的高级融资方式。这些统称为高杠杆交易，或者简称为 HITs。

④ 贷款可以以各种各样的货币标明，如果贷款是以美元标价的，我们称之为欧洲美元贷款。

与此相反，杠杆贷款（leveraged loan）是发放给信用等级在投资级别以下的公司的贷款。杠杆贷款有明确的到期日，而且利率以 LIBOR 为参考实行浮动利率。实际上，当市场参与者谈到公司贷款时，通常都是特指杠杆贷款。这些贷款可以卖给机构投资者。在下一章，我们将讨论信用等级在投资级别以下的公司发行的债券，这些债券通常又被称为高收益债券。下一章我们还会继续讨论杠杆贷款和高收益债券之间的区别。

辛迪加银行贷款

辛迪加银行贷款（syndicated bank loan）指的是银团（辛迪加）向借款人提供的贷款。银团贷款产生的原因在于借款人申请贷款的数量太大，单个银行不愿意承担相应的信用风险。因此，借款人就申请辛迪加贷款，在贷款市场上募集巨额资金，而不是通过发行证券来募集资金。

由于跟其他的次级放款人（债券持有人）相比，在利息和本金偿付方面，这些银行贷款较其他贷款享有优先权，因此，它们都称为**优先银行贷款**（senior bank loans）。辛迪加贷款的利率通常都是**浮动利率**（floats），这意味着利率水平是以某种参考利率为基准的。贷款利率会根据参考利率水平加利差进行周期性调整。最常见的参考利率是伦敦银行同业拆借利率（LIBOR），尽管这只是基本利率水平（也就是说，这一利率是银行为最优质信用客户提供的），或者仅是存款的利率水平。贷款的期限是固定的。辛迪加贷款事先都会做好还款安排，这样借款人就可以按照事先制定的计划进行分期还款，并且在一段特定时间后（通常不超过 5 到 6 年）开始偿还本金。如果还款安排中没有要求偿还本金，而是在贷款到期时一次性偿还本金，这样的贷款被称为**子弹贷款**（bullet loan），或者一次性偿还贷款。

辛迪加贷款主要由一家银行或者证券机构负责安排，安排人会把其他的辛迪加银行联系起来。辛迪加贷款中的每家银行都会按照协议上的要求承担相应的贷款份额。参与辛迪加贷款的银行同样也有权将自己的那部分贷款卖给其他银行。

辛迪加贷款通常按照下面两种方法进行分配：转让或参与。每种方法都有自己的相对优势和劣势，而转让在两种方法中运用得更多些。

对出售部分贷款感兴趣的贷款持有人可以通过**转让方法**（method of assignment）将贷款利息转让从而实现出售目的。在这个过程中，卖方将所有的权利转让给受让任务的持有者，又被称为**受让人**（assignee）。受让人通常都与借款人之间有**合同默契**（privity of contract）关系。由于借款人和受让人之间有清晰的路径关系，因此，转让方法在贷款所有权变动过程中是一个不错的选择。

参与（participation）指的是在特定贷款中，贷款持有人主动认购部分贷款。贷款认购人并不是贷款协议中出现的银行，因而并不与借款人直接发生关联，但是与认购贷款的卖方有关系。与转让不一样，参与贷款并不具有合同默契关系，尽管参与贷款的持有人对贷款补充协议的某些法律方面的事情具有投票权。这些事情包括到期日、利率和贷款担保品等方面的变动情况。因为辛迪加贷款可以通过这种方式买卖，因此，它们都是市场化的产品。

由于辛迪加贷款数额巨大而且有良好的信用保证，因此一些商业银行和证券机构更愿意以中间人或者经纪人的身份满足客户的资本和资源方面的需求。同样，这些优先银行贷款以金融创新的方式实现证券化，贷款证券化的内容在第 2 章已有讨论，并且还会在第 27 章进行更深入的分析。[①] 优先银行贷款市场的不断发展毫无疑问最终会模糊证券和贷款之间的重要区别：一直以来证券都被认为是可以市场化交易的金融资产，而贷款则不能市场化交易。有趣的是，这些贷款的交易并不局限于优异贷款，即借款人能够按照合同履行还款义务的贷款。那些非优异贷款——即借款人可能违约的贷款，同样也有市场。

辛迪加银行贷款的二级市场

曾经，贷款发起银行或多家银行都将辛迪加银行贷款保留在自己的贷款组合里。而今天，这些贷款都能在二级市场上流通交易，或者通过证券化的方式创造出担保贷款债券（CLO），有关证券化方面的内容将会在第 27 章重点分析。

主张商业贷款是一种金融资产且可以进行交易的组织是辛迪加贷款交易协会（LSTA）。LSTA 通过帮助制定市场惯例、争端处理机制和运转流程，培育了一个流动性良好、公开透明的贷款二级市场。LSTA 每天收集 2 500 笔美国辛迪加银行贷款的报价情况。5 家公司的辛迪加银行贷款报价通过 LSTA 网站对外公布，下面是 2007 年 10 月 19 日，5 家公司星期五的报价情况：

公司名称	贷款等级 （穆迪/标准普尔）	票面利率	到期日	中间价 （百分比）
美国转运交通公司	B1/BB-	L＋275	2014 年 3 月 15 日	88.00
克莱尔商店	B1/B	L＋275	2014 年 5 月 21 日	95.83
论坛公司	Ba2/BB	L＋250	2014 年 4 月 19 日	92.83
伯灵顿制衣公司	B2/B-	L＋225	2013 年 3 月 1 日	95.19
有线电视公司	Ba2/BB	L＋175	2013 年 4 月 21 日	97.98

第二列内容是穆迪公司和标准普尔公司的评级情况，第三列中的 L 代表的是 LIBOR，最后一列内容是贷款的中间报价。报价的含义和表示方法与债券一样（例如，都是票面价格的百分数）。

记住，当银行贷款以投资组合的方式被持有时，这些贷款必须向市场标明价格。当市场不够透明时，确定投资组合中任何金融资产的市场价值是一件很困难的事情。幸运的是，我们现在可以获得对银行贷款进行合理估值的服务。提供这方面服务的最重要的机构是路透社贷款定价公司的贷款交易数据库（Reuters LPC）。通过路透社的 LPC，LSTA 为持有银行贷款的机构投资者们提供了经纪人报价，对他们所持有的贷款组合进行合理定价。

LSTA 还与标准普尔杠杆评注与数据公司（LCD）联合，创立了杠杆贷款指数，用来衡量辛迪加贷款市场上不同部门的表现。杠杆贷款指数是以周回报率为计算单位的。

---

① 有关优先银行贷款的交易和证券化的更多内容，可参见 John H. Carlson and Frank J. Fabozzi（eds），*The Trading and Securitization of Senior Bank Loans*（Chicago：Probus Publishing，1992）。

融资租赁

融资租赁市场是设备融资市场中最大的组成部分。任何一种类型的设备既可以通过借款的方式购买也可以通过租赁的方式租借。我们感兴趣的是需要融资租赁的设备都属于大件设备（也就是设备的总成本超过了 500 万美元）。这些设备包括商业飞机、大型船只、大量的生产设备和能源设备。杠杆租赁作为一种非常特别的融资租赁安排，在设备融资租赁中经常会遇到。

租赁的工作流程如下。潜在的设备使用者，通常被称为**承租人**（lessee），首先会选择要租赁的设备和交易商或制造商，而设备正是从交易商或制造商那里购买的。承租人会就购买价格、设备特征、保证条件和运输日期等交易事项与对方谈判。当承租人与对方谈妥交易条件后，第三方也就是银行或者融资公司就会从交易商或制造商手中购买设备，并将设备租赁给承租人。第三方又被称为**出租人**（lessor）。如此安排租赁可以让出租人享受与租赁设备相关的税收优惠。

基本上来讲，租赁只是一个工具，通过这个工具，税收优惠可以从设备的使用者（承租人）那里转移给另外一个实体（出租人）。由于购买设备的成本高昂，承租人没有能力享受这个与设备所有权相关的税收优惠（折旧和其他税收优待）。作为享受税收优惠的补偿，出租人会向承租人提供与借款购买设备相比更低的融资成本。这种租赁通常被称为**税收导向型租赁**（tax-oriented leases）。

出租人可以通过两种方式融资购买相应的设备，第一种方式自己出全款购买设备，这样出租人就百分百地承担了购买设备的所有资金风险。这种租赁安排被称为**单一投资者租赁**（single-investor leases）或者**直接租赁**（direct leases）。从本质上来看，这种租赁安排只有两个参与者（承租人和出租人）。第二种方式是出租人自己出一部分钱购买设备，另外一部分钱则是向一家或多家银行借款获得。这种类型的租赁又被称为**杠杆租赁**（leveraged lease）。杠杆租赁安排的三方分别是承租人、出租人和贷款人。杠杆租赁安排允许出租人通过拥有设备所有权从而享受相应的税收优惠以及借款税收优惠——利息免税，而自己只需要支付一小部分本金就可以购买设备。因此，杠杆租赁被广泛运用于大件设备融资租赁中。

在杠杆租赁交易过程中，一方有必要对购买设备的款项就股权部分和债权部分作出详细的安排。一方也可以同时拥有股权和债权。股权部分通常是由一家或多家机构投资者所有，而债权部分通常是银行所有。因为杠杆租赁交易购买的设备通常都是大件商品，因此银行债权经常是以辛迪加银行贷款的方式出现。例如，融资购买飞机通常就是通过杠杆租赁实现的。

小　结

公司优先金融工具包括公司债务契约和优先股。当公司面临破产时，这些金融工具的持有者比普通股持有者享有相应的优先权。本章主要讨论了这个市场的两个子市场：银行贷款市场和租赁市场。

投资者通常不会自己分析证券发行人的信用状况。相反，他们依赖商业评级公司提供的信用评级系统。在美国有三家机构对公司发行债券的违约可能性进行信用等级评级，这三家机构是穆迪投资者服务公司、标准普尔公司和惠誉公司。公司借款人的信用风险通常由这三家全国性的评级公司来评定。信用等级较高的前四个级别的评级债券被认为是具有投资等级的债券，而排在最优的四个级别之后的债券则被称为非投资等级债券、高收益债券或者垃圾债券。在评定信用等级的时候，评级机构会考虑债务契约的保护情况、当债务人不能偿还债务时债权人可获得担保品以及债务人履行还款义务的能力。在评价债券发行人偿还债务能力的时候，评级机构会考查债券发行人面临的商业风险、公司治理风险和财务风险。商业风险与经营现金流紧密相关。在评价商业风险的时候，有一些因素需要重点分析，包括行业特征和趋势、公司市场情况和竞争地位、管理特征以及国家行政管理大背景。评价公司治理风险要考虑的因素包括：（1）公司所有权结构；（2）管理层的习惯做法；（3）财务披露政策。评价财务风险主要考虑传统的比率分析和其他影响公司投融资的因素。重要的财务比率分析包括利息保障倍数、杠杆率、现金流、净资产和营运资本等。

美国1978年通过的《破产改革法》对破产程序做了详细的规定。破产法第7章主要是处理公司清算问题，而第11章主要是处理公司重组问题。基于绝对优先权原则处理债权人的资产分配时，债权人获得的资产数量取决于可供处理的资产，这意味着只有在处理完优先债权人的债务情况后才能处理次级债权人的债务情况。一般说来，这是在公司遭遇清算时候的处理原则。与之对应的是，在公司重组过程中，经常会出现违背绝对优先权原则的情况。

银行贷款是公司发行证券的替代方案。发放给公司的银行贷款通常可分为投资等级贷款和杠杆贷款两大类。杠杆贷款可以卖给机构投资者，并且在二级市场上流通交易。尽管发放给公司的银行贷款分为两大类，但是在市场上，银行贷款和杠杆贷款经常是可以相互替代的。在辛迪加银行贷款中，很多银行联合起来向特定借款人贷款。

租赁是银行贷款的另外一种形式。基本上来讲，租赁只是一个工具，通过这个工具，税收优惠可以从设备的使用者（承租人）那里转移给另外一个实体（出租人），由于购买设备的成本高昂，承租人没有能力享受这个与设备所有权相关的税收优惠（折旧和其他税收优待）。单一投资者租赁是只包括承租人和出租人两个参与者的租赁。而在杠杆租赁中，出租人只需要出一小部分钱购买设备，其他的钱则可以通过银团贷款融资。

关键术语

绝对优先权原则	财务风险	合同默契
受让人	浮动利率	合同重订过程假说
商业风险	动机假说	重组
子弹贷款	投资等级贷款	优先银行贷款
公司治理风险	被动破产	单一投资者租赁
信用风险	承租人	重组计划中的股东影响力假说
信用价差	出租人	战略商谈过程假说
信用价差风险	杠杆租赁	辛迪加银行贷款
直接租赁	杠杆贷款	税收导向型租赁
信用降级	清算	信用升级
信用降级风险	转让方法	主动破产
欧洲货币贷款	参与	

思考题

1. 信用风险有哪些不同的形式?

2. 评级机构在金融市场上发挥着什么样的作用?

3. 在评价信用等级的时候,评级机构会分析公司的商业风险。商业风险是什么?

4. a. 公司治理风险是什么?

b. 转移公司治理风险的两种机制分别是什么?

5. a. 清算与重组的区别在哪里?

b. 破产法中的第 7 章和第 11 章分析的重点有什么不同?

6. 债务人财产拥有情况指的是什么?

7. 绝对优先权原则意味着什么?

8. 对下面一段话做适当评论:"购买公司抵押债券的投资者知道当公司破产时,在普通股股东收到任何赔偿之前,抵押抵押债券的持有人会得到全额赔偿。"

9. a. 银行贷款可以分为投资等级贷款和杠杆贷款,解释说明两者之间的区别。

b. 上述两种类型的贷款中的哪种贷款可以在二级市场上买卖交易?

10. a. 辛迪加银行贷款是什么?

b. 在辛迪加银行贷款中,常见的参考利率是哪种?

c. 分期偿还贷款与子弹贷款之间的区别是什么?

11. 解释说明辛迪加贷款中银行出卖其头寸的两种方法。

12. a. 在融资租赁交易中,承租人和出租人分别是谁?

b. 谁有权利享受税收优惠? 都有哪些税收优惠?

c. 如果一家制造业公司没有应税收入,它可以购买或租赁设备吗? 为什么?

13. 单一投资者租赁和杠杆租赁之间的区别是什么?

第 23 章

公司优先金融工具市场（二）

在这一章，我们将继续分析公司优先金融工具，主要包括三种公司证券：公司债券、中期票据和优先股。优先股之所以被认为是优先金融工具，其原因就在于在公司面临破产时，优先股股东与普通股股东相比，享有优先赔偿权。

公司债券

公司债券按照发行人所属部门的不同进行分类，对发行人常见的四种分类是：

（1）公用事业部门；（2）运输部门；（3）银行和金融部门；（4）工业部门。[①] 各大类内部经常进行更为细致的划分，这样就创立出更多的同类编组。例如，公用事业部门被细分为电力公司、煤气供应公司、自来水公司和通讯公司。运输部门被进一步划分为航空公司、铁路公司及卡车运输公司。银行和金融部分包括中心银行和地区性银行、储蓄和贷款银行、经纪公司、保险公司和财务公司。工业部门是一个包罗万象的行业，根据投资特征上的不同划分为各种各样的类别。工业部门包括各种制造业、采掘业、商业公司、零售业、能源公司以及与服务相关的行业。

在最近几年，在公司债券市场上，工业部门融资比重最大，其次是金融机构和公用事业部门。[②] 公司债券最大的投资者是生命保险公司，紧跟其后的是养老基金、公募基金和私募基金。从历史数据来看，这些机构投资者持有一半以上的公司债券的市场份额。剩余部分的公司债券被家庭投资者、国外投资者、储蓄机构、非生命保险公司、共同基金和证券经纪商等机构所持有。

公司债券的基本特征

相对说来，公司债券的本质特征较为简单明了。发行公司承诺在指定日期支付面额的特定百分比（票面利息支付额），并在债券到期时偿还债券的面额或本金。到期而未能支付本金或利息就会构成法律上的违约，投资者可向法院起诉，要求强制执行合约。与债权人一样，债券持有人为获得应支付给他们的本金和利息．对于公司的收入和资产均拥有优于普通股和优先股股东的法定索偿权。

公司债券发行人的承诺和购买债券投资者的权利都会详细记录在合同中，这份合同又被称为**债券合约**（bond indentures）。正如前一章所述的那样，这些合同和对管理层的限制在分析公司债券信用风险时起着非常重要的作用。为了确定在特定的时刻公司债券发行人能否履行义务，合同中经常引入第三方：公司受托人。公司受托人是设有公司信托部的债券或信托公司，其公司信托部的工作人员是在执行受托人职能方面的专业人员。签订的合约认定该公司受托人为债券持有人的利益代表，换言之，公司受托人以拥有债券的投资者的受托人身份活动。

一份债券合约清楚地概括了三个方面的重要内容：到期日、担保品和引退条款。

债券期限

大多数公司债券是**定期债券**（term bonds），也就是说，它们存续一个固定年限，然后到期并予以偿付。定期债券通常被称为**子弹定期债券**（bullet-maturity），或者简称为**子弹债券**（bullet bonds）。在到期日之前尚未偿付的所有负债额必须在此时予以清偿。债券的期限可长可短。一般来说，自发行日起十年以内到期的债券契约被

---

① 从传统意义上来讲，扬基债券和加拿大债券被认为是公司债券市场的组成部分之一。这些债券包括在美国本土由中央政府、地方政府和非美国公司发行的、以美元标价的债券。

② 参见穆迪公司每年发布的《穆迪债券调查》。

称为中期债券（notes）。①

大多数公司借款采用的是期限为 20 年到 30 年的**债券**（bonds）形式。定期债券可通过最终到期日的偿付予以赎回，如若契约中有特别说明，也可在到期日之前被赎回。一些公司债券安排让特定的本金额在指定日期到期，指定日期通常都在债券到期日之前，这种债券被称作**序列债券**（serial bonds）。设备信托凭证（后面会展开讨论）即被设计成序列债券的形式。

债券担保

不论是不动产（用于抵押贷款）还是个人资产都可用做抵押品，以提供超过发行人常规信用等级的担保。**抵押债券**（mortgage bond）赋予债券持有人对被抵押资产的**留置权**（lien），即出售该抵押资产以履行对债券持有人的尚未清偿的债务责任。在实践中，抵押品丧失赎回权并被出售是不常见的。即使发生违约事件，通常情况下，发行人的财务重组也为债券持有人所持债务的结算提供了相应的准备。然而抵押留置权是非常重要的，因为它使抵押债券的持有人在商谈任何重组条款时都处于一个较其他债权人更为优越的谈判地位。

一些公司并不拥有固定资产或其他的不动产，从而无从提供抵押留置权来保护债券持有人的利益。但是，它们拥有其他公司的证券，通常它们是**控股公司**（holding company），而其他公司为其**子公司**（subsidiary）。为满足债券持有人对担保品的要求，控股公司会抵押股票、票据、债券或它们所拥有的任何其他种类的证券。这些资产都可以成为**担保品**（collateral）（或个人资产），以这些资产为担保品的债券被称作**担保信托债券**（collateral trust bonds）。

很多年以前，铁路公司发明了一种用来购买火车车厢及火车头的融资方法，被称为**滚动股票**（rolling stock），该方法能让铁路公司以最低利率水平在公司债券市场上借款。很长一段时间内，铁路滚动股票被投资者认为是优秀的债务担保品。这些设备被充分标准化，因此它能移用于某条铁路以及其他各条铁路。当然，它还可以被轻易地从一条铁轨转移到另一条铁轨上。因此，一个出租或出售火车车厢及火车头的完整市场就形成了。在充分利用滚动股票这些特点的基础上，铁路公司开发了一种赋予投资者不同于且通常优于抵押留置权的索偿权的法律契约。

这种情况下的法律契约将铁路设备的法定所有权授予一受托人。当一家铁路公司向一家制造商订购火车车厢及火车头时，该制造商便将设备的法定所有权移交给一受托人。紧接着，受托人再将设备出租给这家铁路公司，与此同时，通过**出售设备信托凭证**（equipment trust certificates）来融通资金支付给设备制造商。该受托人向铁路公司收取租金，用这笔资金支付信托凭证的利息和本金。因此，本金能够在指定日期偿还，由于条款内容不同，信托凭证与定期债券还是存在很大区别的。

设备信托契约的基本运作理念同样还被从事于提供其他运输方式的公司所采

---

① 根据我们前面章节对各种不同债务工具的分析，notes 这个词可以用来描述各种不同类型的金融工具，例如中期债券。在这里 notes 作为一种市场上的传统用法，主要是用来区分 bonds，它们两者的不同在于债券到期日的期限不一样。

用。例如，卡车运输公司用相同的方式为大宗卡车队的购买提供融资服务；航空公司运用这种融资方法为购买运输机服务；而跨国石油公司则用这种方法来购买大型油船。

信用债券（debenture bonds）是没有用具体财产抵押做担保的债务证券，但这并不意味着它们对债券发行人的财产或收入不享有索偿权。信用债券的持有人享有对除专门用于担保其他债务而被抵押的资产以外的发行人所有资产的普通债权人索偿权，他们甚至在被抵押资产的价值超出满足被担保债权人的必要金额的情况下，享有对被抵押资产剩余部分的索偿权。**次级信用债券**（subordinated debenture bonds）在资产及收入的索偿权方面，排在有担保的债券、信用债券之后，甚至有时候排在某些普通债权人之后。

公司证券的类别决定了公司发行相关证券的成本。对于某特定公司而言，抵押债券比信用债券成本低，而信用债券比次级信用债券成本低。

担保债券（guaranteed bonds）是以另一经济实体做担保的债券。担保债券的安全性取决于发行人的财务能力，此外，还取决于担保人满足担保条件的财务能力。担保债券条款要求担保人保证利息的支付和（或）本金的偿还。

当发行人获取足够现金流来偿付债券的能力遭到严重侵蚀时，任何债务证券的优先法律地位都将不能保证债券持有人避免财务损失，意识到这一点是十分重要的。

债券清偿条款

大多数公司债券都附有允许发行人选择在规定到期日之前回购全部或部分债券的赎回条款。有些债券还带有**偿债基金**（sinking fund）条款，这些条款规定发行人必须定期赎回某一预定金额的债券。[①]

在新债券发行过程中一个需要商谈的重要问题是，发行人是否应享有在到期之前的某日全部赎回未清偿债务的权利。发行人通常想获得这项权利，因为他们认识到，在未来的某一时刻，利率的总体水平可能会降到远低于所发行债券的票面利率，而此时赎回该批债券并代之以另一次低票面利率的债券发行是非常有吸引力的。不过这一权利对债券持有人不利，本章随后会对其中的原因进行分析。

常见的做法是在债券条款中禁止发行人自发行之日起的前五至十年间，用发行索偿权等同于或优先于此债券的低成本债务契约所获得的收入赎回此债券。这种类型的债券赎回被称为**债券换新**（refunding）。尽管大多数长期债券都受到债券换新规则的限制，但若赎回所用资金来源于别处而非低利息成本资金，则它们可立即被全部或部分赎回。根据这一条款，可接受的资金来源包括经营所得的现金流、普通股的销售收益或出售某项财产所得的资金。

投资者经常把债券换新保护与赎回保护搞混淆。赎回保护更宽泛，表现为无论有何原因债券均不可被提早赎回。相反，债券换新限制只适合上文所说的那种清偿类型。

按照惯例，公司债券通常提前以高于面额的溢价被赎回。一般情况下，这一

[①] 有关公司债券赎回条款的详细分析可参见 Richard S. Wilson and Frank J. Fabozzi, *Corporate Bonds：Structures & Analysis* (New Hope, PA：Frank J. Fabozzi Associates, 1996)。

溢价幅度随着债券到期日的临近而逐渐下降，在发行数年后，溢价幅度趋向于零。初始溢价价差可能相当于一年的利息或仅相当于半年的利息。

如果发行人有权利选择在债券到期日前全部或部分赎回，那么债券的买家就有机会选择让债券在一个不利的时间被赎回，发行人面临的这种风险被称为**赎回风险**（call risk），或者称**时机风险**（timing risk）。从投资者的角度分析，赎回条款有两个不利之处。第一，实体经济中利率水平的下降会引起债券价格的上涨，正如第 18 章所解释的那样，尽管在可赎回债券中，这种上涨幅度是有限的。当利率水平降到债券票面利率以下时，就会面临立即赎回的风险，可赎回债券的市场价格不会再上涨，而跟其他条件与可赎回债券都相同的不可赎回债券的价格保持一致。第二，当利率下降、债券面临赎回时，投资者就被迫以比较低的利率水平进行再投资（除非投资者选择风险较高的债券进行投资）。

公司债券契约可能会要求发行人每年赎回一定比例的债券。这种有关公司债务清偿的偿债基金条款可被设计为至到期日时全部债券已得到清偿，或安排成至到期日时仅有总额的一部分已被偿付。如果仅有部分得到偿付，则剩余部分被称作**气球型期限**（balloon maturity）。设计偿债基金条款的目的是降低信用风险。通常情况下，发行人可以通过下面两种途径满足偿债基金要求：（1）向受托公司支付相当于赎回债券的面额的现金流，受托公司随后以抽彩的方式选出债券并予以清偿；（2）将在公开市场上购买的且总面额相当于应赎回金额的债券交付给受托人。

带有特别特征的债券

20 世纪 70 年代以前，在美国债券市场上发行的债券形式都比较单一。它们拥有相同的票面利率和到期期限。发行人唯一的选择权是选择在事先确定的到期日前赎回全部或部分债券。然而，20 世纪 70 年代末期和 80 年代早期美国历史性的高利率水平以及从 20 世纪 70 年代开始利率波动加剧的现实促使了不同形式债券的发展，一些具有特别特征的债券开始盛行，这些债券不论是对发行人来说，还是对投资者来讲，都更具吸引力。这些各种各样的债券主要有下面几种。

可转换和可兑换债券

公司债券的可转换条款允许债券持有人有权利将债券转换为事先确定的一定数量的普通股股票。因此，**可转换债券**（convertible bond）是带有购买公司股票的看涨期权的债券。**可兑换债券**（exchangeable bond）赋予债券持有人可将债券兑换成债券发行人以外的公司的普通股。例如，福特汽车担保公司发行的可兑换债券可以兑换成其母公司——福特汽车公司的普通股股票。

附有认购权债券

认购权是依附于债券的一种权利。**认购权证**（warrant）赋予债券持有人以特定价格购买债券发行人特定证券的权利。认购权证是一个看涨期权，它允许债券持有人购买债券发行人的普通股或者发行人以外的公司的普通股。或者，认购权证还赋予持有人购买发行人其他债务契约的权利。通常，认购权证可与债券分离，并且可单独出售。在执行认购权证时，投资者最典型的做法是选择以现金或者负债的方式按照面值的价格购买证券。附有认购权债券与可转换或可兑换债券的主要区别在于执行期权时，后者必须将债券交还给发行人。

可出售债券

可出售债券赋予债券持有人在指定日期以面值价格将债券卖给发行人的权利。债券持有人的优势在于，如果债券发行后，利率上升，导致债券市场价值低于面值，则债券持有人能够以等同于面值的价格将债券出售给发行人。

零息票债券

正如零息票债券的名称所示，这种债券不需要支付利息。在国债市场，美国政府并不发行零息票债券。交易商正是从国债利息现金流中受到启发创立这种零息票债券。虽然政府并不发行这种债券，然而，公司却可以发行零息票债券。这种债券首次发行是在 1981 年春季。从投资者的角度来看，这种债券的吸引力在于持有这种债券到期的投资者可以获得事先确定的收益率，而不像附息票债券，因为附息票债券持有到期的收益率主要取决于票息的再投资收益率水平。

浮动利率债券

浮动利率债券的票面利率会根据某个事先确定的参考利率标准做周期性的调整。例如，票面利率每六个月会在半年期国库券利率的基础上上浮 100 个基点。

浮动利率债券之所以对一些机构投资者有吸引力，原因就在于它们购买这种收入有变动的资产正好能够满足它们特定的变动负债支出。部分浮动利率金融工具被有些投资者当作短期投资工具的被动替代品，特别是那些需要或多或少维持在某个最低水平之上的短期投资组合的替代品。这样，浮动利率债券能够在它们到期的时候满足短期投资组合节约成本的需要。

公司为什么会发行浮动利率债券呢？通过从各种变动利率资产那里获得相应的现金流来满足各种浮动利率负债对现金流的要求是一个非常重要的原因，对诸如银行、互助储蓄机构和财务公司这样的贷款人来说更是如此。发行人可以固定或锁定融资成本与把所融资金放贷出去的利率之间的差价。另外一个重要的原因是避免未来市场上出现的不确定性。发行人能够以短期利率水平实现中长期限资金的融通，这样可以减少与市场的摩擦，从而降低相关的发行成本。

同样，当存在通货膨胀时，浮动利率债券（如果有必要，可以滚动发行）与长期固定利率债券相比，享有更低的利率成本。其原因就在于，考虑通货膨胀的影响，长期利率会为了对冲未来通胀和利率的影响而提高风险溢价的水平。最后，发行人会发现他可以发行浮动利率债券，通过利率互换协议以固定利率的方式还款，正如我们在第 12 章讨论利率互换时分析的那样。如果发行浮动利率债券并通过利率互换协议比直接发行固定利率债券的成本更低些，那么发行人就会选择以这种方式发行债券。

浮动利率债券还有一些其他方面的特征。例如，很多浮动利率债券都含有卖出期权。有一些债券还可以在一定时期后（通常是发行 5 年后）自动可转换，或者由发行人选择转换为固定利率债券。少量的浮动利率债券还可以转换为发行人的普通股。很多浮动利率债券都设定了票面利率的最高值，也有一些对票面利率的最低值也做了规定。

高收益公司债券市场

正如前文所提到的那样，高收益债券是信用等级在 BBB 以下的债券。这个市场上的债券可能在发行之时尚属投资等级，但之后降至非投资等级；或者，它们在发行的时候就被评为非投资等级，后者被称为**初次发行高收益债券**（original-is-sue high-yield bonds）。

被降级的债券可以分为两组：（1）作为杠杆收购或资本重组的结果，因发行人主动大幅增加债务而被降级的债券；（2）因其他原因而被降级的债券。后者通常被称为**坠落天使**（fallen angels）。

现代高收益债券市场发展于 20 世纪 70 年代末期。由于该市场取得了巨大成功（例如 1984 年约翰·克鲁格（John Kluge）以 15 亿美元对都市新闻公司（Metromedia）实施的杠杆收购，以及 1986 年科尔伯格·克拉维斯·罗伯茨公司（Kolberg Kravis Roberts & Company）对比阿特丽斯公司（Beatrice）的杠杆收购，后者拥有许多知名品牌），媒体开始报道那些大大吸引投资者眼球的故事。该市场的早期发展完全被一家投资银行即德崇证券公司（Drexel Burnham Lambert）所垄断，直至 20 世纪 80 年代中期，该公司才开始面临来自于其他投资银行即美林证券、摩根士丹利和第一波士顿的强劲竞争。

高收益债券在公司融资中的作用

初次发行高收益债券的引入被证明是一项非常重要的、影响涉及整个金融体系的金融创新举措。大家普遍认为，违约风险高的债券对投资大众来说是不具有吸引力的，至少在借款人可接受的利率水平上是这样。这种论点是基于该投资工具所导致后果的不对称性而作出的，投资者可获得的最大收益受利息和面额的限制，但损失却可能等同于所投本金。对此论点提出异议的功劳当属德崇证券公司，尤其是该公司的迈克尔·米尔肯（Michael Milkien），而高收益市场爆炸性增长则证明了这一异议的正确性。

在高收益市场快速发展之前，那些不能在公开债券市场上发行债券的美国公司或者向商业银行或财务公司筹借短期到中期资金，或者被排除在贷款之外。随着高收益债券产品的出现，融资从商业银行转移到公开市场。

从本质上来看，高收益债券市场将风险从商业银行身上转移到普通投资大众身上。这一转移有若干方面的好处。首先，当商业银行借钱给信用风险比较高的借款人时，这一风险即被所有美国公民间接承担，而他们可能并不愿承担该风险。原因在于商业银行的负债是由联邦存款保险做支持的，如果高信用风险的公司无力偿还贷款而导致了政府的救援，最终所有的纳税人可能都将不得不对此有所承担。而其他投资者（除已投资于高收益债券的储蓄机构以外）的负债没有美国政府（因此也没有美国公民）提供支持。这项投资的风险由那些愿意接受该风险的特别投资群体所承担。其次，商业银行贷款一般是短期、浮动利率贷款，这使得债务融资对公司的吸引力较小。高收益债券使公司获得了发行长期固定利率债务的机会。再次，商业银行根据自己的信用分析结果来确定利率。而当高收益债券在公开市场上交易时，决定其利率水平的是投资大众。最后，高收益市场向那些没有融资渠道的公司敞开了融资大门，为它们提供了融资的可能性。

债券发行公司将债券销售所得的收益用于实现若干目标，其中包括营运资本、扩张设备、未清偿债务的以新偿旧以及接管（兼并和收购）的融资。考虑到非投资等级债券，公司将发债所得收益用于接管（尤其是恶意接管）这一现象也引起公众对美国公司滥发债券的一些忧虑。[①]

高收益债券的形式

在高收益债券市场发展的早期时候，所有的债券都沿用一种常规的形式，即债券支付一个固定息票利率且为定期债券。然而在现在，垃圾债券市场有着更为复杂的债券结构，特别是那些为杠杆收购和资本重组而发行的债券会导致更高的负债率。

在杠杆收购或资本重组案例中，公司所承担的沉重利息支付负担给公司带来了严格的现金流约束。为减轻这一负担，参加杠杆收购和资本重组的公司发行了具有延期付息形式的债券，这种形式的债券允许发行人在 3 至 7 年的时间里避免用现金支付利息。延期付息债券的形式有三种：（1）递延利息债券；（2）逐步调升债券；（3）实物付息债券。

递延利息债券（deferred-interest bonds）是延期付息债券形式中最为常见的一种类型。这类债券以很高的折扣率出售，在初期不付息，初期通常为 3 至 7 年。（由于这些债券在初期阶段不付息，因而有时也被称为零息票债券。）**逐步调升债券**（step-up bonds）支付利息，但票面利率在初期较低，而后逐渐增加（调升）到一个较高的利率水平。最后一种债券形式是**实物付息债券**（payment-in-kind bonds，PIK bonds），它赋予发行人在付息日是支付现金还是给债券持有人一张等价债券（即，一张票面利率相同且面额等于应付利息额的债券）的选择。发行人享有该选择权的时间期限为 5 至 10 年不等。

高收益债券与杠杆贷款的比较分析

正如我们在之前的章节中所介绍的那样，杠杆贷款是银行发放给那些信用等级为非投资级别的借款人的贷款。因此，杠杆贷款与高收益债券对非投资级别的借款人来说，都是可供他们选择的融资渠道。这里我们将对这两种融资方式各自的显著特征做简要的对比分析。

通常情况下高收益债券的票面利率是固定的，杠杆贷款则实行的是浮动利率，基本上都以 3 个月期的 LIBOR 利率为参考利率。从期限的角度来比较，高收益债券通常的期限都是 10 年，而且在发行 3 至 5 年后才可以赎回。杠杆贷款的期限则要短一些，通常是 5 到 8 年，而且不提供赎回保护，因为它们可以在任何时候被赎回。

从资本结构的角度分析，杠杆贷款是最优先偿还的贷款，而高收益债券与银行贷款相比是属于次级优先偿还债券。从法律角度来看，杠杆贷款协议的法律效应高于高收益债券，这也是公司借款人更倾向于发行债券的理由之一。最后，正

---

① 恶意接管是指目标公司的管理层抵制该兼并或收购。

如我们接下来要分析的那样，投资者会非常关注在违约事件发生的情况下，他们获得赔偿的金额是多少。从历史的经验来看，在违约发生后，杠杆贷款偿还的比例要远远高于高收益债券偿还的比例。

公司债券违约

关于公司债券违约率，尤其是高收益债券违约率的研究成果非常丰富，并出版了大量的文献资料。[①] 为评级机构和研究人员所使用的、衡量公司债券违约率的方法也是多种多样的。[②] 这里我们就不一一展开论述了。

表23—1向我们演示了1985年到2006年间每年发行的所有公司债券的违约情况，包括初始评级为投资级别和非投资级别两种类型的债券，表23—1中的数据来自该领域的研究先驱爱德华·奥尔特曼（Edward Altman）。跟预计的情况类似，非投资级别债券的违约率要高很多。表23—2则详细提供了1985年到2006年间高收益债券的违约情况。表23—3向我们展示了在穆迪、标准普尔和奥尔特曼确定公司债券等级的基础上，在给定年数的条件下，债券的累积违约率是多少。在表23—3中用来计算累积违约率的数据期限是从1977年到2006年，在给定信用评级的基础上，计算了1到10年间每年的累积违约率分别是多少。例如，在表23—3中找到等级为BBB/Baa的奥尔特曼行和年数为10的那一列对应的单元格，单元格的数字是8.00，这意味着在等级为BBB/Baa的债券发行10年后，该债券的违约概率是8%。仔细阅读表23—3，我们会有如下几个发现。首先，标准不同计算出来的违约率也是不一样的。这是因为这三种用于计算违约率的不同标准的计算方法存在很大的差别。其次，在确定计算方法的基础上，通常情况下，信用等级越低，在10年末违约的概率就越大，这跟我们的预期一致。

---

① 这些有代表性的研究文献包括：Edward I. Altman, "Measuring Corporate Bond Mortality and Performance," *Journal of Finance* (September 1989), pp. 909-922; Edward I. Altman, "Research Update: Mortality Rates and Losses, Bond Rating Drift," unpublished study prepared for a workshop sponsored by Merrill Lynch Merchant Banking Group, High Yield Sales and Trading (1989); Edward I. Altman and Scott A. Nammacher, *Investing in Junk Bonds* (New York: John Wiley, 1987); Paul Asquith, David W. Mullins, Jr. and Eric D. Wolff, "Original Issue High-Yield Bonds: Aging Analysis of Defaults, Exchanges, and Calls," *Journal of Finance* (September 1989), pp. 923-952; Marshall Blume and Donald Keim, "Risk and Return Characteristics of Low-Grade Bonds 1977-1987," working paper (8-89), Rodney L. White Center for Financial Research, Wharton School, University of Pennsylvania (1989); Marshall Blume and Donald Keim, "Realized Returns and Defaults on Low-Grade Bonds," Rodney L. White Center for Financial Research, Wharton School, University of Pennsylvania (1989); Bond Investors Association, "Bond Investors Association Issues Definitive Corporate Default Statistics," press release dated August 15, 1989; Gregory T. Hradsky and Robert D. Long, "High-Yield Default Losses and the Return Performance of Bankrupt Debt," *Financial Analysts Journal* (July/August 1989), pp. 38-49; "Historical Default Rates of Corporate Bond Issuer 1970-1988," *Moody's Special Report* (July 1989); "High-Yield Bond Default Rates," Standard & Poor's *Creditweek* (August 7, 1989), pp. 21-23; David Wyss, Christopher Probyn, and Robert de Angelis, "The Impact of Recession on High-Yield Bonds" (Washington, D. C.: Alliance for Capital Access, 1989); and the 1984-1989 issues of *High yield Market Report: Financing America's Futures* (New York and Beverly Hills: Drexel Burnham Lambert, Inc.).

② 这些评价方法可参见 Edward I. Altman and Edith Hotchkiss, *Corporate Financial Distress and Bankruptcy*, 3rd ed. (Hoboken, NJ: John Wiley & Sons, 2005).

表 23—1   1985—2006 年初始评级后（投资级别和非投资级别）的年违约情况表[a]

年份	总违约数量[b]	初始评级为投资级别债券的违约率（%）	初始评级为非投资级别债券的违约率（%）
2006	52	13	87
2005	184	49	51
2004	79	19	81
2003	203	33	67
2002	322	39	61
2001	258	14	86
2000	142	16	84
1999	87	13	87
1998	39	31	69
1997	20	0	100
1996	24	13	88
1995	29	10	90
1994	16	0	100
1993	24	0	100
1992	59	25	75
1991	163	27	73
1990	117	16	84
1989	66	18	82
1988	64	42	58
1987	31	39	61
1986	55	15	85
1985	26	4	96

a. 爱德华·奥尔特曼在标准普尔和穆迪公司记录的基础上对数据进行了编辑。

b. 奥尔特曼从标准普尔或穆迪公司那里查到的初始评级水平。

资料来源：改编自爱德华·奥尔特曼未公开出版的手稿《有关公司债务违约率》中的表 15—7。

表 23—2   1985—2006 年在美国和加拿大发行的高收益公司债券的违约率

年份	发行债券的面值（百万美元）[a]	违约面值（百万美元）	违约率（%）
2006	993 600	7 559	0.761
2005	1 073 000	36 209	3.375
2004	933 100	11 657	1.249
2003	825 000	38 451	4.661
2002	757 000	96 858	12.795
2001	649 000	63 609	9.801
2000	597 200	30 295	5.073
1999	567 400	23 532	4.147
1998	465 500	7 464	1.603
1997	335 400	4 200	1.252
1996	271 000	3 336	1.231
1995	240 000	4 551	1.896

续前表

年份	发行债券的面值 （百万美元）[a]	违约面值 （百万美元）	违约率（%）
1994	235 000	3 418	1.454
1993	206 907	2 287	1.105
1992	163 000	5 545	3.402
1991	183 600	18 862	10.273
1990	181 000	18 354	10.140
1989	189 258	8 110	4.285
1988	148 187	3 944	2.662
1987	129 557	7 486	5.778
1986	90 243	3 156	3.497
1985	58 088	992	1.708
		%	标准差（%）
违约率的算术平均数	1985—2006 年	4.189	3.428
违约率的加权平均数[b]	1985—2006 年	4.303	

a. 面值取的是年中市值。

b. 加权标准是根据每年发行在外的面值计算的。

资料来源：改编自爱德华·奥尔特曼未公开出版的手稿《有关公司债务违约率》中的表 15—1。

为了更好地评判公司债券的市场表现，仅仅考虑违约率是不够的，原因就在于违约率本身并不是一个有显著意义的参数。比较公司债券投资组合和国库券，考虑到公司债券投资组合的收益要远远高于国库券的收益，因此，其违约风险高于国库券也是完全有可能的。进一步考虑，违约债券持有人还能够回收一部分债券面额价值，通常我们称之为**回收率**（recovery rate）。因此，衡量公司债券表现的综合指标应该是**违约损失率**（default loss rate），具体的计算公式是：

$$违约损失率 = 违约率 \times (1 - 回收率)$$

例如，如果违约率是 5%，回收率是 30%，则违约损失率是 3.5%（＝5%×70%）。因此，针对所有的违约债券，仅仅考虑违约率来计算充分分散化的公司债券投资组合最坏的亏损情况是完全没有意义的。

与计算违约率一样，在计算回收率的时候也有很多种方法。表 23—4 向我们展示了穆迪公司公布的 1982 年到 2006 年的违约债券年回收率。表 23—4 中最后一列就是所有债券的回收率。其他几列分别是在享有留置权的情况下的回收率（优先担保债券、优先无担保债券、优先次级债券、次级债券和低等次级债券）。第二列展示的是银行贷款的回收率情况。

尽管信用评级为分析违约概率和违约发生后的回收情况提供了参考，但市场对特定债券的回收情况有更高的要求。为此，两大评级机构——惠誉和标准普尔为公司债券的回收率开发了一套新的系统。新系统主要是用来计算担保债券的回收率。标准普尔贷款回收评级系统采用的是 1 至 5 的评分制。每一个回收率等级代表一定范围内的回收价值。

表 23—3　奥尔特曼、穆迪和标准普尔计算的累积违约率：数据跨度为 1977—2006 年

	累积违约率									
	1	**2**	**3**	**4**	**5**	**6**	**7**	**8**	**9**	**10**
AAA/Aaa										
奥尔特曼	0.00	0.00	0.00	0.00	0.05	0.08	0.09	0.09	0.09	0.09
穆迪	0.00	0.00	0.00	0.03	0.10	0.17	0.25	0.34	0.42	0.52
标准普尔	0.00	0.00	0.09	0.19	0.29	0.43	0.50	0.62	0.66	0.70
AA/Aa										
奥尔特曼	0.00	0.00	0.30	0.44	0.46	0.48	0.48	0.48	0.53	0.54
穆迪	0.01	0.02	0.04	0.11	0.18	0.26	0.34	0.42	0.46	0.52
标准普尔	0.01	0.05	0.10	0.20	0.32	0.56	0.68	0.78	0.89	
A/A										
奥尔特曼	0.01	0.09	0.11	0.17	0.23	0.32	0.37	0.57	0.66	0.71
穆迪	0.02	0.10	0.22	0.34	0.47	0.61	0.76	0.93	1.11	1.29
标准普尔	0.06	0.17	0.31	0.47	0.68	0.91	1.19	1.41	1.64	1.90
BBB/Baa										
奥尔特曼	0.33	3.45	4.74	5.92	6.62	7.10	7.33	7.51	7.63	8.00
穆迪	0.18	0.51	0.93	1.43	1.94	2.45	2.96	3.45	4.02	4.64
标准普尔	0.24	0.71	1.23	1.92	2.61	3.28	3.82	4.38	4.89	5.42
BB/Ba										
奥尔特曼	1.15	3.54	7.72	9.88	12.10	13.20	14.60	15.56	17.00	19.88
穆迪	1.21	3.22	5.57	7.96	10.22	12.24	14.01	15.71	17.39	19.12
标准普尔	1.07	3.14	5.61	7.97	10.10	12.12	13.73	15.15	16.47	17.49
B/B										
奥尔特曼	2.84	9.43	16.08	23.21	27.82	30.94	35.67	35.26	36.53	37.06
穆迪	5.24	11.30	17.04	22.05	26.79	30.98	34.77	37.98	40.92	43.34
标准普尔	4.99	10.92	15.90	19.76	22.55	24.72	26.54	28.00	29.20	30.42
CCC/Caa										
奥尔特曼	8.12	22.30	36.86	44.30	46.60	51.57	54.38	56.98	57.34	59.36
穆迪	19.48	30.49	39.72	46.90	52.62	56.81	59.94	63.27	66.28	69.18
标准普尔	26.29	34.73	39.96	43.19	46.22	47.49	48.61	49.23	50.95	51.83

资料来源：改编自爱德华·奥尔特曼未公开出版的手稿《有关公司债务违约率》中的表 15—5。

惠誉公司引入了一套新的回收率计算方法用来计算 B 级和 B 级以下的公司债券的回收率。惠誉公司在计算回收率时考虑的因素包括：（1）担保品；（2）资本结构中相对于其他债务契约的优先权；（3）发行人陷入困境时的债券期望价值。回收率评级系统并不期望能够精确地预测回收水平有多高，相反，评级系统主要是对回收情况进行排序，因此，它又被称为回收评级等级体系。

表 23—4　　　　　　　1982—2006 年间违约债券和贷款的年平均回收率

			留置权状态			
年份	担保银行贷款	优先担保债券	优先无担保债券	优先次级债券	次级债券	低等次级债券	所有债券
1982	NA	72.50	34.44	48.09	32.30	NA	35.59
1983	NA	40.00	52.72	43.50	41.38	NA	44.81
1984	NA	NA	49.41	67.88	44.26	NA	46.25
1985	NA	83.63	60.16	30.88	42.70	48.50	44.19
1986	NA	59.22	52.60	50.16	43.73	NA	47.87
1987	NA	71.00	62.73	49.58	46.21	NA	52.94
1988	NA	55.26	45.24	33.35	33.77	36.50	38.48
1989	NA	46.54	46.15	34.57	26.36	16.85	32.33
1990	76.14	35.66	37.01	26.75	20.50	10.70	26.06
1991	70.63	49.45	38.85	43.44	25.32	7.79	35.06
1992	50.00	62.69	45.89	47.89	37.81	13.50	44.19
1993	47.25	NA	44.67	51.91	43.65	NA	46.03
1994	61.00	69.25	53.73	29.61	33.70	NA	44.13
1995	82.80	63.64	47.60	34.30	39.39	NA	44.54
1996	89.13	47.58	62.75	42.75	24.33	NA	41.53
1997	83.13	76.00	55.09	44.73	41.34	30.58	51.07
1998	59.33	53.74	38.59	42.74	13.33	62.00	38.67
1999	68.34	43.30	38.03	29.10	35.54	NA	35.89
2000	71.57	41.69	23.19	20.25	32.94	15.50	25.50
2001	66.99	41.70	21.83	20.91	15.94	47.00	23.81
2002	55.81	46.89	30.31	25.28	24.51	NA	31.22
2003	77.93	63.46	40.53	38.85	12.31	NA	41.55
2004	86.13	78.72	53.16	47.54	82.92	NA	59.85
2005	82.07	69.21	55.51	30.95	51.25	NA	55.76
2006	76.02	74.63	58.29	43.61	56.11	NA	57.97

注：发行人权重建立在违约后 30 天的债券市场价格的基础上。

资料来源：Exhibit 19 in David T. Hamilton, Sharon Ou, Frank Kim, and Richard Cantor, *Corporate and Recovery Rates, 1920-2006*, Moody's Investor Services, Special Report, p. 1。

公司债券评级转换

在前面章节中分析公司债券评级时，我们考查了公司债券信用等级的升级和降级情况。为了更好地了解每隔一段时间信用等级的变化情况，评级机构都会以表格的形式定期公布相关的信息。这个表格被我们称为**级别转换矩阵**（rating transition matrix）。投资者可以从这个矩阵表格中获得评价债券可能出现的降级和升级信息。级别转换矩阵对处于任何级别转换时期的债券都是适用的。表 23—5向我们演示了 1970 年到 2006 年穆迪公司评级债券一年期的级别转换情况。第一列是债券年初时候的级别，而第一行则是债券年末时候的级别。为了更好地理解单元格里面数字的含义，让我们来看看年初和年末都是 Aa 级别的情况。这个单元格里面的数字表示的是年初是 Aa 级别，一年后级别仍然是 Aa，级别没有发生变化——既没有升级也没有降级——的概率。我们可以看到，这个单元格里面的数字是 87.842，那就表示有 87.842% 的概率能保证年初级别是 Aa，到年末时级别仍然是 Aa。让我们再来看看年初级别是 Aa，而年末级别是 A 的情况。这种情况表明由年初 Aa 级别下降到年末 A 级别的概率是 7.044%。我们可以将这些数字解读为事情发生的可能性，这意味着级别下降这件事有 7.044% 的可能性会发生。级别转换矩阵同样还向我们演示了信用级别升级的情形。例如，在表 23—5 中，年初信用级别是 Aa，到年末级别升级到 Aaa 的概率是 0.827%。

表 23—5　　　　　　　　　1970—2006 年穆迪公司一年期级别转换矩阵

年初债券等级	年末债券等级									
	Aaa	Aa	A	Baa	Ba	B	Caa	Ca-C	Defaul	WR
Aaa	88.824	7.501	0.673	0.000	0.015	0.002	0.000	0.000	0.000	2.985
Aa	0.827	87.842	7.044	0.275	0.059	0.017	0.000	0.000	0.008	3.929
A	0.060	2.545	88.100	4.948	0.509	0.098	0.018	0.003	0.020	3.698
Baa	0.046	0.206	4.932	84.722	4.394	0.799	0.219	0.024	0.177	4.481
Ba	0.009	0.064	0.477	5.672	76.384	7.585	0.529	0.047	1.156	8.077
B	0.008	0.044	0.169	0.372	5.691	74.159	4.699	0.684	4.998	9.176
Caa	0.000	0.037	0.037	0.226	0.697	9.306	58.072	3.939	16.382	11.303
Ca-C	0.000	0.000	0.000	0.000	0.370	2.243	8.927	38.575	30.527	19.357

注：发行人的比重按月计算。

资料来源：Exhibit 12 in David T. Hamilton, Sharon Ou, Frank Kim, and Cantor, Corporate and Recovery Rates, 1920—2006, Moody's Investor Services, Special Report, p. 12.

　　总的来说，投资级别债券信用降级的概率要远远高于升级的概率。同样，转换的时间跨度越长，发行人保留原有级别的概率就越低。1 年期级别转换矩阵与 5 年期级别转换矩阵相比，对相同级别的债券来说，前者降级的概率就要比后者低。

二级市场

　　跟所有的债券类似，公司债券最主要的二级市场是场外交易市场，关注的主要问题仍然是市场透明度。

交易报告和应答机制

　　为了增加美国公司债券市场上价格的透明度，满足公司债券场外交易二级市场上对自动报告的特点要求，2002 年 7 月全国证券交易商协会（NASD）引入了了一套新的报告系统。新的报告系统即**交易报告和应答机制**（Trade Reporting and Compliance Engine，TRACE），要求所有是 NASD 会员公司的经纪人/交易商向 TRACE 及时汇报公司债券交易情况。

　　在 2002 年 7 月第一次引入交易报告和应答机制之前，TRACE 仅有 500 种投资级公司债券，债券总金额才有 10 亿美元。而当这个机制引入后，到 2004 年 10 月，债券数量就达到了 17 000 种，包括了绝大多数的高收益债券。到 2005 年 2

月，报告标准让 TRACE 基本上包含了所有的公司债券（公开交易的债券约有29 000 种）。

在每天交易结束的时候，公司债券市场上的所有交易活动都会被统计，并及时公布。这些统计的信息包括：（1）交易的证券种类和总金额；（2）上升、下降，52 周内的最高值和最低值情况；（3）每天交易最活跃的 10 种投资级别债券、高收益债券和可转换债券。

电子债券交易系统

传统场外交易市场上的公司债券交易都是通过电话交易进行的，并以经纪人—交易商平台为基础，这一平台是实现客户买入和卖出债券要求的主要渠道。除了这种传统的债券交易方式外，还存在新的交易方式——电子交易，而且这种发展趋势越来越明显。[①]

电子债券交易占据公司债券交易份额的 30%。在 OTC 市场上，电子债券交易系统相比传统的公司债券交易有如下几个方面的优势：（1）为市场提供更多的流动性；（2）价格发现功能（特别是对流动性不足的市场）；（3）新技术的使用；（4）交易和组合管理的高效率。[②] 以第四个优势为例，投资组合管理人员可以在网上集中下达买/卖指令，完成这些交易并且及时实现交割。

一共有五种类型的电子债券交易系统。**拍卖系统**（auction systems）允许低级别的市场参与者有资格在初级市场和二级市场上参与电子债券拍卖，但拍卖系统并不常用。**交叉匹配系统**（cross-matching systems）通过电子交易网络将交易商和机构投资者联系在一起，为他们提供实时或阶段性的匹配交易机会。当买卖交易指令匹配时，交易就自动完成了。**交易商内部交易系统**（interdealer systems）允许某个交易商与其他交易商通过"经纪人的经纪人"这种匿名服务方式自动完成电子交易，交易商的客户不能进入这个交易系统。**多个交易商系统**（multidealer systems）允许客户从两个或多个交易商那里获得多个报价，独立执行交易指令。该交易系统又被称为**客户—交易商系统**（client-to-dealer systems），通常情况下都是将交易商的最优买卖价提供给客户，参与交易过程中的交易商扮演着委托人的角色。**单个交易商系统**（single-dealer systems）允许投资者直接与特定的交易商进行交易，这个特定的交易商在交易过程中扮演委托人的角色与客户进行接触，很多情况下交易都是通过互联网进行的。因此，单个交易商系统仅仅是用互联网的方式替代了原来交易商与客户之间通过电话进行联系的方式。

公司债券私募市场

由于私募证券可以通过不涉及公开发售的交易而发行，因此它们可免向美国证券交易委员会（SEC）注册。自允许私募证券在合格的机构投资者之间进行交

[①] 传统交易向电子债券交易系统发展的原因以及这种趋势为什么会持续，可参见 Frank J. Jones and Frank J. Fabozzi，"The Primary and Secondary Markets," *The Handbook of Fixed Income Securities*，7th ed.（New York：McGraw-Hill，2005）。

[②] Jones and Fabozzi，"The Primary and Secondary Markets," p. 47.

易的美国证券交易委员会144A规则于1990年正式生效以来，私募市场经历了巨大的变迁。并非所有的私募都是144A规则类型的私募。由此，私募市场可被划分为两个部分：第一个市场是非144A证券的传统市场。第二个市场则是144A证券的市场。

目前，与公开发行的债券类似，144A规则私募以公司承诺的方式为基础，由投资银行家们负责承销。这些债券的特征类似于本章开始部分所描述的公开发行债券的特征。例如，对借款人的限制要比传统私募债券宽松。就被承销债券而言，其发售规模与公开发行债券的发售规模基本相当。

与公开发行的债券不同的是，私募债券的发行人不那么有名。在这方面，私募市场与银行贷款市场有着共同的特征。公开发行债券市场上的借款人一般是大公司，私募债券的发行人多为中等规模的公司，而那些向银行借款的公司一般都是小公司。

虽然自144A规则生效以来，私募债券的流动性有所增强，但仍不足以与公开发行的债券的流动性相比。私募债券的收益率仍高于公开发行的债券的收益率。尽管如此，一位市场观察家报告说，随着投资银行投入资本和交易人员来为按144A规则发行的证券做市，私募市场上的借款人须支付的溢价幅度已有所下降。

中期债券

中期债券（medium-term note，MTN）是一种通过发行代理人连续向投资者出售的公司债务工具，这也是它独有的特征。投资者可以选择不同期限的中期债券：9个月到1年，1年到18个月，18个月到2年，甚至是30年。中期债券根据415规则（上架注册规则）在美国证券交易委员会（SEC）注册登记，这一规则给予公司在连续发行证券方面拥有最大的自主权。[①]

中期债券在描述公司债务工具时容易引起误解。一般来说，中期债券通常指的是期限在1年以上、15年以下的债务工具。当然，这一特征也在我们这里所说的中期债券的范围内，因为我们这里所提的中期债券期限为9个月到30年，甚至更长。例如，在1993年7月，迪士尼公司就发行了期限为100年的自动注册中期债券。

通用汽车承兑公司（GMAC）首次在1972年发行中期债券，为汽车销售提供5年期或少于5年期的贷款。发行MTN是为了弥补商业票据和长期贷款之间的资金空当。正是由于这一原因，所以它们被称为中期债券。中期债券无须经过代理人，可直接发给投资者。20世纪70年代仅有少数公司发行过中期债券。到1981年发行在外的中期债券总额大约是8亿美元。

现代意义上的中期债券最早由美林证券于1981年探索发行。第一家发行中期债券的公司是福特汽车信贷公司。到1983年，GMAC和克莱斯勒财务公司开始委托美林证券为代理人发行中期债券。美林证券和其他的投资银行为中期债券创造

---

① 上架注册规则的详细说明参见第7章相关内容。

一个二级市场，这样就可以大大增强中期债券的流动性。在 1982 年，415 规则做了修正，修正后的规则让发行人连续发行注册债券变得更加容易。

借款人在如何使用中期债券满足他们的融资要求方面有着很大的自主权。他们可以发行浮动或固定利率债券。票面利息的支付既可以选择美元也可以选择其他货币。

当公司的财务经理考虑是发行中期债券还是发行公司债券时，有两个重要因素会影响他的决定。首要的因素是融资的成本和确定融资方式后的销售成本。在这里我们将它称作**融资总成本**（all-in-cost of funds）。第二个因素是发行人在安排融资结构时的便利性。不断增长的 MTN 市场就是中期债券在成本和便利性方面拥有相对优势的证据。然而，一些公司经常同时通过发行公司债券和中期债券来募集资金，这表明中期债券在各方面条件和市场环境上并没有绝对的优势。

中期债券同样会被全国性知名评级公司评级，大概 99％ 的中期债券在发行时收到的信用级别是投资级别。

初级市场

中期债券与公司债券在首次发行给投资者的时候，两者的分销渠道有很大的不同。尽管很多投资等级的公司债券的发行有很好的基础条件，但一般情况下它们都是通过投资银行发行出去的。有着良好发行条件的 MTNs 的传统分销方法是，既可以选择投资银行也可以选择经纪人／交易商以代理人的身份去发行。两者之间的另外一个重要区别是中期债券通常都是分成多次连续发行，每次发行额度都比较小，或者是间隔性发行；而公司债券则每次发行额度都比较大，而且是单独发行。

希望发行 MTNs 的公司为了让债券能够上市交易必须按照 SEC 的要求填写上架发行申请书。SEC 规定每次上架发行的额度从 100 美元到 10 亿美元不等，不过一旦总额被销售一空，发行人就可以申请再次上架发行。[①] 上架发行包括一张投资银行清单，通常是两到四家，发行公司选择它们为代理人来分销 MTNs。以纽约为据点的大型投资银行在 MTNs 销售市场上占据着绝对的统治地位。

发行人对不同期限的中期债券给出的利率水平也不一样：例如，9 个月到 1 年，1 年到 18 个月，18 个月到 2 年，它们的年利率都是变化的。表 23—6 为我们提供了中期债券发行计划的利率情况。通常情况下，中期债券的利率要比同期限的政府债券的利率高出一定基点。例如，在 2 到 3 年期限范围内，中期债券的利率比 2 年期的政府债券高出 35 个基点。因为 2 年期政府债券的利率是 4％，而中期债券利率是 4.35％。当公司不想发行某个期限范围内的中期债券时，就不需要提供相应的利率水平。例如，在表 23—6 中，发行人并不想发行 2 年期以下的中期债券，因此，也就没有相应的利率水平。

代理人在发行人提供的利率基础上再对外公布相应的利率计划。投资者如果对该利率水平感兴趣，就可以跟代理人联系。接着，代理人再与发行人联系，确

---

① Leland E. Crabbe. "Medium-Term Notes," in Frank J. Fabozzi (ed), *The Handbook of Fixed Income Securities*, 6th ed. (New York: McGraw-Hill, 2001), Chapter 12.

认交易条件。由于所提供的利率计划中并没有具体规定到期日的时间，因此投资者可以在发行人允许的情况下选择最终的到期时间。一般情况下，单个投资者能够购买的 MTNs 的最低规模从 100 万美元到 2 500 万美元不等。

在市场环境发生变化时，或者发行人已经募集到了特定期限范围内所需的资金总量，发行人可随时改变利率计划表。在后一种情况下，发行人可以选择不再募集这个期限的债券，或者选择下调利率水平。

表 23—6   中期债券发行参考利率表

期限	中期债券			政府债券	
	收益率（%）	中期债券与政府债券的利差（基点）		期限	收益率（%）
9 个月至 12 个月	—	—		9 个月	3.35
12 个月至 18 个月	—	—		12 个月	3.50
18 个月至 2 年	—	—		18 个月	3.80
2 年至 5 年	4.35	35		2 年	4.00
3 年至 4 年	5.05	55		3 年	4.50
4 年至 5 年	5.60	60		4 年	5.00
5 年至 6 年	6.05	60		5 年	5.45
6 年至 7 年	6.10	40		6 年	5.70
7 年至 8 年	6.30	40		7 年	5.90
8 年至 9 年	6.45	40		8 年	6.05
9 年至 10 年	6.60	40		10 年	6.20
10 年	6.70	40		10 年	6.30

— 没有提供利率水平。

资料来源：Leland E. Crabbe. "The Anatomy of the Medium-Term Note Market," *Federal Reserve Bulletin* (August 1993), p. 753.

结构型 MTNs

今天对 MTNs 的发行人来说，通过各种交易将 MTNs 与衍生品市场（包括期权、期货/远期、互换、利率上限和利率下限等）结合起来是一件很普通的事情，这样就创造出各种新的债务工具，这些新的工具与传统的公司债券相比较，具有高收益、高风险的特征。特别地，当债券全部或部分是浮动利率时，票面利率可以根据某一基准利率、股票指数或个股股票价格、外汇汇率或商品价格指数进行调整。有些 MTNs 的票面利率调整甚至跟基准利率的变化方向正好相反，也就是说，当基准利率上升（下降）的时候，票面利率反而下降（上升）。具有这种票面利率特征的债券工具被称为**反向浮动利率债券**（inverse floating-rate securities）。

当发行人在衍生品金融市场上同时发行交易 MTNs 时，MTNs 又被称为**结构型债券**（structured notes）。在创造结构型债券过程中最常用的金融工具是互换——我们在第 12 章中对互换进行了较为详细的分析。发行人发行结构型债券的动因在于投资者愿意为购买这些债券支付额外的溢价，因此，发行人意识到这种融资方式比发行普通的 MTN 或者公司债券成本更低廉。

优先股

优先股是股票的一种，而不是债券工具，然而它却同时具有普通股和债权的特征。与普通股持有者一样，优先股股东有权享受公司分红。然而与普通股股东不同的是，优先股股东是按照股票面值的固定比例分红。[1] 这一固定比例被称为股息率，它未必要固定，也可以在存续期间变动。

不能按时支付优先股股息不会让发行人陷入破产境地。优先股股息通常都是每个季度支付一次，如果不能按时支付（这种事情偶尔会发生），原因主要取决于证券期限。首先，除非股息全部支付完毕，否则股息是可以不断增长的，具有这种特征的优先股被称为**累积优先股**（cumulative preferred stock）。如果不能及时支付优先股股息，则优先股股东必须放弃此次股息，这种类型的优先股被称为**非累积优先股**（noncumulative preferred stock）。其次，不能及时支付优先股股息可能会带来管理上的诸多限制条件。例如，如果优先股股息支付被拖延，优先股股东就会享有投票权。

优先股与债券也存在差异：优先股股东分配到的股息属于公司的应税科目，而不可作为税前费用，不能像利息那样享受税收抵扣。尽管公司在融资时，优先股股息由于不能享受税收优惠，因而税后成本会高于债券融资成本，不过，优先股在其他方面享受的税收优惠能够抵消这种成本差异。税收法律相关条款规定来自综合收入的合格股息能够享受 70％ 的税收优惠，当然，能享受这一优惠政策的公司必须是符合条件的公司。

例如，如果 A 公司拥有 B 公司的优先股，那么 A 公司从 B 公司那里获得的每 100 美元股息中只有 30 美元需要按照 A 公司的边际税率纳税。设立这一条款的目的就在于减少公司收入的双重纳税。优先股股息的这种税收优惠有两层含义。首先，购买优先股的大部分投资者都是追求税收优惠的公司。其次，税收优惠条款会降低公司优先股的发行成本，因为在存在税收优惠的情况下，投资者会接受相对较低的股息率，这样，税收优惠的好处同样会传递给发行公司。

优先股，特别是累积优先股同债券有很多相似之处：（1）发行公司向优先股持有人承诺支付一定的现金流；（2）在股息分配和公司破产时的资产分配方面，优先股持有人较普通股持有人享有优先权（非累积优先股在这方面的权利要弱很多）。只是因为第二个方面的特征，优先股被称为公司优先金融工具——相对于普通股享有优先权。不过，要注意的是，优先股在资产负债表中仍然是按照权益分类的。

几乎所有的优先股都带有偿还基金条款，有些优先股还可以转换成普通股。优先股在发行时可以没有到期日，这种类型的优先股被称为**永久优先股**（perpetual preferred stock）。

---

[1] 几乎所有的优先股都对股东持有人的数量作出特定限制。从历史经验来看，有些优先股允许优先股股东可以享受特定数量（在某些公式的基础上计算出来的）以上的利益分配。具有这种特征的优先股被称为参与优先股。

优先股市场在整个金融市场中所占的比重比较小。从历史发展来看，公用事业公司曾经是优先股的主要发行人，大概每半年就会发行一次优先股。然而，从1985年开始，优先股的发行人主要集中在金融类公司——财务公司、银行、互助储蓄银行和保险公司。评级机构同样也对优先股进行评级。

目前优先股的类型主要有三种：（1）固定股息率优先股；（2）可调整股息率优先股（APRS）；（3）拍卖和重新上市优先股。在1982年以前，所有公开发行的优先股都是固定利率优先股。在1982年5月，第一份可调整利率优先股开始在公开市场上销售。[1]

可调整股息率优先股

可调整股息率优先股的股息率每个季度是固定的，其股息率水平以三个政府债券收益率中最高的那个为参考，在事先确定的价差基础上进行调整。[2] 事先确定的价差被称为**股息调整价差**（dividend reset spread）。将股息率与三个政府债券收益率中最高的那个相联系的目的是为了应对收益率曲线的非正常变化而向投资者提供相应的投资保护。

绝大多数APRS都是永久性的优先股，而且股息率都有上下限。由于大多数APRS都不能被赎回，因而可以在市场上以低于面值的价格交易买卖，当然，这需要满足一定的条件，那就是在发行后，反映发行人信用风险的市场需求差价必须高于股息调整差价。

发行APRS的机构主要是银行控股公司，这有两个方面的原因。第一，考虑到银行资产都是浮动利率的特征，浮动利率负债更容易实现与资产的匹配。第二，银行控股公司总是追求增强资本实力，监管层承认银行控股公司发行的永久优先股属于其核心资本。发行APRS不仅可以帮助银行控股公司实现资产和负债的良好匹配，还能够在不发行普通股的情况下增强自己的核心资本实力。

拍卖和重新上市优先股

当APRS以低于面值的价格在市场上交易时，其在市场上受欢迎的程度就逐渐下降了，原因主要在于股息调整利率是在发行的时候就确定了，而不是由市场力量决定的。1984年，为了解决这一难题，尤其是为了更好地满足那些希望通过出售免税短期金融工具实现再投资的公司财务经理的需求，一种新型的优先

---

① APRS的私募早在1978年就产生了——首次在这个市场上诠释了金融创新是如何发展的。要了解APRS市场发展的详细历史资料，可参见 Richard S. Wilson, "Adjustable Rate Preferred Stocks," in Frank J. Fabozzi（ed.）*Floating Rate Instruments：Characteristics，Valuation and Portfolio Strategies*（Chicago：Probus Publishing，1986），Chapter 3。

② 第19章对政府债券收益率曲线进行了介绍。股息调整价差中所提到的三个收益率曲线（基准利率）指的是：（1）3个月期的国库券利率；（2）连续计息的2年期到期收益率；（3）连续计息的10年期或30年期到期收益率。政府债券的连续到期收益率可以在美联储报告H.15（519）中查询到，它是以交易活跃的政府债券收盘价收益率为基础计算出来的。

股——**拍卖优先股**（auction preferred stock，APS）出现了。[①] APS 的股息定期会作出调整，这点跟 APRs 类似，只不过它的调整是通过市场拍卖的方式实现的。[②] 参加 APS 拍卖的包括当前的持有人和潜在的买主。参与者愿意接受的股息率反映了当前的市场供求状况。这一证券的风险在于拍卖可能会失败，从而当前持有人不得不继续持有。这实际上是一种流动性不足的风险，不过，遗憾的是，直到 2008 年开始出现流拍情况后，人们才开始重视这一风险，之前，投资者都忽视了这一流动性风险。

在**重新上市优先股**（remarketed preferred stock，RPS）中，股息率由负责重新上市的代理人决定，代理人会定期调整股息率，这样任何优先股都可以按面值清偿并按照初始的价格再次被出售。投资者可以选择每 7 天或者每 49 天调整股息率。自 1985 年以来，APS 和 RPS 已经成为了最主要的优先股形式。然而，2008 年早些时候发生的拍卖失败事件可能会对未来 APS 的发行带来不利影响。

小 结

公司债券是公司定期支付利息、到期支付本金的债券类契约。公司债券发行人的承诺和投资者的权利都记载在债券协议中。特别突出的条款包括赎回及偿债基金条款。用于债券担保的证券可以是不动产，也可以是个人资产。信用债券是没有担保品的债券。次级信用债券等级排在担保债券和信用债券之后，通常贷款人对资产和收入都有清偿权。

带有特别特征的公司债券包括可转换和可兑换债券、附有认购权债券、可出售债券、零息票债券和浮动利率债券。高收益债券是信用等级在 BBB 级以下的债券。高收益债券市场有几个结构复杂的债券，特别是为 LBO 融资和资本重组发行的债券，它们大大提高了杠杆倍数。这些债券还包括延期付息债券（递延利息债券、逐步调升债券和实物付息债券）和可重置利率债券。

仅仅是关注公司债券的违约率并不能对投资公司债券的风险和收益有全面的认识。投资者必须同时考虑违约率和回收率。违约损失率是违约率与（1—回收率）的乘积。计算违约率的方法有好几种。

有关公司债券交易的二级市场信息都是通过交易报告和应答机制（TRACE）来反馈。一共有五种类型的电子债券交易系统：拍卖系统、交叉匹配系统、交易商内部交易系统、多个交易商系统和单个交易商系统。

中期债券是以连续发行为基础的公司债务契约。中期债券的到期期限从 9 个月到 30 年不等，为公司提供介于商业票据和公司长期债券之间的各种融资选择。

优先股是同时具有普通股特征和债权特征的一种股票。由于税收法律规定当优先股持有人是公司时，其所获得的优先股股息只需要部分交税，因此，绝大多数的优先股买者都是公司。除了传统的固定股息率优先股外，还有三种形式的优先股，分别是可调整股息率优先股、拍卖优先股和重新上市优先股。

---

① 每家投资银行都发行带有自己名称的 APS。由雷曼/美国运通公司发展的这种金融工具被称为货币市场优先股（MMP），而所罗门兄弟公司则称它为荷兰拍卖利率可转换证券（DARTS）。

② 具体的拍卖流程可参见 Richard S. Wilson, "Money Market Preferred Stock," in Frank J. Fabozzi（ed.），*Floating Rate Instruments*, Chapter 4, pp. 85 - 88。

关键术语

融资总成本	递延利息债券	回收率
拍卖优先股	股利调整价差	偿债换新
拍卖系统	设备信托凭证	重新上市优先股
气球型期限	可兑换债券	滚动股票
债券合约	堕落天使	序列债券
债券	担保债券	单个交易商系统
子弹债券	控股公司	偿债基金
子弹定期债券	交易商内部交易系统	逐步调升债券
赎回风险	反向浮动利率债券	结构型债券
客户—交易商系统	留置权	次级信用债券
担保品	中期债券	子公司
担保信托债券	抵押债券	定期债券
可转换债券	多个交易商系统	时机风险
交叉匹配系统	非累积优先股	交易报告和应答机制
累积优先股	认购权证	信用债券
实物付息债券	违约损失率	永久优先股
延期付息债券	级别转换矩阵	

思考题

1. a. 投资可赎回债券的不利之处有哪些?

b. 发行可赎回债券的好处有哪些?

2. 可赎回债券和不能偿债换新债券的区别有哪些?

3. a. 发行债券过程中的偿债基金有哪些要求?

b. "偿债基金条款对债券投资者有利。"你同意这一说法吗?

4. 什么是:

a. 序列债券?

b. 抵押债券?

c. 设备信托凭证?

d. 担保债券?

5. 可转换债券和可兑换债券之间的区别是什么?

6. 解释并说明你为什么同意或不同意下列说法:"零息票债券在政府债券市场以相同的方式被创造出来——与附息票债券一脉相传。"

7. 堕落天使和初始发行的高收益债券之间的区别是什么?

8. 请从三个方面解释为什么重组过程中绝对优先权会受到冲击。

9. 在评判投资于高收益公司债券的表现时,为什么仅关注有限价值的违约率情况?

10. 如果违约率是 5%,回收率是 60%,那么违约损失率是多少?

11. 信用评级与回收率评级有什么不同?

12. 根据表 23—5,回答下面几个问题。

a. 某公司债券的初始级别是 Baa,年末升为 A 级别的概率有多大?

b. 某公司债券的初始级别是 Baa,年末降为 Ba 或 B 级别的概率有多大?

13. 公司债券电子交易与传统场外市场上的交易模式相比较,有哪些优势?

14. 什么是中期债券?

15. 中期债券的收益率由哪些因素决定？

16. a. 什么是结构型债券？

b. 发行人创造结构型债券的动因是什么？

17. 为什么公司财务经理愿意购买优先股？

18. 拍卖优先股和重新上市优先股盛行的原因有哪些？

第 24 章

市政债券市场

学习目标

学习完本章内容，读者将会理解以下问题：

● 哪些人是市政债券的主要购买者，对这些买家来说市政债券为什么是具有吸引力的投资

● 市政债券的种类及其发行的原因

● 市政债券投资面临的特殊风险

● 市政债券的一级市场及二级市场

● 市政债券的收益率与应税债券收益率之间的关系

● 对市政债券市场的监管力度

● 为什么市政当局会发行应税市政债券

市政债券是由州政府或地方政府及其下设机构发行的证券。美国所有的州都发行了本州的市政债券。地方政府包括市政府和县政府。可以发行市政债券的行政级别更低的区域包括学区以及其他肩负防火、水域管理、排污或其他目标的特殊区域。具体负责发行市政债券的政府机构包括行政当局和委员会。市政债券的发行人数量非常可观。彭博金融市场的数据库收集了至少 5 000 多位频繁发行市政债券的发行人。不过，更让人侧目的是发行的批次竟然如此之多。彭博公司的数据库记录了超过 150 万次的市政债券发行，每一次发行都保有完整的发行说明。与之相比，美国政府债券的发行批次只有不到 1 000 次，而公司债券的发行批次约为 5 000 次。

市政债券的发行出于各种目的。例如，短期债券一般是在预期将收到税收资金或债券销售收入的情形之下发行的。短期债券的发行收入可以帮助发行该债券的市政当局弥补费用支出与税收收入之间存在的季节性与暂时性失衡。市政当局

发行长期债券的融资目的包括：（1）长期资本项目例如学校、桥梁、道路及飞机场的修建；（2）弥补源自当期运营的长期预算赤字。

市政债券的吸引力主要来源于其利息收益可以免交联邦所得税。绝大多数市政债券都是免税债券，也就是说市政债券的利息收益不用缴纳联邦政府所得税。注意，这一豁免仅限于利息收益，不包括资本利得收益。在州政府和地方政府一级，市政债券的利息收益可能免税也可能不免税。每个州对于市政债券的利息缴税问题都有自己的规定。[①] 尽管发行在外的绝大多数市政债券都是免税的，不过有一小部分市政债券要缴纳联邦所得税。

从历史发展的角度来看，市政债券的投资者包括共同基金、银行信托部门、财产与灾害保险公司以及富有的个人投资者。这些投资者对市政债券的免税特征非常感兴趣。最近，对冲基金、套利交易者、人寿保险公司和外国银行已经成为市政债券市场上的重要参与者。这些投资者对市政债券的免税特征并不在意。相反地，他们投资于市政债券的主要目的是实施杠杆投资策略以获得较高的资本利得收益。

在这一章，我们要讨论的是市政债券及其交易的市场。在本章结尾部分，我们要讨论应税市政债券的交易市场，并解释为什么一部分市政债券要在这个市场上发行。

市政债券的种类与特点[②]

市政债券的两种基本类型是**税收担保债券**（tax-backed debt）和**收入债券**（revenue bond）。

税收担保债券

所谓税收担保债券指的是州政府、县政府、特殊行政区、城市、乡镇以及学区发行的以某种税收收入作为还款担保的债务工具。税收担保债券包括一般责任债券、拨款支持债券和公共信用增强项目支持的债券。

一般责任债券

在税收担保债券中，涵盖范围最广的类型便是**一般责任债券**（general obligation debt）。一般责任债券分为两种类型，即无限担保与有限担保两种。无限税收担保一般责任债券（unlimited tax general obligation debt）是一种担保力度更大的一般责任债券，因为它是以发行人的无限征税能力作为担保的。税收收入来源包括公司及个人的所得税、销售税和财产税。无限税收担保一般责任债券以发行人

---

① 州政府对市政债券利息收益的税收政策分为以下几种情况：（1）所有市政债券的利息收益均可免税；（2）所有市政债券的利息收益均要纳税；（3）对州内机构发行的市政债券免税，对非本州机构发行的市政债券征税。

② 有关这些证券更详细的介绍，读者可参考 Sylvan G. Feldstein and Frank J. Fabozzi（eds.），*The Handbook of Municipal Securities*（Hoboken, NJ：John Wiley & Sons, 2008）。

的完全信用为担保。有限税收担保一般责任债券（limited tax general obligation debt）以发行人的有限征税能力为担保，因为相关的法律对发行人征税的税率水平有一定的限制。

某些一般责任债券不仅以发行人获得税收收入以实现资金累积目的的一般性征税能力为保证，还以某些指定的专项收费、补助金及特定收费为担保，这些资金来源可以为市政机构提供除普通税收收入以外的其他收入。这些债券由于具有明显的收入来源二元性特征，因此我们说这样的债券具有双重担保（double-barreled）。例如，特殊目的的服务机构发行的债券可以用财产税收入或特定的费用性收入/提供服务获取的收入作为担保，或者是同时用这两个收入来源作为担保。后一种情况下的债券就是具有双重担保的债券。

拨款支持债券

某些州的行政当局或市政机构发行的债券具有这样的特点：州政府对债券发行机构还债资金的缺口要承担潜在的连带责任。州政府从普通税收收入中拨款以支持发行人偿还债券的行为要得到州立法当局的批准。不过，州政府的拨款承诺并不具有法律约束力。这种不具有法律约束力的税收收入担保债券被称为**道德义务债券**（moral obligation bond）。因为道德义务债券的拨款要得到立法机构的批准，因此该债券被归类为拨款支持债券。作出道德义务担保承诺的目的是提高债券发行机构的可信赖程度。但是对于这种债券，投资者只能指望州政府会尽可能地获得立法机构的许可。拨款支持债券的另一种类型叫做**租赁担保债券**（lease-backed debt）。

公共信用增强项目支持的债券

尽管道德义务债券也是一种由州政府提供信用增强的债券品种，但是所谓的"道德义务"并不具有法律约束力，并不是州政府必须履行的法律义务。某些机构发行的债券具有某种形式的公共信用增级承诺，不过这种承诺是必须履行的法律义务，比方说州政府机构或联邦政府机构保证自动拨出一定金额的款项，当债券发行机构无力偿还债务时，会立即使用州政府的拨款来偿还这笔债务。在这种情况下，这一保证就是必须履行的法律义务。一般来说，后面这种形式的公共信用增强一般用于各州学校系统发行的债券。

各州信用增强项目的例子包括弗吉尼亚州的债券担保项目，该项目授权行政部门预先为发行债券的市政机构拨备一部分援助资金，一旦该发行机构丧失还债能力，行政部门便可以动用这部分资金向一般责任债券的持有人偿还本金及利息。南加利福尼亚州的立法机构要求，如果某个学区无力偿还其发行的一般责任债券，那么州财政部门必须要扣留一部分州援助资金以备还债之需。得克萨斯州创立了永久学校基金，为合格学区所发行的债券能够按时偿还本金和利息提供担保。该基金的收入来源于得克萨斯州拥有的土地和矿产所有权。

收入债券

税收担保债券的第二种基本类型就是收入债券。发行这类债券或是为了项目融资，或是为了创业融资。对债券持有人来说，债券的发行人以被融资项目未来获得的收入作为还款担保。在融资之前，发行人会先进行可行性分析以判断融资项目是否具有可持续性。

收入债券的例子包括机场收入债券（airport revenue bond）、大学收入债券（university revenue bond）、医院收入债券（hospital revenue bond）、独院抵押收入债券（single-family mortgage revenue bond）、多户收入债券（multifamily revenue bond）、公共电力收入债券（public power revenue bond）、资源回收收入债券（resource recovery revenue bond）、海港收入债券（seaport revenue bond）、综合性运动与会议中心收入债券（sports complex and convention center revenue bond）、学生贷款收入债券（student loan revenue bond）、收费公路与汽油税债券（toll road and gas tax revenue bond）以及水资源收入债券（water revenue bond）。

混合债券结构与特殊债券结构

某些市政债券具有独特的担保结构，可以同时兼具税收担保债券与收入债券的特征。这样的市政债券包括投保债券、预先再融资债券、结构性债券（或称为资产支持证券）。

投保债券

除了以发行人的收入作为还款担保以外，投保债券还购买了商业保险公司的保险单以备不时之需。对市政债券的保险是指保险公司同意如果在规定的到期日，市政债券的发行人未能按时偿还债券的本金或利息，则保险公司会向债券持有人履行偿还债券本金及/或利息的义务。债券一旦被发行出售，这种市政债券保险就通常会涵盖债券的整个到期期限，而且不可以被保险公司撤销。

因为市政债券保险降低了投资者面临的信用风险水平，所以这种市政债券的销售情况得到了较大程度的改善。从这种附加保险中受益最多的市政债券包括一些质量较差的债券，由小型政府机构发行的在金融市场上名不见经传的债券，虽质量较高但担保结构较为复杂而难以理解的债券，以及未能在市场投资者当中创立"品牌"形成追随效应、很少发债的地方政府所发行的债券。

当然，发行人获取债券保险的一个主要原因在于，在没有保险的情况下，债券的可信赖程度要比有保险的情况下低得多。也就是说，当发行人的信用等级较低时，所节省的利息成本恰好可以抵消保险费成本。一般来说，尽管投保市政债券提供的收益率水平要低于没有投保的市政债券，但是还是要比 AAA 级别债券的收益率高一些。

为市政债券提供保险的保险公司主要分为两大群体。第一类是只专门做市政债券保险业务的保险公司，其主营业务就是市政债券保险。目前，几乎所有为市政债券提供保险的保险公司从组织结构上看都属于这种单一业务保险公司。第二类包括同时经营多种业务的财产与灾害保险公司，通常其经营的业务种类较多，其中包括火灾保险、碰撞保险、飓风保险和健康保险。现在，市政债券市场上绝大多数新发行的债券均是由下列单一业务保险公司提供保险的：美国市政债券保险公司（AMBAC）、金融担保保险公司（FGIC）、财务担保保险公司（FSA）和市政债券投资者保险公司（MBIA Corp.）。

银行担保市政债券

由商业银行提供的各种各样的信贷工具作为担保的市政债券就叫做**银行担保市政债券**（bank-backed municipal bonds）。除了债券发行人的现金流收入以外，商业银行为债券的按时偿还提供了额外的担保。银行担保有三种基本类型：信用证、不可撤销信贷额度以及循环信贷额度。信用证协议（letter-of-credit agreement）是债券发行人从商业银行那里可以获得的强度最高的信用支持。该协议要求银行在出现违约的情况下向受托人垫付资金。不可撤销信贷额度（irrevocable line of credit）虽然提供了一定程度的保障，但并非是对债券的担保。循环信贷额度（revolving line of credit）是一流动性工具，如果发行人眼下无法获得其他资金而债务又已到期，则这种工具可以为到期债务的清偿提供资金支持。因为如果发行人未能遵守某些协定条款，则银行可以在不作通知的情况下立即取消循环信贷额度，所以这种债券的安全性完全取决于发行人的信用水平。

预先再融资债券

虽然大多数市政债券一开始发行时采用的是收入债券或一般责任债券的形式，但是有时候市政债券会提前进行再融资，这样的债券叫做**预先再融资市政债券**（prerefunded municipal bonds）（也可以叫做**再融资债券**）。提前再融资常发生在原始债券以政府担保的直接债务为保证或担保的情况下。[①] 由美国政府提供担保的一组证券被存入托管账户。这一证券组合恰好可以使组合内证券的现金流与发行人必须支付的债务金额刚好匹配。比方说，我们假设某个市政当局发行了一批总金额为 1 亿美元、利率为 7% 的市政债券，还有 12 年到期。该市政当局应履行的偿债义务是在此后的 12 年里，每六个月支付 250 万美元的利息，并在 12 年到期时偿还 1 亿美元的本金。如果该发行人想对这批债券进行再融资，那么它可以购买一批美国政府债券，这批政府债券刚好可以在接下来的 12 年里每隔六个月带来 250 万美元的现金流收入，并在 12 年后带来 1 亿美元的本金偿还额。

一旦这一证券组合——该证券组合的现金流刚好与市政债券的现金流匹配——构建完毕，再融资债券就不会再以一般责任债券或收入债券的形式提供担保，取而代之的是，它们由保存在某一赎回托管基金内的证券组合提供资金支持。如果被托管的是由美国政府担保的证券，那样这样的债券几乎没有任何信用风险，它们是市场上能找到的最安全的市政债券。

再融资市政债券的托管基金可以经过精心设计，使得进行再融资的债券在原始债券契约中规定的第一个提前赎回日或紧随其后的下一个提前赎回日被提前赎回。虽然再融资债券通常会在第一个或随后第二个提前赎回日被提前赎回，但是有些债券的现金流仍然被设计成直至到期日始终与原始债券契约相匹配。这样的债券被称为**托管至到期日债券**（escrowed-to-maturity bonds）。

---

① 由于发行债券的市政机构要支付的利息率通常会低于美国政府支付的利息率，因此在税法未设置任何约束条款的情况下，市政发行机构可以通过先发行市政债券随后立即将发行收入用于购买美国政府债券的方式来获得税收套利利润。在某些情况下，税法的相关规定可以阻止市政机构获得类似的套利利润。如果市政发行人违反了相关的税法套利规定，则其发行的市政债券就会被强制征税。不过，如果在市政债券发售后，市场利率水平有所下降，市政发行人发现赎回已发行债券是有利可图的，那么建立赎回基金的行为不会被判定为违反了税法套利规定。

资产支持证券

近些年来，州政府和地方政府开始发行把"专项"收入——例如销售税、烟草消费税、费用性收入以及罚金收入——作为还款担保的市政债券。这种资产支持证券将在第27章里向大家介绍。资产支持证券也被称为专项收入担保债券（dedicated revenue bonds）和结构性债券（structured bonds）。

市政票据

期限不超过3年的市政债券本质上属于短期的市政债券，被称为市政票据，主要包括：

- 税收预期票据
- 收入预期票据
- 拨款预期票据
- 债券预期票据
- 免税商业票据
- 可变利率通知债券
- 商业票据/可变利率通知债券组合证券

税收预期票据（tax anticipation notes，TANs）、**收入预期票据**（revenue anticipation notes，RANs）、**拨款预期票据**（grant anticipation notes，GANs）和**债券预期票据**（bond anticipation notes，BANs）均是州政府、地方政府以及特殊行政区的临时借款工具。一般来说，市政票据的期限通常为12个月，不过短至3个月、长达3年的市政票据也并不罕见。税收预期票据和收入预期票据（也被称为TRANs）的发行以税收或其他的预期收入作为未来的还款来源。市政机构使用这些短期借款工具的目的是消除发行机构不规则的现金流收入所导致的不平衡。债券预期票据是以长期债券的预期发行收入作为未来的还款保障。

在第20章，我们讨论了企业发行的商业票据。**免税商业票据**（tax-exempted commercial paper）被市政当局用于筹集短期资金，期限从1天到270天不等。交易商为各种期限的免税商业票据设定了利率，投资者可以从中选择自己满意的期限产品。税收法案当中的相关条款对免税商业票据的发行设置了限制规定。说得更具体一点，税收法案限制免税市政债券的新发行数量，因此不管期限是长是短，每一种免税市政债券的发行都被判定为一次新的债务发行。所以，市场上免税商业票据的数量极为有限。于是，发行人转而采用下列两种产品之一来筹集短期资金。

可变利率通知债券（variable-rate demand obligations，VRDOs）是一种浮动利率债券，虽然名义期限较长，但是其息票利率水平可以每天或每隔7天调整一次。在提前七天通知的前提下，投资者可以选择随时将此债券卖回给受托人。赎回价格等于债券的面值加上应计利息。

商业票据/可变利率通知债券组合证券（commercial paper/VRDO hybrid）是为满足机构投资者的现金流需求量身定做的债券产品。与免税商业票据一样，由于再销售代理人针对不同期限的组合证券均设定了相应的利率水平，因而期限的设计具有较大的灵活度。虽然这种证券的名义期限可能会比较长，但是与可变利率通知债券一样，它也设有提前售回条款。售回期限为 1 天至 360 天不等。在售回日，投资者可将此债券退回给发行人，从而获得本金和利息；投资者也可在利率调整后继续持有债券，一直到销售代理设定的下一个售回日。因此，投资者在一开始购买这种产品时就要面临两个选择：利率水平和售回日期。

赎回特征

市政债券在发行时会设置两种赎回安排中的一种或者将两种安排结合起来使用。债券可以被设计为具有系列期限结构或者定期期限结构。所谓**系列期限结构**（serial maturity structure）指的是每年均有一部分债券到期被赎回的安排。**定期期限结构**（term maturity structure）指的是到债券的计划期限到期时再将所有债券赎回的安排。一般情况下，定期债券的期限为 20 年至 40 年不等。对于期限如此之长的定期债券，偿债基金条款通常会按照事先约定好的时间表，在距离到期日尚余下 5 到 10 年之时部分地将定期债券系统化地赎回。另一种可允许债券发行人提前将定期债券赎回的条款叫做提前赎回条款（call provision），指的是在某种特殊指明的情况下，发行人可以在既定到期日尚未到来之前偿还定期债券。偿债基金和提前赎回条款是公司债券的显著特征。

信用风险

市政债券被视为一种违约风险非常小的金融产品。穆迪公司发布的违约报告显示，从 1970 年到 2006 年，经过穆迪公司评级的市政债券的发行，仅有 41 批次出现了违约情况。不过，事情并不总是这样。1939 年至 1969 年期间，共有 6 195 批次的市政债券违约。而且，投资级别的市政债券的累积违约率和违约回收率要好于信用等级相同的公司债券。例如，根据穆迪公司的统计数据，1970 年至 2005 年期间，公司债券的 10 年累积违约率为 2.23%，而信用等级相同的市政债券的累积违约率只有 0.06%。此外，穆迪公司的报告还称，公司债券的违约回收率仅相当于债券面值的 42% 左右，而违约的市政债券的回收率却高达 66%。[①]

学者斯皮尔托（Spiotto）总结了市政债券的历史违约数据以及各个违约事件的原因及本质。[②] 其中违约原因包括：

● 经济环境：宏观经济陷入衰退和利率水平高涨引发的违约。

● 提供的服务不再必要：与某项服务相关联的收入债券由于该服务已不再必要而导致违约。

[①] 违约率数据摘自穆迪公司 2006 年 6 月公布的特殊报告，违约回收率的数据摘自穆迪公司 2002 年 11 月的特殊报告。

[②] James E. Spiotto, "A History of Modern Municipal Defaults," Chapter 44 in *The Handbook of Municipal Securities*.

● 项目与行业的可行性：在可行性研究完成后发行的债券出现违约。对于项目的需求程度或是完成整个项目所需的成本，可行性研究可能过于乐观。

● 欺诈：市政发行机构未能遵守相关发行文件上规定的条款。

● 管理不善：未能成功地管理好项目。

● 不愿意偿债：发债的市政机构不愿意偿还债务（即拒绝偿债）。

● 自然灾害：自然灾害的发生（例如飓风）使得市政发行机构的预算出现了困难。

迄今为止，规模最大的市政机构破产案便是 1994 年的加利福尼亚州的奥兰治县（Orange County）。奥兰治县（加利福尼亚州）的投资组合出现了 17 亿美元的巨额亏损——该县的财政官员制定了投资于抵押贷款支持证券的投资计划，事实证明这一投资策略并不成功——最终导致奥兰治县被迫宣布破产。在上面列出的各种破产原因当中，这一破产案例的根本原因是欺诈与不愿意偿债——奥兰治县政府宁可破产，也不愿意通过提高税率的方式来筹集资金偿债。另一次规模较大的债务违约案件是 20 世纪 80 年代的华盛顿公共电力系统（Washington Public Power System，WPPS）债券的违约。这次债券发行的主要问题是除了拒绝偿债以外，可行性分析还严重高估了市场对电力的需求。此外，还有一个问题就是该债券的结构经受不起法律的检验，因为其既未明确债券持有人应享有的权利，也未说明发行人应履行的义务。事实上，华盛顿最高法院并未对债券持有人的正当权益予以支持。

在市政债券市场上，许多机构投资者依靠其内部的市政债券信用质量分析人员来判断某种市政债券的信用等级；其他投资者则要依靠全国公认的评级公司。评级公司对市政债券采用的评级系统与对公司债券采用的评级系统是相同的。

在评估一般责任债券时，评级机构要评估四大类基本信息。第一类信息包括关于发行人的债务结构及其总体债务负担的信息。第二类信息与发行人坚持稳健预算政策的能力及行政纪律有关。在这一方面，关注的焦点通常是发行人的总营业资金及其是否连续三至五年做到了至少维持了预算平衡。第三类信息涉及确定发行人可获得的地方税收及政府间收入的具体款项，以及收集有关税收征收比率和地方预算对特定收入来源的依赖程度的历史数据，其中税收征收比率在考察财产税的征收额时至关重要。第四类信息，即最后一类信息，指的是进行信用分析所必需的信息，这是对发行人所处整体社会经济环境的评估。在这里相关的决定因素包括地方职业的分布状况与结构、人口增长情况、不动产估值情况、个人收入以及其他经济因素。

虽然收入债券可以使用各种各样的担保形式，但是信用评级的根本原则是所融资的项目是否能够创造充足的现金流，以满足发行人向债券持有人偿还本金和利息的需求。

投资市政债券面临的税收风险

免税市政债券的投资者要面临两种类型的税收风险。第一种风险指的是联邦所得税税率降低的风险。边际税率越高，市政债券免税特征的价值就会越大。当边际税率下降时，免税市政债券的价格将会下跌。降低边际税率的提案会导致市政债券的市场需求减少，从而市政债券的市场价格便会降低。1995年，当国会讨论降低单一税率时（使该税率低于现行税率水平），市政债券的市场需求有所减少。

第二种税收风险指的是作为免税证券发行的市政债券最终可能会被美国国税局宣布为应税证券。这种情况发生的原因是许多市政收入债券精心设计的担保结构将来可能会受到国会制定的不利措施或国税局解释的负面影响。免税特征的丧失将导致市政债券价值下跌，从而使其能够提供与类似应税债券相近的收益率。有一个典型的例子可以说明这种风险：1980年6月，贝特瑞帕克城市行政当局发行了总额为97 315 000美元的市政票据，在发行时，这些市政票据看上去似乎是免征联邦所得税的。然而，到了1980年11月，美国国税局宣布这些市政票据的利息不可免税。这一争端直至1981年9月该行政当局与美国国税局签订了一项允许该市政票据的利息免税的正式协议才得以平息。

一级市场

每周，都有大量的市政债券登陆市场。州政府或地方政府可以选择向投资大众公开发售的方式，或者是向一小群投资者私下里发售的方式来出售其新发行的证券。如果市政机构选择的是公开发行方式，则该债券通常要由投资银行家和/或商业银行的市政债券部门负责承销。公开发售的债券可以通过买方竞价或与承销商直接协商的方式销售。当债券通过竞争性投标方式销售时，出价最高的投标人将获得负责把这一批债券出售给投资者的权利。[①]

绝大多数州明确规定，一般责任债券必须通过买方竞价的方式销售，但是对收入债券则一般不作这种强制要求。一般情况下，州政府和地方政府要求发行人在著名的财经出版物上公布债券竞价拍卖的消息，比方说《债券购买人》（The Bond Buyer），这是一份市政债券行业内的商业出版物。《债券购买人》还能提供近期竞价拍卖和绝大多数协商交易的信息以及前几周的交易结果。不过，在发售新债券时，发行人要准备一份说明其财务状况及债券发行条款的**正式声明**（official statement）。这些发行条款包括提前赎回条款和偿债基金条款。

二级市场

市政债券在场外市场上交易，该市场由遍布全国的市政债券交易商构成。小型发行人（被称为**本地信用机构**，local credits）的市政债券市场由地区性证券经纪公司、地方银行及某些规模较大的华尔街公司负责做市。规模较大的发行人

---

① 有关承销的更多信息，读者可以参考第6章和第7章。

（被称为**著名机构**，general names）的市政债券市场则由较大的证券经纪公司和银行负责做市，这些机构当中有很多与发行人在投资银行业务领域常常有合作的机会。在大批量市政债券发行时，一些证券经纪公司可以在多家交易商及大型机构投资者之间充当中间人的角色。自 2000 年起，大大小小的证券经纪公司或交易商开始在互联网上向机构投资者和个人投资者拍卖或出售市政债券，其交易对象既包括二级市场上的流通债券，也包括一部分以竞价投标或协商方式发行的新债券。

在市政债券市场上，对个人投资者而言，债券零星交易的面值不会超过 25 000 美元。对机构投资者来说，任何面值低于 10 万美元的交易量都会被视为零星交易。交易商价差取决于若干因素。就个人投资者来说，对于交易活跃的大宗债券交易，价差可低至 1/4 个百分点（每 5 000 美元债券面值对应的价差为 12.50 美元）；而对于交易清淡的债券的零星交易，价差可高达 4 个百分点（每 5 000 美元债券面值对应的价差为 200 美元）。对机构投资者来说，交易商的价差鲜有突破 1/2 个百分点（每 5 000 美元债券面值对应的价差为 25 美元）的情形。

公司债券和政府债券的习惯报价方式是按照面值的百分比形式来报价，并将面值设定为 100。不过，市政债券在报价和交易时报出的都是收益率（到期收益率或提前赎回收益率）。在这种情况下，债券的价格被称为基价（basis price）。但是，某些长期收入债券情况例外。以美元价格（实际上报出的是面值的百分比）进行交易和报价的债券被称为美元债券（dollar bond）。

投资者可以在网站 www.investinginbonds.com 上查到每天市政债券的价格与交易信息，而且不会收取任何费用。上面的网址是美国证券行业与金融市场协会（Securities Industry and Financial Markets Association，SIFMA）的主页。该网站提供的市政债券交易数据来自市政债券规则制定理事会（Municipal Securities Rulemaking Board，MSRB）和标准普尔-肯尼公司（Standard & Poor's J. J. Kenny）。交易数据反映的是交易商彼此之间以及交易商与机构投资者和个人投资者之间的交易情况。

免税市政债券的收益率

由于市政债券具有免税特征，因此免税市政债券的收益率要低于相同期限的政府债券的收益率。免税市政债券与政府债券之间的收益率价差通常不用基点的形式来表示，而是写成百分比的形式。说得更具体一些，这个指标是把市政债券的收益率表示为相同期限政府债券收益率的百分比，因此叫做**收益率比率**（yield ratio）。收益率比率会随时间发生变化。例如，根据彭博公司提供的数据，从 2001 年 4 月 28 日到 2006 年 8 月 31 日，AAA 级 20 年期一般责任债券的收益率比率最小值为 2005 年 5 月 31 日的 82.5%，最大值为 2006 年 6 月 30 日的 101%，该时期内的平均收益率比率为 90.6%。正如上述数据所示，收益率比率有时候会大于 1。

市政债券市场上也存在着几条基准利率曲线。一般情况下，我们会用 AAA 级的州政府一般责任债券来绘制基准收益率曲线。

在政府债券和公司债券市场上，正如第 19 章所述，各种形状的收益率曲线并不罕见。通常，市政债券的收益率曲线是向右上方倾斜的。在一段较短的时期内，市政债券的收益率曲线曾出现过反转现象。事实上，在市政债券的收益率曲线出现反转现象的时期内，市政债券的收益率曲线仍然保持着向上方倾斜的形状。

应税市政债券市场

应税市政债券指的是其利息收入要缴纳联邦政府所得税的市政债券。由于这样的债券不具有免税的优势，因此发行人必须提供高于免税市政债券的收益率。而且，由于应税市政债券的投资者要面临信用风险，因此应税市政债券的收益率水平必须高于美国政府债券的收益率。投资者将应税市政债券视为公司债券的替代投资品。

为什么市政机构愿意发行应税市政债券，愿意支付比免税市政债券更高的收益率呢？原因有三点。第一个原因是在 1986 年以前，市政机构通过发行免税市政债券来融资的项目比现在要多得多。国会认为其中一些项目不应当用免税市政债券来融资，因为这些项目并不能让普通大众从中受益。于是，国会通过了 1986 年《税收改革法案》（Tax Reform Act），该法案对可以使用免税市政债券进行融资的项目类型规定了限制条件。例如，对某个特定项目而言，该法案规定了免税市政债券的最大发行额——最大发行额是 1.5 亿美元或州内每位居民年均 50 美元之间的较大者。因此，市政机构只好在应税债券市场上为这些受到限制的项目融资。第二个原因是美国的所得税法案针对市政机构利用其融资活动实现税收套利的行为制定了限制条件。第三个原因是市政机构认为市政债券的潜在投资者不仅仅是美国民众。例如，一些市政债券发行机构一直以来都是海外债券市场上的积极发行人。而在海外市场上发行债券时，市政债券的免税特征并不会给投资者带来什么好处。后面这两个原因说明了在某些情况下，使用应税债券市场而非免税债券市场可以给市政发行机构带来更大的弹性及灵活度。

使用应税市政债券为其融资的最常见的项目类型包括（1）当地的体育活动设施项目；（2）投资者主导的房地产开发项目；（3）为一些已发行的债券安排再融资，由于税法禁止再使用免税市政债券为某些项目融资，因此市政机构只好使用应税债券为已发行的债券进行再融资；（4）市政机构资金不足的养老金计划。

市政债券市场的监管[①]

国会已经特别批准，市政债券可以豁免 1933 年《证券法》的注册要求以及 1934 年《证券交易法》的定期报告要求。2002 年，联邦证券法案取得了一个重大

---

① 更加详细的讨论内容可参考 Paul S. Maco and Crosty C. Edwards, "The Role of the SEC," Chapter 23 in *Handbook of Municipal Securities*。

成果——《萨班斯-奥克斯利法案》（Sarbanes-Oxley Act）正式出台，国会再一次允许市政债券发行机构可以豁免其中一些重要的修改条款。不过，反欺诈条款仍然适用于市政债券的发行与交易。

国会给予市政债券上述豁免权的原因似乎与下列几点有关：（1）希望与美国各个层次的政府机构保持和谐合作的关系；（2）市政债券交易不常出现舞弊行为；（3）市政债券市场上的投资者投资水平较高（也就是说，机构投资者曾经长期把持着该市场）；（4）市政债券发行人很少违约。结果，在20世纪30年代早期和70年代早期联邦证券法案集中颁布和实施时，相比较而言，市政债券市场几乎没有受到联邦政府的监管。

然而，到了20世纪70年代初，情况发生了变化。随着收入水平的提高，个人参与市政债券市场的程度也大为提高，社会公众开始频频发表对市政债券销售机制的担忧。此外，某些市政债券发行人——著名的纽约市政府——面临的财务问题使市场参与者们意识到，市政债券发行人也有可能陷入濒临破产的严重财务危机中。

国会通过了1975年《证券法修正案》以拓宽对市政债券市场的联邦监管范围。该法案将市政债券市场上的经纪商和交易商——包括承销和买卖市政债券的银行——纳入了1934年《证券交易法》的监管范围。该法案还要求证券交易委员会成立一个由15位成员组成的**市政债券规则制定理事会**（MSRB）。该理事会作为一个独立的自律性机构，其主要职责是制定管理市政债券市场上银行、经纪人和交易商行为的法规。理事会制定的法规必须经证券交易委员会批准。理事会没有执行权或审查权。该项权力的享有者为证券交易委员会、全国证券交易商协会及特定的银行业监管机构，如联邦储备银行。

虽然曾有一些立法提案建议修改类似的信息披露制度，但是1975年《证券法修正案》不要求市政债券发行人遵守1933年《证券法》的注册要求及1934年《证券交易法》的定期报告要求。不过，证券交易委员会一直在积极地监督市政债券的信息披露情况。虽然目前尚未有哪一项联邦法案对市政债券的信息披露规定了监管要求，但是承销商开始坚持要求披露更多的信息，因为证券交易委员会更为严格地执行反欺诈条款已经成为不争的事实；而且，承销商们已经意识到，改善信息披露状况是向投资大众推销市政债券的必要措施，因为投资者已经开始变得越来越关心市政债券发行人的财务风险。

1989年6月28日，证券交易委员会正式批准了首例债券信息披露法规，该法规于1990年1月1日正式生效。虽然该信息披露法规仍设有若干豁免条款，但是从总体上看，该法案普遍适用于规模在100万美元或以上的新发行市政债券。

小　结

市政债券由州政府、地方政府及其授权部门发行，其中大多数市政债券的利息免征联邦所得税。市政债券的主要投资者包括共同基金、银行信托部门、财产与灾害保险公司、富有的个人投资者、对冲基金、套利者、人寿保险公司以及外国银行。市场上可以见到免税的市政债券以及应税市政债券。"免税"意味着市政债券的利息收益可以免交联邦所得税。虽然绝大多数市政债券都是免税债券，但是市政机构出于某些原因还是会发行一部分应税债券。

市政债券的两种基本类型为税收担保债券和收入债券。税收担保债券是州、郡、特殊行政区、市、镇和学区发行的以某种形式的税收收入为担保的债券。税收担保债券可分为一般责任债券（一般责任债券是税收担保债券类别中最常见、范围最广的债券品种）、拨款支持债券以及公共信用增强项目支持的债券。某些一般责任债券不仅以发行人获得税收收入以实现资金累积目的的一般性征税能力为保证，还以某些指定的专项收费、补助金及特定收费为担保，这些资金来源可以为市政机构提供除普通税收收入以外的其他收入，这样的一般责任债券被称为具有双重担保。出于创业融资目的发行的收入债券以项目完成后的自身收入为偿债担保，对出于普通公共项目融资目的而发行的收入债券，发行人以税收和其他普通收入来源向债券持有人提供担保。

信用增强市政债券包括投保债券和银行担保市政债券。投保债券除了以发行人的收入为担保以外，还购买了商业保险公司的保险作为还款保证。银行担保市政债券由商业银行提供的各种各样的信贷工具提供担保。预先再融资债券的担保形式与一般责任债券和收入债券均不相同，该债券是由存放在托管基金账户中的证券组合提供偿债担保的。如果被托管的证券是由美国政府提供担保的证券，那么再融资债券便可以称得上是市场上最安全的市政债券。再融资市政债券的托管账户经过精心设计可以保证债券在原始有效期内的第一个提前赎回日或随后的赎回日被提前赎回。资产支持证券由某些"专项"收入——例如销售税和烟草消费税——来提供担保。市政票据的期限要比市政债券短一些，通常是1到3年。

市政债券的赎回安排可以被设计为系列期限结构、定期期限结构或者是将上述两者结合起来。投资于市政债券的投资者要面临信用风险和税收风险。因为市政债券的历史违约率较低，因此市场认为其信用风险较小。评级机构对市政债券信用风险的评估方法与公司债券相同。投资于市政债券所面临的税收风险指的是一旦最高档次的边际税率下降，则市政债券的价值也将随之下跌。投资于市政债券要面临的另一种税收风险是发行时原本免税的市政债券最终可能会被美国国税局判定为应税债券。

关键术语

银行担保市政债券	本地信用机构	系列期限结构
债券预期票据	道德义务债券	税收预期票据
商业票据/可变利率通知债券组合证券	市政债券规则制定理事会	税收担保债券
托管至到期日债券	正式说明	免税商业票据
著名机构	预先再融资市政债券	定期期限结构
一般责任债券	再融资债券	可变利率通知债券
拨款预期票据	收入预期票据	收益率比率

思考题

1. 解释一下你是否同意下面这些说法：

a. "所有的市政债券都可免交联邦所得税。"

b. "投资于市政债券的所有投资者主要是对其免税特征感兴趣。"

c. "道德义务债券是有限担保一般责任债券的一种形式。"

2. 如果公众预期国会将修改税法以提高边际税率，那么你认为这个消息会对市政债券的市场价格带来怎样的影响？

3. 税收担保债券与收入债券的主要差别是什么？

4. 有限担保一般责任债券与无限担保一般责任债券的差别是什么？

5. 在你看来，AAA 级的发行人发行的市政债券的信用有保证吗？

6. a. 什么是预先再融资债券？

b. 列出市政发行机构愿意为已发行债券安排再融资的两大原因。

7. 为什么结构设计合理的再融资市政债券没有信用风险？

8. 下面这段话摘自爱达荷州财政部门的公开出版物：

自 1982 年以来，每一年爱达荷州的财政部门都会发行爱达荷州税收预期票据 "TAN"。这些票据为期一年，且要向投资者支付利息，是爱达荷州的债务。市政债券的显著特征是其利息收入可以免交联邦所得税。爱达荷州市政债券还可以免交州所得税。爱达荷州的税收预期票据发行的面值为 5 000 美元，债券到期时发行人会把这笔本金偿还给投资者。爱达荷州的税收预期票据采用的是固定利率。

为什么市政机构会发行税收预期票据？

9. 市政机构发行的资产支持证券以哪些收入来源作为还款保证？

10. 美国国内四家规模最大的烟草公司与 46 个州的首席检察官达成协议，同意在接下来的 25 年里总共支付 2 060 亿美元。

a. 各个州及市政机构——纽约市的动作最快——发行了以烟草公司的未来支付为担保的市政债券。这些债券的名称叫什么？

b. 这些债券的信用风险如何？

11. 从历史的角度来看，市政机构破产的主要原因是什么？

12. 第 32 章将要讲到的一种衍生产品，信用违约互换，允许投资者出售或购买针对市政债券发行人违约行为的保护。为什么很难找到愿意购买市政债券发行人违约保护的投资者，相反大部分人都愿意卖出这样的保护？你的看法是什么？

13. 因为很多人都知道市政债券的利息收益通常可以免交联邦政府的所得税，所以毫无疑问，当听到"市政债券投资也会面临税收风险"这种说法时，大多数人会感到惊讶。解释一下"税收风险"这个术语，并说明为什么聪明的投资者在购买市政债券时应当始终关注这一风险。

14. 政府债券收益率曲线的形状与市政债券收益率曲线的形状有何不同？

15. 什么是收益率比率，为什么这个指标通常会小于 1？

16. 市政债券是否不属于证券交易委员会的监管范围？

17. 为什么市政债券发行人愿意发行应税债券？

第 25 章

住房抵押贷款市场

学习目标

学习完本章内容，读者将会理解以下问题：

- 什么是抵押贷款
- 住房抵押贷款的主要发放机构
- 抵押贷款的发放过程
- 贷款人在评估抵押贷款申请人的信用风险水平时所考虑的借款人及抵押财产的特征
- 住房抵押贷款发放过程中面临的风险
- 住房抵押贷款包含的服务内容有哪些

- 基于留置权状况、信用等级、利率形式、分期偿还形式、信用担保、贷款余额、提前还款与提前偿还罚息等特征对住房抵押贷款进行分类
- 什么是提前还款额
- 抵押贷款的现金流
- 什么是提前偿还罚息贷款
- 抵押贷款的投资风险
- 提前偿还风险的重要意义

　　抵押贷款市场包含多个子市场，其中包括抵押贷款的一级市场（即贷款发放市场）以及抵押贷款进行交易的二级市场。抵押指的是借款人承诺以某项财产作为偿还债务的保证。一般情况下，作为抵押品的财产大多为不动产。如果财产的所有者（即抵押人）未能按时向贷款人（即受押人）偿还贷款，则贷款人有权取消抵押人赎回抵押品的权利，并获得财产的所有权以确保贷款能够被偿清。可作为抵押品的各种类型的不动产可以被划分为两大类别：单户（住房内居住的家庭数量不超过 4 家）家庭住房以及商业不动产。第一种类型的不动产包括住房、公寓房以及集资建房。商业不动产指的是能够带来收入的不动产：多户人家居住的不动产（即公寓式住宅楼）、商用建筑、工业企业拥有的不动产（包括仓库）、购

物中心、酒店和医疗保健设施（例如高级家庭医疗设施）。

本章我们研究的重点是住房抵押贷款。我们会在下一章里讨论目前住房抵押贷款二级市场的发展情况，以及住房抵押贷款如何进行证券化。我们之所以把上述与住房抵押贷款紧密相关的内容推迟到下一章再讲，是因为住房抵押贷款二级市场的发展与住房抵押贷款支持证券市场的发展是密不可分的。在第 28 章，我们会讲到商业地产抵押贷款以及商业地产抵押贷款支持证券。

住房抵押贷款的发放

住房抵押贷款的原始贷款者被称为**抵押贷款发放机构**（mortgage originator）。住房抵押贷款的主要贷款机构包括商业银行、储蓄机构以及专门的抵押银行。

抵押贷款发放机构可以通过下列一种或几种方式利用发放抵押贷款赚取利润。第一个收入来源是，它们通常要收取**发放费**（origination fee）。这一费用是以点数的形式表示的，每一点代表的是所借资金的 1%。例如，对于一笔 20 万美元的抵押贷款，两个点的发放费用代表的就是 4 000 美元。贷款发放机构可能还会收取申请费用以及其他一些手续费。第二个收入来源是以高于原始成本的价格将抵押贷款转手卖掉所产生的利润。这一利润被称为**二级市场利润**（secondary market profit）。当然，如果抵押利率上升，则贷款发放机构在二级市场上销售抵押贷款时要遭受损失。

虽然从技术角度看，贷款机构的收入主要来源于贷款的发放过程，例如发放费和二级市场的销售利润，不过实际上还存在另外两个潜在的收入来源。首先，抵押贷款发放机构可以为其原始发放的抵押贷款提供服务，由此可以获得**服务费**（servicing fee）。抵押贷款的服务包括每月从抵押人处收取当月还款，然后将资金转交给贷款的所有人，向抵押人发送还款通知，当抵押人未按时偿还贷款时提醒抵押人，保管抵押贷款未偿还余额的记录，向抵押人提供有关税收方面的信息，负责管理基于房产税及保险需求而设立的托管账户，以及在必要时启动取消抵押人赎回抵押品权利的程序。服务费按照贷款未偿还余额的固定百分比收取，通常为每年 25 个基点至 100 个基点。抵押贷款发放机构也可以把提供抵押贷款服务的业务转手卖给第三方，于是由第三方负责提供抵押贷款服务并收取服务费。其次，抵押贷款发放机构还可以把抵押贷款放入自己的投资组合内长期持有。

抵押贷款业务（mortgage banking）指的是发放抵押贷款的业务活动。银行和储蓄机构可从事该项业务。不过，还有一些企业虽然既不是银行，也不是储蓄机构，但也可以从事抵押贷款业务。这种抵押贷款机构与银行或储蓄机构的做法不太一样，通常它们不会投资于自己原始发放的抵押贷款。相反地，它们主要依靠收取贷款发放费来获得收入。而商业银行的收入来源于上述三种渠道。

抵押贷款的发放过程

我们假设有人想借钱购买房子，他需要向一家抵押贷款发放机构提出贷款申请。绝大多数抵押贷款最初发放时的原始期限为 30 年，不过一些借款人喜欢相对较短的期限，例如 20 年、15 年或 10 年。这位未来的房主填好了申请表格——上面列出了贷款申请人的各项财务信息——然后缴纳了申请费；随后，抵押贷款发放机构对申请人的信用情况进行审查和评估。抵押贷款发放机构详细列出的贷款要求被称为**贷款标准**（underwriting standards）。

两个最主要的量化贷款标准为：（1）**还贷收入比率**（payment-to-income ratio，PTI）；（2）**贷款价值比率**（loan-to-value ratio，LTV）。第一个指标等于月还款额与月收入额之比，是申请人履行每月还款义务（包括抵押贷款还款额及应缴纳的房地产税）的能力的测量指标。该比率越低，申请人履行偿付义务的可能性就越大。

财产的购买价格与所借金额之间的差异被称为借款人的首次付款额。LTV 等于贷款额与财产的市场价值或评估价值的比。该比率越低，贷款人在因申请人拖欠债务而必须收回并出售抵押财产时被保护的程度就越高。例如，如果一位借款人想申请一笔 225 000 美元的贷款，抵押品的评估价值为 300 000 美元，因此贷款价值比率等于 75%。假设该借款人之后对这笔抵押贷款违约了，那么，贷款人就可以收回并出售这项抵押资产以弥补贷款的损失金额。但是，该贷款人能收回的金额要取决于该抵押资产的市场价值。在本例中，即使住房市场的行情不好，抵押资产的市场价格下降了 75 000 美元，贷款人仍然可以通过出售该抵押资产的方式收回所有的贷款额。我们再假设另外一种情况：借款人打算借款 270 000 美元，以同一项资产作为抵押品。此时，这笔贷款的 LTV 值就变成了 90%。如果该贷款人因申请人的违约而不得不出售此项资产，则其所得到的保护程度较低。

如果贷款人决定发放这笔贷款，它会寄给申请人一份**贷款承诺书**（commitment letter）。该承诺书表示的是贷款人同意向申请人提供资金的承诺。承诺期的长度在 30 天至 60 天不等。在发出承诺书时，贷款人会要求申请人支付一笔承诺费。请大家注意，承诺书注明的是贷款人而非申请人应履行的义务，这一点非常重要。如果申请人决定放弃购买这项财产，或者是利用其他资金来源来购买这项财产，那么已缴纳的承诺费是不会被退回的。由此可见，承诺书规定，在支付了一定费用后，申请人享有要求贷款人以一定的利率水平及商定条款提供贷款的权利而非义务。

借款人提交贷款申请书时，抵押贷款发放机构会让申请人在各种各样不同类型的抵押贷款产品范围内自由选择。从本质上看，这就是要申请人在固定利率抵押贷款、可调整利率抵押贷款以及"混合型"贷款之间作出选择。就固定利率抵押贷款而言，通常贷款人会让申请人自己选择固定利率抵押贷款的利率水平何时确定。三个可能的选项是：（1）提出贷款申请时；（2）贷款人将贷款承诺书交给借款人时；（3）在结算日（即财产的购买日）。

抵押贷款发放机构给予贷款申请人的各种选择权——是否以某项资产作为贷

款的抵押品以及自由选择贷款利率的确定时间——会使贷款人面临某些风险。抵押贷款发放机构会采取一定措施规避这些风险。

抵押贷款发放机构可以：（1）将抵押贷款放置在资产组合内进行管理；（2）向愿意其资产组合中含有抵押贷款的投资者出售抵押贷款，或者是将贷款出售给将抵押贷款汇集起来用作发行证券的抵押品的投资者；（3）自行将抵押贷款用作新证券发行的抵押品。当抵押贷款被用作发行新证券的抵押品时，我们就称该抵押贷款是被证券化（securitized）了。在下一章，我们将会讨论住房抵押贷款的证券化过程。

当抵押贷款发放机构有意出售抵押贷款时，它会先询问一下潜在投资者（买家）是否有投资意愿。两家政府发起的企业以及多家私人公司愿意购买抵押贷款。由于这些机构会大量收购抵押贷款，然后将其出售给投资者，因此它们被称为**中转机构**（conduits）。

贷款发放机构为贷款制定的抵押利率水平——该利率为称为票面利率（note rate）——要取决于打算购买该抵押贷款的投资者所要求的利率水平。对于距离到期日的时间长度不同的各种抵押贷款（30天、60天或90天），其利率水平也各不相同。

与抵押贷款发放相关的风险

审批贷款申请以及抵押贷款发放机构向申请人作出贷款承诺，这两个步骤被统称为**抵押贷款管道**（pipeline）。因此，**管道风险**（pipeline risk）指的就是与发放抵押贷款有关的风险。这种风险有两个组成部分：价格风险与弃约风险。

价格风险（price risk）指的是市场上抵押贷款利率的上升对抵押贷款的价值造成不利影响的风险。如果抵押贷款利率上升，而抵押贷款发放机构已按照较低的抵押贷款利率做了贷款承诺，那么他将不得不把这些抵押贷款以低于房主贷款金额的价钱出售，或者是视其为资产组合当中的一项投资，长期持有这些收益率低于市场抵押利率的抵押贷款。在处理借款人提交的贷款申请时，抵押贷款发放机构也要面临相同的风险，因为一旦接受了借款人提出的贷款申请，对方便有权决定抵押贷款的利率水平。

弃约风险（fallout risk）指的是贷款申请人或收到贷款机构贷款承诺书的借款人没有完成交易（即使用抵押贷款发放机构提供的贷款购买相应财产的交易）的风险。潜在借款人没有按照约定完成交易或撤回其贷款申请的主要原因是抵押利率大幅下降，因此寻求其他价格更优惠的贷款机构会更为合算。弃约风险是抵押贷款发放机构只给予了潜在借款人进行交易的权利而非义务的结果（这就相当于给予了借款人取消协议的权利）。除了市场上抵押贷款利率水平的下降以外，还有其他原因促使潜在的借款人放弃交易。比方说，检验报告揭露出有关待交易财产的一些不利事项，或者是购买行为建立在更换工作的基础之上，然而最终跳槽的想法没能实现。

抵押贷款发放机构可以采用多种方法来规避管道风险。为了规避价格风险，贷款发放机构可以从有意向购买抵押贷款的政府主办机构或私人贷款中转机构那里获得其愿意购买抵押贷款的承诺。这种承诺事实上是一种远期合同（我们将在第 31 章里讨论这种合同）：抵押贷款发放机构同意在将来某个时间点出售抵押贷款，而另一方（某家政府支持企业或私人贷款中转机构）同意到时候按照某一预先约定好的价格（或抵押贷款利率）购买抵押贷款。

不过，试想一下如果抵押利率下降而潜在借款人决定撤销贷款申请，那么情况会变成什么样子。抵押贷款发放机构已同意按照特定的抵押贷款利率水平向借款人提供一笔抵押贷款。如果潜在借款人没有按照约定完成购买财产的交易，而抵押贷款发放机构已承诺向一家政府支持企业或私人贷款中转机构出售这笔抵押贷款，那么抵押贷款发放机构将无法收回其作出的出售抵押贷款的承诺。于是，抵押贷款发放机构将承受这一损失——它必须在较低的抵押利率环境下以较高的抵押利率出售抵押贷款。这就是所谓的弃约风险。

抵押贷款发放机构可以与政府支持企业或私人贷款中转机构签订一种具有一定可选择性的而非强制性的抵押贷款出售协议，通过这种方式来规避弃约风险。签订这种协议就相当于抵押贷款发放机构购买了一个期权。根据这一期权，贷款人可以享有出售抵押贷款的权利而非义务。政府支持企业或私人贷款中转机构向抵押贷款发放机构出售了这一期权，允许其自由选择是否出售抵押贷款，因此它们要收取一定的费用。

抵押贷款服务运营商

每一笔抵押贷款在管理过程中都需要服务运营商提供各种服务。正如前面所述，服务运营商对抵押贷款提供的服务包括收取每个月的还款额并将其移交给贷款的所有人；向抵押人发出还款通知；逾期尚未还款时提醒抵押人；做好有关本金余额的记录；负责管理用于缴纳不动产税和保险的托管账户余额；在必要时启用取消抵押品赎取权的法律程序；以及在适当时向抵押人提供税收信息。

抵押贷款服务运营商包括银行的关联实体、储蓄机构的关联实体以及抵押贷款银行。抵押贷款服务运营商的收入主要来源于下列五种渠道。第一项也是最主要的收入来源是服务收费。这笔费用性收入按照未清偿抵押贷款余额的固定百分比来收取。因此在分期偿还的模式下，随着时间的流逝，抵押贷款的未偿还余额会逐渐减少，于是服务运营商收取的费用也会随之减少。服务运营商的第二项收入来源是借款人交给其管理的托管账户余额所产生的利息。第三项收入来源是服务运营商利用每个月的抵押贷款还款额赚取的零散收益。服务商之所以能够获得这笔收入，主要是因为服务运营商收到每月还款额的时间点与将还款额转交给投资者的时间点之间存在一定的间隔。第四项收入来源是其他各种辅助性收入。首先，如果借款人没能按时偿还贷款，那么服务运营商会向其收取滞纳金（late fee）。其次，很多服务运营商还可以顺便向借款人兜售人寿保险或其他保险产品，从中获得佣金收入。再次，出售邮寄目录也能给服务运营商带来一定收入。最后，对于同时也是贷款人的服务运营商来说，为贷款提供服务的便利还会给它们带来其他好处。它们的抵押贷款借款人同时也是其他贷款产品——例如二次抵押贷款、汽车贷款和信用卡贷款——的潜在销售对象。

住房抵押贷款的类型

住房抵押贷款的类型多种多样。我们可以按照下列特征将其分类：

- 留置权状况
- 信用等级
- 利率形式
- 分期偿还形式
- 信用担保
- 贷款余额
- 提前还款与提前偿还罚息[①]

留置权状况

抵押贷款的**留置权状况**（lien status）说明的是当债务人违约时，如果作为贷款抵押品的财产被强行出售，则在偿还的优先顺序中该抵押贷款的排位情况。对于享有**第一留置权**（first lien）的抵押贷款来说，作为抵押品的财产一经出售，则贷款人便可以第一个获得财产售出所得的现金，以此来偿还借款人拖欠的贷款。所谓的**第二留置权**（second lien）或**次级留置权**（junior lien）指的是当抵押品被售出兑现后，拥有第二留置权的贷款人要等到第一留置权的所有者获得全额赔偿以后才能申请获得赔偿。

信用等级

发放抵押贷款时，如果借款人的信用质量非常好（比方说借款人的工作记录和信用记录都非常好，收入足以偿还贷款，不会对借款人的资信状况造成任何不利的影响，而且对于准备贷款购买的标的资产，借款人的首付比例较高），那么这样的贷款就被称为**优质贷款**（prime loan）。发放抵押贷款时，如果借款人的信用质量比较差，或者是该贷款不拥有抵押财产的第一留置权，则这样的贷款被称为**次级贷款**（subprime loan）。在优质贷款和次级贷款之间，还存在着一个界限比较模糊的贷款类别，那就是**中等质量贷款**（alternative-A loan），通常被称为 alt-A 贷款。这种贷款可以被视为优质贷款（"A"指的是贷款机构确定的贷款 A 等级），但是它们身上存在的一些特征要么会增加其潜在的信用风险水平，要么会促使其难以被归类或估值。

在评价抵押贷款申请人的信用质量时，贷款机构会考察各种各样的指标。首先第一个指标便是申请人的信用积分。一些企业专门从各个贷款机构搜集个人的

---

① 参考 Frank J. Fabozzi, Anand K. Bhattacharya, and William S. Berliner, *Mortgage-backed Securities：Products, Structuring, and Analytical Techniques*（Hoboken，NJ：John Wiley & Sons, 2007）。

贷款偿还历史记录，然后再使用统计模型评估和量化个人的信用积分，以此来衡量其信用质量的高低。简单地说，信用积分就是根据借款人的信用记录算出来的分数。计算借款人信用积分的三家最著名的信用评级机构分别是益百利公司（Experian）、环联公司（Transunion）和艾可飞公司（Equifax）。尽管信用积分的具体计算方式各有不同，但是计算得到的分数一般被统称为**个人信用评分**（FICO scores）。[①] 通常情况下，为了尽可能地消除各家信用评级机构因采用不同的积分计算公式而导致其提供的个人信用评分存在差异，贷款机构会同时参考多个机构提供的个人信用评分。个人信用评分的数值分布区间为 350 到 850。个人信用评分值越高，则信用风险就越小。

事实证明，贷款价值比率（LTV）是监控违约行为的良好预测指标：贷款价值比率越高，则违约的可能性就越大。按照这一指标的定义，在一笔财产买卖交易中，贷款价值比率是首付金额与财产的购置价格这两个变量的函数。不过，当市场利率水平下降时，借款人可以选择贷款再融资的方式。当贷款人评估再融资借款人提交的贷款申请书时，贷款价值比率取决于新贷款的申请额与财产的市场评估价值。如果新申请的贷款额超过了原始贷款金额，那么这样的交易就被称为**套现贷款**（cash-out refinancing）。反之，如果贷款余额保持不变，则这样的交易被称为**利率期限可变贷款**（rate-and-term refinancing）或**非套现贷款**（no-cash refinancing）。也就是说，获取这类贷款的目的是争取获得一个更优惠的贷款利率或者是更改贷款期限。

贷款机构还可以计算类似于 PTI（还贷收入比率）的收入比率指标，以此来评估申请人的还款能力。这些比率指标的计算方法是用贷款申请人获得贷款以后每个月的还款额除以申请人的月收入。最为常见的指标叫做**前端比率**（front ratio）和**后端比率**（back ratio）。前端比率是用申请人的每月还款总额（包括贷款利息、贷款本金以及不动产税和房主保险）除以其税前的月收入额。后端比率的计算方法与前端比率相类似，不同的是它在计算每月的还款额时，把其他的债务偿还额——例如汽车贷款还款额和信用卡还款额——也包括在内。按照优质贷款的标准，前端比率和后端比率分别不得超过 28% 和 36%。

在判断贷款是属于优质贷款还是次级贷款时，信用评分是一个非常重要的指标。优质贷款（或称为 A 级贷款）借款人的信用评分通常在 660 或以上，正如前面所述，前端比率和后端比率最高不超过 28% 和 36%，贷款价值比率低于 95%。与之相比，中等质量贷款的相应指标存在着较大的差距。再来看次级贷款：通常情况下，次级贷款借款人的信用评分低于 660，不同的贷款机构对贷款项目及其信用等级的评估也不尽相同。比如说，一家贷款机构可能会把个人信用评分为 620 的一笔贷款归类为"B 类贷款"，而另一家贷款机构给同一笔贷款的评级可能会高于或低于这一等级，尤其是当这笔贷款的其他特征（例如贷款价值比率）高于或低于贷款的平均水平时，不同的贷款机构给出的评级会存在较大的差异性。

---

① 这是因为信用评分公司普遍使用的是 Fair, Isaacs & Company 开发的计算模型。该模型使用了 45 个指标对个人的信用等级进行评估。

利率形式

抵押贷款的票面利率，即借款人同意支付的贷款利率，在整个贷款期间可以是固定的，也可以是变动的。对于**固定利率抵押贷款**（fixed-rate mortgage，FRM），利率水平在贷款发放时便已确定，在贷款的整个有效期内一直保持不变。

对于**可变利率抵押贷款**（adjustable-rate mortgage，ARM），正如其名字所示，在贷款的有效期内其利率水平是可以变化的。贷款利率会根据**指数利率**（index rate）或**参考利率**（reference rate）的变化而作出调整，其与参考利率之间的差被称为**利差**（margin）。对于可变利率抵押贷款，常用的两类参考利率包括：（1）市场决定的利率水平；（2）基于资金储蓄成本计算出来的利率水平。市场决定的利率水平包括伦敦银行同业拆借利率（LIBOR）、一年期固定期限国债利率（CMT）和最近 12 个月固定期限国债平均利率（12-month moving Treasury average）。其中，12 个月固定期限国债平均利率是一年期固定期限国债利率的月平均值。市场上最流行的两种通过计算得到的利率分别是联邦住房贷款银行体系第 11 区发布的资金成本指数（Cost of Funds Index，COFI）以及全国资金成本指数（National Cost of Funds Index）。存款性金融机构更愿意选择可变利率抵押贷款而非固定利率抵押贷款，因为可变利率抵押贷款的利率水平可以调整，能够更好地与负债成本相匹配。

最简单的可变利率抵押贷款产品会定期调整贷款利率，除此之外，没有其他因素会影响借款人的每月还款额。一般来说，抵押贷款的利率水平要受到下列因素的影响：（1）**期间利率上限**（periodic caps）；（2）**有效期内利率上限**（lifetime rate caps）以及利率下限（floors）。期间利率上限对利率调整日贷款利率水平上调或下调的幅度作出了限制。期间利率上限采用的是百分比的表现形式。绝大多数可变利率抵押贷款在贷款的有效期内，对其抵押贷款的最高利率水平均有上限约束。有效期内利率上限通常用原始利率水平的形式表示。最常见的有效期内利率上限为 5％到 6％。例如，如果抵押贷款的原始利率水平为 7％，而有效期内的利率上限为 5％，那么贷款机构在贷款有效期内可以征收的最高贷款利率水平就等于 12％。很多可变利率抵押贷款还对贷款有效期内利率的最低水平作出了限制，即利率下限。

混合型可变利率抵押贷款（hybrid ARM）是最受欢迎的一种可变利率抵押贷款产品。对于这种贷款产品，在一定的年限内（3 年、5～7 年和 10 年），贷款的利率水平是固定不变的。在固定利率时期结束后，贷款的利率水平便开始按照与更为常见的可变利率抵押贷款非常相似的方式定期进行调整。

分期偿还形式

每月应该偿还所借贷款本金的金额被称为**分期偿还**（amortization）。通常情况下，FRMs 和 ARMs 都是**完全分期偿还贷款**（fully amortizing loans）。这意味着借款人最后偿还的抵押贷款金额不仅包括贷款人按照合同支付的利息，而且包括在上次偿还完成后足以完全支付所借款项的金额。比如，对于一个三十年期完全分期偿还的贷款，在第 360 个月的月末，最后一笔抵押贷款还款足以还清所有贷款余额，这样的话，在最后一次还款完成后，所欠贷款余额为零。

完全分期偿还固定贷款在整个贷款周期内偿还金额都是一样的。例如，假定一笔贷款的初始金额是 20 万美元，票面利率是 7.5%，期限是 30 年。这样的话，每月应偿还的抵押贷款是 1 398.43 美元。计算每月抵押贷款还款金额的公式如下：

$$MP = MB_o \left[\frac{i(1+i)^n}{(1+i)^n - 1} \right]$$

其中，

MP＝每月应偿还金额（美元）

MB_o＝初始贷款金额（美元）

i＝票面利率除以 12（小数形式）

n＝抵押贷款偿还月数

例如，假设

MB_o＝200 000 美元；i＝0.075/12＝0.006 25；n＝360

这样的话，每月应偿还金额是：

$$MP = 200\,000 \left[\frac{0.006\,25\,(1.006\,25)^{360}}{(1.006\,25)^{360} - 1} \right] = 1\,398.43\,（美元）$$

为了计算在任何月份的抵押贷款余额是多少，我们可以运用下面的公式：

$$MB_t = MB_o \left[\frac{(1+i)^n - (1+i)^t}{(1+i)^n - 1} \right]$$

在这里，MB_t＝t 月后抵押贷款余额。

例如，假设在第 12 个月后（t＝12），我们知道：

MB_o＝200 000 美元；i＝0.006 25；n＝360

这样在第 12 个月月末的时候，我们需要偿还的贷款余额是：

$$MB_{12} = 200\,000 \left[\frac{(1.006\,25)^{360} - (1.006\,25)^{12}}{(1.006\,25)^{360} - 1} \right] = 198\,156.33\,（美元）$$

为了计算抵押贷款每月按计划偿还的本金金额，可以运用下面的公式：

$$SP_t = MB_o \left[\frac{i(1+i)^{t-1}}{(1+i)^n - 1} \right]$$

在这里，SP_t＝第 t 月按计划偿还的本金金额。

例如，假设在第 12 个月的时候（t＝12），我们知道：

MB_o＝200 000 美元；i＝0.006 25；n＝360

那么，在第 12 个月，按计划偿还的本金金额是：

$$SP_{12} = 200\,000 \left[\frac{0.006\,25\,(1.006\,25)^{12-1}}{(1.006\,25)^{360} - 1} \right] = 158.95（美元）$$

假设借款人严格按照时间计划每月及时偿还了贷款，那么，在最后一个月的抵押贷款偿还完成后，贷款余额将为零（也就是说，贷款全部还清了）。这可以通过表25—1清楚地表现出来，这个表通常又被称为**分期偿还安排**（amortization schedule）。（并不是360个月的情况都在表中罗列出来了。）标为"偿还本金"的一列是每月应该偿还的本金金额或者贷款的分期还款额。注意在第360个月的时候，最后的余额是零。同样我们还应该看到，每月所偿还的利息额度在逐渐下降。这是因为每月计息的贷款余额在逐渐减少。

在ARM情形下，每月偿还贷款的金额是定期调整的。因此，每月偿还的抵押贷款金额需要在每个重置日重新计算。这一重新计算抵押贷款应还金额的过程被称为**贷款再安排**（recasting the loan）。再次以金额为20万美元、期限为30年的贷款为例。假设贷款的利率每年调整一次，初始的票面利率（也就是最开始的12个月票面利率）是7.5％，一年以后贷款余额将会是多少？我们可以从表25—1的最后一列中（月末余额）找到第12个月的金额是多少。表25—1显示是198 156.33美元。（或者，也可以通过上面的公式计算出来。）现在可以在接下来的29年（348个月）内重新对剩余的198 156.33美元进行还款再安排，因为在还款1年后还剩下29年需要偿还。新的票面利率就是贷款重新安排利率。假设重置利率是8.5％，那么完全分期偿还贷款的每月偿还金额将是1 535.26美元，这一每月还款标准将在接下来的12个月内生效。

表25—1 分期偿还安排

初始余额	20万美元
票面利率	7.50％
期限	30年
每月还款金额	1 398.43美元

月份	月初余额（美元）	利息（美元）	偿还本金（美元）	月末余额（美元）
1	200 000.00	1 250.00	148.43	199 851.57
2	199 851.57	1 249.07	149.36	199 702.21
3	199 702.21	1 248.14	150.29	199 551.92
4	199 551.92	1 247.20	151.23	199 400.69
5	199 400.69	1 246.25	152.17	199 248.52
6	199 248.52	1 245.30	153.13	199 095.39
7	199 095.39	1 244.35	154.08	198 941.31
8	198 941.31	1 243.38	155.05	198 786.27
9	198 786.27	1 242.41	156.01	198 630.25
10	198 630.25	1 241.44	156.99	198 473.26
11	198 473.26	1 240.46	157.97	198 315.29
12	198 315.29	1 239.47	158.96	198 156.33
13	198 156.33	1 238.48	159.95	197 996.38
14	197 996.38	1 237.48	160.95	197 835.43
…	…	…	…	…
89	182 656.63	1 141.60	256.83	182 399.81
90	182 399.81	1 140.00	258.43	182 141.37

月份	月初余额（美元）	利息（美元）	偿还本金（美元）	月末余额（美元）
91	182 141. 37	1 138. 38	260. 05	181 881. 33
…	…	…	…	…
145	165 499. 78	1 034. 37	364. 06	165 135. 73
146	165 135. 73	1 032. 10	366. 33	164 769. 40
147	164 769. 40	1 029. 81	368. 62	164 400. 77
…	…	…	…	…
173	154 397. 69	964. 99	433. 44	153 964. 24
174	153 964. 24	962. 28	436. 15	153 528. 09
175	153 528. 09	959. 55	438. 88	153 089. 21
…	…	…	…	…
210	136 417. 23	852. 61	545. 82	135 871. 40
211	135 871. 40	849. 20	549. 23	135 322. 17
212	135 322. 17	845. 76	552. 67	134 769. 51
…	…	…	…	…
290	79 987. 35	499. 92	898. 51	79 088. 84
291	79 088. 84	494. 31	904. 12	78 184. 71
292	78 184. 71	488. 65	909. 77	77 274. 94
…	…	…	…	…
358	4 143. 39	25. 90	1 372. 53	2 770. 85
359	2 770. 85	17. 32	1 381. 11	1 389. 74
360	1 389. 74	8. 69	1 389. 74	0. 00

在最近几年里，在抵押贷款市场，各种非传统的分期还款计划安排开始流行起来。最常见的是**只偿还利息抵押贷款**（interest-only product，IO product）。这种类型的贷款，只需要在事先确定的期限内，也就是**锁定期**（lockout period）内支付利息。锁定期后，贷款会重新安排，这样的话，每月还款金额在贷款剩下的期限里，对完全分期还款初始金额来讲就是足够的。只偿还利息贷款可以是 FRM 形式、ARM 形式或者混合 ARM 形式。

例如，金额为 20 万美元、期限为 30 年的抵押贷款的锁定期是 5 年，票面利率是 7.5%（也就是说是一个 FRM 形式的贷款）。在最初的 60 个月，每月只需要偿还利息，其偿还金额是 1 250 美元（7.5% 乘以 20 万美元再除以 12）。在第 61 个月，每月偿还金额必须同时包括利息和分期偿还部分（也就是需要偿还的本金部分）。贷款剩余期限内的每月偿还金额正好是一个金额为 20 万美元、期限为 25 年、票面利率为 7.5% 的完全分期偿还贷款需要支付的金额。这样一笔贷款每月需要偿还的金额是 1 477.98 美元。但是要注意以下几点。第一，如果抵押贷款是 30 年期的固定利率贷款，且利率是 7.5%，则第一个五年每月偿还贷款金额是 1 398.43 美元，而只偿还利息贷款的每月偿还金额是 1 200 美元。这正是只偿还利息贷款具有吸引力的地方所在：住房购买者可以通过这种形式的贷款购买比较贵的房产。对住房购买者来说，不利之处在于，在接下来的期限内，只偿还利息贷款每月的偿还金额将比较高（1 477.98 美元），相比较而言，30 年完全分期偿还贷款每月需要偿还的贷款金额则比较低（1 398.43 美元）。然而，如果住房购买者预期自己未来的收入会上升，那么这就可以抵消偿还金额上涨带来的不利影响。不过，从贷款人的角度来看，这面临着更高的信用风险。这是因为在第五年年末的时候，贷款人的敞口风险资产仍然是 20 万美元，而不是像完全分期偿还那样在锁定期内贷款余额就会有所减少。

信用担保

我们还可以按照抵押贷款的信用担保提供者的身份——联邦政府、政府支持企业还是私人机构——将其分类。

由联邦政府机构提供担保的抵押贷款被统一称为**政府贷款**（government loans），由美国政府的完全信用提供担保。美国住房与城市发展部（Department of Housing and Urban Development）管理着两家为政府贷款提供担保服务的机构。第一家机构是联邦住房管理局（Federal Housing Administration，FHA），这是一家于 1934 年由国会创立的政府机构，1965 年并入住房与城市发展部。**联邦住房管理局担保的贷款**（FHA insured loans）大多数是为只能负担比例较低的首付款且收入水平通常相对较低的借款人提供的贷款。第二家机构是美国退伍军人管理局（Veterans Administration，VA），是美国退伍军人事务部门的下属机构。**美国退伍军人管理局担保的贷款**（VA guaranteed loans）大多是符合要求的退伍老兵和预备役军人申请的贷款，该类贷款给予借款人更加优惠的贷款条件。尽管对担保的贷款金额没有上限规定，但是按照法律的规定，贷款的金额不得超过某一界限，因为当退伍军人管理局在二级市场上出售自己发放的抵押贷款时，遵守贷款金额的限制规定是很重要的一点，我们会在本章后面的部分以及下一章里讲到这个问题。

与政府贷款相比，还有一些抵押贷款没有获得联邦政府"直接明确的"担保。这样的贷款一般是通过常规信贷渠道获得的，因此被称为**常规贷款**（conventional loan）。一笔常规贷款在刚刚发放时可能不会获得保险，但是如果它被放入抵押贷款的打包资产——金融机构要以打包抵押贷款为担保发行抵押贷款支持证券（mortgage-backed securities，MBS）——那么便有可能满足获得担保的条件。说得更具体一点，两家政府支持企业——房利美公司和房地美公司——专门负责在市场上发行抵押贷款支持证券。由于房利美公司和房地美公司发行的债券并不是以美国政府的完全信用作为担保，因此它们发放的贷款不能被称为政府贷款。我们会在下一章里详细讨论这个问题。

常规贷款通常由**私人抵押贷款保险公司**（private mortgage insurer）提供担保。MGIC 投资公司和 PMI 集团有限公司就是这样的私人抵押贷款保险公司。从投资者的角度来看，信用担保与保险人的信用等级同样重要。

贷款余额

正如下一节要讲到的那样，对于政府贷款以及房利美公司和房地美公司担保的贷款，贷款的余额是有一定限制的。单户或四户住宅的抵押贷款的最高金额每年都会根据联邦住房金融委员会（Federal Housing Finance Board）发布的住宅平均价格的变动百分比来进行调整。这一贷款额的限制规定被称为**统一标准**（conforming limits），因为按照法律规定，房利美公司和房地美公司都要遵守这一规则。例如，自 2008 年 1 月 1 日起，住房抵押贷款的统一限制标准为：

户数	最高本金余额	仅适用于阿拉斯加、关岛、夏威夷和美国维京岛
1	417 000 美元	625 500 美元
2	533 850 美元	800 775 美元
3	645 300 美元	967 950 美元
4	801 950 美元	1 202 925 美元

对于某种给定的财产类别，规模超过了统一限制标准的贷款被称为**超额贷款**（jumbo loan）。

提前还款与提前偿还罚息

房主们常常会在事先约定的贷款到期日之前提前偿还部分或全部抵押贷款。超出每月抵押贷款还款额的偿还部分，我们称其为**提前还款额**（prepayment）。例如，假设一笔为期 30 年的抵押贷款，本金额为 200 000 美元，利率为 7.5%，因此每月的还款额为 1 398.43 美元。假设房主某个月的还款额为 5 398.43 美元，也就是说比每月的应还款额超出了 4 000 美元。那么，这笔提前还款额会使抵押贷款未偿还的本金额相应地减少 4 000 美元。例如，根据表 25—1，假设提前还款发生在第 90 个月。如果房主没有提前还款，那么到第 90 个月月末，抵押贷款的未偿还本金余额应当为 182 141.37 美元。由于房主提前偿还了 4 000 美元，因此第 90 个月月末时的抵押贷款未偿还本金余额就变成了 178 141.37 美元。

这种类型的提前还款被称为**部分提前还款**（partial prepayment）或**部分提前清偿**（curtailment），因为它没有把未偿还的贷款本金余额一次性地偿清。当借款人部分提前还款时，贷款的每月偿还额并不会因此发生改变。相反地，借款人会继续按照原来确定的每月还款额偿还贷款。多缴纳的提前还款额主要是对未清偿的贷款本金起到了冲销的作用。例如，我们还是假设在第 90 个月，借款人提前偿还了 4 000 美元。于是，在下一个月，第 91 个月，这笔抵押贷款的利息就要按照 178 141.37 美元的本金余额来计算了。应付利息为 1 113.38 美元（7.5%/12 再乘以 178 141.37 美元），这个数值要低于表 25—1 中所列的数值。因此，在第 91 个月，贷款本金的偿还额就等于 1 398.43 美元减去 1 113.38 美元的利息，等于 285.05 美元，小于表 25—1 中所列的 260.05 美元。所以，提前还款的净效应便是贷款的偿还速度要比原先预定的节奏更快一些。也就是说，贷款的期限被"缩短了"。

更为常见的另一种提前还款形式是一次性将未清偿的抵押贷款余额全部还清。所有的抵押贷款均设有出售清偿（due on sale）条款，这意味着当房屋被出售时，借款人必须把余下的贷款未偿还部分全部还清才行。如果目前市场上的抵押贷款利率水平有所下降，或者借款人发现了更有吸引力的融资工具，那么借款人也可以对现有的抵押贷款进行再融资处理。

从本质上看，借款人享有的在不被罚息的前提下提前部分或全部清偿贷款的权利就是一个看涨期权。有一种抵押贷款，其条款被专门设计成抑制借款人提前还款的形式，这种贷款产品叫做**提前偿还罚息贷款**（prepayment penalty mortgage）。这种抵押贷款会对提前还款的借款人征收罚息。在贷款发放后一段时间内，如果借款人提前偿还贷款，那么贷款机构要向其收取一定的费用，作这种安排的目的也是为了抑制借款人的再融资行为。一般情况下，只要借款人的提前偿还额不超过贷款余额的20%，贷款机构可以免收罚息，但是对超过贷款余额20%的提前偿还额，贷款机构会根据贷款余额的80%向借款人收取6个月的罚息。如果贷款是因房屋被出售而被提前偿还，则一些贷款机构会取消罚息处理，这样的安排被称为"软"罚息。相对应地，有一些罚息是硬罚息——即使贷款是因为标的财产的出售而被提前偿还，借款人也要缴纳罚息。[1]

合格贷款

正如我们在第21章里介绍的那样，房利美公司和房地美公司是政府支持企业，它们的主要职责是支持抵押贷款市场的正常运转并向其提供流动性。尽管这两家公司是私营公司，但是它们获得了联邦政府颁发的特许权。这一联邦特权允许这两家政府支持企业经营一些其他公司不得经营的项目。不过，联邦特权也对其业务活动作出了一定的限制规定。

房利美公司和房地美公司履行其职责的一条重要途径便是买卖抵押贷款。[2]它们把买入的贷款存入投资组合或者是整理打包，用于发行抵押贷款支持证券。我们将在下一章里详细介绍它们发行的证券产品。房利美公司和房地美公司可以买卖任何类型的住房抵押贷款，但是用于证券发行担保的抵押贷款必须是政府贷款，而且要满足其承销规定。符合这一要求的常规贷款通常被称为**合格贷款**（conforming loans）。因此，所谓合格贷款只不过是满足房利美公司和房地美公司承销标准的常规贷款而已。在市场上，常规贷款被划分为**合格常规贷款**（conforming conventional loans）与**不合格常规贷款**（nonconforming conventional loans）。

承销标准之一便是贷款的发放金额。正如上一节所述，合格的常规贷款要满足房利美和房地美两家公司规定的名为"统一标准"的承销标准。但是，除此以

---

① 联邦政府和各个州政府均针对贷款人征收提前还款罚息的行为制定了相应的法律法规。一般情况下，州政府会详细制定专门适用于固定利率抵押贷款的法律。有些州不允许贷款机构对拥有第一留置权的固定利率抵押贷款征收提前还款罚息。还有一些州虽然允许贷款机构征收提前还款罚息，但是对罚息的类型有一定的限制。对于某些抵押贷款产品，例如可调整利率抵押贷款，联邦法律的管辖权要高于州政府法律。

② 这两家政府支持企业必须把一定比例的贷款发放给中低收入家庭，或者按照美国住房与城市发展部的要求，用于目标地区不动产的交易。这样的贷款被称为"廉价房屋贷款"。

外，合格的常规贷款还要满足其他几条重要的承销标准。其中包括：[①]

- 财产的类型（主要居住住宅，度假屋/二次置业，投资物业）
- 贷款的类型（例如固定利率贷款或可调整利率贷款）
- 交易类型（利率期限可变贷款、套现贷款）
- 不同贷款类型对应的贷款价值比率
- 不同贷款类型及交易类型对应的贷款价值比率
- 借款人的信用记录
- 贷款文件

不管是对借款人还是对抵押贷款发放机构来说，抵押贷款要满足合格贷款的要求这一点是非常重要的。这是因为在美国抵押贷款市场上，房利美和房地美两家公司是规模最大的抵押贷款购买商，所以，满足合格贷款要求的抵押贷款被房利美公司和房地美公司买下的可能性就会更大，它们会被打包整理好用以发行抵押贷款支持证券。于是，此类抵押贷款的利率水平要比不合格的常规贷款低一些。

投资风险

抵押贷款的主要投资者包括储蓄机构和商业银行。养老金和人寿保险公司也会投资于这种贷款产品，但是与银行和储蓄机构相比，它们对抵押贷款的投资比例要小得多。住房抵押贷款的投资者要面临四种主要风险：（1）信用风险；（2）流动性风险；（3）价格风险；（4）提前偿还风险。

信用风险

信用风险指的是借款人/房主违约的风险。对于由联邦住房管理局和美国退伍军人管理局提供担保的抵押贷款，信用风险是微不足道的。对于私人机构担保的抵押贷款，我们可以通过检查为贷款提供保险的私人保险公司的信用等级来评估信用风险水平的高低。对于没有保险的常规抵押贷款，信用风险水平要取决于借款人的信用质量。贷款价值比率是衡量借款人违约时本金损失风险的有效指标。贷款价值比率较高，违约的可能性就会越大，因为借款人购买财产时首付的比例相对较低。

流动性风险

尽管抵押贷款有相应的二级市场——我们会在下一章里讨论抵押贷款的二级市场——但是事实上，与其他债务工具相比，抵押贷款二级市场的买卖价差非常高。也就是说，由于每一笔抵押贷款的金额均比较大且无法分割，因此流动性比

---

① 例如，读者可以参考房利美公司 2007 年 1 月发布的文件 *Guide to Underwriting with DU*，其中包含了常规贷款承销的相关内容。"DU" 是房利美公司的自动承销系统，其目的是协助抵押贷款发放机构制定信贷决策。

较差。

价格风险

正如我们在第 11 章里解释过的那样，固定收益证券的价格与市场利率之间存在反向波动的关系。因此，利率水平的上升会导致抵押贷款价格的下跌。

提前偿还与现金流的不确定性

现金流的三大决定因素为：
● 利率
● 本金的偿还额（预先设定的本金分期偿还方案）
● 提前还款额

提前偿还风险是指借款人提前还款而导致还贷现金流发生变化的风险。说得更具体一些，当市场上的抵押利率下降至低于抵押贷款利率水平的位置时，投资者们担心借款人会提前偿还所有的抵押贷款。例如，假设在 5 年前贷款最初发放时，一笔抵押贷款的票面利率为 8％，而现行的抵押贷款利率（即现在发放的一笔新贷款的利率水平）为 5.5％，这会促使借款人对已借入的抵押贷款进行再融资的处理。再融资的决定要取决于多个因素的共同作用，而其中最为重要的一个影响因素便是目前市场上现行的抵押利率水平与贷款票面利率之间的对比关系。对投资者来说，再融资的不利之处在于他们要被迫将借款人提前偿还的贷款按照低于抵押贷款票面利率的现行市场利率水平进行再投资。

投资者在投资于可提前赎回的公司债券或市政债券时，也要面临同样的提前偿还风险。不过，与提前赎回债券不同的是，对于住房抵押贷款，借款人不需要支付任何溢价部分。在预定日期之前提前偿还的所有本金均是按照其票面价值偿还的。当然，提前偿还罚息贷款除外。

小　结

抵押贷款是以某一财产作为贷款清偿担保品的贷款产品，通常作为贷款抵押品的财产为不动产。可以用于抵押的两种常见的不动产类型分别为单户（一户至四户）家庭住房和商业不动产。

抵押贷款发放机构（即抵押贷款的初始发放机构）包括储蓄机构、商业银行和抵押贷款银行。抵押贷款发放机构要收取发放费，此外还有其他的收入来源。贷款标准是贷款机构制定的用于判断发放贷款是否可行的规则与标准。两种最为常见的量化贷款标准分别为还款收入比率以及贷款价值比率。

抵押贷款发放机构的"管道"操作包括贷款申请的处理以及发出贷款承诺。在此过程中贷款机构面临的风险被称为管道风险，可进一步细分为价格风险与弃约风险。

每一笔抵押贷款都需要服务商提供的服务。抵押贷款服务运营商包括银行的关联实体、储蓄机构的关联实体以及抵押贷款银行。

住房抵押贷款可以按照留置权状况（是第一留置权还是第二留置权）、信用等级（优质贷款或次级贷款）、利率形式（固定利率与可变利率）、分期偿还形式（完全分期偿还或只偿还利息）、信用担保（政府贷款或常规贷款）、贷款余额、提前还款与提前偿还罚息等要素进行分类。

两家政府支持企业，房利美公司和房地美公司可以购买任意类型的贷款。但是，如果它们购买常规贷款的目的是用来进行证券化以创造抵押贷款支持证券，那么就只能选择合格贷款，即满足其贷款要求的常规贷款。

抵押贷款的现金流包括利率、预先设定的本金分期偿还方案以及提前还款额。投资于住房抵押贷款的投资者主要面临四种风险：（1）信用风险；（2）流动性风险；（3）价格风险；（4）提前偿还风险。提前偿还风险是指借款人提前还款而导致还贷现金流发生变化的风险。

关键术语

可变利率抵押贷款	完全分期偿还贷款	部分提前清偿
中等质量贷款	政府贷款	还款收入比率
分期偿还	混合型可变利率抵押贷款	期间利率上限
分期还款安排	指数	抵押贷款管道
后端比率	只偿还利息抵押贷款	管道风险
套现贷款	超额贷款	提前还款额
贷款承诺书	次级留置权	提前偿还罚息贷款
私人贷款中转机构	留置权状况	提前偿还风险
合格常规贷款	有效期内利率上限	价格风险
统一标准	贷款价值比率	优质贷款
合格贷款	锁定期	私人抵押贷款保险公司
常规贷款	利差	利率期限可变贷款
部分提前还款	抵押贷款业务	贷款再安排
弃约风险	抵押贷款发放机构	参考利率
联邦住房管理局担保的贷款	抵押贷款服务运营商	第二留置权
个人信用评分	非套现贷款	二级市场利润
第一留置权	不合格常规贷款	服务费
固定利率抵押贷款	票面利率	次级贷款
前端比率	发放费	承销标准
美国退伍军人管理局担保的贷款		

思考题

1. 就住房抵押贷款而言，哪种类型的财产是最安全的？

2. a. 发放抵押贷款的收入来源是什么？

 b. 抵押贷款发放过程中要面临哪些风险？

 c. 抵押贷款发放机构在发放了贷款之后会怎么做？

3. a. 在出售一笔未来交割的抵押贷款时，与强制性的抵押贷款出售协议相比，尽量争取到一个具有选择性的抵押贷款出售协议能带来哪些好处？

 b. 可选择性的抵押贷款出售协议有哪些不利之处？

4. 抵押贷款服务运营商的收入来源是什么？

5. 贷款机构在判断是否应当向贷款申请人发

放住房抵押贷款时主要考虑的两大因素是什么?

6. 在其他因素保持不变的情况下,解释一下为什么贷款价值比率越高,贷款人面临的信用风险就越大。

7. 套现贷款与利率期限可变贷款之间的区别是什么?

8. 什么是前端比率与后端比率? 它们之间有什么区别?

9. a. 优质贷款与次级贷款之间的区别是什么?

b. 贷款分类时如何使用个人信用评分?

c. 什么是中等质量贷款?

10. a. 由联邦住房管理局担保的贷款指的是什么?

b. 什么是常规贷款?

11. a. 什么是统一标准?

b. 什么是超额贷款?

12. a. 对于固定利率抵押贷款来说,当借款人的提前还款额并未将贷款的未清偿部分全部还清时,未来的每月分期还款额会发生什么变化?

b. 未将贷款的未清偿部分全部还清的提前还款会带来哪些影响?

13. 一笔固定利率、等额偿还的抵押贷款情况如下:

期限=360个月

借入本金额=100 000美元

年抵押贷款利率=10%

a. 为该贷款编制头十个月的分期还款计划表。

b. 假设不存在提前还款,在第360个月的月末时,抵押贷款的未偿还余额是多少美元?

c. 不需要编制分期还款计划表,直接回答在第270个月的月末时,抵押贷款的未偿还余额是多少美元。

d. 不需要编制分期还款计划表,直接回答在没有提前还款的情况下,在第270个月的月末时,已偿还的抵押贷款本金额是多少美元。

14. 解释一下为什么对固定利率抵押贷款来说,当一段时间内利率水平下降时,每月的利息偿还额在不断减少,而本金的偿还额却在不断增加。

15. a. 为什么住房抵押贷款的现金流是未知的?

b. "住房抵押贷款的投资者给予了借款人(房主)选择权"的含义是什么? 这种选择权与可提前赎回债券有何区别?

16. 为什么存款性金融机构更愿意投资于可变利率抵押贷款而非固定利率抵押贷款?

17. 什么是混合型可变利率抵押贷款?

18. 从贷款机构的角度来看,提前偿还罚息贷款有哪些优势?

19. 解释一下你是否同意下面这些说法:

a. "房利美公司和房地美公司仅被允许购买合格常规贷款。"

b. "在整理打包抵押贷款以便发行抵押贷款支持证券时,房利美公司和房地美公司只能选择政府贷款。"

20. a. 可变利率抵押贷款的哪些特征会影响其现金流?

b. 可变利率抵押贷款可使用的参考利率指数是哪两类?

第 26 章

住房抵押贷款支持证券市场

学习完本章内容，读者将会理解以下问题：

● 当前住房抵押贷款市场的发展情况和公共及私下管道的作用

● 住房贷款证券化的过程

● 住房抵押贷款支持证券市场的不同子市场：机构市场和非机构市场

● 机构抵押贷款支持证券市场的不同类型与它们的投资特征：转手证券、担保抵押贷款债券和剥离式抵押贷款支持证券

● 什么是提前偿还风险以及如何衡量提前偿还风险

● 担保抵押贷款债券中不同的提前偿还风险如何分层

● 非机构抵押贷款支持证券市场的两个子市场：自有品牌抵押贷款支持证券市场和次级抵押贷款支持证券市场

● 在非机构担保抵押贷款债券市场上信用风险如何再分配

● 非机构担保抵押贷款债券不同的信用增级机制

● 2007 年夏发生的次贷危机

这一章我们的重点是分析由住房抵押贷款创造出来的各种证券的市场。最基本的抵押贷款支持证券是抵押贷款转手证券。以这种证券为基础衍生出来的抵押贷款支持证券产品包括：担保抵押贷款债券和剥离式抵押贷款支持证券。我们将通过分析今天强大的抵押贷款二级市场来详细说明这些贷款证券化的过程。

抵押贷款二级市场的发展历史

住房抵押贷款二级市场快速发展的强劲动力主要源于各种金融创新活动，包

括贷款资产池的构建和以这些贷款资产池为担保的各种贷款证券的发行。正如我们在第 2 章所解释的那样，被称为资产证券化的金融活动与常规的资产融资活动有着根本性的区别。资产证券化要求有一家金融中介机构，例如商业银行、非银行储蓄机构或者保险公司，这些金融机构能够做到：（1）发放贷款；（2）在资产组合中保留贷款，并接受与贷款相关的信用风险；（3）通过向借款人收取费用并向其提供税收或其他方面的信息为贷款服务；（4）从公众那里获取资金为资产融资（金融机构本身的小规模权益融资除外）。

在资产证券化的过程中，参与资本借贷的不止一家机构。以抵押贷款证券化为例，其详细的流程包括：（1）非银行储蓄机构或商业银行发放贷款；（2）非银行储蓄机构或银行将抵押贷款卖给投资银行，投资银行构建贷款池，发行贷款支持证券；（3）投资银行家从私人保险公司那里获得贷款资产池的信用风险保障；（4）投资银行家将贷款服务权转让给其他的非银行储蓄机构或者专业的贷款服务公司；（5）投资银行将贷款证券卖给个人和机构投资者。除了最开始发放贷款的银行和非银行储蓄机构外，参与的金融机构还包括投资银行、保险公司、另外一家非银行储蓄机构、个人投资者和机构投资者。案例中的银行和非银行储蓄机构并没有承担任何信用风险，也没有为抵押贷款提供其他方面的服务或者融资服务。

抵押贷款市场基础

抵押贷款二级市场的发展最早可追溯到 1929—1933 年发生的大危机以及大危机过后所颁布的各种法律。国会对大危机采取的应对措施和这些措施对金融市场产生的影响促使为了满足公众目标的特殊机构的成立。美联储通过贴现窗口为商业银行不断提供流动性，而非银行储蓄机构的流动性则由新成立的联邦住房贷款银行（FHLBs）提供，联邦住房贷款银行有权从财政部直接借款。

国会的另外一个创新举措是成立了联邦住房管理局（FHA），解决那个时代出现的各种贷款问题。正是这一机构推动和促进了固定利率、支付水平和分期付款形式的抵押贷款的发展。FHA 还通过为抵押贷款违约提供保险的方式为投资者降低各种信用风险。当然，并不是所有的贷款都可以获得保险，抵押贷款申请人必须符合 FHA 的承销标准，这也是 FHA 成为界定抵押贷款条件的第一家金融机构。尽管在今天看来，标准化是理所当然的事情，然而这却是抵押贷款二级市场能够快速发展的基本条件。在 1944 年，退伍军人管理局（VA）开始为这些符合条件的贷款提供保险。

但是，谁会投资这些贷款呢？非银行储蓄机构会投资，它们尤其青睐那些有税收和管理优势的贷款。然而，由于缺乏抵押贷款交易市场，因此投资这些贷款会面临流动性不足的难题。国会同样也考虑到了这个问题。于是，国会成立了另外一家政府发起的机构——联邦国民抵押贷款协会（FNMA）。这个机构就是我们所熟悉的房利美（Fannie Mae），它有义务为 FHA 和 VA 担保贷款创造一个流动性良好的二级市场，而它实现这一义务的方式就是购买贷款。因此，当房利美面临流动性不足的时候，它也需要其他的融资来源。国会批准房利美可以从财政部申请一定金额的贷款。

尽管成立了房利美公司，但抵押贷款二级市场并没有得到实质性的发展。在流动性不足的时候，房利美对转移住房危机也是无能为力。1968年，国会将当时的房利美一分为二，分别是：（1）现在的房利美；（2）政府国民抵押贷款协会，也就是我们熟知的吉利美（Ginnie Mae），它的作用在于"利用美国政府的信用和信誉"来支持FHA和VA抵押贷款市场的发展。两年后的1970年，国会授权房利美购买普通意义上的贷款（也就是说，那些不受FHA和VA担保的贷款），并且专门成立了联邦住房抵押贷款公司，也就是我们熟知的房地美（Freddie Mac），支持FHA/VA担保抵押贷款和普通抵押贷款市场的发展。

吉利美的目标在于为私人实体机构发行的证券提供担保，这些私人实体机构构建了贷款资产池，并以此为担保发行对外销售的证券。房利美和房地美则购买贷款，形成贷款资产池，并以贷款资产池为担保发行相应的证券。这些证券就是我们所说的抵押贷款转手证券。这些转手证券被各种类型的投资者（国内和国外都有）所购买，而此前这些投资者都回避在抵押贷款市场上进行投资活动。

在20世纪80年代，那些没有这三家政府机构做支持而是选择私人信用增级形式的抵押贷款转手证券的发行人开始发行由普通贷款和商业不动产抵押贷款支持的转手证券。

住房抵押贷款支持证券市场的子市场

正如之前所分析的那样，根据借款人的信用质量状况，住房抵押贷款市场可以细分为两个子市场：优质抵押贷款市场和次级抵押贷款市场。优质抵押贷款包括：（1）符合吉利美、房利美和房地美承销标准的贷款（例如，有保证贷款）；（2）那些不是因为信用问题而不符合承销标准的贷款，或者贷款不对资产享有第一留置权。次级抵押贷款主要发放给信用级别不够好的借款人或者贷款只享有第二留置权。

所有这些**住房抵押贷款支持证券**（RMBS）市场上发放的贷款都可以实现证券化。那些满足吉利美等三家机构承销标准的贷款创造出来的证券通常被称为**机构抵押贷款支持证券**（agency MBS）*，其他不满足条件的贷款统称为**非机构抵押贷款支持证券**（nonagency MBS）。相应地，非机构抵押贷款证券又可以分为两个子市场：**自有品牌抵押贷款支持证券**（private label MBS）和**次级抵押贷款支持证券**（subprime MBS），前者是以优质贷款为抵押，而后者是以次级贷款为抵押。非机构抵押贷款支持证券这个名字其实也是随机取的，有一定的主观性。有部分市场参与者认为自有品牌MBS应该称作"住房交易"或者"优质交易"。次级MBS同样应该称作"住房抵押贷款相关的资产支持证券"。[①] 实际上，市场参与者经常将

---

* 这里机构的含义是指美国政府成立或者有美国政府做支持而成立的机构，包括吉利美、房利美和房地美三家。其他非机构则是指这三家机构以外的情形。——译者注

① 参见 Frank J. Fabozzi, Anand K. Bhattacharya, and William S. Berliner, *Mortgage-Backed Securities：Products, Structuring, and Analytical Techniques* (Hoboken, NJ：John Wiley & Sons, 2007)。

机构 MBS 和自有品牌 MBS 归为住房抵押贷款支持证券市场的一部分，而将次级 MBS 归为资产支持证券市场的一部分，这一部分内容我们将会在第 27 章进行介绍。这种分类方法也带有一定的主观性。从本章的目的出发，我们将对所有的住房抵押贷款支持证券进行介绍，并对自有品牌 MBS 和次级 MBS 之间的区别做详细的解释。

就市场规模而言，机构 MBS 市场是美国投资级别金融产品市场中最大的。也就是说，在所有投资级别证券产品市场中（包括美国政府债券），机构 MBS 市场的规模是最大的。事实上，在 2007 年，机构 MBS 市场份额占整个投资级别市场的 45%。机构 MBS 市场包括三种类型的证券：机构抵押贷款转手证券，机构担保抵押贷款债券（CMOs）和机构剥离式 MBS。正如下面我们将分析的那样，机构剥离式 MBS 和机构 CMOs 都是从机构抵押贷款转手证券那里衍生出来的金融产品。

机构转手证券

正如我们在前面章节提到的那样，投资抵押贷款会让投资者面临违约风险、价格风险、流动性风险和提前偿还风险。比这更有效的投资方法是直接投资**抵押贷款转手证券**（mortgage pass-through security），当一个或多个贷款持有人将贷款形成资产池，并以资产池为基础发售相应的股权证明或参与证明时，转手证券就被创造出来了。第一份抵押贷款转手证券创立于 1968 年。与投资单笔抵押贷款相比，风险厌恶型投资者更愿意投资抵押贷款资产池，部分原因是抵押贷款转手证券与单笔抵押贷款相比具有更高的流动性。

当抵押贷款被投入贷款池，也就是成为抵押贷款转手证券的担保品时，就称贷款被证券化了。**机构转手证券**（agency pass-through security）指的是由吉利美、房利美和房地美发行的抵押贷款转手证券。本节将对这些证券做详细介绍。

现金流特征

抵押贷款转手证券的现金流取决于基础贷款的现金流。现金流包括代表利息的月抵押贷款现金支付、按计划偿还的本金和提前支付的现金，我们在前面章节中对此有过介绍。

证券持有人每个月都会被支付一定的现金，然而，从贷款资产池中流出的现金数量和现金支付的具体时间，以及支付给投资者的现金并不完全一样。每月支付给转手证券持有人的现金流要少于每月贷款池中产生的现金流，其差额部分主要用于支付服务费和其他的一些杂费。其他的杂费主要是转手证券发行人和担保人为证券发行收取的担保费（后面会分析）。

现金流支付的时间也不一致。抵押贷款每月支付的现金流都发生在月初第一天，而支付给转手证券持有人的现金流的时间则要推后。推后的时间长短与转手证券的类型有很大的关系。

图 26—1 向我们详细演示了转手证券产生的流程。

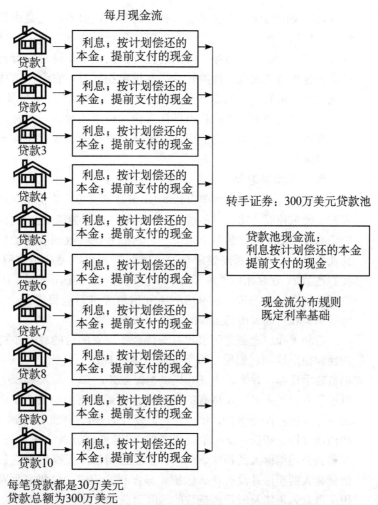

每月现金流

利息；按计划偿还的本金；提前支付的现金

贷款1

利息；按计划偿还的本金；提前支付的现金

贷款2

利息；按计划偿还的本金；提前支付的现金

贷款3

利息；按计划偿还的本金；提前支付的现金

贷款4

利息；按计划偿还的本金；提前支付的现金

贷款5

利息；按计划偿还的本金；提前支付的现金

贷款6

利息；按计划偿还的本金；提前支付的现金

贷款7

利息；按计划偿还的本金；提前支付的现金

贷款8

利息；按计划偿还的本金；提前支付的现金

贷款9

利息；按计划偿还的本金；提前支付的现金

贷款10

转手证券：300万美元贷款池

贷款池现金流：利息按计划偿还的本金提前支付的现金

现金流分布规则
既定利率基础

每笔贷款都是30万美元
贷款总额为300万美元

图26—1 抵押贷款转手证券产生的流程图

机构转手证券发行人

机构转手证券是由政府国民抵押贷款协会（吉利美）、房利美和房地美发行的。这三家机构都是国会成立的，目的是为住房抵押贷款市场增加资本供给，并为抵押贷款二级市场的发展提供支持。

吉利美

正如我们在第 21 章介绍的那样，吉利美是一家联邦政府机构。因为它是美国住房和城乡发展部的组成机构之一，因此，由吉利美发行的转手证券得到了美国政府的全权保证和信用支持，会及时支付利息和本金。也就是说，即使抵押贷款人不能每月按时支付利息和本金，转手证券的利息和本金都会有所保证。由吉利美担保的证券是真实意义上的**抵押贷款支持证券**（mortgage-backed security，MBS）。第一份抵押贷款支持证券于 1968 年开始发行。

尽管吉利美为转手证券提供担保，但它却不是转手证券的发行人。转手证券享有吉利美的担保，而且冠有吉利美的名称，但实际上是由贷款人发行的，这些贷款人包括非银行储蓄机构、商业银行和抵押贷款银行家。只有当这些抵押贷款符合吉利美设定的承销标准时，这些贷款人才会被同意发行转手证券。当吉利美同意为这些由贷款人发行的转手证券提供担保时，它会向这些贷款人承诺，将这些流动性不足的个人贷款转换成由美国政府支持的流动性证券。在这个过程中，吉利美通过向住房抵押贷款市场注入流动性来实现这一目标，并创造一个活跃的二级市场。正是提供了这些担保，所以，吉利美会收取相应的费用，这笔费用被称为担保费（guaranty fee）。

房利美和房地美

尽管由房利美和房地美发行的 MBS 通常也被称为机构 MBS，但实际上，这两者都是股东控股公司，只不过是在政府的许可下为满足公共目标而服务。[①] 它们的股票都在纽约股票交易所上市交易。它们并没有收到政府的任何补助或拨款，跟其他公司一样，需要按规定交税。房利美和房地美都是政府支持企业（GSEs），我们在第 21 章对此作了解释。1992 年的时候，美国国会专门成立了联邦住房企业监管办公室（OFHEO），对房利美和房地美进行监督管理。OFHEO 的职责是保障房利美和房地美市场运作的安全性和合规性。

房利美和房地美这两家政府支持企业成立的目的就是维持抵押贷款市场的流动性和稳定性。它们通过以下几种方式实现这一目标：（1）买卖抵押贷款；（2）创造转手证券，并为转手证券提供担保服务；（3）买入 MBS。被房利美和房地美以投资方式买入并当作持有的抵押贷款保留在它们的投资组合中，这个投资组合又被称为留存投资组合。然而，它们发行的 MBS 并没有得到美国政府的全权保证和信用支持。相反，支付给投资者的 MBS 现金流首先来自贷款池产生的现金流，并得到公司担保人的担保。然而，这里公司担保人提供给它们的担保与提供给其他贷款人的担保并没有什么区别。与吉利美一样，这两家政府支持企业也会因承担了借款人不能及时偿还贷款的风险而获得相应的担保费。

由房利美发行的转手证券被称为抵押贷款支持证券，而房地美则用参股凭证（PC）来描述转手证券。所有房利美的 MBS 在利息和本金支付方面都有充分的保障。尽管现在发行的房地美 PCs 也有相同的保障，但也有一些发行在外的 PCs 虽然保证及时支付利息和本金，但本金的最终支付却是在到期日后的一年内完成。

与转手证券相关的提前偿还风险

持有转手证券的投资者并不知道现金流情况会如何，因为其现金流完全取决于提前偿还情况。与提前偿还相关的风险被称为提前偿还风险。

为了更好地理解提前偿还风险，假设投资者购买了票面利率为 10％的吉利美转手证券，此时抵押贷款利率也是 10％。让我们想象一下，当抵押贷款利率下降到 6％的时候，提前偿还将会带来什么样的影响？会出现两种完全不同的结果。首

---

① 由房利美和房地美发行的证券有时候又被称为"常规的转手证券"。这是因为它们的担保品是满足两个政府支持企业承销标准的常规贷款，这在之前的章节中做过解释和说明。

先，正如我们在第 18 章解释的那样，像国债这样的无条件债券价格会上升。对于转手证券来说，价格的上升幅度没有无条件债券的上升幅度那么大，原因就在于利率水平的下降会增加市场利率低于借款人支付的利率的概率。利率的下降会刺激借款人提前偿还贷款，以更低的利率水平再融资。如果这种情况发生了，证券持有人就只能获得相当于票面价格的还款而不是包含风险溢价的贷款价格。持有人就会面临资本损失的风险，这一风险也反映出这样一个事实，那就是以面值价格实现的提前偿还不会带来最初预计的现金流。

当抵押贷款利率下降的时候，可赎回公司债券和市政债券的持有人会面临相反的结果。购买这些投资工具后，转手证券价格的上涨空间因为提前偿还而缩减了。这一结果也并不奇怪，因为抵押贷款赋予借款人以面值价格赎回贷款的权利。当抵押贷款利率下降时出现的相反结果，我们称其为**缩期风险**（contraction risk）。

现在让我们来看一下，如果抵押贷款利率上升到 15%，会出现什么样的情况。与任何债券的价格一样，转手证券的价格会下降。跟前面情况类似，不过，转手证券的价格下降幅度会大一些，原因就在于利率越高，越会降低提前偿还的比例，这样会增加以票面利率投资的数额，因为票面利率低于市场利率。当抵押贷款利率高于合同中拟定的 10% 时，住房所有人会选择不融资或者提前偿还部分抵押贷款，这样提前偿还的数额就会下降。当然，与此同时，投资者偏偏希望提前偿还的贷款额度能够更多些，因为这个时候投资者可以用这些提前偿还的贷款以更高的利率进行再投资。这种抵押贷款利率上升带来的反向结果，我们称之为**延期风险**（extension risk）。

因此，提前偿还风险包括缩期风险和延期风险两种情况。从资产/负债的角度来看，提前偿还风险让转手证券对某些金融机构投资者失去了吸引力。让我们来分析一下，为什么这些机构投资者会认为转手证券会没有吸引力。

1. 非银行储蓄机构和商业银行都希望它们所投资的产品与它们的融资成本相比，能够锁定一定的利差，这点我们在第 3 章有过解释。它们的资金来源主要是短期产品，如果它们投资固定利率的转手证券，这样资产和负债就不能很好地匹配，因为转手证券都是长期投资产品。特别是对储蓄性金融机构来说，投资转手证券很容易面临延期风险。

2. 为了满足有些保险公司的负债的特定要求，转手证券可能会变得没有吸引力。具体说来，假设一家人寿保险公司发行了 4 年期的 GIC，由于转手证券的现金流不确定，原来的提前偿还有可能会延迟，这样就会导致投资工具变成了长期产品，对保险公司这样的账户来讲，这种投资工具就失去了吸引力。在这种情况下，转手证券会让保险公司面临延期风险。

3. 考虑一家需要承担期限为 15 年的负债的养老基金。购买转手证券会让养老基金面临提前偿还风险，因为提前偿还速度可能会加快，因而投资期限会缩短，可能会大大小于 15 年。当利率下降时，提前偿还就会加速，这样就会迫使提前偿还的资金以相对较低的利率水平再投资。在这种情况下，养老基金面临的是缩期风险。

因此，我们能够理解为什么有些机构投资者在购买转手证券时会担心延期风险和缩期风险。在本章后面，当讲到担保抵押贷款债券时，我们会解释如何通过改变转手证券的现金流来减少机构投资者们面临的缩期风险和延期风险。

提前偿还惯例

规划好现金流的唯一办法是对基础抵押贷款池生命周期的提前偿还率事先做一些假定。提前偿还率被称为**提前偿还速度**（prepayment speed），或者简称为**速度**（speed）。

有条件的提前偿还率

有条件的提前偿还率（conditional prepayment rate，CPR）假定根据抵押贷款剩余期限情况，每年都会在贷款池剩余本金中确定提前偿还的比例。为贷款池设定的提前偿还率是根据贷款池的特点（包括提前偿还的历史经验）和当前及未来经济发展环境而确定的。之所以称为有条件的提前偿还率是因为要根据抵押贷款剩余情况来确定提前偿还的比例。

CPR衡量的是年提前偿还率。为了更好地估计月提前偿还情况，CPR要转换成月提前偿还率，通常月提前偿还率又被称为**单月死亡率**（single-monthly mortality rate，SMM）。下面的公式给出了CPR与SMM之间的转换关系。

$$SMM=1-(1-CPR)^{1/12} \tag{26.1}$$

假定通常情况下预期的CPR是6%，相应的SMM应该是

$$SMM=1-(1-0.06)^{1/12}$$
$$=1-(0.94)^{0.08333}=0.005143$$

如果SMM的值是w%，这意味着在月初剩余的抵押贷款池中大约有w%的部分在本月可能会被提前偿还，这个比例要小于原计划偿还的本金数量。

$$第t月的提前偿还额=SMM \times (t月初抵押贷款余额$$
$$-t月原计划还款额) \tag{26.2}$$

例如，假设投资者购买的转手证券剩余抵押贷款余额在月初的时候是2.9亿美元，SMM水平是0.5143%，原计划偿还的本金是300万美元，那么，本月预期的提前偿还额为：

$$0.005143 \times (290\,000\,000-3\,000\,000)=1\,476\,041（美元）$$

PSA标准

公共证券协会（PSA）的提前偿还标准是根据年提前偿还率确定的月系列数据。PSA标准假定提前偿还率要低于新发放的抵押贷款，因此以季度来计算，抵押贷款数量会逐渐增多。

假定30年期的抵押贷款，根据下面提供的CPRs数据计算PSA标准：

1. 第一个月CPR是0.2%，在接下来的30个月里，每年每月都以0.2%的水平增加，直到年CPR达到6%；

2. 以6%的年CPR水平一直持续到期。

这一标准通常被称为**100%PSA**，或者简称为**100 PSA**，图26—2对此作了清

晰的演示。从数学上来看，100 PSA 可以表述成如下形式：

如果 $t \leqslant 30$，那么 CPR＝6％ $(t/30)$

如果 $t > 30$，那么 CPR＝6％

在这里，t 表示的是从抵押贷款发放开始计算的月份。

根据某一比例的 PSA 水平来确定速度是快还是慢。例如，50 PSA 意味着 CPR 水平是 PSA 标准的一半，而 150 PSA 则意味着 CPR 水平比 PSA 标准高出一半，300 PSA 则表明 CPR 水平是标准提前偿还率水平的 3 倍。如果是 0 PSA，则表明提前偿还率是零。

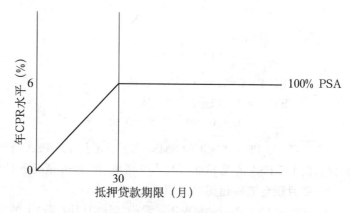

图 26—2　100 PSA 数学演示图

CPR 可以通过公式（26.1）转换成 SMM。例如，在 100 PSA 情况下，30 年期的抵押贷款在第 5 个月、第 20 个月和第 31 个月的 SMM 计算如下：

第 5 个月：

$$CPR＝6％ \times (5/30) ＝1％＝0.01$$
$$SMM ＝1-(1-0.01)^{1/12}$$
$$＝1-(0.99)^{0.083\,333}＝0.000\,837$$

第 20 个月：

$$CPR＝6％ \times (20/30) ＝1％＝0.01$$
$$SMM ＝1-(1-0.04)^{1/12}$$
$$＝1-(0.96)^{0.083\,333}＝0.003\,396$$

第 31 个月到 360 个月：

$$CPR＝6％$$
$$SMM ＝1-(1-0.06)^{1/12}$$
$$＝1-(0.983\,5)^{0.083\,333}＝0.001\,386$$

在 165 PSA 情况下，30 年期的抵押贷款在第 5 个月、第 20 个月和第 31 个月的 SMM 计算如下：

第 5 个月：

$$CPR = 6\% \times (5/30) = 1\% = 0.01$$
$$165 \ PSA = 1.65 \times 0.01 = 0.016\ 5$$
$$SMM = 1 - (1 - 0.016\ 5)^{1/12}$$
$$= 1 - (0.983\ 5)^{0.083\ 333} = 0.001\ 386$$

第 20 个月：

$$CPR = 6\% \times (20/30) = 4\% = 0.04$$
$$165\ PSA = 1.65 \times 0.04 = 0.066$$
$$SMM = 1 - (1 - 0.066)^{1/12}$$
$$= 1 - (0.934)^{0.083\ 333} = 0.005\ 674$$

第 31 个月到 360 个月：

$$CPR = 6\%$$
$$165\ PSA = 1.65 \times 0.06 = 0.099$$
$$SMM = 1 - (1 - 0.099)^{1/12}$$
$$= 1 - (0.901)^{0.083\ 333} = 0.008\ 65$$

注意 165 PSA 情况下的 SMM 水平并不是 100 PSA 情况下 SMM 水平的 1.65 倍，而 165 PSA 情况下的 CPR 水平则是 100 PSA 情况下 CPR 水平的多倍。

每月现金流构建情况说明

在给定 PSA 假设的情况下，我们将详细说明理论上的转手证券的每月现金流是如何构建的。为了说明需要，理论上转手证券的基础抵押贷款是固定利率的，而且是等额支付的，转手证券的利率水平假定为 7.5%。此外，我们还假设抵押贷款池的加权平均到期期限（WAM）是 357 个月。[1]

表 26—1 向我们详细展示了 100 PSA 部分月份的现金流情况。现金流分为三个重要的组成部分：（1）利息（以转手证券为基础）；（2）按常规计划应偿还的本金额；（3）基于 100 PSA 的提前偿还额。

让我们对表 26—1 每列的含义做一个详细的说明。

表 26—1　　　　　　　金额为 4 亿美元、利率为 7.5% 的转手证券月现金流情况表
（其中，在 100 PSA 情况下，WAC 是 8.125%，WAM 是 357 个月）

月份	总额（美元）	SMM	抵押贷款偿还水平（美元）	净利息（美元）	计划偿还本金（美元）	提前偿还额（美元）	总本金（美元）	总现金流（美元）
1	400 000 000	0.000 67	2 975 868	2 500 000	267 535	267 470	535 005	3 035 005
2	399 464 995	0.000 84	2 973 877	2 496 656	269 166	334 198	603 364	3 100 020
3	398 861 631	0.001 01	2 971 387	2 492 885	270 762	400 800	671 562	3 164 447
4	398 190 069	0.001 17	2 968 399	2 488 688	272 321	467 243	739 564	3 228 252
5	397 450 505	0.001 34	2 964 914	2 484 066	273 843	533 493	807 335	3 291 401
6	396 643 170	0.001 51	2 960 931	2 479 020	275 327	599 514	874 841	3 353 860

---

[1]　有必要计算抵押贷款池的 WAM，原因在于并不是所有未偿还的抵押贷款到期期限都相同。

续前表

月份	总额（美元）	SMM	抵押贷款偿还水平（美元）	净利息（美元）	计划偿还本金（美元）	提前偿还额（美元）	总本金（美元）	总现金流（美元）
7	395 768 329	0.001 68	2 956 453	2 473 552	276 772	665 273	942 045	3 415 597
8	394 826 284	0.001 85	2 951 480	2 467 664	278 177	730 736	1 008 913	3 476 577
9	393 817 371	0.002 02	2 946 013	2 461 359	279 542	795 869	1 075 410	3 536 769
10	392 741 961	0.002 19	2 940 056	2 454 637	280 865	860 637	1 141 502	3 596 140
11	391 600 459	0.002 36	2 933 608	2 447 503	282 147	925 008	1 207 155	3 654 658
12	390 393 304	0.002 54	2 926 674	2 439 958	283 386	988 948	1 272 333	3 712 291
13	389 120 971	0.002 71	2 919 254	2 432 006	284 581	1 052 423	1 337 004	3 769 010
14	387 783 966	0.002 88	2 911 353	2 423 650	285 733	1 115 402	1 401 134	3 824 784
15	386 382 832	0.003 05	2 902 973	2 414 893	286 839	1 177 851	1 464 690	3 879 583
16	384 918 142	0.003 22	2 894 117	2 405 738	287 900	1 239 739	1 527 639	3 933 378
17	383 390 502	0.003 40	2 884 789	2 396 191	288 915	1 301 033	1 589 949	3 986 139
18	381 800 553	0.003 57	2 874 992	2 386 253	289 884	1 361 703	1 651 587	4 037 840
19	380 148 966	0.003 74	2 864 730	2 375 931	290 805	1 421 717	1 712 522	4 088 453
20	378 436 444	0.003 92	2 854 008	2 365 228	291 678	1 481 046	1 772 724	4 137 952
21	376 663 720	0.004 09	2 842 830	2 354 148	292 503	1 539 658	1 832 161	4 186 309
22	374 831 559	0.004 27	2 831 201	2 342 697	293 279	1 597 525	1 890 804	4 233 501
23	372 940 755	0.004 44	2 819 125	2 330 880	294 005	1 654 618	1 948 623	4 279 503
24	370 992 132	0.004 62	2 806 607	2 318 701	294 681	1 710 908	2 005 589	4 324 290
25	368 986 543	0.004 79	2 793 654	2 306 166	295 307	1 766 368	2 061 675	4 367 841
26	366 924 868	0.004 97	2 780 270	2 293 280	295 883	1 820 970	2 116 852	4 410 133
27	364 808 016	0.005 14	2 766 461	2 280 050	296 406	1 874 688	2 171 094	4 451 144
28	362 636 921	0.005 14	2 752 233	2 266 481	296 879	1 863 519	2 160 398	4 426 879
29	360 476 523	0.005 14	2 738 078	2 252 978	297 351	1 852 406	2 149 578	4 402 736
30	358 326 766	0.005 14	2 723 996	2 239 542	297 825	1 841 347	2 139 173	4 378 715
100	231 249 776	0.005 14	1 898 682	1 445 311	332 928	1 187 608	1 520 537	2 965 848
101	229 729 239	0.005 14	1 888 917	1 435 808	333 459	1 179 785	1 513 244	2 949 052
102	228 215 995	0.005 14	1 879 202	1 426 350	333 990	1 172 000	1 505 990	2 932 340
103	226 710 004	0.005 14	1 869 538	1 416 938	334 522	1 164 252	1 498 774	2 915 712
104	225 211 230	0.005 14	1 859 923	1 407 570	335 055	1 156 541	1 491 596	2 899 166
105	223 719 634	0.005 14	1 850 357	1 398 248	335 589	1 148 867	1 484 456	2 882 703
200	109 791 339	0.005 14	1 133 751	686 196	390 372	562 651	953 023	1 639 219
201	108 838 316	0.005 14	1 127 920	680 239	390 994	557 746	948 740	1 628 980
202	107 889 576	0.005 14	1 122 119	674 310	391 617	552 863	944 480	1 618 790
203	106 945 096	0.005 14	1 116 348	668 407	392 241	548 003	940 243	1 608 650
204	106 004 852	0.005 14	1 110 607	662 530	392 866	543 164	936 029	1 598 560
205	105 068 823	0.005 14	1 104 895	656 680	393 491	538 347	931 838	1 588 518
300	32 383 611	0.005 14	676 991	202 398	457 727	164 195	621 923	824 320
301	31 761 689	0.005 14	673 510	198 511	458 457	160 993	619 449	817 960
302	31 142 239	0.005 14	670 046	194 639	459 187	157 803	616 990	811 629
303	30 525 249	0.005 14	666 600	190 783	459 918	154 626	614 545	805 328

月份	总额 （美元）	SMM	抵押贷款 偿还水平 （美元）	净利息 （美元）	计划偿 还本金 （美元）	提前偿 还额 （美元）	总本金 （美元）	总现金流 （美元）
304	29 910 704	0.005 14	663 171	186 942	460 651	151 462	612 113	799 055
305	29 298 591	0.005 14	659 761	183 116	461 385	148 310	609 695	792 811
350	4 060 411	0.005 14	523 138	25 378	495 645	18 334	513 979	539 356
351	3 546 432	0.005 14	520 447	22 165	496 435	15 686	512 121	534 286
352	3 034 311	0.005 14	517 770	18 964	497 226	13 048	510 274	529 238
353	2 524 037	0.005 14	515 107	15 775	498 018	10 420	508 437	524 213
354	2 015 600	0.005 14	512 458	12 597	498 811	7 801	506 612	519 209
355	1 508 988	0.005 14	509 823	9 431	499 606	5 191	504 797	514 228
356	1 004 191	0.005 14	507 201	6 276	500 401	2 591	502 992	509 269
357	501 199	0.005 14	504 592	3 132	501 199	0	501 199	504 331

第一列：表示月份。

第二列：月初发放在外的抵押贷款总额，它等于上月初发放在外的抵押贷款总额减去上月偿还的贷款本金数额。

第三列：在假定 CPR 的基础上，100 PSA 带来的 SMM 的变化情况。在这一列要注意两点，第一点，第 1 个月转手证券的 SMM 实际上代表 3 个月的季度水平，也就是 CPR 是 0.8%，因为 WAM 是 357 个月。第二点，从第 27 个月开始，由于 CPR 已经是 6% 的水平，因此，SMM 变成了 0.005 14。

第四列：抵押贷款月偿还额，由于提前偿还减少了发放的抵押贷款总额，因此，抵押贷款月偿还额也在逐渐下降。计算月偿还额的公式决定了既定提前偿还额条件下每月的贷款余额是多少。[1]

第五列：支付给转手证券投资者的月利息，利息数额取决于月初发放在外的抵押贷款余额乘以 7.5% 的转手证券利率，再除以 12。

第六列：按原计划提前偿还的抵押贷款本金数额，这一数额是月抵押贷款偿还总额（第四列中的数值）与当月总票面利息之间的差额。将 8.125% 的总票面利率乘以月初发放在外的抵押贷款余额，再除以 12。

第七列：根据公式（26.2）计算出来的月提前偿还额。例如，在第 100 个月，发放在外的抵押贷款余额是 231 249 776 美元，按计划偿还的本金是 332 298 美元，100PSA 情况下的 SMM 水平是 0.005 143 01（由于空间有限，表中只取 0.005 14），这样，提前偿还额就是：

$$0.005\ 143\ 01 \times (231\ 249\ 776 - 332\ 928) = 1\ 187\ 608 （美元）$$

第八列：需要支付的本金总额，它等于按计划偿还的本金额加上提前偿还的本金额，在表中它等于第六列和第七列的和。

第九列：转手证券月现金流总额，它等于第五列支付给转手证券投资者的利

---

[1] 具体的公式可参见 Frank J. Fabozzi, *Fixed Income Mathematics*：*Analytical and Statistical Techniques*（New York：McGraw-Hill, 2006），Chapter 21。

息总额与第八列每月支付的本金总额两者之和。

表 26—2 显示的是条件相同的转手证券在 165 PSA 情况下部分月份的现金流情况。

表 26—2　　金额为 4 亿美元、利率为 7.5% 的转手证券月现金流情况表

（其中，在 165 PSA 情况下，WAC 是 8.125%，WAM 是 357 个月）

月份	总额 （美元）	SMM	抵押贷款 偿还水平 （美元）	净利息 （美元）	计划偿 还本金 （美元）	提前偿 还额 （美元）	总本金 （美元）	总现金流 （美元）
1	400 000 000	0.001 11	2 975 868	2 500 000	267 535	442 389	709 923	3 209 923
2	399 290 077	0.001 39	2 972 575	2 495 563	269 048	552 847	821 896	3 317 459
3	398 468 181	0.001 67	2 968 456	2 490 426	270 495	663 065	933 560	3 423 986
4	397 534 621	0.001 95	2 963 513	2 484 591	271 873	772 949	1 044 822	3 529 413
5	396 489 799	0.002 23	2 957 747	2 478 061	273 181	882 405	1 155 586	3 633 647
6	395 334 213	0.002 51	2 951 160	2 470 839	274 418	991 341	1 265 759	3 736 598
7	394 068 454	0.002 79	2 943 755	2 462 928	275 583	1 099 664	1 375 246	3 838 174
8	392 693 208	0.003 08	2 935 534	2 454 333	276 674	1 207 280	1 483 954	3 938 287
9	391 209 254	0.003 36	2 926 503	2 445 058	277 690	1 314 099	1 591 789	4 036 847
10	389 617 464	0.003 65	2 916 666	2 435 109	278 631	1 420 029	1 698 659	4 133 769
11	387 918 805	0.003 93	2 906 028	2 424 493	279 494	1 524 979	1 804 473	4 228 965
12	386 114 332	0.004 22	2 894 595	2 413 215	280 280	1 628 859	1 909 139	4 322 353
13	384 205 194	0.004 51	2 882 375	2 401 282	280 986	1 731 581	2 012 567	4 413 850
14	382 192 626	0.004 80	2 869 375	2 388 704	281 613	1 833 058	2 114 670	4 503 374
15	380 077 956	0.005 09	2 855 603	2 375 487	282 159	1 933 203	2 215 361	4 590 848
16	377 862 595	0.005 38	2 841 068	2 361 641	282 623	2 031 931	2 314 554	4 676 195
17	375 548 041	0.005 67	2 825 779	2 347 175	283 006	2 129 159	2 412 164	4 759 339
18	373 135 877	0.005 97	2 809 746	2 332 099	283 305	2 224 805	2 508 110	4 840 210
19	370 627 766	0.006 26	2 792 980	2 316 424	283 521	2 318 790	2 602 312	4 918 735
20	368 025 455	0.006 56	2 775 493	2 300 159	283 654	2 411 036	2 694 690	4 994 849
21	365 330 765	0.006 85	2 757 296	2 283 317	283 702	2 501 466	2 785 169	5 068 486
22	362 545 596	0.007 15	2 738 402	2 265 910	283 666	2 590 008	2 873 674	5 139 584
23	359 671 922	0.007 45	2 718 823	2 247 950	283 545	2 676 588	2 960 133	5 208 083
24	356 711 789	0.007 75	2 698 575	2 229 449	283 338	2 761 139	3 044 477	5 273 926
25	353 667 312	0.008 05	2 677 670	2 210 421	283 047	2 843 593	3 126 640	5 337 061
26	350 540 672	0.008 35	2 656 123	2 190 879	282 671	2 923 885	3 206 556	5 397 435
27	347 334 116	0.008 65	2 633 950	2 170 838	282 209	3 001 955	3 284 164	5 455 022
28	344 049 952	0.008 65	2 611 167	2 150 312	281 662	2 973 553	3 255 215	5 405 527
29	340 794 737	0.008 65	2 588 581	2 129 967	281 116	2 945 400	3 226 516	5 356 483
30	337 568 221	0.008 65	2 566 190	2 109 801	280 572	2 917 496	3 198 067	5 307 869
100	170 142 350	0.008 65	1 396 958	1 063 390	244 953	1 469 591	1 714 544	2 777 933
101	168 427 806	0.008 65	1 384 875	1 052 674	244 478	1 454 765	1 699 243	2 751 916
102	166 728 563	0.008 65	1 372 896	1 042 054	244 004	1 440 071	1 684 075	2 726 128
103	165 044 489	0.008 65	1 361 020	1 031 528	243 531	1 425 508	1 669 039	2 700 567
104	163 375 450	0.008 65	1 349 248	1 021 097	243 060	1 411 075	1 654 134	2 675 231
105	161 721 315	0.008 65	1 337 577	1 010 758	242 589	1 396 771	1 639 359	2 650 118
200	56 746 664	0.008 65	585 990	354 667	201 767	489 106	690 874	1 045 540
201	56 055 790	0.008 65	580 921	350 349	201 377	483 134	684 510	1 034 859
202	55 371 280	0.008 65	575 896	346 070	200 986	477 216	678 202	1 024 273
203	54 693 077	0.008 65	570 915	341 832	200 597	471 353	671 950	1 013 782

月份	总额 （美元）	SMM	抵押贷款 偿还水平 （美元）	净利息 （美元）	计划偿 还本金 （美元）	提前偿 还额 （美元）	总本金 （美元）	总现金流 （美元）
204	54 021 127	0.008 65	565 976	337 632	200 208	465 544	665 752	1 003 384
205	53 355 375	0.008 65	561 081	333 471	199 820	459 789	659 609	993 080
300	11 758 141	0.008 65	245 808	73 488	166 196	100 269	266 456	339 953
301	11 491 677	0.008 65	243 682	71 823	165 874	97 967	263 841	335 664
302	11 227 836	0.008 65	241 574	70 174	165 552	95 687	261 240	331 414
303	10 966 596	0.008 65	239 485	68 541	165 232	93 430	258 662	327 203
304	10 707 934	0.008 65	237 413	66 925	164 912	91 196	256 107	323 032
305	10 451 827	0.008 65	235 360	65 324	164 592	88 983	253 575	318 899
350	1 235 674	0.008 65	159 202	7 723	150 836	9 384	160 220	167 943
351	1 075 454	0.008 65	157 825	6 722	150 544	8 000	158 544	165 266
352	916 910	0.008 65	156 460	5 731	150 252	6 631	156 883	162 614
353	760 027	0.008 65	155 107	4 750	149 961	5 277	155 238	159 988
354	604 789	0.008 65	153 765	3 780	149 670	3 937	153 607	157 387
355	451 182	0.008 65	152 435	2 820	149 380	2 611	151 991	154 811
356	299 191	0.008 65	151 117	1 870	149 091	1 298	150 398	152 259
357	148 802	0.008 65	149 809	930	148 802	0	148 802	149 732

平均生命周期

由于提前偿还的存在，因此我们所说的抵押贷款转手证券到期期限其实并不是一个准确衡量证券生命周期的方法。相反，市场参与者通常使用证券平均生命周期这个概念。所谓抵押贷款支持证券**平均生命周期**（average life）指的是收到贷款本金支付的平均期限（按计划支付的本金额和预计的提前支付本金额），以收到的本金数额为权重。从数学统计角度来看，平均生命周期的计算公式如下：

$$平均生命周期 = \sum_{t=1}^{T} \frac{t \times 第\ t\ 期收到的本金}{12(本金总额)}$$

在这里，T 表示月份总额。

转手证券的平均生命周期取决于提前偿还的 PSA 假定水平。不同的转手证券提前偿还速度对应不同的平均生命周期，为了更好地理解这一点，我们将表 26—1 和表 26—2 中 100 PSA 和 165 PSA 不同现金流情况对应的平均生命周期在下表中做对比分析：

PSA 速度	50	100	165	200	300	400	500	600	700
平均生命周期	15.11	11.66	8.76	7.68	5.63	4.44	3.68	3.16	2.78

机构担保抵押贷款债券

当机构投资者投资转手证券时，有些机构关注的是延期风险，而有些机构则关注缩期风险。这一问题可以转换为根据抵押贷款转手证券的现金流将债券分为不同的类别，也可以称为**层次**（tranches），这样就可以创造出各种不同的新证券，应对各种不同的提前偿还风险。这样的话，不同层次的各种证券就具有与原来转手证券完全不同的风险/收益类型。

当根据抵押贷款转手证券的现金流将证券重新分成不同类别的债券后，这些新产生的证券通常被称为**机构担保抵押贷款债券**（agency collateralized mortgage obligation, agency CMO）。机构 CMO 的出现并不能完全消除提前偿还风险，它只是将各种各样的风险在不同的债券持有人手中进行重新分配。CMO 最主要的金融创新在于它能够更好地满足机构投资者的资产/负债匹配要求，从而进一步拓宽了传统债券投资人对抵押贷款支持产品的需求面。

与简单罗列 CMO 所包含的各种层次的证券的做法不同，我们将详细说明作为一种金融创新举措的各不同层次是如何创造出来的。尽管创造出来的 CMO 各种各样，但我们只重点关注 CMO 市场上三个最关键的组成部分：持续还本 CMO、累积利息债券和计划摊还债券。其他两个重要的层次是浮动利率层次安排和反向浮动利率层次安排，我们在此不对它们做详细介绍。

持续还本 CMO

第一份 CMO 在 1983 年被创造出来，并被精心安排，这样不同层次的债券将会持续到期。我们称这种结构的 CMO 为**持续还本 CMO**（sequential-pay CMO）。为了更好地说明持续还本 CMO，我们将首先讨论 CMO-1，一系列前提假设条件都是为了更好地说明这种结构安排的基本特征。这种假定 CMO 的担保品是总面额为 4 亿美元且具有如下特征的假定转手证券：（1）转手证券的票面利率是 7.5%；（2）加权平均票面利率（WAC）是 8.125%；（3）加权平均到期期限（WAM）是 357 个月。跟本章前面介绍的基于 PSA 假设条件的转手证券现金流情况一样，我们将按照相同的流程对此做详细说明。

以这 4 亿美元的担保品为基础，四个层次的债券被创造出来了。它们的特征在表 26—3 中有比较详细的说明。四个层次的债券总额与担保品的票面总额（也就是转手证券）相等。在这个简单的结构中，每个层次的票面利率和担保品的票面利率都是一样的。然而在实践中，各个层次的票面利率通常都变化很大。

记住 CMO 是在重新分配现金流的基础上创造出来的——利息和本金构成的现金流——在一系列支付规则的基础上被分成不同的层次。在表 26—3 的底部区域，我们对转手证券（担保品）现金流在四个层次之间的分配规则作了详细的解释。独立的分配规则决定了票面利息和本金的支付情况，所有的本金支付等于按常规计划支付的本金与所有提前偿还的本金两者的总和。

在 CMO-1 中，每个层次债券都根据月初发放在外的贷款余额定期收到相应的票面利息。然而本金的支付却是按照另外一种特殊的方式进行的。每个层次的本金都需要在本层次本金全部支付完成之后才能收到。具体说来就是，A 层次要想收到本金，就需要将本层次合计 194 500 000 美元的本金全部支付完毕。然后，B 层次需要先将本层次合计 36 000 000 美元的本金全部支付完毕，才能收到相应的本金。

当 C 层次的本金支付完毕后,才能收到本金数额,同样 D 层次也需要遵循相应的规则。

表 26—3   CMO-1:四种假定的持续还本层次

层次	面额	票面利率
A	194 500 000 美元	7.5%
B	36 000 000 美元	7.5%
C	96 500 000 美元	7.5%
D	73 000 000 美元	7.5%
总计	400 000 000 美元	

偿还规则:
1. 定期票面利息偿还:根据期初发放在外的本金数额确定的每个层次的票面利息进行支付。
2. 本金偿还:向层次 A 支付本金,直至全部支付完毕。在层次 A 完成后,再向层次 B 支付本金,直到本金支付完毕。层次 B 完成后,再向层次 C 支付本金,直到本金支付完毕。层次 C 完成后,再向层次 D 支付本金,直到本金支付完毕。

尽管我们都熟知优先支付本金的规则,但每期应支付的本金数额我们并不知道。这一支付数额取决于现金流,从而取决于担保品的本金支付情况,而担保品的本金支付情况又决定于担保品的实际提前偿还率。在假定 PSA 速度的基础上,现金流的情况也可以计算出来。表 26—2 向我们展示的就是在假定 PSA 为 165 时各期现金流的情况(利息、常规计划的本金支付额和提前偿还额)。假设担保品的确按照 165 PSA 的速度提前偿还,CMO-1 中四个层次的现金流情况就如表 26—4 所示。

表 26—4   165 PSA 条件下 CMO-1 部分月份的现金流情况

月份	A 层次			B 层次		
	余额(美元)	本金(美元)	利息(美元)	余额(美元)	本金(美元)	利息(美元)
1	194 500 000	709 923	1 215 625	36 000 000	0	225 000
2	193 790 077	821 896	1 211 188	36 000 000	0	255 000
3	192 968 181	933 560	1 206 051	36 000 000	0	225 000
4	192 034 621	1 044 822	1 200 216	36 000 000	0	225 000
5	190 989 799	1 155 586	1 193 686	36 000 000	0	225 000
6	189 834 213	1 265 759	1 186 464	36 000 000	0	225 000
7	188 568 454	1 375 246	1 178 553	36 000 000	0	225 000
8	187 193 208	1 483 954	1 169 958	36 000 000	0	225 000
9	185 709 254	1 591 789	1 160 683	36 000 000	0	225 000
10	184 117 464	1 698 659	1 150 734	36 000 000	0	225 000
11	182 418 805	1 804 473	1 140 118	36 000 000	0	225 000
12	180 614 332	1 909 139	1 128 840	36 000 000	0	225 000
75	12 893 479	2 143 974	80 584	36 000 000	0	225 000
76	10 749 504	2 124 935	67 184	36 000 000	0	225 000
77	8 624 569	2 106 062	53 904	36 000 000	0	225 000
78	6 518 507	2 087 353	40 741	36 000 000	0	225 000

月份						
79	4 431 154	2 068 807	27 695	36 000 000	0	225 000
80	2 362 347	2 050 422	14 765	36 000 000	0	225 000
81	311 926	311 926	1 950	36 000 000	1 720 271	225 000
82	0	0	0	34 279 729	2 014 130	214 248
83	0	0	0	32 265 599	1 996 221	201 660
84	0	0	0	30 269 378	1 978 468	189 184
85	0	0	0	28 290 911	1 960 869	176 818
95	0	0	0	9 449 331	1 793 089	59 058
96	0	0	0	7 656 242	1 777 104	47 852
97	0	0	0	5 879 138	1 761 258	36 745
98	0	0	0	4 117 880	1 745 550	25 737
99	0	0	0	2 372 329	1 729 979	14 827
100	0	0	0	642 350	642 350	4 015
101	0	0	0	0	0	0
102	0	0	0	0	0	0
103	0	0	0	0	0	0
104	0	0	0	0	0	0
105	0	0	0	0	0	0

月份	C 层次			D 层次		
	余额（美元）	本金（美元）	利息（美元）	余额（美元）	本金（美元）	利息（美元）
1	96 500 000	0	603 125	73 000 000	0	456 250
2	96 500 000	0	603 125	73 000 000	0	456 250
3	95 500 000	0	603 125	73 000 000	0	456 250
4	96 500 000	0	603 125	73 000 000	0	456 250
5	96 500 000	0	603 125	73 000 000	0	456 250
6	96 500 000	0	603 125	73 000 000	0	456 250
7	96 500 000	0	603 125	73 000 000	0	456 250
8	96 500 000	0	603 125	73 000 000	0	456 250
9	96 500 000	0	603 125	73 000 000	0	456 250
10	96 500 000	0	603 125	73 000 000	0	456 250
11	96 500 000	0	603 125	73 000 000	0	456 250
12	96 500 000	0	603 125	73 000 000	0	456 250
95	96 500 000	0	603 125	73 000 000	0	456 250
96	96 500 000	0	603 125	73 000 000	0	456 250
97	96 500 000	0	603 125	73 000 000	0	456 250
98	96 500 000	0	603 125	73 000 000	0	456 250
99	95 500 000	0	603 125	73 000 000	0	456 250
100	96 500 000	1 072 194	603 125	73 000 000	0	456 250
101	95 427 806	1 699 243	596 424	73 000 000	0	456 250
102	93 728 563	1 684 075	585 804	73 000 000	0	456 250

103	92 044 489	1 669 039	575 278	73 000 000	0	456 250
104	90 375 450	1 654 134	564 847	73 000 000	0	456 250
105	88 721 315	1 639 359	554 508	73 000 000	0	456 250
175	3 260 287	869 602	20 377	73 000 000	0	456 250
176	2 390 685	861 673	14 942	73 000 000	0	456 250
177	1 529 013	853 813	9 556	73 000 000	0	456 250
178	675 199	675 199	4 220	73 000 000	170 824	456 250
179	0	0	0	72 829 176	838 300	455 182
180	0	0	0	71 990 876	830 646	449 943
181	0	0	0	71 160 230	823 058	444 751
182	0	0	0	70 337 173	815 536	439 607
183	0	0	0	69 521 637	808 081	434 510
184	0	0	0	68 713 556	800 690	429 460
185	0	0	0	67 912 866	793 365	424 455
350	0	0	0	1 235 674	160 220	7 723
351	0	0	0	1 075 454	158 544	6 722
352	0	0	0	916 910	156 883	5 731
353	0	0	0	760 027	155 238	4 750
354	0	0	0	604 789	153 607	3 780
355	0	0	0	451 182	151 991	2 820
356	0	0	0	299 191	150 389	1 870
357	0	0	0	148 802	148 802	930

  为了演示 CMO-1 的优先规则是如何工作的，表 26—4 向我们展示了假定担保品在 165 PSA 条件下部分月份的现金流情况。对每个层次而言，表中的内容包括：(1) 月末余额；(2) 支付的本金（按常规计划偿还的本金加上提前偿还的本金）；(3) 利息。在第 1 个月，担保品的现金流包括支付本金的 709 923 美元和支付利息的 250 万美元（0.075 乘以 4 亿美元再除以 12）。利息支付是根据发放在外的贷款总额再在四个层次间进行分配。例如，A 层次收到 250 万美元现金利息中的 1 215 625 美元（0.075 乘以 194 500 000 美元再除以 12）。不过，本金则是在 A 层次内完全分配。因此，A 层次在第 1 个月收到的现金流为 1 925 548 美元。在第 1 个月末的时候，A 层次的本金余额是 193 790 076 美元（月初的本金余额 194 500 000 美元减去本月支付的本金 709 923 美元）。当 A 层次还有本金余额需要支付时，其他层次就不会分配支付本金的任务。这一情形在随后的第 2 个月到第 80 个月都会存在。

  当到了第 81 个月的时候，A 层次的本金支付将为零。第 81 个月的担保品现金流是 3 318 521 美元，其中包括支付的本金现金流 2 032 196 美元和利息现金流 1 286 325美元。在第 81 个月月初（也就是第 80 个月月末）的时候，A 层次本金余额是 311 926 美元，因此，在该月需要偿还的 2 032 196 美元担保品本金中有 311 926 美元属于 A 层次。当这一笔本金支付完成后，A 层次就没有需要支付的本金了，因此，其本金余额为零。该月剩下的 1 720 271 美元本金支付都属于 B 层次。

根据假定的提前偿还 165 PSA 标准，B 层次从第 81 个月开始收到本金支付现金流。

表 26—4 显示 B 层次在第 100 个月时本金支付完毕，此时 C 层次开始收到支付的本金。C 层次的本金支付直到第 178 个月才完成，也是在同一个月，D 层次开始收到剩余本金的支付。在假定 PSA 为 165 的情况下，四个层次的到期期限（本金完全清偿）分别是 A 层次 81 个月，B 层次 100 个月，C 层次 178 个月，D 层次 357 个月。

让我们看一下在 CMO 被发明后会发生什么样的变化。首先，正如本章前面所述的那样，转手证券的平均生命周期是 8.76 年，假定提前偿还速度是 165 PSA。表 26—5 显示了担保品和四个层次在不同提前偿还速度情况下的平均生命周期。注意四个层次的平均生命周期与担保品的平均生命周期相比，有长有短，这样对投资者就有更多的吸引力，而不仅仅局限于投资担保品。

表 26—5　　　　　　　　担保品和 CMO-1 四个层次的平均生命周期

提前偿还速度（PSA）	平均生命周期				
	担保品	A 层次	B 层次	C 层次	D 层次
50	15.11	7.48	15.98	21.08	27.24
100	11.66	4.90	10.86	15.78	24.58
165	8.76	3.48	7.49	11.19	20.27
200	7.68	3.05	6.42	9.60	18.11
300	5.63	2.32	4.64	6.81	13.36
400	4.44	1.94	3.70	5.31	10.34
500	3.68	1.69	3.12	4.38	8.35
600	3.16	1.51	2.74	3.75	6.96
700	2.78	1.38	2.47	3.30	5.95

始终存在的一个大问题是：四个层次的平均生命周期波动比较大。我们随后会对其中的原因进行跟踪分析。然而，每个层次都获得了一些保护以更好地应对提前偿还风险。优先支付本金（也就是建立本金偿还规则）在这个结构安排中就有效地保护了 A 层次，防范延期风险。这样的保护必定来自其他地方，通常来自其他三个层次。同样地，C 层次和 D 层次都为 A 层次和 B 层次提供了防范延期风险的保护措施。与此同时，C 层次和 D 层次也处于有利地位，因为它们得到了来自 A 层次和 B 层次提供的缩期风险保护。

累积利息债券

在 CMO-1 中，利息支付原则是所有层次的利息都需要当月支付。在很多持续还本 CMO 结构安排中，至少有一个层次不会收到当期利息。相反，那个层次的利息会被自动累积到本金余额中。这种类型的债券通常被称为**累积利息债券**（accrual tranche），或者 **Z 债券**（Z bond）（因为这个债券跟零息票债券类似）。与其他层次的债券相比，支付给累积利息债券的利息会加速其本金偿还速度，从而降低本金支付余额。

通过分析流程，详细了解 CMO-2，我们可以发现，它与 CMO-1 有着相同的担保品和四个不同的层次，每个层次的票面利率都是 7.5%。表 26—6 对此有详细的说明。这两者之间的不同之处在于第四个层次，也就是 Z 层次，在 CMO-2 结构中，Z 层次属于累积利息债券。

表 26—6　　　　　　CMO-2：累积利息债券四种假定的持续还本层次

层次	面额	票面利率
A	194 500 000 美元	7.5%
B	36 000 000 美元	7.5%
C	96 500 000 美元	7.5%
Z（累积利息债券）	73 000 000 美元	7.5%
总计	400 000 000 美元	

偿还规则：

1. 定期票面利息偿还：根据期初发放在外的本金数额确定需要支付的 A、B、C 三个层次的票面利息。对于 Z 层次，需要支付的利息取决于本金与之前累积的利息总和。Z 层次支付的利息与前面几个层次本金的支付类似。
2. 本金偿还：向层次 A 支付本金，直至全部支付完毕。在层次 A 完成后，再向层次 B 支付本金，直到本金支付完毕。层次 B 完成后，再向层次 C 支付本金，直到本金支付完毕。层次 C 完成后，再向层次 Z 支付本金，直到初始本金余额与累积的利息支付完毕。

让我们看看 CMO-2 第一个月的情况，并在 165 PSA 的基础上将它与表 26—4 中的第一个月的情形进行比较分析。担保品需要支付的本金数额是 709 923 美元。在 CMO-1 中，这是 A 层次应该支付的本金。而在 CMO-2 中，本属于 Z 层次应该支付的利息 456 250 美元并不在 Z 层次支付，而是以本金支付的方式放在 A 层次支付。这样的话，A 层次需要支付的本金数额就变为 1 166 173 美元，是担保品应该支付的本金 709 923 美元与来自 Z 层次的利息 456 250 美元两者之和。

累积利息债券层次的出现让 A、B、C 各层次的到期期限缩短了。A 层次最后的支付期限是第 64 个月而不是之前的第 81 个月，B 层次的期限是第 77 个月而不是之前的第 100 个月，C 层次的期限是第 112 个月而不是之前的第 178 个月。

由于累积利息债券的加入，与 CMO-1 相比，CMO-2 中 A、B、C 各层次的平均生命周期都缩短了。例如，在 165 PSA 情况下，两者的平均生命周期变化如下表所示：

产品结构	A 层次	B 层次	C 层次
CMO-2	2.90	5.86	7.87
CMO-1	3.48	7.49	11.19

非累积利息债券层次期限缩短的原因就在于本应该属于累积利息债券的利息被分配到其他层次产品上。CMO-2 中的 Z 层次平均生命周期就比 CMO-1 中的 D 层次平均生命周期时间要长。

因而，在累积利息债券中，更短期限层次债券和更长期限层次债券就被创造出来了。对那些关注再投资风险的投资者来说，这种累积利息债券就显得更有吸引力了。直到其他层次本金全部支付完毕才需要支付利息，因此，在其他期限层次债券被偿清之前，由于息票利息不复存在，所以也就规避了再投资风险。

计划摊还债券

尽管有很多金融创新用以应对提前偿还风险，但由于大量的平均生命周期变动很频繁，所以，很多投资者仍然很担心他们所投资产品的提前偿还风险。传统的公司债券购买人总是希望能够买到既具有公司债券高收益特征（或是子弹到期或是有自动偿债基金来按计划实现本金的提前偿还）又具有良好信用质量特征的债券。虽然很多 CMO 产品能够满足第二种情形，但是却不能满足第一种情形。

1987 年，CMO 发行人开始发行一种新型债券，这种债券具有提前偿还在一个特定范围内波动且现金流模式是确定的特征。这种类型的债券由于现金流具有很强的可预测性，通常被称为**计划摊还债券**（planned amortization class bonds，PAC bonds），只有其本金提前偿还符合一定的标准，这种类型的债券才会出现。在从基础资产那里获得本金偿还方面，PAC 债券持有人比其他任何类型的 CMO 债券持有人都享有优先权。PAC 债券很大程度上确定的现金流是以非 PAC 债券为代价的，因此，非 PAC 债券又被称为**支撑债券**（support bonds）或者**伴生档债券**（companion bonds）。这些债券化解了提前偿还风险。由于 PAC 债券能同时为应对延期风险和缩期风险提供保护作用，因此，它们又被认为能提供双面提前偿还风险保护。

为了说明 PAC 债券是如何产生的，我们仍然以总金额为 4 亿美元的担保品为例，其票面利率为 7.5%，WAC 为 8.125%，WAM 为 357 个月。表 26—7 中的第二列显示的是在提前偿还速度是 90 PSA 的情况下，选定月份的现金偿还（包括常规的按计划现金偿还加上提前偿还）情况，第三列显示的是在转手证券提前偿还速度是 300 PSA 的情况下，选定月份的现金偿还情况。

表 26—7 最后一列显示的是在给定担保品的提前偿还速度是 90 PSA 或 300 PSA 的情况下，从第 1 个月到 349 个月，每个月的最低本金支付额。（如果提前偿还速度是在 90 PSA 到 300 PSA 之间，那么在第 346 个月，发行在外的需偿还本金余额将会全部被清偿。）例如，在第一个月，如果担保品的提前偿还速度在 90 PSA 的水平，那么本金偿还额度将是 508 169.52 美元，而如果担保品的提前偿还速度在 300 PSA 的水平，那么本金偿还额度将是 1 075 931.20 美元。因此，正如表 26—7 最后一列所示，最少的本金偿还额度是 508 169.52 美元。在第 103 个月，如果担保品的提前偿还速度在 90 PSA 的水平，那么本金偿还额度将是 1 446 761 美元，而如果担保品的提前偿还速度在 300 PSA 的水平，那么本金偿还额度将是 1 458 618.04 美元。而在第 104 个月，如果担保品的提前偿还速度在 300 PSA 的水平，那么产生的本金偿还额度将是 1 433 539.23 美元，比 90 PSA 速度下的偿还额度 1 440 825.55 美元要少。因此，在表 26—7 的最后一列，1 433 539.23 美元是最低本金偿还额。事实上，从第 104 个月开始，最低本金偿还金额都是在提前偿还速度为 300 PSA 的情况下产生的。

实际上，如果担保品的提前偿还速度在 90 PSA 和 300 PSA 之间，那么最低本金偿还额就是表 26—7 最后一列中的数值。例如，假设提前偿还速度是 200 PSA，如果我们知道了所有本金偿还情况，那么，最低本金偿还额度不会改变：从第 11 个月到第 103 个月，最低本金偿还额是在 90 PSA 情况下产生的，而从第 104 个月开始，最低本金偿还额是在 300 PSA 情况下产生的。

假设整个贷款期间，担保品都是以一个较为恒定的速度提前偿还，而且这个恒定的速度是在 90 PSA 到 300 PSA 之间，那么，担保品的这一特征就为 PAC 债券的产生提供了基础。在其他的 CMO 各类债券层次都不能清晰界定本金提前偿还额的情况下，PAC 债券持有人却能够获取本金提前偿还的详细计划。本金提前偿还的详细计划正如表 26—7 最后一列的最低本金偿还额所示。尽管提前偿还速度在 90 PSA 和 300 PSA 之间的担保品不能得到保障，但 PAC 债券却能够为此作出相应的担保安排。

表 26—7　　　　　金额为 4 亿美元、利率为 7.5% 的转手证券月本金偿还情况表
（假定提前偿还率是在 90 PSA 和 300 PSA 情况下，WAC 是 8.125%，WAM 是 357 个月）

月份	90% PSA	300% PSA	最低本金偿还额——PAC 偿还计划
1	508 169.52 美元	1 075 931.20 美元	508 169.52 美元
2	569 843.43 美元	1 279 412.11 美元	569 843.43 美元
3	631 377.11 美元	1 482 194.45 美元	631 377.11 美元
4	692 741.89 美元	1 683 966.17 美元	692 741.89 美元
5	753 909.12 美元	1 884 414.62 美元	753 909.12 美元
6	814 850.22 美元	2 083 227.31 美元	814 850.22 美元
7	875 536.68 美元	2 280 092.68 美元	875 536.68 美元
8	935 940.10 美元	2 474 700.92 美元	935 940.10 美元
9	996 032.19 美元	2 666 744.77 美元	996 032.19 美元
10	1 055 784.82 美元	2 855 920.32 美元	1 055 784.82 美元
11	1 115 170.01 美元	3 041 927.81 美元	1 115 170.01 美元
12	1 174 160.00 美元	3 224 472.44 美元	1 174 160.00 美元
13	1 232 727.22 美元	3 403 265.17 美元	1 232 727.22 美元
14	1 290 844.32 美元	3 578 023.49 美元	1 290 844.32 美元
15	1 348 484.24 美元	3 748 472.23 美元	1 348 484.24 美元
16	1 405 620.17 美元	3 914 344.26 美元	1 405 620.17 美元
17	1 462 225.60 美元	4 075 381.29 美元	1 462 225.60 美元
18	1 518 274.36 美元	4 231 334.57 美元	1 518 274.36 美元
101	1 458 719.34 美元	1 510 072.17 美元	1 458 719.34 美元
102	1 452 725.55 美元	1 484 126.59 美元	1 452 725.55 美元
103	1 446 761.00 美元	1 458 618.04 美元	1 446 761.00 美元
104	1 440 825.55 美元	1 433 539.23 美元	1 433 539.23 美元
105	1 434 919.07 美元	1 408 883.01 美元	1 408 883.01 美元
211	949 482.58 美元	213 309.00 美元	213 309.00 美元
212	946 033.34 美元	209 409.09 美元	209 409.09 美元
213	942 601.99 美元	205 577.05 美元	205 577.05 美元
346	618 684.59 美元	13 269.17 美元	13 269.17 美元

月份	90%PSA	300%PSA	最低本金偿还额—— PAC偿还计划
347	617 071.58 美元	12 944.51 美元	12 944.51 美元
348	615 468.65 美元	12 626.21 美元	12 626.21 美元
349	613 875.77 美元	12 314.16 美元	3 432.32 美元
350	612 292.88 美元	12 008.25 美元	0 美元
351	610 719.96 美元	11 708.38 美元	0 美元
352	609 156.96 美元	11 414.42 美元	0 美元
353	607 603.84 美元	11 126.28 美元	0 美元
354	606 060.57 美元	10 843.85 美元	0 美元
355	604 527.09 美元	10 567.02 美元	0 美元
356	603 003.38 美元	10 295.70 美元	0 美元
357	601 489.39 美元	10 029.78 美元	0 美元

　　表26—8显示了一种新的CMO结构安排，即CMO-3的情况，这种产品是在WAC为8.125%，WAM为357个月的情况下，从总额为4亿美元、票面利率为7.5%的转手证券衍生而来的。

表26—8   拥有一个PAC债券和一个支撑债券的CMO-3层次安排

层次	面额	票面利率
P（PAC债券）	243 800 000 美元	7.5%
S（支撑债券）	156 200 000 美元	7.5%
总计	400 000 000 美元	

偿还规则：
1. 定期票面利息偿还：根据期初发放在外的本金数额确定需要定期支付的各层次票面利息。
2. 本金偿还：P层次本金支付安排取决于事先确定的本金提前偿还计划。为了满足计划要求，考虑到当前和未来的本金偿还情况，P层次本金偿还具有优先权。在某月本金偿还满足了按照计划应偿还的P层次后，剩余部分的本金可以用于S层次的本金偿还。当S层次的本金偿还全部结束后，所有的本金偿还全部支付给P层次，而这个时候可以不需要按照计划执行偿还。

　　在这种结构安排下，两种债券被创造出来了，一种是假定提前偿还速度在90PSA到300 PSA之间、票面利率是7.5%的PAC债券，其面额是2.438亿美元，另外一种是支撑债券，其面额是1.562亿美元。

　　表26—9显示的是在假定各种真实的提前偿还速度时，CMO-3结构安排下的PAC债券和支撑债券的平均生命周期。注意在90 PSA和300 PSA情况下，PAC债券的平均生命周期稳定在7.26年。然而，在较低或较高的PSA速度下，PAC债券的原计划被打乱，而且平均生命周期也在变化，当提前偿还速度低于90 PSA时，平均生命周期延长了，而当提前偿还速度高于300 PSA时，提前偿还速度变短了。即使这样，支撑债券的平均生命周期变动性也会更大，而且大的幅度还不小。

表 26—9　　各种提前偿还速度情况下 CMO-3 的 PAC 债券和支撑债券的平均生命周期

提前偿还率（PSA）	PAC 债券（P）	支撑债券（S）
0	15.97	27.26
50	9.44	24.00
90	7.26	18.56
100	7.26	18.56
150	7.26	12.57
165	7.26	11.16
200	7.26	8.38
250	7.26	5.37
300	7.26	3.13
350	6.56	2.51
400	5.92	2.17
450	5.38	1.94
500	4.93	1.77
700	3.70	1.37

机构剥离式抵押贷款支持证券

机构剥离式抵押贷款支持证券（agency stripped mortgage-backed securities）最早由房利美在 1986 年创造，是抵押贷款支持证券的另外一种非常重要的形式。抵押贷款转手证券以抵押贷款池为基础按照一定的比例向证券持有人支付相应的现金流。而剥离式抵押贷款支持证券则改变了原来本金和利息支付的固定比例，以一种不对等的比例重新分配现金流。因此，有一些价格收益比与基础抵押贷款池的价格收益比不一致的证券就被创造出来了。剥离式抵押贷款支持证券如果能够被合理运用，那么投资者对冲提前偿还风险又多了一种方式和工具。

第一代剥离式抵押贷款支持证券是部分剥离的，它们中的很多证券都是房利美公司在 1986 年中期的时候发行的。B 级别的剥离式抵押贷款支持证券受到票面利率为 9％的房利美转手证券的支持。来自基础抵押贷款池的本金偿还被平均分配给 B-1 级别和 B-2 级别债券，因此，它们收到的本金支付金额是相等的，但是在利息支付方面，B-1 级别收到的利息占总利息支付的三分之一，而 B-2 级别占三分之二。

在随后的发行中，房利美将基础抵押贷款池的现金流以不同的方式进行分配。在票面利率为 11％的贷款池基础上，房利美创造了级别为 A-1 和 A-2 的两种类型的证券。A-1 级别的证券获得 11％利息中的 4.95％，而 A-2 获得剩余的 6.05％的利息。A-1 级别几乎获得所有的本金还款，占全部本金还款的 99％，而 A-2 级别只分到本金的 1％。

在 1987 年年初，发行的剥离式抵押贷款支持证券开始将所有利息分配给某个层次（被称为只支付利息层次或 IO 层次）的证券，而将所有的本金分配给另外一个层次（被称为只支付本金层次或 PO 层次）的证券。IO 层次的证券不会收到任何本金的偿还。IO和PO证券同样都被称为**抵押贷款剥离式证券**（mortgage strips）。

PO证券一般都以很低的面值折扣被购买。投资者实现的收益率取决于贷款的提前偿还速度。提前偿还速度越快，投资者的收益越高。例如，假定抵押贷款池是由本金总额为4亿美元、期限为30年的抵押贷款构成，投资者可以购买价值1.75亿美元该抵押贷款池支持的PO证券。此项投资的最后回报将是2.25亿美元。PO投资者最终能实现的收益率是多高取决于收回美元投资的速度有多快。在极端情况下，如果所有基础抵押贷款池的购房人都决定立即提前偿还贷款，那么PO证券投资者就能够立即收到2.25亿美元的投资回报。如果出现另外一种极端情况，所有的购房人都准备持有房子30年，而且都不提前偿还贷款，那么收回这2.25亿美元的投资就需要等上30年，这种情况下，PO证券投资者的收益率就比较低。

当利率下降时，PO证券的价格就会上涨，相反，当利率上涨时，PO证券的价格就会下降。债券价格与利率之间的这种反向变化关系对本书到现在为止所讨论的所有债券都成立。PO证券的一个重要特征是它的价格对利率变化非常敏感。

IO证券没有面值。与PO证券投资者相反，IO证券投资者希望贷款提前偿还率越低越好。原因就在于IO证券投资者收到的利息收入取决于发放在外还未偿还的贷款余额。提前偿还贷款的数量越多，能收到的发放在外的贷款余额的利息就越少。事实上，如果提前偿还速度太快，IO投资者甚至有可能不能收回初始的投资额。IO证券特有的性质是它的价格变化与利率变化的方向是相同的。此外，跟PO证券特征类似，它的价格对利率变化呈现出高度的敏感性。

由于剥离式抵押贷款支持证券价格波动性上的这些特征，机构投资者经常利用这些证券，通过创造能更好满足它们需求的风险/收益模式来控制抵押贷款支持证券组合的风险。

非机构MBS

非机构MBS主要指的是除吉利美、房利美和房地美这三家政府或政府支持的机构外，其他组织所发行的MBS。发行非机构MBS的组织主要包括：（1）商业银行（例如，花旗集团的花旗房贷公司）；（2）投资银行；（3）既不属于商业银行也不属于投资银行的组织（例如，美国国家金融服务公司，是美国最大的抵押贷款发放机构。）

对于前面我们介绍的机构MBS来说，一共有三种形式，分别是转手证券、CMO和剥离式MBS。通常情况下，这种结构分类对非机构MBS来说也是适用的，非机构MBS的结构安排即CMO结构安排，或者通称为**非机构CMO**（nonagency CMO）。非机构CMO与机构CMO的产生是不一样的。当我们在介绍机构CMO时，我们首先是将相关的抵押贷款放在一起构建一个贷款池，以此为基础创造转手证券，然后，我们再用转手证券构建转手证券贷款池，并以此创造机构CMO。而在非机构CMO创造过程中，贷款形成贷款池后，直接就可以用于创造不同类型和级别的债券，我们通常称之为各种层次的贷款。

信用增级

与机构 MBS 不一样的是，非机构 CMOs 都会被一家或几家评级公司评级。由于没有获得政府部门或者 GSE 的担保，对这些证券来说，收到投资级别的评级是必须附加的信用支持条件。为了避免基础抵押贷款违约可能带来的损失，信用支持是非常有必要的。这种附加的信用支持通常被称为**信用增级**（credit enhancement）。信用增级的形式多种多样，这里我们会对此做简单的介绍。同样的信用增级形式还被运用到资产支持证券产品中，我们会在第 27 章对这些资产支持证券产品做详细说明。

当评级机构对非机构 CMO 不同层次的产品进行评级时，通常会将信用风险与不同的层次相联系。从根本上讲，这种信用分析是从考察基础贷款池的信用质量开始的。例如，贷款池中的借款人可能是优质客户，也可能是次优客户。显而易见，每个人都希望贷款池的客户都是优质客户，与贷款池客户都是次优客户相比，优质客户借款人组成的贷款池在面临风险时，可能受到的损失要小很多。在给定贷款池客户的信用质量和交易结构等其他因素的条件下，评级机构将决定为了让特殊层次的贷款能够达到一定的信用级别，是否对一定数量的美元采取信用增级措施。被评级机构裁定贷款需要进行信用增级的过程通常被称为设置交易。

为非机构 CMO 提供信用增级有很多标准做法和机制。我们将对这些机制做简要的介绍。当优质贷款被证券化时，信用增级机制和相应的结构安排都比较简单。与此相反，当次级贷款被证券化时，由于需要更多的信用增级，因此，结构安排就会复杂许多。由于这些复杂结构安排都能在各种类型的 ABS 中找到，因此市场参与者将次级贷款的证券化归为 ABS 市场的一个重要组成部分（它们通常被称为与抵押贷款相关的 ABS）。

信用增级的形式主要有如下四种：

1. 优先次级结构安排。
2. 超额利差。
3. 超额抵押。
4. 专业保险。[1]

优先次级结构安排

在**优先次级结构安排**（senior-subordinated structure）中，有两种类型的债券层次被创造出来了：优先层次和次级层次。例如，假设有 4 亿美元担保品的非机构 CMO 产品的具体构成如下表所示：

层次	本金数额	信用级别
X1	3.5 亿美元	AAA
X2	2 000 万美元	AA

---

[1] 专业保险是第三方保险的一种形式。尽管有很多第三方保险形式，但是最普遍的仍然是专业保险，因此在随后的讨论中我们主要针对的是这种形式的保险。

层次	本金数额	信用级别
X3	1 000 万美元	A
X4	500 万美元	BBB
X5	500 万美元	BB
X6	500 万美元	B
X7	500 万美元	无信用

注意这笔交易中有七个层次的债券。拥有最高信用级别的层次被称为优先层次。而次级层次则指的是那些在优先层次级别以下的层次。之前的介绍中对这些不同层次之间现金流（利息和本金）的原则有过说明，现金流的原则与损失分配的原则是一致的。这些原则被称为交易者的防水墙。从根本上来讲，损失的分摊也是根据各层次债券在结果安排中的排位状况决定的。损失首先从底部（信用级别较低或者无信用）层次开始，然后向优先层次延伸。例如，如果在整个期限内，非机构 CMO 损失总额不超过 500 万美元，那么仅第七层次 X7 的损失会变成现实。如果损失达到了 1 500 万美元，那么 X7、X6、X5 和 X4 这四个层次的损失都会变成现实，而其他层次则不会遭受损失。

这种结构安排需要注意以下几个方面。

首先，为不同层次准备的信用增级是同一结构安排中其他层次所提供的。例如，对优先层次 X1 来说，最大损失额仅限于 5 000 万美元。这是因为只有当所有的损失达到了 5 000 万美元时，X1 才有可能遭受损失。X4 享有 2 000 万美元的信用增级，是因为在 X4 遭受实际损失之前，担保品可以弥补 2 000 万美元的损失。

其次，在信用风险分散方面，对比分析非机构 CMO 与机构 CMO 两者之间的不同。在机构 CMO 中，不存在信用风险。在创造不同层次的时候，所做的事情是对提前偿还风险进行再分配。与此相反，在非机构 CMO 中，同时存在信用风险和提前偿还风险。通过优先次级结构安排，让信用风险在这种机构安排中的不同层次之间进行重新分配。因此，所做的一切都属于信用层次方面的内容。提前偿还风险也能重新分配吗？这主要存在于非机构 CMO 的优先层次。也就是说，我们所假定的 3.5 亿美元的优先层次可以集中起来创造出应对不同提前偿还风险的更多优先层次。

最后，当各种层次债券在市场上被销售时，它们的收益率水平是不同的。很明显，信用等级越低的层次，它所要求的收益率越高。

超额利差

超额利差（excess spread）从根本上讲来自抵押品产生的利息，只不过这些利息无需用来支付负债（例如，结构安排中各层次的利息支付）和各种费用（诸如抵押贷款服务费用和各种行政管理费用）。超额利差可以用来弥补各种损失。如果超额利差保留在结构安排中而不是被支付出去，那么，它就可以在储蓄账户中不断累积，不仅可以用来支付担保品当前的损失，还可以用来支付未来可能出现的损失。然而，超额利差也是信用增级的一种形式。

由于次级贷款的利率要大大高于优质贷款的利率，加之次级贷款可能遭受的损失也远远高于优质贷款，因此，对次级抵押贷款支持证券产品来说，超额利差是其信用增级的一个非常重要的资金来源。

超额抵押

在我们理论上所假设的非机构 CMO 产品中，负债总额是 4 亿美元，抵押品价值总额与负债总额相匹配。假设抵押品的价值总额上升到了 4.05 亿美元，这就意味着总资产与总负债相比，存在着 500 万美元的超额价值。抵押品存在超额价值被称为**超额抵押**（overcollateralization），这些超额价值可以用来对冲损失。因此，这也属于信用增级的一种形式。

与优质贷款相比，在次级贷款中，超额抵押是较为常见的一种信用增级形式。这也是为什么次级贷款比较复杂的一个方面的原因，因为当抵押品被释放时，为了更好地构建产品结构，需要进行一系列的测试。

专业保险

在本书第 4 章中，我们曾经介绍过人寿保险公司和财产保险公司以及意外（灾害）保险公司。根据公司章程，有些保险公司只提供金融保险，这些保险公司通常被称为专业保险公司。这些保险公司与第 24 章提到的专门为市政债券提供担保的保险公司在性质上是一样的。它们为众多的 RMBS 产品提供相应的保险服务，因此，这也被认为是一种信用增级形式。我们将在第 27 章中详细介绍 ABS 产品时讨论专业保险的作用。

次级抵押贷款支持证券危机

在之前的章节中，我们介绍过次级贷款。在这一章，我们将讨论次级贷款的证券化。2007 年夏天，次级抵押贷款支持证券市场爆发了危机，这场危机让次贷市场上的信用和流动性都受到了严重的冲击，并在整个 2008 年对信贷市场和股票市场的其他环节带来了一系列的连锁反应。

与金融创新的历史步伐同步的是，针对这场危机，存在着许多的过度反应、虚假信息和差异甚大的观点。一些市场观察家认为这是房地产市场泡沫破灭带来的必然影响，房地产市场泡沫在前几年就已越演越烈。另外一些分析人士则认为次贷危机是那些声名狼藉的抵押贷款放款人欺骗那些本来没有资格和能力购买住房的次级借款人，让他们申请贷款购买房地产带来的结果。此外，有些抵押贷款，比如混合贷款和只支付利息的贷款，在最开始设计的时候会降低标准让那些次级信用的借款人能够顺利申请到贷款，而当贷款利率上调的时候，混合贷款或较高偿还标准的抵押贷款需要支付的利息在只支付利息贷款的闭锁期过后就会大幅上升，这个时候很容易像预期的那样引起财务困境。当然，抵押贷款放款人会责备贷款申请人，认为贷款申请人误导了他们，从而使他们的判断和决策出错。另外的责备是针对那些华尔街的银行家们和评级机构的，华尔街的银行家们将次级抵押贷款打包成各种债券，并将这些债券卖给投资者，而评级机构则给予这些债券以投资级别的评级。

不管导致次贷危机发生的真实原因是什么，都不能否认证券化在其中所起的作用。正是通过证券化，华尔街才将这些抵押贷款打包成各种抵押贷款支持证券产品，而证券化对整个经济的发展其实有着相当多的好处。证券化为房地产拥有者增加了相应的信用供给，降低了借贷成本。它还将风险在广大的投资者中间进行分散，而不是把风险集中在一小部分银行和非银行储蓄机构身上，并且为更多更广泛的投资者拓宽了信用空间。证券化的批判者认为这些借款人本身就是不合适的贷款申请人，而放款人发放贷款的唯一理由就在于放款人并不将发放的贷款放入资产负债表中，而是通过中间产品将贷款证券化或者直接证券化这些贷款，从而让贷款在市场上转让销售。

有的批评者认为，尽管在证券化之前，并不是所有的信用状况比较差的借款人都被排除在这个市场外，然而有一点却是毫无疑问的，那就是在证券化过程中，贷款人放松了信用标准，是导致问题发生的主要原因。然而，这只是对抵押贷款环节的基础标准的抨击，并不是从总体上抨击证券化。与过去相比，对金融市场而言，在今天，证券化是让市场变得更加有效、让市场功能得到进一步发挥的重要且合法的手段。金融市场结构并不是镜中花、水中月，那些欺骗性的公司习惯将它们的真实运作情况隐藏起来。真实的证券化，尽管有时候会比较复杂，但通常情况下都是在管理严格的债券市场上进行的，而且参与者经验都很丰富，包括发行人、贷款服务机构、机构投资者、评级机构和提供财务保险的专业保险公司。每一个参与者都在这个过程中发挥着各自的作用，确保证券化能顺利进行，当然，这也并不能做到完全无风险。

正如本章所解释的那样，次级贷款证券化被分为拥有不同信用等级的层次或结构，每个层次代表不同的信用风险。自然地，低风险层次的产品带来的收益率相对较低，而高风险层次的产品带来的收益率相对较高。投资高风险的产品或较低层次的产品，其回报率只有在高层次的产品收益率被支付后才能实现。高层次的产品通常都不会违约——都有着比较高的信用评级，不过，它们的回报率相应地都比较低。同样地，评级机构对那些较低层次的产品给予的信用级别也比较低，但是这是较低级别的产品在贷款池表现良好的时候，获得的回报率通常都比较高。

层次较低、风险较高的那些产品通常被专业的机构投资者们所购买，这些机构投资者完全明白它们可能会遭受损失，但是它们希望从很长一段时间来看，这些高收益完全可以弥补可能出现的损失。事实上，正如我们在这本书中反复强调的那样，金融产品不是随机创造出来的。相反，一定是投资者有需求。以次级抵押贷款支持证券产品为例，它最终来源于对冲基金经理们的需求。从根本上讲，次级抵押贷款支持证券的主要购买者是债务抵押证券（CDOs）组合的管理者，债务抵押证券也是一种信用风险转移工具，这种结构的金融产品我们将在第 32 章进行详细介绍。债券抵押证券的管理者创造出一种新的产品层次，能够在 RMBS 投资组合中有效地实现杠杆化。对冲基金经理购买这些层次的产品是完成某笔交易所必须的。因此，在众多基金经理对这些层次的产品存在大量需求的情况下，购买抵押贷款支持证券的 CDOs 产品就会被创造出来。这样的话，有一个问题就不得不考虑，那就是，当次级贷款出现坍塌的时候，机构投资者是否会受到伤害。对冲基金对此进行了豪赌，认为即使出了问题，也只是属于正常的商业风险。

很多市场观察人士认为评级机构也应该对此次危机负责。为了帮助投资者对相关证券的信用风险进行对比分析，发行人通常会要求一家或多家评级机构对证券化产品进行信用评级。尽管所有人包括评级机构都不能总是准确地对某个债券在一定时间内的表现进行预测，但评级机构的长期表现还是值得信赖的。他们的研究表明 AAA 等级即最高等级的证券的信用风险都特别低——在所有证券产品结构中具有最低的信用风险。AA 等级的证券面临的信用风险紧随其后，如此等等。研究同时还表明证券化产品的信用损失情况与相同等级的公司证券遭受的信用损失基本相同，这样评级就可以与债券市场相比较。然而，这不意味着在任何情况下，高级别的证券总是表现良好，或者低级别的证券表现都很差劲。精准的评级，与其他任何形式的信用风险预测一样，都是建立在过去很长一段时间内统计数据的基础上。当然，这也不是说信用级别必须在很长时间内保持一致。评级机构会时刻监控他们评级的这些证券，并且会根据证券的表现和信用损失可能发生的变化，上调或者下调相应的信用级别。不幸的是，通常只有在像次贷危机这样的不同寻常的事情发生后，才会引起市场的广泛关注。

令人惊讶的是为什么危机会发生在 2007 年 7 月。那个时候，市场上没有任何新的特别消息。在那之前，投资者都清晰地了解所有潜在的违约情况。此外，从 2005 年开始，评级机构就采取了一系列行动，市场对此都是完全透明的。特别要提到的是，在如何评判次级抵押贷款支持证券交易的时候，评级机构都调整了它们的评级标准和假设条件，调低了部分证券的信用，并公开表示了它们对次级债券的担忧。

次贷危机对金融市场的冲击和影响在不断地恶化。但是，如果认为是证券化导致了危机的发生那就错了。美国财政部副部长罗伯特·斯蒂尔（Robert Steel）在 2008 年 2 月 5 日的美国证券化论坛上，做了重要的演讲，他说道：

> 证券化市场是永不止步的金融创新改变金融市场的一个典型代表。保尔森财长和我本人都非常清楚地意识到了这一点——我们相信证券化的好处是非常明显的。它帮助投资者提高了风险管理的能力，获得更高的风险收益，且流动性更加充足和方便。
>
> 在认可和支持证券化好处的同时，我们还需要直接面对其不利之处，这一点同样重要。我们必须诚实，并从某种程度上承认存在渎职和不合理的行为。有一点很明显，这个市场上有一些参与者的行为并不合适。保尔森财长已经表示要对抵押贷款支持证券的程序做适当调整，例如，给抵押贷款发起人准入标准限制，这些调整会将那些不诚实的交易者驱逐出这个市场。一般意义上的准入标准将会优于欺诈和犯罪活动被加以考虑，将要求该市场参与者接受初始和持续教育。①

斯蒂尔先生进一步提到：

> 保尔森财长正在领导总统工作小组对当前面临的挑战进行广泛地评估，从长远的角度出发，总结经验教训，并作出适当的评判。证券化在未来仍然有着广泛的市场，不过，市场参与者应该承担一定的责任，并认真分析和学习这些经验教训。

---

① http：//www. ustreas. gov/press/release/hp808. htm

2007 年 9 月 20 日的《经济学家》杂志上发表了一篇重要的论文，文章写道："当市场错了的时候……"下面一段话就是针对证券化所做的评价：

> 不要期望重新回到 20 世纪 60 年代。证券化变得太重要了，以至于我们不可能再重新回到过去。实际上，证券化并没有完全履行其诺言。华尔街的理论家们现在可能会感到受伤害了，不过，他们很快就会创造出更多的金融产品。而且，在一定时间内，毫无疑问，还是有很强的购买力的，会引发新一轮的购买潮。更为重要的是，即使有不完美的地方，但将各种严格的债务转为可交易的某种产品仍然会在众多的投资者和巨大的资本市场之间实现利益上的对接，而这些产品之前都不存在。尽管它会接受严格的审查和监管，但争论仍然会继续，不过争论的重点是如何进一步改进和提高这一体系，而不是废除或抛弃这一体系。

小　结

在本章我们讨论了住房抵押贷款支持证券和证券化在二级抵押贷款市场上的重要作用。住房抵押贷款支持证券被分为两个重要的组成部分：机构 MBS 和非机构 MBS。

由吉利美、房利美和房地美公司发行的 MBS 被称为机构 MBS。这些抵押贷款被当做支持这些证券的担保品。机构 MBS 产品包括转手证券、担保抵押贷款债券和剥离式 MBS。CMOs 产品是从转手证券发展而来，目的是解决与投资转手证券相关的提前偿还风险——缩期风险和延期风险。CMO 各层次产品被创造出来以满足不同机构投资者的需要。与 CMO 产品一样，剥离式 MBS 也是从转手证券发展而来的。创造剥离式 MBS 的目的是为控制抵押贷款支持证券投资组合的风险提供的一个新的投资工具。

非机构 MBS 市场也被分为两个重要的组成部分：自有品牌抵押贷款支持证券市场和次级抵押贷款支持证券市场。非机构 MBS 要求信用增级，目的是保护投资者免受由于基础贷款池损失而带来的风险。信用增级机制包括优先次级结构安排、超额利差、超额抵押和专业保险。优先次级结构安排允许在结构内信用风险在不同层次之间进行分配。优先 MBS 和次级 MBS 之间的差别就在于两者在处理信用增级方面有着不同的结构安排。

关键术语

100% PSA	信用增级	超额抵押
累积利息债券	超额利差	计划摊还债券
机构担保抵押贷款债券	延期风险	提前偿还速度
机构抵押贷款支持证券	担保费	自有品牌抵押贷款支持证券
机构转手证券	抵押贷款支持证券	住房抵押贷款支持证券
机构剥离式抵押贷款支持证券	抵押贷款转手证券	证券化
平均生命周期	抵押贷款剥离式证券	优先次级结构安排
公司债券	专业保险	持续还本 CMO
有条件的提前偿还率	非机构担保抵押贷款债券	单月死亡率
缩期风险	非机构抵押贷款支持证券	速度

次级抵押贷款支持证券   层次   Z 债券
支撑债券

思考题

1. 什么是抵押贷款转手证券？

2. 介绍一下抵押贷款转手证券的现金流情况。

3. 证券化是如何提高抵押贷款的流动性的？

4. 机构转手证券有哪些不同的类型？

5. 吉利美抵押贷款支持证券的担保与房利美和房地美发行的抵押贷款支持证券的担保有什么不同？

6. 提前偿还风险、缩期风险和延期风险分别意味着什么？

7. 对储蓄贷款协会来说，为什么转手证券没有吸引力？

8. 转手证券的平均生命周期指的是什么？

9. 为什么事先假定提前偿还速度对转手证券来说是必须的？

10. 转手证券的现金流通常都建立在某个提前偿还标准之上。介绍一下这个标准。

11. 有条件的提前偿还率是 8% 意味着什么？

12. 250 PSA 是什么意思？

13. 担保抵押贷款债券是如何改变抵押贷款现金流从而让提前偿还风险能在不同层次债券的持有人之间进行分散的？

14. "通过创造一种 CMO，发行人就可以将与基础抵押贷款相联的提前偿还风险消除掉。"你同意这一说法吗？并请解释原因。

15. 解释一下包括累积利息债券在内的 CMO 产品结构安排对持续还本产品结构的平均生命周期的影响。

16. 什么类型的投资者会对累积利息债券感兴趣？

17. 创造 PAC 债券的目的主要是什么？

18. 描述一下 PAC 层次是如何按照计划被创造出来的。

19. a. 为什么非机构抵押贷款支持证券需要信用增级？

b. 谁来确定信用增级的数量？

20. 优先和次级抵押贷款支持证券的差别是什么？注意要考虑信用增级对它们有什么样的影响。

21. a. 什么是优先次级结构安排？

b. 为什么优先次级结构安排是信用增级的一种形式？

22. 超额利差是怎么成为信用增级的一种形式的？

第 27 章

资产支持证券市场

学习目标

学习完本章内容，读者将会理解以下问题：

- 资产支持证券是如何被创造出来的
- 证券化的基本结构安排
- 参与证券化的机构
- 公司通过证券化募集资金的最初动机
- 特殊目的公司的作用
- 不同类型的结构安排：自动清偿结构和循环结构安排

- 信用增级的不同类型
- 非住房抵押贷款支持的其他几个主要类型的资产支持证券的现金流特征
- 与资产支持证券相关的信用风险
- 资产证券化在金融市场上的作用

在上一章我们专门分析了住房抵押贷款支持的各种证券。由其他贷款池而不是住房抵押贷款支持的证券我们称之为**资产支持证券**（asset-backed security, ABS）。回顾上一章内容，我们知道，市场将由次级抵押贷款支持的证券称为与抵押贷款相关的资产支持证券。可以当作抵押品，用来支持证券化的两大类资产分别是现存资产/现存应收账款或未来可回收资产。以第一类资产作为担保品的证券化被称为**现存资产证券化**（existing asset securitizations）。以应收账款或者未来实现的现金流为担保品的证券化通常被称为**未来现金流证券化**（future flow securitizations）。可以实现证券化的非不动产类型的资产包括消费贷款/应收账款和商业贷款/应收账款。可以用来证券化的消费贷款/应收账款包括汽车贷款和租赁、信用卡应收款、助学贷款和住房改进贷款。可以用来证券化的商业贷款/应收账款包括贸易应收账款（例如，健康护理的应收账款）、设备租赁、营运资产（包括飞机、海运集装箱）、娱乐设备资产（例如，灯光、音响设备等）、特许经营贷款、小企业贷款和批发贷款。

在本章，我们将讨论这些资产支持证券的基本特征和发行这些证券的动机，为五种主要的与非抵押贷款相关的资产支持证券类型提供一个宏观分析的框架和视角。

资产支持证券的创造

为了解释资产支持证券是如何被创造出来的，以及有哪些机构参与了证券化的过程，我们将对这些进行详细的说明。

假设特殊牙科设备公司（Exception Dental Equipment Inc.）生产高质量的牙科设备。尽管公司有现金销售收入，但是很大一部分产品销售是通过分期付款销售合同的方式进行的。分期付款销售合同其实就相当于向牙科设备（例如，牙科执业工具）购买者发放的一笔贷款，在这笔贷款中，牙科设备购买方同意在一个特定的时间范围内向特殊牙科设备公司支付一定金额的款项和利息。所购买的牙科设备就是这笔贷款的担保品。我们假定这笔贷款的期限是五年。

特殊牙科设备公司的信用部门负责决定是否给某个客户延长信用。也就是说，信用部门会从潜在的客户那里收到信用申请，在公司建立的标准的基础之上，信用部门会对是否发放贷款作出决策。是否发放贷款的标准通常被称为**保险标准**（underwriting standard）。由于是特殊牙科设备公司统一发放贷款的，因此，该公司又被称为贷款的**发起人**（originator）。

此外，特殊牙科设备公司还可以成立一个专门为贷款服务的部门。正如前面章节所描述的那样，这些服务内容包括从借款人那里回收账款，及时通知那些可能欠款不还的借款人，如果借款人不能够按照合同要求及时还款，在必要的时候，回收和处理抵押品（例如，我们前面提到的牙科设备）。然而贷款的服务部门未必是贷款的发起人，在我们的介绍中，我们假定特殊牙科设备公司同时也是贷款服务人。

现在，让我们去了解这些贷款是如何在证券化中被使用的。我们假设特殊牙科设备公司有超过 3 亿美元的分期付款销售合同。我们进一步假设特殊牙科设备公司准备筹资 3 亿美元。与选择发行 3 亿美元公司债券的做法不同，公司财务主管决定通过证券化的方式筹资所需的 3 亿美元。为了更好地证券化，特殊牙科设备公司将会成立一个法律实体机构，这个机构通常被称为**特殊目的公司**（special purpose vehicle，SPV）。在这里我们先不解释这个法律实体机构成立的目的，但是有一点需要明确，那就是特殊目的公司在证券化交易中起着非常重要的作用。在我们的例子中，成立的特殊目的公司被称为 DE 资产信托（DEAT）。特殊牙科设备公司将会把 3 亿美元的贷款卖给 DEAT，这样公司就可以从 DEAT 那里收到 3 亿美元的现金流，而这个数目的现金正是它所希望筹集的金额。DEAT 可以通过销售以这些贷款为支持的证券而获得 3 亿美元的现金。发行的这些证券就是我们前面提到的资产支持证券。在资产证券化的框架体系中，这些证券通常被称为凭证。

证券化的参与者

我们都应该确切地知道证券化的各参与者。在我们假定的证券化案例中，特殊牙科设备公司并不是资产支持证券的发行者（尽管有时候它也会被认为是发行者，因为它是最终筹集资金的实体机构）。与此相反，它发放了这些贷款。因此，在这个交易中，特殊牙科设备公司被称为"卖方"。它被称为"卖方"的原因就在于它将应收账款卖给了 DEAT。特殊牙科设备公司同时又被称为"发起人"，因为是它发起贷款的。证券化中的特殊目的公司在发行说明书中被称为发行人或者信托人。

在我们的简单交易中，特殊牙科设备公司制造各种牙科设备并发放贷款。但是，还有另外一种证券化交易包括另外一家公司，被称为**管道公司**（conduit），这些公司专门购买贷款并将这些贷款证券化。例如，假设存在另外一家公司——牙科设备融资公司，其公司业务主要是为牙科设备制造企业提供融资服务，而牙科设备制造企业希望通过分期付款的方式销售相应的设备。牙科设备融资公司会与牙科设备制造企业（例如特殊牙科设备公司）建立良好的合作关系，方便购买其分期付款合同。牙科设备融资公司会大量购买这些分期付款合同，当金额足够多的时候，公司会将这些合同卖给特殊目的公司，而由特殊目的公司发行资产支持证券。

针对这些发行的证券，还必须找一个信托人。信托人的职责就是通过监控的方式确保债券的利息收入与文件中规定的相一致，而且在违约事件发生的时候，能够根据监管文件的要求及时采取和执行补救措施。[①]

交易安排

为了在证券化中创造各种各样的债券层次（或层级），有必要对本金和利息的分布制定一系列规则。正如前面一章所介绍的那样，不同类型债券的创造带来了拥有不同风险—收益特征的证券。这些具有投资特征的各种各样的债券层次被安排成不同的结构类型，从而对机构投资者有着更大的吸引力。为了更好地实现交易，实体机构总是处处寻求资金从而为它们所卖的证券赢得一个最好的价格水平（通常被称为最优交易价）。

前面一章有过解释，非机构 MBS 需要信用增级。所有的资产支持证券都需要信用增级。信用增级水平跟信用评级机构确定的卖方/服务公司证券的特定信用级别相关。在典型的证券化过程中，至少有两个层次的债券持有人：优先债券层次和次级债券层次。优先次级结构安排在前一章我们已经做了说明。

[①] 关于证券化中信托人职责的讨论，可参见 Karen Cook and F. Jim Della Sala, "The Role of the Trustee in Asset-Backed Securities," Chapter 7 in Frank J. Fabozzi (ed.), *Handbook of Structured Financial Products* (Hoboken, NJ: John Wiley & Sons, 1998)。

特殊目的公司的作用

为了理解特殊目的公司的作用，我们需要理解为什么公司希望通过证券化募集资金而不是简单地通过发行债券募集资金。这里有四个主要的原因可以用来说明为什么公司愿意通过证券化而不是通过发行债券筹措资金：

1. 降低融资成本的可能性。
2. 分散融资渠道来源。
3. 增加财务报告上的收益目标。
4. 对受监管的实体机构来说，降低资本要求。

我们将重点讨论这些原因中的第一个方面，目的是为了更好地说明特殊目的公司在证券化中的重要作用。[①]

让我们假设特殊牙科设备公司的信用等级是 BB 级别（属于投资等级级别以下）。如果公司希望通过发行债券的方式筹资 3 亿美元，它的融资成本将是国债利率成本加上 BB 级别的信用利差。与此相反，假定特殊牙科设备公司以价值 3 亿美元的分期付款销售合同（也就是发放给客户的贷款）作为担保品发行债券。那么，这个时候的融资成本又将是多少呢？这个成本可能跟发行公司债券的成本基本相当。原因就在于如果特殊牙科设备公司对其发行在外的债务存在任何违约行为，那么债权人将会向其寻求资产保护，包括公司发放给客户的各种贷款。

假设特殊牙科设备公司能够创立一家法律实体机构，同时将这些贷款卖给这家实体机构。那么，这家实体机构就是特殊目的公司。在我们的案例中，特殊目的公司就是 DEAT。如果特殊牙科设备公司的销售贷款都合理地卖给 DEAT,[②] 那么，DEAT 就合法地拥有了这些应收账款，这些应收账款就不再属于特殊牙科设备公司。因此，即使特殊牙科设备公司被迫进入破产程序，那些卖给 DEAT 公司的贷款也仍然是独立的，公司债权人就没有贷款求偿权，因为这些贷款在法律上是属于 DEAT 的。

当 DEAT 公司发行由这些贷款支持的证券时，其隐含的法律含义表明，准备购买各种层次债券的投资者将会认真评估与应收账款决定的还款安排紧密相关的信用风险，而这些风险与特殊牙科设备公司的信用级别没有任何关系。在证券化中创造出来的各个层级的债券的信用级别主要取决于评级机构如何评价基于担保品（比如贷款）的信用风险。反过来，这又决定了每个层级债券的信用增级水平。因此，考虑到特殊目的公司、担保品的质量和信用增级，公司可以通过证券化的方式融资，通过证券化方式发行的某些债券其信用等级甚至会高于融资公司的信用等级，而且从总体上看，证券化的成本要低于发行公司债券的成本。

---

① 关于其他原因的讨论，可参见 W. Alexander Roever and Frank J. Fabozzi, "Primer on Securitization," *Journal of Structured and Project Finance* (Summer 2003), pp. 5–19。

② 更具体地说，是按照比较公平的市场价值买卖这些贷款的。

信用增级机制

在前一章中，我们曾经介绍过各种各样非机构 MBS 的信用增级形式。它们包括外部信用增级和内部信用增级。信用增级形式既可以单独使用也可以结合起来使用，这主要取决于支持证券的各种贷款的类型。

外部信用增级包括从第三方获得的担保。投资者面临的风险包括第三方的信用等级可能会被下调，这样的话，由第三方担保的债券等级也会随之降低。最常见的外部信用增级形式是**债券保险**（bond insurance），通常被称为**担保债券**（surety bond）或者**担保包裹**（surety wrap）。债券保险是专业保险公司提供的财务保证，它要求保险人在基础贷款池出现问题、不能满足稳定的现金流时，及时向投资者支付本金和利息。本金的支付一般都不会提前，除非保险人自己选择这样做。这些专业的保险公司包括 Ambac 保险公司（Ambac）、金融担保保险公司（FGIC）、金融安全保险公司（FSA）和市政债券保险公司。

与外部信用增级相比，内部信用增级形式更加复杂多样，在违约的情况下，甚至会改变贷款的现金流性质。信用增级水平取决于评级机构，发行人都从评级机构获得对各级债券的信用评级。这就涉及规模化交易，它是建立在评级机构对贷款表现的预期基础上的，而这些交易都需要进行担保。

绝大多数需要内部信用增级的证券化交易都按照事先确定的计划进行，而这些计划都是以某种方式首先运用基础抵押资产生的本金和利息。交易说明书里面称这个计划为**现金流支付顺序**（cash flow waterfall），或者简称为**支付顺序**（waterfall）。在支付顺序的最顶端，是对优先债券持有人的支付（包括利息和本金，按照本金提前支付计划进行支付），同时还有一些按标准收取的费用和支出（例如，行政管理费用和服务费用）。在处于顶端的现金流支付义务履行后，现金流开始向较低层次的债券流动（先从 AA 层次，然后 A 层次，再是 BBB 层次，以此类推）。当所有按照计划应该周期性支付的义务全部履行后，如果还有现金流剩余，就称为**超额利差**（excess spread）。超额利差是应对担保品损失的第一层次的防备，因为可以产生大量超额利差的结构安排能够吸收相当规模的担保品损失。如果超额利差被损失全部消耗掉，那么紧接着的最低级别的债券就会受到信用损失带来的负面影响。

最常见的内部信用增级形式是优先/次级结构安排、超额担保和储备基金。在前面一章中，我们对内部信用增级的这些形式都做了比较详细的介绍。

证券化的实际案例分析

让我们看一个真实的证券化案例——卡特彼勒金融资产信托 1997 - A。就这次证券化来讲，卡特彼勒金融资产信托 1997 - A 是特殊目的公司、发行人和信托人。此次交易的担保品（例如金融资产）是零售分期付款合同组成的贷款池，这些合同都由新的和使用过的卡特彼勒公司制造的机器提供担保。零售分期付款合同都是按照固定利率进行的，并且都是由卡特彼勒财务融资公司发行的，这是卡特彼勒金融服务公司的全资子公司。而卡特彼勒金融服务公司又是卡特彼勒公司的全资子公司，由于卡特彼勒财务融资公司将零售分期付款合同全部卖给了卡特彼勒金融资产信托1997－A，因此，在说明书中，卡特彼勒财务融资公司又被称为卖方。

说明书是这样写的：

> 票据仅仅代表发行者的义务，并不代表卡特彼勒财务融资公司、卡特彼勒金融服务公司、卡特彼勒公司及其它们附属机构的义务和利益。

正如上面所提到的那样，这是证券化交易过程中非常关键的特征——将担保品从卡特彼勒公司的债权人中分离出来。零售分期付款合同的服务方是卡特彼勒金融服务公司，这是卡特彼勒公司的全资子公司，在说明书中被称为服务者。为了更好地服务担保品，卡特彼勒金融服务公司按照发放在外的贷款总额收取100个基点的服务费。

这些证券是在1997年5月19日发行的，面值总额是3.379 7亿美元。在说明书中，这些证券被称为"资产支持票据。"这些票据的结构安排如下，它们包括四个层次的债券：

债券层次	面　额
层次 A-1	88 000 000 美元
层次 A-2	128 000 000 美元
层次 A-3	108 100 000 美元
层次 B	13 870 000 美元

这是一个优先次级结构安排。在该项交易中，优先层次的债券是层次A-1、层次A-2和层次A-3。次级层次是层次B。现金流支付顺序如下。优先层次的债券首先得到支付，层次A-1的本金和利息首先被偿还，当层次A-1被还清后，开始向层次A-2支付本金，直到支付完全结束才开始向层次A-3进行支付。在层次A-3支付完毕后，开始向层次B支付本金。任何担保品的损失都会在层次B上实现。如果损失超过1 387万美元（层次B的面额），可以通过储备账户吸收损失，这样优先层次债券可以按照比例吸收损失。

担保品类型和证券化结构安排

证券化的结构安排主要取决于基础资产的特征。这里我们将重点讨论两类影响证券化结构安排的特征因素：分期偿还和利率。具体说来，证券化结构安排取决于：（1）资产是分期偿还还是非分期偿还；（2）担保品的利率是固定利率还是浮动利率。

资产分期偿还与非分期偿还

证券化中的担保品可以分为分期偿还资产和非分期偿还资产两大类。**分期偿还资产**（amortizing assets）是指在贷款生命周期内借款人按计划定期偿还本金和利息。本金偿还计划安排被称为**分期偿还安排**（amortization schedule）。标准的住房抵押贷款就属于这种类型的贷款。汽车贷款也是属于分期偿还资产。正如我们在前面一章所介绍的那样，提前偿还是按计划偿还表中提前支付的部分。对于分期偿还资产来说，现金流的预测变化要求提前偿还额的变化。

与分期偿还资产相比，**非分期偿还资产**（nonamortizing assets）并不要求个人借款者按照计划定期支付。相反，非分期偿还资产是借款人每次需偿还最低金额的贷款。如果最低支付额少于发放在外贷款的利息额，那么不足的部分就会加到发放在外的贷款额上。如果定期支付金额高于发放在外贷款的利息总额，那么高出部分将会用来抵扣发放在外的贷款本金。对于非分期偿还资产来说，由于本金的偿还没有任何明确的计划（例如，没有分期偿还安排），因此，提前偿还这个概念没有任何实际的意义。信用卡应收账款是非分期偿还资产的典型代表。

通常情况下，当分期偿还资产被证券化时，在整个结构安排过程中，担保品是固定的。也就是说，不会获得新的资产支持。担保品的构成会始终保持不变，除非发生了提前偿还和违约事件。因此，所有信托人收到的本金都会支付给不同层次的债券。这种情形的结构安排被称为**自动清偿结构**（self-liquidating structure）。对于非分期偿还资产来说，在一定周期内，通常这个周期被称为**锁定期**（lockout period）或者**循环期**（revolving period），所有收到的本金都用来购买新的担保品上。因此，新资产增加到了担保品上，这样的结构安排被称为**循环结构安排**（revolving structure）。在锁定期后，也就是**分期偿还期**（amortization period），收回的本金被平均分布到各级债券上。

固定利率资产与浮动利率资产

用于证券化的资产可以是具有固定利率，也可以是具有浮动利率。在考虑发行债券的票面利率时，这会影响证券化的结构安排。例如，由固定利率合同所组成的担保品支持的浮动利率债券层次安排，会让债券持有人面临利率风险。如果浮动利率债券的参照利率大幅上升，从担保品那里获得的利息与需要支付的利息总和之间就会存在差额，而这个差额必须由各个层次的债券来承担。如果担保品仅包括浮动利率合同，而所有的债券层次都是固定利率的，则这种情形下的敞口风险主要是合同的参照利率可能会大幅下降，从而借款人支付的利息会少于应该支付给债券持有人的利息总和。

为了更好地处理资产和负债之间现金流不匹配的难题，利率衍生金融工具被大量运用到证券化中。两种常见的利率衍生工具是利率互换和利率上限，我们将会在第31章对此进行介绍。

非机构相关资产支持证券的主要产品回顾

这节我们将简要地回顾一下非住房抵押贷款支持的 ABS 市场中五个最大的组成部分：（1）信用卡应收账款支持证券；（2）汽车贷款支持证券；（3）打折利率债券；（4）助学贷款支持证券；（5）小企业管理贷款支持证券。

信用卡应收账款支持证券

信用卡有三种主要的类型：一般目的信用卡（威士卡和万事达卡），独立网络卡（美国运通卡和发现卡），自有品牌信用卡。最后一种类型的信用卡规模最小，其最大的发行人是西尔斯罗巴克零售公司（Sears, Roebuck & Co.）。

信用卡应收账款支持证券（credit card receivable-backed securities）是由这些信用卡应收账款贷款池的现金流提供现金支持的。这些现金流包括各种应收的财务费用、手续费和本金。财务费用主要是信用卡借款人在免息期后应该缴纳的所借本金的利息总和。手续费包括推迟还款费用和信用卡年费。各层次债券的利息是定期支付的（例如，每月、每个季度或者半年支付）。利率可能是固定利率，也可能是浮动利率。

信用卡应收账款是属于非分期偿还资产，因而有一个循环结构安排。在解锁期，信用卡借款人的本金支付所构成的资金池由信托人保管，并再投资于其他应收账款以维持资金池的规模。解锁期的期限从 18 个月到 10 年不等。因此，在解锁期，支付给各层级债券的现金流建立在各种财务费用和手续费的基础上。当本金不是被再投资而是支付给债券持有人时，解锁期的期限就取决于本金分期偿还期的期限。

在信用卡应收账款支持证券中，有许多条款要求在某些事件发生时，提前实行分期偿还。这样的条款通常被称为**提早分期偿还条款**（early amortization provision）或者**加速分期偿还条款**（rapid amortization provision），是为了确保各结构安排的信用质量。改变本金现金流的唯一方式是启用提早分期偿还条款。通常情况下，当 3 个月的应收账款平均超额利差降至零或者减少时，提早分期偿还允许本金的提前偿还。当提早分期偿还发生后，债券层级偿还会进行相应的调整（例如，首先是 AAA 级债券，然后是 AA 级债券，等等）。这是通过分配本金支付给特别的债券层级而不是通过其他方式来获得更多的应收账款。

汽车贷款支持证券

汽车贷款支持证券（auto loan-backed securities）是由汽车制造商的金融子公司、商业银行、独立的财务金融公司和专业的汽车贷款进入机构发行的金融工具。汽车贷款支持证券的现金流通常是由按月支付的贷款（利息和按计划偿还的本金）和任意的提前偿还构成。对汽车贷款支持证券来说，提前偿还主要来自：（1）要求全额付款的销售和贸易；（2）汽车的回购和随之而来的再次销售；（3）汽车损失或毁坏；（4）为了节约利息而用现金进行支付；（5）以更低的利率水平进行贷款再融资。尽管再融资可能是住房抵押贷款提前偿还的主要原因，但是对汽车贷款来说，它们的重要性下降了许多。

打折利率债券

打折利率债券（rate reduction bonds）是由特殊费用（关税）支持的，包括公用事业的各种公用票据。这种费用，又被称为竞争性转换费用（CTC），是一种有效的合法资产。这是为了让电力行业更有竞争力，从而放松对电力行业的监管所带来的结果。在放松监管之前，电力行业有权制定费率，从而可以确保企业在其资产负债表上获得竞争性的回报。在放松监管之后，电力行业就不再享有为了获得竞争性收益而制定相应费率的特权。这样的话，很多电力企业拥有的在放松监管之前获得的大量资产的盈利性就会变差，电力企业不会再像以前那样能够确保它们可以按照较高的利率收取相应的费用从而弥补这些资产成本的上升。这些资产被称为"两难资产"，相应的成本被称为"两难成本"。由于这个原因，利率折扣债券通常又俗称为**两难成本债券**（stranded cost bonds）或者**两难资产债券**（stranded asset bonds）。有些市场参与者将 ABS 市场的这个部门称为公用事业部门。

公用事业企业会定期来收取竞争性转换费用。由于州立法中明确指出竞争性转换费用是一项合法的财产权，因此公用事业企业可以将这项权利卖给特殊目的公司，从而实现证券化。正是由于竞争性转换费用作为一项资产具有法律地位，因此，它使得利率折扣债券与一般资产的证券化有所不同。

最初对竞争性转换费用的计算是基于公用事业企业的项目支出和征收款项的能力。然而，真实的征收经历会根据不同的项目而呈现出不同的情形。正是因为这样，所以在证券化过程中存在"调准"机制。这一机制允许公用事业企业根据征收经历，在证券化过程中，在周期性基础上重新计算竞争性转换费用。对于这一层级的债券来说，这一调准机制的优势在于它增强了现金流的稳定性，其作用类似某种形式的信用增级。

助学贷款支持证券

助学贷款主要是帮助大学的学生支付各种费用（本科生、研究生期间的花费和在诸如医学院和法学院的专业课程项目上的花费）和学费，学费范围很广，包括专业性和培训性的学校。**助学贷款支持证券**（student loan-backed securities, SLABS），跟我们前面讨论过的其他种类的资产支持证券有着相似的结构特征。

大多数被证券化的助学贷款都是联邦家庭教育贷款计划（FFELP）项目发放的贷款。在这个项目中，政府通过私人贷款人的方式向学生发放贷款。私人贷款人是否给一个学生发放贷款的决定并不是建立在借款人还款能力的基础上。如果贷款发生违约，并且贷款服务已经正常进行，那么此时政府会为贷款本金和累计利息提供 98％ 的保险。到目前为止，SLABS 的主要发放人是沙利美（Sallie Mae）。[①] 在 2006 年，沙利美共发放了 340 亿美元的 SLABS，这一金额是第二大发放人奈尔特学生贷款公司（Nelnet Student Loan）的六倍。

不是政府担保项目组成部分的贷款被称为**私人助学贷款**（private student loans）。这些贷款从根本上来说都是属于消费贷款，贷款人是否发放这些贷款的决策都建立在借款申请人是否有能力偿还贷款的基础之上。私人助学贷款支持证券

---

① 沙利美是由美国国会创立的政府支持企业，用来购买二级市场上的学生贷款并对这些学生贷款池进行证券化。在 2004 年 12 月，沙利美（其最开始的名称是学生贷款市场协会）私有化了，从此不再是政府支持企业。

的最大发放人包括沙利美（SML Private Credit）、第一云石（First Marble）、阿瑟斯集团（Access Group）和钥匙公司（Keycorp）。

考虑到借款人的还款支付，助学贷款的现金流本身包括三个时间段：延迟期、宽限期和贷款还款期。通常情况下，助学贷款的流程如下面所述。当学生还在校求学时——这个阶段属于延迟期——学生不需要还款。当学生毕业而离开学校时，通常有 6 个月的宽限期，在宽限期内也不需要还款。在宽限期后，借款人就需要还款。只有在弥补违约贷款或者贷款合并时，才会出现提前还款。弥补违约贷款是贷款担保人给予的支付。贷款合并是拥有多项不同年份贷款的学生把所有的贷款合并为单独贷款。贷款合并后通常是分配给最初的贷款人，转而再分配给债券的持有人。

小企业管理贷款支持证券

小企业协会（SBA）是美国政府的一个重要机构，目的是为获得批准的 SBA 贷款人发放给优质借款人的贷款提供担保。这些贷款得到美国政府的全部信用支持。大多数 SBA 贷款都是可变利率贷款，而参考利率都是基本利率。SBA 管理规定特别界定了在二级市场上交易的最大票面利息额。新发起的贷款期限通常都是在 5 年到 25 年之间。

大多数 SBA 贷款都是按月偿还本金和利息的。每笔贷款每月应支付的金额的确定过程如下。在基本利率的基础上再加上贷款相应的变动利率，这样每笔贷款的利率就定下来了。在利率既定的情况下，一定层次上的分期还款计划就确定下来了。这一水平就是下个月应该支付的金额，除非利率重新变动。投资小企业管理贷款支持证券的投资者们每月获得的现金流包括当期根据票面利率确定的票面利息、按计划支付的本金（例如，分期还款计划）和提前偿还额。借款人可以决定自愿的提前偿还额度，而不会受到任何惩罚。

1984 年通过的《小企业二级市场促进法案》允许建立 SBA 贷款池。由 SBA 贷款支持的证券被称为 **SBA 贷款支持证券**。

与投资资产支持证券相关的信用风险

资产支持证券的投资者面临着信用风险，信用风险的大小依赖评级机构对证券化中各债券层级的评估。尽管三家评级机构在信用评级时运用的是不同的评级方法，但它们关注的领域却是相同的。例如，穆迪公司主要调查：（1）资产风险；（2）结构风险；（3）结构安排中的第三方。[①] 我们在此对它们展开分析。此外，评级机构还会分析法律方面的事项（例如，SPV）。我们也会从总体上对证券化过程中的相关法律主题进行分析。

---

① Andrew A. Silver, "Rating Structured Securities," Chapter 5 in Frank J. Fabozzi (ed.), *Issuer Perspectives on Securities* (Hoboken, NJ: John Wiley & Sons, 1998).

资产风险

　　评估资产风险包括分析担保品的信用质量。评级机构将会认真审查潜在借款人的还款能力和借款人在总资产中所占的权益部分。评估后者的原因就在于这是潜在借款人是否违约或出售资产偿还贷款的关键性决定因素。评级机构还将考察潜在贷款发起人的经验，评估特定交易中的贷款是否与贷款卖方报告的其他经验有相同的特征。

　　贷款的集中度也会被认真检查。资产证券化的基本原则是贷款池中大量的借款人将通过分散化减少信用风险。如果贷款池里只有少数的借款人，而且与整个贷款池的总资产规模有显著的相关性，那么分散化收益将会减少甚至消失，从而导致更高水平的信用风险，这种信用风险通常称为**集中性风险**（concentration risk）。为了降低集中性风险，评级机构会建立相应的标准，对任一借款人、区域或者行业（主要是商业资产中）在贷款总额或应收账款中所占的比重作出具体的限定。如果准备发行证券化的资产，而其集中度超过了标准，那么部分或者所有层次债券的信用等级标准就有可能被调低，除非集中度回落到标准范围内。因此，如果集中度标准被突破，债券等级就会被降低。

　　运用统计分析，评级机构将会根据担保品的情况，评估各层次债券可能发生的最大损失。这是评级机构通过分析各种各样可能出现的情形计算出来的。在分析的基础上，评级机构将会计算加权后的损失和每个层次债券损失的波动情况。为了更好地说明为什么损失的波动情况如此重要，我们假定某个层次的债券由于违约带来的损失是担保品价值总额的7%。进一步简化说明，假定评级机构认为两种可能出现的情况的概率各为50%，第一种情况损失为6%，而第二种情况损失为4%。这样的话，加权后的损失为5%。这一损失幅度低于7%的债券损失保护水平，因此，评级机构倾向于认为该层次债券不会带来真实的损失。现在，让我们改变一下这两个假设水平的数值。假设出现损失的两种情况带来的损失分别是8%和2%。尽管预期的损失仍然是5%，但此时的波动性却比前面的情况要大很多。实际上，在第二种情况下，如果8%的损失情况发生，债券将会带来1%的真实损失（8%的损失高于7%的债券损失保护水平）。

结构风险

　　结构安排取决于卖方。一旦选定，评级机构将会认真评估在证券化中担保品现金流在多大程度上能够满足各层次债券的要求。基础担保品的现金流包括需要偿还的利息和本金。必须实现的现金流主要是支付给投资者的利息和本金、服务费以及发行者所需要的其他费用。这通常被描述为结构性现金流瀑布。评级机构分析现金流结构是为了测试担保品现金流是否能够满足发行者必须承担的还款要求。这一风险被称为**结构风险**（structural risk）。在分析这一风险的时候，评级机构必须对损失和不良行为作出相应的假设，并且考虑在采取信用增级后，各种情形下的利率水平。

第 27 章　资产支持证券市场

在分析现金流结构时，评级机构将会考虑以下几点：（1）损失分布情况（损失如何在不同债券层次之间进行分配）；（2）现金流分布情况（例如，现金流支付顺序）；（3）从担保品中获得的利息与支付各层次债券的利息和费用之间的利差水平；（4）引起某笔交易（后面会分析）提前分期还款的突发事件发生的可能性；（5）一段时间内信用增级可能带来的改变。

第三方提供者

在证券化过程中，有很多第三方会参与进来。这些机构包括第三方信用担保者（通常都是债券担保人）、服务商、信托人、发行人顾问、担保投资合同提供者（这一机构确保再投资收益率与可投资基金水平相当）和会计人员。评级机构会调查所有的第三方参与者。对于所有的第三方担保人，评级机构都会对它们的支付能力进行信用分析和评估。

所有的贷款都需要服务。这些服务内容包括从借款人那里收回贷款，及时通知那些可能会拖欠债务的客户，在必要情况下，如果借款人在规定时间内没能及时偿还贷款，可以收回并处理担保品。服务商对这些活动都负有相应的职责。此外，在很多证券化过程中，还有很多方面也被认为是第三方，服务商很可能是用作担保品的贷款的发起人。

除了我们所提到的对贷款组合进行管理的相关行政工作外，根据现金流瀑布的安排，服务商还需要在结构体系中负责将从借款人那里回收的款项分配给不同层次的债券。在交易中如果有浮动利率证券，服务商需要确定这个时期的利率水平。当贷款的偿还出现拖欠情形时（这些被拖欠的贷款未来是可以被收回的），服务商还要负责临时借出偿债资金，因为必须按时向债券持有人还本付息，所以这往往会导致暂时性资金短缺现象的出现。

服务商的作用在证券化过程中是至关重要的。因此，评级机构在对某些交易中的证券评级之前，都会认真分析服务商在完成这些活动的过程中表现出来的能力。例如，在评估服务商时，下列因素都会被重点考查：服务的历史情况、经验、发起贷款的承销能力、服务能力、人力资源、财务状况和增长/竞争/商业环境。当服务商的某项能力在交易中存在问题时评级就不会通过，或者会被要求增加辅助的服务商。

最近的案例使得评级机构更加重视和关注卖者/发起人的潜在商业活动、服务的深度以及担保品产生现金流的能力。最初的时候，这是全国新世纪金融公司（NCFE）欺诈案带来的影响，NCFE是被证券化和服务的健康医疗应收账款的购买者，而DVI是医疗设备租约的证券化参与者。此外NCFE和DVI强化了在服务商表现不好的时候，需要引入受托人的要求。也就是说，受托人的作用应该进一步扩大，超过交易文件中提出的在担保品作用测试中所起到的传统作用。实际上，这也是在最近发生的交易中出现的，在有些情况下，受托人可以起到更大的作用。这通常被称为受托人事件引爆器。

可能面临的法律挑战

从长期的角度来看，ABS 的投资者可以获得担保品卖方的信用保护。也就是，当担保品的卖方将担保品转移给信托人（SPV）时，因为这种转移代表着"真实的买卖"，因此，即使卖方破产，破产法院也不能要求信托人归还担保品或者担保品产生的现金流。然而，这一规则并没有真正得到检验。最近发生的挑战是 LTV 钢铁公司破产案。在这桩破产案中，LTV 公司认为其证券化并不是真正的买卖，因而它有权利支配其转让给信托人的现金流。尽管案件最后得以解决，判决内容总结起来就是认为 LTV 公司的证券化是真实的买卖，法院允许 LTV 公司在判决前使用担保品产生的现金流。这一判决引起了投资者们的广泛关注。

同样引起广泛关注的是康塞科金融公司破产案的判决结果。2002 年 12 月公司寻求破产保护。康塞科金融公司曾经是制造业住房贷款的最大发起人，同时也是其他类型资产的最大发起人。在备案的时候，康塞科是最初证券化时的服务商，收取 50 个基点的服务费。破产法院认为 50 个基点的服务费不可能满足需要，命令其增加服务费的标准（增加到 115 个基点）。服务费的增加是通过减少康塞科所服务的证券化交易中的超额利差获得的。超额利差的减少带来的结果是它所服务的交易的信用增级水平被下调，从而这些交易中的次级层次债券的信用等级都有所降低。①

证券化及其对金融市场的影响

在第 2 章中，我们分析了金融中介对金融市场的重要作用，具体说来，金融中介的三大经济功能是：（1）提供期限中介服务；（2）通过分散化降低风险；（3）减少合同订立和信息处理的成本。然而，通过证券化这个工具，就可以直接在公开市场上募集资金，而不需要通过各种金融中介。也就是说，证券化导致了金融脱媒。

让我们详细了解一下证券化是如何实现金融中介的三大经济功能的。首先，贷款池可以用来创造不同期限的资产支持证券。例如，在前面几章的介绍中，我们可以了解到 30 年期限的住房抵押贷款池是如何被用来创造各种短期、中期和长期证券的。因此，证券化可以提供各种期限的金融产品。其次，由于证券化过程中有大量的各种类型的贷款可以实现分散化，因此，证券化通过分散化降低了风险。最后，资产证券化会带来合同和信息处理成本的降低。合同成本通过贷款发起人来降低。信息处理可以从两个层次上实现成本下降。第一个层次是贷款发放时，第二个层次是在交易过程中当评级机构对单个资产支持证券进行评级时。

证券化给金融市场带来的最主要好处是它将金融机构投资组合中的那些流动性严重不足的资产创造成流动性强的可交易的证券。例如，很少有机构投资者和

---

① 有关康塞科金融公司破产的更多分析可以参见 Frank J. Fabozzi, "The Structured Finance Market: An Investor's Perspective," *Financial Analysts Journal* (May-June 2005), pp. 27 - 40。

个人投资者会愿意投资个人住房抵押贷款、汽车贷款或者信用卡应收账款。但通过证券化，这些金融资产都变成了可以交易、流通的证券产品。证券化可以实现：(1) 降低代理成本，从而让金融市场运转更加有效；(2) 提高基础金融负债的流动性，从而降低金融系统的流动性风险。

对证券化带来的金融脱媒的担心是这会使留在商业银行投资组合中的资产越来越少，从而会使美联储执行货币政策的难度越来越高。此外，对大量贷款实施证券化会带来商业银行盈利能力的下降，而那些留在商业银行投资组合中的没有实施证券化的贷款的信用质量可能会比较低。[①]

小　结

资产支持证券是通过对贷款池和应收账款实施证券化而创造出来的金融产品。证券化的主要参与者是卖方/发起人（需要募集资金的参与者）、特殊目的的公司和服务商。通过发行资产支持证券而不是债券来筹集资金的目的是为了降低筹资成本。而降低筹资成本需要发挥特殊目的的公司的重要作用。

为了应对违约，为各层次债券提供更多的保护，需要对 ABS 实施信用增级。有两种常见的信用增级机制：外部信用增级和内部信用增级。外部信用增级有第三方担保，其中最常见的是债券保险。内部信用增级包括储备基金（现金储备和超额利差），超额担保和优先/次级结构安排。

在分析信用风险的时候，评级机构将会考查资产风险、结构风险和结构中的各个第三方参与者。在分析的基础上，评级机构将会决定为了让某层次债券达到特定的信用等级，需要进行信用增级的金额。

证券化带来了金融脱媒。尽管证券化有很多好处，但市场同时也对其带来的影响表示出担忧。

关键术语

分期偿还期	超额利差	自动清偿结构
分期偿还安排	现存资产证券化	特殊目的的公司
分期偿还资产	未来现金流证券化	两难资产债券
资产支持证券	锁定期	两难成本债券
汽车贷款支持证券	非分期还款资产	结构风险
债券保险	发起人	助学贷款支持证券
现金流支付顺序	私人助学贷款	担保债券
集中性风险	加速分期偿还条款	担保包裹
管道公司	打折利率债券	保险标准
信用卡应收账款支持证券	循环期	支付顺序
提早分期偿还条款	循环结构安排	SBA 贷款支持证券

---

① 更多相关的讨论，可参见 Stuart I. Greenbaum and Anjan V. Thakor, "Bank Funding Modes: Securitization versus Deposits," *Journal of Banking and Finance*, 11 (1987), pp. 379 - 392; Richard Cantor and Stanislas Rouyer, "Another Perspective on Credit Risk Transfer and Asset Securitization," *Journal of Risk Finance* (Winter 2000), pp. 37 -47。

思考题

1. 某金融公司拥有的消费贷款的信用等级为BBB级。投资银行家建议该公司通过发行资产支持证券融资，而证券的担保品就是消费贷款。通过发行资产支持证券而不是直接发行公司债券进行融资有什么样的优势？

2. 为什么希望通过证券化的方式筹集资金的实体机构被称为卖方或者发起人？

3. 在实现与证券化相关的好处时，为什么特殊目的公司在交易中起着非常重要的作用？

4. 在证券化过程中，服务商和特殊目的公司之间的区别是什么？

5. 现金流支付顺序意味着什么？

6. 解释一下自动清偿信托和循环信托在收到本金方面有什么不同。

7. 在证券化过程中，什么是（a）锁定期和（b）提早分期偿还条款？

8. a. 证券化过程中为什么要使用信用增级？
b. 证券化过程中实体机构依据什么来确定信用增级的金额？

9. 作为信用增级形式的一种，第三方保险的限制标准是什么？

10. 银行以信用证担保的形式为信用等级为A级的单个资产支持证券提供信用增级。如果这是信用增级的唯一形式，解释一下在发行的时候，这个证券是否可以增级到AAA级。

11. 某公司正考虑对汽车贷款池使用证券化和两种信用增级形式。准备发行价值为3亿美元的资产支持证券。

本金价值	结构Ⅰ	结构Ⅱ
汽车贷款池	3.04亿美元	3.01亿美元
优先层次	2.5亿美元	2.7亿美元
次级层次	0.5亿美元	0.3亿美元

a. 哪个层次的结构安排会获得更高级别的信用评级，为什么？
b. 在这两种结构中都使用了什么形式的信用增级？

12. a. 什么是集中性风险？
b. 评级机构会采取什么样的方式限制贷款池的集中性风险？

13. 证券化过程中，在分析结构性风险时，评级机构会考虑哪些因素？

14. 为什么利率衍生工具可以运用到证券化结构安排中？

15. 汽车贷款支持证券的现金流是什么样的？

16. 下面是跟信用卡应收账款支持证券相关的问题：
a. 在锁定期内，借款人对信用卡应收账款支持证券的偿还会出现什么情况？
b. 提早分期偿还条款在信用卡应收账款支持证券结构中发挥着什么样的作用？
c. 在本金分期偿还期之前，信用卡应收账款支持证券的现金流如何才能变动？

17. 下列问题与打折利率债券相关：
a. 什么样的资产是担保品？
b. 谁是服务商？
c. 在创造打折利率债券的证券化过程中，调准机制是什么？

18. 小企业管理贷款支持证券的现金流的构成部分都有哪些？

19. a. 证券化给金融市场带来了哪些好处？
b. 对证券化的担忧都有哪些？

第 28 章

商业地产抵押贷款与商业地产抵押贷款支持证券

学习目标

学习完本章内容，读者将会理解以下问题：

● 商业地产抵押贷款与住房抵押贷款之间有何不同之处

● 商业地产抵押贷款有哪些不同的地产类别

● 衡量商业地产抵押贷款表现的两大指标——债务偿还能力比率和贷款价值比率

● 商业地产抵押贷款与商业地产抵押贷款支持证券中各种类型的赎回保护

● 什么是商业地产抵押贷款与商业地产抵押贷款支持证券中的气球型还款风险

● 商业地产抵押贷款支持证券与住房抵押贷款支持证券的结构安排有什么不同之处

● 商业地产抵押贷款支持证券交易中的结构安排特征

● 商业地产抵押贷款支持证券中不同类型的服务商

● 商业地产抵押贷款支持证券是如何在市场中进行交易的

抵押贷款市场包括住房抵押贷款和商业地产抵押贷款。住房抵押贷款主要是为成员数量在一到四人之间的家庭购买住房提供贷款，我们已经在第 26 章中对住房抵押贷款支持证券进行了详细的介绍。在本章，我们将重点分析商业地产抵押贷款和由商业地产抵押贷款支持而发放的证券——商业地产抵押贷款支持证券（CMBS）。

商业地产抵押贷款

商业地产抵押贷款（commercial mortgage loans）是发放给那些能带来收入的地产的抵押贷款。商业地产抵押贷款或者为商业地产的购买融资，或者为偿还之前发生的抵押贷款再融资。住房抵押贷款的贷款人主要根据借款人的还款能力进行放贷，并且在偿还义务没能及时履行的时候，可以对借款人行使追索权。与住房抵押贷款不同的是，商业地产抵押贷款是**没有追索权的贷款**（nonrecourse loans），这意味着贷款人只能依靠商业地产带来的收入来支持贷款的利息和本金支付。

用于证券化的商业地产类型主要包括以下几种：

● 多家庭楼宇
● 公寓
● 办公室楼宇
● 工业用房（包括仓库）
● 购物中心
● 宾馆
● 医疗中心（例如，高级家庭看护设施）

衡量贷款未来表现的指标

由于商业地产抵押贷款是没有追索权的贷款，因此贷款人只能寄希望于申请贷款的商业地产能够产生足够的现金流，从而可以偿还本金和利息。如果出现违约情形，贷款人只能通过出售申请贷款的商业地产来实现偿还，而对未偿还的贷款余额没有追索权。投资各种类型的商业地产都会面临各种不同的风险。

不管商业地产的类型是什么，已有的用来衡量商业地产贷款未来表现能力的两大指标分别是债务偿还能力比率和贷款余额比率。

债务偿还能力比率（debt-to-service coverage ratio，DSCR）是指某项商业地产的净营运收入（NOI）与债券总额的比率。净营运收入是租金收入减去现金营运成本（根据储备做了一定程度上的调整）。当这个比率大于 1 时，意味着该项商业地产的现金流收入足以应对债务支出。比率越高，借款人凭借该项资产满足还款要求的能力就越强。

贷款价值比率（loan-to-value ratio）指标在第 25 章介绍住房抵押贷款的时候就被提到过。对于住房抵押贷款来说，价值既可以指市场价值也可以指估算价值。对于收入型商业地产，资产的价值是建立在估值的基本原则之上的：资产的价值是资产未来现金流贴现价值的加总。估值要求对某项资产的现金流进行准确地估算并且在贴现的时候采用合适的贴现率。在对商业地产的价值进行估算的时候，现金流就是未来的净营运收入。贴现率，通常又被称为资本化率，与现金流的风险紧密相联，用来计算未来净营运收入所产生现金流的现值。因此，在估算商业地产现值的过程中，对净营运收入和合适的资本化率的预测，可能会出现比较大的波动。所以，投资者经常对市场价值的估算以及报告中商业地产的贷款价值比率表示怀疑。

赎回保护

对于住房抵押贷款来说，只有提前偿还抵押贷款条款对某些提前偿还贷款提供保护。而对于商业地产抵押贷款来说，赎回保护可以采用如下四种形式：（1）提前偿还封锁；（2）废止条款；（3）提前偿还惩罚点；（4）收益维持费用。

提前偿还封锁（prepayment lockout）是在合同中约定一个**封锁期**（lockout period），在这个特定的期限 L 内不允许提前偿还。封锁期可能是 2 年到 10 年之间。在封锁期结束后，赎回保护形式通常转换为提前偿还惩罚点或者收益维持费用。

在**废止条款**（defeasance）中，借款人通过投资于政府债券为服务商提供足够的资金，投资的政府债券可以在提前偿还发生时创造相同的现金流。废止条款是市政债券发行人为债券发行再融资时最常使用的方式。例如，2005 年迈阿密的丹枫白露希尔顿就被宣布废止。

提前偿还惩罚点（prepayment penalty points）是事先确定的违约惩罚，如果借款人希望再次融资就需要承担相应的惩罚。例如，5 - 4 - 3 - 2 - 1 就是常见的惩罚安排。也就是说，如果借款人希望在第一年就提前偿还，那就需要支付 5% 的惩罚；如果是第二年提前偿还，则需要支付 4% 的惩罚；以此类推。

收益维持费用（yield maintenance charge）是以最简单的方式确保贷款人的收益不受任何提前偿还的影响。收益维持费用同时被称为总体费用，它使以更低的抵押贷款利率进行再融资变得不经济。最简单同时也是最严厉的收益维持费用（国债宽幅收益维持）对借款人的惩罚是基于抵押贷款票面利率与当前的国债利率之间的差价确定的。

气球型保护条款

商业地产抵押贷款通常情况下都是气球型贷款，这种类型的贷款要求在贷款期限的末期偿还一大笔本金，这笔本金又被称为气球尾款。如果借款人不能按时偿还气球尾款，那么借款人就违约了。贷款人可以延长贷款偿还期限，这么做的话，就改变了原来贷款的期限。在贷款延展期限内，贷款人会要求借款人支付更高的利率，这一利率被称为**违约利率**（default interest rate）。借款人不能按时支付气球尾款可能是因为借款人不能在气球尾款到期日之前安排再融资，也可能是因为借款人不能及时出售商业地产以获得足够的资金来偿还气球尾款，由此产生的还款风险被称为**气球型还款风险**（balloon risk）。在贷款延展期限内，贷款人延长了发放给借款人的贷款的期限，因此，**气球型还款风险**还被称作**延期风险**（extension risk）。

商业地产抵押贷款支持证券

在商业地产抵押贷款支持证券交易中，各种类型的商业地产抵押贷款被贷款发起人或整体或部分出售。**商业地产抵押贷款支持证券**（commercial mortgage-backed security，CMBS）是由一笔或多笔商业地产抵押贷款支持的证券。在主要由保险公司和银行占统治地位的全部贷款市场中，传统的商业地产（多家庭楼宇、零售、办公室和工业用房）的单笔贷款规模一般都在 1 000 万到 5 000 万美元之间。而另一方面，在 CMBS 交易中，任何大小规模（从单笔 100 万美元的贷款到 2 亿美元的贷款）和任何类型的贷款都可以通过证券化实现交易。从世界范围来看，占据市场 80% 的份额的、规模最大的四类商业地产抵押贷款类型分别是购物中心、办公室楼宇、宾馆和多家庭楼宇。

CMBS 发行人

与住房抵押贷款支持证券（RMBS）发行人一样，CMBS 同样也可以由吉利美、房利美、房地美以及其他私人实体机构发行。吉利美、房利美和房地美发行的所有证券与它们发行的住房抵押贷款支持证券的使命一样。这些证券包括由家庭护理项目和健康医疗设施支持的贷款证券。

吉利美发行的证券都是由联邦住房管理局提供保险的多家庭楼宇贷款所支持的。这些贷款被称为**项目贷款**（project loans）。从这些贷款中，吉利美创造了项目转手证券。这些证券可以由某项已经完工的项目贷款支持，也可以由一笔或多笔项目贷款支持。房地美和房利美从有资质的贷款人那里购买了多家庭楼宇贷款后，可以将这些贷款保留在自己的投资组合中，也可以将这些贷款以担保品的形式为某个证券提供担保。对这两家政府支持企业（GSEs）来说，这与它们处理单笔家庭住房抵押贷款没有任何区别。

尽管吉利美支持的证券和两家政府支持企业发行的证券是 RMBS 市场上最大的构成部分，然而在 CMBS 市场上，私人实体机构发行的证券是最大的构成部分。通常情况下，这部分证券占据了整个市场的 97% 以上的份额。

CMBS 通常由新发放的贷款或已存在的商业地产抵押贷款支持。大多数 CMBS 是由新发放的贷款支持。CMBS 可以根据贷款的类型进行分类。第一种类型的 CMBS 是由单个借款人的贷款支持的证券。通常支持这种类型的 CMBS 的贷款都是发放给价值比较高的商业地产的贷款，诸如发放给区域性的购物中心或者办公室楼宇的贷款。这种类型的 CMBS 的投资者通常都是保险公司。在 2006 年第一季度，美国本土市场的单一借款人交易大约占市场发行的 12%，而 71% 的交易则是在美国本土以外进行的。

第二种类型的 CMBS 是由多个借款人的贷款支持的证券。这是最常见的 CMBS 类型，并且有各种各样的商业地产抵押贷款给予支持。发放给多个借款人的商业地产抵押贷款支持证券最流行的形式是**管道交易**（conduit deal）。这些交易是由投资银行创造的，投资银行与抵押贷款发放机构为了证券化（例如，创造 CMBS）而建立管道协议安排，专门发放这些贷款。贷款发放机构利用投资银行提供的资金来发放并销售这些贷款。管道交易产品中包括的贷款很多有多个借款人，这些贷款的金额都比较大，这些 CMBS 交易被称为**融合交易**（fusion deals）或者**混合交易**（hybrid deals）。2006 年第一季度，美国本土市场上的融合交易占市场发行总额的 79%，而美国本土市场外的管道/融合交易占市场发行总额的 23%。

正如前面所提到的那样，CMBS 交易可以得到已存在的商业地产抵押贷款的支持。已存在的贷款指的是已经在银行或保险公司资产负债表上存在的贷款。通常情况下，银行或保险公司对已存在的商业地产抵押贷款进行证券化的原因在于，要从资产负债表中移除这些贷款。在美国本土市场上由已存在贷款支持的证券所占市场发行总额的比重不超过 3%。

服务商

与非机构 RMBS 一样，证券化要求有服务商，并且服务商还发挥着非常重要的作用。服务商的职责包括回收每月偿还的贷款，对偿还进行跟踪记录，替税务部门和保险公司托管财产，对基础商业地产的状况进行监管，为受托人准备报告，将回收的资金转移给受托人用于支付债券持有人的本金和利息。

在 CMBS 交易中，通常都有主服务商和专业服务商。**主服务商**（master servicer）要负责：（1）监管整个交易；（2）核实所有的服务协议都被执行；（3）为及时支付本金和利息提供方便。在 CMBS 交易中，最后一项职责最为重要。如果贷款出现违约，主服务商必须提前支付相应的款项。为了履行这一义务，主服务商必须有足够的融资能力提供透支款项。

专业服务商（special servicer）为拖欠贷款和延展期内的贷款负责。从根本上讲，专业服务商的目标是最大化地回收违约贷款。

CMBS 交易的演示说明

在第 26 章和第 27 章，我们详细解释了为重新分配信用风险，RMBS 交易是如何安排的。CMBS 交易的结构安排很大程度上跟它们相似。两者都有不同层次或层级的安排，都有具体的规则对利息、本金和损失的分布情况进行安排。

表 28—1 向我们展示了 CMBS 交易——美洲银行 2006—1 号商业地产抵押贷款信托产品的一系列债券层次。只有向公众公开的债券层次才是确定的。每个层次的债券等级都在表中有明确的显示。对于所提供的债券层次而言，在这个 CMBS 交易中，属于优先层次的债券是层次 A-1、层次 A-2、层次 A-3A、层次 A-3B、层次 A-4、层次 A-1A 和层次 XP 的债券。次级层次的债券是层次 A-M、层次 A-J、层次 B、层次 C 和层次 D 的债券。图 28—1 详细说明了章程附件中注明的债券的优先层次（信用支持）、偿还的优先顺序以及损失分配的顺序。

表 28—1　　CMBS 交易演示：美洲银行 2006—1 号商业地产抵押贷款信托

层次	余额（美元）	票面利率	穆迪/标准普尔评级
层次 A-1	81 500 000	5.219%	Aaa/AAA
层次 A-2	84 400 000	5.334%	Aaa/AAA
层次 A-3A	130 100 000	5.447%	Aaa/AAA
层次 A-3B	25 000 000	5.447%	Aaa/AAA
层次 A-4	616 500 000	5.372%[a]	Aaa/AAA

层次	余额（美元）	票面利率	穆迪/标准普尔评级
层次 A-1A	355 399 000	5.378%[a]	Aaa/AAA
层次 A-M	203 766 000	5.421%[a]	Aaa/AAA
层次 A-J	142 637 000	5.46%[a]	Aaa/AAA
层次 XP	1 989 427 000	0.340 6%[b]	Aaa/AAA
层次 B	20 377 000	5.49%[a]	Aa1/AA+
层次 C	22 924 000	5.509%[a]	Aa2/AA
层次 D	20 376 000	5.642 4%[c]	Aa3/AA−

a. 层次 A-4、层次 A-1A、层次 A-M、层次 A-J、层次 B 和层次 C 都是固定利率水平下的累积利率，其固定利率水平受加权平均净抵押贷款利率上限的限制。

b. 层次 D 的累积利率是根据加权平均净抵押贷款利率减去 0.314%确定的。

c. 层次 XP 的累积利率根据章程附件中提到的相关估算金额来确定。

资料来源：章程附件。

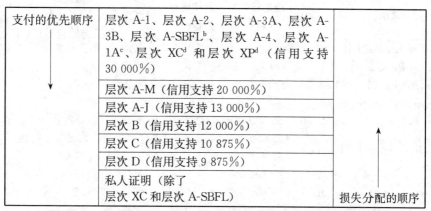

图 28—1　美洲银行 2006—1 号商业地产抵押贷款信托的优先层次
（信用支持）[a]、偿还的优先顺序以及损失分配的顺序

a. 这个图中的信用支持百分比表明各层次总的初始债券余额次于某个层次或者多个层次在抵押贷款本金余额中所占的比重。

b. 根据章程附件中的说明，在任何一个分配日，考虑到支付给各层次的计划本金金额，层次 A-SBFL 的常规利率享有一定的优先权。

c. 层次 A-1A 的证明享有在第二组贷款中抵押贷款本金偿还的优先权。层次 A-1、层次 A-2、层次 A-3A、层次 A-3B、层次 A-4 和层次 A-SBFL 的常规利率享有在第一组贷款中抵押贷款本金偿还的优先权。具体参见章程附件中"证明的描述——可获得金额的分布"。

d. 如果只考虑利息的支付，层次 XC 和层次 XP 将享有优先权，而如果考虑到本金的支付，则两者没有权利优先获得任何本金的支付。

考虑到所有可能的证明，没有其他的信用增级形式可以利用。

此外，抵押贷款损失将不会直接分配到层次 A-SBFL，分给层次 A-SBFL 的抵押贷款损失的常规利率将会导致层次 A-SBFL 享有的证明余额减少，层次 A-SBFL 常规利率的不足将会减少分配到层次 A-SBFL 上的利息金额。

资料来源：章程附件。

　　抵押贷款池一共包含 192 笔贷款。某笔贷款可能远高于贷款所用的财产。表28—2 展示了各种类型抵押贷款的数量。表 28—3 罗列了最大抵押贷款池中的 10笔贷款，与 LTV 和 DSCR 在同一时间发布。

　　这笔交易中的主服务商是美洲银行资本市场服务集团。专业服务商是中等贷款服务公司。

表 28—2　　　　　美洲银行 2006—1 号商业地产抵押贷款信托资产类型

表 28—2　　　　　美洲银行 2006—1 号商业地产抵押贷款信托资产类型

资产类型	抵押贷款数量	余额	在最初贷款池中所占比重
办公室楼宇	34	401 697 123 美元	19.7%
多家庭楼宇	45	320 198 140 美元	15.7%
宾馆	19	209 246 699 美元	10.3%
其他	713	149 625 000 美元	7.3%
自用仓库	38	123 898 067 美元	6.1%
工业用房	13	94 209 849 美元	4.6%
制造业用房	6	63 940 000 美元	3.1%
综合用途	6	32 283 553 美元	1.6%

资料来源：章程附件。

表 28—3　　　　　美洲银行 2006—1 号商业地产抵押贷款信托中前十大贷款

贷款名称	截止日余额（美元）	最初比重（%）	资产类型	截止日 LTV 比率（%）	DSCR（倍）	抵押率（%）
KinderCare Portfolio	149 625 000	7.3	其他	40.8	3.21	5.24
Desert Passage	131 883 334	6.5	零售	72.6	1.28	5.46
Waterfront at Port Chester	110 000 000	5.4	零售	71.9	1.2	5.46
Fairmont Sonoma Mission Inn & Spa	55 000 000	2.7	宾馆	52.1	1.94	5.4
Torre Mayor	55 000 000	2.7	办公室楼宇	38.3	1.8	7.55
Medical Mutual Headquarters	52 715 219	2.6	办公室楼宇	73.2	1.2	5.65
Frandor Shopping Center	39 500 000	1.9	零售	57	1.53	5.46
Metro Plaza at Jersey City	39 000 000	1.9	零售	75	1.2	5.73
Plaza Antonio	39 000 000	1.9	零售	65.7	1.2	6.08
Main Event Portfolio	35 512 892	1.7	零售	68.6	1.45	5.62
总计/加权平均值	707 236 445	34.7		60.2	1.78	5.64

资料来源：章程附件。

CMBS 与非机构 RMBS 结构安排之间的区别

通过比较 CMBS 与非机构 RMBS 的结构安排可以发现，两者的大多数结构安排都是相同的，都有很多级债券层次（层级），而且都对应着不同层次的信用评级，对不同层次债券的利息和本金的偿还安排都有着相应的规则。然而，考虑到基础贷款的特征，它们之间仍然存在着三个方面的差别。[①]

首先，正如我们前面解释的那样，商业地产抵押贷款的提前偿还条件与住房抵押贷款有着显著的差别。前者有提前偿还惩罚或者对提前偿还有着严格的限制。尽管住房抵押贷款有提前偿还惩罚，不过，这种惩罚只占市场的小部分。在对某

---

① David P. Jacob, James M. Manzi, and Frank J. Fabozzi, "The Impact of Structuring on CMBS Bond Class Performance," Chapter 51 in Frank J. Fabozzi (ed), *The Handbook of Mortgage-Backed Securities*, 6th ed. (New York: McGraw-Hill, 2006).

项 CMBS 进行结构安排时，有很多特定的规则规定提前偿还惩罚在债券持有人之间进行分配。此外，如果存在废止条款，CMBS 的信用风险实际上消失了，因为废止条款让证券变成了国库券支持证券的形式。

其次，结构安排的主要差别还在于当出现违约情形时，服务商在商业地产抵押贷款和住房抵押贷款中的作用有着非常明显的不同。对于商业地产抵押贷款来说，当借款人出现违约、即将违约或者不能履行合同协议的时候，贷款可以由主服务商转移给专业服务商。专业服务商有义务在即将出现违约的时候改变相应的条件，降低违约事件发生的可能性。而对于住房抵押贷款来说，在即将出现违约的情况下，没有与此相应的服务。商业地产抵押贷款专业服务商采取的特殊行为选择将对 CMBS 结构安排中不同的债券层次造成不一样的影响。此外，在贷款期限的末期，由于不能及时支付气球尾款，也可能导致违约。在交易中对不能及时支付气球尾款所带来的违约，处理情况也会有很大的差别。因此，在安排 CMBS 交易结构时，同样也会考虑气球型还款风险，因为这一还款规模会对结构中的现金流产生非常大的影响。而在 RMBS 结构安排中，则不需要处理气球型还款风险。

最后，CMBS 和 RMBS 之间的差别还体现在两者在创造结构安排时，买方的作用有很大的不同。更具体地来说，通常情况下，在交易结构创造之前，初级债券层次的潜在买者已经被发行人找到。潜在买者首先会查看抵押贷款池和创造过程，在了解市场对 CMBS 产品需求的基础上，他们可能要求从贷款池中移除某些贷款。这一阶段的活动在 RMBS 交易过程中是没有的，它为证券的高级买方提供了一层额外的保障，部分是因为初级层次的买者在不动产投资领域经验丰富。

市场上 CMBS 是如何交易的？

有人可能会想，商业地产抵押贷款支持证券和住房抵押贷款支持证券都是由抵押贷款支持的证券，它们可能会在市场上以相同的方式进行交易。然而事实情况并非如此，最主要的原因在于，与 RMBS 相比较，CMBS 投资者面临更大更多的提前偿还保护限制。前面我们对贷款层面的保护做了介绍。在结构安排层面（例如，当商业地产抵押贷款组成贷款池准备创造 CMBS 时），有些层次的债券会被创造出来，带有更多的提前偿还保护，在担保抵押贷款债券中，我们解释了对某些 RMBS 层次来说这是如何实现的。因此，CMBS 交易在很大程度上像公司债券。[①]

小 结

商业地产抵押贷款是为带来收入的商业地产发放的贷款。住房抵押贷款的贷款人主要根据借款人的还款能力进行放贷，并且在偿还义务没能及时履行的时候，可以对借款人行使追索权。与

① 参见 Brain P. Lancaster, "Introduction to Commercial Mortgage-Backed Securities," Chapter 23 in Frank J. Fabozzi (ed), *The Handbook of Nonagency Mortgage-Backed Securities* (Hoboken, NJ: John Wiley & Sons, 1999).

住房抵押贷款不同的是，商业地产抵押贷款是没有追索权的贷款，这意味着贷款人只能依靠商业地产带来的收入来支持贷款的利息和本金支付。如果出现违约情况，贷款人只能通过出售商业地产实现偿还。

已有的用来衡量商业地产贷款未来表现能力的两大指标分别是债务偿还能力比率和贷款价值比率。对于商业地产抵押贷款来说，赎回保护可以采用如下四种形式：提前偿还封锁、废止条款、提前偿还惩罚点和收益维持费用。商业地产抵押贷款通常还是气球型贷款，要求在贷款期末的时候，偿还一大笔本金。如果借款人不能按时偿还气球尾款，借款人就违约了。借款人不能按时支付气球尾款可能是因为借款人不能在气球尾款到

期日之前安排再融资，也可能是因为借款人不能及时出售商业地产获得足够的资金以偿还气球尾款，由此产生的还款风险被称为气球型还款风险。气球型还款风险通常又被称为延期风险。

CMBS 是由吉利美、房利美、房地美和私人实体机构发放的，而后者是这个市场上的最主要发放主体。CMBS 的交易结构安排与非机构 RMBS 的交易安排相同，两者都有很多级债券层次（层级），而且都对应着不同层次的信用评级，对不同层次债券的利息和本金的偿还安排都有着相应的规则。然而，在结构安排交易中它们仍然存在着很大的差别，主要是因为提前偿还的特征不同、在即将出现违约时专业服务商的作用不同和交易安排时潜在买者的作用不同。

关键术语

气球型还款风险　　　　　延期风险　　　　　　　没有追索权的贷款
商业地产抵押贷款　　　　融合交易　　　　　　　提前偿还封锁
商业地产抵押贷款支持证券　混合交易　　　　　　　提前偿还惩罚点
管道交易　　　　　　　　贷款价值比率　　　　　项目贷款
债务偿还能力比率　　　　锁定期　　　　　　　　专业服务商
违约利率　　　　　　　　主服务商　　　　　　　收益维持费用
废止条款　　　　　　　　净营运收入

思考题

1. 商业地产抵押贷款与住房抵押贷款有哪些不同？

2. 商业地产中的净营运收入是如何确定的？

3. 在商业地产抵押贷款中为什么投资者对贷款价值比率表示怀疑？

4. 收益维持费用的潜在规则是什么？

5. 如果借款人提前偿还，什么类型的提前偿还保护条款会要求支付提前偿还违约金？

6. 为什么气球型还款风险又被称为延期风险？

7. CMBS 和 RMBS 结构安排中最主要的区别有哪些？

8. 专业服务商的特定职责是什么？

9. 下列论述摘自特别报告——《商业地产抵押贷款特别报告》（2005 年 9 月 19 日，第 2 页），惠誉公司："废止条款对 CMBS 交易来说是一个积极的信用事件。"说明一下为什么。

10. 你是否同意下列论述，并说明原因：

a. "CMBS 市场上最大的构成部分是由机构发行的证券和政府支持的证券。"

b. "大多数 CMBS 交易都是由新发放的商业地产抵押贷款支持的。"

c. "CMBS 融合交易只有单一的借款人。"

11. 为什么市场上 CMBS 的交易更像公司债券交易而不是住房抵押贷款支持证券的交易？

第 29 章

国际债券市场

学习目标

学习完本章内容，读者将会理解以下问题：

- 国际金融市场的分类
- 什么是外国债券市场
- 什么是全球债券
- 什么是欧洲债券以及欧洲债券结构的不同类型
- 按照交易区域对全球债券市场进行划分
- 欧洲政府债券市场
- 政府债券的发行方式
- 主权国家的政府发行的通货膨胀指数债券
- 主权债券评级时要考虑的因素
- 美国债券与欧洲债券的收益率如何比较
- 欧洲资产担保债券市场
- 新兴市场债券

在前面的章节中，我们介绍了美国国内债券市场的各个组成部分。本章，我们要了解一下除美国以外的其他债券市场。首先，我们会先向大家介绍一下全球债券市场的分类方式，然后再来了解一下什么是欧洲债券市场以及该市场上发行债券的种类。随后了解一下非美国政府债券市场以及证券如何在该市场上发行。在本章的最后，我们再来讨论一下债券市场的构成中越来越重要的一个组成部分——资产担保债券市场。

全球债券市场的分类

对于全球债券市场的各个组成部分，目前还没有一个统一的分类体系。本书

第 1 章里我们介绍全球金融市场的构成时使用的分类方式可能是一种较为常见的分类方法。在第 1 章，我们曾经说过从某个给定国家的角度来看，全球金融市场可以被分成两大组成部分：内部金融市场和外部金融市场。内部金融市场，也被称为国民金融市场，可以被进一步划分为两个组成部分：国内金融市场（domestic financial market）和外国金融市场（foreign financial market）。国内金融市场的一个组成部分便是**国内债券市场**（domestic bond market），该市场是国内债券发行人发行和交易债券的场所。

外国债券市场（foreign bond market）是一国外国金融市场的组成部分之一，非本国债券发行人在该市场上发行并交易债券。例如，在美国国内的外国债券市场上，非美国实体可以发行债券，随后这些债券会继续在这个市场上进行交易。在美国的外国债券市场上交易的债券被称为"扬基债券"（Yankee bonds）。在日本，英国公司可以在日本外国债券市场上发行以日元计价的债券。非日本实体在日本国内发行的日元债券被统称为"武士债券"（samurai bonds）。同理，英国市场上的外国债券被称为"猛犬债券"（bulldog bonds），在荷兰发行的外国债券被称为"伦勃朗债券"（Rembrandt bonds），在西班牙发行的外国债券被称为"斗牛士债券"（matador bonds）。

债券发行地的监管机构为监管外国债券的发行特意制定了一系列的限制法规。其中可能包括：

● 对拟发行债券的债券结构进行限制（例如非担保债券、零息票债券、可转换债券等等）。

● 对一次发行的最大规模或最小规模以及发行人的发行频率进行限制。

● 在发行人下一次发行前要经历等待期（这样做的目的是为了避免债券发行的过度供给）。

● 所发行债券或债券发行人的最低质量等级（信用等级）。

● 信息披露与定期报告要求。

● 对可以承销该类债券的金融机构的类别作出了限制。

20 世纪 80 年代，为了向外国发行人开放债券市场，许多国家的政府机构放松或废止了上述限制规定。

外部债券市场（external bond market）也可以被称为**国际债券市场**（international bond market），是一国外部金融市场的组成部分之一。在这个市场上发行交易的债券具有下列显著特征：

● 它们由国际辛迪加组织负责承销。

● 发行时，它们同时向多个国家的投资者同步发售。

● 它们的发行不受任何单一国家的司法管辖。

● 它们通常不会挂牌上市。

外部债券市场通常被称为**离岸债券市场**（offshore bond market），或是另一个更为常见的名字——**欧洲债券市场**（Eurobond market）。这里我们使用的分类方式绝不是被所有人都认同的方法。某些市场观察家们认为外部债券市场由外国债券市场和欧洲债券市场两个部分组成。

全球债券（global bond）指的是在全球范围内同时在几个债券市场上发行的

债券。下面四个例子就是已经发行过的全球债券：

● 2005 年 7 月，亚洲开发银行（ADB）发行了总额为 10 亿美元的 5 年期全球债券。各地区的发行额度如下：亚洲地区的发行量占 65%，美国占 15%，欧洲占 20%。

● 2005 年 9 月，泛美开发银行发行了总额为 10 亿美元的 10 年期全球债券。亚洲投资者购买了 63% 的份额，美国投资者购买了 21% 的份额，余下部分由欧洲、中东和非洲投资者包揽。

● 2005 年 2 月，世界银行发行了总额为 7.5 亿美元的 30 年期全球债券。其中 50% 的份额由北美投资者购买，欧洲投资者购买了 35% 的份额，亚洲投资者购买了余下的 15% 的份额。

● 2005 年 6 月，意大利政府发行了总额为 30 亿美元的 3 年期全球债券。各地区的发行份额分配如下：亚洲占 56%，英国占 17%，北美占 12%，欧洲占 8%，余下的 7% 分给了中东地区。

按照交易区域分类

全球债券市场的另外一种分类方式是按照交易区域划分。专业人士使用的交易区域划分标准为美元区、欧洲区、日本区和新兴市场交易区。[①] 其中**美元区**（dollar bloc）包括美国、加拿大、澳大利亚和新西兰。**欧洲区**（European bloc）被分为下面两个组成部分：

1. **欧元区市场**（euro zone market bloc）：在该交易区域内使用统一货币欧元（德国、法国、荷兰、比利时、卢森堡、奥地利、意大利、西班牙、芬兰、葡萄牙和希腊）。

2. **非欧元区市场**（non-euro zone market bloc）：挪威、丹麦和瑞典。

一般情况下，英国主要在自己国内进行交易，当然除了要受到本国基本经济面的影响以外，也要受到欧元区和美国债券市场交易情况的影响。

交易区域的分类方式很有用，因为每个交易区都拥有一个基准市场，该基准市场可以严重影响其他市场的价格波动过程。投资者们通常会更关注价差水平，比方说更关注丹麦与德国两个市场间的价差，而不是丹麦市场债券收益率的绝对值。

欧洲债券市场

欧洲债券市场可以按照债券的计价货币被划分为多个组成部分。例如，如果债券的计价货币是美元，那么这样的欧洲债券就被称为**欧洲美元债券**（Eurodollar bonds）。如果债券的计价货币是日元，那么这样的欧洲债券就被称为**欧洲日元债**

---

① 参见 Christopher B. Steward, J Hank Lynch, and Frank J. Fabozzi, "International Bond Portfolio Management," in Frank J. Fabozzi (ed.), *Fixed Income Readings for the Chartered Financial Analysts Program* (New Hope, PA: Frank J. Fabozzi Associates, 2004).

券（Euroyen bonds）。

近些年来，仅仅按照前面我们讲到的各种特征把某种债券划分为外国债券或欧洲债券开始变得越来越困难。我们曾经提到欧洲债券的一个最重要的特征是由国际辛迪加组织负责承销。然而，"买断包销"（bought deal）的承销方式——我们在第 7 章里解释过这种承销方式，指的是只有一位承销商——正在逐渐变得越来越常见。只有一位承销商，而且债券主要在发行人和承销商所在国以外的其他区域发行，这样的债券通常不会被视为欧洲债券。欧洲债券的另一特征是它不受单个国家的监管，哪怕债券发行人要使用该国的货币向债券持有人还本付息。然而在实践中，只有美国和加拿大对在两国范围以外发行的以美元或加拿大元为计价货币的债券不设置任何限制。其他国家的监管当局对使用其法定货币标价的欧洲债券始终保持密切的监管。它们监管欧洲债券的能量来源于其对汇率水平及资本市场的控制力。

尽管一般情况下，欧洲债券可以在国内股票交易所挂牌上市——最常见的是到卢森堡、伦敦或苏黎世交易所上市——但是绝大多数的交易还是发生在场外交易市场上。上市只不过是为了帮助一些机构投资者规避监管当局的限制规定——它们被禁止购买未在交易所挂牌上市的证券。一些实力更强大的债券发行人会采用私募方式直接与国际机构投资者达成交易。

外国债券的发行人包括一国政府及其下属机构、公司（金融公司与非金融公司）和超国家机构。所谓超国家机构指的是由两个或两个以上国家的中央政府通过缔结国际条约而组成的实体。创建此类超国家机构的目的是为了促进各成员国的经济发展。两个常见的超国家机构是国际复兴开发银行（International Bank for Reconstruction and Development）——通常被称为世界银行——和美洲开发银行（Inter-American Development ment Bank）。世界银行的主要目标是提高和改进国际金融市场与商品交易市场的效率。美洲开发银行的主要目标是促进美洲地区发展中国家的经济增长。

欧洲债券市场上发行的证券

欧洲债券市场的主要特征是为了满足发行人和投资者的特定需求而创造发明了多种具有创新价值的新型债券结构。当然，市场上也有最简单的债券产品，即固定利率债券，这种产品被称为**欧元债券**（Euro straights）。由于这种债券是没有担保的，因此通常由高信用等级的发行人发行。

欧洲债券每年支付一次利息，而不是半年支付一次，这是因为要同时向分散在全球各地的投资者支付利息的成本是相对比较高的。此外，市场上还有零息票债券和延期付息债券（deferred-coupon bond），这两种产品均已在第 23 章向读者介绍过了。

浮动利率中期债券

采用浮动利率的中期欧洲债券种类繁多。浮动利率债券的息票利率大多是在伦敦银行同业拆借利率（LIBOR）、伦敦银行同业拆入利率（LIBID）或者是两者的算术平均值（这叫做伦敦银行同业拆借中间利率，LIMEAN）基础上再加上一定的溢价。溢价的幅度反映了市场对发行人信用风险水平的评估、辛迪加贷款市场上可能实现的价差以及拟发行债券的流动性的强弱。通常，息票利率会每隔 6

个月或 1 个季度调整一次，息票利率会分别对应 6 个月或 3 个月的伦敦银行同业拆借利率，也就是说，息票利率的调整周期与用来确定债券利率水平的市场参考利率指数的周期是完全匹配的。

很多债券要么是设定了最低息票利率水平（即利率下限），息票利率不得低于这个下限，要么是设定了最高息票利率水平（即利率上限），息票利率不得高于这个上限。同时设定了利率上限与下限的债券被称为拥有"利率上下限"（collared）。一些债券允许借款人有权在某个时间点将浮动利率债券转变为固定利率债券。例如，保息债券（drop-lock bonds）在某些情况下会自动将息票利率由浮动利率转变为固定利率。

浮动利率债券可以有固定的期限，也可以没有固定期限，即采用永久债券的形式。对于有明确到期期限的浮动利率债券来说，其期限通常会大于 5 年，一般情况下在 7 年到 12 年之间。市场上还有可提前赎回和提前售回的浮动利率债券；某些债券既可以提前赎回，也可以提前售回。

双重货币债券

某些债券在支付息票利息时使用一种货币，在偿还本金时使用另一种货币，这种债券就叫做**双重货币债券**（dual-currency issues）。

对于第一种双重货币债券，在发行时发行人便公布了利息和本金兑换为某种特定货币的汇率水平。第二种类型的双重货币债券与第一种有所不同，它使用的是现金流发生时的汇率水平（即发行人向债券持有人支付时的即期汇率水平）。第三种类型的双重货币债券可以让投资者或发行人自由选择币种。这样的债券被普遍称为**可选货币债券**（option currency bonds）。

可转换债券与附有金融资产认购权的债券

可转换欧洲债券可以转换为另一种资产。附有金融资产认购权的债券占据了欧洲债券市场的大部分份额。金融资产认购权允许持有人在对自己有利的情况下行使该权利，与发行人完成另一笔金融资产交易。绝大多数认购权可以与债券本体拆分开来，也就是说，债券持有人可以把认购权拆分下来单独出售。

欧洲债券可以附带的金融资产认购权各种各样：股权认购权、债券认购权和货币认购权。**股权认购权**（equity warrant）允许持有人按照特定价格购买债券发行人的普通股。**债券认购权**（debt warrant）允许持有人按照与债券本体相同的价格与收益率从发行人那里买入额外的债券。如果市场利率水平下降，则拥有债券认购权的投资者会因此受益，因为他可以按照较高的息票利率水平从同一个发行人那里买入更多的债券。**货币认购权**（currency warrant）允许持有人按照既定的汇率水平（即固定汇率）用一种货币兑换另一种货币。这种安排可以帮助债券持有人规避债券现金流的支付币种贬值的风险。

欧洲债券与美国债券的收益率比较

由于欧洲美元债券是每年付息一次，而不是每半年付息一次，因此要想对欧洲美元固定利率债券与美国固定利率债券的收益率进行直接比较，我们就必须进行一些调整。当欧洲美元固定利率债券的到期收益率已知时，其债券等价收益率的计算公式如下所示：

$$欧洲美元债券的债券等价收益率=2\left[\left(1+欧洲美元债券的到期收益率\right)^{1/2}\cdots-1\right]$$

例如，假设欧洲美元债券的到期收益率为 6%，则其债券等价收益率就等于：

$$2\left[\left(1.06^{1/2}-1\right)\right]=5.91\%$$

请注意，欧洲美元债券的债券等价收益率总是小于其到期收益率。

我们要按照"每年付息一次"对美国债券的债券等价收益率进行相应的调整，这样才能与欧洲美元债券的到期收益率直接进行比较。我们要用到下面这个计算公式：

$$基于每年付息一次计算的到期收益率=\left[1+\left(债券等价到期收益率/2\right)\right]^2-1$$

例如，假设美国债券基于债券等价收益率报出的到期收益率为 5.5%，则基于"每年付息一次"的条件算出的到期收益率就应当等于：

$$(1.027\ 5)^2-1=0.055\ 8=5.58\%$$

基于每年付息一次的条件算出的到期收益率总是大于债券等价到期收益率。

政府债券市场

主权债务就是指一国中央政府的债务。在第 21 章，我们讨论了美国政府的债务情况。在美国以外的其他国家，规模最大的政府债券市场要数日本的政府债券市场，紧随其后的是意大利、德国和法国的政府债券市场。直到 20 世纪 90 年代早期，欧洲大陆才逐渐形成了一个流动性较好的政府债券市场。这一市场持续发展了 10 年的时间。然而在过去，欧洲政府债券市场（不包括英国政府发行的债券，即金边债券）的市场分割状况较为严重，因此，没有办法实现像美国政府债券市场那样的高流动性。每个国家使用的货币不同阻碍了市场的进一步整合与流动性的加强。

1999 年 1 月，随着欧洲货币联盟的起航，欧洲政府债券市场的结构也随之发生了变化。欧洲货币联盟的成立，加之当时美国财政部国债的发行量不断减少，促使欧洲政府债券市场成为世界上不论交易规模还是发行数量都排名第一的政府债券市场。

到 2007 年中，不管是规模（3 万亿欧元），还是债券的发行数量（占全球已发行政府债券总量的 40%），欧洲政府债券市场都是当之无愧的世界第一。它的规模比日本政府债券市场大 50%，比美国国债市场大 65%。欧洲政府债券市场上排名前三位的子市场分别是德国、意大利和法国的政府债券市场，它们的发行量占欧洲政府债券市场发行总量的三分之二。[①]

政府债券的发行模式

我们在第 21 章介绍了美国政府债券的一级市场发行方式。中央政府债券通常采用

---

① Antonio Villarroya，"The Euro Government Bond Market，" Chapter 25 in Frank J. Fabozzi (ed.)，*The Handbook of Finance：Volume I.* (Hoboken, NJ：John Wiley & Sons, 2008).

下列四种发行方式：

- 周期性拍卖/荷兰式拍卖系统。
- 周期性拍卖/最低价格发行。
- 特别拍卖系统。
- 增量发行模式。

对于**周期性拍卖/荷兰式拍卖系统**（regular calendar auction/Dutch-style auction system），政府债券可按照周期性的固定时间进行拍卖，中标人会依照各自的实际出价买入债券。

对于**周期性拍卖/最低价格发行模式**（regular calendar auction/minimum - price offering system），政府会周期性拍卖新发行的债券。中标人买入债券的价格（收益率）与荷兰式拍卖有所不同。所有中标人都要按照政府接受的最高收益率（即停止收益率）而非其各自的出价来购买新发行的债券。例如，在荷兰式拍卖过程中，政府接受的最高收益率或停止收益率为 5.14%，其中一位投标人的出价是 5.12%，则这位中标的投标人要按照 5.12% 的价格买入新债券。与之相比，在使用最低价格发行方式时，这位投标人要按照 5.14% 的价格买入新债券，这意味着他的实际成交价比自己的报价（5.12%）要低一些。在第 21 章，我们把这种拍卖方式叫做单一价格拍卖（single-price auction）。美国政府采用这种方式来拍卖政府债券。而德国和法国则是采用周期性拍卖/最低价格发行方式来销售政府债券。

至于**特别拍卖系统**（ad hoc auction system），政府会在市场环境对自己有利时宣布拍卖政府债券。一直到真正拍卖时，政府才会公布拟拍卖的债券数额及到期期限。英格兰银行在发行英国政府债券时采用的就是这种拍卖方法。从发债政府的角度来看，与周期性拍卖方式相比，这种特别拍卖制度有两大优势。第一，周期性拍卖会引发更大的市场波动，因为随着事先预定的拍卖日期的临近，市场收益率先是会逐渐上升，等拍卖结束后再逐渐下降。第二，对政府来说，周期性拍卖的融资灵活度稍差一些。

增量发行模式（tap system）指的是政府会针对以前已发行的债券批次再拿出一些额外的债券进行拍卖。政府会定期宣布它准备增发此类债券。

通货膨胀指数债券

在美国，美国财政部发行了固定利率国债以及息票利率随通货膨胀率指数定期调整的政府债券。正如第 21 章里讲过的那样，这样的债券被称为通货膨胀保护债券（Treasury Inflation Protection Securities，TIPS）。在美国以外的其他国家，息票利率与通货膨胀率挂钩的债券被称为**通货膨胀指数债券**（linkers）。[1]

表 29—1 列出了截至 2005 年 9 月 30 日各主要发行国已发行的通货膨胀指数债券，标示了以本币计算的票面价值和市场价值。市场价值总额为 8 099 亿美元。该

---

[1] 读者若想更全面地了解欧洲债券市场上通货膨胀指数债券的使用与分析，可以参考 "European Inflation-Linked Bonds," Chapter 8 in Frank J. Fabozzi and Moorad Choudhry (eds.), *The Handbook of European Fixed Income Securities* (Hoboken, NJ: John Wiley & Sons, 2005).

表还提供了每个发行国家的发行批次。根据表 29—1，我们清楚地看到迄今为止美国仍然是通货膨胀指数债券的最大发行国，英国和法国排在第二位和第三位。

表 29—1　　　　政府通货膨胀指数债券市场（截至 2005 年 9 月 30 日）

国家	面值（当地货币，百万）	市场价值（当地货币，百万）	发行次数	外国债券市场价值（美元，百万）	市场份额（%）
澳大利亚	6 020	8 978	3	6 856	0.85
加拿大	19 725	34 292	4	29 547	3.65
瑞典	179 393	251 132	6	32 490	4.01
法国	81 454	100 271	9	120 891	14.93
英国	46 899	105 047	9	185 839	22.95
美国	278 370	338 509	17	338 509	41.80
南非	39 116	61 442	4	9 664	1.19
希腊	5 200	6 788	1	8 184	1.01
日本	1 971 400	1 958 621	5	17 281	2.13
意大利	45 549	50 273	4	60 612	7.48
总计			62	809 872	100.00

资料来源：根据巴克莱资本公司的 Robert Tzucker 提供的数据整理。

　　一般情况下，这种通货膨胀指数债券是与消费物价指数（CPI）相挂钩的；不过，在一国内部，政府所选择的指数可能会有所不同。例如，在法国，有些债券是与法国消费物价指数（不包括烟草）和欧元区消费物价调和指数（Harmonised Index of Consumer Prices，HICP）相挂钩的。

主权债券评级

　　主权债务指的是主权国家的中央政府所背负的债务。虽然任何一个全国著名的信用评级机构都没有针对美国政府债券给出信用评级，不过其他国家的主权债务均有相应的信用等级。基于后面将要谈到的原因，评级机构会对主权债务给出两种信用评级：**本币债务评级**（local currency debt rating）和**外币债务评级**（foreign currency debt rating）。

　　标准普尔、穆迪和惠誉均对主权债券给出了相应的信用评级。在评估信用等级时，评级机构主要考虑的两大类风险因素分别是经济风险与政治风险。所谓经济风险就是对政府偿还债务的能力进行评估。在评估经济风险时，评级机构要同时使用定量和定性的分析手段。政治风险则是评估政府偿还债务的意愿。有时候中央政府可能有偿债的能力，但却不愿意偿还债务。评级机构主要依据对影响政府经济政策的经济政治因素进行定性分析来评估政治风险。

　　本币债务评级与外币债务评级之所以要区分开来，主要是因为从历史发展的角度来看，本币债务的违约概率与外币债务存在着较大差别。说得更具体一些，外币债务的违约概率更大一些。本币债务与外币债务违约率存在差别的主要原因在于如果政府愿意提高税率并控制国内的金融体系，那么它肯定能筹集到足够多的本币用于偿还本币债务。然而，外币债务就不是这么简单了。为了偿还以外币计价的债务，国民政府必须购买外币，这会导致其对本币汇率水平的控制力下降，而本币相对于外币的大幅度贬值会严重影响国民政府偿还外币债务的能力。

这意味着在评估国民政府本币债务与外币债务的信用等级时，评级机构要分析的影响因素在一定程度上存在着差异。例如，在评估本币债务的信用质量时，标准普尔公司强调的是影响或阻碍及时偿还债务的国内政府政策。对于外币债务，标准普尔公司考查其信用质量时主要研究国内政府政策与外国政府政策之间的相互影响。标准普尔公司会分析一国的国际收支平衡表及其外部收支平衡表的结构。分析一国的外部收支平衡表时，着重考查其公共债务净额、外部债务净额和外部负债净额。

新兴市场债券

拉丁美洲、亚洲（除日本以外）和东欧地区的金融市场被视为新兴市场。与主要发达工业化国家发行的政府债券相比，投资于新兴市场国家的政府债券要冒更大的风险。标准普尔公司和穆迪公司也对新兴市场国家的主权债务给出了相应的信用评级。尽管存在一些例外情况，不过新兴市场国家发行的政府债券大多是以美元标价的。

新兴市场国家的政府发行的债务种类包括布雷迪债券、欧洲债券和全球债券。在本章的前面部分，我们已经讨论了欧洲债券和全球债券。从本质上看，**布雷迪债券**（Brady bonds）指的是将政府的不良银行贷款重组后发行的可转让证券。政府拖欠的银行不良贷款的首次重组发生在墨西哥与美国之间，时任美国财政部部长的尼古拉斯·布雷迪（Nicholas Brady）对这一债务重组项目的顺利进行居功甚伟，因此这种债券就化称为"布雷迪债券"。两国签订的协议要求美国政府以及其他国家向墨西哥政府提供帮助，如果墨西哥政府能够成功地完成某种结构性改革，则其拖欠的外国银行贷款的部分本金和利息可以免于偿还。后来，这一美国政府项目逐渐拓展到其他新兴市场国家的主权债务上。

从 1989 年到 1997 年，17 个国家——它们被称为"布雷迪国家"——利用了这一项目，期间共发行了 1 700 亿美元的政府债券。[①] 布雷迪债券分为两种类型。第一种类型的布雷迪债券涵盖的是不良贷款拖欠的利息（过期利息债券，past due interest bond）。第二种类型的布雷迪债券涵盖的是拖欠的银行贷款本金（本金债券，principal bonds）。发行时本金债券的限期为 25 年到 30 年，是一次性偿还债券。本金债券的交易频率比过期利息债券更为频繁，因此它们的市场流动性更好一些。本金债券又可分为两种类型：平价债券和贴现债券。平价本金债券采用的是固定利率；贴现本金债券采用的是浮动利率。

欧洲资产担保债券市场

欧洲债券市场上规模最大的一个组成部分就是资产担保债券市场。**资产担保**

---

① 大部分布雷迪债券是由拉丁美洲国家发行的。大约四分之三的布雷迪债券是由下列四个国家发行的：巴西、墨西哥、阿根廷和委内瑞拉。读者可以参考 Jane Sachar Brauer, "Emerging Markets Debt," Chapter 26 in Frank J. Fabozzi (ed.), *The Handbook of Fixed Income Securities*, 7th ed. (New York: McGraw-Hill, 2005).

债券（covered bonds）由银行发行。资产担保债券的抵押品可以是住房抵押贷款、商业地产抵押贷款或公共部门贷款。（现在公共部门贷款充当债券抵押品的现象越来越少见了。）这样的债券之所以会被称为"资产担保债券"，是因为充当债券抵押品的贷款池经常被称为"担保池"（cover pool）。在资产担保债券的有效期内，担保池的构成并不是固定不变的。也就是说，担保池的资产构成会时不时地进行调整。

资产担保债券的结构如下。投资于资产担保债券的投资者拥有两项要求权。第一是对担保池的要求权。在资产担保债券刚刚发行时，担保池与发行银行的资产在法律意义上并没有分割开来。不过，如果随后发行银行丧失了偿还能力，那么担保池内的资产会自动与发行银行的其他资产分割开来，以保护资产担保债券投资者的权益不受侵害。第二是对发行银行的要求权。由于担保池囊括的都是实力雄厚的大银行发放的高质量抵押贷款，因此资产担保债券被视为高质量的担保债券，通常可以得到三个 A 或两个 A 的信用评价。资产担保债券可以用任意一种货币发行。

在很多国家，金融机构使用第 26 章和第 27 章里讲过的证券化操作来创造资产担保债券。基于这个原因，资产担保债券经常被拿来与住房抵押贷款支持证券（RMBS）、商业地产抵押贷款支持证券（CMBS）和其他资产支持证券（ABS）做比较。同样是通过证券化操作被创造出来的，上述这些证券之间的差别主要体现在四个方面。第一个区别是，在发行时，发放贷款的银行会把一批贷款出售给特殊目的公司（SPV）。这样做了以后，银行便可以把这批贷款从自己的资产负债表上移除。SPV 是担保证券的发行人。与之相比，资产担保债券的情况是发行银行不会把作为抵押品的贷款在资产负债表上抹去，相反地，它将继续持有这些贷款。只有当发行银行丧失偿还能力时，为了保护资产担保债券投资者的利益，这些贷款才会与银行的其他资产分割开来。第二个区别是投资于 RMBS/CMBS/ABS 的投资者对向 SPV 出售贷款的银行并没有追索权。与之相反的是，资产担保债券的投资者对发行银行拥有追索权。第三个区别是 RMBS/CMBS/ABS 的抵押品是住房抵押贷款或其他抵押贷款，贷款池一旦形成便不会改变。然而，对于资产担保债券来说，担保池的构成不是一成不变的。第四个区别是一般情况下资产担保债券只有一个到期日（即它们是一次性偿还债券），而 RMBS/CMBS/ABS 一般是拥有多个到期日的系列债券产品。

截至 2006 年年底，共有 20 个欧洲国家建立了资产担保债券市场。[①] 为了发行资产担保债券，一国必须制定特定的法律法规。相关法律必须说明的两大问题是：（1）哪些资产合乎要求可以被放入担保池内；（2）资产担保债券的持有人破产后如何处理。

德国的抵押贷款担保债券市场——被称为**潘德布雷夫市场**（Pfandbriefe market）——是规模最大的资产担保债券市场。事实上，该市场占据了德国债券市场

---

① 按照欧洲资产担保债券委员会的说法，这些国家包括（按市场规模从最大到最小依次排列）德国、丹麦、西班牙、法国、爱尔兰、瑞典、英国、卢森堡、瑞士、奥地利、意大利、荷兰、匈牙利、捷克共和国、芬兰、葡萄牙、斯洛伐克、波兰、拉脱维亚和立陶宛。（Chart 3, p. 74 in *European covered Bond Fact Book* , 2007 *Edition*，published by the European Covered Bond Council，August 2007.）美国国内首先尝试发行资产担保债券的两家机构是华盛顿共同基金和美国银行。

三分之一的份额，同时也是欧洲债券市场上规模最大的子市场。① 该市场上发行的债券名为潘德布雷夫债券，由德国的抵押贷款银行发行。依据贷款的借款机构的不同类型，潘德布雷夫债券可以分为两类。第一种名叫奥芬里奇潘德布雷夫债券（Ofentliche Pfandbriefe），发行人用公共部门机构申请的贷款为债券提供全额担保，这样的债券被称为公共潘德布雷夫债券。如果发行人用住房抵押贷款或商业地产抵押贷款为债券提供全额担保，那么这样的债券被称为地产抵押潘德布雷夫债券（Hypotheken Pfandbriefe）或抵押贷款潘德布雷夫债券（Mortgage Pfandbriefe）。

潘德布雷夫债券市场可以被进一步划分为传统的潘德布雷夫债券市场和巨额潘德布雷夫债券市场。传统的潘德布雷夫债券市场只发行并交易一些发行规模较小的债券。从历史的角度来看，该市场的流动性一直不太好，而且市场的整合度不高，因此无法吸引外国投资者。传统的潘德布雷夫债券采用的是增量发行模式。与之相比，潘德布雷夫债券市场的另一个子市场——**巨额潘德布雷夫债券市场**（Jumbo Pfandbriefe）——才是全球机构投资者最关注的市场。这一子市场于1995年建立，之所以名字当中有"巨额"两个字，是因为该市场上一批债券的最低发行额度至少要达到5亿欧元。由于规模巨大，该市场吸引了大量的外国机构投资者。由于交易商介入了债券的发行过程，因此巨额潘德布雷夫债券市场的流动性得到了进一步的改善。

小　结

全球债券市场可以被划分为两个组成部分：内部债券市场或国民债券市场（该市场可进一步被划分为国内债券市场和外国债券市场）以及外部债券市场或国际债券市场（也可以称为欧洲债券市场）。欧洲债券市场可以再按照所发行债券的计价币种进一步划分为多个组成部分。

主权债务指的是一国中央政府背负的债务。信用评级机构会对本币债务与外币债务单独给出信用等级。信用评级机构在评估主权债务的信用质量时主要考察两大类因素的影响：经济风险与政治风险。

投资于新兴市场政府债券的投资者要面临更大的信用风险。新兴市场国家的中央政府可以发行布雷迪债券、欧洲债券或全球债券。布雷迪债券一度是新兴债券市场的最主要组成部分，但是现在它们所占的市场份额已经较原来减少了许多。

资产担保债券主要流行于欧洲，是银行以住房抵押贷款或其他抵押贷款作为担保发行的债券。这一市场已经成为全球债券市场的主要组成部分。虽然人们常常把资产担保债券与抵押贷款支持证券或其他资产支持证券相比较，但是事实上两者的信用风险保障程度以及债券结构均存在较大的差别。

关键术语

特殊拍卖系统	资产担保债券	债券认购权
布雷迪债券	货币认购权	美元区

---

① 数据来源于德国潘德布雷夫银行协会的网站（http：//www.pfandbreif.org/d/internet.nsf/tindex/en ＿ pfand-bref.htm）。

国内债券市场	欧元区市场	本币债务评级
双重货币债券	外部债券市场	非欧元区市场
股权认购权	外国债券市场	离岸债券市场
欧洲债券市场	外币债务评级	可选货币债券
欧洲美元债券	全球债券	潘德布雷夫市场
欧洲区	国际债券市场	周期性拍卖/荷兰式拍卖系统
欧元债券	巨额潘德布雷夫债券	周期性拍卖/最低价格发行模式
欧洲日元债券	通货膨胀指数债券	增量发行模式

思考题

1. 伦敦银行同业拆入利率与伦敦银行同业拆借中间利率有什么区别?

2. 什么是一国的外国债券市场?

3. 什么是全球债券?

4. 介绍一下我们在给世界债券市场分类时使用的交易区域标准。

5. 什么是欧洲债券?

6. 欧洲债券可以提供哪些类型的附带金融资产认购权?

7. 什么是双重货币债券?

8. 假设欧洲美元债券的到期收益率为 7.8%,那么其债券等价收益率是多少?

9. 政府债券的发行方式有哪些?

10. 为什么信用评级机构同时要给本币债务和外币债务评级?

11. 什么是资产担保债券?

12. 资产担保债券与住房抵押贷款支持证券、商业地产抵押贷款支持证券以及其他资产支持证券存在哪些差异?

13. 新兴市场国家发行的政府债券面临哪些特有的风险,而且这些风险是其他发达工业化国家发行的政府债券所不具备的?

14. a. 什么是布雷迪债券?

b. 布雷迪债券的两种类型是什么?

c. 解释一下你是否同意下面这种说法:"布雷迪债券是新兴市场政府债券的主要形式。"

第 30 章

利率风险转移工具市场：交易所交易产品

学习目标

学习完本章内容，读者将会理解以下问题：

● 利率期货合约的特征
● 国库券、欧洲美元、联邦基金、长期国债和中期国债的利率期货合约的特征
● 长期国债和中期国债的期货合约中的交割期权及其对期货价格的影响
● 利率期权合约的特征

● 期货期权是什么，它们的交易机制是怎样的，为什么它们会受欢迎
● 期货期权定价效率的实证经验
● 在固定收益证券中运用布莱克-斯科尔斯期权定价模型的限制
● 更多利率期权定价模型的概要
● 货币机构管理者和借款人对利率期货和期权的运用情况

本章和下一章将重点分析投资者和发行者用来控制利率风险的衍生金融合约或衍生金融工具。从根本上来讲，这些衍生金融合约的基础经济变量是利率。衍生合约或者是直接以利率为基础工具，或者间接地通过基础工具构建债务类证券。在本章，我们将分析用于控制利率风险的三种衍生金融合约：利率期货、利率期权和期货期权。我们将用这些衍生合约确定投资组合策略，进行科学定价，并且考虑定价效率。

期货合约是交易所创造的金融产品。期货期权是本章要介绍的衍生金融工具，同样也是由交易所创造的金融产品。然而，期权既可以是交易所交易产品，也可以是柜台（OTC）交易期权。大多数市场参与者在交易股票期权和股票指数期权时，都是选择交易所交易产品，然而，机构投资者和发行者为了更加充分地利用场外期权市场，创造了定制的期权合约用于控制利率风险。在下一章，我们在重

点分析定制的利率风险控制工具时，将会讨论场外期权市场。

利率期货合约

1975 年 10 月，芝加哥期货交易所（CBOT）首次推出了固定收益证券工具——政府国民抵押贷款协会（GNMA）抵押凭证期货合约，标志着利率期货这一新的金融期货类别的诞生。1976 年 1 月，芝加哥商品交易所（CME）的国际货币市场（IMM）推出了 3 个月期的美国短期国库券期货交易，并大获成功。其他交易所也纷纷推出它们自己的利率期货产品。

交易活跃的期货合约的特征

根据基础证券期限的不同，利率期货合约可以分成不同的类型。短期利率期货合约的基础证券期限在一年期以内，而长期利率期货合约基础证券的期限则超过一年。例如，短期利率期货合约的基础证券包括 3 个月期的国库券、3 个月期的 LIBOR 和 30 天的联邦基金。这些利率期货合约都在芝加哥商品交易所进行交易。长期利率期货合约基础证券包括美国中期国债和长期国债。我们会在这里对美国市场上交易最为活跃的期货合约进行详细介绍。美国本土市场外的大多数金融市场上交易的利率期货合约的基础证券都是由各国中央政府发行的固定收益证券构成的。

国库券利率期货

国库券利率期货和欧洲美元利率期货的基础证券都是短期债券凭证。在芝加哥国际货币市场上交易的国库券利率期货合约基础证券的期限是 13 周（3 个月）、面额是 100 万美元。更具体一点，就是国库券利率期货合约的卖方同意在结算日将期限是 13 周、面额为 100 万美元的国库券交割给买方。被交割的国库券可以是新发行的也可以是已经发行的。期货的价格就是国库券空头卖出的价格，同时也是买方买进的价格。例如，9 个月期的国库券利率期货合约要求从现在开始的 9 个月后，卖方将面额是 100 万美元、期限为 13 周的国库券交割给买方。交割的国库券可以是新发行的 13 周期国库券，也可是结算日前一年发行的国库券，该国库券距离结算日正好还有 13 周。

正如我们在第 21 章解释的那样，国库券在现货市场上的报价是以年收益率进行贴现的方式进行的，在这里：

$$Y_D = \frac{D}{F} \times \frac{360}{t}$$

其中，

Y_D＝根据银行贴现率计算出来的年收益率（用小数表示）

D＝贴现的金额，其大小等于证券面值与国库券在 t 天里的价格之差

F＝面值

$t=$ 距离到期日的期限（天数）

需要贴现的金额可以通过下面的公式得到：

$$D = Y_D \times F \times \frac{t}{360}$$

与此相反，国库券利率期货合约并不是通过直接告知收益率的方式报价的，而是以与银行贴现率相关的指数基点方式进行报价的，具体如下：

$$指数价格 = 100 - Y_D \times 100$$

例如，如果 Y_D 是 4%，那么指数价格水平是 $100 - 0.04 \times 100 = 96$。

我们可以发现**指数价格**（index price）是一个与实际价格完全不同的工具，因为其是包括了一年期真实收益的价格工具。这种用法的最初目的是有着相同收益率的所有证券工具的价格都应该是相同的，而不管它们的到期期限有何不同。相应地，价格相同的工具都应该有着相同的到期收益率和银行贴现率，这样就非常方便比较具有不同到期日的金融工具的年收益率。

在给定期货合约价格的情况下，基于银行贴现率的期货合约的收益率就可以通过下面的公式计算出来：

$$Y_D = \frac{100 - 指数价格}{100}$$

为了更好地了解这一公式是如何发挥作用的，我们假设国库券利率期货的指数价格是 96.52，该利率期货基于银行贴现基点的收益率就是

$$Y_D = \frac{100 - 96.52}{100} = 0.034\ 8\ 或者\ 3.48\%$$

期货合约的买方在结算日必须支付给卖方的价格被称为**清单价格**（invoice price）。在国库券利率期货合约中，面值为 100 万美元，期限为 13 周的国库券买方在结算日必须支付给卖方的清单价格可以通过贴现的方式计算出来，具体的计算公式如下：

$$D = Y_D \times 1\ 000\ 000\ 美元 \times \frac{t}{360}$$

在这里，t 可能是 90 天，也可能是 91 天。通常情况下，13 周国库券的到期天数是 91 天。

因此，清单价格应该是：

$$清单价格 = 1\ 000\ 000\ 美元 - D$$

例如，对于指数价格是 96.52 的国库券利率期货合约（年化收益率是 3.48%），13 周国库券在第 91 天交割时的金额就应该是：

$$D = 0.034\ 8 \times 1\ 000\ 000\ 美元 \times \frac{91}{360} = 8\ 796.67\ 美元$$

此时，清单价格是：

$$1\ 000\ 000 - 8\ 796.67 = 991\ 203.33\ (\text{美元})$$

利率期货合约的最小指数价格变动或者称"档"的单位是 0.01。指数价格每变化 0.01，反映在银行贴现收益率上的变动就是一个基点（0.000 1）。一个基点价值的变化将会带来贴现金额的改变，因而会改变清单价格，具体的改变比例如下：

$$0.000\ 1 \times 1\ 000\ 000\ \text{美元} \times \frac{t}{360}$$

对于 91 天到期的 13 周国库券来说，贴现金额变化的数量是：

$$0.000\ 1 \times 1\ 000\ 000\ \text{美元} \times \frac{91}{360} = 25.28\ \text{美元}$$

而对于 90 天到期的 13 周国库券来说，贴现金额变化的数量将会是 25 美元。尽管实际情况是我们通常都认为 13 周国库券要 91 天才到期，但市场参与者在计算一个基点带来期货合约贴现金额变化的数量时都选择 25 美元。

欧洲美元利率期货

欧洲美元利率期货合约代表着某项支付/收到按季度计算利息的义务/权利，而利息水平取决于 3 个月期的 LIBOR 水平。需要支付的美元金额是在交割日以 100 万美元为基础计算出来的。欧洲美元利率期货的季度结算日期是多种多样的——三月、六月、九月和十二月——期限通常都超过了 10 年。欧洲美元利率期货是在芝加哥商品交易所（CME）和伦敦国际金融期货交易所（LIFFE）同时交易的。

与国库券利率期货相同，欧洲美元利率期货也是以指数价格为基础进行交易的。合约的指数价格等于 100 减去期货的年 LIBOR 收益率水平。例如，对于价格是 94.00 的欧洲美元利率期货来说，其 3 个月的 LIBOR 水平是 6%。

欧洲美元利率期货最小价格变动单位（档）是 0.01（如果按照 LIBOR 的报价方式就是 0.000 1）。这意味着这份合约的一个基点价值是 25 美元，正如下面的公式所揭示的那样。面值为 100 万美元、期限为 90 天的这份合约的利息等于：

$$1\ 000\ 000\ \text{美元} \times (\text{LIBOR} \times 90/360)$$

如果 LIBOR 变动一个基点（也就是 0.000 1），那么

$$1\ 000\ 000\ \text{美元} \times (0.000\ 1 \times 90/360) = 25\ \text{美元}$$

欧洲美元利率期货合约是用现金结算的期货合约。也就是说，交易双方在结算日根据 LIBOR 水平按合约的面额用现金进行结算。欧洲美元利率期货在世界上所有利率期货交易中所占的比重最大。它经常被用作卖方的收益率曲线，很多的套期保值者都把这种合约当作套期保值的最佳工具。

联邦基金利率期货

通过使用三种货币政策工具——公开市场操作、存款准备金率和贴现率——美联储调控着各商业银行在联邦储备银行中的账户的货币需求和供给。这样的操作，会改变联邦基金利率，从而最终影响市场上其他短期和长期利率水平。

在芝加哥期货交易所交易的 30 天期限的联邦基金利率期货合约是为那些希望

控制联邦基金利率敞口风险的金融机构和企业专门设计的品种。这些期货合约的理论价值是 500 万美元，合约可以在从当前起的 24 个月的时间范围内进行销售。合约的基础利率是交割当月的隔夜联邦基金利率的简单平均。正因为如此，合约都在交割月的最后一个交易日用现金进行结算。与前面介绍的其他短期利率期货合约一样，联邦基金利率期货的报价是将 100 减去交割当月的隔夜联邦基金利率。这些期货合约通过其有效的日联邦基金利率在市场上发挥着重要的作用，而这些利率水平都是通过纽约联邦储备银行对外公布的。

长期国债利率期货

长期国债利率期货的基础证券标的是面值为 10 万美元、理论期限为 20 年、票面利率为 6%的长期国债。期货的报价是按照面值的百分比进行的。报价的变动是以 $\frac{1}{32}$%的单位进行的。因此，长期国债利率期货的某个报价为 97—16 意味着价格是 $97\frac{16}{32}$，或者 97.50。因此，如果买卖双方协商的期货合约价格是 97—16，这就说明买方同意按照基础证券面值的 97.5%进行交割，同时卖方也接受这一价格水平。由于面值是 10 万美元，买卖双方协商并同意交割的理论长期国债期货价格是 97 500 美元。

长期国债利率期货合约的最小价格波动是 $\frac{1}{32}$%。面值为 10 万美元（长期国债利率期货的基础证券面值）的 $\frac{1}{32}$%是 31.25 美元。因此，对于这份合约来说，价格变动的最小单位是 31.25 美元。

长期国债利率期货的基础证券是理论上的长期国债。这并不能说明合约就是现金交割的合约，就像我们在第 16 章介绍的股票指数期货合约一样。长期国债利率期货的卖方如果决定以交割的方式结算，而不是通过在结算日到期前买回相反的期货进行平仓的方式结算，那么，卖方就需在结算日交割长期国债。但是交割什么长期国债呢？芝加哥期货交易所（CBOT）同意卖方交割被 CBOT 认可的相关长期国债。在特定交割日前 CBOT 会对外公布卖方初次交易的国债期货合约中用来交割的特定长期国债。

表 30—1 显示的是在交割月可供卖方选择的、用于交割给买方的四种长期国债利率期货合约。CBOT 确定被认可的、能用来完成交割的财政部发行的债券，这些债券距离交割日至少有 15 年以上的期限。除了表中所罗列的、可以用来交割的债券外，财政部新发行的债券也可以用来完成交割事项。

表 30—1　　　　　　　被认可的、可用来交割的长期国债及其换算因素

票面利率	到期日	2008 年 6 月	2008 年 9 月	2008 年 2 月	2009 年 3 月
4 1/2	2036 年 2 月 15 日	0.799 2	0.799 8	0.800 7	0.801 3
4 3/4	2037 年 2 月 15 日	0.830 3	0.830 8	0.831 5	0.832 0
5	2037 年 5 月 15 日	0.863 7	0.864 2	0.864 6	0.865 2
5 1/4	2028 年 11 月 15 日	0.912 7	0.913 3	0.913 8	0.914 5
5 1/4	2029 年 2 月 15 日	0.912 2	0.912 7	0.913 3	0.913 8
5 3/8	2031 年 2 月 15 日	0.923 4	0.923 7	0.924 2	0.924 5

票面利率	到期日	2008 年 6 月	2008 年 9 月	2008 年 2 月	2009 年 3 月
5 1/2	2028 年 8 月 15 日	0.942 2	0.942 5	0.943 0	0.943 3
6	2026 年 2 月 15 日	1.000 0	0.999 9	1.000 0	0.999 9
6 1/8	2027 年 11 月 15 日	1.014 0	1.014 1	1.013 8	1.013 9
6 1/8	2029 年 8 月 15 日	1.014 8	1.014 6	1.014 6	1.014 4
6 1/4	2023 年 8 月 15 日	1.024 5	—		
6 1/4	2030 年 5 月 15 日	1.030 0	1.030 0	1.029 7	1.029 6
6 3/8	2027 年 8 月 15 日	1.042 2	1.041 8	1.041 6	1.041 1
6 1/2	2026 年 11 月 15 日	1.054 9	1.054 6	1.054 0	1.053 7
6 5/8	2027 年 2 月 15 日	1.069 3	1.068 6	1.068 2	1.067 6
6 3/4	2026 年 8 月 15 日	1.081 9	1.081 1	1.080 6	1.079 8
6 7/8	2025 年 8 月 15 日	1.092 5	1.091 5	1.090 9	1.089 9
7 1/8	2023 年 2 月 15 日	—	—		
7 1/2	2024 年 11 月 15 日	1.154 2	1.152 9	1.151 3	1.150 0
7 5/8	2025 年 2 月 15 日	1.168 7	1.167 1	1.165 7	1.164 0
可用于交割的债券批次数量		19	18	18	18

长期国债利率期货合约交割的过程使合约变得非常有意思。在交割日，期货合约的卖方（空头）需要向期货合约的买方（多头）交割面值为 10 万美元、票面利率为 6%、期限为 20 年的长期国债。然而，市场上并没有符合条件的长期国债存在，因此，卖方不得不从 CBOT 确定的、被市场认可的、可以用来交割的长期国债中选择某一品种完成交割。假设卖方有权选择面值为 10 万美元、票面利率为 4%、期限为 20 年的长期国债来结算合约。毫无疑问，这种类型的长期国债的价值要小于面值为 10 万美元、票面利率为 6%、期限为 20 年的长期国债的价值。交割面值为 10 万美元、票面利率为 4%、期限为 20 年的长期国债对本应该获得面值为 10 万美元、票面利率为 6%、期限为 20 年的长期国债的买方来说是不公平的。相反，如果卖方交割面值为 10 万美元、票面利率为 10%、期限为 20 年的长期国债，这种国债的价值又高于面值为 10 万美元、票面利率为 6%、期限为 20 年的长期国债的价值，这对卖方来说是不公平的，卖方处于不利地位。

怎么解决这一问题呢？为了让交易对双方都是公平的，CBOT 在确定被认可的、用于交割的政府债券的清单价格时，在长期国债利率期货合约中引入了**换算因素**（conversion factor）。换算因素由 CBOT 在明确了结算日的期货合约交割前确定下来。表 30—1 向我们展示了每份国债期货中被认可的政府债券的相关换算因素。[①] 对于既定的交割月，在期货合约交易期限内，换算因素是连续的。卖方必须在结算日前一天及时通知买方用来交割的实际债券是什么。

长期国债利率期货的清单价格是期货合约价格加上累积的利息。然而，正如前面所提到的那样，卖方交割的债券是其中被认可的政府债券之一，为了让交易

---

① 换算因素建立在可交割债券价格的基础上，当收益率达到 6% 的时候，债券在交割月的初期就会被出售。

对各方都显得公平，清单价格也必须根据实际交割的债券进行调整。换算因素在调整清单价格时必须用到。调整后的清单价格是：

$$\text{清单价格} = \text{合约规模} \times \text{期货合约结算价格} \times \text{换算因素} + \text{累积利息}$$

假设长期国债利率期货合约的结算价格是94—08，卖方选择交割的长期国债换算因素是1.20。期货合约结算价格是94—08意味着是面值的94.25%。由于合约的规模是10万美元，因此，买方需要支付给卖方的清单价格是：

$$100\ 000\ \text{美元} \times 0.942\ 5 \times 1.20 + \text{累积利息} = 113\ 100\ \text{美元} + \text{累积利息}$$

在选择交割什么样的政府债券时，卖方会从所有可供选择的债券中选取对交割来讲最便宜的那种债券。这一债券通常被称为**最便宜可交割债券**（cheapest-to-deliver issue），它在期货合约定价过程中发挥着非常关键的作用。最便宜可交割债券是市场上各参与者共同决定的。对于卖方可选择的任何一个被认可的政府债券，卖方都会认真计算购买该债券并在交割日交割所能获得的收益。注意，卖方可以计算这种收益，因为他知道政府债券的价格和同意交割债券的期货合约的价格。因此，计算出来的收益率又被称为**隐含回购利率**（implied repo rate）。最便宜可交割债券是所有可供交割的政府债券中隐含回购利率最高的债券，这是因为该债券可以通过购买和交割为期货合约的卖方带来最高幅度的收益。具体的流程可以参见图30—1。

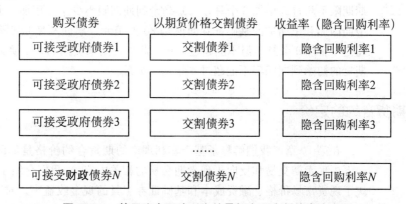

图30—1 基于隐含回购利率的最便宜可交割债券决定图

隐含回购利率：通过购买可接受的政府债券、卖空长期国债利率期货，在结算日交割债券所获得的收益率。

最便宜可交割债券是能够带来最大隐含回购利率的债券。

选择什么样的可接受政府债券用于交割——有时候这种选择权被称为**质量期权**（quality option），或者**互换期权**（swap option）——让空头在CBOT交割指导规则下享有更多的选择权。空头被允许在交割月选择交割的具体时间，这一权利又被称为**时间期权**（timing option）。空头享有的另外一项权利是当期货合约结算价格确定下来后，空头可以在交易结束（芝加哥时间的下午3点15分）后，于芝加哥时间当天晚上8点前履行具体的交割手续，这一期权又被称为**百搭牌期权**（wild card option）。质量期权、时间期权和百搭牌期权（统称为**交割期权**，delivery option）意味着多头（买方）永远不能确定用于交割的政府债券是哪一种以及什么时候被交割。表 30—2 对交割期权进行了总结说明。

长期国债利率期货合约的说明被用于其他国家政府债券期货合约的设计和发行。

表 30—2   **有利于 CBOT 政府债券期货合约空头（卖方）的交割期权**

交割期权	说 明
质量或互换期权	选择被认可的政府债券进行交割
时间期权	在交割月选择具体交割的时间
百搭牌期权	在期货合约收盘价格确定后选择交割

中期国债利率期货

中期国债利率期货合约主要有三种类型，时间期限分别是 10 年期、5 年期和 2 年期，在长期国债利率期货在 CBOT 交易后，这三种国债期货合约也被设计出来了。基础证券是 10 年期中期国债利率期货合约，其面值是 10 万美元，理论期限是 10 年，票面利率是 6%。其他还有多种被认可的政府债券也可以被空头用于交割。如果从交割月的第一天算起，债券到期期限超过 6.5 年但在 10 年期以内，那么这样的债券是被认可的和可接受的。交割期权被赋予给了空头。对于期限是 5 年、基础证券面值是 10 万美元、票面利率是 6% 的美国中期国债利率期货来说，必须满足下面几个条件：（1）初始的到期期限不超过 5 年加 3 个月；（2）剩余到期期限不超过 5 年加 3 个月；（3）剩余到期期限不少于 4 年加 2 个月。2 年期美国中期国债利率期货的基础证券面值是 20 万美元，票面利率是 6%，剩余到期期限超过 1 年加 9 个月，但不能超过 2 年。此外，用来交割的 2 年期美国中期国债利率期货的初始到期期限不能超过 5 年加 3 个月。

利率期货合约的定价

在第 10 章，我们解释了基于套利理论的期货合约价格是如何决定的。（回顾一下买现卖期交易和反向买现卖期交易的相关内容。）我们介绍了理论期货价格取决于现货市场价格、融资成本和基础证券工具的现金收益率。对于股票指数期货，基础证券工具的现金收益就是结算日前所有现金股利的预期收益。对于利率期货，现金收益是结算日前的票面利息收益，而不是到期收益。因此，对于利率期货合约，理论期货价格是：

$$期货价格＝现货市场价格＋现货市场价格×（融资成本$$
$$—债券现金收益）\tag{30.1}$$

期货价格可以按现金价格折价交易或溢价交易，这取决于套利（空头套利）成本是正的（例如，债券的现金收益高于融资成本）还是负的（例如，债券的现金收益低于融资成本）。在利率期货中，融资成本取决于空头的期末收益率曲线。长期国债和中期国债的现金收益取决于长期国债和中期国债各自的收益率曲线。因此，收益率曲线的形态决定了套利，从而决定了期货价格是现货市场价格的折价、溢价还是等于现货市场价格。表 30—3 对它们之间的相互关系进行了总结。

表 30—3 　　　　　　　　　　收益率曲线的形状对期货价格的影响

收益率曲线形状	套利	期货价格
正常的	正	按现货价格折价出售
反转的	负	按现货价格溢价出售
水平的	零	按现货价格平价出售

收益率曲线的形状同时还影响着空头决定什么时候选择交割（例如，执行时间期权）。如果套利是正的，对空头来说推迟交割直到最后的结算日是有利的。如果套利是负的，空头将会选择在运行结算的第一天进行交割。

为了推导第 10 章用套利理论计算出来的理论期货价格，这里需要设定一些假设条件，我们在前面已经对这些假设条件的含义进行了解释，目的是为了更好地理解实际的期货价格和理论期货价格之间的差别。在第 16 章，我们还重点强调了在股票指数期货运用上的不足。这里我们将重点解释利率期货运用中的不足之处。

间歇性现金流

在第 10 章，我们解释了模型考虑到保证金或票面利息支付的变化，因此假设没有间歇性现金流，但实际上它们可能是被吸收了。利率期货的独特之处在于如果利率上升，空头将会收到期货价格下降带来的保证金收入；而保证金可以用来以更高的利率进行再投资。如果利率下降，空头需要对保证金进行再融资，但是由于利率下降了，因此空头可以以更低的利率水平进行再融资。这样看来，利率的变动会给空头带来更多的好处。相应地，利率的变动给多头带来的影响却是不利的。

可交割债券未知

用来推导公式（30.1）的套利理论假设只有一种工具被用于交割。但是长期国债和中期国债利率期货合约在设计的时候，赋予空头有从一系列可交割证券（质量期权或互换期权）中选择一项进行交割的权利。由于有超过一项以上的证券可以用于交割，因此市场参与者就需要对每一种可交割的证券跟踪研究，并确定谁是最便宜可交割债券，从而期货价格跟最便宜可交割债券紧密相关。

尽管在某个时点用来交割的最便宜可交割债券确定了，但空头还可能面临这样的风险，那就是在这个时点后，确定后的债券不是最便宜可交割债券。最便宜可交割债券的改变会带来期货价格的显著变化。

质量期权（互换期权）的含义对期货价格有着什么样的影响？由于互换期权是多头赋予空头的，多头总希望支付比公式（30.1）计算出来的价格更少的成本，因此，质量期权的结果将发生变化，由公式（30.1）确定的理论期货价格会做如下的调整：

$$期货价格＝现货市场价格＋现货市场价格×（融资成本$$
$$－债券现金收益）－质量期权的价值 \tag{30.2}$$

市场参与者运用各种理论模型试图估算质量期权的公平价值。这些理论模型不在本章论述的范围之内。

交割日期未知

建立在套利理论基础上的定价模型假定交割日期是确定的。对于长期国债和中期国债利率期货来说，空头拥有时间期权和百搭牌期权，因而多头并不知道证券会在什么时候交割。时间期权和百搭牌期权对理论期货价格的影响与质量期权是相同的。这些交割期权会影响理论期货价格，会使价格低于公式（30.1）和公式（30.2）计算出来的期货价格，具体的价格计算公式如下：

$$期货价格＝现货市场价格＋现货市场价格×（融资成本$$
$$－债券现金收益）－质量期权的价值－百搭牌期权的价值 \quad (30.3)$$

或者，也可以写成如下形式：

$$期货价格＝现货市场价格＋现货市场价格×（融资成本$$
$$－债券现金收益）－交割期权的价值 \quad (30.4)$$

为了更好地运用公式（30.4），市场参与者总是试图估算交割期权的价值。

可交割的不是一篮子证券

地方债券指数期货合约是建立在一篮子证券基础上的现金结算期货合约。对这些指数期货合约进行套利投资的难度就在于买卖指数中的单个债券的成本太高。相反，正如我们在第 16 章中讨论股票指数期货合约的定价时所说的那样，可以根据指数组成构建一个债券数量相对较少的投资组合。不过，由于存在跟踪失误风险，因此套利不存在无风险收入。

利率期货定价效率

一些市场分析人士注意到在利率期货交易中，长期国债利率期货的实际价格总是低于它们的理论价格，资深的分析人士总结出市场是无效的。然而，有研究人员很快指出实际价格与理论价格之间的差别是由于我们前面讨论过的、赋予空头的交割期权。[1] 随之而来的实证问题出现了：如何评估这些期权的价值？

凯恩（Kane）和马库斯（Marcus）两人的单独研究都考察了质量期权和百搭牌期权的价值。[2] 通过运用模拟分析方法来分析这两种交割期权，他们发现每种期权都对长期国债期货的价格有显著性影响，每种期权都使期货合约的价值降低了大约 0.20 美元（建立在期货价格是 72 美元的基础上）。迈克尔·赫默（Michael Hemler）发现质量期权对长期国债利率期货合约的影响相对较小。[3]

---

[1] 参见 Gerald D. Gay and Steven Manaster, "The Quality Option Implicit in Futures Contracts," *Journal of Financial Economics* (September 1984), pp. 353 - 370; and "Implicit Delivery Option and Optimal Delivery Strategies for Financial Futures Contracts," *Journal of Financial Economics* (May 1986), pp. 41 - 72。

[2] Alex Kane and Alan Marcus, "The Quality Option in the Treasury Bond Futures Market: An Empirical Assessment," *Journal of Futures Markets* (Summer 1986), pp. 231 - 248, and "Valuation and Optimal Exercise of the Wild Card Option in the Treasury Bond Futures Market," *Journal of Finance* (March 1986), pp. 195 - 207.

[3] Michael J. Hemler, "The Quality Delivery Option in Treasury Bond Futures Contracts," doctoral dissertation, Graduate School of Business, University of Chicago, March 1988.

利率期货的运用

我们将介绍市场参与者运用利率期货的六种方式。

1. 投机于利率波动。
2. 控制投资组合中的利率风险（改变久期）。
3. 反向对冲利率变动带来的风险。
4. 当期货错误定价时增加收益。
5. 在股票和债券之间分配资金。
6. 为投资组合提供保险（动态对冲）。

投机于利率波动

期货价格的变化与利率变化的方向正好相反：当利率上升（下降）时，期货价格将下降（上升）。投资者如果想投机于即将上升（下降）的利率来获取收益，就可以卖掉（买进）利率期货。在利率期货产品出现前，希望通过投机于利率波动获取利益的投资者可以通过投资长期国债实现这一目的：如果投资者预期利率会上升就卖空债券；如果投资者预期利率会下降就买进债券。运用利率期货而不是在现货市场上（交易长期国债）买卖债券有三个方面的优势。首先，期货交易成本与现货市场相比要低很多。其次，期货交易的保证金要求要远远低于债券交易。最后，期货市场上的卖空要比债券市场上的卖空容易得多。前面我们分析过利用股票指数期货投机于股票价格的波动，来获取相应的收益，在这里我们重申了一遍，不过，对投资者而言，投机于利率期货合约获得收益要更简单些。

控制投资组合中的利率风险

股票指数期货可以用来改变分散化投资组合的市场风险，也就是说，改变投资者的贝塔系数。与此类似，利率期货也可以用来改变投资组合的利率敏感性。正如我们在第 18 章分析的那样，久期是衡量债券投资组合利率敏感性的指标。

对利率未来变化方向有着强烈预期的资产管理者可以调整他们投资组合的久期，从而使他们的预期资本化。更具体地来说，如果管理者预期利率会上升，久期将会缩短；如果预期利率会下降，久期将会延长。尽管投资经理们可以通过现货市场工具改变他们投资组合的久期，然而，运用利率期货实现这一目的（或者短期，或者永久）不仅速度更快，而且成本更低。

反向对冲利率变动带来的风险

利率期货可以通过锁定价格或者利率的方式被用于对冲利率反向变动带来的风险。因为在很多实际的运用过程中，对冲的债券或者利率并不与利率期货合约中的基础债券或利率完全一样，利率期货对冲还包括了交叉对冲。下面的例子都是利用利率期货进行对冲交易的。

1. 假设某位养老基金经理知道 40 天后必须卖出债券以准备 500 万美元的现金支付给养老基金的受益人。如果利率在 40 天内上升，那么为了获得 500 万美元的现金，就需要卖出更多的债券。养老基金经理可以通过在期货市场上以事先确定的价格卖出债券进行对冲。这就是卖出对冲的案例。[①]

2. 当需要大量现金的时候，而养老基金经理担心利率可能下降，他可以使用多头对冲。同样，在不远的将来，债券将要到期，并且预期利率可能下降的货币基金经理也可以使用多头对冲。在这两种情况下，利率期货可以用来对冲利率下降带来的风险，因为利率下降会让用于再投资的资金的收益率下降。

3. 假设某家公司计划在 2 个月后发行长期债券。为了防止利率上升带来成本的提高，公司可以在当前出售利率期货合约。

4. 储蓄机构或者商业银行可以运用欧洲美元利率期货锁定利率水平从而对冲融资成本上升带来的风险。[②]

5. 假设某家公司计划在 1 个月后发行商业票据。国库券利率期货或欧洲美元利率期货就可以用来锁定商业票据发行利率变动的风险。[③]

6. 投资银行可以利用利率期货保护它们交易平台上持有的头寸价值和准备承销的债券的头寸价值。典型的例子是 1975 年所罗门兄弟公司准备承销 IBM 公司价值 10 亿美元的债券。为了保护自己免受利率上升带来的风险（因为利率上升会减少 IBM 公司债券的价值），所罗门兄弟公司卖掉（做空）了国债期货。1979 年 10 月，在联邦储备委员会宣布利率可以更加自由地浮动后，利率上升了。尽管所罗门兄弟公司持有的 IBM 公司债券的价值下降了，而且国债利率期货的价值也下降了，但是由于所罗门兄弟公司卖空了国债利率期货，因此它们在国债利率期货操作上赚取了利润，减少了它们承销的 IBM 公司债券价值下降带来的损失。

当期货错误定价时增加收益

在第 16 章我们介绍了机构投资者通过寻找错误定价的股票指数期货获取套利利润，从而增加了投资组合的总体收益。我们称这一策略为指数套利，因为它含有股票指数。考虑到我们前面讨论过的定价问题，如果利率期货也被错误定价，那么机构投资者同样也可以通过相同的方式增加投资组合的收益。

在股票和债券之间分配资金

养老基金发起人希望改变养老基金在股票和债券上的分配比重，也就是说，改变资产结构。假设当前养老基金共有 10 亿美元的总资产，当前投资分配情况是 5 亿美元的股票加 5 亿美元的债券，养老基金发起人希望将现在的资产分配情况调整为 3 亿美元的股票和 7 亿美元的债券。要实现这一改变，可以直接卖掉 2 亿美元的股票，然后用这些钱购买债券。这样操作需要承担的成本包括：（1）佣金和买卖价差构成的交易成本；（2）市场冲击成本；（3）打乱了养老基金发起人雇用的投资经理们的投资活动。

改变资产分配的可替换方案是运用利率期货和股票指数期货。假设养老基金

---

① 通过利率期货对冲公司债券风险有效性实证案例可参见 Joanne Hill and Thomas Schneeweis, "Risk Reduction Potential of Financial Futures for Corporate Bond Positions," in Gerald Gay and Robert W. Kolb (eds), *Interest Rate Futures: Concepts and Issues* (Richmond VA: Dame, 1982), pp. 307 - 323. 了解利用国债期货对冲公司债券风险，可参见 Mark Pitts and Frank J. Fabozzi, *Interest Rate Futures and Options* (Chicago: Prous Publishing, 1989), Chapter 9。

② 参见 Michael Smirlock, "An Analysis of Hedging Certificates of Deposit with Interest Rate Futures: Bank and Contract Specific Evidence," in *Advances in Futures and Options Research*, Vol. 2, Part B (1986), pp. 153 - 170。

③ 要了解更详细的说明，参见 Pitts and Fabozzi, *Interests Rate Futures and Options*, Chapter 9。

发起人希望将 2 亿美元的股票换成债券。买入相当规模的利率期货合约，卖出相应规模的股票指数期货合约就可以实现在股票和债券之间分配资产的目标。当投资在现货市场的资金发生变化时，期货头寸可以保持不变或者逐渐清算。利用金融期货合约的好处是：（1）交易成本很低；（2）可以避免市场冲击成本或者赋予养老基金发起人充足的时间在现货市场买卖证券；（3）不会影响和打乱养老基金发起人雇用的投资经理们的投资活动。[①]

为投资组合提供保险（动态对冲）

在第 16 章，我们介绍了利用投资组合中国库券和股票指数期货构建一个看跌期权。这一策略要求对投资组合不断进行调整或者动态对冲。尽管动态对冲在股票投资组合中的应用很常见，但债券投资组合基金经理也已开始对此策略表现出浓厚的兴趣。[②]

交易所交易的利率期权

利率期权以现货市场工具或者期货为基础被创造和销售。曾经有一段时间，很多交易所交易的期权合约都以债务类金融工具作为它们的基础证券。这种类型的合约被称为**实物期权**（option on physicals）。在交易所交易的固定收益证券期权中最具流动性的期权是在芝加哥期货交易所交易的政府债券。期货期权与实物期权相比，运用范围要广泛得多，交易量也大很多，具体的原因我们会在后面的分析中解释。

交易所交易期货期权

以期货为标的的期权（option on futures），通常被称为**期货期权**（futures option），它赋予期权买方一定的权利，允许期权买方在期权生命期内，以事先确定的价格，向期权卖方出售指定的期货合约，或者从期权卖方那里购买指定的期货合约。如果期货期权是看涨期权，期权买方有权利按照执行价格购买一份指定期货合约，也就是说，在指定的期货合约中，期权买方有权利获得期货多头头寸。如果期权买方执行看涨期权，在期货合约中，销售方（卖方）就获得相应的空头头寸。

看跌期货期权赋予买方按照执行价格卖给期权卖方指定期货合约的权利，也就是说，期权的买方在指定的期货合约中，有权利建立空头头寸。如果看跌期权被执行，卖方在指定期货合约中就建立了相应的多头头寸。期货期权的标的资产

① 参见 Roger Clark，"Asset Allocation Using Futures," in Robert Arnott and Frank J. Fabozzi (eds), *Asset Allocation* (Chicago：Probus Publishing, 1988)，Chapter 16，以及 Mark Zurak and Ravi Dattatreya，"Asset Allocation Using Futures Contracts," in Frank J. Fabozzi and Gregory Kipnis (eds)，*The Handbook of Stock Index Futures and Options* (Homewood, IL：Probus Publishing, 1988)，Chapter 20。

② 更多有关固定收益证券投资组合的说明和介绍，可参见 Colin Negrych and Dexter Senfit，"Portfolio Insurance Using Synthetic Puts—The Reasons, Rewards, and Risk," in Frank J. Fabozzi (ed.)，*The Handbook of fixed Income Options* (Chicago：Probus Publishing, 1989)，Chapter 12；或者 Erol Hakanoglu, Robert Kopprasch, and Emmanuel Roman，"Portfolio Insurance in the Fixed Income Market," in Frank J. Fabozzi (ed.)，*Fixed Income Portfolio Strategies* (Chicago：Probus Publishing, 1989)，Chapter 11。

可以是前面我们学习到的利率期货合约。

期货期权交易机制

当期货期权合约被执行时，期权买卖双方都根据期货合约建立起相应的头寸，问题是：期货的价格应该是多少？也就是说，在什么样的价格水平上，期权合约的多头会被要求支付标的期货合约？在什么样的价格水平上，期权合约的空头会出售标的期货合约？

如果要执行，那么期货合约的期货价格应该与之前确定的执行价格相等。交易双方的头寸会立即根据当前期货价格逐日结算。因此，交易双方的期货头寸与当前的期货价格是一致的。在同一时间，期权的买方将会从期权的卖方获得执行期权的经济收益。在看涨期权合约中，期权的卖方必须支付当前期货价格与执行价格之间的差价给期权的买方。在看跌期权合约中，期权的卖方必须支付执行价格与当前期货价格之间的差价给期权的买方。

例如，假设某个投资者有一份看涨期货期权，期权的执行价格是85，同时假定期货的价格是95，那么这个时候，期权买方就会执行合约。在具体执行的时候，看涨期权的买方就处于执行价格为85的期货合约多头头寸的状态，而看涨期权的卖方相应地处于执行价格为85的期货合约空头头寸的状态。买卖双方的头寸状态在交易完成后，实现逐日结算。由于当前的期货价格是95，而期货合约的执行价格是85，期货合约的多头（看涨期权的买方）获得的盈利是10，相应地，期货合约的空头（看涨期权的卖方）的损失也为10。看涨期权的买方为这笔交易支付的期权费是10，相应地，看涨期权的卖方获得的交易期权费是10。期权的买方在期货价格为95的时候处于多头地位，买方可以选择在95这个价格水平上清偿，也可以选择继续维持多头头寸地位。如果期权买方选择清偿合约，则期权买方会在95这个价格水平上卖出期货合约。在这个位置清偿，不会发生任何收益或损失。总的来说，期权买方实现了10个单位的收益。期权买方如果选择继续保持期货合约多头头寸的地位，将会面临同样的风险和收益。但期权买方仍然享有执行期权合约带来的10个单位的收益。

假设同样的期货期权合约不是看涨期权，而是看跌期权，当前的价格是60，而不是95。这样的话，如果看跌期权的买方执行合约，期权的买方就会在价格为85的时候建立一个空头头寸，相应地，期权的卖方就会在价格为85的时候建立一个多头头寸。如果交易在当前价格60的水平上执行，那么，看跌期权的买方就会获得25个单位的收益，而看跌期权的卖方就会面临相同金额的损失。在价格为60的时候建立空头头寸的期权合约买方可以选择清偿合约，也可以选择继续维持空头头寸。不管在哪种情况下，看跌期权的买方都可以通过执行看跌期权获得25个单位的收益。表30—4对期货期权买卖双方的头寸进行了总结说明。

表30—4		期货期权	
类型	买方拥有的权利 这样做会拥有	如果执行合约，则卖方将 拥有	卖方向买方支付
看涨 期权	购买一份期货合约 在执行价格处拥有期货 合约的多头头寸	期货合约的空头头寸	当前价格－执行 价格

类型	买方拥有的权利 这样做会拥有	如果执行合约，则卖方将 拥有	卖方向买方支付
看跌 期权	卖出一份期货合约 在执行价格处拥有期货 合约的空头头寸	期货合约的多头头寸	执行价格－当前 价格

一旦期权价格被全部支付，期货期权的买方就不受保证金要求的限制。因为期权的价格就是期权买方遭受损失的最大额度，所以不管基础资产价格的变动对卖方多么不利，保证金都是不需要的。

由于期权的卖方同意承担基础证券工具头寸状态带来的所有风险（没有任何回报），因此，期权的卖方在利率期货是基础证券的情况下，不仅需要存有利率期货合约保证金，而且，在某些意外情况下，还要存有通过销售期权合约获得的销售收入。此外，由于价格会反向影响卖方的头寸，根据逐日结算，期权卖方还需要存有波动保证金。

期货期权的报价是按照合约面值的 $\frac{1}{64}$ ％进行的。例如，报价为 24 意味着面值的 $\frac{24}{64}$ ％。由于长期国债利率期货合约的面值都是 10 万美元，因此如果期权的报价为 24，则意味着该期权的价格等于

$$[(24/64)/100] \times 100\,000 \text{ 美元} = 375 \text{ 美元}$$

一般来说，当期货期权的报价为 Q 时，该期权的价格就等于

$$\text{期权价格} = [(Q/64)/100] \times 100\,000 \text{ 美元}$$

期货期权的广泛流行

为什么以固定收益证券为基础资产的期货期权合约会取代以实物资产为标的的期权合约被机构投资者所使用呢？这主要有三个方面的原因。[1] 首先，与固定收益证券不同的是，以国库券期货合约为标的的期货期权并不要求支付累积利息。因此，当期货期权合约被执行时，看涨期权的买方和看跌期权的卖方都不需要为对方支付累积利息。

其次，期货期权被认为是"清洁员"工具，因为它减少了交割拥挤发生的可能性。必须履行交割的市场参与者在交割产品的时候都担心自己要交割的产品处于短缺状态，这样的话，就需要支付更高的价格来购买这些交割产品。由于期货期权合约交易的可交割期货合约的供给量要远远多于期货期权的数量，因此，交易者无需担心交割品市场供给不足的问题。

最后，为了给任意期权定价，任何时候都有必要知道基础证券工具的价格。在债券市场，债券价格与期货合约价格相比，期货合约的价格信息更容易获知。

---

[1] Laurie Goodman, "Introduction to Debt Options," in Frank J. Fabozzi (ed.), *Winning the Interest Rate Game： A Guide to Debt Options* (Chicago, IL: Probus Publishing, 1985), Chapter 1, pp. 13-14.

交易活跃的期货期权特征

本章前面所描述的各种期货合约，都有相应的期货期权。长期国债利率期货期权和中期国债利率期货期权都在 CBOT 交易，而欧洲美元利率期货期权都在 IMM 交易。所有的期货期权都是美式期权。如果期权合约的买方要提前执行合约，他或她必须通知清算公司，清算公司会随机安排清算交易会员为客户服务，从客户中选择相应的空头完成交易。

为了与下一章将介绍的 OTC 期权市场竞争，CBOT 引入了**弹性国债期货期权**（flexible Treasury futures options）。这些期货期权允许在某些限制条件下，为对方定制期权合约。更具体地说，执行价格、到期日期和期权类型（美式期权或欧式期权）都可以在 CBOT 限制条件下进行定制。关键的一项限制是弹性合约的执行日期不能超过在 CBOT 交易的标准化期权合约的最长期限。与 OTC 期权不同的是，弹性国债期货期权从清算所获得担保，而 OTC 期权的买方需要承担交易对手风险。

利率期权的运用

我们在第 11 章、第 15 章和第 16 章对利用利率期权的策略进行了详细的介绍，没有其他新的策略可用。机构投资者可以以利率变动的预期为基础，利用利率期权对固定收益证券价格的变化进行投机。由于看涨期权的价格会随着利率的下降而上升，因此当投资者预期利率会下降时，他或她可以买进看涨期权。相应地，由于价格上升，看跌期权的卖方将获益，因此预期利率将会下降的投资者可以出售看跌期权。当投资者预期利率会上升时，买进看跌期权或者卖出看涨期权将是正确的选择。要记住的是，与投机利率期货不同的是，由于期权价格数量一定，利率期权限制了损失扩大的风险，但同时也降低了往上的盈利空间。

反向利率变化对冲

利率期权可以用来对冲反向利率变化，并且通过设定下限和上限利率水平，可以从相当幅度的利率变化中获得收益。我们将利用之前介绍过的利率期权来说明对冲是如何进行的，并且比较使用期货和期权带来的不同结果。

1. 假设养老基金经理知道他必须在 40 天后卖出 500 万美元的债券，以便向受益人支付养老金。如果利率在未来的 40 天内上升，为了筹到 500 万美元的资金，就需要出售更多的债券。对冲者可以购买看跌期权。如果利率上升，需要出售的债券的价值会下降，但是购买的看跌期权的价值会上升。如果合理安排交易结构和产品，从看跌期权获得的收益就可以抵消债券价值下降带来的损失。购买这一安全策略所需要支付的成本仅仅是期权价格。相反，如果利率下降，债券的价值会上升。养老基金经理不需要执行期权。债券价值上涨部分减去期权价格就是所获得的收益。正如我们在第 15 章所解释过的那样，购买投资组合中所持有证券的看跌期权的策略被称为保护性买入看跌期权策略。

2. 假设养老基金经理知道将有大笔资金流入基金，而且担心利率会下降。或者，假设货币基金经理知道债券在不远的将来到期，而且预期利率会下降。在这两种情况下，所获资金将会以较低的利率水平再投资。这个时候就可以购买看涨期权。假设利率下降，那么看涨期权的价值就会上升，这样的话，就会抵消由于再投资利率水平较低带来的利息减少的损失。这一对冲策略的成本仅为看涨期权的价格。相反，如果利率上升，所获资金的再投资利率水平就会提高。以更高的利率水平进行投资所获得的收益会因为看涨期权成本而减少，因为这个时候，执行看涨期权是没有任何意义的。

3. 假设一家公司准备两个月后通过发行长期债券融资。为了防范利率上涨带来发行成本上升的风险，公司可以购买看跌期权。如果利率上涨了，两个月后发行债券的利息成本将会比现在高，但是购买的看跌期权会增值。购买一定数量的看跌期权所获得的收益完全可以抵消利率上涨带来的债券发行成本的上升。相反，如果利率下降，公司就可以以低利率发行债券，发行成本会大大降低，而发行成本降低带来的收益会因为看跌期权成本而减少。

4. 假设某储蓄机构或商业银行希望其融资成本不超过某一特定水平。它可以通过购买看跌欧洲美元利率期货期权来实现这一目的。

5. 假设某公司计划在一个月后出售商业票据。购买看跌国库券利率期货期权或者看跌欧洲美元利率期货期权，可以帮助公司实现锁定发行商业票据的利息成本。

股票和债券之间的资金分配

养老基金发起人希望能够改变资金在股票和债券之间的分配比例。我们可以通过股票指数期权和利率期权实现这一目标而不需要在现货市场上进行相关的操作。[①]

期权定价模型

在第 11 章和第 15 章，我们讨论过两个广为运用的期权定价模型：布莱克-斯科尔斯模型和二项式模型。当运用这两个模型对债券类期权进行定价时存在一些问题。为了更好地说明布莱克-斯科尔斯模型在对利率期权进行定价时出现的问题，我们专门对以 3 年折价发行债券为标的的 3 个月期欧式看涨期权进行分析。[②] 标的债券的到期价值是 100 美元，执行价格是 120 美元。进一步假设债券的当前价格是 75.13 美元，3 年期的无风险年利率是 10%，预期的价格波幅是 4%。这份期权的公平价值应该是多少？你真地需要依靠期权定价模型来确定这份期权的价值吗？

认真思考一下。零息票债券的价格是从来不会超过 100 美元的，因为它的到期价值就是 100 美元。由于期权的执行价格是 120 美元，因此这份期权永远都不会被执行，因而其价值为零。如果你能够让别人购买这样一份期权，任何价格对你来说都是免费的。而如果期权的买方运用布莱克-斯科尔斯模型，按照我们所提供的变量对这份期权进行定价，其结果是这份期权的价值是 5.60 美元。为什么布

① 更多的解释和说明，可参见 Ravi Dattatreya, "Asset Allocation Using Futures and Options," in Frank J. Fabozzi (ed), *The Handbook of Fixed Income Securities*, 3rd ed. (Homewood, IL: BusinessOne Irwin, 1991), Chapter 50。

② 这个例子的详细介绍可参见 Lawrence J. Dyer and David P. Jacob, "Guide to Fixed Income Option Pricing Models," in Frank J. Fabozzi (ed.), *The Handbook of Fixed Income Options*, pp. 81–82。

莱克-斯科尔斯模型会得出这样的结论呢？其原因就在于表30—5中对基础资产的各种假设。

表30—5　　　　　运用布莱克-斯科尔斯模型对利率期权进行定价的限制

假　　设	固定收益证券的真实情况
标的价格有可能上升到任何水平	债券有最高价格，在利率为负的情况下任何高价格都有可能出现
短期利率水平维持不变	短期利率水平变化会引起债券价格的变化
波动性（在期权生命期内价格方差是常数）	随着债券到期日的临近，债券价格波动性下降

　　布莱克-斯科尔斯模型的三大假设限制了其在利率期权定价方面的应用。第一，布莱克-斯科尔斯定价模型关于价格的概率分布假设允许各种可能性出现——不管这种可能性出现的概率多么小——这意味着可以出现各种水平的正的价值。然而，在零息票债券情况下，价格不可能超过100美元。在按期付息债券中，我们知道价格不可能超过所支付的票面利息与本金之和。例如，对于到期票面价值为100美元、期限为5年、票面利率为10％的债券来说，其价格水平不可能超过150美元（每年支付10美元利息，共支付5年，加上到期支付的本金100美元）。因而，与股票价格不一样，债券价格有一个最大值。让债券价格超过这个最大值的唯一方法是利率是负的，而这种利率是不可能存在的，因此，期权定价模型假定的价格概率分布使债券价格可能超过其最大值，可能会产生没有意义的期权价格。布莱克-斯科尔斯模型的确允许债券价格超过债券价值的最大值（或者，相应地，模型允许存在负利率的情况）。这就是我们对标的是3年期零息票债券的3个月期欧式看涨期权进行定价没有意义的原因之一。

　　布莱克-斯科尔斯定价模型的第二个假设是在整个期权生命周期内，短期利率水平维持不变。然而利率期权的价格会随着利率的变化而变化，短期利率水平会沿着收益率曲线而变化。因此，假设短期利率水平维持不变对利率期权来说是不合适的。第三个假设是价格的方差在整个期权生命周期内是常数。回顾一下第18章的内容，我们知道，随着债券的到期日越来越临近，价格的波动性会逐渐下降。因此，假设价格方差在整个期权生命周期内是常数也是不合适的。

　　为了更好地说明布莱克-斯科尔斯期权定价模型在利率期权定价过程中存在的问题，我们还可以介绍二项式期权定价模型在基础债券价格分布基础上定价遭遇的相同问题。围绕负利率，二项式定价模型在利率分布而不是价格分布的基础上，建立起来二项式决策树。[①] 一旦二项利率决策树建立了，它就可以通过将决策树上的利率转换为二项价格决策树来决定债券的价格。然后，我们就可以按照标准的程序通过计算到期日看涨期权的价值来计算期权价格。

　　建立在收益率基础上的二项式定价模型优于建立在价格基础上的定价模型，但是它仍然存在着理论上的不足。所有理论上有效的期权定价模型必须满足第11章解释的看跌—看涨平价关系。建立在收益率基础上的二项式期权定价模型并不

---

　　① 例如，在利率基础上构建二项式，会用到下面的公式：如果收益率上升，那么 $Y_{t+1}=Y_t e^{+s}$；如果收益率下降，那么 $Y_{t+1}=Y_t e^{-s}$。此处，Y_{t+1} 表示 $t+1$ 期的收益率；Y_t 表示 t 期的收益率；s 表示预期利率波动性。

满足这一关系。由于没有考虑到收益率曲线，模型与这一关系相违背，因而存在着套利机会。

考虑了收益率曲线的、最详细的同时不允许存在套利机会的模型被称为**收益率曲线期权定价模型**（yield curve option-pricing models）或者**无套利期权定价模型**（arbitrage-free option-pricing models）。这些模型都吸收了沿收益率曲线有着不同波动性的假设。被经纪商经常使用的模型是布莱克-德曼-托伊模型（Black-Per-man-Toy model）。[1]

期权市场定价的有效性

回顾一下我们讲过的股票市场关于定价效率的内容，我们介绍过两种类型的实验：（1）建立在边界条件波动和看跌—看涨平价基础上的实验，（2）建立在期权定价模型基础上的实验。研究人员已经对两种类型的利率期货期权进行了深入的研究。

乔丹（Jordan）和西尔（Seale）运用庞大的长期国债期货和期货期权交易数据库（21 402次观察）来对低边界条件和看跌—看涨平价理论进行了实证研究。[2] 研究的时间期限从1982年10月5日（期货期权开始交易）到1985年3月26日。他们发现真实的价格水平与低边界条件和看跌—看涨平价理论估算的理论价格水平非常接近。看跌—看涨平价理论的标准差并没有大到可以被低成本交易者利用的程度。因此，乔丹和西尔实际上并没有提出有效证据推翻市场是有效的这一理论假说。

梅维尔（Merville）和欧尔达西（Overdahl）以实证研究的方式对错误定价和看涨长期国债利率期货期权的市场有效性进行了检验，样本数据从1982年12月到1985年6月，而且是运用了好几个期权定价模型对此进行实证检验。[3] 他们发现看涨期权的定价效率仅在期货期权开始交易的时候有边际改进。按照他们的期权定价模型，价内期权的价格趋于被低估，而平价期权和价外期权的价格趋于被高估。然而，这些结果可能只是由缺乏一个好的期权定价理论模型造成的。

小 结

本章我们回顾了利率期货市场和期权合约市场。短期利率期货合约包括国库券利率期货、欧洲美元利率期货和联邦基金利率期货。长期利率期货合约包括长期国债利率期货与中期国债利率

期货。

长期国债利率期货与中期国债利率期货赋予空头好几项交割期权的权利——质量期权或互换期权、时间期权和百搭牌期权。这三种交割期权

---

① Fisher Black，Emanuel Derman，and William Toy，"A One-Factor Model of Interest Rates and Its Application to Treasury Bond Options," *Financial Analysts Journal* （January/February 1990），pp. 24 - 32.

② James V. Jordan and William E. Seale，"Transactions Data Tests of Minimum Prices and Put-Call Parity for Treasury Bond Futures Options," *Advances in Futures and Options Research*，Vol. 1，Part A (1986)，pp. 63 - 87.

③ Larry J，Merville and James A. Overdahl，"An Empirical Examination of the T-Bond Futures (Call) Options Markets Under Conditions of Constant and Changing Variance Rates," *Advances in Futures and Options Research*，Vol. 1，Part A (1986)，pp. 89 - 118.

降低了期货价格，使价格水平低于通过标准套利模型计算出来的理论期货价格水平。

利率期货经常被机构投资者用来投机于利率变动、控制债券投资组合的利率敞口风险（改变久期），当期货错误定价时增加收益，在股票和债券之间分配资金（与股票指数期货相结合）和构建综合看跌期权（为投资组合提供保险或动态对冲）。利率期货最常见的用途是被货币基金经理和公司财务管理人员用来进行对冲交易——锁定利率风险和价格风险。

利率期权包括以固定收益证券为基础资产的期权和以利率期货合约为基础资产的期权。后者通常被称为期货期权，是经常在各种投资策略中运用的金融工具。利用利率期权的策略包括对利率变动进行投机和对冲。

布莱克-斯科尔斯模型和以价格为基础的二项式模型的一系列假设条件，限制了它们在以固定收益证券工具为基础的期权定价方面的应用。建立在收益率基础上的二项式期权定价模型是一个改进了的模型，但是仍然存在一些问题，因为它不能够很好地满足看跌—看涨平价理论关系。更为复杂的模型被称为收益率曲线期权定价模型或无套利期权定价模型，这个模型通过将收益率曲线引入定价模型中，有效地克服了原有模型的缺陷。

关键术语

无套利期权定价模型	隐含回购利率	质量期权
最便宜可交割债券	指数价格	互换期权
换算因素	清单价格	时间期权
交割期权	以期货为标的的期权	百搭牌期权
弹性国债期货期权	实物期权	收益率曲线期权定价模型
期货期权		

思考题

1. a. 国库券利率期货合约的基础证券工具是什么？

b. 如果国库券利率期货合约的价格是 93.5，在银行贴现率基准下，该期货合约的收益是多少？

c. 如果期货价格是 93.10，对于国库券利率期货来说，结算日的清单价格是多少？

2. a. 欧洲美元利率期货合约的基础证券工具是什么？

b. 如果欧洲美元利率期货合约的指数价格是 92.40，LIBOR 期货年收益率是多少？

3. 为什么 30 天期的联邦基金利率合约是现金结算合约？

4. 对长期国债利率期货而言，如果持有成本是正的，意味着什么？

5. 当在交割月空头选择交割时，你认为持有成本是如何影响空头的决策的？

6. 长期国债利率期货合约的基础证券工具是什么？

7. 交割期权赋予长期国债利率期货合约卖方什么样的权利？

8. a. 美国长期国债利率期货合约中的换算因素的用途是什么？

b. 一旦具有特定结算日的期货合约开始交易，换算因素会改变吗？

9. 赋予空头的交割期权是如何影响长期国债利率期货合约的理论价格的？

10. 假设在长期国债利率期货合约中交割的特定国债可接受的换算因素是 0.85，结算的期货价格是 105，同时还假设长期国债的累积利息是 4。如果卖方在结算日交割该长期国债，清单价格是多少?

11. 什么是隐含回购利率?

12. 解释说明为什么隐含回购利率在决定最便宜可交割证券时非常重要。

13. 作为一家大公司的财务主管,你预计公司在未来 3 个月内将不得不借款 1.25 亿美元,那么:

a. 你应该如何利用长期国债利率期货对冲下个季度利率上升带来的风险?

b. 为什么这种方式可能不是最佳的对冲选择?

14. 对长期国债利率期货合约定价的困难体现在哪里?

15. 投资者拥有了一份基础资产是 X 债券的看涨期权,执行价格是 100。X 债券的票面利率是 9%,到期期限是 10 年。看涨期权今天到期,而与此同时 X 债券的收益率是 8%。投资者应该执行这份看涨期权吗?

16. 以债券为基础证券的期权和以债券期货为基础证券的期权,它们之间的区别是什么?

17. 如果期货期权的报价是 32,按美元计算的每份合约的期权价格是多少?

18. 为什么交易所交易的期货期权比交易所交易的实物期权更受欢迎?

19. 假设有位投资者购买了一份以一些期货合约为标的的看涨期权,执行价格是 90。同时假设当前期货价格是 95,买方选择执行期权合约。

a. 期权卖方应该向买方支付多少金额?

b. 对期权买卖双方来说,执行后的期货头寸是什么样的?

20. 假设有位投资者购买了一份以一些期货合约为标的的看跌期权,执行价格是 92。同时假设当前期货价格是 88,买方选择执行期权合约。

a. 期权卖方应该向买方支付多少金额?

b. 对期权买卖双方来说,执行后的期货头寸是什么样的?

21. 有位投资者想要防范某种长期国债市场收益率上升带来损失的风险。这位投资者应该购买看跌期权或看涨期权以获取保护吗?

22. 下面几段文字都摘自《当利率套期保值繁荣时,债券期权也处于繁荣中》一文,该文发表在 1990 年 11 月 8 日的《华尔街日报》上,根据这些文字的内容,回答相应的问题。

"利率向任何一个方向的大幅变动都会带来危险,这促使人们运用期权对投资组合中的长期国债和中期国债进行对冲。"位于波士顿的马萨诸塞州金融服务公司的固定收益共同基金的管理者史蒂文·诺森(Steven Northern)如此说道。

a. 为什么利率向任何一个方向的大幅变动会促使人们进行对冲以实现套期保值?

如果市场走势与期权购买者的预期相反,执行期权就没有意义,所有的期权投资者损失的仅是相对较低的购买价格,或者说是期权的"权利金"。

b. 对上面这段话的正确性进行评论。

期货合约同样可以用来对投资组合进行套期保值,不过它们的成本更高,而且在投资者保证偿还前,其损失可能是无限的。

c. 对上面这段话的正确性进行评论。

诺森先生和马萨诸塞州金融服务公司一直在长期债券和中期债券看跌期权上交易活跃。"观念其实很简单",他说道,"如果你担心利率,但是又不想变动你投资组合中的固定收益证券比重,你可以购买看跌期权。"

d. 为什么看跌期权是一种改变投资组合中固定收益证券比重的可行方法?

23. 那些认为布莱克-斯科尔斯模型并不适用于为利率期权定价的研究人员提出了哪些论据?

24. 假设你可以选择下列以零息票债券为基础资产的看涨期权,债券的票面价值是 100,2 年后到期,并且期权的执行价格是 100.25:

a. 解释说明为什么期权的价值会是零。

b. 给定如下假设:(1)作为基础资产的零息票债券的当前价格是 83.96;(2)预期的价格波动率是 10%;(3)无风险利率是 6%。运用布莱克-斯科尔斯期权定价模型计算这份看涨期权的理论价值是多少。(公式请参照第 15 章。)并对你的结论进行评述。

第 31 章

利率风险转移工具市场：场外交易产品

学习目标

学习完本章内容，读者将会理解以下问题：

- 场外交易利率期权产品的种类
- 为什么市场参与者愿意使用场外交易的利率期权产品
- 什么是复合期权以及如何使用
- 什么是远期利率协议以及如何使用
- 机构投资者与公司借款人如何使用利率互换协议
- 为什么利率互换市场的发展速度如此之快
- 互换利率如何确定

- 如何评估利率互换产品的价值
- 利率互换产品的各种类型及其发展的原因
- 什么是互换期权以及如何使用
- 什么是利率协议（利率上限与利率下限），机构投资者和公司借款人如何使用这些协议
- 利率协议与利率期权之间的关系
- 利率上下限产品的创造过程

在第 30 章里，我们讨论了在交易所交易的利率期货与利率期权产品，以及市场参与者如何使用这些产品来控制利率风险。商业银行与投资银行还可以为客户量身定做有助于其控制利率风险或建立市场头寸的利率合约。这样的利率合约包括利率期权、远期利率协议、利率互换、互换期权、利率协议（利率上限与利率下限）、以上述这些协议为标的物的期权以及复合期权。本章，我们会讲到上述每一种产品，并向大家解释借款人与机构投资者如何使用这些衍生产品。上述所有产品都要面临交易对手风险。

场外交易利率期权

如果机构投资者希望购买某种以特定的国债或吉利美转手证券为标的物的期权，那么场外市场能够满足他们的要求。一些国债交易商或抵押贷款支持证券交易商可以为某些证券的期权产品做市。

通常情况下，场外交易期权产品的购买者大多为针对某种特定证券的风险进行套期保值交易的机构投资者。例如，一家储蓄机构打算为自己持有的抵押贷款转手证券安排套期保值交易，对冲其风险。一般来说，期权的期限与期权购买者希望套期保值的期限是一致的，因此期权的购买者通常不会在意期权的流动性问题。

除了这些以固定收益证券为标的物的基本期权产品以外，更复杂的期权产品被称为"奇异期权"（参考第11章），例如可选择期权与优异表现期权。在第16章讨论股权衍生品时，我们解释了股票投资组合管理公司如何使用这两种奇异期权产品来管理投资组合。同样地，债券组合管理公司也可以利用这两种期权产品，打赌债券市场的两个子市场哪一个表现更出色（可选择期权），或者是债券市场内两个子市场的相对表现（优异表现期权）。

根据债券市场内两个子市场的相对绩效——例如国债市场与AA级公司债券市场的相对收益状况——来确定其盈亏状况的期权产品，可以被公司用来降低风险。例如，假设一家公司计划两个月以后发行债券。债券的发行利率等于国债收益率再加上公司债券相对于国债的利差。如果发行企业对利差水平的高低表示满意，但对目前国债的利率水平不满意，那么它可以购买以利差为标的物的期权。

以市场上两个组成部分的相对利差为标的物的场外交易期权大多是收益率曲线期权（option on the yield curve）。这里，市场的组成部门是按照期限划分的。收益率曲线期权受到普遍欢迎的主要原因是很多机构投资者的投资业绩要受到收益率曲线形状变化的影响。

复合期权或费用拆分期权

复合期权（compound option）或**费用拆分期权**（split-fee option）本质上就是可购买期权的选择权。我们可以用买入看涨期权——该期权的标的物是买入看跌期权——来说明复合期权的构成。该复合期权赋予期权的购买者的权利（而非义务）是要求复合期权的卖方向期权的买方出售看跌期权。该复合期权的具体条款如下：

1. 复合期权的买方有权选择要求期权的卖方向买方出售看跌期权或者放任期权到期作废的具体日期，该日期叫做**延期日**（extension date）。

2. 期权的执行价格以及期权买方有权从期权卖方那里购买看跌期权的截止日期，该日期叫做**通知日**（notification date）。

买方在购买复合期权时支付的费用叫做**前端费用**（front fee）。如果期权的买方执行了这一看涨期权要买入看跌期权，那么就要向期权的卖方支付购买看跌期权的费用。这第二笔费用叫做**后端费用**（back fee）。

赋予期权买方买入看跌期权权利的期权叫做**以看跌期权为标的物的看涨期权**（caput）。赋予期权买方买入看涨期权权利的期权叫做**以看涨期权为标的物的看涨期权**（cacall）。

通常情况下，复合期权的主要使用者是抵押贷款机构，它们的目的是利用这种期权产品对冲管道风险。[①] 如果企业内部负责管理资产/负债的经理人感觉自己需要更多的时间搜集信息来判断是否需要购买期权，那么他们可以选择先买入这种复合期权。

远期利率协议

远期利率协议（forward rate agreement，FRA）是交易双方——其中一方是市场交易商，即商业银行或投资银行——经过具体协商后签订的协议。在协议中，交易双方同意在未来某个确定的时间，根据参考利率与名义本金额来相互支付现金。

为了说明远期利率协议的结构，我们假设工业产品公司与一家投资银行签订了为期3个月的远期利率协议，名义本金额为1 000万美元：如果3个月后1年期的伦敦银行同业拆借利率超过了9%，那么投资银行必须向工业产品公司支付由下列公式计算得出的金额：

$$（3个月后1年期伦敦银行同业拆借利率-0.09）\times 10\ 000\ 000\ 美元$$

例如，如果3个月后1年期伦敦银行同业拆借利率为12%，则工业产品公司将会获得：$（0.12-0.09）\times 10\ 000\ 000$美元$=300\ 000$美元。如果3个月后1年期伦敦银行同业拆借利率低于9%，那么工业产品公司就必须向投资银行进行支付，具体支付金额仍然使用上述公式计算。

借款人和投资者可以利用远期利率协议规避利率不利波动的风险，提前锁定自己的借款利率或投资收益率。我们先来看看借款人如何使用远期利率协议，仍然以前面这一虚拟的远期利率协议为例。假设工业产品公司的管理层计划3个月后借款1 000万美元，期限为1年。该企业的借款利率等于1年期伦敦银行同业拆借利率再加上一定的利差。目前1年期伦敦银行同业拆借利率水平为9%。该企业面临的风险是3个月后1年期伦敦银行同业拆借利率水平可能会升至大于9%的水平。我们再假设企业的管理层希望能够锁定当前9%的利率水平，消除未来1年期伦敦银行同业拆借利率上升的风险。通过签订远期利率协议，工业产品公司的管理层可以达到这一目的。如果3个月后1年期伦敦银行同业拆借利率升至大于9%的水平，则按照远期利率协议的条款，投资银行要向工业产品公司支付其间的差额。如果3个月后1年期伦敦银行同业拆借利率低于9%，那么工业产品公司也无

---

① 我们在第25章讨论了管道风险。至于如何使用复合期权来对冲管道风险，感兴趣的读者可以参考 Anand K. Bhattacharya，"Compound Options on Mortgage-Backed Securities," in *The Handbook of Fixed-Income Options*（Chicago，Probus Publishing，1989），Chapter22。

法从中获益，因为此时该公司必须要向投资银行支付差额，保证其实际的借款成本锁定在9%。

利率互换

我们在第12章里曾经解释过，签订利率互换协议的双方同意定期相互向对方支付利息。利息的相互支付额根据互换协议的名义金额计算。每一方承诺向对方支付的利息额均等于事先约定好的利率水平与协议名义金额的乘积。双方仅相互交换支付利息，互换协议的名义金额并不交换支付。最常见的一种利率互换协议是一方同意在互换协议的有效期内定期向对方支付固定利息，而另一方同意按照某种市场参考利率定期向对方支付浮动利息，因此通常被称为浮动利率支付方。

在利率互换协议中，被用于确定浮动利率水平的市场参考利率大多是各种各样的货币市场工具的利率：国库券利率、伦敦银行同业拆借利率、商业票据利率、银行承兑票据利率、大额存单利率、联邦基金利率和优惠利率。

互换协议的诠释

在第12章，我们曾经解释过互换协议可以被看作一篮子远期协议的组合。对互换协议的另一种诠释也很重要，那就是互换协议还可以被视为一篮子现货市场工具的组合。为了说明这一观点，我们假设一位投资者进行了下列这些交易：

● 购买了5年期浮动利率债券，票面价值为5 000万美元，每半年按照6个月伦敦银行同业拆借利率的市场水平支付利息。

● 为了购买上述债券，该投资者借入了5 000万美元，期限为5年，年利率为10%，每半年支付一次利息。

这笔交易的现金流情况如表31—1所示。表31—1的第二列给出的是购买5年期浮动利率债券获得的现金流收入——最开始是支付5 000万美元用于购买债券，随后是10笔现金流收入。每一笔现金流收入的具体金额都是不确定的，因为它们要取决于未来的伦敦银行同业拆借利率水平。第三列给出的是投资者借入的5 000万美元固定利率贷款的现金流情况。第四列是整个交易的净现金流状况。正如最后一列所示，初始净现金流为零（即没有现金流入也没有现金流出）。在10个半年期内，每半年的净现金流都要取决于基于伦敦银行同业拆借利率算出的现金流收入与250万美元的现金流支出之间的对比关系。

从表31—1的净现金流情况可以看出，固定利率支付方相当于拥有这样的现货头寸：买入浮动利率债券，同时卖出固定利率债券。卖出的头寸规模与发行固定利率债券融资的规模相等。

浮动利率支付方的头寸情况如何呢？我们可以很容易地证明浮动利率支付方的头寸相当于买入固定利率债券与借入浮动利率贷款这两笔交易的综合效应。因此，浮动利率支付方持有的头寸就相当于买入固定利率债券的多头头寸与卖出浮动利率债券形成的空头头寸。

表 31—1   通过固定利率债券借款融资购买 5 年期浮动利率债券的现金流（现金流以百万美元计）

6 个月期	浮动利率债券	借款成本	净值
0	-50	$+50.0$	0
1	$+ (LIBOR_1/2) \times 50$	-2.5	$+ (LIBOR_1/2) \times 50 - 2.5$
2	$+ (LIBOR_2/2) \times 50$	-2.5	$+ (LIBOR_2/2) \times 50 - 2.5$
3	$+ (LIBOR_3/2) \times 50$	-2.5	$+ (LIBOR_3/2) \times 50 - 2.5$
4	$+ (LIBOR_4/2) \times 50$	-2.5	$+ (LIBOR_4/2) \times 50 - 2.5$
5	$+ (LIBOR_5/2) \times 50$	-2.5	$+ (LIBOR_5/2) \times 50 - 2.5$
6	$+ (LIBOR_6/2) \times 50$	-2.5	$+ (LIBOR_6/2) \times 50 - 2.5$
7	$+ (LIBOR_7/2) \times 50$	-2.5	$+ (LIBOR_7/2) \times 50 - 2.5$
8	$+ (LIBOR_8/2) \times 50$	-2.5	$+ (LIBOR_8/2) \times 50 - 2.5$
9	$+ (LIBOR_9/2) \times 50$	-2.5	$+ (LIBOR_9/2) \times 50 - 2.5$
10	$+ (LIBOR_{10}/2) \times 50 + 50$	-52.5	$+ (LIBOR_{10}/2) \times 50 - 2.5$

注：LIBOR 的下标代表根据浮动利率债券条款的规定在 t 时刻的 6 个月期的 LIBOR。

应用

在第 12 章，我们提供了一个简单的例子用于说明存款性金融机构如何使用利率互换协议改变资产或负债的现金流特征——即由原来的固定利率特征转变为浮动利率特征或相反——本章我们还要提供两个有关利率互换协议具体应用的例子。

案例 1

在第一个例子里，我们来看一下金融机构如何使用利率互换产品改变资产的现金流特征，以达到资产与负债更好地匹配的目的。两家金融机构分别为商业银行和人寿保险公司。

假设银行持有的资产组合由 5 年期的定期商业贷款构成，利率为固定利率。该资产组合的本金价值为 5 000 万美元，组合内所有贷款的固定利率水平均为 10%。这些贷款全都是无本金贷款（即每次还款只支付利息），每半年支付一次利息，到第 5 年底贷款到期时一次性偿还本金。因此，假设贷款没有出现违约现象，则该贷款组合在接下来的 5 年间每半年可以获得 250 万美元的现金流收入，到第 5 年年底时可以获得 5 000 万美元的本金偿还。为了向该贷款组合提供资金来源，假设银行主要依靠发行 6 个月的可转让定期存单来筹集资金。银行打算为 6 个月的可转让定期存单支付的利率水平等于 6 个月国库券的收益率再加上 40 个基点。

银行面临的风险是 6 个月国库券的收益率可能等于 9.6% 或者更高。大家应该还记得前面我们说过银行持有的商业贷款组合每年的收益率为 10%。如果 6 个月国库券的收益率为 9.6%，那么银行发行 6 个月可转让定期存单时就要向投资者支付 9.6% 加上 40 个基点的利率水平，即 10% 的利率水平，于是在这种情况下银行的存贷利差就变成了零，银行的收益为零。更糟糕的是，如果 6 个月国库券收益率上升至大于 9.6% 的水平，那么银行将遭受损失，因为其资金成本将超过贷款组合可获得的利息收益。所以，银行的目标是锁定利差收益，确保贷款收益率高于资金的成本率。

利率互换协议的另一方是一家人寿保险公司,该保险公司发行了为期5年的担保投资合约,年利率为9%。担保投资合约的发行规模为5000万美元。假设人寿保险公司可以将5000万的发行收入投资于一笔它认为很有吸引力的私募交易——购买为期5年的浮动利率金融工具。这种金融工具的利率水平等于6个月国库券的收益率加上160个基点。每隔6个月重新确定一次利率水平。

人寿保险公司面临的风险是每隔6个月调整利率时,这种金融工具的收益率可能将降至9%以下。由于保险公司承诺向担保投资合约持有人支付9%的利率,因此这会使得保险公司无法获得足够多的利差收入甚至遭受损失。如果6个月国库券的收益率下跌至7.4%或者更低,那么保险公司将遭受损失。这是因为当浮动利率金融工具重新确定利率水平时,6个月国库券的收益率为7.4%,因此在下一个半年周期内,浮动利率金融工具的收益率就等于7.4%加上160个基点,即9%。由于人寿保险公司承诺向担保投资合约的持有人支付9%的利息,所以这样一来相当于保险公司无法获得任何利差收益。如果6个月国库券的收益率下跌至7.4%以下,则保险公司将因此承担损失。

我们可以把银行与人寿保险公司的资产/负债问题作如下总结。银行发放的是长期贷款,但其资金来源是短期借款;如果6个月国库券的收益率水平上升,则银行的利差收益会相应减少。人寿保险公司本质上发放的是短期贷款,但是资金来源是长期借款;如果6个月国库券的收益率水平下降,则人寿保险公司的利差收益会相应减少。

现在我们假设金融中介机构同时向商业银行和人寿保险公司提供了一份名义金额为5000万美元的利率互换协议。金融中介机构(中间商)给银行列出的协议条款如下所示:

● 每6个月银行向中间商支付10%的利息(年利率)。
● 每6个月中间商向银行支付的利率水平相当于6个月国库券收益率再加上155个基点。

中间商给人寿保险公司列出的协议条款如下所示:

● 每6个月人寿保险公司向中间商支付的利率水平相当于6个月国库券收益率再加上160个基点。
● 每6个月中间商向银行支付10%的利息(年利率)。

这份利率互换协议会给双方带来哪些现金流的变化呢?我们先来看一下银行的情况。在利率互换协议的有效期内,每隔6个月,银行获得的利差收益如下表所示:

每年获得的收益率	
商业贷款投资组合	=10%
利率互换协议带来的收入	=6个月国库券收益率+155个基点
共计	=11.55%+6个月国库券收益率
每年支付的现金流	
向可转让定期存单持有人支付的利息	=6个月国库券收益率+40个基点
利率互换协议引发的支出	=10%
共计	=10.4%+6个月国库券收益率

现金流收入	＝11.55％＋6 个月国库券收益率
现金流支出	＝10.40％＋6 个月国库券收益率
利差收入	＝1.15％ 或 115 个基点

因此，不管 6 个月国库券的收益率是涨是跌，银行都能锁定 115 个基点的利差收益。

接下来，我们再来看看利率互换协议签订后人寿保险公司的现金流情况。

每年获得的收益率	
浮动利率金融工具的投资收益率	＝6 个月国库券收益率＋160 个基点
利率互换协议带来的收入	＝10％
共计	＝11.6％＋6 个月国库券收益率
每年支付的现金流	
向担保投资合约持有人支付的利息	＝9％
利率互换协议引发的支出	＝6 个月国库券收益率＋160 个基点
共计	＝10.6％＋6 个月国库券收益率
结果	
现金流收入	＝11.6％＋6 个月国库券收益率
现金流支出	＝10.6％＋6 个月国库券收益率
利差收入	＝1.0％ 或 100 个基点

同样地，不管 6 个月国库券的收益率是涨是跌，人寿保险公司均能锁定 100 个基点的利差收益。

利率互换协议可以让交易的每一方锁定利差收益，实现资产/负债的管理目标。[①] 利率互换协议可以帮助这两家金融机构改变其资产的现金流特征：对银行来说资产的收益率由固定利率转变为浮动利率，对保险公司来说资产的收益率则由浮动利率转变为固定利率。这种类型的交易被称为**资产互换**（asset swap）。同样地，银行和人寿保险公司也可以利用互换市场改变其负债的现金流特征，同理这样的交易叫做**负债互换**（liability swap）。虽然在上面这个例子中我们假设一方当事人是银行，但显然这也适用于储蓄贷款协会，因为它们也是借短（发行浮动利率金融工具）贷长（发放固定利率抵押贷款）。

当然，两家金融机构也可以选择其他方式来达到同一目的。银行可以拒绝发放固定利率的商业贷款。不过，如果借款人能够找到愿意提供固定利率贷款的其他资金来源，那么银行可能会失去这些借款客户。人寿保险公司也可以拒绝购买浮动利率金融工具。但是假设该私募发行的金融工具的条款非常有吸引力，优于其他信用风险水平相当的浮动利率金融工具，那么通过利用互换市场，人寿保险公司就能获得比直接投资于 5 年期固定利率证券更高的收益率。例如，假设人寿保险公司可以投资于风险水平相当的 5 年期固定利率证券，收益率为 9.8％。再假

---

① 在本例中，利差的大小是否合适并不重要。

设该保险公司承诺向担保投资合约的持有人支付 9％的利息，这样一来，保险公司便能赚取 80 个基点的利差收益。比较而言，如果保险公司选择购买浮动利率证券然后再签订利率互换协议，则可以获得 100 个基点的利差收益。很明显，前者的收益小于后者。

因此，利率互换协议不仅可以改变资产或负债的现金流特征从而被用于改变交易的风险水平，而且在某些情况下，金融机构还可以使用利率互换协议提高自己的收益。显然，收益提高的程度要取决于市场是否存在缺陷。

在结束这一案例之前，我们回顾一下人寿保险公司支付给中间商的是浮动利率，中间商向银行支付的也是浮动利率。人寿保险公司向中间商支付的利率水平等于 6 个月国库券收益率再加上 160 个基点，而中间商支付给银行的利率水平等于 6 个月国库券收益率加上 155 个基点。其中 5 个基点的差就是中间商收取的服务费用。

案例 2

第二个例子我们假设有两家美国机构：AAA 级的商业银行和 BBB 级的非金融公司。这两家企业都打算融资 1 亿美元，期限是 10 年。银行希望采用浮动利率融资形式，而非金融公司希望采用固定利率融资形式。这两家机构在美国债券市场上发行债券的利率水平如下所示。银行：浮动利率＝6 个月伦敦银行同业拆借利率＋30 个基点。非金融公司：固定利率＝12％。

假设除了在国内市场发债以外，这两家机构还可以选择在欧洲债券市场上发行欧洲债券。在欧洲债券市场上，主要购买者大多为非美国投资者。一直以来，这些投资者在判断债券的违约风险时使用的标准始终不同于美国国内的评价标准。假设这两家机构在欧洲债券市场上发行 10 年期债券要支付的利率水平如下所示。银行：固定利率＝10.5％。非金融公司：浮动利率＝6 个月伦敦银行同业拆借利率＋80 个基点。

请注意，这里我们给出的是银行发行固定利率债券的利率水平以及非金融公司发行浮动利率债券的利率水平。等一下你就会知道我们为什么会这样做。首先，我们总结一下这两家机构在美国国内市场与欧洲债券市场上的发债利率水平，如下表所示。

浮动利率债券机构	债券市场	利率水平
银行	美国国内市场	6 个月伦敦银行同业拆借利率＋30 个基点
非金融公司	欧洲债券市场	6 个月伦敦银行同业拆借利率＋80 个基点
		信用等级利差＝50 个基点

固定利率债券机构	债券市场	利率水平
银行	欧洲债券市场	10.5％
非金融公司	美国国内市场	12.0％
		信用等级利差＝150 个基点

我们注意到，浮动利率债券的信用等级利差幅度（50 个基点）要小于固定利率债券的信用等级利差（150 个基点）。因此，这两家机构可以抓住这个机会降低各自的融资成本。假设两家机构都在欧洲债券市场上发行债券，然后同时与金融

中介机构签订一份名义本金额为 1 亿美元的 10 年期利率互换协议。在这份互换协议中，两家机构要支付的利率水平分别为：银行按照浮动利率——6 个月的伦敦银行同业拆借利率再加上 70 个基点——向非金融公司支付，同时收到对方按照 11.3％的固定利率的支付；非金融公司按照固定利率 11.3％向银行进行支付，同时收到对方按照浮动利率——6 个月的伦敦银行同业拆借利率再加上 45 个基点——对自己的支付。

于是，银行的债券发行成本如下表所示：

支付的利息	
发行固定利率欧洲债券应支付的利息	＝10.5％
利率互换协议中向对方支付的利息	＝6 个月伦敦银行同业拆借利率＋70 个基点
共计	＝11.2％＋6 个月伦敦银行同业拆借利率
获得的利息收入	
利率互换协议中获得的利息收入	＝11.3％
净成本：	
支付的利息	＝11.2％＋6 个月伦敦银行同业拆借利率
获得的利息收入	＝11.3％
共计	＝6 个月伦敦银行同业拆借利率－10 个基点

非金融公司的债券发行成本如下表所示：

支付的利息	
发行浮动利率欧洲债券应支付的利息	＝6 个月伦敦银行同业拆借利率＋80 个基点
利率互换协议中向对方支付的利息	＝11.3％
共计	＝12.1％＋6 个月伦敦银行同业拆借利率
获得的利息收入	
利率互换协议中获得的利息收入	＝6 个月伦敦银行同业拆借利率＋45 个基点
净成本：	
支付的利息	＝12.1％＋6 个月伦敦银行同业拆借利率
获得的利息收入	＝6 个月伦敦银行同业拆借利率＋45 个基点
共计	＝11.65％

图 31—1 给出了整个交易过程。在欧洲债券市场上发行债券随后再签订利率互换协议，两家机构的实际融资成本均较之前所有下降。银行相当于浮动利率融资，实际融资成本等于 6 个月伦敦银行同业拆借利率减去 10 个基点。与之相比，如果在美国国内直接发行浮动利率债券，则银行的融资成本为 6 个月伦敦银行同业拆借利率再加上 30 个基点。因此，利率互换协议帮助银行节省了 40 个基点的融资成本。同理，非金融公司在欧洲债券市场上发行浮动利率债券随后再签订利率互换协议的做法可以帮助自己节省 35 个基点的融资成本（11.65％与 12％的差）。

这个例子的关键在于如果债券市场的各个子市场之间存在信用等级利差，那么借款人可以利用利率互换协议抓住这些利差存在的机会进行套利交易。子市场之间是否存在信用等级利差则是另一个问题，我们会在后面的内容里谈及这个话题。

最后，我们再来看一下这笔交易中金融中介机构的收益。金融中介机构向非

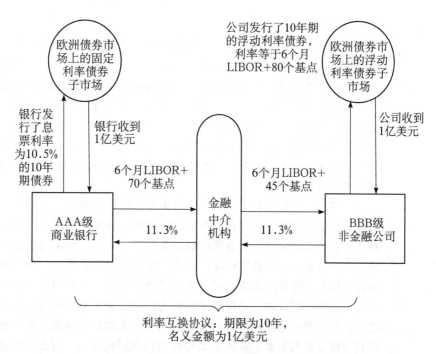

图31—1　案例2的利率互换协议示意图

金融公司支付 6 个月伦敦银行同业拆借利率加上 45 个基点的浮动利率，同时获得银行向其支付的 6 个月伦敦银行同业拆借利率加上 70 个基点的浮动利率，因此它可以获得 25 个基点的服务费收入。

利率互换市场的发展

利率互换协议最早出现于 1981 年下半年。到 1987 年，该市场的规模增长至超过 5 000 亿美元（按照协议名义本金额核算）。如此迅猛的发展速度，其背后的主要原因是什么呢？正如前面两个例子所示，利率互换协议是机构投资者与公司借款人迅速改变资产或负债现金流特征的有效工具，投资者还可以利用它抓住资本市场的套利机会进行套利交易。

市场发明利率互换协议的初始动机是借款人希望可以抓住"信用套利"机会获取收益。"信用套利"机会的存在是因为在美国国内市场与欧洲债券市场的浮动利率与固定利率债券子市场上，信用等级高的借款人与信用等级低的借款人之间的信用利差幅度大小有时候会存在差异。请大家注意第二个例子，我们曾经假设两家机构在浮动利率债券市场上的利差为 50 个基点，在固定利率债券市场上的利差为 150 个基点。交易商[1]颁布的数据以及学术界的研究成果[2]均表明了这种信用

---

① 例如 1986 年 1 月所罗门兄弟公司发行的出版物：T. Lipsky and S. Elhalaski, "Swap-Driven Primary Issuance in the International Bond Market"。

② 例如 James Bicksler and Andrew Chen, "An Economic Analysis of Interest Rate Swaps," *Journal of Finance* (July 1986), pp. 645—655。

套利动机的存在。

从本质上看，互换交易成立的基础便是那条众所周知的国际经济学原理——比较优势理论。就互换交易而言，尽管信用等级较高的债券发行人不管是在固定利率债券市场上还是在浮动利率债券市场上，其发行利率均低于信用等级较低的债券发行人（这是所谓的绝对优势），但它在某一个市场上相对于信用等级较低的债券发行人拥有比较优势（在另外一个市场上拥有比较劣势）。在这种情况下，每位借款人可以选择在自己拥有比较优势的市场上发行债券，然后再通过签订互换协议将债务形式转换为自己想要的形式（固定利率或浮动利率）。互换市场就是双方交换债务形式的渠道。

一些观察家们对信用套利机会是否存在提出了质疑。很明显，比较优势的分析并不是建立在市场是否存在不理性的错误定价的基础之上，而是建立在处于分割状态的子市场保持均衡态势的假设条件的基础上。如果两个完全分割的市场都是完全竞争市场，但是对风险的定价水平并不相同，那么一位在两个市场上同时进行交易的交易者会发现市场不完全竞争的缺陷，并利用这一缺陷赚钱。对信用套利一说提出质疑的市场观察家们认为，固定利率债券市场与浮动利率债券市场之间信用利差的差异说明这两个市场上贷款人面临的风险水平不相同。例如，浮动利率债券的利率水平实际上是与短期利率相挂钩的，因此，浮动利率债券的信用等级利差反映的是短期资金市场上的利差状况。与之相反，固定利率中长期债券的信用质量利差则反映的是不同期限市场之间的利差情况。因此，不同市场的信用等级利差根本不需要相等。[①]

尽管在有效率的国际资本市场上，信用套利机会存在的可能性是微乎其微的，而且即使真地存在这种套利机会，投机者们的套利交易也会促使这些套利机会很快地消失掉，不过利率互换交易的数量还是增长得非常迅速。1984 年 5 月，由花旗银行资助的一项研究报告刊登在《欧洲货币》期刊上，该报告给出了另一种解释：

> 互换交易的本质是交易双方利用市场的不完善进行套利交易。对于所有的套利机会，想利用这一机会谋利的人数越多，有针对性的套利交易越多，套利的空间就会变得越小。
>
> 但是，导致市场不完善的某些原因不太可能迅速消失。例如，很多国家的保险公司在投资时要受到限制，只能投资于国内的金融产品。这样的规定明显更有利于国内的发行人，且不太可能在一夜之间改变。即使是在世界上流动性最好的市场上，套利机会依然是存在的。这些套利机会空间很小，而且稍纵即逝。但是不管怎么说，它们确实是存在的。[②]

正如这一观点所说，1984 年初，人们认为两个市场信用等级利差的存在是导

---

① 两位研究者证明了固定利率债券市场与浮动利率债券市场信用质量利差的差异与期权定价利率是一致的。读者可以参考 Ian Cooper and Antonio Mello, "Default Spreads in the Fixed and in the Floating Rate Markets: A Contingent Claims Approach," *Advances in Futures and Options Research*, 3 (1988), pp. 269—290。

② "Swap Financing Techniques: A Citigroup Guide," Special Sponsored Section, *Euromoney* (May 1984), pp. S1—S7。

致两国金融市场监管规则存在差异的原因之一。类似地，各国税收政策的不同也会导致各个市场之间的不均衡，市场参与者们可以利用互换协议抓住这些机会谋利。[①] 因此，互换可被用于监管套利或税收套利交易。

除了只依靠套利理论分析互换市场的发展这一观点以外，另一项研究认为互换市场之所以发展速度如此之快，是因为这一市场可以帮助借款人使用某种融资方式，而在互换市场出现以前这是不可能做到的。[②] 为了解释这一观点，我们看一看在利率互换市场出现以前借款人可以使用哪些融资工具，它们包括：（1）长期固定利率证券；（2）长期浮动利率证券；（3）短期债务工具。借款人应支付的融资利率等于对应期限的无风险利率再加上一定幅度的信用利差。假设借款人有如下预期：

● 借款人 A 相信未来无风险利率将上升，而自己的信用状况有可能会恶化。因此，这位借款人希望在固定利率基础上借入长期资金，这样做可以锁定目前的无风险利率以及信用利差。

● 借款人 B 相信未来无风险利率将下跌，但是自己的信用状况有可能会恶化。在这种情况下，借款人 B 更愿意发行长期固定利率债券，这样做一方面可以锁定当前的信用利差，另一方面又可以充分享受到未来无风险利率下跌所带来的好处。

● 借款人 C 相信未来无风险利率将下跌，而且自己的信用状况会好转。那么这位借款人的选择应当是短期浮动利率债务工具，因为未来的无风险利率很可能会下跌，而且自身信用状况的好转也会导致信用利差的下降，所以选择浮动利率将有利于降低借款人的未来融资成本。

● 借款人 D 相信未来无风险利率将上升，而自己的信用状况会有所好转。那么，这位借款人更愿意锁定当前的无风险利率水平，同时使得信用利差处于浮动状态。他会选择哪一种融资工具呢？在前面已经列出的三类工具当中，没有一种工具能够满足借款人 D 的这些预期。

不过，借款人 D 可以使用利率互换协议锁定协议期间的无风险利率水平，同时还能确保信用利差处于定期调整的状态（浮动）。[③] 从本质上说，利率互换市场飞速发展的一个重要原因便是信息的不对称。也就是说，借款人掌握着市场没有掌握的信息（或预期），即借款人的信用状况将好转的信息或预期。

最后，另一种观点认为利率互换市场的发展要归因于利率波动性的增强促使借款人和贷款人要对冲利率风险或管理其利率风险敞口。虽然一篮子远期协议可以复制利率互换协议的风险/收益特征，但是利率远期合约的流动性不如利率互换协议。1987 年初国际互换交易商协会（International Swap Dealers Association）公布了互换协议的标准化文本，于是签订互换协议或转让互换协议变得非常简单。

---

① 这一点更适用于我们将在第 33 章讨论的货币互换交易。有关如何使用互换协议进行税收套利交易的案例，读者可以参考 Clifford W. Smith, Charles W. Smithson, and Lee MacDonald Wakeman, "The Evolving Market for Swaps," *Midland Corporate Finance Journal* (Winter 1986)，pp. 20—32。

② Marcelle Arak, Arturo Estrella, Laurie Goodman, and Andrew Silver, "Interest Rate Swaps: An Alternative Explanation," *Financial Management* (Summer 1988)，pp. 12—18。

③ 至于如何达到这一目的，读者可以参考 Eileen Baecher and Laurie S. Goodman, *The Goldman Sachs Guide to Hedging Corporate Debt Issuance* (New York: Goldman Sachs & Co., 1988)。

而且，用互换协议对冲或管理风险头寸的成本要低于使用一篮子利率远期合约的成本。

中间商的作用

在利率互换交易中，中间商到底发挥了什么作用？弄清楚这个问题能够帮助我们了解互换市场的发展历程。互换交易中的中间商主要是商业银行和投资银行，在互换市场发展的初期阶段，正是这些中间商四处寻找着互换协议的最终使用者。它们在自己的客户群里搜索需要使用互换交易来实现融资或投资目标的机构，然后再把两家机构匹配在一起。从本质上看，在此类交易中，中间商扮演的是经纪人的角色。

只有为了使交易保持平衡，交易商才会充当互换交易的另一方（也就是说成为互换交易的一方当事人）。例如，如果中间商有两位客户愿意做互换交易，不过其中一位希望把交易的名义本金额定为1亿美元，而另一方希望将名义本金额定为8 500万美元，那么对这多出来的1 500万美元，中间商就要充当其中一位客户的交易对手。也就是说，中间商要真正参与到互换交易中来，真正持有互换头寸，以弥补两位客户互换目标之间名义本金额1 500万美元的差值。为了规避利率向不利方向波动给自己带来的风险，中间商会针对这样的互换头寸安排套期保值交易。

利率互换交易还面临另外一个问题。我们前面讲过，互换交易的当事人要面临另一当事人违约的风险。尽管在互换交易中，"违约"并不意味着本金的损失——因为本金额不会在双方之间交换——但是违约行为的出现意味着互换交易的目标将无法实现。在早期的互换交易中如果一方的信用等级较高，而另一方的信用等级较低，则较高的那一方就会担心另一方的潜在违约风险。为了降低违约风险，早期的很多互换交易都要求信用等级较低的一方获得信用等级较高的商业银行的担保。

随着互换交易的频率和规模的不断增加，很多中间商发现其间收益回报十分丰厚，因此更愿意充当交易的实际当事人而非经纪人。只要中间商名下的一位客户提出想要做互换交易，那么中间商就愿意做它的互换交易对手。于是，利率互换成为中间商持有的头寸之一。计量技术的不断发展以及专为对冲复杂头寸而设计的期货产品的涌现，使得中间商可以很容易地管理大规模的风险头寸，保护自己。

此外，还有一个因素鼓励中间商自愿担当互换交易的当事人而非经纪人。随着越来越多的中间商进军互换市场，互换交易的买卖价差迅速下跌。在这种情况下，若想在互换市场上赚到钱，中间商们必须做足业务量。而只有当中间商做到以下两点时，才能达到保证业务量足够大的目的：（1）拥有广泛的客户基础，大多数客户愿意使用互换工具；（2）持有大量的互换头寸。于是，中间商必然要扮演互换交易的当事人角色。例如，《欧洲货币》发起的一项研究课题调查了150家跨国公司，分析互换中间商应具有哪些特征才能保持交易的高效率。[1] 研究结果显示，为客户安排互换交易的速度是最重要的一个衡量标准，而安排交易的速度又

---

[1] Special Supplement on Swaps, *Euromoney* (July 1987), p. 14.

取决于客户群的大小以及中间商持有的互换头寸规模。这份研究报告还揭示出客户更看重中间商担任互换协议当事人的交易，而对中间商充当经纪人的互换交易不太感兴趣。

因此，我们可以对互换交易市场的迅速发展作出这样的总结：一开始这个市场的出现是因为市场参与者们希望利用资本市场上实际存在或假想存在的市场缺陷谋利，但是后来这个市场逐渐发展成一个可用于改变企业资产/负债特征的高效交易市场。

术语、惯例与市场报价

我们在前面的章节里已经解释过互换的基本原理、应用以及互换市场的发展。这里我们回顾一下互换市场的部分术语并解释一下互换交易的报价方式。

交易双方签订互换协议的那一天叫做**交易日**（trade date）。互换协议开始累积利息的那一天叫做**生效日**（effective date），互换协议停止累积利息的那一天叫做**到期日**（maturity date）。

前面我们列举的两个例子均假设浮动利率支付方与固定利率支付方现金流的发生时间点是完全相同的，然而事实上这种情况是极其少见的。实际上，一份互换协议可能会要求固定利率支付方每年支付一次，而浮动利率支付方的支付频率更频繁一些（例如每半年或每个季度支付一次）。而且，在每一个支付周期内累积的利息额也不相同，因为固定收益证券市场上天数的计算有几种习惯做法。

用于描述市场参与者在互换市场上持有头寸情况的术语混合了现货市场的术语与期货市场的术语，因为互换头寸可以被视为一篮子现货市场工具的组合或一篮子期货/远期产品的组合。正如前面所述，利率互换交易的当事人要么是固定利率支付方，要么是浮动利率支付方。我们可以用多种方法来描述他们持有的互换头寸。[1]

固定利率支付方：
- 在互换交易中支付固定利率。
- 收到对方支付的浮动利率。
- 在债券市场上持有空头头寸。
- 买入互换协议。
- 持有互换多头头寸。
- 对长期债务和浮动利率资产的价格波动具有敏感性。

浮动利率支付方：
- 在互换交易中支付浮动利率。
- 收到对方支付的固定利率。

---

① Robert F. Kopprasch, John Macfarlane, Daniel R. Ross, and Janet Showers, "The Interest Rate Swap Market: Yield Mathematics, Terminology, and Conventions," in Frank J. Fabozzi and Irving M. Pollack (eds.), *The Handbook of Fixed Income Securities* (Homewood, IL: Dow Jones-Irwin, 1987), Chapter 58.

- 在债券市场上持有多头头寸。
- 卖出互换协议。
- 持有互换空头头寸。
- 对长期资产与浮动利率债务的价格波动具有敏感性。

前面两种说明固定利率支付方与浮动利率支付方所持头寸的表述方法实际上表达的是同一个意思。为了说明为什么固定利率支付方被视为在债券市场上持有空头头寸，而浮动利率支付方被视为在债券市场上持有多头头寸，让我们来看一下当利率水平发生变化时情况会怎么样。如果利率水平上升，则固定利率借款人会受益，因为固定的借款利率能够帮助他们锁定较低的借款利率。不过除此以外，当利率水平上升时，那些卖出债券的市场参与者（即持有债券空头头寸）也能受益。因此，我们说固定利率支付方的盈亏情况类似于"持有债券空头头寸"。当利率水平下降时，浮动利率支付方会受益。同理，由于利率水平下降时持有债券多头头寸的市场参与者也会受益，因此我们可以把浮动利率支付方形象地描述为"持有债券多头头寸"。

互换交易商通常把浮动利率设定为等于某个市场参考利率，然后再提供互换交易的固定利率报价，这就是互换交易的传统报价惯例。例如，假设交易商选择的市场参考利率是3个月伦敦银行同业拆借利率，互换期限为10年。互换交易的固定利率等于10年期国债的收益率再加上一定幅度的利差。这一利差叫做**互换利差**（swap spread）。固定利率支付方/浮动利率收款方要按照10年期国债收益率再加上互换利差的利率水平向对方支付，同时获得对方支付的浮动利率。固定利率收款方/浮动利率支付方会得到10年期的国债收益率再加上互换利差，同时支付浮动利率。

互换交易商会同时报出买入价与卖出价。为了说明这一交易惯例，我们假设一份为期10年的互换协议，交易商报价时10年期国债的收益率为8.35%。浮动利率选择的是3个月伦敦银行同业拆借利率。假设交易商对这份互换协议给出的报价是"40—50"，那么这就意味着当交易商支付固定利率时互换利差为40个基点，但是当交易商收到对方支付的固定利率时互换利差为50个基点。因此，

1. 交易商愿意签订这样的互换协议：交易商直接支付浮动利率（即不在参考利率基础上再加上利差），同时收到对方支付的固定利率，该固定利率等于8.35%的国债收益率加上50个基点。

2. 交易商还要签订这样一份互换协议：交易商支付固定利率，利率水平等于8.35%的国债收益率加上40个基点，同时收到对方支付的浮动利率。

互换利率的计算

当刚刚签订互换协议时，交易双方同意未来相互交换支付利息，而且双方均不会预先支付费用。因此，互换协议的条款必须使得未来交易双方支付的多笔现金流的现值和是相当的。也就是说，交易双方收到的多笔现金流的现值和必须是相等的。现金流现值相等便是计算互换利率的基本原则。

对固定利率支付方来说，一旦互换利率被确定，整个互换协议有效期内固定利率支付方的支付金额就是已知的了。不过，浮动利率支付方的实际支付额

是未知的，因为这要取决于利率重新调整日市场参考利率的实际值。对于以伦敦银行同业拆借利率为参考利率的互换交易来说，欧洲美元期货合约（见第30章）可被用于计算3个月伦敦银行同业拆借利率的远期利率。根据以3个月伦敦银行同业拆借利率的远期利率为基础的现金流，得出互换利率等于可以使固定利率支付方支付的现金流现值和与浮动利率支付方支付的现金流现值和相等的利率水平。

下一个问题是我们应当将哪一个利率作为支付现金流的贴现利率。正如我们在第19章里解释过的那样，理论即期利率是最适合用作现金流贴现的利率。每笔现金流都要使用一个单独的贴现率进行贴现。我们从何得知理论即期利率的值呢？大家回忆一下第19章的内容，我们可以根据远期利率推导出即期利率的值。同理，由欧洲美元期货合约推导出的3个月伦敦银行同业拆借利率的远期利率可被用来计算理论即期利率。

我们用一个例子来说明整个计算过程。[1] 假设互换协议的具体条款如下所示。

● 互换协议的开始日期为今天，第一年1月1日（互换协议的结算日）。
● 浮动利率支付方每个季度支付一次，使用"实际天数/360"的计算惯例。
● 参考利率为3个月伦敦银行同业拆借利率。
● 互换协议的名义金额为1亿美元。
● 互换协议的期限为3年。

每季度浮动利率支付方支付的金额要按照"实际天数/360"的天数计算惯例计算。这一惯例意味着我们假设一年的总天数为360天，在计算利息支付额时要用该季度的实际天数除以360天。浮动利率支付额在每季度初确定，但是要等到季度末再实际支付。也就是说，浮动利率支付额实际上是拖延支付的。

假设今天3个月伦敦银行同业拆借利率为4.05%。让我们看一看到第一年的3月31日——浮动利率支付方会在这一天支付第一季度的利息额——固定利率支付方能够获得多少利息收入。投资者事先并不确定浮动利率的支付额到底是多少。一般情况下，我们可以用下列公式计算浮动利率的支付额：

名义金额 ×3个月伦敦银行同业拆借利率 × 支付周期的天数/360

在上面这个例子中，假设不存在闰年的情况，从第一年1月1日到3月31日（第一季度）共有90天。如果3个月伦敦银行同业拆借利率的值为4.05%，那么第一年3月31日固定利率支付方可以获得的浮动利率支付额应当等于：

100 000 000 美元 × 0.040 5 ×90/360＝1 012 500 美元

接下来我们面临的难题是第一季度支付完成后，后面几个季度的浮动利率支付额如何计算。也就是说为期3年的互换协议需要进行12个季度的浮动利率支付。因此，虽然第一个季度的浮动利率支付额已经算出来了，但是接下来另外11笔浮动利率支付额仍然是未知的。不过，我们可以用期货合约对接下来的11笔浮动利率支付进行套期保值。说得更具体一点，我们可以使用欧洲

---

① 该例子摘自 Frank J. Fabozzi, *Fixed Income Analysis for the Chartered Financial Analyst Program* (New Hope, PA: Frank J. Fabozzi Associates, 2000), pp. 609—621.

美元期货合约对未来的互换浮动利率支付额进行套期保值。我们在第 30 章讨论过这种期货合约，现在我们就向大家展示一下如何使用这种合约计算浮动利率的支付额。

第一步，我们先计算一下下一个季度——从第一年的 4 月 1 日到 6 月 30 日——的浮动利率支付额。这个季度共计 91 天。浮动利率支付额要按照 4 月 1 日的 3 个月伦敦银行同业拆借利率的实际值计算，等到 6 月 30 日时再支付。3 个月的欧洲美元期货合约在第一年的 6 月 30 日结算。我们可以把第一年 4 月 1 日的 3 个月伦敦银行同业拆借利率锁定为期货合约对应的利率水平。例如，如果 6 月 30 日结算的欧洲美元期货合约的报价为 95.85，那么如前所述，3 个月的欧洲美元期货利率就等于 4.15％。我们把这个利率称为"远期利率"。因此，如果固定利率支付方在第一年的 1 月 1 日（互换协议的起始日）购买了 100 份这种结算日为 6 月 30 日的 3 个月欧洲美元期货合约，那么便可以锁定该季度的浮动利率支付额（4 月 1 日至 6 月 30 日）：

$$100\ 000\ 000\ 美元 \times 0.041\ 5 \times 91/360 = 1\ 049\ 028\ 美元$$

（请注意每一份期货合约标的物的面值为 100 万美元，因此 100 份期货合约的总面值为 1 亿美元。）同样地，我们也可以使用欧洲美元期货合约锁定接下来 10 个季度的浮动利率支付额。需要特别强调的一点是参考利率的值要在支付周期期初时确定，但是实际支付要等到支付周期的期末。

表 31—2 是 3 年期互换协议的支付时间表。其中第一列是每个季度的开始日期，第二列是每个季度的结束日期。第一季度末（第一年的 3 月 31 日）收到的浮动利率支付额为 1 012 500 美元，这是唯一一笔事先确定的浮动利率支付额。用于计算第一笔浮动利率支付额的信息是第四列提供的当前 3 个月伦敦银行同业拆借利率的值（4.05％）。第八列是计算得到的浮动利率支付额。

请注意，第七列是第 1 到第 12 季度的序号。注意看第七列的标题，这一列是按照季度末来确定每个季度的。这一点很重要，因为我们最终要对浮动利率支付额（现金流）进行贴现。我们必须小心一点，弄清楚每一笔支付额具体的发生时间，这样才能准确地进行贴现。因此，对于第一笔浮动利率支付额 1 012 500 美元，我们知道这笔现金流会发生在第一季度结束时。于是，当我们提到任意一笔支付额对应的时间周期时，要牢记支付额（现金流）的发生时间为季度末。所以，第五笔浮动利率支付额 1 225 000 美元是第五个互换周期的支付额，也就是说浮动利率支付方会在第五个季度末支付这笔现金流。

表 31—2　　　　基于初始 LIBOR 和欧洲美元期货合约计算的浮动利率支付现金流

(1) 季度起始日	(2) 季度终止日	(3) 本季度 天数	(4) 当前的 3 个 月 LIBOR	(5) 欧洲美 元期货价 格（美元）	(6) 远期利率	(7) 周期序 号＝季度末	(8) 每季度末的 浮动利率支付 现金流（美元）
第一年 1 月 1 日	第一年 3 月 31 日	90	4.05％			1	1 012 500
第一年 4 月 1 日	第一年 6 月 30 日	91		95.85	4.15％	2	1 049 028
第一年 7 月 1 日	第一年 9 月 30 日	92		95.45	4.55％	3	1 162 778

(1)	(2)	(3)	(4)	(5)	(6)	(7)	(8)
季度起始日	季度终止日	本季度天数	当前的3个月LIBOR	欧洲美元期货价格（美元）	远期利率	周期序号＝季度末	每季度末的浮动利率支付现金流（美元）
第一年10月1日	第一年12月31日	92		95.28	4.72％	4	1 206 222
第二年1月1日	第二年3月31日	90		95.10	4.90％	5	1 225 000
第二年4月1日	第二年6月30日	91		94.97	5.03％	6	1 271 472
第二年7月1日	第二年9月30日	92		94.85	5.15％	7	1 316 111
第二年10月1日	第二年12月31日	92		94.75	5.25％	8	1 341 667
第三年1月1日	第三年3月31日	90		94.60	5.40％	9	1 350 000
第三年4月1日	第三年6月30日	91		94.50	5.50％	10	1 390 278
第三年7月1日	第三年9月30日	92		94.35	5.65％	11	1 443 889
第三年10月1日	第三年12月31日	92		94.24	5.76％	12	1 472 000

现在让我们再来看看固定利率支付额。互换协议会详细说明互换期间双方相互交换支付的次数与频率。固定利率支付方与浮动利率支付方的支付频率并不一定相等。例如，在前面我们举例说明的为期三年的互换交易中，浮动利率支付方每个季度支付一次，而固定利率支付方每半年而非每季度支付一次。

在上面这个例子中，我们假设固定利率支付方每个季度支付一次，支付频率与浮动利率支付方相同。天数的计算原则也与浮动利率支付方相同，使用"实际天数/360"的市场交易惯例。因此，固定利率支付方在一个互换周期内应支付的金额可使用下列公式计算：

$$名义金额 \times 互换利率 \times \frac{支付周期的天数}{360}$$

除了用互换利率替代了参考利率（在我们的例子中使用的是3个月伦敦银行同业拆借利率），上面这个公式与计算浮动利率支付额的公式基本上是相同的。

例如，假设互换利率等于4.98％，某季度的天数为90天，则该季度固定利率支付方应支付的金额等于：

$$100\ 000\ 000\ 美元 \times 0.049\ 8 \times 90/360 = 1\ 245\ 000\ 美元$$

表31—3列出了当互换利率为4.987 5％时固定利率支付方每次支付的金额。（后面我们会讲到互换利率是如何确定的。）表中前三列提供的信息与表31—2是完全相同的——季度的起始日与终止日以及本季度的天数。第四列是本季度的排列序号。即周期1代表的是第一季度末，周期2代表的是第二季度末，依此类推。第五列给出的是基于4.987 5％的互换利率算出的每个互换周期固定利率支付方应支付的金额。

在互换双方相互支付的金额已知的情况下，我们可以向大家说明互换利率是如何计算的。当利率互换协议刚刚签订时，交易双方同意未来相互交换支付，但是眼下双方都不用预先支付。互换协议的条款必须使双方支付的现金流的现值和与收到的现金流的现值和是相等的。事实上，为了消除套利机会，其中任意一方支付现金流的现值和必须与其收到的现金流的现值和相等。现金流支付额现值和的相等是计算互换利率时必须依据的重要原理。

表 31—3　　　　　　　　　　　互换利率为 4.987 5%时的固定利率支付额

季度起始日	季度终止日	本季度天数	周期序号＝季度末	假定互换利率为 4.987 5% 时的固定利率支付额
第一年 1 月 1 日	第一年 3 月 31 日	90	1	1 246 875 美元
第一年 4 月 1 日	第一年 6 月 30 日	91	2	1 260 729 美元
第一年 7 月 1 日	第一年 9 月 30 日	92	3	1 274 583 美元
第一年 10 月 1 日	第一年 12 月 31 日	92	4	1 274 583 美元
第二年 1 月 1 日	第二年 3 月 31 日	90	5	1 246 875 美元
第二年 4 月 1 日	第二年 6 月 30 日	91	6	1 260 729 美元
第二年 7 月 1 日	第二年 9 月 30 日	92	7	1 274 583 美元
第二年 10 月 1 日	第二年 12 月 31 日	92	8	1 274 583 美元
第三年 1 月 1 日	第三年 3 月 31 日	90	9	1 246 875 美元
第三年 4 月 1 日	第三年 6 月 30 日	91	10	1 260 729 美元
第三年 7 月 1 日	第三年 9 月 30 日	92	11	1 274 583 美元
第三年 10 月 1 日	第三年 12 月 31 日	92	12	1 274 583 美元

因为我们必须计算支付现金流的现值，所以本节我们会详细向大家介绍如何计算现金流的现值。正如前面所述，在计算各笔支付现金流的现值时我们必须非常小心。尤其值得一提的是，我们必须弄清楚下面这两个要素：（1）支付现金流发生的时间点；（2）应当被用于贴现这笔现金流的适当利率水平。第一个问题我们已经解释过了。在提供支付现金流的表格时，我们曾经说过支付行为发生在季度末。因此，我们认为支付现金流的发生时间点就是季度末。

那么，哪一个利率水平适合用来贴现现金流呢？每一笔现金流都要用它自己对应的贴现率即即期利率来进行贴现。例如，如果我们用周期 t 的即期利率对 1 美元的现金流进行贴现，那么其现值应等于：

$$周期\,t\,收到的\,1\,美元现金流的现值＝\frac{1\,美元}{(1＋周期\,t\,的即期利率)^t}$$

正如我们在第 19 章里讲过的那样，我们可以根据即期利率推导远期利率，因此如果我们远期利率代替即期利率对现金流进行贴现，那么可以得到相同的结果。即，周期 t 收到的 1 美元现金流的现值也可以用下面这个等式计算：

$$周期\,t\,收到的\,1\,美元现金流的现值＝$$

$$\frac{1\,美元}{(1＋周期\,1\,的远期利率)(1＋周期\,2\,的远期利率)\cdots(1＋周期\,t\,的远期利率)}$$

我们把周期 t 收到的 1 美元现金流的现值叫做**远期贴现因子**（forward discount factor）。在有关互换协议的计算中，我们可以用远期利率计算某个周期的远期贴现因子。同样是这些远期利率，它们还可被用于计算浮动利率支付额。说得更具体一些，我们是基于欧洲美元期货合约推导这些远期利率的。不过，我们必须多进行一项调整。我们必须把公式中用到的远期利率按照支付周期的天数（在上面这个例子中指的就是季度的天数）进行调整。也就是说，要使计算远期利率时使用的天数法则与计算支付额时使用的天数法则相同。适用于某个支付周期的远期利率叫做**周期远期利率**（period forward rate）可用下列公式计算：

$$周期远期利率＝年远期利率×\frac{支付周期的天数}{360}$$

例如，根据表31—2，第四周期的年远期利率为4.72%，则第四周期的周期远期利率就等于：

$$周期远期利率＝4.72\%×\frac{92}{360}＝1.206\ 2\%$$

表31—4中的第五列给出了12个支付周期对应的年远期利率（根据表31—2计算得到），第六列给出的是12个支付周期对应的周期远期利率。请注意第一个支付周期的周期远期利率等于4.05%乘以90/360，即等于已知的3个月伦敦银行同业拆借利率再乘以90/360。

表31—4的最后一列还提供了12个支付周期的远期贴现因子的值。让我们看一看第一、第二和第三个周期的远期贴现因子是怎样算出来的。对于第一个支付周期，其远期贴现因子等于：

$$远期贴现因子＝\frac{1}{1.012\ 5}＝0.989\ 976\ 49$$

第二个支付周期：

$$远期贴现因子＝\frac{1}{1.010\ 125×1.010\ 490}＝0.979\ 699\ 17$$

第三个支付周期：

$$远期贴现因子＝\frac{1}{1.010\ 125×1.010\ 490×1.011\ 628}＝0.968\ 438\ 39$$

表 31—4 计算远期贴现因子

(1) 季度起始日	(2) 季度终止日	(3) 本支付周期的天数	(4) 周期序号＝季度末	(5) 周期远期利率	(6) 远期利率	(7) 远期贴现因子
第一年1月1日	第一年3月31日	90	1	4.05%	1.012 5%	0.989 976 49
第一年4月1日	第一年6月30日	91	2	4.15%	1.049 0%	0.979 699 17
第一年7月1日	第一年9月30日	92	3	4.55%	1.162 8%	0.968 438 39
第一年10月1日	第一年12月31日	92	4	4.72%	1.206 2%	0.956 896 09
第二年1月1日	第二年3月31日	90	5	4.90%	1.225 0%	0.945 315 97
第二年4月1日	第二年6月30日	91	6	5.03%	1.271 5%	0.933 447 45
第二年7月1日	第二年9月30日	92	7	5.15%	1.316 1%	0.921 321 83
第二年10月1日	第二年12月31日	92	8	5.25%	1.341 7%	0.909 124 41
第三年1月1日	第三年3月31日	90	9	5.40%	1.350 0%	0.897 014 71
第三年4月1日	第三年6月30日	91	10	5.50%	1.390 3%	0.884 714 72
第三年7月1日	第三年9月30日	92	11	5.65%	1.443 9%	0.872 122 24
第三年10月1日	第三年12月31日	92	12	5.76%	1.472 0%	0.859 470 83

当某个支付周期的浮动利率支付额及该周期的远期贴现因子已知时，我们可以算出这笔浮动利率支付额的现值。例如，根据表31—2，我们知道第四个支付周

期的浮动利率支付额为 1 206 222 美元。根据表 31—4，我们知道第四个支付周期的远期贴现因子等于 0.956 896 09。因此，这笔支付现金流的现值应当等于：

第四个支付周期支付额的现值＝1 206 222 美元×0.956 896 09＝1 154 229 美元

表 31—5 给出了每一笔现金流支付额的现值。12 笔浮动利率支付额的现值和等于 14 052 917 美元。也就是说，固定利率支付方收到的利息支付额的现值和为 14 052 917 美元，因此固定利率支付方向对方支付的现金流的现值和也必须等于 14 052 917 美元。

固定利率付款方要求自己按照互换利率支付的固定利率利息的现值和不能超过浮动利率付款方支付的现值和 14 052 917 美元。固定利率收款方（即浮动利率支付方）则要求自己收到的固定利率利息的现值和至少不能低于自己支付的浮动利率利息的现值和 14 052 917 美元。这意味着双方都要求固定利率支付额的现值和要正好等于 14 052 917 美元。那么此时，固定利率支付额的现值和与浮动利率支付额的现值和就刚好相等，所以在互换协议刚刚签订时，对交易双方来说，该互换协议的价值为零。用于计算固定利率支付额的现值的利率与计算浮动利率支付额现值时使用的贴现率是完全相同的。

在互换协议刚刚签订时，当不存在任何套利机会时，下列关系式成立：

浮动利率支付额的现值＝固定利率支付额的现值

表 31—5　　　　　　　　　　　　浮动利率支付额的现值

(1) 季度起始日	(2) 季度终止日	(3) 周期序号＝季度末	(4) 远期贴现因子	(5) 每季度末的浮动利率支付现金流	(6) 现金流的现值
第一年 1 月 1 日	第一年 3 月 31 日	1	0.989 976 49	1 012 500 美元	1 002 351 美元
第一年 4 月 1 日	第一年 6 月 30 日	2	0.979 699 17	1 049 028 美元	1 027 732 美元
第一年 7 月 1 日	第一年 9 月 30 日	3	0.968 438 39	1 162 778 美元	1 126 079 美元
第一年 10 月 1 日	第一年 12 月 31 日	4	0.956 896 09	1 206 222 美元	1 154 229 美元
第二年 1 月 1 日	第二年 3 月 31 日	5	0.945 315 97	1 225 000 美元	1 158 012 美元
第二年 4 月 1 日	第二年 6 月 30 日	6	0.933 447 45	1 271 472 美元	1 186 852 美元
第二年 7 月 1 日	第二年 9 月 30 日	7	0.921 321 83	1 316 111 美元	1 212 562 美元
第二年 10 月 1 日	第二年 12 月 31 日	8	0.909 124 41	1 341 667 美元	1 219 742 美元
第三年 1 月 1 日	第三年 3 月 31 日	9	0.897 014 71	1 350 000 美元	1 210 970 美元
第三年 4 月 1 日	第三年 6 月 30 日	10	0.884 714 72	1 390 278 美元	1 229 999 美元
第三年 7 月 1 日	第三年 9 月 30 日	11	0.872 122 24	1 443 889 美元	1 259 248 美元
第三年 10 月 1 日	第三年 12 月 31 日	12	0.859 470 83	1 472 000 美元	1 265 141 美元
				共计	14 052 917 美元

互换利率的计算公式推导过程如下。周期 t 的固定利率支付额等于：

$$名义金额×互换利率×\frac{支付周期\ t\ 的天数}{360}$$

周期 t 内固定利率支付额的现值等于上式的计算结果乘以之前讲过的周期 t 的远期贴现因子。因此，周期 t 的固定利率支付额的现值就等于：

$$名义金额 \times 互换利率 \times \frac{支付周期\,t\,的天数}{360} \times 周期\,t\,的远期贴现因子$$

把每个支付周期的固定利率支付额的现值加在一起，就等于固定利率支付额的现值和。用 N 代表互换有效期内支付周期的数量，则固定利率支付的现值和可以写作：

$$互换利率 \times \sum_{t=1}^{N} 名义金额 \times \frac{支付周期的天数}{360} \times 周期\,t\,的远期贴现因子$$

不存在套利机会的条件是上面公式给出的固定利率支付额的现值和与浮动利率支付额的现值和正好相等。即：

$$互换利率 \times \sum_{t=1}^{N} 名义金额 \times \frac{支付周期的天数}{360} \times 周期\,t\,的远期贴现因子$$
$$= 浮动利率支付额的现值和$$

公式变形后求出互换利率的计算式：

$$互换利率 = \frac{浮动利率支付额的现值和}{\sum_{t}^{N} 名义金额 \times \dfrac{周期\,t\,的天数}{360} \times 周期\,t\,的远期贴现因子}$$

当等式右边各项的值已知时，我们便可以求出互换利率的值。

现在，让我们用这一公式计算一下例子中 3 年期互换协议的互换利率。表 31—6 给出了公式分母的计算过程。该表中第五列给出的各个支付周期的远期贴现因子来自表 31—5 的第四列。表 31—6 最后一列的和就是互换利率计算公式的分母值，281 764 282 美元。由表 31—5 可知，浮动利率支付额的现值和等于 14 052 917 美元。因此，互换利率等于：

$$互换利率 = \frac{14\ 052\ 917\ 美元}{281\ 764\ 282\ 美元} = 4.987\ 5\%$$

求出互换利率以后，我们便可以算出互换利差的值。例如，对于这份为期 3 年的互换协议，市场惯例是用 3 年期的指标国债的预期收益率作为衡量标准。如果这批指标国债的预期收益率为 4.587 5%，那么互换利差就等于 40 个基点（4.987 5% − 4.587 5%）。

所有互换协议的互换利率的计算都要遵循同一条原则：固定利率支付额的现值和与浮动利率支付额的现值和相等。

表 31—6   **计算互换利率公式的分母**

(1) 季度起始日	(2) 季度终止日	(3) 本支付周期的天数	(4) 周期序号=季度末	(5) 远期贴现因子	(6) 天数/360	(7) 贴现因子×名义金额×天数/360
第一年 1 月 1 日	第一年 3 月 31 日	90	1	0.989 976 49	0.250 000 00	24 749 412 美元
第一年 4 月 1 日	第一年 6 月 30 日	91	2	0.979 699 17	0.252 777 78	24 764 618 美元
第一年 7 月 1 日	第一年 9 月 30 日	92	3	0.968 438 39	0.255 555 56	24 748 981 美元
第一年 10 月 1 日	第一年 12 月 31 日	92	4	0.956 896 09	0.255 555 56	24 454 011 美元
第二年 1 月 1 日	第二年 3 月 31 日	90	5	0.945 315 97	0.250 000 00	23 632 899 美元

(1) 季度起始日	(2) 季度终止日	(3) 本支付 周期的天数	(4) 周期序 号=季度末	(5) 远期贴 现因子	(6) 天数/ 360	(7) 贴现因子×名义 金额×天数/360
第二年 4 月 1 日	第二年 6 月 30 日	91	6	0.933 447 45	0.252 777 78	23 595 477 美元
第二年 7 月 1 日	第二年 9 月 30 日	92	7	0.921 321 83	0.255 555 56	23 544 891 美元
第二年 10 月 1 日	第二年 12 月 31 日	92	8	0.909 124 41	0.255 555 56	23 233 179 美元
第三年 1 月 1 日	第三年 3 月 31 日	90	9	0.897 014 71	0.250 000 00	22 425 368 美元
第三年 4 月 1 日	第三年 6 月 30 日	91	10	0.884 714 72	0.252 777 78	22 363 622 美元
第三年 7 月 1 日	第三年 9 月 30 日	92	11	0.872 122 24	0.255 555 56	22 287 568 美元
第三年 10 月 1 日	第三年 12 月 31 日	92	12	0.859 470 83	0.255 555 56	21 964 255 美元
					共计	281 764 282 美元

互换协议的估值

一旦互换协议签订并生效，市场利率的变动就会改变互换交易中浮动利率支付方的实际支付金额，于是，互换协议的价值就等于互换双方支付额现值的差值。根据欧洲美元期货合约推导出的 3 个月伦敦银行同业拆借利率的远期利率水平可被用于：(1) 计算浮动利率支付额；(2) 计算用于求解支付额现值的贴现因子的值。

为了说明这一原理，我们仍然以前面用来解释如何计算互换利率的 3 年期互换协议为例。假设一年后，利率水平发生了变化，如表 31—7 的第四列和第六列所示。第四列给出的是当前 3 个月伦敦银行同业拆借利率的值。第五列是每个季度欧洲美元期货合约的价格。第六列的远期利率是根据第四列与第五列的数据计算得出的。请注意，互换协议进行一年后，市场的利率水平上升了，因为表 31—7 中的利率水平要高于表 31—2 中的利率水平。与表 31—2 一样，当前 3 个月伦敦银行同业拆借利率以及远期利率的值可被用于计算浮动利率支付额。表 31—7 的第八列给出了每个季度的浮动利率支付额。

表 31—7 市场利率上升时一年后的利率水平及浮动利率支付额

(1) 季度起始日	(2) 季度终止日	(3) 本季 度天数	(4) 当前 的 3 个 月 LIBOR	(5) 欧洲 美元期 货价格	(6) 期货 利率	(7) 周期 序号= 季度末	(8) 季度末 的浮动利 率支付额
第二年 1 月 1 日	第二年 3 月 31 日	90	5.25%			1	1 312 500 美元
第二年 4 月 1 日	第二年 6 月 30 日	91		94.27 美元	5.73%	2	1 448 417 美元
第二年 7 月 1 日	第二年 9 月 30 日	92		94.22 美元	5.78%	3	1 477 111 美元
第二年 10 月 1 日	第二年 12 月 31 日	92		94.00 美元	6.00%	4	1 533 333 美元
第三年 1 月 1 日	第三年 3 月 31 日	90		93.85 美元	6.15%	5	1 537 500 美元
第三年 4 月 1 日	第三年 6 月 30 日	91		93.75 美元	6.25%	6	1 579 861 美元
第三年 7 月 1 日	第三年 9 月 30 日	92		93.54 美元	6.46%	7	1 650 889 美元
第三年 10 月 1 日	第三年 12 月 31 日	92		93.25 美元	6.75%	8	1 725 000 美元

表 31—8 计算了每个支付周期的远期贴现因子。计算方法与表 31—4 计算每个支付周期的远期贴现因子的方法完全相同。表 31—8 的第八列给出了每个支付

周期对应的远期贴现因子。

表31—9给出了每个支付周期的远期贴现因子（源自表31—8）及浮动利率支付额（源自表31—7）。固定利率支付额无需重新计算，大家可以直接参考表31—7的第八列。我们是根据4.987 5%的互换利率来计算固定利率支付额的，见表31—9的第六列。现在，我们必须使用新的远期贴现因子对两个支付现金流进行贴现。正如表31—9的最后一行所示，两个支付现金流的现值和分别等于：

浮动利率支付额的现值和	11 459 495 美元
固定利率支付额的现值和	9 473 390 美元

很明显，求出的两个现值和并不相等，因此对于互换的一方来说，互换的价值在增加，而对于另一方来说，互换的价值在下跌。让我们看一看哪一方获益，哪一方亏损。

表31—8　　　　　　　市场利率上升时一年后的周期远期利率与远期贴现因子

(1) 季度起始日	(2) 季度终止日	(3) 本支付 周期的天数	(4) 周期序号= 季度末	(5) 远期 利率	(6) 周期 远期利率	(7) 远期 贴现因子
第二年1月1日	第二年3月31日	90	1	5.25%	1.312 5%	0.987 045 03
第二年4月1日	第二年6月30日	91	2	5.73%	1.448 4%	0.972 952 63
第二年7月1日	第二年9月30日	92	3	5.78%	1.477 1%	0.958 790 23
第二年10月1日	第二年12月31日	92	4	6.00%	1.533 3%	0.944 310 80
第三年1月1日	第三年3月31日	90	5	6.15%	1.537 5%	0.930 011 86
第三年4月1日	第三年6月30日	91	6	6.25%	1.579 9%	0.915 547 49
第三年7月1日	第三年9月30日	92	7	6.46%	1.650 9%	0.900 678 29
第三年10月1日	第三年12月31日	92	8	6.75%	1.725 0%	0.885 405 05

表31—9　　　　　　　市场利率上升时一年后互换协议的估值

(1) 季度起始日	(2) 季度终止日	(3) 远期 贴现因子	(4) 季度末的 浮动利率支 付额(美元)	(5) 浮动利率 支付额的 现值(美元)	(6) 季度末的 固定利率 支付额(美元)	(7) 固定利率 支付额的 现值(美元)
第二年1月1日	第二年3月31日	0.987 045 03	1 312 500	1 295 497	1 246 875	1 230 722
第二年4月1日	第二年6月30日	0.972 952 63	1 448 417	1 409 241	1 260 729	1 226 630
第二年7月1日	第二年9月30日	0.958 790 23	1 477 111	1 416 240	1 274 583	1 222 058
第二年10月1日	第二年12月31日	0.944 310 80	1 533 333	1 447 943	1 274 583	1 203 603
第三年1月1日	第三年3月31日	0.930 011 86	1 537 500	1 429 893	1 246 875	1 159 609
第三年4月1日	第三年6月30日	0.915 547 49	1 579 861	1 446 438	1 260 729	1 154 257
第三年7月1日	第三年9月30日	0.900 678 29	1 650 889	1 486 920	1 274 583	1 147 990
第三年10月1日	第三年12月31日	0.885 405 05	1 725 000	1 527 324	1 274 583	1 128 523
			共计	11 459 495		9 473 390

总结	固定利率支付方	固定利率收款方
收到的支付额的现值	11 459 495 美元	9 473 390 美元
向对方支付额的现值	9 473 390 美元	11 459 495 美元
互换的价值	1 986 105 美元	−1 986 105 美元

固定利率支付方会收到浮动利率支付的款项，其现值和共计为 11 459 495 美元。固定利率付款方向对方所支付金额的现值和等于 9 473 390 美元。因此，对固定利率支付方来说，互换协议的价值为正，其数值等于两个现值和的差，即 1 986 105 美元，这就是互换协议对于固定利率支付方的价值。请注意，当市场利率水平上升时，固定利率支付方会受益，因为互换协议的价值增加了。

与之相反的是，固定利率收款方（即浮动利率支付方）向对方支付金额的现值和等于 11 459 495 美元，而从对方那里获得的互换收入的现值和仅为 9 473 390 美元。因此，对固定利率收款方来说，互换协议的价值等于－1 986 105 美元。市场利率水平的上升给固定利率收款方造成了负面的影响，因为它会使互换的价值下跌。

同样的估值原理也适用于接下来我们要讲到的其他更为复杂的互换产品。

其他互换产品

迄今为止，我们介绍的都是普通的互换协议或称为利率互换协议。随着借款人和贷款人对资产/负债特征的要求不断发展变化，各种各样非普通型的互换产品开始涌现，其中包括在互换协议有效期内名义本金额可以按照事先约定好的方式变化的互换产品，以及互换双方均支付浮动利率的互换产品。其他更为复杂的互换产品还包括互换期权（swaption），以及直到未来某个时间点互换协议才开始生效的互换产品（被称为远期生效互换，forward start swaps）。我们将在后面的章节里讲到上述这些互换产品。[1] 我们很难在本书里对这些期权产品作为金融机构利率风险管理工具的重要性给出全面的评价，因为本书中风险管理的相关内容涉及的较少。重要的是，这些互换产品并不是单纯地给普通互换产品装上一些华而不实的"装饰品"以便使它们变得更复杂，事实上投资管理公司认为这些复杂的互换产品所拥有的特征恰好是控制利率风险所必需的。

名义本金额可变互换

对普通互换产品来说，其名义本金额在互换有效期内不会变化，因此，有时候人们把普通互换叫做本金不变互换（bullet swap）。与之相反，对于本金分期递减式互换、本金递增式互换和过山车掉期来说，其名义本金额在互换有效期内经常发生变动。

本金分期递减式互换（amortizing swap）的名义本金额在互换协议的有效期内按照事先约定好的方式递减。如果被套期保值的资产价值会随时间的流逝而递减，那么可以使用本金分期递减式互换产品对冲其风险。例如，在前面给出的例子中，我们假设银行发放的商业贷款每半年支付一次利息，直到贷款期满再一次性偿还全部本金。不过，如果这些商业贷款只是普通的定期贷款，也就是说假设这些贷款会被分期偿还，那么情况会变成什么样子呢？或者，我们假设这些贷款是普通的分期偿还的抵押贷款。在这样的情形下，贷款的未偿还本金额将会逐渐减少，

---

① 参见 Geoffrey Buetow, Jr. and Frank J. Fabozzi, *Valuation of Interest Rate Swaps and Swaptions* (New Hope, PA: Frank J. Fabozzi Associates, 2001)。

所以银行需要一个名义本金额的分期递减模式与贷款相同的互换产品。

本金递增式互换（accreting swap）和过山车掉期（roller-coaster swap）的知名度还不如本金分期递减式互换。本金递增式互换的名义本金额会在互换有效期内按照事先约定好的方式逐渐增加。过山车掉期的名义本金额在不同的支付周期之间可能会增加，也可能会减少。

基差利率互换与固定期限利率互换

普通利率互换产品要求交易双方相互交换支付固定利率与浮动利率。对**基差利率互换**（basis rate swap）来说，交易双方均支付浮动利率，不过各自选择的参考利率不同。例如，假设一家商业银行持有一个贷款投资组合，贷款利率的定价基础是优惠利率，而银行资金成本的定价基础是伦敦银行同业拆借利率。因此，该银行面临的风险是优惠利率与 LIBOR 之间的利差水平可能会发生变化，这叫做**基差风险**（basis risk）。银行可以使用基差利率互换基于优惠利率向对方支付浮动利率——这里我们可以把优惠利率视为一种参考利率，因为它决定了银行可以获得多少贷款利息——同时收到对方基于 LIBOR 向自己支付的浮动利率。此时 LI-BOR 显然也是一种参考利率，因为它决定了银行的融资成本。

另外一种颇受欢迎的互换产品可以与期限更长的市场参考利率——例如 2 年期国债收益率——而非短期的货币市场利率挂钩。比方说，互换交易的一方可以按照 2 年期国债的收益率向对方支付，而互换交易的另一方则按照伦敦银行同业拆借利率支付。这样的互换产品叫做**固定期限利率互换**（constant maturity swap）。对于固定期限利率互换，固定期限国债收益率的确定通常会参考美联储发布的固定期限国债（Constant Maturity Treasury，CMT）利率。因此，与 CMT 绑定的固定期限利率互换也叫做**固定期限国债利率互换**（Constant Maturity Treasury swap）。

互换期权

以利率互换产品为标的物的期权被称为**互换期权**（swaptions），这种期权赋予期权的购买方在未来某一天签订利率互换协议的权利。期权详细规定了互换协议的有效期、互换条款以及互换利率。互换利率就是互换期权的执行价格。互换期权也有类似于欧式期权的执行规定。也就是说，期权的购买方只能在到期日执行期权。

互换期权有两种类型，支付者互换期权与收款人互换期权。**支付者互换期权**（payer swaption）赋予期权的购买方签订这样的利率互换协议的权利：期权的购买方在互换交易中支付固定利率，收到对方支付的浮动利率。例如，假设支付者互换期权的执行价格为 7%，互换的期限为 3 年，互换期权 2 年后到期。我们再假设这是一个欧式期权，这意味着互换期权的购买方要在 2 年后才有权签订一份为期 3 年的利率互换协议。在这笔利率互换交易中，互换期权的购买方支付固定利率 7%（互换利率就等于互换期权的执行价格），同时收到对方支付的参考利率。

收款人互换期权（receiver swaption）赋予期权的购买方签订一份这样的利率互换协议的权利：期权的购买方在互换交易中支付浮动利率，同时收到对方支付的固定利率。例如，如果互换期权的执行价格为 6.25%，互换的期限为 5 年，期权在 1 年后到期，则期权的购买方有权在 1 年后期权到期时（假设该互换期权是欧式期权）签订一份为期 5 年的互换协议，期权的购买方在互换交易中支付浮动利率，对方向期权的购买方支付 6.25％的固定利率（即互换利率，也就是互换期权的执行价格）。

互换期权如何使用？我们仍然以前面的银行—保险公司为例说明如何使用互换期权来管理利率风险。在利率互换交易中，银行支付固定利率 10％，此即其持有的商业贷款的利率水平。假设商业贷款借款人违约了，那么银行便无法获得 10％的贷款利息，无法履行利率互换交易中的固定利率支付义务。这个问题可以这样解决：银行在最初签订这份利率互换协议时，同时再购买一份互换期权，这份互换期权可以帮助银行在实际上取消或终止已签订的利率互换协议。说得具体一点，银行应当购买一份收款人互换期权，执行这一期权可以获得对方向自己支付的 10％的固定利率，从而刚好抵消了银行在前面那份利率互换协议中应履行的固定利率支付义务。事实上，即使借款人没有违约，他们的其他行为也有可能会对银行造成负面影响。比方说，借款人提前偿还了银行贷款，那么银行将要面临相似的问题。例如，假设商业贷款的利率水平下降至 7％，借款人提前还款。在这种情况下，银行依然要履行利率互换交易中支付固定利率的义务。至于商业贷款借款人的提前还款资金，银行对其进行再投资也只能获得 7％的收益率，低于银行在利率互换交易中要支付的固定利率水平。

远期生效互换

远期生效互换（forward start swap）指的是互换协议中明确规定直到未来某个时间点互换协议才会正式生效的互换产品。因此，互换协议中明确指出了互换交易的未来起始日与到期日。远期生效互换协议还会注明自互换交易生效日起交易双方同意的互换利率的大小。

利率协议

签订了利率协议的双方，其中一方在获得了另一方预先支付的费用以后同意如果未来某个指定的利率水平——被称为参考利率——与事先约定好的利率水平不相同，就会向另一方支付赔偿。如果双方约定好一旦参考利率超过了事先约定的利率水平，一方就向另一方支付赔偿，那么这种产品就叫做**利率上限**（interest rate cap 或 ceiling）。如果双方约定好一旦参考利率低于事先约定的利率水平，一方就向另一方支付赔偿，那么这种产品就叫做**利率下限**（interest rate floor）。事先约定好的利率水平叫做**执行利率**（strike rate）。

利率协议的条款如下所示：

1. 参考利率。
2. 执行利率（利率上限或下限）。
3. 利率协议的期限。
4. 结算的频率。
5. 名义本金额。

例如，假设 C 从 D 那里购买了一份利率上限产品，具体条款如下：

1. 参考利率为 6 个月伦敦银行同业拆借利率。

2. 执行利率为 8%。

3. 利率协议的期限为 7 年。

4. 每 6 个月结算一次。

5. 名义本金额为 2 000 万美元。

根据这份利率协议，在接下来的 7 年时间里，每隔半年时间，只要 6 个月伦敦银行同业拆借利率超过了 8%，D 就要向 C 支付赔偿金。赔偿额等于 6 个月伦敦银行同业拆借利率与 8% 之间的差乘以名义本金额再除以 2。比方说，如果 6 个月以后 6 个月伦敦银行同业拆借利率的值为 11%，则 D 支付给 C 的赔偿金应当等于：(11%－8%)×2 000 万美元/2，即 300 000 美元。如果 6 个月伦敦银行同业拆借利率的值小于等于 8%，则 D 不用向 C 支付赔偿。

再举一个利率下限的例子，已知条件与前面提到的利率上限完全相同。在这种情况下，如果 6 个月伦敦银行同业拆借利率为 11%，那么 D 不用向 C 支付任何赔偿。但是如果 6 个月伦敦银行同业拆借利率小于 8%，那么 D 要向 C 支付差额。例如，假设 6 个月伦敦银行同业拆借利率为 7%，那么 D 应当向 C 支付 100 000 美元 [＝ (8%－7%)×2 000 万美元/2]。

利率上限与利率下限组合在一起可以创造出一种新型产品，**利率上下限**（interest rate collar）。买入利率上限同时卖出利率下限便能构造出利率上下限。目前，一些商业银行和投资银行可以向客户出售以利率协议为标的物的期权产品。以利率上限为标的物的期权叫做**利率上限期权**（captions）；以利率下限为标的物的期权叫做**利率下限期权**（flotions）。

风险/收益特征

对于利率协议，买方要预先支付费用，这笔费用就是买方的最大损失额，同时也是卖方潜在的最大收益额。只有利率协议的卖方需要履行义务。当标的利率水平上升至大于执行利率时，利率上限协议的买方会受益，因为此时卖方要向买方支付赔偿额。当利率水平下降至低于执行利率时，利率下限协议的买方会受益，因为此时卖方要向买方支付赔偿额。

我们如何更好地理解利率上限与利率下限？从本质上看，这两种利率协议都相当于一篮子利率期权的组合。对于利率上限来说，当标的利率水平上升至大于执行利率时，买方会受益，因此利率上限协议类似于买入一篮子以债券为标的物的看跌期权或利率看涨期权。而利率上限协议的卖方实际上相当于卖出了一篮子期权。当标的利率水平下降至低于执行利率时，利率下限的买方会受益。因此，利率下限协议的买方相当于从卖方那里买入了一篮子债券看涨期权或利率看跌期权。

再次提醒大家，复杂的金融衍生产品合约均可以被看作一篮子基本衍生产品的合约，而利率协议可被看作一篮子期权协议。

应用

为了帮助大家了解利率协议如何应用于企业的资产/负债管理，我们仍然使用前面讲解利率互换交易时用过的商业银行—人寿保险公司的例子来说明问题。①

回忆一下，银行的目标是在其资金成本基础上锁定利差收益。但是，由于银行借入的是短期资金，因此其资金成本并不确定。银行可以购买一份利率上限协议，使得执行利率与购买该利率上限的成本的和低于银行发放固定利率商业贷款可以获得的收益率。如果短期利率水平下跌，那么银行虽然无法从利率上限协议中获利，但是其融资成本减少了。因此，利率上限协议为银行的资金成本设定了最高限额，同时还保留了银行可以从市场利率的下跌中获得好处的可能性。所以说，这与我们把利率上限视为是一篮子期权的观点是相符的。

通过卖出利率下限，银行可以降低购买利率上限的成本。在这种情况下，如果标的利率水平下降至低于执行利率，则银行同意向利率下限的买方支付赔偿。出售利率下限可以给银行带来收入，不过这样做也会让银行放弃市场利率低于执行利率带来的潜在收益机会。通过买入利率上限同时卖出利率下限，银行为自己的资金成本设定了一个区间，即利率上下限。

回忆一下人寿保险公司面临的问题：公司承诺在接下来的 5 年里向担保投资合约的持有人支付 9% 的收益率，同时决定把资金投资于很有吸引力的浮动利率金融产品。人寿保险公司面临的风险是市场利率水平下降从而使公司实际赚得的投资收益率低于 9% 的担保投资合约利率与利差的和。人寿保险公司可以购买一份利率下限协议，为自己的投资收益率设定最低限额，不过这样做也就意味着保险公司放弃了利率水平上升带来的潜在盈利机会。为了减少购买利率下限协议的成本，人寿保险公司可以同时卖出一份利率上限协议。不过，这样做意味着保险公司放弃了 6 个月国库券收益率上升以后大于利率上限执行价格所带来的潜在盈利机会。

小　结

本章我们介绍了商业银行与投资银行为客户创造的场外利率风险控制工具。自 20 世纪 80 年代以来，这些场外工具的市场发展十分迅速。

由于某些债券或转手证券难以进行风险对冲，很多金融机构发现场外交易期权在这方面要比交易所交易期权更有效。这些场外交易工具可以按照客户的特殊要求量身定做以满足客户的特定投资目标。奇异期权包括可选择期权与优异表现期权两种类型。收益率曲线期权就是一种奇异期权。赋予期权买方签订一份期权合约的期权产品叫做

复合期权或费用拆分期权。这些期权产品的主要使用者是抵押贷款发放机构，其目的是规避管道风险。

利率互换协议是一种明确规定互换双方在既定时间相互交换利息支付的金融契约。在普通互换协议中，一方支付固定利率，另一方支付浮动利率，双方的具体支付额根据互换协议的名义本金额计算。金融市场参与者使用利率互换协议改变其资产或负债的现金流特征，或者是抓住资本市场的不完善之处进行套利交易。

① 有关利率协议在保险行业应用的更详细情况，读者可以参考 David F. Babbel, Peter Bouyoucos, and Robert Stricker, "Capping the Interest Rate Risk in Insurance Products," in Frank J. Fabozzi (ed.), *Fixed Income Portfolio Strategies* (Chicago: Probus Publishing, 1989), Chapter 21. 其他有关利率协议的应用情况，读者可以参考 Victor J. Haghani and Robert M. Stavis, "Interest Rate Caps and Floors: Tools for Asset/Liability Management," in Frank J. Fabozzi (ed.), *Advances and Innovations in Bond and Mortgage Markets* (Chicago: Probus Publishing, 1989).

为了满足市场参与者各种各样的需求，市场上涌现出了许多新型的互换产品，其中包括名义本金额在互换协议有效期内不断发生变化的互换产品（本金分期递减式互换、本金递增式互换和过山车掉期）、互换期权、基差利率互换和远期生效互换。

购买了利率协议的买方要预先支付费用，将来一旦参考利率与执行利率不同，买方就可以要求卖方支付赔偿金。对利率上限协议的买方来说，如果参考利率升至大于执行利率，那么卖方要向其支付赔偿。对利率下限协议的买方来说，如果参考利率下降至低于执行利率，那么卖方要向其支付赔偿。

利率上限协议可被用于为融资成本设定上限；利率下限协议可被用于为投资收益率设定下限。同时买入利率上限并卖出利率下限，便创造出了一种新产品——利率上下限。

关键术语

本金递增式互换　　　　　生效日　　　　　　到期日
资产互换　　　　　　　　延期日　　　　　　通知日
后端费用　　　　　　　　利率下限期权　　　支付者互换期权
基差利率互换　　　　　　远期贴现因子　　　周期远期利率
基差风险　　　　　　　　远期生效互换　　　收款人互换期权
以看涨期权为标的物的看涨期权　前端费用　过山车掉期
利率上限期权　　　　　　利率上限协议　　　费用拆分期权
以看跌期权为标的物的看涨期权　利率上限　　执行利率
复合期权　　　　　　　　利率上下限　　　　互换利差
固定期限利率互换　　　　利率下限协议　　　互换期权
固定期限国债利率互换　　负债互换　　　　　交易日

思考题

1. a. 金融机构购买场外交易期权的动机是什么？

b. 打算抓住利率波动的机会投机的交易者购买场外交易期权是否有意义？

2. 为什么场外交易期权的买方而非卖方要面临交易对手风险？

3. a. 什么是收益率曲线期权？

b. 收益率曲线期权的盈亏状况如何确定？

4. a. 解释一下复合期权的构造原理。

b. 我们在本章中介绍说复合期权的主要使用者是抵押贷款发放机构，其目的是规避管道风险。你认为为什么复合期权可以被用于规避管道风险？

5. 假设从现在起三个月后顶点制造公司计划借入为期一年的1亿美元资金。顶点公司预计未来自己的借款利率可能等于伦敦银行同业拆借利率再加上100个基点。目前伦敦银行同业拆借利率的水平为10%。

a. 顶点制造公司面临什么融资风险？

b. 假设顶点制造公司与投资银行签订了一份为期三个月的远期利率协议，名义本金额为1亿美元。远期利率协议的条款如下所示：如果三个月后1年期伦敦银行同业拆借利率大于10%，那么投资银行必须向顶点制造公司支付赔偿；如果三个月后1年期伦敦银行同业拆借利率小于10%，那么顶点制造公司必须向投资银行支付赔偿。这份远期利率协议会如何消除你在（a）中提到的融资风险？

6. 下面这段文字摘自1990年8月《美联储公报》中名为《近来公司金融的发展》的文章：

在20世纪80年代以前，市场参与者们把

商业票据和银行贷款划分为短期债务，把公司债券和抵押贷款划分为长期债务的说法从总体上看是合理的。这样的分类方法经常被用于衡量企业的利率风险敞口与流动性风险敞口，其假设前提是短期债务的利率水平是浮动的，而长期债务的利率水平是固定的。

在过去十年间，金融发展与创新使这种分类方法不再那么有意义。

a. 你认为这篇文章里提到的金融发展与创新主要指的是什么？

b. 为什么这些金融发展与创新会使传统的短期债务与长期债务的分类方法变得不再那么有意义？

7. 为什么利率互换协议可以被视作两种现货市场工具构成的头寸？

8. 假设一份利率互换协议的条款如下所示：期限为 5 年，名义本金额为 1 亿美元，每隔 6 个月交换支付一次，固定利率支付方支付 9.05% 的固定利率，同时获得对方支付的伦敦银行同业拆借利率；浮动利率支付方支付伦敦银行同业拆借利率，同时获得 9% 的固定利率支付。现在假设在支付日伦敦银行同业拆借利率水平为 6.5%，那么在这个支付日每一方的支付额与收入额各为多少美元？

9. 假设交易商对 5 年期互换产品的报价如下：固定利率支付方支付 9.5% 的固定利率，同时获得的收入为 LIBOR；浮动利率支付方支付 LIBOR，同时获得的收入为 9.2%。

a. 交易商的买卖价差是多少？

b. 如果参考利率是 5 年期政府债券的收益率，那么交易商的报价会是怎样的？

10. a. 存款性金融机构为什么要使用利率互换产品？

b. 一家打算在债券市场上融资的企业为什么要使用利率互换产品？

11. 在分析互换交易中按照 LIBOR 支付浮动利率这一方的支付现金流时，请解释一下如何计算每次支付现金流的金额。

12. 互换利率如何计算？

13. 互换的价值如何计算？

14. 假设一家人寿保险公司发行了 3 年期的担保投资合约，利率为 10%。在这种情况下，打算将资金投资于浮动利率证券的人寿保险公司通过签订一份为期三年的利率互换协议来对冲风险是否可行？在互换交易中，该人寿保险公司支付浮动利率，获得对方支付的固定利率。

15. 假设储蓄贷款机构购买了一份条款如下所示的利率上限协议：参考利率为 6 个月国库券的收益率；协议期限为 5 年；每半年结算一次；执行利率为 5.5%；名义本金额为 1 000 万美元。我们再进一步假设在某个半年期到期时，6 个月国库券的收益率为 6.1%。

a. 利率上限协议的出售方应向该储蓄贷款机构支付多少美元？

b. 如果此时 6 个月国库券的收益率为 5.45% 而非 6.1%，那么该利率上限协议的出售方应支付多少美元？

16. 应怎样构造利率上下限？

17. 利率协议与利率期权之间有什么关系？

18. 下面这段文字摘自 1991 年 1 月 28 日的《银行快讯》：

穆迪投资者服务公司近来的报告称，衍生产品的大量使用、越来越长的期限以及越来越高的复杂程度加在一起使得使用这些金融工具的银行和证券公司面临了巨大的信用风险。

衍生产品业务包括创造、承销、交易和出售各种各样的金融衍生产品，其中包括以债券、股权证券、商品或外汇为标的物的期权、互换、期货及互换期权。

与传统的交易所内交易的金融衍生品相比，与其他金融机构交易的"场外交易衍生品"也给金融机构带来了新的信用风险。

这段话在谈到商业银行与投资银行从事"衍生产品行业"时提到了两种类型的信用风险。请解释一下这两种信用风险分别指的是什么。

19. 一位投资组合经理人购买了一份执行利率为 6.5% 的互换期权，该期权允许投资组合经理人有权签订一份利率互换协议，成为互换交易中的固定利率支付方，获得对方支付的浮动利率。该互换期权的期限为 5 年。

a. 该互换期权是支付者互换期权还是收款人互换期权？解释一下原因。

b. 执行利率为 6.5% 意味着什么？

20. 储蓄贷款协会的经理正在考虑将互换产品

作为其资产/负债管理策略的组成部分之一。互换产品可被用于将该储蓄贷款协会持有的固定利率住房抵押贷款获得的固定利率收益转变为浮动利率收益。

a. 使用普通的互换产品要面临哪些风险？

b. 为什么这位经理可以考虑使用一种名义本金额随时间递减的利率互换产品？

c. 为什么这位经理可以考虑买入一份互换期权？

21. 假设一家打算发行浮动利率债券的公司正在考虑使用利率互换协议对冲利率风险。也就是说，该公司希望能使用互换产品将融资的成本结构由浮动利率转变为固定利率。

a. 该公司在签订互换协议时应当做固定利率支付方还是浮动利率支付方？

b. 假设该公司在未来的一年里都不打算发行债券，那么为了现在就确定互换协议的具体条款，该公司应当选择哪种类型的互换产品？

22. 利率互换协议的具体条款如下所示：

即日起（第一年1月1日）生效的互换协议。

每个季度支付一次浮动利率，使用"实际天数/360"的计算惯例。

参考利率为3个月的伦敦银行同业拆借利率。

互换协议的名义本金额为4 000万美元。

互换协议的期限为三年。

a. 假设现在3个月LIBOR为5.7%，利率互换交易中的固定利率支付方在互换第一年的3月31日可以获得多少利息收入（假设第一年不是闰年）？

b. 假设在接下来的7个季度里欧洲美元期货的价格如下所示：

季度起始日	季度终止日	本季度天数	欧洲美元期货价格
第一年4月1日	第一年6月30日	91	94.10
第一年7月1日	第一年9月30日	92	94.00
第一年10月1日	第一年12月31日	92	93.70
第二年1月1日	第二年3月31日	90	93.60
第二年4月1日	第二年6月30日	91	93.50
第二年7月1日	第二年9月30日	92	93.20
第二年10月1日	第二年12月31日	92	93.00

计算一下每个季度的远期利率以及每季度末浮动利率支付方实际支付的金额。

c. 在这笔利率互换交易中，每个季度末浮动利率支付方实际支付的金额是多少美元？

23. a. 假设利率互换协议的互换利率为7%，固定利率支付方的支付金额按照"实际天数/360"的天数计算惯例计算。如果2年期互换协议的名义本金额为2 000万美元，假设每个季度的天数如下表所示，则每季度末固定利率支付额分别是多少美元？

季度序号	本季度天数
1	92
2	92
3	90
4	91
5	92
6	92
7	90
8	91

b. 假设（a）中提到的互换协议要求浮动利率支付方每半年而非每季度支付一次，那么固定利率支付方每半年的支付额是多少美元？

c. 前面我们假设2年期利率互换协议的名义本金额保持不变。现在我们假设第一年互换协议的名义本金额为2 000万美元，但是到了第二年，名义本金额变成了1 200万美元。在这种情况下，每半年固定利率支付方实际支付的金额是多少美元？

24. 根据下表提供的当前的3个月LIBOR水平以及欧洲美元期货的5个价格，计算每个支付周期对应的远期利率以及远期贴现因子。

周期	该季度天数	当前的3个月LIBOR	欧洲美元期货价格
1	90	5.90%	
2	91		93.90
3	92		93.70
4	92		93.45
5	90		93.20
6	91		93.14

25. a. 假设当5年期利率互换协议刚刚签订时，参考利率为3个月伦敦银行同业拆借利率，浮动利率支付方支付额的现值和为16 555 000美元。假设固定利率支付方每半年支付一次。再假设固定利率支付额的计算公式如下所示（使用本章内提供的符号）：

$$\text{互换} \atop \text{利率} \times \left(\sum_{t=1}^{N} {\text{名义} \atop \text{金额}} \times \frac{\text{支付周期的天数}}{360} \times {\text{周期 } t \text{ 的远} \atop \text{期贴现因子}} \right) = 236\,500\,000\,(美元)$$

该互换协议的互换利率等于多少？

b. 假设根据指标国债收益率曲线可知 5 年期收益率为 6.4%，则互换利差等于多少？

26. 一份利率互换协议的原始期限为 5 年。现在，该互换协议还有 2 年到期。固定利率支付方尚未支付的现值为 910 000 美元。固定利率支付方尚未支付的现值为 710 000 美元。

a. 从固定利率支付方的角度来看，该互换协议的价值是多少美元？

b. 从浮动利率支付方的角度来看，该互换协议的价值是多少美元？

第32章

信用风险转移工具市场：信用衍生品与债务抵押证券

学习目标

学习完本章内容，读者将会理解以下问题：

- 什么是信用风险转移工具
- 什么是信用衍生品
- 使用信用衍生品的目的
- 信用衍生品的类型与分类
- 怎样确定信用事件
- 什么是信用违约互换
- 信用违约互换的不同类型：单一名称信用违约互换、一篮子信用违约互换以及信用违约互换指数
- 债务抵押证券、债券抵押证券和贷款抵押证券分别代表了什么含义

- 债务抵押证券的结构
- 套利交易与资产负债表交易之间的区别
- 套利交易背后隐藏的经济学原理
- 资产负债表交易的动机
- 什么是合成债务抵押证券以及创造这种新产品的动机是什么
- 什么是信用联结票据
- 对新型信用风险转移工具的思考

在20世纪，衍生品市场的迅速发展使得金融市场的参与者可以有效地使用各种各样的衍生品工具转移利率风险、价格风险和货币风险，以及提高交易标的资产的市场流动性。不过，信用风险的有效转移直到近些年才真正得以实现。正如前面章节里我们解释过的那样，信用风险指的是由于借款人没有能力（实际情况或市场对其的判断）按照借款合同的规定条款偿还债务从而导致债务工具贬值的风险。就公司发行的债务工具而言，信用风险还包括违约风险、信贷利差风险以及信用等级降级风险。

银行等金融机构若想将其发放的贷款隐含的信用风险转移出去，最简单的方

法就是把贷款出售给其他机构。一般情况下，贷款合约要求贷款机构将贷款出售事宜告知借款人。对银行来说，直接出售贷款（尤其是杠杆贷款）这种做法的不足之处就在于会对贷款机构与贷款被出售的公司借款人之间的关系带来潜在伤害。正如第 22 章里讲过的那样，辛迪加贷款克服了贷款直接出售的弊端，因为辛迪加贷款组织的成员银行可以把自己的贷款份额在二级市场上出售。成员银行可以选择转让式或参与式出售其贷款份额。如果采用转让式出售辛迪加贷款的份额，则银行要先得到借款人的许可；参与式就不需要这一步骤，因为采用参与式出售贷款后，借款人偿还的本金和利息会被原贷款机构直接转交给贷款的买入机构，所以借款人根本不需要知道贷款被卖给了谁。

20 世纪 80 年代开始发展起来的另一种信用风险转移（credit risk transfer，CRT）工具便是第 27 章里讨论过的证券化。证券化的操作过程是发放贷款的金融机构把多笔贷款打包整理好，然后将其出售给特殊目的公司（SPV）。特殊目的公司通过发行证券筹集资金，买下这批打包贷款。随后，特殊目的公司便利用打包贷款的借款人定期偿还的本金和利息向证券持有人偿还利息和本金。虽然采用证券化操作的金融机构还要承担一部分与打包贷款有关的信用风险，但是大部分信用风险已经被转移给持有特殊目的公司所发行证券的投资者。

近些年来，市场上出现了另外两种新型信用风险转移工具，它们就是信用衍生品和债务抵押证券（collateralized debt obligations，CDOs）。对金融机构来说，**信用衍生品**（credit derivatives），尤其是信用违约互换，可以让它们在不出售贷款的情况下将贷款的信用风险转移给另一方。债务抵押证券本质上就是证券化技术的实际应用。信用衍生品可以被用于创作各种信用风险转移工具。合成债务抵押证券与信用联结票据是两种最常见的使用了信用违约互换框架的金融产品。本章，我们会详细介绍下列各种信用风险转移工具：信用衍生品、债务抵押证券、合成债务抵押证券以及信用联结票据。

尽管本章的研究重点是分析如何转移公司债务的信用风险，不过事实上信用衍生品和债务抵押证券早已被用来转移主权债务的信用风险以及市政债务的信用风险。[①]

信用衍生品

机构投资者为了更有效地控制投资组合的信用风险，或者金融机构为了有效控制资产负债表的信用风险，以及为了与即期市场交易相比更高效地完成交易，它们会选择使用信用衍生品。例如，信用衍生品能够帮助投资组合管理者在不直接出售现货头寸的情况下更有效地缩减信用风险水平较高的证券头寸的规模，而

---

① 读者若想更多地了解信用衍生品在市政债券市场的应用，可以参考 Frank J. Fabozzi, "Municipal Credit Default Swaps," Chapter 40 in Sylvan G. Feldstein and Frank J. Fabozzi (eds.), *The Handbook of Municipal Bonds* (Hoboken, NJ: John Wiley & Sons, 2008)。至于以市政债券为抵押构建的债务抵押证券，读者可以参考 Rebecca Manning, Douglas J. Lucas, Laurie S. Goodman, and Frank J. Fabozzi, "Municipal Collateralized Debt Obligations," Chapter 41 in *The Handbook of Municipal Bonds*。

通常情况下这是很难做到的。对交易商和对冲基金经理来说，信用衍生品是可以帮助他们杠杆化地加信用市场敞口规模的有效途径。

英国银行家协会（British Bankers' Association，BBA）的一系列出版物见证了信用衍生品市场的不断发展壮大。该协会持续关注信用衍生品市场的发展情况，搜集了许多有关市场规模的信息及数据。英国银行家协会的调查结果显示，1996年信用衍生品市场的市场规模大概在1 800亿美元左右。截至2006年年底，该市场的规模预计已经达到20.2万亿美元。市场预测，到2008年，信用衍生品的市场规模将达到33.1万亿美元。[①] 信用风险模型的不断发展与完善进一步促进了信用衍生品市场规模的持续增长。

信用衍生品有几种分类方法。图32—1给出了其中一种分类方法。表中列出的一些衍生品事实上并不是真正的信用衍生品，因为它们并不仅仅是规避信用风险的衍生工具。相反地，它们可以帮助市场参与者同时规避利率风险与信用风险。

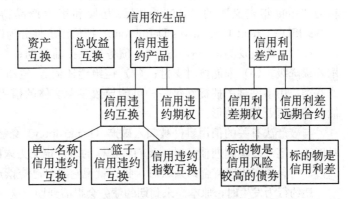

图32—1　信用衍生品的分类

到目前为止，**信用违约互换**（credit default swap）是市场上最受欢迎的信用衍生品。这种信用衍生品不仅仅是市场上使用数量最多的独立产品，而且还可以被广泛应用于各种各样的**结构性信贷产品**（structured credit products）。信用违约互换可能是所有信用衍生品当中最简单的信用风险转移工具，根据英国银行家协会的调查，它是信用衍生品市场上占据主导地位的核心产品。因此，我们会在本章稍后部分介绍信用违约互换产品的各种类型。在本节，我们要讨论的是促进信用衍生品市场飞速发展的一个重要因素：合约文本的标准化。

国际互换和衍生产品协会的文本协议

在1998年以前，由于法律文件尚未实现标准化，信用衍生品市场的发展受到了一定阻碍。每一笔交易（即买卖信用衍生品合约）都要单独起草协议内容。1998年，**国际互换和衍生产品协会**（International Swap and Derivatives Association，ISDA）开发出了标准化的文本协议，市场参与者可以使用这一标准化的文本协议交易信用衍生品合约。ISDA的标准文本协议主要是为信用违约互换产品设

---

① 参见英国银行家协会《2006年信用衍生品报告》。

计的，但是该合同文本的弹性空间足够大，也可以用于其他类型的信用衍生品交易。

参考实体与标的债务

标准化的文本协议会明确**参考实体**（reference entity）和**标的债务**（reference obligation）。参考实体指的是债务工具的发行人，因此也可以被称为**参考发行人**（reference issuer）。参考发行人可以是公司，也可以是主权国家的中央政府。标的债务也可以被称为**标的资产**（reference asset），是交易者专门为其寻求信用风险保护的某笔特定的债务。例如，参考实体可以是福特汽车信贷公司，标的债务可以是福特汽车信贷公司发行的某笔债券。

信用事件

信用衍生品拥有或有支出的支付结构，只有当**信用事件**（credit event）发生时才会引发支付。国际互换和衍生产品协会对信用事件进行了定义。通常被人们称为"1999年定义"的《1999年国际互换和衍生产品协会信用衍生品定义》（1999 ISDA Credit Derivatives Definitions）把信用事件分为以下八个类型：（1）破产；（2）并购引发的信用事件；（3）债务交叉提前到期；（4）连带违约；（5）信用评级降级；（6）未能按时支付；（7）拒绝偿还债务/宣布停止还款；（8）重组。这八类信用事件试图捕捉到每一种可能导致参考实体的信用质量发生恶化或标的债务的价值贬值的情形。

与破产法有关的信用事件被归入**破产**（bankruptcy）条款；当参考实体无法按时偿还一笔或多笔到期债务时，我们将这样的事件定义为**未能按时支付**（failure to pay）。当参考实体违背合约条款时，我们就说它对自己应偿还的债务违约了。

违约行为发生时，原本尚未到期的债务会提前到期，这叫做**债务提前到期**（obligation acceleration）。参考实体还有可能拒绝支付或质疑其债务的合法性，这样的信用事件被归入**拒绝偿还债务/宣布停止还款**（repudiation/moratorium）类别。

信用衍生品涉及的各种信用事件中最具有争议性的就是债务的重组。当债务合约的条款发生了变动，从而使得新条款对债务持有人（即债权人）的吸引力较原来有所下降时，这样的事件就被归入**重组**（restructuring）类别。可以变更的债务合约条款通常包含但并不仅限于下列名目中的一项或几项：（1）利率水平的降低；（2）本金额的减少；（3）重新安排本金的偿还时间表（即延长债务的到期期限）或者推迟支付利息；（4）改变这笔债务在参考实体债务结构中的优先偿还顺序。

"重组"条款之所以争议最大，主要是因为保护的购买方认为把重组纳入信用事件的行列对自己来说有好处，如果把重组剔除出去，则感觉自己的受保护程度在一定程度上被削弱了。然而与之相反，保护的出售方不愿意把重组纳入信用事件的行列里，因为这样做就意味着哪怕是贷款合约的例行修改也会触动信用事件这条"警戒线"，保护的出售方将不得不向购买方支付相应的赔偿。而且，如果标的债务是一笔贷款，保护的购买方是就是提供该贷款的机构，那么保护的购买方通过修改贷款合约的条款可以获得双重好处。第一个好处是保护的购买方可以获得出售方支付的赔偿。第二个好处是修改贷款协议适度放松某些条款还有助于增进贷款机构（即保护的购买方）与客户（标的债务的债务人）之间的关系。

由于存在这些问题，2001 年 4 月，国际互换和衍生产品协会颁布了《1999 年国际互换和衍生产品协会信用衍生品定义重组条款的定义补充》（Restructuring Supplement to the 1999 ISDA Credit Derivatives Definitions，常被称为"补充定义"），对重组的定义进行了修改。该文件为保护的购买方对借款人（即标的债务的债务人）借入的贷款（即标的债务）进行重组设置了限制条款。这一条款要求贷款重组行为必须满足下列要求才能被视为合格的重组行为：（1）标的债务的持有者至少不低于 4 人；（2）必须大多数持有者（至少三分之二，即 66％的持有人）同意对标的债务进行重组。此外，有些标的债务一旦重组就会导致信用事件发生，保护的购买方会将这笔债务（贷款）的所有权直接转让给保护的出售方，对于这样的标的债务，该补充协议还对其到期期限进行了限制。

随着信用衍生品市场的不断发展，尤其是随着 2002 年高收益公司债券的违约率屡破纪录，主权债务人竟然也会违约，特别值得一提的是市场在 2001 年至 2002 年期间还经历了阿根廷债务危机，市场参与者渐渐学会了如何更好地定义信用事件。2003 年 1 月，国际互换和衍生产品协会公布了修订后的信用事件的定义，这就是《2003 年国际互换和衍生产品协会信用衍生品定义》（2003 ISDA Credit Derivative Definitions，简称为"2003 年定义"）。修订后的定义对 1999 年版本中的部分信用事件定义进行了修正。说得更具体一些，新版本对破产、拒绝偿还债务和重组条款进行了修订。

重组条款的主要变化在于国际互换和衍生产品协会允许交易各方从下列四种重组定义中选出一种定义：（1）**未重组的定义**（no restructuring）；（2）**完全重组定义**（full restructuring）或旧的重组定义（old restructuring）；（3）根据补充定义给出的**修订重组定义**（modified restructuring）；（4）**修改过的修订重组定义**（modified modified restructuring）。最后一个是新选项，是协会为了解决欧洲市场上出现的新问题而引入的新概念。

信用违约互换

信用风险保护的购买方可以利用信用违约互换将信用风险敞口转移给保护的出售方。购买方的主要目的是对某一资产或发行人的信用风险敞口进行套期保值。只有一个参考实体的信用违约互换被称为**单一名称信用违约互换**（single-name credit default swap）。如果有多个参考实体（例如 10 位不同的发行人发行的 10 种高收益公司债券），那么这样的信用违约互换就被称为**一篮子信用违约互换**（basket credit default swap）。**信用违约互换指数**（credit default swap index）与一篮子信用违约互换相似，也有多个参考实体。不过，与一篮子信用违约互换不同的是，信用违约互换指数的一篮子参考实体是标准化的。

在信用违约互换协议中，保护的购买方会向保护的出售方付费，一旦未来标的债务或参考实体的信用事件发生，则购买方有权要求出售方向其赔付。信用事件一旦发生，保护的出售方就必须向购买方支付。

交易商市场的不断发展使得公司和主权参考实体的单一名称信用违约互换协

议已经实现了标准化。虽然交易商之间的交易已经实现了标准化，但是偶尔在市场上我们还是可以看到一些非标准化、量身定做的互换协议。对于寻求信用风险保护的投资组合经理，交易商们愿意为其量身打造非标准化的信用违约互换协议。信用违约互换的有效期一般为5年。投资组合经理可以让交易商创造一个期限刚好等于标的债务期限的互换协议，或者是特意让互换协议的期限缩短一些以配合投资经理的投资期长度。

信用违约互换协议可以选择现金结算，也可以选择以实物交割的方式结算。实物交割意味着如果协议中明确规定的信用事件发生了，那么标的债务的所有权就要由保护的购买方转移给保护的出售方，出售方要向购买方支付现金以换取该所有权。对于单一名称信用违约互换，如果选择实物交割的结算方式，那么交易双方就不用去纠缠标的债务目前的市场价格到底是多少——现金结算时要依据这一价格推算出卖方的支付额——因此实物交割的效率更高。

当信用事件发生时，信用风险保护的出售方支付的金额可能是预先设定好的固定金额，也可能是等于标的债务市场价值的贬值额。对于标准的单一名称信用违约互换，如果其参考实体是公司债券或主权债券，那么保护出售方赔付的名义金额一般是固定不变的。如果交易双方要根据资产价格的贬值金额计算现金结算额，那么通常情况下，资产价格的贬值金额需由多位交易商投票决定。如果互换协议到期时信用事件没有发生，那么双方将会终止互换协议，彼此之间不会再形成债权债务关系。

信用违约互换协议结算时，保护的出售方应向保护的购买方支付的金额可以用多种方法加以计算。例如，信用违约互换协议可以在协议生效日明确规定将来如果发生信用事件，保护的出售方应向保护的购买方支付的确切金额是多少。反过来，信用违约互换协议也可以规定在信用事件发生以后再确定保护的出售方应当赔付多少金额，在这种情况下，保护出售方的赔付金额要参照市场上参考实体其他相似债务的市场价格来计算。

信用违约互换协议的常见安排是保护的购买方会在几个结算日分期支付保护费，而不是预先支付。标准的信用违约互换协议会明确说明保护的购买方应每个季度缴纳一次保护费。

单一名称信用违约互换

现在让我们来了解一下单一名称信用违约互换协议的基本框架。假设参考实体是XYZ公司，标的债务是XYZ公司发行的票面价值为1 000万美元的债券。因此，互换协议的名义金额就等于1 000万美元。**互换费**（swap premium）——即保护的购买方向保护的出售方支付的金额——等于200个基点。

标准化的单一名称信用违约互换协议要求保护的购买方每个季度支付一次互换费。在计算每个季度互换费的金额时，我们要用到债券市场上的某种天数计算惯例。对信用违约互换协议来说，市场常用的天数计算惯例是实际天数/360，利率互换市场也采用同样的惯例。实际天数/360的市场惯例意味着在计算每季度互换费的支付额时，我们要用这个季度的实际天数除以360天（假设一年的总天数为360天）。因此，一个季度的互换费可以使用下列公式计算：

$$一个季度互换费的支付额＝协议的名义金额×互换利率（小数形式）$$
$$×\frac{该季度的实际天数}{360}$$

比方说，假设一份信用违约互换协议的名义金额为 1 000 万美元，某个季度共有 92 天，该协议的互换费为 200 个基点，即 0.02，因此该季度保护的购买方应当支付的互换费等于：

$$10\ 000\ 000\ 美元×\ 0.02\ ×\frac{92}{360}＝51\ 111.11\ 美元$$

如果信用事件没有发生，则保护的购买方要在互换协议的有效期内每个季度支付一笔互换费。如果信用事件发生，那么接下来这两件事也会随之发生：第一，保护的购买方不会再继续向保护的出售方支付互换费用；第二，双方要计算互换协议的**终止价值**（termination value）。计算终止价值的具体程序取决于互换协议的结算条款如何规定，可能是实物交割，也可能是现金结算。单一名称信用违约互换协议的市场常见结算方式是选择实物交割。

采用**实物交割**（physical settlement）方式结算时，保护的购买方会将参考实体发行的特定票面金额的债券转让给保护的出售方。与此同时，保护的出售方要按照债券的票面价值向保护的购买方支付现金。由于所有信用违约互换协议的参考实体均发行了多批债券，因此保护的购买方向保护的出售方转让债券时面临的选择非常多，因为参考实体发行的每种债券均可用于转让。这种情况下符合条件的债券被称为**可交割债务**（deliverable obligations）。互换协议会明确说明可交割债务必须满足的基本特征。请大家回忆一下，我们在讲到国债期货合约时曾经提到过交易所对可用于交割的国债产品有明确规定，持有空头头寸的交易者可以在符合要求的范围内自行选择实际交割哪一种国债产品。卖空方会选择交割成本最低的国债品种，而交易所赋予卖空方的这一选择权实际上就是一种内含选择权。单一名称信用违约互换协议的实物交割也是这样。在可交割债务的一长串名单中，保护的购买方会选择交割成本最低的债券品种转让给保护的出售方。

图 32—2 展示了单一名称信用违约互换协议的基本框架。在信用事件发生前后会有现金的流动。该图假设互换协议采用了实物交割的方式。

投资组合经理可以采用下列几种方式使用单一名称信用违约互换协议。

● 互换市场的流动性要优于公司债券市场，因此要想建立与参考实体有关的敞口，在互换市场上建仓要比在现货市场上直接建仓效率更高。要想建立与参考实体有关的敞口，投资组合经理可以做保护的出售方，因此可以获得对方支付的互换费。

● 公司债券市场的实际环境会使投资组合经理很难在参考实体资信状况恶化时迅速卖掉手上持有的全部相关债券。其实不用卖掉所有债券，投资组合经理可以通过在互换市场上购买保护的方式来规避风险。

● 如果投资组合经理预期某位发行人的财务状况未来有可能恶化，打算基于这一预期建立头寸，也就是说要做空该发行人发行的债券。不过，在公司债券市

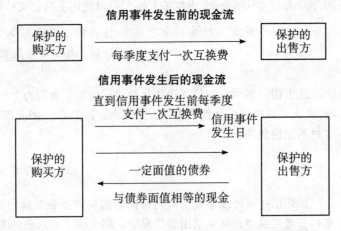

保护的购买方 → 每季度支付一次互换费 → 保护的出售方

信用事件发生后的现金流

保护的购买方 → 直到信用事件发生前每季度支付一次互换费 → 信用事件发生日

一定面值的债券 →

← 与债券面值相等的现金

保护的出售方

图 32—2 单一名称信用违约互换协议的框架（实物交割）

场上很难做空某种债券。于是，投资组合经理可以作为保护的购买方签订一份互换协议，这就相当于建立了债券的空头头寸。

● 如果投资组合经理打算在公司债券市场上建立杠杆头寸，那么互换市场可以帮助他实现这一目标。保护的购买方拥有的经济头寸就等同于公司债券市场上的杠杆头寸。

一篮子信用违约互换

一篮子信用违约互换必须具体说明在什么情况下保护的出售方要向购买方赔付。例如，如果一篮子信用违约互换协议共有 10 个标的债务，那么是不是即使这 10 个标的债务中只有一个发生了信用事件，保护的出售方也必须向保护的购买方赔付呢？这要视情况而定。一篮子信用违约互换的具体结构可采用多种形式。

最简单的处理方法是只要有一笔标的债务违约了，保护的出售方就要向保护的购买方进行支付，同时终止互换协议。这种类型的互换协议被称为**首次违约一篮子信用违约互换**（first-to-default basket swap）。同理，如果是两笔标的债务的违约会引发保护出售方的赔付，则这样的产品就叫做**二次违约一篮子信用违约互换**（second-to-default basket swap）。总的来说，如果 k 笔标的债务的违约会引发保护出售方的赔付，那么这样的产品就被称为 **k 次违约一篮子信用违约互换**（k-to-default basket swap）。

与单一名称信用违约互换不同的是，一篮子信用违约互换更喜欢使用现金结算的方式。采用现金结算方式时，互换协议的终止价值等于标的债务的名义金额与信用事件发生后其市场价值的差额。于是，保护的出售方要将互换协议的终止价值支付给保护的购买方。保护的购买方不会把债券转让给保护的出售方。一篮子信用违约互换的协议文本会明确指明信用事件发生时标的债务的市场价值如何确定。

信用违约互换指数

信用违约互换指数（credit default swap index）这种产品的基本功能是把标准化的一篮子参考实体的信用风险由保护的购买方转移给保护的出售方。在北美地区，唯一标准化的指数就是道琼斯公司发布并管理的那些指数。对公司债券来说，投资级别债券与高等级的债券分别有对应的独立指数。交易最为活跃的信用违约互换协议所使用的标的指数是"北美投资级别指数"（North American Investment Grade Index，其代码为 DJ. CDX. NA. IG）。正如其名字所显示的那样，该互换指数的参考实体是那些拥有投资信用级别的实体。该指数包含了北美地区 125 家企业，每家企业在指数中所占的权重都是相同的。也就是说，每家企业（即参考实体）在指数中所占的权重均为 0.8%。道琼斯公司每半年更新一次该指数。

信用违约互换指数的交易机制与单一名称信用违约互换协议有些微的区别。和单一名称信用违约互换相同的是，保护的购买方要支付互换费。不过，如果信用事件发生，单一名称信用违约互换的保护购买方会立即停止支付互换费。与之相反的是，在同等情况下，信用违约互换指数的保护购买方要继续支付互换费。不过，购买方每季度支付的互换费的金额较之前会有所减少。这是因为参考实体发生了信用事件，导致互换协议的名义金额要适度缩减。

例如，假设一位投资组合管理公司是 DJ. CDX. NA. IG 的保护购买方，互换协议的名义金额为 2 亿美元。使用下列公式计算保护购买方每季度支付的互换费是多少美元。在信用事件发生之前，购买方应支付的互换费等于：

$$200\,000\,000\ \text{美元} \times \text{互换利率（小数形式）} \times \frac{\text{该季度的实际天数}}{360}$$

其中一家参考实体发生了信用事件以后，互换协议的名义金额由原来的 2 亿美元减少到 199 840 000 美元。新的名义金额相当于原始名义金额 2 亿美元的 99.2%，因为 DJ. CDX. NA. IG 中每家参考实体所占的权重都等于 0.8%。因此，直到互换协议的到期日或者在余下 124 家参考实体再发生第二件信用事件之前，保护的购买方每个季度应支付的互换费等于：

$$199\,840\,000\ \text{美元} \times \text{互换利率（小数形式）} \times \frac{\text{该季度的实际天数}}{360}$$

在本书写作期间，信用违约互换指数的结算方式尚为实物交割方式。不过，市场正在考虑逐步尝试现金结算方式。原因在于进行实物交割时，待交割的参考实体（该实体发生了信用事件）所发行的债券通常规模较小，属于零星交易，因此实物交割的成本相对较高，这样做不合算。例如，有一份信用违约互换指数合约，如果信用事件发生了，保护的购买方要把参考实体发行的面值为 160 000 美元的债券转让给保护的出售方。不管是保护的购买方还是出售方，对于这么小的债券交易量，都不愿意花时间去做。

图 32—3 展示了一家参考实体发生信用事件后普通的信用违约互换指数合约的现金流状况。

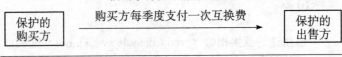

信用事件发生前的现金流

购买方每季度支付一次互换费

保护的购买方 →（购买方每季度支付一次互换费）→ 保护的出售方

参考实体X发生信用事件以后的现金流情况

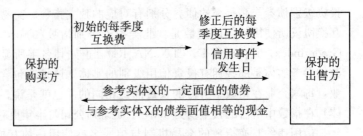

图 32—3　信用违约互换指数的交易机制（实物交割）

　　由于信用违约互换指数（例如 DJ. CDX. NA. IG）可以创造多样化的一篮子信用资产敞口，因此投资管理公司可以利用这一工具灵活调整投资组合相对于某一债券市场指数的信用风险敞口规模。通过签订信用违约互换指数合约成为保护的出售方，投资管理公司可以增加信用风险敞口的规模。同理，如果成为互换协议保护的购买方，则投资管理公司可以相应地减少信用风险敞口的规模。

债务抵押证券

　　债务抵押证券（collateralized debt obligation，CDO）是以一篮子多样化债务工具作为抵押品而发行的证券，其中作为抵押品的债务工具可以是下列各种债务形式中的一种或几种：

- 美国国内投资级别的公司债券以及高收益率的公司债券。
- 美国国内的银行贷款。
- 新兴市场债券。
- 特殊情况贷款和不良债权。
- 外国银行贷款。
- 资产支持证券。
- 住房抵押贷款支持证券及商业地产抵押贷款支持证券。

　　如果抵押品中包含债券类的金融工具，那么这样的债务抵押证券就被称为**债券抵押证券**（collateralized bond obligation，CBO）。如果抵押品中包含银行贷款，那么这样的债务抵押证券就被称为**贷款抵押证券**（collateralized loan obligation，CLO）。

　　债务抵押证券是金融机构与投资组合管理公司用来转移信用风险的重要工具。在本节，我们会向大家介绍债务抵押证券的基本结构，为什么会创造出这样的产品以及债务抵押证券的各种类型。[①] 债务抵押证券的创造要用到衍生工具，尤其是利率互换（第31章的内容）或者信用违约互换，特别是本章前面提到的信用违约互换产品。

债务抵押证券的结构

在债务抵押证券的结构中，**担保经理**（collateral manager）负责管理作为抵押品的债务工具。担保经理投资的债务组合被称为抵押品（collateral）。抵押品组合中的个别资产被称为抵押资产（collateral assets）。

购买抵押资产的资金来源于债务工具的发行收入。这样的债务工具被称为债券系列（tranches 或 bond class），其中包括：

● 优先系列。
● 中间系列。
● 次级系列/股权系列。

债务抵押证券可能有也可能没有中间系列。

除了次级/股权系列以外，其他的系列都有对应的信用评级。就优先系列而言，信用等级至少要达到 A 级。就中间系列而言，信用等级大多达到了 BBB 级，至少不能低于 B 级。次级/股权系列的债务抵押证券可以获得剩余现金流，因此，这一系列不用考虑信用等级的问题。担保经理的行为要受到一定约束，而且还要通过某种测试，以确保债务抵押证券始终能够保持发行时的信用等级。

担保经理是否有能力按时支付各个债券系列的利息并在到期时偿还本金，主要取决于抵押品的投资情况。用来支付债务抵押证券本息的资金主要来源于：

● 抵押资产的息票利息收入。
● 抵押资产的到期价值。
● 抵押资产的出售收入。

在常见的债务抵押证券结构中，一个或多个系列会使用浮动利率计息。除了发行以浮动利率银行贷款为担保的证券以外，担保经理还投资于固定利率债券。于是，问题出现了——担保经理要向债务抵押证券系列的投资者支付浮动利率，但是另一方面，他们投资的资产获得的是固定利率收益。为了解决这个问题，担保经理会使用利率互换协议把资产的固定利率收益转变为浮动利率收益，正好与支付给债务抵押证券投资者的浮动利率相匹配。正如我们在第31章里解释过的那样，利率互换可以让市场参与者把固定利率支付转变为浮动利率支付，反之亦然。评级机构会要求担保经理使用互换工具消除任何现金流的不匹配现象。

套利交易与资产负债表交易

我们可以依照交易发起人的动机对债务抵押证券进行分类。如果发行人的动

---

① 有关债务抵押证券的更多详细内容，读者可以参考 Douglas J. Lucas, Laurie S. Goodman, and Frank J. Fabozzi, *Collateralized Debt Obligations：Structures and Analysis*，2nd，ed.（Hoboken, NJ：John Wiley & Sons, 2006）。

机是赚取抵押资产的收益率与支付给各系列债务抵押证券投资者的收益率之间的利差，那么这样的交易就叫做**套利交易**（arbitrage transaction）。如果发起人的动机是从自己的资产负债表上"抹掉"某种债务工具，那么这样的交易就叫做**资产负债表交易**（balance sheet transaction）。资产负债表交易的发起人大多是一些试图降低资本金要求的金融机构，比方说为了满足监管部门的最低资本金要求，银行会把一部分贷款从资产负债表上去掉。

债务抵押证券套利交易的经济学原理

为了让大家理解套利交易背后的经济学原理，我们用例子来说明。构建债务抵押证券套利交易在经济层面上是否可行，其关键因素在于次级/股权系列债券是否能向投资者提供有竞争力的收益率。

为了说明次级/股权系列的现金流是如何生成的，我们假设某种债务抵押证券的名义总金额为 1 亿美元，发行时各债券系列的利率水平如下表所示：

系列	票面价值	利率类型	息票利率
优先系列	80 000 000 美元	浮动利率	LIBOR＋70 个基点
中间系列	10 000 000 美元	固定利率	国债收益率＋200 个基点
次级/股权系列	10 000 000 美元	—	

然后，我们再作出下列假设：

● 抵押资产包括多种债券，期限全部为 10 年。
● 每种债券的息票利率均为固定利率。
● 买入每种债券时的固定利率等于 10 年期国债收益率加上 400 个基点。

假设担保经理与另一机构签订了利率互换协议，该协议的名义本金额为 8 000 万美元，在协议中担保经理同意：

● 每年按照 10 年期国债收益率加上 100 个基点的利率水平向对方支付。
● 对方按照伦敦银行同业拆借利率向自己支付。

这份利率互换协议本质上就是双方同意定期相互交换支付利息。每一次的相互支付额要根据互换协议的名义本金额计算。互换协议的名义本金额并不是双方约定好要相互交换支付的金额，它只是被用来计算每一方利息支付额的名义值。若想理解债务抵押证券套利交易背后的经济学原理，其中涉及利率互换的部分只需要知道上述这些知识就可以了。请大家记住，我们的目标是要说明次级/股权系列如何产生收益。

现在我们假设债务抵押证券发行时 10 年期国债的收益率为 7%，接下来看看每年的现金流情况。首先来看看抵押资产的现金流情况。抵押资产每年的利息收益率（假设不会违约）等于 7% 的 10 年期国债收益率再加上 400 个基点。所以，利息收益等于：

$$抵押资产的利息收益＝11\% \times 100\,000\,000\ 美元＝11\,000\,000\ 美元$$

然后，我们再来计算一下债务抵押证券发行人要向优先系列和中间系列债券持有人支付多少利息。对于优先系列债券，利息支付额等于：

$$对优先系列债券的利息支付额＝80\,000\,000\ 美元 \times （LIBOR＋70\ 个基点）$$

中间系列债券的息票利率等于7%加上200个基点，即9%。因此，利息支付额等于：

对中间系列债券的利息支付额＝9%×10 000 000美元＝900 000美元

最后，让我们再来看一下利率互换协议。在互换协议中，担保经理同意每年基于利率互换协议的名义金额，按照10年期国债收益率（7%）再加上100个基点（即8%）的利率水平向第三方（即互换协议的交易对手）进行支付。在上面这个例子中，互换协议的名义金额为8 000万美元。担保经理之所以会把互换协议的名义金额定为8 000万美元，是因为优先系列债券的本金额就等于8 000万美元。因此，担保经理向互换交易对手支付的金额等于：

向互换交易对手支付的利息额：8%×80 000 000美元＝6 400 000美元

互换交易对手向担保经理支付的利息额等于互换协议名义金额8 000万美元与伦敦银行同业拆借利率的乘积。即：

互换交易对手支付的利息额＝80 000 000美元×LIBOR

现在我们把所有的现金流整合到一起比较。先来看一下债务抵押证券带来的利息收益（即现金流入）：

抵押资产的利息收益＝11 000 000美元
互换交易对手支付的利息额＝80 000 000美元×LIBOR
获得的利息收益总额＝11 000 000美元＋80 000 000美元×LIBOR

对优先系列债券与中间系列债券的利息支付额以及向互换交易对手支付的利息额加在一起等于：

对优先系列债券的利息支付额＝80 000 000美元×（LIBOR＋70个基点）
对中间系列债券的利息支付额＝900 000美元
向互换交易对手支付的利息额＝6 400 000美元
利息支付总额＝7 300 000美元＋80 000 000美元×（LIBOR＋70个基点）

因此，利息收入净额就等于：

获得的利息收益总额＝11 000 000美元＋80 000 000美元×LIBOR
利息支付总额＝7 300 000美元＋80 000 000美元×（LIBOR＋70个基点）
净利息额＝3 700 000美元－80 000 000美元×70个基点

由于70个基点与80 000 000美元的乘积等于560 000美元，因此利息收入净额就等于3 140 000美元（＝3 700 000美元－560 000美元）。此外，所有的费用都要从这笔钱里面扣除。然后，剩下的部分归次级/股权系列债券持有人所有。假设要缴纳的费用金额为634 000美元，则次级/股权系列债券持有人可以获得的收益就等于250万美元。由于该系列债券的面值为1 000万美元，平价发行，这就意味着潜在的投资收益率等于25%。

在上面这个例子中，我们做了一些简单的假设。例如，我们假设不存在违约行为，担保经理购买的债券都不可以提前赎回，因此息票利率不会因债券被提前赎回而下降。而且，正如后面要解释的那样，在一段时间后，担保经理必须开始向优先系列债券与中间系列债券的持有人偿还本金。因此，利率互换必须把这一点考虑进去，因为在抵押资产的有效期内，本金的偿还会使优先系列债券的已发行总额不断减少。

虽然做了一些简化的假设条件，但是这个例子确实可以说明债务抵押证券套利交易的基本经济原理，为什么要使用利率互换，以及次级/股权系列债券为什么可以获得收益。在决定是否创造债务抵押证券时，交易商们要考虑的是股权系列债券的持有人是否可以获得最低限度的投资收益。这一投资收益率下限的具体水平取决于当时的市场环境。

谁会购买次级/股权系列债券呢？在大多数交易里，发起人自己会持有一定比例的此类债券。这样做的目的是让其他债券系列的购买者们明白发起人自身的经济利益也与抵押资产的收益状况息息相关。此外，对冲基金管理公司也是此类债券的主要买家。它们购买的次级/股权系列债券叫做股权杠杆证券（equity-type leveraged security），这种证券最受对冲基金管理公司的欢迎。请大家回想一下我们在第 26 章讨论了 2007 年夏天美国次级抵押贷款市场爆发的危机，当时正是交易商们为了发行次级住房抵押贷款支持证券而大量发放次级抵押贷款，才最终导致市场崩溃的。反过来，次级住房抵押贷款支持证券的市场需求则主要来源于发行债务抵押证券的担保经理。正如前面所述，如果市场对次级/股权系列债券没有需求，那么债务抵押证券套利交易就根本无法实现。事实上，次级/股权系列债券的市场需求主要来源于对冲基金管理公司。

套利交易的类型

根据抵押资产的主要资金来源——担保经理用这些资金向各种系列债券的持有人支付本息——我们可以把套利交易划分为几种类型。如果抵押资产的主要资金收入来源是利息收益和本金的到期偿还，那么这种套利交易就被称为**现金流交易**（cash flow transaction）。如果用于支付系列债券本息的资金主要来源于抵押资产创造的总收益（即利息收入、资本利得收益以及本金的到期偿还），那么这样的交易就叫做**市场价值交易**（market value transaction）。目前，绝大多数的债务抵押证券的交易都属于现金流交易。

合成债务抵押证券

债务抵押证券有两种类型，**现金债务抵押证券**（cash CDO）与**合成债务抵押证券**（synthetic CDO）。"现金"（cash）这个定语意味着担保经理购买的是现货市场工具。现金债务抵押证券对银行更好地管理其资产负债表大有帮助。不过，现金债务抵押证券仍存在两个问题无法解决。第一个问题，监管部门允许商业银行出于减少必要资本金的目的而寻找更有效的信用风险保护方式，这也是一个技术难题。① 第二就是保密性的问题。说得更具体一点，如果银行要把一笔贷款"改

---

① 对这个问题的解释，读者可以参考 Chapter 12 in Douglas J. Lucas, Laurie S. Goodman, and Frank J. Fabozzi, *Collateralized Debt Obligations*：*Structures and Analysis*，2nd ed.（Hoboken, NJ: John Wiley & Sons, 2006）。

造"为债务抵押证券，那么就必须通知借款人，而且还要得到借款人的同意才行。因为大多数情况下借款人并不了解银行出售贷款的动机到底是什么，因此这会给银行与客户之间的关系造成潜在的伤害。基于这种考虑，银行可能不愿意出售客户的贷款或将其转变为债务抵押证券。

合成债务抵押证券较好地解决了现金债务抵押证券面临的这两个难题。合成债务抵押证券之所以这么命名是因为担保经理事实上并没有获得抵押资产的所有权。换言之，合成债务抵押证券可以吸收标的债务的信用风险，但不会转移标的债务的法定所有权。由于无需出售贷款或将其改造为债务抵押证券，因此保密性这个问题得到了解决。对于合成债务抵押证券，为了实现转移信用风险但同时不转移标的债务所有权的目的，金融机构要用到的工具是信用违约互换。目前，合成债务抵押证券是债务抵押证券市场的主流产品。市场上可以看到合成资产负债表债务抵押证券与合成套利债务抵押证券。①

合成债务抵押证券的运作机制如下。以现金债务抵押证券为例，担保经理发行债务工具，将获得的发行收入投资于风险水平较低的资产。与此同时，担保经理会与另一位交易对手签订一份信用违约互换协议。在这份互换协议中，担保经理要向拥有信用风险敞口的一篮子标的债务提供信用保护（即担保经理是保护的出售方）。由于担保经理卖出了信用风险保护，因此可以获得互换费收入。

信用违约互换协议的另一方是保护的购买方，他愿意向担保经理支付互换费。通常情况下，保护的购买方大多是一些希望将自己持有的资产的信用风险对冲掉的金融机构，因此它们会指定把这些风险资产作为信用违约互换协议的标的债务。

如果信用事件没有发生，则担保经理获得的可用于向债务抵押证券持有人还本付息的投资收益便是低风险抵押资产的投资回报再加上信用违约互换协议的互换费收入。如果信用事件发生了，那么作为保护的出售方，担保经理必须向保护的购买方提供赔偿。这会相应地减少可用于向债务抵押证券持有人还本付息的投资收益总额。

目前，市场上有标准化的合成债务抵押证券可供投资者购买，其标的债务组合实现了标准化，最常见的便是道琼斯北美投资级别指数。每一种系列债券都有两个重要的百分比指标。

第一个百分比指标是次级水平（subordination level）。一旦已实现的损失超过了次级水平，该系列债券的投资者就要承担这些损失。第二个百分比指标是信用风险损失的上限，用损失额占标的资产组合总额的百分比来表示。例如，有一份标准的合成债务抵押证券，标的物是道琼斯北美投资级别指数，标准化的债券系列对应的上述两个指标分别为股权系列 0%—3%，次级中间系列 3%—7%，优先中间系列 7%—10%，优先系列 10%—15%，超级优先系列 15%—30%。以指标为 7%—10% 的优先中间系列为例，如果在该系列债券的有效期内，大量的违约行

---

① 有关合成资产负债表债务抵押证券及合成套利债务抵押证券的详细讨论，读者可以参考 Chapter 12 and 13 in Lucas, Goodman, and Fabozzi, *Collateralized Debt Obligations: Structures and Analysis*. 有关银行利用合成债务抵押证券进行资产负债表管理的详细内容，读者可以参考 Frank J. Fabozzi, Henry Davis, and Moorad Choudhry, *Introduction to Structured Finance* (Hoboken, NJ: John Wiley & Sons, 2006).

为导致损失额超过了 7‰的次级水平，那么投资于该系列债券的投资者就要承担本金损失。

信用联结票据[①]

信用联结票据（credit-linked note，CLN）是由投资银行或其他发行人（通常是特殊目的公司）发行的证券，该发行人对第二发行人（被称为参考发行人）有信用风险敞口，该证券的收益与参考发行人的信用质量相关。因此，信用联结票据的核心构成是某种信用衍生品，一般来说就是信用违约互换。

信用联结票据可以非常复杂，因此这里我们只介绍一下它的基本结构。信用联结票据的发行人是保护的购买方，而投资于信用联结票据的投资者则是保护的出售方。信用联结票据的基本结构类似于标准债券：它会设定息票利率（固定利率或浮动利率）、到期日和到期价值。不过，与标准债券不同的是，信用联结票据的到期价值要取决于参考发行人的信用质量。说得更具体一些，如果参考发行人发生了信用事件，那么（1）债券会被还清；（2）到期价值会被下调。如何调整到期价值会在招募说明书里说明。投资者接受了参考发行人的信用风险，则换回的报酬或补偿是较高的息票利率。

一般来说，信用联结票据的期限为三个月到几年，信用风险敞口的期限多为一年到三年。信用联结票据的期限较短反映出投资者仅愿意承担这段时间内的信用风险。

对新型信用风险转移工具的思考[②]

随着金融机构创造的新型的复杂的金融工具越来越多，监管部门的担忧也越来越深。新型信用风险转移工具的出现，例如现金债务抵押证券以及创造合成债务抵押证券时使用的信用衍生品，已经引发了全球银行体系监管部门的审慎思考。其他的金融衍生产品如利率衍生品、股权衍生品以及证券化产品如抵押贷款支持证券等，也都引起过同样的思考与忧虑。

五项研究成果让监管部门进一步加深了对信用风险转移工具的担忧。第一项研究成果来自于联合论坛[③]举办的金融稳定性论坛。参加联合论坛的机构包括巴塞尔银行监管委员会、国际证券委员会组织以及国际保险监督官协会。第二项研究由欧洲中央银行主持，该银行对 15 家欧盟银行、5 家业务规模较大的非欧盟跨国

---

① 有关信用联结票据的进一步讨论，读者可以参看 Chapter 9 in Fabozzi, Davis, and Choudhry, *Introduction to Structured Finance*。

② 本节摘自 Douglas J. Lucas, Laurie S. Goodman, and Frank J. Fabozzi, "Collateralized Debt Obligations and Credit Risk Transfer," *Journal of Financial Transformation*, Volume 20 (September 2007), pp. 47 - 59。

③ Joint Forum, "Credit Risk Transfer", Bank of International Settlements, 2005.

银行以及伦敦地区的证券公司等共计 100 多家金融机构进行了访谈。[1] 后面三项研究均由评级机构主持，其中两项研究的发起人是惠誉评级公司，[2] 另外一项的发起人是标准普尔公司。[3] 这五项研究均讨论了下列四个具有共性的问题：

- 信用风险转移。
- 市场参与者对衍生品的相关风险认识不清。
- 潜在的高度集中风险。
- 逆向选择。

接下来，我们针对上面的每一点进行讨论。不过，在这样做之前，我们先给出欧洲中央银行撰写的关于新型信用风险转移工具的报告的结论：

> 报告对这种市场发展趋势的总体评价是正面的。银行及其他金融机构资产多样化以及对冲信用风险能力的提高有助于整个金融体系变得更有效率和更为稳定。

信用风险转移

随着各种新型信用风险转移工具不断被创造出来，公司债务市场（例如公司债券和银行贷款）的流动性变得越来越好，市场参与者面临的风险的本质出现了几个方面的变化。曾几何时，在选择投资于哪一种公司债务工具时，投资者主要关注的是该公司是否有偿还债务的能力。新型信用风险转移工具出现以后，投资者关心的问题变成了是否可以把信用风险"干干净净"地转移出去。

因此，市场对信用衍生品以及合成债务抵押证券的使用以下担忧。第一，对交易对手风险的担忧，即卖出信用保护的交易对手违约，使持有信用风险敞口的信用保护的购买方——购买方以为自己已经通过购买保护而彻底消除了信用风险——遭受损失。对于这种担忧，研究表明目前市场上已经形成了标准化的风险管理操作流程，可以帮助交易者降低交易对手风险。这些风险管理工具也同样适用于被监管金融机构用来管理利率风险和货币风险的场外交易衍生产品。

第二，虽然国际互换和衍生产品协会为信用衍生品交易制定的标准化文本协议极大地促进了该市场的发展，但是交易者们仍然担心交易过程中可能发生的法律风险。法律风险指的是信用衍生品合约不可执行或对交易对手缺乏约束力，抑或是一些条款模糊不清，导致衍生品合约无法实现其最初的交易意图。最突出的例子便是在信用衍生品市场发展的早期交易者们经常遇到的一个问题，即如何判断信用事件是否已经发生，尤其是对类似于重组这种存在争议的信用事件该如何判断。2004 年，惠誉公司对金融机构进行了调查，询问信用事件存在争议的频率与次数。调查结果显示大约有 14％的交易存在交易双方对信用事件有一定争议的

① European Central Bank, "Credit Risk Transfer by ECU Banks: Activities, Risk and Risk Management," May 2004.

② Fitch Ratings, "Global Credit Derivatives: A Qualified Success," September 24, 2003; and "Global Credit Derivatives Survey: Single-Name CDS Fuel Growth," September 7, 2004.

③ Standard & Poor's, "Demystifying Banks' Use of Credit Derivatives," December 2003.

情况。至于争议的解决方案，惠誉公司在调查时发现绝大多数争议都已经或正在在不涉及司法程序的情况下加以解决。法律风险的另一个例子是交易对手是否有权利进行信用衍生品交易。这不是信用衍生品独有的问题，事实上它也是其他衍生品市场上诉讼官司的焦点所在。例如，1991年，监管部门宣布多家交易商与当地英国机构签订的利率互换协议是无效的，因为按照法律规定，后者没有合法权利进行这样的交易。

市场参与者对衍生品的相关风险认识不清

随着信用风险衍生品市场的发展壮大，人们开始担忧市场参与者并不真正了解其中的风险有多大。例如，有证据显示利率互换市场上的公司实体对风险水平的了解并不深，最著名的两个案件估计要数分别牵涉到吉布森贺卡公司和宝洁公司的两桩诉讼案件。抵押贷款支持证券市场也是如此。这些金融工具都是重要的金融创新产品，但是很多使用者/投资者因为使用了这些金融创新产品而陷入财务困境或濒临破产，其原因是产品创新远远地走在了产品教育的前头。

对于为新型信用风险转移工具做市的金融机构，人们担心它们出售的产品（如合成债务抵押证券）太过复杂，可能无法合理地对冲掉风险敞口，从而导致金融机构的整体风险水平上升。（虽然本章我们并没有讨论合成债务抵押证券的定价问题，但是公平地讲，对此类金融产品进行定价并不容易。）这就是模型风险（modeling risk）。例如，对于单一系列债务抵押证券，交易商在信用违约互换协议中获得的敞口头寸并不均衡，它们会试图采用德尔塔对冲策略（delta hedging）对这些敞口进行套期保值。[①] 当然，在通常情况下，交易商并不能刚好对冲掉所有风险。

对这个问题，联合论坛的报告给出的建议是把注意力放在市场参与者的需求上面，继续"提高风险管理能力，对监管部门和监督机构来说，要进一步提高其对相关风险的理解程度。"此外，报告还在三个方面给市场参与者和监管机构提出了建议：风险管理、信息披露和监督机制，尤其强调了定期报告与信息披露制度。

潜在的高度集中风险

信用风险转移工具可以将信用风险由一家银行转移给另一家银行，或者由一家银行转移给另一家非银行的实体机构。在银行体系内，人们担忧信用衍生品的使用会导致信用风险的高度集中。对于转移出银行体系的信用风险，人们又担心其中有多少信用风险被转移给了非银行机构如经营单一业务或多种业务的保险公司与对冲基金。从整体角度出发，市场担忧一旦信用风险转移工具市场上的一家或几家主要的参与者因使用此类衍生品而陷入危机，就会给整个金融体系带来较大的冲击。

---

① 参见 Douglas J. Lucas, Laurie S. Goodman, Frank J. Fabozzi, and Rebecca Manning, *Developments in The Collateralized Debt Obligations Markets: New Products and Insights* (Hoboken, NJ: John Wiley & Sons, 2007)。

惠誉评级公司主持的两项研究提供了在信用风险转移工具市场上表现活跃的银行（北美与欧洲的银行）与保险公司的数量以及每家机构的相对规模。在其2003年的市场调查报告中，惠誉公司调查了大约200家金融机构（包括银行、证券公司和保险公司），主要关注那些被划分为保护的出售方的金融机构。惠誉公司发现通过使用信用衍生品，全球银行体系将总价值为2 290亿美元的信用风险转移到了银行体系外，其中大部分风险转移给了保险行业（单一业务保险公司、金融担保机构、再保险公司及其他类型的保险公司）。保险行业自身是规模最大的信用风险保护出售方。惠誉公司估计保险行业共出售了净价值为3 810亿美元的信用风险保护（即卖出的信用保护减去买入的信用保护）。其中，保险公司通过信用衍生品市场提供了价值为3 030亿美元的信用保护，余下780亿美元的信用风险保护则是各家保险公司通过参与现金债务抵押证券市场而提供的。在保险行业内，金融担保公司是卖出信用风险保护规模最大的群体，它们主要是在合成债务抵押证券的交易中发行优先系列债券。惠誉公司的结论是使用信用衍生品来购买信用风险保护的银行极大地提高了信用风险二级市场的流动性，有助于更有效地将信用风险转移给无法建立信用敞口的其他部门。业务种类繁多、结构复杂的大型银行购买的信用风险保护过度集中。同时，虽然整个银行业从整体上看是信用保护的净买入方，但是小型银行和地区性银行却是信用风险保护的净出售方。

至于交易对手集中问题，惠誉公司的报告称市场的大部分交易集中在排名前10位的全球银行和大型证券机构手中。虽然拥有投资级别的信用等级，但是一旦上述这些公司中的一家或几家出于财务或战略考虑而退出信用风险转移工具市场，就势必会瓦解人们对这个市场的信任度。这也是2008年初美联储在说明救助投资银行贝尔斯登公司的原因时列举的一个重要原因。

在2003年的调查中，惠誉公司试图搜集对冲基金行业的信息与数据，它给全球50家规模最大的对冲基金公司发出了邀请信。但是，没有一家对冲基金公司回复。在2004年的市场调查中，惠誉公司提出的问题包括大型金融中介机构与对冲基金公司的交易状况。结果，惠誉公司发现在大型金融中介机构进行的所有信用违约互换指数交易中，与对冲基金公司的交易占了20％到30％。对冲基金公司面临的交易对手风险敞口的大小要取决于交易的担保程度。虽然接受调查的绝大多数金融中介机构均表示它们与对冲基金公司交易所形成的敞口已经实现了完全担保，但是还是有一部分金融机构承认担保程度尚未达到100％。

惠誉公司还发现信用违约互换协议中的标的债务有非常明显的集中趋势。如果一家或多家参考实体发生了信用事件，那么市场秩序将遭受严重破产，结算难将成为新的问题。而且与其他衍生品市场相比，在信用风险转移工具市场上，交易对手与参考实体的违约行为之间的关联度很高，所以人们担心市场会同时面临多笔违约事件。欧洲中央银行调查报告的结论是新型信用风险转移工具的潜在破坏作用大体上比较小。

逆向选择

发起人利用信用衍生品、债务抵押证券或证券化操作来转移信用风险的能力引起了一部分人的担忧，他们认为银行可能会因此片面追求放贷数量，忽视审慎的贷款操作。这是市场总体上对证券化操作的担忧。

小　结

当利率水平发生变化时，利率衍生品可以被用来控制利率风险。信用衍生品可以被用来改变资产负债表、单个证券或资产组合的信用风险敞口。国际互换和衍生产品协会颁布了标准化的信用衍生品的合约文本，对潜在的信用事件给出了明确的定义。争议最大的信用事件是重组。

信用衍生品和债务抵押证券是信用风险转移工具市场的最新产品，银行之间可以使用这两种工具相互转移公司信用风险敞口，也可以把信用风险由金融部门转移给非金融部门。到目前为止，信用衍生品市场上占据主导地位的产品是信用违约互换，其中保护的购买方要向保护的出售方支付互换费。不过，如果信用事件发生，那么保护的购买方可以获得保护出售方支付的赔偿。信用违约互换协议有三种类型，分别是单一名称信用违约互换、一篮子信用违约互换和信用违约互换指数。

债务抵押证券的抵押品是由一种或多种债务构成的多样化资产池。抵押资产是债券类工具的债务抵押证券被称为债券抵押证券，如果抵押资产是银行贷款，则这样的债务抵押证券被称为贷款抵押证券。担保经理负责管理抵押资产，抵押资产的构成要遵守一定的限制规定。购买抵押资的资金来源于金融机构发行债务工具获得的收入。债务抵押证券分为多个系列债券，其中包括优先系列、中间系列和次级/股权系列。担保经理是否有能力按时向系列债券的持有人支付利息并在债券到期时向其偿还本金，主要取决于抵押资产的收益状况。

债务抵押证券的使用可分为两种情况，套利交易和资产负债表交易，具体要看发起人的动机是什么。在套利交易中，发起人的目的是赚取抵押资产收益率与向各系列债券持有人支付的利率之间的利差收益。在资产负债表交易中，发起人的目的是把债务工具从其资产负债表上抹掉。由于抵押资产的现金流与债务工具的现金流特征经常存在不匹配的情况，因此债务抵押证券交易经常要用到利率互换协议。

合成债务抵押证券是一种特殊的债务抵押证券，它可以在不转让公司债务所有权的前提下通过信用风险转移工具将信用风险敞口转移给其他机构。信用风险转移特征可以内置于债券结构，如此形成的新产品叫做信用联结票据。

监管机构对债务抵押证券与信用违约互换产品有些担忧，其中一部分忧虑是任何一种新型的金融创新被引入市场之初都会引发的情绪。

关键术语

套利交易	贷款抵押证券	首次违约一篮子信用违约互换
资产负债表交易	担保经理	完全重组定义
破产	信用违约互换	国际互换和衍生产品协会（IS-
一篮子信用违约互换	信用违约互换指数	DA）
现金债务抵押证券	信用衍生品	k次违约一篮子信用违约互换
现金流交易	信用事件	市场价值交易
现金结算	信用联结票据	修订重组定义
债券抵押证券	可交割债务	修改过的修订重组定义
债务抵押证券	未能按时支付	未重组的定义

债务提前到期	参考发行人	二次违约一篮子信用违约互换
旧的重组定义	标的债务	结构性信贷产品
实物交割	拒绝偿还债务/宣布停止还款	互换费
参考资产	重组	合成债务抵押证券
参考实体	单一名称信用违约互换	终止价值

思考题

1. 什么是信用衍生品的第一目标？

2. 在信用违约互换协议中，下列术语的含义是什么？

a. 参考实体。

b. 标的债务。

3. 权威部门对信用事件的定义是什么？

4. 为什么"重组"是最有争议的信用事件？

5. 为什么说信用违约互换拥有一个可选择的支付结构？

6. a. 什么是一篮子信用违约互换？

b. 在一篮子信用违约互换协议中，保护的出售方在什么情况下必须要向保护的购买方进行支付？

7. 一份信用违约互换协议的条款如下，请说明保护的购买方每月支付的互换费是多少美元。

互换费	名义金额（美元）	本季度天数	本季度应支付的互换费
a. 600 个基点	15 000 000	90	
b. 450 个基点	8 000 000	91	
c. 720 个基点	15 000 000	92	

8. 在其他因素保持不变的情况下，对于一个给定的标的债务和一段既定期限，一份信用违约互换协议使用的可能是完全重组定义、旧的重组定义或者是修改过的修订重组定义，解释一下哪种情况下互换费最高。

9. a. 对于单一名称信用违约互换，实物交割与现金交割的区别是什么？

b. 选择实物交割方式时，为什么说存在"交割成本最低"的问题？

10. 信用违约互换指数的现金流模式与单一名称信用违约互换的现金流模式有何区别？

11. a. 解释一下打算做空某个参考实体的投资组合管理公司如何利用单一名称信用违约互换协议达到这一目的。

b. 解释一下很难在现货市场上买到某家公司所发行的债券的投资组合管理公司如何利用单一名称信用违约互换协议来达到这一目的。

12. 投资组合管理公司如何使用信用违约互换指数？

13. 什么是贷款抵押证券？

14. 资产负债表债务抵押证券交易的含义是什么？

15. 为什么债务抵押证券结构中包含的次级/股权系列债券不需要评级？

16. 债务抵押证券向债券持有人还本付息的资金来源是什么？

17. 下面给出了一种基本的债务抵押证券结构，名义金额为 1.5 亿美元，发行时各系列债券的利率水平如下表所示：

层级	面值（美元）	票面利率
高级	100 000 000	LIBOR＋50 个基点
中间	30 000 000	国债利率＋200 个基点
次级	20 000 000	无

假设：

● 抵押资产池包含的所有债券的期限均为 10 年。

● 每种债券的息票利率均等于 10 年期国债收益率再加上 300 个基点。

● 担保经理与另一方签订了一份名义金额为 1 亿美元的利率互换协议。

● 在这份利率互换协议中，担保经理同意每年按照 10 年期国债收益率加上 100 个基点的固定利率水平向对方支付，同时对方按照伦敦银行同业拆借利率（浮动利率）向担保经理支付。

a. 为什么需要签订一份利率互换协议？

b. 假设无违约行为发生，那么次级/股权系列债券的潜在收益是什么？

c. 为什么实际收益率有可能会小于计算出来的收益率？

18. a. 现金债务抵押证券与合成债务抵押证券的区别是什么？

b. 对希望利用债务抵押证券工具对资产负债表进行管理的银行来说，合成债务抵押证券相对于现金债务抵押证券的优势体现在哪些方面？

19. 基本的信用联结票据的到期价值与标准债券的到期价值有何不同？

20. 监管部门与市场对新型信用风险转移工具的四大担忧是什么？

第 8 分

外汇市场

第 33 章

外汇市场及风险控制工具

学习完本章内容，读者将会理解以下问题：

- 什么是外汇汇率
- 外汇汇率的不同标价方法（直接标价法与间接标价法）
- 外汇汇率的报价惯例
- 什么是外汇风险
- 交叉汇率以及如何计算交叉汇率的理论值
- 什么是三角套利
- 外汇市场的结构
- 汇率的基本决定因素：购买力平价与利率平价
- 各种针对外汇风险的套期保值工具：远期、期货、期权与互换
- 远期协议与期货合约在长期汇率风险套期保值方面存在的局限性
- 远期汇率水平如何决定以及什么是抵补套利
- 最基本的货币互换结构以及交易者使用货币互换的动机

　　国际金融实务面临的一个基本事实便是各国发行不同的货币，这些货币之间的相对价值可能在毫无预警的情况下突然发生变动，而且，各国货币之间相对价值的变化可能是反映其经济发展取得的成果，也有可能是基于政治事件作出的回应，与经济层面毫不相干。因此，货币可能会贬值的风险便被称为**外汇风险**（foreign exchange risk）或**货币风险**（currency risk），这是国际金融市场上所有参与者都必须考虑的一个重要问题。购买了外币标价证券的投资者们肯定会担心在汇率水平发生变化以后自己到底能够获得多高的投资回报率。发行外币标价债务工具的企业则要面临未来对投资者支付的还本付息额的实际价值不确定的风险。

　　本章，我们要讲述的是汇率以及可被用来控制不利的外汇汇率波动风险的工具。这些工具包括远期协议、期货合约、期权以及货币互换协议。首先，我们先来了解一下欧元的相关知识。

欧元

已加入欧盟的各个欧洲成员国在欧洲经济和政治事务上都保持着一致性。1992年2月，《欧洲联盟条约》（Treaty on European Union）决定，于1999年1月开始实施货币联盟。这一条约也被称为《马斯特里赫特条约》（Maastricht Treaty），这是由于该条约是1991年12月欧盟委员会在马斯特里赫特（荷兰）召开的会议上签署的，该条约决定在欧盟成员国内部使用统一货币，货币政策也保持一致。具体而言，货币政策由欧洲中央银行负责管理。凡是同意使用单一货币及货币政策的欧盟成员国均加入了经济与货币联盟（Economic and Monetary Union, EMU）。

在《马斯特里赫特条约》签订之时，单一货币叫做经济货币单位（economic currency unit, ECU）。这是当时广泛用于资本市场交易的一种复合型货币单位。1979年，欧洲经济共同体（European Economic Community）创造了这一货币单位。经济货币单位中囊括的货币均由欧洲货币体系（European Monetary System）的成员国发行。每个成员国的货币在经济货币单位中所占的比重是基于该国在欧洲经济共同体内经济、贸易以及金融部门的相对重要性来确定的。经济货币单位与未加入欧洲经济共同体的国家的货币之间的汇率水平自由浮动。但是，在欧洲经济共同体的成员国之间，汇率水平只能在一个非常狭窄的区间内波动。

不过，1995年12月，在马德里各国政府首脑举行的会议上，大家同意将单一货币的名称改为欧元（euro）。经济货币单位之所以没有被选为单一货币的名称，是因为德国人认为 ECU 这个名称听上去让人感觉是个弱势货币。加入了经济与货币联盟的欧盟成员国要确保本国货币与欧元之间保持固定的兑换比率。然而，欧元与其他国家的货币——其中包括未加入经济与货币联盟的欧盟成员国——之间的兑换比率则由市场供求因素决定。

经济与货币联盟的成员国被称为属于"欧元区"（euro zone），因为在这个区域内，欧元成了唯一法定货币。一开始时，成员国坚持要保有本国货币的现钞，虽然这些货币与欧元之间的兑换比例是固定不变的，但是当时欧元尚未发行现钞和铸币。2002年1月1日，欧元现钞与铸币的发行彻底取代了各成员国原有的纸币。从那时起，每个成员国的管理机构开始逐渐回收流通领域内的旧本币。完成了这一步骤以后，各成员国原来的本币便不再是该国的法定货币了。

为了有资格加入经济与货币联盟，各国需要达到一定的经济标准。其中财政政策方面的标准是年度财政赤字不得超过国内生产总值的 3%，累积的尚未偿还的国债发行额不得超过国内生产总值的 60%。除此以外，还有其他很多经济、政治甚至社会体制方面的要求。而且，条约的条款明确要求寻求加入经济与货币联盟的欧盟成员国必须举行全民公投，只有在大多数选民均表示赞同的情况下，该成员国才能递交加入 EMU 的申请。

在取得了一个个进展和阶段性成果以后，终于在1999年1月4日（这一天是星期一，是这一年的第一个营业日），11个国家（如表33—1所示）选择了欧元这一单一货币。这些国家以前使用的货币及其与欧元之间的固定兑换比率也列在表33—1中。这11个国家的中央银行不再存在，取而代之的是欧洲中央银行。

表 33—1 经济与货币联盟的成员国

国家	原来的货币	1 欧元可以兑换	与德国 10 年期政府债券相比的收益率利差[a]
初始成员国			
德国	德国马克	1.955 83	—
芬兰	芬兰马克	5.945 73	22 个基点
荷兰	盾	2.203 71	17 个基点
法国	法郎	6.559 57	16 个基点
西班牙	比塞塔	166.386	31 个基点
意大利	里拉	1 936.27	37 个基点
比利时	法郎	40.339 9	36 个基点
卢森堡	法郎	40.339 9	—
奥地利	先令	13.760 3	31 个基点
爱尔兰	爱尔兰镑	0.787 564	26 个基点
葡萄牙	埃斯库多	200.482 39	
后加入的国家			
希腊	德拉克马	340.750	79 个基点

a. 利差数据来源于彭博金融市场（Bloomberg Financial Markets）。

不管是从市场的波动性还是从操作的角度来看，1999 年 1 月 4 日欧元的诞生与过渡都是无风无浪、平静祥和的。迄今为止，市场观察家们对欧元这一重大事件的观察结果是：首先，尽管有很多人提出批评，但事实上这套机制确实是有效的，事实证明欧元区比较稳定，是可以持续下去的；其次，它创造了庞大的欧元公开市场以及公司资本市场。既然提到资本市场，我们还要指出的一点就是所有加入了欧元区的欧盟成员国均发行了以欧元为货币单位的政府债券。所以，这些政府债券之间存在的利差仅仅是由于它们的风险水平各不相同——因为货币风险已经被消除了，而由于各国风险水平的差距非常小，因此这些政府债券的利差也比较小。表 33—1 以德国为标准给出了各国国债信贷利差的估计值。

外汇汇率

所谓汇率（exchange rate）指的是一单位货币可以兑换的另一种货币的金额。事实上，汇率就是用一种货币表示的另一种货币的价格。根据具体环境，我们可以任意用一种货币来表示另一种货币的价格。因此，汇率的表达方式有两种。例如，美元对欧元的汇率可以用下面两种方式之一来表示：

1. 兑换 1 欧元所需的美元金额，这就是 1 欧元的美元价格。
2. 兑换 1 美元所需的欧元金额，这就是 1 美元的欧元价格。

世界上每种货币都有自己的缩写代码。表 33—2 列出了一些货币的名称及其对应的缩写代码。交易最为频繁的是下列三个货币配对：

● 欧元对美元（EUR/USD）。

● 美元对日元（USD/JPY）。

● 英镑对美元（GBP/USD）。

其中，交易量最大的是欧元对美元，占总交易额的 30% 左右。美元对日元和英镑对美元的交易分别占总交易量的 20% 和 11% 左右。[1]

表 33—2 所选货币的缩写代码

阿根廷，比索	ARS
澳大利亚，澳元	AUD
玻利维亚，玻利维亚诺	BOB
巴西，雷亚尔	BRL
英国，英镑	GBP
保加利亚，列弗	BGN
加拿大，加拿大元	CAD
智利，比索	CLP
中国内地，人民币元	CNY
哥伦比亚，比索	COP
塞浦路斯，镑	CYP
捷克共和国，克朗	CZK
丹麦，克朗	DKK
埃及，镑	EGP
萨尔瓦多，科郎	SVC
欧元成员国，欧元	EUR
中国香港，港元	HKD
冰岛，克朗	ISK
印度，卢比	INR
印度尼西亚，盾	IDR
伊朗，里亚尔	IRR
伊拉克，第纳尔	IQD
以色列，新谢克尔	ILS
日本，日元	JPY
朝鲜，韩元	KPW
韩国，韩元	KRW
科威特，第纳尔	KWD
拉脱维亚，拉特	LVL
黎巴嫩，镑	LBP
马来西亚，林吉特	MYR
墨西哥，比索	MXN
新西兰，新西兰元	NZD
挪威，克朗	NOK
巴基斯坦，卢比	PKR
俄罗斯，卢布	RUB
瑞士，法郎	CHF
泰国，泰铢	THB
土耳其，新里拉	TRY
阿联酋，迪拉姆	AED
美国，美元	USD

---

[1] 读者可参考 Shani Shamah, "An Introduction to Spot Foreign Exchange," in Frank J. Fabozzi (ed.), *The Handbook of Finance: Volume I* (Hoboken, NJ: John Wiley & Sons, 2008).

汇率报价惯例

汇率的报价方法分为直接标价法和间接标价法两种。两者之间的区别在于把哪一种货币看作本币以及把哪一种货币看作外币。例如，从美国市场参与者的角度来看，美元是他们的本币，而其他货币——例如瑞士法郎——则是外币。从瑞士市场参与者的角度来看，瑞士法郎是他们的本币，而其他货币——例如美元——则是外币。**直接标价法**（direct quote）反映的是一单位外币可以兑换多少单位的本币。

而**间接标价法**（indirect quote）则恰好相反，它反映的是一单位的本币可以兑换多少单位的外币。从美国市场参与者的角度来看，我们发现一单位外币可兑换多少美元的标价方法很明显采用的是直接标价法。同样地，还是从美国市场参与者的角度来看，一美元可兑换多少单位外币的标价方法就是间接标价法。显而易见，从非美国市场参与者的角度来看，一单位非美元的其他货币可兑换多少美元的标价方法采用的是间接标价法；而一美元可兑换多少单位其他货币的标价方法则属于直接标价法。

根据直接标价，我们可以求出间接标价（间接标价就是直接标价的倒数而已），反之亦然。例如，2007 年 11 月 21 日，一位美国投资者发现美元对欧元的直接标价为 1.472 4 美元兑换 1 欧元。这也就是说，1 欧元的价格为 1.472 4 美元。这一直接标价的倒数等于 0.679 2。对美国投资者来说，这就是美元的间接标价，即 1 美元可以兑换 0.679 2 欧元，这是用欧元来表示的美元的价格。

如果一美元兑换外币——即用外币来表示美元的价格或称之为间接标价法——的数量有所增加，那么我们就说这意味着美元相对于这种外币升值，即这种外币相对于美元贬值。所以说，在直接标价法中，升值意味着标价的降低。

外汇风险

从一名美国投资者的角度来看，外币资产的现金流根据汇率进行换算后得到的实际美元现金流会让投资者面临一定的不确定性。投资者最终获得的美元投资收益额要取决于当投资者获得外币投资收益并将其兑换为美元时美元与外币之间的汇率水平。如果外币相对于美元贬值（价值下跌），即美元相对于外币升值，那么外币现金流可兑换的美元价值便会随之成比例地下跌，这就是所谓的外汇风险。

一位购买了外币计价资产的投资者要面临外汇风险。例如，一位法国投资者买入了以日元标价的日本债券，那么他将面临日元相对于欧元贬值的风险。

此外，外汇风险也是发行人必须考虑的一个重要因素。假设 IBM 公司发行了以欧元计价的债券，那么 IBM 公司要面对的外汇风险便是当其支付息票利息和偿还本金时美元相对于欧元贬值，这会导致 IBM 公司向投资者支付更多的美元金额。

即期外汇市场

即期外汇市场（spot exchange rate market）是指在两个营业日内完成外汇交易结算的即时交易所在的市场。（即期汇率也被称为**现金汇率**。）从 20 世纪 70 年代初开始，世界上主要货币之间的汇率水平便开始自由浮动，由市场因素决定一种货币的相对价值。[①] 因此每一天，用一种汇率自由浮动的货币所表示的另外一种货币的价格可能会保持不变，也可能会上涨或下跌。

影响市场对某国货币相对于另一种货币的汇率水平变化的预期的关键性因素是这两个国家之间的相对预期通货膨胀率。在相对预期通货膨胀率的影响下，即期汇率水平要作出相应的调整。这种调整反映的就是所谓的**购买力平价**（purchasing power parity）关系。购买力平价关系认为汇率水平——用本币表示的外币的价格——与国内的通货膨胀率成正比，与外国的通货膨胀率成反比。

接下来让我们看一看当两种货币的即期汇率水平发生变动时会出现怎样的情况。假设在第一天美元与 X 货币的即期汇率水平为一单位 X 货币兑换 0.796 6 美元，到了第二天，即期汇率水平变为 0.801 1 美元。也就是说，在第一天，一单位 X 货币的美元价格为 0.796 6，到了第二天，它的美元价格上涨了，此时要购买一单位的 X 货币要花费 0.801 1 美元。所以我们说，从第一天到第二天，X 货币相对于美元升值了；换句话说，美元相对于 X 货币贬值了。我们再进一步假设到了第三天，X 货币的即期汇率水平变成了 0.800 0 美元。与第二天相比，这一次是美元相对于 X 货币升值，也就是说 X 货币相对于美元贬值。

虽然市场上存在直接标价法与间接标价法两种报价方法，但问题是我们要确定从谁的角度来看待这个标价。事实上，外汇交易的惯例已经使得常见的报价形式实现了标准化。由于美元在国际金融体系中占据着重要地位，因此其他货币在报价时都要用美元作为参照物。当交易商报价时，他们会给出一单位外币对应的美元价值（从美国投资者的角度来看，这就是直接标价），或者是给出一美元可以兑换的外币金额（从美国投资者的角度来看，这就是间接标价）。一单位外币兑换多少美元的标价法被称为**美式标价法**（American terms），与此同时，一美元兑换多少外币的标价法被称为**欧式标价法**（European terms）。一般情况下，在提供外币报价时，交易商们大多会采用欧式标价法，不过也有少数例外情况。英镑、爱尔兰镑、澳元、新西兰元以及欧洲货币单位（后面会谈到）大多采用美式标价法。

交叉汇率

除非受到政府部门的限制，否则无风险套利行为将确保在两个国家境内对应的两种货币的汇率水平是相同的。两种非美元货币之间的理论汇率水平可以根据

[①] 在实际操作中，一国的货币管理当局会基于各种各样的原因介入外汇市场对本币的汇率水平进行干预，因此现行的外汇体系有时候会被称为"管理"浮动汇率体系（managed floating rate system）。

它们对美元的汇率水平推算出来。通过这种方式计算得到的汇率值被称为**理论交叉汇率**（theoretical cross rates）。我们假设两个国家分别是 X 和 Y，则推导过程如下所示：

$$\frac{货币\ X\ 的美式标价}{货币\ Y\ 的美式标价}$$

为了说明这个公式，我们接下来计算一下 2007 年 11 月 21 日瑞士法郎与日元之间的理论交叉汇率。这两种货币的即期美式标价分别为一单位瑞士法郎兑换 0.899 0 美元和一单位日元兑换 0.009 089 美元。因此，一单位瑞士法郎（货币 X）可以兑换的日元（货币 Y）金额就等于：

$$\frac{0.899\ 0}{0.009\ 089}=99.009\ 8\ 日元/瑞士法郎$$

然后，再求出上述计算结果的倒数，就可以得到一单位日元可以兑换的瑞士法郎的金额。在这个例子中，算出的结果是一日元可以兑换 0.010 1 瑞士法郎。

在现实世界里，根据交易商实际提供的美式标价推导算出的理论交叉汇率与交易商报出的实际交叉汇率基本上差距不大。如果这两个数值之间的差大到了一定程度，甚至超过了货币买卖的交易成本，那么这就意味着市场上存在着无风险套利机会。利用交叉汇率定价偏差进行的套利活动被称为**三角套利**（triangular ar-bitrage），之所以会叫这个名字，是因为套利交易过程要涉及三种货币——美元及另外两种货币。这种套利活动会促使实际的交叉汇率与理论值保持一致。

交易商

外汇市场是一个场外交易市场，每天持续运转 24 小时，这意味着打算买卖某种货币的市场参与者必须在众多交易商当中寻找最佳的汇率报价水平。另外，市场参与者也可以参考由银行或经纪公司提供的各种各样的交易信息与数据，例如彭博金融市场和路透社提供的交易数据。不过，这些机构提供的数据只是指示性的定价数据。

不过大家要注意的是，外汇交易商并不是只提供一个报价。相反，他们要同时报出两个价格——其中一个是他们愿意买入某种货币的价格（即买入价），另一个是他们愿意卖出某种货币的价格（即卖出价）。也就是说，他们报出了买卖价差（bid-ask spread）。例如，假设在 2007 年 11 月 21 日，交易商提供的瑞士法郎对美元的报价是：买入价为 1.102 7 瑞士法郎，卖出价为 1.102 9 瑞士法郎。也就是说，市场参与者可以支付 1 美元兑换 1.102 7 瑞士法郎，或者支付 1.102 9 瑞士法郎兑换 1 美元。用瑞士法郎表示的买卖价差为 0.000 2。

外汇市场上的交易商大多为一些规模较大的跨国银行或专门在外汇市场上做市的金融机构。商业银行在外汇市场上占据着主导地位。在外汇市场上，市场参与者们并不是在一个有组织的交易所内进行外汇交易，交易商彼此之间通过电话、网络以及各种各样的信息传递服务机构来保持联系。因此，对外汇市场最准确的描述是它实际上就是银行间的场外交易市场。银行间绝大多数的外汇交易是通过外汇交易商达成的。经纪公司是客户的代理人，在外汇交易过程中自身不会持有头寸。外汇交易的常见规模为 1 000 000 美元或更多。

外汇市场上的交易商通过下列一个或多个渠道获得收入：（1）买卖价差；（2）对外汇交易收取的佣金；（3）交易利润（交易商买入的货币升值或者其卖出的货币贬值所带来的收益）。

针对外汇风险的套期保值工具

借款人和投资者可以使用下列四种金融工具规避不利的汇率波动风险：（1）外汇远期协议；（2）外汇期货合约；（3）货币期权；（4）货币互换。

外汇远期协议

请大家回忆一下，在远期协议中，一方同意在未来某个确定的时间按照既定的价格买入标的资产，而另一方则同意卖出标的资产。这一节我们要讨论的远期协议，其标的资产就是外汇。

绝大多数远期协议的期限小于两年。期限更长的远期协议，其买卖价差会相对较高。也就是说，随着外汇远期协议期限的延长，买卖价差的大小也会相应增加。于是，在那些打算为长期外汇头寸进行套期保值交易的投资者看来，外汇远期协议的吸引力并不太大。

正如我们在第 10 章里反复强调的那样，远期协议和期货合约均可以被用来锁定未来的某一价格，很明显本章这个"价格"指的就是外汇汇率。套期保值交易可以帮助投资者锁定未来的汇率水平，消除汇率不利波动的可能性，但是与此同时，投资者也放弃了汇率向有利方向波动可能带来额外收益的机会。期货合约在交易所里交易，与远期协议相比，它在很多方面具有优势，例如股票指数期货和国债期货（相应地，并不存在以股票指数或国债为标的物的远期协议）。然而与之相反，远期市场才是外汇交易的主要"战场"，远期市场上的外汇交易量要比交易所内的外汇交易量大得多。不过，由于外汇远期市场实质上是银行间的同业交易市场，所以任意时点有关未了结交易合约的规模的可靠数据是无法公开获得的。

远期外汇协议的定价

在第 10 章，我们向大家介绍了即期价格与远期价格之间的关系，并解释了为什么套利交易会确保这一关系始终维持下去。现在，我们要采用相似的逻辑在即期外汇汇率的基础上推导出远期外汇汇率的计算公式。请大家看下面这个例子。

假设一位美国投资者的投资期限为一年，他面临着两个选择：

选择一：将 100 000 美元存入一家美国银行，年复利率为 7％，存期一年。

选择二：将 100 000 美元兑换为 X 国的货币，然后将其存入 X 国的银行，年复利率为 9％，存期一年。

这两个投资选择及其一年后的投资收益情况均已列在图 33—1 中。哪种选择更好一些？显而易见，哪一种选择一年后创造的美元收益较高，它便是更好的选择。不考虑美国和 X 国征收的利息税或其他税收因素，要想判断出哪种投资选择创造的美元收益更多，我们需要知道两个要素：（1）美元与 X 国货币之间的即期汇率水平；（2）一年以后美元与 X 国货币之间的即期汇率水平。第一个要素是已知的，第二个要素未知。

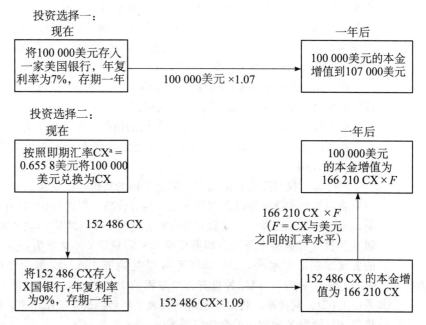

图 33—1 两种投资选择的结果：远期汇率水平的决定

a. CX＝X 国的货币。

不过，我们能确定的是，一年以后美元与 X 国货币之间的即期汇率水平必然会使两种投资选择获得的投资收益相等。

投资选择一：一年以后获得的投资本息和为 107 000 美元（100 000 美元乘以 1.07）。

投资选择二：假设现在一单位 X 国货币的即期价格为 0.655 8 美元。我们把 X 国货币用符号 CX 表示。然后，在不考虑佣金的前提下，100 000 美元可以兑换 152 486CX（100 000 美元除以 0.655 8），一年以后投资者可以获得的投资本息和为 166 210CX（CX152 476 乘以 1.09）。

166 210CX 可以兑换多少美元要取决于一年后两种货币之间的汇率水平。我们用 F 代表一年后两种货币之间的汇率水平。特别要指出的是，F 还代表着未来一单位 CX 可以兑换的美元金额。因此对于第二种投资选择，一年以后投资者可以获得的投资本息和（美元金额）应当等于：

$$一年后获得美元投资收益额＝166\ 210\ CX×F$$

由于这两种投资选择带来的投资收益是相同的，因此第二种投资选择一年后获得的收益额也应当为 107 000 美元：

$$107\ 000\ 美元＝166\ 210\ CX×F$$

求解上面这个等式，我们可以求出 F 的值等于 0.643 8。因此，如果一年后一单位 X 国货币可以兑换 0.643 8 美元，那么这两种投资选择最终给投资者带来的美元投资收益是相等的。如果一单位 X 国货币可以兑换的美元金额大于 0.643 8，那么一年后选择第二种投资方案的投资者所获得的投资本息和将会大于 107 000 美元。比方说，一年后一单位 X 国货币可以兑换 0.650 0 美元，则投资者获得的投资本息和就等于 108 037 美元（166 210 CX 乘以 0.650 0）。如果一年后一单位 X 国货币可以兑换的美元金额不足 0.643 8，则情况恰好相反。例如，假设远期汇率水平为 0.640 0，那么一年后选择第二种投资方案的投资者获得的投资本息和仅为 106 374 美元（166 210 CX 乘以 0.640 0）。

接下来让我们从 X 国投资者的角度再来分析一下。假设 X 国的一位投资者的投资期限为一年，他也面临两种投资选择：

投资选择一：将 152 486 CX 存入 X 国的银行，年复利率为 9%，存期一年。

投资选择二：将 152 486 CX 兑换成美元，存入一家美国银行，年复利率为 7%，存期一年。

同样地，我们还是假设现在一单位 X 国的货币可以兑换 0.655 8 美元。X 国的投资者当然要选择一年以后投资本息和相对较高（用货币 CX 计价）的那种投资方案。第一种投资选择一年以后的投资本息和为 166 210 CX（152 486 CX 乘以 1.09）。第二种投资方案要求先按照即期汇率水平将货币 CX 兑换为美元。根据前面给出的假设即期汇率水平，152 486 CX 可以兑换成 100 000 美元（152 486 CX 乘以 0.655 8）。一年后，第二种投资方案获得的本息和为 107 000 美元（100 000 美元乘以 1.07）。同样地，我们还是用 F 代表一年后的远期汇率水平，则一年后投资者将美元兑换为 X 国货币的金额应当等于：

$$一年后 X 国的货币兑换金额＝107\ 000\ 美元/F$$

如果下列等式成立，则这两种投资选择创造的投资收益是相等的：

$$107\ 000\ 美元/F＝166\ 210\ CX$$

解上面这个等式，我们可以求出 F 的值等于 0.643 8。我们发现，前面在计算可以使一年后美国投资者的两种投资方案均获得相同收益的远期汇率水平时，求出的结果也等于 0.643 8。

现在，我们假设一位外汇交易商提供了这两种货币的一年期远期汇率报价。所谓一年期远期汇率就是现在锁定未来一年后的汇率水平。所以，如果一单位 X 国货币的一年期远期汇率报价正好等于 0.643 8，那么对美国投资者来说，把美元资金兑换为 X 国货币再存入 X 国银行不会为其带来任何套利利润。如果一单位 X 国货币的一年期远期汇率报价高于 0.643 8，那么美国投资者可以通过卖出远期的 X 国货币（同时买入远期美元）的方式获得套利利润。

为了帮大家弄清楚投资者如何利用这一套利机会，我们假设一单位 X 国货币的一年期远期利率水平为 0.650 0。同样地，假设这两个国家国内的借款利率和贷款利率完全相同。美国投资者借入 100 000 美元，期限为一年，年复利率为 7%。随后，该投资者签订了一份远期外汇协议，同意一年后按照一单位 CX 兑换 0.650 0 美元的价格出售 166 210 CX。也就是说，一年后，该投资者同意用 166 210 CX 换回 108 037 美元（166 210 CX 乘以 0.650 0）。

按照 0.655 8 的即期汇率水平，投资者借入的 100 000 美元可以兑换为 152 486CX，然后把这笔资金投资于 X 国，年利率为 9%。一年后，美国投资者在 X 国可以获得 166 210CX 的投资本息和，这笔资金将被用于远期外汇交易的交割。于是，美国投资者用 166 210CX 换回了 108 037 美元，然后美元贷款的总偿还额为 107 000 美元，因此该投资者获得了 1 037 美元的净利润。假设外汇远期协议的交易对手没有违约，那么这笔 1 037 美元就是在没有任何本金投资的情况下获得的无风险套利利润。[①] 无风险套利利润的存在将促使众多套利交易者争先恐后地采用同样的套利策略，这必然导致在远期外汇市场上，美元相对于 X 国的货币升值，或者出现其他的市场调整。[②]

如果一年期远期汇率水平的报价低于 0.643 8，那么 X 国的投资者可以采用买入远期 CX（同时卖出远期美元）的方式攫取套利利润。同样地，这一无风险套利利润的存在会鼓舞众多套利交易者采取跟风行动，结果就是美元的远期汇率水平相对于 CX 下跌。[③] 因此，这番推导的结论便是一年期远期汇率水平必须正好等于 0.643 8，因为不管远期汇率水平是偏大还是偏小，最终都会导致要么是向美国投资者提供套利机会，要么是向 X 国的投资者提供套利机会。

所以说，即期汇率水平和两国国内的利率水平决定了两种货币的远期汇率。即期汇率、两国的利率与远期汇率之间存在的这种关系被称为**利率平价**（interest rate parity）关系。这种平价关系认为通过在远期外汇市场上安排套期保值交易，不管投资者在国内投资还是在国外投资，最终获得的投资回报都是相同的。促使利率平价关系成立的套利过程叫做**抵补套利**（covered interest arbitrage）。

我们可以用数学形式来表示两个国家——A 国和 B 国——的货币之间存在的利率平价关系，如下所示：

令

I＝准备投资的 A 国货币额，投资期限为长度 t

S＝即期汇率：用本国货币表示的外国货币的价格（每单位外国货币可以兑换的本币额）

F＝t 时期后的远期汇率水平：从现在起 t 时期后外币的价格

i_A＝A 国国内 t 时期内的投资收益率

i_B＝B 国国内 t 时期内的投资收益率

于是有，

[①] X 国的投资者也可以利用这一套利机会。

[②] 事实上，当美国投资者试图抓住这一套利机会时，可能会出现下列几种情况：(1) 由于美国投资者大量卖出美元，买入 CX，因此可能会导致美元相对于 X 国货币的即期汇率水平下跌；(2) 由于美国投资者在美国国内借贷，然后到 X 国投资，因此可能会导致美国国内的利率水平上升；(3) 随着投资者对 X 国的投资额的增加，X 国国内的利率水平可能会下降；(4) 美元相对于 CX 的一年期远期汇率水平可能会下跌。在现实市场上，最后一种情况是最有可能发生的。

[③] 当 X 国的投资者试图抓住这一套利机会时，可能会出现下列几种情况：(1) 由于 X 国的投资者大量买入美元，同时卖出 CX，所以可能会导致美元相对于 CX 的即期汇率水平上升；(2) 由于大量投资流入美国境内，因此 X 国国内的利率水平可能会下降；(3) 美元相对于 CX 的一年期远期汇率水平会上涨。在现实市场上，最后一种情况发生的概率最高。

$$I(1 + i_A) = (I/S)(1 + i_B)F$$

为了更好地说明，我们假设 A 国就是美国，B 国就是 X 国。在上例中：

$I = 100\ 000$ 美元，投资期限为一年

$S = 0.655\ 8$ 美元

$F = 0.643\ 8$ 美元

$i_A = 0.07$

$i_B = 0.09$

然后，按照利率平价关系，下面这个等式是成立的：

100 000 美元 × 1.07 = 100 000 美元 /0.655 8 美元 × 1.09 × 0.643 8 美元

107 000 美元 = 107 005 美元

等号右边多出来的 5 美元差额是四舍五入产生的误差。

利率平价关系还可以表示为：

$$1 + i_A = (F/S)(1 + i_B)$$

将上述等式改写，我们就可以得到用利率和即期汇率推导远期汇率的计算式：

$$F = S\frac{1 + i_A}{1 + i_B}$$

尽管迄今为止我们一直在用投资者举例，但事实上我们也可以用借款人来说明利率平价关系。一位借款人可以在国内借款，也可以在国际市场上借款。利率平价关系认为，只要借款人在远期外汇市场上进行了套期保值交易，那么不管他是在国内借款还是在国外借款，实际的借款利率水平都是相等的。

为了用套利理论推导出理论远期汇率的计算公式，我们列出了几个假设条件。当这些假设条件不成立时，实际远期汇率将会与远期汇率的理论值发生偏离。首先，在计算远期汇率的理论值时，我们假设投资者在即期外汇市场以及投资期满时在远期外汇市场上进行交易，不会遇到佣金或买卖价差等交易成本。然而，事实上，投资者确实要负担这些成本，这会使实际的远期汇率值是在理论值的基础上加上或减去一小部分。

其次，我们假设两个国家国内的借款利率与贷款利率是完全相同的。很明显，这个假设条件不符合实际情况。把这一假设前提去掉的话，我们将无法求出一个单一的远期汇率理论值，取而代之的是一个区间，其上下限可以反映借款利率和贷款利率的大小。实际的远期汇率水平应当位于这个区间内。

再次，我们没有考虑税收因素。事实上，实际远期汇率与理论远期汇率的偏离很有可能就是两国税收结构存在差异的结果。

最后，我们还假设套利交易者为了充分利用套利机会，可以想借入多少资金就借入多少资金，然后将其投资于另一个国家。然而，值得注意的是，每个国家对外国投资或借款均设有相应的限制规定，这会在一定程度上阻碍套利交易，从而使实际远期汇率偏离理论远期汇率。

欧洲货币市场与远期价格之间的关系

在推导利率平价关系时，我们同时观察了两个国家的利率水平。事实上，绝

大多数国家的市场参与者为了进行抵补套利交易，只观察一个利率指标，那就是欧洲货币市场的利率水平。**欧洲货币市场**（Eurocurrency market）是指银行存款和银行贷款的计价货币并不是银行所在国家的法定货币，这种不受监管、非正式的市场就叫做欧洲货币市场。例如，一家位于伦敦的英国银行向一家法国公司发放美元贷款，或者是一家日本公司在一家德国银行存入瑞士法郎。这些都是欧洲货币市场的交易。打算进行抵补套利交易的投资者要通过在欧洲货币市场上进行短期借款或投资来实现交易目标。

欧洲货币市场最大的组成部分是美元银行存款和美元贷款市场，这被称为欧洲美元市场（Eurodollar market）。实际上，欧洲货币市场的前身就是欧洲美元市场。随着国际资本市场交易量的不断增长，其他货币的银行存款及贷款市场也逐渐发展起来。

外汇期货合约

世界上主要货币的外汇期货合约均在芝加哥商品交易所（Chicago Mercantile Exchange）下属的一个子市场——国际货币市场（International Monetary Market，IMM）上进行交易。在国际货币市场进行期货合约交易的币种包括欧元、加拿大元、英镑、瑞士法郎和澳元。对不同的币种，期货合约规定的交割金额各有不同。例如，一份英镑期货合约到期时要求交割 62 500 英镑，而一份日元期货合约到期时要求交割 1 250 万日元。外汇期货合约的到期月份为 3 月、6 月、9 月和 12 月，期限最长不超过 1 年。因此，与外汇远期协议一样，外汇期货合约也无法为长期外汇风险敞口提供套期保值服务。

美国境内可交易外汇期货合约的其他交易所还包括中美洲商品交易所（这是芝加哥期货交易所旗下的一家附属机构）和金融工具交易所（这是纽约棉花交易所旗下的一家附属机构）。后者交易的外汇期货合约的标的物是一种美元指数。在美国以外的其他地区，可交易外汇期货合约的交易所还包括伦敦国际金融期货交易所（London International Financial Futures Exchange）、新加坡国际货币交易所（Singapore International Monetary Exchange）、多伦多期货交易所（Toronto Futures Exchange）、悉尼期货交易所（Sydney Futures Exchange）和新西兰期货交易所（New Zealand Futures Exchange）。

外汇期权合约

与远期协议和期货合约截然不同的是，期权赋予期权买入方一定的选择权，买入方可以利用这一选择权抓住汇率有利波动的机会盈利，而且最大的损失额不会超过一定的上限。期权的价格就是建立这种风险—收益关系的成本。

外汇货币期权有两种类型，一种是外币期权，另一种是期货期权。后面这种期权的标的物是外汇期货合约。（我们已经在第 30 章里讨论过期货期权的特征。）期货期权在国际货币市场进行交易，该市场是外汇期货合约的主要交易地。

从 1982 年开始，货币期权便在费城交易所进行交易。期权的标的货币与期货的标的物是相同的。在费城交易所交易的每种货币，都有对应的两种期权产品：美式期权和欧式期权。请大家回忆一下第 11 章，美式期权允许期权的持有人在期权到期日之前的任意时点（包括到期日那一天）执行期权，而欧式期权仅允许期权的持有人在期权到期日那一天执行期权。在费城交易所交易的货币期权，每一份期权合约的标的资产规模相当于对应的外汇期权合约规模的一半。例如，日元期权的标的资产为 625 万日元，英镑期权的标的资产为 31 250 英镑。此外，货币期权也在伦敦股票交易所和伦敦国际金融期货交易所内进行交易。

除了有组织的交易所以外，货币期权也有对应的场外交易市场。商业银行和投资银行是场外市场上交易货币期权产品的主要机构投资者。正如我们在第 31 章里曾经解释过的那样，场外交易的期权产品是量身定做的，可以满足客户的特定需求。只有那些以主要货币为标的物的期权产品才会在有组织的交易所里进行交易。至于以其他货币为标的物的期权产品，投资者只能在场外交易市场上才能买得到。

我们已在第 11 章里讨论过了期权价格的影响因素。其中一个关键因素是标的资产在期权有效期内的预期价格波动性。对货币期权来说，标的物就是期权合约中特殊指明的外汇货币。因此，影响货币期权价值的波动性指的就是从现在起到期权到期日为止这段时间内两种货币之间汇率水平的波动性。期权的执行价格也是汇率，它也会影响期权的价值：执行价格越高，看涨期权的价值就越低，反之看跌期权的价值就越高。影响期权价格的另一个因素是两个国家国内无风险利率的相对水平。[1]

货币互换

在第 31 章，我们讨论过利率互换——在互换交易中，双方同意在不交换本金的情况下相互交换支付利息。对于货币互换来说，本金和利率都要交换支付。接下来我们用一个例子来说明货币互换交易。

假设有两家公司，一家美国公司和一家瑞士公司，它们都打算借入为期 10 年的本币贷款。美国公司打算发行 1 亿美元的美元债券，瑞士公司打算发行总额为 1.27 亿瑞士法郎的债务工具，计价货币就是瑞士法郎。基于后面我们要讲到的理由，现在我们假设每家公司都希望在对方国家的债券市场上发行为期 10 年的债券，这些债券均是以对方国家的货币计价的。也就是说，美国公司打算在瑞士国内发行相当于 1 亿美元的瑞士法郎债券，而瑞士公司打算在美国国内发行相当于 1.27 亿瑞士法郎的美元债券。

接下来我们继续假设：

1. 当两家公司均打算发行 10 年期债券时，市场的即期汇率水平为 1 美元兑换

---

[1] 为了更好地理解这一点，请大家回忆第 11 章里我们为了复制看涨期权的盈亏曲线而构建的投资组合，当时我们假设用借入的资金购买了一部分资产。对货币期权来说，这意味着要买入作为期权标的物的外汇货币。不过，买入的外币可以投资于外国，无风险利率就是其收益率。因此，货币期权的定价模式与标的物是收入型资产的期权（例如标的物是支付股息的股票或支付利息的债券）比较相似。与此同时，为了满足执行价格而预留出来的部分要取决于国内的利率水平。因此，和利率平价关系一样，期权的价格也会反映两个国家的利率水平。

1.27 瑞士法郎。

2. 美国公司打算为在瑞士境内发行的、以瑞士法郎计价的 10 年期债券支付 6% 的息票利率。

3. 瑞士公司打算为在美国国内发行的、以美元计价的 10 年期债券支付 11% 的息票利率。

根据第一个假设，如果美国公司在瑞士境内发行债券，那么它必须把发行债券获得的 1.27 亿瑞士法郎兑换为 1 亿美元。同理，瑞士公司也要把在美国国内发行债券获得的 1 亿美元兑换为 1.27 亿瑞士法郎。因此，两家公司都获得了自己希望得到的资金额。根据前面假设条件给出的两个息票利率，我们再假设两家公司的债券均是每年支付一次利息，则下面这个表总结了在接下来的 10 年里这两家公司的现金流出情况：

年份	美国公司	瑞士公司
1—10	762 万瑞士法郎	1 100 万美元
10	1.27 亿瑞士法郎	1 亿美元

两家公司面临的风险是当它们向投资者支付利息或偿还本金时，它们的本币有可能会相对于另一种货币贬值，而本币贬值意味着为了偿还一定金额的外币债务，它们要付出更多数量的本币。也就是说，两家企业都要面临外汇风险。

在货币互换交易中，两家公司均在对方国内的债券市场上发债，然后再签订一份互换合约，该合约规定：

1. 双方将发行债券所得收入相互交换。

2. 双方约定替对方支付债券的利息。

3. 货币互换协议到期时（也就是债券到期时），双方同意相互交换支付债券的本金额。

在上面这个例子中，互换安排会导致下面的结果：

1. 美国公司在瑞士境内发行期限为 10 年、息票利率为 6%、票面价值总额为 1.27 亿瑞士法郎的债券，然后将发行收入支付给瑞士公司。与此同时，瑞士公司在美国国内发行期限为 10 年、息票利率为 11%、票面价值总额为 1 亿美元的债券，然后将发行收入支付给美国公司。

2. 美国公司同意在接下来的 10 年里替瑞士公司支付利息，即每年支付 1 100 万美元的债券利息；瑞士公司同意在接下来的 10 年里替美国公司支付利息，即每年支付 762 万瑞士法郎的债券利息。

3. 等到 10 年期满（两种债券和互换协议同时到期），美国公司要向瑞士公司支付 1 亿美元，同时瑞士公司要向美国公司支付 1.27 亿瑞士法郎。

图 33—2 用图示的方式说明了这一复杂的交易过程。

现在我们来看一看这笔互换交易最终达到了什么效果。每一家公司都获得了它们希望获得的融资额。美国公司用美元而非瑞士法郎来支付债券利息；瑞士公司用瑞士法郎而非美元支付债券利息。债券和互换协议到期时，两家公司都是用足额的本币向债券的持有人偿还本金。由于支付利息和偿还本金使用的都是本币，因此这两家公司都成功地规避了外汇风险。

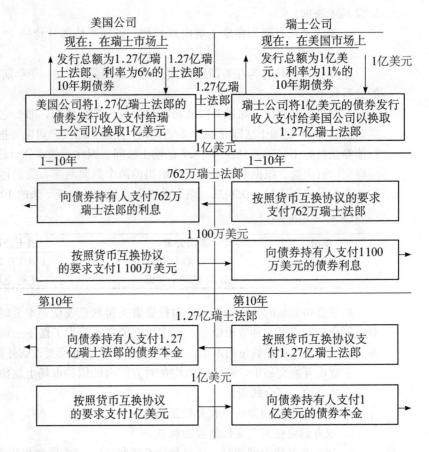

图33—2 货币互换的图示

在实际操作中，两家公司可能不会直接交易。相反地，商业银行或投资银行会在互换交易中扮演中间商（经纪商或交易商）的角色。作为经纪商，中间商只负责为双方牵线搭桥，然后收取服务费。反之，如果中间人提供的是交易商的服务，那么它的任务就不仅是为双方牵线，而且还要为双方的支付提供担保。因此，如果一方违约，则对方还可以继续从交易商那里获得支付。当然，这种安排也会让交易双方面临交易商的信用风险。货币互换交易市场刚刚起步时，一般情况下中间商扮演的都是经纪商的角色。然而现在，市场上最常见的安排是中间商扮演交易商的角色。

正如我们在第31章里曾经解释过的那样，利率互换就是一篮子远期协议的组合。同理，货币互换也是这样，它只不过是一篮子货币远期协议的组合。

货币息票互换

在上面这个例子中，我们假设双方都选择了固定利率融资。现在我们不妨设想一下如果其中一方采用的是浮动利率融资而非固定利率融资，那么情况会发生怎样的变化。还是用上面这个例子，假设瑞士公司希望进行基于LIBOR的浮动利率融资。在这种情况下，美国公司会在瑞士境内发行浮动利率债券。假设美国公司的浮动利率融资成本等于LIBOR加上50个基点。由于互换协议要求瑞士公司替美国公司支付债券利息，因此瑞士公司每年支付的债券利息率就等于 LIBOR 加上 50 个基点。美国公司仍然像以前一样为瑞士公司在美国国内发行的固定利率债券支付固定利息。不过，此时瑞士公司要为美国公司在瑞士境内发行的浮动利率债券支付浮动利息（用瑞士法郎支付，利率为 LIBOR 加上 50 个基点）。

这种一方支付固定利率，另一方支付浮动利率的货币互换协议就叫做**货币息票互换**（currency coupon swaps）。

货币互换市场发展的原因

现在让我们来回答这个问题：为什么上个例子中的两家公司认为进行货币互换交易对自己是有好处的。在不存在任何缺陷的即不存在监管、税收和交易成本等阻碍的全球金融市场上，不管是在国内市场上融资还是国外市场上融资，融资的成本都应当是相同的。然而，现实世界中的金融市场显然存在着各种各样的缺陷，因此发行人可以借入外币资金并进行套期保值交易（当然也可以被称为套利交易）对冲掉相应的外汇风险，这种做法可能会降低其融资成本。货币互换可以使借款人抓住任何一个套利机会盈利。

在货币互换市场出现之前，市场参与者要想利用这样的套利机会盈利就必须使用货币远期市场。然而，期限较长的外汇远期协议，其市场的深度和交易量比较小，这就增加了市场参与者消除外汇风险的成本。在上述美国公司—瑞士公司的例子中，消除外汇风险要求双方签订 10 份外汇远期协议（每一年的现金交换支付都要对应地签订一份外汇远期协议）。当发行人（或其聘请的投资银行）发现了套利机会的存在并打算从中获益时，货币互换可以向其提供更加成本有效的规避外汇风险的方式。

随着货币互换市场的不断发展，早年间有助于降低资金成本的套利机会时常可在互换市场上被发现，然而如今已经非常罕见了。事实上，正是互换市场的发展导致了套利机会的减少。这种套利机会出现时的持续时间非常短暂，通常不会超过一天。

作为促进货币互换交易发展的另一驱动力，一些公司之所以愿意到其他国家融资，原因是它们希望扩大自己在外国投资者心目中的声望。所以，即使国外融资的成本与在美国国内融资的成本是相同的，它们也愿意这样做。在我们的例子中，这家美国公司跑到瑞士发行债券，也许就是为了扩展自己潜在的融资资源。

小　结

本章我们讨论了即期外汇市场以及可用来规避外汇风险的外汇衍生品市场。汇率被定义为一种货币与另一种货币的兑换比率。汇率的直接标价法是用本币表示一单位外币的价格；间接标价法是用外币表示一单位本币的价格。选择外币资产的投资者或选择外币债务的发行人将面临外汇风险。

即期外汇市场是在两个交易日内完成交割的外汇市场。在发达国家及部分发展中国家，汇率水平是自由浮动的。按照购买力平价关系，两个国家的汇率水平——用一种货币表示的另一种货币的价格——与本国物价水平成正比，与外国物价水平成反比。在市场上，用美元表示其他货币的价格是常见的报价形式。

外汇市场本质上是场外交易市场，扮演交易商角色的大型跨国银行占据着市场的主导地位。外汇交易商报价时会报出一个他们愿意买入某种货币的买入价，以及另一个他们愿意卖出某种货币的卖出价。买入价和卖出价之间的价差就是市场参与者必须支付的交易成本。另外一项成本就是要向安排货币买卖交易的经纪商支付佣金或服务费。

外汇远期协议、外汇期货合约、货币期权和货币互换是借款人与投资者可以用来规避汇率不利波动风险的避险工具。

利率平价关系揭示了即期汇率、两个国家的利率水平以及远期汇率三者之间的关系。抵补套利确保了利率平价关系的成立。利率平价关系暗示了在外汇远期市场上进行对冲交易的投资者或借款人不管是在国内还是国外投资或借款，其投资回报率或借款成本都是相同的。

在进行抵补套利交易时，主要的参考利率是欧洲货币市场的利率水平。在欧洲货币市场上，银行贷款与银行存款的币种均不是银行所在地国家发行的法定货币。欧洲美元市场是欧洲货币市场上规模最大的子市场。

在美国国内，我们可以看到以主要外币为标的物的交易所交易期权以及期货期权。以其他货币为标的物的期权产品只能在场外市场上买到。

货币互换实际上就是一篮子货币远期协议的组合，它的优势在于可以对长期外汇风险进行套期保值，而且成本比期货或远期协议更低。有时候国际金融市场上的融资成本会低于国内市场，此时借款人便可以抓住这个套利机会降低自己的融资成本，只不过如今这样的机会越来越少见了。

关键术语

美式标价法	经济货币单位	间接标价法
现金汇率	欧元	利率平价
抵补套利	欧洲货币市场	购买力平价
货币息票互换	欧式标价法	即期外汇市场
货币风险	外汇汇率	理论交叉汇率
直接标价法	外汇风险	三角套利

思考题

1. 一家美国人寿保险公司购买了英国政府发行的债券，因此它将面临外汇风险。利用该公司可获得的预期美元投资回报率来说明外汇风险的本质是什么。

2. 解释一下即期外汇市场与远期外汇市场的区别是什么。

3. 下面给出了 2007 年 11 月 21 日的即期汇率数据。

	日元	英镑	澳元
美元	0.009 218	2.065 4	0.870 9

汇率水平能够说明用多少美元可以购买一单位外币。

a. 从美国投资者的角度来看，上面提及的汇率数据采用的是直接标价法还是间接标价法？

b. 对于每一种外币来说，买入一美元要支付多少外币？

c. 计算一下下列两种货币之间的理论交叉汇率：(1) 澳元与日元；(2) 澳元与英镑；(3) 日元与英镑。

4. a. 什么是欧元？

b. 对下面这句话作出评价："欧元与其他主要经济体货币之间保持着固定汇率。"

c. 对下面这句话作出评价："欧元是欧洲经济与货币联盟第一次尝试单一货币时的选择。"

5. 解释一下三角套利的含义，并说明它与交叉汇率之间的关系。

6. 1991 年 2 月 8 日，美元与英镑之间的即期汇率水平为 1 英镑兑换 1.990 5 美元，美元与日元之间的即期汇率水平为 1 日元兑换 0.007 79 美元。远期汇率如下表所示：

	英镑	日元
30 天	1.990 8	0.007 774
60 天	1.959 7	0.007 754
90 天	1.933 7	0.007 736

a. 解释一下签订了 30 天远期外汇协议、同意在未来某个时点卖出英镑的投资者会怎样做。

b. 解释一下签订了 90 天远期外汇协议、同意在未来某个时点买入日元的投资者会怎样做。

c. 根据美国和英国短期利率的相对水平，以及美国与日本的短期利率相对水平，你能得出怎样的推论？

7. 使用外汇远期协议对长期外汇头寸进行套期保值的缺陷是什么？

8. 抵补套利交易与利率平价有什么关系？

9. 在抵补套利交易中，为什么欧洲货币市场的利率水平是重要的参考指标？

10. 假设你知道以下信息：你可以在美国国内按照一年期利率 7.5% 借入或贷放 500 000 美元；W 国的借款利率与贷款利率均为 9.2%；美元与 W 国货币之间的即期汇率水平为每单位 W 国货币可以兑换 0.172 5 美元；两种货币的远期汇率水平为一单位 W 国货币可以兑换 0.2 美元。

a. 解释一下你怎样做才能在不动用自己的钱进行投资的前提下赚取无风险利润。

b. 除了与交易有关的佣金、费用等均为零的假设条件以外，在回答问题（a）时还必须作出哪些不符合现实情况的假设？

c. 即使我们把佣金等现实因素考虑进去，根据本题提供的利率与汇率数据，投资者仍然可以获得一定规模的利润。为什么你认为像题目中的这种套利机会在现实生活中不可能常见？

11. 如果 ABC 国的一年期借款利率与一年期贷款利率均等于 3%，对应地，美国的借款和贷款利率均等于 4%，假设 ABC 国的货币与美元之间的远期汇率水平为 1 单位 ABC 国的货币可以兑换 0.007 576 美元（即 1 美元可以买到 131.99ABC 国的货币），那么美元与 ABC 国货币之间的即期汇率水平应当等于多少？

12. 以哪种货币为标的物的期权和期货可以在有组织的交易所里交易？

13. 货币互换与利率互换的区别是什么？

14. 下面这段文字摘自 1991 年 1 月 14 日出版的《华尔街快讯》（Wall Street Letter）。

据消息人士透露，费城股票交易所计划推出美国国内第一个不以美元标价的期权产品。发言人声称，费城交易所将推出德国马克—日元、英镑—日元以及英镑—德国马克的交叉货币期权……

费城交易所的一位工作人员解释说，目前交易所推出的货币期权均是外币与美元的期权。"如果你不是美国人，"他接着说，"那么你肯定需要把美元换成别的货币。"三种新型的交叉货币期权对银行、经纪公司或外汇交易商——这些机构目前正在交易以美元为基础的货币期权——以及那些对其他货币比较感兴趣的非美国机构很有吸引力。

交叉货币期权是"国际贸易与国际资本市场上非常重要的一个组成部分"，其场外交易量较大，但是目前还没有可在交易所里进行交易的品种。费城交易所的工作人员说，交易所交易期权的优势在于"99% 的客户都没有足够的信用等级"可以在场外市场上与大银行交易这种产品。

a. 解释一下费城交易所的发言人说"如果你不是美国人，那么你肯定需要把美元换成别的货币"是什么意思。

b. 为什么在场外交易市场上，客户的信用等级如此重要，而对于交易所交易的产品而言，却并不是这样？

c. 当费城交易所向证券交易委员会提出申请，打算推出交叉货币期权这种新产品时，交易所指出"随着近来交叉汇率期权价格的剧烈变动以及期权标的物价格的波动性的迅速上升，"市场对这种新产品的需求正在飞速增长。为什么上面提到的这些因素会导致交叉货币期权的市场需求迅速增加？

译后记

2010 年 12 月，恰逢中国上海证券交易所成立二十周年，在这二十年的时间里，中国资本市场的发展经历了从无到有、从小到大的漫漫征途，取得了令世人瞩目的成就。近年来，特别是中国共产党第十七次全国代表大会以来，国民经济快速稳健的发展形势又为中国资本市场带来了难得的发展机遇，中国资本市场步入改革发展的快车道。2006 年股权分置改革全面启动，这是中国资本市场划时代的创举，"同股不同权"这一长期限制中国股市发展的制度性障碍消失了。2008 年是中国股市全流通元年，面对国际金融危机的冲击，构筑了十八年的中国资本市场风险防控体系开始显示出其重要作用，除了股票指数振荡外，基础制度建设并未遭到动摇，与国际股市形成鲜明对比。2009 年是中国经济最困难的一年。这一年，创业板市场正式开启，一个主板、中小板和创业板相结合的多层次资本市场体系开始形成。而刚刚过去的 2010 年，是中国经济发展最复杂的一年。中国资本市场正式推出股票指数期货和融资融券业务，中国股市告别了"单边市"时代，开始构建"双边市"。从此，看多和看空市场都可以盈利，从而推动中国股市不断走向成熟。在告别"十一五"时期、迎来"十二五"时期的关键时刻，一个充满生机和活力的发展迅速的资本市场，是中国继续推进改革开放和实现可持续发展的不可替代的力量，它也必将发挥着越来越重要的作用。

而纵观国际金融和经济的发展，我们发现，2008 年始于美国的全球金融危机改变了现代金融机构的组织体系与金融市场功能的发挥，影响着金融工具创新的步伐。然而，金融市场在现代市场体系中的重要作用却从来没有动摇过，反而承担着引领全球经济复苏的重任。金融机构体系的重组与金融市场功能的转变和完善，给学界增加了许多研究素材，也为我们进一步探究金融市场的本质、金融机构经营管理方式的改变和金融工具创新的改革提供了机会。

由弗兰克·J·法博齐教授和弗朗哥·莫迪利亚尼教授合著的《资本市场：机

构与工具》一书自出版以来就受到了广大读者的推崇，该书最大的特色和亮点就在于用通俗易懂的语言对资本市场的各类金融机构和金融工具进行了全面而又细致的介绍。在众多金融学教材中，这本书以其对资本市场基础知识的深刻把握和简单明了的叙述方式，使读者在学习的过程中，既能够掌握扎实的理论功底又能够提高自己灵活运用知识的能力。在本书第四版中，作者在前一版的基础上，对部分章节内容进行了修订和增补，尤其是结合此次金融危机发生的原因，增加了许多住房抵押贷款、抵押贷款支持证券和信用风险转移工具方面的知识；在有关风险与收益理论的介绍中，增加了行为金融学的相关理论；对公司优先金融工具方面的内容重新做了调整和安排，并增加了银行贷款市场方面的知识；在金融机构体系介绍方面，也做了相应的调整，使布局更加合理。修订后的第四版共8个部分，有33章，这8个部分理论体系严密，逻辑结构紧凑，不仅非常适合于金融类专业学生的学习使用，而且对资本市场的相关管理层和实务工作人员来讲，也有很大的帮助。

全书主要由浙江大学城市学院汪涛、郭宁翻译，其中汪涛负责翻译第1章至第6章、第20章至第28章，郭宁负责翻译第8章至第12章、第29章至第32章，浙江省科技开发中心俞锋华翻译了第7章、第13章和第14章，杨安娜、庄梦莎、严嘉佳、宋薇翻译了第15章，罗人忆、盛良璐、宋文静、陈玥翻译了第16章，林绍莹、柳希莹、杨帆、汪灵燕翻译了第17章，夏少然、陈璐璐、林津、杨赞琦翻译了第18章，莫鸿雁、倪菁菁、吴萍萍、黄海燕翻译了第19章，陈金飞翻译了第33章。在本书的翻译过程中，安然、赵杭军、高思思、周茜茜、陶延清、彭梨暖、董斌和陈艳冰等帮忙搜集了相关资料，张嘉窈、张耀芸、吴慧颖、沈家莹、金潇和吴梦瑶完成了部分校对任务，在此一并表示感谢。我们还要特别感谢唐旭先生及其翻译组成员，感谢他们翻译了本书的第二版，其中很多内容为我们翻译本书第四版提供了非常大的帮助和支持。感谢中国人民大学出版社的崔惠玲编辑和王素克编辑，她们在翻译过程中提供了大量的帮助，并为编辑本书作出了大量细致、具体的工作。全书最后由汪涛和郭宁通读定稿。

由于时间紧、任务重，加之资本市场发展迅速，新知识和新概念层出不穷，书中如有不当之处，欢迎各位专家和广大读者批评指正。

汪涛　郭宁

Capital Markets: Institutions and Instruments, 4e by Frank J. Fabozzi, Franco Modigliani
Copyright © 2013 by Frank J. Fabozzi

Simplified Chinese version © 2015 by China Renmin University Press.

All Rights Reserved.

图书在版编目（CIP）数据

资本市场：机构与工具：第 4 版/法博齐等著；汪涛，郭宁译 . —北京：中国人民大学出版社，2011.6
（金融学译丛）
ISBN 978-7-300-13828-2

Ⅰ.①资… Ⅱ. ①法…②汪…③郭… Ⅲ.①资本市场-研究 Ⅳ.①F830.9

中国版本图书馆 CIP 数据核字（2011）第 099525 号

金融学译丛
资本市场：机构与工具（第四版）
弗兰克·J·法博齐
弗朗哥·莫迪利亚尼　　　著
汪涛　郭宁　译
Ziben Shichang：Jigou yu Gongju

出版发行	中国人民大学出版社		
社　　址	北京中关村大街 31 号	**邮政编码**	100080
电　　话	010—62511242（总编室）		010—62511398（质管部）
	010—82501766（邮购部）		010—62514148（门市部）
	010—62515195（发行公司）		010—62515275（盗版举报）
网　　址	http://www.crup.com.cn		
	http://www.ttrnet.com（人大教研网）		
经　　销	新华书店		
印　　刷	北京联兴盛业印刷股份有限公司		
规　　格	185 mm×260 mm 16 开本	**版　　次**	2011 年 7 月第 1 版
印　　张	47.25 插页 1	**印　　次**	2017 年 6 月第 3 次印刷
字　　数	1 035 000	**定　　价**	85.00 元

版权所有　侵权必究　　印装差错　负责调换